VOLKS-PLOETZ

Auszug aus der Geschichte

Schul- und Volksausgabe

Fünfte, aktualisierte Auflage

VERLAG PLOETZ FREIBURG · WÜRZBURG

Textausgabe der illustrierten Weltgeschichte
„Der farbige Ploetz"
Zusammengestellt auf der Grundlage
des „Großen Ploetz"
Auszug aus der Geschichte
Herausgeber: Verlag Ploetz

Redaktionsschluß der 5., aktualisierten Auflage:
März 1991

Alle Rechte vorbehalten – Printed in Germany
© Verlag Ploetz Freiburg/Würzburg 1979, 1984, 1991
Einbandgestaltung: Jan Neuffer, Freiburg i. Br.
Herstellung: Freiburger Graphische Betriebe 1995
ISBN 3-87640-351-0

Mitarbeiter

Die Bearbeitung erfolgte überwiegend auf der Grundlage der 27. Auflage „Ploetz, Auszug aus der Geschichte" und auf der Grundlage von „Weltgeschehen unserer Zeit Band 4: 1965–1970". Folgende Autoren stellten ihre Abschnitte zur Verfügung:

Erdgeschichte
Prof. Dr. Erwin Rutte, Würzburg

Älteste Geschichte
Prof. Dr. Hermann Müller-Karpe, Frankfurt am Main

Alte Geschichte
Prof. Dr. Wolfram Frhr. v. Soden, Münster (Westf.) (Nordafrika und Vorderasien)
Prof. Dr. Ernst Kirsten, Wien (Europa und Vorderer Orient)
Prof. Dr. Herbert Ludat, Gießen (Osteuropa)

Mittlere Geschichte
Prof. Dr. Walter Kienast, Frankfurt am Main (Europa)
Prof. Dr. Herbert Ludat, Gießen (Südost- und Osteuropa)
Prof. Dr. Bertold Spuler (†), Hamburg (West- und Zentralasien)
Dr. Wolfgang Lindig, Frankfurt am Main (Nordamerika)
Prof. Dr. Heinrich Euler, Würzburg (Meso- und Südamerika)
Prof. Dr. Helmut Petri, Köln (Australien, Neuseeland und Ozeanien)

Neuere Geschichte
Prof. Dr. Reinhard Wittram (†), Göttingen (Europa)
Prof. Dr. Werner Conze (†), Heidelberg (Wirtschafts- und Sozialgeschichte)
Prof. Dr. Heinrich Euler, Würzburg (Nordamerika, Lateinamerika, Afrika südlich der Sahara, vorkoloniale und koloniale Zeit)
Dr. Walther Resch, Petterweil (Afrika südlich der Sahara, vorkoloniale Zeit)
Prof. Dr. Bertold Spuler (†), Hamburg (Nordafrika, West- und Zentralasien)
Prof. Dr. Helmut Petri, Köln (Australien, Neuseeland und Ozeanien)

Neueste Geschichte
Prof. Dr. Werner Conze (†), Heidelberg (Erster Weltkrieg, Europa 1914–1939)
Prof. Dr. Percy Ernst Schramm (†), Göttingen, und Prof. Dr. Andreas Hillgruber, Köln (Zweiter Weltkrieg, Europa 1939–1945)
Prof. Dr. Walther Hubatsch, Bonn (Europa 1945–1973; für die Zeit 1945–1955 auf der Grundlage der Bearbeitung von Studiendirektor I. H. Pollmüller, Münster [Westf.]; für die Zeit 1965–1973 unter Mitarbeit von Dr. Johanna Schomerus, Würzburg)
Prof. Dr. Hermann Kellenbenz, Köln (Wirtschaftsgeschichte seit 1945)
Prof. Dr. Heinrich Euler, Würzburg (die afrikanischen Kolonien, Afrika südlich der Sahara; für die Zeit 1965–1973 unter Mitarbeit von Dr. Johanna Schomerus, Würzburg)

Prof. Dr. Bertold Spuler (†), Hamburg (Nordafrika, West- und Zentralasien, Pakistan und Bangla Desh, auf der Grundlage des Manuskripts von Dr. Johanna Schomerus, Würzburg)

Prof. Dr. Helmut Petri, Köln (Australien, Neuseeland und Ozeanien)

Bearbeiter

Die Auswahl und Zusammenfassung des Geschichtsstoffes aus der 27. Auflage „Ploetz, Auszug aus der Geschichte" wurde durchgeführt von:

Erdgeschichte, Älteste und Alte Geschichte
Studienprofessor Dr. Johannes Meisenzahl, Würzburg
Prof. Dr. Wolfgang Franke, Hamburg, in Zusammenarbeit mit Prof. Dr. Liu, Mau-Tsai, Hamburg (China), mit Prof. Dr. Oscar Benl, Hamburg (Japan), mit Dr. Hartmut-Ortwin Feistel, Hamburg (Süd- und Südostasien)

Mittlere Geschichte
Studiendirektor Dr. Rudolf Schweighöfer, Nieder-Ramstadt
Prof. Dr. Wolfgang Franke, Hamburg, und Mitarbeiter (wie oben unter „Erdgeschichte …")

Neuere Geschichte
Studienrat Hermann Hofmann, Würzburg
Prof. Dr. Wolfgang Franke, Hamburg, und Mitarbeiter (wie oben unter „Erdgeschichte …")

Neueste Geschichte
Studiendirektor Dr. Hans Schieck, Dortmund (Europa 1914–1939)
Prof. Dr. Andreas Hillgruber, Köln (Zweiter Weltkrieg und pazifischer Krieg, Europa 1939–1945)
Studiendirektor I. H. Pollmüller, Münster (Westf.), zusammen mit Dr. Johanna Schomerus, Würzburg (Europa seit 1945, Amerika, Afrika, West- und Zentralasien sowie Pakistan und Bangla Desh, Australien, Neuseeland und Ozeanien)
Prof. Dr. Wolfgang Franke, Hamburg, und Mitarbeiter (wie oben unter „Erdgeschichte …"), mit Ausnahme von China, Republik: mit Dr. Rüdiger Machetzki, Hamburg.

Verantwortlich für Textredaktion der 1.–3. Auflage:
Dr. Johanna Schomerus, Würzburg, und Ursula Fuchs, Würzburg
Aktualisierungstext der 4. Auflage:
Margit Ketterle, München; Registerüberarbeitung: Anne-Eve Martin und Ute Schwarzkopf, Freiburg
Aktualisierungstext der 5. Auflage:
Thomas Adolph, Rainer Humbach, Rolf Sauermost, Frank Schlumberger, alle Freiburg; Dr. Wolfgang Kessler, Herne; Dipl. pol. Johannes Berger, Berlin; Registerüberarbeitung: Thomas Adolph

Vorwort

Mit der hiermit vorgelegten, aktualisierten Ausgabe liegt der „Volks-Ploetz" in der fünften Auflage vor. Das Buch erfüllt den Wunsch einer wachsenden Zahl historisch und politisch interessierter Leser, die ein preisgünstiges Nachschlagewerk suchen, das über die wichtigen Ereignisse aus der Geschichte aller Völker und Zeiten erschöpfend und zuverlässig Auskunft gibt.

Unverzichtbare Grundlage jeder historischen Orientierung und Urteilsbildung ist die Kenntnis der Fakten. Ihre übersichtliche Zusammenstellung in sechs Hauptabschnitten und eine am Seitenrand kontinuierlich durchlaufende Datenleiste bilden das Kernstück des Volks-Ploetz. Der Leser, der über die Fixierung des Einzeldatums hinaus kontinuierlichen Entwicklungen folgen und sich historische Zusammenhänge vergegenwärtigen will, findet dazu ferner am Beginn aller Hauptabschnitte, Einzelepochen und Länderkapitel zusammenfassende Kurzdarstellungen, so daß auf dem Gerüst der Daten und Fakten ein sinnvolles Gesamtbild der Weltgeschichte entsteht. Die Gliederung in einzelne Länderkapitel erlaubt es schließlich, die Geschichte einzelner Völker und Staaten über die Jahrhunderte hinweg längsschnittartig zu verfolgen. Für das Nachschlagen weiterer Einzelheiten sei auf das umfangreiche Register am Schluß des Bandes verwiesen.

Der Text basiert wie schon bisher auf dem „Großen Ploetz", dem wissenschaftlichen Standardwerk zur Weltgeschichte, und dem „Farbigen Ploetz". Er wurde in der vorliegenden Neuauflage ergänzt und bis zur unmittelbaren Gegenwart fortgeführt. Der Verlag dankt den Autoren des „Großen Ploetz" für die Überlassung ihrer Abschnitte und den Bearbeitern für ihren Einsatz und ihre Ratschläge. Besonderer Dank gilt den Mitarbeitern, die die Aktualisierungstexte dieser Auflage verfaßt und die Registerüberarbeitung übernommen haben. Wir hoffen, daß die Neuausgabe des „Volks-Ploetz" in der Schule wie in der breiten Öffentlichkeit vielen Benutzern nicht nur von Fall zu Fall als Nachschlagewerk dienen, sondern sie zu jener tiefen Einsicht in das Wesen historischen Geschehens führen wird, aus der auch ein besseres Verständnis für die Vorgänge in unserer Zeit erwächst.

Verlag Ploetz

Inhalt

I. Erdgeschichte

Erde und Sonnensystem dürften etwa 5 Mrd. Jahre alt sein. Der Prozeß der Verdichtung gasförmiger Materie zum flüssigen Glutball und die Erstarrung der Erdkruste gehören der **„Vorgeologischen Vergangenheit der Erde"** an. Alles Lebende, sich später weiter und höher Entwickelnde wird aus dem „Ur-Lebewesen" abgeleitet. Man nimmt an, daß erst Viren, dann Bakterien, schließlich die Protozoen den Weg zu höherer Organisation darstellen.

Die Erdgeschichte beginnt mit den ältesten überlieferten Gesteinen. Die wesentlichen geologischen Geschehnisse lassen sich erst für die letzten 1000 Jahrmillionen der Erdgeschichte rekonstruieren.

Das **Präkambrium** ist die Zeit von der Erstarrung der Erdkruste bis zum Kambrium. Es finden sich die ersten noch nicht näher zu definierenden Relikte von Lebewesen, ferner Graphit führende kristalline Schiefer, pflanzliche Sporen, später Algenbauten. Die erste Fauna vielzelliger Tiere (6 Medusen, 2 Seefeder-Gattungen, 2 Anneliden, 2 neue Typen) ist aus Südaustralien gemeldet. Die Masse der Gesteine ist plutonischen und vulkanischen Ursprungs, in der Regel von der Gesteinsmetamorphose sehr stark verändert. Im Präkambrium entstehen die meisten Granite. Die Gesteine sind örtlich sehr reich an wertvollen nutzbaren Lagerstätten (Gold, Kupfer, Nickel, Eisen u. a.).

Kambrium – 580–500 Mill. Jahre. In breiten Meeresstreifen lagern sich Sedimente mit einer überraschend reichen Lebewelt ab. Alle Stämme der Wirbellosen und marine Pflanzen sind bereits vertreten. Wirbeltiere fehlen noch. Das Leben spielt sich ausschließlich in den Meeren ab.

Im **Ordovizium** – 500–440 Mill. Jahre – zeigen die Gesteine eine größere Mannigfaltigkeit, die Kalkabscheidung ist reichlicher. Das vorherrschende Gestein ist Schiefer, aber auch Kalke und Sandsteine spielen eine Rolle. Eisenerzablagerungen sind nicht selten. Die Wirbellosenfauna zeigt eine fortschreitende Entwicklung. Mit den Agnathen, kieferlosen Fischvorläufern, erscheinen die ersten Wirbeltiere. Am Ende des Ordoviziums werden in einer gewaltigen Gebirgsbildung die Appalachen und andere Gebirgszüge aus den Meeresströgen herausgewölbt.

Silur – 440–400 Mill. Jahre. Beginn wie Abschluß sind durch große Gebirgsbildungen markiert. Es werden die ersten Panzerfische und die ersten Landpflanzen registriert. In Nordamerika und in Sibirien bilden sich am Ende des Silurs Salzlagerstätten.

Das **Devon** – 400–350 Mill. Jahre – zeigt die ersten Knorpel- und Knochenfische, die ersten Amphibien, die ersten Nacktsamer und die ersten Farne. Das Festland wird von Pflanzen und den vierfüßigen Tieren erobert. Der Wechsel vom Wasser- zum Landleben ist der bedeutendste Schritt in der Geschichte der Wirbeltiere.

Karbon – 350–280 Mill. Jahre. Am Beginn der Steinkohlenformation steht, durch das ausgeglichen feuchtwarme Klima begünstigt, eine plötzliche Entfaltung der Pflanzenwelt. Es stellen sich die ersten Samenpflanzen ein. Gürtelförmig schlingt sich eine Zone der Kohlebildung um den Erdball. In mehreren Faltungsphasen entstehen in Eurasien und Nordamerika Serien von Kettengebirgen. Die Stümpfe der meisten mitteleuropäischen Mittelgebirge sind Relikte dieser Gebirgsbildung. Es erscheinen die ersten Reptilien. Die Insekten erobern den Luftraum.

Perm – 280–230 Mill. Jahre. Die Coniferen werden bedeutend. Die Reptilien bieten eine Reihe absonderlich gestalteter Vertreter, darunter säugetierähnliche Formen. Das Klima zeigt enorme Kontraste. Auf den Südkontinenten kommt es zu Vereisungen. Auf der Nordhalbkugel ist es überwiegend trocken und heiß.

Trias – 230–180 Mill. Jahre. Der Name leitet sich von der in Deutschland markanten Dreigliederung in Buntsandstein, Muschelkalk, Keuper ab. Es erscheinen die ersten Dinosaurier. Das Klima ist weltweit ausgeglichen warm.

Im **Jura** – 180–140 Mill. Jahre – dominiert in Europa das Meer. Die größte Rolle spielen ungemein vielgestaltige Ammoniten. Daneben eine Fülle von Muscheln und Schnecken. Drei Exemplare des ersten Vogels ,,Archaeopteryx lithographica" wurden gefunden. Besonderes Interesse verdienen die Flugsaurier und das Vorkommen von Riesensauriern. Brachiosaurus, das größte landbewohnende Tier der Erdgeschichte, wird bei 30 m Länge über 40 t schwer. Zeugnisse von Säugetieren sind spärlich.

Kreide – 140–70 Mill. Jahre. Nur ein geringer Teil der Gesteine ist als weiße Schreibkreide entwickelt, meist handelt es sich um Tone und Sandsteine. Charakteristikum ist der fast nie fehlende Feuerstein (Flint). Die landlebenden Reptilien verzeichnen riesige Vertreter und das größte Flugtier aller Zeiten: Pteranodon mit 8 m Flügelspannweite. Die ersten Blütenpflanzen erscheinen. In der alpidischen Geosynklinale treten die ersten starken Faltungen auf. Es entstehen die Kernzonen der Alpen, Anden und des Felsengebirges. Eine der größten Meerestransgressionen der Erdgeschichte erfaßt in allen Erdteilen große Landgebiete, eine ebenso weltweite Regression läßt bereits in groben Zügen das heutige Bild der Verteilung von Land und Meer entstehen.

Das **Tertiär** – 70–1 Mill. Jahre – ist durch gewaltige Gebirgsbildungen auf der ganzen Erde gekennzeichnet. Es entstehen die Alpen,

Pyrenäen, Karpaten, der Apennin, Kaukasus, die zentralasiatischen Kettengebirge, die Kordilleren. Rege vulkanische Tätigkeit bedingt unzählige Basaltvorkommen. Gleichzeitig bilden sich ergiebige Braunkohlenlagerstätten, anderwärts Erdöl. Größte Bedeutung erlangen die modernen Säugetiere. Ihre spontane Entfaltung ist eine Phase in der biologischen Evolution, weniger eine Folge der neuen, reichen Pflanzenwelt oder des Verschwindens der großen, räuberischen Fossilien.

Das **Quartär,** dessen Beginn auf ungefähr 1 Mill. Jahre vor heute geschätzt wird, verzeichnet als Hauptereignis in der Stufe Cromer, vor etwa 600 000 Jahren, das spontane Erscheinen der ersten Menschen gleichzeitig in Afrika, Asien und Europa (Homo erectus heidelbergensis). Für weite Gebiete der Nordhalbkugel von Bedeutung sind drei Eiszeiten im Mindel, Riß und Würm. Nur die letzte bringt wirklich arktische Verhältnisse. In den Zwischeneiszeiten = Warmzeiten Holstein und Eem liegen dagegen Klimabedingungen wärmer als gegenwärtig vor. Möglicherweise ist die Gegenwart ein Interglazial. Die Schwankungen können nur in der Kombination verschiedener terrestrischer und extraterrestrischer Ursachen erklärt werden, größere Bedeutung haben dabei neben Änderungen im Erdumlauf insbesondere andere Sonneneinstrahlungsintensitäten. In der Umgebung der nördlichen Polkappe und in den Hochgebirgen wie auch auf höheren Mittelgebirgen Nordeuropas wachsen während der Eiszeiten die Gletscher und rücken gegen das Vorland. Auf dem Eisgrund wird Felsmaterial abgeschürft und erst nach sehr langem Transport als Moräne oder Schmelzwasserschutt abgeladen. In niederen Breiten entsprechen den Eisvorstößen Pluvialzeiten. Eine dieser außerordentlich ergiebigen Regenzeiten dürfte die „Sintflut" erklären. Auf der ganzen Erde fällt und steigt der Meeresspiegel in unvorstellbaren Maßen, genau im Rhythmus des nördlichen Eishaushaltes. Eiszeiten binden das Wasser, der Meeresspiegel kann bis zu 200 m unter dem heutigen liegen. In den Warmzeiten schmilzt das Eis, der Meeresspiegel kann bis 150 m über das heutige Null ansteigen.

II. Älteste Geschichte

Geschichte im engeren Sinn ist nur dem Menschen eigen. Sie bezeichnet die Art, wie der Mensch in der Welt natürlicher Gegebenheiten sich eine Welt menschlicher Gemeinschaft aufbaut und in dieser seine Geistigkeit entfaltet. Im Zuge der Entwicklung zu intensiveren Bewußtseinsausprägungen bedeutet die Erfindung der Schrift in den frühen Hochkulturen um 3000 v. Chr. eine gewichtige Zäsur und einen gewaltigen Fortschritt.

A. Altsteinzeit

An Funden stehen uns aus dieser Zeit in erster Linie *Steingeräte* zur Verfügung, die aus den jeweils geeignetsten örtlich zu findenden Gesteinsarten gearbeitet und ausschließlich durch Behauen und Retuschieren hergestellt sind. Die Steingeräte lassen gewisse Typen erkennen, die sich durch feste formale und technische Merkmale auszeichnen und die bestimmte Traditionen und Konventionen widerspiegeln: Messer, Bohrer, Kratzer, Speer- bzw. Pfeilspitzen. Der Faustkeil dürfte in der Regel ungeschäftet in der bloßen Hand als Universalgerät geführt worden sein. Neben den Steingeräten haben Geräte aus Knochen, Elfenbein und Geweih die Jahrtausende überdauert. *Schmuck* ist ferner aus Muscheln, Graphit, Bernstein und Gagat hergestellt. Besonders aufschlußreich sind die *Kunstwerke,* ferner die *Grabanlagen.*

Ältere Altsteinzeit (500 000–60 000 v. Chr.)

Die Anfänge menschlicher Geschichte verlieren sich im urzeitlichen Dunkel. Die fossilen **Menschenfunde** gehören durchweg dem Quartär, d. h. dem jüngsten Erdzeitalter, an, wobei sich eine auffallend große Variationsbreite hinsichtlich einzelner gestaltlicher Merkmale zeigt, nicht etwa eine einlinige Entwicklung. Besonders wichtig sind die Funde des *Pithecanthropus erectus* auf Java, des *Sinanthropus* bei Peking, des Unterkiefers einer jenen fernöstlichen Menschenfunden verwandten Form von Mauer bei Heidelberg *(Homo heidelbergensis),* des *Atlanthropus* in Marokko, Funde in *Tanganjika* und einige *süd-afrikanische Schädelfunde.* Diese sog. Anthropusgruppe ist durch ge-

ringe Schädelkapazität, fliehende Stirn und kräftige Überaugenwülste
gekennzeichnet. Eine andere Gruppe zeigt erheblich stärkere
Gemeinsamkeiten mit der entwickelten Homo-sapiens-Form. Funde
sind Schädel von *Steinheim* in Württemberg, *Swanscombe* in England,
Kanjera in Ostafrika. Die ersten beiden werden ins Große Interglazial
gesetzt und sind damit nicht jünger als ein Großteil der sog. Anthropusgruppe. **Typische Gerätform** des Altpaläolithikums ist der **Faustkeil.** Nur ganz ausnahmsweise sind Funde anderer Art erhalten geblieben, so feuergehärtete, offensichtlich zu Jagdspeeren gehörige
Holzspitzen. Die meisten Geräte rühren von Jagdunternehmungen
her. Großwild (Steppen- und Waldelefant, Waldnashorn, Boviden
und Cerviden) ist die bevorzugte Jagdbeute. Bei den regelmäßig aufgesuchten Tränken dieser Tiere boten sich besonders günstige Jagd-
aussichten. Dabei ist an eine Angriffsjagd mit dem Stoßspeer und an
ein Fangen in Fallgruben zu denken. In einer Spätphase des Altpaläolithikums werden erstmals Höhlen in nennenswertem Umfang von
Menschen als Lagerstätte aufgesucht. Dazu bildet die *Beherrschung
des Feuers* eine entscheidende Voraussetzung.

Mittlere Altsteinzeit (60000–35000 v. Chr.)

Kenntlich ist dieses Zeitalter an der Vervollkommnung eines **typischen Bestands an Steingeräteformen.** Faustkeile sind nicht völlig ver-
schwunden. Aber dieses alte Universalgerät wird ersetzt durch einige
Spezialformen. Die wichtigsten Geräteformen sind Schneide-, Schab-
und Sägeinstrumente sowie Speerspitzen. Besonders sorgfältig gearbeitet, dienen sie anscheinend dem Erlegen und Zerlegen des Jagd-
wildes, die einfacher zugerichteten Steinwerkzeuge auch der Holz-
und Knochenbearbeitung, d. h. der Herstellung weiterer Geräte. Die
Menschenfunde zeigen eine bemerkenswerte gestaltliche Variabilität.
Demgegenüber hält die Forschung heute den Neandertaler für eine
Spezialisationsform. Trotz regionaler Sonderausprägungen in kultureller und rassischer Hinsicht treten verbindende Gemeinsamkeiten
vom Atlantik bis nach Innerasien hervor und lassen die Vorstellung
von einer durch Kontakte bewirkten **Kulturgemeinschaft** entstehen.
Diese Kulturverwandtschaft erstreckt sich auf Techniken der Steingeräte, auf wirtschaftliche Eigenheiten (Jagdmethoden) und auf kul-
tisch-religiöse Wesenszüge, wie sie anhand von *Opferdepositionen*
und *Bestattungen* zu erschließen sind. Als Zeugnisse religiöser Opfer-
handlungen sind Deponierungen von Tierknochen, vor allem
Schädeln, zu deuten. Außer Hirsch- und Wisentknochen sind hauptsächlich Schädel von Höhlenbären mitunter rituell aufgestapelt (in
Steinkisten, mit Steinplatten umstellt). Die Toten werden zumeist in
Schlafstellung in Felsspalten oder künstlich gegrabene Gruben gebet-
tet, mit Ocker umgeben (Ausdruck der Festlichkeit), nicht selten mit
Steinen bedeckt (Schutz vor Raubtieren), einmal auch mit Ziegen-
hörnern umstellt (Zier) und mit Fleischstücken und z. T. auffallend

sorgfältig gefertigten Steingeräten ausgestattet (Abschiedsgeschenke).

Jüngere Altsteinzeit (35 000–8000 v. Chr.)

Steingeräte sind in der sog. **Schmalklingentechnik** hergestellt und werden als Schneidgeräte benutzt oder als Ausgangsprodukte für die Herstellung weiterer Werkzeuge (Kratzer, Messer, Bohrer, Stichel, Spitzen usw.). Verbesserung der technischen Verfahren und zahlreiche Spezialformen. Nicht minder ausgeprägt ist der Bestand an Geräten aus organischem Material. Erhalten sind solche Geräte allerdings so gut wie ausschließlich in den Gebieten, in denen sie aus Knochen, Geweih und Elfenbein geschnitzt waren, während sie dort, wo sie vermutlich aus Holz waren, vergangen sind. Im Verlauf des Jungpaläolithikums erweitert sich der menschliche Lebensraum durch die **Erstbesiedlung Amerikas und Australiens,** und zwar kommen amerikanische Kultur und Bevölkerung aus dem nordostasiatischen Bereich, die Erstbesiedlung Australiens wahrscheinlich von Neuguinea her.

Die Entstehung der **bildenden Kunst** zeigt eine neue Stufe menschlicher Bewußtseinsentwicklung an. Darstellungen von Tieren und Menschen, ausnahmsweise auch von Pflanzen, auf Höhlenwände oder lose Steine gemalt, in Felswände, Steine, Geweih-, Elfenbein-, Gagat- oder Bernsteinstücke geritzt, reliefartig aus dem Bildgrund oder vollplastisch aus diesen Materialien herausgearbeitet. Veristische Naturwiedergaben und schematische Darstellungen. Die Größe der Wandbilder ist sehr unterschiedlich; sie schwankt von lebensgroßen bis zu winzigen, nur wenige Zentimeter großen Darstellungen. Nur vereinzelt finden sich Kompositionen thematisch zusammengehöriger Figuren. Überwiegend handelt es sich bei den bildlichen Darstellungen jedoch um Einzeltiere, zumeist Jagdwild. Themenauswahl und Darstellungsart legen die Annahme nahe, daß diese Bilder Jagderlebnisse – Erfolge und Gefahren – wiedergeben. Da die bildlichen Erinnerungsberichte unverkennbar einen religiösen Charakter haben, dürfen wir sie wohl in die aus späteren Kulturen bekannte Gattung der Votivbilder einordnen.

Bestattungen: Tote sind häufig mit Kleider- und Körperschmuck versehen. Es gibt isolierte Kopfbestattungen, die entweder einzeln oder in Gruppen beisammenliegen. Anders zu beurteilen sind Zeugnisse eines Schädelkultes, bei dem menschliche Schädel rituell aufbewahrt wurden.

Lagerplätze liegen bevorzugt an Wasserläufen. Die Behausungen sind mitunter tief in den Boden eingegrabene, rechteckige, mit Holzverkleidung versehene Gruben mit geraden Wänden, die eine Holzbalkendecke aufweisen. Daneben gibt es solche, die als obertägige Bauten und schließlich mit ganz ebenerdigem Fußboden errichtet sind, sowohl in rechteckigen als auch ovalen und runden Anlagen. Der

Hüttenboden ist gelegentlich steingepflastert oder als Estrich gebildet. Vielfach finden sich in den Behausungen Herde.
Wie das Alt- und Mittelpaläolithikum, so ist auch das Jungpaläolithikum durch eine rein *aneignende Wirtschaftsweise* gekennzeichnet.
Eine Domestikation fleischspendender Tiere ist fremd, lediglich beim Hund gibt es Befunde für einen Domestikationsansatz. Die vegetabilische Nahrung besteht aus gesammelten Früchten, Beeren, Wurzeln, Samen, Kräutern. Gejagt werden Wisent, Ren, Pferd. Mit dem Stoßspeer werden auch Boviden und Bären erlegt. Für scheues, flüchtiges Wild, wie Equiden, Cerviden und Capriden, eignen sich dagegen eher Schuß- und Wurfwaffen: Pfeil und Bogen sind in Gebrauch, Wurflanzen mit Widerhaken; veranstaltet wird die Treibjagd mit Fallgruben, Fanggatter, Schlingen als Jagdmittel. Populationsgruppen machen die Weitwanderungen der Renherden mit, um ganzjährig von der Renjagd leben zu können.

B. Jungsteinzeit

Der Übergang zur Jungsteinzeit (etwa 8000–2700 v. Chr.) ist ein vielschichtiger, komplexer Vorgang, der sich in den einzelnen Erdgebieten sehr verschiedenartig darstellt und über eine unterschiedlich lange Zeitspanne erstreckt. Die Datierung der Jungsteinzeit beruht für den Schlußabschnitt auf dem Ansatz der beiden ersten Dynastien in Ägypten in der Zeit von etwa 3000 bis etwa 2700 v. Chr. Die für die Entstehung der neolithischen Kultur entscheidenden Impulse stammen offensichtlich aus dem Bereich des Vorderen Orients.
Unter den technischen Errungenschaften spielt die **Erfindung der Keramik** eine besondere Rolle: zunächst ist sie ausschließlich handgeformt. Erst um 3000 v. Chr. kommt die langsam rotierende (handbetriebene) Töpferscheibe auf. Schon früh werden die Tongefäße vor dem Brand bemalt. In anderen Gebieten werden sie nur mit Ritz-, Stich- und Eindruckmustern verziert.
Neuerungen der Steinbearbeitung: Steinschliff, Steindurchbohrung, Mikrolithik. Steinbeile dienen als Geräte vor allem der Holzbearbeitung und als Waffe. Die Technik des Steindurchbohrens wird zunächst an Waffen angewandt: Streitkeulenknäufe und Streitäxte. Neuartig sind Sichelblätter, Klingenstücke, die reihenweise in einer Holzschäftung sitzen, Verwendung zum Getreideschneiden, als Hinweis auf Pflanzenanbau zu bewerten. Neu ist die sog. Mikrolithik. In einem speziellen Verfahren hergestellte Zwerggeräte geometrischer Form dienen als Schneideinsätze höchstwahrscheinlich von Waffentypen dolchartigen Charakters. Diese Mikrolithen sind in weiten Teilen der Alten Welt verbreitet.
Auf *wirtschaftlichem Gebiet* bringt das Neolithikum als entscheidende Neuerung die Domestikation von Tieren und den planmäßigen

Anbau von Nutzpflanzen, vor allem Getreide. Die ersten fleischspendenden Haustiere sind Schaf, Ziege, Rind und Schwein. Daneben spielt die Jagd eine untergeordnete Rolle. Die produzierende Form der Nahrungsgewinnung und die Vorratsspeicherung stehen in Verbindung mit *neuen Formen der Siedlungsweise*. Häuser haben größere Festigkeit und Regelmäßigkeit. Rundbauten sind selten und nur zu Wirtschaftszwecken errichtet; sonst herrscht die Rechteckform, sei es als ein- oder mehrräumige Einzelhäuser, sei es als wabenartig aneinandergebaute Häuser und Räume. Die Wände bestehen entweder aus Stampflehm, luftgetrockneten Lehmziegeln (mit oder ohne Steinsockel) oder aus Holzpfosten mit lehmverstrichenem Flechtwerk oder Bretterfüllung in den Zwischenräumen. Zweistöckigkeit kommt vor. Die Wände sind in der Regel verputzt und mitunter bemalt. Die Haustypen und die Siedlungsarten erweisen sich als ebenso bezeichnende Kultureigenheiten wie die Keramik und der Bestand an Steingeräten.

Die *bildende Kunst* bringt Felsmalereien, menschliche, vor allem weibliche Statuetten aus Stein und Ton hervor. Darstellungen von Tieren und Menschen sind nach wie vor großenteils als Votivbilder aufzufassen. Eine in Silhouettenmanier gemalte Bildergruppe in Ostspanien unterscheidet sich durch das häufig dargestellte Motiv des Krieges – zumeist gegeneinander kämpfende Bogenschützen – von der gesamten altsteinzeitlichen Bildkunst. Durch das Hervortreten dieses Themas wird die Bedeutung einer ausgeprägt kriegerischen Lebenshaltung unterstrichen, die auch durch das für diesen Abschnitt der Kulturentwicklung zu belegende erstmalige Erscheinen ausgesprochener Waffentypen (Streitaxt, Streitkeule, Dolch mit Mikrolithenschneide) angedeutet wird. In den Jagdbildern findet das „heroische" Zur-Schau-Stellen zum Zwecke der Verherrlichung einer Tat für die Zeitgenossen und für die Nachwelt seinen Niederschlag.

C. Kupferzeit

Etwa 2700–1600 v. Chr. Die Kulturerscheinungen aus der zweiten Hälfte des 3. Jtsd. v. Chr. werden im mittleren und nördlichen Europa zumeist unter der Bezeichnung Jung- bzw. Spätneolithikum mit zur Jungsteinzeit gerechnet, im südlichen Europa und im Vorderen Orient hingegen als kupferzeitlich angesprochen. Wie in der Jungsteinzeit gehen auch jetzt wesentliche Impulse für die europäische Kulturentwicklung vom Vorderen Orient aus. Das gilt vor allem für die auffälligste kupferzeitliche Erscheinung, das sog. **Megalithphänomen:** wie in Griechenland, so werden auch in Italien, auf der Iberischen Halbinsel, in Frankreich, in Großbritannien und Nordeuropa Grab- und Kultbauten von monumentaler Form errichtet (Tholoi, Felskammergräber, Dolmen, Ganggräber und Steinkisten). Wie diese großartige Sepulkral- und Sakralarchitektur, so ist auch die übliche Sitte der Kollektivbestattung an vielen Stellen belegt. Zahlreiche Personen werden in immer von neuem geöffneten Grabkammern beigesetzt, wobei die Reste alter Bestattungen häufig nach Art eines Beinhauses beiseite geräumt werden. Hinter diesen Grabformen und Bestattungssitten stehende religiöse Vorstellungen sind offenbar Ausstrahlungen von Ideen, die zu Beginn des 3. Jtsd. v. Chr. im Kreis der ältesten Hochkulturen Gestalt gewinnen: die Vorstellung von einem jenseitigen *Weiterleben nach dem Tod* und der *Glaube an anthropomorph vorgestellte Götter*, die über das Diesseits wie das Jenseits gebieten. Diese neuen religiösen Vorstellungen, die auch die Sozialordnungen (Sippengrüfte, Fürstengräber, Kultgemeinden) prägen, verkörpern eine neue historische Stufe menschlicher Geistesentwicklung.

Aus einigen Kulturen kennen wir regelrechte *Burganlagen*, d. h. stark befestigte Sitze politisch Mächtiger, Zeugnisse einer gesteigerten Persönlichkeitsbewertung und einer sozialen Oberschicht. Die Tatsache, daß in burgartigen Siedlungen mitunter Spuren von Kupferverarbeitung (Gußformen, Barren, Gußkuchen) zum Vorschein kommen, weist darauf hin, daß diese soziale Oberschicht einen maßgebenden Einfluß auf die frühe Metallverarbeitung hatte. Diese wird Quelle und Ausdruck des Reichtums und der Macht.

Wirtschaftlich sind die kupferzeitlichen Kulturen in Europa im allgemeinen durch Ackerbau, Viehzucht und ein beginnendes Handwerkertum gekennzeichnet.

III. Alte Geschichte

Städtische Siedlungen als die äußere Voraussetzung jeder höheren Kultur sind nach unserer Kenntnis zuerst in Vorderasien und Ägypten schon vor 3000 v. Chr. entstanden, wenig später im westlichen Indien. Die durch die Erfindung der Schrift zuerst in Babylonien, dann in Ägypten und Indien ermöglichte Aufzeichnung geschichtlicher Ereignisse läßt diese Gebiete für uns früher als alle anderen bald nach 3000 aus dem Halbdunkel der Vorgeschichte heraustreten, auch wenn die Nachrichten über die älteste Zeit noch recht dürftig sind. Vorderasiens und Ägyptens politische Hauptleistung in vorgriechischer Zeit ist die Schaffung eines durchorganisierten Staatswesens mit Königen als Vertretern der Götter an der Spitze, die manchmal selbst als Götter gelten. Im Mittelpunkt des Lebens steht die Religion, in deren Dienst eine vielseitige Literatur und hochstehende Bau- und Bildkunst entsteht. Wissenschaftliches Denken ist noch nicht voll entfaltet. Die Religion ist äußerlich von Polytheismus und Magie bestimmt; die tieferen Denkern in Babylonien und Ägypten schon geschenkten Einsichten in das Wesen der Gottheit und deren Forderungen an die Menschen bereiten den Boden für die aus dem Orient herauswachsende Offenbarungsreligion Israels und damit auch für das Christentum. Am Ende der Geschichte des Alten Orients steht das Perserreich der Archämeniden als seine Zusammenfassung. In Griechenland erwächst im naturgegebenen Rahmen des Kleinstaates auf agrarischer Grundlage die Polis. Sie entfaltet in Auseinandersetzung mit dem Erbe altägäischer und mykenischer Kultur eine Harmonie politischen, kulturellen und religiösen Lebens, die das Griechentum zur Grundlage der abendländischen Kultur werden und in ihm die Grundformen gesellschaftlich-politischen Lebens sich ausprägen läßt, die noch heute griechische Namen tragen. Der zündende Funke zu schöpferischer Fortentwicklung der archaischen Epoche kommt von dem weltoffenen kolonialen Menschenschlag, der im ionischen Kleinasien und in Großgriechenland (Unteritalien, Sizilien) in der Berührung mit fremden Kulturen früh das Individuum zum geistigen Selbstbewußtsein führt. Die Verbindung beider Entwicklungen im Bürgertum der attischen Demokratie befähigt die Griechen, der Übermacht des Perserreichs Trotz zu bieten und Träger der klassischen Kultur des perikleischen Athen (445–430) zu werden. Infolge des Gegeneinanders der Staaten und selbstsüchtiger Politiker zerbricht zwar im 4. Jh. der Polisstaat, aber die attische Kultur wird das einigende Band des Griechentums. Das Königtum der erst unter Philipp II. geeinten und mit Griechenland verbundenen Makedonen eröffnet dieser Kultur durch die Eroberungs- und Entdeckungsleistung Alexanders d. Gr. die Welt. Die Schauplätze orientalischer und griechischer Geschichte verbinden sich. Die Kenntnis des Ostens formt die griechische Kultur zum universalen **Hellenismus** um. Unzählige Städtegründungen der Diadochen (323–30) verbreiten die Form der griechischen Polis, die überall Zivilisationszentrum wird. In den Städten entsteht ein einheitliches Besitzbürgertum, das sich zum Träger griechischer Kultur und Sprache in den Reichen von Rom und Byzanz erhebt.

In **Italien** erringt der **eine** Stadtstaat Rom mit seiner gemischten Bürgerschaft durch seinen Aufstieg gegen die Italiker nach und nach die Pax Romana für alle städtisch besiedelten Gebiete. In Anpassung an die jeweiligen machtpolitischen Gegebenheiten gewinnt er stetig fortschreitend die Herrschaft über Italien, die Inseln und Randgebiete des westlichen und östlichen Mittelmeers und schließlich Westeuropa und den Orient. Indem die Römer neben den Gemeindestaat mit seiner oligarchischen Herrenschicht später, zuerst als Reichsfeldherrn in unruhigen Gebieten, den princeps stellen, wird es ihnen möglich, das Reich zusammenzuhalten und als bürokratischen Zwangsstaat unter absolut herrschenden Kaisern durch die Krise des Ansturms der Randvölker (3. Jh. n. Chr.) zu führen. Infolge der Ausbreitung der antiken Stadtkultur nach Westeuropa und der Wirkung des Römertums über Rhein- und Donaugrenze hinweg schafft das Römische Weltreich die Grundlagen des westeuropäischen Kulturlebens. Mit der Verbreitung des Christentums bereitet es dort das Werden des abendländischen Mittelalters vor, indem die andrängenden Germanen, wie vorher Kelten und Illyrier, zur Auseinandersetzung mit der christlich geprägten römischen Kultur geführt werden.

A. Europa und der Vordere Orient

1. Die Hochkulturen des Alten Orients

a) Ägypten

Altägypten umfaßt das in das nordafrikanische Wüstenplateau eingeschnittene, etwa 1000 km lange, aber meist nur 10–20 km breite untere Niltal von Assuan abwärts mit Einschluß des Deltas. Äußerst regenarm, hängt seine große Fruchtbarkeit nur vom Nil ab, dessen Hochwasser jedes Jahr von Juni bis Oktober das Land bewässert und fruchtbaren Schlamm aus Innerafrika absetzt. Das Delta ist vor 5000 Jahren erst in den Randgebieten durch Besiedlung erschlossen, und weite Strecken bleiben noch während des ganzen Altertums Papyrussumpf- und Marschgebiete ohne Dauersiedlungen. Das lange, schmale

*Tal begünstigt den Partikularismus einzelner „Gaue", die volle Aus-
nutzung des Nils jedoch und die Regelung der künstlichen Bewässerung
fordern straffe Zusammenfassung des Landes und das Siedeln in geschlossenen Dörfern inmitten des dazugehörigen Ackerlandes. Breite
Wüstengürtel mit ganz wenigen Oasen schließen das Land gegen W
und O ab, die damals hafenarme Küste gegen N. Der hierdurch gege-
bene weitgehende Schutz gegen größere Feindeinbrüche ermöglicht
Altägypten eine in der Alten Welt einzigartige, nur selten gestörte geschlossene Kulturentwicklung.*

In der **Frühzeit** (5000–2900) werden die Grundlagen für die spätere
ägyptische Hochkultur bereitet. Dabei verläuft die Entwicklung im
Nildelta und in seinen Randgebieten zunächst verschieden von der
des oberen Niltals südlich von Memphis.
Dieses *Oberägypten* wird im *5. Jtsd.* von nordafrikanischen Nomaden
neu besiedelt. Sie gehen nach und nach zu bäuerlicher Lebensweise
über, wohnen in Geflechthütten im Dorfverband und setzen die Toten
in Friedhöfen bei. In *Unterägypten* ist um diese Zeit eine von Einwan-
derern aus Vorderasien begründete bäuerliche Kultur festzustellen
mit Getreideanbau und Tierzucht. Außerdem sorgen auch weiterhin
Jagd und Fischfang für die Ernährung; neben Fellbekleidung treten
gewebte Gewandstoffe. Die Menschen leben in Dörfern aus runden
oder ovalen Schilf- und Strohhütten. Mit Lehm bestrichene Körbe
dienen als Getreidesilos. Die Toten werden in den Dörfern selbst bestattet.
Im *4. Jtsd.* kommt es zu intensivem Kulturaustausch zwischen Ober-
und Unterägypten. Erstmals finden sich mit luftgetrockneten Nil-
schlammziegeln ausgemauerte Gräber, Fayenceperlen und -gefäße.
Die Feuersteingeräte – immer feiner bearbeitet – weichen mehr und
mehr Werkzeugen aus Kupfer.
Um 3000 entsteht ein (planmäßiges) *Bewässerungssystem* mit Kanälen, Gräben, Rinnen, Hebewerken, Schwengelbrunnen und Schöpf-
rädern zur weiteren Förderung des Ackerbaus. Die **Religion** wird von
totemistischen Anschauungen beherrscht. Tiergestaltige Symbole
werden auf Standarten bei Wanderzügen mitgeführt oder in Kult-
zentren lebend gehalten (Falken als Zeichen des Himmels, Löwen,
Stiere, Krokodile, Giftschlangen und Skarabäen). Um 3000 werden
auch kosmische Gottheiten und Fruchtbarkeitsgötter verehrt.

Um 2900 *Reichseinigung* durch den oberägyptischen König *Aha* (nach griechischer Überlieferung **Menes**), der die spätere Hauptstadt **Memphis**
(„Weiße Burg") bei Kairo gründet. Festigung des Reiches unter mancherlei Kämpfen; die Kupfergruben im Sinai werden besetzt und eine
durchgegliederte Verwaltung wird aufgebaut.

**Etwa
2610–2150** **Das Alte Reich** (3.–6. Dynastie nach der Einteilung des ägyptischen
Priesters Manetho um 280 v. Chr.), Hauptstadt *Memphis.* Abwehr
immer neuer Nomadenangriffe, Eroberungen in Unternubien
(Kusch) und zeitweise auch Palästina. Zahlreiche Handelsunterneh-

mungen: Karawanen bringen aus Innerafrika Elfenbein und Felle,
Schiffe Weihrauch und Gewürze aus *Punt* (wohl Somaliküste) und
Bauholz aus Syrien. Erste große Blütezeit des Reichs.
Der Staat. Absolutes erbliches Königtum. Der König (*Pha-
rao* = großes Haus) genießt als Sohn des Sonnengottes *Re* schon zu
Lebzeiten göttliche Verehrung. Glänzende Hofhaltung. Zentralistischer Staatsaufbau unter einem obersten Minister *(Wesir)* mit großer Vollmacht. Der dafür notwendige, straff organisierte große
Beamtenapparat baut auf dem sorgfältig ausgebildeten Schreiber-
stand auf. Einteilung des Landes in Gaue unter Gaufürsten, meist
dem alten Adel entnommen. Kein größeres stehendes Heer; Aufge-
bote im Rahmen der **Frondienstpflicht** von Fall zu Fall. Besteuerung
durch Abgaben von Korn und Vieh; noch keine Geldwirtschaft.
Rechtspflege durch Gerichte; in guten Zeiten erhebliche Rechtssicherheit. Der zentralen Stellung von Religion und Kult entspricht die
Macht der Priesterschaft, aus deren Mitte nach politischen Umwälzungen oft der neue König hervorgeht.
Bau- und Bildkunst. Aus dem Totenkult für die Gottkönige erwachsen schon früh hausförmige Grabanlagen von großen Ausmaßen, die
etwa   zur Stufenpyramide mit rechteckigem Grundriß und den gewaltigen
2575–2465   **Pyramiden** mit quadratischem Grundriß und vorgelagertem Tempel
fortentwickelt werden. Besonders berühmt die drei Pyramiden von
Giseh (bei Kairo) der Könige *Cheops, Chephren* und *Mykerinos*. Alle
in Fronarbeit schon zu Lebzeiten der Könige erbaut; um sie herum
die Grabbauten der Großen (*Mastabas* = Steinbänke), oft auch mit
inschriften- und reliefgeschmückten Kammern. Die späteren Pyramiden sind wesentlich kleiner, aber z. T. reicher ausgestattet; umfangreiche Inschriften auf den Wänden der Kammern beschreiben die sehr
umständlichen Beisetzungsriten bis hin zum Aufstieg des Königs zu
den Göttern. Eine bedeutende monumentale Bildkunst entsteht (Statuen, Reliefs, farbenreiche Malerei). Die Darstellung ist nicht per-
spektivisch, sondern geradeaufsichtig.
Religion und Jenseitsglauben. Die alte Fellachenreligion mit ihren
vielen ortsgebundenen, meist tiergestaltigen Göttern wird zu Beginn
der geschichtlichen Zeit von einer Sonnenreligion mit wenigen Uni-
versalgottheiten überlagert, die den König in das Göttersystem einbezieht. Beide Religionen durchdringen sich in reich ausgestalteten
Kulten unter Leitung einer organisierten Priesterschaft. Oberster
Gott ist der Weltschöpfer *Atum* (später mit dem Sonnengott *Re*
gleichgesetzt), Mythos von den Vegationsgottheiten *Isis* und *Osiris,*
Glaube an ein Fortleben der Toten, die der Opfergaben bedürfen,
in der Unterwelt und an ein das Tun der Menschen gerecht abwägen-
des Totengericht unter *Osiris* als Unterweltskönig. Im Zusammenhang damit steht die Sitte der Einbalsamierung der Toten (Mumien).
Sprache und Schrift. Die altägyptische Sprache verbindet hamitische
und semitische Elemente. Sie wird mit der um 2950 entstandenen
vokalosen und bildhaften **Hieroglyphenschrift** geschrieben, in der

Wort-, Silben- und Konsonantenzeichen nebeneinander benutzt werden. Die Entzifferung gelingt 1822 dem Franzosen *Champollion* mit Hilfe des dreisprachigen (griechisch-hieroglyphisch-demotischen) *Steins von Rosette* (während der ägyptischen Expedition Napoleons I. 1799 aufgefunden). Zahlreiche Steininschriften sowie eine vielseitige religiöse Literatur auf Papyrus und den Grabwänden. – **Kalender.** Die Ägypter haben schon ganz früh ein *Sonnenjahr* zu 365 Tagen ($12 \times 30 + 5$) mit dem Beginn der Nilüberschwemmung (Mitte Juli) als Neujahr.

Die Bedrückung des Volkes durch die Frondienste führt gegen Ende des Alten Reichs zu Aufständen und sozialen Umwälzungen, die die Auflösung des Reichs in eine Reihe von Gaufürstentümern zur Folge haben. Der bis dahin selbstverständliche Glaube an die Göttlichkeit des Königs geht weithin verloren.

Um 2040 **erneute Einigung** von Oberägypten aus durch *Mentuhotep*, neue Residenz **Theben** (heute *Karnak* und *Luxor*). Das damit entstandene **Mittlere Reich** wird zu neuer Machtentfaltung (*Sesostris III.* 1878–1844) und kultureller Blüte emporgeführt. Nach außen in wenigen Feldzügen Vergrößerung des Reiches; Einflußsphären in Syrien-Palästina und Nubien, Seehandel mit Kreta und Punt. Nach innen erneute Zentralisierung durch Zurückdrängung der Gaufürstengewalt und Wiederherstellung des Beamtenstaates, der den Einfluß der Priester beschränkt. Die Bauern bleiben leibeigen, wenn auch die Fron weniger hart ist als früher. Große Tempelanlagen, vor allem für den neuen Reichsgott *Amun* (Ammon) von Theben; reich ausgestattete Felsengräber für die Gaufürsten und kleinere Pyramiden, z. T. aus Ziegelmauerwerk, für die Gottkönige. Reife, vielseitige Bildkunst (Kolossalstatuen der Könige z. T. über 4 m hoch). Klassische Zeit der Literatur; besonders gepflegt werden neben der Theologie die Astronomie, Mathematik und Medizin (auch Chirurgie und Tierheilkunde).

Um 1650 Innere Wirren schwächen das Reich nach 1790 und geben dadurch den **Hyksos,** einer semitisch-kanaanäischen Stammesgruppe auf Streitwagen, Gelegenheit zur Festsetzung im Ostdelta, von wo aus sie Nordägypten und Südpalästina über 100 Jahre lang beherrschen, während im Süden Ägyptens Gaufürsten regieren. Eine vom Süden ausgehende nationale Gegenbewegung wird 1552 von *Ahmose*

1552–1085 (Amasis) zum Sieg geführt, dadurch Begründung des **Neuen Reiches** (Hauptstadt *Theben*), das durch kraftvolle Herrscher bald zur führenden Großmacht des Orients wird. *Amenophis I.* (1527–1506) und *Thutmosis I.* (1506–1494) verbinden Nubien für Jahrhunderte fest mit Ägypten (Anlage von Festungen). Thutmosis I. dringt nach Norden erstmals bis zum Euphrat vor. Höhepunkt der Machtentfaltung unter der Königin *Hatschepsut* (1490–1468; große Handelsexpedition nach Ostafrika, erste Begegnung mit Negern) und *Thutmosis III.* (1490–1436). Reger Diplomaten- und Handelsverkehr mit den Nachbarstaaten von Kreta bis Babylonien, besonders unter *Ameno-*

phis III. (1402–1364), der die gewonnene Macht in langer Friedenszeit ausbauen kann.
Innerer Aufbau des Staates wie früher, doch stärkerer Einfluß der Gaufürsten und besonders der Priesterschaft des *Amun* in Theben. Großartige säulengeschmückte Tempelanlagen vor allem in Theben. Große Felsengrabanlagen anstelle der jetzt abgekommenen Pyramiden; Kolossalstatuen von Königen („Memnonskolosse"). In der **Religion** einerseits reich ausgestattete Kulte der alten tierköpfigen Götter, andererseits eine vertiefte, den überkommenen Polytheismus umdeutende Gottesauffassung, die sich vor allem an *Amun* von Theben als „Hauch des Lebens", den Schöpfergott *Ptah* von Memphis und den Sonnengott *Aton-Re* anschließt. Aus verschiedenen Ursachen nach 1400 religiöse Krise, die **Amenophis IV.** (später *Echnaton* genannt, 1364–1347) zum radikalen Bruch mit der Vergangenheit und zum Versuch der Durchsetzung eines vergeistigten **Sonnenmonotheismus** um *Aton* führt (Gattin *Nofretete*); ein unvergängliches Denkmal religiöser Lyrik wird sein „Sonnengesang". Der Reformversuch bricht gleich nach seinem Tode zusammen (Rückkehr seines Schwiegersohns *Tutanchamun* [1347–1339] nach Theben).
Nach einer wirrenreichen Restaurationszeit (Wiederherstellung der alten Kulte und Namensausmeißelungen Echnatons) erneuter Aufstieg, besonders unter *Ramses II.* (1290–1224). Palästina wieder unterworfen, Kämpfe mit den Hethitern und den ins Westdelta eindringenden Libyern. Unter Merenptah 1219 bedrohliche Angriffe der mit den Libyern verbündeten „Seevölker" (darunter Griechen und Philister).
Nach Ramses III. rascher Verfall der ägyptischen Macht. Im Innern kämpfen die Priester des *Amun* von Theben und libysche Söldnerführer um die Macht. Wirtschaftliche Verselbständigung der Tempel bei weitgehender Abkapselung der Priesterschaft gegen das Beamtentum. Verstärkte Hinneigung zur Magie. Verfall des Rechts, Verarmung der Kunst. Um 926 zieht Scheschonk I. nach Palästina und plündert Jerusalem mit seinen reichen Tempelschätzen. 671 Eindringen der Assyrer. Diese machen die Gaufürsten zu Statthaltern, unter
664–610   ihnen *Psammetich I.* von *Sais* im Ostdelta, der bald die assyrische
664–525   Besatzung mit Hilfe karischer und griechischer Söldner hinauswirft und die letzte ganz selbständige Dynastie Ägyptens mit der Hauptstadt *Sais* begründet. Er bricht die Macht der Amunspriester, unterhält eine griechische Flotte und öffnet sein Land den Griechen und ihrem Handel (griechische Kolonien im Delta). Wiederbelebung einer bewußt archaisierenden Kunst. *Amasis* (570–526), von *Nebukadnezar* geschlagen (S. 37), schenkt Ägypten noch eine längere Friedenszeit, scheitert aber mit seinem Bemühen um wirksame Defensivbündnisse gegen Persien mit *Kroisos* von Lydien und *Polykrates* von Samos (S. 59). Sein Sohn *Psammetich III.* wird daher nach
525   wenigen Monaten Regierung vom Perserkönig *Kambyses* bei **Pelusium** geschlagen und entthront; **Ägypten wird persische Provinz,** be-

hält aber eine gewisse Selbstverwaltung und volle Freiheit in der Kultausübung. Die Götter des alten Ägypten wie *Amun* und *Re* müssen jetzt allerdings ihren Platz Gottheiten der Urzeit einräumen, unter ihnen dem Unterweltskönig *Osiris* und seiner Gemahlin *Isis.* Das Schicksal im Jenseits steht mehr denn je im Mittelpunkt des Denkens der Gläubigen.

Mit der verhaßten Perserherrschaft findet sich Ägypten nicht ab. Nach einer Erhebung und einem mühsam unterdrückten schweren Aufstand wird das geschwächte Persien 404 zur Anerkennung der Unabhängigkeit Ägyptens gezwungen. Erst *Artaxerxes III.* gelingt 343 die erneute Unterwerfung des Landes, der schon **332** die Eroberung durch **Alexander d. Gr.** folgt. Der nun endgültige Verlust der Freiheit und die alsbald einsetzende Hellenisierung unter den **Ptolemaiern** können aber das kulturelle und religiöse Eigenleben noch nicht auslöschen. Die Hieroglyphen und die alten Kulte bleiben noch während der Römerzeit lange lebendig. (Forts. S. 83.)

Die stärkste Wirkung Ägyptens auf die Nachbarländer bis in die Ägäis geht von seiner Bau- und Bildkunst und seiner Schrift aus. Die Griechen schwanken zwischen maßloser Bewunderung und tiefer Verachtung ägyptischer Weisheit; zu in manchen Kreisen sehr erheblichem Einfluß auch auf Rom gelangt diese erst in der römischen Kaiserzeit (S. 145 f.).

b) Babylonien und Assyrien

Babylonien ist das Schwemmland von Euphrat und Tigris, das wegen unzureichender Regenfälle auf künstliche Bewässerung unter Ausnutzung des Frühjahrshochwassers der Flüsse angewiesen ist. Es ist außerordentlich fruchtbar, wenn das stets von Versandung bedrohte Kanalsystem in Ordnung gehalten wird, was nur in einem geordneten Staatswesen durchführbar ist. Assyrien ist das Land beiderseits des Tigris, von dessen Austritt aus dem Gebirge bis etwa Samara; sein Klima ist etwas rauher, aber regenreicher. Anders als Ägypten haben beide Länder ungeschützte offene Grenzen gegen die Steppe und Wüste im Westen und die Hochgebirge im Osten; ihre Fruchtbarkeit fordert Wüstennomaden und Bergbewohner zu dauernden Raubzügen heraus, die nur ein starker Staat abwehren kann. Das Bestreben, dem Fruchtland Sicherheitszonen vorzulagern, führt immer wieder zur Eroberungspolitik. Infolge wiederholter Einbrüche anderer Völker sind die Schicksale beider Länder wechselvoller, ist die kulturelle Entwicklung uneinheitlicher als in Ägypten.

In der *Mitte des 6. Jtsd.* werden Spuren der Jungsteinzeit greifbar, die im 5. Jtsd. in die Kupfersteinzeit übergeht.

Um 5000–4500 wird aus Nordiran der Ackerbau und mit ihm der Pflug ins spätere *Assyrien* übernommen. Schilfhütten und Holzhäuser mit Stampflehmfundamenten bilden die dörflichen Siedlungen.

Getreidebau und Haustierzucht, Geräte aus Stein und grober Keramik bestimmen das Gewerbe.

Um 4500–3500 ruhen die Lehmbauten auch auf Bruchsteinfundamenten. Sie haben rechteckige Grundrisse oder runde nach dem Bienenkorbtyp mit rechteckigem Vorraum. Anzeichen für die Verehrung einer Muttergottheit und eines stiergestaltigen Gottes (Mondgott?) finden sich.

In dieser Zeit wird auch das spätere *Babylonien* von N her besiedelt, weil der Mensch lernt, die im Schwemmland nötigen Be- und Entwässerungsarbeiten durchzuführen. Die Umstellung vom Regenfeldbau des Nordens auf künstliche Bewässerung ermöglicht eine sorgfältige Ausnutzung des Acker- und Gartenlandes. Nahrungsgrundlage sind Getreide, Sesam (Öl), Dattelpalme (aus Arabien eingeführt) und Viehzucht neben Fischfang und Jagd. In den dörflichen Siedlungen gibt es eine schon auf langsam sich drehender Scheibe geformte, zweifarbig bemalte Keramik mit meist geometrischen Motiven. In *Eridu* wurden kleine Tempel aus ungebrannten Ziegeln ausgegraben. Metall – auch Gold – spielt eine Rolle für die Verfertigung von Werkzeugen und Schmuck. Gegen Ende des 4. Jtsd. findet sich eine motivreiche Steinschneidekunst mit Tierbildern auf Stempeln.

Sumerer und Semiten in Babylonien

Um 3200   ist die *Uruk-Keramik* vielleicht der früheste Zeuge für die von Osten oder Südosten eingewanderten **Sumerer.** Ihre Sprache zeigt Anklänge an die Dravidasprachen Südindiens, aber auch an Turksprachen. Sie errichten monumentale Tempelbauten und entwickeln eine reiche Bildkunst. Als Tempelschmuck dienen Mosaiken aus am Kopf gefärbten Ton- oder Steinkegelchen. Zylindrische Rollsiegel lösen die o. e. Stempel ab. Mit ihrer auf Notierungen angewiesenen Tempelwirtschaft – alles Land ist Tempeleigentum – werden die Sumerer die **Erfinder der Schrift.** Mit Griffeln drücken sie Bildzeichen für Wörter und Silben in Ton ein. Durch Umformung zu abstrakten Zeichen entwickelt sich daraus die **Keilschrift.** Diese Idee des Schreibens entlehnen Ägypter und Indusleute. *Im 1. Viertel des 3. Jtsd.* strahlt diese Kultur in Mittel- und Südbabylonien aufgrund von Handelsbeziehungen weit aus. Beachtenswert für die *Religionsvorstellungen* der Sumerer ist eine Kultvase aus Uruk. Sie zeigt die Ordnung des Kosmos vom Grundwasser bis zur Götterwelt, der die Menschen mit Opfern dienen.

Ob die Sumerer je Nordbabylonien geschlossen besiedelten, ist noch nicht klar; wahrscheinlich sind dort schon um 3000 aus Arabien **Semiten** eingedrungen; sie werden nach ihrer späteren Hauptstadt *Akkade* **Akkader** genannt, ihre Sprache ist das semitische *Akkadisch* (spätere Hauptdialekte *Babylonisch* und *Assyrisch*). Wahrscheinlich sind sie Wanderhirten noch ohne regelmäßige Ackerbestellung. In

Babylonien gleichen sie sich weitgehend den Sumerern an (Übernahme der Schrift, vieler sumerischer Wörter und Begriffe, der Grundformen der Bau- und Bildkunst, z. T. auch religiöser Vorstellungen und der Staatsorganisation), bringen aber immer mehr ihre eigene Art zur Geltung.

Die Gliederung des Landes in zahlreiche **Stadtstaaten** mit je einem Kultzentrum als Mittelpunkt unter Stadtfürstendynastien ist sicher sehr alt. Der jeweils Stärkste hat als König die Oberherrschaft, die oft durch mehrere Generationen behauptet wird. Viele Kriege der Stadtstaaten gegeneinander (Anlaß oft der Streit um die Wasserverteilung). Berühmt die Königsgräber von Ur (um 2500) mit reichsten Beigaben an Kunstgegenständen.

Etwa 2350 gründet der König von Akkade, **Sargon I.,** das **erste Großreich der Geschichte,** das von Südwestiran bis nach Syrien und Kleinasien reicht. Inschriften der Könige meist in akkadischer Sprache. Reiche, in den Formen gelockerte Bildkunst in realistischem Stil. Schrift bereits stark geometrisiert.

2064–1955 Neue Blütezeit unter der **3. Dynastie von Ur.** Erneuerung und Vergrößerung der alten Hochterrassentempel; eigenartige Grabanlagen mit Tempeln für die vergöttlichten Könige, denen sumerische Hymnen gesungen werden. Klassische Zeit der sumerischen religiösen Literatur (Hymnen, Klagelieder, Mythendichtungen, Spruchdichtung). Die sehr zahlreichen (wohl 2000–3000) Götter der Sumerer bilden einen *Götterstaat* nach dem Muster des irdischen. Es herrscht eine *Tempelstaatswirtschaft* mit ausgebauter Bürokratie (Grundsatz der Schriftlichkeit in der Verwaltung; daher weit über 100 000 Verwaltungsurkunden aus dieser Zeit gefunden).

Seit etwa 2020 neue Einbrüche semitischer Nomaden, der „Frühkanaanäer". Dadurch immer stärkere Semitisierung auch des sumerischen Südbabylonien; das Sumerertum geht nach und nach ganz im Akkadertum auf, das Sumerische bleibt aber als Kultsprache neben dem Akkadischen bis in die hellenistische Zeit in Gebrauch, so daß die babylonische geistige Kultur zweisprachig wird. Babylonien zerfällt in mehrere Kleinstaaten von meist kurzer Dauer.

Eine Dynastie macht sich in dem bis dahin ganz unbedeutenden **1729–1686 Babylon** selbständig; zu ihr gehört **Hammurabi,** dessen Reich nach kleinsten Anfängen schließlich ganz Babylonien, Assyrien und Mesopotamien umfaßt. Von seiner vorbildlichen Sorge für seine Untertanen zeugt neben Briefen sein auf einer großen Stele eingemeißeltes Reformgesetz, das große Teile des Straf-, Zivil- und Handelsrechts neu regelt (ältere Gesetze z. T. bekannt). Todesstrafe reichlich verwendet, auch Verstümmelungen, Grundsatz „Auge um Auge". Die Frauen sind rechtlich besser gestellt als sonst meist im alten Orient; keine Ehe ohne Eheurkunde. Auch die Sklaven sind nicht ganz ohne Rechtsschutz. Durchsetzung der semitischen Gottesauffassung innerhalb des äußerlich übernommenen sumerischen Pantheons; *Marduk* von Babylon, der Sonnengott *Schamasch* und die Liebes- und Venusgöttin *Ischtar* treten in den Mittelpunkt. Beseitigung der kultischen Königsvergöttlichung der Sumerer.

Erste Blütezeit der babylonischen (akkadischen) **Literatur.** Hymnen und Epen (Weltschöpfung; Suchen nach ewigem Leben bei den mythischen Helden *Gilgamesch* und *Etana*). Zweisprachige sumerischakkadische Wort- und Satzlisten zum Verständnis der sumerischen Literatur haben uns die Entzifferung des Sumerischen ermöglicht. Entwickelte Mathematik (Geometrie und Arithmetik, 60 ist Grundzahl).

Hammurabis Reich hat keinen langen Bestand. Die **Kassiten** *(Kossäer)* aus Iran gewinnen 1531 Babylon und vereinigen seit etwa 1450 ganz Babylonien unter ihrer Herrschaft.

Die Anfänge des Assyrerreichs und die Churriter

Als nach 3000 semitische Stämme in Mesopotamien einwandern, verbindet sich ein Teil von ihnen mit zwei noch unbekannten Volksstämmen zum Volk der **Assyrer.** Es prägt sich kriegerischer und härter aus als die Babylonier, ist aber kulturell vom Süden des Landes abhängig. Von ihm übernimmt es Schrift, Bauweise, Bildkunst und Kultformen. Der göttliche Herr ihrer Stadt **Assur** wird zum Nationalgott gleichen Namens und gibt seit ca. 1400 dem ganzen Land die Bezeichnung. Zunächst gehört es zum Reich von Akkade, später zum Reich von Ur.

1750–1717 Innere Wirren ermöglichen 1750 **Schamschi-Adad I.,** die Herrschaft an sich zu reißen und von Assur aus ein ganz Mesopotamien und vielleicht Teile Syriens umfassendes Reich zu gründen. Trotz kluger Behandlung seiner Untertanen überlebt ihn sein Reich, das auch Mari am Euphrat (großes Tontafelarchiv) umfaßt, nicht.

Nach vorübergehender Unterwerfung unter *Hammurabi* von Babylon wird Assyrien wohl bald nach 1680 von einer neuen Wanderungsbewegung der aus Nordwestiran kommenden **Churriter** erfaßt. Seit etwa 1500 stehen an der Spitze verschiedener Churriterstaaten Dynastien mit *indoarischen Namen,* die zu nach SW abgesprengten Teilen der Indoiraner gehören müssen. Der bedeutendste dieser Staaten ist das **Mitannireich** in Mesopotamien. Sorgfältige Pflege der Pferdezucht für die damals kampfentscheidende Streitwagentruppe.

1366–1330 Unter *Aschschur-uballit I.* macht sich Assyrien wieder selbständig. Nach wechselvollen, sehr harten Kämpfen Eroberung Mesopotamiens und Südarmeniens besonders durch *Salmanassar I.* (1275–1245)

1245–1208 und **Tukulti-Ninurta I.** (bei den Griechen *Ninos*); letzterer unterwirft auch Babylonien. Prächtiger Ausbau von *Assur, Ninive* und anderen Städten (Frondienst hierfür auch als Strafe verhängt). Aufgefundene Gesetzestafeln zeigen eine barbarische Strafpraxis und äußerst niedrige Stellung der Frau (im Gegensatz zu *Hammurabis* Gesetz). Nach Zusammenbruch des Reichs wird Mesopotamien von einer neuen Welle semitischer Nomaden, den **Aramäern,** überschwemmt. Zeit-

weiliges Übergewicht Babyloniens; bedeutendster Herrscher *Nebu-*
1116–1077 *kadnezar I.* (1125–1103), der auch *Elam* besiegt. **Tiglatpilesar I.** stellt
das Übergewicht Assyriens wieder her und erreicht auf seinen Ara-
mäerfeldzügen das Mittelmeer.

Die Zeit von etwa 1400–1050 ist die **klassische Zeit der jüngeren
babylonischen Literatur,** an deren Pflege jetzt auch Assyrien beteiligt
ist. Umarbeitung und oft Erweiterung der noch anerkannten Werke
der älteren Literatur; reifste Fassung des **Gilgameschepos** von den
Taten Gilgameschs und seines Freundes *Enkidu* unter Einbeziehung
der alten Sintfluterzählung (der biblischen in vielem nah verwandt).
Zahlreiche neue Werke (religiöse Heldendichtung, Gebete,
Beschwörungen, Weisheitsdichtung, medizinische Diagnose und
Rezepte, Astronomie u. a.). In der **Religion** gewinnt das Sündenbe-
wußtsein immer größere Bedeutung. Auf der anderen Seite werden
Religion und Magie vielfach vermengt. Kein Glaube an ein Fortleben
nach dem Tode und kein Totenkult; langes, glückliches Leben im
Diesseits ist höchstes Ziel.

Neben dem auf vielen Gebieten blühenden Handwerk, das sich in
den Familien vererbt, hat in Babylonien der *Handel* eine besonders
beherrschende Stellung; an dem ausgedehnten Außenhandel beteiligen sich auch die Könige. Der Boden ist weithin Tempel- oder Staats-
besitz, doch gibt es nun auch privaten Bodenbesitz; Belehnung verdienter Beamter und Offiziere mit Landgütern ist häufig.
Landwirtschaft und Viehzucht werden intensiv gepflegt (Anbau von
Gerste, Weizen, Hülsenfrüchten; Gartenbau); für Bestellung und
Ernte werden zusätzlich Lohnarbeiter eingestellt.

Das Assyrische Großreich und das Chaldäerreich

Das Eindringen aramäischer Nomaden vor allem in Babylonien setzt
sich nach 1050 verstärkt fort. Das nach 930 erneut erstarkende Assyrien muß daher zunächst immer wieder mit diesen Aramäerstaaten
kämpfen. Besonders große Erfolge erzielt der zähe, Widerstand bru-
884–859 tal brechende **Aschschurnassirpal II.;** die schon früher geübte Politik,
widerspenstige Bevölkerungen auszusiedeln, führt er in großem
Maßstab durch. Hauptstadt Kalach.

Seine Eroberungspolitik wird planmäßig fortgeführt von seinem Sohn
859–824 **Salmanassar III.,** der im Osten als erster **medische Stämme** unterwirft. An den Koalitionen gegen ihn im Libanongebiet ist auch Israel
beteiligt. Für seinen unmündigen Enkel *Adadnirari III.* (810–782)
führt in den ersten 4 Jahren dessen Mutter **Sammuramat (Semiramis),**
von der die Griechen Wundergeschichten erzählen, tatkräftig die
Regentschaft. Er selbst bringt Babylonien in immer größere Abhängigkeit, aber unter eigenen Königen.

746–727 Der eigentliche Begründer des Neuassyrischen Weltreichs wird
Tiglatpilesar III., der 732 Damaskus erobert und durch Umsiedlungen großen Stils eine systematische Entnationalisierungspolitik be-

treibt. **Sargon II.** (722–705) erobert 721 Samaria und baut nördlich von Ninive die neue Hauptstadt „Sargonsburg" (riesiger Palast mit reichem Reliefschmuck). Sein Sohn **Sanherib** (705–681) kämpft in Juda 701 gegen Hiskia, vor allem aber gegen Elam und Babylon, das 689 mit seinen Tempeln zerstört wird. Neue Hauptstadt **Ninive,** das schon lange die zweite Stadt Assyriens ist; dort riesige Palast- und Tempelbauten. Starkes Interesse für Technik (Bewässerungs- und Belagerungsmaschinen; großer Aquädukt). Die *assyrische Reliefkunst* erreicht unter ihm und **Assurbanipal** (669–627) ihren Höhepunkt. In Ninive legt dieser ursprünglich zum Gelehrten erzogene König eine große *Bibliothek* an, für die die gesamte erreichbare Literatur Babyloniens und Assyriens meist in neuen Abschriften gesammelt wird; etwa 20 000 Tontafelbruchstücke davon wurden noch gefunden. Lebendige Erzählkunst und geschickte Gestaltung der umfangreichen Königsinschriften. Viele Briefe unterrichten über die Zustände im Reich.

Nach Assurbanipals Tod geht es mit dem durch die zahllosen Kriege ausgebluteten Reich, das durch Bürgerkriege weiter geschwächt wird, schnell abwärts. Babylonien macht sich 626 endgültig von Assyrien frei. Kyaxares von Medien und Nabupolassar von Babylon (626–605) **erobern** nach schweren Kämpfen **614 Assur und 612 Ninive;** beide Städte werden völlig zerstört. Das Reich wird nun zwischen Babylonien und Medien aufgeteilt. Assyrien selbst wird zur bedeutungslosen und weithin entvölkerten Provinz.

626–539 Das Chaldäische Reich.
605–562 König **Nebukadnezar II.** macht Babylonien noch einmal zur Großmacht. Versuche der Juden und anderer Völker, sich zu befreien, schlagen fehl; 587 wird *Jerusalem* zerstört, *Tyrus* dann jahrelang belagert, Ägyptens Heer geschlagen. Seine Bautätigkeit übertrifft an Umfang die aller früheren Könige. Der Hochtempel des *Marduk* in Babylon bei gleicher Länge und Breite 91,5 m hoch („Turm zu Babel"); farbige Ziegelreliefs schmücken die Paläste und die Tore der gewaltigen Festungswerke. Anlage von Gärten auf Terrassen (sog. Hängende Gärten). Errichtung der vom Euphrat bis zum Tigris reichenden *„Medischen Mauer"* nördlich von Babylon. Durchorganisierte Verwaltung in Anlehnung an die assyrische (Einteilung in Provinzen unter Statthaltern mit großen Vollmachten). Wirtschaftliche Blüte.

555–539 Nach *Nebukadnezars* Tod rascher Verfall des Reichs; letzter König wird **Nabonid,** ein Aramäer aus *Charran.* Während seiner langen Abwesenheit ist in Babylon sein Sohn *Belscharussur* (im AT *Belsazar*) als Kronprinz Regent. Infolge des Verrats der Mardukpriester kann
539 **Kyros** (S. 48) ohne größere Kämpfe **Babylon erobern** und das ganze Land seinem Reich einverleiben.

Der Verlust der Selbständigkeit bedeutet für Babylonien noch nicht das Aufhören eines Lebens nach eigenen kulturellen und religiösen Überlieferungen, da die Perser den Unterworfenen große Freiheiten lassen. Erst nach zwei Aufständen wird der Marduktempel in Babylon von Xerxes zerstört. Nach der Eroberung Babyloniens durch **Alexander** kommt es sogar noch zu einer Art Spätrenaissance des Babyloniertums, die über die Zeit der **Seleukidenherrschaft** hinaus nachwirkt. Das Babylonische bleibt (nur als Schriftsprache) noch lange in Gebrauch; gesprochen wird aramäisch. Die Astronomen schreiben sogar noch bis etwa 75 n. Chr. Keilschrift. In der Wirtschaft der Zeit nach 700 bilden sich schon ausgeprägt kapitalistische Formen aus (Bankhäuser; Tempelpfründen werden wie Aktien gehandelt); nach Ägypten hat Babylonien im Perserreich die größte Steuerkraft.

Die Wirkung der Kultur Babyloniens und Assyriens auf die Nachbarländer ist schon im 3. Jtsd. sehr groß und vielseitig, am stärksten in Iran und in Kleinasien; in Syrien und Palästina sind zeitweilig die ägyptischen Einflüsse intensiver. Auf die griechische Kultur hat unmittelbar wohl nur die babylonische Astronomie gewirkt. Beträchtlich ist aber der babylonische Einfluß auf manche Gedankensysteme des Hellenismus sowie auf die Wirtschaftsformen der hellenistischen Welt. Babylonische Maßsysteme bleiben z. T. noch jahrhundertelang in Gebrauch. (Forts. S. 84 f.)

c) Altkleinasien

Das überwiegend gebirgige Kleinasien zerfällt in zahlreiche, oft durch hohe Gebirgsriegel voneinander geschiedene Landschaften; Kleinstaaterei und kulturelles Eigenleben der einzelnen Landesteile werden dadurch sehr gefördert. Das Gebiet der durch tiefe Buchten reich gegliederten W e s t k ü s t e mit ihrem leicht zugänglichen Hinterland und den vorgelagerten Inseln ist kulturell meist ein T e i l d e s ä g ä i s c h e n G e b i e t e s.

Nach etwa *2500* treffen wir im Halysgebiet auf städtische Siedlungen und Ausnutzung der reichen Metallvorkommen. Reiche Beigaben in den Fürstengräbern von *Alaça Hüyük* sind bemalte Keramik, Gefäße aus Bronze und Gold, Waffen, kupferne Tierfiguren mit Elektronüberzug. Die Träger dieser schriftlosen Kultur nennen wir **Protochattier,** die auf dem Hochland in kleineren Staaten organisiert sind. Auf noch unbekannten Wegen westlich oder östlich des Schwarzen Meeres dringen um *2000* kleinere Gruppen von **Indogermanen** ein, die, seit etwa 1800 politische Führungsschicht, sich jedoch der vorgefundenen materiellen Kultur zunächst anpassen. Aufgrund ihrer untereinander nah verwandten Sprachen können wir die Volksgruppen der **Hethiter,** *Luwier* und *Paláer* unterscheiden, von denen nur die erstgenannte eine für uns faßbare größere geschichtliche Bedeutung gewinnt.

Um 1660–1490 Die Anfänge des **Hethiterreichs** sind noch dunkel. Das sog. **Alte Reich** begründet wohl *Labarnas,* dessen Name später (wie *Caesar*) zum Titel wird. Kein absolutes Königtum, sondern Beschränkung der

Königsmacht durch eine Adelsversammlung der Inhaber der großen Lehen, die den König in besonderen Fällen zur Rechenschaft ziehen kann. Das Reich ist ein *Feudalstaat*. Hauptstadt Hattusas (heute Boğazköy). Das **Neue Hattireich** (bedeutendster Herrscher **Suppiluliuma,** um 1375–1340).

Um 1440–1200 Die eroberten Gebiete in Kleinasien und Syrien bleiben meist unter einheimischen Fürsten, die durch unter Anrufung der Götter beschworene Verträge mit genau festgelegten Bedingungen an *Hatti* gebunden werden; Verwaltung dadurch dezentralisiert. Führung der Angriffe vor allem durch Streitwagen (Vorschriften für das Training der Wagenpferde z. T. erhalten); starke Befestigungen dienen der Verteidigung. **Um 1200** erliegt Hatti, durch Angriffe aus SW bereits geschwächt, dem Ansturm neu von NW hereinbrechender Völker.

Für die **Kultur des Hethiterreichs** ist neben den Ausgrabungen das große Tontafelarchiv der Hauptstadt *Hattusas* (Keilschrifttafeln in sieben Sprachen) die Hauptquelle. Das indogermanische Erbe ist außer im Staatsaufbau nur in der Sprache sicher nachweisbar; aber auch die monumentale Baukunst wirkt in vielem nicht orientalisch. Babylonischer Einfluß ist vor allem in Kult, Vorzeichenglauben und Magie erkennbar. Aber auch in der Literatur wirken babylonische Vorbilder mannigfach nach, vieles wird sogar in der Ursprache oder in Übersetzungen direkt übernommen (z. B. das Gilgameschepos). Unter den echt hethitischen Werken, die im Gegensatz zu Babylonien oft die Verfasser nennen, sind besonders bemerkenswert einige Selbstberichte von Königen, die nicht nur dem Selbstruhm dienen, sondern Ansätze zu echter Geschichtsdarstellung unter höheren Gesichtspunkten erkennen lassen (bisweilen sogar Mißerfolge erwähnen). Das Strafrecht ist recht human (Todesstrafe selten, keine Verstümmelungen); die Wiedergutmachung des Schadens steht vor der Vergeltung. Das Privateigentum auch an Boden wird geschützt. Die große Mehrheit der Bevölkerung ist wohl bäuerlich; das Handwerk spielt aber auch eine bedeutsame Rolle. Die Stellung des Beamtentums und der Priester wird infolge der Tendenz, das Gewicht des Adels zu beschränken, im Laufe der Zeit immer einflußreicher. Eine dem alten Orient sonst fremde Sitte ist die Brandbestattung neben der Erdbestattung. Ein Fortwirken der hethitischen Kultur ist, außer in Kleinasien besonders bei den *Phrygern,* vor allem in Syrien und in Assyrien erkennbar. Die Wirkung auf Griechenland läßt sich noch nicht recht abschätzen; nachweisbar ist sie in der Mythologie (Kronosmythen).

Nach Gründung weniger Faktoreien schon in der mykenischen Zeit wird die Westküste Kleinasiens seit etwa 900 von **Griechen** besiedelt. Mit dem Hinterland haben ihre Städte zunächst keine Fühlung.

Etwa 1200–800 müssen über den Bosporus die mit den Armeniern verwandten indogermanischen **Phryger** in das früher hethitische Gebiet eingedrungen sein.

Nach 800 haben die Phryger ein größeres Reich mit der Hauptstadt *Gordion* am *Sakarya*. Der aus der griechischen Sage bekannte, mit einer Griechin verheiratete **Midas** versucht um 720 sogar, nach Kilikien vorzudringen.

Die Großen werden in riesigen Felsgräbern oder unter gewaltigen künstlichen Hügeln, bis zu 53 m hoch, bestattet. Die Städte sind unbefestigt. In der Religion besonders Verehrung der „Großen Mutter" *Kybele*. Die Kulte sind z. T. orgiastisch, ähnlich dem Dionysoskult der Griechen.

Die indogermanischen **Armenier** sind wahrscheinlich mit den Phrygern nach Kleinasien gekommen, haben sich zunächst in Anatolien angesiedelt und sind mit einer ansässigen Bevölkerung zusammengewachsen. Bald werden sie den Medern, später den Persern hörig. Ein Aufstand gegen diese wird 521 von Dareios I. unterdrückt.

Unter den bekannten Staaten Westkleinasiens gewinnt nur **Lydien** nach 670 zeitweise eine größere Bedeutung.

Um 680–652   **Gyges** stößt vom Kernland um die Hauptstadt *Sardeis* (am *Gediz*) an die Küsten vor und kämpft mit den griechischen Kolonien.

Um 605–560   größte Ausdehnung des Reiches unter **Alyattes.** Gegen ihn zieht 590 *Kyaxares* von Medien.

28. Mai 585   Nach längeren Kämpfen unentschiedene Schlacht am *Halys,* durch eine von *Thales* von *Milet* vorausgesagte totale Sonnenfinsternis beendet. Beim Friedensschluß wird der *Halys* Grenze beider Reiche.

560–546   *Alyattes'* Sohn **Kroisos** erobert *Ephesos;* nur *Milet* bleibt an der Westküste noch selbständig, muß aber einen Vertrag mit ihm schließen. (Weitere Verträge mit Sparta und anderen Griechenstaaten; reiche Stiftungen für griechische Tempel.) Zunehmende Hellenisierung des Landes. Gestützt auf Bündnisse mit Babylonien, Ägypten und Sparta,

547   glaubt er, den nach Kappadokien vorgestoßenen **Kyros** von Persien angreifen zu können, wird jedoch isoliert, nach einer Niederlage bei *Pteria* in *Sardeis* eingeschlossen und bei der Eroberung der Stadt gefangengenommen, aber begnadigt. Lydien wird persische Provinz.

Die mit einer eigenen, der griechischen verwandten Buchstabenschrift geschriebene lydische Sprache ist indogermanisch und dem Hethitischen (S. 39) nächst verwandt. Große Viehherden und Bodenschätze in Verbindung mit einem hochstehenden Kunsthandwerk und der Herstellung feiner Stoffe sowie der Vermittlung des Ost-West-Handels machen den Feudalstaat Lydien zu einem sehr reichen Land. Die Lyder prägen als erste die zur Bezahlung verwendeten Metallstücke durch beidseitige Abstempelung zu **Münzen,** um das bis dahin notwendige immer erneute Abwiegen entbehrlich zu machen. Diese Erfindung wird alsbald überall übernommen. Die Perser siedeln in Lydien Ostiranier an und gebieten dadurch der Hellenisierung zunächst Einhalt. Später ziehen aber die persischen Satrapen selbst zahlreiche Griechen ins Land; der Siegeszug Alexanders d. Gr. 334–333 wird dadurch mancherorts erleichtert.

Die Perser teilen Kleinasien in die Steuerbezirke *Lydien* (Hauptstadt Sardeis), *Kappadokien* (mit Phrygien, Hauptstadt Daskyleion) und

Ionien; dazu kommt der Bezirk des griechischen Küstengebiets *Karien* (Hauptstadt Mylasa). Kappadokien wird früh zur erblichen Satrapie. Zeitweise ist ganz Kleinasien unter einem Oberbefehlshaber in *Sardeis,* dem Endpunkt der Königsstraße von Susa her, geeinigt: 408–401 unter *Kyros d. J.* (S. 50, 72), 400–395 unter *Tissaphernes.* Von den Satrapen eingesetzte Adlige herrschen als Tyrannen in den Griechenstädten der Westküste. Nach der Gründung des 1. Attischen Seebundes 477 gehen die Griechenstädte verloren und bleiben es bis zum Königsfrieden 387. Im *Satrapenaufstand* des 4. Jh. machen sich Bithynien und auch *Maussolos* von *Karien selbständig.* Diesem gelingt schließlich unter Duldung durch Artaxerxes II. und III. die Gründung eines südwestkleinasiatischen Staates (Hauptstadt *Halikarnassos* seit 362) im Bund mit griechischen Nachbarstaaten. (Forts. S. 87.)

d) Syrien, Phönikien und Arabien

Syrien ist der nicht sehr breite Landstreifen zwischen Mittelmeer, Euphrat und Syrischer Wüste. Das südliche Drittel ist P a l ä s t i n a, das durch sein geschichtliches Schicksal zu einer Sonderlandschaft geworden ist. Das gebirgige, aber hafenreiche Küstengebiet wird meist P h ö n i k i e n genannt. Östlich der im Altertum waldreichen Gebirge (L i b a n o n und A n t i l i b a n o n) liegt die große fruchtbare Oase von D a m a s k u s. Ständige Besiedlung ist nur in den Gebieten mit ausreichendem Regen möglich. Eine politische Zusammenfassung des Gebietes wird meist nur im Rahmen fremder Großreiche erzielt.

Um 5500   treffen wir auf **Spuren** einer noch nicht semitischen Bevölkerung, die neben Fischfang, Jagd und Viehzucht in geeigneten Lagen Regenfeldbau betreibt.

Um 3000   **Einwanderungen semitischer Stämme.** Schon bald ist durch den Seehandel vor allem der phönikischen Küstenstädte ein starker kultureller Einfluß Ägyptens bemerkbar.

Nach 2000 Eindringen **kanaanäischer Stämme** in immer neuen Wellen; Bildung zahlreicher kleiner Staaten um die Städte an der Küste und im Binnenland, Bevölkerung nach 1700 teilweise churritisch. Infolge Kreuzung babylonischer und ägyptischer Kultureinflüsse sind in **Phönikien** mindestens seit 2000 sowohl die Keilschrift als auch die ägyptischen Hieroglyphen bekannt. Unter Benutzung beider Schriftsysteme werden dort **neue,** stark vereinfachte **Schriften** für das Kanaanäische erfunden, vielleicht um 1700 eine nur z. T. bildhafte Silbenschrift mit wohl etwa 100 Zeichen, auf Bronze und Stein geschrieben. Vielleicht aus dieser Schrift ausgewählt wird das erstmals vor 1500 bezeugte **phönikische Buchstabenalphabet,** das kurze Vokale gar nicht und lange nur bisweilen behelfsmäßig zum Ausdruck bringt; Inschriften mit z. T. noch bildhaften Buchstaben an Bergwerken im *Sinai* (um 1500) sind jetzt entziffert. Dieses Alphabet wird spätestens nach 1000 von *Israeliten, Südarabern* und *Aramäern,* später auch von den *Arabern* übernommen. Zum Teil unter Hinzufügung

und Umdeutung von Zeichen stammen von ihm unmittelbar oder
mittelbar alle Buchstabenschriften der Erde ab, über die griechische
Schrift, die die im Phönikischen fehlenden Vokalzeichen hinzufügt,
auch die unsere. Auch die Anordnung des phönikischen Alphabets
ist in der Hauptsache der des griechischen und lateinischen gleich.
Ugarit gebrauchte im 15./14. Jh. ein Keilschriftalphabet gleicher
Anordnung (30 Buchstaben).

Im Mittelpunkt der phönikischen **Religion** stehen Fruchtbarkeits-
kulte oft orgiastischer Art, zu denen auch die sakrale Prostitution und
im Orient sonst streng verpönte Kinderopfer gehören. Oberster Gott
ist *El* (,,Gott"), dazu seine Gattin *Aschera,* ferner *Dagān* und besonders der Wettergott *Hadad,* meist einfach *Baal* (,,Herr") genannt, sowie als Verkörperung weiblicher Fruchtbarkeit *Astarte* und die blut-
dürstige *Anat.* Mythus vom Tod und Wiederaufstehen des *Baal* als
Vegetationsgott. Kulthandlungen in reich ausgestatteten Tempeln in
den Städten und auf Bergen. Organisiertes Priester- und Propheten-
tum.

Die politische Oberhoheit über die Kleinstaaten Syriens haben
nach 1550 im Norden die *Hethiter,* nach etwa 1500 die *Mitanni* und
die *Ägypter,* nach 1380 im Norden wieder die *Hethiter.* Nach 1200
bleibt das Land meist sich selbst überlassen. Die Führung im Binnenland geht nun an die *Aramäer* über.

Die durch den Küstenhandel reich gewordenen **phönikischen Städte**
beginnen nach dem Zusammenbruch der Seemacht Kretas um 1450
mit dem Bau größerer Flotten, die eine Ausdehnung ihres Handels
auf den gesamten Mittelmeerraum ermöglichen. Als Stützpunkte des
Handels werden spätestens seit 1200 auch an den westlichen Küsten
des Meeres **Handelskolonien** begründet, die sich dank ihrer Lage z.T.
zu blühenden Städten entwickeln (z. B. *Malta, Panormus = Palermo,
Hippo = Biserta, Utica* nordwestlich von *Tunis, Karthago, Málaga*
u. a. m.). Wohl schon 1100 wird die Straße von Gibraltar durchfahren;
von den Kolonien in Nordwestmarokko und Südwestspanien wird vor
allem *Gades* (Cádiz) eine Quelle großen Reichtums. Führend in der
Kolonisation ist zunächst **Sidon,** nach 1000 aber **Tyros,** dessen König
Hiram I. (969–936) gemeinsam mit Salomo von Israel auch Handel
im Roten Meer betreibt; er führt Holz und Kupfer aus, Gold und
Gewürze ein.

Den nach 750 systematisch vordringenden Assyrern (S. 36f.) können
die phönikischen Städte wegen ihrer Uneinigkeit keinen nachhaltigen
Widerstand leisten; *Tyros* bleibt aber dank seiner einzigartigen Lage
auf einer Felszunge im Meer vor Eroberung bewahrt. Um 600 führen
phönikische Schiffe in 2 Jahren (?) eine Umsegelung von ganz Afrika
vom Roten Meer aus durch. Ihre durch den Aufstieg Griechenlands
und die Verselbständigung Karthagos beträchtlich eingeschränkte
Stellung im Mittelmeerhandel behalten die Städte aber auch noch im
Perserreich. Sehr einträglich ist auch ihre weitberühmte Purpurstoff-
herstellung. Das Perserreich gewährt diesen Städten eine beschränkte

Autonomie unter eigenen Fürsten, verpflichtet sie aber zur Stellung und Bemannung eines großen Teils der persischen Kriegsflotte. Die Vormacht im südlichen Syrien ist von etwa 950–800 der Aramäerstaat von **Damaskus**, der Israel schwer zu schaffen macht. In der Folgezeit hat Syrien als assyrische, babylonische und persische Provinz weder politisch noch kulturell eine wesentliche Rolle gespielt, bis nach Alexander d. Gr. die hellenistischen Städtegründungen der *Seleukiden* neues Leben bringen. (Forts. S. 84.)

Arabien *ist eine Wüsten- und Steppentafel mit Gebirgsrändern. Das dem Ackerbau nur wenig Raum gewährende Innere zwingt zu nomadischer Lebensweise. Nur im SW ermöglichen die Monsunregen regelmäßigen Ackerbau bei sorgfältiger Wasserbewirtschaftung. Die dürftigen Lebensmöglichkeiten zwingen die Nomaden, die erst nach 1200 zu kamelzüchtenden B e d u i n e n werden, immer wieder zu Einbrüchen in die benachbarten reicheren Gebiete, wobei eine dauerhafte Landnahme nur manchmal erstrebt wird.*

Arabien ist die älteste uns bekannte Heimat, aber wohl nicht die Urheimat der **Semiten,** deren Charakterzüge durch die harten Lebensbedingungen dort wesentlich mitgeprägt wurden. Seit 3000 nachweisbare Wanderungsbewegungen der Semiten (nacheinander *Akkader, Altamoriter, Kanaanäer, Aramäer, Araber*). Nach neuesten Forschungen sind anscheinend auch die *B e r b e r* Nordafrikas mit den Semiten verwandt.

Durch den Indien- und Afrikahandel sowie durch Ackerbau mit künstlicher Bewässerung werden die Gebiete im SW *(Jemen)* schon im 2. Jtsd. wohlhabend und entwickeln eine Stadtkultur mit Hochbauten. Wohl noch vor 1000 wird die *phönikische Schrift* übernommen. Das Südarabische ist den semitischen Sprachen Abessiniens verwandt. Von den Königinnen der Sabäer weiß auch das Alte Testament (Zeit Salomos). Über die äußere Geschichte Arabiens vor dem Islam ist trotz Tausenden altsüdarabischer Inschriften sehr wenig bekannt. Der *Staat* baut sich auf den *Stämmen* auf, deren Führer eine Art Staatsrat bilden; er hat an der Gesetzgebung (Boden- und Steuerrecht) neben dem König Anteil. Der Staat ist anfänglich theokratisch; der König heißt „Priesterfürst", erst später „König". (Forts. S. 287.)

e) Palästina

Die Landschaft P a l ä s t i n a („Philisterland"), das alte K a n a a n, umfaßt das südliche Drittel Syriens. Die Ostgrenze ist die syrisch-arabische Wüste, die Längsachse der Jordangraben, der größtenteils tief unter dem Meeresspiegel liegt (See Genezareth – 208 m, Totes Meer – 392 m). Fruchtbarkeit des Landes sehr ungleich, ebenso das Klima; Bodenschätze nur gering. Die größtenteils sandige und hafenarme Küste ist für Schiffahrt und Seehandel wenig einladend. Als ausgesprochenes Durchgangsgebiet hat es im Altertum nie eine ganz gleichartige Bevölkerung.

Besiedlung für frühe Altsteinzeit nachweisbar (vorkeramisches Jericho). Im 4. Jtsd. Hausbauten mit Freskomalerei (Kultszenen) bei Jericho. Um 3000 sorgfältige Bestattung der Toten in mit Steinen ausgelegten Kammern. Gleichzeitig in einigen Landesteilen Stadtkultur greifbar. Nach Katastrophenzeit (sehr geringe Siedlungsdichte) dringen zu Beginn des 2. Jtsd. **kanaanäische Semiten** auch hier ein und gehen, wo Ackerbau möglich ist, allmählich zur seßhaften Lebensweise über. Als Nomaden haben sie vor 1200 noch nicht das Kamel, sondern den Esel als Tragtier.

Die ältesten geschichtlichen Erinnerungen im **Alten Testament** (AT) reichen bis höchstens 1800 zurück (**Zeit der Erzväter** *Abraham, Isaak, Jakob*). Niederschrift der ältesten Teile des AT nach 1000. Entsprechend seinem Charakter als Urkunde des Handelns Gottes am Menschen in der Geschichte ist das AT am äußeren Ablauf der Ereignisse in der Frühzeit nur in zweiter Linie interessiert.

Um 1650 leben Vorfahren später zu **Israel** gehörender kanaanäischer Stämme als Nomaden zwischen den älteren Bewohnern des Landes. Abwanderung von Vorfahren des Stammes *Joseph* nach Ägypten wahrscheinlich im Zusammenhang mit der *Hyksosbewegung* (S. 30).

Um 1550 wird Palästina ägyptische Provinz, *Jerusalem* um 1360 zum ersten Mal erwähnt. Immer neue Nomadenschübe sind Ursache dauernder Kleinkriege.

Nach 1250 Rückwanderung der Josephstämme, die besonders Ramses II. durch Fronarbeit bedrückt hat, unter **Mose** (Name ägyptisch) und *Aharon* aus Ägypten. **Die Gottesoffenbarung am Sinai** an Moses verpflichtet die Stämme, ausschließlich dem einen Gott **Jahwe** zu dienen (Kultmittelpunkt die Bundeslade). Langjähriger Aufenthalt in den nur eine nomadische Lebensweise zulassenden Wüstensteppen Südpalästinas unter wechselnden Kämpfen mit anderen Stämmen *(Midianiter, Amalekiter)* und den Stadtstaaten des Kulturlandes. Name **Israel** erstmals um 1220 in Ägypten erwähnt.

Die Besetzung des eigentlichen Palästina (von der Überlieferung vereinfachend mit dem Namen *Josua* verbunden) vollzieht sich nach und nach, indem die durch den Jahweglauben geeinten Stämme sich zunächst (friedlich) in Besiedlungslücken einschieben und dann in vielen Kämpfen die Städte des politisch zerrissenen Landes besetzen. Im Ostjordanland andere Kleinstaaten wie *Edom, Moab* und *Ammon.* Die Küstenebene wird nach 1200 großenteils von den aus der Ägäis kommenden, wohl indogermanischen **Philistern** besetzt, die sich zeitweilig auch Israel tributpflichtig machen. Gegen die Übergriffe all dieser kriegerischen Nachbarn schließen sich die Israelstämme von Fall zu Fall unter „Richtern" zusammen, haben aber trotz des aus gemeinsamem Gottesdienst erwachsenden Gemeinschaftsgefühls auch untereinander zahlreiche Kämpfe. Die festgehaltene Zwölfzahl hat ihre Wurzel wohl im sakralen Charakter des Stämmeverbandes. Die einzelnen Stämme bestehen aus Sippen, deren wehrfähige Männer im Krieg in Tausendschaften gegliedert.

Um 1015   beruft in einer Stunde schwerster politischer Bedrängnis das Volk den vom Richter und Propheten **Samuel** designierten Benjaminiten *Saul* zum König, der den immer noch losen Stämmeverband zu manchen Siegen über die Nachbarn führt, schließlich aber doch den *Philistern*

um   unterliegt. Die Aufrichtung eines einheitlichen Staates gelingt erst

1007–968   **David** aus dem Stamme Juda, der **Jerusalem** den *Jebusitern* entreißt und zur Hauptstadt macht, die Angriffskraft der *Philister* endgültig bricht, das Ostjordanland, Damaskus und große Teile Syriens erobert. Das so plötzlich entstandene Großreich im Stil der orientalischen Reiche mit dem Geist des Glaubens Israels zu durchdringen, vermag freilich auch der bei vielen Schwächen persönlich fromme David (s. seine Psalmen!) nicht; Aufstände *(Absalom)* sind Zeichen der Unzufriedenheit mancher Kreise, von denen einige aus religiösen Gründen im Königtum überhaupt eine Israel nicht angemessene

um 968–930   Institution sehen. Davids Sohn **Salomo** kann den äußeren Umfang des Reiches nicht ganz halten, legt aber in *Edom* einen Hafen am Roten Meer an und gewinnt durch den gemeinsam mit den Phönikern betriebenen Arabienhandel große Reichtümer. Er schafft sich nach dem Vorbild der damaligen Großmächte eine in bestimmten Garnisonen untergebrachte Streitwagentruppe. Jahwe baut er in Jerusalem einen großen, reich ausgestatteten Tempel und gibt dem Kult damit erstmals ein festes Zentrum, das freilich immer wieder in Gefahr gerät, Kulten der umwohnenden Völker Raum zu geben. Berühmt seine Weisheit als Richter. Verstärkung des zentralistischen Staatsaufbaus. Prunkvolle Hofhaltung.

Nach Salomos Tod **Zerfall des Reiches** in ein Nordreich **Israel** (Hauptstadt *Sichem,* später *Samaria*) und das (kleinere) Südreich **Juda** (Hauptstadt *Jerusalem*), die in den vielen Kriegen mit den Nachbarstaaten oft gegeneinander stehen. Das politische Übergewicht liegt meist bei Israel. Wiederholte Kriege mit Damaskus.

Die Vermischung der Israelstämme mit den alteingesessenen Kanaanäern ist im Reich Israel stärker als in Juda. Die dadurch besonders verstärkte Neigung zum Rückfall in das Heidentum wird in Israel durch den Einfluß der reichen Städte Phönikiens noch weiter gefördert. Einspruch gegen die Kanaanaisierung auch des Jahwekultes erfolgt immer wieder von seiten der mit der Verkündigung des Gotteswillens beauftragten **Prophetenschaft.** Die bedeutendsten der noch nicht schreibenden frühen Propheten sind nach *Samuel* und *Nathan* (Zeit Davids) der geistesmächtige **Elias** (um 850), der vor allem König *Ahab* (871–852) und seiner phönikischen Gattin *Isebel* und dem von ihnen geförderten Kult des phönikischen *Baal* entgegentritt, und sein Schüler **Elisa** († um 795).

Die Nichtbeachtung des mosaischen Gesetzes und die groben Mißstände in Kult und Sozialordnung, die sich nun in Israel noch mehr ausbreiten als in Juda, rufen erneut Propheten auf den Plan, die schweres Unheil als Strafe verkündigen (zuerst **Amos**, dann **Hosea** und **Jesaja** [† nach 700]). Sie betonen in ihren leidenschaftlichen, meist in rhythmischer Rede vorgetragenen Sprüchen und Predigten, die nunmehr z. T. auch aufgeschrieben werden, daß Opfer ohne Erfüllung von Gottes Willen wertlos seien.

Der letzte König von Israel, *Hosea* (732–724), wird wegen seiner Verhandlungen mit Ägypten 724 von den Assyrern gefangengesetzt,

721 **Samaria** 3 Jahre belagert und **eingenommen.** Große Teile des Volkes werden von Sargon II. nach Mesopotamien und Medien verschleppt und dafür Babylonier und Syrer angesiedelt. Im nördlichen Palästina entsteht die Mischbevölkerung der Samaritaner, die Jahwe und heidnischen Göttern anhängt.

Das Südreich *Juda* hat sich bis dahin aus der großen Politik etwas mehr heraushalten können. Nach dem Untergang des Nordreiches

725–697 versucht **Hiskia,** von *Jesaja* beraten, sich in Anlehnung an Ägypten von Assyrien zu lösen. Er schafft die kultische Verehrung Jahwes außerhalb Jerusalems „auf den Höhen" ab; nur der Kult in Jerusalem gilt von nun an noch als legitim.

639–609 **Josia** führt eine durchgreifende Kultreform durch. Vertiefung des ethischen **Monotheismus** vor allem durch den Propheten **Jeremia** († nach 585), dessen das kommende Unheil voraussagende Botschaft bei den meisten auf Unglauben und Ablehnung stößt.

605 fällt Juda in den Machtbereich Babyloniens. Nach einem Aufstandsversuch erobert *Nebukadnezar II.* 597 Jerusalem und führt den König Jojachin mit der Oberschicht des Landes nach Babylonien. Der

587 neu eingesetzte König Zedekia erhebt sich 588. Nach einer Belagerung von $1^1/_2$ Jahren **erobert Nebukadnezar Jerusalem** wieder, zerstört Stadt und Tempel und führt große Teile der Bevölkerung fort (**„Babylonische Gefangenschaft").** Ein weiterer Teil flieht mit *Jeremia* nach Ägypten.

Auch während des Exils treten Propheten auf, vor allem **Hesekiel** († nach 570), der nach der Zerstörung der Nation besonders die persönliche Verantwortung jedes Menschen vor Gott betont, und der **zweite Jesaja** († nach 535), der in den Liedern vom „Knecht Gottes" dem Gedanken vom stellvertretenden Leiden des Sündlosen Ausdruck verleiht. Neben die Bußpredigt tritt jetzt verstärkt die Verkündigung der Rückführung des Volkes und künftigen Heils, das der „Gesalbte Gottes" **(Messias)** später einmal seinem Gottes Gebote befolgenden Volk bringen soll. Mit diesen Propheten und der gleichzeitigen Psalmendichtung ist der Höhepunkt der religiösen Entwicklung innerhalb des Judentums erreicht.

Nach der Eroberung Babylons durch *Kyros* 539 beginnt eine Rückwanderung der in Babylonien nicht assimilierten Juden nach dem nunmehr an **Persien** gefallenen *Judäa.* 520–515 aufgrund eines Kyroserlasses von 538 mit Förderung der persischen Behörden Wiedererrichtung des Tempels in Jerusalem und Neubegründung der Gemeinde.

445 Nach Jahren vielfach gehemmter Entwicklung kommt im Auftrag von *Artaxerxes I.* sein Mundschenk **Nehemia** als Statthalter nach Jerusalem, setzt dort den Neubau der Stadtmauer gegen alle Widerstände durch und ordnet das jüdische Leben den neuen Verhältnissen entsprechend. Die sich nun als geschlossener Stand formierende Priesterschaft hat die Durchführung des Gesetzes zu überwachen, in der Auslegung von dem sich in den nächsten Jahrhunderten herausbildenden Stand der sorgfältig geschulten *Rabbis* unterstützt. Zum Teil abweichend von den großen Propheten, glaubt das **Judentum,** daß Gott vor allem die peinlich genaue Erfüllung der vielen Einzelbestimmungen des nun abschließend formulierten Gesetzes *(Thora,* griech. *Pentateuch)* verlange. Während der Opferkult Jerusalem vorbehalten bleibt, sammeln sich die Gemeinden in den anderen Orten um die Schulen *(Synagogen).* Strenge Heiligung des *Sabbats* und der großen Feste wird gefordert.

Der **Anschluß Palästinas an das Alexanderreich (332)** bringt die seit langem vorbereitete Trennung der Jerusalem als einzigen Kultort ablehnenden *Samaritaner* vom Judentum zum Abschluß; sie errichten ein eigenes Heiligtum auf dem Berg *Garizim.* (Forts. S. 86.)

f) Perserreich (Iran)

Iran ist mit Ausnahme schmaler Tieflandstreifen im SW ein von schroffen, paßarmen Hochgebirgen umrandetes und durchzogenes Hochplateau. Fruchtbare Hochtäler stehen neben oasenlosen Salzwüsten und Steppen, die nur Nomaden ein Dasein ermöglichen. Die Gestalt des Landes im ganzen ist staatlicher Zusammenfassung nicht ungünstig, einige abgelegene Hochgebirgsgebiete sind auf die Dauer jedoch nur schwer von einer Zentrale aus zu regieren.

In den Nordwestgebieten werden vielleicht die ältesten Ackerbaugebiete Vorderasiens greifbar. Der Osten bleibt bis ins 1. Jtsd. im Dunkel der Vorgeschichte, auf bestimmte Gebiete des Westens fällt von Babylonien aus seit etwa 2500 einiges Licht. In der Landschaft *Chusistan* besteht seitdem das Reich von **Elam** (Hauptstadt **Susa**). Die Elamier benutzen die sumerisch-babylonische Keilschrift für ihre Sprache *(Elamisch),* die sich an andere Sprachen bisher nicht anschließen läßt, schreiben aber manchmal auch Sumerisch oder Akkadisch. Der Staat ist anscheinend ein meist ziemlich lockerer Bund einer Anzahl von Kleinstaaten, unter denen *Susa* lange die Führung hat. Die Babylonier nennen nur die Fürsten der Kleinstaaten „Könige", den wohl vor allem mit militärischen Funktionen ausgestatteten Oberherrscher aber „Großminister". In den Königsfamilien gibt es Geschwisterehen, da die ganzen Herrscherhäuser als göttlich gelten. Nach wechselnden Kämpfen wird Elam dem Reich von Akkade angegliedert.

nach 2340 Später greift Elam oft in Babylonien ein (Blütezeit auch kulturell etwa 1300–1150). Nach langen Kämpfen kann erst *Assurbanipal* von

639 Assyrien durch die Eroberung von *Susa* Elam endgültig ausschalten; Restfürstentümer im Gebirge halten sich aber noch bis in die Perserzeit.

ErstesEindringen der **indogermanischen Indoiranier (Arier)** vermutlich aus den Ländern südlich des Aralsees zunächst wohl im nördlichen Ostiran um **1600.**

836 In assyrischen Inschriften erstmals die **Meder** in Westiran im Gebiet um ihre spätere Hauptstadt **Ekbatana** erwähnt. Der ihnen nächstverwandte iranische Stamm der **Perser** sitzt damals noch unmittelbar südlich von Medien und wandert erst später in seine geschichtlichen Wohnsitze in Südwestpersien.

In Nordostiran siedeln damals iranische Hirtenstämme. Unter ihnen lebt der große Reformator der altiranischen Religion, **Spitama Zarathustra** (griech. *Zoroaster*), wohl zwischen 1000 und 700. Als Priester kamen ihm Zweifel am polytheistischen Gottesdienst seiner Stammesgenossen. Eine als Besuch erlebte Offenbarung des Gottes **Ahuramazda** („Weiser Herr") bringt ihn dann zur Überzeugung, daß dieser der einzige Gott und weise Schöpfer der ganzen Welt und auch im Leben jedes Menschen wirksam sei. Er verlange von den Menschen die Entscheidung zwischen dem Guten und dem von den jetzt als Mächte des Truges aufgefaßten Göttern seiner Umwelt gestifteten Übel, denn das Endgericht sei nahe. Gestalt findet seine Lehre, die er nur mühsam gegen schwerste Anfeindungen durchsetzen kann, in prophetischen Liedern, den *Gathas* („Hymnen", 16 überliefert); diese wachsen später mit jüngeren Ritualtexten zum *Avesta* zusammen, das wohl erst in der Sassanidenzeit niedergeschrieben wird. Der Glaube an einen kommenden Weltheiland ist ebenso wie die Lehre vom *Dualismus* des Guten und des Bösen als kosmischer Mächte erst jüngeren Datums.

625–585 Der Begründer der medischen Großmacht ist **Kyaxares,** der im Bund mit Babylonien 616–609 Assyrien vernichtet, große Teile von Iran unterwirft und später nach der Eroberung Armeniens nach Kleinasien vordringt, wo der Halys 585 die Grenze gegen Lydien wird (S. 40).

585–550 Sein Sohn **Astyages** behauptet das Reich lange Jahre, unterliegt aber schließlich den Persern unter Kyros.

Über die **Perser** herrscht seit etwa 700 die Dynastie der **Achämeniden.**

559–529 **Kyros II.** *(Kurasch. d. Gr.)* stürzt, gedeckt durch ein Bündnis mit Babylon, 550 seinen Lehnsherrn *Astyages* und erobert die medische Hauptstadt *Ekbatana*. Nach Festigung seiner Herrschaft in Iran wendet er sich 547 gegen *Lydien*, dessen König *Kroisos* glaubt, sein Reich nach Osten vergrößern zu können, und zerstört das Lydische Reich **546** völlig (S. 40). Die Griechenstädte Westkleinasiens werden unterworfen. Nach einem großen Feldzug nach Nordosten wendet er sich gegen **Babylon,** das nach ausgiebiger propagandistischer Vorbereitung **539** leicht eingenommen wird. Durch die darauf folgende Annexion des ganzen Chaldäerreichs wird Persien zum **Weltreich.** Die Religionen der unterworfenen Völker läßt Kyros wie seine Nachfolger unangetastet, ja fördert sogar ihre Ausübung (Freigabe des Tempelbaus in Jerusalem, S. 46); die innere Verwaltung wird zunächst, wo angängig, einheimischen Fürsten überlassen. Nach weiteren Kriegen in Ostiran fällt Kyros 529. Sein monumentales Grabmal steht noch heute in *Pasargadai* in *Fars*, das neben *Susa* (früher Hauptstadt von *Elam*) und *Babylon* Residenz geworden ist. Ein literarisches Denkmal setzt ihm später *Xenophon* (S. 74) in seiner im einzelnen oft romanhaften *Kyropädie.*

529–522   Sein Sohn und Nachfolger **Kambyses II.**, der schon seit 538 Statthalter in Babylon ist, zieht **525** nach **Ägypten,** das er ebenso wie die Griechen der *Kyrenaika* unterwirft. Für die geplante Eroberung von *Karthago* verweigern die phönikischen Seeleute die Gefolgschaft. Die lange Abwesenheit in Ägypten benutzt der *Magier Gaumata,* um sich in Iran und Babylonien zum König zu machen. Auf dem Rückmarsch von Ägypten zur Bekämpfung Gaumatas stirbt Kambyses 522 in Syrien durch einen Unglücksfall, ohne einen Sohn zu hinterlassen.

521–485   Gegen *Gaumata* erheben sich nun sieben Stammesfürsten der Perser unter Führung **Dareios' I.,** der am 16. Okt. 521 *Gaumata* in seiner Burg erschlägt und selbst Großkönig wird (Heirat mit *Atossa,* der Tochter des Kyros, zwecks Legitimierung, da er wohl nicht das erste Anrecht auf den Thron hat). Zunächst gefährliche Aufstände im ganzen Reich, deren Niederwerfung in kurzer Zeit Dareios in einer dreisprachigen (altpersisch-elamisch-babylonischen) Inschrift am Felsen südwestlich von *Ekbatana,* nahe dem Ort der Entscheidungsschlacht, selbst erzählt (diese Inschrift ermöglichte die Entzifferung der altpersischen Keilschrift durch Grotefend 1802 und später um 1850 auch der babylonisch-assyrischen). 518 Zug nach Ägypten, Fertigstellung des früher begonnenen Kanals vom Nil zum Roten Meer. 512 Zug über den Bosporus und Unterwerfung *Thrakiens* und *Makedoniens.* Etwa 513 Eroberung des Industales *(Pandschab);* Umsegelung Arabiens.

Einteilung des Reichs in etwa 20 große Provinzen unter *Satrapen* mit sehr großen politischen, militärischen und wirtschaftlichen Vollmachten, denen ein hohes Steuersoll in Silber, Getreide oder Gold auferlegt wird. Standardisierung von Maßen und Gewichten sowie Einführung einer einheitlichen Währung mit der Einheit des *Golddareikos* (mit Bild des Königs). Den Kern des stehenden Heeres bilden die Perser (darunter als Leibgarde „die 10 000 Unsterblichen"); doch sind auch alle anderen Völker zur Heeresfolge meist unter einheimischer Führung verpflichtet. *Phöniker, Karer* aus den Seeräubergebieten Südkleinasiens und *Griechen* bemannen die Flotte. Für schnelle Marschbewegung und die Kuriere des Königs werden große Heerstraßen angelegt. Die Landessprachen bleiben Verwaltungssprachen; die Verordnungen der königlichen Kanzlei werden aber für den größten Teil des Reiches aramäisch abgefaßt. Großartige Palastbauten vor allem in *Susa, Ekbatana* und der neuen Hauptstadt *Persepolis* unter Einsatz von Handwerkern aus allen Reichsteilen.

500–494   großer **Aufstand der ionischen Griechen,** nach langen Kämpfen (S. 63) mit der Zerstörung von Milet 494 niedergeworfen. Ein zur

Sicherung dieses Erfolgs unternommener Feldzug gegen Griechenland selbst mißlingt 490 bei *Marathon*. Über den Vorbereitungen zu
einem neuen Schlag gegen Griechenland, die durch einen Aufstand
in Ägypten gestört werden, stirbt *Dareios*.

485–465   Der von ihm als Sohn der *Atossa* (s. S. 49) zum Nachfolger bestimmte
Xerxes I. unterdrückt alsbald die Aufstände in Ägypten und Babylonien; sein großes Unternehmen gegen Griechenland 480–479 endet
trotz gewaltiger Vorbereitungen mit einem Mißerfolg. Nach weiteren
Jahren geringer politischer Aktivität, aber umfangreicher Bautätigkeit vor allem in Persepolis wird er mit seinem ältesten Sohn ermordet.

465–524   Unter dem jüngeren Sohn **Artaxerxes I.** Unterdrückung von Aufständen in Baktrien und Ägypten, aber weiterer Verfall der Macht
des Reiches im Westen (Vertrag mit Athen um 448).

424–405   **Dareios II.** hat mehrere Satrapenaufstände niederzuwerfen.

405–359   Gegen **Artaxerxes II.** erhebt sich mit griechischer Hilfe dessen jüngerer Bruder *Kyros*, wird aber 401 in der Schlacht von *Kunaxa* getötet
(s. S. 72). 374 ein weiterer vergeblicher Versuch, Ägypten wieder zu
unterwerfen. Westkleinasien hingegen fällt durch den Frieden des
Antalkidas 387 (S. 72) wieder an Persien. Macht und Selbständig-
keitsgelüste der Satrapen vor allem in den Randgebieten des Reichs

359–338   nehmen immer mehr zu. **Artaxerxes III.** unterdrückt große Aufstände in Kleinasien und Phönikien und unterwirft nach drei Feldzü-

336–330   gen 343/2 Ägypten wieder, das schwer gezüchtigt wird. **Dareios III.**
wird nach vorübergehenden Erfolgen seiner Satrapen in Westklein-

334   asien von **Alexander d. Gr.** angegriffen und nach Alexanders Sieges-

330   zug (S. 76 f.) 330 von dem Satrapen Bessos in Ostiran ermordet. **Iran
mit dem gesamten Perserreich wird dadurch ein Teil von Alexanders
Weltreich,** das in vielem an die Überlieferungen des Achämeniden-
reiches anknüpfen kann. (Forts. S. 85.)

*Die politische und zivilisatorische Vereinheitlichung, die großen Teilen
Vorderasiens schon das Assyrer- und das Chaldäerreich gebracht haben, wird von den Persern beträchtlich weitergeführt. Das schon vorher
als Handels- und Verkehrssprache weit verbreitete A r a m ä i s c h e gewinnt als Verwaltungssprache des Reichs eine noch viel größere Verbreitung. Es trägt damit zu seinem Teil auch noch dazu bei, die Teile
des Reichs trotz großer Entfernungen und aller Verschiedenheiten immer mehr zusammenzuführen und die Menschen an das Vorhanden-
sein großer politischer und wirtschaftlicher Zusammenfassungen zu
gewöhnen. Die weitgehende örtliche Selbstverwaltung und die fast immer großzügige Behandlung der so verschiedenartigen religiösen Kulte
im Reich lassen die an sich drückende Fremdherrschaft vielerorts nicht
so stark empfunden werden, auch wissen viele die wirtschaftlichen
Vorteile und die zunehmende Freizügigkeit durchaus zu schätzen. Das
rasche Fortschreiten der Hellenisierung der Alten Welt nach A l e x a n -
d e r ist nur auf der von den früheren Reichen geschaffenen Grundlage
möglich.*

2. Die Geschichte Griechenlands vor Alexander d. Gr.

Der südliche Teil der Balkanhalbinsel ist seit der Einwanderung der Indogermanen das Land der Griechen, nach deren Selbstbezeichnung als Hellenen Hellas. Seit der Ausbreitung der Griechen über die Inselwelt des Ägäischen Meeres bis zur Westküste Kleinasiens pflegt auch diese, trotz ihrer Beziehungen zum Vorderen Orient, zum Schauplatz der griechischen Geschichte gerechnet zu werden. Im Norden gehört Makedonien nicht zum griechischen Siedlungs-, doch zeitweise zum griechischen Kulturraum. An der Westküste Kleinasiens sind die großen Flußläufe verkehrsgünstig für die Griechen. Im Süden schließt die Insel Kreta Hellas ab.

Griechenland ist von der Natur seiner Landschaft zum klassischen Land des Partikularismus bestimmt. Die griechische Geschichte ist daher im Altertum die Geschichte der von Griechen gegründeten Kleinstaaten, nicht die eines Einheitsstaates.

a) Die kretisch-mykenische Kultur

2600   auf **Kreta** Beginn der 1. frühminoischen Periode. Südküste: Bienenkorbartige Rundgräber als Sippengrüfte, rotbraune Linearornamente auf hellen Tongefäßen. Im O der Nordküste Steingefäße nach ägyptischen Vorbildern und Fachwerkhäuser auf rechtwinkligen Steinsockeln.

Seit 2600   in **Griechenland** Frühbronzezeit. Starker Einstrom von Metallgeräten und Waffen, wohl auch Menschen aus Kleinasien zunächst nach Makedonien, dann südwärts, auch auf die Kykladen und nach Kreta.

Um 2250   von den Kykladen aus Besiedlung der griechischen Ostküste, *Anfänge städtischer Siedlungsformen* durch mediterrane Würfelhäuser mit Flachdach an gepflasterten Gassen, Rundbauten als Wohntürme der Fürsten, Dachziegel, Stadtbefestigungen. Wertvolle Totenbeigaben aus Edelmetallen.

Nach 2200 nach Siedlungsausbreitung und Blüte Zerstörungen durch ein neues Volk, vielleicht die *Luwier,* denen die Verbreitung der Ortsnamen auf *-assos* und *-nthos* zugeschrieben wird. Jedenfalls sind in den Zerstörern der Festungen die ersten Gruppen einwandernder Griechen zu sehen. Unbefestigte Siedlungen.

2000–1700   Auf **Kreta** *Epoche der älteren Paläste.* Große Anlagen inmitten städtischer Siedlungen. Bezeichnung nach dem sagenhaften König **Minos** von Knossos, dem Erbauer des Labyrinths, des Doppelaxthauses, so genannt nach dem häufig dort angebrachten Kultsymbol. Die Paläste gruppieren Wohn-, Kult- und Vorratsräume um den Zentralhof als Versammlungsort einer aus ehemaligen Grundherren der Inselteilgebiete zusammengesetzten Hofgesellschaft. Repräsentationstreppen zum Westhof – wohl auch Stätte der Stierspiele – dienen der Demonstration von königlichem Reichtum gegenüber fremden Gesandten. Der Lebensstil des Minos entspricht dem orientalischer Despoten.

Die Abgaben der bäuerlichen Untertanen werden in Vorratstonfässern vieler Magazine gespeichert. Befestigungen fehlen den Palästen, die auf niedrigen Kuppen oder am flachen Strand liegen. Voraussetzung dafür sowie für den Reichtum an Importgütern ist der Besitz einer mächtigen Flotte. Auf diese mittelminoische Periode ist die griechische Überlieferung von einer Seeherrschaft der Kreter bezogen. Seit dieser Epoche Entwicklung einer noch nicht entzifferten **Silbenschrift „Linear A"**.

Um 1700   Brandzerstörung der Paläste und sofortiger Wiederaufbau nach den alten Plänen. Stärkerer Kulturzusammenhang mit Vorderasien.

1700–1450   *Epoche der jüngeren Paläste;* mehrere Herrenhäuser für Kleinlandschaften und Villen an Hafenplätzen, alle mit derselben aristokratischen Kultur. In dieser Zeit entfaltet sich die naturalistische *Kunst* der Minoer in Wandmalereien, Fayenceplastik, Freiskulpturen, Bildern auf Vasen und Metallgefäßen. Verarbeitung von Kupfer und Elfenbein. Schmuckstücke, Spielbretter, Möbel, Dosen aus wertvollem Material, Perlen aus nordischem Bernstein. Darstellungen akrobatischer Spiele von Jünglingen und Mädchen mit Stieren weisen auf die Bedeutung des Minotauros = Minos-Stier, vielleicht eine mythische Erinnerung an die erste Zähmung des Pflugstieres. Daneben eine Schlangen- und Fruchtbarkeitsgöttin. Palastschmuck und Behandlung der Frauentracht in Wandbildern und Skulpturen lassen matriarchalische Züge dieser Kultur erkennen. Beachtlich sind Darstellungen von pflanzlichen Motiven und Seetieren.

Um 1600 Beginn der spätbronzezeitlichen *mykenischen Kultur* der **Argolis.** Verwendung des Pferdes, Anlage von Kistengräbern und Grabkammern leiten zur mykenischen Zeit über. Ihr Schwergewicht liegt in der Argolis und in Mittelgriechenland, von Ioniern besiedelt, nördlich davon von Aiolern und Achaiern.

1600–1500   *frühmykenische Periode* mit Schachtgräbern, reichen Beigaben, vor allem Goldmasken und Goldschmuck der Kleidung, neuen Waffenformen; vielleicht kein Eindringen einer neuen Herrenschicht, sondern stärkere Berührung der eingesessenen mit Ägypten und Kretas Palastkultur. Import von Gold- und Silbervasen aus Kreta, von Fayenceperlen, auch Dolchen mit Einlegearbeit aus Ägypten, Bernsteinhalsketten aus dem Balkanraum.

1500–1400   Übergang zum Kuppelgrab und zum Palastbau nach kretischem Vorbild, jedoch mit *Burgbefestigung.* Raubzüge der Mykener nach Kreta, um ihre Tributabhängigkeit abzuschütteln (vgl. Theseussage); Errichtung einer mykenischen Oberhoheit über Knossos und schließlich Zerstörung der kretischen Paläste. Während dieses Jahrhunderts wird Linear A zur **Schrift Linear B** fortentwickelt und zur Wiedergabe der griechischen Sprache verwendet. Gleichzeitig verläuft die Entwicklung von Linear C auf Cypern.

1400–1150   Entfaltung der **kretisch-mykenischen Kultur** als **erster Hochkultur auf europäischem Boden** in frühgeschichtlicher Zeit. Während Kreta in Provinzialität absinkt, entfaltet sich in Griechenland eine Palastkultur mit Säulenhöfen, Korridoren, Abfolge von Propyla mit Badezimmer und Magazinräumen unter Hinzufügung der alten Bauform des Megaron = Königshalle aus Herdraum und ein bis zwei Vorhallen. Kennzeichen ist eine zur Monumentalität gesteigerte Befestigungsarchitektur (vgl. Kasematten von Tiryns). Betonung des Kriegertums. Gesellschaftliche Schichtung, Verwendung der Schrift – allerdings ohne historische Überlieferung – und Einbeziehung von Werkstätten in den Palast beweisen die Übernahme minoischer Wirtschaftsformen in eine indogermanische Feudalgesellschaft. Einziges historisch faßbares Ereignis ist die Zerstörung des ersten Palastes von Theben um 1350, die im Zug der „Sieben gegen Theben" ihren mythischen Niederschlag fand. – Der Reichtum der Kuppelgräber bezeugt die Gleichberechtigung mehrerer Zentren von Einzellandschaften, aber den Vorrang von Mykenai.

1300–1200   werden die Burgmauern von Mykenai und Athen verstärkt und geheime Zugänge zu Quellen angelegt, wahrscheinlich im Zusammenhang mit feindlichen Einfällen. Nach Thukydides handelt es sich um die Verdrängung der Aioler von Thessalien nach Boiotien unter dem Druck von Stämmen, die vom Pindos nach O zu in die westthessalische Ebene herabsteigen. Wohl zu sehen im Rahmen einer Abwanderung thrakisch-phrygischer Stämme nach Kleinasien, dem Nachrücken der Illyrier in den südlichen Balkanraum und der Wanderung der Italiker.

Im 11. Jh. werden im Gefolge der dorischen Wanderung alle Burgen und Paläste zerstört, der Zuzug von Flüchtlingen ionischer Sprache aus der Argolis nach Attika setzt ein (vgl. den Wanderweg des Theseus). Das mykenische Griechentum lebt einschließlich der Sprache auf der Insel Cypern fort.

In den Epen Homers werden die *politischen Verhältnisse* der mykenischen Zeit gezeichnet: Heerkönigtum der griechischen Einzelstämme, Hegemonie Mykenais nur bei gemeinsamen Unternehmungen. Die Burgherren der Landschaften oder Inselgruppen werden unter einem gemeinsamen Gefolgsherrn zusammengefaßt. Dieser ist primus inter pares bei ausgeprägtem Selbstbewußtsein der Könige. Das Fußvolk wirkt nur als Kampfmasse im Krieg, es unterhält den König durch Abgaben und Geschenke. Der Ahnenkult gilt nur den Herren, doch gibt es auch Felskammergräber für ihre Gefolgsleute. Die *Göttervorstellung* wird aus dem Ahnenglauben entwickelt. Kultbilder und Heiligtümer fehlen.

b) Griechenland nach der dorischen Wanderung

1100–900   Zeit der **dorischen Wanderung,** nach antiker Berechnung 1104, d. h. 80 Jahre nach der Zerstörung Trojas (1184), beginnend. **Übergang zur Eisenzeit** und zur Leichenverbrennung.
Nordwestgriechen besetzen **Thessalien,** drängen die dortigen Achaier oder Aioler ins Küstengebirge *Magnesia,* auf die Inseln und hinüber

in die *Aiolis* an der Nordwestküste *Kleinasiens*. Vom Ansatz der mittelgriechischen Hochgebirge an den Pindos her besetzen **Phoker** und **Lokrer** das Parnaßvorland. Die Hauptmasse der **Dorier** (ein Rest bleibt in der **Doris** am Parnaßnordfuß) erreicht zur See einerseits **Kreta, Thera, Kos, Rhodos** und die gegenüberliegende Südwestküste Kleinasiens, andererseits den Golf von *Nauplia*. Sie gründen hier, von der Küste kommend, am Fuß des mykenischen *Larisa* die Stadt **Argos,** erobern **Argolis, Korinth, Megara.**

um 900   Auf der Westseite des Pindosgebirges erreichen dorische Scharen **Elis,** durchziehen das weniger fruchtbare Becken von *Megalopolis* und setzen sich in **Sparta** fest. Dagegen halten sich Achaier in Arkadien.

Die ganze Wanderungsbewegung verteilt sich in mehreren Stämmen und Stoßrichtungen auf lange Zeit; an sie schließt die griechische Kolonisation in Unteritalien und Sizilien unmittelbar an.

Der dorischen Wanderung können sich nur **Attika** und die Insel **Euboia** entziehen. Wie die Inselbrücke der **Kykladen** (der im *Kyklos*, im Kreis der um *Delos* liegenden Inseln) bleiben sie in der Hand der **Ioner,** erfahren aber eine Zuwanderung flüchtiger Stammesgenossen aus der Peloponnes. Diese **Ioner** werden z. T. weitergeleitet nach der **Westküste Kleinasiens.** Sie gelangen aber auch nach der Halbinsel **Chalkidike** und zum Ausgang des Korinthischen Golfs ins Ionische Meer und nach **Unteritalien** (Ischia und Cumae um 750) und **Sizilien** (Gründung von Naxos 734). Dem Vorbild dieser Gründungen folgen **Dorier** und Ioner mit der Anlage der Kolonien Syrakus (734), Leontinoi und Katane (729). Geradezu eine Stammeswanderung ist die Besetzung des Westrands des *Tarentinischen Golfs* durch **Dorier** aus **Achaia.**

Auf der Bewahrung der Tradition beruht das *Weiterleben der griechischen Sage,* die an die mykenischen Mittelpunkte Mykenai (Atriden), Tiryns (Perseus), Theben (Oidipus, Sieben gegen Theben), Amyklai bei Sparta (Helena, Menelaos) anknüpft. Sie führt *bis ins Homerische Epos* mit seiner ebenfalls in langer Tradition geprägten Kunstsprache.

Der älteste kulturelle Mittelpunkt des griechischen Festlands ist die Landschaft Attika seit ihrer Einigung durch den König der Akropolis von Athen (S. 60) um 950 im Zeitalter des sog. *geometrischen Stils* (nach dem Hauptfundort im Friedhof Kerameikos am Dipylon auch Dipylonstil genannt).

Im 10./9. Jh. übernehmen die Griechen die **phönikische Buchstabenschrift;** die für sie entbehrlichen Konsonantenzeichen verwenden sie erstmals zur Wiedergabe der Vokale. So entsteht die erste **reine Lautschrift** der Welt. Seefahrende Händler bringen im 8. Jh. auch Metallwaren und Stoffe des Orients und vermitteln die Kenntnis vorderasiatischer Mythen und Kulte. Griechische Händler erscheinen schon im 9. Jh. an der syrischen Küste.

Die **Verteilung** der nach ihrem Dialekt geschiedenen **griechischen**

Stämme ist um **700 in drei Streifen** über die Ägäis hinweg abgeschlossen:

Achaier oder **Aioler** sitzen an der Ostküste *Thessaliens,* auf *Lesbos,* in der *Troas* und an der kleinasiatischen Westküste bis zum Golf von *Smyrna,* dazu in *Arkadien* und auf *Cypern.*. **Ioner** in *Attika, auf Euboia,* der *Chalkidike,* den nördlichen *Sporaden* und den *Kykladen,* auf *Chios, Samos, Ikaria,* an der *kleinasiatischen* Küste von *Phokaia* bis *Iasos,* in *Naxos* und seinen Tochterstädten *Katane* und *Leontinoi* auf Sizilien, in *Zankle* und *Rhegion* an der Straße von Messina.

Dorier und **Nordwestgriechen** im ganzen übrigen Griechenland, auf *Kreta, Melos, Thera, Anaphe,* den Inseln der *Dodekanes, Rhodos,* der westgriechischen *Heptanes,* in der Südspitze *Italiens,* an der Ost- und Südostküste *Siziliens.*

Aus vordorischer Zeit stammen der *Kultbund* des Apollonheiligtums von **Delos,** des Poseidonheiligtums von **Kalaureia** im Saronischen Golf, z. T. der Kultbund der Umwohner **(Amphiktionen)** des Heiligtums der **Demeter Pylaia** von **Anthele,** der später mit dem von **Delphi**-Pytho vereinigt wird. Diese Amphiktionen verpflichten sich zur Fürsorge für das Heiligtum und seine Feste, zur Beachtung *völkerrechtlicher Normen* untereinander: Rechtsbeziehungen bei Streitigkeiten, Verbot von Zerstörung und Wasserabgraben im Krieg, nicht von Kriegen überhaupt.

Eine **Einheit** der Stämme des Festlandes oder des ganzen **Griechenvolkes** gibt es auch in der **Religion** nur zeitweise: Kultfeste des *Zeus* von *Olympia* und von *Nemea,* des *Apollon* von *Delphi,* des *Poseidon* vom *Isthmos von Konrinth* als **Nationalfeste.**

Auch eine gemeinsame **Zeitrechnung** hat den Griechen stets *gefehlt.* Die einzelnen Städte und Heiligtümer führen Listen ihrer Oberbeamten, Priester und Wettkampfsieger.

776 Der **Beginn der Olympionikenliste** bezeichnet (nach den Herkunftsangaben für die älteren Sieger) etwa den Beginn größeren Ansehens Olympias unter den Doriern.

Auch die Geltung des **Orakels** der Gaia oder Themis (ursprünglich im Heiligtum der *Pronaia*), dann des Apollon von *Pytho,* d. i. *Delphi,* erweitert sich über die Nachbarschaft hinaus erst ab 640.

c) Die archaische Zeit (700–510)

Träger des politischen Lebens ist bei den Griechen die Vielzahl der *Gemeindestaaten* jeweils mit einer Siedlung in einer Kleinlandschaft *(Polis),* die Menge der innen- und außenpolitisch sowie wirtschaftlich selbständigen (autonomen und autarken) **Poleis.**

Staatsformen. Die einzelnen Poleis nennen sich nicht nach dem Ort, sondern mit dem davon abgeleiteten Namen der Bewohner, betrachten sich also als Kleinstämme eigenen Charakters. Dieser Personalcharakter der Polis bestimmt auch (entsprechend dem Klima, das die Öffentlichkeit des Lebens begünstigt) ihre Verfassung: Bürger gleichen Rechts sind alle ansässigen freien Bewohner gleicher Herkunft, die zur *Volksversammlung* der (agrarischen) *Wehrfähigen* zusammentreten. Der Unterschied zwischen **Oligarchie** („Herrschaft weniger") und **Demokratie** („Herrschaft des Volkes") liegt in der Machtfülle der Behörden und in der Ausdehnung des Bürgerrechts. Der Demokratie stehen die *Sklaven* als Garanten der Muße zu politischer und militärischer Betätigung gegenüber, der Oligarchie, den „wenigen", die „vielen" in der Rechtsstellung „zwischen Freien und Sklaven". Das sind die Angehörigen der nichtgriechischen Vorbevölkerung, die, von den „wenigen" Eroberern zur Ackerbestellung auf dem „speergewonnenen" Land verpflichtet, erst später auch als Diener und Handwerker im privaten Gutsbetrieb verwendet werden. Das **Königtum** der Frühzeit hält sich nur als Heerkönigtum bei den Stämmen des Gebirgslandes Epeiros, auf gleicher Grundlage in *Sparta* als Landesherrschaft über die *Perioiken.*

Das dorische Jahrhundert der griechischen Geschichte (740–630) umfaßt die Konsolidierung der dorischen Staatsgründungen. Dorier besetzen die Küsten des Bosporus (Kolonien Byzantion, Chalkedon), nehmen an der Kolonisation Siziliens und Unteritaliens teil (S. 54), siedeln sich an der Ostküste von Adria und Ionischem Meer (Leukas, Ambrakia, Epidamnos, Apollonia) an. Seehandel auf der Route Cypern–Rhodos–Kreta–Peloponnes.

Um 700   In *Boiotien* schreibt in *Askra* am Fuß des Helikon **Hesiodos** *Theogonie* und *Erga,* d. i. „Werke (und Tage)", einen Bauernkalender, in den seine Auseinandersetzungen mit seinem Bruder Perses vor dem Gericht der Stadtherren ganz Boiotiens verflochten sind. *„Homer und Hesiod haben den Griechen ihre Götter geschenkt" (Herodot).*

Die größte Leistung des jungen dorischen Stammes in diesem Jahrhundert ist die **Gestaltung des spartanischen Staates,** in der antiken Überlieferung dem Gesetzgeber **Lykurgos** zugeschrieben und um 800 datiert.

Um 900   **Gründung Spartas** als der vier Dörfer *Limnai, Mesoa, Kynosura, Pitane* auf engem Raum zwischen Eurotas und der jetzigen Magula in Frontstellung gegen die mykenische Hauptstadt Lakoniens oder Lakedaimons, *Amyklai.*

Um 760   Erst nach Bevölkerungsvermehrung **Eroberung von Amyklai,** Vordringen nach *Südmessenien.*

754   Beginn der *Ephorenliste.*

740–720   **1. Messenischer Krieg** zur Eroberung der Bergfeste *Ithome* und der innermessenischen Ebene.

Die **Verfassungsurkunde** Spartas ist bei der Überwindung des Notstandes im Lagerstaat vor Amyklai vor oder nach 760 als Bekräftigung vorhandener Einrichtungen entstanden (sog. *Große Rhetra*): 1. *Doppelkönigtum* – vielleicht als Verbindung des *Herzogtums* der Spartiaten mit dem *Königtum* von Amyklai im Reich von *Lakedaimon,* dessen Herrschaft jetzt in Personalunion auf die Herrscher Spartas übergeht. 2. *Gerusia,* ursprünglicher Ältestenrat, fortan aus

28 nach Tüchtigkeit (Areté, also Aristoi) gewählten Männern über 60 Jahre zur Beratung der Könige und Vorberatung der Volksbeschlüsse. 3. *Volksversammlung.* Sie tritt in bestimmten Zeitabständen als Souverän, doch ohne Initiative der Beschlußfassung (nur Zustimmung oder Ablehnung), rein als Heeresversammlung der Hopliten (Schwerbewaffneten zu Fuß) zusammen (Hoplitenpoliteia); Aufnahme von Amyklai als fünftem Dorf in die Gemeinschaft der *Obai* (Dorfverbände), Anerkennung der fünf Dorfvorsteher *(Ephoren)* als Wahrer des Brauchtums der Bürger in den Dörfern während der Friedenszeit (das Königtum ist nur Heerkönigtum, nur im Feld souverän) und Vertreter des Widerstandsrechts des Volkes gegen die Könige. Bewußte Ausgestaltung der Spartiatengemeinschaft: *Männerbündisches* Leben der 20–30jährigen Krieger in Andreia, der älteren in *Syssitien,* d. i. Speisegemeinschaften (sog. schwarze Suppe außerhalb der häufigen Opfermahlzeiten), Teilnahme der Knaben an ihrem Leben, Erziehung der Jünglinge in Altersklassen von 14–20 Jahren. Diese Straffung der Lebensformen ist über die primitiven Bräuche hinaus erforderlich zur Sicherung der **Herrschaft über die Heloten,** Vorbewohner, die zu hörigen Ackerbauern herabgedrückt worden sind (in Lakonien vorgriechische, in Messenien vordorische Vorbewohner). Sie ist ständig bedroht, weil in *Messenien* und *Südlakonien* Heloten auf Spartiatengütern *(Kleroi)* ohne ständige Aufsicht, aber mit der Verpflichtung zur Ablieferung des halben Ernteertrages sitzen. Die *jährliche Kriegserklärung* an die Heloten und der Brauch der *Krypteia,* des Auszugs der Jugend gegen die Heloten in Erneuerung der Eroberungssituation – Probe der Männerweihe – sind auf diese Niederhaltung der Heloten berechnet.

Die griechischen, vordorischen Bewohner der Kleinlandschaften im Gebirgsrand Lakoniens oder Lakedaimons, danach **Lakedaimonioi** genannt, und in dem des neuen Spartiatengebiets in Messenien heißen nach ihrer Lage zum Spartiatenland **Perioiken** (Umwohner). Sie stehen neben den Spartiaten, zur Heeresfolge den Königen von Sparta als *Rechtsnachfolgern ihrer alten Könige* verpflichtet, später mit ihnen im Heer vereint. Sie sind daher beide zusammengefaßt als **Lakedaimonioi,** für die indes nur die Spartiaten in der Heeresversammlung Beschlüsse fassen. Auch die Perioiken haben Heloten (doch nur einen gegenüber sieben der Spartiaten), sind Bauern wie diese, selbständig verwalten sie ihre Stadtfluren, soweit nicht feindliche Angriffe drohen; dann Entsendung spartanischer Anführer. Die **Spartiaten** haben aber bei Eroberung des Landes das beste zusammenhängende Fruchtland für sich beansprucht und nur daraus die früheren Bewohner vertrieben. Sie sind so junkerliche Grundherren geworden: *Kriegerbauerntum.* Sie sind unter sich **Homoioi** oder *Demos.* Den Heloten gegenüber sind sie nach ihrer geringen Zahl aber *Oligarchen,* d. i. wenige Herrschende gegenüber diesen *Hörigen des Staates.*

Um 660–640 **2. Messenischer Krieg.** Ermutigung der Spartiaten durch die Elegien des *Tyrtaios.* **Niederwerfung der Messenier.**

Das ionische Jahrhundert der griechischen Geschichte (630–510)

Vor 680 der Abschluß der **Homerischen Ilias** im wesentlichen in der heute vorliegenden Form. Ihr folgt sofort die Übertragung der homerischen Kunstsprache auf die **Elegie** (*Tyrtaios, Kallinos,* um 600 *Mimnermos*) und das **Melos,** die individuelle **Lyrik** des *Archilochos* (648) mit Iamboi (Spottgedichten), dann des Lesbiers *Alkaios* und der Lesbierin *Sappho* (um 600), schließlich die homerischen Hymnoi (auf Apollon von Delos vor 600, von Delphi um 580). Die Schiffermärchen der **Odyssee** (wohl nach 650) stammen aus den Erzählungen der Vorläufer der von Ionern Kleinasiens ausgehenden **Kolonisation am Schwarzen Meer.** Gleichzeitig mit der Kolonisation der Küsten des Schwarzen Meeres erfolgt die Gründung der griechischen Niederlassung *Naukratis* in Ägypten 610. Ein Samier erreicht den Zinnumschlagplatz im Land Tartessos in Spanien. Ebensoweit reichende Fahrten führen *Phokaier* nach *Massalia* (in Frankreich), *Emporion* (in Spanien), Málaga und Korsika. Diese Kolonisation, beschränkt auf das Gebiet des Mittelmeerklimas, dient der Gewinnung von Ackerland (südrussisches Getreide!) für den Bevölkerungsüberschuß. Die neuen Kolonien entlang der gesamten Küste des Schwarzen Meeres und der Küste des Ligurischen Meeres werden bald auch Stützpunkte des *Tauschhandels* mit den Eingeborenen des Hinterlands, Grundlage des Reichtums von **Miletos** als Mittelpunkt der Kolonisationsbewegung. Milet ist das Ende der neuen, binnenländischen *Handelsstraße* aus dem Orient, die den Handelsweg des dorischen Jahrhunderts ersetzt. Die Waren des Orients werden von Milet weitergeleitet nach *Euboia* mit den Handelsplätzen *Eretria* und *Chalkis* und nach **Korinth.** So werden beide Stellen in den Bereich des **ionischen Handels** einbezogen. Euboia gehört auch in das Geltungsgebiet der *milesischen* **Münzprägung,** die um 630 begründet wird. Die Leistungen einzelner Anführer der Entdecker- und Kolonisationsfahrten lassen auch in den Mutterstädten aus der geschlossenen Gesellschaft der archaischen Zeit einzelne Persönlichkeiten als individuelle Künstler, Denker und Politiker hervortreten. So beginnt in dieser Periode die **Entfaltung des Individuums:**

Individualismus in der **Wirtschaft** des Bauern und des Werkstätteninhabers, ab 600 auch des **Kaufmanns** im Gegensatz zur Königswirtschaft des Orients.

Entstehung einer monumentalen **Plastik** und der **Steinarchitektur** zunächst namenloser Künstler aus Naxos und *Samos*. Entfaltung ostionischer und kykladischer Keramik (Tierfriesstil), dann des Hohlgusses von Großbronzen. Gestaltung monumentaler Tempel.

Erwachen des Individuums zum philosophischen Denken: Ionische **Naturphilosophie** als Befreiung des kosmogonischen Denkens aus der Sprache des Mythos (Frage nach dem mythischen Uranfang und Grundstoff = Arché), in Milet: *Thales* (um 600, Arché *Wasser),* *Anaximander* († um 545, Arché *Apeiron* und Wasser), *Anaximenes*

um 600

(† um 525, Arché *Apeiron*). *Xenophanes* von Kolophon (* 570, † 480) begründet als wandernder Rhapsode, schließlich ab 540 in *Elea* in Unteritalien, die Philosophie der *Eleaten* (Einheit, Kugelgestalt, Unbeweglichkeit der Gottheit), fortgeführt von *Parmenides* von Elea (* 540, † 470) mit Entdeckung des Begriffs vom unveränderlichen, *einen* Sein als Gegenstand des Denkens. Auch *Pythagoras* von Samos (* um 570, † um 495) überträgt nach Reisen in den Orient seine Lehre nach Großgriechenland, gründet den Orden der Pythagoreer in Kroton, entwickelt Mathematik, Akustik, Astronomie im Dienst seiner Lehre von der Weltharmonie in Zahlen, von einem Zentralfeuer und von der Seelenwanderung der Eingeweihten. Jünger ist *Herakleitos* von Ephesos (* um 535, † 475), der aus kultischem Wissen die Philosophie der Einheit und des Widerspieles von Leben und Tod (Krieg der Vater aller Dinge, d. h. die Arché der Lebensvorgänge) entwickelt.

545 Für diese Kulturentwicklung entscheidend ist die **Unterwerfung der Griechenstädte** Kleinasiens **durch Kyros** (S. 48); sie veranlaßt die *Abwanderung* der meisten Vertreter der Naturphilosophie *nach Unteritalien.*

Individualismus in der Politik: *Alkaios* und sein späterer Gegner *Pittakos* stehen an der Spitze von Gruppen vornehmer Herren *(Hetairiai)* im Wettbewerb um den Einfluß im Gesamtstaat *Lesbos.* Seine Stellung entspricht der anderer Anführer („fürstlicher Herren"), die sich durch Sieg über Rivalen zu Alleinherrschern, **„Tyrannen"** (kleinasiatischer Ausdruck für Monarchen) machen. Solche revolutionäre Tyrannen stützen sich meist auf die Zuwanderer und die Hörigen. Durch deren Forderung nach Befreiung wird die Tyrannis zum **Übergang zur Demokratie:** Die Demokratie entsteht durch Aufnahme der älteren Bevölkerung in den Staat. So erfolgt der Übergang von agrarischer Wirtschaft zu **Geldwirtschaft** und Entfaltung von Handel und Gewerbe. Fortan Ausnutzung der Arbeit von **Kaufsklaven.** Die Begründung der **Tyrannis** selbstbewußter Individuen wird zur politischen Bewegung; umgekehrt ist politische Emigration der unterlegenen Rivalen ihre Begleiterscheinung.

Als feste Zusammenfassung der Staatsgewalt in einer Hand und somit Ausformung der Polis entgegen dem Wirken mehrerer fürstlicher Grundherren wird die Tyrannis auch von der Fremdherrschaft der Lyder und der Perser (seit Kyros' Sieg 546) gefördert. In **Samos**
537–522 Tyrannis des **Polykrates.** Höchste politische und kulturelle Blüte des Inselstaates. 522 Polykrates vom persischen Statthalter der gegenüberliegenden Küste getötet, auch Samos dem Perserreich eingegliedert. Auf Naxos Tyrannis des *Lygdamis* (um 540), in Korinth des *Kypselos* und *Periandros* (um 600), in Sikyon des *Kleisthenes* (um 590). Als Form der Beherrschung der Griechenstädte durch Vertrauensmänner, die keines Rückhalts am Demos bedürfen, hält sich die Tyrannis in Kleinasiens Griechenstädten, solange diese zum Perserreich gehören.

Auf dem griechischen Festland wird die Tyrannis dank Spartas Eintreten für die aristokratische Verfassung in den meisten Städten überwunden. Fortan wird die Oligarchie der Eroberergesellschaft als Herrschaft über „Hörige" beibehalten; *Sparta* wird zum Hort der Tyrannenfeinde. Dieser Neuaufstieg des Doriertums wird die Voraussetzung für Spartas Führerstellung in den Perserkriegen.

Sparta sucht auch noch die fruchtbare Ebene von *Tegea* in *Arkadien* zu Spartiatenland zu machen. Es muß sich nach wiederholten Kämpfen damit begnügen, den Rest der Peloponnes außer *Achaia* und *Argos* zu ständiger Heeresfolge zu verpflichten. Sparta einigt so die

um 550 Halbinsel zum **Peloponnesischen Bund:** Höhe-, aber auch Wendepunkt seiner Entwicklung. Mit Zurücktreten der (königlichen) Außenpolitik *Aufstieg der Ephoren* zur Staatsleitung von der Innenpolitik her.

Athens Anfänge (950–500)

Die Zuwanderung der aus der Peloponnes vertriebenen Ioner gibt der Siedlung auf der **Akropolis** (156 m ü. d. M.) von Athen – in sicherer Entfernung von der piratengefährdeten Küste mit den Hafenplätzen *Phaleron* und *Peiraieus* – das Übergewicht in Attika. Sie führt

um 950 (der Sage nach durch *Theseus*) die **Einigung Attikas (Synoikismos)** herbei, unter Einteilung in 12 Bezirke *(Trittyen)* um die alten Hauptorte. Seither sind *Attiker* und *Athener* identisch, hat Athen die Frühstufe der Polis überwunden. Die Burgherren mykenischer Tradition in den nicht durch scharfe Grenzen voneinander getrennten Teillandschaften Attikas müssen sich dem Burgherrn auf der Akropolis von Athen unterordnen und in seine Umgebung übersiedeln. So entsteht in Athen zuerst ein **Stadtadel** (*Aristokratie*) innerhalb einer Bürgerschaft gleichen (ionischen) Stammes. Der Zusammenschluß des

683 Adels als früherer fürstlicher Herren bewirkt **Abschaffung des Königtums,** Einsetzung eines jährlich wechselnden Stellvertreters (*Archon Basileus,* insbesondere für den Dionysoskult). Aufstieg des alten Stadtvorstehers *(Prytanis)* von Athen zum Oberamt des *Archon eponymos* (nach ihm die Jahre benannt); zu beiden tritt als Heerführer der *Archon Polemarchos.* Zu diesen kommen *6 Thesmotheten* (um 650) als Hüter des geltenden Rechts. Sie haben auch richterliche Befugnisse und sind mit den 3 führenden Archonten das Kollegium der „Neun". Nach ihrer Amtsführung treten die gewesenen Archonten in den Areopag ein.

Dank bleibender Bindung an ihren alten Landbesitz suchen die Adligen in Attika eine *Parallele* zur *Oligarchie* der dorischen Staaten mit ihrer Herrschaft über Heloten herbeizuführen. Sie drücken als große Grundherren, dann auch Schiffsherren die Kleinbauern in wirtschaftliche Abhängigkeit, dann in *Schuldknechtschaft,* schließlich bis zum Verlust des Landes und damit des Bürgerrechts herab. Dieser Ent-

621 wicklung will die **Gesetzgebung des Drakon** Einhalt gebieten mit
Wiederherstellung der Rechtsgleichheit aller ionischen Einwohner
Attikas durch Aufzeichnung des geltenden Rechts mit fixierter Straf-
bemessung („drakonischen" Strafen).

594 Solon, als *Archon* durch Gewinnung der vorgelagerten Insel *Salamis*
beliebt, führt die soziale Neuordnung **(Solonische Gesetzgebung)**
durch. Er schafft die Voraussetzung für Athens Entwicklung zur
Demokratie und begründet sein Wirken in *Elegien:*
1. Aufhebung der bestehenden Schuldverpflichtungen, Beseitigung
der sie bezeichnenden Schuldsteine auf den Grundstücken, Verbot
der Schuldknechtschaft und der Grundbesitzanhäufung, Zurückru-
fung aller ins Ausland und damit in die Rechtlosigkeit geflüchteten
Schuldner **(Seisachtheia** = Lastenabschüttelung).
2. **Eintritt** Athens in den **Bereich des milesischen Handels.** Begünstigung des Olivenanbaus und der Gewerbe – Schaffung einer neuen
Verdienstmöglichkeit für die von der Schuldknechtschaft Befreiten,
die keinen Grundbesitz zurückerhalten (Klasse der Händler und
Handwerker). Anreiz zur Zuwanderung fremder Gewerbetreiben-
der, die außerhalb des attischen Bürgerrechts bleiben, aber gegen
Abgaben staatlichen Schutz genießen. Aufblühen der attischen
schwarzfigurigen Keramik.
3. **Aufzeichnung** des geltenden **Rechts** (Privatrechts) auf dreiseitigen
drehbaren hölzernen Säulen und Vereidigung der Bürgerschaft auf
deren Beachtung.
4. Einteilung der grundbesitzenden Bürgerschaft in die **Klassen** der
Pentakosiomedimnoi (Ertrag von 500 Scheffel Getreide), *Hippeis*
(300–500 Scheffel), beide zur Gestellung einer Ritterausrüstung verpflichtet, und *Zeugiten* (Gespannbauern), die als Schwerbewaffnete
zu Fuß (Hopliten) kämpfen. Das Archontat und damit der Areopag
als Wahrer der Tradition des politischen und moralischen Lebens
bleibt zwar der ersten Klasse vorbehalten, der **Rat der Vierhundert**
zur Vorberatung der Volksbeschlüsse wird aber aus allen drei Klassen
gewählt, die von der Volksversammlung *(Ekklesia)* – durch Hand-
aufheben – bestätigt werden, ebenso die Geschworenengerichte. Die
grundbesitzlosen Theten bleiben noch ohne politische Rechte in dieser **Timokratie.**
Die Nichterfüllung extremer Forderungen veranlaßt neue Parteiungen nach Solons Abreise in den Orient und **Auseinanderfall Attikas.**
566 Zunächst führt das Übergewicht des Adels zur **Stiftung der Pan-
athenaia,** eines agonalen Festes zu Ehren der Athena auf Akropolis, wo in dieser Zeit zahlreiche Bauten entstehen. Dann macht sich
560, 542 **Peisistratos** aus Brauron zum **Tyrannen** von Athen, läßt sich eine
Leibwache beschließen und festigt nach zweimaliger Vertreibung
seine Herrschaft. Anlehnung an die Tyrannen *Lygdamis* und *Polykrates,* Schutzherrschaft über Delos, Förderung der Dichtung
(Anakreon) und Bildhauerkunst nach ionischem Muster; Intensivierung der Geldwirtschaft wie des Exports der schwarzfigurigen Vasen

ab 550 vollenden **Athens Einbeziehung in den ostionischen Kultur-bereich.** Aufgrund einer 5%igen Bodenertragssteuer Bautätigkeit nach Tyrannenart: Anlage einer Wasserleitung zum Marktbrunnen, Kanalisation seiner Ableitung zur Schaffung des Neumarktgeländes unterhalb des Areopags *(Agora)*. Überführung des Dionysoskults nach Athen, Begründung des Heiligtums des *Dionysos Eleuthereus* (Tempel um 550) am Akropolissüdfuß und Übernahme der Kult-spiele von *Ikaria* am Pentelikon in sein Fest (534 *Thespis* erster Schauspieler der dionysischen Tragödie).

Die Tyrannis bedeutet keine Abschaffung der Solonischen Gesetze, keine Verfassungsänderung, nur die Ausschaltung der anderen rivali-sierenden fürstlichen Herren und so die Konsolidierung des Staates: Einführung einer **Staatsmünze** mit Bild der Pallas Athene und ihrer heiligen Eule auf Oboloi und Drachmai (nun Münzen statt Gewichts-maßstäben).

Durch die Ostorientierung der Tyrannis entfernt sich Athen von seinen festländischen Nachbarn und überflügelt sie, auch Sparta, in geistiger, künstlerischer und politischer Hinsicht.

527–510   Nach Peisistratos' Tod vollenden seine Söhne **Hippias** und **Hippar-chos** die Gewinnung Athens für die ostionische Kultur. Einführung

519   der *rotfigurigen* (Aussparungs-)Technik in die *Vasenmalerei*. Einfüh-rung des Satyrspiels durch *Pratinas* (um 510). *Plataiai* erbittet Athens Schutzherrschaft gegen Theben. Verbannung des Adelsgeschlechts

514   der *Alkmäoniden*. Mißtrauen des Hippias nach **Ermordung des Hipp-archos** aus Privatrache durch *Harmodios* und *Aristogeiton*. Die Gewinnung des Delphischen Orakels und dadurch der Unterstützung der Spartaner führt zur Vertreibung des Hippias durch *Kleisthenes* und *Isagoras* mit Hilfe eines *spartanischen* Heers unter *Kleomenes I.*:

510   **Sturz der Tyrannis,** Wiederherstellung der *Isonomia*. Verherrlichung der *Tyrannenmörder.*

508/07   **Verfassungsreform des Kleisthenes.** Erstreckung des vollen **Bürger-rechts** auf die **Theten;** zu ihrer Aufnahme **Neueinteilung** der Bürger-schaft in **10 Phylen** lokalen Charakters: *Erechtheis, Aigeis, Pandionis, Leontis, Akamantis, Oineis, Kekropis, Hippothontis, Aiantis, Antio-chis*. Jede Phyle setzt sich aus je einem Drittel im Stadtgebiet, im Küstenland und im Binnenland zusammen und entsendet 50 Vertre-ter in den neuen **Rat der Fünfhundert.** Diese verwalten im Turnus für $^1/_{10}$ des Jahres die Stadt und wählen für jeden der 36 Tage einen Vorsitzenden *(Prytanis)* der Prytanie und der Volksversammlung. Jede Phyle stellt auch einen der 10 (gewählten) **Strategen** zur Führung des Phylenregiments (noch 490 unter Oberbefehl des *Archon Pole-marchos*). So begründet Kleisthenes die **1. Repräsentativverfassung** der Weltgeschichte auf lokaler Grundlage, jedoch in dem noch immer überschaubaren Rahmen der Halbinsel Attika. Für alle Ämter wird eine Prüfung des bürgerlichen Verhaltens vor dem Amtsantritt und Rechenschaft nach Ablauf des Amtsjahres vorgeschrieben. In der

Volksversammlung hat jeder Bürger das Recht, Anträge zu stellen oder Zusätze zu befürworten.

506 Die Aufnahme der Theten in die Bürgerschaft und Phylenordnung bedeutet die **Begründung der Demokratie in Athen.** Diese behauptet sich im Krieg gegen Sparta und dessen Verbündete.

d) Die Blütezeit Griechenlands (500–404)

Die Entfaltung des griechischen Polisstaats vollzieht sich in einer Zeit der Schwäche des Orients. Sie wird durch den Aufstieg des Perserreichs beendet (S. 49).

500–494 **Aufstand der ionischen Griechen Kleinasiens** unter *Histiaios* und *Aristagóras*, Tyrannen von Milet; Beginn fortlaufender historischer Überlieferung. Unterstützung abgelehnt von Sparta wegen großer Entfernung, dagegen geleistet von Athen und Eretria (Euboia). 498 Brand von *Sardeis*, aber Niederlage bei *Ephesos*, rasche Rückeroberung durch die Perser, Blockade von Milet. Vernichtung der ionischen Flotte 495 bei der Insel Lade vor Milet.

494 **Zerstörung von Milet** und Deportation seiner Einwohner an den Tigris.

Athens und Eretrias Hilfe ist die Veranlassung zum Rachezug der Perser. 493/92 beginnt *Themistokles* den Ausbau des *Peiraieus* als neuem Hafen von Athen. Dareios erstrebt Sicherung der (512 ge-

492 wonnenen) thrakischen Gebiete durch **Perserzug** des *Mardonios* bis Thasos und Makedonien; große Verluste durch die Thraker, Vernichtung der Flotte durch Stürme am *Athos*. Aufforderung zur Unterwerfung durch Übersendung von Erde und Wasser als ihr Symbol an

490 alle Griechen, in Sparta und Athen abgelehnt. Flottenunternehmen über *Rhodos, Naxos* nach *Euboia*. Zerstörung von *Eretria*, dann Landung in der Ebene von *Marathon (Hippias* beim Perserheer).

490 Sept. **Schlacht bei Marathon.** Der Plan der Perser, Athen von der Seeseite zu überraschen, wird durch schleunigen Rückmarsch des Heeres nach der Stadt vereitelt; schon vorher meldet der Läufer von Marathon den Sieg. Die zu Hilfe gerufenen *Spartaner,* durch kultische Bedenken zurückgehalten, kommen zu spät. Die persische Flotte kehrt nach

489 Kleinasien zurück. Unglücklicher eigenwilliger Zug des Miltiades gegen *Paros.* Schwer verwundet nach Athen zurückgekehrt, wird er als Tyrann angeklagt und zum Ersatz der Kosten des Unternehmens (50 Talente) verurteilt, die sein Sohn Kimon – nach Miltiades' Tod im

487 Gefängnis – zahlt. Wahl der **Archonten** aus 500 Kandidaten der beiden obersten Klassen durch das **Los** eingeführt. Ende der Bedeutung des Archontats, Aufstieg des Strategenamtes. Erste Anwendung des **Ostrakismos** (Scherbengerichts): Die Volksversammlung ist befugt, in geheimer Abstimmung auf Tonscherben *(Ostraka)* die Verbannung eines die Demokratie gefährdenden Bürgers zu beschließen, ohne Minderung von Ehre und Vermögen. Doch müssen dazu 6000 Stimmberechtigte erscheinen. 482 *Aristeides* (Führer der gemäßigten

Oligarchen) ostrakisiert. So erhält *Themistokles* freie Hand zur Verwendung der neuen reichen Erträge der Silbergruben von *Laurion,* die bisher verteilt wurden. Er verwendet sie zum Flottenbau. Der Staat liefert die Schiffe (nun 200 Trieren mit Anordnung der Ruderer auf 3 Decks übereinander geplant), reiche Bürger übernehmen als freiwillige, doch als moralische Pflicht betrachtete Leistung für den Staat ihre Ausrüstung und das Kommando. Die Einstellung der *Theten* als Ruderer gibt auch diesen Anteil am Militärdienst und somit aktive politische Rechte.

Der große Perserkrieg (480–477)

Rüstungen des Dareios (S. 49), nach seinem Tod 485 des Xerxes. 2 Schiffsbrücken über den Hellespont und Kanal durch den Isthmos der Halbinsel Athos vorbereitet.

480 Abmarsch von Sardeis. Heeresfolge der Makedonen. Keine nationale Geschlossenheit der Griechen zur Abwehr der Perser; Stellungnahme für oder gegen sie ist jeweils durch die Haltung der miteinander verfeindeten Nachbarstämme bedingt. Die Grundherren *Thessaliens* und *Boiotiens* **für** die Perser, daher *Phoker* und *Athener* **dagegen;** *Nordwestgriechenland* und *Kreta* unbeteiligt, *Argos* neutral.

481 Bei Spartas Kriegsruhm wird der *Peloponnesische Bund* zum Kern der **Hellenischen Symmachie** (Kampfbund) **gegen** die Perser. *Athen* ordnet sich auch zur See ihm ein, trägt aber die Hauptlast des Krieges und entscheidet sich frei in klarer Erkenntnis der Unvereinbarkeit

480 seiner Demokratie mit der persischen Despotie. **Marsch des Xerxes** über die Vorhöhen des *Olymp* durch *Thessalien.* Seine Flotte von 1207 Schiffen erleidet große Verluste durch Stürme und geht vor Anker gegenüber der griechischen Flottenstellung bei Kap **Artemision** in Nordeuboia; diese ist Flankendeckung der Sperrstellung des Landheeres unter **Leonidas** am Küstenengpaß der **Thermopylen.**

Leonidas hält mit 300 Spartiaten, 1000 Perioiken, 700 Thespiern, 400 Thebanern, 3500 anderen Bundesgenossen 2 Tage den *Mittelpaß* gegen persischen Pfeil- und Speerhagel an der engsten Stelle zwischen Gebirgsabfall und Steilkliff zum Meer. Von *Ephialtes* geführt, gelangen Perser durch ein Paralleltal in den Rücken der Griechen, worauf Leonidas sein Heer entläßt und mit Spartiaten und Thespiern allein den Persern und damit dem Opfertod, getreu den Befehlen der Heimat, entgegengeht. Daraufhin zieht sich die griechische Flotte durch den Euripos zurück, die persische folgt ihr zögernd. Das persische Landheer erreicht und verheert *Attika.*

Auf Themistokles' Rat räumen die Athener ihre Stadt, bringen die nicht kampffähige Bevölkerung nach Salamis, Aigina, Troizen, während die Peloponnesier den Isthmos befestigen. **Zerstörung** der unbefestigten Stadt **Athen** und der Akropolis.

480
Ende Sept. **Seeschlacht bei Salamis. Themistokles** erreicht durch geheime Botschaft an Xerxes, daß die Griechen (etwa 310 Trieren) in der Meer-

enge zwischen *Salamis* und *Attika* eingeschlossen werden. Auf dieser engen Fläche kann sich die überlegene persische Flotte nicht entfalten. Entscheidender **Seesieg** der **Griechen.** Xerxes beschließt den Rückzug, läßt nur ein Landheer unter *Mardonios* in Griechenland; Winterquartiere in Thessalien; Wiederaufbau der Stadt Athen.

480 Gleichzeitig **Abwehrkampf** der **sizilischen Griechen** (S. 94).

479 **Einfall des Mardonios in Attika,** *zweite Zerstörung Athens.* Vor dem Heer der Symmachie geht *Mardonios* nach Boiotien zurück, Sieg der Spartaner über die schlechter gedeckten Perser, der Athener über deren griechische Bundesgenossen in der **Landschlacht bei Plataiai.** Theben ergibt sich.

479 Sept.

479 Angriffskrieg der griechischen Flotte gegen die Perser bei Samos, **Sieg** an der Halbinsel **Mykale** über die gelandeten Flottenbesatzungen. **Befreiung der ionischen Städte.**

479/78 Trotz Einspruchs der Spartaner (von Themistokles hingehalten) wird **Athen** nun rasch mit einer Stadtmauer befestigt.

478 Die griechische Flotte unter Pausanias befreit die Griechen auf *Cypern* und die Stadt *Byzantion,* aber **Pausanias** macht sich durch selbstherrliches Benehmen unbeliebt, wird von den Ephoren **abberufen.** Nach dem Wunsch der Griechen, insbesondere auch der neugewonnenen Ioner Kleinasiens, geht die Führung (Hegemonie) zur See von Sparta auf **Athen** über.

477 **Gründung des 1. Attischen Seebundes.** Die Insel- und Küstenstädte des Ägäischen Meeres schließen ein dauerndes Bündnis mit Athen zum Kampf gegen die Perser. In Delos Unterbringung der Bundeskasse. *Lesbos, Chios, Samos* stellen Schiffe für die Fortführung des Krieges, die anderen Poleis zahlen zum Unterhalt der attischen Flotte Beiträge, deren Höhe nach dem Ertrag ihres Landes von *Aristeides* in Analogie zu ihren Abgaben an Persien festgesetzt wird (Gesamtsumme 460 Talente).

Themistokles bei den Olympischen Spielen 476 von allen Griechen geehrt, wird 471 durch Ostrakismos *verbannt,* geht zum Perserkönig, wird *persischer* Stadtherr und *Vasall,* stirbt 460 in *Magnesia. Pausanias* wird von den Ephoren des Hochverrats überführt, als Flüchtling im Heiligtum der Athena (Asyl) in *Sparta* eingemauert, wo er verhungert (468).

Die geschichtliche Bedeutung der Perserkriege liegt in der Selbstbehauptung eines kleinen freiheitsliebenden Volkes am Rande Europas gegen die Übermacht eines asiatischen Reiches, ein Erfolg, der den Griechen auch das Bewußtsein geistiger Unabhängigkeit bekräftigt. Sie liegt aber auch in der wichtigsten Folge des Sieges: der Gründung des Delisch-Attischen Seebundes. Dieser stellt nicht nur den ersten Versuch einer Einigung des Griechentums unter Wahrung der ihm eigenen Polis-Lebensform durch den Zusammenschluß zum Staatenbund dar, sondern schafft auch die Voraussetzung für die Entfaltung der attischen Kultur zur Klassik und damit für die Wirkung griechischen Geistes weit

*über den Zeitraum der griechischen Geschichte hinaus zur Grundle-
gung der europäischen Kultur. Die politische und wirtschaftliche, auch
die finanzielle Vormachtstellung Athens als des Mittelpunkts des Bundes (dann Reiches) ermöglicht – schließlich durch Aussaugung der
Bündner – auch seine kulturelle Leistung, die dramatische wie die bildende Kunst, ebenso die kostspieligen Bauten auf der Akropolis.*

Vom Perser- zum Peloponnesischen Krieg (477–431)

Sieger im Perserkrieg waren Sparta und Athen. **Athen** setzt den
Angriffskrieg gegen Persien fort **unter Kimon,** dem Sohn des Miltia-
des: 476/75 Vertreibung der Perser von der thrakischen Küste. Sieg
465 über persisches Landheer und Flotte in der **Doppelschlacht am Eury-
medon** (Pamphylien), Umgestaltung der *Akropolis* zur *Feststätte.*
Entfaltung der Klassik, d. h. der Höchstleistungen des Griechentums
auf jedem Kulturgebiet, insbesondere in der Dichtung (Chorlyrik,
Tragödie, Komödie), der bildenden Kunst (Architektur, Plastik,
Malerei, faßbar nur in der Vasenmalerei) und in der Philosophie (sog.
Vorsokratik, dann Sophistik), aber auch in der Medizin (Alkmaion
von Kroton, Hippokrates von Kos) und der Geschichtsschreibung
(Herodot, die nur in Fragmenten erhaltenen Historiker Charon von
Lampsakos, Hellanikos von Lesbos). Nachblüte der ionischen Kultur
in Nordgriechenland. Aus Thasos stammt der Maler *Polygnotos,* der
auch in Delphi und Athen wirkt; Begründung der *Atomlehre* durch
Demokritos von Abdera (* um 470), den Schüler des Milesiers *Leuk-
ippos* (ab 450 in Abdera), der *Sophistik* durch *Protagoras* von
Abdera (* um 485).
Dorische Kultur von **Argos,** Mittelpunkt der Plastik des sog. **strengen
Stils** der **Frühklassik** (470–450): weibliche Peplostatuen, nackte
Jünglinge; sie gipfelt in der dorischen Klassik des *Polykleitos* von
Sikyon oder *Argos* (450–420 entstehen: *Doryphoros, Diadumenos,
Amazone,* zuletzt nach 423 *Hera* von Argos). Dorische und ionische
Tradition verbinden sich auch im Bildschmuck (Heraklestaten der
Metopen, Oinomaosopfer, Kentauromachie der Giebel) des *Zeus-
tempels* von *Olympia* (zwischen 465 und 457 errichtet); das Kult-
bild aus Goldelfenbein von *Pheidias* indes erst nach 437 geschaffen.
Feier der Sieger in den Nationalspielen in den Oden des Dichters
Pindaros von Theben (* 520, † 446). In Athen dichtet *Aischylos*
(ab 485) Tragödien: *Hiketides,* 472 *Perser,* 467 *Sieben gegen Theben.*
In **Sparta** wird die Wahrung des alten Brauchtums zur Notwendigkeit,
seit Sparta wegen der Bevölkerungsabnahme seine Krieger schonen
464–455 muß. Aufstand der *Heloten* in *Messenien* (**3. Messenischer Krieg).**
Der Gegensatz der Staatsformen veranlaßt Sparta, das erbetene
Hilfsheer **Athens** heimzuschicken. Innenpolitische Folge: Sturz des
461 Spartafreundes *Kimon,* Verbannung durch *Ostrakismos.* Beseitigung
der Oberaufsicht des **Areopags** über Staatsverwaltung durch *Ephialtes* und Perikles; Beibehaltung nur der sakral begründeten Blutge-

richtsbarkeit. Der Rat der Fünfhundert übernimmt die Kontrolle aller Beamten, außer den Strategen, erhält dafür Diäten, ebenso die Richter der Geschworenengerichte.

457 **Vollendung der Demokratie** durch die Erweiterung des passiven Wahlrechts für das *Archontat* auch auf die **3. Klasse.** Athena Promachos des *Pheidias* auf der Akropolis (460). Ende der schwarzfigurigen Vasenmalerei. *Aischylos* verherrlicht in seiner *Oresteia* 458 den *Areopag* († 456 in Gela).

Sicherung Athens durch Anlage zweier Mauern von der Stadt zur Festung Peiraieus und zur Reede von Phaleron: *Lange Mauern* um 460 zwecks Ausgestaltung Athens zur Fluchtburg für Attika.

Auf Beschäftigung ihrer Anhänger (Sold für die Truppen, besonders die Ruderer) bedacht, nimmt die Demokratie den Perserkrieg wieder auf durch Eingreifen in Sizilien und **Unterstützung von Aufstandsbewegungen im Perserreich.** Infolge persischer Flottenbewegungen

454 **Verlegung der Kasse des Attischen Seebunds nach Athen.** Gleichzeitig Krieg in Mittelgriechenland.

451 Nach Rückberufung Kimons *Waffenstillstand mit Sparta* für 5 Jahre. Wiederaufnahme des Perserkriegs durch **Angriff auf Cypern** und Ägypten. *Kimon* stirbt bei Belagerung von Kition. Die Athener sie-

449 gen in der **Doppelschlacht bei Salamis** auf Cypern über die persische (phönikisch-kilikische) Flotte und die Truppen am Land. 448 Kimonischer oder **Kallias-Friede,** faktischer Verzicht auf weitere Unterstützung von Erhebungen gegen Persien, Anerkennung der Autonomie der Griechenstädte durch Persien. Das Ziel des Seebundes, die Abwehr der persischen Gefahr, scheint erreicht; als Kampfbund alter Art kann er aufgelöst werden. 449/48 werden keine Tribute mehr erhoben; doch *Perikles* wertet den Seebund um zum **Attischen Reich** zwecks Sicherung seines Handelsgebiets. Weiterzahlung der Tribute gefordert, um der attischen Demokratie das Bestehen zu sichern. Perikles' Plan eines **panhellenischen Kongresses,** um die Griechen zur Wiederherstellung der von den Persern zerstörten Heiligtümer zu einigen, scheitert an Spartas Widerstand. Aber Athena von der Akropolis wird als Schutzherrin Athens „Reichsgöttin" des Bundes:

447 Beginn des **Parthenonbaus** durch *Iktinos* und *Kallikrates* unter Heranziehung der Bundesgelder. Der Bildschmuck des Tempels von **Pheidias** von Athen (* um 500) nach Ideen des Perikles verherrlicht die Verbundenheit Athens mit seinen Göttern als Gewähr für den Bestand seines Reichs: attische Teilnahme an Ereignissen der griechischen Sage (Metopen), Festzug der Athener und Übergabe des Peplos am Panathenäenfest (Fries mit Götterversammlung), Geburt der Athena (Ostgiebel), Stiftung des Ölbaums durch Athena im Wettbewerb mit Poseidon (Westgiebel); Goldelfenbeinbild der Athena Parthenos (vollendet 438) als Herrin des Siegs (Gigantomachie auf dem Schild gemalt von *Parrhasios*). *Umgestaltung der ganzen Akropolis* als Feststätte der Athena geplant, neues *Heiligtum der Nike* 448, *Propyläen des Mnesikles* 436 begonnen.

445 Dreißigjähriger **Friede zwischen Sparta und Athen,** das auf weitere
Unternehmungen zu Lande verzichtet.

445 Euboia von *Perikles* unterworfen, Neuanlage der Hafenstadt Peiraieus nach rechtwinkligem Plan des *Hippodamos* von Milet.

441–439 Abfall von *Samos* durch *Perikles* bestraft. Leichenrede für die Gefallenen 439.

443–429 **Klassische Epoche:** Höhepunkt der Machtentfaltung und der Kultur-
leistung Athens in den 15 Jahren der **Strategie des Perikles.** Neben
den Bauten auf der Akropolis Errichtung des *Hephaisteion* (sog. The-
seion), des *Poseidontempels* auf *Kap Sunion* (445–430). Besuch des
Herodotos von *Halikarnassos* (des ,,Vaters der Geschichtsschreibung", * um 485, † 430) am Ende seiner langen Erkundungsreisen
in Athen. Häufung von Komödienaufführungen mit Angriffen gegen
Politiker, was zeitweise verboten wird. **Reifste Entfaltung der Tragödie** (in innerer Geschlossenheit von Chor, mit 15 Choreuten, und 3
Schauspielern) durch *Sophokles* (* 496, † 406): 1. Sieg mit *Triptole-
mos*, 442 *Antigone*, um 428 *Oidipus Tyrannos*, und den jungen *Euripides* (* um 480, † 406): 438 Tetralogie mit *Alkestis* als Satyrspiel,
431 *Medea*, 428 *Hippolytos*. Die *olympische Religion* wird in Tragödie und Parthenonschmuck aufgenommen und zur **Polisreligion**
Athens.

Die **Klassik** ist **auf Athen beschränkt.** Athen ist Brennpunkt des **wirtschaftlichen** Lebens von Griechenland. Verbreitung der Münzen von
Athen und Kyzikos. Monopolisierung des Getreideimports aus Südrußland. Import von Luxuswaren, Schiffsbauholz; Export besonders
von Öl in attischen Tongefäßen. Aber bescheidene Lebensführung
(*Sophrosyne* als Ideal) auch der Vornehmen.

Innenpolitik. Durch Ausschaltung der Oppositionsführer Harmonie
zwischen Volk und Staatslenker erreicht: ,,dem Namen nach Demokratie, in Wahrheit **Monarchie des ersten Mannes''** (Thukydides).
Perikles ist nur einer der 10 Strategen und Mitglied der Baukommis-
sion, doch durch seine Überzeugungsgewalt in Volksreden der erste
Mann des Staates. Vollendung des Ideals der Polis in der freien Teilnahme aller Staatsbürger am Staatsleben, ohne wirtschaftliche Sorgen – auf Kosten der Bündner und der Sklaven.

In der Spätzeit des Perikles aber Entfremdung vom Volk durch Hinwendung zur Philosophie des *Anaxagoras* und zur **Sophistik** als Vertreter der Redetechnik und der Gegenüberstellung von Natur und
Menschensatzung. *Protagoras* (S. 66) lehrt in Athen, daß der Mensch
das Maß aller Dinge (Homo-mensura-Satz), die Natur der Götter un-
ergründbar, das Recht des Stärkeren naturgegeben sei. Prozesse wegen Vergehens gegen die Staatsreligion gegen *Pheidias* 437, *Anaxagoras* 432 als Zeichen der Opposition gegen Perikles. Um 430
antidemokratisches, ,,oligarchisches" Programm in der anonymen
Schrift ,,Vom Staat der Athener", dem ersten erhaltenen attischen
Prosawerk.

Der Peloponnesische Krieg (431–404)

Veranlassung: Einmischung Athens in einen Krieg im Ionischen Meer zwischen **Kerkyra** und **Korinth.** Aug. 433 Sieg mit attischer Hilfe über korinthische Schiffe. Mai 432 Abfall der korinthischen Kolonie *Poteidaia* vom Seebund und Unterstützung durch Korinth, daher Belagerung der Stadt.

Trotz Bedenken des Königs Archidamos erreichen die Konrinther
432 **Kriegsbeschluß der Peloponnesier** in **Sparta.** Furcht Spartas vor Athens Aufstieg.

Perikles' *Kriegsplan:* Angriff nur mit der Flotte, Vermeiden eines Zusammenstoßes mit dem überlegenen peloponnesischen Landheer, dem sich auch Lokrer, Boioter und Phoker anschließen. Überführung aller Attiker hinter die Mauern der Doppelfestung Athen-Peiraieus als Fluchtburg mit Seeverbindung.

431–421 Archidamischer Krieg.
431 *Einfall der Peloponnesier* in Attika unter König *Archidamos* von Sparta, Verwüstung des Landes. Ausfahrt der attischen Flotte gegen die Küste der Peloponnes.
430 2. *peloponnesischer Einfall.* Ausbruch der **Pest** in Athen. *Perikles* verheert mit der Flotte die Küste der *Argolis.*
429 Die Flotte der Athener siegt im Korinthischen Golf. Die Thebaner und Peloponnesier belagern *Plataiai,* das eine athenische Garnison erhalten hat. **Perikles stirbt an der Pest.** Gegensatz des **Kleon** (Gerber, d. h. Besitzer einer mit Sklaven betriebenen Lederwarenfabrik) und des **Nikias.**
428, 427 3. und 4. Einfall der Peloponnesier. 428 Abfall von *Mytilene* auf Lesbos und Belagerung durch die athenische Flotte.
427 Einnahme von *Mytilene* durch die Athener, von *Plataiai* durch die Peloponnesier und Thebaner; Hinrichtung der Aristokraten von Mytilene, aller 225 Verteidiger von Plataiai durch die Sieger. 427 1. Sizilienexpedition unter *Laches.*
425 5. Einfall der Peloponnesier. *Demosthenes* mit einer 2. Flotte nach Sizilien. Pylos (Westmessenien) besetzt. Der von den Spartanern angebotene Friede von Kleon verworfen. *Kleon* und *Demosthenes erobern Sphakteria* und nehmen 120 Spartiaten gefangen.
424 Athener beunruhigen das lakonische Gebiet, fallen in *Boiotien* ein, werden bei *Delion* geschlagen (Alkibiades von Sokrates gerettet).

Der spartanische Feldherr *Brasidas* erreicht Thrakien, bringt die dortigen Küstenstädte zum Abfall von Athen, nimmt *Amphipolis* ein; der athenische Feldherr *Thukydides* kommt zu spät zum Entsatz, wird verbannt und hat so Gelegenheit, auf beiden Seiten das Material für sein Geschichtswerk über den „*Peloponnesischen Krieg*" zu sammeln nach dem Grundsatz der Sophisten, beide Seiten zu hören. Darstellung bis 411, fortgesetzt von *Xenophon* in Hellenika.

Nach abermals vergeblichen Friedensverhandlungen übernimmt

422 Kleon das Kommando in Thrakien, wird in der **Schlacht bei Amphipolis** geschlagen und fällt auf der Flucht; aber auch *Brasidas stirbt* an seinen Wunden.

421 **Friede des Nikias** auf 50 Jahre: Herausgabe der Gefangenen und der Eroberungen. Aber die Spannungen bleiben auch in dieser Zeit des „Faulen Friedens".

In dieser Periode geht in Athen das **kulturelle Leben** weiter: 1. Auftreten des Sophisten *Gorgias* von Leontinoi 427. Erfolgreiche Komödien des *Aristophanes: Daitaleis* 427, *Acharner* 425 (Friedenssehnsucht der Landbevölkerung), *Ritter* 424 (für Adel gegen Kleon), *Wolken* 423 (gegen Sokrates, erfolglos), *Wespen* 422 (gegen Kleon und die attische Prozeßwut), *Frieden* 421; Dramen des *Sophokles, Euripides (Andromache, Hekabe, Elektra, Herakleidai, Herakles, Hiketides, Iphigeneia in Tauris, Ion, Kyklops. Phoinissai)*. Bauten auf der Akropolis: Niketempel 420 neu begonnen. *Erechtheion* 421–406 aufgeführt, am Markt die Halle des Zeus Eleutherios (420). Stil des Parthenonfrieses wirkt auf den der neueinsetzenden *Grabreliefs* und der späten rotfigurigen Vasen. 421 Nike des *Paionios* in Olympia. Die attische Reliefkunst wird vorbildlich. Die Wirksamkeit des *Hippokrates* von *Kos* als Begründer der wissenschaftlichen **Medizin** und die *Verbreitung des Asklepioskultes* vom Heiligtum *Epidauros* aus, so nach Athen, sind Folgen der Pest.

415–413 **Sizilische Expedition der Athener** auf das Hilfsgesuch der Stadt *Segesta* und der vertriebenen Bewohner von *Leontinoi* gegen *Syrakus*, befürwortet von *Alkibiades*, widerraten von *Nikias. Hermokopidenfrevel* vor der Abfahrt der Flotte von 134 Trieren unter *Alkibiades, Nikias, Lamachos;* Alkibiades, zurückgerufen, flieht nach Sparta, sein Vermögen beschlagnahmt.

414 athenischer Sieg vor Syrakus. Spartanische Unterstützung stärkt den Widerstandswillen der Syrakusaner. Mißerfolg der athenischen Flotte im Hafen von Syrakus, Einschließung des Landheeres. Vernichtung bei Durchbruchversuch am Asinaros.

413 **Katastrophe der Athener:** Die Feldherren in Syrakus hingerichtet, 7000 Gefangene kommen in den Steinbrüchen um. Der persische Satrap von Lydien, *Tissaphernes*, besetzt *Ephesos*.

413–404 **Dekeleischer Krieg.**
Auf Alkibiades' Rat setzen sich die Spartaner unter König *Agis* für dauernd in **Dekeleia** am Parnes fest zur Verheerung Attikas und Einschließung der Bürger in die Fluchtburg; **Alkibiades bringt** den Satrapen *Tissaphernes* zu Verhandlungen mit Sparta auf **Preisgabe der kleinasiatischen Griechen** gegen Zahlung von Hilfsgeldern.

412 Sieg der Athener bei *Milet* über die Peloponnesier weckt Argwohn gegen Alkibiades bei den Spartanern; er geht zu Tissaphernes und wirkt für Sturz der Demokratie in Athen.

411 (8. Juni) **Verfassungsänderung** in Athen durch die Anhänger der *oligarchischen* Staatsform: Beschränkung der Bürgerschaft auf 5000 Besitzende (als Oligarchie), Abschaffung aller Diäten, Rat der

400 und unumschränkte Gewalt der Behörden. Das Heer in Samos ruft Alkibiades zurück. Die Oligarchie bald wieder gestürzt. Durch spartanischen Seesieg bei *Eretria* verliert Athen Euboia.

407 Triumphale Heimkehr des **Alkibiades,** Ernennung zum unumschränkten Feldherrn *(Strategos autokrator)* entsprechend seinem Wunsch, Perikles' Stellung zu erneuern und zur Tyrannis zu wandeln.

407 **Lysandros** schlägt Alkibiades' Unterfeldherrn Antiochos. Daraufhin wird Alkibiades abgesetzt, geht in die thrakische Chersones.

406 **Attischer Seesieg bei den Arginusen.** Anklage gegen die Feldherren, weil sie die Schiffbrüchigen beim Sturm danach nicht gerettet, die Leichen nicht bestattet haben, und Todesurteil trotz Einspruchs des *Sokrates* als Vorsteher der Prytanen. Vernichtung der attischen Flotte

405 durch Lysandros in der **Schlacht bei Aigospotamoi.** Beseitigung der attischen Herrschaft, Einsetzung spartanischer Kommandanten

404 (Harmosten). **Belagerung Athens** zur See durch Lysandros, zu Land durch die Könige Agis und Pausanias. Durch Hunger erzwungene **Übergabe Athens.**

Friedensbedingungen: Schleifung der Festung Peiraieus und der Langen Mauern, Anerkennung der Hegemonie Spartas, Verzicht auf die Herrschaft im Seebundsreich, Auslieferung der Kriegsschiffe. Einführung der Oligarchie unter 30 Vornehmen (sog. 30 Tyrannen).

Kulturelle Entwicklung bis 404: Vollendung des Niketempels (409), des Erechtheion (406). Komödien des *Aristophanes:* 414 *Vögel,* 411 *Lysistrate,* 405 *Frösche* (Literarkritik mit Verherrlichung des Aischylos). Tragödien des Sophokles († um 406): *Philoktetes* 409, *Elektra* 413?, *Oidipus auf Kolonos,* und des *Euripides* († um 406): 415 *Troerinnen,* 412 *Helena,* 408 *Iphigeneia in Aulis.* Starker Einfluß der **Sophistik,** bekämpft von Aristophanes und **Sokrates** (* 470). Sokrates wendet sich von der Naturphilosophie zur Ethik in Gesprächen auf den Straßen Athens und in seinen Gymnasien und Palaistrai. Auftreten von Virtuosen in Musik, Dichtung, Vasenmalerei. *Thukydides* wird 404 zurückgerufen († nach 399), wird Begründer der *kritischen,* nach sophistischer Lehre auf die Machtpolitik beschränkten Geschichtsschreibung (S. 69).

e) Politischer Niedergang, kulturelle Einigung des Griechentums (404–338)

Im Bruderkrieg haben sich Sparta und Athen gegenseitig geschwächt; der einzige Gewinner war P e r s i e n , die Erfolge des Perserkriegs hat Sparta mit der P r e i s g a b e d e r G r i e c h e n s t ä d t e K l e i n a s i e n s vertan. Das Fehlen einer starken innergriechischen Macht seit der Niederwerfung Athens führt zu unaufhörlichen Kriegen. Sie rufen die Sehnsucht nach einem allgemeinen Landfrieden unter den griechischen Stämmen und Städten hervor. Dagegen ist das Ziel einer Einigung des Griechenvolkes ihnen fremd.

Die Auflösung des Seebunds wird zur Ursache von Athens wirtschaftli-

*chem Niedergang. Dank dem persischen Goldzufluß steht Griechen-
land 404–371 unter der Hegemonie Spartas. Sparta setzt oligarchische
Minderheiten ein und läßt sie durch kleine Garnisonen unter spartanischen Offizieren kontrollieren.*

404–403 **Herrschaft der Dreißig in Athen** unter dem Schutz einer spartanischen Besatzung. *Thrasybulos* sammelt die aus Athen flüchtenden
Anhänger der Demokratie in Theben, besetzt die Bergfeste *Phyle* im
Parnes, erobert die *Munichia-Höhe* im Peiraieus 403. Übergangsregierung von 10 Gemäßigten, die Radikalen ziehen nach *Eleusis* ab.

403 **Wiederherstellung der Demokratie.** Errichtung öffentlicher Gebäude
am Markt; wieder Diäten, seit 392 auch für Besuch der Volksversammlungen und der Theateraufführungen. *Alkibiades* in Phrygien
getötet, als er den Perserkönig *Artaxerxes* vor dem Aufstand seines
jüngeren Bruders *Kyros* warnen will.

399 **Sokrates** wird – weil er die Jugend verderbe und neue Götter ein-
führe – zum Tod durch den Schierlingsbecher **verurteilt,** weigert sich,
aus Gehorsam gegen die Gesetze, zu fliehen. Rechtfertigung seines
Verhaltens in **Platons** *Apologie* und *Kriton.* Beginn der Darstellung
der sokratischen Philosophie in Platons (* 427) Jugenddialogen.
Andere Schüler des Sokrates und Gründer eigener philosophischer
Richtungen: Antisthenes der Kyniker (* um 450, † 365), Aristippos
von Kyrene (* um 435, † 365).

401–400 Sparta unterstützt mit einem Kontingent unter Cheirisophos die
Erhebung des persischen Prinzen **Kyros d. J.,** der als Vizekönig von
Kleinasien mit dem vorher allmächtigen Satrapen Tissaphernes 408
verfeindet ist. Nach der Anabasis durch die kilikischen Pässe fällt
Kyros 401 in der Schlacht bei Kunaxa in Mesopotamien; seine Trup-
pen schlagen sich, der Führer beraubt, unter Cheirisophos und *Xeno-
phon* aus Athen vom Tigris nach Trapezunt durch; Schilderung des
„Zugs der Zehntausend" in Xenophons Anabasis.

399–394 **Krieg der Spartaner gegen Persien.**

395–387 **Konrinthischer Krieg.**

394 **Seeschlacht bei Knidos:** Sieg der persischen Flotte unter *Konon* von
Athen über Sparta. Konon stellt mit persischem Geld die Befestigung
Athens wieder her. Kämpfe in der Gegend von Konrinth.

387 **Königs- oder Antalkidasfriede** als **Diktat des Perserkönigs:** Die Griechenstädte Kleinasiens und Cypern den Persern preisgegeben. *Lem-
nos, Imbros, Skyros* bleiben attisch, alle übrigen Griechenstaaten erhalten die **Autonomie,** deren Durchführung von *Sparta* auf Befehl
Persiens *zu überwachen* ist.

379–362 (Sog. Olynthischer) **Krieg zwischen Theben und Sparta.** Athen auf
Thebens Seite.

378/77 **2. Attischer Seebund gegründet.** Erfolgreiche Seeunternehmungen
des *Timotheos.*

371 **Friede von Sparta** zwischen Athen und Sparta zur Herbeiführung
eines **allgemeinen Landfriedens.**

Letzte Komödien des *Aristophanes (Plutos* 388). Aufblühen der **Rhetorik:** Gerichtsreden des *Lysias.* Schulgründung des *Isokrates* 392, des *Platon* 387 nach erster Reise nach Unteritalien und Sizilien, Beginn seiner systematischen Dialoge.

Die thebanische Hegemonie und die Heiligen Kriege

Theben, das Boiotien seit 379 zu einem Einheitsstaat unter seiner Führung gemacht hat, verweigert Aufgabe dieser Hegemonie. Durch Anwendung der neuen schiefen Schlachtordnung vernichten **Epameinondas** und Pelopidas Spartas Ruhm der Unbesiegbarkeit in der
371 **Schlacht bei Leuktra.**
371 Vorstoß der Thebaner nach *Lakonien;* die offene Stadt Sparta vom greisen König *Agesilaos* verteidigt, aber **Ardadien** und **Messenien** von der spartanischen Herrschaft **befreit.** Innere Wirren in allen peloponnesischen Staaten. 369 Annäherung Spartas an Athen. 369–367 noch zwei *Peloponneszüge* des Epameinondas.
362 **Sieg des Epameinondas bei Mantineia** über Spartaner und Athener. Mit Epameinondas' Tod an seinen Wunden endet die kurze Zeit der **thebanischen Hegemonie** (371–362). Ihr wichtigstes Ergebnis ist die Schwächung Spartas.
357–355 **Zerfall des 2. Attischen Seebunds** im sog. Bundesgenossenkrieg. Athen erkennt die *Autonomie* der Bündner an (355).
356–346 **2. Heiliger Krieg** gegen die Phoker: Die Amphiktionen (S. 55) verurteilen die Phoker zu hoher Geldstrafe wegen Bebauung des heiligen Landes von Delphi. Die Phoker rauben die Weihgeschenke von *Delphi,* schmelzen sie ein und bezahlen mit neuen Münzen Söldner zur Errichtung einer Tyrannis. Sie kämpfen erfolgreich, da Athen und Sparta für sie Partei nehmen. *Philipp II.* von Makedonien schlägt die Phoker in Thessalien, muß aber vor den Thermopylen umkehren. Er bringt Euboia 348 zum Abfall von Athen. Nach Eroberung von Olynth 348 Friede des Philokrates, Zerstörung der Phokerstädte.
346 **Aufnahme Philipps in die Amphiktionie** von Delphi. Flugschrift „*Philippos*" des *Isokrates* mit Programm des Perserkriegs und der griechischen Besiedlung Kleinasiens. Friedensrede des *Demosthenes* (* 385). 2. Philippische Rede 344/43 gegen Philipp, als dieser Argos, Messenien, Elis gegen Sparta unterstützt. *Demosthenes* macht die politische zur ideologischen Auseinandersetzung mit Makedonien. Der *Hellenenbund* erklärt 340, nach *Demosthenes'* 3. Philippika, *Philipp*
339–38 den Krieg. **3. Heiliger Krieg** gegen die Lokrer unter Philipp. Athen mit Theben und Korinth gegen ihn.
338 (1. Sept.) **Schlacht bei Chaironeia.** Ende der selbständigen Außenpolitik der Staaten Griechenlands, doch nicht ihrer Existenz und ihres politischen Lebens.
337 **Landfriedensordnung von Korinth** mit Verbot von Fehden, Piraterie, gewaltsamen Verfassungsänderungen. Kontrolle durch ein Synedrion (S. 76).

In dieser Zeit Ausbildung der **klassischen attischen Prosa** durch *Iso-krates, Aischines* und *Demosthenes.* Gestaltung des Vortrags zu „Dia-logen" und edle Sprache in den Werken des Philosophen **Platon.** Die-ser lehrt seit 387 im Gymnasion der Akademie: Begründung der Ideenlehre in „*Politeia*" mit Bild des Idealstaats, der Unsterblichkeit der Seele in *Phaidon, Phaidros,* der Logik auf mathematischer Grundlage in *Parmenides, Theaitetos, Timaios,* 7. Brief 353/52, Gesetze *(Nomoi).* Stirbt 347. Philosophische, historische, praktisch-lehrhafte Schriften des *Xenophon:* Verfassung der Spartaner 394, Hellenika 390 bzw. 360, Memorabilia, Apologie, Symposion, Kyru-paideia 364/60, Oikonomikos, Poroi 355. Die zahlreichen Stücke der sog. Mittleren Komödie sind verloren.

Kulturelle Einheit des Griechentums. Auch die bildende Kunst zeigt die **Vorbildwirkung Athens** in allen Landschaften, vor allem die *Reliefkunst* seit der Blütezeit des attischen Grab- und Weihreliefs, aber auch die *Freiplastik: Praxiteles* von Athen (* 380, † 330: Hermes in Olympia, Aphrodite in Knidos, Apollon Sauroktonos, Artemis von Gabii). Dorisch-argivische Tradition klingt nur mit bei *Skopas* von Paros (* um 394, † 340): Herakles, Meleagros, Tanzende Mainade, Giebel von *Tegea* nach 350). *Timotheos* von Athen schafft (um 375) Giebel- und Dachschmuck *(Akroteria)* des neuen Asklepiostempels von *Epidauros,* wirkt am Schmuck des Mausoleion von *Halikarnas-sos* mit. Der Satrap von Karien, *Maussolos* (377–352), verlegt seine Hauptstadt von Mylasa in das griechisch-karische *Halikarnassos;* sein Grabbau vor der damaligen Stadtmauer, das *Maussoleion,* stammt vom Architekten Satyros. Beginn des neuen Artemision von *Ephesos* nach Brandstiftung des Herostratos 356. Die bildende Kunst knüpft an den erhabenen Stil der Perikles-Zeit an, formt ihn aber zum **schö-nen Stil** um und schafft so eine sog. **Zweite Klassik.** *Klearchos* von *Herakleia* (364–352) gründet die erste öffentliche Bibliothek. (Forts. S. 88.)

Die sog. Zweite Klassik bereitet in Literatur und bildender Kunst die Ausbreitung der griechischen Kultur über den Orient im Hellenismus vor, dessen Gemeinsprache, Koiné, an das Attisch-Ionische anknüpft. Teilnahme an der attischen Kultur unterscheidet nach **Isokrates** *den Griechen vom Barbaren.*

3. Alexander und der Hellenismus

a) Makedonien

Makedonische Frühgeschichte

Im Tiefland zwischen Nordpindos, Olymp und Nestos sitzen um 1000 v. Chr. Illyrier und Thraker, aber an der Küste des Ägäischen Meeres, besonders auf den drei „Fingern" der Chalkidike, griechische Kolo-nisten. Aus Thessalien verdrängte **Frühgriechen** achäisch-äolischen

Dialekts gründen an der Ostpforte der Eordaia Burg und Herrschaft Aigai (= Edessa) als Ausgangspunkt zur Ausbreitung ihres Reiches (Dynastie der *Argeaden*). Der Name **Makedonien** umfaßt auch die dann ebenfalls aus Griechen und Illyriern gemischten Bewohner der Becken von Monastir und Kozani. Alle Stämme stehen unter eigenen Herrschern (Basileis). Das vorhistorische Stadium der makedonischen Geschichte kennt Widerstandsrecht und Eidbindung des Volkes bzw. der Stämme gegenüber ihren Heerkönigen. In Verfassung und Heeresordnung bewahren sie die Zustände der homerischen Zeit. Siedlung in Dörfern, keine Polisbildung. Makedonien bleibt fern der griechischen Kulturentwicklung.

Seit 513 ist Makedonien persischer Vasallenstaat.

Um 495 **Alexander I.** König. Tritt 479 auf die Seite der Griechen. Wird für seine somit als griechisch anerkannte Dynastie zu den Olympischen Spielen zugelassen. Das Volk gilt den Griechen weiterhin als barbarisch wegen seiner thrakischen Unterschicht (in Sprache und Religion nachweisbar). Aufbau einer Fußtruppe *(Pezhetairoi)*. Gewinnung von Pydna.

414–399 **Archelaos I.,** Philhellen genannt. Besitz und Freundschaft griechischer Städte veranlaßt Gewinnung Makedoniens für die griechische Kultur. Anlehnung an Athen, Begründung des neuen Hauptortes Pella.

Philipp II. von Makedonien (359–336)

Philipp II. * 382. Geisel im Haus des Epameinondas in Theben 368–365, dort mit griechischer Poliskultur und Strategie vertraut geworden. Seit 359 Vormund des Thronfolgers. Philipp geht in seinem Reichsaufbau Schritt für Schritt vor und schafft die Grundlage für die Ausbreitung der makedonischen Macht.

357 Drang zur Küste veranlaßt die Eroberung von *Amphipolis*, dessen griechische Aristokraten unter die Hetairoi, den makedonischen Adel von Grundherren, aufgenommen werden. Philipp heiratet *Olympias*, die Tochter des Molosserkönigs.

356 Gründung von Philippoi als Griechenstadt. Gewinnung der Goldgruben des Pangaion wird die Voraussetzung wirtschaftlicher und politischer Konkurrenz mit Persien und der Einmischung in Griechenland.

355 Annahme des Königstitels neben dem Thronfolger Amyntas († 336).

346 Während der griechischen Verhandlungen über einen Landfrieden wird Philipp Schiedsrichter Griechenlands. Er sucht den Bruch mit Athen zu vermeiden, wird Feldherr der Amphiktionen gegen die Phoker (vgl. S. 73). Verkündigung eines Landfriedens (Koinè Eirene).

343 Übergreifen auf Euboia. Nichtangriffspakt mit Persien. 342 Beginn der Gewinnung des angrenzenden *Thrakiens* als Philipps Lebenswerk für Makedonien.

Als Folge der Angliederung Thessaliens (342) Eingreifen in den

338   Heiligen Krieg. Sieg bei **Chaironeia,** entschieden durch die Reiterei unter Philipps Sohn Alexander (* 356). Strenge Bestrafung Thebens: Besatzung auf der Kadmeia, Rückführung der Verbannten. Makedonische Besatzungen auch in Konrinth und Chalkis. Günstiger Friede für Athen. Auflösung des Seebundes. Verwüstung und Verkleinerung Lakoniens.

337   **Landfriedensordnung von Korinth** zur Wahrung der Autonomie der griechischen Staaten. Philipp Exekutivorgan des **Synedrion der Hellenen** und Garant der Koinè Eirene (Strategos autokrator). So erfüllt Philipp die Wünsche der Griechen nach Herstellung des Friedens unter einem starken Garanten, wie es Isokrates 346 formuliert hatte (S. 73). Philipp übernimmt den Gedanken eines Nationalkriegs der ·Griechen gegen Persien und schont Athen als Seemacht im Hinblick auf einen Krieg mit Persien.

336   Parmenion mit 10 000 Mann zur Befreiung der kleinasiatischen Griechen über den Hellespont nach Milet gesandt.

336   **Philipp** auf der Hochzeit seiner Tochter mit Alexandros von Epeiros **ermordet.** Dennoch Thronwechsel auf Sohn Alexander ohne außenpolitische Erschütterung, doch begleitet von einem Blutbad unter der Opposition und möglichen Prätendenten.
       Die gefährdete Nordgrenze sichert **Alexander III.** (336–323) durch Vorstoß bis zur Donau. 336 tritt er die Nachfolge Philipps in Griechenland an und festigt sie 335 durch die Zerstörung Thebens.

b) Alexander d. Gr. und die Diadochenkämpfe

Alexander d. Gr. (336–323 v. Chr.)

Zuerst von *Anaximenes* von Lampsakos, 343–340 von *Aristoteles* von Stageira erzogen, ist Alexander (* 356) bereits 340 als Reichsverweser bei Philipps Zug gegen Thrakien tätig. Er nimmt 338 an der Schlacht von Chaironeia entscheidenden Anteil, verläßt dann 337 mit seiner Mutter Olympias den Hof von Pella. Übernahme der Stellung

336   als Archon von Thessalien, als Feldherr der Hellenen (Begegnung mit dem Kyniker *Diogenes*) in *Korinth.* 335 **Aufstand in Griechenland** (persische Bestechungsgelder). In 11 Tagen steht Alexander vor The-

335   ben. **Zerstörung von Theben.**
       Antipater als Regent mit 12 000 Makedonen, 1500 Reitern in Make-

334   donien zurückgelassen bei **Alexanders Auszug gegen Persien** mit 30 000 Fußsoldaten meist aus Obermakedonien (dabei 7 000 Griechen) und 5 000 Reitern meist aus Thessalien und Ostmakedonien, unter den Feldherren *Parmenion, Perdikkas, Kleitos, Krateros, Antigonos, Ptolemaios, Hephaistion.* Übergang über den Hellespont bei *Abydos,* Opfer am Grab des *Achilleus* (Erneuerung des homerischen

334 Mai   Heldentums). **Sieg am Granikos** über die persischen Satrapen Kleinasiens und den griechischen Söldnerführer *Memnon.* Übergabe von *Sardeis, Ephesos,* Erstürmung von *Milet. Bund der Griechenstädte der*

Troas wie *Ioniens* gegründet. Überwinterung in *Gordion*. Alexander löst den „*gordischen Knoten*" am heiligen Wagen mit dem Schwert, was nach alter Prophezeiung die Eroberung Asiens verheißt.

333   Zug durch Kappadokien, die Kilikische Pforte (Bad im *Kydnos, Krankheit* in *Tarsos*). Da erscheint nach gewaltigen Rüstungen **Dareios III.** (S. 50) aus dem Hause der Achämeniden im Rücken des Heeres. Alexander kehrt um.

333 Nov.   **Sieg bei Issos.** Dareios gibt die Schlacht zu früh verloren. Dareios' Angehörige gefangengenommen. Abbiegen nach Syrien zur Ausschaltung der *phönikischen* Flotte als einer Bedrohung der Ägäis.

332   **Eroberung von Tyros** (nach siebenmonatiger Belagerung). Freudige Aufnahme in **Ägypten** als Befreier (Pharaotitel angenommen), Beibehaltung der einheimischen Verwaltung, nur makedonische Finanzaufsicht. **Gründung** der **Griechenstadt Alexandreia** außerhalb Ägyptens an westlicher Nilmündung. Zug durch die Libysche Wüste zur *Oase* (Siwa) des *Ammon*, um Bestätigung der göttlichen Mission – als *Sohn des Zeus Ammon* – zu erhalten.

331   Rückkehr nach Syrien. Absicht des Zugs, die *Geltung als größter König* zu erlangen; dazu ist die Eroberung Asiens, nicht nur Rache für 480, wie die giechische Propaganda besagt, oder Gewinnung der

331 1. Okt.   Euphratgrenze nötig. **Sieg bei Gaugamela,** im Kampf persönliche Begegnung mit Dareios. Dieser flieht nach Medien. Alexander nennt sich König von Asien, beginnt systematische **Gewinnung des Perserreichs** mit Besetzung von *Babylon, Susa* (Gewinnung des persischen Münzschatzes), *Persepolis* (niedergebrannt als Rache für 480), *Pasargadai, Ekbatana;* hier Entlassung der Griechen als Ende des grie-

330–327   chischen Kriegs gegen Persien. Feldzug gegen Ostiran, entwickelt aus *Verfolgung des Dareios*, der vom Satrapen *Bessos* gefangengenommen, bei Alexanders Annäherung getötet wird; Bessos nimmt in *Baktrien Königstitel* an. Kleinkrieg mit neuer, ihm angepaßter Taktik und Iranisierung des Heeres. Marsch über den Hindukusch nach Baktrien (Hinrichtung des Bessos 329), Übergang über *Oxos, Jaxartes* (mit Gründung von *Alexandreia eschate*); *Kleitos* 328 im Jähzorn getötet, dann 327 *Kallisthenes* verurteilt wegen Mißbilligung der Annahme orientalischer Sitten.

327–325   **Zug nach Nordwestindien** auf der Suche nach der Ost- und Südgrenze
326   der bewohnten Welt. Übergang über den Indus. **Sieg am Hydaspes über Poros,** der als Vasall eingesetzt wird. *Umkehr* infolge Meuterei der Truppen. Bau einer Flotte unter *Nearchos, Fahrt* auf dem *Indus* zur Mündung und von da zur Tigrismündung; Alexander selbst benützt den Landweg. Heirat mit *Roxane* 328, mit *Barsine*

324   324 bei Feier der Heimkehr in Susa. **Übernahme des Perserreichs als Verwaltungseinheit,** daher *Bruch* Alexanders *mit den Makedonen* als Fremdkörper in ihr bei **Meuterei.** Alexanders Plan der **Verschmelzung von Persern und Makedonen** unter Belassung der den Achämeniden treuen Satrapen. Einsetzung griechischer Finanzbeamter nur in Gegenden mit Geldwirtschaft. Gedanke der **Personalunion** des

persischen und makedonischen Königtums (zwei Siegel), Heranziehung der Perser als *Hetairoi* gemäß dem *Lehnscharakter* beider
Monarchien. Durch Bruch mit der orientalischen Königswirtschaft
wird mit der Schaffung einer neuen Silberwährung ein Weltwirt-
schaftsraum geschaffen.

Alexanders sog. **Städtegründungen** mit Namen Alexandreia sind
sämtlich primär *Festungen* gegen Grenzvölker und an Wegknoten-
punkten, daher Entwicklung zu Handelsplätzen. Ansiedlung von
Griechen. Nicht *ihr* Besitz ist Asien, sondern der Alexanders als
Nachfolger des Großkönigs in der Basileia (Herrschaft über Asien).

323,13.Juni **Tod Alexanders am Fieber** in dem zur Hauptstadt des neuen Weltreichs bestimmten *Babylon.*

Die Kämpfe der Diadochen (323–280)

Die Folgen von Alexanders Tod zeigen, daß das Reich nur auf ihn
und seine Pläne gestellt war. Aufstand der Militärkolonisten in Baktrien, **Erhebung in Griechenland** (sog. Lamischer Krieg um die süd-
thessalische Stadt Lamia).

Die Behandlung von **Alexanders Erbe,** vor Mündigkeit seines Sohnes
Alexandros von der Baktrerin *Roxane* und bei Geistesschwäche seines
vom Heer erhobenen Halbbruders *Philipp III.*, ist bedingt durch die
Herkunft der Heerführer aus alten fürstlichen Geschlechtern mit
starkem Ehrgefühl. Ein weiterer Faktor ist, daß sich das Königtum
auf die Stellungnahme der *Heeresversammlung* der *Makedonen* gründet, ohne Rücksicht auf territoriale Verhältnisse. Schließlich ist sie
aber noch von der Wirkung der historischen Selbständigkeit der Teile
des Perserreichs abhängig, besonders *Ägyptens,* wo schon nach 322

323 ein Abfallsversuch erfolgt. Daher sofort im **Kronrat in Babylon**
Gegensätze der Feldherren Alexanders als „**Diadochen**" (Nachfolger). Verteilung der wichtigsten Satrapien an die Feldherren: *Ägypten*
an *Ptolemaios, Phrygien* und *Pamphylien* an *Antigonos, Thrakien* an
Lysimachos. Umgestaltung der Personalunion zum **Doppelkönigtum**
von *Philipp III.* und *Alexandros* durch **Perdikkas** als Reichsverweser
und Vormund beider. *Perdikkas* kommt beim Angriff gegen Ptolemaios (Ägypten) durch Meuterei seiner Truppen um.

321 **Vereinbarung von Triparadeisos:** Verzicht auf Personalunion, Zweiteilung mit **Reichsfeldherren Antigonos** und **Kassandros, dem Anti-**
pater untergeordnet. Dynastische Heiraten. Nach wechselvollen
Kämpfen siegt *Antigonos* in Kleinasien 319 über *Eumenes,* den griechischen Kanzler Alexanders, der sich unterordnet.

316 **Ende der Argeadendynastie.** Kassandros heiratet Philipps II. Tochter
Thessalonike, gründet *Thessalonike* (jetzt Saloniki), stellt *Theben*
wieder her.

310 Kassandros läßt Roxane und ihren Sohn Alexandros IV. umbringen.

309 Eingreifen des Ptolemaios in den Peloponnes. Gegen ihn entsendet

307 Antigonos seinen Sohn **Demetrios Poliorketes.** Dieser nimmt Athen,

Peiraieus, stürzt Demetrios Phalereus, erwirkt Athens Ummauerung mit steinernem Oberbau, Wiederherstellung seiner Flotte.

306 **Flottensieg** des Demetrios über Ptolemaios **bei Salamis** (Cypern). **Antigonos,** nun auf dem Höhepunkt der Macht, nimmt als Gesamtherrscher den **Königstitel** an. Aber nach seinem erfolglosen Einfall in Ägypten folgt 304 **Ptolemaios** seinem Vorbild in Erneuerung der Selbständigkeit des Pharaonenlandes, ebenso **Seleukos, Lysimachos** und **Kassandros** in Begründung des Titels auf die Zustimmung ihrer Makedonenheere, 306 Gründung von *Antigoneia* (= später Antiocheia) am Orontes, 301 von *Seleukeia* am Tigris. **Beginn der Geschichte der Teilstaaten** des Alexanderreichs.

280 **Aus dem Weltreich Alexanders des Großen bilden sich nach zahlreichen Diadochenkämpfen drei große Monarchien: Ägypten, Syrien, Makedonien.** (Forts. S. 83, 84, 90.)

Griechische Kultur im Reich Alexanders

Die Bedeutung der Epoche Alexanders als **Zeitwende** findet ihren Ausdruck im Lebenswerk des **Aristoteles** von Stageira (* 384, † 322): Schüler Platons, Erzieher Alexanders (sein Vater Leibarzt Philipps);

335 **Gründer der Schule des Peripatos** im Lykeion (daher Lyceum) in Athen, Fortführung der Platonischen Philosophie in Auseinandersetzung mit der Empirie (erhalten in Vorlesungsnachschriften: *Politik, Ethik* des Nikomachos und Eudemos, *Metaphysik, Poetik, Organon* = System der Logik, *Zoologie* u. a.). Zusammenfassung des Wissens der Zeit in Sammelwerken. Sein Nachfolger (322–287) ist *Theophrastos* von Eresos (* um 370): Pflanzenkunde, Charakterbilder. Aristoteles bleibt dem Polisdenken verhaftet, stirbt 322 in Chalkis auf der Flucht im Lamischen Krieg. Historiker der Übergangszeit sind *Diyllos, Hieronymos* von Kardia, *Duris* von Samos, für den Westen *Timaios* von Tauromenion: Nebeneinander von Tatengeschichte und Biographie mit anekdotischer Ausschmückung. Die Geschichte Alexanders wird nach 320 dargestellt von den Flottenführern *Onesikritos* und *Nearchos,* farbiger um 310 von *Kleitarchos,* erst nach 300 von *Ptolemaios I.* und von *Aristobulos* (ihre Werke verarbeitet von *Curtius Rufus* und *Arrianus*). Die Philosophenschulen des *Epikuros* und *Zenon* beginnen ihre Wirkung von Athen aus erst nach 300. Die Schule Platons (Akademie, S. 74) lebt weiter. Hofmaler Alexanders ist *Apelles* von Sikyon (Kunst in Athen s. S. 88).

c) Der Hellenismus (280–30 v. Chr.)

Der Begriff des Hellenismus bezeichnet die Durchdringung des Orients mit griechischer Kultur und die Einwirkung orientalischen Kulturguts auf die Griechen. Für die politische Betrachtung umfaßt das Zeitalter des Hellenismus die Geschichte der Diadochenstaaten – und daneben die der Griechen des Mutterlands – von ihrer Herauslösung

*aus dem Alexanderreich bis zur Einziehung des letzten (Ägyptens)
durch Rom. Schauplatz dieser Geschichtsepoche ist so der O r i e n t und
der Ä g ä i s b e r e i c h ; auch Nordafrika ist hinzuzurechnen: K y r e n e ist
Nebenland Ägyptens. K a r t h a g o ist kulturell (besonders zivilisato-
risch) seit um 300 stark hellenisiert durch die Berührungen mit Ägypten
und mit dem Griechentum in Sizilien; Hannibal sieht so das Mittelmeergebiet als Einheit gegen Rom. Andererseits stellt sich auch Rom
seit 200 in die Tradition des Hellenismus. Schließlich greifen Pompeius
und Antonius die hellenistischen Reichsvorstellungen auf.*

Im Hellenismus laufen die Entwicklungslinien des Orients, Griechenlands und Makedoniens zusammen. Neben die hellenische *Polis* tritt
der von einem Gottkönig regierte *dynastische Verwaltungsstaat.* Das
Königtum stützt sich 1. auf ein fachlich ausgebildetes, bezahltes und
vom Herrscher abhängiges *Beamtentum* und eine instanzenmäßig
aufgebaute Verwaltung, insbesondere *Finanzverwaltung,* die durch
staatliche Monopole und direkte Steuern dem Königtum reiche Geldmittel zur Verfügung stellt, durch Frondienste die Arbeitskraft der
Eingeborenen dem Staat dienstbar macht und durch einen staatlich
gelenkten Außenhandel die Wirtschafts- und Finanzpolitik reguliert;
2. auf ein stehendes *Söldnerheer* mit Offizieren, die vom König ernannt sind. Nur Makedonien und Pergamon haben eine allgemeine
Wehrpflicht, die Städte des Seleukidenreichs ein Bürgeraufgebot.
Neben den griechischen Wirtschaftsformen lebt die orientalische
Königswirtschaft fort. Die *arbeitende* Schicht, Lohnarbeiter, Sklaven,
bleibt vom Kulturleben ausgeschlossen, ebenso die Bewohner der
Randgebiete. Träger des Kultur- und Wirtschaftslebens ist das *Besitz-
bürgertum* der Poleis mit griechischer Sprache, griechischen Sitten.
In den zahlreichen *Städtegründungen* der Herrscher werden diese
durch königliche Beamte vertreten.
Dynastische Beziehungen (Heiraten) und eine kunstvoll ausgebildete
Diplomatie bestimmen den Verkehr unter den Staaten. Ziel der
Kriegführung ist nicht die Vernichtung des Gegners, sondern die
Herbeiführung einer raschen, von ihm anerkannten Entscheidung.
Ein erregender Fremdkörper ist das Volk der *Galater* in seinem Vor-
dringen seit 279. Mit ihm wirken die mitteleuropäischen Bewegungen
der Kelten auf die hellenistische Welt ein: diese Galater sind die
Spitze der Ostkelten (S. 91).
Die Außenpolitik zeigt drei Phasen: I. Im 3. Jh. **„System der Groß-
mächte"** mit **Gleichgewicht** von Ägypten, Seleukidenreich, Makedonien. Eine Wendung bringt gleichzeitig der Abfall der Baktrer und
Parther vom Seleukidenreich, aber auch Roms Angriff auf Sizilien,
dann die Anknüpfung Antiochos' III. an die Politik Alexanders.
II. Ab 220 **Hervortreten der griechischen Kleinstaaten,** daher Schwächung der Widerstandskraft der Großmächte auch gegen Rom. *Der
Zerfall der hellenistischen Großstaaten ist Voraussetzung, nicht Wirkung des Aufstiegs Roms.*

Rom (S. 101) einigt in der ersten Periode Italien, gewinnt *Sizilien* (241), *Sardinien* und *Korsika* (238) und behauptet sie im 2. Punischen Krieg (S. 106 f.). Es greift dann zögernd im hellenistischen Osten ein (seit 200) und schaltet nacheinander die Großmächte *Syrien, Makedonien* (168, 146), *Karthago* (146) aus. Es befiehlt 168 die Aufgabe der Belagerung Alexandreias durch Antiochos IV. und führt mit der Demütigung von Rhodos das Ende selbständiger griechischer Politik herbei. Rom bedient sich gegen die Seleukiden zeitweise der kleinasiatischen Kleinstaaten.

III. Ab 120 **Hervortreten der nichthellenischen Gebiete** (Kappadokien, Pontos, Judäa) bei Einwirkung des **Iraniertums** (Parther, Armenier). Letzte Erhebung des Griechentums von Pontos aus (S. 116).

Rom erkennt die **Verteidigung** des hellenistischen Kernraums gegen die Parther (S. 86), Numider, Iberer, Kelten und die Vernichtung der Seeräuber (S. 117) als seine Aufgabe. Es macht aber die durch Erbschaft oder Eroberung gewonnenen Gebiete zum Objekt seiner **Ausbeutung** (S. 113): die Provinzen *Macedonia* (148), *Africa* (146), *Hispaniae* (133), *Asia* (133), *Gallia Narbonensis* (121), *Bithynia* (74), *Creta* und *Cyrenaica* (64), *Syria, Pontus* (63), *Cilicia* (57), *Galliae* (51), *Numidia* (46).

Die *hellenistische Epoche* ist zugleich *Spätzeit* des Griechentums mit **Umwandlung der Kultur in Zivilisation,** im besonderen bei der planmäßigen Neuanlage von Städten (Königsgründungen) mit Peristylhäusern. Die zivilisatorische Entwicklung führt jedoch wegen des Großangebots von Arbeitskräften nur zu geringer Technisierung. Leuchttürme: Helioskoloß von Rhodos (292), Pharos von Alexandreia (280).

Auch die **kulturelle Entwicklung** des Hellenismus vollzieht sich in drei Phasen etwa nach Jahrhunderten:

300–230 **Kultureller Höhepunkt in Alexandreia:** Blüte des Gelehrtenkreises des *Museion* durch *universelle* Geister **(hellenistische Klassik):** Bibliothekare und Philologen. *Apollonios Rhodios* (* um 295, † 215), *Eratosthenes* (* um 280, † 200), dieser zugleich Astronom und Geograph wie *Aristarchos* von Samos (* 320, † 250), der Begründer des heliozentrischen Weltbilds; Mathematiker *Eukleides* um 300, *Archimedes* (* um 287, † 212), Mediziner *Herophilos, Erasistratos* (3. Jh.). **Dichter** vor allem *Kallimachos* von Kyrene (* um 310, † 240; Hymnen, Epigramme, vor 260), *Theokritos* von Syrakus (Idyllen, * um 305).

Gelehrter und bildender Künstler ist *Antigonos* von Karystos (* um 295): Philosophenbiographien, vielleicht statuarische Gruppe des Menelaos und Patroklos. Mit ihm und den Schöpfern der ersten Galliergruppen verlagert sich das kulturelle Zentrum nach **Pergamon.** Dort beginnt früh die Entwicklung des **hellenistischen Barocks** in der bildenden Kunst; die Plastik wird der Architektur dienstbar (Pergamonaltar um 180–155).

Im 2. Jh. Entfaltung der **Fachwissenschaften** getrennt voneinander in Alexandreia und Pergamon (hier erste Verwendung des Pergamentbuches): Astronomie, Mathematik (Kegelschnitte, Planetenbahn um Sonne, Sonnenbahn um Erde), Mechanik (Automaten mit Dampfbetrieb). Philologie: Literaturhistoriker, Homer-Erklärer, Grammatiker. Lokalhistorie und Aufzeichnung merkwürdiger Sitten. Geographen: glänzende geographische Schilderungen bei *Polybios*. Entdeckung der Monsune. Auch die Geschichtsschreibung wird zur Fachwissenschaft als Lehre für Staatsmänner und Feldherren bei *Polybios* von Megalopolis (* um 200, † 130). Geringe Bedeutung der **Dichtung.** Darstellung idyllischer Motive in Figurengruppen und Reliefs des sog. **hellenistischen Rokoko** (ab 130). In der **Philosophie** Gegensatz der Skepsis der neuen *Akademie* und der praktischen bürgerlichen Ethik der *Stoa* unter *Panaitios* von Rhodos (* um 185, † 110). Populäre Wirkung der *Kyniker* und der *Epikureer; Pantheismus.*

Im 1. Jh. Verbindung griechischen Wissens und der Weisheit des Ostens bei *Poseidonios* von Apamea (Syrien); * um 135, † 50). Übersteigerung des Realismus in der Kunst (Farnesinischer Stier rhodischer Bildhauer, Laokoon); Beginn der Kopistentätigkeit, Überbewertung rein formaler Bildung; Rhetorikschule von *Rhodos*.
Wirtschaftsstil des Hellenismus.

Im 3. Jh. **Einheit** der griechischen Welt in **Handel** (ägyptisches Getreide, Wein von Rhodos, Keramik von Alexandreia), Währung und Wirtschaft, besonders von den Seleukiden gefördert. Bildung eines *Weltmarktpreises;* Ermöglichung der Freizügigkeit auch innerhalb der griechischen Bünde führt zum **Kosmopolitismus** (von der Stoa philosophisch begründet: *Krates*). Privilegien der griechischen Oberschicht mit Sklavenwirtschaft, zunehmende *Emanzipation* der Frau, politische Rolle der Königinnen. Verbreitung der *Isis-* und *Adonisverehrung;* allgemeine Anerkennung des *Herrscherkults* in Begründung auf die Leistungen der Könige. Niedergang des griechischen Mutterlandes infolge Überflügelung durch Handel des Ostens; Abwanderung der Verarmten als Söldner und Kolonisten nach dem Osten; Piraterie der Randvölker: *Illyrier, Aitoler, Kreter.*

Um 220 allgemeine Wirtschaftskrise. In Ägypten *Auflehnung* gegen Verwaltungsmaschinerie und Privilegierung der Oberschicht *aus sozialen Gründen. Zurückdrängung des Griechischen* als Sprache. Um 145 Beginn der *Mischehen*. Im **Seleukidenreich** Legalisierung der Vermischung von Griechen und Orientalen. Reaktion der Makkabäer, Erhebungen der städtischen Massen in *Alexandreia* (ab 202) und *Antiocheia.* In **Makedonien** und **Griechenland Erhebungen** sozialen Charakters **gegen das Bürgertum,** vorbereitet durch *demokratische* Propaganda, gipfelnd in den **Sozialunruhen** in *Makedonien* 148, *Griechenland* 147/46, **Pergamon** 133 (S. 88), die **Roms Eingreifen** für das *Besitzbürgertum* hervorrufen. Die dauernden Kriege seit 250 haben die Verarmung dieser Gebiete gefördert: Bildung von Grundherrschaften, Verödung kleiner Städte; das Auftreten römischer

Militärbefehlshaber und Kommissare verstärkt bei mangelndem gegenseitigem Verständnis die Verwirrung.
Aufkommen der Piraterie zwischen Italien und Syrien. Vordringen des **Orients** vor allem in der Religion (**Synkretismus,** *Astrologie der Chaldäer, Zauberglaube*), aber auch in der *Wissenschaft.*

1. Jh. **Sieg des Orients:** in Ägypten mit Vornahme der *Krönung nach einheimischem Ritus* in Alexandreia selbst (80). Zerstückelung des Seleukidenreichs. Zerfall der hellenistischen Wirtschaftseinheit.

Im **Europa nördlich des Mittelmeerraums** setzt die Ausbreitung griechischen Kulturgutes schon vorher ein. Nach den von den Griechen befruchteten etruskischen Einflüssen auf die Hallstattkultur kann man die Ausbildung der **La-Tène-Kultur** in Süddeutschland und Ostfrankreich als Hellenisierungsvorgang bezeichnen. Zu ihm gehört die Verbreitung des Festungsbaus, der Münzprägung und der Schrift. Durch die Vermittlung der Veneter kommt die etruskische Schrift schließlich zu den Germanen und veranlaßt dort die Anfänge der Runenschrift.
Gleichzeitig erfolgt eine Zurückdrängung der Kelten aus Mitteldeutschland durch die Ausweitung germanischen Siedlungs- und Kulturraumes und die Bildung einer germanisch-keltischen Übergangszone am Rhein.
In Südosteuropa treten die Kelten mit der Landnahme in Jugoslawien und Bulgarien, dem Druck auf Byzanz und dem Zug der „Galater“ nach Griechenland und dem inneren Kleinasien unmittelbar in Berührung mit dem hellenistischen Staatensystem. Dieselbe Bewegung wird durch das erste Auftreten der Bastarner am Rand der hellenistischen Welt in Südrußland fortgesetzt.

d) Das hellenistische Staatensystem und seine Gegner

Ägypten unter den Ptolemaiern (Forts. v. S. 32, 79)

Regierungssitz und einzige Griechenstadt ist **Alexandreia** mit 150 000 Griechen, auch kultureller Mittelpunkt: Sitz des *Museion* mit Bibliothek zur Förderung der Wissenschaften, gegründet vor 280. Die vorgriechische Bevölkerung wohnt unbehelligt in den alten Gauen. Übernahme des ägyptischen Absolutismus. Die Herrscher, sämtlich Ptolemaios genannt, stammen von Alexanders Leibwächter, Feldherrn und Historiker *Ptolemaios I.* ab, der sich seit 323 als Satrap *Ägyptens* behauptet. Sie werden daher als *Ptolemaier* zusammengefaßt.

305–284 **Ptolemaios I.** († 283). Gründung der Griechenstadt *Ptolemais.*
284–246 **Ptolemaios II. Philadelphos,** in ägyptischer Weise in Geschwisterehe mit *Arsinoe* verheiratet. Gründung von Faktoreien am Roten Meer und Anlage eines Nilkanals dorthin. Begründung der Serapisverehrung als Staatskult und des Königskults. Kyrene 247 wieder mit Ägypten vereinigt.

246–222 **Ptolemaios III. Euergetes.** 239 Ordnung der ägyptischen Kulte.
222–205 **Ptolemaios IV. Philopator** siegt 217 bei Raphia über *Antiochos III.*,
         zwingt ihn zum Verzicht auf *Koilesyrien* (Südsyrien). Aufnahme
         kleinasiatischer Kulte (Sabazios, Kybele). Angriffe des Königreichs
         Äthiopien.
204–180 **Ptolemaios V. Epiphanes,** 200 Niederlage gegen Antiochos III.
         Beginn des außenpolitischen Rückgangs.
181–145 **Ptolemaios VI. Philometor.** Sein Bruder Ptolemaios VIII. verjagt –
         nach römischem Eingreifen gegen Antiochos IV. – den älteren Bru-
         der 164, muß aber selbst 163 nach *Kyrene* weichen, das er im 155
         veröffentlichten Testament den Römern verspricht. Begünstigung der
         Juden. *Abhängigkeit Syriens von Ägypten.* Ausschaltung des römi-
         schen Eingreifens.
145–116 **Ptolemaios VIII. Euergetes II.** 145/44 Vertreibung der griechischen
         Intelligenz aus Alexandreia. Der 80 von *Sulla* eingesetzte **Ptole-
         maios XI.** wird im selben Jahr ermordet.
 80–51 **Ptolemaios XII. Neos Dionysos Auletes.** Häufiges römisches Ein-
         greifen (Besatzung seit 54).
 51–30 **Kleopatra VII.,** teilweise in gemeinsamer Regierung mit ihrem
         Bruder **Ptolemaios XIII.** Während Ptolemaios XIII. im Alexandrini-
         schen Krieg Caesar (S. 119) Widerstand leistet (Brand der Bibliothek
         von Alexandreia), verbündet sich Kleopatra mit Caesar; nach Erhe-
         bung des zweiten Bruders, Ptolemaios' XIV. (47–44), nach diesem
         des *Caesarion* (Sohn Caesars und Kleopatras) zur Samtherrschaft
         empfängt sie *M. Antonius* (S. 120). Sie sucht durch diesen das
         Ptolemaierreich mit *Cypern, Kreta* und der kleinasiatischen Küste
         wiederherzustellen. Zuerst erhält sie *Chalkis* in Syrien. 34 prokla-
         miert Antonius Kleopatra als Königin der Könige, macht ihre
         Kinder von Caesar und Antonius zu Unterkönigen. Durch *Einnahme
         von Alexandreia* am 3. Aug. 30 (S. 120) **Ende des Ptolemaierreichs**
    30   mit Selbstmord Kleopatras. Ägypten wird **römische Provinz.** (Forts.
         S. 291.)

Die Seleukiden in Syrien und Vorderasien (Forts. v. S. 38, 79)

Die Herrschaft der Seleukiden geht von den iranischen Gebieten des
Alexanderreichs aus, schließt große Teile Kleinasiens ein und hat eine
offene Flanke in Koilesyrien (Südsyrien): 6 ägyptische Kriege zwischen 274 und 168. Sie stützt sich auf zahlreiche Städtegründungen,
Garnisonen und Poleis zugleich, und die Ansiedlung makedonischer
Soldaten. Kontrolle des Handels bis Indien. Das **Kerngebiet** liegt zuerst um Seleukeia am Tigris. Seit um 250 ist es **Syrien** um Antiocheia
mit Hellenisierung von Karawanenstädten.
304–281 **Seleukos I. Nikator.** Seit 321 Satrap von *Babylonien,* dazu von
         Medien, Susiana, seit 312 von *Baktrien,* 294 von *Kilikien,* 281 Herr
         Kleinasiens.
281–261 **Antiochos I. Soter** treibt 275 die Galater nach Galatien zurück (daher

Soter = Retter), wird von Eumenes I. von Pergamon bei Sardeis 263 besigt.

261–246 **Antiochos II. Theos** gewinnt *Milet, Ephesos* u. a. Orte von Ägypten. Er verliert Baktrien und Sogdiana; **Einfall der Arsakiden** in Parthien.

246–226 **Seleukos II. Kallinikos.** Niederlage bei Ankyra 242 gegen die Galater. Bruderkrieg in Kleinasien gegen Antiochos Hierax 239–237. Gründung des *Partherreichs* bei syrischem Aufstand unvermeidbar; Aufstieg *Pergamons* unter Attalos.

223–187 **Antiochos III. d. Gr.** verliert Koilesyrien und Palästina; Zugeständnisse an *Pergamon* und *Bithynien*.

203 **Vertrag mit Makedonien** zur Teilung der ägyptischen Außenbesitzungen. Zusammenstoß mit den *Römern* 196 (Aufnahme Hannibals); Antiochos von den Aitolern (S. 89) nach Griechenland gerufen.

192–188 **Krieg mit den Römern** (S. 109) bis zum Frieden von Apameia, **Verlust Kleinasiens** an Pergamon (S. 88) und Rhodos, *Taurus* als Grenze; Unruhen in Persien, Antiochos erschlagen.

175–163 **Antiochos IV. Epiphanes,** 188–176 als Geisel in Rom, daher Nachahmung römischer Einrichtungen, sucht Rückhalt am alten griechischen Kulturgebiet. Verbreitung des Kults des *Zeus Olympios,* so auch nach Jerusalem, Anlaß zum *Makkabäer-Aufstand.* **Gewinnt**

168–165 **Ägypten** bis Memphis 170. *Eroberung von Jerusalem,* das fortan *Antiocheia* heißen soll.

129 *Babylonien* geht an die *Parther* für immer verloren. Damit wird das **Seleukidenreich auf Syrien** beschränkt. Nach seleukidischen Bruder-

64 kriegen Syrien 83–69 unter *Tigranes* von *Armenien*. **Ende des Seleukidenreichs durch Cn. Pompeius,** da Rückführung der Seleukiden nicht die Abwehr der Araber- und Panthereinfälle garantieren würde. Arabische Kleinstaaten mit aramäischer Sprache belassen. (Forts. S. 287 ff.)

Iran, Mesopotamien (Forts. v. S. 38, 50)

Nach Alexanders Tod wird **Iran** ein Teil des **Seleukidenreichs.** Doch schon um 250 löst sich **Baktrien** ab. Dort entsteht ein iranisch-hellenistisches Reich, das sogar auf Indien übergreift. In der Folgezeit durch innere Kämpfe geschwächt, wird Baktrien um 130 ein Opfer des Ansturms von *Saken* und *Yüe-tschi.*

Ebenfalls um 250 sind die zum iranischen Reitervolk der *Saken* gehörenden *Parner* aus dem Aralseegebiet nach **Parthien** eingebrochen und errichten dort das **Partherreich.** Versuche der *Seleukiden,* Parthien zurückzugewinnen, werden vereitelt; Eroberung weiterer iranischer Gebiete. Programmatische Griechenfreundschaft. Zur Groß-

171–138 macht erhebt Parthien **Mithradates I.,** der im Bund mit den nomadischen Saken die Eroberung Irans vollendet und den *Seleukiden* 141 auch noch **Babylonien** abnimmt. Er führt seit 160 den Titel

123–87 „König der Könige". Nach einer Krisenzeit gewinnt **Mithradates II.** wieder Mesopotamien und verhandelt mit Rom und China. In der

Folgezeit steht neben Kämpfen gegen die *Saken* die Auseinandersetzung mit Rom im Vordergrund.

53 Sieg bei *Carrhae* über *Crassus* unter **Orodes I.** (56–37) durch Anwendung der sakischen Taktik berittener Bogenschützen. Einfall in
Kleinasien unter *Pacorus* 41.
Das Partherreich ist ein locker gefügter **Feudalstaat** mit weitgehender
Selbständigkeit der Kleinfürsten. Keine ständige Hauptstadt. Starke
Hellenisierung der Dynastie und der großen Städte, auch der Verwal-
tung. Griechisch ist Amtssprache neben Aramäisch. Am bedeutend-
sten der griechische Einfluß in Bild- und Baukunst; große Palastbau-
ten mit *Liwanen*, d. h. torartig sich nach einer Seite öffnenden
Repräsentativhallen. In der Religion stand der Kult des Sonnengottes
Mithra im Vordergrund; daneben Verehrung der *Anahita*. In Mesopotamien entfaltet sich eine hellenistisch-semitische Mischkultur mit
Wiederbelebung alter Kulte. Erst seit 87 v. Chr. ist das iranische *Peh-
lewi* als Amtssprache nachweisbar. (Forts. S. 133 f., 287 ff.)

Palästina (Forts. v. S. 47)

323 Durch den Anschluß Palästinas an das *Alexanderreich* und 320 an
den *Ptolemaierstaat* werden der jüdischen Diaspora neue Gebiete erschlossen (große Judengemeinde in *Alexandreia*); gleichzeitig dringt
der Hellenismus in die Städte Palästinas ein. Die Schriften des Alten
Testaments werden in Ägypten für die dortigen Judengemeinden ins
200 Griechische übersetzt (sog. *Septuaginta*). Die Eroberung Palästinas
durch den *Seleukiden Antiochos III.* (S. 85) beschleunigt die Hellenisierung; Teile der Priesteraristokratie selbst setzen *Jahwe* und *Zeus*
gleich und führen griechische Bräuche ein. Den Konflikt zwischen
diesen und den Gesetzestreuen nutzt **Anitochos IV.** *Ephiphanes*
(175–163) aus, um 169 in Jerusalem den Tempel durch Betreten zu
schänden und 167 den jüdischen **Kult** und die Beschneidung zu **verbieten.** Verehrung des neuen Reichsgotts *Zeus Olympios* und des
Herrschers im Tempel befohlen (S. 85).
Dagegen erbitterter **Aufstand** der altgläubigen Landbevölkerung unter Führung des **Judas Makkabäus** („Hammer"), der nach oft siegreichen blutigen Kämpfen 160 fällt. 164 wird der *Jahwekult* wiederhergestellt, 161 römische Intervention erbeten. Die syrische Garnison
wird 141 aus Jerusalem vertrieben. Jüdische Dynastie der **Hasmonäer**
(Vereinigung von weltlicher und geistlicher Gewalt) **gewinnt 129** im
erweiterten Gebiet von Judäa die Freiheit des Volkes wieder. Darstellung des Makkabäer-Aufstandes ab 175 im 1. Buch der Makkabäer (um 100 v. Chr.) mit Ausschmückung und Fortführung für
161–135 im 2. Buch. Konflikte innerhalb der Dynastie nutzt der
63 Römer **Pompeius** (S. 117 f.) aus, um den Hasmonäerstaat Rom anzugliedern. Das Recht zur Steuererhebung wird dem Hohenpriester
genommen. Die meisten Eroberungen gehen den Juden verloren, seit
47 sind sie Bundesgenossen Roms. *M. Antonius* duldet die **Ausrot-**

tung der Hasmonäer durch den vom Senat 40 als König eingesetzten Statthalter von Galilaea, *Herodes* aus *Idumaea* in Südpalästina (Nichtjude?). Dieser erobert 37 mit römischer Hilfe Jerusalem. Kampf zwischen den streng gesetzestreuen **Pharisäern** und den vom Hellenismus stärker beeinflußten aristokratischen **Sadduzäern.** Daneben andere Sekten, wie die asketischen *Essener,* und hellenisierende Einzelgänger wie der hochgebildete *Philon von Alexandreia* († nach 42 n. Chr.). Gemeinde von Qumrān s. S. 147. (Forts. S. 146.)

Die Staaten Kleinasiens (Forts. v. S. 41)

Kleinasien ist nach dem raschen Durchzug Alexanders Schauplatz und Objekt der Diadochenkämpfe. Danach gibt es ptolemäische, auch makedonische, seleukidische Besitzungen nur an der West- und Südküste. Das Binnenland gehört, wie Kilikien, dem Seleukidenreich; seine Randgebiete entfalten zunehmende Selbständigkeit: im O Kappadokien im Besitz des Hochlandes, im W Pergamon in Mysien, dann auch in Phrygien, und im SW Rhodos. Veränderungen werden ausgelöst durch die Galater, dann durch Rom. An der Nordküste im W gelangt Bithynien, im O Pontos zu größerer Selbständigkeit. Eine Neuordnung der Besitzverhältnisse bringt 63 Pompeius (S. 117 f.).

Das westliche Gebiet des Anatolischen Hochlands bis zum Halys, dann darüber hinaus (ab 240?) geht seit 278 an die einwandernden *Kelten* oder **Galater** (S. 80) verloren. Diese durch den Widerstand *Pergamons,* dann durch den Feldzug des *Cn. Manlius Vulso* 189/88 zur Seßhaftigkeit gezwungen, durch Pergamon 184 niedergehalten, dann von den Römern Herzögen (Tetrarchen) unterstellt. *Kappadokien,* mit wenig hellenisierten Städten, großen Dörfern und iranischen Herrenburgen, ist zeitweise als Reiterland mit den Galatern verbündet. Die Neuordnung des Pompeius 63 schafft Kleinfürstentümer. Kappadokien wird erst 17 n. Chr. *römische Provinz.*
In *Pontos* am Schwarzen Meer wird um 280 ein Iranierreich von *Mithradates I.* begründet und ist Königreich seit 255. Es wird erst nach Besetzung der Griechenstadt Sinope 183 schließlich durch **Mithradates V.** (130–120) und **Mithradates VI. Eupator Dionysos** 120–63 (Eroberung der Griechenstädte des *Bosporanischen Reichs* 107) hellenisiert. Gestützt auf das Bündnis mit seinem Schwiegersohn Tigranes I. d. Gr. von Armenien, beginnt Mithradates den Angriff auf Kappadokien und Bithynien, der ihn in Konflikt mit Rom bringt: 1.–3. Mithradatischer Krieg (S. 115 f.). Sein Sohn Pharnakes, 64 auf das Bosporanische Reich beschränkt, erliegt 47 Caesar bei Zela (S. 119).
280–260   In *Bithynien* ruft **Nikomedes I.** Kelten nach Kleinasien, gründet 264 *Nikomedeia.* In die große Politik tritt erst **Prusias I.** (235–183) ein.
74   *Hannibal* ist sein Feldherr gegen Pergamon 188–184. *Nikomedes IV.* (94–75) **vererbt** sein Land den *Römern.*
Die Stadtherren von *Pergamon* in *Mysien* dehnen ihr Gebiet nach

Kyzikos hin aus. Sie sind zunächst Vasallen der Seleukiden. Sie werden durch Bündnis mit Ägypten 263/62 selbständig unter **Eumenes I.** (263–241), aber zu Tributzahlungen an die **Galater** verpflichtet bis zum Sieg vor Pergamon durch dessen Neffen Attalos I. 240?, 230 (Siegesdenkmal die sog. Galliergruppen). Annahme des Königstitels

233 durch **Attalos I.** (241–197). Dieser nimmt *Antiochos Hierax* (S. 85) ganz Kleinasien ab. Er behauptet es gegen die Feldherren von **Seleukos III.;** Gründung der **Bibliothek von Pergamon** in Konkurrenz mit Alexandreia (S. 83).

197–159 **Eumenes II.** steht treu zu Rom, **erhält** das **seleukidische Kleinasien.** Ausdehnung bis zum Schwarzen Meer, besiegt die *Kelten* 184. Eumenes II. errichtet die große Stadtmauer, den großen **Zeusaltar** von Per-

159–138 gamon, **Attalos II. Philadelphos,** sein Bruder, vollendet ihn (Telephosfries) und stiftet die sog. Kleinen Gallier auf der Akropolis von

138–133 Athen. **Attalos III. Philometor,** sein Sohn, gelehrter Sonderling, vererbt sein Reich den Römern (S. 111).

132–129 Proletarische Revolution in Pergamon. Zur Strafe werden auch die Poleis dem Königsland eingegliedert, das als Provinz Asia organisiert wird.

Die Ausbeutung der Provinz durch römische publicani bewirkt die Erhebung zugunsten von Mithradates VI. 88 **Vertreibung der Römer.** *Rhodos* ist Mittelpunkt des Bankwesens und des Getreidehandels im 3./2. Jh. bis 168 (S. 82), Bildungszentrum für Rhetorik und Plastik; es wird dank Parteinahme für Rom 88–84 von ihm begünstigt. (Forts. S. 193, 293.)

Griechenland (Forts. v. S. 74)

Jede Schwächung Makedoniens ruft Erhebungen gegen dieses hervor.

335 Strafaktion Alexanders gegen Theben (S. 76).

Seit 334 Antipater als Reichsverweser auch für Griechenland.

330 **Erhebung Spartas** von Antipater niedergeworfen. Hungersnot, Preiskrise.

323–322 **Lamischer Krieg** unter Athens Führung (S. 78).

Die Zeit der Diadochenkämpfe ist gekennzeichnet durch Abströmen der Armen in die Neugründungen im Orient, Erstarken eines gehobenen Bürgertums unter straffer Staatsverwaltung, so in **Athen,** Steinbau des Dionysostheaters, Stadion u. a.; Ablehnung des Luxus. Ende der attischen Grabreliefs, da nur noch die bisher für Mittelstand und Arme verwendeten Grabmalformen zugelassen sind. Schätzung kultivierten „Lebens im Verborgenen" wird das Prinzip der **Philosophie** des **Epikuros** (* 341, † 270). Gegnerschaft der **Stoa:** Lehre des *Zenon* aus Kition (* um 336) in der *Stoa Poikile* in Athen. *Neue Komödie* des *Menander* (* 342, † 293). In der **Plastik** Geltung des „schönen Stils". Alexanderbarock und neue Sachlichkeit sowie erster Realismus. Auf Vasen ersetzt Reliefschmuck die Malerei.

Im 3. Jh. Nachklingen der alten Bedeutung Athens in den Philosophenschulen

der **Stoa**, der **Akademie** (mit Wendung zum Skeptizismus), des **Peripatos.**

266–261 Athen hat seit 294 makedonische Garnisonen. Es kann sich im **Chremonideischen Krieg** nicht befreien. Erst 229 erkauft es den Abzug der makedonischen Besatzungen. Verlagerung der Stadt zum *Illissostal.* Athen ist fortan selbständig, doch ohne politische Macht, wird aber als geistiger Mittelpunkt des Griechentums durch Stiftungen der hellenistischen Fürsten geschmückt. Nachblüte der Philosophenschulen, deren Häupter 155 als Gesandte nach Rom gehen (S. 112). Wegen seines Anschlusses an Mithradates VI. (S. 87) wird Athen am 1. März 86 von Sulla erobert.

Sparta ist unter der Herrschaft einer reichen Oligarchie entartet; seine Könige ahmen hellenistische Herrschaftsformen nach. Erneuerung des Versuchs einer **Sozialreform durch Kleomenes III.** (226) mit Helotenbefreiung, also erst jetzt Einführung der Demokratie, ruft das Eingreifen des Besitzbürgertums des Achäischen Bundes und Makedoniens hervor. Diese schließen sich 224 zu einer Konföderation der Staatenbünde um Makedonien zusammen.

222 **Niederlage Spartas bei Sellasia.** Zeitweise Abschaffung des Königtums. Erbauung der ersten Stadtmauern um die 4 alten Dörfer (ohne Amyklai). Sparta bleibt frei auch bei Errichtung der Teilprovinz Achaia 44 (S. 90).

Die Gegensätze der Stadt- und Stammstaaten sind durch die Einbeziehung in die makedonische Machtsphäre nicht aufgehoben. Anlage der meisten *Stadtbefestigungen* aus Stein. Kennzeichen der Zeit die Bildung von **Koina** (Städte- und Stammesbünden). Die Staatsform der Polis wird nicht abgeschafft; Einfluß der Monarchien nur durch Unterstützung von Anhängergruppen. Soziale Unruhen.

Mittelgriechenland ist im 3. Jh. das Ausbreitungsgebiet des **Aitoli-**
279 **schen Bundes** seit der *Abwehr des Einfalls der Galater* an den Thermopylen und bei Delphi. Träger der Politik des Aitolischen Bundes ist das Kerngebiet um den *Trichonissee;* nominelle Träger des Staates und Teilnehmer an der Volksversammlung (als „Aitoler") sind *alle* Angehörigen der angeschlossenen Stämme und Städte unter Auflösung ihrer Stammesverbände (Freizügigkeit!); Schwächung durch den
220–217 **Bundesgenossenkrieg** (s. S. 90), **Bündnis mit Rom 212** (S. 108). Entfremdung von Rom; Anschluß an Antiochos III. Durch Rom 189 (S. 109) Beschränkung des Außenbesitzes.

Achäischer Bund als Vereinigung des Besitzbürgertums steigt zuerst in Achaia, dann gegen Aitolien auf der Grundlage des Städtebundes auf. Er gelangt zu ansehnlicher Macht. Absetzung der makedonischen Tyrannen. Versammlungen der Bürger der Städte. Alle Städte haben
225 gleiche Verfassung unter 10 Demiurgen. **Hinwendung zu Makedo-**
224 **nien;** Erneuerung des *Hellenenbundes* von Korinth, *Schwächung des Bundes* durch *Spartas* Anlehnung an Aitoler und Rom, 1. und 2.
Makedonischer Krieg (S. 107 f.) zieht Griechenland in Mitleiden-
196 schaft. Der Achäische Bund erreicht sein Ziel durch die **Freiheitser-**

klärung des T. Quinctius **Flamininus** für **Griechenland** in Korinth. Dauernde Kämpfe mit *Sparta.* Der Achäische Bund, fortan durch Streitigkeiten zerrüttet, muß 1000 Geiseln nach Rom schicken, darunter Polybios, Sohn des Feldherrn Lykortas (S. 110). *Soziale*
146 *Unruhen* in ganz Griechenland seit 147 verwickeln den Bund in **Krieg gegen Rom. Korinth von den Römern erobert** und zerstört. Die abtrünnigen Städte und Landschaften werden der Aufsicht des Statthalters der Provinz Macedonia unterstellt (S. 110), für die übrigen gilt die Freiheitserklärung weiter, so für Sparta, Athen, Messene, Thespiai, Delphi.

Soziale Unruhen dauern an. Sie benutzt Mithradates VI. von Pontos (S. 87) zur Aufwiegelung Griechenlands. Seine Truppen 86 und 85 von Sulla (S. 115 f.) geschlagen, Peiraieus und *Athen* 86 *erobert.* Mit Mühe wehrt Rom 74 die Seeräuber ab. Im Bürgerkrieg 48 unterstützen die Griechen *Pompeius.* Nach der Schlacht bei Pharsalos (S. 119) gründet Caesar 44 zur Strafe eine **Provinz Achaia.** In ihr wird 31 die Schlacht von Actium (S. 120) geschlagen.

Kreta, im 3. Jh. von Ägypten abhängig, wird aus Städtebünden (220) zum **Koinon der Kreter** geeinigt. Die Verlegung seiner Burgstädte ans Meer als Piratenbasen ruft das römische Eingreifen hervor. Seit 64 ist Kreta römische Provinz.

Am Ausgang der Adria wird **Kerkyra** (Korfu) Brückenpfeiler von Griechenland nach Süditalien, jedoch immer von Adriapiraten bedroht. Griechenstädte Kerkyra, Apollonia und ihr Hinterland unter
229 **Roms** Schutz **(Protektorat Illyrien,** nicht Provinz, S. 91, 105). Seither wird Kerkyra mehrmals römische Flottenbasis als verbündete Stadt. An der gegenüberliegenden Küste beginnt Caesar 49 den Angriff gegen Pompeius, Octavian 31 v. Chr. den Aufmarsch zur Schlacht bei Actium.

Epeiros gewinnt geschichtliche Bedeutung nur durch **Pyrrhos** (306–302, 297–272) mit Hauptstadt *Ambrakia;* sein Ziel ist Schwächung Makedoniens; er tritt als Gatte der *Lanassa* das Erbe ihres Vaters Agathokles in **Sizilien** 278–276 gegen Karthager und Mamertiner an (Krieg mit den Römern: S. 103), greift 274 **Makedonien** an, fällt 272 im Straßenkampf in *Argos.* Sein Sohn verliert zeitweise das Königtum, wird durch Söldnerunruhen gestürzt, das *Königtum* in Epeiros 233 *abgeschafft.* (Forts. S. 193.)

Makedonien und die Balkanhalbinsel (Forts. v. S. 79)

335–317 Reichsverweserschaft des Antipater. Ganz Makedonien 279 verheert beim **Einfall der Galater. Wiederherstellung des Königtums** unter **Antigonos Gonatas** (276–239). Praktisch Verzicht auf Griechenland und die Ägäis.

229–221 **Antigonos Doson,** vom Heer zum König ausgerufen, begründet Makedoniens **Vorherrschaft in Griechenland** neu.

221–179 **Philipp V.;** 220–217 Bundesgenossenkrieg gemeinsam mit den Achäern gegen die Aitoler.

205 215 **Bündnis mit Hannibal,** 1. Makedonischer Krieg 215–205. **Frieden von Phoinike mit Rom** (S. 108). Bündnis mit Antiochos III. Plünderungsfahrt in der Ägäis 202, nach Karien und Verheerung des Gebiets von Pergamon 201. Seekrieg gegen Rhodos, Einfall in Attika, dann Belagerung thrakischer Städte.

200–197 2. **Makedonischer Krieg** mit Rom (S. 109). Verzicht auf alle Außenbesitzungen.

179–168 Sein Sohn **Perseus** gewinnt die Sympathien der Griechenstädte. Konflikt mit Eumenes II. von Pergamon 173/72, der nun Rom zum 3.

171–168 **Makedonischen Krieg** aufstachelt (S. 109). **Niederlage bei Pydna,**

168 **Ende des Königtums der Antigoniden.** Aufteilung Makedoniens in vier Staaten mit den Hauptstädten Amphipolis, Thessalonike, Pella, Pelagonia.

148 Erhebung des *Andriskos* nach Anfangserfolgen 148 von Rom im 4. Makedonischen Krieg niedergeschlagen.

148 Einrichtung einer einheitlichen **Provinz Macedonia** durch Rom (S. 110) und Anlage der *via Egnatia von den illyrischen* Häfen *Dyrrhachion* und *Apollonia* nach *Thessalonike.* Rom übernimmt seither den Schutz des Landes gegen Kelten, Thraker, Illyrier. 42 Schlacht bei Philippi (S. 120).

Das **dalmatinische Küstengebiet** steht seit 229 unter römischem Schutz; gegen das bereits 229 bekämpfte Seeräubertum (S. 105) richten sich römische Unternehmungen auch 119/17, 98, 78. Schließlich können sich in diesem **„Illyricum"** italienische Händler niederlassen; seit Sulla ist es römisch. Das Gebiet gehört 59–51 zu Caesars Provinzen; eine Eroberung auf dem Landweg von N her erfolgt erst 35–33 durch *Octavian.*

Die **Thraker** im heutigen Bulgarien und Rumänien stehen im Hellenismus unter dem Einfluß der *griechischen Küstenstädte,* dann der von Südrußland andrängenden *Sarmaten.* Entlang der Donau finden sich im 3. Jh. griechische Handelsfaktoreien. In allen hellenistischen Heeren erscheinen zahlreiche *thrakische Söldner.*

Seit 300 Einen starken Einschnitt bedeutet die **Landnahme der Ostkelten** im Save- und mittleren Donautal; die älteren Bewohner Serbiens werden nach S gedrängt; Weineinfuhr von Rhodos, Thasos, Süditalien statt von der Schwarzmeerküste; im Karpatenraum werden die thrakischen **Daker** isoliert. Hinter den Kelten erscheinen am Karpatenrand die **ersten Germanen** im Mittelmeerkulturkreis: Bezeugung der

um 200 **Bastarner** und der **Skiren** an der unteren Donau. Bastarner als Hilfsvölker Philipps V. und Perseus' von Makedonien 179, 174 und 168.

Gegen 120 **Niedergang der Keltenmacht** durch den Druck der *Römer* im W, der *Sarmaten* im O, der *Germanen* von NO und NW.

Im Karpatenbogen und in der Walachei bildet sich das **Reich der Daker** mit starkem, durch die Kelten vermitteltem griechischem Kultureinfluß; unter Beibehaltung des Kampfes zu Fuß entwickelt sich hier eine Aristokratie der *pilleati* (= Filzhutträger) gegenüber den

61 bis *capillati.* Aufbau des Dakerreichs unter König *Burebista* mit Ausgrei-

nach 48   fen nach SO bis zur Schwarzmeerküste und nach NW bis in die Slowakei, wo die keltischen *Boier* Vasallen werden. Rascher Zerfall.

29   Statthalter *M. Licinius Crassus* schlägt die Bastarner über die Donau
zurück und organisiert eine römische Grenzwacht an deren Ufer.
(Forts. S. 136.)

4. Italien und die römische Republik

a) Italien und Rom bis 340 v. Chr.

*Der geschichtliche Raum Italiens wird durch den Nordbogen des Apen-
nin, der Oberitalien oder die Poebene abtrennt, gegliedert. Durch die
Längserstreckung des Apennin wird er in eine tyrrhenische und eine
adriatische Seite gespalten. Oberitalien hat bis zum 1. Jh. v. Chr. als
Gallia cisalpina nicht zu Italien gehört.*
*Der Name Italia haftet ursprünglich an der Südwestspitze. Von hier
verbreitet er sich allmählich nach N, unter Augustus schließlich bis an
die Alpengrenze. Noch um 90 v. Chr. stellen sich die Bewohner der
Halbinsel als Itali(ci) den Römern gegenüber; Sizilien wird aufgrund
seiner Zugehörigkeit zum griechischen Sprachbereich nie zu Italien gerechnet. Heute pflegt der Name Italiker die indogermanischen Bewohner Italiens außer den Römern zu bezeichnen.*

Italische Frühzeit

Die mittelmeerischen Küsten und Inseln Italiens sind bereits in der
Altsteinzeit besiedelt. Die *neolithische* Bevölkerung ist mit den Trä-
gern der westmediterranen Megalithkultur verwandt. Erst mit der
Ausbreitung der illyrischen Kultur werden **indogermanische Einwanderer,** von den östlichen Voralpen aus sich verbreitend, kenntlich.

Seit 900   die eisenzeitliche **Villanova-Kultur,** von den Indogermanen getragen;
diese werden von den Etruskern, die von der tyrrhenischen Küste
nach O und S vordringen, überschichtet und beherrscht. In Oberitalien vollzieht sich ein Ausgleich zwischen bronzezeitlicher Vorbevölkerung und eisenzeitlichen Indogermanen.

Den Anfang der indogermanischen Landnahme in Mittelitalien bezeichnet die Einführung der Leichenverbrennung, wie sie Völker auf
der Wanderung häufig pflegen. Von dieser älteren Welle der *„Ver-
brennenden Italiker"* halten sich später nur im Tibertal *Latiner* und
Falisker. Die Berglandschaften des Apennin werden zum Kerngebiet
der *„Bestattenden Italiker",* die die Begräbnisgewohnheiten der
Ansässigen übernehmen. Der gemeinsame *umbrisch-oskische* oder
umbrisch-sabellische Dialekt hält die Stämme der Umbrer im nördlichen Mittelitalien, die sabellischen Kleinstämme der Sabiner,
Aequer, Marser, Volsker u. a. südlich davon, die oskischen Samniten
in den Hochtälern der Abruzzen, die Paeligner um Corfinium, weiter
südlich Lukaner und Bruttier zusammen. Von der Nordostpforte Ita-

liens wandern die Veneter nach Venetien und die Picentes nach Picenum ein. Im Zug der Illyrischen Südwanderung erreichen Illyrier von Albanien her zur See Apulien. Dadurch wird die Rückseite Italiens zur Adria hin illyrisches Siedlungsgebiet. Der Ostteil Siziliens wird von den Sikulern besetzt. Den Italikern eigen ist eine patriarchalische Familienordnung, die Verehrung von Himmelsvater *(Jupiter)* und Erdmutter *(Damosia, Ceres).* Die Stammeseinheit ist zugleich kultisch begründet (Stammesheiligtümer meist in Hainen, lange ohne Tempel und Kultbild), wirksam nur im Krieg unter einem Stammesoberbefehlshaber. Die Siedlungen, eher Fluchtburgen als Städte, schaffen sich erst spät Beamte nach dem Muster der Stammesführer. Das Heer, gegliedert nach Gaudritteln *(tribus),* besteht aus der Gesamtheit der Volksangehörigen unter dem *magister populi* mit seinen *tribuni militum.* Erst unter dem Einfluß von Völkern, die das *Pferd* verwenden (Illyrier, Etrusker), treten daneben Abteilungen von Rittern, die das Pferd jedoch nur zum Antransport zum Schlachtfeld benützen, unter einem *magister equitum* mit *tribuni equitum.* Die Lebensformen entsprechen denen der Dorier. Die Jungmannschaft hat Männerproben zu bestehen, die auf Lebensformen der Einwanderungszeit zurückgehen. Als *ver sacrum* trägt sie die Ausbreitung des Stammesgebietes.

Vor 800   Die **Etrusker** (griech. Tyrsenoi, lat. Tusci) landen zuerst bei Salerno, dann wohl in Latium und in Südetrurien. Sie nehmen die metallreichen Küstenstriche Toskanas weg und dringen landeinwärts gegen die Umbrer vor. Als Mischvolk aus vorindogermanischen Ägäisbewohnern und Thrakern bringen sie Kulturbeziehungen zum Frühgriechentum. Angesehenes Priestertum, mächtig durch den Besitz des Wissens um die Erforschbarkeit des Götterwillens *(disciplina Etrusca);* Totenkult mit blutigen Fechterspielen *(Gladiatoren);* frühgriechische Tempelbauform.

Siedlungstyp der Höhenstadt von natürlicher Festigkeit (auf Bergrücken). Stadtkönigtum mit sakralen Bindungen; Kalender mit Mondfesten der Wolfsgöttin. Im Gesamtvolk bilden die Stadtherren einen Adel und werden durch Amtszeichen *(insignia,* z. B. Gewand mit Purpurstreifen: *toga praetexta;* Sessel: *sella curulis)* und das Geleit von Amtsdienern *(lictores)* mit dem Beil im Rutenbündel *(fasces)* als Symbol der Straf- und Hinrichtungsgewalt herausgehoben. Einen etruskischen Gesamtstaat hat es jedoch nie gegeben, nur einen Kultbund von 12 Gemeinden im Kernland Etrurien. Der etruskische Einfluß erfaßt besonders die Villanova-Kultur Oberitaliens und die fortlebenden eisenzeitlichen Kulturen.

Nach 770   folgen den Etruskern die **ersten griechischen Kolonisten** an Italiens Westküste: zuerst 770 Ioner aus Euboia; sie bringen das Alphabet nach Italien, gründen *Kyme* (Cumae), *Rhegion* und *Zankle* an der Meerenge von Messina; dann **Dorier** aus Sparta *Tarent* (706). Dorier aus Achaia siedeln sich an der Küste des Golfs von Tarent in *Sybaris* und *Kroton* (709) an, um 650 Achaier in *Poseidonia* (Paestum).

In **Sizilien** werden die Phöniker von den griechischen Kolonisten nach
W zurückgedrängt. Damals beginnt der Konflikt der Griechen mit
den Eingeborenen Westsiziliens, den Elymern in der Stadt Segesta
und mit den Karthagern. Denn in Westsizilien und Sardinien fassen
Karthager oder *Punier* als Seefahrer Fuß.
Alle Griechenstädte sind zunächst Oligarchien; die eingeborene Vorbevölkerung ist den Siedlern hörig. Kulturell stehen die Kolonisten
bis 600 unter korinthischem Einfluß, mit dem erst seit 640 der von
Rhodos nur in Sizilien, seit 590 der von Athen konkurriert. Gegensätze unter den Griechenstädten führen in Unteritalien zur Zerstörung von Sybaris (510) und zur Herrschaft der Anhänger des Pythagoras in Kroton (Croton).
Die einheimische Bevölkerung ist von den Zuwanderern nicht ausgerottet worden. Erst durch die Auseinandersetzung mit ihr entsteht
das Volkstum des antiken Italien.

750–470   **Ausbreitung der Etrusker** von der Küste Etruriens landeinwärts und
entlang der Küste von N nach S. Herrschaft über Rom, Latium,
Kampanien. Nachahmung ionischer und attischer, dann auch paesta-
ner Malerei in den Gräbern, besonders von Tarquinii (heute Tarquinia). Import korinthischer und attischer Vasen.

Die geschichtliche Bedeutung der Etrusker für Italien liegt in der Ver-
mittlung griechischen Kulturgutes nach Mittelitalien: griechische Göt-
ter, griechische Mythen, oft freilich umgestaltet, und griechische Kunst
auf der Stufe des archaischen ionischen Stils werden durch sie bekannt.
Früh knüpft sich an den Import die Nachahmung in den Zentren der
etruskischen Herrschaft mit ihren Fürstengräbern.

In **Sizilien** beginnt um 500 die Epoche der ersten Tyrannis: *Hippo-*
krates in Gela (498–491); *Gelon* 490–485 in Gela, dann 485–478
in Syrakus; *Theron* in Akragas (490–473). Sie überwindet die Bindung an einzelne Poleis durch die Gründung eines Territorialstaates.
Sie stützt sich nicht auf Adelsgruppen oder den Demos einer Stadt,
sondern auf den Zusammenhalt aller Grundherren; sie gibt ihm also
eine monarchische Spitze. Gelon wird Strategos autokrator (unumschränkter Feldherr) ganz Siziliens gegen Karthago.
Schon 510, dann um 490 gereizt, folgen die **Karthager** im großen Perserkrieg (S. 64) der Aufforderung von Xerxes zum Angriff auf die
sizilischen Griechen. Sie **unterliegen** aber unter Hamilkar in der

480   **Schlacht bei Himera** den verbündeten Tyrannen Gelon und Theron.
Gleichen Aufschwung – wie der bei Salamis den Athenern – bringt
der Sieg bei Himera den **Tyrannen Gelon** und seinem Bruder
Hieron I. (478–467) von **Syrakus.** Dieser besiegt die Etrusker bei

474   Cumae. Er läßt die Siege seiner Viergespanne von *Pindaros von The-*
ben feiern. Nach ihm wirkt dort als Philosoph und religiöser Reformator *Empedokles* († 436). Etwa gleichzeitig lebt der Historiker *Antio-*
chos von Syrakus und blüht die Philosophie der Eleaten (S. 59) in

Unteritalien. Um 450 wird Großgriechenland Heimat der Philosophie und Rhetorik der Sophisten.
Sturz der Tyrannis in Akragas 471, in Syrakus 466 und in Rhegion 461. Wirtschaftlich ist Syrakus seit 480 Vormacht der Westgriechen. Ende der etruskischen Seeherrschaft durch Syrakus 453/52.

470–320   Die Ausschaltung der Karthager und Etrusker bewirkt eine **Reaktion der Italiker gegen** das **Griechentum: Ausbreitung der Umbrer und Osker** auf *Kampanien.* Unterwanderung von *Capua.* Erscheinen der **Kelten** oder **Gallier** in Oberitalien, das fortan *Gallia* (später unter-

um 400   schieden: cisalpina) heißt. **Ende der Etruskermacht.** Ihre bisherigen Schützlinge in Latium und Kampanien fortan auf selbständige Abwehr der Gallier und der Italikervorstöße angewiesen; die Etrusker geraten ins Schlepptau der Umbrer, die Lukaner nehmen um 400 Poseidonia (fortan Paestum). Vorstöße der Gallier nach S: 391/90 gegen Clusium, 387/86 gegen Rom, 363 nach Süditalien, 351 bis Alba Longa. Die **keltische Landnahme im gesamten Oberitalien** beendet dort die politische, nicht die kulturelle Wirkung der Etrusker. *Sardinien* und das Siedlungsgebiet der *Ligurer,* zu dem auch *Korsika* gehört, ist bereits im 5. Jh. Söldnerlieferant für *Karthago.*
Seit 400 Entstehung einer *einheitlichen Kultur Italiens;* halbliterarische Komödien in Atella *(ludi Osci, fabula Atellana).* Seit 400 Verbreitung gegossenen Geldes *(aes grave,* Schwerkupfer). In der Vasenmalerei blühen lokale Werkstätten unter griechischer Anregung auf. In der Architektur bis 2. Jh. Beibehaltung des Holzbaus mit Tonverkleidung und plastischem Schmuck in Ton (vorbildlich Schule von *Veji* um 500). Aufstellung von Ahnenbildern in Tonmasken oder Gemälden.

Sizilien im Peloponnesischen Krieg in Beziehung zu Griechenland.

415–413   416 Hilferuf von Segesta und Leontinoi; daher **sizilische Expedition der Athener** (S. 70).
Die Schwächung des griechischen Ansehens ermutigt **Karthago** zum

409   neuen Angriff auf Sizilien: Zerstörung von *Selinus* und *Himera, Syrakus* 405 gerettet durch Erhebung von **Dionysios I.** zum Strategos autokrator. 395 Dionysios Oberbefehlshaber *(Archon)* von **ganz Sizilien,** eint als **Tyrann von Syrakus** die Insel und Unteritalien zu neuen Kriegen gegen Karthago.
Der Halykos wird 383 als Grenze gegen die Karthager festgelegt; Sizilien in Syrakus zentralisiert. Dionysios strebt die Gründung einer Herrschaft über alle Westgriechen an. Sein Sohn **Dionysios II.** (367–345) wird 356–347 von Anhängern des Philosophen Platon (S. 73) vertrieben, wird 345 wieder von **Timoleon** von **Korinth** gestürzt.

316–289/88   macht sich der von Karthago unterstützte Söldnerführer **Agathokles** zum ,,Tyrannen" von Syrakus. Er gewinnt gegen neue karthagische Eingriffe 312–310 die Herrschaft über Sizilien für Syrakus zurück (Landung des Agathokles bei *Aspis).* Agathokles nimmt 304 den Königstitel an; das Königtum erlischt mit seinem Tod.

Der Gegensatz der Städte Siziliens lebt wieder auf, geschürt von Karthago und von Agathokles' italischen Söldnern, den *Mamertinern.*
274–215 Nach Pyrrhus' Abzug (S. 103) macht sich in Syrakus **Hieron II.** zum Tyrannen, ab 265 Königstitel. Die Mamertiner bleiben auf *Messana* beschränkt, das sie bereits 285 besetzt hatten (S. 104).
Erneute Berührung mit dem griechischen Kunst- und Kulturgebiet auch in Mittelitalien in der letzten Zeit vor Roms Sieg; etruskische Großbronzen, vielleicht schon älteste Stadtbefestigungen.

Die italische Entwicklung endet in Rom als Italiens Führungsmacht; nur an sie sind fortan Italiens Städte gebunden, unter sich ohne Beziehungen und Nationalgefühl.

Roms Königszeit (bis 510 v. Chr.)

Durch seine Lage am Südausgang des schiffbaren Tiber, am letzten Übergang über den Tiber vor seiner Mündung, seit der etruskischen Einwanderung an der Grenze von Latium und Etrurien ist Rom in den Schnittpunkt aller Bewegungen Mittelitaliens gestellt. Als ein auf Verteidigung angewiesener Kleinstaat beginnt Rom die militärische und politische Entwicklung, die es aus Italien heraushebt.

Der Ausgangspunkt der römischen Geschichte ist die Landschaft Latium, ein niedriges Hügelland. Eine Gruppe von Dörfern zwischen Anio- und Tiberlauf werden hier als *Prisci Latini* zusammengefaßt. Am Tiberknie, über der Tiberinsel, trägt das **Palatium** *(collis Palatinus)* die **älteste Siedlung** aus Rundhütten; im damals sumpfigen Tal des späteren *Forum* wurden die ältesten, eisenzeitlichen Gräber gefunden. Die bäuerlichen Träger der Siedlung sind von den Albanerbergen herabgestiegen. Dann landen Leute aus der Nordägäis (Aeneas-Sage!) an der Tibermündung. Mit ihnen beginnt die Geschichte der Stadt: ihr Name, der des Gründers *Romulus, Insignien* und Geltung der Beamten, die Tracht des Königs und des obersten Gottes (auf dem *Capitolium,* der neuen Burg) stammen von den **Etruskern.** Ihnen verdankt Rom auch die Entwässerung des Forumtals. Durch seine Beziehungen zu Etrurien wird Rom zur ersten *Marktgründung* Europas gegenüber den Burgstädten der Etrusker und Umbrer-Osker. Als *Septimontium* umschließt die Siedlung nun: *Palatium, Velia, Germalus, Oppius, Fagutal, Cispius* und *Sucusa.* Aus Südetrurien wandert im 6. Jh. die *gens Tarquinia* zu. Die Bevölkerung gliedert sich damals in 3 *tribus* mit je 100 Reitern, 1000 Fußsoldaten, politisch in 30 *curiae;* nach indogermanischer Auffassung vertreten diese das Volk gegenüber dem König (Widerstandsrecht); daraus folgt noch später das Recht der Beamtenwahl.
Eine annähernd gesicherte Zeitrechnung ist für Rom erst seit dem Galliereinfall (387) möglich, eine genaue Chronologie seit der Landung des Pyrrhus (280). Die Festsetzung der **Gründung Roms** (Aus-
753

gangspunkt der Rechnung ab urbe condita) stammt von *Varro*. Wohl
für die Landung der Etrusker zutreffend.

600–510 **Fremdherrschaft der etruskischen Tarquinier.** An ihr Ende gehört die
Errichtung des Jupitertempels auf dem Kapitol mit Statuenschmuck
von *Vulca* aus *Veji*. Die Einführung eines jährlich wechselnden
Beamten datiert den Sturz der etruskischen Fremdherrschaft und die

510 **Einführung der Republik.** Die Herkunft des neuen Tempelinhabers
Jupiter, doch in etruskischer Trias mit Juno und Minerva, weist auf
Stärkung des indogermanischen, latinischen Elements in Rom; das
Königtum bleibt als Sakralamt *(rex sacrorum)* bestehen und bewahrt
seine etruskischen Elemente. Erbstücke des Königtums sind der senatorische Stand, die Rangabzeichen der Magistrate (besonders *sella
curulis*), der Streitwagen des Triumphators. **Der älteste Adel Roms
geht aus der Reiterei der Könige hervor.** Diese *celeres* erhalten weiterhin ein Pferd und sein Futter vom Staat und behalten ihre Standes-
tracht und -abzeichen (Goldring, silberner Brustschmuck der Rosse,
Reitermantel mit Purpurrand, rote Schuhe und roter Rand an Toga
und Tunika); diese werden dann Abzeichen der *patricii*. Einführung
des Familiennamens *(nomen gentile)*.

Die Bezeichnung des Gründers als *Aeneas*, seine Verbindung mit
Romulus sucht die Verbindung mit dem griechischen Mythos, die
Einführung älterer Könige von *Alba Longa* die zeitliche Verbindung
mit Aeneas' Flucht aus Troja zu gewinnen. Sagenhaft ist auch die
Reihe der 7 Könige: *Romulus, Numa Pompilius, Tullus Hostilius,
Ancus Marcius, Tarquinius Priscus, Servius Tullius, Tarquinis Super-
bus.*

Historische Überlieferung liegt vor in den Zeitangaben der Beamten-
listen des Kalenders *(fasti)* und den Tempelchroniken des Oberprie-
sters *(pontifex maximus)* in der *Regia* mit jährlicher Aufzeichnung
wichtiger, vor allem religiöser Ereignisse auf Leinwandrollen, *libri
lintei*, als Vorstufen der *Annales*.

Die ersten Kämpfe mit den Nachbarn (510–340 v. Chr.)

Die Vertreibung der Tarquinier wird von dem Nordetrusker *Porsenna*
bis 470 unterstützt. 509 *erster Vertrag* mit *Karthago* (historisch?). Die Herrschaft der *etruskischen Kultur* in Rom dauert fort. Nun gewinnt Rom
die *Vorherrschaft* im *Latinerbund*, der kapitolinische Kult wird sein
religiöses Element, der *Jupiter Optimus Maximus* zum Gott der *res
publica Romana*. Der Aufstieg des Italikertums nach 475 erklärt die
Notwendigkeit der Abwehr von *Aequern* und *Volskern*. Nach 500
Anfang der Entwicklung zur Centuriatsverfassung und der Ständekämpfe, d. h. der *Konstituierung* der *plebs* nach der Vertreibung der
fremden Herrscher; sagenhafte erste *secessio plebis in montem sacrum*
zwischen Tiber und Anio 494. Das Erscheinen von *tribuni militum*
statt des *praetor maximus* (445), die erste Bezeugung der *censores*
(443) sichern den überlieferten Ansatz für die Tätigkeit der *decemviri*

um 451 *legibus scribundis,* die Aufzeichnung des Rechts der **Zwölftafelge-setzgebung.** Diese Rechtsschöpfung ist Roms Leistung parallel zur Klassik Athens. Erstes Ergebnis der *neuen Heeresordnung* in *cen-turiae* (S. 99) ist die Unterwerfung der Nachbarorte tiberaufwärts.

um 396 Nach zehnjährigem Krieg Eroberung von **Veji** und damit Gewinnung neuen Ackerlands. Die Aufteilung des Landgewinns wird verzögert durch Roms größte Katastrophe *(dies ater):* im Zug der **keltischen** Landnahme in Oberitalien (S. 95) Vorstoß einer Schar *Senonen* unter ihrem Herzog (Titel *Brennus*) bis Rom:

387/86 **Niederlage der Römer an der Allia** (linker Tiberzufluß 15 km nördl. Roms). Verteidigung des damals allein befestigten Kapitols (Sage von den heiligen Gänsen der Juno) durch *M. Manlius Capitolinus;* die Stadt in Brand gesteckt, reiche Beute *(vae victis!)* fortgeschleppt. Die Gallierkatastrophe ist der Wendepunkt der römischen Politik. Ihre

um 378 unmittelbaren Folgen sind 1. die Errichtung einer *Stadtmauer* (in der Überlieferung dem König *Servius Tullius* zugeschrieben) um die 7 Hügel Capitolium, Palatium, Aventinus, Caelius, Esquilinus, Viminalis, Quirinalis; das alte Friedhofsgelände wird spätestens damals

367 trockengelegt und zum Forum, der Aventin der Stadt zugefügt; 2. die Veröffentlichung der *leges Liciniae Sextiae* auf Antrag der Volkstribunen C. Licinius Stolo und L. Sextius Lateranus (der erste plebejische Konsul); 3. Neubauten. Wiederholte Abwehrkämpfe gegen neue gallische und etruskische Vorstöße. Erste Abgrenzung der Macht-

354 sphäre in einem **Vertrag mit den Samniten** und Verkündung der

348 Hegemonie im Latinerbund. **2. Vertrag mit den Karthagern** setzt römischen Anspruch auf Vorherrschaft in Latium und römische Kaperfahrten ins westliche Mittelmeer bis Spanien voraus. Einführung

343 patrizisch-plebejischer Kollegialität beim Konsulat, als *Capua* Roms Hilfe gegen weitere Zuwanderung aus dem Gebirge erbittet. Folge

343–341 dieses Bündnisses **1. Samnitenkrieg:** erfolgreich dank der Bedrohung der Samniten im Rücken durch Tarent.

Das Werden der römischen Republik (bis 340 v. Chr.)

Rom ist ein **Gemeindestaat von Bauern.** Grundbesitz ist die Voraussetzung für die Ausübung politischer Rechte und des Militärdienstes: da bis auf Marius (S. 115) der Bürger selbst für seine Bewaffnung aufkommen, bis zur Einführung von staatlichen Getreidespenden (S. 125) der Lebensunterhalt zur Teilnahme am politischen Leben gesichert sein muß, ist das *Proletariat* ohne Grundbesitz von politischer und militärischer Tätigkeit ausgeschlossen.

Erbe der Königszeit ist das Nebeneinander von **Patriziern** und **Plebejern.** Aus der Bildung einer „internationalen" *Herrenschicht fremder Herkunft* erklärt sich die Sonderstellung der Leute mit Ahnen *(patres)* und ihre neue Taktik als *Streitwagenkämpfer.* Dem gegenüber steht die bäuerliche plebs (ursprünglich = populus) sicher indogermanischer Herkunft, deren Angehörigen Heirat mit den Patriziern *(ius co-*

nubii) von diesen versagt wird. Plebs („Volk", erst später „Masse") und clientes sind nicht identisch, auch sind diese nicht unfrei, nur freiwillig im Schutz von Patriziern. Im Krieg steht die *plebs* zu den *patres* unter ihrem *rex*, später *praetor maximus* wie die *Laoi* Homers zu den fürstlichen Vorkämpfern *(Aristoi)*. Ihr Aufstieg zur Gleichberechtigung hat in Athens Entwicklung seine Parallele (S. 60). Wie dort muß in Rom einer sekundären Adelsschicht nacheinander rechtlicher Schutz vor Willkür, Aufnahme ins Heer der Hopliten (statt der Streitwagenkämpfer), timokratische Zulassung reicher Plebejer zu den höchsten, erst zuletzt zu sakralen Ämtern abgetrotzt werden. Entscheidende Wende ist die Aufzeichnung des Rechts der Zwölftafeln als rechtliche Gleichstellung beider Stände, ergänzt durch klare Scheidung des *conubium* um 445 durch *lex Canuleia*. End-, nicht Anfangslösung ist die **Schaffung des Doppelamts** gleichberechtigter Heerführer **(consules)**, deren einer ab 367 auch aus der obersten Schicht der *plebs* kommen kann – nur das ist gesicherter Inhalt der **leges Liciniae Sextiae.** Aber erst später wird die Besetzung einer Stelle mit einem Plebejer die Regel. Das Amt des **praetor** wird ab 367 auf die im Rechtsstaat Rom besonders wichtige Rechtsprechung und Rechtsschöpfung beschränkt, erst 337 den Plebejern zugänglich. Das Amt des **censor** mit dem Recht der Sittenaufsicht, der Verwaltung des Staatseigentums, der Einteilung des Heeres wird 351 oder 321 zugänglich, das Amt der *aediles* mit der Fürsorge für die Tempel *(aedes)*, dann auch mit der Polizeigerichtsbarkeit nach 338; die Aufnahme von Plebejern unter die *pontifices* wird ab 300 möglich. Dieser *Aufstieg* der *plebs* betrifft jedoch nur ihre *oberste Schicht*, in die nach Beschränkung des Patriziats auf die ältesten Geschlechter die Adelsfamilien aus Roms latinischer Nachbarschaft aufgenommen wurden.

ab 342

Die rechtliche Gleichstellung der so gehobenen Schicht hat die **Centuriatsverfassung** zur Voraussetzung. Sie setzt die Einführung der Hoplitenwaffen voraus und gliedert das Heer in insgesamt 193 Centurien (später 373). Die Patrizier stellen 18 Centurien Reiter. Aus denjenigen Plebejern, die einen Mindestbesitz von 20 Morgen Land, später 100 000 As[1] haben, rekrutieren sich als *classis prima* 80 Centurien schwerbewaffnetes Fußvolk. Die Minderbesitzenden, für den leichten Fußdienst bestimmt, stellen 90 Centurien ohne Panzer, 2 Centurien Hornisten und Trompeter, 2 Centurien Schmiede und Zimmerleute. Die Armen ohne Grundbesitz *(proletarii)* bilden als Ersatzmannschaft die eine große Centurie der *capite censi.* Damit tritt an die Stelle der Geburtsaristokratie die *Timokratie.* Mit der Zulassung der reichsten Plebejer zu den Ämtern entsteht anstelle des Patriziats der *Amtsadel,* dessen Spitze die gewesenen Konsuln und die Angehörigen ihrer Familien als *nobiles* bilden **(Nobilität).** Doch hält sich auch dann noch eine fast fürstliche Stellung der alten Geschlech-

---

[1] Römisches Münzwesen: 1 Sestertius (HS) = $2^1/_2$ As, 1 Denarius = 4 HS = 10 As, dieser seit 217 = 0,70 Goldmark. Also 100 000 As = 7000 Mark.

ter, insbesondere durch die Verbindung des lebenslänglichen Amts des *pontifex maximus* mit der Anerkennung des Haupts einer alten *gens* als des Vornehmsten des Senats *(princeps senatus)*. Die alten *gentes* haben die Einführung neuer plebejischer Geschlechter von außerhalb der Stadt Rom in die Ämterlaufbahn übernommen. So vollzieht sich über persönliche Beziehungen organisch im 4. und 3. Jh. der Aufbau der Nobilität aus Adelscliquen in Verbindung mit der Aufnahme frischer Bevölkerungselemente.

Religion: Die Hilfe der Götter *(numina)* muß verdient werden (do ut des). Nach Tempelstiftungen oder der Wiedergutmachung von Freveln gegen die Götter *(expiatio)*, die als Ursachen von Unglück betrachtet werden, kann vor allem der Staat der dauernden Gnade der Gottheit gewiß sein. Jede amtliche Handlung bedarf der Zustimmung der *numina*, deren Wille mit etruskischen Riten von *haruspices* (Eingeweideschauern) und *augures* (Beobachtern des Vogelflugs von heiliger Stätte, dem *templum*, aus) gedeutet wird.

Träger der Innenpolitik: An die Zahl der 30 *curiae* der Frühzeit knüpft wie im Versammlungslokal *(curia)* so auch in der Zahl der *ordo senatorius* mit 300 Mitgliedern an: der Stand, der aus ehemaligen Oberbeamten, vor allem gewesenen Konsuln *(consulares)* zusammengesetzt ist. Kaum je in seiner vollen Zahl zusammentretend, setzt der **Senat** den alten patrizischen Adelsrat des Königs aus den Ältesten *(senes)* der Geschlechter fort, nun erweitert um die Senatoren plebejischer Herkunft zu *patres (et) conscripti*.

Träger der Souveränität ist nicht der Senat, sondern der *populus Romanus Quiritium.* Beim Volk liegt die Entscheidung über Krieg und Frieden, die Entscheidung im Berufungsverfahren bei Verurteilung zum Tode oder zu körperlicher Züchtigung. Vor allem entscheidet es die Wahl der Beamten und damit auch die Zusammensetzung des Senats, den die gewesenen Beamten, später herab bis zu den Quästoren bilden.

Zu den **Wahlen** *(comitia)* versammelt sich das Volk in der *Heergemeinde* auf dem Marsfeld. Die Einteilung des Heeres nach Centurien ist auch die der Wahlkörperschaften *(comitia centuriata)*. Jede Centurie hat eine Stimme. Danach überstimmt grundsätzlich die 1. Klasse der Konsulatsfähigen (mit 98 gegen 95 Stimmen) die Masse der übrigen Bürger, die daher oft gar nicht zur Wahl zu gehen brauchen. Zur Wahl ihrer **tribuni** tritt die *plebs* gesondert zusammen zu den *comitia tributa* nach den Wohnbezirken *(tribus)*, zunächst in 4 städtischen, dann auch in 17 ländlichen *(rusticae)*, schließlich (ab 241) in 35 tribus, die je eine Stimme haben. Aufgabe der *tribuni plebis* (anfangs 2, endlich 10) ist der Schutz jeden Plebejers gegen die Übergriffe eines Beamten *(ius auxilii)*, jedoch nicht im Feld. Ein weiteres Recht ist der Einspruch gegen Senatsbeschlüsse und Befehle der Beamten *(ius intercedendi* = Veto) und die Herbeiführung von Volksbeschlüssen *(plebiscita)* durch Versammlung der *plebs (ius agendi cum plebe)*. Hilfsbeamte der tribuni sind die *aediles plebis*, ebenfalls in den comitia tributa gewählt; sie üben die Marktgerichtsbarkeit und die Polizeigewalt aus. Neben ihnen stehen die *aediles curules;* sie veranstalten auch die öffentlichen Festspiele. Die hohe Gerichtsbarkeit bleibt in der Hand des *praetor urbanus.* Neben ihm steht seit 241 ein *praetor, qui inter peregrinos ius dicit;* er ist auch (mit 6 *lictores*) der Vertreter der *consules* während der Feldzüge. Die Jahr für Jahr veröffentlichten *edicta praetorum* geben die Rechtsgrundsätze bekannt, nach denen der *praetor* seine Amtsführung einrichtet.

Exekutivorgan des Staates sind seit 367 die beiden **consules,** von den comitia centuriata auf Vorschlag des amtierenden Konsuls gewählt. Sie haben gleiche Amtsgewalt *(par potestas),* aber jeder kann die Maßnahmen des anderen durch das *ius intercedendi* unwirksam machen. Das Geleit von 12 *lictores* mit *fasces* und die Abzeichen ihrer Würde *(sella curulis, toga praetexta)* machen sie kenntlich. Im Feld sind sie unumschränkt, aber nach Ablauf des Amtsjahres zur Rechenschaftsabgabe verpflichtet. Sie befehligen die ursprünglich nur 2 *legiones* für den Felddienst; daneben gibt es später 2 *legiones (seniorum)* als Landwehr für Roms Schutz. Die Reiterei wird gebildet von den Angehörigen des senatorischen Standes. Hilfsbeamte der *consules* sind die **quaestores** (zuerst 2, später 4). Bei besonderer Gefahr wird der Staatsnotstand verkündet. Dann tritt nach Ernennung durch einen Konsul ein **Diktator** (seit 356 auch aus den Plebejern) ohne Rechenschaftspflicht, den *consules* übergeordnet, für 6 Monate an die Spitze des Staates, der dann ein Kriegerheer darstellt; der *dictator* ernennt selbst den *magister equitum* als Gehilfen.

Trotz der Einschränkung der Strafgewalt durch die Berufung an die comitia centuriata bewahren Roms Oberbeamte mit ihrer Befehlsgewalt *(imperium)* den **militärischen Charakter des Staates** und befähigen ihn zu seinen Kriegserfolgen; die Tradition militärischer Erfahrung geht von den *gentes maiores* auf die neuen Angehörigen der Nobilität über.

Die Begründung der Herrschaft in Italien (340–268 v. Chr.)

Mit dem Ende der Ständekämpfe (S. 99) ist Roms innere Entwicklung nicht abgeschlossen. Seine Außenpolitik kennt keine Zielstrebigkeit eines „Imperialismus". Grundlage ist die Tradition von den Ahnen her (mos maiorum). Daher bleibt Rom ein Gemeindestaat, weil es als solcher begonnen hat. Die römische Geschichte ist die Geschichte einer Stadt, auch als Italien, später die ganze Mittelmeerwelt von Rom aus regiert wird.

Die hellenistische Periode der republikanischen Epoche beginnt nach dem Einschnitt der Galliernot mit dem Kampf gegen die Italiker, die in fruchtbarer Berührung mit dem Griechentum seit dem Ende der Etruskermacht (S. 95) zu staatlichem Bewußtsein gelangen.

343 Capuas Hilferuf an Rom gegen die Samniten löst den 1. Samnitenkrieg (343–341) aus (S. 98). Aufnahme Capuas ins römische Bür-

gerrecht durch Vertrag *(foedus)*, aber mit Sonderrechten, wie Münzprägung, und ohne Wahlrecht (civitas sine suffragio). Daraufhin fordern die *Latiner* dasselbe Recht und Anteil an Senat und Konsulat

340–338 und erheben sich gegen Rom. **Im Latinerkrieg** sprengt Rom mit samnitischer Hilfe die Stammeseinheit der Latiner, untersagt ihren Städten gegenseitiges *commercium* (Handelsverkehr) und *conubium* und bindet sie einzeln mit unterschiedlichen Verträgen an Rom. Teile eroberter Stadtgebiete werden *ager publicus. Antium* wird nach Seesieg 338 – erbeutete Schiffsschnäbel zieren die Rednerbühne Roms, daher *rostra* – aufgehoben und durch eine colonia ersetzt. Eine weitere **colonia Ostia** entsteht an der Tibermündung (um 330). Weiteres Ausgreifen Roms wird wieder durch fremdes Ansuchen, nicht römi-

329 schen Eroberungswillen ausgelöst: *Neapel* sucht römischen Schutz gegen die Samniten. Nach Abwehr des tarentinischen Söldnerheeres durch Lukaner und Bruttier wenden sich die Samniten gegen diese

326–304 **römische Einkreisung** im 2. Samnitenkrieg.

321 Nach Einschließung beider Konsuln in den *Caudinischen Engen* unterbricht ein Vertrag den Kriegszustand. Roms Grenze gegen Samnium wird durch Garnisonen (latinische *coloniae*) gesichert. Als Aufmarschlinie nach Capua wird 312 die *via Appia* begonnen. Samnium wird im Rücken und in der Flanke gefaßt. 310 Sieg über die etruskischen Verbündeten der Samniten. 306 neuer samnitischer Vorstoß. Schließlich wird 305 der Hauptort der Samniten, *Bovianum*, genommen. Friede ohne Landgewinn für Rom, jedoch weitere samnitische Expansion verhindert. Zugleich tritt Rom in die Front gegen die Seeräuberei der Etrusker ein: 306 Vertrag Roms mit Karthago.

298–290 Roms Vordringen tiberaufwärts ruft im **3. Samnitenkrieg** die große Koalition der Samniten, Sabiner, Umbrer, Etrusker, Gallier und Lukaner hervor. Rom schlägt die Gegner nacheinander: 298 die Lukaner, 295 bei *Sentinum* Gallier und Etrusker *(Falerii* wird 295 erobert), 293 bei *Aquilonia* die Samniten. Die Sabiner müssen mit samnitischer Duldung das römische Bürgerrecht ohne Stimmrecht annehmen. Erst jetzt werden Roms Nachbarn am oberen Tiber abhängig. 291 Gründung der großen colonia *Venusia.*

300 Zulassung der plebs zu Priesterämtern *(lex Ogulnia)*. Nach dem Protest des Adels gegen die Wahl des Sohns eines Freigelassenen zum Ädilen erzwingt durch eine *secessio plebis,* die erste gesicherte nach sagenhaften von 494 und 449, die plebs die Anerkennung ihrer tribuni als *sacrosancti* (unverletzlich), ihrer Beschlüsse *(plebiscita)* als gleichwertig mit den *populiscita.* Somit besteht die rechtliche Möglichkeit zu Gesetzen auf Antrag der Tribunen und zur Vorladung der Beamten zur Rechenschaftsablegung. Seit der Gewinnung neuen Gemeindelands erlangt die plebs so Beteiligung an dessen Verteilung:

287 **lex Hortensia.**

282 Nach schweren Kämpfen **Einverleibung des ager Gallicus** der *Senonen,* die Arretium angegriffen hatten, mit Gründung der *colonia Sena*

Gallica (= Sinigaglia), später auch von *Ariminum* (268). 281 Niederwerfung etruskischer Städte mit Eingriff in die Innenpolitik.

303   Die Verbindung mit den Lukanern bringt Rom in erste Berührung
mit den Griechen Süditaliens: **Vertrag mit Tarent,** dann mit Agathokles von Syrakus (S. 95); damals berichtet dessen Historiker Kallias
erstmals von Roms Gründung durch Aeneas. Die Aufnahme von
Thurii, dann Locri und Rhegium in römischen Schutz 282 führt als

282–272   Eingriff in Tarents Interessensphäre zum **Krieg mit Tarent. Veranlassung:** Gegen den Vertrag von 303 erscheint eine nach der umbrischen
Küste entsandte römische Kriegsflotte im Hafen von Tarent. Die Tarentiner greifen sie an, nehmen 5 Schiffe, vertreiben die römische
Besatzung aus Thurii. Römische Gesandte, die Genugtuung verlangen, werden in Tarent beschimpft.

280   Auf Bitten der Tarentiner kommt im Zuge seiner Sizilienpolitik (als
Erbe des Agathokles, S. 90) **Pyrrhus** von **Epirus** mit 20 000 Söldnern

280   und 20 Kriegselefanten nach Tarent. Er siegt bei Heraclea, gewinnt
die benachbarten Griechenstädte und die Bruttier, Lukaner, Samniten für sich, nicht die Latiner. Sein Gesandter wird in Rom abgewie-

279   sen. Pyrrhus siegt bei *Ausculum,* angeblich unter großen Verlusten
(sog. Pyrrhus-Sieg), folgt einem Hilferuf der von den Karthagern be-
drängten Syrakuser – daraufhin *Kriegsbündnis zwischen Rom und
Karthago.* Pyrrhus erobert 278–276 fast ganz *Sizilien,* plant die Überfahrt nach Afrika; da fallen die sizilischen Städte von ihm ab. Nach
Tarent zurückgekehrt, zieht er den Samniten zu Hilfe und wird bei

275   **Beneventum** geschlagen. Wegen makedonischer Angriffe auf Epirus
kehrt er eilends in seine Heimat zurück. *Tarent* wird 272 den Römern
übergeben und entwaffnet, auch entfestigt. Verlängerung der *via
Appia* von Capua über Venusia und Tarent *bis Brundisium.* So werden auch diese selbstbewußten Stämme in das System der römischen
Herrschaft zur **Einigung Italiens** einbezogen.

Seit 268 bilden die Bewohner des festländischen Italiens nordwärts
bis zum Apenninbogen im Kriegsfall nach dem Aufgebot Roms und
unter Beteiligung an der Kriegsbeute die **Italische Wehrgenossenschaft.** In ihr stellen die etwa 150 Gemeindestaaten Italiens als Verbündete *(socii, civitates foederatae)* Hilfstruppen und Schiffe, *Capua*
eine eigene Truppe neben den Legionen, die Gemeinden mit beschränktem römischem Bürgerrecht *(municipia)* und die Latiner Soldaten im römischen Heer neben den Römern aus Rom und seinen
Bürgerkolonien.

Die *coloni* bleiben römische Bürger *(cives).* Die coloniae sind also
römische Festungen. Das römische **Bürgergebiet** (26 805 qkm im
Jahre 264) bildet bei seiner zufälligen Entstehung kein zusammen-
hängendes Landgebiet.

Die Haltbarkeit des Bundes beweist, daß er nicht nur Roms Interessen diente, sondern auch denen der Bündner. Rom hatte seine
Machtstellung erreicht mit dem Ziel nicht der Unterwerfung, sondern
der **Sicherung des Friedens für die Gebiete städtischer Kultur** und

höherer Zivilisation gegenüber dem Vordringen der italischen Gebirgsstämme und der Gallier. Die Bildung der Italischen Wehrgenossenschaft begründet aber keine einheitliche Kultur.

b) Die Begründung der Weltherrschaft (264–133 v. Chr.)

Rom im westlichen Mittelmeer (264–201 v. Chr.)

Mit der Erreichung der Meerenge von Messina ist für die Römer die Berührung mit **Syrakus** und den **Karthagern** gegeben.

Seit etwa **1200** legen die **Phöniker** an der Küste Nordafrikas **Handelskolonien** an, vor allem im heutigen Tunesien.

814 wird von Tyrus **Karthago** (*Kartchadascht* = Neustadt) auf einer Halbinsel gegründet. Infolge der Ausbreitung der griechischen Seeherrschaft seit etwa 800 und der Schwächung Phönikiens durch die Assyrer geht die Verbindung mit dem Mutterland verloren; die phönikischen Kolonisten müssen immer mehr den Griechen weichen. Da schafft sich seit etwa 650 Karthago, dank seiner günstigen Lage durch den Handel reich geworden, eine eigene Flotte und Heeresmacht, durch die es zur Schutzherrin der Kolonien im westlichen Mittelmeer wird, bis es sie nach und nach in das wachsende Reich eingliedern kann. In den Handel Karthagos wird auch Westafrika einbezogen; eine Flotte unter *Hanno* erreicht um 460 *Kamerun*.

Infolge gemeinsamen Gegensatzes gegen die Griechen seit etwa 600 Bündnis mit den *Etruskern*. Kämpfe mit den Griechen Siziliens 480, 409–397, 383, 368/67.

Erneutem Eingreifen auf Sizilien (S. 95) 317, 312–310 folgt der
310 Gegenschlag mit der **Landung des** Tyrannen **Agathokles** von Syrakus bei *Aspis* (= Clupea) (S. 95).

Wie Rom hat Karthago seine gemeindestaatliche Verfassung immer beibehalten. Sein „Reich" in Afrika ist nur ein Städtebund mit Ausschließlichkeitsanspruch für den Seeverkehr in seinen Gewässern. Der Besitz in Sizilien ist Protektorat über altphönikische Küstenplätze und ihr Hinterland. Die Reichsbildung in Spanien geht nicht
286 vom Staat Karthago aus, sondern schafft eine Hausmacht der Barkiden.

Erneutes Eingreifen in Sizilien gegen *Pyrrhus* (S. 103).

279 Bund mit Rom und mit den Mamertinern. 272 karthagische Flotte vor Tarent. 270 nimmt Karthago die *Mamertiner* gegen Syrakus in
264–241 seinen Schutz: Folge ist der **1. Punische Krieg** mit Rom.

Veranlassung: Die *Mamertiner*, samnitische Söldner des Agathokles, bemächtigen sich der Stadt *Messana*. König Hieron II. (S. 96) greift sie an. Ein Teil von ihnen ruft die Karthager, ein anderer die Römer zu Hilfe. Eine römische Kriegsflotte aus Schiffen der süditalischen
263 Bundesgenossen setzt Truppen nach Messana über. Die karthagische Besatzung wird aus der Burg vertrieben. Die Karthager und Hieron belagern die Römer in Messana ohne Erfolg. Hieron schließt sich den

vordringenden Römern an und bleibt ihnen bis zu seinem Tode (215)
ein treuer Bundesgenosse, gewiß in der Absicht, mit römischer Hilfe
die Karthager aus Sizilien zu verdrängen. Nach Eroberung von *Akragas* (= *Agrigentum*) 261 beschließen die Römer den Bau einer ersten
260 **Kriegsflotte** nach dem Muster eines gestrandeten karthagischen
Fünfruderers (Pentere). Sie siegen unter *C. Duilius* bei *Mylae* westlich
256 von Messana, besetzen 259 Aleria auf Korsika, 257 Melite (Malta),
siegen bei *Eknomos* an der Südküste Siziliens, müssen aber umkehren
und tragen unter *M. Atilius Regulus* den Krieg nach Afrika hinüber.
Friedensgesandtschaft der Karthager nach Rom (Regulus-Sage).
Fortsetzung des Kriegs in Sizilien. Die Römer nehmen 253 den Seekrieg wieder auf, erobern **Panormus** und siegen dort 250. Sie belagern
aber vergeblich die starke karthagische Seefestung *Lilybaeum.* **Kar-**
249 **thagischer Seesieg bei Drepana.** Rom kann die Verbindung zwischen
Sizilien und Afrika nicht zerstören, Karthago infolge finanzieller
Erschöpfung aber nur Brückenköpfe halten. Der karthagische Feld-
herr **Hamilkar,** genannt **Barkas** (= Blitz), verteidigt sich sechs Jahre
mit Erfolg gegen die Römer. Erst eine neue, durch Stiftungen reicher
241 Römer erbaute **Flotte** erringt unter *C. Lutatius Catulus* den entschei-
denden **Seesieg bei den Ägatischen Inseln** über die karthagische
Flotte unter *Hanno.*
Friede: Die Karthager verzichten auf ganz Sizilien. Sie zahlen 3200
Talente (16$^1/_2$ Mill. Goldmark) Kriegsentschädigung in 10 Jahren.
Der bisher karthagische **Westteil Siziliens** wird die **erste römische
Provinz,** d. h. militärisch besetztes Kolonialgebiet, unter Verwaltung
eines Prätors, dem ein Quästor beigegeben wird (Sitz Lilybaeum).
Sie wird mit ihrem Getreidereichtum zur Kornkammer für die römi-
sche Bevölkerung.
Den Aufstand der Söldner und der libyschen Untertanen Karthagos,
sogar Uticas (241–238), von Hamilkar unterdrückt, benützen die
238 Römer, um von den Karthagern die **Abtretung der Insel Sardinien**
und die Zahlung von 1200 Talenten zu erzwingen. **Die Insel wird mit
Korsika zu einer zweiten Provinz 238/37** vereinigt. Das Tyrrhenische
Meer wird zum *mare nostrum* der Römer.
Nun rückt Rom ins Blickfeld der Griechen, insbesondere der *Ostküste
der Adria.* Von hier kommt die Bitte um Schutz gegen die illyrischen
229 Seeräuber. Deren Königin Teuta muß versprechen, die Seeräuberei
einzustellen und Tribut zu zahlen. Die Römer übernehmen eine Art
Protektorat in Illyrien und sichern so den Frieden in der Adria.
Gleichzeitig nimmt Rom das Bündnisgesuch der spanischen Stadt
229 **Sagunt** an und schafft sich so einen Stützpunkt in Spanien gegen Karthago. Die Bezeichnung des **Ebro** nördlich davon als **Grenze** des römischen Interessengebiets an der Küste erfolgt 221 nur durch Feld-
herrnvertrag und wird offenbar vom Senat nicht anerkannt. Wie hier
gegen Karthago stellt sich **Massilia** unter den Schutz Roms auch gegen
die **Kelten** des Rhonetals. Gleichzeitig machen **neue Keltenvorstöße**
Maßnahmen Roms in Norditalien notwendig. Dauernde Sicherung

des Friedens ist hier nur durch eigenen Vorstoß möglich (224 gegen die Boier, 223 gegen die Insubrer). Bei **Clastidium** am Po tötet *M. Claudius Marcellus* 222 den Gallierhäuptling Viridomarus im Zwei-

222 kampf *(spolia opima)*. *Cn. Cornelius Scipio* erobert *Mediolanum* (Mailand). Zur Sicherung des neuen Gebiets werden die coloniae *Placentia, Cremona, Mutina* gegründet, die via Flaminia von Spoletium bis Ariminum angelegt.

Innenpolitische Neuerungen bringt **C. Flaminius** mit der Aufteilung des *ager Picenus et Gallicus* an bedürftige Bürger; er erbaut die *via Flaminia* zu dem neuen Siedlungsland und den *circus flaminius* in Rom. In der Überlieferung gilt er als Volksfreund *(popularis)*. Weitere Maßregeln zur Befestigung der römischen Herrschaft im cisalpi-

218–201 nischen Gallien unterbricht der **2. Punische Krieg.**

Ursache: Zunehmendes Interesse des karthagischen Adels am libyschen Hinterland und Entwicklung des Latifundienwesens. Ohne Zustimmung des Adels beginnt Hamilkar Barkas 236 Eroberungen im erzreichen Hinterland der Ostküste **Spaniens;** sein Schwiegersohn *Hasdrubal* gründet (nach Hamilkars Tod 229) 227 *Carthago nova* (Cartagena) als Mittelpunkt dieser Hausmacht (stirbt 221). Hamilkars Sohn *Hannibal* ist bereits mit 9 Jahren auf ewige Feindschaft gegen Rom vereidigt. Für Rom bedeutet diese Festsetzung **Erneuerung** und machtpolitische Intensivierung **des alten karthagischen Anspruchs auf das westliche Mittelmeer** (wie 348) und Bedrohung

219 seiner neuen Provinzen. **Veranlassung:** Eroberung Sagunts durch Hannibal. Eine römische Gesandtschaft fordert in Karthago Hannibals Auslieferung. Diese wird verweigert, obgleich ein großer Teil des karthagischen Rates (Partei des Hanno) der Machtstellung der Familie Barkas abgeneigt ist. Darauf Kriegserklärung der Römer.

Den römischen Kriegsplan, mit dem Haupheer von Sizilien aus in Afrika zu landen, mit einem zweiten Heer die Karthager in Spanien

218 zu beschäftigen, vereitelt **Hannibals** kühner **Zug nach Italien** auf dem Landweg. Er läßt seinen Bruder *Hasdrubal* mit genügend Truppen in Spanien zurück, überschreitet die östlichen Pyrenäen, unter steten Kämpfen die *Alpen* und gelangt nach unsäglichen Mühen mit nur 26 000 Mann und wenigen Elefanten nach Oberitalien.

218 Sept. Reitertreffen am Ticinus (Tessin) mit *P. Cornelius Scipio*. Durch auf-
Dez. ständische Gallier verstärkt, schlägt Hannibal in der Schlacht an der *Trebia* auf dem rechten Ufer des Po *Ti. Sempronius Longus*, der aus Sizilien zurückberufen wurde. Im Winter 218/17 entfacht er den Aufstand der Gallier Oberitaliens, überschreitet im Frühjahr den Apen-

217 nin und dringt nach Etrurien vor. In der **Schlacht am Trasimenischen See** vernichtet er ein Heer von 30 000 Mann unter C. Flaminius. Daraufhin wird in Rom *Q. Fabius Maximus* zum *Diktator* ernannt. Hannibal wendet sich nach Osten und erreicht durch Picenum Apulien. Fabius folgt ihm in gemessener Entfernung, eine Schlacht vermeidend (daher *Cunctator*, der Zauderer, genannt).

Die Konsuln für 216 geraten in Gegnerschaft: *L. Aemilius Paullus*

und *C. Terentius Varro*. Dieser greift am Aufidus in Apulien Hannibal
216 2. Aug. unvorsichtig an. **Hannibal siegt** in der **Schlacht bei Cannae,** 50 000
von 86 000 Soldaten Roms, darunter 80 Angehörige des Senatoren-
standes und Paullus, werden getötet. Varro rettet sich nach Venusia.
Nur Latium und Kampanien bleiben jetzt Rom treu, sogar *Capua* fällt
ab, Samniten, Lukaner, Bruttier erheben sich; nach Hierons Tod
kündigt auch Syrakus das Bündnis. Dennoch gibt Rom seine Sache
nicht verloren. Ein neues Heer, auch aus Sklaven, wird gebildet, mit
alten Beutewaffen aus Tempeln ausgerüstet und die Defensivtaktik
215 von Q. Fabius wiederaufgenommen. Wende des Krieges zugunsten
der Römer. Von dem Prätor *M. Claudius Marcellus* bei *Nola* zurückgeschlagen, geht *Hannibal* nach Apulien und *gibt den Angriffskrieg
auf*. Karthago schickt ihm auf Betreiben der Familie Hanno keine
Unterstützung. Dagegen beherrschen römische Geschwader das
Meer zwischen Sizilien und Afrika und die südliche Adria, von wo
Hannibal vergebens Hilfe von seinem *Verbündeten Philipp V*. von
Makedonien (seit 215) erwartet (S. 90 f.).
214–210 Krieg in Sizilien, von Marcellus zugunsten der Römer entschieden.
212 Nach Vernichtung des karthagischen Entsatzheeres wird **Syrakus erobert.** Dabei tötet ein Soldat den Mathematiker und Erfinder neuer
Kriegsmaschinen *Archimedes* beim Zeichnen mathematischer Figuren im Sand (daher sein Ruf: *noli turbare circulos meos*).
212 In Italien nimmt Hannibal *Tarent* und siegt 212 bei Capua. Die Römer
belagern 211 *Capua* und schlagen Hannibal zurück. Um sie zur Aufgabe der Belagerung zu zwingen, rückt er gegen Rom, kehrt aber um,
als er es verteidigungsbereit findet. *Capua* muß sich den Römern ergeben. Römisches Strafgericht über Capua, Einziehung seines ganzen
Gebiets als *ager publicus*. Hannibals italische Bundesgenossen beginnen, ihn zu verlassen. 210 fällt Agrigentum, 209 Tarent.
Parallel zu den Kämpfen in Italien und Sizilien ist seit 218 der **Krieg
in Spanien** ein Sonderunternehmen der **Scipionen. Hasdrubal,** Hannibals Bruder, wird 216 am Ebro besiegt, 214 *Sagunt* erobert. *Syphax,*
König von Westnumidien, wird gegen Karthago gehetzt. Zum Schutz
der Heimat muß Hasdrubal Spanien verlassen, kehrt 211 mit Masinissa, Kronprinz von Ostnumidien, zurück und schlägt P. und Cn.
Cornelius Scipio; beide fallen. Die Römer gehen über den Ebro zurück. 210 wird der junge **P. Cornelius Scipio** (* 235), Sohn und Neffe
der gefallenen Brüder, in Spanien „pro consule" ihr Nachfolger im
209 Oberbefehl, **erobert Carthago nova,** siegt 208, kann aber Hasdrubal
nicht daran hindern, nach den westlichen Pyrenäen durchzubrechen
und Gallien zu erreichen.
Hasdrubal erscheint 207 in Oberitalien, fällt aber gegen *M. Livius
207 Salinator* und *C. Claudius Nero* in der **Schlacht bei Sena Gallica** nahe
dem Fluß **Metaurus.**
215–205 1. Makedonischer Krieg: Das Bündnis **Philipps V.** von Makedonien
mit Hannibal 215 ist die Antwort auf eine neue römische Demonstration im *Protektorat Illyrien* an der Grenze Makedoniens 219. Nach

erfolglosen Vorstößen bindet Philipp beim Fehlen einer eigenen schlagkräftigen Flotte nur geringe Flottenstreitkräfte Roms. 212

210 Bündnis Roms mit den Aitolern. Seit dem Erscheinen römischer Geschwader im Ägäischen Meer schließt sich auch **Attalos** von **Pergamon** 209 den Römern an. Philipp tut nichts für einen Übergang nach Italien zu Hannibals Unterstützung. Rom sieht sich 208 zur größten Flottenrüstung der Zeit gezwungen (208 Schiffe). 207 bei Hasdrubals Anrücken in Oberitalien (S. 107) Griechenland von den

205 Römern geräumt. **Friede von Phoinike** (Epirus): Rom behauptet von seinem Protektorat nur den griechischen Küstenstreifen.

Hannibals jüngster Bruder *Mago* landet mit den Resten des Spanienheeres 205 bei Genua. 204 Hannibals letzter Sieg bei *Croton.*

Scipio, 205 zum Konsul gewählt, **landet** 204 von Sizilien aus **in Afrika.** Nach einer fruchtlosen persönlichen Unterhandlung zwischen Scipio

202 und Hannibal kommt es zur **Entscheidungsschlacht bei Zama.** Das karthagische Heer wird vernichtet, Hannibal flüchtet nach Hadrumetum und rät zum Frieden.

201 **Friedensschluß:** Karthago verzichtet auf Spanien und die Inseln des Mittelmeers, übergibt Numidien an Masinissa, zahlt auf 50 Jahre eine jährliche Kriegskostenentschädigung von 200 Talenten (1 Mill. Goldmark), liefert alle Kriegsschiffe aus bis auf 10 und darf fortan nur mit Erlaubnis der Römer Krieg führen. Die Bundesgenossen Hannibals in Italien und Sizilien werden zu bedeutenden Gebietsabtretungen verurteilt.

200–191 Nach einer nochmaligen Erhebung der cisalpinischen Gallier und der Ligurer mit karthagischen Versprengten wird **Oberitalien** nach schwerem Kampf wieder unterworfen und als **Provinz Gallia cisalpina** eingerichtet. Fortführung der via Flaminia als *via Aemilia* bis Placentia 187. Gründung von Aquileia im Gebiet der Veneter 181.

Der 2. Punische Krieg war die große Bewährungsprobe für Roms Herrschaft in Italien und für seine militärische und finanzielle Leistungsfähigkeit. Indem es sie besteht, tritt **Rom die Nachfolge der Karthager in der Beherrschung des westlichen Mittelmeerbeckens** an. Das spanische Küstenland wird seit 197 geteilt in **Hispania citerior** und **ulterior.** Auf **Sizilien** wird nun auch das syrakusanische Staatsgebiet in die Provinz einbezogen.

In Roms Kriegführung bringt das Auftreten Scipios (seit 201 *Africanus* genannt) eine Wende: Gegenüber dem stadtrömischen Aufgebot ist die in Spanien von den Scipionen durch lange Jahre geschulte Truppe auf dem Weg vom Miliz- zum Berufsheer und zu taktischer Verwendung von Legionsteilen *(cohortes)* geeignet; vor allem ist sie dem Feldherrn enger verbunden.

Rom im östlichen Mittelmeer (200–133 v. Chr,)

200–197 **2. Makedonischer Krieg. – Veranlassung:** Gegen das Ausgreifen Philipps V. in Griechenland und Kleinasien (S. 90 f.) erbitten Pergamon, Rhodos und Athen Roms Hilfe. Aber erst das Bekanntwerden der makedonisch-syrischen Einkreisung Ägyptens (S. 85) löst Roms Kriegserklärung aus.

200 Zwei römische Legionen landen in *Illyrien;* die römische Flotte schützt den Piräus und bedroht Euboea. Der Durchmarsch über Epirus, 198 von Philipp gesperrt, wird erst durch Umgehung von *T. Quinctius Flamininus* erzwungen. Dieser gewinnt die meisten Griechenstaaten als Verbündete, verhandelt ergebnislos mit Philipp. Er

197 siegt endlich in der **Schlacht bei Kynoskephalai** in Thessalien. **Friedensschluß:** Philipp V. muß die Hegemonie über Griechenland und alle Besitzungen außerhalb Makedoniens aufgeben, in 2 Raten 1000 Talente zahlen und alle Kriegsschiffe bis auf 6 ausliefern. Philipps kleinasiatische Eroberungen fallen an Antiochos III. von Syrien.

196 **Freiheitserklärung** für alle bisher Philipp untertänigen **griechischen Staaten** (S. 89 f.).

192–188 Die Anwendung der Freiheitserklärung auf die Städte an den Dardanellen führt zum **Krieg mit Antiochos III. von Syrien,** zu dem *Hannibal* geflohen ist. Antiochos landet 192 in Thessalien, dann auf Euboea. Die meisten Griechen bleiben den Römern treu. Philipp V., *Eumenes II.* von Pergamon (seit 197) und die Stadt Rhodos treten auf ihre Seite.

191 **Sieg bei den Thermopylen** durch den Konsular *M. Porcius Cato.* Flottensieg östlich von Chios 191.

189 Das römische Landheer unter *L. Cornelius Scipio* schlägt Antiochos in der **Schlacht bei Magnesia** am Sipylos.

188 **Friede von Apamea:** Antiochos zahlt in 12 Jahren 15 000 Talente (über 70 Mill. Goldmark) Kriegsentschädigung, liefert seine Kriegsschiffe bis auf 10 aus. Der seleukidische Besitz in Kleinasien kommt (188–133) an *Pergamon.* Eine römische Provinz entsteht hier ebensowenig wie in Griechenland. Hannibal flieht nach *Bithynien* zu König *Prusias,* tötet sich dort 183 mit Gift, als Rom seine Auslieferung fordert.

In Rom hält *L. Cornelius Scipio,* nun *Asiaticus* genannt, einen glänzenden Triumph, wird dann aber auf Betreiben Catos mit seinem Bruder von zwei Volkstribunen angeklagt wegen willkürlicher Verwendung der von Antiochos gezahlten Gelder. Scipio Africanus schlägt durch eine Ansprache an das Volk den Prozeß nieder, verläßt dann Rom und stirbt verbittert 183 auf seinem Landgut zu Liternum in Kampanien.

171–168 **3. Makedonischer Krieg. – Ursache:** Philipps V. Sohn **Perseus** (seit 179) will Makedoniens Hegemonie in Griechenland wiederherstellen. Eumenes von Pergamon verklagt ihn deshalb in Rom.

Die römische Kriegführung in Thessalien anfangs erfolglos. Erst *L.*

168 22. Juni *Aemilius Paullus* gewinnt am Südeingang Makedoniens die entscheidende **Schlacht bei Pydna.**
Perseus entflieht zu Schiff, ergibt sich dann auf Samothrake. Glänzender Triumph des Paullus. Die nach Rom gebrachte Beute ist so bedeutend, daß fortan den Bürgern die Kriegssteuer *(tributum)* erlassen werden kann. **Ende des makedonischen Königreichs,** Aufteilung seines Gebietes in 4 Zonen. Auch Roms Bundesgenossen werden wegen vermittelnder Haltung gedemütigt. Die Achaier müssen 1000 Vornehme als Geiseln stellen; unter ihnen kommt der Historiker *Polybios* nach Rom ins Haus des Sohnes von Scipio Africanus, der selbst Paullus' Sohn 178 adoptiert hat. Der makedonische Adel wird deportiert.

148 Ein *Aufstand* führt zur Umwandlung Makedoniens in die römische **Provinz Macedonia.** Da der Achäische Bund die Erhebung begünstigt, wird **Korinth zerstört** (S. 90).

146

Seit **168** ist **Rom** der **Schiedsrichter** der Welt **am Mittelmeer.** Wettlauf der hellenistischen Fürsten und Städte um die Gunst des Senats.

149 Einsetzung des Gerichtshofes über Erpressungen *(de repetundis)* zur Abstellung der aus den Provinzen kommenden Klagen über die rücksichtslose Eintreibung der Abgaben durch die römischen Steuerpächtergesellschaften und über die Forderungen der Statthalter nach Ehrengeschenken und Dienstleistungen.

149–146 **3. Punischer Krieg. – Veranlassung:** Seit 202 Erstarken der seit 204 mit den Römern verbündeten afrikanischen Nachbarn der Karthager, der Libyer oder **Numider** (Nomades) unter den Königen Masinissa und Syphax. Streitigkeiten Karthagos mit Masinissa, der ihm seit 161 ein Gebiet um das andere wegnimmt, werden von Rom geschürt. Schließlich kämpfen die Karthager, jedoch ohne römische Erlaubnis. Der Senat beschließt daraufhin den Krieg auf Betreiben des greisen Cato: ceterum censeo Carthaginem esse delendam.
Zwei konsularische Heere landen bei *Utica;* die Karthager unterwerfen sich, liefern Schiffe und Waffen aus. Als aber gefordert wird, die Stadt zu verlassen und 2 Meilen landeinwärts Dörfer zu gründen, entschließen sie sich zum verzweifelten Widerstand, schaffen sich neue Waffen und Schiffe und schlagen einen römischen Sturm zurück. Beginn der Belagerung. 147 erhält **P. Cornelius Scipio Aemilianus,** Sohn des Siegers von Pydna, durch Adoption Enkel des Africanus, den Oberbefehl, schließt die Stadt von der Land- und Seeseite ein.

146 Einnahme und **Zerstörung Karthagos** nach sechstägigem Straßenkampf; die Überlebenden werden als Sklaven verkauft. Karthagos Stadtgebiet wird *ager publicus,* sein Untertanenland als **Africa römische Provinz (Africa proconsularis;** Hauptstadt Utica). Das übrige Hinterland kommt an *Numidien* (Masinissa † 149). Auch Scipio d. J. erhält beim Triumph den Beinamen *Africanus (minor).*

154–133 **Erhebung Spaniens:** Mittelpunkt der Kämpfe ist seit 142 **Numantia.** Nach Niederlagen wird P. Cornelius Scipio Aemilianus 134 nach Spanien entsandt. Ihm erst gelingt durch Aushungern die Einnahme von

133 Numantia. Seitdem trägt Scipio auch den Beinamen Numantinus. Nun ist auch das innere Spanien Provinz. 123/22 werden die Balearen
135–131 hinzugewonnen. **1. Sklavenkrieg.** Aufstand der furchtbar mißhandelten Sklaven in *Sizilien* unter dem Syrer Eunus. Er kämpft glücklich gegen mehrere römische Heere, wird aber gefangen und mit einer großen Anzahl Aufständischer hingerichtet.
133 König *Attalos III. von Pergamon* (seit 138) hinterläßt durch *Testament* sein Reich und seine Schätze den Römern: die neue **Provinz Asia.**
121 *Massilia* erbittet Roms Hilfe gegen die gallischen Stämme seines Hinterlandes, *Allobroger* und *Arverner.* Diese werden 121 unterworfen. Einrichtung der **Provinz Gallia Narbonensis.** So wird hier wie in Spanien zum Schutz städtisch besiedelten Gebiets die römische militärische Kontrolle aufs Hinterland mit unruhigen Stämmen ausgedehnt. Mit der Anlage von coloniae und Straßen wird die Verteidigung alten Kulturbodens gegen Unruhestifter übernommen. Die römische Politik ist bestimmt durch den Gedanken der **Pax Romana.**
Methoden der **Provinzverwaltung:** Die Statthalter *(praetores)* haben als erste Aufgabe die Aufrechterhaltung der Pax, des Römerfriedens, mit militärischen Mitteln. Städte, die Rom bei der Eroberung unterstützt haben, bleiben als *civitates foederatae* oder *liberae et immunes* (mit Abgabenfreiheit) außerhalb seiner Rechtshoheit (peregrini). Sie sind nur heeresfolgepflichtig und zu ehrenvoller, doch oft zu Erpressungen ausgenützter Aufnahme des Prätors verpflichtet. Feindliche oder aufständische Städte verlieren Existenz und Rechtsstellung, ihr Boden wird römisches Gemeindeland *(ager publicus),* als solcher von den *censores* verpachtet, ebenso Zolleinnahmen und Bergwerksertrag an Steuerpächter *(publicani).* Städte und Stämme, die von den aufgehobenen Staaten abhängig waren, treten in dieselbe Abhängigkeit nun von Rom. Daher bedarf **Rom** keines Beamtentums zur Provinzialverwaltung und **bleibt** selbst **Gemeinde-** oder Stadtstaat.

Roms innerer Wandel seit 200

Das **Stadtbild** Roms wird nur durch Statuen und Säulen, erst nach 100 durch vornehme Hausbauten bereichert. Errichtung von Brücken über die Tiberinsel *(pons Aemilius* 179). Griechischen Vorbildern folgt die Anlage von Markthallen (basilicae), die Pflasterung der Hauptstraßen Roms. Verwendung von Marmor für Tempelbauten und Wandelhallen. Einführung technischer Errungenschaften, wie des Bogenbaus für Brücken, zuerst 143 am pons Aemilius, der bisher holzgedeckt war, und Übertunnelungen (Mündung der cloaca maxima, des Forumbachs). **Zu Roms Einordnung in die Entwicklung des Hellenismus** S. 81 f.
Beginn der römischen Literatur: Aus dem griechischen Unteritalien oder dessen hellenisierten Nachbargebieten kommen *L. Livius Andronicus,* Kriegsgefangener aus Tarent 272, der 240 die ersten

Übersetzungen griechischer Tragödien und Komödien aufführt und die *Odyssee* als Schulbuch ins Lateinische übersetzt; der Kampaner *Cn. Naevius* (seit 235), der seinen Komödien Zeitkritik einfügt, Stoffe der römischen Vergangenheit und Gegenwart in Tragödien und im Epos behandelt; der Osker *Q. Ennius* (ab 200, † 169), der alle Gattungen der damaligen Dichtung, nun in Hexametern, in Rom einführt (*Annales:* Roms Geschichte vom Anfang bis auf die Gegenwart als Versepos).

Mit Ennius beginnt die **Geschichtsschreibung** in lateinischer Sprache, nachdem vorher *Q. Fabius Pictor* mit einer Darstellung der Urgeschichte und der beiden Punischen Kriege in *griechischer Sprache* hervorgetreten ist. In Kritik an Ennius' sprachlichen Neuerungen schreibt *Cato* in lateinischer Prosa „*Origines*": Darstellung der Urzeit nach hellenistischem Vorbild, dann Zeitgeschichte mit Wiedergabe seiner eigenen Reden.

Wie Cato als Italiker die griechischen Vorbilder zu verdrängen sucht, verbindet der Umbrer *T. Maccius Plautus* aus Sarsina (* 254, † 184) Motive des italischen Singspiels mit frei zusammengearbeiteten Übersetzungen aus der Neuen Komödie der Zeit Menanders (S. 88). Die *zeitgenössische* **griechische Bildung** wirkt erst seit 170 auf Rom ein. 169 kommt der pergamenische Gelehrte *Krates* als Diplomat nach Rom, 168 *Polybios* als Geisel, 155 die Häupter von Athens Philosophenschulen *Kritolaos, Karneades, Diogenes,* 142 der Stoiker *Panaitios* von Rhodos, der Scipio auf eine diplomatische Reise in den Osten begleitet wie dessen Lehrer Polybios auf die Feldzüge in den Westen. Dank diesen Einflüssen wird der Gegensatz zwischen Nachahmern der Griechen (seit Fabius) und Verfechtern des Römischen (Cato) überwunden **im Scipionenkreis:** im Haus Scipios d. J. lehrt Panaitios die stoische Ethik; hier stellt Polybios in seinem Geschichtswerk Roms Aufstieg zur Weltherrschaft seit Cannae dar und verherrlicht die römische Verfassung als Ausgleich der Gegensätze († um 130). Hier treffen sich zu philosophischen Gesprächen der Redner *C. Laelius,* der Satirendichter *C. Lucilius* (* 180, † 102), anfangs auch der Komödiendichter *P. Terentius Afer* († 159), der gegenüber Plautus den griechischen Charakter seiner Vorbilder (besonders Menanders) wahrt, italische Derbheit und Formlosigkeit vermeidet. *C. Fannius* stellt in seinen *Annales* die politischen Kämpfe seiner Zeit dar; erst recht folgt *Sempronius Asellio* (* um 160) dem Vorbild der *pragmatischen Geschichtsschreibung* des Polybios.

Die Berührung mit hellenistischen Königen, das Angebot von Familienverbindungen mit fremden Dynastien, vor allem der Zufluß riesiger Beute, auch von Luxuswaren und Kunstwerken, erhöhen das **Selbstbewußtsein der** wenigen **führenden Familien.** Sie führt zur **Abschließung der Nobilität gegen** Angehörige des italischen Landadels, die, als **homines novi** verachtet, fortan Mühe haben, über das Konsulat in die Nobilität aufzusteigen. Neuer *ager publicus* kommt nur an die Senatoren **(Latifundienbildung).** Die Pacht für Steuern und

Zölle übernehmen Gesellschaften von Reichen aus dem Ritterstand *(equites)* zur Eintreibung durch *publicani.* Dieser **ordo equester** steigt mit dem **Aufkommen** der **Geldwirtschaft** (seit 218 sind den Senatoren Geldgeschäfte verboten) zu politischer Macht auf.

Die Provinzen sind der Willkür der militärischen Befehlshaber und der Habgier der *publicani* und ihrer Helfershelfer preisgegeben. Die **plebs** der Hauptstadt **verkommt** mit dem **Ende** des **römischen Bauernstandes.** Als Folge der Verwüstungen im 2. Punischen Krieg ist **Italien** im 2. Jh. **verödet.** Die Jahre des Kriegsdienstes, erst recht im Ausland, haben den Kleinbauern seiner Tätigkeit entfremdet und ihn nach Rom übersiedeln lassen. **Bauernlegen** durch die großen Herren und so Latifundienbildung kommt hinzu. Der **Massenimport von Getreide** aus den Provinzen und der Zustrom von Kriegsgefangenen als unfreie Arbeitskräfte erlauben den Aufbau der **Plantagenwirtschaft** nach karthagischem Muster, Ersatz des Ackerbaus durch Viehwirtschaft und Anbau von Wein und Ölbäumen bei Abhängigkeit von der Geldwirtschaft für die Aufwendungen des Wahlkampfs (Kosten des Stimmenkaufs, der Spiele). Auch die Einwohner der *municipia,* die allmählich das volle Bürgerrecht erhalten, drängen nach Rom. Der Gegensatz zu den Bundesgenossen verschärft sich. Auch das Bürgergebiet in Italien verödet. Mit der Bewegung der Gracchen beginnen die Versuche, den *socii* das römische Bürgerrecht zu verleihen. Nach vergeblichen Bemühungen in Rom selbst ist dies das Ziel der Erhebung im **Bundesgenossenkrieg** (S. 115).

Der hellenistischen Überfremdung und ihren Folgen, **Individualismus** und **Luxusleben,** tritt als *homo novus M. Porcius Cato* aus Tusculum als *censor* 184 mit dem Idealbild des alten Römertums entgegen. Nicht die Hinwendung zum Griechentum, sondern **der durch verzerrte hellenistische Vorbilder gesteigerte individualistische Egoismus der Reichen** ist die **Ursache der Krise.** Diese kennen nicht mehr die Verantwortung der altrömischen *patroni* für die plebs, d. h. erst jetzt: die Armen. Im politischen Kampf stehen sich **optimates** und **populares** gegenüber; jene streben nach Ämtern durch Zusammenhalt der hochadligen Standesgenossen, diese durch Stimmungsmache unter der plebs, doch ohne Eintreten für deren Bedürfnisse.

c) Das Zeitalter der Bürgerkriege (133–30 v. Chr.)

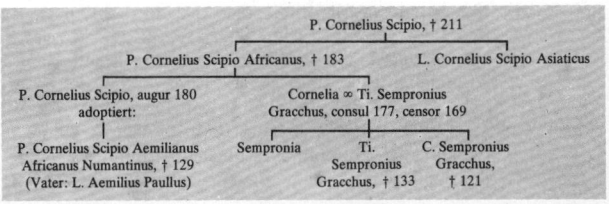

Die Notwendigkeit einer Reform und die Verantwortung für die
Massen wird im Scipionenkreis erkannt; aber über die Methode der
Reform entsteht Uneinigkeit zwischen den Enkeln des älteren Scipio.

Die Revolution der Gracchen (133–121 v. Chr.)

133 **Ti. Sempronius Gracchus** fordert Revision der Zuweisung von
Gemeindeland. Als Höchstgrenze sind 500 jugera = 125 ha für jeden
Empfänger bestimmt, dazu je 250 für 2 seiner Söhne. Er verlangt
Bildung von Kleingütern von 30 jugera, Verteilung des Königsschat-
zes von Pergamon zur Anschaffung des Inventars der Güter. Beim

129 Versuch, seine Wiederwahl gesetzwidrig durchzudrücken, wird Tiberius mit 300 Anhängern von den Optimaten erschlagen. 125 beantragt *Fulvius Flaccus* das Bürgerrecht für die italischen Bundesgenossen.

123 **Gaius Sempronius Gracchus** erneuert als Volkstribun das Agrarge-
setz seines Bruders, fordert staatlichen Getreideverkauf an Arme zu
verbilligtem Preis *(lex frumentaria)*, Erleichterung des Kriegsdienstes,
Sicherung der persönlichen Freiheit *(ne de capite civium Romanorum
iniussu populi iudicaretur);* dazu 123 *lex de repetundis.* Aufgrund
eines neuen Gesetzes wird Gaius 122 wiedergewählt. Er überträgt
die Besetzung der Geschworenengerichte an die equites (S. 113) und
regelt die Besetzung der Statthalterstellen neu. Er sucht zwischen
Senatoren und equites Gegensätze zu schaffen durch Verpachtung
der Provinzsteuern an die equites als publicani. Gaius bemüht sich
um Erneuerung von *Karthago* als *colonia.* Er beantragt Zuerkennung
des vollen Bürgerrechts an alle Latiner, latinischen Rechts an alle italischen Bundesgenossen. Er erregt so die Opposition auch der plebs,
die sich in ihrer Zugehörigkeit zum Herrenvolk beeinträchtigt sieht.
Gaius für 121 nicht wiedergewählt. Daraufhin Straßenkämpfe in
Rom, Erstürmung des Aventin.

121 Gaius, schon über den Tiber entkommen, läßt sich von seinem Sklaven töten. Todesurteile gegen 3000 Anhänger. Aufhebung der *leges,*
auch über die coloniae. Seit 111 kann auch das verteilte Gemeindeland wieder von den Reichen gekauft werden. Weiteres Anwachsen
der Latifundien.

Marius und Sulla (120–70 v. Chr.)

116 Das Numiderreich durch römische Intervention zwischen Adherbal
und Jugurtha, den Erben Masinissas (S. 110 f.), geteilt.

111–105 **Jurgurthinischer Krieg.** *Jugurtha* setzt sich 112 allein in den Besitz
Numidiens, läßt viele Italiker töten (112), erkauft einen Frieden
(111), weiß durch Bestechung der Senatoren für sich Stimmung zu
machen, wird 109 besiegt und flieht. **C. Marius,** Sohn eines publicanus
(eques) aus Arpinum, aufgrund seiner militärischen Leistungen zum
Konsul gewählt, drängt Jugurtha zurück. Aber die Auslieferung des

Flüchtlings erlangt 105 nach abenteuerlichem Wüstenritt der Quästor *L. Cornelius Sulla. Jugurtha* in Rom nach dem Triumph 104 getötet. Numidien wird zwischen Rom und Bocchus von Mauretanien geteilt. Um 90 siedelt Marius dort römische Veteranen an.

113–101 Krieg gegen die Kimbern und Teutonen. In der 2. Hälfte des 2. Jh. v. Chr. zwingen Sturmfluten bei einer Küstensenkung in der Deutschen Bucht die Kimbern und Teutonen zum Verlassen Nordjütlands und Schleswig-Holsteins auf einer Volkswanderung (mit Weib und Kind, in der Wagenburg).

113 Sieg bei Noreia in Kärnten nach Zug durch Südwestdeutschland (wo Teile zurückbleiben). Siege 109 an der Nordgrenze der *Gallia Narbonensis,* 107 bei *Agen* (mittlere Garonne), 105 bei *Vienna* und *Arausio. Erneuerung des Gallierschreckens* in Rom; **Marius,** fünfmal zum Konsul gewählt 104–100, führt eine **Heeresreform** durch: Einteilung der Legion (nun 5000–6000 Mann stark) in 10 *cohortes* zu 6 *centuriae* oder 3 *manipuli;* gleichmäßige Bewaffnung mit Wurfspeer; Reiterei nur aus Bundesgenossen. An die Stelle des Bürgeraufgebots tritt wegen der langen Kriegsdauer das **Berufsheer** von selbständigen Truppenkörpern (Legionen, deren Stärke vom Feldherrn bestimmt wird, bei Caesar dann 3600–4200 Mann) aus geworbenen, besitzlosen Bürgern. Erst jetzt wird das Proletariat zum Kriegsdienst herangezogen (S. 99). Diese langdienenden Soldaten sind von ihrem Feldherrn abhängig, ihm völlig ergeben, erwarten aber auch von ihm Versorgung nach Ablauf der Dienstzeit von 16 Jahren. Sie erfolgt durch Ackerverteilung und Ansiedlung in coloniae. Die Kimbern ziehen nach Spanien, dann nach Belgien.

102 Marius' Sieg über die Teutonen, Ambronen bei **Aquae Sextiae, über die Kimbern 101 bei Vercellae.**

104–101 2. *Sklavenkrieg* in *Sizilien.* Im Triumph nach Rom zurückgekehrt, setzt Marius 100 die Ackerverteilung an seine Veteranen durch.

91 Reformvorschläge des Volkstribunen **M. Livius Drusus:** Erneuerung der Agrargesetze der Gracchen, Herabsetzung des Getreidepreises, gleiche Beteiligung von Senat und Ritterstand an den Geschworenengerichten. Seine Ankündigung, den italischen Bundesgenossen das Bürgerrecht gewähren zu wollen, wird in Rom einmütig abgelehnt. Dies erregt

91–89 bzw. 82 den Bundesgenossenkrieg in Italien. Die Bundesgenossen bilden einen eigenen Staat mit 500 durch die Urversammlung aller Bundesgenossen gewählten Stammesvertretern als Senat in *Corfinium.* 90 Niederlagen der Konsuln. Latiner, Etrusker, Umbrer bleiben treu, erhalten volles Bürgerrecht; doch auch al-

89 len übrigen wird das **Bürgerrecht** und damit die Teilnahme an der Weltherrschaft Roms zuerkannt.

88–84 1. Mithradatischer Krieg (gleichzeitig Bürgerkrieg zwischen Marius und Sulla). Veranlassung: *Mithradates VI.* von Pontos (S. 87) hatte seine Herrschaft bis zur Krim ausgedehnt und gegen Steuerpächter und Verwaltungsbeamte die Erhebung des Proletariats in der Provinz *Asia* ausgerufen. Alle Italiker werden für vogelfrei erklärt, 80000 mit

88 Angehörigen und Personal getötet (sog. **Vesper von Ephesos).**

88 In Rom Unruhen. Dagegen führt Sulla sein Heer von Capua gegen Rom, **Eroberung** im Straßenkampf. Sulla bindet Anträge der Tribunen an die Zustimmung des Senats und geht in den Orient.

Aber sofort nach Sullas Abreise nach Asien wird der nach Afrika entkommene *Marius zurückgerufen* und beginnt mit dem Konsul *L. Cornelius Cinna* eine *Schreckensherrschaft* gegen die Optimaten; viele werden getötet oder ihres Vermögens beraubt. Marius stirbt 86 im 7. Konsulat, Cinna hält sich bis 84.

Der Krieg im Osten wird zur **letzten Erhebung des Griechentums ge-**

86 **gen Rom.** Sulla nimmt nach längerer Belagerung *Athen* ein, schlägt des Mithradates Truppen 86 bei Chaironeia, 85 bei Orchomenos und setzt nach Asien über.

84 **Friede** mit Mithradates: Auslieferung der Kriegsschiffe, Räumung von Asia, Bithynien, Paphlagonien, Zahlung von 3000 Talenten.

Mit 40000 Mann kehrt Sulla nach Italien zurück, Siege über Marius'

Nov. **82** Sohn. Sulla erhält den Zuzug von *Cn. Pompeius* mit einem privaten Heer und nimmt Rom ohne Widerstand ein. Er schlägt die letzten Aufständischen des Bundesgenossenkriegs am **Collinischen Tor,** rottet Samniten und Etrusker nahezu aus.

Als *dictator* beginnt Sulla die Verfolgung der Marianer (90 Senatoren, 2600 equites getötet). Durch **Proskriptionslisten** Ächtung von etwa 4700. Die Marianer in Spanien, Sizilien und Afrika werden besiegt; für seinen Erfolg in Sizilien und Afrika ertrotzt **Pompeius** 80 den Triumph und den Beinamen **Magnus.**

82 **Gesetzgebung Sullas.** Ergänzung des Senats; fortan tritt jeder Quästor in den Senat ein. Abschaffung der Censur. Geschworenengerichte nur mit Senatoren besetzt, Gesetzesvorschläge der Tribunen sind nur mit Genehmigung des Senats möglich. Strafen gegen Mißbrauch des Vetorechts. Bekleidung des Tribunats schließt von den übrigen Ämtern aus. Konsuln und Prätoren gehen nach ihren Amtsjahren als Statthalter pro consule, pro praetore in die Provinzen.

83–81 **2. Mithradatischer Krieg,** um Mithradates zur Erfüllung des Friedens zu zwingen. 81 Triumph Sullas.

Sulla läßt sich für 80 zum Konsul wählen, legt 79 die Diktatur nieder und zieht sich aus der Politik zurück, stirbt 78 bei Puteoli.

74–64 Vorstoß des Mithradates: **3. Mithradatischer Krieg.**

73–71 **3. Sklavenaufstand,** unter *Spartacus* mit Germanen und Kelten in Capua, von *M. Licinius Crassus* und *Pompeius* niedergerungen.

70 **Umsturz der Sullanischen Verfassung.** Wiederherstellung der tribunizischen Gewalt durch die Konsuln *Pompeius* und *Crassus.* Säuberung des Senats.

Pompeius und Caesar (70–44 v. Chr.)

C. Julius Caesar, * 12. Juli 100, aus altadligem Geschlecht, aber Neffe des Marius, Schwiegersohn Cinnas, daher 82 von Sulla geächtet, dann begnadigt. Er tut Kriegsdienst, studiert seit 75 in Rhodos Rhetorik, 68 Quästor in Spanien, 65 Ädil, 63 pontifex maximus.

Pompeius, * 29. Sept. 106, steigt in Sullas Restauration der Aristo-
67 kratie als Feldherr auf. Gegen den Widerspruch des Senats erhält er auf 3 Jahre den unumschränkten Oberbefehl über das ganze Mittel-meer und alle Küstenstriche 50 Meilen (75 km) landeinwärts zur **Ausrottung des Seeräuberunwesens.** Mit 120 000 Soldaten, 500 Schiffen reinigt er in 3 Monaten erst das westliche, dann das östliche Mittelmeer und zwingt die Seeräuber zu fester An-siedlung.

66 Oberbefehl in Asien zur Beendigung des **3. Mithradatischen Krieges.** Er verbündet sich mit den *Parthern,* zieht nach Pontus und Syrien und vollendet nach dem Ende des Seleukidenreichs mit Einnahme Jerusalems und nach der Ermordung des Mithradates durch seinen
63 Sohn Pharnaces die **Neuordnung Vorderasiens:**
Neue Provinzen: 1. Pontus, 2. Syria, 3. Cilicia. Unabhängige Stadtge-biete, vor allem Priesterfürstentümer, bleiben erhalten. Vasallenfür-sten werden die Könige von *Kolchis, Kappadokien* und *Galatien* und der *jüdische* Hohepriester Hyrkanus. Mithradates' Sohn wird im Bosporanischen Reich bestätigt. Anlage neuer Städte besonders in Pontus.

In Rom unterdes Umtriebe verarmter Adliger unter *L. Sergius Cati-lina* mit Einfluß auf das durch Zustrom von Italikern anwachsende städtische Proletariat. 66 Verschwörung zur Errichtung einer Dikta-tur (Caesars); auch M. Tullius **Cicero** soll gewonnen werden. Dieser, bereits ein bekannter Redner, stellt sich aber als *homo novus* den Gemäßigten zur Verfügung. Er wird statt Catilina für 63 zum Konsul gewählt.

Cicero vereitelt Catilinas erneute Bewerbung für 62. Er erhält das *senatusconsultum ultimum,* entlarvt die Verschwörung gegen sich und zwingt Catilina zum Verlassen Roms, enthüllt die Verbindung seiner Anhänger zu Gesandten der gallischen Allobroger und erreicht einen
63 Senatsbeschluß für die Hinrichtung von 5 Katilinariern. *Cicero* wird
62 als *pater patriae* begrüßt. **Untergang Catilinas** mit 3000 Anhängern in der Schlacht bei *Pistoria.*

Pompeius sucht sich aus allem herauszuhalten, nähert sich den Opti-maten, erreicht aber weder die Ackerverteilung an seine Veteranen noch die Bestätigung seiner Anordnungen im Osten. Er ist angewie-sen auf das Bündnis mit *Crassus* und *Caesar.* Sie vereinbaren, daß *„in der Politik nichts unternommen werden solle, was einem von den*
60 *Dreien mißfalle":* sog. **1. Triumvirat zwischen Pompeius, Caesar, Crassus.**

59 *Caesar Konsul,* setzt die Annahme von Pompeius' Forderungen

durch, legt die Steuerleistungen der Provinzen fest, erhält *Gallia cis-alpina* und *Illyricum,* dazu *Gallia Narbonensis* auf 5 Jahre.

58 **Übernahme von Cypern.**

56 **Erneuerung des Triumvirats.** *Pompeius* und *Crassus* Konsuln für 55. Pompeius erhält beide Spanien, Crassus Syrien für 5 Jahre, Caesar Gallien für weitere 5 Jahre.

53 *Crassus* unternimmt einen Feldzug gegen die Parther (S. 86), wird bei *Carrhae* geschlagen und getötet. Pompeius läßt Spanien durch

52 Legaten verwalten, wird nach dem Tod seiner Gattin Julia, der Tochter Caesars, und nach neuen Unruhen *consul sine collega.* Er erreicht damit sein Ziel verfassungsmäßiger Alleinherrschaft und steht vor der Verwirklichung seiner Idee: Verbindung ruhmsüchtigen Magnatentums, außerhalb der Parteikämpfe, mit hellenistischer Königsgeltung und Reichsverwaltung ohne Waffengewalt, römischen Adels und griechischer Geistigkeit. *Cicero* veröffentlicht 51 *De re publica,* beginnt *De legibus.* Beide nach Platons Vorbild: Programm des römischen *Idealstaats* unter *principes* wie den Scipionen. Aber die Überwindung der inneren Gegensätze bedarf der Waffengewalt. Das ist

58–51 die Erkenntnis Caesars. Diesem Ziel dient seine **Eroberung Galliens.** Caesar beginnt sie zum Schutz der Provinz Narbonensis gegen die Helvetier und die Germanen des Ariovist, die das Gebiet der Sequaner beanspruchen.

Abwanderung der Kelten *(Helvetier)* aus den sog. *agri decumates* schafft die „Helvetier-Einöde" am Neckar. Ariovist in Verbindung

58 mit König Voccio von Noricum. **Ariovist von Caesar in Burgund** (angeblich bei **Mühlhausen**) vernichtend **geschlagen,** zu den Stammesgenossen zwischen Neckar und Donau vertrieben. 57 greift Caesar nach Belgien aus: Sieg über die Nervier; 56 Vorstoß in Bretagne und Nor-

55 mandie, Vernichtung der Veneter nach Seesieg. Danach treibt Caesar die *germanischen Usipeter* und *Tencterer* über den Rhein zurück, überschreitet den Strom im Becken von Neuwied für 18 Tage. Durch Caesar wird der **Rhein** die **Grenze des Römerreichs** gegen die Germanen (nicht die Volkstumsgrenze). In *De bello Gallico* gibt Caesar die erste lateinische Schilderung germanischer Sitten. Caesar überschreitet 55 auch den Ärmelkanal im NO von Dover nach **Britannien** und erneut 54 mit Vorstoß über die Themse. **2. Rheinübergang.**

53 In Nordostgallien Strafgerichte über Treverer und Eburonen. Erst der

52 römische Eroberungskrieg weckt das Bewußtsein nationaler Zusammengehörigkeit. **Aufstand** ganz Galliens unter dem Arverner **Vercingetorix.** Belagerung von *Gergovia,* dann von *Alesia;* ein Entsatzheer abgeschlagen, Vercingetorix ergibt sich. Verteilung von zehn Legionen über ganz Gallien. Behandlung der Stämme nach ihrem Verhalten zu Rom. Ansiedlung von Caesars Veteranen in der Narbonensis (S. 138).

Caesar gewinnt durch diese Kriege ein kampferprobtes, ergebenes Heer, verlangt im Senat zum 1. März 49 gleichzeitige Niederlegung des Oberbefehls des Pompeius und des eigenen. Der Senat verlangt

Auflösung des Heeres und Übergabe der Provinzen (1. Jan. 49) und erläßt am 7. Jan. 49 das *senatusconsultum ultimum* gegen Caesar. Da überschreitet Caesar mit einer Legion den Grenzbach *Rubicon (alea iacta est!)* und beginnt den **Bürgerkrieg.** Pompeius, die Konsuln, ein Teil des Senats, darunter Cicero, entweichen nach Brundisium, bei Caesars Nachrücken nach Dyrrhachium. Pompeius verfolgt Caesar

9. Aug. 48 nach Thessalien. **Entscheidungsschlacht bei Pharsalus.** 20000 Pompejaner ergeben sich. *Pompeius* flieht nach *Ägypten,* wird *ermordet.*

48–47 Alexandrinischer Krieg. Caesar folgt dem Pompeius, wird in der Königsburg von Alexandria von der aufständischen Bürgerschaft und der römischen Besatzungstruppe in Ägypten belagert. Verbrennung der Flotte und der Bibliothek des Museion von Alexandria, Sieg am Nil. Einsetzung *Kleopatras* als Königin.

47 Krieg gegen Pharnaces, den Sohn des Mithradates. Sieg bei *Zela (veni, vidi, vici).*

46 Bellum Africanum Caesars mit *Sieg* bei *Thapsus* über die Pompejaner. Einziehung des Rests von Masinissas Reich, 33 Tod des *Bocchus.* Triumph Caesars über Gallien, Ägypten, Pontus, Afrika. Wahl zum Diktator auf 10 Jahre.
Neuordnung des Staates: Census der Bürgerschaft, Beschränkung der Zahl der regelmäßigen Getreideempfänger auf 150000. Ackerverteilung an die Veteranen. Erweiterung des Senats. Einführung des **Julianischen Kalenders** mit 365^1/$_4$ Tagen und 1 Schalttag alle 4 Jahre (vorher: Mondjahr von 355 Tagen und Schaltmonaten). Siziliens Städte erhalten das latinische Bürgerrecht.

45 Erhebung der Söhne des *Pompeius* **in Spanien,** *Caesars* Sieg bei **Munda.** Caesar Diktator auf Lebenszeit *(dictator perpetuus)* und **Imperator,** zugleich pontifex maximus, Träger tribunizischer Gewalt für Gesetzesvorschläge, oberste Gerichtsbarkeit. Vorschlagsrecht für Wahlen. Erweiterung des Senats auf 900 Mitglieder. Gründung neuer coloniae in Karthago und Korinth vorbereitet. Fürsorge für die Provinzen. Bauten; Freude an Neuplanungen (basilica Julia, forum Julium). Umbenennung des Monats *Quinctilis* in *Julius.* Feier des Geburtstags, Spiele zu Caesars Ehren, Statuen in allen Tempeln, Einführung seines Porträts auf Münzen. Am Luperkalienfest (15. Febr. 44) bietet ihm M. Antonius das Königsdiadem an; zurückgewiesen, da keine Volkszustimmung. Diese Übersteigerung der Ehrungen führt zur **Senatorenverschwörung:** *C. Cassius Longinus, C. Trebonius, D. Brutus, L. Tillius Cimber, P. Servilius Casca,* schließlich auch *M. Junius Brutus.*

44 Ermordung Caesars an den Iden des März (15. März) während der Senatssitzung in der curia Pompeia.

Das Ende der Bürgerkriege (44–30 v. Chr.)

In allgemeiner Verwirrung leitet der Senat wieder den Staat. Die Mörder übernehmen die ihnen von Caesar angewiesenen Provinzen:

M. Brutus *Macedonia*, Cassius *Syria*, D. Brutus *Gallia cisalpina*. **M. Antonius** reißt die Vollstreckung von *Caesars Testament* an sich, in dem Caesars Großneffe *C. Octavius* (* 63) adoptiert und zum Erben eingesetzt wird; Antonius beansprucht Gallia cisalpina für sich, belagert 44/43 D. Brutus in Mutina. *Octavian* stellt sich am 1. Juli 43

43   mit eigenem Heer dem Senat zur Verfügung. **Mutinensischer Krieg:** Tod der Konsuln im Kampf gegen Antonius. Octavian erzwingt durch Marsch auf Rom das Konsulat und Verurteilung der Caesarmörder. Er verbindet sich mit *Antonius* und *M. Aemilius Lepidus* zum **2. Tri-**

11. Nov. 43 **umvirat,** nun als staatlicher Auftrag *(tres viri rei publicae constituendae).*

Proskriptionen gegen 130 Senatoren, 2000 equites, dabei Cicero († 7. Dez. 43).

43–42 **Krieg gegen die Caesarmörder.**

42   **Schlacht bei Philippi** östlich vom Strymon: *Antonius* schlägt den *Cassius,* 20 Tage später auch den *M. Brutus;* Selbstmord beider. Antonius brandschatzt Asien und Syrien, trifft Kleopatra von Ägypten. Angriffe des S. Pompeius und Antonius auf Italiens Küsten, bis *C.*

40   *Maecenas* den *Vertrag von Brundisium* mit Teilung des Oberbefehls vermittelt: *Lepidus Afrika, Antonius Osten, Octavian Westen.* Antonius heiratet Octavia. 38 Erneuerung des Triumvirats auf 5 Jahre.

36   Sieg über S. Pompeius mit der Flotte des Antonius durch Octavians Feldherr *M. Vipsanius Agrippa.* Afrika für Octavian gewonnen, Lepidus bleibt nur *pontifex maximus.*

Antonius' Schwelgerei in Ägypten. Abtretung römischer Provinzen an Kleopatras Kinder von Caesar und Antonius: Antonius als Fort-

32   setzer der Ptolemäerherrschaft, daher **Kriegserklärung Roms an Kleopatra** nach Antonius' Trennung von Octavia.

31–30 **Krieg zwischen Octavian und Antonius.**

2. Sept. 31 **Seesieg** Agrippas im Golf von **Actium,** Flucht Kleopatras. Antonius' Landheer ergibt sich ohne Kampf. Octavian zieht nach Ägypten. Antonius, dann Kleopatra verüben Selbstmord.

3. Aug. 30 **Einnahme von Alexandria. Ägypten römische Provinz. So Ende der Bürgerkriege** mit der Vernichtung des letzten Führers einer Gegenpartei.

Kultur der Bürgerkriegsepoche: seit Sulla **Wiederbelebung altadliger Haltung** wie in Politik, vertieft durch späthellenistischen Schicksalsglauben und **Epikureismus,** sowie **Begünstigung italischer Sitten** und Kulte. Erste Entfaltung des **Porträts** in Anknüpfung an alte Sitte der Totenmasken aus Wachs. Aufnahme griechischer Künstler. Verbot griechischen Bühnenspiels (115), Einführung der italischen *Gladiatorenspiele* (105). Entfaltung der Rechtswissenschaft und der lateinischen Philologie *(L. Aelius Stilo,* um 100) Beredsamkeit des *M. Antonius* (* 143, † 81) und *L. Crassus* (* 140, † 91). Lobpreis des Epikureismus im Lehrgedicht *De rerum natura* des *T. Lucretius Carus* (* um 110, † 55). Verklärung der Vergangenheit der Optimatenfamilien bringen die Geschichtswerke des *L. Coelius Antipater, Q.*

Claudius Quadrigarius, C. Licinius Macer, Valerius Antias (jüngere Annalistik); ein kluger Historiker seiner Zeit ist dagegen *L. Cornelius Sisenna* († 67).

Einschnitt der **kulturellen Entwicklung** um 40. Die Zeit von Pompeius und Caesar ist gekennzeichnet durch die klassische *Vollendung* der lateinischen *Prosa* durch *Caesar* und vor allem *M. Tullius Cicero* (* 106 in Arpinum, studiert 79–77 in Athen und Rhodos); seit 81 Gerichtsredner, 70 im Prozeß gegen *C. Verres*, seit 66 Staatsreden (S. 117): 66 *De imperio Cn. Pompei pro lege Manilia*, 63 vier *Katilinarische Reden*. Rhetorische und philosophische Schriften zur Einführung allseitiger griechischer Bildung in Rom: *De oratore* 55, *De re publica* (mit *Somnium Scipionis* in VI) 54–51, *De legibus* ab 51, dann *Brutus* 46, *Orator* 46, *De finibus bonorum* und *Tusculanae disputationes* 45, *De natura deorum* 45–44, *Cato maior de senectute, De divinatione, Laelius de amicitia, De officiis* 44, Rückkehr in die Politik mit 14 *Philippischen Reden* (44–43). Einblick in die persönlichen Hintergründe der damaligen Politik gewähren Ciceros *Briefe ad familiares* (68–43), *ad Quintum fratrem* (60–54), *ad Atticum* (68–44). *T. Pomponius Atticus* (* 109, † 32) hat größte Verdienste als erster Großverleger Roms; Biographie von *Cornelius Nepos* (* um 99, † 27), dessen Feldherrnbiographien nur in Exzerpten erhalten sind. Zusammenfassung der nationalen Altertümer durch *M. Terentius Varro* (* 116, † 27) aus Reate, Bibliothekar Caesars. Im Lob der edleren Vergangenheit ist ihm *C. Sallustius Crispus* (* 86, † um 34) verwandt, der nach 44 *Coniuratio Catilinae, Bellum Jugurthinum, Historiae* (für 78–67) schreibt. Die Dichtung der Alexandriner führen die sog. **Neoteriker** in Rom ein, Dichter aus Oberitalien mit schöpferischer Leidenschaft, vor allem *C. Valerius Catullus* (* um 87, † 54) aus Verona. An sie knüpft wie der junge *Q. Horatius Flaccus* (* 65, † 8, kämpft bei Philippi mit) aus *Venusia* mit Epoden, so *P. Vergilius Maro* (* 15. Okt. 70, † 21. Sept. 19) aus Andes bei *Mantua* (verliert 41 sein Gut) in *Catalepton* und *Bucolica* an. Seine *4. Ekloge* prophezeit 40 den Anfang einer neuen Friedensepoche mit der Geburt eines heilbringenden Kindes.

5. Römisches Kaisertum und Christentum

a) Rom und das Römische Weltreich unter Augustus und im 1. und 2. Jh. n. Chr.

Begründung, Krise und Ausbau der Monarchie

Seit Sulla (S. 116) hat Rom vom hellenistischen Osten als Ziel der Weltherrschaft die Erreichung der Grenzen der bekannten Welt (Oikumene, orbis) übernommen. Diese Wendung zu einer zielstrebigen Politik der Eroberung durch Pompeius bis in die Nähe des Kaspisees und Roten Meeres, durch Caesar bis nach England erfordert die Stellung eines Reichsfeldherrn neben den ordentlichen Staats-

organen. Ihre innerpolitische Begründung erhält diese bei Pompeius durch die Beanspruchung besonderer auctoritas als princeps zum Dank für außerordentliche Leistungen (wie früher Scipio Africanus), bei Caesar und dem jungen Octavian durch Anwendung militärischer Machtmittel gegen Rom selbst. Mit der Ausschaltung der Rivalen gewinnt die Monarchie des Augustus und seiner Nachfolger die Möglichkeit, die Stellung eines einzigen Reichsfeldherrn, des **Imperator,** *freilich neben dem Senat, zur dauernden Sicherung des Reichs, zur Wahrung des* **Kaiserfriedens (Pax Augusta)** *nach innen und außen zu verwenden.*

Nach Erreichung der Grenzen der damaligen geographischen Vorstellung umfaßt das Reich die gesamte (kultivierte) Menschheit, macht sich die **griechische Kulturidee** zu eigen und verschmilzt sie mit dem römischen Ziel der **Romanisierung.**

Neben dem Römerreich bestehen zunächst noch Pufferstaaten, die während des 1. Jh. n. Chr. zumeist in Provinzen umgewandelt werden, und die **„Barbarengebiete".** Erst der Aufstieg Irans und Mesopotamiens im Neupersischen Reich der *Sassaniden* (S. 133) zwingt Rom zur Anerkennung einer zweiten Reichsbildung neben dem *orbis Romanus.*

In der Kaiserzeit neuerworbene Provinzen: Aegyptus 30 v. Chr., Moesia 29 v. Chr., Galatia 25 v. Chr., Mauretania Tingitana 25 v. Chr., Raetia, Noricum 15 v. Chr., Palaestina 6 n. Chr., Pannonia 10 n. Chr., Cappadocia 18 n. Chr., Mauretania Caesariensis 42 n. Chr., Lycia, Britannia 43 n. Chr., Thracia 46 n. Chr., Pontus 63 n. Chr., Germaniae vor 90 n. Chr., Arabia 106 n. Chr., Dacia 107 n. Chr., Mesopotamia 115 n. Chr. Die Verluste beginnen um 260 in Deutschland, 275 in Dacia, 363 zwischen Euphrat und Tigris.

Die **Verwaltung** des Reichs ist seit 27 v. Chr. zwischen Senat und princeps geteilt (S. 124). Einteilung in **kaiserliche** und **senatorische Provinzen.** Mit Ausnahme von Africa haben die letzteren keine Legionen; wird deren Einsatz nötig, so gehen sie, z. T. nur zeitweise, an den Kaiser über. *Senatsprovinzen* sind: Hispania Baetica, Gallia Narbonensis, Macedonia, Achaia, Asia, Cyprus, Creta et Cyrenaica, Sicilia, Africa proconsularis, Bithynia, Sardinia. Die Zivilgewalt in ihnen bleibt stets beim Senat, andererseits sind dem princeps Eingriffe in das Recht durch Edikte auch dort möglich.

Für die **Provinzen** bringt die Kaiserzeit das Ende der Ausbeutungspolitik der Statthalter. Die Statthalter der kaiserlichen Provinzen erhalten vom Kaiser Gehalt. Noch in Entwicklung befindliche Gebiete werden zunächst einem *procurator* (Landpfleger) unterstellt.

Das Römische **Reich** ist zwar eine militärische, aber keine politische Organisationsform, vor allem aber eine kulturelle Erscheinung. *Griechisch* und *Latein* sind *gleichberechtigte Verwaltungssprachen* in den Provinzen. Die Beamten der Reichsverwaltung und alle römischen Bürger sind aber, vor allem für ihre Testamente, an das Latein gebunden. Griechische Bildung wird auch nach dem Westen verbreitet.

Die **Romanisierung** des Reichs ist im 1. und 2. Jh. kein verwaltungs-rechtlicher, sondern ein kultureller und soziologischer Vorgang. Sie stützt sich auf die *Vornehmsten* der Stämme und Städte, die sich Rom treu und nützlich erwiesen und dafür das römische Bürgerrecht erhal-ten haben. Daneben stehen romanisierte ehemalige Freigelassene. An den Grenzen wird die Romanisierung durch die *Legionen* voran-getrieben: die Soldaten werden durch die lange Dienstzeit (im 2. Jh. 20–25 Jahre) romanisiert, durch sie dann zuerst die Eingeborenen-siedlungen beim Lager, die bei Wegverlegung der Truppen *coloniae* werden, wenn die in sie übergesiedelten Veteranen in ihnen verblei-ben. Im Westen bedeutet die Urbanisierung zugleich Romanisierung. Im **1. Jh.** n. Chr. erleben die Provinzen die Wirkung der Monarchie zuerst im **Kaiserkult.** Das **2. Jh.** bringt mit **fortschreitender Urbanisie-rung** auch bisher unerschlossener Randgebiete straffere Verwaltung durch Eingriffe des Beamtenapparates in die städtischen Verhält-nisse. **Aufblühen der Städte** mit einheitlichem Stadtbild (Theater, Gymnasium, Markt, im Westen auch Thermen, oft Amphitheater) im ganzen Reich, zuletzt auch in Anlehnung an das römische Lager-schema in den Grenzgebieten. Es ist die *goldene Zeit des Kaiserfrie-dens.*

Indirekte Steuern werden in Gestalt von Einfuhrzöllen, Freilassungs- und Erbschaftsabgaben erhoben, erst seit Septimius Severus (193–211) bei jedem Thronwechsel eine allgemeine Abgabe (aurum coronarium) eingezogen.

Das sog. Reich der Römer ist weiterhin eine Summe von Stadtstaaten (poleis, municipia) und von Kleinstämmen, die allmählich nach deren Vorbild gestaltet *(urbanisiert)* werden; auch jetzt noch haben die Städte und Landschaften verschiedenartige Rechtsbeziehungen zu Rom. Überall werden bald nach der Gewinnung der Provinzen civita-tes mit städtischen Mittelpunkten oder wenigstens größeren vici (Dörfern) oder fora (Marktstätten) eingerichtet, meist gebunden an Straßenkreuzungen oder Flußübergänge oder an Heiligtümer mit messeartigen Festen. Ausgangspunkt sind diejenigen Gebiete, die eben wegen des Besitzes städtischer Siedlungen früh Roms Hilfe ge-gen die benachbarten Barbaren angerufen haben. Daher werden ne-ben Italien die Kerngebiete der griechischen und hellenistischen Besiedlung, dann die Länder mit punischer Stadtkultur auch die Kernzonen des Römerreiches; erst allmählich wird dieser Ring um das Mittelmeergebiet mit seinen einheitlichen, auch durch das Klima bedingten Lebens- und Kulturformen erweitert. Randgebiete, die keine Ansätze zu städtischen Siedlungen aufweisen, bleiben außer-halb des Reiches.

Zunächst fühlt sich Caesar Octavian als *Imperator.*

29 Formelle Beendigung des Krieges gegen Kleopatra. Neuordnung des Ostens. Dreifacher Triumph.

28 Errichtung des *Mausoleums* der *gens Julia,* Abbau der außerordentli-chen Befugnisse aus dem Triumvirat. Wiederherstellung von 82 ver-

Das julisch-claudische Herrscherhaus

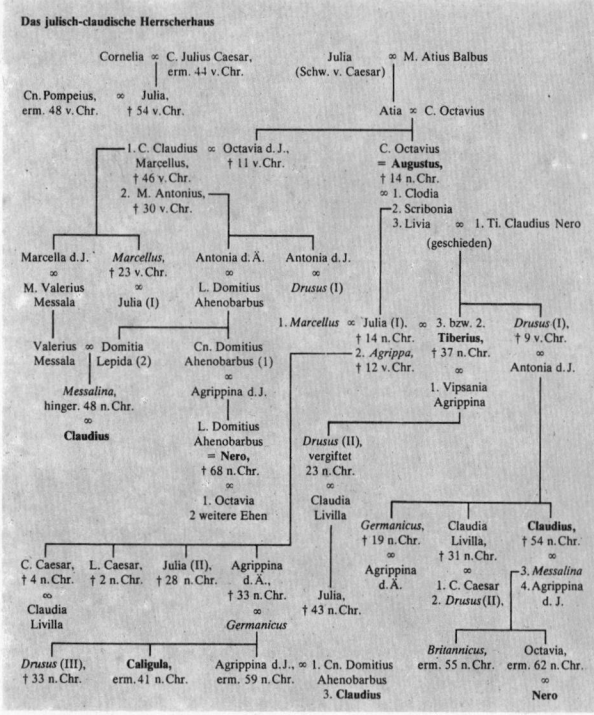

fallenen Tempeln, Versorgung von 120 000 Veteranen durch Ansiedlung in vielen *coloniae Juliae: Beginn* der *Romanisierung des Reichs.*

13. Jan. 27 **Wiederherstellung der Republik** und ihrer ordentlichen Beamten. *Octavian* fortan für den Gemeindestaat Rom nur *consul,* aber **Reichsfeldherr** über alle noch nicht befriedeten oder neuerworbenen Provinzen auf 10 Jahre; in diesen wird Octavian wie einst Pompeius durch *legati* nun mit militärischer Erfahrung vertreten. Dieses imperium wird 18, 13, 8 v. Chr. und 3 n. Chr. erneuert. Innerhalb Roms gründet sich Octavians Stellung außer auf das Konsulat nur auf dankbare Zustimmung aller Stände, ausgedrückt durch Zuerkennung des Eichenkranzes *ob cives servatos,* eines Ehrenschildes für Bewährung in den Römertugenden *(virtus, clementia, iustitia, pietas)* und des

16. Jan. Ehrennamens **Augustus,** dann auch Umbenennung des *Monats Sextilis* in *Augustus.* Anerkennung der *auctoritas principis* in ihrer Wirksamkeit neben und innerhalb der alten *auctoritas senatus;* aus ihr fließt das Recht, bei Notlagen als *auctor,* d. i. sachverständiger Ratgeber der Beamten, auch den Senat zu vertreten. Nebeneinander von **Roma und Augustus im Kaiserkult** der Provinzen.

27–25 Augustus ordnet persönlich die Verhältnisse der gallischen und spanischen Provinzen. **Galatien** als Erbe seit 25 fortan **Provinz.** Da ein Sohn fehlt (Tochter *Julia I.,* * 39), Parteiungen in der Umgebung des Princeps.

1. Juli 23 Übertragung der **tribunicia potestas auf Lebenszeit.**

Wiederaufnahme des frührepublikanischen Nebeneinanders von tribunus plebis und Senat: Augustus fortan Schutzherr der plebs (sacrosanctus schon seit 36). Der Getreideüberschuß Ägyptens (annona) fortan zur Versorgung der Plebs eingesetzt, dazu Gewinnung der Volksstimmung durch Geschenke an die plebs und Veranstaltung von Spielen (panem et circenses).

22 Augustus lehnt Fortführung des Konsulats, Übernahme der Diktatur und der Censur samt der *cura morum* ab. Er übernimmt wegen der Hungersnot die *cura annonae.*

23–21 Agrippa als prokonsularischer *legatus Augusti* im Osten des Reichs, 21 mit Julia verheiratet, vertritt Augustus in Rom.

21–19 Augustus im **Orient,** erreicht 20 die Rückgabe der 53 erbeuteten Feldzeichen durch den Partherkönig und verzichtet auf Expansion.

18 Durchführung einer **Sittengesetzgebung** kraft *tribunicia potestas:* verbietet den Senatoren Ehe mit Freigelassenen, schafft neues Eherecht.

17 Feier der *ludi saeculares (carmen saeculare* des Horatius).

16 Angriffe an vielen Stellen der Reichsgrenze veranlassen offensive **Eroberungspolitik** im Grenzvorland.

15 Unterwerfung von **Noricum** und **Raetia** mit Vindelicia durch Augustus' Stiefsöhne **Tiberius** und **Drusus.** Sicherung des Alpenvorlandes durch Einrichtung von Militärkommandos. *Agrippa stirbt März 12.* Seine Witwe Julia mit Tiberius 11 verheiratet.

6. März 12 Augustus zum **pontifex maximus** gewählt: Kaiserkult in Italien, nicht in Rom.

13–9 Krieg gegen die **Pannonier.** *Sicherung der Donaugrenze.*

12–9 *Germanenkrieg* des **Drusus** vom Rhein aus bis zur Elbe. 9 Vorstoß gegen Quaden und Markomannen. Infolge eines Unfalls mit dem Pferd stirbt Drusus dort.

30. Jan. 9 Einweihung der *ara Pacis Augustae* auf dem Marsfeld.

8–6 1. Kommando des **Tiberius** in Germanien. Errichtung der Provinz Germanien vorbereitet; Elbgrenze angestrebt.

6 Übertragung der *tribunicia potestas* an Tiberius und seine Entsendung zur Neuordnung Armeniens, aber 5 Ernennung des **C. Julius Caesar** (ältester Sohn von Agrippa und Julia) zum Kronprinzen.

5. Febr. 2 Augustus erhält Ehrentitel *pater patriae.* Einweihung des *forum Augusti.*

4 n. Chr. Kommando des *C. Caesar* im Osten, stirbt an Verwundung;

26. Juni **Adoption des Tiberius.** Tiberius adoptiert Drusus' Sohn Ti. Claudius Nero Germanicus, der 5 Agrippas Tochter Agrippina heiratet. 6 Ein-

6 führung einer Erbschaftssteuer von 5%. Augustus erbt das Reich des Herodes, Judaea in die Provinz Syrien einbezogen.

4–6 2. Kommando des **Tiberius** in Germanien: 4 Freundschaftsvertrag mit den *Cheruskern,* Arminius und sein Bruder Flavus Offiziere der auxilia. Das Gebiet zwischen Rhein und Elbe aber wird seit 8 v. Chr. als Provinz behandelt: Bau einer Römerstraße, Einführung der römi-

10 schen Verwaltung und Rechtsprechung. **Provinzen Pannonia, Moesia** (S. 136).

Aug. 9 Katastrophe des römischen Heeres in Germanien durch Arminius: **Schlacht im Teutoburger Wald.** Vernichtung von 3 Legionen unter P. Quinctilius Varus. Römische Kastelle zwischen Weser und Rhein von Germanen erobert, doch **Rheingrenze** von *Tiberius* 10–12 **gehalten,** seit 13 von Drusus' Sohn *Germanicus.*

12 **Gleichstellung von Tiberius** mit Augustus im imperium, in der *tribunicia potestas.* Damals gibt es 4937000 römische Bürger.

19. Aug. 14 **Tod von Augustus in Nola,** Bestattung im mausoleum Augusti. Grabinschrift und Rechenschaftsbericht, d. i. *Res gestae,* in Abschriften in *Ancyra* – daher *Monumentum Ancyranum* –, *Antiochia Pisidiae* und *Apollonia* in Galatien erhalten. Erklärung zum Gott *(consecratio).* Im Testament Tiberius und Livia zu Erben eingesetzt.

Augustus' Regierung bringt **Rom** die Umwandlung in eine Marmorstadt durch Errichtung zahlreicher Tempel, Basiliken, Theater; reicher Statuenschmuck, kein Kaiserpalast; Augustus wohnt auf dem Palatin in mehreren zusammengekauften Häusern. Unter Augustus erreicht die römische Kunst als **augusteische Klassik** ihren Höhepunkt: Anlehnung an Formen der griechischen Klassik in der Freiplastik (Porträtstatuen des Kaisers, darunter repräsentativ die der Villa Livias in Primaporta), der Reliefkunst (*ara Pacis* mit Opferzug der kaiserlichen Familie), der Kleinkunst (Hildesheimer Silberschatz) wie in der Malerei.

In griechischer Sprache fassen der Geograph *Strabon* (* etwa 63 v., † 23 n.) aus Amaseia, die Historiker *Diodoros* von Agyrrhion auf *Sizilien, Dionysios* von *Halikarnassos,* in lateinischer der Altertumsforscher *M. Terentius Varro* († 27 v.) und der Historiker *T. Pompeius Trogus* (Historiae Philippicae), als Statistiker (Text zur Weltkarte um 20 v.) auch *Agrippa* das Wissen ihrer Zeit nach älteren Quellen zusammen, ebenso *M. Vitruvius Pollio* 14 v. das der Architekten und Ingenieure. Augustus, sein Freund *C. Maecenas* († 8 v.) und die Vornehmen *C. Asinius Pollio* und *M'. Valerius Messala* fördern die Literatur: *Albius Tibullus* (* 55, † 19 v.: Elegien), *Horatius* (Oden, epistulae, Carmen saeculare 17) und *S. Propertius* (* 50, † 15 v.: Elegien). Künder der neuen Zeit werden der Historiker *T. Livius* aus Padua (* 59 v., † 17 n.: 142 Bücher römische Geschichte „*Ab urbe condita*") mit seiner Verklärung der römischen Frühzeit, Horatius mit den *Römeroden* (23 v.) und der Epiker *P. Vergilius Maro (Georgica* 37–31, *Aeneis* seit 30, beim Tode 19 v. fast vollendet) mit der Verherrlichung römischen Bauerntums und des Heldentums der Urzeit

und der Geschichte. Überfeinerte Hofpoesie sind die Dichtungen des
P. Ovidius Naso (* 43 v., † 17 n.): Amores, Heroides, Remedia amo-
ris, De arte amatoria, Metamorphoseis 8/9, Tristia und Epistulae ex
Ponto; nur seine (unvollendeten) Fasti (Erklärungen der Kultfeste)
stehen im Zusammenhang mit Augustus' Bemühen, die altrömische
Sitte zu erneuern.

*In Augustus' Spätzeit Übergang zur Lebens- und Gesellschaftsform der
Monarchie, Erbfolge im Prinzipat und allmähliche Entfaltung eines
Hofzeremoniells. Seit je war die Vererbung des Vermögens wie der
auctoritas, auch durch Adoption, üblich. So eröffnet Augustus*

   das julisch-claudische Herrscherhaus (30. v. bis 68 n. Chr.).

14–37 **Tiberius** *Julius Caesar Augustus,* früher *Tiberius Claudius Nero,* * 42,
argwöhnisch durch lange Zurücksetzung. Er macht den Senat zum
obersten Staatsgerichtshof, besonders für Anklagen *de maiestate.* Sein
Vertreter beim Heer ist sein Neffe **Germanicus** († 19 in Syrien), der
14–16 einen Rachefeldzug in Germanien unternimmt: Schlachten bei
Idistaviso und am *Angrivarierwall* 16 n. Chr. Arminius bleibt strategischer Sieger. Seit 16 Verzicht der Römer auf weitere Eroberungen.
Arminius fällt im cheruskischen Bürgerkrieg.

23–21 Aufstieg des praefectus praetorio *L. Aelius Seianus* zum Leiter der
kaiserlichen Politik. Tiberius hält sich von Rom fern, seit 27 in Capri,
erhebt *Seianus* 30 zum Konsul, stürzt ihn plötzlich (31). 34 Häufung
der Majestätsprozesse. Die Ablehnung aller Beeinflussung der
Volksstimmung durch Tiberius verkehrt sein Nachfolger ins Gegen-
teil:

37–41 **Gaius Julius Caesar** *Germanicus,* nach dem Spitznamen seiner Kin-
derzeit in Germanicus' Feldlager **Caligula** (Soldatenstiefelchen) genannt (* 12). Er fühlt sich als neuer Alexander, als Caesar und Gott.
Er verschwendet den bereits geschwächten Staatsschatz und unter-
39/40 nimmt **Schaufeldzüge** über den Rhein und an den Kanal. 38 Erhebung
der *Juden* in *Alexandreia* gegen Forderung des *Kaiserkults* in ihren
Bethäusern. Ihr Vertreter der Philosoph *Philon* (40). Prätorianeroffi-
ziere ermorden Caligula und erheben den Bruder des Germanicus,

41–54 *Ti.* **Claudius** *Caesar Augustus Germanicus.* Bisher als Schwachkopf
und Stubengelehrter verachtet, betreibt er wieder aktive Außenpoli-
43/44 tik: **Britannienfeldzug.** Der Südostteil Englands, **Britannia,** wird **Pro-
45/46 vinz,** ebenso **Judaea, Lycia, Thracia** und **Mauretania Caesariensis,** das
zusammen mit **Africa proconsularis** und **Mauretania Tingitana** (seit
25 v. Chr.) den römischen Besitz in Nordafrika bildet. Verstaatlichung der Flotte (in Misenum und Ravenna). Anlage eines neuen
Hafens bei *Ostia* 48–54. Aufnahme der *primores Galliae* in den Senat.
Claudius unter dem **Einfluß** von **freigelassenen** Hofbeamten und seiner Frauen: bis 49 der sittenlosen *Valeria Messalina,* dann **Agrippinas
d. J.,** die ihren Sohn aus erster Ehe, *L. Domitius Ahenobarbus* (* 37),
50 adoptieren, 53 mit Claudius' Tochter *Octavia* verheiraten läßt und

ihn 54 durch Vergiftung des Kaisers unter Mithilfe der Prätorianer
auf den Thron bringt als

54–68 Nero *Claudius Caesar Augustus Germanicus.* Geleitet von seinem
Erzieher *L. Annaeus Seneca d. J.* aus Corduba, regiert der Jüngling
zunächst gut.

Nero läßt 55 Claudius' Sohn *Britannicus,* 59 seine Mutter *Agrippina*
ermorden. Er tritt seit 60 als Künstler und Sportsmann öffentlich auf,
fühlt sich als hellenistischer Herrscher und wird ab 62 zum launenhaf-
ten Despoten. 62 Teilzerstörung von *Pompeji* durch Erdbeben. Ein
64 neuntägiger **Brand Roms** wird Anlaß zur Planung eines riesigen
Herrscherpalasts von 50 ha Fläche auf Palatin und Esquilin *(domus
aurea)*. Den Verdacht planmäßiger Brandstiftung lenkt Nero von sich
auf Juden und Christen: auf Rom beschränkte **1. Christenverfolgung**
(Fackeln des Nero in den kaiserlichen Gärten). Wiederaufbau Roms
mit 2–3 Stockwerk-Häusern. Eifersucht des Kaisers auf wirkliche
Künstler wie den Epiker *M. Annaeus Lucanus,* den Romanautor *C.*
65 *Petronius Arbiter.* Sog. **Pisonische Verschwörung** aufgedeckt; der angebliche Prätendent *C. Calpurnius Piso* und zahlreiche Vornehme
zum Selbstmord gezwungen oder umgebracht, darunter der Philosoph
Seneca, Hauptvertreter der römischen Stoa und Begründer der sog.
silbernen Latinität (De brevitate vitae 49, De clementia 54, De con-
stantia 55/56, De vita beata 58/59, De beneficiis 60/64, De tranquil-
litate 62, De otio 63, De providentia 63/64, Quaestiones naturales
62/63, Briefe an Lucilius).

66–68 Aufstand in *Judaea,* Kunstreise Neros nach Griechenland. 67 Freiheitserklärung für Achaia.

68 1. Krise des Kaisertums: Im März Aufstand des Aquitaners *Vindex*
in Gallien, dem sich *Galba* in Hispania citerior, *Otho* in Lusitania anschließt. Absetzung und Selbstmord Neros.

68/69 Vierkaiserjahr. Erste Ausrufung von Soldatenkaisern. Die *Prätorianer* erheben **Galba,** dann, durch dessen Geiz enttäuscht, Neros
69 Freund **Otho** (* 32), die *Rheinarmee* ihren Feldherrn **Vitellius**
zum Imperator. Erhebung Italiens, Vitellius fällt im Straßenkampf
in Rom. 69–70 **Aufstand der Bataver** unter Julius Civilis, einem
im römischen Heer ausgebildeten Bataverhäuptling. Der Statthalter
von Syrien betreibt die Erhebung von *T. Flavius Vespasianus*
(* 9). Dieser läßt seinen Sohn *Titus* vor *Jerusalem* zurück, gewinnt
Alexandreia, wird dort am 1. Juli zum Kaiser ausgerufen. Die
syrischen Legionen führen Vespasian nach Rom. So wird dank
der Erhebung durch das Heer der Sproß einer plebejischen
Familie Nachfolger der altadligen Julier und Claudier und begründet
das flavische Herrscherhaus.

69–79 *Titus Flavius* **Vespasianus** gibt das Beispiel einfacher italischer Sitte,
sorgt für die Landwirtschaft durch Ansiedlung von Kleinpächtern auf
den großen Gütern. Er ersetzt die Italiker im Heer durch Norditalie-
ner, Gallier, Spanier, nimmt Provinzialen in den Senat auf, läßt Provinzen durch Landeskenner verwalten. Der Erschütterung der kai-

serlichen Autorität begegnet er mit regelmäßiger Bekleidung des Konsulats.

70 **Titus erobert** und zerstört **Jerusalem** (S. 147; Darstellung auf dem von Domitian vollendeten *Titusbogen*). Gefangener wird der Historiker der Juden, *Flavius Josephus* (* 37). Defensivlinie am Euphrat, 72 Bildung der Provinz **Judaea.**

Wiederaufnahme der Bautätigkeit in Rom: Wiederaufbau des *Kapi-*
79–81 *tols. Amphitheatrum Flavium,* das sog. Kolosseum, mit Veränderung vollendet von: **Titus** *Flavius Vespasianus,* wegen seiner Leutseligkeit beliebt. Thermae Titianae in Rom.

79 24. Aug. **Ausbruch des Vesuvs. Herculaneum** durch Schlamm und Asche, **Pompeji** durch Bimsstein und Asche verschüttet, dabei Tod des Admirals und Naturforschers *C. Plinius Secundus* (* 23/24), Verfasser einer *Naturalis historia* in 37 Büchern.

81–96 *Titus Flavius* **Domitianus,** Titus' Bruder (* 51), nimmt sich Tiberius zum Vorbild; seit 86 als *dominus et deus* angeredet, fordert Opfer beim Kaiserbild. Darin kenntlich die **Annäherung an den griechischen Osten,** Prachtentfaltung an neuen Bauten. 92 neuer Kanal vom Nil zum Roten Meer.

83–85 Feldzug gegen die **Chatten,** Baubeginn des **Limes** in Deutschland. 78–84 Feldzüge des *Cn. Julius Agricola* in **Britannien,** die römische Provinz bis Schottland ausgedehnt (S. 137 f.).

86–90 Erfolgloser Krieg gegen das Dakerreich des *Decebalus* in Rumänien.

Gegen 90 Errichtung der **Provinzen Germania superior und inferior** (S. 140) und Verstärkung der Grenzsicherung (S. 141). Prinzip der festen Lager und militärischer Fachleute.

Attentatsfurcht (ab 89), Majestätsprozesse mit Unterdrückung aristokratischer Opposition führen zu Palastverschwörung und *Ermordung* des Kaisers 16. Sept. 96.

Blüte der Dichtung in der **silbernen Latinität** unter Domitian: *Ti. Catius Silius Italicus* (* 25, † 101), *P. Papinius Statius* (* 40, † 95), *M. Valerius Martialis* (* um 40, † 98), *D. Junius Juvenalis* (* um 69?, † 135?). Rückwendung zu Cicero in dem Lehrbuch *De institutione oratoria* des *M. Fabius Quintilianus* (* 35, † 95), dem sich später (nach 98?) der *Dialogus de oratoribus* des *Tacitus* anschließt.

Die Vollendung der Monarchie: die Adoptivkaiser (96–192)

96–98 *M. Cocceius* **Nerva** (* um 35) vom Senat erhoben. Zurücknahme der Majestätsurteile, Verminderung der Abgaben. Prinzip: der Beste unter den führenden Bürgern soll Kaiser (optimus princeps) werden
98–117 durch Adoption. So folgt als erster Provinziale auf dem Thron *Marcus Ulpius* **Traianus** (* 53 in Spanien). Er wird von seinen Zeitgenossen als Begründer eines goldenen Zeitalters gefeiert. In der Sicherung persönlicher Freiheit und des Rechtsstaats schafft er die Voraussetzungen für eine neue **Kulturblüte** in **der Literatur:** Briefe des *C. Plinius Caecilius Secundus d. J.* (* 61, † 114), Historiker *P. Cornelius*

Tacitus (* vor 60, † um 117) mit Biographie des *Julius Agricola* (98), *Germania* (98), *Historiae* (100/05), *Annales ab excessu divi Augusti* (bis Buch VI vor 116); Historiker und Philosoph *Plutarchos* aus *Chaironeia* (* etwa 46, † 120, vergleichende Biographien von Griechen und Römern, Kleine Schriften, sog. *Moralia*) und Philosoph und Redner *Dion* (* um 40, † 115) in griechischer Sprache, stoischer Philosoph *Epiktetos* (* 50, † 138). **Kunst:** Architektur mit großartigen Zweckbauten (109 Thermen mit Aquädukt und Naumachie, 112 *forum Traiani*, Bibliothek und *Trajanssäule* in Rom von *Apollodorus von Damaskus*, mehrstöckige Markthallen).

Seit 101   Wiederaufnahme der **Eroberungspolitik** Caesars.

Plan der Straßenverbindung von Spanien und Gallien, entlang der Donau von der Quelle bis zur Mündung und durch Kleinasien bis zur Euphratgrenze. Niederhaltung der Völker in den unerschlossenen Weiten vor der neuen Grenze. Verlagerung des militärischen Schwergewichts an die Ost- und Donaugrenze.

101/02   **1. Krieg gegen das Dakerreich** des *Decebalus.*

105/06   **2. Krieg** mit Gewinnung des wertvollen Bergwerkgebiets in Siebenbürgen. 107 **Provinz Dacia,** Ansiedlung vieler Kolonisten (S. 136).

111/12   *Plinius d. J.* Statthalter in Bithynien (S. 149).

114–117   **Krieg gegen die Parther** bis zur Tigrismündung. Zusammenbruch des Partherreichs. **Größte Ausdehnung des Römerreichs,** aber Aufgliederung in Wirtschaftsgebiete. Aufstände östlich des Euphrat. – Auf dem Rückmarsch stirbt Traianus in Selinus.

117–138   *P. Aelius* **Hadrianus** (von Traian adoptiert) gibt die neuen Ostprovinzen wieder auf (fortan **Euphratgrenze**). Als Merkmal des Steckenbleibens der Offensive entstehen nun großartige Grenzsicherungen mit Wall- und Kastellanlagen **(Limes)** in England, Deutschland, an der Donau, in Dacia (S. 136 ff.) und Syria. Rekrutierung der Legionen (Dienstzeit 25 Jahre) fortan am Standort. Hadrian beginnt planmäßig von der Spitze her die Einführung eines **Beamtenapparats.** Auch Einführung einer geheimen Staatspolizei.

Als Provinziale ist Hadrian auf die Wohlfahrt der Provinzen bedacht. Er überzeugt sich – als **Reisekaiser** – durch Reisen zu den Grenzen und durch alle Provinzen von ihrem Zustand, fördert ihre Urbanisierung und gibt den vermögenden Kreisen den Ansporn zu Stiftungen zum Schmuck der Städte (vor allem in Athen).

121–123   Reise nach den Donauprovinzen, Britannien und dem Westen bis Mauretanien, ins Ägäisgebiet und nach Kleinasien, dem Balkan, Athen, Afrika, dem Orient und Ägypten. Gründung von *Jerusalem*

132/35   als *Aelia Captiolina.* **Judenaufstand** des *Bar Kochba* dagegen (S. 147).

138   Adoption von *T. Aurelius Antoninus.*

Zwischen seinen Reisen erneuert Hadrian das Pantheon, erbaut *mausoleum Hadriani* (Engelsburg) in Rom und die Villa Adriana bei Tivoli, in allmählicher Ausgestaltung nach eigenen Entwürfen. Freund griechischer Lebensform und Geistigkeit (Übernahme der

Barttracht der Philosophen ins Kaiserporträt). Sein Archiv benützt
C. Suetonius Tranquillus (* um 75, † 160) zu den Biographien der
Kaiser bis auf Domitian. Hadrian begründet den **Höhepunkt des Kaiserfriedens.**

138–161 **Antoninus Pius** setzt die Politik seines Adoptivvaters fort, lockert
aber die Disziplin und Romanisierung des Heeres durch Begünstigung der Provinzialen bei der Beförderung und durch Vermehrung
halbbarbarischer Verbände.

142/43 Sicherung *Nordenglands* durch den *Antoninuswall* (S. 137); Limes in
Germanien und Rätien (S. 141) nach 155.

Pius regiert mild und sparsam und fördert die Entfaltung der sog. **2.
Sophistik** und der Wissenschaft in der griechischen Welt: Satiriker
Lukianos (* 125, † 180), Geograph *Ptolemaios* (* 100, † 178),
Mediziner *Galenos* (* um 129, † nach 200), *Pausanias* (Beschreibung
Griechenlands, bis nach 176); Historiker *Appianus* (Römische
Geschichte um 160), dazu der lateinische Rhetor *M. Cornelius Fronto*
(* 100, † 175).

161–169 **Marcus Aurelius** und **Lucius Verus.** 167 Einfall der *Markomannen*
und *Quaden* in die von Truppen entblößten Donauprovinzen und bis
nach Nordostitalien, der *Sarmaten* nach *Dacia*, 167/68 von den Kaisern zurückgeschlagen. Erst 170/71 die **Donaugrenze gesichert.**

169–180 Alleinherrschaft von **Marcus Aurelius.** Der Kaiser ist Freund der
Literatur (Rhetorik des *Cornelius Fronto, Noctes Atticae* des *Aulus
Gellius* um 169) und Anhänger der **Stoa** (so in den eigenen ,,Mahnungen an sich selbst", in griechischer Sprache, 171/74). Als ,,der Philosoph auf dem römischen Kaiserthron" zeigt sich Marcus Aurelius

167–175 doch tatkräftig in den **Markomannenkriegen** (S. 143). Darstellung
der Markomannenkriege auf Marc-Aurel-Säule (176) und Triumphbogen. 180 Tod des Kaisers im Lager Wien (Vindobona).
*Mit der Erhebung seines Sohnes Commodus zum Mitregenten 176
durchbricht Marc Aurel das Prinzip der Adoption des Besten zugunsten dynastischer Ziele.*

180–192 **Commodus** fühlt sich als Inkarnation des *Hercules* und *Mithra*, als
Kriegergott, lebt in Rom nur den Ausschweifungen. Er überläßt die
Regierung seinen Günstlingen. Unterdrückte Verschwörungen,
Unruhen in Britannien, in Afrika und in Schottland. Übersteigerung
aller Ehrungen und Beinamen ins Kolossale. *Beginn der Inflation
beim Silbergeld.* Verschwörung der Befehlshaber an der Donau, des
L. Septimius Severus und seines Bruders *L. Septimius Geta.* Ihr
kommt eine Palastverschwörung mit *Ermordung* des Kaisers, dann

192/93 *Erhebung* des **P. Helvius Pertinax** zuvor, der die Wiederherstellung
der Republik plant.

193/94 **2. Krise der Monarchie. 2. Vierkaiserjahr.**
Prätorianer ermorden Pertinax, verkaufen Kaiserwürde. Wie 69 Soldatenkaiser von den Grenztruppen erhoben. Severus nimmt Rom,
wird vom Senat anerkannt.

b) Die Krise des Römerreichs im 3. Jh. n. Chr.

Im 3. Jh. erlebt das Reich durch den **Ansturm der Randvölker** *(Perser, Araber, Nubier, Berber, Mauren, Picten, Germanen, Sarmaten)* die **Krise der Alten Welt,** vor allem in den Randprovinzen. Diesen fehlt mit der Aufgabe des Klientelgürtels und beim Fehlen einer beweglichen Feldarmee der wirksame Schutz. Dabei stetige Zunahme von Truppen der Randgebiete in (nicht mehr neben) dem Reichsheer. Rückkehr zu archaischer Primitivität mit diesem Aufstieg von „Barbaren", Militarisierung des Lebens. Gleichzeitig tritt als Folge der *Bürgerkriege* der *„Soldatenkaiser"* im Kerngebiet des Reichs mit wachsender Unsicherheit zu Wasser und zu Land neben die Stadtwirtschaft die **Latifundienwirtschaft.** Da die Steuerpolitik seit den Severern private Stiftungen verhindert, verfallen allgemein die städtischen Bauten; das Schwergewicht der Besiedlung und Romanisierung liegt fortan in den Einzelhöfen römischen Geschmacks, den **villae.** Die Reichskrise um 260 zwingt zu Neubefestigung der Städte und der Grundherrensitze *(villae rusticae),* die als eigene Wirtschaftskörper neben die Städte treten.

Die **Constitutio Antoniniana** *Caracallas* (S. 133) erreicht die **Einheit des Rechts** im Reich. Die Neubürger erhalten das *nomen gentile* Caracallas und heißen so sämtlich *Aurelii.* Zu Untertanen des Kaisers, zu Objekten einer Verwaltung werden diese cives Romani erst durch die Staatsreform Diocletians.

Seit dem 3. Jh. liegt die **Reichsverwaltung** in der Hand der sog. *Prätorianerpräfekten,* die zugleich Chefs der Zivilverwaltung, nicht nur Kommandeure der Garde sind; auch die Gerichtsbarkeit außerhalb Roms bis zum 100. Meilenstein nehmen sie wahr.

Nach Ansätzen unter Diocletian führt Constantin einen völligen Neubau der Reichsverwaltung durch.

Das severische Herrscherhaus (193–235)

193–211 **Septimius Severus.**
Hervortreten von Afrikanern – *L. Apuleius* von Madaura, Verfasser des Eselsromans „Metamorphoseis" – und **Syrern:** *Lukianos.* Nach den Kaisern aus längst romanisierten Provinzen erreicht mit Severus ein bewährter Feldherr die Kaiserwürde. Er stammt aus Nordafrika, ist Anhänger orientalischer Theosophien. Orientalischen Vorstellungen folgt er auch mit der Einziehung des Grundbesitzes aller seiner Gegner; Bildung großer kaiserlicher Domänen in allen Reichsteilen. Lebhafte Wiederaufbautätigkeit in Rom: Fassade des Septizonium, Triumphbogen des Severus auf dem Forum 203.

195–196 Vordringen über den Euphrat nach *Edessa.*

197–199 Erfolgreicher **Krieg** gegen die **Parther.** Wiederherstellung der **Provinz Mesopotamia** Traians.

208–210 **Britannienfeldzug** (209 bis zur Nordspitze). Severus stirbt in *Eburacum* (York).

211–217   **Caracalla** (Beiname nach keltischem Soldatenmantel) ermordet 212
seinen Bruder und Mitregenten **Geta** (nun durch *damnatio memoriae*
ausgelöscht) mit Tausenden seiner Anhänger. Angleichung der Provinzen an Rom:
212   **erhalten alle freien Reichsangehörigen das römische Bürgerrecht.**
Einführung von Beamtentiteln und Gehaltsklassen. Blütezeit des
Romans (Alexanderroman). Bis 216 Caracalla-Thermen in Rom erbaut.
213   Caracalla bekämpft die Alamannen (S. 143), die *Goten* an der unte-
217   ren Donau, greift die *Parther* an. Er wird in Mesopotamien ermordet.
Macrinus, zum Kaiser ausgerufen, erliegt einer Meuterei und wird
218 in Antiocheia getötet. Die Truppen erheben auf den Thron Cara-
218–222   callas Verwandten **Elagabalus,** der den syrischen Baalskult offiziell
als Staatsreligion einführt. Ermordung.
222–235   **Severus Alexander.** Kaiserhistoriker *Herodianus* und *Cassius Dio
Cocceianus* (* 150, † 235) in griechischer Sprache. Ende der Romanliteratur.
230/32   Gegen das **Neupersische Reich der Sassaniden** wird die Reichsgrenze
behauptet.

*Der Zusammenbruch des Partherreichs 117 führt zu einer national-
iranischen Reaktion: 226 begründet Ardaschir die persische Dynastie
der Sassaniden, denen erst 651 die Araber ein Ende machen. Für das
Römerreich der Kaiserzeit bedeutet das Bestehen des Partherreichs eine
ständige Gefährdung der Ostgrenze vom Schwarzen Meer bis nach
Syrien. Die Ablösung der Parther durch die Perser erhöht diese Gefahr
noch, obwohl die Sassaniden oder Neuperser stets eine zweite Front
im Osten gegen Indien haben.*

*Die Krise des Reichs und ihre Überwindung: die Soldatenkaiser
(235–325)*

235–238   Die Truppen am Rhein erheben 235 nach Alexanders Ermordung
in Mainz **Maximinus Thrax.**
238–244   **Gordianus III.** Er schlägt 242/43 die Neuperser dank gotischer Hilfs-
244–249   truppen. **Philippus Arabs** ermordet den Kaiser und macht sich selbst
zu seinem Nachfolger. Er feiert 248 das tausendjährige Bestehen
Roms, wird 249 gestürzt und getötet.
249–251   Kaiser **Decius** sucht die Reichseinheit auf dem Glauben an die
Segenskraft der altrömischen Götter neu zu begründen (daher **Christenverfolgung** 250, S. 150), verliert im Kampf mit einfallenden
Goten Sieg und Leben. Danach 251 **Trebonianus Gallus,** 253 **Aemilianus,** 253 **Valerianus** und dessen Sohn **Gallienus** Kaiser.
252   verbreitet sich von Äthiopien aus die Pest im Reich.

*In diesen Jahren Zusammenbruch des Kaiserfriedens. Gegen
Piraterie und Räuberbanden können sich die Grundherren nur durch
Bewaffnung ihrer coloni als Privatmiliz wehren. Die Schwäche der*

Staatsautorität führt zur Münzverschlechterung, schließlich zur Infla-
tion und zur Ersetzung der Geld- durch Tauschwirtschaft. Wiederauf-
kommen der Gutswirtschaft, Verengung der Wirtschaftsgebiete, Verla-
gerung der Exportindustrien in Grenznähe. Aber zur Krise der Alten
Welt wird die Reichskrise erst durch den Eintritt neuer Völker in die
Geschichte. Von mittelasiatischen Reitervölkern, vom Aufstieg der
Sassaniden, vom Vorstoß südarabischer Nomaden nimmt eine Völker-
bewegung ihren Ausgang, die von allen Seiten die Grenzen des Reichs
bedroht.

Valerianus und Gallienus suchen eine übervölkische Feldarmee hinter den Grenztruppen auch mit Aufstellung berittener Formationen
gegen die neue Taktik des Feindes zu schaffen und teilen sich regional
in die Grenzverteidigung. Sie erliegen dem **gleichzeitigen Ansturm
der berberischen Gebirgsstämme Mauretaniens,** der **Franken, Alamannen,** die bis Oberitalien kommen, der **Goten** an der Donau

260   (S. 143), der **Heruler** in der Ägäis, der **Sassaniden** bei Edessa. Gefan-
gennahme des Kaisers Valerian durch den Perserkönig Schahpur I.
(Sapores), dargestellt auf einem Felsrelief von Naqsch-i Rustem. 258
oder 259 Räumung des Limesgebiets in Deutschland (S. 142).

257/59 Christenverfolgungen. 260 Toleranzedikt des Gallienus (S. 150). 261
Sieg über die bis Rom vorgedrungenen Alamannen bei *Mailand* dank
neuem Reiterheer.

260–268 Die *Restaurationspolitik* von **Gallienus** greift auf das Griechentum
gegen die Barbarisierung zurück. Philosophie: Neupythagoreismus,
Neuplatonismus des *Plotinos,* * 204, † 270. Entscheidend wird die
Bildung von **selbständigen Grenzreichen** als Pufferstaaten an der
Rhein- und Euphratfront: 261–268 *Postumus,* dann 270–274 *Tetri-
cus* als restitutor Galliae mit fränkischen Hilfstruppen (Residenz
Trier), im Osten 260 der Palmyrener beduinischer Herkunft *Odaena-
thus,* der 262–266 den Persern Mesopotamien wieder abnimmt, in
Syrien und Ostkleinasien mit einem Privatheer nach parthischem
Muster kämpft. Ihm folgt seine Witwe *Zenobia* Augusta und sein
Sohn *Vaballath* Augustus (ab 267), der 269 sogar Ägypten besetzen
läßt.

268–325 Die illyrischen Kaiser.

268–270 Claudius II. schlägt die Alamannen und die Goten. Er stirbt an der
Pest.

270–275 Aurelianus verzichtet auf Dacia. Vertreibung der Alamannen aus Italien und Neubefestigung der Hauptorte: **Aurelianische Mauer Roms.**
273 Eroberung von *Palmyra.* Einheit in der **Reichsreligion** des *Sol
invictus* (Sonne als Reichssymbol). Wendung des Neuplatonismus
(S. 145) gegen das Christentum. Erhöhung des Prinzipats zum **Domi-
nat** (dem Kaiser als *dominus et deus* gebührt Anbetung).

275–276 Tacitus besiegt Alanen und Goten in Kleinasien,

276–282 Probus Franken und Alamannen am Rhein, Burgunder, Vandalen,

282/83 Goten an der Donau und sichert **Rhein-** und **Donaulinie** durch Neubefestigungen. **Carus** kämpft erfolgreich gegen **Sarmaten** an der unteren Donau und **Neuperser** in Mesopotamien.

284–305 **Diocletianus** († 316 in Spalato, dem heutigen Split). Unter den Soldatenkaisern ist er der erste Innenpolitiker und wird so Schöpfer einer **neuen Reichsverfassung mit absoluter Monarchie** nach dem Muster der orientalischen Despotie. Seit 285 *Mitregentschaft* des *Maximianus*. Feldzüge gegen die Franken 287, 288, die Alamannen 291/92, Umwandlung Ägyptens in Provinzen. Rückgewinnung des aufständischen Britannien 296. Sieg von Diocletians Schwiegersohn Galerius in Armenien 298. Persien erkennt **römische Oberhoheit über Armenien** an. Errichtung der Verteidigungslinie von Bostra über Damaskus nach Sura am Euphrat.

293 **Begründung der Tetrarchie:** Aufgliederung des Reichs in 4 Teilgebiete der beiden Kaiser und der neuernannten 2 Caesares *Constantius* und *Galerius*. **Maximian** erhält Italien und Afrika (Residenz nicht Rom, sondern *Mailand*), **Constantius** Spanien, Gallien, Britannien (Residenzen *Trier* und *York*), **Galerius** Illyricum mit Makedonien und Griechenland (Residenz *Sirmium* a. d. Save), **Diocletian** den Osten (mit Residenz *Nikomedeia* in Bithynien). Einheit der Gewalt, der Gesetzgebung, Münzprägung, des Kaiserkults, Verbeamtung des Kaisertums durch Schaffung regionaler Verwaltung.
Diese Ordnung beeinträchtigt nicht Diocletians Überordnung, bedeutet also nicht Reichsteilung. Einführung der lateinischen Amtssprache auch im Osten.

297 *Neuordnung der Reichsverwaltung:* Einteilung des Gesamtreichs in **12 Diözesen** unter *vicarii* jedes Tetrarchen. Vorbereitung der Einteilung des Reichs in 101 kleine Provinzen und der Trennung von Militär- und Zivilgewalt. Einführung der Ertrags- und Arbeitskraftbesteuerung. **Bindung an Scholle, Berufsgenossenschaft** zur Sicherung der Versorgung von Heer und Beamtentum begründet den **Zwangsstaat mit Untertanen.**
Reduzierung des geistigen und kulturellen Lebens. **Kunst** *der Tetrarchenzeit:* „Bauwut", Kühnheit in Wölbungen und Palastbauten, Diocletianspalast mit Befestigungen in *Spalato,* Diocletian-Thermen und Maxentius-Basilika in Rom.

301 **Höchstpreistarif:** Senkung der Preise zugunsten der in Geld besoldeten Beamten und Offiziere, aber erfolglos ohne staatliche Lenkung der privaten Wirtschaft.

303 **Christenverfolgung** (S. 150).

305 **Abdankung** Dioclietans und Maximians. **Galerius** und **Constantius** werden *Augusti.* Ernennung neuer Caesares, *Severus* für Afrika, Italien, Pannonien, *Maximinus Daia* für Asien und Ägypten. Ausrufung

306 von *Constantius'* Sohn **Constantinus** (* um 285) zum Augustus in

308 York und Erhebung von Maximians Sohn **Maxentius** in Rom. **Kaiserkonferenz in Carnuntum** überträgt **Licinius** die Augustuswürde im Westen; usurpiert Daia. 311 Toleranzedikt und Tod des *Galerius.*

312 **Constantin siegt über Maxentius bei Saxa rubra und bis zur Milvischen**

Brücke *(hoc signo vinces)*, 313 *Licinius* über *Maximinus Daia* nahe *Adrianopel*. (Edikt von Mailand: S. 150.)) 322, 323 *Schutz der Donaugrenze* gegen Sarmaten und Goten.

324 **Siege Constantins über Licinius bei Adrianopel** und **Chrysopolis** begründen seine Alleinherrschaft. Die gallisch-germanischen Truppen siegen über die bisher entscheidenden illyrischen. (Forts. S. 153.)

c) Die Romanisierung Europas in der Kaiserzeit

Südosteuropa. Das Adriagebiet (samt Hinterland) bildet als Truppen-, später auch als Zollgebiet eine Einheit als **Illyricum** (S. 90), aus der die Provinzen Moesia superior, **Dalmatia** und Pannonia gebildet werden (nach Niederwerfung des Illyrieraufstands 6–10 n. Chr.). Es zeigt eine Entwicklung analog der Germaniens und Galliens als Hinterland der Reichsgrenze an der Donau. Das *Christentum* faßt nur in den Hauptorten (Salona bei Spalato) Fuß. Dort bedeutende Kirchenbauten im 5. und 6. Jh. Das Küstengebiet Dalmatiens bewahrt seine romanisierte Zivilisation bis ins Mittelalter.

Das Südufer der Donau, von thrakischen Mösern bewohnt und seit 15 v. Chr. als Provinz **Moesia** organisiert, ist seit 85 n. Chr. geschieden in Moesia superior und inferior. Die Nordgrenze bildet der Donaulauf mit wichtigen Uferfestungen an der Einmündung von Flüssen und bedeutenden Binnenstädten. **Limesanlagen** verbinden den nach Norden gerichteten Donaulauf und die Schwarzmeerküste. Von den römischen Lagern und Kolonien geht die *Romanisierung* des heutigen Nordbulgarien aus. Moesia inferior erlebt in der Völkerwanderung die Einfälle der Goten und Hunnen und die Landnahme der Goten auf Reichsgebiet (S. 165).

Nördlich der Donau entsteht erst nach den Dakerkriegen Traians zwischen Theiß, Marosch und Karpatenhauptkamm 107 die **Provinz Dacia;** ihre Südostgrenze liegt am Lauf des Olt. Das 270 aufgegebene Gebiet (Rückführung der Bevölkerung über die Donau) im heutigen Rumänien und die von freien Dakern bewohnte Tiefebene fällt in die Hand der *Sarmaten;* das ostwärts gelegene Gebiet besetzen zuerst die Westgoten (S. 143, 165), dann die den Goten folgenden *Bulgaren.* **Thracia** wird 44 n. Chr. **Provinz,** spricht unter dem Einfluß der Griechenstädte der Adria- und Schwarzmeerküste griechisch. Hauptort ist Serdica (Sofia, S. 151). Um 509 beginnen auch hier die Einfälle der Bulgaren.

Wie die rumänische Tiefebene bleibt auch das weite Ungarische Tiefland vor der Kastellkette längs der Donau außerhalb des Reichsgebietes. Auf römischem Gebiet wohnen, von Tiberius 12–9 v. Chr. bekämpft, die Pannonier. Der Name **Pannonia** wird seit 10 n. Chr. auf die zwischen Donau und südlichen Randhöhen des Savetals sich erstreckende Provinz beschränkt, die zwischen 102 und 107 in Pannonia superior und inferior mit den Legionslagern Carnuntum (S. 141) und Aquincum (Alt-Ofen) geteilt wird. Die frühe *Romanisierung* durch

italische Händler erlaubt – entgegen dem sonstigen römischen
Brauch –, auch die Landbevölkerung zum Legionsdienst heranzuzie-
hen: das ist die Voraussetzung für die Bedeutung der illyrischen
Heere und der illyrischen Soldatenkaiser des 3. Jh. Die *Christianisie-
rung* erfolgt spät. Ab 380 Goteneinfälle; die Westgoten besetzen
Teile von Pannonien, von Nordosten dringen die Hunnen ein. (Forts.
S. 188).

Iberische Halbinsel. Träger der vorgeschichtlichen Kultur ist im 2.
Jtsd. das Volkstum der *Iberer.* Um 1100 phönikische Faktorei in
Gades. Griechische und karthagische Kolonien folgen. Das Innere
der Halbinsel ist seit dem 10. Jh. von Kelten besiedelt. Für diese Kulturphase gilt die Bezeichnung der Keltiberer, d. h. der Kelten in Ibe-
rien. Seit der Unterwerfung der Cantabrer und Asturer durch Augustus (27–25 v. Chr.) ist die ganze Halbinsel römisch. Die
Romanisierung, anknüpfend an die hochentwickelte Stadtkultur
(phönikischer und griechischer Einfluß), schreitet durch Anlegung
weiterer römischer Siedlungen fort (Caesaraugusta = Zaragoza 19
v. Chr.). Die **Baetica** (Hauptort *Corduba*) erhält als senatorische Provinz Sonderstellung und von Vespasian latinisches Bürgerrecht (Bauten in *Italica, Hispalis* = Sevilla und *Corduba*). **Asturien** und **Kan-
tabrien,** durch ihren Metallreichtum wichtig, werden als letzte
romanisiert. Um 250 gibt es *Christengemeinden* in León (= Legio,
Legionslager), Astorga, Mérida, Zaragoza, um 300 in allen Städten
der Baetica. Unter Constantin ist Bischof Ossius von Corduba bedeutend für das Westreich. (Forts. S. 187.)

Die Britischen Inseln sind seit dem Beginn der Bronzezeit (ab 1600
v. Chr.) von den *Goidelen,* einer sprachlichen Gruppe der Kelten, bewohnt. Erst um 300 v. Chr. wandern die keltischen *Briten,* um 80
v. Chr. Stämme der *Belger* in England ein. Das keltische Britannien
bleibt bis zur Landung Caesars 55 und 54 v. Chr. unbekannt (S. 118).
Seit 43 n. Chr. wird der Südosten Englands römische Provinz (Einnahme von *Camulodunum* = Colchester). Weitere Ausdehnung der
römischen Herrschaft zur Sicherung des Gebietes in den folgenden
Jahren (S. 127, 129). Seit Kaiser Hadrian erneut Kämpfe: 122
Errichtung des sog. **Hadrianslimes** vom Solvay zum Tyne; unter
Antoninus Pius 142–143 des **Antoninuslimes** zwischen Clyde und
Forth. Hinter dem 184 wieder besetzten Hadrianslimes Militärgebiet
mit Legionslager Eburacum = York, das zeitweilig unter Septimius
Severus und Constantius Chlorus Kaiserresidenz ist.

Die britische Bevölkerung wohnt weiterhin in Dörfern. Aber römische Kultur verbreitet sich durch die Anlage von Villen im 2.–4. Jh.
im Süden. Nur hier liegen die Zentren der Romanisierung: Camulodunum, Glevum (= Gloucester), Lindum (= Lincoln), Verulamium
(= St. Albans); wichtiger Umschlagplatz ist *Londinium* (= London).
Christengemeinden finden sich um 300 nur in drei Hauptorten. Seit
290 werden Verteidigungsanlagen der Südostküste gegen die Sachsen
erforderlich *(litus Saxonicum).* Nach Aufteilung in vier Provinzen si-

chert Constantius Chlorus 297–306 nochmals die römische Herr-
schaft. 367 erneuter Durchbruch der Picten und Scoten durch den
Hadrianslimes, der 370 wiederhergestellt, auch 383 und 395(?) noch
gehalten wird. Ab 410 wird die Verteidigung Britanniens den einzelnen Städten überlassen. London wird noch 457 gehalten. (Forts.
(S. 185.)
Frankreich. Die Einwanderung der Kelten in das heutige Frankreich
ist noch nicht sicher datierbar. In der Epoche der Hallstattkultur
(S. 139) steht der Westen des Landes mit der etruskischen Kultur
Oberitaliens in Verbindung und erhält von hier griechische Waren.
Übervölkerung führt um 400 v. Chr. zur Abwanderung nach Oberita-
lien (S. 95). Das untere Rhonetal und die französische Mittelmeerkü-
ste sind von den Ligurern bewohnt. Mit der Gründung der griechi-
schen Kolonie *Massilia* um 600 v. Chr. beginnt der griechische
Einfluß zunächst auf die Ligurerstämme, später auch auf die Kelten.
Die Gründung der römischen Provinz **Gallia Narbonensis** 121 dient,
wie dann ihre Erweiterung bis Tolosa durch Pompeius 77, nur der
Sicherung der Landverbindung Italien–Spanien für Rom. Erst die
Verdrängung der keltischen Helvetier aus Süddeutschland nach der
Schweiz und der Einfall der Kimbern und Teutonen 109 v. Chr., ihre
Kreuz- und Querzüge bis zur ihrer Vernichtung (S. 115) rücken
Frankreich in das Licht der Geschichte, freilich in einem Zustand zu-
nehmender Verarmung und innerer Unsicherheit.
Die Höhensiedlungen (zumeist mit Namen auf -dunum) sind die
Fluchtburgen (oppida) der einzelnen auf die Kulturräume verteilten
Stämme (civitates) und ihrer Gaue (pagi); daneben auch Wohnsitze
des **Adels.** In ihnen findet gewerbliche Tätigkeit Raum, die an diese
stadtartigen Plätze gebunden ist, während die übrige Bevölkerung in
Dörfern und Höfen wohnt. Die Gesellschaftsentwicklung steht auf
der aristokratischen Stufe der Gefolgschaft (der *ambacti*) um einen
adligen Vorkämpfer; nur die Häduer haben einen jährlich wechselnden Oberbeamten *(vergobretus)*. Neben den principes steht der Rat
der Familienoberhäupter; die Heeresversammlung auf Landtagen
(concilia) ist Träger der Souveränität. 58–51 römische Eroberung in
Gallien und Britannien durch Caesar. 38 werden Unruhen von Octavian unterdrückt und Gallien 27 von ihm neu organisiert.
Der Grad der *Romanisierung* nimmt von Augustodunum (= Autun)
und Augustonemetum (= Clermont-Ferrand) aus nach Norden und
Nordwesten ab. Die römische Verwaltung stützt sich auf die keltische,
in ihrer Bildung romanisierte Aristokratie und auf keltische Siedlungen (*Divodurum* = Metz). Die Stadtgebiete entsprechen den alten
territoria keltischer civitates. Der agrarische Charakter des Landes
bleibt erhalten. Galliens wirtschaftliche und militärische Bedeutung
ist die eines Hinterlandes für die Militärgebiete in England und am
Rhein. Die Burgundische Pforte mit *Vesontio* (= Besançon) gehört
bis Mitte des 4. Jh. (Errichtung der gallischen Provinz Maxima Sequa-
norum) zu Germania superior, das Moseltal mit Trier zu Gallia Bel-

gica. Seit den Germaneneinfällen ab 253 zunehmende Verödung. Die Städte erhalten um 300 neue Befestigungen und werden seit den Kaisern Julian und Valentinian I. zum Lagertypus umgestaltet (Bordeaux, Orléans). Gegen die Germanengefahr Aufgliederung in Kleinprovinzen. Seit 411 ist Arles Hauptstadt, das Schwergewicht wird in den Süden verlegt; der Norden wird den Germanen als foederati freigegeben. (Forts. S. 167, 173.)

Das *Christentum* gewinnt zuerst die griechisch sprechende Bevölkerung (Lyon, Vienne), dann die übrige Narbonensis und Hauptorte Aquitaniens. Bis Ende des 4. Jh. werden alle Städte christianisiert. Um 440 beginnt die Festsetzung von Leuten aus Cornwall in der Bretagne. Auch in dieser Spätzeit lateinische Literatur in Gallien: Ausonius, Sidonius Apollinaris u. a. Die Pflege der Rhetorik trägt dann zur Romanisierung der Franken bei.

Mittel-, Nord- und Osteuropa gehören in der Zeit des Hellenismus noch der Vorgeschichte an. Ab 1700 wird hier der Anfang der Bronzezeit datiert. In der Voralpenzone entwickelt sich ab 800 die Hallstattkultur der älteren Eisenzeit. Im Rhein-Mosel-Gebiet breitet sich seit 500 die La-Tène-Kultur aus. Die nördlichsten Funde griechischen Imports um 520 sind im oppidum der Feste Marienberg von Würzburg gemacht worden. Der südwestdeutsche Raum darf als Ausgangspunkt der Keltenexpansion des 8.–4. Jh. gelten. Die Bildung des Hallstattkulturkreises riegelt den Norden ab. Dessen Handelsbeziehungen gehen zu den Tälern von Oder und Weichsel weiter auf der Bernsteinstraße zur Donau bei Preßburg. Als Träger der Kultur im nördlichsten Deutschland (Stufe von Jastorf) müssen die *Vorfahren der Germanen* gelten, da eine kontinuierliche Entwicklung durch die ältere Eisenzeit zu den Kulturzuständen der Stämme führt, die die Römer als Germanen kennenlernen.

Ab 400 kann die Begründung der *germanischen Landnahme* beiderseits der Elbe gefolgert werden, die am Harz in Berührung mit der Lausitzer Kultur tritt. Die Mittelgebirge dagegen waren von einer *nordillyrischen* Bevölkerung am Rande des Lausitzer Kulturkreises bewohnt. Die Zuweisung der Hauptkreise der materiellen Kultur an die indogermanischen Völker der *Germanen* (in Norddeutschland), der *Kelten* (zuerst in Süddeutschland), der *Illyrier* (in Ostmitteleuropa) wird durch jüngere Zeugnisse nahegelegt. Die ersten Germanen erscheinen im Mittelmeerkulturkreis hinter den Kelten um 200 v. Chr. (S. 91). In Skandinavien und Norddeutschland werden Völkerbewegungen erst im Vorstoß der Germanen gegen die *Helvetier* Süddeutschlands in der 2. Hälfte des 2. Jh. v. Chr. faßbar: Wanderung der Kimbern und Teutonen, Zusammenstoß mit den Römern (S. 115). Ab 150 wandern die *Ostgermanen* ins östliche Mitteldeutschland. Überlagerung keltischer Stämme im Moselland durch die *Treverer*, nördlich der Eifel durch die *Germani cisrhenani*. Um 71 v. Chr. werden suebische Hilfsvölker unter *Ariovist* von den *Sequanern* herbeigerufen. Ab 60 v. Chr. engen die Germanen den

Raum der Westkelten auf Frankreich (= Gallia comata), Belgien und Südengland ein; keltisches Volkstum hält sich nach der germanischen Landnahme links des Rheins südlich der sog. Eifelbarriere bei Treverern und *Mediomatrikern*. (Zu den Kämpfen Ariovists mit Caesar (S. 118.) Auf Caesars Veranlassung wird Ariovists Einfallstor durch Gründung einer colonia im Gebiet der *Raurici* geschlossen (von Augustus erneuert als *Augusta Raurica* = Augst bei Basel). Ansiedlung der keltisierten *Ubier* als Grenzsicherung über den Rhein (Hauptort seit 12 v. Chr. *Ara Ubiorum* = Köln). Unter Augustus und Tiberius weitere Kämpfe mit den Germanen (S. 125 ff.). Vor 6 n. Chr. erste germanische Reichsbildung unter *Marbod*: Zusammenschluß von Markomannen, Lugiern, Quaden, Hermunduren, Semnonen, Langobarden; dieses Reich zerfällt bereits 17 unter dem Eindruck von Arminius' Erfolgen. In den folgenden Jahren wechselnde Einfälle der Germanen und römische Gegenstöße. Dem Aufstand von Julius Civilis (S. 128) folgt die Erhebung aller Rheingermanen 69–71, die niedergeschlagen wird. Zur Sicherung des Truppennachschubs von der Donau zum Rhein wird durch den Schwarzwaldfeldzug 73/74 über Offenburg–Kinzigtal eine *Kastellkette zur Donau* angelegt. Unter Domitian um 90 Errichtung der Provinzen Germania superior und inferior mit dem Vinxtbach (= ad fines) bei Andernach als Grenze. Einbeziehung des Sequanerlandes und der rechtsrheinischen Gebiete hinter dem Limes bis zur Grenze der Provinz Raetia, die sich über die Donau nordwärts zum Limes ausdehnt. Seither ist zwischen *Germania Romana* (römisches Germanien) und *Germania libera* oder *magna* (freies Germanien) zu unterscheiden.

Die römischen Provinzen auf deutschem, österreichischem und schweizerischem Boden

Gallia Belgica. Zu dieser Provinz mit einer keltisch-germanischen Mischbevölkerung gehört das Moseltal mit der Stammeshauptstadt der Treverer, *Augusta Treverorum* (= Trier). Schon um 100 mit Forum und Amphitheater ausgestattet und nach 196 ummauert, wird es im späten 3. Jh. zur Hauptstadt in Grenznähe (S. 134) und mit kaiserlichen Bauten reich geschmückt. Weite Verbreitung römischer Kultur im Rhein- und Moseltal, vor allem durch die villae rusticae mit Badehäusern (Thermen) und ziegelgedeckten Steinhäusern (Heizung durch Hypokausten). Daneben Luxusvillen mit bedeutenden Mosaiken. **Trier** wird zur **Kaiserstadt** Treveris (286–411); seit 270 ist es Bischofssitz. Unter Constantin gewinnt es als christliche Stadt besondere Bedeutung: im Kaiserpalast entsteht um 310 der Thronsaal (sog. Basilika), nach 336 der erste Dom; er wird um 370 zur Doppelkirche. Die Kaiserthermen entstammen in zwei Bauphasen ebenfalls dem 4. Jh.

Germaniae (superior und **inferior),** nur aus militärpolitischen Gründen getrennt, mit den Hauptstädten *Moguntiacum* (= Mainz) und

Köln, dieses seit 50 n. Chr. Colonia Claudia Ara Agrippinensium. Unter Traian *coloniae* der Veteranen in *Xanten* und *Nimwegen* um 100. Zur Versorgung Gründung offener Siedlungen *(vici)* bei Cruciniacum (Kreuznach) und Alzey (Altiaienses); Hauptorte von civitates wie in Gallien sind nur *Borbitomagus* (Worms) ab 90, *Noviomagus* (Speyer). Die Siedlungen an der Rheinstraße und an den Strecken Köln–Trier, Straßburg–Augsburg bleiben vici. Erst um 150 werden sie in Friedenszeit zu glanzvollen Städten. Von Trier aus kommt das *Christentum* vor 313 nach Köln und wohl nach Mainz.

Raetia (mit Wallis) 15 v. bis 167 n. Chr. unter einem militärischen Prokurator, ab 167 Provinz Raetia Vindelicia mit dem Hauptort Augusta Vindelicorum = Augsburg. Cambodunum = Kempten ist der typische romanisierte Hauptort einer keltischen civitas. Die Alpenstämme (mit verschiedener Rechtsstellung) haben *Marktorte* mit Benennung als *fora* (so Curia = Chur und die Orte am Bodensee wie Brigantium = Bregenz). *Regensburg* (Castra Regina, 179 angelegt) entwickelt sich als *Legionslager* und Statthaltersitz vom vicus zum spätantiken Kastell.

Noricum (= Österreich). Das Ostalpenland mit seinen (verstaatlichten) Bergwerken ist auch in der Römerzeit ein wichtiges Kulturgebiet mit keltischer Bevölkerung. Seine Städte haben seit Claudius und Domitian latinisches Bürgerrecht. Befestigung der meisten Städte um 200. An der Donau entstehen Siedlungen (colonia-Schema) aus Eingeborenenorten und Lagerdörfern der Legionen, so **Carnuntum** (= Hainburg, mit Amphitheatern und Tetrapylon „Heidentor") als Statthaltersitz von Pannonia superior (S. 136), das Legionslager (ab 80) *Vindobona* (Wien).

Gemeinsam ist den Provinzen an der Grenze gegen die Germanen die Grenzentwicklung in drei Phasen: Anlage einer Kette von Befestigungen an den Flußgrenzen, Vorrücken zum Limes, nach seiner Räumung erneute Befestigung von Orten an den Flüssen. Schon um 80 entstehen nördlich der Donau Kastelle. 88/89 beginnt Domitian mit der **Errichtung des Limes** als Grenzscheide der Provinz Obergermanien zwischen römischem und germanischem Wirtschaftsgebiet im Taunus, um die Wetterau, im Odenwald. Vor den Grenzkastellen verläuft, dem Gelände angepaßt, der Limes als Wehrgangwall und Graben mit Flechtwerkzäunen und dahinter Holztürmen als Signalposten und zur Überwachung des Limes wie seiner Durchgänge. Kleine Erdkastelle nur südlich des Mains unmittelbar am Limes. Von Rätien aus wird die Schwäbische Alb mit einer Kastellkette erreicht; eine Straße verbindet diese Steinkastelle miteinander. Seit Hadrian wird der Limes erneuert, durch Palisaden verstärkt und ohne Rücksicht auf das Gelände in seiner Führung begradigt. Auch Rätien hat jetzt seinen Limeswall mit Kastellkette erhalten. Von Kehlheim abwärts ist die **Donau Grenze** und wird durch die Kastelle *Castra Regina* (Regensburg), *Castra Batava* (Passau), Lauriacum (Albing, dann Lorch an der Ennsmündung) und das Legionslager *Carnuntum* geschützt. Das südlichste **Oberrheinische Tiefland** heißt **agri decumates.** Nach 154 wird der **Odenwaldlimes** auf eine neue Linie (Miltenberg–Haghof) verlegt, die schnurgerade bis zum Anschluß des rätischen Limes verläuft. Caracalla sichert 213 den obergermanischen Limes durch einen Pfahlgraben von 6 m Breite, den rätischen durch eine Steinmauer (sog. Teufelsmauer, 166 km lang). 233 Anrennen der Alamannen gegen den Limes. 258 oder 259 nach ihrem Durchbruch **Aufgabe des** obergermanischen und des rätischen **Limes.** Fortan sind **Rhein, Iller, Donau Reichsgrenzen.**

Mit der Verwischung von Militär- und Zivilsiedlung erhalten nach dem Fall des Limes Rigomagus (Remagen), Antunnacum (Andernach), Confluentes (Koblenz) Stadtrecht und zumeist Ummauerung, auch Köln, Speyer, Bingen (Bingium), Mainz (nach 300 ummauert). In **Köln** bestehen Kirchen (St. Gereon, St. Severin) und Paläste (praetorium unter dem jetzigen Rathaus) über das Ende der Römerzeit hinweg. In Raetia bleiben Römertum und Christentum hinter der Donau und der *neuen Kastellkette* von der Illermündung zum Bodensee erhalten, Augsburg Bischofssitz bis zur bayrischen Eroberung. In Passau wirkt Bischof *Severin* († 482) fast bis zur Räumung der Donaugrenze von Noricum vor den Rugiern.

Das freie Germanien

Vom Kulturstand um 100 n. Chr. erzählt Tacitus in seiner *Germania* (98 n. Chr.) nach Berichten von Teilnehmern an den Germanenkriegen. **Das politische Leben** der Germanen bewahrt die Züge eines Wanderungszeitalters: ihr Kriegertum steht in der Bindung eines Gefolges an den Gefolgsherrn (Jünglings- und Männerbund, Glaube an das tote Heer der Bundesbrüder). Volk und Stamm haben nur für Kriegszeit einen Anführer *(Herzog, Heerkönig).* In Friedenszeiten wird das Leben in der Ansässigkeit von der Sippe bestimmt, die auch die Anverwandten der Frau einschließt. Die *Sippe* ist im *Kult der Ahnen* und in der Siedlung in Sippendörfern vereint. Die Volksversammlung *(Ding* der Gau- und Stammesgenossen) vereinigt sich beim Kultfest. Kultbünde von Stämmen sind kenntlich. Zu ihnen gehört wohl auch die Dreiteilung der **Westgermanen** (auf deutschem Boden) in *Ingaevones* (an der Nordsee), *Irminones* (um die Elbe), *Istaevones* (zwischen Elbe und Rhein). In der **Religion** wird durch Tacitus und durch Denkmäler der Glaube germanischer Soldaten im römischen Dienst deutlich (Vergleich römischer Gottheiten ähnlicher Erscheinung oder Wirksamkeit = interpretatio Romana). Indogermanischer Kriegs- und Lichtgott Ziu (= Mars), auch Thinxus; Herr des bündischen Totenheeres Wodan (= Mercurius); Wettergott Donar (= Hercules). Betonung des Vegetationskultes in Verbindung mit weiblichen Gottheiten (Nerthus-Kult).

Das innere Germanien wird von den Römern auf wenigen **Handelswegen** erschlossen, auf denen römische Kulturgüter (Hildesheimer

Silberschatz) ins Land gelangen. Tacitus nennt die Stämme (von der Wetterau, vom Rhein, vom Cheruskerweg, dann von der Donau her), die als Gegner der Römer auftreten: Hermunduren, Sueben (mit Semnonen in Mitteldeutschland) und die **Donaugermanen;** nördlich von ihnen (entlang der Weichsel) die **Ostseegermanen:** Goten, Rugier, Gepiden.

Um 100 v. Chr. ziehen hinter den Kimbern aus Nordjütland und Südostnorwegen die *Vandalen* zur Weichselmündung und flußaufwärts. Bei der Abwanderung der *Sueben* nach Südwesten drängen die Vandalen nach Thüringen. Ihnen folgen die *Burgunder,* die in Mittelpommern und an der unteren Weichsel seßhaft werden. Im 1. Jh. n. Chr. wandern die *Goten* von der Insel Gotland zum Land zwischen Weichsel und Passarge. Die Burgunder wenden sich westwärts über die Oder, die Vandalen rücken nach Ostgalizien vor. Die Südwanderung der Goten löst den Angriff der Markomannen (S. 131, Sitz im heutigen Böhmen) aus. Grenzwüste am nördlichen Donauufer. Die Ausweitung des römischen Einflusses auf Böhmen veranlaßt Völkerbewegungen in Sachsen und Thüringen. Um 200 wandern aus Gauen der Semnonen in freiwilligem, lockerem Zusammenschluß als ,,Alle Männer'' die *Alamannen* ins mittlere Maintal ein und stoßen zum Rhein vor. 213, 236 erscheinen die Goten an der Reichsgrenze der unteren Donau. Vor 250 entsteht am Niederrhein aus den alten Stämmen der Brukterer, Chamaven u. a. der lockere Stammesverband der *Franken* und tritt mit einem Vorstoß über den Rhein nach Gallien, Spanien, Marokko 257 in die Geschichte ein. 269 beginnen die Goten an der Donaugrenze, jetzt erstmals als *Ost-* und *Westgoten* geschieden, eine *Volkswanderung* mit den Herulern, den Gepiden und Peukinern. Die Westgoten werden ansässig im aufgegebenen Dakien. Durchdringung des Gotentums mit Kulturelementen der *Sarmaten: gotisch-skythische Mischkultur,* Steppenreitertum. Reger Handelsverkehr auf der *Bernsteinstraße.* Verbreitung der *Runen* als Lautschrift. Auch an der oberen Donau und am Rhein kommen die Germanen zur Ruhe durch Ansiedlung. Die Franken besetzen 288 das Batavergebiet (Inseln der Rheinmündung). Westgoten übernehmen 332 den Grenzschutz nördlich der Donau, ihr Land wird Reichsgebiet; ihre Truppen bilden seither frei verwendbare Teile des Reichsheeres. Fortan Gewinnung der Goten für die Kultur des christlichen Römerreichs. Annahme des *Arianismus:* seit 341 *Wulfila* (* 311) als Missionsbischof des Arianer-Bekenntnisses, das er als Gesandter König Ariarichs 335 in Konstantinopel kennenlernte. Seit etwa 350 in Südrußland *Ostgotenreich Ermanarichs:* Unterwerfung der Heruler, Veneter, Mordwiner, der Ästen, der Anten am Kaukasus; der Dnjestr Grenze gegen die Westgoten. (Forts. S. 188.)

Osteuropa

Das Gebiet östlich der Oder und der Nordkarpaten wird in der Zeit des Hellenismus im NW von germanischen Stämmen, im SW von Thrakern bewohnt, weiter nach O von den Angehörigen der baltisch-slawischen Sprachfamilie der Indogermanen. Ihre Kulturäußerungen gehören noch der Vorgeschichte an. Balten und Slawen trennen sich kulturell spätestens am Anfang des Hellenismus, haben aber keine Berührung mit der Mittelmeerwelt. Vorstöße der Ostkelten führen im 3. Jh. bis zum Dnjepr.

Entscheidend für die Entwicklung des osteuropäischen Raumes wird im 3. Jh. v. Chr. der Einbruch der **Sarmaten.** Um 250 besetzen sie das Dnjeprgebiet und begründen ihre Herrschaft über ganz Südrußland (250 v. Chr.–250 n. Chr.). Der Zusammenschluß zu den Alanen in der Steppe nordöstlich des Kaspisees löst im 1. Jh. eine neue Welle der Reiterkrieger gegen Süßrußland in Richtung auf den Don aus. In der Ukraine verschmelzen Sarmaten und Ostkelten.

Das Gebiet zwischen Ostsee, Ural und Schwarzem Meer, Steppe, Wald und Tundra, ohne scharfe Grenzen nach Westen und Osten, ist von jeher infolge seines einheitlichen Tieflandcharakters und der engen Verflochtenheit seines Gewässernetzes für eine Vermittlerrolle zwischen Innerasien und dem eigentlichen Europa sowie dem Mittelmeer- und Schwarzmeergebiet und dem Norden geeignet gewesen. Die wichtigste Verbindung zum Mittelmeerraum der Antike stellen die *griechischen Kolonien* am Nordufer des Schwarzen Meeres her. Durch Augustus' Feldherr Agrippa kommen sie unter *römische Herrschaft.* Diese Städte sorgen zusammen mit den Sarmaten für den Austausch der Rohprodukte des Nordens (Getreide, Walderzeugnisse, Pelze; Sklaven) gegen Geräte, Schmuckwaren und Luxusartikel der Mittelmeerwelt. Bis zum Einbruch der Hunnen leben in diesem Raum nur indogermanische und finnisch-ugrische Völker.

Als Urheimat der **Slawen** gilt das Gebiet zwischen den Nordabhängen der Karpaten, dem Pripjet und dem mittleren Dnjepr, vielleicht bis zum oberen Don. Hier haben sie ein Leben auf der Stufe von Urproduktion, primitivem Ackerbau und Viehzucht geführt. Von der Ostsee trennen sie ihre nördlichen Nachbarn, die Balten, mit denen sie eine Kultur- und Sprachgemeinschaft verbindet. Vom Schwarzen Meer und von der Mittelmeerkultur werden die Slawen durch die iranischen Skythen, dann durch die Sarmaten geschieden. Mit den finnisch-ugrischen Völkern, die auf der Wanderung aus ihrer Urheimat zwischen Wolga, Kama und Ural nach W und N sich ausbreiten, kommen die Slawen ursprünglich nur in Randbezirken an Oka und Don in Berührung. Im SW stehen die Slawen mit den thrakischen Stämmen über die Karpaten hinweg in Verbindung. Im W dürften die Slawen zu Beginn der Zeitrechnung die mittlere Weichsel erreicht haben.

Seit dem 2. vorchristlichen Jh. dringen Germanen, Bastarner, Skiren, Goten, Heruler, Gepiden, nach Osteuropa vor. Um 230 n. Chr. erreicht das **Gotenreich** das Schwarze Meer. Höhepunkt unter *Erman-arich,* Hauptstadt am Dnjepr, Grenze gegen die Westgoten ist der Dnjestr. Durch diese Germanen erfahren die Slawen nachhaltigste Beeinflussung, die in der Errichtung der Gotenherrschaft zwischen Ostsee und Schwarzem Meer über slawische, baltische und finnische Völker kulminiert (Lehnwörter im Slawischen aus dem Bereich der geistigen und materiellen Kultur, z. B. für Verwaltung, Waffen, Gefäße, Münzen, Kleidung, Hausrat, Hausbau u. a.; kriegerische Ertüchtigung der Slawen). (Forts. S. 188.)

d) Die Religionen des Reichs und das Christentum

Die Religion der Kaiserzeit

Das Zeitalter des späten Hellenismus im O, der Bürgerkriege in Rom hat die nationalen Religionen erschüttert. Gemeinsam bleibt der Glaube an göttliche Allgewalt, Vorsehung oder Zufall. *Stoa* und *Epi-kureismus* werden zum Religionsersatz, noch stärker die Lehren von Pythagoras (S. 59) und Platon als **Neupythagoreismus** und **Neuplatonismus.** Dazu wird die **Gnosis** als Mischreligion **(Synkretismus)** des Volks- und **Zauberglaubens** erhoben zu einem System der Erkenntnis und Gottesschau, die durch Gnade Erlösung aus Materie und Tod verheißt. Im späteren 3. Jh. wächst die sog. **hermetische Lehre** zu einer Religion mit philosophischen und ekstatisch-mystischen Zügen empor. Die Verbindung von Erkenntniswillen und Heilsverlangen läßt im 4. und 5. Jh. unter den Gebildeten den in Persien entstandenen **Manichäismus** Anhänger finden (S. 150). Die Wirkung dieser Systeme bleibt auf die Gebildeten beschränkt.
Orientalische und jüdische Glaubensvorstellungen, die Mystik der Gnosis, der Neuplatonismus durchdringen sich mit der Kosmosvorstellung der Stoa; Lehren vom Weltende (Eschatologie) verbinden sich mit der Astrologie als Ersatzreligion der unteren Schichten.
Lebendige **Volksreligionen** gibt es in der Kaiserzeit nur im *Orient.* Von hier gehen die ersten Missionen aus: die der ägyptischen *Isis* schon im Hellenismus, später die der kleinasiatischen Göttermutter *(Kybele, Magna Mater)* und der kappadokischen *Ma* (Bellona), vor allem die des *Judentums.* Zur Kultform all dieser orientalischen Religionen des Reichs wird die geheime Feier in geschlossenen Räumen, für die sich die Bekehrten, in Analogie zu den Mysterien von *Eleusis* in Attika und von *Samothrake,* zu Vereinen von „Mysten" zusammenschließen. Seit dem 2. Jh. n. Chr. Kulte des iranischen *Mithra* auch in der Weltstadt Rom. Mit der syrischen Kaiserdynastie (S. 132 f.) wird Mittelsyrien als Verehrungsgebiet des Sonnengottes für das Reich wichtig. Die dort stehenden Legionen verbreiten die Kulte des Mithra und des Jupiter Dolichenus in alle Truppenstandorte, nach Rom und Germanien. Allgemeine Anerkennung fordern orientalische Kulte jedoch erst mit dem Aufstieg von Kaisern aus dem

Orient. Zur Reichsreligion steigen sie erst 270 mit der *Sonnenreligion* Aurelians (S. 134) auf, die in griechisch-theologischer Begründung dann *Julian* (S. 155) zu erneuern strebt.

Eine **Reichsreligion** als Klammer des Reichs zu schaffen hat bereits **Augustus** angestrebt mit der Erneuerung alter Kulte in Rom (S. 123); der Kaiserkult ist, analog dem Nebeneinander von Kaiser und Senat, auf die Verbindung von **Roma** und **Augustus (Sebastos)** festgelegt. Seit Tiberius verehren die Westprovinzen und Rom selbst nur den **divus Augustus,** erst seit den Flaviern alle Kaiser, damit aber auch den lebenden Kaiser als *divus.* Fortan wird bei jeder neuen Provinzgründung sofort der Kaiserkult in der Provinz eingerichtet. Die *Flavier* betonen die Nähe der Dynastie zu göttlichen Mächten. Nach Vorstufen unter Caligula und Nero folgert *Domitian* aus der Konsekration seiner Vorgänger seine Erhabenheit; in *Ephesus* entsteht der erste Tempel für den lebenden Herrscher. Aus dem Osten kommt die Anrede als *dominus et deus.* Erst mit *Aurelian* (S. 134) wird der **lebende Herrscher** zum **Gott** (nicht nur divus). Die Reichsreform Diocletians (S. 135) läßt auch in den neuen, kleineren Provinzen Kaiserkulte einrichten; Bekleidung des Amts des Provinzialpriesters schafft den Rang der *sacerdotales.* Noch *Constantin d. Gr.* duldet in einem Provinzteil Italiens die Errichtung eines Tempels für seine Dynastie. Erst nach 454 ist das Amt und die Klasse der Kaiserpriester erloschen.

Die historische Bedeutung des Kaiserkultes liegt im Zusammenstoß des Christentums mit der Forderung eines Opfers am Kaiseraltar. Die Stellung des Christentums im Römerreich ist ferner bestimmt durch die geistige Auseinandersetzung mit den philosophisch-theologischen Strömungen der Kaiserzeit.

Palästina und das Judentum

37 v. Chr. Antonius bestimmt *Herodes von Idumaea* in Südpalästina (Nichtjude) zum König der Juden. Dieser führt nach der Eroberung Jerusa-
37–4 lems mit Hilfe römischer Truppen als **Herodes I. d. Gr.** unter römischer Oberhoheit eine äußerlich glänzende Regierung, die aber durch allerhand Bluttaten belastet ist (Neubau des „Herodianischen Tempels"). 30 geht er rechtzeitig von Antonius zu Octavian über. Die Macht des Hohenpriesters wird beschränkt.

Nach Herodes' Tod erhält sein Sohn **Archelaus** die Teile Judaea, Samaria, Idumaea, wird aber 6 n. Chr. abgesetzt. Das Gebiet wird einem procurator (= Landpfleger) unterstellt. Der zweite Sohn von
4 v.– Herodes, **Herodes Antipas,** wird Tetrarch von Galilaea und Peraea
37 n. Chr. und damit Landesherr Christi. Johannes der Täufer auf Anstiften von Herodes' Frau, Herodias, ermordet. Die Anhänger des Johannes bilden eine kleine Gemeinde (Johannes-Jünger).

41–44 Der in Rom erzogene **Herodes Agrippa I.,** König von Idumaea, läßt

Jacobus, den Bruder des Evangelisten Johannes, hinrichten. Entwicklung der Christengemeinden.

Der Glaubensfanatismus der Pharisäer, die Erwartung eines Messias als politischen Befreiers schaffen in dieser Zeit eine gespannte Stimmung. Anläßlich eines Streites zwischen Juden und Griechen in

66   *Caesarea* allgemeiner Aufstand. Niedermetzelung der römischen Besatzung in Jerusalem. Zehntausende von Toten.

Die Römer schicken ein Heer unter *Vespasian.* Nach seiner Ausru-

70   fung zum Kaiser wird **Jerusalem** von *Titus* **erobert,** der Tempel nach erbitterten Straßenkämpfen zerstört und damit dem Judentum der religiöse und politische Mittelpunkt genommen.

Bewußt getrennt vom Tempeljudentum in Jerusalem lebt eine Gemeinde der **Essener** in einer klosterartigen Anlage in *Chirbet Qumran* (bis 68 n. Chr.); sie führt sich auf einen „Lehrer der Gerechtigkeit" aus der Makkabäerzeit zurück, bildet einen „Neuen Bund" zur Vorbereitung eines messianischen Reichs. Schriften auf Lederrollen aus der Zeit um 100 v. Chr. im Aufstand von 66 in benachbarten Höhlen in Krügen geborgen (seit 1947 im Wadi Qumran gefunden). Wie die Zeugnisse für die Sekte der Johannes-Jünger stellt sie eine wichtige Analogie zu Jesu Lehre dar, aber nicht ihr Vorbild.

Die **jüdische Religion** erfaßt durch Abwanderung von Juden nach Kleinasien und Ägypten und die Gewinnung nordafrikanischer Phöniker, auch durch Missionierung weite Teile der Bevölkerung im Römischen Reich. Wirkung jüdischer Vorstellungen auf die Philosophie der Kaiserzeit (*Philon* von Alexandreia, *Gnosis*) wie auf den Aberglauben, aber auch Voraussetzung für die Wirksamkeit der christlichen Missionare, die zuerst in den jüdischen *Synagogen* auftreten.

133   Erneuter Aufstand in Palästina unter Führung von **Bar Kochba** blutig niedergeschlagen. Die Höhlen westlich des Toten Meeres bei Qumran als Zufluchtsstätten – dort Briefe Bar Kochbas gefunden. Der Zutritt nach Jerusalem wird den Juden verboten. Intensivere Pflege der heiligen Überlieferung in den Synagogen. Abschluß des Kanons des Alten Testaments um 100 n. Chr. Neu werden die in der pharisäischen Tradition entwickelten Erläuterungen des Gesetzes schriftlich fixiert. Zusammenfassung zunächst in der **Mischna,** später im **Talmud.**

Vor 200   Entstehung des **Talmud-Judentums** mit scharfer Abhebung vom Christentum. Die Feier des Sabbats im Kult der Synagoge wird nun zum Kennzeichen des Judentums. Kaiser *Severus Alexander* erkennt wohl zuerst einen *Patriarchen* als *religiöses Oberhaupt aller Juden* an und läßt Abgaben zu seinen Gunsten zu.

Entwicklung und Ausbreitung des Christentums

6/7 n. Chr.   **Geburt Jesu** in Bethlehem.

26–36   Pontius Pilatus **procurator Judaeae.**
Erstes Auftreten Johannes' des Täufers.

Um 33 Wirken Jesu in den Dörfern Galiläas, dann in Jerusalem. Kreuzigung
und Auferstehung Christi.
50 Tage nach der Auferstehung Bildung der 1. Gemeinde (Pfingstfest). **Urgemeinde** in Erwartung der Wiederkehr Christi. Programm-
rede des Petrus am Pfingstfest. Übernahme jüdischer Kultfeiern in
christlicher Neugestaltung (Eucharistie – Brotbrechen). Befolgung
des jüdischen Gesetzes. Die Urgemeinde in Jerusalem unter Leitung
von Jesu „Bruder" (Vetter) **Jacobus,** Petrus und Johannes. Daneben
Gemeindegruppe der Diasporajuden (= Hellenisten) in Jerusalem
unter **Stephanus** mit freierer Stellung zum jüdischen Reinheitsgesetz.
Gegen diese Gemeindegruppe richtet sich die erste Verfolgung; Martyrium des Stephanus.
Danach **Bekehrung des Saulus** von *Tarsos,* aus begüterter jüdischer
Familie mit römischem Bürgerrecht und römischem Namen **Paulus.**
Unterweisung durch *Petrus,* Rückkehr nach Tarsos. Von hier wird
er von *Barnabas* nach **Antiocheia** geholt, wo Anhänger des *Philippus*
die Lehre der *Hellenisten* verbreitet hatten. Lehrtätigkeit des Paulus
unter ihnen. Entstehung des Namens **christiani** dort. *Anknüpfung der
christlichen Mission an das Bestehen von Synagogen.*

45–48 **1. Missionsreise** des Paulus nach *Cypern* und *Südgalatien.*

41–44 *Verfolgung der Urgemeinde* durch **Herodes Agrippa** (Tod des Jacobus
Zebedaei). Paulus lehrt Freiheit vom jüdischen Gesetz bis zum *Konflikt* mit Abgesandten der Urgemeinde.

48 **Apostelkonzil** in Jerusalem. Anerkennung von Paulus' Lehre. Min-
destforderung der Beobachtung jüdischer Gesetze durch „Heiden-
christen".

49–52 **2. Missionsreise** des Paulus über Südgalatien, Troas nach
Philippi, Thessalonike, Beroia, Athen (Areopagrede) und *Korinth:*
dort 18 Monate Aufenthalt, datiert durch Vorladung vor
den Statthalter *Gallio* (Senecas Bruder) auf 51/52. 1./2. Brief
an die Thessalonicher.

53–58 **3. Missionsreise** des Paulus; 54–57 Aufenthalt in *Ephesus* bis zum
Aufruhr des *Demetrios* (Brief an Galater, 1./2. Korintherbrief). 57/
58 Winter in *Korinth* (Römerbrief). 58 Reise nach *Jerusalem.* Verhaftung im Tempel wegen Mitnahme eines Nichtjuden. 58–60 in
Caesarea, bei Amtsantritt des Prokurators *Festus* Berufung auf kaiserliches Gericht.

60/61 **Paulus' Reise nach Rom** (wo – seit 42? – Gemeinde durch *Petrus* von
Antiocheia aus gegründet); 61–63 lockere Haft und Predigttätigkeit
in Rom, 63–67 Reisen nach Spanien und Epirus? Briefe an Kolosser
und Philemon. 62 Märtyrertod des *Jacobus* in Jeruslaem.

64 **Christenverfolgung** Neros nur in Rom (S. 128). 67 **Martyrium** des
Petrus (nach der Überlieferung 1. Bischof von Rom) beim Vatikan
und des Paulus an der Straße nach Ostia.
Zwischen 70 und 100 Entstehung der **vier Evangelien,** vor 96 auch
der *Apokalypse des Johannes.*
Nachfolger Petri sind *Linus* (67–79), *Kletus* oder *Anakletos* (79–90),

Clemens I. (90–99), der aufgrund der apostolischen Tradition Roms in der Gemeinde von Korinth eingreift (1. Clemens-Brief).

Die **Mission** beschränkt sich weiterhin auf das **griechische Sprachgebiet** (auch in Südfrankreich und Rom). Blüte christlicher Gemeinden in Kleinasien (Briefe des Ignatius von Antiocheia).

112/13 **Christenprozesse** in *Bithynien.* Der Statthalter **Plinius** d. J. erhält *Traians* Entscheid: Verweigerung der Teilnahme am römischen Kult ist nur bei Anzeige strafbar, doch gelten die Christen somit selbstverständlich als Staatsfeinde.

Die **Christenverfolgungen** des 2. Jh. betreffen Einzelfälle. Heidnische Angriffe gegen „die neue Menschenrasse ohne Vaterland" veranlassen den **Beginn der christlichen Apologetik** bei **Justinus** dem Märtyrer (* 100, † 165).

Entstehung von Sekten, vor allem durch die Verbindung mit der heidnischen Theosophie der **Gnosis**, u. a. Marcion, Valentinian; aus den Kreisen des letzteren stammt das *Thomas-Evangelium* (gefunden in Ägypten in koptischen Papyri) als Sammlung angeblicher Worte Jesu, das aber nicht zur Geschichte des Evangelientextes gehört.

Die heidnischen Angriffe führen zur **Stärkung des christlichen Bewußtseins** und des christlichen Lehrgehalts: Zusammenfassung der Perikopen in **Tatians** griechischer Evangelienharmonie „aus den vieren" um 180. Aufstellung eines **Kanons der Schriften des Neuen Testaments** begonnen; daneben Entstehung *apokrypher Evangelien*, besonders zu Jesu und Mariä Kindheitsgeschichte. Verbreitung des **monarchischen Episkopats** mit Lehrautorität. Bindung der Bischofswürde an die Stadtgemeinden.

Das Christentum faßt in *Ägypten* mit seinen zahlreichen Judengemeinden schon früh Fuß. Das Fehlen von Stadtverfassungen in den Gauen schließt zunächst die Entstehung von Bistümern außerhalb Alexandreias aus. Erst im 3. Jh. erhalten die Metropoleis (Gauhauptstädte) Bischöfe, doch unter Aufsicht des Bischofs von Alexandreia, dessen Aufstieg zum Metropoliten (seit 451 Patriarch) so vorbereitet wird. Intensive Verbreitung des Christentums bezeugen *Clemens Alexandrinus* und *Origenes.* Auch vornehme Alexandriner werden Christen. Doch die meisten Anhänger findet die neue Lehre in der gedrückten Fellachenbevölkerung, den sog. Ägyptern schlechthin.

Begründung des katholischen Lehrbegriffs durch **Irenaeus** (Bischof von Lugdunum seit 177): kraft Tradition des Bischofsamts von den Aposteln her ist der **Bischof von Rom** (anerkannt von den Tochtergemeinden Alexandreia und Karthago) **Träger der Lehrautorität** zur Bestimmung der Rechtgläubigkeit gegen *Häresien.*

In lateinischer Sprache beginnt die **Apologetik** in schroffer Stellungnahme Q. Septimius Florens **Tertullianus** (* vor 160) in Auseinandersetzung mit heidnischen und jüdischen Vorwürfen und Sekten.

Der Beginn der Reichskrise (S. 132) verschärft den Gegensatz zwischen Christentum und Heidentum; die Religiosität des Ostens und die des römischen Heeres wendet sich gegen die Christen.

202–213 **Zeitalter der Märtyrer.** Aber gerade diese Zeit bestätigt *Tertullians* Wort: *semen Christianorum est sanguis martyrum (das Blut der Märtyrer ist der Samen der Christen).*
Auseinandersetzung mit der antiken Bildung, dann Grundlegung der systematischen Theologie aufgrund philosophischer Schulung bei **Origenes** (* 185, † 251). Begründung des christlichen Geschichtsbilds durch die Chronik des *Julius Africanus.* Aufzeichnung der Liturgie von Rom in der „Apostolischen Überlieferung".
In dem syrischen Vasallenstaat Osrhoene (Hauptstadt Edessa) an der römischen Reichsgrenze gegen das Partherreich wird das Christentum um 201 Staatsreligion. Hier bildet sich durch **Tatian** und Bardesanes syrische Theologie und Mission in syrischer Sprache. *Syrien* ist im 3.–4. Jh. im heidnischen und christlichen Geistesleben führend.
In einer von Bardesanes beeinflußten Gemeinde lernt der Perser *Mani* (* 216, † 276) das Christentum und auch die Gnosis des Marcion kennen und begründet die synkretistische Religion des *Manichäismus* mit Anspruch auf Weltgeltung. Mani bezeichnet sich als Vollender der Lehre Jesu, Zarathustras und Buddhas.

Um 230 Übergang der Gemeinde in Rom von der griechischen zur lateinischen Gottesdienstsprache. **Anfänge des lateinischen Christentums im Abendland.**
Die Auffassung der Reichskrise als göttliche Strafe wegen Abfalls von Altrom und seinen Göttern veranlaßt Forderung des Kaisers Decius (S. 133) an alle Reichsangehörigen, die Teilnahme am Götterkult durch Bescheinigungen *(libelli)* nachzuweisen. Zusammenstoß von

250–251 Kaiserreligion und Christentum: **Christenverfolgung des Decius,** meist nur mit Einkerkerung.

257/58 Kaiser *Valerian* (S. 133) verbietet die Feiern an den Märtyrergräbern. Martyrium des Bischofs **Cyprian von Karthago.** Seit dem Wirken Tertullians und Cyprians findet das Christentum in Nordafrika trotz Verfolgungen rasche Verbreitung mit städtischen Bischofssitzen. Der Bischof von Karthago ist seit 250 Primas Africae.

260 Toleranzedikt des *Gallienus.*

270 Durch Aurelian Begründung der neuen **Reichsreligion des Sol invictus.** Daher Christenverfolgung.

302 23. Febr. **Christenverfolgungsedikt** des **Diocletian** für das Gesamtreich.

311 **Toleranzedikt** des **Galerius** mit polytheistischer Begründung: Anerkennung der Macht des Christengottes neben anderen Kulten.

312 **Bekehrung Constantins** in der Schlacht an der Milvischen Brücke (S. 135), da er den Sieg als Erweis der stärkeren Segenskraft des Christengottes wertet nach einer Vision; also nicht innere Wandlung, sondern Anerkennung einer neuen Segenskraft.
312 Überlassung des Lateranpalastes an den Bischof Melchiades (Miltiades). Rückgabe der Kirchengüter in Afrika, Anerkennung der Steuerfreiheit der Kleriker. *Konferenz von Mailand* mit Licinius, der danach ebenfalls Rückgabe der Güter und Rechtsfähigkeit der Kirche verfügt (sog. Edikt von Mailand). Eingreifen Constantins gegen die

Kirchenspaltung der **Donatisten** in Afrika, eine häretische Bewegung des Donatus seit 305, die durch Augustinus, Bischof von Hippo Regius (S. 152), endgültig ausgeschaltet wird.

Die Begründung der christlichen Reichskirche (313–451)

Die Christianisierung des durch Constantin neu konsolidierten Römerreichs (S. 153 f.) wird gesichert durch den Ausgleich heidnischer und christlicher Bildung seit Origenes und Lactantius und die Bindung der Bischofssitze an die Stadtkultur.

Erster Historiker **Eusebius** von Caesarea (* um 260, † um 340) mit seiner *Kirchengeschichte* und seiner *Chronik*. Die Gunst des Kaisers ermöglicht den **Beginn des monumentalen Kirchenbaus** in der Form der christlichen **Basilika**, zuerst in der des *Lateran als Mater et caput omnium ecclesiarum* (314), dann in St. Peter (kurz vor 325), später in zahlreichen Kirchenbauten im Heiligen Land. Dort errichten Constantin und seine Mutter Helena die ersten großen Kirchen (Basilika auf dem Ölberg, an der Grabesstätte, in Bethlehem und Mamre). Vor allem Aufbau einer **Kirchenorganisation** mit der Heraushebung der Bischöfe der Metropolen der neuen Provinzen.

Der Verbindung mit dem Staat tritt als Gegenkraft sogleich gegenüber das Aufkommen des **Mönchtums,** zuerst **in Ägypten** aus den Wurzeln des asketischen *Eremitentums* mit dem Typus des Wüstenheiligen seit dem Wirken des **Antonius** (* 250) und des weltabgeschiedenen *Klosterlebens* mit Hausgemeinschaft durch **Pachomius** bei Dendera (um 320). Das Fellachentum wird der Hauptträger des Mönchtums. Um 350 ist die Bibel bereits in ihre Dialekte übersetzt. Damals beginnt die Blüte der **koptischen Kirche,** die auch in Nubien missioniert. Nur ein kleiner Gebildetenstand hält noch am Griechentum fest. Im 4. und 5. Jh. ist Ägypten Schauplatz erbitterter theologischer Auseinandersetzungen als Heimat des Athanasius und Arius. Stets ist den Kopten die kaiserliche Kirchenpolitik verhaßt.

Aus seiner Konzeption der Reichsreligion als *Klammer des Reichs* erklärt sich Constantins Eingreifen in kirchliche Streitigkeiten. Um der geistigen Einheit des Reichs willen sucht Constantin seit 324 auch die Lehrmeinung der Kirche zu vereinheitlichen durch Synodalbeschluß gegen **Arius'** Lehre von der **Homoiusie** (Christus als geschaffen, nicht ewig und nicht gottgleich).

325 **1. ökumenisches Konzil in Nicaea: erste Formulierung des Nizäischen Glaubensbekenntnisses** nach der Lehre des **Athanasius** von Alexandreia von der Gottgleichheit Christi **(Homousie).** Constantin 337 auf dem Sterbebett getauft.

Die Verlegung der Reichshauptstadt nach Konstantinopel befreit das Papsttum von der Gefahr kaiserlichen Eingreifens. **Aufstieg** des **Papsttums** *(Silvester I.* 314–335, *Marcus* 336, *Julius I.* 337–352, *Liberius* 352–366, vor allem unter *Damasus I.* 366–384).

343 Die *Synode von Serdica* erkennt Rom höchstrichterliche Befugnisse

zu. Der Streit zwischen Arianern und Athanasianern erreicht 353–359 seinen Höhepunkt.

361–363 Unblutige *Christenverfolgung* des Kaisers *Julian.* Gegenwirkung gegen seinen *Neuplatonismus* die Entwicklung der *Predigt* als theologische Waffe durch **Gregor aus Nazianz.**

Die Verbannung führender Theologen in andere Reichsteile bewirkt den bisher fehlenden *geistigen Austausch. Athanasius* macht während der Verbannung nach *Trier* (ab 356) das ägyptische Mönchtum dem Westen bekannt. **Basileios** von Caesarea gibt mit einer *Klosterregel* der Entwicklung des Eremitentums in den Gebirgen Syriens ein Gegengewicht, während gleichzeitig im Westen **Martin von Tours** ab 372 klösterliches Leben des Klerus einführt.

Das Vorrecht des Westens vertritt **Ambrosius,** früher hoher Beamter, seit 374 Bischof von *Mailand.*

381 **2. ökumenisches Konzil in Konstantinopel,** berufen von Kaiser *Theodosius I.,* erkennt Konstantinopels Bischof Vorrang vor allen östlichen Bischöfen, aber nach dem Papst zu, der die Beschlüsse bestätigt. Die Verstärkung der heidnischen Opposition in der römischen *Senatsgesellschaft* treibt die Entwicklung zur Staatskirche weiter. *Theodosius I.* legt den Titel des *pontifex maximus* 381 ab. *Ambrosius* setzt *Theodosius'* Zustimmung zu den jetzt beginnenden gewaltsamen **Zerstörungen heidnischer Heiligtümer** durch.

391 24. Febr. **Erhebung des Christentums zur Staatsreligion unter Theodosius** durch Verbot aller heidnischen Kulte. Ende der Olympischen Spiele 394. *Johannes Chrysostomos,* 387 als Prediger in Antiocheia berühmt geworden, wird 398 Patriarch von Konstantinopel.

Die Verbreitung des Pergamentbuches im 4. Jh. ermöglicht die der **christlichen Literatur:** Bibelübersetzung ins Lateinische durch *Hieronymus* (* nach 330, Klostergründer in Bethlehem 389, † 420). Ihren geistigen Gehalt gibt der lateinischen Theologie *Augustinus* (* 354 in Thagaste, 387 getauft, 395–430 Bischof von Hippo Regius in Nordafrika): *Confessiones* um 400, *De civitate dei* 410–428.

In der Osthälfte des Reichs **christologischer Streit** um die Natur des Gottessohnes (Logos) nach seiner Entstehung und damit seines Verhältnisses zu seiner Mutter: Lehre von der einen Natur *(mone physis)* des Logos und Lehre des *Nestorius.* Dieser ersetzt den Titel Theotokos für Maria durch Christotokos. Absetzung des Nestorius und Bekämpfung seiner dyophysitischen Lehre nach heftigen Auseinandersetzungen zwischen Alexandreia und Antiocheia: **Verwerfung des**
431 **Nestorianismus** durch das **3. ökumenische Konzil in Ephesus.** Der Mönch Eutyches überspitzt die Lehre vom Vorrang der göttlichen Natur in Christus (seine menschliche nur Scheinleib): Eutychianismus oder **Monophysitismus.**

Unter dem *Ausbau der* **Rechtsstellung der Kirche** und ihres Klerus bis zur Anerkennung des bischöflichen Rechts auf die Gerichtsbarkeit über Kleriker (412) wie der allgemeinen Zulässigkeit der Anrufung eines bischöflichen Gerichts (im Westen 398, im Osten 408). Aufstieg der Metropolen *Karthago, Aquileia, Ravenna, Mailand.*

Die Straffung der kirchlichen Hierarchie mit der Unterstellung der Metropoliten der Provinzen unter einen *Primas* der (weltlichen) Diözese wird zum Problem unter den **Päpsten** *Siricus* (384–399), der die päpstliche Autorität betont (385), *Innozenz I.* (401–417), der viele Entscheidungen trifft, dann *Zosimus* (417/18), der den Bischof von *Arelate* (Arles) zum Primas von Gallien erhebt. Aufstieg dank seiner hohen Auffassung vom Papsttum unter **Papst Leo I. d. Gr.** (440–461). Er wird zum Rückhalt der staatlichen und kirchlichen Organisation in den Ländern, die die Germanen angreifen. 452 durch ihn Rettung Roms vor den Hunnen Attilas (S. 156) wie 455 vor der Brandstiftung der Vandalen.

Leo I. erreicht von Valentinian III. 445 die Anerkennung der Gesetzeskraft für seine Decretalia, verwirft die Gleichrangigkeit des Bischofs von Konstantinopel, greift mit Lehrschreiben in den christologischen Streit ein, betont die Sonderstellung Petri und die Ausdehnung des christlichen Gebiets über die Reichsgrenzen hinaus. Mit der Formel „*Petrus hat durch Leo gesprochen*" wird seine **Verwerfung des Monophysitismus** in der Glaubensformel von einer Person und

451 zwei Naturen in Christus angenommen vom **4. ökumenischen Konzil in Chalkedon.** *Seither ist die Einheit der Lehre durch Eingreifen des Papstes gesichert, der Primat Roms für das Abendland anerkannt.*

484 Kurz nach dem Ende des Weströmischen Reiches (476) die **1. Trennung von West- und Ostkirche.**

Seit Constantin bestehen in den meisten Orten der germanischen Provinzen Christengemeinden, die sich auch nach dem Abzug der römischen Truppen halten und die antik-christliche Tradition an die Germanen weitergeben. (Forts. S. 170.)

Im 4. bis 6. Jh. erfolgt die Auseinandersetzung zwischen Antike und Christentum. Die neue Staatsreligion durchdringt Reichsidee und Gesellschaft und gibt ihr in der Geltung der Bischöfe neue Autoritäten. Aus der Überwindung der christologischen Spaltungen erwächst eine neue Einheit. Das Christentum wird selbst hellenisiert. Es vermag Volksglauben und Kunstformen zu christianisieren und die Bildungswerte der Antike in sich aufzunehmen. In griechischer und lateinischer, aber auch in syrischer und über diese in koptischer und arabischer Sprache wird das Wissensgut der Antike vom Christentum erhalten und den Germanen, Slawen, Arabern weitergegeben, allerdings in Vereinfachung und Umfangsverringerung.

e) Die christliche Monarchie (325–476) (Forts. v. S. 136)

325–363 **Dynastie Constantins.**

325–337 *Flavius Valerius* **Constantinus** *Alleinherrscher (totius orbis imperator).*

Constantin knüpft bewußt an *Augustus* und *Alexander* an (in Rom

Konstantinsbogen 312/15. Vollendung der Basilika des Maxentius). Er gibt der neuen Monarchie den geistigen Gehalt durch sein Verhältnis zum Christentum (S. 150). Vom Gott der Christen erwartet er 312 den Sieg im Kampf vor Rom, fühlt sich durch diesen ihm verbunden. Er nimmt das Kreuzeszeichen seit 324 als Symbol des Reichsgottes, wendet sich von den Kulten des heidnischen Rom ab (326) und gibt christlichen Gedanken in seiner Gesetzgebung Raum. Ab 320 steht die christliche Kirche im Vordergrund des öffentlichen Lebens. Der Glaube an den im Kaiser wirkenden Gott erhält christliche Prägung. Constantin vertritt bereits die Ansicht, daß der Kaiser als Stellvertreter Christi Herr des Staates wie der Kirche ist.

326 Constantin erwählt Byzantion unter dem Namen **Constantinopolis** zur **Hauptstadt** (eingeweiht 11. Mai 330) in bewußter Gegenüberstellung zum heidnischen Rom (als zweites Rom). Rom wird wieder zum Stadtstaat, der Senat sein Gemeinderat. Im 4. Jh. (vor 320) wird Italien in zwei Vikariate eingeteilt, die nach Mailand an den Kaiserhof und nach Rom Steuern zahlen. Die Grenze Arno–Ancona wird auch zur kirchlichen Grenze zwischen Mailand und Rom. Abschluß der Entwicklung des **Hofzeremoniells** zur Betonung der Gottähnlichkeit des Kaisers: Goldgewand, Perlenkranz, Proskynesis, Darstellung mit Nimbus. Statt der rechtlichen nun die religiöse Bindung der Untertanen an den Herrscher betont. Strenge Rangordnung. Ständiger Kronrat unter Ministern des kaiserlichen Hauses mit den *comites:* 1. Kanzler, Chef des Personal-, Waffen- und Staatspolizeiamtes, 2. Finanzminister, 3. Domänenminister, 4. Chef des Heerespersonalamts, 5. Oberbefehlshaber von Kavallerie und Infanterie. **Einteilung des Reichs in 4 Präfekturen** *(Oriens, Illyricum, Italia, Gallia)* mit 14 Diözesen und 117 Provinzen unter Trennung von Zivil- und Militärgewalt. Endgültige **Trennung von Feld- und Grenzarmee,** diese als lokale Miliz der Provinzen. Abschaffung der Prätorianer, Erhöhung der Legionenzahl von 52 auf 75, Palastgarde.

Die Leiter *(vicarii)* der Verwaltungsbezirke *(dioeceseis)* sind, außer in der Gerichtsbarkeit, den Ministern der Reichsteile unterstellt. Der *vicarius in urbe Roma* ist für Italien südlich des Apennin und für seine Inseln zuständig, aber nicht für Rom selbst, das unter dem *praefectus urbi* steht. Britanniae, Galliae, Germaniae, die spanischen Provinzen und die ihnen zugerechnete Mauretania Tingitana werden vom *praefectus Galliarum* in Trier verwaltet. Unabhängig von der Provinzeinteilung ist seither die Verteilung militärischer Operationsgebiete unter einem *dux* (jeweils für 2 *legiones*, schließlich für immer kleinere Grenzzonen, *limites*).

Strenge Durchführung der erblichen Berufsbindung, der *coloni* an den Boden *(glebae adscripti)*. Aber Rückkehr zur Geldwirtschaft. Geldsteuern zur Besoldung der Beamten: Vermögenssteuer der Grundherrenkaste und Umsatzsteuer mit **Münzreform;** bald wieder Inflation, aber die **Goldwährung** bleibt für 700 Jahre. Förderung der **höfischen Bildung,** der Literatur; Beginn der Exzerpte aus älterer

Geschichtsschreibung *(Justinus, Curtius Rufus)*, der Kleinkunst *(Elfenbeindiptychen* und -kästchen, *Mumienporträts* in Ägypten), aber auch der Monumentalplastik (Kaiserporträts), vor allem aber des Kirchenbaus; Kunstraub in Griechenland zugunsten der Nova Roma. 336 Gründung der ersten kaiserlichen Bibliothek in Konstantinopel.

321   Einführung des **Sonntags** *(dies Solis)* als Ruhetag (wie dies bisher nur den Christen vertraut).

332   **Neuordnung der Grenzen:** Erneuerung des Prinzips der *Klientelpufferstaaten* vor der befestigten Grenze, aber diese **foederati** zu Reichsangehörigen erklärt und zur Truppengestellung herangezogen. 334 Angriff der Neuperser (Sassaniden) auf *Armenien* unter Schahpur II. (309–379).

337 22. Mai   **Constantin d. Gr. stirbt** nach Empfang der Taufe; kirchliches Begräbnis (als 13. Apostel), aber heidnische *consecratio* in Rom. Historiker des Kaisers nur der Christ *Eusebius* mit verklärender Biographie und „*Kirchengeschichte*".

340   **Doppelreich der Söhne:**

340–350   Constans im W, erfolgreich gegen die **Franken.**

340–361   Constantius im O, in schweren Abwehrkämpfen gegen die **Sassaniden** (S. 133), dann auch im W zur **Wiederherstellung der Reichseinheit** 353. Im Kirchenstreit Eingreifen zugunsten der Arianer (S. 151), Synoden von Arles 353, Mailand 355, Ariminum und Seleucia Ciliciae 359, Verbannung des Papstes Liberius I. 355–358.

355   Die Franken überrennen die Rheinbefestigungen. Landnahme der Salier. Constantius betraut seinen Vetter **Julianus** (* 331) mit der Abwehr des Franken- und Alamannensturms am Rhein. Dieser si-

357   chert nach **Sieg bei Straßburg** über die Alamannen die **Rheingrenze** (Residenz *Paris*).

360   Truppen in Gallien **erheben Julian** in germanisch-keltischer Weise zum Augustus. Tod des Constantius.

361–363   Julianus, genannt **Apostata,** weil er als Anhänger der heidnischen Philosophie vom Christentum abfällt. Er versucht die **Wiederherstellung des heidnischen Gottesdienstes.** Seit 362 Christenbekämpfung. Verbot christlicher Hochschulen, Begünstigung der Sektengegensätze und der Juden; 363 **Vorstoß** erfolgreich **gegen Persien,** tödliche Verwundung Julians am 27. Juni 363. Historiker des Kaisers ist in taciteischem Stil *Ammianus Marcellinus* (* 332, † 400).

363–364   Jovianus schließt einen Schmachfrieden mit Persien.
       Die pannonischen Kaiser.

364–375   Das Heer erhebt **Valentinianus I.** und seinen Bruder **Valens.** Supre-
364–378   matie des W: Valens erhält nur die Präfektur **Oriens** (mit Konstantinopel). Doch steigern die kirchlichen Gegensätze die Entfremdung der Reichshälften: der W ist meist athanasianisch, im O begünstigt Valens die Arianer.

375   Erfolgreiche **Grenzsicherung am Rhein** (368–374) und an der **mittleren Donau.** Verbot der Ehe zwischen Provinzialrömern und Auslän-

dern (375), Barbarisierung des Heeres durch Verwendung von Germanen in Kommandostellen. Höchste Blüte von **Trier** (S. 140).

Um 375 **Beginn der germanischen Völkerwanderung** (S. 165).

378 Kaiser **Valens** fällt bei **Adrianopel** gegen die *Westgoten.*

375–383 Valentinians Sohn **Gratianus** erhebt 379 selbst

379–395 **Theodosius I.** auf den Thron des Ostens.

382 **Übernahme der Westgoten auf Reichsgebiet** (S. 165) und 388/89 Einfälle der ripuarischen Franken über den Rhein. Vertrag zwischen ihnen und den Römern.

391 **Christentum Staatsreligion.**
Im Westreich germanische Befehlshaber als Kaisermacher für **Valentinianus II.** (383–392) – dieser 384 von Theodosius anerkannt – und für Eugenius (392–394), der am Frigidus (Wippach) geschlagen wird.

395–408 Zur Sicherung der Reichsverteidigung 395 **Reichsteilung:** der ältere

395–423 Kaisersohn **Arcadius** im **Osten,** der jüngere **Honorius** im **Westen,** bis 408 gelenkt von dem Vandalen **Stilicho** als alleinigem Heermeister. Stilicho sucht Theodosius' Germanenpolitik fortzusetzen; er scheitert am oströmischen Widerstand gegen seine von Theodosius verfügte Vormundschaft über beide Kaiser und ist zur Abberufung der römischen Truppen aus Britannien und vom Rhein gezwungen (S. 138, 142).

404 wird das in den Lagunen besser geschützte **Ravenna** Residenz, das seit Augustus neben Misenum Sitz der Kaiserflotte war.

410 **Einnahme Roms durch Alarich** (S. 166) erschüttert das ganze Imperium. Sie wird zum Anlaß der Entstehung des Geschichtswerks des *Orosius* und des Werks *De civitate Dei* des Bischofs *Augustinus* (S. 152).

408–450 **Theodosius II.** veranlaßt die Einsetzung von **Valentinianus III.** (425–455) im Westen unter Vormundschaft seiner Mutter *Galla Placidia* (daher ihr *Mausoleum* in *Ravenna*). Reichseinheit auch in der Gesetzgebung: Für das Gesamtreich gilt *Codex Theodosianus* 438 (Zusammenfassung der kaiserlichen constitutiones mit Gesetzeskraft von 312–437). Die Geschichte der antiken Dichtung endet mit *C. Sollius Modestus Apollinaris Sidonius* (* um 431, † 479), die der antiken Kultur mit dem Werk des *Salvianus De gubernatione Dei,* 440.

425–440 Diese Friedenszeit wird nur durch den **christologischen Kirchenstreit** (S. 152) des *Nestorius* beeinträchtigt.

431 **3. ökumenisches Konzil von Ephesus.**
Angriffe vandalischer Flotten, Bedrohung durch die *Hunnen.*

425–455 Das Westreich verdankt unter Valentinian III. sein Fortbestehen, auch die Wiederherstellung der Rheingrenze 445, den guten Beziehungen seines Heermeisters **Aetius** zu den *Hunnen* (bis 448), 445–455 zu den Vandalen, auch zu den Grundherren Galliens. Förderung der Zentralisierung der abendländischen Kirche durch Unter-

451 stützung des *päpstlichen Primats* unter Papst *Leo I.* (445). Einfall der **Hunnen** unter **Attila** auf den **Katalaunischen Feldern** abgewehrt

(S. 167). Mit der Ermordung Valentinians III. 455 durch die Rächer des Aetius endet die Dynastie von Theodosius im W.

455 **Plünderung Roms durch Geiserich** (S. 167).

450–457 Im Ostreich wird **Marcianus** als erster vom Patriarchen von Konstantinopel gekrönt.

457–474 **Leo I.** Einfälle der *Ostgoten* in Illyricum, der *Hunnen* in Thrakien. Unter ihm lehrt in der heidnischen Hochburg *Athen* der Neuplatoniker *Proklos* (* 485).

461–472 Wirren des W. Dort wirkt der *Suebe Ricimer* als *Kaisermacher. Julius Nepos* (474–475) wird vom Heermeister *Orestes* vertrieben, der seinen kleinen Sohn Romulus als Kaiser ausruft.

476 Der **letzte römische Kaiser des Westens** ist **Romulus,** genannt *Augustulus.*

Seine Absetzung (S. 168) bedeutet nicht das Ende des Römischen Reichs im W. Der Herrscher in Konstantinopel betrachtet die Reichseinheit als wiederhergestellt, die Machthaber im W als seine Beauftragten, so Odwakar und die Ostgotenkönige (S. 168 f.). **Justinian I.** verwirklicht nochmals die *Einheit des Römischen Reichs* (S. 193).

610–641 Das *Ende des Römischen Reichs* als Idee fällt im O unter Kaiser *Herakleios* mit der *Einführung* des *griechischen Kaisertums* in Konstantinopel (S. 194) zusammen.

Die Gründung einer zweiten Reichshauptstadt Konstantinopel 330 und die Erhebung des Christentums zur Reichsreligion bestimmt noch **nicht das Ende der Antike.** Sie leitet vielmehr eine Konsolidierung des Reichs ein, in der die Abwehrkräfte gegen die Randvölker gestärkt werden. Auf die Krise der Reichseinheit im 3. Jh. folgt seit den Reformen Diocletians und Constantins (S. 135, 154) eine neue Einigung.

In der Zusammenfassung der Provinzen zu den *praefecturae* wird die **Reichseinheit** noch einmal **gefestigt.** Die Mitte des 4. Jh. ist die letzte Blütezeit des Reichs. Der Beginn der *Völkerwanderung* und die Schlacht bei Adrianopel (S. 166) bedeuten den ersten Akt des **Auflösungsprozesses,** die Plünderung Roms durch Alarich 410 (S. 166) den zweiten. Die Zweiteilung des Reichs seit 395 ist dabei nur eine solche der Verwaltung und der Heerführung, keine Verfallserscheinung. Erst Langobarden, Franken, Slawen und Araber zerschlagen das Reich des universalen Kaisertums. Als Basileus eines griechisch-christlichen Nationalstaates wird der oströmische Kaiser erst dann zum Herrscher des Byzantinischen Reiches der Rhomäer (S. 195). Im Westreich ist im eigentlichen Mittelmeerraum eine klare **Kontinuität der städtischen Siedlung** zu erkennen. *Dank der Unterstützung durch die christliche Kirche bleibt somit das Wesensmerkmal des Römerreichs, die Urbanisierung, erhalten, als die Wirtschafts- und Verwaltungsformen der Spätantike während der Völkerwanderung zerbrechen.*

B. Zentral-, Süd- und Ostasien

1. Zentralasien

Der Begriff Zentralasien ist vage; er umfaßt im allgemeinen West-
und Ostturkestan, die Mongolei und Tibet. Ausgedehnte Steppen und
Wüsten bilden die nördliche, eine Kette von Gebirgen die südliche
Grenze. In den Oasen erfolgt – zum Teil dank hydraulischer Kenntnisse – sehr früh Ansiedlung *seßhafter Bauern. Reiternomaden* aus
dem Norden fallen oft ein. Durch seine zentrale Lage und die Verbin-
dungswege (Seidenstraßen) zwischen West und Ost ist Zentralasien
in jeder Hinsicht ein Schmelztiegel bzw. Vermittler vieler Kulturen.
Im 2. Jh. v. Chr. beginnt der historisch belegbare Kontakt mit China,
der politisch und wirtschaftlich immer enger wird. Im Laufe der Zeit
entstehen zahlreiche *Stadtstaaten,* die oft um die Führung gegeneinander kämpfen und doch ihre Selbständigkeit wahren können. Die
Hsiung-nu – vielfach mit den Hunnen gleichgesetzt –, die geschichtlichen Vorgänger der Türken und Mongolen, üben im 2. Jh. v. Chr.
vorübergehend die Oberherrschaft in Zentralasien aus. Seit dem 1.
Jh. n. Chr. zieht ein Teil von ihnen weiter westwärts und bewirkt
schließlich die europäische Völkerwanderung, während die südlichen
Hsiung-nu-Stämme bis Nordchina vordringen und dort später Staaten
gründen. (Forts. S. 295.)

2. Südasien

*Die Region Südasien umfaßt den indischen Subkontinent unter Ein-
schluß Ceylons und Festlandsüdostasiens sowie die Inselwelt Indonesiens und der Philippinen. Das gesamte Gebiet Indiens war vor der englischen Eroberung nie unter einer Herrschaft vereinigt. Trotzdem
erlauben die kulturellen und historischen Gemeinsamkeiten, es als politische Einheit von den umgebenden Ländern abzugrenzen. In Südostasien dagegen haben ethnische und nationale Gegensätzlichkeiten
stets die unterliegende kulturelle Verwandtschaft überwogen.*

Um 2000 Die Ruinenstädte *Harappa* und *Mohendscho-Daro* im Indusgebiet
sind die Zentren einer hochentwickelten Stadtkultur **(Induskultur),**
die sich – auf älteren Kulturen aufbauend – zu ihrem Höhepunkt weit
über den Nordwesten Indiens ausdehnt. Obwohl ihre sie kennzeichnende Schrift noch nicht entziffert ist, spricht manches für die Vermu-
tung, daß es sich bei den Bewohnern um Vorfahren der heutigen *Dra-
vidas* Südindiens gehandelt hat.

Um 1500 Die **Indoarier,** seßhafte Viehzüchter, wandern aus dem Nordwesten
ins Fünfstromland ein. Sie sprechen *Sanskrit,* eine indogermanische
Sprache; der aus dieser Epoche stammende *Rig-Veda* mit seinen ma-
gisch-religiösen Preisliedern ist das älteste Dokument indischer Religion und Literatur.

Um 1000 \ dürften sie das obere Gangesbecken um Delhi erreicht haben;
um 600 befindet sich ganz Nordindien unter ihrem Einfluß.

Ihr allmähliches Vordringen ist einerseits aus den *Brahmana* (ritualistische Spekulationen) und *Upanischaden* (Anfänge indischer Naturphilosophie), die sich an die vedische Literatur anschließen, nachzuweisen, andererseits archäologisch durch die sog. *Kupferschätze* und die *Painted-grey-*, später durch die *Northern-black-polished-Keramik.* Die vedische Gesellschaft ist in vier **Klassen** unterteilt: Priester (Brahmanen), Krieger (Kschatriya), Gewerbetreibende (Vaischya) und Unterworfene (Schudra). Später wird dieses Sozialsystem vom **Kastensystem** überlagert.

Vor dem gemeinsamen Hintergrund der Lehre von einer ewigen Wiedergeburtskette entstehen in der Folge der **Hinduismus** mit seinen beiden Hauptgöttern *Schiva* und *Vischnu;* der **Jainismus,** reformiert von Mahavira, und der **Buddhismus.**

Um 566–486 *Siddharta Gautama,* genannt der **Buddha** („der Erwachte"), lehrt, daß Geburt Leiden bedeutet; es gilt also aus der Kette der Wiedergeburten zu entkommen. Das kann aber nur durch individuelle Anstrengung auf dem „mittleren Weg" seiner Lehre erreicht werden.

327–325 Der Indienzug Alexanders d. Gr. hat für Indien keinerlei direkte politische oder kulturelle Bedeutung.

322 v. Chr. *Tschandragupta* gründet von Magadha aus das **Maurya-Reich.**

272–231 Sein Enkel **Aschoka** verleiht dem Reich seine größte Ausdehnung. Von größerer Bedeutung für die asiatische Geschichte ist jedoch die von ihm geförderte Missionstätigkeit des Buddhismus. Zu dieser Zeit wird *Ceylon* buddhistisch.

Unter seinen Nachfolgern zerfällt das Reich. In Magadha folgen die Dynastien der *Schunga* und *Kanva,* im Nordwesten herrschen *indogriechische Könige,* im extremen Süden die *Schatavahana* und *Andhra.*

Seit Unter *Wima Kadphises* schafft der **Kuschana-Clan** eines zentralasia
78 n. Chr. tischen Hirtenvolkes (der *Yüeh-chih*) ein Großreich, das sich unter
Mitte **Kanischka** von Afghanistan bis in das Gangesbecken erstreckt.
des 2. Jh. In dieser Periode erreicht die indische Kunst, die schon seit der Maurya-Zeit bedeutende Steinplastiken und Architekturwerke (z. B. die Stupen von Bharhut und Sanci) geschaffen hat, einen ersten Höhepunkt in der Schule von *Mathura,* die gleichzeitig mit der hellenistischen Schule von *Gandhara* die ersten Buddhastatuen hervorbringt. (Forts. S. 297.)

3. Ostasien

a) China

Steppenzonen und Hochgebirge Innerasiens trennen China von den anderen Hochkulturen der Alten Welt. Nur wenig von außen beeinflußt, entwickelt sich aus mehreren protochinesischen Kulturen im mittleren Huanghotal die chinesische Hochkultur und dehnt sich nach

160   Alte Geschichte

> Süden hin aus. „Ökonomische Schlüsselgebiete" (wie Nordchinesische
> Ebene, Yangtse-Stromgebiet, Rotes Becken im Westen, Perlflußdelta
> im Süden u. a.) bedingen kulturelle und politische Differenzierung. Die
> ununterbrochene geradlinige Entwicklung der chinesischen Kultur und
> des chinesischen Staatswesens von der prähistorischen Zeit bis zur
> Gegenwart ist einzigartig. Auch für Korea, Japan und Vietnam bildet
> die Kultur Chinas eine Grundlage der Entwicklung.

Ab 3. Jtsd. v. Chr. **Jungsteinzeitliche** protochinesische **Kulturen** in Nordchina, wie **Yang-shao** in Nordwesthonan, **Lung-Shan** in Shantung, **Hsiao-t'un** in Honan. In der Mythologie Zeit der idealen Herrscher und Kulturschöpfer.

Etwa 1500–1050 Entstehung der chinesischen **Hochkultur** unter der ältesten historisch belegten Dynastie **Shang:** Idiographische *Schrift,* Bronzeguß, Pferd und Wagen, Ackerbau und Haustiere, hierarchische Ordnung mit rituellem Königtum, verhältnismäßig freie Stellung der Frau (z.T. Matriarchat?), Kult der Ahnen und Naturgottheiten, entwickeltes Kalenderwesen.

Etwa 1050–249 **Chou-Königreich:** Lehnswesen mit *feudaler* Gesellschaftsordnung, rituelle Herrschaft (König als „Sohn des Himmels") über immer unabhängigere und einander bekämpfende Lehnsfürsten. Abwehrkämpfe der chinesischen Ackerbauern gegen innerasiatische Steppenvölker (Hsiung-nu).

6.–4. Jh. v. Chr. Entwicklung unterschiedlicher moralisch-politisch-gesellschaftlicher Lehren: **Konfuzius** (* 551, † 479) und sein Nachfolger **Meng-tzu** (* 385, † 303) betonen den Wert der Erziehung und des Vorbilds, patriarchalisch-hierarchische Struktur aller zwischenmenschlichen Beziehungen und Ritual, der **Taoismus** (Laotzu) Schlichtheit, Passivität und klassenlose Gesellschaft, die **Gesetzesschule** Autorität von Staat, Recht und Herrscher, **Moti** die allumfassende Menschenliebe. Von den vielen Lehnsherrschaften bleiben sieben Großstaaten übrig.

221 Der Herrscher eines dieser Staaten einigt als **„Erster Kaiser von Ch'in"** (daher der Name *China)* das Reich, das nun in 36 Kommanderien und darunter in Kreise geteilt wird. Entsprechend den Lehren der Gesetzesschule folgt Beseitigung des alten Erbadels, zentrale Verwaltung, Gleichheit aller vor dem Gesetz, Vereinheitlichung der Schrift, der Maße und Gewichte und der Spurbreite für Transportkarren; Unterbindung des Traditionalismus; Sicherung der Nordgrenze durch Befestigungsgürtel („Große Mauer") gegen Steppenvölker. Ende des alten Feudalsystems; Grundeigentum wird käuflich, Erwerb von Kapital durch Handel möglich.

206 v. – 220 n. Chr. Nach kurzen Kämpfen Übernahme der Herrschaft durch die **Dynastie Han:** Allmähliche Verschmelzung konfuzianischen Gedankenguts mit dem System der Ch'in zum *„Kaiserlichen Konfuzianismus",* dem äußeren Anspruch nach Regierung durch Güte für das Wohl des Volkes, im Kern Sicherung der Machtstellung des Herrschers durch Gesetz und Autorität. Ausweitung chinesischer Macht und Kultur bis

Nordvietnam, Nordkorea und *Turkestan*. Verbindung mit außerchinesischen Kulturen und Handel über Zentralasien nach Westen und Süden *(,,Seidenstraßen")*. Weiterentwicklung von Kunst, Literatur, Philosophie und materieller Kultur *(Seide, Papier)*. Die Chinesen bezeichnen sich seitdem selbst als Han-Leute. Feudale Elemente bestimmen bald wieder die Gesellschaft. Ein neuer Adel entsteht, regionale Sonderinteressen *(,,Schlüsselgebiete")* treten stärker in den Vordergrund. Nach ständigen inneren Kämpfen bricht mit dem Bauernaufstand der ,,Gelben Turbane" das Reich auseinander. Um die Zeitwende wird der Buddhismus erstmals in China bekannt. (Forts. S. 299.)

b) Japan

Die japanische Inselkette, die ursprünglich den Ostrand des asiatischen Kontinents bildete, von dem im frühen Alluvium Teile absanken, reicht bei der Halbinsel Korea an das Festland heran und ist an seinen äußeren Enden mit zwei ausladenden Enden von Inselgruppen, den Kurilen und den Ryukyu-Inseln, mit ihm verbunden. Die Besiedlung dieser Inseln, die nach den – in den ältesten Reichschroniken Kojiki (712) und Nihongi (720) geschilderten – Mythen von einem Götterehepaar aus dem Meer geschaffen wurden, geschieht sowohl vom chinesischen Festland wie vom südostasiatischen Inselraum her, wobei koreanische, mandschurische und tungusische Elemente wohl überwogen. Auf verschiedene paläolithische Kulturen folgt etwa im 7. Jh. v. Chr. die – nach Schnurornamenten ihrer Keramik so benannte – Jōmon-Kultur, die etwa zu Beginn des 4. Jh. der – nach einem Fundort bei Tokio bezeichneten – Yayoi-Kultur weicht, die wahrscheinlich durch Einwanderer nach Japan gebracht wird und deren Hauptmerkmale Ackerbau, Metallgerät und Weberei sind.
Nach der chinesischen Chronik Wei-chih gibt es im 3. nachchristlichen Jh. in Japan den mächtigen Staat Yamatai, der mit Wei in Gesandtschaftsverkehr stand, doch heute nicht mehr mit Sicherheit lokalisiert werden kann. – Zu Beginn des 4. Jh. übt der *Yamato-Staat* die Oberherrschaft über andere Staaten aus. Lose gefügter
370 Geschlechterstaat. Die Ahnin des Kaiserhauses, die Sonnengöttin
391 Amaterasu-ōmikami, schafft Japan, repräsentiert durch Yamato, eine Operationsbasis im koreanischen Staat Mimasa und unterwirft die nach Vertreibung der Chinesen gebildeten koreanischen Königreiche Kudara und Silla. – Wichtigste Folge der japanischen Eroberungspolitik: festländische Kultur dringt in Japan ein.
ca. 375 Zwei südkoreanische adelige Gelehrte bringen die in ihrer Struktur der japanischen Sprache völlig inadäquate *chinesische Schrift nach Japan*.
538 Offizielle *Übernahme* des damals nicht mehr unbekannten *Buddhis-*
587 *mus*, der sich langsam gegen die altjapanische Schinto-Naturreligion durchsetzt: der dem Buddhismus zugetane Soga-Clan besiegt den

schintoistischen Mononobe-Clan, wird allerdings 645, da seine Macht dem Kaiserhaus gefährlich erscheint, vernichtet. 607 wird der älteste buddhistische Tempel Hōryūji gebaut.

604 Kronprinz *Shōtoku* (* 574, † 622) – der „Konstantin des japanischen Buddhismus" – *erläßt die „17 Artikel"*, in denen neben einer auf konfuzianischen Gedanken aufbauenden Morallehre die These der absoluten Herrschaft des Kaisers proklamiert wird. (Forts. S. 301.)

IV. Mittlere Geschichte

Die mittelalterliche Lebensform des Abendlandes ist entstanden aus der Verschmelzung zweier grundverschiedener Elemente: Germanentum und christliche Kirche. Die Kirche vermittelt neben und mit ihrer religiösen Lehre zugleich die Kulturtradition der Antike. Die Sprache der gelehrten Bildung ist im mittelalterlichen Abendland daher bis zum 13. Jh. ausschließlich das Latein.

Germanisch ist die den mittelalterlichen Staat kennzeichnende Herrschaft des Adels. Die staatliche Gewalt ist durchbrochen, aufgelokkert, eingeengt durch eigenständige oder von der Krone verliehene Rechte der Großen, die den König von einer Einwirkung auf die von ihnen abhängigen Personen mehr oder weniger ausschließen. In wirtschaftlicher Hinsicht kommt dieser Lebenszustand vor allem in der „Grundherrschaft" zum Ausdruck: Eine Zahl freier oder unfreier Bauern leistet für ihr Land Dienste und Abgaben an den Grundherrn, der nur auf einer verhältnismäßig beschränkten Bodenfläche Eigenwirtschaft mit seinen Knechten betreibt. Der germanische König regiert nicht absolut wie der spätrömische Imperator, sondern nach dem Rate seiner Großen. An die Stelle der unbegrenzten Herrschergewalt tritt die beschränkte Monarchie. Die weltliche Spitze des Abendlandes bildet der deutsche Kaiser, aber er besitzt außerhalb des Imperiums, das Deutschland, Italien, Burgund, bis 843 auch Frankreich umfaßt, keine Befehlsgewalt und übertrifft nur an Rang und Ansehen die anderen Könige.

Wirksamer als vom Kaiser wird, in der Zeit von Gregor VII. bis Mitte des 13. Jh., die Einheit des christlichen Abendlandes dargestellt durch den Papst; die Regierung Innozenz' III. bildet den Höhepunkt dieser Entwicklung. Stärker als der Staat bindet die Kirche den einzelnen Menschen. Aber sie ist anfänglich in ihrem Walten dadurch gehemmt, daß der König, wie jeder Adlige, die Kirchen seines Gebietes beherrscht, die Priester einsetzt und Einkünfte aus ihrer Tätigkeit zieht. Gegen dieses „Eigenkirchenrecht", das sich besonders für die Niederkirchen vollständig durchsetzt, besinnt sich in der Cluniacenserbewegung die Kirche auf ihre ursprüngliche Freiheit, die in ihren letzten Folgerungen Herrschaft der Kirche über den Staat bedeutet. In dem Kampf, der sich so zwischen Papst und Kaiser entzündet, unterliegt der Kaiser, werden aber zugleich die Grundlagen der Kirchenherrschaft untergraben. Der Kaiser verliert als Verfolger der Kirche sein Ansehen bei den Völkern. An dem vom Papst geschürten Thronkrieg nach der Doppelwahl von 1198 zerbricht die Macht des Reiches, sinkt seine europäische Hegemonie dahin. Die Souveränität der „Nationalstaaten" – die es freilich im strengen Wortsinne noch längst nicht sind – bildet sich aus, ein europäisches Staatensystem entsteht seit dem 13. Jh. Wie der Papst später die Einigung Italiens verhindert, so hat er im Hochmittelalter die Zusammenfassung Europas unter der Lehnshoheit des Kaisers verhindert. Da die Päpste aber im Ringen mit dem Imperium vor keinem Mittel zurückschrecken, führen sie die Verweltlichung der Kirche herbei. Die Reformation sprengt die Einheit der römischen Kirche; der um dieselbe Zeit emporkommende Fürstenstaat vernichtet die Freiheit von Adel und Bürgertum. Der königliche Absolutismus beseitigt hier früher, dort später alle ihm entgegenstehenden Eigenrechte. So sterben Adelsherrschaft und libertas ecclesiae ab, und damit erreicht das Mittelalter sein Ende. Ebenso folgenreich, wie für den W und S Europas die germanische Wanderung war, wird für den O unseres Kontinents die Ausbreitung der Slawen zwischen Elbe und oberer Wolga, zwischen Ostsee und Schwarzem Meer. Die „Europäisierung" dieser Völker und ihrer Staaten, die im 9. Jh. in Mähren und Bulgarien beginnt, trägt wesentlich zur Festigung der europäischen Staatenwelt bei. Zwar entfremden sich große Teile Osteuropas vom Westen durch die Kirchenspaltung, den Zerfall Rußlands, das Aufkommen des Großrussentums und die Tatarenherrschaft, so daß am Ausgang des Mittelalters der orthodoxe Moskauer Staat, das „Dritte Rom", bei seiner Wiederentdeckung durch den Westen in seinem Wesen, seiner Staatsform, Verwaltung, sozialen und wirtschaftlichen Struktur sich außerordentlich stark von Mittel- und Westeuropa unterscheidet. Dafür aber haben inzwischen zahlreiche kolonisatorische Maßnahmen fast aller osteuropäischen Dynastien zur Hebung der Landeskultur ihrer Territorien vor allem mit Hilfe des deutschen Rechts und teilweise unter weitgehender Beteiligung deutscher Kräfte ein mit dem Westen politisch, kulturell und wirtschaftlich stärker denn je verbundenes Osteuropa geschaffen, das mit der Abwehr der Feinde der Christenheit europäische Aufgaben übernimmt.

Südosteuropa und der Vordere Orient sind im Mittelalter der geschichtliche Raum des Byzantinischen Reiches. Es ist Europas Vorposten gegen den Islam, bis die vom Abendland erbetene Hilfe in den Kreuzzügen statt Stärkung Bedrohung und Schwächung bringt. Trotz der kirchlichen Spaltung (endgültig seit 1054) ist Byzanz in steter Berührung mit dem Abendland. Das antike Erbe und die christianisierte Geistigkeit geben ihm festen Halt in allen Auseinandersetzungen. Die Starrheit von Bürokratie und Zeremoniell (Byzantinismus) steht neben der militärischen Leistung von Soldatenkaisern und Grenzbefehlshabern. Erst der Verlust Anatoliens, der Zerfall des Reiches im Ansturm der Serben und Osmanen führt zur Katastrophe von 1453. Fortan ist der Osmanensultan der Erbe des byzantinischen Kaisertums.

Asien und Afrika stehen im Mittelalter unter dem Zeichen der Ausbreitung der beiden großen Weltreligionen Islam und Buddhismus. Mit dem Islam dringen die Araber in den Mittelmeerraum ein und bringen Europa durch die arabische Wissenschaft ein neues Weltbild. In Afrika dringt mit den arabischen Eroberungen der Islam bis in das Herz des dunklen Erdteils vor. In Asien breiten sich Islam und arabische Kultur unaufhaltsam bis nach Zentral- und Südasien aus. Der Buddhismus befruchtet und gestaltet die mittelalterliche Kultur des ganzen östlichen Asien. Aus Zentralasien brechen zuerst die türkischen, dann die mongolischen Reitervölker in die alten Hochkulturen Asiens ein.

In Amerika entstehen in Mexiko und Peru eigenartige und eigenständige Kulturen, die bei der Entdeckung trotz gewisser Kenntnis der Metallbearbeitung noch vorwiegend steinzeitlichen Charakter tragen.

A. Europäische Länder

1. Das Werden des mittelalterlichen Europa

a) Wanderungen und Reichsgründungen der Germanen (375–553)

Die Zeit von 375–568 als „Völkerwanderung" zu bezeichnen ist willkürlich. Denn die germanische Ausdehnungsbewegung ist seit der älteren Bronzezeit im Gange und setzt sich nach dem Ende des so benannten Zeitraums mit den Eroberungen der Wikinger in England, der Normandie, Rußland, Süditalien fort. Während die Westgermanen sich meist ohne Aufgabe ihrer alten Sitze auf romanisches Gebiet vorschieben und es z. T. germanisieren, gehen die Ostgermanen infolge ihrer geringen Volkszahl in der unterworfenen romanischen Bevölkerung auf. Sie und der von ihnen in Ostdeutschland eingenommene Volksboden gehen dem später entstehenden deutschen Volk verloren.

Die **Hunnen,** ein *mongolisches, nomadisches Reitervolk* mit *türkischem* Einschlag, schieben sich seit Jahrhunderten von der Mongolei nach W vor. Um 350 zerstören sie das Reich der *Alanen* zwischen Don und Kaspisee.

Gegen 375 **Einbruch** der **Hunnen.** Sie unterwerfen die Ostgoten (Greutungen), Ermanarich stirbt. Die **Westgoten** (Terwingen) westlich des Dnjestr, nördlich der Donau mit Siebenbürgen sind seit 370 keine Föderaten mehr. Der heidnische Volksteil unter *Athanarich* zieht sich vor den Hunnen ins Banat zurück, dem christlichen unter *Frithigern* bewilligt Kaiser Valens Aufnahme ins Reich als Föderaten. Ansiedlungsvertrag *(foedus)* von 376. Zum ersten Male wird ein Föderatenverhältnis mit einem auf Reichsgebiet angesiedelten Volk eingegangen. *Hier liegt der Ausgangspunkt zur Gründung germanischer Königreiche auf weströmischem Boden.*

378 9. Aug.	Infolge von Verpflegungsschwierigkeiten kommt es zur **Schlacht bei Adrianopel,** Valens von Frithigern besiegt und getötet.
382	Sein Nachfolger *Theodosius* erneuert den Vertrag von 376 mit den Westgoten, die in der Provinz Niedermösien als *Föderaten* geschlossen unter ihren angestammten Fürsten angesiedelt werden und sich zur Verteidigung der Grenze verpflichten müssen.
395	**Alarich,** König der Westgoten, verläßt mit seinem Volk Mösien, durchzieht plündernd die Balkanhalbinsel bis in die Peloponnes und zieht schließlich nach Epirus.
401	Erster Einfall Alarichs in Italien. **Stilicho** schlägt ihn bei *Pollentia* (402) und *Verona* (403) und schickt ihn nach Illyricum.
405	Starke germanische Scharen, namentlich Ostgoten, werden von Stilicho, der die rheinischen Legionen nach Italien abkommandiert, vernichtet.
406 31. Dez.	**Vandalen, Quaden** und **Alanen überschreiten** nach Kämpfen mit den die römische Grenze verteidigenden *Franken* **den Rhein** und ergießen sich über Gallien, *das seitdem von den Germanen nicht wieder frei wird.* Den gallischen Regierungssitz hatte Stilicho von *Trier* nach *Arles* zurückverlegt. 409 brechen die drei Völker nach Spanien ein, verwüsten das Land und werden schließlich als Föderaten angesiedelt.
407	Auch die Burgunder und *Alamannen* überschreiten den Rhein; seit **413 Burgundisches Föderatenreich um Worms** (Nibelungenlied!) unter König *Gundahar* (Gunther) aus dem Geschlecht der *Gibikunge.* Um dieselbe Zeit breiten sich die *Salfranken* im nördlichen Gallien aus.
408 **410**	Nach Stilichos Hinrichtung zweiter Einfall **Alarichs** in Italien. Er belagert zweimal Rom, beim dritten Mal **Einnahme und Plünderung Roms** (24.–27. Aug.).
415–418	Mit gewaltiger Beute und nach Gefangennahme von *Galla Placidia,* der Halbschwester des Honorius, zieht Alarich nach Unteritalien, um nach Afrika überzusetzen, stirbt aber unterwegs und wird bei *Cosenza* im *Busento* begraben. Athaulf führt die Westgoten nach Gallien, erobert *Barcelona,* wird dort ermordet. Sein Bruder *Wallia* schließt einen Vertrag mit Honorius, sendet Placidia zurück und vernichtet in römischem Dienst (418) die silingischen Vandalen und die Alanen. Honorius beruft ihn aus Spanien ab und weist den Westgoten Wohnsitze im südwestlichen Gallien an.
418–507	So entsteht das **Tolosanische Westgotenreich,** Hauptstadt *Toulouse* (Tolosa), zwischen Loire und Garonne. Föderatenverhältnis zu Rom, das aber bald abgeschüttelt wird. Die Goten erhalten $^2/_3$ des Großgrundbesitzes und leben als Grundherren von der Arbeit ihrer Kolonen und Sklaven.
418–451	**Theoderich I.,** König der Westgoten.
429–534	König **Geiserich** (428–477) setzt 429 mit den **Vandalen** über die Meerenge von Gibraltar und begründet das **Vandalenreich in Afrika.** *Augustinus,* Bischof von Hippo Regius, stirbt 430 während der Belagerung durch die Vandalen. Das Vandalenreich wird 442 im Frieden

mit dem Westkaiser Valentinian III. als selbständig anerkannt. **Erstes unabhängiges Germanenreich auf römischem Boden.** Selbstherrliches und grausames Regiment Geiserichs. Dichte Ansiedlung der Vandalen im Gebiet von Karthago; die römischen Grundbesitzer werden verjagt. Die Vandalen haben die Seeherrschaft im westlichen Mittelmeer, plündern die Küsten. *Sizilien, Sardinien, Korsika, die Balearen* und die übrigen römischen Provinzen Nordafrikas *werden von Geiserich erobert;* Kaiser Zenon erkennt 474 diesen Besitzstand an.

436   Der weströmische Heermeister Aetius läßt durch seine hunnischen Hilfstruppen das mittelrheinische Reich der *Burgunder* vernichten, König Gunther und die ganze Königssippe mit dem größten Teil des Volkes niedergemetzelt. Den Südteil ihres Gebietes mit Worms nehmen die **Alamannen** (den Nordteil bis Mainz die *Franken*) ein.

443   Aetius weist den Resten der Burgunder neue Sitze an der oberen Rhone und Saône, Mittelpunkt Genf, zur Grenzwacht gegen die Alamannen an. So entsteht das **Burgunderreich an der Rhone,** das sich bald nach S bis zur Isère ausdehnt.

Das **Hunnenreich,** seit 434 (vgl. S. 188) unter **Attila** (gotisch = Väterchen, mhd. = *Etzel*), hat sich gewaltig ausgedehnt. Mittelpunkt des Reiches im Ungarischen Tiefland.

451   Attila zieht mit gewaltigem Heere, das großenteils aus den Aufgeboten der unterworfenen Germanenstämme besteht (vor allem *Gepiden* und *Ostgoten,* ferner *Rugier, Skiren, Heruler, Quaden, Thüringer*), nach Gallien.

451   **Schlacht auf den Katalaunischen Feldern** bei Troyes. **Aetius** verfügt außer über germanische Söldner, *Alanen* und *Sarmaten* über die Föderatentruppen der *Burgunder* und *Franken.* Attila wird von Aetius und den Westgoten unter dem greisen König *Theoderich I.* (gefallen) in gewaltigem Kampf besiegt. Aetius duldet Attilas Abzug nach Ungarn.

452   Unerwarteter *Einfall Attilas in Italien.* Aquileia zerstört, die Poebene verwüstet. Attila, dessen Heer unter Seuche und Hungersnot leidet, räumt Italien. Er stirbt 453 nach Hochzeitsfeier mit *Hildiko* (Wurzel der Kriemhildsage).

Auflösung des Hunnenreichs (vgl. S. 188). Die bisher den Hunnen unterworfenen Germanenstämme werden frei: Die *Gepiden* nehmen Sitze in Dakien, später auch in Slawonien, die *Ostgoten* in Pannonien, die *Heruler* in der Slowakei, die *Rugier* in Ober- und Niederösterreich nördlich der Donau. Beginn des Vordringens **slawischer Völker** in die von den Germanen verlassenen Gebiete bis zur Elbe.

455   Nach der Ermordung Valentinians III. erscheint Geiserich plötzlich mit einer Flotte vor der Tibermündung. **Rom** vierzehn Tage lang **von den Vandalen** gründlich **geplündert.**

466–484 **Eurich, Westgotenkönig.** Kaiser *Nepos* muß 475 das ganze Land zwischen Loire, Rhone, Mittelmeer, Pyrenäen, Atlantik als souveränen westgotischen Besitz anerkennen. Seit 468 bekriegt Eurich die Sue-

ben und den reichstreuen ibero-römischen Adel in Spanien. Später
erobert er den NO der Halbinsel. Eurich ist der *Begründer der westgotischen Herrschaft in Spanien.* Seine Regierung bildet den Höhepunkt des Tolosanischen Reiches.

484–507   *Alarich II.,* Eurichs Sohn. Schlaffe Regierung. Ende des Tolosanischen Reiches durch die Niederlage von *Vouglé* gegen Chlodwig
(507).

Da die weströmische Regierung unter dem Heermeister *Orestes*
und dessen jungem Sohn Kaiser *Romulus Augustulus* das aus
ostgermanischen Söldnern bestehende Heer nicht mehr unterhalten
476   kann, ruft dieses **Odwakar,** Sohn eines Skirenfürsten, zum Heerkönig
aus.

Odwakar erwirbt *Sizilien* gegen Tributzahlung an Geiserich, gliedert
Dalmatien dem Westreich ein und zerstört das Donaureich der *Rugier*
(487).

Die **Ostgoten** ziehen nach Aufgabe Pannoniens jahrelang plündernd
auf der Balkanhalbinsel umher, bis ihnen Zenon Sitze in Untermösien
anweist. 488 Theoderich von Zenon zum *magister militum* (Heermeister) und *patricius* für Italien ernannt. Theoderich schlägt Odwakar
489 an der *Isonzobrücke* bei Görz und bei *Verona,* 490 mit westgoti-
scher Hilfe in einer großen Schlacht an der *Adda.* Odwakar wirft sich
493   nach *Ravenna,* öffnet nach $2^{1}/_{2}$jähriger Belagerung („Rabenschlacht"
der Heldensage) die Tore aufgrund eines Vertrags, der eine gemeinsame Herrschaft vorsieht, wird aber von Theoderich ermordet.

493–553   Das **Ostgotenreich** in Italien.

493–526   **Theoderich d. Gr.** Seine Krieger erhalten eine *tertia* ($^{1}/_{3}$) als Anteil
an römischen Landgütern. Strenge *Scheidung von Goten und Römern,*
die durch das *Heiratsverbot* und den *religiösen Gegensatz* von Arianern und Katholiken unterstützt wird. Den Goten behält Theoderich
das Waffenhandwerk, den Römern Zivilverwaltung und Wirtschaftsleben vor. Der Versuch einer inneren Aussöhnung der Römer mit
der gotischen Herrschaft mißlingt.

Theoderichs Regierung bedeutet für Italien eine goldene Friedenszeit
und *letzte Atempause der antiken Kultur,* für deren Überlieferung sie
von entscheidender Bedeutung ist. Theoderichs „Minister" Flavius
Magnus Aurelius *Cassiodorus,* ein Senator, nimmt den politischen
Gedanken einer gotisch-römischen Verständigung auf. Um 540, nach
dem Scheitern von Theoderichs Werk, zieht sich Cassiodor auf seine
kalabrischen Güter zurück, wo er das Kloster *Vivarium* gründet. Er
verlangt von den Mönchen geistige Arbeit, insbesondere Abschreiben
von Büchern. Dadurch werden die Klöster zu Asylen der antiken Bildung. *Palastbauten* Theoderichs in Pavia, Verona, besonders in seiner
Residenz Ravenna; dort auch die Kirche *S. Apollinare Nuovo* mit
Mosaiken.

Gegen Byzanz versucht Theoderich ein großgermanisches Bündnissystem unter ostgotischer Führung durch dynastische Heiraten mit
Franken, Burgundern, Westgoten, Vandalen zu errichten; das schei-

tert aber an der Politik Chlodwigs, gegen den er die Westgoten zu schützen sucht, die 507 bei Vouglé unterliegen.

523 Infolge von Familienwirren Krieg mit dem *Burgunderreich,* das gleichzeitig von den Franken angegriffen wird.

523–524 Hochverratsprozeß gegen die Senatoren *Boethius,* der im Kerker sein Buch *De consolatione philosophiae* schreibt, und dessen Schwiegervater *Symmachus;* sie werden 524 bzw. 525 hingerichtet.

526 stirbt Theoderich in *Ravenna,* wo sein Grabmal erhalten ist. In der deutschen Heldensage lebt er als *Dietrich von Bern* (= Verona) weiter.

534–535 Belisar, Feldherr des oströmischen Kaisers *Justinian,* **zerstört das Vandalenreich** in Afrika. Afrika wird oströmische Provinz.

535–553 Vernichtungskrieg *Justinians* **gegen das Ostgotenreich.**
Belisar erobert Sizilien und Neapel. Er belagert den Ostgotenkönig Witichis in Ravenna, den er nach Übergabe der Stadt gefangen nach Konstantinopel führt.

541 Die Goten wählen **Totila** zum König, eine glänzende Herrscherpersönlichkeit, der fast ganz Italien außer Ravenna zurückerobert. Belisar kämpft mit wechselndem Erfolg (544–549). **Narses,** Belisars Nachfolger, schlägt Totila, der bei **Tadinae** fällt.

552 Totilas Nachfolger **Teja** fällt im Verzweiflungskampf am *mons Lactarius* gegenüber dem Vesuv.
Italien wird oströmische Provinz, Narses erster Statthalter, seine Nachfolger führen den Titel *Exarch.* Der zwanzigjährige Gotenkrieg hat Italien entvölkert und verödet. Die byzantinische Fremdherrschaft zerstört die Aussicht auf die nationale Einheit unter einem gotischen Königtum.

b) Die Kultur der Völkerwanderungszeit

Die *Kunst* ist von der Begegnung der germanischen Völker mit der provinzialrömischen Kultur bestimmt.

Die Germanen kennen keine monumentale Steinarchitektur, jedoch Metall- und Edelsteinkunst. Seit dem 5. Jh. eignen sie sich Elemente der antiken Ziertechnik an. Aus dem Zusammenschluß gotischer und römischer Ornamentformen bildet sich um 500 bei den Franken der germanische Tierstil, eine Kombination von Kerbschnittmustern mit Tierfiguren.

Obwohl die städtische mediterrane Zivilisation abbricht und die Wirkung antiker Bildung endet, bleibt durch das Christentum (Klöster) eine Verbindung mit der antiken Kultur bestehen. In der bedeutenden irischen Buchmalerei bildet sich ein besonderer Dekorationsstil aus. Die angelsächsische Mission greift Formen der christlichen Spätantike auf, in der Baukunst Basilika und halbrunde Apsis.

Eine weitere Rezeption findet durch die Übernahme der oströmischen Herrschaftsformen durch die germanischen Könige statt. Dazu gehört auch die monumentale Steinarchitektur und die Bevorzugung des Zentralbaus (S. Maria in Pavia, S. Sofia in Benevent, St. Gereon in Köln, Theoderich-Grabmal in Ravenna); Hauptbau dieser Gruppe ist die Aachener Pfalzkapelle.

Im Merowingerreich ist die Grabeskirche des hl. Martin in Tours Ausgangspunkt weströmischer Vorstellungen. Der erste Ausgleich zwischen west- und oströmischer Baugesinnung ist die Verbindung der östlichen zentralisierenden Kreuzkirche mit der weströmischen Basilika, die damit Turmaufgipfelung erhält. Dieser Typ wirkt bis ins 9. Jh. weiter. Neben Goldschmiedekunst und Buchmalerei monumentale Wandmalerei.

Die *Literatursprache* der Völkerwanderungszeit ist das Lateinische. Historiker der Goten wird Cassiodor (S. 168). Venantius Fortunatus (Leben des hl. Martin von Tours) steht als erster lyrischer Dichter neben Gregor von Tours (* 538, † 594), dem Geschichtsschreiber der Franken.

An germanischen *Schriftdenkmälern* haben wir aus der Völkerwanderungszeit außer einigen Inschriften nur die Übersetzung der Bibel ins Gotische durch Wulfila, der sog. codex aureus in Uppsala.

c) Papsttum, Kirche und Mission (Forts. v. S. 153)

Nachdem das Papsttum unter Leo I. den ersten Höhepunkt seiner Weltgeltung erreicht hat, wird es durch den Sturz des Weströmischen Reiches in den Zusammenbruch mit hineingerissen. Seit der Zerstörung des Ostgotenreiches in Italien ist der Papst ganz vom oströmischen Kaiser abhängig. In der darauffolgenden Periode steht er unter der Schutzgewalt der Karolinger, er wird aus einem byzantinischen zu einem fränkischen Reichsbischof, erlebt aber eine bedeutende Steigerung seines Ansehens im Abendland.

Seit 484 Schisma zwischen Ost- und Westkirche wegen Uneinigkeit über die Glaubensformel von Chalkedon.

Odwakar und Theoderich geben dem Papsttum Rückhalt gegen Byzanz. Papst **Gelasius I.** (492–496) stellt in einem Brief an Kaiser Anastasios die Autorität der Bischöfe der Gewalt des Herrschers gegenüber, die beide zusammen die Welt regieren, und schafft so die Grundlage der mittelalterlichen „*Zweigewaltenlehre*". Unter *Hormisdas* (514–523) stellt der in Rom wirkende skythische Mönch *Dionysius Exiguus* durch Sammlung der Konzilkanones das erste lateinische Kirchengesetzbuch zusammen. Er schlägt 525 die Zeitrechnung ab Christi Geburt vor, die er wohl fünf Jahre zu früh ansetzt. Sie wird im Abendland zuerst 742, in der Ostkirche erst im 16./17. Jh. angewandt.

519 Kirchenfriede mit Konstantinopel.

529 **Benedikt von Nursia** begründet das Mutterkloster des Benediktinerordens Monte Cassino. Das Kloster versorgt sich völlig selbst. Die Mönche sind also nicht mehr auf milde Gaben angewiesen und damit zum Umherwandern gezwungen. Die *Regula S. Benedicti*, vom Geist

weiser Mäßigung getragen, aller übertriebenen Askese abhold, beruht auf den beiden Pfeilern der *oboedientia,* dem Gehorsam gegen
den Abt, und der *stabilitas loci,* dem Beharren im Kloster. Mit Benedikt beginnt der Siegeszug des Mönchtums im Abendland.
*Durch die byzantinische Eroberung Italiens geraten die Päpste in völ-
lige Abhängigkeit vom Kaiser.* Seit *Pelagius* (555–560) dürfen die
Päpste erst nach kaiserlicher Wahlbestätigung die Weihe empfangen.

590–604 **Gregor d. Gr.,** der erste Mönchspapst. Das wirtschaftliche Übergewicht des Papstes beginnt ihn ganz allmählich zum Stadtherrn Roms
und des Dukates zu machen, neben dem der byzantinische dux bedeutungslos wird; die Entwicklung ist erst gegen 750 abgeschlossen.
Gregor nennt sich als erster Papst *servus servorum Dei.* Dies wird
zur offiziellen Titulatur. Gregor ist der theologische Lehrmeister des
Frühmittelalters und von größter Wirkung im ganzen Mittelalter.

596 beginnt der *Mönch Augustin* auf Gregors Wunsch mit der Bekehrung
der Angelsachsen. **Bekehrung der deutschen Stämme:** Die Christianisierung der *Franken* ist im 7. Jh. abgeschlossen. Bei ihnen wirken
als Klostergründer und Wanderprediger *Schottenmönche,* d. h. Iren.
Columban d. J. gründet das Kloster *Luxeuil* in den Vogesen, das großen Einfluß gewinnt, dann 612 das Kloster *Bobbio* am Nordabhang
des Apennin. Unter den *Alamannen* missionieren *Gallus,* aus dessen
Zelle im 8. Jh. das Kloster *St. Gallen* erwächst, und *Pirmin,* der 724
das Kloster *Reichenau* gründet. Unter den *Baiern* wirken Anfang des
8. Jh. als Glaubensboten der Franke *Rupert von Worms* in Salzburg,
Emmeram in Regensburg und *Korbinian* in Freising, in *Ostfranken*
der Kelte *Kilian* in Würzburg.
Soweit nicht Bistümer aus römischer Zeit vorhanden sind, ermangelt
das neue Christentum der festen Organisation; es ist mit Heidnischem
vermengt. Bekehrung der Langobarden S. 184, der Sachsen S. 176.
Martin I. (649–653) wird, wie seine beiden Vorgänger, ohne kaiserliche Bestätigung geweiht. *Reichsitalien versucht* unter dem Eindruck
der arabischen Siege über Byzanz, von diesem *unabhängig zu werden.*
Der Versuch scheitert zunächst. *Vitalian* (657–672) wieder ganz vom
oströmischen Kaiser abhängig. In der römischen Kirche überwiegt das
griechisch-orientalische Element.
Konstantin I. (708–715). Letzte Reise eines Papstes nach Konstantinopel. Gregor II. (715–731), ein Römer, und Gregor III.
(731–741) treten gegen Kaiser Leon III. für die Bilderverehrung ein,
dadurch Bruch mit dem Kaiser und der Ostkirche.

Seit 690 bekehrt der Angelsachse *Willibrord* († 739) die *Friesen* (Erzbischofs-
weihe in Rom auf Wunsch Pippins 695, erste Beziehung zwischen
Karolingern und Heiligem Stuhl). Er wird Erzbischof von Utrecht.
Bonifatius *(Wynfrith),* ein angelsächsischer Mönch aus Wessex, predigt zuerst als Genosse Willibrords unter den *Friesen,* bekommt 719
in Rom von Gregor II. den Missionsauftrag und begibt sich 722 nach
Oberhessen. Noch 722 abermals in Rom, empfängt er von Gregor II.,
dem er einen Gehorsamseid schwört, die Weihe zum Bischof und wird

von Gregor III. 732 zum Erzbischof ernannt. In den folgenden Jahren bricht er das Heidentum in *Hessen* (Fällung der Donareiche in *Geismar*) und *Thüringen*. Missionsklöster in *Amöneburg, Ohrdruf* und *Fritzlar*. Nach einem dritten Aufenthalt in Rom (738–739) führt er als Legat für Germanien die *Organisation der bairischen Kirche* durch: Bistümer Salzburg, Regensburg, Freising, Passau, Seben, Eichstätt. Bei seiner Missionsarbeit erfreut sich Bonifaz des ständigen Nachströmens angelsächsischer Helfer.

Nach dem Tode Karl Martells errichtet Bonifaz für *Hessen* das Bistum Büraburg bei Fritzlar, für *Thüringen* Erfurt und Würzburg, von denen jedoch nur Würzburg dauernden Bestand hat. Auf Veranlassung Karlmanns ordnet er auf mehreren Synoden 743/44 die Organisation und Zucht der verfallenen austrasischen Reichskirche. Bonifaz erhält als Titularerzbischof das Bistum Mainz unter Anerkennung seines Schülers *Lull* als späteren Nachfolgers. 744 gründet Bonifaz das Kloster *Fulda* als Musterstiftung nach der Benediktinerregel, erster Abt sein Lieblingsschüler *Sturmi*. Als Übergang zur geplanten Sachsenbekehrung unternimmt er wieder einen Missionszug nach *Friesland,* wird aber mit seinen Begleitern 754 bei *Dokkum* von heidnischen Friesen erschlagen; begraben in Fulda. *Bonifaz hat durch seine Tätigkeit die römische Form des Christentums in Deutschland zur Geltung gebracht und die Verbindung der fränkischen Landeskirche mit dem Papsttum begründet.*

752–757 **Stephan II.,** Verbindung mit Pippin und Entstehung des Kirchenstaates S. 175. Zur Begründung des päpstlichen Anspruchs auf unabhängige Landesherrschaft wird, wohl zwischen 750 und 760, in Rom die **Konstantinische Schenkung** gefälscht, eine angebliche Urkunde Constantins d. Gr., durch die er Papst Silvester I., der ihn vom Aussatz geheilt hat, Rom und die Westhälfte des Reiches überträgt.

795–816 **Leo III.** Kaiserkrönung Karls d. Gr. s. S. 177.

In den Wirren der Regierung Ludwigs des Frommen versucht eine kirchliche Partei, die Kirche mit Hilfe des Papsttums vom Staat unabhängig zu machen. Aus dieser Absicht heraus sind die **Pseudoisidorischen Dekretalien** in der Kirchenprovinz Reims zwischen 847 und 852 entstanden, eine große Sammlung ver- und gefälschter päpstlicher Kanones, welche die Unabhängigkeit der Bischöfe von den weltlichen Gewalten und den Metropoliten zu fördern bezweckt und deshalb den Papst mit umfassenden Rechten ausstattet.

858–867 **Nikolaus I.** verficht die höchsten Machtansprüche des universalen Papsttums, die eine Unterordnung der weltlichen Gewalt einschließen. Sein Kampf gilt dem System der Landeskirche; er benützt bereits Pseudoisidor. Im Ehehandel *Lothars II.* und im Prozeß gegen den großen Erzbischof *Hincmar von Reims* erringt er eindrucksvolle Siege, ohne die Gegenkräfte wirklich niederzuwerfen. Sein Prozeß

867 gegen *Photios,* den Patriarchen von Konstantinopel, führt erneut zum *Schisma* mit der Ostkirche. Nach seinem Tod versinkt das Papsttum bald in völlige Ohnmacht. Es wird von den lokalen Gewalten in Italien

abhängig, da ihm eine starke politische Macht als Rückhalt fehlt. (Forts. S. 197, 209.)

2. Das frühe Mittelalter

a) Das Frankenreich unter den Merowingern und Karolingern
(482–911)

Durch das Frankenreich verlagert sich die Achse des Abendlandes vom Mittelmeer in den germanisch-romanischen Norden. Vorwiegend agrarische Lebensgrundlage im Gegensatz zur antiken Stadtkultur. Die Verbindung Pippins mit dem Papsttum gibt der weiteren Geschichte des Abendlandes die Richtung. Das Kaiserreich Karls d. Gr. verstärkt die Einheit der kulturellen Grundlage Europas.

Die deutschen Stämme sind keine ursprünglichen blutmäßigen Einheiten, sondern aus mannigfachen Mischungen germanischer Völkerschaften untereinander und mit mehr oder minder starker Vorbevölkerung verschiedener Herkunft entstanden. Sie sind geschichtlich gewordene Einheiten, das Ergebnis zahlreicher Ausgleichsvorgänge in natürlicher und kultureller Hinsicht.

Die **Alamannen** (= Männerverband), 212 erstmals genannt, sind als lockerer Zusammenschluß von Teilstämmen der Sueben = Schwaben entstanden. Die **Thüringer,** Ende des 4. Jh. belegt, sind vor allem aus den Angeln, Warnen und Hermunduren hervorgegangen. Der Name der **Baiern** (Bajovarii) bedeutet wohl die Bewohner des Landes Böhmen. Ob aber der suebische Stamm der Markomannen oder Abspaltungen der Langobarden oder Alamannen den Kern der späteren Baiern bilden, ist umstritten. Sie treten seit der Mitte des 6. Jh. plötzlich zwischen Lech und Inn auf, dann bis zur Enns, später werden Tirol und die Oberpfalz besiedelt. Die **Sachsen,** erstmals 286 genannt, tragen ihren Namen von den nördlich der Elbe angesessenen *Saxones,* die nach ihrer Nationalwaffe, dem einschneidigen Schwert *sahs,* benannt werden. Sie bestehen aus 4 Gruppen: Engern, beiderseits der Weser, West- und Ostfalen, Nordalbinger, nördlich der Elbe. Die **Friesen** haben ihre alten Wohnsitze nicht verlassen und sich auch keinem der neuen Stammesverbände angeschlossen. Die **Franken** leben zuerst unter zahlreichen Gaukönigen ohne politische Einheit des Gesamtstammes. Die 258 auftauchende Kolonistengruppe führt den Namen *Salier.* Die *Ripuarier,* zuerst 727 so genannt, bewohnen das Gebiet beiderseits des Niederrheins von den Ardennen abwärts, zwischen Maas und Ruhr. Weiter südlich bilden die *Moselfranken* eine eigene Gruppe. Das Maingebiet wird später von den *Ost- oder Mainfranken* bewohnt. Die selbständige Völkerschaft der Chatten, 737 als Hessen bezeichnet, wird erst nachträglich dem Frankenreich angegliedert.

482–511 Chlodwig (= Ludwig) beseitigt unter Greueln die übrigen Gaukönige.

486 besiegt er den römischen *dux Syagrius* und beseitigt damit den letzten Rest der römischen Herrschaft.

Um 496 besiegt er die **Alamannen.** Chlodwig, mit der burgundischen Prinzessin *Chrodechildis,* einer eifrigen Katholikin, vermählt, soll in der Schlacht Übertritt zum Christentum gelobt haben. Die **katholische Taufe,** wahrscheinlich in Reims durch Bischof *Remigius,* ein Ereignis von weltgeschichtlicher Bedeutung: Der *Arianismus* der Ostgermanen damit endgültig *zum Untergang verurteilt.* Die Unterstützung der Kirche erleichtert die Unterwerfung der Burgunder und Westgoten und fördert ein gutes Verhältnis zur romanischen Bevölkerung. Krieg

500 gegen das *Burgunderreich* an der Rhone, das sich aber behaupten kann.

507 schlägt Chlodwig mit burgundischer Hilfe die **Westgoten** bei **Vouglé.** Ganz Aquitanien dem Frankenreich einverleibt. Nur Septimanien bleibt westgotisch.

Nach Chlodwigs Tod teilen seine vier Söhne das Reich.

531 erobern Theuderich und Chlothar mit Hilfe der Sachsen das **Thüringerreich.** Der Nordteil bis zur Unstrut mit dem Harz fällt an die Sachsen. Die Slawen rücken ungehindert bis zur Saale vor. Das Maingebiet wird von den Franken besiedelt.

532–534 wird das **Burgunderreich** erobert.

Seit der Mitte des 6. Jh. befinden sich die **Baiern** in loser Abhängigkeit vom Frankenreich. Als einziger germanischer Völkerwanderungsstamm sind noch die Sachsen vom Frankenreich unabhängig. Theudebert (534–547/48) besiegt 539 in Italien Ostgoten und Byzantiner.

558–561 Chlothar I. vereinigt das Frankenreich wieder.

Nach seinem Tod neue Teilung unter seine Söhne. Es bilden sich 3 Reichsteile: *Austrasien* (Champagne, Maas- und Moselland mit den innerdeutschen Stämmen, Hauptstadt: Reims); *Neustrien* (der romanische Westen von der Schelde bis zur Loire, Hauptstadt: Paris); *Burgund* (oberes und mittleres Loire- und Rhonegebiet, Hauptstadt: Orléans). Alle drei mit Anteilen in Aquitanien.

Die fernere Geschichte des Merowingerreichs beruht auf dem doppelten Gegensatz zwischen Königtum und Großen sowie zwischen Neustrien und Austrasien. Furchtbare sittliche Verwilderung.

613 Chlothar II. von Neustrien († 629) vereinigt das Frankenreich wieder. *Edictum Chlotharii,* 614 erlassen, befestigt den Einfluß der Aristokratie. Der König verpflichtet sich, die Grafen aus den Grundbesitzern der Gegend zu nehmen.

Der *Majordomus* (Hausmeier), ursprünglich Vorsteher der königlichen Hofhaltung, steigt zum Führer der berittenen königlichen Gefolgschaft, Leiter der königlichen Domänenverwaltung und Haupt der Aristokratie auf. Auch nach Wiedervereinigung behält jeder der 3 Reichsteile seinen Majordomus.

629–639 *Dagobert I.,* der letzte kräftige Merowingerkönig, kann auf die Dauer die Reichseinheit nicht behaupten. Neue Reichsteilungen unter Dagoberts Nachkommen. Für die merowingischen Schattenkönige regieren die Hausmeier.

687 besiegt **Pippin d. M.** († 714), Hausmeier von Austrasien, bei **Tertry** den neuen Hausmeier von Neustrien-Burgund, regiert fortab als *Majordomus das ganze Reich.* Das Schwergewicht des Reiches verschiebt sich vom Pariser Becken ins Maas- und Rheingebiet.

714–741 **Karl Martell** (Hammer), Sohn Pippins d. M., erkämpft sich die Stellung als *Majordomus,* unterwirft Friesland und Alamannien. Bayern nur lose vom Reich abhängig.

732 **Schlacht zwischen Tours und Poitiers.** Karl schlägt die zu einem Raubzug über die Pyrenäen gekommenen Araber. Aquitanien und Burgund werden wieder enger mit dem Reich verbunden. Karl regiert seit 737 ohne König.

741 Karl Martell teilt vor seinem Tode das Reich unter seine Söhne *Karlmann,* der den Osten, und *Pippin I.,* der den Westen erhält. Aufstände in Bayern und Schwaben werden niedergeworfen, in *Schwaben das Herzogtum aufgehoben* (744). 743 wird noch einmal ein merowingischer Schattenkönig *(Childerich III.)* eingesetzt. Karlmann geht 747 ins Kloster, Pippin regiert allein.

751/52–768 **König Pippin I.**

751/52 Pippin in *Soissons* von einer Reichsversammlung zum König erhoben und vom Legaten Bonifaz *gesalbt,* nachdem Papst *Zacharias* der Absetzung der Merowinger zugestimmt hat. Die geistliche Salbung soll das fehlende Geblütsrecht ersetzen. Childerich wird in ein Kloster gesteckt.

754 **Papst Stephan II.** erscheint, gegen den Langobardenkönig Aistulf Hilfe erflehend, im Frankenreich, erhält von Pippin ein feierliches **Schutzversprechen, salbt** ihn nochmals zu Saint-Denis und überträgt ihm und seinen Söhnen die Würde eines *patricius Romanorum.* In diesem Titel ohne Amtsbefugnis sehen dann die Franken einen Auftrag zur Schutzherrschaft über Rom und das Papsttum. In der **Pippinischen Schenkung** macht der König dem Papst territoriale Versprechungen in Italien.

So kommt das Bündnis der Karolinger mit der römischen Kirche zustande, das auf Gabe und Gegengabe beruht: Legitimierung der neuen Dynastie und Schutz des Papstes vor den Langobarden. Es gewinnt weltgeschichtliche Bedeutung, indem es das Kaisertum deutscher Nation schafft und durch die eigentümliche Verbindung von geistlicher und weltlicher Gewalt das Mittelalter prägt.

754, 756 Feldzüge Pippins gegen Aistulf, der zur Herausgabe des *Exarchats* und der *Pentapolis* an den Papst und Wiederanerkennung der fränkischen Oberhoheit gezwungen wird. Zusammen mit dem *Dukat von Rom* bilden sie nunmehr den **Kirchenstaat.** 752–759 Eroberung Septimaniens, 760–768 Feldzüge gegen Aquitanien, *wo das Herzogtum beseitigt wird.* 763 verläßt *Tassilo von Bayern,* seit 757 Vasall des Königs, auf dem Feldzug gegen Aquitanien das Heer Pippins.

768–814 **Karl d. Gr.,** * wohl 742, regiert anfangs zusammen mit seinem Bruder Karlmann († 771).

772–804 **Sachsenkriege.** Eroberung der Eresburg a. d. Diemel, die Irminsul, ein heiliger Holzstamm, zerstört. 775–780 wird der Sachsenkrieg fortgesetzt. Erzwungene Massentaufen der Sachsen. Der Aufstand des Westfalen **Widukind** wird 779/780 niedergeworfen. 782 vernichten die Sachsen ein fränkisches Heer am Süntel. Strafgericht zu *Verden* an der Aller. Wahrscheinlich 4500 Sachsen hingerichtet. Darauf 783–785 allgemeiner Aufstand. Karl dringt bis zur Elbe vor. *Widukind läßt sich 785 in Attigny taufen.* 794–799 neue Kämpfe mit aufständischen Sachsen. Zwangsansiedlung von Sachsen in anderen Reichsteilen.

804 Letzter Feldzug gegen die *Sachsen.* Nordalbingien wird den *Abodriten* überlassen. *Kirchliche Organisation:* Gründung der Bistümer Münster, Osnabrück, Paderborn, Minden, Bremen und Verden. *Durch die Unterwerfung und Christianisierung der Sachsen ermöglicht Karl die Entstehung eines deutschen Volkes.*

773–774 **Eroberung des Langobardenreiches.** Als Papst Hadrian I. sich weigert, Karlmanns Söhne zu Königen zu salben, greift der Langobardenkönig Desiderius, zu dem Karlmanns Witwe mit ihren unmündigen Söhnen geflohen ist, römisches Gebiet an. Karl eilt dem Papst zu Hilfe, zwingt Pavia zur Übergabe und steckt Desiderius ins Kloster. Er erneuert das Schenkungsversprechen seines Vaters. Der fränkische Schutz wird mehr und mehr zur tatsächlichen Herrschaft. *Das Langobardische Reich wird mit dem Fränkischen vereinigt.*

787 Feldzug gegen Herzog *Arichis von Benevent,* doch kann erst 812 die fränkische Oberhoheit wirklich hergestellt werden.

788 wird *Herzog Tassilo von Bayern,* nachdem das Vasallitätsverhältnis 781 wiederhergestellt worden war, wegen Treubruchs abgesetzt und ins Kloster verbannt. Damit ist das *letzte Stammesherzogtum beseitigt.*

789 Feldzug gegen die slawischen *Wilzen* bis zur Peene.

791 Krieg gegen die *Avaren,* die erste gemeinsame Unternehmung der vereinten deutschen Stämme.

794 *Synode zu Frankfurt* verdammt die Bilderverehrung, der der Papst zugestimmt hat.

795 Gründung der **Spanischen Mark.** Nachdem das Heer 778 auf einem Feldzug eine schwere Niederlage im Tal Roncesvalles erlitten hat, bei der *Graf Roland* fiel (Chanson de Roland), gelingt jetzt die Errichtung der Mark.

795–796 Feldzüge gegen die **Avaren,** deren Hauptlager, zwischen Donau und Theiß, mit ungeheuren Schätzen erobert wird. Errichtung der bairischen Ostmark, weitere Kolonisation in Steiermark und Kärnten, Zurückdrängung der Alpenslawen, Bekehrung des Landes von Salzburg, Passau und Aquileia aus. 798 *Salzburg* zum *Erzbistum* erhoben.

799 Papst *Leo III.* (795–816), aus Rom vertrieben, flieht zu Karl nach Paderborn. 800 zieht Karl nach Rom, Leo leistet zur Reinigung von den Anklagen seiner Feinde einen Eid (23. Dez.).

25. Dez. **Kaiserkrönung Karls** durch Papst Leo in der Peterskirche gewinnt weltgeschichtliche Bedeutung. Der von Einhard bezeugte Unwille Karls bezieht sich wohl auf die näheren Umstände: Krönung durch den Papst und zum *Imperator Romanorum*, so daß er als der Verleiher der Würde und die Römer als Reichsvolk erscheinen konnten. Karl selbst betrachtet sich als *Nachfolger Constantins d. Gr.* und Inhaber eines *imperialen fränkischen Königtums*, das ihn an die Spitze der gesamten Christenheit stellt. Sein Unwille gilt ferner wohl dem Zeitpunkt: ohne vorherigen Verhandlungen mit Byzanz. Ostrom betrachtet die Krönung als Usurpation. Karl erhält durch die Krönung als Rechtsnachfolger des byzantinischen Kaisers auch förmlich die Hoheit über den Kirchenstaat.

805, 806 Feldzüge nach **Böhmen,** das tributpflichtig wird, Unterwerfung der **Sorben** zwischen Elbe und Saale. Venedig und Dalmatien huldigen dem Frankenkaiser.

811 Der *Dänenkönig* erkennt die Eider als Grenze an.

812 *Vertrag von Aachen.* Der oströmische Kaiser Michael I. erkennt gegen Verzicht Karls auf Venedig und das dalmatinische Küstenland die Kaiserwürde Karls an. Die byzantinischen Gesandten begrüßen Karl als Imperator und Basileus.

813 Karl designiert in Aachen seinen einzigen Sohn *Ludwig* zum Mitkaiser und Nachfolger. Er läßt ihn sich ohne Mitwirkung des Papstes und der Römer *selbst krönen.*

814 28. Jan. Karl d. Gr. stirbt in Aachen; im Münster beigesetzt.

814–840 **Ludwig der Fromme,** von geistlichen Beratern abhängig.

816 Ludwig von Papst Stephan IV. in Reims nochmals gekrönt. *Das Kaisertum wird dadurch, was Karl vermeiden wollte, zu einer vom Papsttum verliehenen Würde.*

817 *Ordinatio imperii.* Lothar zum Mitkaiser und Nachfolger ernannt; er empfängt die Kaiserkrone vom Vater. Seine Brüder ihm untergeordnet. 823 Lothar in Rom nochmals gekrönt, jetzt vom Papst.

824 *Constitutio Romana* über die kaiserlichen Rechte im Kirchenstaat. Gerichtsaufsicht durch ständigen kaiserlichen Missus, Treueid des neugewählten Papstes vor die Weihe.

829 Ludwig gesteht dem von seiner zweiten Gemahlin *Judith* geborenen Sohn Karl einen Anteil am Reich (Alamannien usw.) zum Nachteil Lothars zu.

830 Empörung der drei älteren Söhne. 833 zweite Empörung der älteren Söhne, als der Vater Pippin Aquitanien entzieht und Karl gibt. Die Heere stehen sich auf dem „Lügenfelde" bei *Colmar* gegenüber. Das Heer Ludwigs I. geht zu den Söhnen über. Der alte Kaiser abgesetzt und zur öffentlichen Kirchenbuße gezwungen.

834 Ludwig I. von Pippin und Ludwig dem Deutschen aus Sorge vor Lothars Übermacht wieder eingesetzt, Lothar unterwirft sich.

838 stirbt Pippin; neue Reichsteilung zugunsten Karls und Lothars. Ludwig der Deutsche empört sich.

840 Nach Ludwigs Tod Bruderkrieg Ludwigs des Deutschen und Karls

gegen Lothar, der die volle Kaisergewalt für sich verlangt. 841 wird
Lothar bei *Fontenay* entscheidend geschlagen. Ludwig und Karl verbinden sich enger durch ihre vor den Heeren zu *Straßburg* 842 ge-
schworenen **Eide** (altfranzösisch und althochdeutsch, wichtige
Sprachdenkmäler).

843 **Vertrag von Verdun,** Teilung des Reichs.

Kaiser **Lothar I.** erhält *Italien* und nördlich der Alpen ein Gebiet von
Friesland bis zur Küste der *Provence* mit den Kaisersitzen Rom und
Aachen, jedoch ohne Oberhoheit über seine Brüder. **Ludwig der
Deutsche** erhält das *Ostfrankenreich*. **Karl II. der Kahle** erhält das
Westfrankenreich. Rücksicht auf die Verschiedenheit der Völker hat
bei der Grenzziehung wohl nicht mitgesprochen. Erst nachträglich
haben sich die nationalen Unterschiede schärfer ausgeprägt. Die
Sprachgrenze bildet sich bis etwa 1000 scharf aus.

Verfassung des Frankenreiches

Merowingische Zeit: Einteilung in Grafschaften unter *Grafen* als
wichtigsten königlichen Beamten für Gericht, Polizei, Heer, Finanzen
usw. Sie ist in den romanischen Gebieten durchgeführt, im fränkischen Stammesgebiet erst vereinzelt. Alamannen, Baiern, Thüringer,
auch Bretonen, Aquitanier unter duces (Herzögen), die gegen Ausgang der Merowingerzeit fast unabhängig werden. Bei den innerdeutschen Stämmen des Frankenreiches entsteht ein *Stammesherzogtum*.
Die *Stammesrechte* werden in lateinischer Sprache aufgezeichnet.
Jeder Reichsangehörige lebt nach seinem Stammesrecht. Nach dem
Wergeld sind die *Stände* abgestuft: Freie, Halb- und Minderfreie,
Unfreie. Oberstes Gericht ist das *Hofgericht* des Königs, in dem der
Pfalzgraf Beisitzer ist. Die *fränkische Landeskirche* ist dem König unterworfen, vom Papst unabhängig. Die zahlreichen Kirchengüter erhalten allmählich *Immunität*, wodurch die Bewohner dem unmittelbaren Wirken der königlichen Beamten entzogen werden. Die aus
römischer Zeit stammenden *Städte* behalten als Bischofssitze ein ge-
wisses Ansehen, doch sind sie viel kleiner und verlieren ihre wirtschaftliche Bedeutung. Handel und Gewerbe gehen stark zurück.
Zum Kriegsdienst sind alle Freien verpflichtet *(Heerbann)*. Bei der
jährlichen Heeresmusterung im März, seit 755 im Mai, versammelt
der König die Großen zu Beratungen und erläßt mit ihrer Zustimmung Gesetze. Die Könige residieren umherziehend auf ihren *Pfalzen*, Karl vor allem in Ingelheim, Worms, Nimwegen, Diedenhofen,
Aachen. Marschalk, Schenk und Kämmerer sind *Hofämter*. Der
Hausmeier wird oberster Beamter der Staatsverwaltung.
Karolingische Zeit: Mit Einbeziehung der innerdeutschen Stämme in
das Reich wird das *Verhältnis von Königtum und Adel* noch mehr
als bisher zum beherrschenden *Thema der Verfassungsgeschichte* und
bleibt es bis zum Ausgang des Mittelalters. Die fast selbstherrliche
Stellung des Königs in den Völkerwanderungsreichen können die

späteren Merowinger nicht behaupten. Als sich die Karolinger anschicken, dem Königtum seinen früheren Platz zurückzuerobern, stehen sie vor einer fast unlösbaren Aufgabe, denn viele selbständige *Adelsherrschaften* sind entstanden, in denen der König keine Gewalt hat, die königlichen Beamten nicht wirken dürfen, den adligen Herren aber die Gerichtsbarkeit zusteht.

Durch ihre riesigen Haus- und Krongüter und die Ansiedlung von Königsfreien (auf staatlichem Rodungsland angesetzte Siedler), die wirkliche Untertanen des Königs sind, schaffen die Karolinger gegen die Adelsherrschaften ein Gegengewicht. Dazu gelingt es, die Herzogtümer zu beseitigen. Anstelle der Herzöge übernehmen die Grafen die Regierungsgewalt. Die *Grafschaftsverfassung* wird weiter ausgedehnt, doch durchdringt sie niemals das ganze Reich. In spätkarolingischer Zeit beginnt eine rückläufige Bewegung. Die Grafschaften werden feudalisiert und allodialisiert, die fränkischen Königsbeamten üben ihre Ämter zu eigenem Recht aus, das von ihnen verwaltete Königsland fällt der Adelsherrschaft anheim. Das Amt der Königsboten *(missi dominici)* erlebt seinen Höhepunkt unter Karl d. Gr. Jährlich werden ein Geistlicher und ein Laie zur Beaufsichtigung der Bischöfe und örtlichen Beamten entsandt. Die geistlichen und weltlichen Großen werden im Frühjahr und Herbst zu Hoftagen versammelt. Es entsteht eine begüterte *Reichsaristokratie*, die im 9. Jh. die maßgebende Rolle spielt.

Zum Grenzschutz sind die *Marken* eingerichtet, in denen mehrere Grafschaften unter einem Markgrafen vereinigt sind.

Die allgemeine Wehrpflicht wird infolge der Größe des Reiches zu einer drückenden Last. Daher entwickelt sich seit Karl Martell das *Lehnswesen*, die Vergabe von Land zum Nießbrauch an Vasallen gegen Kriegsdienst, sehr stark. Karl greift zu diesem Zweck auf das Kirchengut zurück. Das Lehnswesen hat zwei Seiten, eine *persönliche:* Gehorsamspflicht des Vasallen und gegenseitiges Treueverhältnis zwischen Lehnsmann und Lehnsherrn; eine *dingliche:* Hingabe von Grund und Boden (*beneficium,* feudum) als Voraussetzung für den Dienst (Gegensatz: *Allod* = freies Eigentum). Da auch die Ämter zu Lehen werden, die Beamten in ein Lehnsverhältnis zum König treten, wird das Lehnswesen die Form der politischen Unterordnung im mittelalterlichen Staat.

Die Gerichtsversammlungen werden als *echte Dinge,* zu deren Besuch die ganze Gerichtsgemeinde verpflichtet ist, vom Grafen gehalten. Nach der Gerichtsreform, die die Last der Gerichtsfolge erleichtern soll, urteilen *Schöffen* anstelle der gesamten Versammlung. Umfassende Gesetzgebung durch *Capitularia.*

843–855   Lothar I. Nach seinem Tode Teilung des Mittelreichs unter seine Söhne: Ludwig erhält Italien, Lothar II. das Gebiet von der Nordsee bis zu den Maas- und Moselquellen (Lothari regnum, danach *Lothringen* genannt). Karl bekommt Burgund und Provence.

855–875   Kaiser Ludwig II. regiert Italien selbständig.

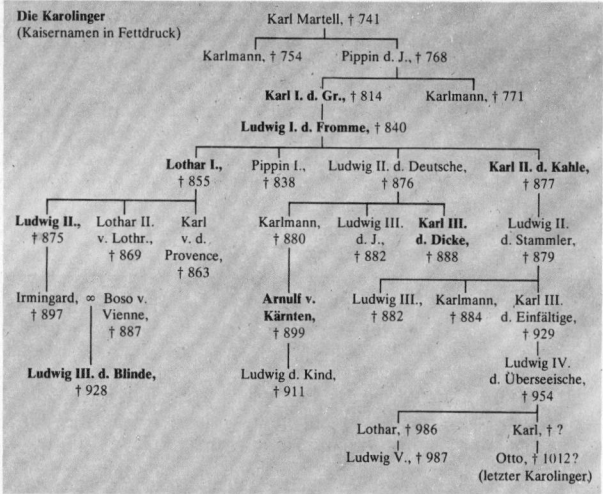

Die Karolinger
(Kaisernamen in Fettdruck)

Karl Martell, † 741
— Karlmann, † 754 — Pippin d. J., † 768
— **Karl I. d. Gr.,** † 814 — Karlmann, † 771
— **Ludwig I. d. Fromme,** † 840

— **Lothar I.,** † 855 — Pippin I., † 838 — Ludwig II. d. Deutsche, † 876 — **Karl II. d. Kahle,** † 877

— **Ludwig II.,** † 875 — Lothar II. v. Lothr., † 869 — Karl v. d. Provence, † 863 — Karlmann, † 880 — Ludwig III. d. J., † 882 — **Karl III. d. Dicke,** † 888 — Ludwig II. d. Stammler, † 879

— Irmingard, ∞ Boso v. Vienne, † 897 † 887 — **Arnulf v. Kärnten,** † 899 — Ludwig III., † 882 — Karlmann, † 884 — Karl III. d. Einfältige, † 929

— **Ludwig III. d. Blinde,** † 928 — Ludwig d. Kind, † 911 — Ludwig IV. d. Überseeische, † 954

— Lothar, † 986 — Karl, † ?
— Ludwig V., † 987 — Otto, † 1012?
(letzter Karolinger)

863 Karl von der Provence gestorben, sein Land wird zwischen Ludwig II. und Lothar II. geteilt.

875 krönt Papst Johann VIII. (872–882) in freiem Verfügungsrecht **Karl den Kahlen** zum **Kaiser** (S. 234).

843–911 Ostfrankenreich unter den deutschen Karolingern.

843–876 **Ludwig der Deutsche.** Die deutschen Karolinger erscheinen nur noch selten in Sachsen.

845 *Hamburg* von den Normannen zerstört.

846 setzt Ludwig in *Mähren* den Herzog *Rastislav* ein.

862 Erster Angriff der Magyaren auf das Ostfrankenreich.

870 *Vertrag von Meerssen.* Nach dem Tod Lothars II. wird dessen Gebiet zwischen Karl dem Kahlen und Ludwig dem Deutschen geteilt: Ludwig erhält die Osthälfte Lothringens mit Aachen.

876 Nach dem Tod Ludwigs des Deutschen teilen die Söhne das Reich:

876–880 Karlmann hat Bayern und die südöstlichen Marken,

876–882 Ludwig III. hat Mainfranken, Thüringen, Sachsen,

876–887 Karl III. der Dicke hat Alamannien und Churrätien. Nach dem Tode seiner Brüder Alleinherrscher im Ostreich.

876 Ludwig III. schlägt Karl den Kahlen, der den in Meerssen abgetretenen Ostteil von Lothringen zurückgewinnen will, bei *Andernach* am Rhein.

879 Karl III. übernimmt die Regierung *Italiens,* 881 von Johann VIII. zum Kaiser gekrönt.

880 Vertrag von Ribemont. Ludwig III. erhält von den jungen Enkeln Karls des Kahlen die in Meerssen beim Westreich verbliebene Westhälfte Lotharingiens. **Die im Vertrag von Verdun gezogene Westgrenze des Mittelreiches bleibt im wesentlichen das ganze Mittelalter hindurch die Grenze zwischen Deutschland und Frankreich.**

880   Die Sachsen unter Herzog *Brun* (gefallen) von den Normannen vollständig geschlagen.

882   Karl III. läßt die in *Elsloo* eingeschlossenen Normannen abziehen und bewilligt ihnen Tribute und Landverleihungen.

885   Nach dem Tod zweier Enkel Karls des Kahlen übertragen die Westfranken die Herrschaft an Karl III., der somit noch einmal das Gesamtreich außer Niederburgund vereinigt.
       Paris, von Graf *Odo* tapfer verteidigt, wird von den Normannen *belagert;* Karl erkauft den Abzug der Normannen mit Geld.

887   Reichstag zu Tribur, Karl zur Abdankung gezwungen († 888).

887–899   **Arnulf von Kärnten,** Sohn Karlmanns, übt eine äußerliche Oberhoheit über die anderen nicht von Karolingern regierten Reichsteile aus.

891   siegt er glänzend bei *Löwen an der Dijle* über die Normannen, die das Ostfrankenreich endgültig verlassen. – 892/893 Feldzüge gegen Fürst *Zwentibold* von Mähren.

896   Arnulf in Italien von Papst *Formosus* zum Kaiser gekrönt.

900–911   **Ludwig IV. das Kind,** unter Leitung des Erzbischofs *Hatto* von Mainz und anderer Bischöfe. Zahlreiche innere Fehden.
       Seit 900 fast alljährliche Einfälle der *Ungarn.* Furchtbare Verheerungen bis Alamannien und Sachsen.

907   Markgraf *Liutpold* von der Ostmark bei *Preßburg* gegen die Ungarn
4. Juli   gefallen. Die Ostmark verloren, die *Enns wieder Reichsgrenze.*
       Infolge der Ohnmacht des Königtums, der äußeren Feinde Herr zu werden, entsteht unter der politischen Führung einzelner großer Familien erneut das **Stammesherzogtum** (S. 173, 178).
       Schwaben. Um die Herrschaft ringen die *Hunfridinger* oder *Burchardinger* und die Brüder *Erchanger* und *Berthold.* Hauptgegner beider Geschlechter ist der mächtige *Salomon,* Bischof *von Konstanz* (890–919) und Abt von St. Gallen. Hier wie bei den anderen Stämmen ist der Episkopat der Hauptgegner der erstarkenden Herzogsgewalt, von der er Verlust seiner Güter und Minderung seiner reichsunmittelbaren Stellung befürchtet. Schließlich schwingt sich *Burchard II.* zum Herzog auf.
       Bayern. Nach dem Tod des Markgrafen Liutpold folgt ihm sein Sohn *Arnulf,* der sich Herzog der Baiern nennt. Umfangreiche Säkularisation des Kirchengutes zugunsten ritterlicher Vasallen, um Krieger gegen die Ungarn zu gewinnen. 935 designiert er ohne Mitwirkung des Königs seinen Sohn *Eberhard* zum Nachfolger.
       Thüringer. Als der dux *Burchard* 908 gegen die Ungarn fällt, dehnt der Sachsenherzog seine Herrschaft über diese Gebiete aus und verhindert so die Entstehung eines eigenen thüringischen Stammesherzogtums.
       Sachsen. Führendes Geschlecht in Sachsen sind die *Liudolfinger.* Der Edle *Liudolf* erhält vom König Befugnisse eines dux im östlichen

Sachsenland. Liudolfs Sohn *Otto* vererbt das Herzogtum seinem Sohn, dem späteren König *Heinrich I.*

Lothringen. Den ersten Platz im Land nehmen die Grafen *Reginar Langhals* und sein Sohn *Giselbert* ein. Nach der endgültigen Angliederung an Deutschland 925 entwickelt sich Giselberts Stellung zu der eines deutschen Stammesherzogs.

In **Franken**, d. h. *Ostfranken*, erliegen die *Babenberger* 906 den *Konradinern*, deren Führer, der spätere König Konrad, nun eine herzogliche Stellung einnimmt. Nach dessen Tod regiert sein Bruder Eberhard, der aber anscheinend den Herzogstitel nicht geführt hat.

Nur in kaum faßbarer Weise hat bei der Entstehung der Herzogtümer ein „Stammesbewußtsein" mitgespielt. Ausschlaggebend sind die persönlichen Machtkämpfe unter den führenden Familien der Reichsaristokratie. Der Herzog erwirbt kein Herzogtum, sondern er schafft es. Die so entstandenen Dukate haben viel mehr auf die schärfere Ausprägung der Stämme eingewirkt, als umgekehrt die Stämme die Grundlage der Dukate bildeten. Der Herzog bietet den Heerbann auf, treibt eine selbständige Außenpolitik, versammelt die Großen auf Landtagen und bemüht sich, die Besetzung der Bistümer und Reichsklöster dem König zu entwinden und selbst auszuüben. Die Ausbildung der deutschen „Stammesherzogtümer" ist ein allmählicher Vorgang, der während der Regierung Karls III. beginnt und beim Tod Konrads I. einen gewissen Abschluß erreicht hat. (Forts. S. 209 bzw. S. 234.)

Kultur der Karolingerzeit

Karl d. Gr. sorgt für das geistige Leben und die Bildung des Klerus; er gründet *Kloster-* und *Domschulen* (Fulda, St. Gallen, Tours). Klosterreform durch *Benedikt von Aniane.* Ausländische Gelehrte werden am Hof versammelt: *Petrus von Pisa, Paulinus von Aquileia, Theodulf von Orléans,* der Langobarde *Paulus Diaconus,* der Angelsachse *Alkuin,* Abt von St. Martin in Tours, Theologe, Dichter, Verfasser von Lehrbüchern, Leiter der Hofschule in Aachen und Berater des Kaisers in geistlichen Angelegenheiten. *Einhard* verfaßt die *Vita Caroli Magni, Regino von Prüm* seine Weltchronik, *Hincmar von Reims* politische Denkschriften. Aufblühen der Studien und der Poesie in lateinischer Sprache, sogenannte **„karolingische Renaissance".** Schriftreform durch die Ausbildung der *„karolingischen Minuskel",* die Grundlage noch der heutigen Schrift. Aber auch Sorge für das heimische Volkstum: Versuch einer deutschen Grammatik, Sammlung germanischer Heldenlieder, Übersetzungen aus dem Lateinischen in Reichenau. Die Ostfranken nennen ihre Sprache im Gegensatz zum Latein die *deutsche, lingua theodisca,* d. h. volkstümliche. Teutisci als Volksname erstmals 843. Um 830 entsteht das altsächsische Epos des *Heliand* in Stabreimversen, in dem die Heilsgeschichte mit den Ausdrucksmitteln germanischer Heldendichtung dargestellt wird. Zwischen 863 und 871 dichtet der Mönch *Otfried von Weißenburg* seine große althochdeutsche Evangelienharmonie in Endreimversen, die seitdem die europäische Literatur beherrschen. Alkuins Schüler *Hrabanus Maurus,* Leiter der Klosterschule, dann Abt von Fulda und Erzbischof von Mainz († 856), *praeceptor Germaniae,* fruchtbarer Schriftsteller, ist um die Bildung des Klerus bemüht. Sein Schüler ist der Dichter *Walahfried Strabo,* Abt von Reichenau.

Kunst: Seit Pippin erscheint der stadtrömische konstantinische Typ der T-förmigen Basilika mit durchlaufendem Querhaus wieder. Er wird bei Reichsklöstern verwendet: Fulda, Hersfeld, Seligenstadt. Die Aachener Pfalzkapelle Karls d. Gr. setzt eine Tradition der germanischen Teilreiche fort. Sie dient vielfach als Vorbild. Auch die Westwerke, den Basiliken der Reichsklöster angefügte Zentralbauten, z. B. Corvey und Werden, gehen auf sie zurück. Auf Buchmalerei, Elfenbein- und Goldschmiedekunst wirkt antike Überlieferung ein (Krönungsevangeliar).

b) Italien (568–950)

568–774 Langobardenreich in Italien. Die Urheimat der Langobarden ist Skandinavien. Ihre Wanderungen führen sie an die Niederelbe, ins Rugierland, an die obere Theiß und Donau. Im Donauraum entsteht ein Reich, das sich auch auf Pannonien ausdehnt. Die Langobarden sind Arianer. 566 vernichten sie das Gepidenreich und ziehen unter *Alboin* mit Teilen der *Gepiden* nach Italien. 572 Pavia genommen, Alboin ermordet.

584–590 *Authari* König. Er vermählt sich mit *Theudelinde,* der Tochter des Baiernherzogs, einer eifrigen Katholikin. Freundschaft mit Bayern wird dauernde Grundlage der langobardischen Politik. Anerkennung der fränkischen Oberhoheit und Tributzahlung.

Ansiedlung der Langobarden, am dichtesten in der Poebene, etwas schwächer in Umbrien und Nordtoskana, noch dünner in den südlichen Herzogtümern Spoleto und Benevent. Hauptstadt Pavia.

Die Eroberung ist erst gegen 650 abgeschlossen und ergibt zerrissene Grenzen. Den *Byzantinern verbleiben: Istrien;* die *Romagna* mit Ravenna als Sitz des Exarchen, *Exarchat* genannt; die *Pentapolis;* der *Dukat von Rom* mit Teilen Südtoskanas und Kampaniens; der *Dukat von Neapel;* die Südspitzen der Halbinsel; Sizilien. Das Gebiet von *Perugia* verbindet Pentapolis und römischen Dukat, so daß das Langobardenreich von den fast unabhängigen Herzogtümern Spoleto und Benevent getrennt ist.

Die Teilung in ein langobardisches (später fränkisches, dann zum Reich gehöriges) und ein byzantinisches (später nur z. T. päpstliches) Italien bleibt von schicksalhafter Bedeutung für die ganze italienische Geschichte.

636–652 Rothari, mit Tochter Theudelindes vermählt, aber überzeugter Aria-

ner. Stärkung des Königtums durch strenge Abhängigkeit der Herzöge. Eroberungen gegen Byzanz. *Edictus Rothari* (643), *Kodifikation des langobardischen Rechts.*
Seit seinem Nachfolger *Aripert I.* sind die Könige Katholiken. Der *Übertritt des Volkes zum Katholizismus* vollzieht sich allmählich seit Authari. Die vorübergehende Vereinigung mit dem Herzogtum Benevent führt das Königtum auf einen Gipfel der Macht. Grimwald ist siegreich gegen Franken, Byzantiner, Avaren, Slawen.

Um 680   förmlicher *Friede mit Byzanz.*

712–744 Liutprand. Die Herzöge von Spoleto und Benevent unterworfen. Eroberungen in Pentapolis und Exarchat. Vor der drohenden Eroberung des römischen Dukats bittet Gregor III. 739 und 740 Karl Martell vergeblich um Hilfe. Aber aus religiösen Bedenken gibt Liutprand die Eroberung Ravennas und Roms auf.

749–756   *Aistulf.* Er vereinigt das Herzogtum *Spoleto* mit der Krone und erobert 751 *Ravenna.*

751   **Ende des Exarchats von Ravenna** und **damit der byzantinischen Macht in Mittelitalien;** das Papsttum ihr Erbe, das gegen die Langobarden die Franken zu Hilfe ruft (S. 175).

Verfassung des Langobardenreichs: Die Thronfolge beruht auf einem Gemisch von Erbrecht und Wahl. Die Volksversammlung wird zur Heeresversammlung, nur die Großen werden noch zu Beratung und Beschlußfassung herangezogen; die Zuständigkeit schrumpft auf Teilnahme an Königswahl und Gesetzgebung ein. Das Reich zerfällt in unmittelbares Königsland und die Gebiete der zahlreichen *duces,* die im Laufe der Zeit vom König abhängiger werden; ihr Erbrecht wird durch königliche Einsetzung verdrängt.

Seit dem Gotenkrieg und der langobardischen Eroberung herrscht in Italien nicht mehr Geld-, sondern *Naturalwirtschaft* vor.

756–774   König *Desiderius,* vorher Herzog von Tuscien.

773–774 Eroberung des Langobardenreichs durch **Karl d. Gr.** (S. 176).

Das Herzogtum *Benevent* bleibt selbständig. Die Seestädte *Venedig, Gaeta, Neapel* und *Amalfi* stehen nominell unter byzantinischer Oberhoheit, sind aber faktisch selbständig. Nach der *Absetzung Kaiser Karls III. 887* ist **Reichsitalien** den lokalen Gewalten preisgegeben, während die *Sarazenen* (seit 827 im Besitz eines Teils von Sizilien, 846 Plünderung Roms, Verwüstungen von festen Plätzen [Fraxinetum] aus) und schließlich auch die *Ungarn* das Land bedrohen. Die Markgrafen von *Friaul, Tuscien, Spoleto* haben sich unterdes zu selbständiger Fürstengewalt emporgearbeitet.

888–962 Die italienischen Nationalkönige.

888   Markgraf **Berengar** von Friaul **zum König von Italien** gekrönt. Aber *Spoleto* fühlt sich als Erbe des Langobardenreichs. Die Päpste werden 891/92 zur Kaiserkrönung *Widos* von Spoleto und seines Sohnes *Lambert* gezwungen.

894   wird *Arnulf von Kärnten,* der Nachbar Friauls, als König anerkannt, 896 zum Kaiser gekrönt, kehrt aber krank nach Bayern zurück.

899 furchtbare **Niederlage Berengars** gegen die *Ungarn* an der *Brenta.* Oberitalien ein Jahr lang von ihnen geplündert.

900 **Ludwig** von der *Provence* in Pavia zum König, 901 in Rom zum Kaiser gekrönt. 905 wird er von Berengar in Verona geblendet († 928 in der Provence). *Berengar* wird 915 zum Kaiser gekrönt.
Neue arabische Angriffe auf *Reggio* 918, *Oira* 925, *Tarent* 926, slawische auf *Siponto* 927, Ungarneinfälle 921, 924, 947.

922 König *Rudolf II.* von *Hochburgund* wird nach Italien gerufen und bemächtigt sich der Herrschaft.

924 *Berengar* in Verona *ermordet.* Rudolf gibt Italien preis, als sein Schwiegervater *Burchard II.* von Schwaben bei *Novara* niedergemacht wird.

926 *Hugo von Vienne* nach Italien gerufen, in Pavia gekrönt (926–947). Eine Gegenpartei wählt *Eberhard* von *Bayern* 934 zum König, doch behauptet sich *Hugo,* der 941 auch *Berengar* von Ivrea verteiben kann.
Das *byzantinische* **Süditalien** steht in dauerndem Gegensatz zu den langobardischen Fürstentümern von Capua-Benevent und Salerno. In **Rom** sind die Päpste ein Spielball der Parteikämpfe des Landadels. Machthaber in Rom wird der Senator *Theophylakt;* nach seinem Tod regieren seine Gattin *Theodora,* die 914 ihrem Liebhaber als *Johann X.* die Tiara verschafft, und ihre Tochter *Marozia.* Diese vermählt sich 932 mit König *Hugo,* der seine Gewalt über Mittelitalien ausdehnt, aber ihr Sohn *Alberich* vertreibt ihn aus Rom und beherrscht die Stadt (932–954). Sein Sohn Oktavian wird Papst *Johann XII.* (955–963).

945 erobert *Berengar* von *Ivrea* Oberitalien. *Hugo* muß nach der Provence weichen, wo er 947 stirbt, aber sein Sohn *Lothar,* der mit *Adelheid,* Tochter Rudolfs II. von Hochburgund, vermählt ist, bleibt König von Italien, die tatsächliche Regierungsgewalt übt jedoch Berengar aus.

950 Nach *Lothars* Tod wird *Berengar II.* mit seinem Sohn Adalbert gekrönt, Lothars Witwe in Garda gefangengehalten.
Diese Wirren zeigen, daß Italien eine Ordnungsmacht braucht. Sie zu schaffen wird die Aufgabe des deutschen Kaisertums.

951 kommt *Otto I.* (S. 212) nach Oberitalien. (Forts. S. 232.)

c) Die Britischen Inseln (bis 1066) (Forts. v. S. 138)

432 kommt der *hl. Patrick* als Missionsbischof nach Irland († 461). Es entsteht die irische Mönchskirche, in der der Abt bedeutender als der Bischof ist.

Um 449 landen **Jüten, Angeln** und **Sachsen** in England. Sie gründen 7 Staaten: *Kent, Sussex, Essex, Ostanglia, Wessex, Mercia* und *Northumbria.* Die Briten werden teils nach Wales (Sagen von König Artus) verdrängt, teils siedeln sie sich in der Bretagne an, die von ihnen den Namen erhält.

596 Papst Gregor I. sendet zu König *Ethelbert von Kent* den Mönch *Augu-*

stin, der das Erzbistum *Canterbury* gründet. Beginn der Bekehrung der Angelsachsen.

793 Normannen plündern Lindisfarne. Beginn der „Wikingerzeit". 838 setzen die Einfälle der Normannen mit voller Kraft wieder ein, 850 erste Ansiedlung. Im Laufe der folgenden zwei Jahrhunderte wird *England* zu einem *halb dänisch* bevölkerten Land.

802–839 Northumbria hat im 7., Mercia im 8. Jh. die Vorherrschaft, dann erringt König Egbert von Wessex die Oberhoheit über die übrigen angelsächsischen Reiche.

871–899 Egberts Enkel **Alfred d. Gr.** Schwere Kämpfe mit den Dänen. 878 Sieg Alfreds bei *Edington.* 885 Friede, England nordöstlich einer Linie London–Chester verbleibt den Dänen. Bedeutende Tätigkeit Alfreds als Gesetzgeber und Schriftsteller. Unter seinen Nachfolgern fortschreitende Eroberung des Dänenlandes. Das ganze Land allmählich mit einem Netz von *Grafschaften (shires)* überzogen. An der Spitze der einzelnen Grafschaft steht der *earl;* der *sheriff* wird der leitende Kronbeamte des shire.

924–939 *Ethelstan* bemächtigt sich 927 des normannischen *Königreichs York.* Oberherr der meisten Fürsten von Wales und der Briten von Cornwall. Lebhafte Beziehungen zum Kontinent; seine Schwester Edith mit Otto d. Gr. vermählt.

978–1016 *Ethelred II.* Unter ihm beginnen neue furchtbare Einfälle der Dänen. Um ihnen Tribut zu zahlen, erhebt der König das *Danegeld* von seinen Untertanen, woraus sich die *erste allgemeine Steuer eines mittelalterlichen Staates* und damit ein bedeutsamer Vorsprung der englischen Verfassung vor der festländischen entwickelt.

1016–1042 **Dänische Herrschaft** in England unter **Knut d. Gr.** (1016–1035) und seinen Söhnen, als Kern seines Reiches (S. 187 f.). Er wird Christ und folgt den Traditionen der angelsächsischen Dynastie. *Edward der Bekenner,* Sohn Ethereds II., völlig in der Hand von Earl Godwin von Kent und dessen Sohn Harald.

1066 Nach Edwards Tod *Harald* zum König gewählt. Er siegt über die Norweger bei *Stanfordbridge.* Herzog **Wilhelm von der Normandie,** ein Verwandter Edwards, landet mit einem Heer.

14. Okt. **Schlacht bei Hastings.** Harald, von den Earls des Nordens im Stich gelassen, wird geschlagen und getötet. (Forts. S. 237.)

d) Skandinavien (bis 1035)

Um 500 sitzen die Dänen in Schonen und auf den Inseln, später auch in Jütland. Um 600 unterwerfen die Svear die Gauten.

793 Das Inselkloster *Lindisfarne* an der Nordostküste Englands von Normannen überfallen (s. oben). (Unter „Normannen" faßt man Dänen, Schweden und Norweger zusammen.)

826 Taufe des Dänenkönigs *Harald* in Mainz. Der Mönch **Ansgar** missioniert anschließend in Dänemark und Schweden.

Um 865–936 König *Harald (Schönhaar)* eint um 872 *Norwegen.* Unter seinen Söhnen entsteht ein neues Kleinkönigtum. 874 Beginn der *Besiedlung Islands* durch Norweger.

Bis etwa 940 König *Gorm der Alte* im *jütländischen* Königreich. Gorm erobert das schwedische Wikingerreich von *Haithabu*.

Etwa 940–986 Eindringen des Christentums. *Harald Blauzahn*, Gorms Sohn, wird um 965 Christ. Errichtung der *Bistümer Schleswig, Ripen, Aarhus* (948) unter dem *Erzbistum Bremen* durch Otto d. Gr.

974 Nach seiner Niederlage gegen Otto II. wird Harald von seinem Sohn Svend Gabelbart (986–1014) vertrieben, der in seinen letzten Jahren England erobert.

984 Der Norweger *Erik der Rote* besiedelt Grönland, sein Sohn *Leif Erikson* kommt um 1000 nach *Labrador. Erste Entdeckung Amerikas.*
Erik der Siegreiche († 994), König von Schweden, beherrscht einige Jahre *Dänemark; Schweden Vormacht des Nordens.*

995–1000 *Olaf Tryggvason*, König von Norwegen. Gewaltsame *Christianisierung* des Landes. 1000 nimmt *Island* das *Christentum* an.

1008 *Olaf Schoßkönig* von *Schweden* (995–1022) wird getauft.

1018–1035 **Knut d. Gr.**, Sohn Svend Gabelbarts, 1016 als *König von England* anerkannt, wird 1018 nach dem Tod seines Bruders *König von Dänemark*, erobert 1028 *Norwegen* gegen *Olaf den Heiligen* (1015–1028), der *Norwegen* mit Hilfe englischer·und deutscher Kleriker endgültig *christianisiert* hat. 1031 zwingt Knut *Schottland* zur Huldigung. (Forts. S. 240.)

e) Iberische Halbinsel (507–1035) (Forts. v. S. 137)

507–711 **Das Westgotenreich in Spanien** (vgl. S. 168).
Nach dem Untergang des Tolosanischen Reiches 507 läßt sich der Hauptteil der Westgoten in Altkastilien nieder.

531 *Amalarich* vom Frankenkönig Childebert I. bei Narbonne geschlagen. Das Wahlprinzip setzt sich bei der Thronfolge durch, rechtlich seit 633. Häufige Thronusurpationen. Dabei werden 551 *die Byzantiner ins Land gerufen.* Sie erobern den Süden.

567–586 **Leowigild,** starke Regierung. Hauptstadt *Toledo.* Er hebt das Eheverbot zwischen Goten und Romanen auf, entreißt den Byzantinern Córdoba, verleibt 585 das *Suebenreich* ein.

586–601 Sein Sohn *Rekkared tritt 587 zum Katholizismus über,* seitdem katholische Könige.

649–672 *Rekkeswind.* Er stellt die Rechtseinheit zwischen Goten und Römern her. Die Verschmelzung der beiden Völker kommt dadurch zum Abschluß. Fortschreitender Verfall der königlichen Macht. *Roderich,* der letzte Westgotenkönig, fällt in der **Araberschlacht** *am Guadalete* **711** (ungewiß, ob bei Jerez de la Frontera). **Untergang des Reiches** (S. 289).

711–755 *Das arabische Spanien* unter Statthaltern der Kalifen von Damaskus.
756–1031 **Omajjadisches Emirat (Kalifat) von Córdoba,** begründet von Abd

ar-Rachmān I., welcher der Verfolgung durch die Abbasiden entkommt (S. 290).

Abd ar-Rachmān III. (912–961) nimmt 929 den *Kalifentitel* an. Er
gewinnt Toledo und Nordwestafrika und begründet die einzigartige
maurische Kultur Andalusiens. Nach Verzicht auf die afrikanischen
Besitzungen erobert Hischam *León, Barcelona, Santiago de Com-
postela* (985–997).

1031   In dynastischen Wirren werden die **Omajjaden** von der Aristokratie
gestürzt. Jetzt beginnt in Spanien die Epoche der **Kleinstaaterei.** Sie
begünstigt aber eine hohe **Kulturblüte.**

Im Norden entstehen **christliche Reiche:** *Asturien-León, Kastilien,
Katalonien.* Im O Leóns erwächst das Königreich *Navarra.* Es erwirbt
die Grafschaft *Aragón.*

1000–1035   **Sancho d. Ä.** von Navarra erobert die Grafschaft Kastilien. Er teilt
sein Reich unter seine Söhne. Es entstehen die Königreiche **Navarra,
Kastilien, Aragón.** (Forts. S. 241.)

f) Ost- und Südosteuropa (375–1025) (Forts. v. S. 137)

*Entscheidende Merkmale dieser Epoche: Eindringen der Türkvölker,
Abwanderung der Germanen, Landnahme der Slawen bis zur Ostsee,
Adria und oberen Wolga, Anfänge slawischer Staatenbildungen sowie
Angliederung der osteuropäischen Völker an die antik-christlich be-
stimmte Kulturwelt.*

Die **Hunnen** brechen etwa 374 über die Wolga vor, vernichten das
375   starke Reich der *Alanen* an Terek, Kuban und unterem Don und greifen die *Ostgotenherrschaft* des greisen *Ermanarich* zwischen Don und
Dnjestr an (S. 165). Sie dehnen ihre Herrschaft dann über die Karpaten bis in die Donau- und Theißebene aus. Seit 434 ist das Reich unter
Bleda und *Attila* geteilt. Tributzahlungen und Verträge mit wirtschaftlichen Zugeständnissen sichern dem römischen Imperium vorübergehend die Ruhe an der Nordgrenze. Seit 441 Eroberungen auf
der Balkanhalbinsel unter *Attila,* der 445/46 die Alleinherrschaft an
sich reißt. Nach Attilas Tod teilweise Rückzug nach Südrußland, wo
sich ein Reststaat hält. Die Hunnen verschmelzen mit den verwandten
Türkvölkern zum Volk der *Bulgaren.*

Als direkte **Folgen des weltgeschichtlich bedeutsamen Hunnenein-
falls** sind festzuhalten: Der *südrussische Steppenweg* ist seither zum
*Einfallstor für eine ununterbrochene Kette neuer türkisch-mongoli-
scher Nomadenvölker* geworden, die eine ständige Bedrohung der
europäischen Völker- und Staatenwelt darstellen und das Gesicht der
russischen Reichsbildung entscheidend beeinflussen.

Der Wanderzug der Ostgermanen in die osteuropäische Tiefebene
wird unterbrochen, *nach S und W abgelenkt* und führt zur Errichtung
germanischer Herrschaften auf weströmischem Boden.

Die schnelle Ausbreitung und *Landnahme der Slawen* beginnt und erreicht noch während des 6. und 7. Jh. im S und W die Grenzen der Kulturwelt und das Gebiet der oberen Wolga. In der Reihe der *türkisch-mongolischen Steppenvölker* erscheinen 558 die **Avaren**. Sie dringen vom Kaukasus an die *Donau* vor, vernichten 567 das Reich der Gepiden und gründen unter dem Kagan *Bajan* (565–602) eine sich von der Wolga bis zu den Ostgrenzen des Frankenreichs erstreckende Herrschaft.

Unter *avarischer* Führung nehmen die ständigen Einfälle *hunnisch-bulgarischer* (seit 514) und *slawischer* (seit 518) Kontingente in die oströmischen Donauprovinzen für Byzanz einen höchst bedrohlichen Charakter an: 582 *Sirmium* erobert. Den anfänglichen Raubzügen folgt dauernde Niederlassung der Slawen auf dem ganzen Balkan im 7. Jh. Gegen diese Bedrohung ruft Byzanz 567 die Türken zu Hilfe und verbündet sich gegen die Avaren mit dem Frankenreich. Die Schwächung der Avarenmacht spiegelt sich in ihrer militärischen Niederlage vor Konstantinopel (626) und in den Aufständen der *Slawen* im W und der *Bulgaren* in Südrußland, wo sich ein **Großbulgarisches Reich** gebildet hat.

Das Avarenreich im Donauraum besteht bis zur Vernichtung durch
Um 650 Karl d. Gr. 791–796. Ende des *Großbulgarischen Reiches* durch die innerasiatischen **Chazaren**. Jetzt wandern *bulgarische* Stämme an die *mittlere Wolga* ab: Entstehung des **Wolgabulgarischen Reiches** mit der wichtigen Handelsmetropole *Bulgar* als Hauptstadt; nach *Panno-*
680 *nien*, nach *Makedonien* und vor allem nach dem *Balkan:* Begründung des **Donaubulgarischen Reiches** zwischen *Isker, Balkan* und Schwarzem Meer bis zu den Grenzen der Avaren und Chazaren im N nach dem Friedensschluß mit Byzanz; Schwerpunkt südlich der Donau.

Seit dem **Ausgang des 4. Jh. Ausbreitung und Landnahme der Slawen.** Nach S durch die Mährische Pforte und Pannonien bzw. östlich des Karpatenbogens: um 500 in der *Dobrudscha*, im 6. Jh. fortgesetzte Einfälle über die Donau nach *Thrakien, Makedonien, Griechenland, Dalmatien* mit anschließender Kolonisierung dieser Gebiete; nach W noch während des 6. Jh. *Elbe* und *Ostalpen*, nach NO zur gleichen Zeit die Gebiete um *Ilmensee* und *obere Wolga* erreicht.

Die Weiträumigkeit und die Unterschiede der historischen Voraussetzungen führen zur Bildung von Stämmen und Völkern. **Südslawen:** *Slowenen, Kroaten, Serben, Bulgaren;* **Westslawen:** *Polen, Pomoranen, Nordwestslawen* (zwischen Oder und Elbe), *Sorben, Tschechen* und *Slowaken;* **Ostslawen:** Russen mit ihren späteren Zweigen der *Ukrainer, Weißrussen* und *Großrussen.* Diese weitläufige Aufspaltung der Slawen wird auch bedingt durch die ständige Differenzierung der Dialekte und der kulturellen Grundlagen: Übergang vom Sippenverband zu territorialen Gemeinschaften mit sozialer Gliederung in Adel, Freie und Sklaven, teilweise demokratischen Lebensformen und frühem Auftreten von Gaufürsten; Burgbezirksverfassung; Kriegstüchtigkeit, Piraterie in Ägäis und Ostsee; Handel mit Frankenreich und Orient, Märkte mit Stadtcharakter

in Anlehnung an Burgen; primitiver Naturkult und Ahnenver-
ehrung, später z. B. bei Nordwestslawen Götterbilder, Tempel und
Priesterkaste; keine Schrift vor Einführung des Christentums.
*Nach ersten Herrschaftsbildungen der slawischen Wander- bzw. frühen
Landnahmezeit* und nach dem Zusammenbruch der Avarenmacht erfolgt durch tatkräftige Dynastien **die Bildung dauerhafter Großflä-
chenstaaten.** Ihre Einbeziehung in das diplomatische Spiel der führenden Kulturmächte dieser Zeit wird zu einem Vorgang von
eminenter Bedeutung: Die Annahme der christlichen Lehre sowie die
Nachahmung und Einführung bewährter Ordnungsprinzipien der
Kulturwelt leiten den *Prozeß der* **Europäisierung** *der osteuropäischen
Staaten- und Völkerwelt* ein, der um die Jahrtausendwende für fast
alle Slawen und die Magyaren seinen ersten Abschluß findet.

Mähren – Böhmen

Mähren, unter fränkischer Tributhoheit, wird bei geschickter Ausnutzung der innerfränkischen Gegensätze im 9. Jh. zur *führenden
Macht unter den Slawen* längs der fränkischen Ostgrenze *(Böhmen*
und *Nordungarn* beherrscht; zahlreiche großräumige Burgstädte als
Verwaltungs- Wirtschafts- und Kulturzentren im Marchtal). Erfolglose Kriegszüge *Ludwigs des Deutschen* gegen *Rastislav* (846–870).
Um sich dem fränkischen politischen und kirchlichen Einfluß zu entziehen, sucht *Rastislav Anlehnung an Byzanz* und beruft zur weiteren
Christianisierung des Landes die Griechen Konstantin (in Rom *Cyrill*
genannt, † 869) und *Methodius* († 885).

863 Diese begründen mit Billigung Roms eine von Ostfranken unabhängige Kirchenorganisation mit slawischer Liturgie: *Einführung einer
slawischen Kirchen- und Literatursprache* auf der Grundlage eines genial erschaffenen, auf der griechischen Kursive des 9. Jh. beruhenden
und in der Stilisierung vom Koptischen und Armenischen beeinflußten sog. *glagolitischen Alphabetes* (um 900 verdrängt durch das *kyril-
lische Alphabet).* Diese Tat der beiden Brüder hat *weltgeschichtliche
Bedeutung* durch die Aufnahme und Pflege, die dieses slawische Christentum in dem inzwischen weitgehend slawisierten *Bulgarien* und
später in *Rußland* und *Serbien* findet. In Mähren wird vorübergehend
der Einfluß des Fränkischen Reiches und seiner Kirche wiederhergestellt. Trotzdem setzt *Svatopluk* (870–894) seine Ausdehnungspolitik
fort; die Sudetenländer einschließlich Böhmens und Schlesiens, die
Gebiete an der oberen Weichsel und Teile Ungarns gehören zu seiner
Herrschaft. Mit dem Tod Svatopluks *Niedergang des Mährischen Reiches.* Die böhmischen Fürsten unter Führung der **Přemysliden** (bis
1306) schließen sich unter dem Eindruck der Ungarngefahr deshalb
895 dem Ostfrankenreich an.

906 wird *Mähren* von den *Ungarn* vernichtet. (Forts. S. 243.)

Ungarn

Der *ungarische Staat* entsteht während des 10. Jh. auf slawischem Siedlungsboden, wodurch die Aufspaltung der Slawen vertieft wird.

889 Die *Ungarn*, ein finnisch-ugrisches Volk mit einer türkischen Oberschicht, erreichen die untere Donau, nachdem sie aus ihren Wohnsitzen zwischen Don und Dnjepr vertrieben worden sind. Sie greifen unter **Arpád** (Dynastie der **Arpaden** bis 1301) nach Pannonien hinüber: 896–907 **Landnahme** der sieben ungarischen Stämme an Theiß und mittlerer Donau. Ständige Angriffsfeldzüge dieser Steppennomaden (899–955) gegen das Abendland und Byzanz: besonders wird das ostfränkische Gebiet (32mal) heimgesucht, daneben Italien (924), Lothringen, Westfranken, Burgund, Spanien; 934 erscheinen sie auch vor Konstantinopel. Nach dem Verfall der Zentralgewalt för-

955 dert die **Niederlage bei Augsburg** Seßhaftwerdung und Christianisierung. Unter **Stephan I. dem Heiligen** (997–1038) erfolgt die *feste Angliederung des ungarischen Volkes an die westliche Christenheit*

1001 *durch Begründung des Erzbistums Gran,* gleichzeitig wird *Stephan* mit der vom Papst übersandten Krone *zum König gekrönt.* Missionierung unter deutscher Beteiligung. Einführung der Grafschaftsverfassung zur Stärkung der Zentralgewalt und Finanzkraft. Thronwirren, heidnische Reaktionen (1046 und 1061) sowie äußere Bedrohung schwächen vorübergehend Ungarn. Nach Erneuerung der Königswürde beginnt eine neue Periode der Machtentfaltung. Unter Ladislaus I. (1077–1095) und Koloman I. (1095–1114) wird *Kroatien* ein Teil des ungarischen Staates. (Forts. S. 246.)

Polen

Der Zusammenschluß der **polnischen Stämme** (*Poleni* = Feldbewohner) zwischen Weichsel und Oder unter dem Geschlecht der **Piasten**

963 (bis 1370 bzw. 16. Jh.) muß bereits grraume Zeit vor ihrer Expansion nach Westen und dem Zusammenstoß mit Markgraf Gero stattgefunden haben: *Miseka (Mieszko I., etwa 960–992)* schließt sich dem

966 *Christentum in westlicher Form* an; Missionsbistum Posen; formale Anerkennung der kaiserlichen Oberhoheit; Ausweitung der polnischen Hoheitsgrenzen bis zur Ostsee, gemeinsame deutsch-polnische Kriegszüge gegen das 983 vom Reich abgefallene Slawenland als Auftakt für das Ringen um die Gestaltung Mitteleuropas im 12. Jh. 981 Verlust der Grenzgebiete an Bug und San an das Kiever Reich. Eroberung Schlesiens 990, Angliederung der Landschaften an der oberen Weichsel, zuletzt Unterstellung Polens unter den Schutz des Stuhls Petri. Diese erfolgreiche Politik erfährt ihre Krönung durch

992–1025 **Bolesław I. Chrobry,** der, in enger Freundschaft mit Otto III., Polen die Vormachtstellung unter den christianisierten Slawen verschafft. Missionsbestrebungen nach N und O, 999 Errichtung des *Erzbistums Gnesen* mit den Diözesen *Kolberg, Breslau* und *Krakau* in Gegenwart Kaiser Ottos III. am Grab Adalberts. Ausdruck der Renovatio-Poli-

tik Ottos: Polen Glied des imperium Romanum. Nach dem Tod Ottos
vorübergehende Eroberung der mittelelbischen Marken, Mährens
und Böhmens. Die Weigerung, hierfür Heinrich II. den Lehnseid zu
leisten, führt zum Ausbruch des Krieges zwischen Deutschland und
Polen (1003–1018); im Frieden von Bautzen als unabhängiger Herrscher anerkannt. Besitz der Lausitzer Marken und Mährens bestätigt.
Eingreifen in die russischen Thronwirren. *Königskrönung 1025.*
Durch soziale und heidnische Revolutionen, Erbfolgekämpfe sowie
Koalition der Nachbarn erfolgt unter *Mieszko II.* (1025–1034) der
rasche Zusammenbruch Polens: Verlust Pommerns, Mährens, der
Lausitz, der Gebiete zwischen Weichsel und Bug sowie Schlesiens;
Wiederherstellung der Lehnsabhängigkeit vom Reich (1033). Erst
unter *Kasimir I.* (1039–1058) erholt sich Polen unter politischer
Anlehnung an das salische Imperium. (Forts. S. 244.)

Rußland

Schwedische *Waräger,* kriegerische Kaufleute, dringen in Osteuropa
ein – nach der Slawisierung heißt das Volk am Dnjepr ,,Rus" – und
suchen seit Beginn des 9. Jh. direkten Kontakt mit den Märkten des
Orients. Sie errichten Stützpunkte und Tributherrschaften.

860 *Erster Angriff der Russen auf Byzanz.* Durch die Vereinigung der einzelnen Warägerherrschaften und den Zusammenschluß des N (um
Novgorod) mit dem Dnjeprgebiet (Kernraum Kiev) durch **Oleg**
(879–912) wird die *Befreiung aller ostslawischen Stämme von der
chazarischen Tributherrschaft* angebahnt und die Gefahr eines von der
Steppe beherrschten Osteuropa durch die Dynastie der **Rurikiden**
(bis 1598) beseitigt. Ausbau des Handels mit Byzanz, Schwächung
der chazarischen und wolgabulgarischen Macht, Teilnahme an der
Vernichtung des Donaubulgarischen Reiches bezeichnen den Aufstieg dieser auf *dem Reichtum des Handels* beruhenden russischen
Macht. Während des 10. Jh. setzt die *rasche Slawisierung der warägi-
schen Oberschicht* ein. Großfürst **Vladimir** (978–1015) führt nach

988 Annahme der Taufe **Rußland in die Gemeinschaft der christlichen
Völker:** Übernahme der slawischen Liturgie und Kirchensprache. Die
Kirche und ihre Organisation unterstehen dem Patriarchat von Konstantinopel. Machtvolle Ausweitung der byzantinischen Kultur-
sphäre. Glanzvolle Entfaltung unter Vladimirs Sohn **Jaroslav dem
Weisen** (1019–1054): Fortsetzung der Kulturarbeit (Sophienkirche
in Kiev im byzantinischen Stil), Übersetzungen aus dem Griechischen, Anfänge einer russischen Geschichtsschreibung und Literatur.
Enge Familienbeziehungen Jaroslavs zu vielen europäischen Herr-
scherhäusern. (Forts. S. 245.)

Das Bulgarische Reich

Nach Konsolidierung der bulgarischen Macht im 8. Jh. kommt es zu Kämpfen mit Byzanz. Chan *Boris* (852–889) sucht Anschluß an die *westliche Christenheit,* muß sich aber der Übermacht des byzantinischen Kaisers beugen, dessen Namen *Michael* er in der Taufe 864 annimmt: 870 *definitive Eingliederung Bulgariens in die byzantinische Kirchenorganisation;* Pflege der slawischen Liturgie; Grundlagen zur slawischen Literaturblüte gelegt; *Bulgarien wird zu einem slawisch-christlichen Staat* mit der neuen Hauptstadt Preslav, in deren prachtvollen Palästen und Kirchen der byzantinische Kunsteinfluß dominiert. Höhe der Entfaltung unter **Symeon d. Gr.,** dessen vergebliches

893–927 Ziel es ist, in 4 Kriegen (894–896; 913; 914–923; 926–927) das Byzantinische Reich zu erobern und zu erneuern. Ausweitung der bulgarischen Macht auf dem Balkan durch Siege über die Serben (924). Im W werden Bulgariens Grenzen gezogen durch Begründung eines selbständigen **kroatischen Königreichs** unter *Tomislav* (910–928; König seit etwa 924) zwischen Adria und Drau. *Rascher Verfall des durch Kriege erschöpften Bulgarien unter Peter* (927–969): Der bulgarische Einfluß auf dem Balkan wird durch den byzantinischen ersetzt, dem Bulgarien selbst völlig erliegt. 972 wird Ostbulgarien eine byzantinische Provinz, während sich in Westbulgarien unter *Samuel* (972–1014) eine bulgarische Herrschaft hält. Diese verleibt Kaiser *Basileios II.* (S. 248), der Bulgarentöter, *dem byzantinischen*

1018 *Staat ein.* (Forts. S. 243.)

g) Oströmisches (Byzantinisches) Reich (bis 843) (Forts. v. S. 157)

Grundlage des Byzantinischen Reiches: Römischer Staatsgedanke, griechische Kultur und Sprache sowie christlicher Glaube. Jahrhundertelanges Ausleben der antiken Kultur. Politische, wirtschaftliche und kulturelle Vormachtstellung bis ins 13. Jh., Schutzwall des Abendlandes gegen Araber und Türken. Konstantinopel Mittelpunkt des Handels zwischen Orient und Okzident.

474–491 *Zenon,* ein Isaurier. Das Ostreich hat seit etwa 400 („Antigermanismus") auf die Germanen als Föderatentruppen verzichtet. Indem Zenon die Ostgoten Theoderichs nach Italien ablenkt, wird der Osten endgültig von den Germanen befreit, während der Westen ihnen vollständig verfällt.

527–565 **Justinian I.,** Gemahlin und Mitregentin *Theodora* († 548). Ausrottung der Reste des Heidentums. Unumschränkter Herr des Staates und der Kirche. Justinian erster Vertreter des *Cäsaropapismus* auch für das Abendland.

534 **Kodifikation des römischen Rechts.** Das **Corpus juris civilis** besteht aus 1. den *Institutionen* (Lehrbuch), 2. *Pandekten* oder *Digesten* (Schriften früherer Rechtsgelehrter), 3. *Codex Justinianus* (Gesetze Justinians und früherer Kaiser). Alles in lateinischer Sprache; die später von Justinian erlassenen Gesetze *(Novellae)* griechisch, nur in Privatsammlungen.

Die weströmische Reichshälfte großenteils zurückerobert. Die ungeheuren Anstrengungen entziehen der Verteidigung des Reiches im O die Kräfte. *Slawen* und *Bulgaren* verwüsten die Balkanhalbinsel. 539 eröffnet Persien den Krieg, 540 *Antiocheia* zerstört, drittgrößte Stadt des Reiches. Erst 561 erlangt Justinian Frieden durch Zahlung hoher jährlicher Tribute.

Unter Justinians Nachfolgern Verfall des Reiches als Folge der finanziellen Erschöpfung. Italien größtenteils an die Langobarden verloren. Ende des 6. Jh. beginnt die **Ansiedlung der Slawen auf der Balkanhalbinsel.**

610–641 **Herakleios I.** Reichsreform. Herakleios führt die von seinen Nachfolgern weitergebildete **Themenverfassung** ein: Kleinasien in vier Heeresbezirke eingeteilt, deren Befehlshaber an die Spitze auch der Zivilverwaltung treten. Doppelangriff der Avaren-Slawen und Perser auf

627 Konstantinopel 626 zurückgeschlagen. Vernichtende Niederlage der Perser bei *Ninive*. **Zusammenbruch der Macht des Sassanidenreiches.** Friedensschluß, alle verlorenen byzantinischen Gebiete zurückgewonnen, die aber bald von den Arabern erobert werden.

641–668 **Konstans II. Pogonatos.** Er stellt die byzantinische Hoheit über die in die Balkanhalbinsel eingedrungenen Slawenstämme her und führt erfolglosen Krieg mit den Langobarden.

668–685 **Konstantin IV.**

674–678 **Siegreiche Verteidigung Konstantinopels gegen die Araber.** Die starke Flotte wird mit Hilfe des ,,griechischen Feuers" zurückgeschlagen. Das Abendland vor der Überflutung durch die Araber gerettet.

717–741 **Leon III.** Beginn der syrischen (isaurischen) Dynastie.

717–718 **Neue vernichtende Niederlage der Araber vor Konstantinopel,** welche die Stadt von der Land- und Seeseite belagern. Leon verbietet den zu krassem Aberglauben ausgearteten *Bilderdienst*. Papst Gregor III. verdammt die Bilderfeinde. Der Streit zwischen Bilderstürmern und Bilderdienern zerrüttet das Reich. 740 großer Sieg über die Araber bei *Akroinon.*

741–775 **Konstantin V.,** glänzender Feldherr. Erfolgreiche Feldzüge Konstantins in Syrien. *Die Zeit des Existenzkampfes gegen die Araber ist vorbei,* er wird zu einem bloßen Grenzkrieg.

Beginn der großen Kriege mit den *Bulgaren*, die nun zum Hauptfeind des Reiches werden. 763 großer Sieg bei *Anchialos.*

Vollständiger Zusammenbruch der byzantinischen Herrschaft in Italien nach dem Fall Ravennas 751 (S. 184) und dem Bündnis Stephans II. mit Pippin I.

Höhepunkt des Bildersturms. 754 ordnet das *Konzil von Hiereia* die Vernichtung sämtlicher Bilder religiösen Inhalts an. Zahlreiche Hinrichtungen, besonders von Mönchen. 787 stellt das *7. ökumenische Konzil in Nicaea* die Bilderverehrung wieder her.

797 Irene läßt ihren Sohn Konstantin blenden und erringt so die ersehnte

Alleinherrschaft. Die Kaiserkrönung Karls d. Gr. 800 erscheint in Byzanz als Usurpation. Der damaligen Welt ist nur ein einziges Kaiserreich vorstellbar. Rom wollte das neugeschaffene Kaiserreich an die Stelle des byzantinischen setzen, dessen Thron nach Absetzung des legitimen Konstantin VI. als vakant betrachtet wird.

802   Karl schickt, um seine Anerkennung als Kaiser zu erwirken, Gesandte, aber Irene wird noch 802 durch eine Revolution vom Thron gestoßen.

Der tüchtige **Nikephoros I.** (802–811) ordnet den zerrütteten Staat durch eine Steuer- und Heeresreform. Kämpfe mit den Bulgaren.

811–813   **Michael I.** billigt 812 *Karl* den *Basileustitel* zu, ohne damit seine Gleichberechtigung anzuerkennen. Im Oströmischen Reich wird seitdem der Titel „Basileus" mit dem Zusatz „der Rhomäer" verwendet. Niederlage des Kaisers gegen die Bulgaren (813) führt zu seinem Sturz und einem letzten Wiederaufflammen des Bildersturms.

Michael II. (820–829). 827 Verlust Kretas und eines Teils von Sizilien
838   an die Araber. Niederlage bei *Dazmana* in Kleinasien gegen die Araber.

Die Kaiserinwitwe *Theodora* beruft 843 eine *Synode*, welche die Bilderverehrung wiederherstellt. Die Epoche der großen inneren Glaubenskämpfe ist damit abgeschlossen. (Forts. S. 247.)

3. Die Einheit des Abendlandes

a) Der Reichsgedanke

Die mittelalterliche Christenheit fühlt sich als *universitas christiana*. Diese Einheit sieht sich verkörpert in zwei Häuptern, Kaiser und Papst. Machtstellung, Einfluß, Ansehen beider Häupter wechseln stark im Lauf der Jahrhunderte; bis zum Investiturstreit hat der Kaiser, danach der Papst die Führung. Schließlich haben sich Papst und Kirche als stärkere Klammer der Einheit erwiesen als der Kaiser. *Die geistigen Wurzeln des Kaisertums.* Im Reichsgedanken des Mittelalters mischt sich römisch-antikes, karolingisches und christlich-kirchliches Ideengut in zeitlich wechselnder Stärke. Als Leo III. Karl krönt, überträgt er nach päpstlicher Auffassung die Kaiserwürde von den Griechen auf die Franken, vollzieht er die *translatio imperii*. Dieses römische Kaisertum aber bedeutet einen Übergriff gegen Byzanz, und deshalb vor allem lehnt Karl es ab. Byzanz läßt sich schließlich zur Anerkennung des westlichen Kaisertums herbei, als jede Bezugnahme auf Rom im Titel fortfällt. Von Ludwig dem Frommen bis Otto I. nennen sich die Kaiser imperator augustus ohne Zusatz. Die Erneuerung des abendländischen Kaisertums durch Otto I. knüpft nicht an das antike, sondern das karolingische Vorbild an; sie wird getragen von der Verehrung für Karl d. Gr. Unter Otto II. erscheint (982) zum ersten Male der Titel imperator Romanorum augustus, und der Zusatz greift unter Heinrich III. sogar auf den Königstitel über, wird aber für den rex Romanorum erst im 12. Jh. ständig. Die römische Erneuerungsidee und das Wiederaufleben des römischen Rechts im 12. Jh. haben dazu beigetragen, daß schließlich die römische Form des Kaisertums in den Vordergrund tritt. Der Unterschied von regnum und imperium wird in staufischer Zeit verwischt, das deutsche Königtum scheint im Kaisertum aufzugehen. Alle römischen Floskeln ändern jedoch nichts an der Tatsache, daß der Kaiser unter dem Gesetz steht und das Reich nach dem Rat der Fürsten regiert.

Das Kaisertum hat aber auch den Sinn eines Großkönigtums, das mehrere Reiche umfaßt. Zwar spielt für Karl d. Gr. dieser Kaiserbegriff keine Rolle, aber auch nach der Kaiserkrönung Karls lebt *jener nicht an Rom gebundene* Imperator-Titel fort: Karl d. Gr. hat Ludwig den Frommen und dieser hat seinen Sohn Lothar I. sich selbst krönen lassen; indem aber diese Herrscher später doch die Krone aus der Hand des Papstes empfangen, wird die Krönung ein Recht des Papstes, ein großer Sieg der Kirche, bedeutsam für alle Folgezeit.

Der Begriff des imperium christianum stammt aus der Liturgie. In ihr wird nach dem Untergang des Römischen Reiches das imperium Romanum durch das imperium christianum ersetzt, indem man sich alle christlichen Länder als ein zusammengehöriges Reich denkt.

Westliches und östliches Kaisertum. Byzanz hat auch nach der Anerkennung Karls d. Gr. als Kaiser die universale Konzeption immer festgehalten. Karl d. Gr. und seine Nachfolger haben niemals mehr gefordert als Parität mit dem Basileus. Selbst wenn sie für sich den Titel imperator Romanorum beanspruchen, wollen sie doch niemals ihr Kaisertum auf den Orient ausdehnen. Auch die Päpste sehen das westliche Kaisertum nie als das einzige.

Das Reich und die übrigen Staaten Europas. Das Römische Reich war ein Weltreich, und das östliche wie das westliche Kaisertum nehmen seine universalen Ansprüche auf. Im Bereich der Wirklichkeit hat jedoch nur ein deutscher Kaiser einige Schritte auf dem Weg zur Weltmonarchie zurückgelegt: Heinrich VI. Er zwingt Richard Löwenherz zur Huldigung für England und empfängt den Treueid der Könige von Armenien und Cypern. Im Bund mit Richard will er Frankreich seiner Lehnshoheit unterwerfen. Nach Tunis und Tripolis, ja nach Ostrom streckt er seine Hand aus. Aber abgesehen von dieser Ausnahme bleibt die Universalherrschaft der deutschen Kaiser reine Theorie. Die Kaiserkrone verleiht keinerlei Befehlsgewalt über die nicht zum Reich gehörigen Länder. Nur an Würde und Ansehen, an auctoritas im altrömischen Sinn, übertrifft der Kaiser die anderen Könige. Die Könige (z. B. von Frankreich, England, Sizilien) nehmen seit dem 13. Jh. die Kaiserrechte in ihren Reichen in Anspruch.

Eine Reihe von Nachbarstaaten sind vom Reich abhängig. Böhmen-Mähren, dessen Herzog seit den Tagen Heinrichs I. deutscher Vasall ist, wächst unmerklich ins Reich hinein und bildet ein untrennbares Glied seit Anfang des 13. Jh. Die Lehnshoheit über Polen, begründet von Otto I., wird bis gegen Ende des 12. Jh. aufrechterhalten. Die

Könige von Ungarn leisten im 11. Jh., die von Dänemark, die schon im 10. Jh. tributpflichtig waren, leisten Lothar III. und Friedrich I. Mannschaft. Aber diese Lehnshoheiten sind Rechte des deutschen Königs, nicht des Kaisers.

Kaiser und Papst. Wie einst Constantin und seine Nachfolger fühlt sich Karl d. Gr. als custos fidei und Herr der Kirche. Der Papst ist von ihm völlig abhängig. So bleibt das Verhältnis faktisch bis zum Sieg der Reformpartei in Rom nach dem Tod Heinrichs III. Nur auf die Glaubensentscheidungen des Papstes nehmen die Ottonen und Salier keinen Einfluß mehr. Theoretisch sind jetzt Kaiser und Papst einander gleichberechtigt. Gegen dieses historisch gewachsene Schutz- und Führungsrecht des deutschen Königs stellt Gregor VII. aufgrund des kanonischen Rechts die Forderung nach Freiheit der Kirche auf. Die libertas der Kirche bedeutet aber ihre Herrschaft auch über den weltlichen Staat, abgeleitet aus der allgemeinen Erhabenheit des Geistlichen über das Weltliche, des Himmlischen über das Irdische. Das waren Anschauungen, die durch Wirkung der cluniacensischen Ideen unwiderstehliche Überzeugungskraft besaßen. Aber das Ziel Gregors ging weit hinaus über das, was die Cluniacenser anstrebten. *Sie wollten die Freiheit der Kirche vom Staat, Gregor wollte die Herrschaft der Kirche über den Staat.* Die Beziehung der beiden Gewalten zueinander wird durch Gleichnisse erläutert. Dem Kaiser gehöre das weltliche, dem Papst das geistliche Schwert. Die neue gregorianische Vorherrschaft der Kirche drückt als erster Bernhard von Clairvaux durch eine neue Form des Gleichnisses aus: beide Schwerter gebühren der Kirche, das eine ist von ihr, das andere für sie zu führen. Die Kaiser lehnen den von der römischen Kirche seit Gregor VII. erhobenen Approbationsanspruch der deutschen Königswahl ab und weisen Andeutungen zurück, daß die Kaiserkrone päpstliches Lehen sei.

Name des Reichs. Nach der staatsrechtlichen Auffassung des Mittelalters ist das Deutsche Reich die Nachfolgerin des Römischen. Es heißt daher in den amtlichen Urkunden *imperium Romanum* oder *sacrum imperium Romanum* (so zuerst 1254). Die in der Neuzeit allgemein gebräuchliche Form: *Römisches Reich Deutscher Nation* (zuerst 1486) bedeutet ursprünglich nicht die Herrschaft der deutschen Nation über das Römische Reich, sondern beschränkend das Reich, soweit es deutscher Nation ist. Staatsrechtliche Geltung hat die Bezeichnung „Deutsches Reich" erst 1871.

b) Kirche: Mönchs- und Klerikerorden

Die Geschichte des Papsttums ist im Hochmittelalter so unlöslich mit der des Reiches verknüpft, daß sie dort (S. 209 ff.) mitbehandelt werden muß.

Ein vollständiger Umschwung in Machtstellung und Ansehen des Papsttums tritt ein, als die Ideen der Kirchenreform Rom erobern.

Ausgangspunkt dieser *Ideen, von denen später weltgeschichtliche Wirkungen ausstrahlen sollten,* ist das Kloster **Cluny** im französischen Herzogtum Burgund, gegründet 910 von Herzog Wilhelm dem Frommen von Aquitanien. Das Kloster ist von jeder weltlichen oder geistlichen Oberhoheit und Aufsicht befreit und steht unter päpstlichem Schutz. Privileg der freien Abtwahl. Kampfstellung gegen Eigenkirche, Kirchenvogtei und Ministerialität, überhaupt gegen den Feudalismus in Staat und Kirche. Die Mönche leben nach der durch die besonderen Gewohnheiten Clunys verschärften Benediktinerregel. Ein Geist strenger Askese und Weltflucht, verbunden mit widerspruchslosem Gehorsam gegenüber den Geboten des Abtes, regiert in diesen Häusern. Unter Abt *Odo* (927–941) beginnt die Ausdehnung der Cluniacenserbewegung über Frankreich. Abt *Maiolus* (954–994), von Otto I. geschätzt; *Odilo* (994–1049), Freund Heinrichs II.; *Hugo I.* (1049–1109), Vermittler zwischen Heinrich IV. und den Päpsten. Höhepunkt des Cluniacensertums ist das 11. Jh., Ausdehnung auf Deutschland (Hirsau), Italien, Spanien und England; am stärksten wird die cluniacensische Reform in Frankreich und Burgund fühlbar. Die cluniacensischen Klöster bilden eine Kongregation mit dem Erzabt von Cluny an der Spitze. Die Mönche können von einem Kloster in ein anderes versetzt und sollen in Cluny geweiht werden. Eng verbunden mit Kaisern und Päpsten, stellen die Äbte von Cluny eine politische und kirchliche Großmacht dar.

Neben Cluny steht eine andere Reformbewegung, die sich aber an weltgeschichtlicher Wirkung mit jener nicht entfernt messen kann. Sie geht aus vom Kloster **Gorze** in Oberlothringen. Die Klöster der Gorzer Observanz, voneinander ziemlich unabhängig, sind getragen vom feudalaristokratischen Geist des alten Reichsmönchtums. Sie erkennen das Eigenkirchenwesen an und sind dem zuständigen Diözesanbischof unterworfen.

Die **Karthäuser:** 1084 gründet *Bruno aus Köln,* Kanzler des Erzstifts Reims, im Felsental Cartusia bei Grenoble *Grande Chartreuse,* das Mutterkloster des Ordens; die Mönche leben streng getrennt in Einzelhütten bei fast beständigem Stillschweigen. – Wichtiger ist der **Zisterzienserorden:** Der Benediktinerabt *Robert von Molêmes* († 1110) gründet 1098 in einer Einöde des Herzogtums Burgund das Kloster *Cîteaux* (Cistercium). Mit dem Eintritt *Bernhards* beginnt die weltweite Ausbreitung des Ordens, Tochterkloster *Clairvaux* 1115 gegründet. Bis 1270 im Abendland 671 Abteien. Strenges Leben nach der Benediktinerregel. Bedeutende kolonisatorische Leistungen, besonders in Ostelbien. – Die **Prämonstratenser:** *Norbert von Xanten* (seit 1126 Erzbischof von Magdeburg, † 1134) gründet 1120 im Tal *Prémontré* (Diözese Laon) ein Stift streng asketischer Kleriker. Sie leben nach der sog. Regel Augustins, sind also kein Mönchsorden, sondern ein Orden regulierter Kanoniker. Wie bei Hirsauern und Zisterziensern Laienbrüder. Als Erzbischof von Magdeburg zieht Norbert die Prämonstratenser nach dem Osten.

Als Gegengewicht zur Verweltlichung der Kirche entstehen die **Bettelorden;** ihr Tätigkeitsfeld sind vornehmlich die Städte. Die **Franziskaner** oder *Minoriten* (Minderbrüder): *Franz von Assisi* (in Umbrien; * etwa 1181, † 1226), Sohn eines reichen Tuchhändlers, nimmt den Gedanken der Nachfolge Christi auf, will in völliger Unabhängigkeit von der Welt arm und bedürfnislos leben. 1282 werden 1583 Häuser des Ordens in der christlichen Welt gezählt. Nach Franz' Tod treten die beiden Richtungen im Orden scharf hervor: die Laxen *(Konventualen)* und die Strengen *(Spiritualen, Observanten),* die jeden Besitz verabscheuen. **Dominikaner** *(Prädikanten).* Gegründet von *Dominikus von Caleruega* (in Kastilien; * 1170, † 1221), als Klerikerorden mit Augustinerregel von Honorius III. 1216 bestätigt. Sein Orden dient hauptsächlich der Bekämpfung der Ketzerei. Weitere Bettelorden sind die *Karmeliter* (seit 1247) und die *Augustiner-Eremiten* (seit 1256), denen später Luther angehört.

c) Die Kreuzzüge

In den Kreuzzügen kommt die Einheit des christlichen Abendlandes, das Gut und Blut für eine religiöse Idee opfert, zu ihrem großartigsten Ausdruck. Das christliche Rittertum schließt sich über alle nationalen Schranken hinweg zusammen und findet hier das höchste Ziel seines idealen Strebens. Das Ansehen des Papsttums, das die Züge ins Werk setzt, erreicht seinen Höhepunkt. Der schließliche Mißerfolg dieser Unternehmungen bezeichnet die beginnende Auflösung der universitas christiana, den Anbruch eines neuen Zeitalters, die Epoche der Einzelstaaten. – Die italienischen Seestädte (Venedig, Genua, Pisa), deren Flotten für die Kreuzfahrer unentbehrlich sind, nehmen durch das Aufblühen ihres Orienthandels mächtigen Aufschwung. Fortschreiten der geistigen Bildung durch orientalische Wissenschaft und Literatur.

Kaiser Alexios Komnenos, der den größten Teil Kleinasiens an die Seldschuken verloren hat, bittet den Papst um Hilfe.

1095   Synoden von Piacenza und Clermont. Kreuzpredigt des Eremiten *Peter von Amiens* in Frankreich. Ziel: Befreiung der orientalischen Christen.

1096–1099 **1. Kreuzzug.** Gründung des *Königreichs Jerusalem.* Zu seinem Vertreter bestimmt der Papst Bischof *Adhemar* von Le Puy. Anführende Fürsten u. a.: *Raimund IV.,* Graf von Toulouse; *Gottfried von Bouillon,* Herzog von Niederlothringen, mit seinen Brüdern *Balduin* und *Eustach; Robert,* Herzog von der Normandie, Sohn Wilhelms des Eroberers; *Robert II.,* Graf von Flandern; *Bohemund* von Tarent, Sohn Robert Guiscards; sein Neffe *Tankred.* Der Kreuzzug bildet einen Triumph des Papsttums über die Könige, indem es unmittelbar Fürsten und Ritter in den Kampf führt. (Heinrich IV. und Philipp I. von Frankreich sind beide im Bann.) Es ist ein Kreuzzug der Romanen; von den Deutschen nimmt fast nur die lothringische Ritterschaft teil. Nikaia, von den Kreuzfahrern belagert, ergibt sich 1097.

1097–1098   Sieg der Kreuzfahrer bei *Dorylaion* über den Sultan von *Ikonion*. Antiocheia belagert; es fällt endlich durch Verrat.

1098   *Ketbogha*, Emir von Mossul, belagert in Antiocheia die erschöpften Kreuzfahrer. Siegreicher Ausfall der Christen.

1099   Zug an der Küste entlang nach Jerusalem, das die *Fatimiden* 1098 den Seldschuken wieder entrissen hatten. Nach fünfwöchiger Belage-

15. Juli   rung **Erstürmung Jerusalems.** Furchtbares Blutbad, Wallfahrt nach der Kirche des Heiligen Grabes.

Das christliche Königreich Jerusalem wird als Lehnsstaat nach französischem Vorbild eingerichtet; kleinere Lehnsstaaten sind das Fürstentum *Antiocheia,* die Grafschaften *Edessa* und *Tripolis.*

Gottfried von Bouillon, *Beschützer des Heiligen Grabes.* Er besiegt den Sultan von Ägypten bei *Askalon* 1099, stirbt 1100. Sein Bruder *Balduin I.* nimmt den *Königstitel* an.

1147–1149   Verlust von Edessa veranlaßt den **2. Kreuzzug.**

Konrad III. von Deutschland und *Ludwig VII.* von Frankreich von Bernhard von Clairvaux zur Teilnahme bewogen. Sie ziehen nacheinander durch Ungarn über Konstantinopel nach Kleinasien. Der Hauptteil des *deutschen* Heeres unter Konrad, in dessen Begleitung sich auch sein Neffe Friedrich (der spätere Barbarossa) befindet, erleidet bei Dorylaion durch die Türken eine furchtbare Niederlage (Ende Okt. 1147). Die Reste ziehen nach Nikaia zurück. Konrad kehrt krank nach Konstantinopel zurück. Die deutschen Fußtruppen unter Bischof Otto von Freising marschieren an der Küste entlang, werden aber Ende 1147 bei Laodikeia von den Türken vernichtet. Die Franzosen marschieren unterdes über Laodikeia unter schwersten Verlusten nach Attaleia. Dort schifft sich Ludwig mit dem Adel nach Antiocheia am Orontes ein, während der Rest seines Heeres auf dem Landweg zugrunde geht. Otto und Konrad treffen im Frühjahr 1148 mit Ludwig in Jerusalem zusammen. Von hier werden noch zwei gemeinsame Expeditionen gegen Damaskus und Askalon unternommen, die ebenfalls scheitern. Konrad bleibt bis Sept. 1148, Ludwig bis April 1149 im Heiligen Land. *Die furchtbare Katastrophe des 2. Kreuzzugs erschüttert den Glauben an das Papsttum als Verkünder des göttlichen Willens.*

1189–1192   **3. Kreuzzug.** *Eroberung von Akkon.* – Veranlassung: **Saladin erobert Jerusalem** 1187. Die christlichen Einwohner großmütig behandelt. **Kaiser Friedrich I.** tritt als Greis im Frühjahr 1189 den Zug an, zieht durch Ungarn, erzwingt den Durchzug durch den Balkan, überwintert im Byzantinischen Reich, setzt 1190 nach Kleinasien über, erficht einen glänzenden Sieg bei *Ikonion,* nimmt die Stadt und zieht nach Kilikien; dort ertrinkt er (10. Juni) im *Kalykadnus* (Saleph). Sein Sohn, Herzog *Friedrich V.* von Schwaben, führt einen Teil der Pilger nach *Akkon.* Er stirbt 1191 während der Belagerung dieser Stadt. **Richard Löwenherz,** König von England, und **Philipp II. Augustus,** König von Frankreich, fahren zur See nach dem Heiligen Land (1190) und ziehen vor *Akkon.* Die Stadt wird zur Übergabe gezwungen (Juli

1191). Philipp, erkrankt, kehrt nach Frankreich zurück. Heldentaten und Grausamkeiten Richards, der zweimal vor Jerusalem umkehren muß. Waffenstillstand mit Saladin (1192): Die Christen behalten außer dem Rest ihrer nordsyrischen Besitzungen nur den Küstenstrich von Jaffa bis Tyros; Besuch Jerusalems nur friedlichen Pilgern gestattet.

1202–1204 **4. Kreuzzug.** Gründung des Lateinischen Kaisertums. Der letzte allgemeine Kreuzzug. Da die Könige West- und Mitteleuropas durch ihre Kriege gebunden sind, folgt nur der Adel, besonders der französische, der Kreuzzugsmahnung Innozenz' III. Führer: Markgraf *Bonifaz* von Montferrat, neben ihm *Baldwin VIII.* von Flandern, die Grafen von Champagne, Blois usw. Die Kreuzfahrer übernehmen für die Venezianer, z. T. als Preis der Überfahrt, die Eroberung von *Zara* in Dalmatien.

Nachdem der byzantinische Kaiser *Isaak II. Angelos* von seinem älteren Bruder *Alexios III.* entthront worden war, fahren die Kreuzfahrer auf Bitten seines Sohnes Alexios nach **Konstantinopel,** nehmen die Stadt im Sturm ein (17. Juli 1203) und setzen Isaak Angelos zusammen mit seinem Sohn Alexios IV. auf den Thron (1203). Aber die Erfüllung der eingegangenen Bedingungen *(Vereinigung der griechischen Kirche mit der römischen,* Zahlung bedeutender Geldsummen) scheitert am Widerstand der Bevölkerung. Ein Umsturz bringt einen lateinerfeindlichen Basileus auf den Thron. Zweite Einnahme der Stadt durch die Lateiner am 13. April 1204. Erbarmungslose Plünderung. Errichtung des **Lateinischen Kaisertums** (1204–1261) s. S. 285.

1212 *Französischer Kinderkreuzzug.* Tausende der Kinder werden von betrügerischen Reedern als Sklaven verkauft.

1217–1218 Kreuzzug des Königs *Andreas II.* von Ungarn ohne Erfolg.

1228–1229 **5. Kreuzzug.** Jerusalem auf kurze Zeit wiedergewonnen.

1229 **Friedrich II.,** römischer Kaiser, im päpstlichen Bann, erhält vom
18. Febr. ägyptischen Sultan *al-Malik al-Kāmil* durch Vertrag *Jerusalem* (wo er sich krönt) mit *Bethlehem* und *Nazareth.*

1244 **Jerusalem** geht den Christen auf immer **verloren.**

1248–1254 **6. Kreuzzug.** Ohne Erfolg. Ludwig IX. der Heilige, König von Frankreich, fährt über Cypern nach **Ägypten,** um die Sarazenenherrschaft in ihrem Hauptsitz zu vernichten. Er nimmt 1249 *Damiette,* wird bei *Mansurah* geschlagen und mit dem ganzen französischen Heer gefangengenommen (April 1250). Freilassung gegen hohes Lösegeld.

1270 **7. Kreuzzug,** ohne Erfolg. Ludwig IX. fährt nach *Tunis,* wo eine Krankheit ihn und einen großen Teil des Heeres hinwegrafft.

1291 *Akkon* wird von den Mamelucken erstürmt, die letzten Besitzungen in Palästina *(Tyros, Beirut, Sidon)* werden von den Christen geräumt. Die kräftigsten Vorkämpfer der christlichen Staaten im Orient sind **die geistlichen Ritterorden** (Ritter, Priester, dienende Brüder).

1. Tempelherren oder **Templer** (so genannt nach ihrem nahe der Stelle des Salomonischen Tempels gelegenen Ordenshaus in Jerusalem), hervorgegangen aus einem 1118 (?) geschlossenen Bund von

acht französischen Rittern *(Hugo de Payns).* Zu den drei Mönchs-
gelübden (Armut, Keuschheit, Gehorsam) wird die Verpflichtung
zum Kampf gegen die Ungläubigen hinzugefügt. *Weißer* Mantel, *rotes*
Kreuz. Der Orden wird 1291 nach Cypern verlegt, 1312 auf dem
Konzil von *Vienne* aufgehoben.

2. Johanniter oder Hospitaliter, entstanden aus der Bruderschaft des
Hospitals des heiligen Johannes von Jerusalem. Die Bruderschaft
wird 1113 von Papst Paschalis II. bestätigt, dann nach dem Vorbild
der Templer zum Ritterorden umgestaltet *(Raimund du Puy).*
Schwarzer Mantel, *weißes* Kreuz. Der Orden wird 1291 nach Cypern
verlegt, 1309 nach *Rhodos,* 1530 nach *Malta,* wo er bis 1798 seinen
Sitz hat (daher heute *Malteser* genannt).

3. Deutscher Orden, entstanden aus einer bei der Belagerung von
Akkon 1190 gestifteten Bruderschaft für Krankenpflege, 1198 zum
ritterlichen Orden umgewandelt. *Weißer* Mantel, *schwarzes* Kreuz.
Ordenssitz in *Akkon.* Unter dem Hochmeister *Hermann von Salza*
wird, nach mißglückter Niederlassung im Burzenland in Siebenbür-
gen (Gründung von Kronstadt, 1225 vertrieben), der Orden nach
Preußen gerufen; Eroberung S. 230f. Im Jahre 1291 wird der Sitz
des Hochmeisters nach *Venedig,* 1309 auf die *Marienburg,* 1457 nach
Königsberg verlegt. 1525 wird das Ordensland weltliches Herzogtum.
Die katholisch bleibenden Ritter behaupten sich im Besitz der deut-
schen Güter; Sitz ihres Hochmeisters zu *Mergentheim* in Franken.
Der Orden wird 1809 von Napoleon aufgehoben, später erneuert.

d) Kultur des Hochmittelalters

Die geistige Führung liegt seit dem 11. Jh. bei Frankreich, das sie Mitte
des 13. Jh. an Italien abgibt.

Philosophie. Die Philosophie des Mittelalters ist durch engste Verbindung mit der **Theologie** gekennzeichnet. Sie soll die christliche
Lehre rational begründen. Der Ausdruck „**Scholastik**" wird teils für
die mittelalterliche Philosophie überhaupt verwendet, teils für die im
11. Jh. einsetzende und seit rund 1200 vorherrschende Richtung.
Diese erkennt die Philosophie grundsätzlich als eigene Wissenschaft
neben der Theologie an, erblickt ihr oberstes Ziel in der Systematisie-
rung des überlieferten Materials und bildet die dialektische Methode
aufs schärfste aus.

Der umfassendste Geist des 10. Jh. ist *Gerbert von Aurillac,* Papst
Silvester II. (999–1003). Er hat in Spanien die arabische Wissenschaft studiert und sie als erster ins Abendland eingeführt. Seine
Bedeutung liegt hauptsächlich auf mathematisch-naturwissenschaft-
lichem Gebiet.

Anselm von Canterbury, Erzbischof von Canterbury (1093–1109).
Sein Motto: *Credo, ut intelligam* (Ich glaube, damit ich verstehe).
Übergang von der Unmittelbarkeit des Glaubens zum erreichbaren

Maß wissenschaftlicher Einsicht, wobei das Dogma jedoch absolute Norm des Denkens bleibt.

Petrus Abaelard, gefeierter Lehrer in Paris seit 1113; Hauptwerke „*Theologia*", „*Sic et non*". Indem er die schon vor ihm geübte Sic-et-non-Arbeitsweise (d. h. Zusammenstellung entgegengesetzter auctoritates und ihre Auflösung) auf das theologische Gebiet verpflanzt, ist er der bahnbrechende Schöpfer der scholastischen Methode.

Der große Gegner Abaelards ist **Bernhard von Clairvaux** (* 1091, † 1153), mit 24 Jahren Abt von Clairvaux. Die von ihm begründete, aus dem Sterben Christi fließende *Leidens- und Liebesmystik* wird zur bestimmenden religiösen Kraft der Epoche und wirkt sich in allen Bereichen des Geisteslebens aus. Er entscheidet im Schisma der Päpste, setzt den 2. Kreuzzug und den Wendenkreuzzug ins Werk.

Johannes von Salisbury, * um 1110/20, in Frankreich gebildet, 1176 Bischof von Chartres, † 1180. Für ihn ist bereits Aristoteles „der Philosoph" schlechthin. Mit dem *Policraticus* wird Johannes der erste große Staatstheoretiker des Mittelalters, der die Einheit der geistlichen Welt allein durch den Papst verkörpert sieht.

Seit Mitte des 12. Jh. gewinnt das Abendland eine *umfassende Kenntnis des* **Aristoteles.** *Michael Scotus,* der Hofastrologe Friedrichs II., übersetzt naturwissenschaftliche Schriften des Aristoteles; der flämische Dominikaner *Wilhelm von Moerbeke* überträgt um 1260 „die Politik", die für die Staatsauffassung der Scholastik von grundlegender Bedeutung wird. Spätestens 1255 sind alle bekannten Werke des Aristoteles in den Lehrplan der Pariser Artistenfakultät aufgenommen. Schon früher jedoch findet man durch die Araber, die „Realschüler der Griechen", den Weg zur hellenistischen Naturwissenschaft und Medizin. Der wichtigste Vermittler ist der Araber *Ibn Ruschd,* von den Abendländern **Averroes** genannt (* 1126, † 1198), Leibarzt eines Almohadensultans, dessen Nachfolger ihn als Feind des Islams nach Marokko verbannt. Sein Hauptwerk sind die Aristoteleskommentare.

Augustin hatte der christlichen Theologie eine neuplatonische Richtung eingepflanzt. Seit Aristoteles gründlich bekannt wird, bilden *Augustinismus* und siegreich aufkommender *Aristotelismus* die beiden großen miteinander ringenden Tendenzen der Philosophie. Die bedeutendste Persönlichkeit der älteren Schule ist der Franziskaner **Bonaventura** (* 1221, † 1274), der in Paris lehrt. 1257 übernimmt er die oberste Leitung seines Ordens. Trotz seiner hohen Achtung vor Aristoteles bleibt er im wesentlichen auf dem Boden Platons und Augustins.

Albertus Magnus, aus der Familie der Grafen von Bollstädt (* 1193 oder 1206/07, † 1280), Dominikaner, lehrt in Paris und Köln, wo bis 1252 Thomas seinen Unterricht genießt. Er ist der einzige große deutsche Scholastiker, *Doctor universalis* genannt. In einer ungeheuren schriftstellerischen Tätigkeit hat Albert dem christlichen Abendland die gesamte Wissenschaft des Aristoteles, der Araber und der

Juden reproduziert und im kirchlich-dogmatischen Sinn umgebildet. Er hat dem Aristotelismus den Weg in die christlichen Schulen geöffnet und den arabischen Kommentaren eine ebenbürtige Leistung von christlicher Seite entgegengesetzt. Außerdem war Albert der erfolgreichste Naturforscher des christlichen Mittelalters.

Thomas, aus dem Haus der Grafen **von Aquino** (* 1225/26, † 1274), tritt 1243 in Neapel in den Orden der Dominikaner ein, studiert in Köln unter Albert und lehrt dann 1256–1261 als Magister der Theologie in Paris. Nach Italien zurückgekehrt, widmet er sich hauptsächlich seiner schriftstellerischen Arbeit. Wichtigste Werke: 1. *Summa contra gentiles,* eine „gegen die Heiden" (d. h. die Araber) gerichtete Zusammenfassung seiner philosophischen Lehren; 2. *Summa theologica,* sein Hauptwerk; 3. *De regimine principum,* viel über seine Staatsphilosophie enthaltend. 1269–1272 lehrt Thomas wieder an der Universität Paris und führt schwere Kämpfe mit dem Vertreter des strengen Augustinismus. Seine Lehre setzt sich siegreich durch.

Thomas will das intellegere, das auf der Vernunft beruhende Wissen, und das credere, den auf der Offenbarung beruhenden Glauben, welche die Averroisten mit der Lehre von der doppelten Wahrheit auseinanderrissen, fester und dauerhafter verknüpfen, als es Augustin und Anselm gelungen war; denn die Vernunft ist für ihn die notwendige Vorstufe des Glaubens. Der Staat gehört zur Vernunftnatur des Menschen. Der Staat soll den Bürgern ein tugendhaftes Leben ermöglichen, die Kirche ihnen die göttliche Gnade als letztes Ziel aller Tugend vermitteln. Die Kirche hat über den Staat nur eine *potestas indirecta,* sie darf ihm nur gebieten, wo es die Rücksicht auf das Seelenheil der Gläubigen erfordert. In den Dingen des bürgerlichen Lebens dagegen muß man dem König mehr gehorchen als dem Papst. Durch die thomistische Staatslehre wird das Eigenrecht der weltlichen Gewalt anerkannt. Die Überwindung der Gegensätze von Natur und Gnade, Vernunft und Offenbarung, Staat und Kirche beruht auf dem Gedanken der Stufenfolge, des ordo, welche Welt und Überwelt in einer gemeinsamen Ordnung verbindet.

Empirisch-experimentelle Schulrichtung an der Universität Oxford, Hauptvertreter **Roger Bacon** (* 1210, † 1294). Mathematik das Fundament aller wissenschaftlichen Bildung. Die *scientia experimentalis* dient dazu, die Schlußfolgerungen aller Wissenschaften nachzuprüfen.

Johannes **Duns Scotus** (* 1270, † 1308) lehrt in Oxford, Paris und Köln. Einer der scharfsinnigsten Denker des ganzen Mittelalters. Er ist Franziskaner, hält am Augustinismus fest und steht in Gegensatz zu Thomas. Gegen Thomas vertritt er den Primat des Willens über den Intellekt, denn allein der Wille ist frei. Er bekämpft die Verbindung der Philosophie, die auf der menschlichen Vernunft beruht, mit der Theologie, die auf der Offenbarung aufbaut.

Universitäten. Die *Klosterschulen* des frühen Mittelalters werden im 10. Jh. von den *Karthedralschulen* in den Hintergrund gedrängt. Seit der Wende des 12. zum 13. Jh. entstehen die beiden Haupttypen der mittelalterlichen Universität: 1. die nördliche Professorenuniversität mit klerikalem Lehrkörper, Prototyp *Paris;* 2. die südliche Studentenuniversität mit laikalem Lehrkörper, Prototyp *Bologna.* Der mittelalterliche Name der Universität, *Studium generale* (im Gegensatz zu den *Studia particularia,* den kirchlichen oder städtischen Schulen geringeren Grades), zielt auf das Zusammenströmen der Studenten aus aller Herren Ländern, nicht auf die Zahl der Lehrfächer. *Universitas* bezeichnet im Mittelalter die gesetzlich anerkannte Körperschaft (z. B. Gilden): *Universitas magistrorum* (der Professoren), *Universitas scholarium* (der Studenten). Die humanistische Auslegung (= Universitas litterarum) ist wortgeschichtlich ein Irrtum.

Seit ca. 1150 verfallen die französischen Domschulen, auch die berühmtesten wie *Chartres* und *Notre-Dame de Paris.* Neue rivalisierende Schulen entstehen auf dem Südufer der Seine. Die Universitas magistrorum dieser Schulen schließt sich zusammen, Gregor IX. macht die Universität nach langen Streitigkeiten 1231 unabhängig vom Bischof. Sie besteht aus den drei oberen Fakultäten der Theologie, des kanonischen Rechts, der Medizin und der vierten, zahlreichsten der Freien Künste *(artes liberales).* Die Titel der Lehrer: *doctor, magister, professor* sind gleichbedeutend. Das Studium der oberen Fakultät ist erst nach dem der Freien Künste (Dauer mindestens 5–6 Jahre, aber oft schon im 14. oder 15. Lebensjahr begonnen) zulässig. Das Studium generale von *Oxford* entsteht durch den Auszug der englischen Doktoren und Scholaren aus Paris, als Heinrich II. um 1167/68 ihre Rückkehr befiehlt.

Seit der Mitte des 13. Jh. bedürfen neue Universitäten eines kaiserlichen oder päpstlichen Privilegs. Friedrich II. begründet 1224 ein Studium generale als Staatsuniversität in *Neapel.* Papst Gregor IX. gründet die Universität *Toulouse* 1230, Clemens V. privilegiert *Orléans.* Die *Zahl der Studenten* ist im 13. Jh. für Paris auf 4000–5000, für Oxford auf 3000–4000 zu schätzen.

Römisches Recht. Die Wiederauffindung der Digesten Justinians (S. 193), die gegen 1075 stattgefunden haben muß, gibt dem Studium des römischen Rechts neuen Anstoß. Gegen 1088 begründet **Irnerius** in Bologna einen Mittelpunkt der Lehre des römischen Rechts, dessen Erneuerung von hier ihren Ausgang nimmt. Da die deutschen Kaiser dem Mittelalter als unmittelbare Nachfolger der römischen Imperatoren gelten, werden ihre Gesetze den Novellae Justinians angefügt. Der Zusammenbruch der Königsmacht (nach 1198) schneidet eine Einwirkung des römischen öffentlichen Rechts auf die deutsche Staatsentwicklung ab. Erst die Landesfürsten können seit etwa 1500 das römische Recht für ihre landesherrliche Gewalt ausnutzen, so daß es in *Deutschland,* im Gegensatz zu den Weststaaten, gerade dem Partikularismus zugute kommt. – Die Rezeption beschränkt sich auf das Privatrecht und fällt erst ins 15.–16. Jh. Das einheimische Recht wird erstickt, seine Weiterentwicklung unterbrochen. So wirkt sich die Rezeption des römischen Rechts in Deutschland verhängnisvoll aus.

In *Frankreich* wird das römische Privatrecht in größerem Umfang als in England, in viel geringerem als in Deutschland aufgenommen. Aber die Rezeption verläuft langsam und verbindet das Neue organisch mit dem Alten. Die nationale Rechtsentwicklung wird nicht unterbrochen. Im 13. Jh. beginnt der Einfluß des Corpus juris auf die französische Rechtsentwicklung. Rechtssätze, die den Absolutismus des Herrschers betonen, werden auf den französischen König angewendet. Unter Philipp IV. kommt das Prinzip auf: *Rex est imperator in regno suo.*

Nur in geringem Umfang wird in *England* materiell römisches Recht übernommen. Es dient mehr der geistigen Schulung der Juristen. Seit der umfangreichen Gesetzgebung Edwards I. (1272–1307) studieren die englischen Juristen das römische Recht nicht mehr.

Nach 1140 faßt der bolognesische Mönch *Gratian* den Bestand des *kirchlichen Rechts* zusammen; sein Decretum wird zum Grundstock des *Corpus juris canonici.*

Deutsche Rechtsbücher: Ostfälisches Gewohnheitsrecht zeichnet auf (spiegelt) *Eike von Repgow* in seinem **Sachsenspiegel** (1221–1230/ 35), der aus dem Land- und dem Lehnrecht besteht. Er ist das erste deutsche Prosawerk und findet eine sehr weite Verbreitung. Das auf ihm fußende „*Gemeine Sachsenrecht*" hat dem römischen lange Widerstand geleistet. Nach 1265 *Deutschenspiegel*, oberdeutsche Bearbeitung des Sachsenspiegels, fortgesetzt im *Schwabenspiegel.*

Kunst. In der ottonischen Zeit entfaltet sich eine reiche, an Byzanz orientierte, vom deutschen Hof inspirierte *Buchmalerei* und *Goldschmiedekunst:* Evangeliar Ottos III., Perikopenbuch Heinrichs II., Bronzetüren Bernwards in Hildesheim, Lotharkreuz in Aachen. In dieser Zeit werden in *Deutschland* vor allem *Bischofsdome* gebaut: in Magdeburg, Mainz, Augsburg, Regensburg, Worms, Bamberg, Münster, Paderborn, Eichstätt, Straßburg und Merseburg. Sie folgen meist der konstantinischen Basilikaform mit durchlaufendem Querhaus, während jetzt Zentralbauten seltener werden. Anfangs wird noch die flache Decke beibehalten (Gernrode, St. Michael in Hildesheim), im 11. Jh. das Tonnengewölbe und schließlich das Kreuzrippengewölbe angewandt. Es bildet sich der *deutsche romanische Baustil* heraus, die kreuzförmige Basilika mit ausgeschiedener Vierung und einem Westwerk (Dom zu Speyer, um 1030, Dom zu Goslar, 1050). Unter Heinrich IV. wandelt sich die Baukunst erneut. Der Dom zu Speyer wird um 1080 mit antikisierender Bauplastik ausgestattet und die ganze Kirche gewölbt. Eine baukünstlerische Reformbewegung geht von Cluny aus. Sie will auf die schlichte altchristliche Basilika zurückführen (Hirsauer Bauschule 1080–1150).

Die *französische vorgotische Baukunst* ist stark landschaftlich differenziert. Es fehlt, im Gegensatz zu Deutschland, die Allgemeinverbindlichkeit der kreuzförmigen Basilika mit ausgeschiedener Vie-

rung. In der *Gotik* erwächst Frankreich ein neuer Universalstil, der
mit der vom Kronland, der Île-de-France, ausgehenden politischen
Einigung zusammengeht. Die gotische Baukunst entwickelt sich aus
der normannischen romanischen Baukunst. Im 12. Jh. werden die
provinziellen Formen abgestoßen. Antike Formelemente werden in
den Bauschmuck eingefügt. Eine reiche figurale Plastik, vor allem an
den Portalen, erscheint, und die statischen Möglichkeiten des Gewöl-
bes mit spitzbogiger Rippenführung werden ausgewertet. Dies zeigt
sich zuerst beim Neubau der Abteikirche von Saint-Denis, der Grab-
kirche der französischen Könige seit Pippin, 1137 begonnen. Es folgen die Kathedralen von Chartres, um 1145, Laon, um 1170, Paris,
um 1163, Reims, um 1210, Amiens, um 1220 begonnen. Es bilden
sich Bauhütten, in denen die neuen technischen Kenntnisse vermittelt
werden. In der gotischen Kirche ist für die umfangreiche Wandmalerei der früheren Epochen kein Platz. An ihre Stelle tritt die Glasmale-
rei und am Außenbau die figurale Plastik. Die gotische Baukunst
breitet sich schnell über ganz Mitteleuropa und in den Kreuzfahrerstaaten aus. In *Deutschland* kommt es in der *staufischen Zeit* zu
zahlreichen Neubauten ottonischer *Dome:* Mainz, Worms, Bamberg,
die gewölbt sind und reiches plastisches Gliedersystem haben. Doch
zeigen sich die inneren Wandlungen des 12. Jh. auch hier im Baustil.
Der erdverhaftete romanische Monumentalbau wandelt sich zum
hochstrebenden, die Vertikale betonenden, die Wandfläche auflö-
senden gotischen Stil. Die frühesten Beispiele sind: Elisabethkirche
in Marburg, 1235; Kölner Dom, 1248 begonnen; das Straßburger
Münster. Später werden auch Profanbauten im gotischen Stil gebaut.
In Nord- und Ostdeutschland: Backsteingotik, Marienkirchen in
Lübeck, Rostock, Danzig. Die von Frankreich ausgehende *Zister-
zienserbaukunst* setzt die reformerische Architektur fort, die übermäßige Pracht, Bauschmuck, Türme und oft auch die Wölbung verwirft
(in Deutschland Altenkamp, 1123; Altenberg, 1133; Riddagshausen,
1145; Eberbach, 1150–1178; Heisterbach, 1189; Lehnin, 1183). Die
weltliche Baukunst spiegelt sich in zahlreichen Pfalzen und Burgen
wider (Goslar, Braunschweig, Gelnhausen, Nimwegen, Kaiserslau-
tern). Ihren Höhepunkt findet die Kunst im staufischen Zeitalter in
der monumentalen *Skulptur:* Straßburg, Südportal, um 1230; Bam-
berger Reiter, um 1235; Naumburger Stifterfiguren, nach 1250;
Braunschweiger Löwe, 1166. Höhepunkt auch der *Goldschmiedekunst* an den großen Schreinen: Dreikönigsschrein in Köln, um
1200–1230; Welfenschatz.
Die *italienische Baukunst* steht bis gegen 1100 im allgemeinen unter
dem Eindruck der großen altchristlichen und byzantinischen Kirchen.
Im 11. Jh. werden der Dom zu Pisa, S. Marco in Venedig und die
frühen Kirchen in Florenz errichtet. Die oberitalienischen Bauten treten erst gegen Ende des 11. Jh. mit reichen Außengliederungen und
im 12. Jh. mit Wölbungsversuchen hervor. Die nachfolgenden großen
Dome Oberitaliens verbinden altchristliche Einfachheit und Strenge

mit der seit dem Umbau Speyers durch Heinrich IV. üblichen Wölbung und Bauplastik (Modena, 1099; Cremona, 1129; Piacenza,
1122; Parma, um 1130; Ferrara, 1133; Bergamo, 1137 begonnen).
Die *Baukunst der Normannen* im 11. und 12. Jh. in Unteritalien (Kirchen in Tarent, Bari, Troia, Cosenza) steht z. T. unter dem Eindruck
der von Monte Cassino und Cluny ausgehenden Reformbewegungen
oder folgt, vor allem seit Roger II., byzantinischen Vorbildern (Dom
in Palermo, 1184; Dom in Monreale, 1184 begonnen). Bedeutende
Mosaiken. Unter *Friedrich II.* Blüte der Kunst. Der Kaiser führt die
bildende Kunst seiner Zeit zum antiken Vorbild zurück. Prunktor von
Capua, auf dem er selbst nach Art einer antiken Gewandstatue dargestellt ist. Die Architektur umfaßt weniger Kirchenbauten als großzügig angelegte Städte und Kastelle. Unter König Manfred dringt die
französische Gotik ein (S. Francesco in Palermo).

Literatur: *Zeit des französischen Kulturprimats.* Chansons de geste,
eine Heldenepik germanischer Prägung, die an große historische Persönlichkeiten wie Karl d. G., Graf Wilhelm von Toulouse anknüpft.
Bedeutendstes Werk: *Chanson de Roland,* kurz nach 1100, von einem
unbekannten Dichter. Frankreich ist das *Geburtsland der höfischen
Kultur.* Die *Troubadours* in Südfrankreich pflegen eine abgegrenzte
Standesdichtung von exklusivem Geist und besonderer Form in pro-
vençalischer Sprache. Der älteste bekannte ist Graf Wilhelm IX. von
Poitiers, Herzog von Aquitanien (1071–1127). Der großartigste Ver-
treter der höfischen Epik ist *Chrétien von Troyes,* der seinen Werken
einen festen sittlichen Gedankengehalt verleiht. Er hat zwischen 1160
und 1190 seine *romans courtois* verfaßt: *Erec et Enide, Lancelot,
Yvain, Wilhelm von England, Perceval.*
In *Deutschland* regen sich die geistigen Kräfte in den zahlreichen
Dom- und Klosterschulen. Es entstehen in lateinischer Sprache von
Widukind von Corvey die Sachsengeschichte (bis 958/968/973);
Chronik des Bischofs Thietmar von Merseburg, Reichsgeschichte und
wichtige Quelle für die Zeit Heinrichs II. Auch in der Dichtung überwiegt noch das Latein. In St. Gallen wirken Ekkehard I. (* etwa
900/910, † 973), Hymnen- und Sequenzendichter, und Notker Teu-
tonicus (* etwa 950, † 1022), der u. a. Boethius' Trost der Philosophie, theologische Werke und die Psalmen übersetzt. Die Nonne
Hrotsvitha von Gandersheim (* um 930, † nach 975) verfaßt
Gedichte über die Taten Ottos d. Gr. und über die Gründung des Klo-
sters Gandersheim sowie 6 Dramen. Bedeutende Geschichtswerke
der folgenden Zeit sind: Annalen (bis 1077) des Lampert von Hersfeld (Gegner Heinrichs IV..); Geschichte der Hamburger Erzbischöfe
(bis 1075/80) von Adam von Bremen; das Leben Konrads II. von
seinem Hofkaplan Wipo; ,,De duabus civitatibus", eine Chronik (bis
1146) des bedeutenden Bischofs Otto von Freising († 1158), die im
Widerstreit des himmlischen und des irdischen Reichs die Weltgeschichte zu begreifen sucht. Seine ,,Gesta Friderici", eine Geschichte

Barbarossas bis 1156/60, beruht auf amtlichem Material; Slawen-
chronik Helmolds von Bosau. *In der Stauferzeit Blüte der ritterlichen
Dichtkunst in Deutschland.* Ihr Bahnbrecher ist Heinrich von Vel-
deke. Er vollendet zwischen 1184 und 1190 seine Eneit, einen Aene-
asroman nach einem französischen Vorbild. Der Kürenberger eröffnet die Reihe der Minnesänger. *Hartmann von Aue* († um 1210)
vollzieht den Übergang zum zeitgemäßen *Artusroman:* Erec, Iwein
(französische Quelle: Chrétien). Außerdem schreibt er: Gregorius,
Der arme Heinrich. *Wolfram von Eschenbach* hat mit dem *Parzival*
das größte Dichtwerk des deutschen Mittelalters geschaffen, einen
ritterlichen Weltanschauungsroman, in „dunklem Stil", nach Chrétien u. a. Quellen. Vor Abschluß des „Willehalm" ist er um 1220 gestorben. *Gottfried von Straßburg* schreibt seinen Tristan um 1210 als
„eine Erzählung für Liebende", das mittelalterliche Hohelied der
Liebe, ein Werk höchster Formvollendung. Anfang des 13. Jh. gestaltet ein bairisch-österreichischer Dichter den *Nibelungenstoff* zum
klassischen Heldenepos aus. Zu den bedeutendsten frühen deutschen
Minnesängern gehören Friedrich von Hausen, der Thüringer Heinrich
von Morungen, Wolfram und Reinmar von Hagenau, der Lehrer
Walthers. *Walther von der Vogelweide* († nach 1227) führt die mittelalterliche deutsche Lyrik auf ihren höchsten Gipfel. Den im Traditionellen erstarrenden Minnesang überwindet Walther durch höchste
Gegenständlichkeit seiner ständisch nicht mehr gebundenen Liebes-
dichtung. Als Herold der Staufer begründet er in seinen Sprüchen
die politische Lyrik, erster Künder eines bewußten deutschen Nationalgefühls.
Auf *Island* werden die im 9. bis 12. Jh. entstandenen Götter- und
Heldenlieder seit dem Ausgang des 12. Jh. in der sog. *Liederedda*
gesammelt, unsere Hauptquelle für die geistige Erfassung des germanischen Altertums.

4. Das hohe Mittelalter

a) Deutschland und das Papsttum (911–1273) (Forts. v. S. 182)

*Die Ottonenzeit ist der Höhepunkt der mittelalterlichen deutschen
Geschichte. Indem Deutschland Europa vor den Ungarn rettet, die
Verhältnisse Italiens ordnet, in Frankreich eine vorwaltende Stellung
ausübt, hat es die Führung im Abendland inne. Mit dem Investiturstreit
kommt die große Wende in der Geschichte des Reichs. Im Konflikt
zwischen König und Papst steigen die Fürsten zu bisher unerreichter
Machtstellung auf. So sinkt in der späteren Salierzeit das äußere Ansehen des Reichs und die innere Macht des Königs. Friedrich Barbarossa
führt die Reichsgewalt noch einmal auf einen Gipfel; als Führer des
Kreuzzuges erscheint er als das Haupt der Christenheit. Die Feldzüge
nach Italien haben letztlich die deutsche Verfassungsentwicklung ungünstig beeinflußt, aber zur Entstehung eines deutschen Nationalge-*

fühls beigetragen. Unter Friedrich II. liegt das Schwergewicht seiner Macht in Sizilien.

911–918 Konrad I. von Franken.

911 Wahl in *Forchheim.* Auch fast alle späteren Königswahlen finden auf fränkischem Boden statt, wie es ein Ehrenvorzug des Frankenstammes bleibt, daß *der König immer,* auch wenn er Sachse oder Schwabe ist, *nach fränkischem Recht* lebt. Der gewählte König hat kein privates Eigentumsrecht am Reich wie Merowinger und Karolinger. Infolgedessen ist *das Reich fortab unteilbar.*

Da die *Reginare* mit dem neuen Königshaus verfeindet sind, schließt sich *Lotharingien dem Westreich an.*

Fortdauer des *bischöflichen Einflusses:* Erzbischof *Hatto von Mainz* († 913), Bischof *Salomon von Konstanz* bleibt Kanzler. Gestützt auf die Bischöfe, sucht Konrad vergeblich die *Stammesgewalten* der Königsmacht zu unterwerfen. Erfolglose Kämpfe mit *Erchanger, Berthold, Burchard II.* von Schwaben und mit Herzog *Heinrich von Sachsen.*

Herzog *Arnulf von Bayern erringt* 913 bei *Passau* den ersten Sieg über die Ungarn. Empörung Arnulfs; Konrad erstürmt Regensburg, Arnulf flieht nach Ungarn.

916 Synode von *Hohenaltheim.* Hauptanliegen ist der Schutz der Kirche vor den Laiengewalten. Stellungnahme für die Krone. Erchanger und Berthold werden 917 hingerichtet.

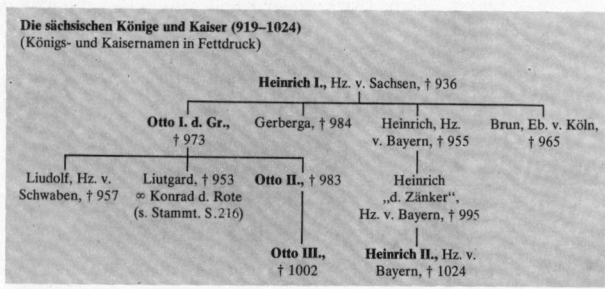

Die sächsischen Könige und Kaiser (919–1024)
(Königs- und Kaisernamen in Fettdruck)

Heinrich I., Hz. v. Sachsen, † 936

Otto I. d. Gr., † 973 Gerberga, † 984 Heinrich, Hz. v. Bayern, † 955 Brun, Eb. v. Köln, † 965

Liudolf, Hz. v. Schwaben, † 957 Liutgard, † 953 ∞ Konrad d. Rote (s. Stammt. S. 216) **Otto II.**, † 983 Heinrich „d. Zänker", Hz. v. Bayern, † 995

Otto III., † 1002 **Heinrich II.**, Hz. v. Bayern, † 1024

919–936 Heinrich I.

Konrad *designiert* sterbend Herzog Heinrich von Sachsen zu seinem Nachfolger. Die förmliche Erhebung geschieht durch die in *Fritzlar* 919 versammelten Großen der Franken und Sachsen. Die süddeutschen Stämme halten sich fern. Im Gegensatz zur karolingischen Tradition des Priesterkönigtums und zu Konrads Zusammengehen mit dem Episkopat *lehnt Heinrich die* vom Mainzer Erzbischof angebotene *Salbung und Krönung ab.* Heinrich stützt sich nicht auf die Bischöfe, sondern wünscht friedliches *Zusammengehen mit den Herzögen.* Für das allmähliche Zusammenwachsen der deutschen

Stämme zu einem Reich ist seine Regierung besonders wichtig. 919 wird das Ostfrankenreich als *regnum Teutonicorum,* **Reich der Deutschen,** bezeichnet.

919 Herzog **Arnulf** von seinen Baiern und einem Teil der Ostfranken zum **Gegenkönig** erhoben, unterwirft sich aber 921; er behält die Verfügung über die Kirche seines Herzogtums.

925 Heinrich unterwirft *Lothringen* wieder dem Ostreich. Herzog *Gisel-*
926 *bert* vermählt sich später mit Heinrichs Tochter *Gerberga.* Herzog *Burchard II.* von Schwaben in Italien getötet. Heinrich setzt zu seinem Nachfolger den fränkischen Grafen *Hermann* ein, der schwäbische Episkopat untersteht künftig dem König. In den übrigen Herzogtümern, außer Sachsen, bleibt das Königtum auf bloße Lehnshoheit beschränkt. – Von den **Ungarn,** die Deutschland, Oberitalien, Frankreich in diesen Jahren furchtbar verheeren, erkauft Heinrich durch Tribut Waffenstillstand für Deutschland. Er legt neue Burgen an (z. B. *Meißen*) und befestigt ältere Ortschaften *(Merseburg).* Aufstellung eines gepanzerten Reiterheeres.

928/29 Die *Heveller* durch Eroberung *Brennaburgs* (Brandenburg) an der Havel, sodann die *Daleminzier* unterworfen.

929 Zug Heinrichs nach *Prag.* Der christliche Herzog *Wenzel* von Böhmen *(Přemyslide)* zur Lehnshuldigung genötigt.
Aufstand der *Wilzen* und *Abodriten,* ein Slawenheer bei *Lenzen* an der Elbe geschlagen. 932 und 934 unterwirft Heinrich die *Lausitzer* und die *Ukrer.*

933 Sieg Heinrichs über die **Ungarn** bei **Riade.**

934 Der (schwedische) Kleinkönig *Knuba,* der die Handelsstadt *Haithabu* beherrscht, unterworfen.
Herzog Arnulf von Bayern führt seinen Sohn Eberhard über die Alpen, den eine Partei zum König der Langobarden gewählt hat.

935 Zusammenkunft und Freundschaftsbündnis mit den Königen *Rudolf von Frankreich* und *Rudolf II. von Burgund* in *Ivois* an der Chiers. Plan eines Romzugs zum Erwerb der *Kaiserkrone,* um die Italienpolitik der süddeutschen Herzöge zu unterbinden. Aber vor seiner Abreise stirbt Heinrich und wird in *Quedlinburg* begraben. Er hat *Otto* zum Nachfolger designiert. Da die deutsche Thronfolge kein Erstgeburts-, nur ein *Geblütsrecht* aller Mitglieder des herrschenden Hauses kennt, wünscht eine Partei *Heinrich,* Ottos jüngeren Bruder, zum Nachfolger.

936–973 **Otto I. d. Gr.,** im Münster von Aachen gekrönt durch den Erzbischof von Mainz und auf den Steinthron Karls d. Gr. erhoben. Beim Krönungsmahl walten die Herzöge Eberhard von Franken als *Truchseß,* Giselbert von Lothringen als *Kämmerer,* Hermann von Schwaben als *Schenk,* Arnulf von Bayern als *Marschall.* Während Heinrich in Lothringen, Franken und Bayern keine Regierungsrechte ausüben konnte, *strebt Otto nach einer schärferen Durchsetzung der Königsgewalt.* Das führt zu langwierigen und gefährlichen *Kämpfen mit den Herzögen.*

Nach dem Tode *Arnulfs von Bayern* (937) verlangt Otto von dessen Nachfolger *Eberhard* Verzicht auf die Hoheit über die bairische Kirche. Die Ablehnung führt zum **Aufstand der Herzöge**. Eberhard von Franken niedergeworfen. Eberhard von Bayern verjagt, das Herzogtum erhält Arnulfs Bruder *Berthold* (ohne Verfügungsrecht über die Kirche).

938

939 Ottos Bruder *Heinrich*, die Herzöge von Franken und Lothringen empören sich. Giselbert unterstellt sich *Ludwig IV. von Frankreich*. Herzog Hermann von Schwaben überrascht die Aufständischen bei *Andernach*, Eberhard von Franken fällt, Giselbert von Lothringen ertrinkt im Rhein. Heinrich erhält Verzeihung. Das *Herzogtum Franken* wird für immer *mit der Krone vereinigt*. Ludwig von Frankreich kann sich in Lothringen nicht behaupten. Feldzug Ottos nach *Frankreich*. 942 muß Ludwig auf Lothringen verzichten.

940

Lothringen gibt Otto 944 dem Grafen *Konrad dem Roten*, der Ottos Tochter *Liutgard* heiratet; *Bayern* 947 seinem Bruder Heinrich; *Schwaben* 950 seinem Sohn *Liudolf*.

946 2. Zug Ottos nach *Frankreich*. Er nimmt im Streit zwischen König Ludwig und Herzog Hugo eine schiedsrichterliche Stellung ein.

Nach einem eigenmächtigen Zug Liudolfs von Schwaben, der an Gegenwirkungen Heinrichs von Bayern scheitert, zieht Otto nach *Pavia*. Ohne Wahl und Krönung nennt er sich als Nachfolger der Karolinger *rex Francorum et Langobardorum*. Er vermählt sich mit der aus der Gefangenschaft geflohenen *Adelheid* (S. 185).

951

952 *Berengar II.* als Lehnskönig von Italien anerkannt, muß aber Istrien, Friaul und die Mark Verona an Bayern abtreten.

953/54 (*„Liudolfingischer“*) *Aufstand* Liudolfs, Konrads des Roten von Lothringen, Erzbischof Friedrichs von Mainz und eines Teils des sächsischen Adels. Beweggrund Liudolfs und Konrads ist der vorwiegende Einfluß Heinrichs und Adelheids auf Otto. In Sachsen ernennt Otto zu seinem Stellvertreter Hermann Billung, der erste Schritt zum Übergang des *sächsischen Herzogtums* an die *Billunger*. Nach schweren Kämpfen, in denen die Aufständischen Franken, Bayern, Schwaben gewinnen, bringt ein Ungarneinfall den Umschwung. Liudolf und Konrad unterwerfen sich und verlieren ihre Herzogtümer. *Schwaben* gibt Otto an Burchard III., einen Angehörigen des alten Herzogshauses. *Lothringen* überträgt er seinem *Bruder Brun, Erzbischof von Köln* († 965).

Ottonische Reichskirchenpolitik. Gegen die immer unsicheren, nach Erblichkeit strebenden Laiengewalten, besonders die Herzöge, stützt sich der König auf den Episkopat, dessen Ernennung vollständig in seiner Hand liegt. Durch Verleihungen von Grundbesitz, Ausbau der Immunität, wobei ein Kirchenvogt die Gerichtsbarkeit ausübt, durch die Verleihung von Hoheitsrechten und schließlich aller gräflichen Befugnisse, ja ganzer Grafschaften an die Bischöfe werden leistungsfähige kirchliche Herrschaften gebildet. Im Lauf des 11. Jh. gerät die Mehrheit der öffentlichen Gerichtsbezirke in die Hände von Bischöfen und Reichsabteien und wird dadurch der Entfremdung durch Erblichkeit entzogen. Dafür ist die Reichskirche zu großen militärischen und finanziellen Leistungen verpflichtet.

Sicherung der **Ostgrenze.**

936/37   Errichtung *zweier Marken gegen die Slawen:* unter **Hermann Billung** an der unteren Elbe gegen die Wagrier, Abodriten und Redarier; unter **Gero** gegen die südlich davon sitzenden Wilzen und Sorben. In den folgenden Jahren werden die Slawen bis zur Oder zinspflichtig gemacht. Beginn der Christianisierung.

950   *Herzog Boleslav I. von Böhmen* wird unterworfen.

Nachdem die Ungarn 937 Franken, Schwaben und Lothringen verwüstet und auch in den folgenden Jahren das Reichsgebiet heimge-

955   sucht haben, belagern sie 955 Augsburg, das von *Bischof Ulrich* ver-

10. Aug.   teidigt wird. **Sieg Ottos über die Ungarn bei Augsburg.** Otto schlägt sie mit den Aufgeboten aller deutschen Stämme (außer den Sachsen) und Böhmens. Konrad der Rote fällt, aber entscheidet die Schlacht. Das Ungarnheer wird verfolgt und völlig vernichtet. *Der Sieg ist von abendländischer Bedeutung.* Die Ungarn beunruhigen seitdem Europa nicht mehr. Sie werden seßhaft und nehmen das Christentum an.

Die *bairische Ostmark* wird wiederhergestellt. Sie wird erstmals 996 *Ostarrîchi* (Österreich) genannt.

955 Okt.   **Sieg Ottos an der Recknitz** im östlichen Mecklenburg über die **Slawen.**

963   Markgraf Gero unterwirft *Miseka von Polen* und macht das Land zwischen Warthe und Oder tributpflichtig. Nach seinem Tod († 965) wird seine Mark geteilt. Daraus entstehen schließlich: *Nordmark, Ostmark, Mark Meißen.*

Errichtung von **Bistümern** auf der Synode von Ingelheim 948: *Schleswig, Oldenburg, Havelberg, Brandenburg,* und auf der Synode von

968   Ravenna: *Merseburg, Meißen, Zeitz* (später nach Naumburg verlegt), die dem neuen **Erzbistum Magdeburg** unterstellt werden. – 973 *Prag,* 975 *Olmütz,* beide Mainz unterstellt.

961–965   Im Konflikt mit Berengar II. ruft Papst *Johann XII.* Otto d. Gr. zu Hilfe. *2. Zug Ottos nach Italien.*

962   **Kaiserkrönung Ottos in Rom.** *(Seitdem ist die Kaiserkrone nur deut-*

2. Febr.   *schen Königen verliehen worden.)* Otto bestätigt (privilegium Ottonianum) die früheren Schenkungsversprechen an die Päpste. 963 Berengar gefangen († in Bamberg 966). Johann verschwört sich mit Adalbert, Sohn Berengars, flieht vor Otto, der wieder in Rom einrückt, und wird von einer römischen Synode abgesetzt, die *Leo VIII.* erhebt. Johann stirbt nach geglückter Rückkehr. Mit Gewalt setzt Otto Leo wieder ein.

Italienpolitik. Die Kaiserkrönung Ottos leitet die Italienpolitik ein, die der deutschen Kaiserzeit den Stempel aufgeprägt hat. Unter den sächsischen und ersten salischen Kaisern hat die Italienpolitik die Krone gestärkt und dem Reich Vorteile gebracht. Erst der große

geistige und politische Umschwung der Zeit Gegors VII. schafft eine ganz neue Lage. Jetzt verschärft die deutsche Herrschaft in Italien den Kampf mit dem Papst und macht den König von den Fürsten, deren Kriegshilfe er für seine Züge „über Berg" braucht, abhängig. Andererseits mußten die Staufer Italien festhalten, da infolge des Investiturstreits ihre Machtgrundlage in Deutschland zu schmal geworden war.

966–972   *3. Italienzug,* auf den Hilferuf des von einer Gegenpartei vertriebenen Papstes Johann XIII. aus der Familie der *Crescentier.* Otto II. (* 955, zum König gekrönt 961) wird 967 zum Kaiser gekrönt. Otto I. empfängt die Huldigung der langobardischen Fürsten von Capua-Benevent und Salerno. Feldzüge gegen das byzantinische Kalabrien, da auch Byzanz über die langobardischen Fürstentümer eine Oberhoheit beansprucht.

972   Otto II. in Rom mit *Theophano,* der Nichte des neuen byzantinischen Kaisers, vermählt.

973–983 Otto II.

974   Zug gegen *Harald Blauzahn* von *Dänemark.* Harald erkennt die deutsche Oberhoheit und seine Zinspflicht wieder an. Aufstand Herzog Heinrichs des Zänkers von Bayern.

975   Zug Ottos nach *Böhmen,* dessen Herzog Boleslav II. Heinrich den Zänker unterstützte.

976   Heinrich von Bayern abgesetzt. *Kärnten* mit den Marken Verona, Krain und Istrien wird zu einem selbständigen *Herzogtum* erhoben. Ferner wird der *Nordgau* (die *Oberpfalz*) als eigene Mark abgetrennt, die der Babenberger Graf Berchthold von Schweinfurt erhält. Die *Ostmark* bekommt sein Bruder Liutpold.

König *Lothar von Frankreich* überfällt den Kaiser in *Aachen* und

978   sucht Lothringen zu erobern. Feldzug Ottos bis vor die Mauern von Paris. 980 Friedensschluß Ottos mit Lothar bei Zusammenkunft in Margut an der Chiers nahe der Grenze.

980–983   *Italienzug* Ottos. Die *Fatimiden* greifen die langobardischen Fürstentümer Unteritaliens an. Spannung Ottos als Gemahl der Theophano mit Byzanz, wo die alte Dynastie den Thron wieder bestiegen hat. Otto erobert die byzantinischen Festungen Bari und Tarent.

982   Vernichtende **Niederlage Ottos bei Cotrone** gegen die Araber. Der

13. Juli   Kaiser entkommt in abenteuerlicher Flucht.

983   Großen **Slawenaufstand.** Die Liutizen erstürmen Havelberg und Brandenburg, zusammen mit den Abodriten überschreiten sie die Elbe. Sie werden von den Sachsen geschlagen, aber die *Billungische* und die *Nordmark bleiben verloren.*

Otto II., erst 28jährig, stirbt in *Rom.*

983–1002 Otto III., 3jährig beim Tod des Vaters. Sein Lehrer Bischof *Bernward von Hildesheim.* Heinrich der Zänker von Bayern beansprucht die Vormundschaft, erstrebt insgeheim die Krone; er ist bereit, Lothringen an Frankreich abzutreten. Seine Pläne scheitern vor allem am Widerstand von Erzbischof **Willigis von Mainz,** der maßgebenden

Einfluß auf die Reichsregierung ausübt.

984 Reichstag zu *Rohr. Theophano* als Regentin anerkannt, die fortab das Reich klug und energisch regiert. In Italien hält Kaiserin *Adelheid* die Ordnung aufrecht. Heinrich erhält 985 Bayern zurück, bleibt nun zuverlässig.

991 Theophano gestorben. Kaiserin Adelheid († 999) übernimmt die Vormundschaft unter stärkstem Einfluß von Erzbischof Willigis von Mainz. 995 tritt Otto III. 15jährige die Regierung an.

996 Italienzug. Otto setzt nach Johanns XV. Tod zum Papst seinen Vetter Bruno von Kärnten als *Gregor V.* ein, den ersten deutschen Papst. Er wird von ihm in Rom zum Kaiser gekrönt. Nach Ottos Rückkehr nach Deutschland empört sich Johann I. Crescentius, der im Besitz

997 der weltlichen Macht in Rom ist, und erhebt einen Gegenpapst. Otto wieder in *Italien.* Johann Crescentius wird nach Erstürmung der Engelsburg enthauptet. Der Kaiser bleibt in Rom, das Reichsresidenz wird; Kaiserpfalz auf dem Aventin.

Einer Zeitströmung folgend, macht Otto zu seiner politischen Kernidee die *Renovatio imperii Romanorum,* die *Erneuerung des Römischen Reiches.* Deutschland und Italien sollen von Rom aus regiert werden, Italien und Rom an der Spitze des Reiches stehen.

999 Gregor V. gestorben. Nachfolger Gerbert von Aurillac als *Silvester II.* († 1003).

1000 Über Deutschland zieht Otto nach Polen. Otto ernennt den Herzog *Bolesław Chrobry* zum römischen patricius, d. h. zu seinem Statthalter. Polen soll nicht wie bisher unter der Hoheit des deutschen Königsreichs stehen, sondern mit den übrigen Teilen des Imperiums gleichberechtigt unter dem Kaiser. Am Grab Adalberts in *Gnesen* gründet Otto ein *Erzbistum,* dem die inzwischen errichteten Bistümer Breslau, Kolberg und Krakau, später auch Posen unterstellt werden.

Ungarn wird wie Polen in das neue imperium Romanum eingegliedert (S. 191).

Otto führt jetzt den Titel *servus apostolorum.* Er will, ebenso wie der Papst, als irdischer Vertreter des Apostelfürsten gelten. Damit beansprucht er auch ein oberstes Verfügungsrecht über das gesamte Gut der römischen Kirche. Er verwirft die Konstantinische Schenkung als Fälschung.

1001 Aufstand der Römer. Otto verläßt mit Silvester die Stadt, um den Anmarsch deutscher Hilfstruppen abzuwarten. Opposition auch in Deutschland.

1002 Otto stirbt in *Paternò,* erst 22 Jahre alt. In *Aachen* bestattet. Sofort
23. Jan. lodert in Italien der Aufstand empor; Markgraf *Arduin von Ivrea* in Pavia zum König gekrönt.

1002–1024 Heinrich II. (der Heilige), Herzog von Bayern, Sohn Heinrichs des Zänkers († 995). Nach „fortgesetzter Wahl" in Mainz von Willigis gekrönt. Er ist tatkräftig und nüchtern, erfüllt von streng kirchlicher Frömmigkeit.

1003–1018 Kriege mit Polen. *Bolesław Chrobry* besetzt nach der Ermordung

Ekkehards von Meißen die Marken Lausitz und das Milzenerland (Oberlausitz) und erobert Böhmen. Heinrich befreit 1004
Böhmen, das unter deutscher Hoheit selbständig bleibt. Die anderen
Eroberungen können Bolesław in mehreren langwierigen und schweren Feldzügen nicht entrissen werden, obwohl sich Heinrich mit den
Liutizen, Jaroslav von Kiev und *Stephan von Ungarn* gegen Polen verbündet. Doch wird weitere polnische Ausdehnung nach Westen verhindert. 1018 *Friede von Bautzen: Lausitz und Milzenerland* bleiben
Bolesław als deutsches Lehen. Zur weiteren Sicherung der Ostgrenze
stiftet Heinrich 1007 das *Bistum Bamberg,* das der Mission unter den
Mainslawen dienen soll.

1006   Erbvertrag mit dem kinderlosen *Rudolf III. von Burgund* (1016 und
1018 bestätigt). Heinrich ist als Sohn von Rudolfs Schwester Gisela
der nächste Erbe.

In **Italien** stellt Heinrich die Herrschaft des Reiches wieder her.

1004   *1. Italienzug:* Im Königreich bricht die Herrschaft *Arduins von Ivrea*
schnell zusammen. Heinrich in Pavia zum König gekrönt.

1013/14   *2. Italienzug:* In Rom werden 1012 die Crescentier von den Tuscula-
nergrafen aus der Herrschaft verdrängt. Sie übernehmen die weltliche
Regierung und besetzen den Stuhl Petri. Heinrich überläßt ihnen das
Stadtregiment und wird 1014 von *Benedikt VIII.* zum *Kaiser* gekrönt.

1016   Beginn der Seegeltung von *Genua* und *Pisa.* Ihre vereinigten Flotten
schlagen die *Sarazenen* und vertreiben sie von Sardinien.
Erstes Auftreten der Normannen in Süditalien. Sie unterstützen Bürger
von Bari, die sich gegen die byzantinische Herrschaft erheben. Sie
werden von den Byzantinern 1018 bei Cannae völlig geschlagen. –
Die Lage in Süditalien veranlaßt 1020 Papst Benedikt VIII. zu einer
Reise nach Bamberg.

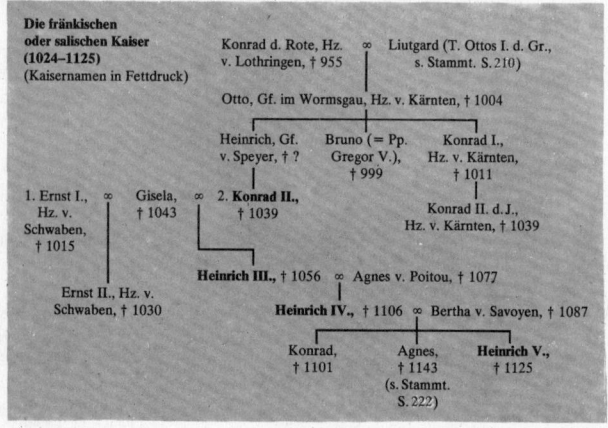

1021/22   *3. Italienzug.* Die byzantinische Feste Troia, ferner Capua und Salerno erobert. Die deutsche Hoheit über die langobardischen Fürstentümer wird wiederhergestellt, eine weitere Ausdehnung der Griechen in Unteritalien vereitelt.

1024–1039   **Konrad II.** Nach dem Aussterben der Ottonen kommen für die Wahl als deren nächste Verwandte nur Konrad und sein gleichnamiger Vetter Konrad d. J., der von den Lothringern gestützt wird, in Betracht. Der ältere wird in Kamba gewählt und in Mainz gekrönt.

An der **Ostgrenze** tritt Konrad 1025 an *Knut d. Gr.* die **Mark Schleswig** ab, um dessen Freundschaft zu gewinnen, und verliert 1031 das Gebiet zwischen Fischa und Leitha an *Ungarn.* Die polnische Bedrohung kann er aber bannen. Nach einem großen Einfall *König Misekas II. von Polen* bis zur Saale zieht Konrad

1031   gegen ihn. Nun muß Miseka sogar die *Lausitz* und *das Milzenerland* zurückgeben, sich dem Kaiser unterwerfen und auf den Königstitel verzichten (1033). Mit der *Ostmark* wird Graf *Dietrich von Wettin,* der Ahnherr dieses Hauses, belehnt.

1033   Nach dem Tod Rudolfs III. von Burgund **wird das Königreich Burgund mit dem Deutschen Reich vereinigt.** Konrad kann seine Ansprüche gegenüber privatrechtlichen Erbansprüchen durchsetzen. 1027 erhebt Herzog *Ernst von Schwaben,* des Kaisers Stiefsohn, im Verein mit Konrad d. J. und dessen Verwandten in Lothringen, Ansprüche auf Burgund; denn seine Mutter Gisela ist eine Tochter von Rudolfs III. Schwester Gerberga. Ernst muß sich jedoch unterwerfen und kommt in Haft. Ferner fordert *Graf Odo von Blois und Champagne,* ebenfalls ein Schwestersohn Rudolfs III., Burgund als Erbe. Gegen ihn schließt Konrad 1033 ein Bündnis mit *Heinrich I. von Frankreich.* 1034 wird Odo mit Waffengewalt aus Burgund vertrieben. Durch die Angliederung kommen die wichtigen *westlichen Alpenpässe* in deutsche Hand. *Das Imperium besteht fortab aus den drei Teilen: Deutschland, Italien, Burgund.*

In **Italien** erhebt sich nach dem Tod Heinrichs II. Widerstand gegen die deutsche Herrschaft. Konrad bricht ihn.

1026/27   1. Italienzug. Pavia genommen, Konrad zum König gekrönt. 1027 Kaiserkrönung in Rom durch Johann XIX. in Anwesenheit Knuts d. Gr. und Rudolfs III. von Burgund. Auf einem Zug nach Süditalien huldigen die langobardischen Fürstentümer Konrad.

1037/38   2. Italienzug. Konrad tritt als Schiedsrichter zwischen *Erzbischof Aribert von Mailand* und seinen Gegnern aus dem Kleinadel auf. Konrad erläßt sein *Lehnsgesetz,* das zugunsten der Aftervasallen, d. h. der Vasallen der Fürsten und großen Herren, *die Erblichkeit der kleineren Lehen vorschreibt.* Eine entsprechende Entwicklung hatte Konrad bereits in Deutschland gefördert.

In Süditalien belehnt Konrad *Waimar von Salerno* mit Capua, der von dem Normannen *Rainulf von Aversa* (Belehnung?) unterstützt werden soll.

1039–1056   **Heinrich III.** hält die von seinem Vater erreichte Machthöhe aufrecht, ist aber als religiöse Natur von der Notwendigkeit der Kirchenreform tief durchdrungen. Vermählt sich 1043 mit *Agnes von Poitou.*

1041 zwingt Heinrich *Břetislav von Böhmen,* der Polen erobert hat, zur Unterwerfung.
In *Ungarn* bekämpfen sich *Peter,* der Nachfolger von Stephan dem Heiligen, und der heidnische Gegenkönig *Aba.*

1044 wird Aba bei *Menfö* an der Raab von Heinrich geschlagen. Die 1031 abgetretenen Grenzstriche zurückgewonnen. Ungarn wird 1045 für kurze Zeit wie Böhmen und Polen deutsches Lehnsreich.

1045 *Adalbert* zum *Erzbischof von Bremen* erhoben. Große Missionstätigkeit im Norden bis Grönland, Island und Finnland. Er will Bremen zum nordischen Patriarchat erheben lassen. Außerdem versucht Adalbert die Bildung eines starken weltlichen Territoriums, dadurch Spannung mit dem Billungerherzog.

1046–1047 **1. Italienzug.** In Rom ist das Papsttum zum Spielball sich streitender Parteien geworden. Gegen den Tusculanerpapst *Benedikt IX.* ist der Crescentier *Silvester III.* erhoben und 1045 dazu *Gregor VI.* eingesetzt worden.

1046 **Synoden in Sutri und Rom** setzen alle drei Päpste ab. Auf Heinrichs Wunsch wird Bischof Suidger von Bamberg als *Clemens II.* († 1047) zum Papst gewählt, der ihn zum Kaiser krönt. Höhepunkt der kaiserlichen Macht über das Papsttum. Es folgen bis 1057 drei weitere deutsche Päpste.

1049–1054 **Leo IX.,** Bischof von Toul, von Heinrich zum Papst ernannt. *Mit ihm ergreift der radikale Reformgeist der Cluniacenser Besitz von Rom.* Enge Zusammenarbeit mit dem Kaiser, da der innere Gegensatz von Kirchenreform und Reichsinteresse noch nicht offenbar geworden ist. In *Apulien* haben sich die *Normannen* unter *Wilhelm Eisenarm* und *Drogo* weiter ausgedehnt. Ihr Besitz wird von Heinrich anerkannt. 1052 greifen sie die Stadt *Benevent* an, die sich dem Papst unterstellt hat. Dagegen wendet sich Leo. Das kleine päpstliche Heer wird aber

1053 bei *Civitate* vernichtend geschlagen, der Papst acht Monate gefangengehalten. Byzanz hat an einem gemeinsamen Vorgehen gegen die Normannen Interesse. Deshalb Verhandlungen, um die Gemeinschaft mit der *Ostkirche* wiederherzustellen. Sie scheitern am Widerstand des Patriarchen *Michael Kerullarios.* Seitdem dauerndes

1054 **Schisma** zwischen römisch-katholischer und griechisch-orthodoxer Kirche.
1044 hat Heinrich das Herzogtum *Lothringen* wieder geteilt und *Gottfried den Bärtigen* nur mit Niederlothringen belehnt. Dagegen empört sich Gottfried mit *Baldwin von Flandern* und mit geheimer französischer Unterstützung in mehreren Aufständen. In einem großen Feldzug mit dänischer und englischer Flottenunterstützung wird Gottfried 1049 von Heinrich unterworfen, bleibt aber ein Feind des Kaisers. 1054 heiratet er heimlich *Beatrix von Tuscien* aus dem Haus *Canossa,* deren Besitzungen sich von *Mantua* und *Ferrara* bis *Lucca* erstrecken. Dadurch kommt es zur Bildung einer starken fürstlichen

1055   Territorialmacht in der Hand eines Gegners des Kaisers. Deshalb **2. Italienzug** Heinrichs. Er beschränkt die markgräfliche Macht durch Erteilung von Privilegien an die aufstrebenden Städte. Gottfried begibt sich zu Baldwin von Flandern; *Beatrix* muß mit ihrer *Tochter Mathilde* dem Kaiser nach Deutschland folgen, wo eine Fürstenverschwörung angestiftet wurde.

1056–1106   Heinrich IV.
Das Jahr 1056 bildet einen tiefen Einschnitt in der Geschichte von Reich und römischer Kirche. Die Papstkirche, bisher unter dem Schutz des Kaisers, befreit sich vom Einfluß der weltlichen Gewalt und findet eine Stütze in der aufsteigenden romanischen Welt.

Heinrichs Mutter *Agnes von Poitou* Reichsverweserin; schwaches und kurzsichtiges Regiment. Agnes gibt Schwaben ihrem Schwiegersohn *Rudolf von Rheinfelden*, Kärnten an *Berthold von Zähringen*, Bayern an den sächsischen Grafen *Otto von Northeim*.

1057–1058   Die Römer wählen Friedrich von Lothringen, Bruder Gottfrieds des Bärtigen, als *Stephan X.* zum Papst.
1058–1061   **Nikolaus II.** Papst. Das Papsttum schreitet von der Reform zur Revolution fort. Die meisten Kardinäle stammen seit Leo IX. aus Lothringen und Burgund, den Kerngebieten der Cluniacenserreform. Haupt der extremen Richtung an der Kurie ist Kardinal *Humbert* aus dem Vogesenkloster Moyenmoutier († 1061), das der maßvolleren älteren Reformpartei *Petrus Damiani* († 1072). Humberts Hauptangriff richtet sich gegen das Recht der Laien an der Besetzung der Kirchen, also gegen Laieninvestitur und Eigenkirche, die jetzt zum ersten Mal leidenschaftlich bekämpft werden.

1059   **Papstwahldekret:** Die entscheidende Rolle bei der Wahl fällt den Kardinalbischöfen zu. Das Recht des deutschen Königs wird nur in einer unbestimmten Klausel äußerlich gewahrt. – Grundsätzliches *Verbot der Laieninvestitur.*
Nikolaus belehnt *Richard von Aversa* mit dem von ihm eroberten *Capua* und *Robert Guiscard* mit Apulien, Kalabrien und dem noch zu erobernden Sizilien. Diese entscheidende Wendung der **päpstlichen Normannenpolitik** bedeutet eine schwere Verletzung der Reichsrechte in Unteritalien.
Der andere Bundesgenosse des Papsttums ist die *Pataria,* das nach dem Trödelmarkt genannte Volk von Mailand, das gegen die verheirateten Kleriker aufgewiegelt wird.
1061–1073   *Alexander II.* Die lombardischen Bischöfe, die schärfsten Reformgegner, wählen *Honorius II.* (1061–1064):
1062   Entführung des jungen Königs. Erzbischof *Anno von Köln* übernimmt die Erziehung Heinrichs, auf den aber Erzbischof *Adalbert von Bremen* bald steigenden Einfluß gewinnt. Agnes geht ins Kloster.
1066   1065 Heinrich IV. mündig. Die Fürsten zwingen Heinrich IV. zur Entlassung *Adalberts,* der die tatsächliche Regierung geführt hat. Adalbert muß Herzog Ordulf von Sachsen etwa ²/₃ des bischöflichen

Territoriums abtreten. Gleichzeitig heidnischer Rückschlag bei den *Abodriten.*
Heinrich stützt sich gegen die Fürsten auf den kleinen Adel und die Ministerialen. In den furchtbaren Kämpfen seiner Regierung, besonders gegen den ihm menschlich wie politisch überlegenen Gregor VII., wächst er trotz schwerer Fehler zu einem Staatsmann empor, der sich mit unermüdlicher Zähigkeit auch unter entsetzlichen Schicksalsschlägen behauptet.

1070–1071 *Otto von Northeim,* bis dahin Heinrichs einflußreichster Berater, wird eines Mordanschlags auf den König angeklagt und verliert umfangreiche Güter in Sachsen und sein Herzogtum *Bayern;* es kommt an Welf I. Heinrich strebt nach Abrundung seiner Besitzungen zwischen Harz und Thüringen. Anlage von Burgen zur Sicherung.

1073–1074 *Sachsenaufstand,* dessen Führung bald Otto von Northeim übernimmt. Heinrich flieht von der Harzburg. *Die Bürger von Worms* verjagen ihren Bischof, nehmen Heinrich auf und werden von ihm mit Privilegien zuungunsten ihres bischöflichen Stadtherrn belohnt. Mit

1075 einem starken Heer schlägt Heinrich die Sachsen bei *Homburg a. d. Unstrut* vollständig. Otto von Northeim († 1083) und der sächsische Adel unterwerfen sich.

1073–1085 Papst Gregor VII. (Hildebrand) tumultuarisch gewählt. Aus einer ländlichen Familie der Toscana stammend, in Rom erzogen, in *Cluny* Mönch, von Leo IX. nach Rom zurückgeführt, seit Humberts Tod (1016) das geistige Haupt der Kurie. Gregors *Ziel* ist die *Unterordnung der weltlichen Gewalt unter die geistliche,* des Kaisers und der Könige unter den Papst. Er erstrebt *unbedingte Herrschaft des Papstes über die Kirche,* die Bischöfe sind nur Stellvertreter des Papstes. Vor dem Verbot der Priesterehe (Vorschrift des *Zölibats*) und der *Simonie* (Geldzahlung für Empfang eines geistlichen Amtes, Apostelgeschichte 8, 18) tritt der *Kampf gegen die Laieninvestitur* beherrschend in den Vordergrund. Der geheiligte Charakter des Königtums wird nicht mehr anerkannt, der geweihte König gilt nur noch als Laie.

1075 Die römische *Fastensynode* spricht ein verschärftes Verbot der Laieninvestitur aus, das dem König unter Banndrohung jedes Recht bei der Bistumsverleihung entzieht. Die Befolgung hätte ihm die Regierung unmöglich gemacht.

1076 Reichstag und Synode in *Worms;* von den über die umstürzenden Forderungen Roms aufgebrachten deutschen Bischöfen wird Gregor VII. wegen ungültiger Wahl für abgesetzt erklärt. Gregor antwortet mit der *Bannung Heinrichs;* das noch ungewohnte geistliche Kampfmittel zwingt die Gewissen und führt zu schnellem Abfall. Auf einem Fürstentag in **Tribur,** in Anwesenheit päpstlicher Legaten, muß Heinrich dem Papst Gehorsam und Genugtuung versprechen; für den Fall einer Neuwahl nimmt Gregor für sich das Bestätigungsrecht in Anspruch, da er den Gewählten zum Kaiser krönen müsse. Die Fürsten beschließen Thronverlust Heinrichs, falls er nicht binnen Jahr und Tag vom Bann gelöst werde. *So bricht der sog.* **Investiturstreit** *aus, der Entscheidungskampf zwischen Kaiser und Papst, Staat und Kirche, weltlichem und geistlichem Recht. Er führt einen grundlegenden Wandel im Verhältnis der beiden Gewalten herbei. Das deutsche Königtum erleidet einen Schlag, von dem es sich nie wieder erholt hat. Die Führung Europas geht vom Kaiser auf den Papst über.*

1077 **Heinrich erscheint vor dem Papst als Büßer in Canossa,** einem Schloß
26.–28. Jan. der *Markgräfin Mathilde von Tuscien,* und wird von ihm unter der Bedingung vom Bann gelöst, daß er im Streit mit den deutschen Fürsten die *Entscheidung des Papstes anerkenne.* Die Fürsten, über Heinrichs Absolution tief verstimmt, wählen, ohne Gregors Schiedsspruch abzuwarten, in *Forchheim* Herzog *Rudolf von Schwaben zum König.* Unter Mißachtung des Geblütsrechtes (Wahl aus dem königlichen Geschlecht) folgen sie dem revolutionären Grundsatz der **freien Wahl.** *Rudolf verzichtet auf das dynastische Erbrecht der Krone* und bewilligt freie Bischofswahl mit königlicher Investitur erst nach der Weihe.

1077–1080 *Bürgerkrieg in Deutschland.* Machtgrundlage des Gegenkönigtums ist Sachsen; die aufständischen süddeutschen Herzöge setzt Heinrich ab. 1080 wird der Gegenkönig Rudolf tödlich verwundet. An seine Stelle tritt Graf Hermann von Salm.
In Italien ist die Stütze Gregors die Gräfin Mathilde, die ihren gesamten Besitz *(„Mathildesche Güter")* dem hl. Petrus zu Obereigentum schenkt. Gregor *bannt Heinrich IV.* auf der Fastensynode *abermals.*

1080 Eine deutsch-italienische Synode wählt Erzbischof *Wibert von Ravenna* als *Clemens III.* (1080–1100) zum *Gegenpapst.*
1081 zieht Heinrich nach *Italien,* der größte Teil der Bischöfe und Herren Ober- und Mittelitaliens schart sich um ihn. 1084 *öffnet Rom die Tore.* Clemens krönt Heinrich zum Kaiser. Gregor, in der Engelsburg belagert, wird von Robert Guiscard entsetzt. Heinrich räumt die Stadt, die von den Normannen furchtbar geplündert wird. Gregor stirbt 1085 in *Salerno* im Gefühl der vollen Niederlage.
In Süddeutschland greifen die gregorianischen Ideen durch das Kloster *Hirsau* und seine Kongregation um sich (freie Wahl des Abtes). 1085 verkündet Heinrich den *Gottesfrieden* in Mainz für das Reich. Die Sachsen unterwerfen sich, der deutsche Episkopat steht größtenteils auf Heinrichs Seite. 1088 fällt der Gegenkönig. *Heinrich IV. auf der Höhe seiner Macht.*

1088–1099 **Papst Urban II.** Der große Diplomat rettet das Werk Gregors VII.
1090–1097 Heinrich wieder in *Italien.* 1093 *Abfall seines Sohnes Konrad.* Herzog Welf sperrt die Alpenpässe, hindert Heinrich an Rückkehr und Nachschub.

1095 Urban II. ruft in *Piacenza* und *Clermont* zum *1. Kreuzzug* auf. Beim Durchzug der ausländischen Kreuzfahrer entsetzliche *Judenmetzeleien* in den deutschen Städten.
Heinrich bestätigt Herzog Welf den Besitz .Bayerns und öffnet sich dadurch den Weg zur Rückkehr nach Deutschland (1097).
1103 verkündet Heinrich in Mainz einen allgemeinen *Reichsfrieden*

auf 4 Jahre. Der Kaiser in Deutschland allgemein anerkannt, andererseits auch Papst Urban II.; das Gegenpapsttum bedeutungslos. Heinrich (V.), der an einer Aussöhnung mit der Kirche verzweifelt und wegen der kaiserlichen Begünstigung der Ministerialen und Bürger Abfall des Adels und Verlust seines Thronrechtes befürchtet, fällt von seinem Vater ab und tritt, vom Papst anerkannt, an die Spitze

1106 einer Fürstenverschwörung (1104). Er zwingt seinen Vater auf einem Fürstentag in *Ingelheim* zur Abdankung. Heinrich IV. flieht. Er stirbt nach siegreichen Kämpfen mit seinem Sohn in *Lüttich*.

1106–1125 Heinrich V.

1106 sind die *Billunger* mit Herzog *Magnus* ausgestorben. Seine Töchter Eilika und Wulfhild bringen die großen Erbgüter ihren Gatten Otto von Ballenstedt (Askanier) und Heinrich dem Schwarzen, Bruder Welfs II. von Bayern, zu. *Durch diese Erbschaft fassen die*

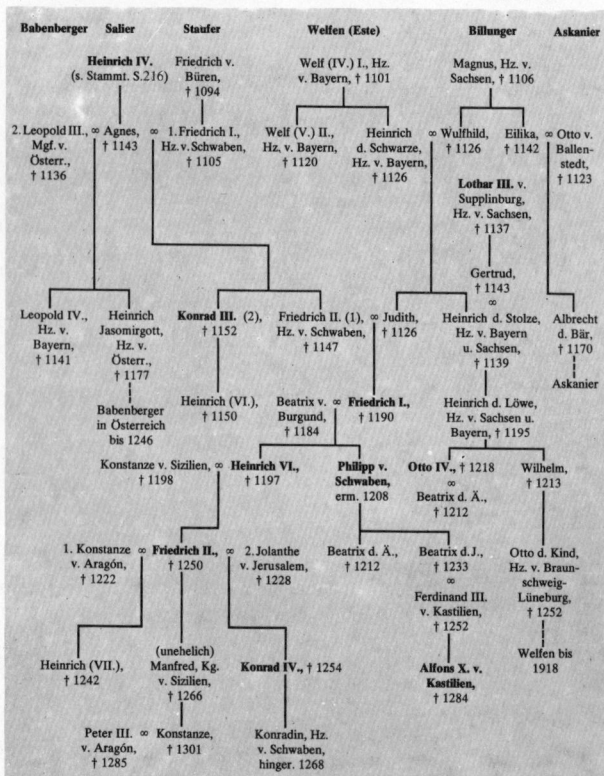

Welfen erstmals in Sachsen Fuß (Lüneburg). Heinrich V. überträgt das *Herzogtum Sachsen* dem Grafen *Lothar von Supplinburg*.

1110   Heinrich V. fordert das Investiturrecht und wird darin von den Fürsten unterstützt. Feldzug Heinrichs nach Böhmen, Oberhoheit des Reiches wiederhergestellt. *Polen* und *Ungarn* bleiben unabhängig.

1110–1111   *1. Italienzug* Heinrichs V. mit sehr starkem Heer. Die Städte unterwerfen sich. Gräfin Mathilde erkennt Heinrich als ihren Privaterben an. Der König nimmt den Papst gefangen und zwingt ihn zum Frieden von *Ponte Mammolo*, der dem König das Investiturrecht mit den *Temporalien* (weltlichen Besitzungen und Rechten) durch Ring und Stab vor der Weihe beläßt. Danach Kaiserkrönung. Vom Klerus wird der Vertrag mit dem Papst als erzwungen erklärt, der Kaiser von Legaten mehrfach gebannt. Fürstenopposition in Deutschland. 1115 Heinrich von den Sachsen am *Welfesholze* geschlagen.

1116–1118   *2. Italienzug.* Nach dem Tod der Gräfin Mathilde 1115 begibt sich Heinrich nach Italien und zieht ihr Erbe ein. Paschalis wird vertrieben, Heinrich in Rom aufgenommen.

Papst **Calixt II.** (1119–1124). Er setzt von Frankreich aus den Kampf mit Heinrich fort. In Deutschland Fortbestehen der Fürstenopposition in Sachsen und Schwaben.

1119   Konzil in Reims. Calixt begibt sich von da nach *Mouzon* an der Reichsgrenze, doch die Besprechungen der päpstlichen Unterhändler mit dem Kaiser scheitern.

Nach jahrelangen schwierigen Verhandlungen kommt es auf der Grundlage einer bisher von der päpstlichen Partei verweigerten scharfen Scheidung zwischen geistlichem Amt und Temporalien *(Ivo*

1122   *von Chartres)* zur Einigung im **Wormser Konkordat. Ende des Inve-**

23. Sept.   **stiturstreits.** Der Kaiser verzichtet auf die Investitur mit Ring und Stab. Der Papst gewährt in *Deutschland* Wahl des Bischofs *in Gegenwart des Königs* oder seiner Abgesandten, so daß der König maßgebenden Einfluß auf die Bestimmung des Nachfolgers erhält; **vor** der Weihe königliche Belehnung mit den Regalien durch das *Zepter*. In *Italien* und *Burgund* dagegen erst **nach** erfolgter Weihe; die königliche Gegenwart bei der Wahl nicht erforderlich. Hier kann also der König einen unerwünschten Kandidaten nicht ausschließen, die Stellung des Königtums in Italien und Burgund wird dadurch geschwächt; so befreit sich die römische Kirche vom Übergewicht der Königsgewalt in Italien.

Der eigentliche Sieger des Investiturstreits sind in Deutschland die in ihm erstarkten weltlichen Fürsten, in Italien die Städte. Die Bischöfe werden aus Reichsbeamten zu Reichsvasallen, ihre unbedingte Abhängigkeit vom König ist gelockert.

1125–1137   **Lothar III. von Sachsen.**
Unter Leitung Erzbischof Adalberts von Mainz wählen die Fürsten *nach dem Prinzip der freien Wahl* nicht Heinrichs Neffen Friedrich II. von Schwaben, sondern den bejahrten Herzog Lothar. Er erbittet vom Papst *Bestätigung* seiner Wahl.

Als Lothar das von den Saliern erworbene Reichsgut beansprucht, kommt es zum Krieg mit den Staufern. Hauptstütze Lothars ist Herzog *Heinrich der Stolze* von Bayern, dem er seine einzige Tochter *Gertrud* vermählt.

1127 *Konrad* (III.), Friedrichs Bruder, wird als *Gegenkönig* aufgestellt. Anfängliche Erfolge in Italien (Königskrönung). Doch 1134/35 müssen sich die Brüder unterwerfen.

1130 Schisma in Rom: *Innozenz II.* (bis 1143); *Anaklet II.* (bis 1138). Unter dem Einfluß Bernhards von Clairvaux entscheidet sich Lothar für Innozenz.

1132–1133 *1. Italienzug.* Lothar wird 1133 von Innozenz zum Kaiser gekrönt. Innozenz belehnt Lothar und dessen Schwiegersohn Heinrich den Stolzen mit den Mathildeschen Allodialgütern. Das wird später von der Kurie als Lehnsnahme des Kaisertums umgedeutet.

Unter Lothar **Beginn der nordostdeutschen Kolonisation.** Drei an ihr führend beteiligte Fürstengeschlechter verdanken ihm ihre Einsetzung. Er übergibt 1110 die Grafschaft *Holstein Adolf von Schauenburg,* dessen Geschlecht bis 1459 das Land regiert. *Konrad von Wettin* (1123–1157) erhält 1123 die *Mark Meißen,* dazu 1136 die *Mark Lausitz.* Der **Askanier** *Albrecht der Bär,* Graf von Ballenstedt (1134–1170), erhält die *Nordmark.* Er gewinnt bereits 1136 die Prignitz und sichert sich durch Verbindung mit Pribislav von Brandenburg die Erbfolge im Havelland; er nennt sich seit dessen Tod (1150) **Markgraf von Brandenburg.** Mission der Slawenlande. Apostel der Pommern wird der greise Bischof *Otto von Bamberg,* der 1124/25 und 1128 nach Pommern zieht.

Nachdem 1126 die Lehnshoheit über *Böhmen* und 1131/34 über *Dänemark* wiederhergestellt worden ist, bittet 1135 auch der neue dänische König *Erik Emund* um Anerkennung und Belehnung. Der Kaiser vermittelt Frieden zwischen Ungarn, Polen, Böhmen. In Merseburg nimmt *Bolesław III. von Polen* 1135 Pommern und Rügen vom Kaiser zu Lehen. *Machthöhe des Kaisers im N und O.*

1136–1137 *2. Italienzug* gegen Roger II. von Sizilien, vor dem sich Innozenz in Rom nicht behaupten konnte. Heinrich der Stolze kommt in den Besitz der Mathildeschen Güter. Nach Eroberung des Festlands verweigert das deutsche Heer den Übergang nach Sizilien. Nach Lothars Abmarsch bemächtigt sich Roger schnell wieder Apuliens. Auf dem Rückweg stirbt Lothar (1137). Er designiert seinen Schwiegersohn Heinrich den Stolzen durch Übergabe der Reichskleinodien zum Nachfolger. Das Herzogtum Sachsen und Lothars Allodialgüter sollen ebenfalls an Heinrich fallen, der einen ungeheuren Besitz in seiner Hand vereinigt.

1138–1254 **Das Haus der Staufer** (nach der Burg *Hohenstaufen* in Schwaben benannt).

1138–1152 **Konrad III.** Er wird von nur wenigen Fürsten unter Leitung Erzbischof *Alberos von Trier* überraschend gewählt und in Aachen gekrönt. *Neuer Sieg des freien Wahlrechts.*

Da Konrad nicht beide Herzogtümer in der Hand Heinrichs des Stolzen lassen will, kommt es zum *Kampf zwischen* **Staufern** und **Welfen.** Konrad verleiht *Sachsen* an *Albrecht den Bären, Bayern* an seinen Halbbruder *Leopold IV. von Österreich.* 1139 stirbt Heinrich der
1142   Stolze. Friede von Frankfurt: Albrecht der Bär verzichtet auf Sachsen, behält die Nordmark. Auf Bayern müssen die Welfen verzichten. 1142 glücklicher Feldzug nach Böhmen. Unerfreuliche Lage des Papsttums in *Italien.* Roger II. zwingt 1139 Innozenz II. im Frieden von Mignano, ihn zu belehnen. Eugen III. (1145–1153) muß Rom vor dem allmächtigen Senat verlassen.
1147–1149   2. *Kreuzzug,* S. 200.
1147   *Wendenkreuzzug.* Heinrich der Löwe zwingt die Abodriten zur Aufgabe des Götzendienstes und zur Tributzahlung.
1152–1190   Friedrich I. Barbarossa. Ein glänzendes Vorbild höfischen Rittertums an Tapferkeit, Gerechtigkeit und „mâze"; scharfblickender Politiker und ausgezeichneter Diplomat.
Sterbend hatte Konrad seinen Neffen Friedrich von Schwaben zum Nachfolger designiert. Er wird von den Fürsten in Frankfurt gewählt und in Aachen gekrönt.
1153   In *Konstanz Vertrag mit Papst Eugen III.,* dem er Schutz gegen die Römer und Sizilien verspricht.
1154–1155   1. *Italienzug.* Friedrich wird von *Hadrian IV.* (1154–1159) zum Kaiser gekrönt. Das Heer verlangt Rückkehr nach Deutschland, ein Feldzug gegen Wilhelm I. von Sizilien (1154–1166) unterbleibt. Deshalb vollzieht Hadrian eine politische Schwenkung und schließt *Frie-*
1156   *den* in Benevent mit *Wilhelm I.,* den er mit Sizilien, Apulien, Capua belehnt.
1156   Friedrich belehnt Heinrich den Löwen mit Bayern, auf das Heinrich Jasomirgott verzichtet. Dafür wird die *Mark Österreich* zum *selbständigen Herzogtum* erhoben und erhält besondere Vorrechte (Privilegium minus).
Hochzeit Friedrichs mit Beatrix, Erbin der *(Frei-)Grafschaft Burgund.*
1157   Aus den Thronkämpfen in *Dänemark* geht Waldemar I. als Sieger hervor, der bei Friedrich um die Belehnung nachsucht. – Feldzug Friedrichs bis Posen gegen Bolesław IV. von *Polen,* der sich unterwirft und huldigt. 1163 erzwingt Friedrich die Herausgabe **Schlesiens** an die beiden Neffen Bolesławs. Die so entstehenden Teilfürstentümer Breslau und Oberschlesien gehören fürs erste noch zu Polen; Anfang des 13. Jh. (vielleicht schon 1175) beginnt ihre Besiedlung durch Deutsche. – Auch *Ungarn* tritt noch einmal in ein Vasallenverhältnis zum Reich.
1157 Okt.   Reichstag in *Besançon.* Ein Brief des Papstes bezeichnet doppelsinnig die Kaiserkrone als päpstliches beneficium (Wohltat, Lehen); scharfer Zusammenstoß zwischen dem päpstlichen Legaten Kanzler Roland von Siena und Friedrichs großem Kanzler Rainald von Dassel, seit 1159 Erzbischof von Köln.

1158   Fürstentag von Regensburg. Herzog Vladislav II. von Böhmen erhält als treuer Helfer Friedrichs die Königskrone.

Infolge des welfischen Doppelherzogtums ist die Machtgrundlage des Königtums in Deutschland zu schmal geworden; es sucht sich eine neue in Italien zu schaffen.

1158–1162   2. *Italienzug* gegen die lombardischen Städte, welche die ehedem von Grafen und Bischöfen verwalteten *Regalien* (Einsetzung der Magistrate, Gerichtsbarkeit, Steuer, Heerbann, nutzbare Rechte an Wegen, Brücken, Wäldern, Mühlen) selbst ausüben und sich durch eigene Konsuln regieren. Die Städte unterwerfen sich. November 1158 Reichstag auf den *Ronkalischen Feldern.* Die Rechte des Reichs gegenüber den einzelnen Kommunen werden festgestellt; sie sollen künftig durch kaiserliche Beamte verwaltet werden. Dadurch wird der Krone eine höchst bedeutende Einnahmequelle erschlossen. Empörung von Mailand, das nach fast einjähriger Belagerung März 1162 erobert und auf Verlangen der Nachbarn zerstört wird.

1159   Wahl der Päpste: **Alexander III.** (1159–81); *Viktor IV.* (1159–64).
Die Synode von Pavia (1160) spricht sich für Viktor aus. Alexander findet die Anerkennung Siziliens, der Lombarden sowie Englands und Frankreichs, die die wachsende Macht des Kaisers fürchten.

1162   Die geplante Zusammenkunft des Kaisers mit Ludwig VII. von Frankreich an der Saônebrücke von *Saint-Jean-de-Losne* (Reichsgrenze), um das Schisma durch ein Schiedsgericht zu beseitigen, scheitert.

1163–1164   3. *Italienzug* ohne Heer. Veroneser Städtebund: Venedig mit Verona, Padua, Vicenza u. a.

1165   Heinrich II. von England verspricht Anerkennung des Gegenpapstes. – *„Würzburger Eide":* Hoftag, auf dem alle Versammelten, auch die englischen Gesandten, schwören, nie Alexander als Papst anzuerkennen.

1166–1168   4. *Italienzug.* Glänzender Sieg bei *Tusculum* über die Römer. Friedrich erobert Ancona. Eine plötzliche *Seuche* reibt das kaiserliche Heer in Rom nahezu auf, Rainald von Dassel gestorben. Abfall der lombardischen Städte. Anschluß an den Veroneser Bund. Gründung der neuen Bundesstadt *Alessandria.* Mit Mühe entkommt Friedrich nach Deutschland. Hier schlichtet er eine große Fehde zwischen Heinrich dem Löwen und den ihm feindlichen Nachbarfürsten zugunsten seines Vetters. Das westliche Mecklenburg bis Schwerin ist um 1171 sächsisch besiedelt. Die Herzöge von *Pommern* seit 1163 lehnsabhängig von Heinrich.

1174–1178   5. *Italienzug.* Friedrich belagert vergeblich Alessandria. Zusammenkunft Friedrichs mit Heinrich dem Löwen in Chiavenna; dieser verweigert ihm die erbetene Heerfolge, zu der der Herzog nicht rechtlich, aber moralisch verpflichtet ist.

1176   Friedrich bei *Legnano* geschlagen. Der überlegenen Diplomatie des Kaisers gelingt eine Trennung von Papst und Lombarden. Nach dem

1177　Vorvertrag von Anagni **Friedenskongreß in Venedig,** Aussöhnung Friedrichs mit Alexander. Die Mathildeschen Güter bleiben in Friedrichs Hand. Mit den Lombarden Waffenstillstand auf 6, mit Sizilien auf 15 Jahre.

1178　Friedrich im Königreich Burgund gekrönt.

1179　Das *3. Laterankonzil* legt die Zweidrittelmehrheit der Kardinäle als Erfordernis für eine gültige Papstwahl fest.

　　　In Sachsen brechen neue Fehden zwischen Heinrich und seinen Gegnern aus.

1178–1180　*Prozeß* in land- und lehnrechtlichem Verfahren, **Heinrich der Löwe** wird, wegen Nichterscheinens zu allen Ladungen, **geächtet und seiner Lehen entsetzt.** Reichstag in Gelnhausen, **Teilung des Herzogtums Sachsen:** Westfalen fällt als Herzogtum an den Erzbischof von **Köln;** Herzog des *östlichen Teils* (mit Wittenberg und Lauenburg) wird **Bernhard von Anhalt.** Mit **Bayern** wird **Otto von Wittelsbach** († 1183) belehnt. Die *Steiermark* wird als selbständiges Herzogtum abgetrennt, kommt aber 1192 an Österreich.

1180–1181　*Reichskrieg gegen Heinrich,* der von den Seinen verlassen wird. Heinrichs Vasallen, Mecklenburg und Pommern, und auch die zahlreichen Grafen Sachsens werden reichsunmittelbar. Lübeck wird Reichsstadt. Heinrich unterwirft sich, erhält seine Allodien Braunschweig und Lüneburg zurück und geht in die Verbannung nach England.

　　　Heinrichs Sturz ist notwendig im Interesse der Reichsgewalt, wirkt sich aber schädlich für die Germanisierung und Christianisierung der Slawenlande aus.

　　　Der Kaiser verfügt über ausgedehntes **Reichsgut,** d. h. unmittelbares Reichsterritorium, im Elsaß, in Schwaben, Franken, am Niederrhein, in Sachsen nur Goslar. Friedrich ist während seiner ganzen Regierung um die Vermehrung des Reichsgutes eifrig und mit Erfolg bemüht (Vogtland, Osterland usw.). Das Reichsgut wird vorwiegend von Reichsministerialen verwaltet. Die *Ministerialen* sind ursprünglich unfreie Ritter, die aber infolge ihrer sozial bevorzugten Stellung mit den freien Vasallen im Lauf des 13. Jh. verschmelzen. Die Ministerialen ermöglichen dem König eine Güterverwaltung durch absetzbare Beamte, die den ihnen verliehenen Amtsbezirk nicht in ein erbliches Lehen verwandeln; so wird der *Feudalismus überwunden.*

1183　**Friede von Konstanz mit den Lombarden.** Der Kaiser überläßt den
25. Juni　Städten die Regalien in ihren Mauern, behauptet sie aber in den städtischen Landgebieten. Investitur der gewählten Konsuln durch den Kaiser.

1184　Glanzvolles Pfingstfest in Mainz, Schwertleite der beiden ältesten Söhne Barbarossas.

1184–1186　*6. Italienzug.* 1186 **Vermählung Heinrichs (VI.) mit Konstanze,** Tochter Rogers II., Tante und Erbin des letzten Normannenkönigs Wilhelm II. Die Verbindung mit Sizilien steigert die Macht des Kaisertums gewaltig; aber sie verschärft den Gegensatz zu dem in seiner Unabhängigkeit bedrohten Papsttum außerordentlich und führt zu einer Vernachlässigung der königlichen Stellung in Deutschland.

1185–1187 *Papst Urban III.*, erbitterter Feind Friedrichs, findet Anschluß an eine deutsche Fürstenopposition unter Führung Erzbischof Philipps von

1187 Köln. *Deutsch-französisches Bündnis in Toul,* die deutsche Opposition dadurch gesprengt. Zusammenkunft Barbarossas mit Philipp Augustus bei Mouzon a. d. Maas. *Seitdem Zusammengehen der Staufer und Kapetinger gegen die Welfen und Anjou.*

1189–1190 Friedrichs Kreuzzug und Tod, S. 200.

1189 kehrt Heinrich der Löwe eidbrüchig aus England zurück, um das sächsische Herzogtum wieder zu erobern.

1190–1197 Heinrich VI. Er führt die *staufische Weltmonarchie auf ihren Machtgipfel.* Nach dem Tod Wilhelms II. von Sizilien (1189) erhebt eine vom Papst geförderte Partei den Halbbruder des Königs, *Tankred von Lecce.* Richard Löwenherz schließt mit Tankred ein Bündnis und erhält von ihm gewaltige Geldsummen.

1191 *1. Italienzug.* Heinrich von Papst Coelestin III. zum *Kaiser gekrönt.* Aber die Belagerung von Nepael mißlingt infolge einer Seuche.

1192–1194 In Deutschland bildet sich eine große Fürstenopposition. Aus der höchst gefährlichen Lage rettet den Kaiser ein unerwarteter Glücksfall, die *Gefangenennahme von Richard Löwenherz.* Kaiser *Heinrich VI.* zwingt ihn, als Ersatz für die von Tankred Richard ausgehändigten sizilischen Staatsgelder, zur Zahlung eines Lösegeldes von 100 000 Mark Silber und zur Leistung des *Lehnseides für England.* Durch die Drohung, ihn an Frankreich auszuliefern, macht Heinrich die widerspenstigen deutschen Fürsten gefügig.
Aussöhnung des Kaisers mit Heinrich dem Löwen († 1195), dessen Sohn Heinrich I. die Erbtochter des staufischen *Pfalzgrafen,* Agnes, heiratet.

1194–1195 *2. Italienzug.* Tankred gestorben. Heinrich in Palermo 1194 zum König des Normannenreichs gekrönt. *Friedrich (II.)* geboren. – Universale Stellung des Kaisers; er erstrebt eine Lehnshoheit über alle abendländischen Reiche.

1196 Plan Heinrichs, *Deutschland zum Erbreich* zu machen und dadurch Sizilien mit dem Kaiserreich dauernd zu verbinden (Unio regni ad imperium). Er bietet dafür den weltlichen Fürsten die Erblichkeit ihrer Lehen, auch in weiblicher Linie, den geistlichen Fürsten Verzicht auf das königliche Spolienrecht (das Recht auf den Nachlaß der Inhaber von Reichskirchen). Der Plan scheitert am Widerspruch der Fürsten und des Papstes.

1196–1197 *3. Italienzug.* Heinrich unterdrückt in Sizilien grausam eine Verschwörung der einheimischen Barone. Doch er stirbt am Sumpffieber, 32 Jahre alt.
Jäher Zusammenbruch seines stolzen Herrschaftsgebäudes. In Sizilien stellt Konstanze als Vormund Friedrichs eine nationale Herrschaft her und erkennt die päpstliche Lehnshoheit an; nach ihrem Tod (1198) übernimmt der Papst die Regentschaft.

1198–1216 **Innozenz III.,** erst 37 jährig, eine überragende Persönlichkeit von größter Herrscherbegabung, glänzender Jurist. Umfangreiche *„Rekuperationen"* an Reichsgut: Teile Tusciens, Herzogtum Spoleto, Mark Ancona vom Papst besetzt. Unter Innozenz **Weltstellung des Papsttums.**
In Deutschland verhängnisvolle **Doppelwahl.** *Die alte volksrechtliche Wahl nach Geblütsrecht wird jetzt endgültig von der freien Fürstenwahl verdrängt.* Mit der Doppelwahl beginnt die Auflösung der Kaisermacht nach innen und nach außen.

1198–1208 **Philipp von Schwaben,** jüngster Sohn Friedrich Barbarossas, etwa 20jährig, eine liebenswürdige, ritterliche Erscheinung, die sich im Verlauf des Kampfes zu harter politischer Tatkraft und diplomatischer Zähigkeit durchringt.

1198–1215 **Otto IV. von Braunschweig,** Sohn Heinrichs des Löwen, erst 16 Jahre alt, von seinem Oheim Richard I. von England mit der Grafschaft *Poitou* belehnt und an seinem Hofe aufgewachsen. Ein normannischer Ritter, tapfer und tollkühn, ohne staatsmännische Begabung. Seine Partei hauptsächlich die Fürsten des Nordens und Nordwestens. Thronkrieg zwischen Staufern (mit Frankreich verbündet) und Welfen (mit England verbündet und von ihm mit Geld unterstützt). Verschleuderung des Reichsgutes an die beiderseitigen Anhänger. 1201 entscheidet sich Innozenz für Otto. Nach anfänglichen Erfolgen bricht von 1204 an Ottos Königtum zusammen.

1208 erkennt Innozenz notgedrungen Philipp an, aber dieser wird von Pfalzgraf Otto von Wittelsbach in *Bamberg* aus Privatrache ermordet. Darauf wird Otto IV. neu gewählt und allgemein anerkannt.

1209 *Speyer.* Otto erkennt die Rekuperationen des Papstes an und macht verhängnisvolle Zugeständnisse, u. a. volle Freiheit der kirchlichen Wahlen. *Seitdem hat der König seinen Einfluß auf die Besetzung der deutschen Reichskirchen verloren.* – In Italien stellt Otto die Reichsherrschaft her, wird trotzdem von Innozenz zum *Kaiser gekrönt,* aber 1210, als er in Unteritalien einrückt, *gebannt.* Otto erobert das Festland, kehrt aber nach Deutschland zurück, als, dank den Bemühungen von Innozenz und Frankreich, Friedrich II. erhoben wird.

1212–1250 **Friedrich II.,** *zugleich König von Sizilien.* Von höchster staatsmännischer Begabung, energisch und skrupellos, ein universaler Geist, der das gesamte mathematisch-naturwissenschaftliche Wissen der Zeit, auch das der Araber, umspannt. Mehr Sizilianer als Deutscher, vertritt die von der Religion unabhängige Staatsgewalt.
Friedrich II. verspricht dem Papst, Sizilien (päpstliches Lehen) nicht mit dem Reich zu vereinen. Mit geringer Begleitung begibt sich Friedrich 1212 nach Deutschland, erneuert das Bündnis mit Frankreich, wird in Frankfurt gewählt und in Mainz gekrönt.

1213 **Goldene Bulle von Eger:** Friedrich erneuert die von Otto in Speyer
13. Juli 1209 gemachten Zugeständnisse. – Seit 1212 große englisch-welfisch-niederrheinische Koalition gegen Frankreich.

1214 **Schlacht von Bouvines** (bei Lille) zwischen Philipp Augustus und den

27. Juli   Verbündeten unter Otto IV. Entscheidender Sieg der Franzosen, der *zugleich das Ende des deutschen Thronstreites und des Angevinischen Reiches besiegelt.* Philipp sendet dem jungen Friedrich II. den erbeuteten goldenen Reichsadler und überträgt ihm so gleichsam die Herrschaft. Otto 1218 machtlos auf der Harzburg gestorben.

1214 Dez.   *Vertrag von Metz.* Friedrich *tritt* König Waldemar II. *von Dänemark,* als Bundesgenossen gegen die Welfen, *die deutschen Gebiete jenseits der Elbe und Elde* (Holstein und Slawien) *ab.*

1215 Nov.   **4. Laterankonzil,** von 1300 Prälaten aus dem Abendland und der orientalischen Kirche besucht. Inquisition beschlossen.

1220   Friedrichs Sohn Heinrich zum deutschen König gewählt. Für ihre Zustimmung zur Wahl gewährt Friedrich den geistlichen Fürsten die **Confoederatio cum principibus ecclesiasticis,** durch die das Königtum ihnen weitgehende landesherrliche Rechte verleiht, sich aus den geistlichen Territorien zurückzieht und Bestimmungen gegen die Städte erläßt. So werden Bischöfe und Reichsäbte zu geistlichen Landesherren, die erst Napoleon I. aus der Reichsverfassung ausmerzt.

1220   *Kaiserkrönung in Rom.*

1227
22. Juli   Waldemar II. von Dänemark wird von den norddeutschen Fürsten bei **Bornhöved** geschlagen. *Das Land bis zur Eider ist für Deutschland gerettet.* Dänemark verliert auch die Oberhoheit über die Slawenlande außer Rügen. Seit Bornhöved vorherrschende Stellung Lübecks im Ostseegebiet.

Eroberung Preußens. Die zum *baltischen* Sprachstamm gehörenden *Preußen* verwüsten die polnischen Nachbargebiete, so daß Herzog Konrad von *Masowien* den Deutschen Orden (S. 202f.) zu Hilfe ruft und ihm dafür das *Kulmerland* schenkt. Ordensmeister ist **Hermann von Salza** (1209–1239), ein genialer Staatsmann, unentbehrlicher Vermittler zwischen Kaiser und Papst.

1226   Goldene Bulle von *Rimini.* Der Kaiser, als Eigentümer alles (als herrenlos betrachteten) Heidenlandes, bevollmächtigt den Deutschen Orden zur Eroberung Preußens und bestätigt ihm sowohl das Kulmerland wie die in Preußen zu erobernden Gebiete zu voller Landeshoheit als Teil des Reiches. 1234 nimmt Gregor IX. Preußen in das Recht und Eigen des hl. Petrus und verleiht es dem Orden (kein Widerspruch zum Kaiserprivileg).

1230   Beginn der Eroberung unter *Hermann Balk,* Landmeister von Preußen, mit der Anlage von *Thorn,* 1232 *Kulm,* 1237 *Elbing,* 1255 *Königsberg* gegründet. Bis etwa 1283 ist die Unterwerfung Preußens abgeschlossen (vgl. S. 261).

Die Bekehrung und Kolonisation **Livlands** hat bereits um 1184 begonnen. Der Bremer Domherr *Albert von Appeldern* gründet 1201 *Riga,* stiftet den *Schwertbrüderorden,* nimmt 1207 *von König Philipp Livland zu Lehen.* Die Unterwerfung ist etwa 1230 beendet. Besiedelt nur durch Ritter und Kaufleute, nicht durch Bauern. – **Estland** von König *Waldemar II. von Dänemark* von 1219 an zum größten Teil erobert, 1346 an den Deutschen Orden verkauft. – Der Schwertbrüderorden wird nach der schweren Niederlage 1235 bei Bauske (gegen Litauer und Semgaller) 1237 mit dem Deutschen Orden verschmolzen.

1227–1241 **Gegor IX.** Er will die Vormachtstellung Friedrichs in Italien vernichten. Der Kaiser segelt 1227 zur Kreuzfahrt ab, kehrt aber wegen einer Seuche wieder um. Sogleich bannt Gregor Friedrich. Der Kaiser führt nach seiner Genesung den *Kreuzzug* trotz Bannes durch, 1228–1229.

1230   Er schließt in *Ceperano* Frieden mit dem Papst. Lösung vom Bann und innerkirchliche Zugeständnisse in Sizilien. **Neuordnung Siziliens 1221–1231** (S. 234).

Heinrich (VII.) strebt nach Erweiterung des Hausgutes und stört dadurch das Einvernehmen mit den Fürsten. Sie zwingen Heinrich

1231   zum Erlaß des **Statutum in favorem principum,** durch das weltliche Fürsten dieselben Rechte erhalten wie 1220 die geistlichen. Die Gesetze von 1220 und 1231 sind ein Markstein in der Ausbildung der *Landeshoheit,* der Entstehung von *„Landesherren",* „domini terrae".

1235   Empörung Heinrichs. Friedrich kommt ohne Heer nach Deutschland, schickt Heinrich als Gefangenen nach Apulien († 1242). Großes *Landfriedensgesetz in Mainz.* Ernennung eines ständigen *Hofrichters* als Vertreter des Kaisers im *Reichshofgericht.* Aussöhnung mit den Welfen: Otto, Neffe Ottos IV., zum **Herzog von Braunschweig-Lüneburg** erhoben.

1237   Glänzender Sieg Friedrichs, verbündet mit Ezzelino da Romano, über die Lombarden bei *Cortenuova.*

1239   Gregor IX. *bannt Friedrich abermals.* Nie wieder Friede zwischen Kurie und Staufern. Der Kaiser besetzt Teile des Kirchenstaates, breitet über ganz Italien eine zentralistische Verwaltung unter Generalvikaren aus (s. S. 232).

1241   Bedrohung Deutschlands durch die Mongolen (S. 246, 296). **Innozenz IV.** (1243–1254) flieht 1244 nach Lyon.

1245   Das **1. Konzil von Lyon,** schwach besucht, nur wenige Deutsche, erklärt den *Kaiser für abgesetzt* und zum Ketzer. Die deutschen Kurfürsten zur Neuwahl aufgefordert. – Der Papst erschüttert durch rücksichtslose Anwendung der geistlichen Strafmittel die Treue des deutschen Episkopats.

1246–1247 *Heinrich Raspe, Landgraf von Thüringen,* 1246 nur von geistlichen Fürsten zum Gegenkönig gewählt († 1247).

1247–1256 Graf **Wilhelm von Holland,** hauptsächlich von den rheinischen Erzbischöfen 1247 zum Gegenkönig gewählt.

1250   Nach neuen Waffenerfolgen stirbt Friedrich plötzlich in Apulien.

1250–1254 **Konrad IV.** Er zieht 1251 nach Sizilien, wo bis dahin *Manfred,* Friedrichs natürlicher Sohn, die Regentschaft geführt hat. Konrad nimmt Neapel 1253, stirbt 1254.

1252   Wilhelm von Holland, nach neuer Wahl in Braunschweig, auch in Ostdeutschland anerkannt. Zahlreiche Fehden im Reich.

1254   **Rheinischer Städtebund,** der auch zahlreiche Bischöfe und Herren umfaßt, zur Sicherung des Landfriedens. Westfalen und Süddeutschland schließen sich an.

1256 Wilhelm von Holland von den Friesen erschlagen.

1256–1273 Interregnum in Deutschland. – Die deutschen Fürsten wünschen einen schwachen König.

1257 **Richard von Cornwall,** Kandidat seines Bruders Heinrich III. von England, wird von den Kurfürsten von Köln, Mainz und der Pfalz gewählt. Einige Monate später wird **Alfons X. von Kastilien,** Sohn der staufischen Beatrix d. J., als Kandidat Frankreichs und der Kurie gewählt von den Kurfürsten von Trier, Sachsen, Brandenburg. Der König von Böhmen stimmt beiden Wahlen zu. Das Kolleg der **7 Kurfürsten** tritt bei dieser Doppelwahl erstmals in Erscheinung. Richard von Cornwall kann sein deutsches Königtum nicht durchsetzen († 1272). Alfons X. kommt nie nach Deutschland.

1254–1268 Ausgang des staufischen Herrscherhauses in Sizilien. *Manfred* als Reichsverweser für Konradin, den in Deutschland zurückgebliebenen kleinen Sohn Konrads IV., fällt 1266 in der *Schlacht bei Benevent* im Kampf gegen **Karl von Anjou.**
Konradin zieht 1267 mit *Friedrich von Baden* nach Italien. Er wird jedoch 1268 nahe *Tagliacozzo* geschlagen und in Neapel *hingerichtet*. (Forts. S. 253, 257.)

b) Italien (951–1268) (Forts. v. S. 185)

Im Hochmittelalter ist die Geschichte von Reichsitalien und Rom fast ein Teil der deutschen Geschichte.

In Oberitalien kämpft im 10. und 11. Jh. der Kleinadel, der in den Besitz eines Teils des Kirchengutes gekommen ist, gegen Bischöfe und Äbte um seine Lebensgrundlage. 998 schreibt die *Synode von Pavia* Rückgabe des entfremdeten Kirchengutes vor. Als Vorkämpfer dieser *valvassores minores* tritt *Markgraf Arduin von Ivrea* (König 1002–1004) auf. 1035 kommt es zum Aufstand in *Mailand* gegen *Erzbischof Aribert.* Besonders wichtig für die folgende Zeit wird die großartige **Entwicklung des Städtewesens,** die unter den Staufern zum Verlust der Lombardei für das Kaisertum führt. Eine Sonderstellung nimmt **Venedig** ein. Als Dank für seine Hilfe gegen die Normannen wird 1081 seine **Monopolstellung im Handel des Byzantinischen Reiches** mit dem Westen begründet. Damit beginnt sein Aufstieg zur Handelsmacht.

In Mittelitalien führt das Pontifikat *Innozenz' III.* (1198–1216) zur Entstehung eines wirklichen **Kirchenstaates** und zugleich zur Übernahme des *Führungsanspruches* in *Italien* durch das Papsttum. 1227 schickt der Papst zum erstenmal als Landesherr ein Heer nach Süditalien und setzt die Lehnshoheit über *Sardinien* durch. *Friedrich II.* gibt Italien die *erste Verwaltungsorganisation* durch *Generalvikariate.*

1263 Nach Konrads IV. Tod nehmen die Päpste das Recht für sich in Anspruch, einen *päpstlichen Reichsvikar* für Italien einzusetzen. Das wird **Karl von Anjou,** ein Bruder Ludwigs IX. von Frankreich. Mit den *Schlachten* von *Benevent* 1266 und *Tagliacozzo* 1268 *geht die Herrschaft über Italien an diesen und damit, wieder als Fremdherrschaft, von den Deutschen an die Franzosen über.*

Unteritalien und Sizilien: Hier stoßen *byzantinische, langobardische, arabische, deutsche, normannische* und später auch *päpstliche* Interessen aufeinander. Hauptgegner der Ottonen ist das Byzantinische Reich. Die langobardischen Fürstentümer *Capua-Benevent* und *Salerno* huldigen 967 *Otto I.,* geraten aber sogleich wieder unter byzantinischen Einfluß. Wichtige byzantinische Plätze sind: *Bari, Tarent, Reggio, Troia.* Nach der vollständigen Eroberung Siziliens greifen die *Araber* seit 976 das Festland an.

  982 **vernichtende Niederlage Ottos II. bei Cotrone** gegen die Araber.

1016 Erstes Auftreten der *Normannen* in Süditalien. Normannische Pilger unterstützen Bari, das sich gegen die byzantinische Herrschaft erhebt. 1021/22 siedelt Waimar von Salerno **Normannen** am Liri an. Ihr erster Besitz, die Grafschaft *Aversa* zwischen Neapel und Capua, ist zunächst Lehen des Fürsten von Salerno.

        Unter Konrad II. sind dann die Normannen bereits die Stütze des deutschen Kaisertums.

1041 wird Melfi ihre erste Basis. Benevent rettet sich 1051 vor ihnen durch Anerkennung der päpstlichen Oberhoheit, aber 1053 *siegen* Humfred

1059 und Robert *bei Civitate* über Papst *Leo IX.* Auf der Reformsynode von *Melfi* erkennen die Normannen die *päpstliche Lehnshoheit* an. **Robert Guiscard** wird *dux Apuliae et Calabriae,* Richard von Aversa Herr von Capua.

1071 wird mit *Bari* der Kern des byzantinischen Besitzes in Unteritalien *normannisch,* 1076 auch Salerno (Amalfi erst 1137, Neapel 1139).

        Die *normannische Eroberung* (alsbald verbunden mit Angriff auf Griechenland) *beendet die byzantinische Herrschaft in Unteritalien, doch nicht dessen Sonderstellung. Sie beendet aber auch die Herrschaft der Araber über Sizilien – nicht jedoch ihre kulturelle Wirkung.* Die Normannen übernehmen die politischen Ziele der Byzantiner: 1061 *Messina,* 1072 *Palermo* erobert, die **Einheit Siziliens** und die **Verbindung mit Unteritalien** wiederhergestellt. Die Eroberung geschieht *in enger Verbindung mit dem Papsttum* seit Gregor VII., aber *Roger I.* (1061–1101) erhält 1098 Legatengewalt.

1130 **Roger II.** (1105–1154) nimmt nach dem Tod von Robert Guiscards Erben (1127) den Titel *rex Siciliae, Calabriae, Apuliae* an. *Palermo* wird *Hauptstadt.* Von Anaklet II. (1130–1138) als Lehnsherrn des Gesamtstaates erhält er umfassende Rechte über die Kirchen seines Reiches. Roger überwindet den Feudalismus und richtet eine fast unumschränkte Monarchie auf. Das *Normannenreich* umfaßt 1147 bis 1149 auch *Korfu,* 1148–1156/60 *Machdia* und *Tripolis* in Nordafrika. *Wilhelm I.* verdrängt 1156 die Byzantiner wieder aus Bari und Trani.

1166–1189 *Wilhelm II.* der Gute. 1174/76 Angriff auf Ägypten.

  1186 Verheiratung seiner Muhme Konstanze mit Heinrich VI. Dieser kann erst 1194 mit Hilfe Pisas und Genuas das Erbe antreten. Nach seinem Tod 1197 Anarchie wegen der Selbstherrlichkeit der deutschen Vasallen, der normannischen Barone und der Unabhängigkeit der innersizilischen *Sarazenenreste.*

1215–1250 Friedrich II.

1231 Durch die **Neuordnung Siziliens** durch **Friedrich II.** von 1121 bis zu den **Constitutiones** von *Melfi* wird *Unteritalien-Sizilien* zu einem straff organisierten, *absolutistischen Staat,* dem modernsten des Abendlandes, von hervorragender Finanzkraft (direkte und indirekte Steuern, Zölle, Staatsmonopole); mit besoldeten Beamten, ausgebildeter Beamtenhierarchie.

1268 wird **Karl von Anjou** der Erbe auch des Stauferbesitzes im Normannenreich. (Forts. S. 275.)

c) Frankreich (843–1270) (Forts. v. S. 178)

Aus der Epoche der stärksten feudalen Zersplitterung steigt Frankreich seit dem 12. Jh. durch zielbewußte, geduldige Vergrößerung des königlichen Territorialbesitzes empor. Durch Philipp II. Augustus wird Frankreich eine große Macht mit immer stärkerer innerer Einheit. Die Monarchie bleibt im Gegensatz zu Deutschland vor Dynastiewechseln und Sieg des Wahlrechts bewahrt.

843–987 Die französischen Karolinger.

843–877 **Karl II. der Kahle,** persönlich tatkräftig, trotzdem verstärkt sich unter ihm der Niedergang des Königtums. Versagt bei der Abwehr der Normanneneinfälle.

870 Vertrag von Meerssen, 875 Kaiserkrönung, 876 Schlacht von Andernach, S. 180.

Das *Kapitulare von Quierzy-sur-Oise* (877) setzt die aus Billigkeit übliche Erblichkeit der Lehen voraus, ordnet sie aber nicht als Rechtssatz an. Karls Hauptberater ist Erzbischof *Hincmar von Reims* (845–882).

Karls Sohn *Ludwig der Stammler* (877–879) und dessen Söhne *Ludwig III.* (879–882) und *Karlmann* (879–884) sterben jung. Verlust Lotharingiens durch den Vertrag von Ribemont, S. 180. Ludwig III. besiegt die Normannen 881 bei *Saucourt* (gefeiert im deutschen *Ludwigslied*). 885–887 Karl III. auch in Westfranken, S. 181.

888 *ist das Entscheidungsjahr in der Auflösung des Gesamtreichs. In Frankreich und in Italien werden nichtkarolingische Könige gewählt. In Burgund entstehen zwei Teilreiche unter eigenen Dynastien.*

In **Nieder- oder Südburgund** wird 879 Karls des Kahlen Schwager *Boso von Vienne* zum König gewählt. *Es ist die erste Usurpation einer selbständigen Königsherrschaft durch einen Nichtkarolinger.* Sein Sohn Ludwig († 928) wird 890 (nach vorübergehender Anerkennung Karls III.) König und 900/01 König von Italien und Kaiser.

Hoch-(Nord-)Burgund (Westschweiz und spätere Freigrafschaft Burgund) wird ein selbständiges Königreich unter dem *Welfen*

Rudolf I. (888–912). Rudolf II. (912–937) ist 922–926 König von Italien.

Niederburgund fällt 947 an *Konrad III.* von Hochburgund (937–993). Über ihn übt sein Schwager Otto d. Gr. eine gewisse Oberhoheit aus. Nach *Rudolfs III.* (993–1032) Tod *fällt das König-reich Burgund an Deutschland.*

888–898   *Odo,* Graf von Paris, nach Karls III. Absetzung zum König gewählt. Unter Odo beginnt, am kräftigsten im Süden, die **Ausbildung der Territorien** auf dem Boden des Westfrankenreichs: *Aquitanien, Gas-cogne, Toulouse, Katalonien, Herzogtum Burgund, Franzien, Bre-tagne, Flandern.*

Durch die einsetzende *Feudalisierung* werden diese großen Territo-rien weiter zersetzt. Die feudale Landkarte Frankreichs weist schon im 10. Jh. ein so buntes Getäfel auf wie die deutsche erst im 13. Jh.

898–923   *Karl der Einfältige,* letzter Sohn Ludwigs des Stammlers, noch zu Odos Lebzeiten (893) zum Gegenkönig gewählt, dann von Odo als Nachfolger anerkannt.

911   **Vertrag** Karls des Einfältigen in **Saint-Clair-sur-Epte mit den Nor-mannen unter Rollo,** die im Besitz der Normandie anerkannt werden. Rollo und seine Nachfolger als Grafen, später Herzöge, Vasallen des französischen Königs.

Gegen Karl erheben die Großen den Bruder seines Vorgängers Odo, *Robert* von Franzien (920–923), der im Kampf mit Karl fällt. Die Großen wählen Herzog *Rudolf* von Burgund (923–936). Karl, 923 gefangengenommen, endet 929 im Kerker. Rudolf stirbt kinderlos. *Ludwig IV.* der Überseeische (936–954), Sohn Karls des Einfältigen; er war nach England geflüchtet. Sein Gegenspieler ist der Sohn König Roberts, *Hugo d. Ä., Herzog von Franzien.* Ludwig und Hugo sind mit Schwestern Ottos d. Gr. vermählt, der über beide eine schieds-richterliche Stellung ausübt. *Lothar* (954–986), für den zuerst ein ot-tonischer Familienrat regiert. Lothars Sohn, *Ludwig V.,* bereits 987 gestorben, letzter karolingischer König. Die *Karolinger sterben aus als Herzöge von Niederlothringen* mit Karl, Lothars Bruder, und sei-nem Sohn Otto († 1012?).

987–1328   **Die Kapetinger** (in direkter Linie).

987–996   Nicht der Karolinger Karl, sondern **Hugo Capet,** Sohn Hugos d. Ä., wird gewählt. Die ersten Nachfolger Hugo Capets sind noch mehr als er selbst nur Schattenkönige.

Zur Sicherung des Landfriedens verkündet der Klerus den Gottes-frieden. 1. Die **pax Dei** gegen Kirchenraub, Gewalttaten an Armen, waffenlosen Klerikern usw.; zuerst für die Diözesen Le Puy 975, Poi-tiers 989. 2. Die **treuga Dei.** Sie gebietet Waffenruhe von Mittwoch abends bis Montag früh jeder Woche und für die ganze Weihnachts-, Oster- und Pfingstzeit, so daß nur 90 Tage jährlich dem Kampf frei-bleiben. Zuerst in Roussillon 1027. Pax und treuga Dei, auf deren Bruch der Kirchenbann steht, werden in Clermont 1095 auf das ganze Gebiet der christlichen Kirche ausgedehnt.

1108–1137   *Ludwig VI.* der Dicke. Mit diesem energischen Herrscher beginnt der Wiederaufstieg der Monarchie, indem er die unbotmäßigen Vasallen
1137–1180   der Krondomäne unterwirft. *Ludwig VII.*, mit *Eleonore*, der Erbin Guyennes, vermählt, die aber nach Ehescheidung (1152) den Grafen Heinrich von Anjou, den späteren Heinrich II. von England, heiratet. Langwierige Kriege mit Heinrich II. von England, seinem übermächtigen Lehnsmann, dem mehr als die Hälfte Frankreichs gehört (S. 238), ohne Entscheidung.

1180–1223   Philipp II. Augustus. Seine ganze Regierung erfüllt die Auseinandersetzung mit dem Angevinischen Reich. Die Entscheidung fällt unter *Johann* von England, der 1202 aller Lehen für verlustig erklärt wird.

Bis 1204   erobert Philipp die burgenstarrende Normandie, Anjou, Maine, Touraine und Poitou. Juni 1204 kapituliert Rouen.

1213   Feldzug gegen *Flandern*. Die französische Flotte wird in Damme von der englischen vernichtet.
Kämpfe mit Johann in Poitou. Bei Valenciennes sammelt sich ein englisch-welfisches Heer unter Otto IV.

1214   Schlacht bei Bouvines. Vollständiger Sieg Philipps (S. 229).

27. Juli   Friede in Chinon: *Alle englischen Besitzungen nördlich der Loire verbleiben Philipp.*

1209–1229   Albigenserkriege in Südfrankreich. Die Katharer oder Albigenser (nach der Stadt Albi) gehen auf die bulgarische Sekte der *Bogumilen* zurück. Sie erkennen die Sakramente der Kirche nicht an, verwerfen Fegefeuer und Totenmessen, Eid und Ablaß, Blutvergießen jeder Art. Große Teile der südfranzösischen Bevölkerung gehören dem neuen Glauben an. Zur gleichen Zeit Verfolgung der *Waldenser*.

1208   Der päpstliche Legat *Peter von Castelnau* von einem Pagen des Grafen *Raimund VI.* von Toulouse ermordet. Innozenz III. läßt das Kreuz gegen Raimund predigen.

1209–1218   Das französische und ausländische Kreuzheer erobert unter Simon von Montfort, Graf von Leicester, fast die ganze Grafschaft Toulouse. Aber Simon fällt 1218. Raimund VI. erobert sein Land zurück.

1226–1270   Ludwig IX. der Heilige.

1229   Vertrag von Paris mit Graf *Raimund VII.* von Toulouse. Raimund VII. tritt das Herzogtum Narbonne, den zwischen Tarn und Agout gelegenen Teil des Albigeois und das nördliche Quercy an die Krone ab. Die anderen Besitzungen Raimunds, Toulousain, Albigeois nördlich des Tarn, Agenais, Rouergue und südliches Quercy, erbt nach Raimunds Tod (1249) seine einzige Tochter Johanna, die mit dem dritten Sohn Ludwigs VIII., Alfons von Poitiers, vermählt wird. Da die Ehegatten 1271 kinderlos sterben, fällt ihr gewaltiger Besitz an die Krone. *Ergebnis der Albigenserkriege:* Ausrottung der Ketzerei, aber auch Vernichtung der provençalischen Kultur. Die Languedoc wird dem kapetingischen Königtum unterworfen, das zum Mittelmeer vordringt.
Versuche der großen Barone (1227–1236), gestützt auf England, die Minderjährigkeit des Königs zu einer Schwächung der Krone zu

benutzen, werden niedergeschlagen. Heinrich III. wagt noch

1242   einen Rückeroberungsversuch, wird aber bei *Saintes* von Ludwig besiegt.

1258   *Friede zu Paris mit England.* Heinrich III. erkennt den Verlust aller Festlandbesitzungen nördlich der Charente an und leistet für das ihm *verbleibende Herzogtum Guyenne* (mit Gascogne) Lehnshuldigung. Kreuzzüge 1248–1254 und 1270, S. 201.

Ludwig, friedlich und streng rechtlich, vertritt aber energisch die Interessen der Monarchie. Große persönliche Frömmigkeit. Hohes Ansehen im Abendland. *Nach dem Tod Friedrichs II. ist Frankreich die erste Macht Europas.*

Stärkung der Monarchie, wie schon unter den Vorgängern, durch Vereinigung heimgefallener Lehen mit der Krondomäne. Ausbau der Zentralverwaltung. Das *,,Parlament'' = oberstes Hofgericht* (also nicht = Ständeversammlung im englischen Sinne!) hat Sitz in Paris. Einschränkung der Fehden, ihr vollständiges Verbot gelingt nicht. (Forts. S. 267.)

d) Die Britischen Inseln (1066–1272) (Forts. v. S. 186)

land unterjochen, wird es vom wikingischen Skandinavien geschieden und eng in den Kreis der abendländischen Völker einbezogen. Durch die Eroberung entsteht ein starkes, finanziell ungewöhnlich leistungsfähiges Königtum, das mit seinen normannischen Rittern über die erprobtesten Krieger des damaligen Europa verfügt. Durch die Thronbesteigung Heinrichs von Anjou wird aus dem Anglonormannischen das Angevinische Reich, das den schwachen Kapetinger in Paris zu erdrosseln droht. Nach dem Verlust der Normandie beginnt unter Heinrich III. langsam die Verschmelzung des angelsächsischen und normannischen Elements zum englischen Volk.

1066–1087   **Wilhelm I. der Eroberer** regiert gleichzeitig die Normandie. 1071 ist Wilhelm Herr ganz Englands. Drückende Fremdherrschaft der Normannen über die Angelsachsen. *Einführung des normannischen Feudalsystems.* Der König Oberherr des gesamten Bodens. Das starke normannische Königtum verhindert, daß die Grafschaften feudalisiert und die sheriffs königliche Vasallen werden; sie bleiben absetzbare Kronbeamte. Die großen Barone genießen viel bescheidenere Hoheitsrechte als ein deutscher oder französischer Großer und bleiben von der Krone abhängiger. Daß es hier zu keiner Territorienbildung und Landeshoheit kommt, ist der wichtigste Unterschied der englischen Verfassungsentwicklung von der kontinentalen.

1086   Anlage des **Domesday Book,** in dem alles Land mit Grundsteuerlast, Ackergröße, Gespannzahl, Bevölkerungsstand und Wert verzeichnet ist. Abnahme eines *allgemeinen Untertaneneides in Salisbury,* der in den folgenden Regierungen wiederholt wird.

Wilhelm II. der Rote (1087–1100) ist der zweite Sohn, während der ältere, *Robert Kurzhose,* die Normandie erhält.
Heinrich I., Wilhelms I. jüngster Sohn, übernimmt die Herrschaft; Robert ist auf dem Kreuzzug. 1106 Robert bei *Tinchebrai* von Heinrich geschlagen und auf Lebenszeit gefangengesetzt. Die Normandie wieder mit England vereinigt.

1107   Vereinbarung mit Papst Paschalis II. und Erzbischof *Anselm* von Canterbury über die Bischofseinsetzung: der König verzichtet auf Investitur mit Ring und Stab, ernennt die Bischöfe und Äbte und empfängt Mannschaft für den weltlichen Besitz.
Ein *Schatzamt (Exchequer)* als oberste Finanzbehörde erscheint unter Heinrich in England und in der Normandie. Vor dem Exchequer rechnen die Vorsteher der einzelnen Grafschaften jährlich zweimal ab.
Kriege mit Frankreich. – Da Heinrichs Sohn, Wilhelm Etheling, 1120 ertrinkt, läßt Heinrich 1127 seiner Tochter *Mathilde,* der Witwe Kaiser Heinrichs V., als Nachfolgerin huldigen; er vermählt sie 1128 mit Gottfried, genannt Plantegenêt, Sohn des Grafen Fulko von Anjou, Maine und Touraine.

1135–1154 *Stephan von Blois,* Neffe Heinrichs, kommt nach England und wird von der Kirche und vielen Baronen anerkannt. 1139 landet Mathilde in England. Langjähriger Bürgerkrieg.

1154–1399 Haus Anjou-Plantagenet.
1154–1189 Heinrich II. Der größte englische König des Mittelalters. Bedeutender Staatsmann, glänzender Organisator und Verwaltungsreformer. Er besitzt von mütterlicher Seite die *Normandie* mit der Lehnshoheit über die *Bretagne;* vom Vater *Anjou* (mit Angers), *Maine* (Le Mans), *Touraine* (Tours); durch seine Ehe (1152) mit Eleonore, der geschiedenen Gattin Ludwigs VII. von Frankreich, *Poitou* (Poitiers) und *Guyenne* (Bordeaux) mit *Gascogne,* dies alles als französische Kronlehen. Dazu nach Stephans Tod *England.* So entsteht das **Angevinische Reich** (nach dem regierenden Haus Anjou). Neben dem staufischen Reich die zweite Vormacht des Abendlandes.

1164   Die *Konstitutionen von Clarendon* stellen gewisse Rechte des Königs gegen den Klerus wieder her. **Thomas Becket,** Erzbischof von Canterbury, früherer Kanzler Heinrichs, verweigert Anerkennung der Konstitutionen; Bruch zwischen König und Erzbischof. 1170 wird *Thomas* in der Kathedrale von Canterbury von königlichen Rittern *ermordet.*

1171   Beginn der *englischen Eroberung Irlands.*

1173–1174 Aufstand der Söhne, die mit Schottland verbündet sind, niedergeschlagen.
Große Gerichtsreformen drängen die baronialen Gerichte zugunsten der königlichen zurück, schützen die kleinen Besitzer vor Landraub der großen Grundherren, führen Geschworenengerichte ein. In den königlichen Gerichten bildet sich das *Common Law,* das allgemeine englische Recht, aus.

1189–1199 Richard Löwenherz. Tapferer Ritter, aber kein Staatsmann. Kreuzzug, Gefangenschaft, S. 200, 228. Krieg mit Philipp Augustus.

1199–1216 Johann („ohne Land"). Niederlage gegen Philipp, Zusammenbruch
des Angevinischen Reiches (S. 229).

1207   Konflikt mit Innozenz III., der gegen den Willen Johanns *Stephan*
Langton zum Erzbischof von Canterbury weiht. Interdikt über England, 1209 Johann gebannt. Philipp II. von Frankreich bereitet eine
Landung vor. Johann stimmt den Forderungen von Innozenz zu und
nimmt in Dover *England von der römischen Kirche zu Lehen.* Innozenz verbietet darauf Philipp den Angriff auf England.

1214   Johann unterwirft die Lusignan in Poitou. Die Niederlage seiner Verbündeten bei *Bouvines* beendet den Krieg. Verlust des Festlandbesit-
zes nördlich der Loire. Die aufständischen Barone zwingen dem

1215   König die **Magna Charta (libertatum)** ab: Der König ist an das Recht
15. Juni   gebunden und kann mit Gewalt zu seiner Beobachtung gezwungen
werden; Gründung eines baronialen Ausschusses zur Organisierung
des Widerstandes. Zahlreiche Einzelbestimmungen, um königliche
Mißbräuche abzuschaffen. (Freiheit der Kirche, Rechtsschutz und
Schutz des Eigentums des freien Mannes zugesichert.) Keine Steuern
ohne Zustimmung der Kronvasallen. *Die Charta dient vor allem den*
Interessen des Adels- und Ritterstandes. Grundlage der englischen
Verfassungsentwicklung.
1216 landet der französische Kronprinz in England, das er aber nach
Johanns Tod räumen muß.

1216–1272 Heinrich III.
Die Annahme der Krone Siziliens für Heinrichs jüngeren Sohn
Edmund (1255) verursacht starke Steuerforderungen des Königs und
dadurch wachsende Unzufriedenheit. Pariser Friede 1258, S. 237.

1258–1265 **Aufstand der Barone.** 1259 *Provisionen von Oxford,* Heinrich wird
von einem baronialen Ausschuß abhängig, alle Ämter neu mit Parteigängern der Barone besetzt. Spaltung unter den Baronen, indem
Simon von Montfort, der dritte Sohn des Albigensersiegers, hervortritt als Führer des aufsteigenden niederen Adels. Simon schlägt den
König 1264 bei *Lewes,* nimmt ihn gefangen. Die tatsächliche Regierung geht an Simon über.
Ausbildung des **Parlaments** (parlamentum = Besprechung, Versammlung). 1254 wird die übliche „Große Ratsversammlung", bestehend aus den ersten Dienern des Königs und den Kronvasallen,
erweitert durch 4 gewählte Ritter als Vertreter jeder Grafschaft.
Simon beruft 1265 zu seinem Parlament außer je 2 Grafschaftsrittern
auch 2 Bürger aus jeder Stadt. Die Maßnahmen von 1254 und 1265
waren als Ausnahmen gedacht. Edward I. nimmt sie wieder auf, zuerst 1275, dann im sog. *Model Parliament* von 1295. Seitdem pflegen
Ritter und Bürger zusammen mit Adel und Klerus die nun „Parlament" genannten Versammlungen zu bilden.

1265   Der Kronprinz Edward, aus der Gefangenschaft entkommen, schlägt
Simon bei *Evesham.* Simon fällt. (Forts. S. 271.)

e) **Skandinavien (1035–1280/90)** (Forts. v. S. 187)

Durch deutschen und französischen Einfluß kommt die ritterliche Kultur in Skandinavien zur Herrschaft. Seit dem späteren 12. Jh. geht der Handel mit Skandinavien allmählich ganz in die Hand der Deutschen über.

Dänemark

Zu Dänemark gehören auch die heute südschwedischen Provinzen *Schonen, Län Blekinge* und *Län Halland.*

1047–1076   *Svend Estridsson,* Schwestersohn Knuts d. Gr., dessen Haus vier Jahrhunderte den dänischen Thron innehat. Er gründet neue Bistümer, leistet Heinrich III. und Heinrich IV. den Vasalleneid. 1104 Bistum *Lund* in Schonen zum *Erzbistum* erhoben. – Kurzlebige Könige regieren das Land. Es wird von Thronkämpfen erschüttert. – 1131/34/35/52 Erneuerung der deutschen Lehnshoheit, die auch Waldemar 1158 und 1162 erneuert.

1157–1182 Waldemar I. d. Gr. *Beginn der dänischen Großmachtzeit.* 1160–1164 gemeinsam mit Heinrich dem Löwen Feldzüge gegen die *Wenden,* unter deren Seeräuberei Dänemark furchtbar leidet. 1168 erobert Waldemar *Rügen.*

1182–1202 Knut VI., vermählt mit Heinrichs des Löwen Tochter Gertrud. Verweigert dem Kaiser die Lehnshuldigung. 1184 besiegt Knut die *Pommern.* 1185 huldigt Bogislav von Pommern, bis dahin Reichsfürst, dem Dänenkönig, ebenso die gefangenen Fürsten von *Mecklenburg.* Sein Bruder *Waldemar,* Herzog von Schleswig, *erobert 1201 Holstein mit Lübeck und Hamburg.* Auch der Graf von *Schwerin* muß Dänemark huldigen.

1202–1241 Waldemar II. der Sieger, Bruder Knuts. Er verleiht *Holstein* seinem Schwestersohn *Albrecht* von Orlamünde. Lübeck und Dithmarschen mit Dänemark vereinigt.

1219   Eroberung von *Estland.*

1227   Schlacht bei **Bornhöved,** Zusammenbruch der Dänenherrschaft in Norddeutschland, S. 230. Dänisch bleiben nur Rügen (als Lehen) und Estland. *Ende der dänischen Großmachtzeit.* Innere Zerrissenheit des Landes.

Norwegen

Zu Norwegen gehören auch die heutigen schwedischen Provinzen *Län Jämtland, Härjedalen* und *Bohuslän.*

Auf Knut d. Gr. folgt *Magnus der Gute,* der Sohn des von ihm gestürzten Vorgängers. *Harald Hardradi* erhebt noch einmal Anspruch auf England, fällt aber 1066 gegen Harald bei *Stamfordbridge.* Seit 1130 erschüttern über 100 Jahre lang Thronwirren und Bürgerkriege das Land. 1152 *Drontheim* Erzbistum. 1177–1202 *Sverrir.* Konflikt mit der Kirche. Innozenz III. verhängt Interdikt und Absetzung, aber Sverrir stirbt unbesiegt. Sverrir legt den Grund zu einem starken *Erbkönigtum,* das sich im 13. Jh. durchsetzt, im Gegensatz zum Wahlkönigtum in Dänemark und Schweden.

1217–1263 **Haakon Haakonsson** (Haakon IV.). *Grönland* kommt 1261, *Island* 1262/64 an Norwegen.

1263–1280 **Magnus** Haakonsson **Lagaboetir.** Die Hebriden 1266 an Schottland abgetreten; die Orkneys, Shetlands und die Faröer bleiben norwegisch. 1277 werden der Kirche eigene Gerichtsbarkeit, freie Besetzung der Kirchenämter und eine Erleichterung der Heerlast zugestanden.

Schweden

Das mittelalterliche Schweden ist von Kalmar bis zur norwegischen Grenze, mit Ausnahme der Mündung des Götaälv (Insel Hisingen), *vom Meer abgeschnitten,* da die Provinzen Bohuslän, Halland, Schonen, Blekinge erst im Frieden von Roskilde (1658) an Schweden kommen.

Nach dem Tod der Söhne Olaf Schoßkönigs kommt um 1060 das Königsgeschlecht der *Stenkil* auf den Thron.

Das folgende Jahrhundert wird beherrscht vom Gegensatz zwischen den christlichen Göten und den am Heidentum festhaltenden Svear Upplands, die Gegenkönige aufstellen. Um 1125 hat sich das Christentum durchgesetzt.

Mit *Sverker d. Ä.* (um 1130–1156) kommt das Königshaus der **Sverkir** zur Herrschaft. Um 1156 wird Sverker ermordet, worauf die Upsvear **Erik** zum König erheben.

Über ein halbes Jahrhundert streiten die Geschlechter Sverkers und Eriks um den Thron und kommen abwechselnd zur Herrschaft. 1164 wird *Uppsala* Erzbistum. Nachdem die Sverkir 1222 und das Haus Erik 1250 ausgestorben sind, herrschen die *Folkunger* (1250–1319).

1250–1266 **Birger Jarl,** ein großer Staatsmann. Freundschaftspolitik mit den beiden nordischen Nachbarreichen.

Große *Handelsprivilegien für die deutsche Hanse.* Umfassende *Gesetzgebung.* Beschränkung des Fehderechts. Starker Aufstieg der

1275–1290 Königsmacht.

Magnus Birgersson **Ladulås.** Kraftvolle Regierung. Schutz des Volkes gegen Ausbeutung durch die Großen. (Forts. S. 278.)

f) Iberische Halbinsel (1035–1252/76) (Forts. v. S. 187)

Die Reconquista (Rückeroberung) geht in einer Sphäre weitgehender gegenseitiger religiöser Toleranz vor sich. Erst seit dem 12. Jh., in Portugal erheblich später, nehmen die Maurenkriege Kreuzzugcharakter an.

Kastilien

1035–1065	**Ferdinand I. d. Gr.** Er erobert **León** 1037.
1065/72–1109	**Alfons VI.** König des Gesamtreiches. Er macht die *maurischen Klein-staaten* tributpflichtig und erobert nach fünfjähriger Belagerung **1085 Toledo. Den Rest des arabischen Spanien machen die Almoraviden zur Provinz ihres nordafrikanischen Reiches.** So bleibt es auch unter den **Almohaden** (S. 292).
1126–1157	**Alfons VII.** Ihm huldigen die Könige von Navarra und Portugal, die Grafen von Barcelona und Toulouse. Seine Erfolge in der Reconquista gehen wieder verloren, da die afrikanischen *Almohaden* 1149 das almoravidische Spanien erobern. Erbteilung:
1158–1214	**Alfons VIII. von Kastilien** und *Ferdinand II. von León* (1157–1188).
1195	Der Almohadenkalif al-Mansūr vernichtet das Heer von Alfons VIII. bei *Alarcos.*
1212 16. Juli	Schlacht von **Navas de Tolosa.** Das christliche Heer der Könige von Kastilien, Aragón und Navarra erringt den größten Sieg der Reconquista über den Almohadenkalifen.
1217–1252	**Ferdinand III.** der Heilige vereinigt 1230 Kastilien und León, *die nun nicht wieder getrennt werden.* Der größte *König der Reconquista.* **Das Almohadenreich ist in voller Auflösung.** 1236 Córdoba, 1241 *Murcia* erobert. 1243 übergibt der Emir von Jaén diese Feste und verlegt seine Residenz nach *Granada,* wo seine Nachfolger sich noch $2^1/_2$ Jahrhunderte in ihrem kleinen Tributärreich an der Südküste halten. 1248 fällt *Sevilla. In der Reconquista tritt eine Pause von $2^1/_2$ Jahrhunderten ein, hervorgerufen durch den Niedergang der königlichen Gewalt und das Übergewicht der Aristokratie in Kastilien und den übrigen christlichen Staaten während des späteren Mittelalters.*

Aragón – Katalonien

	Seit 1068 päpstliches Lehen; unter *Alfons I.* (1101–1134) wird das muslimische Königreich *Zaragoza* erobert. Seit 1137 mit **Katalonien** vereinigt.
1213–1276	**Jakob** (Jaime) **I.,** der Nationalheld der Katalanen. Er erobert 1229–1235 die *Balearen,* die neben Aragón und Katalonien fortab den dritten Bestandteil des Reiches bilden. Die Eroberung von Murcia durch Kastilien (1241) verlegt den Weg nach Süden und schaltet Aragón-Katalonien von der weiteren Reconquista aus. Jakob richtet daher seinen Blick auf eine Expansion über das Mittelmeer; er vermählt seinen Erben Peter (III.) mit *Konstanze von Sizilien,* der Tochter Manfreds (S. 232).
	Navarra gehört 1076–1134 zu Aragón, ab 1234 mit der *Champagne* vereinigt. *Johanna von Champagne-Navarra* heiratet *Philipp IV. von Frankreich.* Nach 1328 gelangt das Haus *Évreux* zur Herrschaft. **Portugal** seit 1109 selbständige Grafschaft, 1139 Königreich. (Forts. S. 276.)

g) Ost- und Südosteuropa bis zur Mitte des 13. Jh. (Forts. v. S. 190)

In dieser Epoche erfolgt die Konsolidierung der jungen osteuropä-
ischen Völker- und Staatenwelt durch intensive Hebung des Landes-
ausbaus. In einem großen Teil Osteuropas wird der Weg für die in
West- und Mitteleuropa entwickelten Rechts- und Wirtschaftsformen
geebnet und der Siegeszug der Kolonisation zu deutschem Recht einge-
leitet. Sie bringt nahezu eine Verdoppelung des geschlossenen deut-
schen Volksbodens.

Serbien

Es gelangt in Anlehnung an Byzanz und in Abwehr gegen die Bulgaren im 9., 10. und 11. Jh. nur vorübergehend zu staatlicher Selbständigkeit. 1077 wird *Michael Vojslav* vom päpstlichen Legaten zum
König gekrönt. Aber erst Großžupan **Stephan Nemanja** (1151–1196)
1171 *begründet gegen* 1171 *die serbische Einheit – ohne Bosnien,* das unter
ungarischen Einfluß gerät – und *schüttelt* 1180 *die byzantinische*
Oberhoheit ab. Staatsaufbau nach bulgarischem und byzantinischem
Muster. *Stephan II.* (1196–1228) erhält 1217 *von der Kurie die*
Königskrone und 1219 von den Griechen die Anerkennung der kir-
chenorganisatorischen Selbständigkeit Serbiens. Nach mehrmaliger
Ausdehnung wird Serbien im 14. Jh. Vormacht auf dem Balkan.
(Forts. S. 281.)

Bulgarien (Forts. v. S. 193)

Trotz mehrfacher Versuche, die byzantinische Herrschaft abzuschüt-
1186 teln, erlangt Bulgarien erst unter *Peter* und *Ivan Asen* (Zentrum
Trnovo) seine staatliche Selbständigkeit wieder und dehnt unter Ausnutzung der byzantinischen Ohnmacht seine Herrschaft unter *Kalo-*
1218–1241 *jan* (Krone 1204 aus Rom) und unter **Ivan Asen II.** über
Nordalbanien, Makedonien und das westliche Thrakien aus. Das Ziel,
die Errichtung eines bulgarisch-byzantinischen Imperiums, erreicht
Ivan Asen II. nicht; aber nach seinem Tod wird Bulgarien durch ungarische und mongolische Einfälle (1242 Tributpflicht) schwer heimgesucht und geht *nach der Ausrottung der Asendynastie* (1258) in
Adelskämpfen weiterer Auflösung entgegen.

Böhmen (Forts. v. S. 190)

Es ist seit dem 10. Jh. in lockerer Form dem Deutschen Reich angegliedert. *Prag* wird 973/76 Bistum unter Mainz. Rivalität mit Polen:
1039 Siegeszug *Břetislavs* nach Polen, an das 1054 aber *Schlesien*
endgültig abgetreten werden muß. Dafür gelingt die Angliederung
Mährens.
Böhmen erhält von Heinrich IV. territoriale Zugeständnisse (Baut-
zener Land).

1086   *Vratislav I.* wird zum König erhoben. Nach Thronwirren in der ersten
Hälfte des 12. Jh. und Stärkung des Adels sowie nach Einführung
der Primogenitur (1138) wird der Königstitel unter *Vladislav II.* 1158
1158   (faktisch seit 1198) erblich. Das *Einsetzen der deutschen Kolonisation
im 12. Jh.* (um 1170 Privileg für die deutschen Kaufleute) fördert
die Einwanderung von Handwerkern und Bauern. Durch die Gründung von Städten nach deutschem Muster wird das Bürgertum ein
wichtiger Faktor im Staat. Die Machtstellung Böhmens wird unter
Přemysl Ottokar I. (1198–1230) durch Privilegien der deutschen
1253–1278   Herrscher und der Päpste gefördert und durch **Přemysl Ottokar II.**
zu europäischer Geltung gehoben: Er ergreift vom Babenberger Erbe
Besitz; 1254/55 Kandidat für die Kaiserkrone; Unterstützung des
Deutschen Ordens, 1255 Königsberg gegründet, Herrschaft über
Österreich 1251, Steiermark 1254/60, Teile der Slowakei 1260 und
des Egerlandes 1266, Krain und Kärnten 1269. *Přemysl Ottokar II.*
unterliegt in der Königswahl Rudolf von Habsburg, verweigert die
Herausgabe der Reichslehen, wird geächtet und findet in der *Schlacht*
1278   *auf dem Marchfeld* den Tod. Böhmen wird 1306 *nach dem Tod Wenzels III., des letzten Přemysliden,* von Albrecht I. als Reichsgut eingezogen. 1310 wird Johann von Luxemburg König. (Forts. S. 282.)

Polen (Forts. v. S. 192)

Mit deutscher Hilfe wird die *staatliche Erneuerung* unter Kasimir I.
(1039–1058) durchgeführt und um die Mitte des 11. Jh. auch die *Kirche* reorganisiert.
Bolesław II. (1058–1079) findet die *Unterstützung Gregors VII.*:
1102–1138   Bolesław läßt sich 1076 krönen. Polen erlebt unter *Bolesław III.* eine
neue Machtentfaltung: Niederlage Heinrichs V. 1109. Siegreicher
Abschluß der Kämpfe mit Böhmen. Entschlossener Kampf um *Pommern, dessen Unterwerfung* 1121 *gelingt,* und um die gleichfalls noch
heidnischen Gebiete zwischen Oder und Elbe. Durch Kaiser Lothars
Eingreifen bleiben die Odergebiete deutsches Interessen- und
Hoheitsgebiet: 1135 erfolgt auf dem Merseburger Hoftag die Belehnung Bolesławs mit Westpommern und Rügen. Die Stärkung der
1138   Einheit durch *Einführung des Seniorats* nebst den in Piastenhaus erblichen Herzogtümern schlägt fehl und führt zu ständigen Kriegen unter den Teilfürsten. Für 1¹/₂ Jahrhunderte gelingt es nicht, die
Teilfürstentümer (Groß- und Kleinpolen, Schlesien, Kujawien,
Masowien, Sandomir, Pommern) zu einen.
1180   *Erstmals Vorrechte der Geistlichkeit verbrieft* und das Prinzip des
Seniorats preisgegeben. Seither bildet Polen eine Gemeinschaft pia-
stischer Territorialstaaten, zusammengehalten durch die einheitliche
Kirchenorganisation und die Interessen der über alle Teilgebiete verteilten Adelsgeschlechter. Entscheidend wird der im Wettbewerb um
die Hebung der Landeskultur einsetzende *Prozeß der Verwestlichung
und damit der Einfluß deutscher Siedlung und Kultur* in den polni-

schen Teilfürstentümern: führend dabei sind die schlesischen Fürsten *Heinrich I.* (1201–1238) und *Heinrich II.* (1238–1241). Abwehrschlacht bei Liegnitz (1241) und Rückzug der Mongolen trotz ihres Sieges. *Pommern, Schlesien und die westlichen Randgebiete Polens werden in der Folgezeit rasch eingedeutscht.* Auch in Groß- und Kleinpolen sowie in Pommerellen und Masowien macht die deutsche städtische und ländliche Kolonisation dank der Förderung durch aufgeschlossene Piastenfürsten während des 13. Jh. große Fortschritte. 1226 *Herbeirufung des Deutschen Ordens durch Konrad von Masowien zur Bekämpfung der heidnischen Preußen* (S. 230).

1295   Trotz der Zersplitterung bleibt die *Idee der polnischen Einheit lebendig.* Diese Einheit wird dann von *Przemysł II.* angebahnt. Sie wird danach von seinem Schwiegersohn *Wenzel II.* von Böhmen (1300 Königstitel) – unterstützt von der Kirche und dem deutschen Bürgertum – verwirklicht. Aber erst der Sieg **Władysław Łokieteks,** des piastischen Teilfürsten von Kujawien und Sieradz, über alle widerstreitenden Mächtegruppen nach dem Ende der Přemysliden (1306) führt zur *Konsolidierung* der monarchischen Gewalt in einem verkleinerten

1320   Polen (ohne Schlesien, Masowien und Pommerellen). Mit seiner Krönung in Krakau beginnt eine neue Ära. (Forts. S. 282.)

Rußland (Forts. v. S. 192)

Nach Jaroslavs Tod (1054) beginnt der *Niedergang des Kiever Staates* infolge der unzulänglichen Erbfolgeordnung, die seit 1068 zu ständigen Bruderkriegen führt.

1097   kommt es auf der *Fürstenversammlung von Ljubeč* zu einer *Neuordnung des Gesamtreichs:* die Teilgebiete werden den einzelnen Zweigen des Rurikidenhauses zu erblichem Besitz neu zugewiesen. Jedoch wird dadurch die *Auflösung des Russischen Reiches* nur noch beschleunigt. Unaufhörliche Kriege zwischen den verschiedenen Linien der Rurikiden, in die auch die Nachbarn eingreifen. Unter *Vladimir Monomach* (1113–1125) letzte Vormachtstellung Kievs.

1169   *Andrej Bogoljubskij,* dem das ferne Gebiet um Rostov im NO zugefallen ist, besiegt und tötet den Kiever Großfürsten, plündert Kiev, verzichtet aber auf Verlegung seiner Residenz an den Dnjepr: der Großfürst regiert von dem inzwischen kolonisatorisch erschlossenen Waldgebiet des NO aus (1147 erste Erwähnung *Moskaus*). *Ein neues Rußland mit neuen Zentren im NO, im N um Novgorod und im W um Halicz ist im Werden.* Die Kämpfe mit den Steppenvölkern und die Streitigkeiten der Teilfürsten untereinander um die Großfürstenwürde setzen sich im 13. Jh. bis zum Mongoleneinbruch fort.

Der *mongolische Stammesfürst Temudschin* erhebt sich nach Unter-

1206   werfung der Tataren zum *Herrscher aller* **Mongolen,** gibt sich den Titel **Tschingis Chan** und beginnt die Unterwerfung südsibirischer Stämme (1207) und Chinas (1211). Er überrennt *Nordpersien, Armenien, Georgien* und greift auch die Fürsten der *Polovzer* in der südrussischen Steppe an. Auf deren Hilferuf unterstützen die Fürsten von *Kiev*, *Černigov* und *Halicz* die Polovzer und erleiden in der **1223** **Schlacht an der Kalka** eine vernichtende Niederlage. Das Reich des **31. Mai** Tschingis Chan beschränkt sich nach dem erfolglosen Angriff auf die Wolgabulgaren bei seinem Tod (1227) auf das *Gebiet bis zur unteren Wolga*. Erst **Batu**, der Enkel Tschingis Chans und Neffe des neuen Großchans **Ögädäi**, vernichtet 1237 die *Wolgabulgaren* und *erobert 1238 das gesamte Oka- und obere Wolgagebiet* nach dem Sieg am *Sit*. 1239–1240 wird der Angriff gegen Rußland fortgesetzt. Nach dem **1240** **Fall Kievs** und der Unterwerfung von Halicz und Wolynien erfolgt der *Einbruch der Mongolen nach Ungarn, in die Walachei, nach Polen und Schlesien.*

1241 besiegen sie bei **Liegnitz** ein polnisch-deutsches Ritterheer unter **9. April** Herzog *Heinrich II. von Schlesien*. Ein anderes Mongolenheer erringt **11. April** über *Béla IV. von Ungarn im Tal der Theiß* den Sieg. *Nur der plötzliche Tod Ögädäis veranlaßt Batu zum Rückzug* und **entscheidet damit über das Schicksal Europas.** – Nach der Unterwerfung *Bulgariens* und *Transkaukasiens* begründet Batu die **Herrschaft der Goldenen Horde** mit der Residenz *Sarai* an der unteren Wolga. Die *Herrschaft der Mongolen in Rußland* beschränkt sich auf Eintreibung von Tributen durch tatarische „Zähler", Treueversprechen der Rurikiden und ihre Verpflichtung zur Stellung von Truppenkontingenten.

Die *Folgen der Mongolenherrschaft sind für Rußland wirtschaftlicher Niedergang und kultureller Verfall sowie der fast völlige Abbruch der Verbindungen zum W.* Vertieft wird diese Trennung durch das *Vordringen der Schweden, Deutschen und Litauer im Baltikum* und *nordwestrussischen Siedlungsgebiet.* Diese werden 1240 an der Neva, 1242 auf dem Peipussee und 1245 im Novgoroder Gebiet geschlagen. Das *Ergebnis dieser Entwicklung ist die Abgrenzung zwischen abendländischer und russisch-orthodoxer Welt und Rußlands Ausschluß von der Ostsee.*

1263 Nach Alexander Nevskijs Tod sinkt die Macht des Großfürsten; die Teilfürsten verfügen über ihr Land nach Belieben. Infolge der Vermehrung der Hofhaltungen sowie durch Tributzahlungen und Strafexpeditionen der Chane verarmt das Land zusehends; erst den Moskauer Fürsten gelingt *eine neue Einigung und Machtbildung während des 14. Jh.* (Forts. S. 284.)

Ungarn (Forts. v. S. 191)

Es gerät im 12. Jh. durch seine Stellung an der Adria in *Rivalität zum Byzantinischen Reich.* **Béla III.** (1173–1196) stellt die ungarische Herrschaft über *Dalmatien*, *Kroatien* und *Bosnien* wieder her.
Siebenbürgen wird während des 12. Jh. von den herbeigerufenen „Sachsen" besiedelt.

1222 *Andreas II.* (1205–1235) erläßt die sog. *Goldene Bulle:* Steuerfreiheit und Begrenzung der Heerfolgepflicht für den Adel, Erb- und freies

Verfügungsrecht für die Dienstgüter des niederen Adels, in dem die Krone eine Stütze gegen die Magnaten zu gewinnen sucht, Sicherheiten gegen Verhaftung, Besteuerung und Güterkonfiskation, jährliche Landesversammlung mit Beschwerderecht und Widerstandsrecht. Förderung der deutschen Einwanderung (Gebiet um Kronstadt). 1211 Deutscher Orden im Burzenland, der 1225 bei seinem Versuch der Errichtung eines selbständigen Staatswesens Ungarn räumen muß, während die deutschen Siedler Siebenbürgens 1224 auf dem Königsboden als „sächsische Nation" anerkannt werden und Selbstverwaltung erhalten.

Durch Zisterzienser und Prämonstratenser dringt *französische Kultur* nach Ungarn und fördert die durch deutsche und wallonische Siedler angebahnte *Verwestlichung.*

1241 Die Niederlage *Bélas IV.* (1235–1270) im Tal der Theiß durch die Mongolen hat Entvölkerung und Verwüstung des Landes zur Folge. Unter ihm beginnt die *Zersetzung der Grafschaftsverfassung, Machtsteigerung des Adels* und der *Verfall der Zentralgewalt.*

Andreas III. (1290–1301) ist der letzte Arpade. Nach inneren Wirren (1301–1308) geht die ungarische Krone an das Haus Anjou über. (Forts. S. 280.)

h) Byzanz (842–1204) (Forts. v. S. 195)

Nach der Abwehr der Perser- und Arabergefahr beginnt eine Periode höchster kultureller und politischer Machtentfaltung.

Mit dem Tod Kaiser Basileios' II. beginnt der allmähliche Rückgang der politischen Macht im Innern und nach außen. Die zunächst anhebende Friedensperiode bedeutet zwar eine Blüte der Kultur, das Vordringen der Feudalmächte gegen die erschlaffende Zentralgewalt aber die Auflösung des von Herakleios begründeten Staates und die völlige Aushöhlung der Steuer- und Wehrkraft. Auf diesem Wege, an dessen Ende die Vernichtung durch die Türken steht, sind die Eroberung Konstantinopels durch die Kreuzfahrer und die Errichtung des Lateinischen Kaisertums Ereignisse, nach denen die Kaiserstadt völlig an die Peripherie rückt.

842–867 **Michael III.** Es beginnt eine neue Epoche byzantinischer Machtentfaltung. Unter dem Patriarchen *Photios* löst sich die byzantinische Kirche von Rom *(Schisma seit 867)* und dehnt ihren Wirkungsbereich innerhalb der slawischen Völker weiter aus: *Konstantin* und *Methodius* werden in das Mährerreich entsandt, der Bulgarenchan *Boris* 864 getauft. Das Vordringen der *Araber* nach Sizilien und Unteritalien kann nicht aufgehalten werden, aber mit dem Sieg über den Emir von Melitene beginnt 863 die *byzantinische Offensive in Asien* und im Mittelmeer.

867–886 **Basileios I.,** Begründer der *makedonischen Dynastie,* führt diese glanzvolle Entwicklung fort. 870 erkennt Bulgarien die Hoheitsrechte des byzantinischen Patriarchats an. Der byzantinische Einfluß bei allen Slawen der Balkanhalbinsel erstarkt und fördert die Christianisierung; in Süditalien wird die byzantinische Autorität wiederhergestellt (873 Benevent, 876 Bari); erfolgreiche Kriege gegen die Araber.

886–912 Leon VI. Seine Gesetze zeigen die *Allgewalt des Herrschers in Verwaltung, Heer und Justiz* und die *völlige Bürokratisierung des Staatsapparates.* Themenorganisation und Beamtenapparat werden ausgestaltet, Gewerbe und Handel in Zünften organisiert und staatlich gelenkt. Das Vordringen der *Araber* auf Sizilien und in der Ägäis, der Angriff der *Russen* auf Byzanz (907) sowie die Kriege mit *Symeon von Bulgarien* bringen Byzanz in schwere Bedrängnis.

920–944 Romanos I. Lakapenos. Abwehr der *bulgarischen* Angriffe auf Byzanz, eindrucksvolle Siege über die Russen (941) und die *Araber* (943).

945–959 Konstantin VII. Porphyrogennetos. Nach wechselnden Erfolgen beginnen 957 die byzantinischen Eroberungen in Nordsyrien und Nordmesopotamien. 961 Kreta besetzt, 962 Aleppo erobert.

963–969 Nikephoros Phokas. Er bricht mit der bauernfreundlichen Politik seiner Vorgänger. Großgrundbesitz breitet sich aus.

969–976 Johannes Tzimiskes, Mörder seines Vorgängers, besiegt *971 Svjatoslav von Kiev* und macht Bulgarien zur byzantinischen Provinz. Auch in Vorderasien wird die byzantinische Macht befestigt. Seine Nichte *Theophano* heiratet *Otto II.*

976–1025 Basileios II. *Höhepunkt der byzantinischen Machtentfaltung.* Rußland wird 889 definitiv ein Glied der byzantinischen Kirche. Kampf gegen
    1018 das Wiedererstehen eines westbulgarischen Zarenreichs. *Bulgarien* wird nach seiner Unterwerfung dem byzantinischen Staat einverleibt. Festigung der byzantinischen Macht in Armenien und Unteritalien. Höchste Blüte der byzantinischen Kunst und Literatur.

Mit dem Tod von Basileios II. beginnt das *Zeitalter der Auflösung der alten Ordnung.* Das Kaisertum wird aus einem Gegner der Feudalmächte zu ihrem Exponenten. Palastrevolutionen, Schwinden des bäuerlichen Besitzes und Feudalisierung des Heeres sind die Begleiterscheinungen der folgenden Epoche. Die Friedensepoche wird durch das Auftreten der *Seldschuken* und *Normannen* sowie der *Petschenegen* (1048), die die bulgarische und russische Bedrohung ersetzen, beendet. Bereits unter dem Patriarchen *Sergios* (999–1019) verschärfen sich die Spannungen der erstarkten byzantinischen Kirche mit Rom.

    1054 erfolgt der gewaltsame Bruch zwischen den von der Ausschließlichkeit ihrer Universalansprüche durchdrungenen Leitern der östlichen und der westlichen Kirche, *Michael Kerullarios* und dem Reformpapst *Leo IX.:* Die *Differenzen in der Liturgie und im Dogma* (Priesterehe, Sabbatfasten, gesäuertes oder ungesäuertes Brot beim Abendmahl und die Lehre vom Ursprung des Hl. Geistes) stehen im Mittelpunkt. Byzanz gewinnt die orientalischen und slawischen Kirchen. **Am 16. Juli 1054 erfolgt die Niederlegung der päpstlichen**

Bannbulle auf den Altar der Hagia Sophia, die der Patriarch Michael Kerullarios mit Einberufung einer Synode und Bannung des Papstes beantwortet. Damit **endgültiges Schisma der Kirche,** das von weltgeschichtlichen Folgen begleitet ist.

1056 stirbt die makedonische Dynastie aus. Es kommt zum völligen innen- und außenpolitischen Verfall des Staates. Siege der Normannen in Sizilien, der Ungarn, der Petschenegen, der Uzen und der Seldschuken.

1071 Niederlage bei Mantzikert. Katastrophe für Byzanz. Kleinasien wird türkisch. Aufstände in Bulgarien und Serbien, Abfall Kroatiens. In den Bürgerkriegen setzt sich **Alexios Komnenos** durch. Er besteigt
1081 den Thron und begründet die *Komnenendynastie* (bis 1185). An dem außenpolitischen Niedergang und dem wirtschaftlichen Ruin des Staates hat sie nichts ändern können. Alexios ist auf die Seemacht *Venedigs* angewiesen. Dadurch Aufstieg Venedigs zur Kolonialmacht im östlichen Mittelmeer (1082). 1111 Vertrag mit Pisa. Reorganisation des Steuer- und des Heerwesens. Der Feudalisierungsprozeß wird durch die Errichtung der abendländischen Kreuzfahrerstaaten weiter gefördert. Meisterhafte Diplomatie rettet Byzanz 1090/91 vor dem vernichtenden Doppelangriff der *Türken* und *Petschenegen.* Den ersten Kreuzzug nutzt Alexios zur Wiedereroberung Westkleinasiens aus. 1108 wird der Normanne *Bohemund von Antiocheia* zur Anerkennung der byzantinischen Oberhoheit gezwungen. Gleichzeitig steigert sich der Einfluß auf die Balkanslawen.

1118–1143 *Johannes II.* Er verdrängt 1122 die Petschenegen endgültig aus der byzantinischen Einflußsphäre, befriedet die aufständischen Serben, wehrt die Ungarn ab und erobert 1137 Kilikien.

1143–1180 Manuel I., verheiratet mit *Berta von Sulzbach, Schwägerin Konrads III.* Zunächst wehrt er mit Hilfe der Staufer und Venedigs die Angriffe *Rogers von Sizilien* wie auch der *Ungarn* und *Serben* ab. Sein Versuch, in *Italien* Fuß zu fassen, scheitert. Über die lateinischen Kreuzfahrerstaaten gewinnt er jedoch die Oberlehnsherrschaft. 1159 kommen *Kroatien, Bosnien* und Teile *Dalmatiens* unter byzantinischen Einfluß. Gegen das Vordringen an der Adria wendet sich *Venedig,* das sich 1175 mit dem Normannenkönig *Wilhelm II.* verbündet, wodurch Byzanz zum Nachgeben gezwungen wird.

1176 erleidet Manuel bei *Myriokephalon* eine vernichtende Niederlage durch die *Türken. Die Schwäche des byzantinischen Staates* zeigt sich nun in territorialen Verlusten (Dalmatien, Kroatien, Cypern), Aufständen in Asien, dem erneuten Normanneneinfall, Auflösung der Verwaltung und Mißbräuchen im Steuerwesen. *Serbien* (1180) und *Bulgarien* (1185–1188) schütteln die byzantinische Oberhoheit endgültig ab. Rückgewinnungsversuche scheitern. Unter *Alexios III.* (1195–1203) *verliert Byzanz den letzten Einfluß auf dem Balkan* zugunsten Ungarns und der Kurie.

1204 Konstantinopel erliegt dem Bündnis von Papsttum, Venezianern und Kreuzfahrern. Das Land wird geteilt. (Forts. S. 285.)

5. Auflösung der abendländischen Einheit

a) Die Ausbildung der Nationalstaaten

Zusammenbruch des Imperiums und Auflösung der universitas christiana. Einen bedeutenden Wendepunkt der europäischen Geschichte bildet die deutsche Doppelwahl von 1198. Durch den Zusammenbruch des Reiches nach dem Tod Heinrichs VI. siegen die Sondergewalten in Europa wie in Deutschland. Wie vor dem Aufstieg der „Nationalstaaten" das Imperium verblaßt, so verfällt das deutsche Königtum durch die zunehmende Selbständigkeit der Territorien. Der Niedergang des Reiches tritt mit dem Tod Friedrichs II. offen in Erscheinung. Die deutsche Herrschaft über Italien hört auf. Obwohl die Kaiserkrone den Deutschen bleibt, verlieren sie die politische Führung Europas. Das französische Königtum übertrifft an Stärke das deutsche bei weitem.

Die letzte Ursache des imperialen Zusammenbruchs liegt bereits im Investiturstreit. Der Vernichtungskampf zwischen imperium und sacerdotium hat beide als universale Gewalten in ihrem Lebensnerv getroffen, die lachenden Sieger sind in Europa die Einzelstaaten, in Deutschland die Fürsten. Die Kreuzzüge, in denen sich die *universitas christiana* am großartigsten offenbart, verlaufen im Sand nicht ohne Schuld des römischen Oberhirten: Als Friedrich II. das neue Königreich Jerusalem begründet, steht er unter dem Bann der römischen Kirche. Nach der 2. Bannung Friedrichs hält der Papst mit allen Mitteln die Kreuzträger vom Zug ins Heilige Land zurück. Während die christliche Welt um Akkon, die letzte Frankenfeste in Palästina, zittert, verbünden sich (1290) Aragón und Sizilien mit Ägypten, der Vormacht des Islams. So begann die Einheit der christlichen Welt seit dem späteren 13. Jh. zu verfallen. Auf den Reformkonzilien des 15. Jh. verwirklicht sie sich noch einmal, dann versetzt ihr die Reformation den Todesstoß.

Der Niedergang des Kaisertums ruft ein neues politisches Weltbild hervor. Die Einzelstaaten, von jeher faktisch unabhängig vom Reich, beanspruchen nun auch theoretisch ihre volle *Souveränität.* Das Daseinsrecht des Imperiums überhaupt zu bestreiten wagt als erster ein italienischer Rechtslehrer, *Oldradus de Ponte,* in einem Gutachten, das er Clemens V. gegen Heinrich VII. erstattet (1313).

Alanus, ein Engländer, setzt Anfang des 13. Jh. die Rechte der einzelnen Könige in ihren regna denen des Kaisers im Imperium gleich. Diese Lehre wird in der zweiten Jahrhunderthälfte in die berühmte Formel geprägt: *Rex est imperator in regno suo.*

b) Das Städtewesen

Deutschland. *Städte im wirtschaftlichen Sinn* sind Orte, die hauptsächlich von Handel und Gewerbe leben. Solche sind seit dem Ausgang des Altertums die meisten alten Römerstädte geblieben, z. B.

Köln, Mainz, Worms, Straßburg, Regensburg, Passau. Neue Städte erwachsen aus Kaufmannssiedlungen. Größere wirtschaftliche Bedeutung erlangen nur die am Fernhandel beteiligten Städte. Erst ein geringer Bruchteil der deutschen Bevölkerung, höchstens ein Zehntel, wohnt im Hochmittelalter in den Städten, die vorwiegend Ackerbürgerstädte sind. Sie sind Städte nicht im wirtschaftlichen, sondern nur im Rechtssinne.

Der Stadtherr, also der König, Bischof, Abt oder weltliche Fürst, betrachtet um 1100 vielerorts die Einwohner noch als seine Hörigen. Um die Zuwanderung zu beleben, werden alle alten Auflagen und Dienste abgeschafft. So setzt sich im 12. Jh. der Rechtssatz durch: *Stadtluft macht frei.* Die Freiheit gehört fortab notwendig zum Stand des Bürgers. Mit dem Aufschwung von Handel und Gewerbe erstreben die Kaufleute Privilegien des Stadtherrn, um durch den von den Bürgern gewählten Rat die Stadt selbst zu verwalten und dem Stadtherrn seine Hoheitsrechte (Gericht, Polizei, Steuer, Heer, Münze usw.) zu entwinden. So entstehen seit dem 12. Jh. wieder Städte im Rechtssinne. Für die im deutschen Kolonialland und in Gebieten slawischer Fürsten gegründeten Städte gewinnen das *Lübecker und das Magdeburger Recht* überragende Bedeutung.

Die königlichen Städte sind die auf Reichsgut gelegenen, also dem König als Landesherrn unmittelbar unterstehenden Städte. Sie befreien sich allmählich von der durch königliche Beamte (Schultheißen, Burggrafen) ausgeübten Stadtherrschaft und werden zu *Reichsstädten* (Frankfurt, Aachen, Dortmund, Goslar, Ulm, Wetzlar u. v. a.). Dieselbe Stellung erringen manche ehemaligen Bischofsstädte, z. B. Worms, Speyer, Augsburg, Regensburg, Straßburg, oder ursprünglich fürstliche wie Lübeck. Soweit die Städte sich von der regelmäßigen, dem König zu zahlenden Steuer *(Bede)* befreien können, heißen sie *Freie Reichsstädte.* Die große Mehrzahl bleibt unter der Hoheit ihrer Landesherren, so Magdeburg, Würzburg, München, Braunschweig, Stralsund usw., erlangt aber vielfach eine Ratsverfassung und erhält Handels- und Gewerbeprivilegien.

Zünfte sind obrigkeitsgenehmigte Zwangsverbände der Handwerker. Frühestes Beispiel der Zunftbrief der Fischer von Worms (etwa 1106). Nur Zunftmitglieder dürfen das Gewerbe in ihrer Stadt betreiben. Die Zahl der Handwerker wird beschränkt zur Verringerung der Konkurrenz. Die Zünfte sorgen für Qualität und Preis und überwachen den ganzen Herstellungsprozeß. Das 14. und 15. Jh. ist die Periode der *Zunftkämpfe.* Die Zünfte gewinnen in den einzelnen Städten in verschiedenem Maß Anteil am Stadtregiment.

Deutschland verfügt im Spätmittelalter über etwa 50 Mittelstädte mit Einwohnerzahlen von 2000–10 000 und etwa 15 Großstädte, welche diese Ziffer überschreiten. Die größte deutsche Stadt ist Köln mit über 30 000, es folgt Lübeck mit höchstens 25 000 Einwohnern (um 1400). Nur noch Straßburg, Nürnberg, Danzig, vielleicht auch Ulm dürften im 15. Jh. die Zahl 20 000 erreicht haben. Städte wie Frank-

furt a. M., Erfurt, Breslau, Zürich und Augsburg bewegen sich im 15.
Jh. zwischen 10000 und 18000.

Frankreich. Das wichtigste Wirtschaftsgebiet ist schon früh Flandern,
Brügge wird im 13. Jh. der Weltmarkt des Abendlands. Auf den *Messen der Champagne* treffen Kaufleute aus Flandern und Italien, den
beiden höchstentwickelten Wirtschaftsgebieten, zusammen. Blüte
der Messe etwa 1150–1280. Hauptindustriegebiet ist Flandern-
Artois durch Tuchgewerbe und Wollhandel (aus England). Kapitalistische Wirtschaftsformen führen hier zu sozialen Kämpfen. Die
Hauptstadt Paris ist im 13. Jh. bereits der weitaus volkreichste Ort.
Städte mit Selbstverwaltung sind die *Kommunen* im Norden. Den
feudalen Gewalten werden kommunale Freiheitsurkunden abgerun-
gen. Die Stadtverwaltung geführt vom *maire*, unter ihm städtische
Körperschaften. In Südfrankreich die *Konsularstädte.* Diese Städte
haben eigenes Gesetzgebungsrecht und werden von jährlich gewählten Konsuln regiert, unter ihnen Rat und Bürgerversammlung. Kommunen wie Konsularstädte haben einen oligarchischen Charakter.
Infolge der Stärke der königlichen Gewalt gewinnen niemals die
Kommunen oder Konsularstädte eine den deutschen Reichsstädten
vergleichbare politische Unabhängigkeit. Im 13. Jh. verfällt die
Stadtfreiheit, im 14. Jh. werden viele Städte durch königliche Beamte
regiert.

Italien. Bedeutendster Seehandelsplatz Venedig. Im Byzantinischen
Reich mit großen Privilegien ausgestattet, beherrscht es den europäischen Handel mit Konstantinopel. Neben Venedig kommen seit dem
11. Jh. Pisa und Genua hoch. Größerer Aufschwung des Binnenhan-
dels erst seit dem 12. Jh., vor allem in einigen Städten der Lombardei
und in Toscana. Vorort ist hier Florenz, dessen Einwohnerzahl schon
gegen 1200 auf 50000 geschätzt wird. Bedeutende Tuch- und
Seidenindustrie in Toscana, das neben Flandern das andere Wirtschaftszentrum des Abendlands darstellt. Italien ist führend in der
Entwicklung der technischen Formen des Geschäftsverkehrs. Große
Bedeutung der Handelsgesellschaften seit dem 12. Jh.; im 13. und
14. Jh. gewinnen die großen Bankhäuser als Geldgeber der Päpste
und Könige auch politische Bedeutung.
Mit dem 11. Jh. beginnt in Italien die kommunale Bewegung, das
Stadtvolk erhebt sich gegen die Stadtherren und übernimmt selbst
die Regierung. Die Stadt erobert auch das umliegende platte Land,
so daß ein Stadtgebiet an das andere grenzt. Vorwiegend kommunale
Landschaften sind Mittelitalien und die Lombardei. Im sizilischen
Normannenreich läßt das starke Königtum, im Kirchenstaat der Papst
keine Städtefreiheit hochkommen.

England. Der englische Handel kommt durch den allgemeinen wirtschaftlichen Aufschwung Europas nach 1150 zur Blüte. Die bedeutendste Stadt ist London. Nur durch Hansische und italienische Kaufleute hat der englische Handel bis ins 15. Jh. europäische Bedeutung.
Die städtische Selbstverwaltung entwickelt sich sehr langsam. Vom

starken normannischen Königtum gezügelt, bleibt die Selbständigkeit englischer Städte hinter derjenigen der französischen erheblich zurück. In Abwesenheit König Richards errichtet London 1191 eine Kommune und wählt einen *mayor*. Das Vorbild Londons wird bis 1216 von einem Dutzend anderer Städte nachgeahmt.

c) Das Papsttum: Avignon, Schisma, Reformkonzilien

1294–1303 **Bonifaz VIII.** Er ist gelehrter Kanonist, vom Gefühl der päpstlichen Machtfülle beherrscht. 1296 verbietet er durch die Bulle *Clericis laicos* allen Fürsten die Besteuerung ihres Klerus ohne die Erlaubnis des Heiligen Stuhles, weicht aber vor dem Widerspruch der Könige von Frankreich und England zurück. Zu einem neuen Konflikt mit *Philipp IV. von Frankreich* kommt es infolge des königlichen Prozesses gegen den *Bischof von Pamiers*. Die **Bulle „Unam Sanctam"** **(1302)** formuliert die papalistische Theorie aufs schärfste und umfassendste. 1303 erkennt Bonifaz Albrecht I. an, um eine Stütze gegen Frankreich zu finden. Als Philipps Großsiegelbewahrer *Wilhelm von Nogaret* den Papst wegen Ketzerei anklagt, bannt Bonifaz Philipp. Nogaret begibt sich darauf heimlich nach Toscana und **überfällt** am 7. Sept. **1303 Bonifaz in Anagni,** um ihn gefangen nach Frankreich vor ein Konzil zu schleppen. Der Überfall mißlingt schließlich, Bonifaz stirbt aber wenige Wochen danach.

1309–1377 **Avignonesisches Papsttum.** „Die babylonische Gefangenschaft der Kirche". Unter *Clemens V.* (1305–1314) gerät das Papsttum in *völlige Abhängigkeit von Frankreich*. Seit 1309 residiert Clemens in *Avignon*, auch die folgenden Päpste bleiben hier, teils unter französischem Druck, teils aus Furcht vor der unsicheren politischen Lage im Kirchenstaat und in Italien. Philipp IV. droht Clemens mit der Ketzeranklage gegen Bonifaz; im Templerprozeß setzt er seinen Willen durch: der Papst hebt den Orden auf (S. 268). Im Kardinalskollegium französische Mehrheit. Mehrfache Versuche, die Päpste zur Rückkehr nach Rom zu bewegen, u. a. Karl IV. 1365. *Urban V.* siedelt schließlich 1367 nach Rom über, verläßt aber 1370 wegen der gefährlichen politischen Lage Italien wieder (S. 261). Erst *Gregor XI.* kehrt Anfang 1377 nach Rom zurück, da der Kirchenstaat verlorenzugehen droht. Die Päpste residieren fortab im Vatikan, nicht mehr im Lateran wie vor 1309.

Schisma und Reformkonzilien. 1378 *Urban VI.* (bis 1389) in Rom gewählt. Er gerät in Gegensatz zu den französischen Kardinälen, die daraufhin *Clemens VII.* (1378–1394) zum Papst wählen. Krieg zwischen den beiden Päpsten um Rom und den Kirchenstaat. Auch nach dem Tod der Päpste hält das Schisma an. Auf Urban folgen: Bonifaz IX., Innozenz VII., *Gregor XII.* (1406–1415); auf Clemens: *Benedikt XIII.* (1394–1417). Frankreich, Schottland, Neapel unterstützen Avignon, das übrige Europa unter Führung Deutschlands Rom. In dieser Notlage wird die konziliare Theorie verkündet: *Die*

Gemeinschaft der Gläubigen besitzt das Notrecht, im Konzil über den Papst zu richten. Von den beiderseitigen Kardinälen berufen, versam-
1409 melt sich ein **Konzil zu Pisa.** Es setzt Gregor XII. und Benedikt XIII. ab. Die Kardinäle erheben *Alexander V.* (1409–1410). So gibt es *drei Päpste* gleichzeitig, da Neapel und andere Teile Italiens, König Ruprecht und einzelne Reichsfürsten Gregor, Spanien, Portugal und Schottland Benedikt und die übrigen Länder Alexander bzw. dessen Nachfolger *Johann XXIII.* (1410–1415) unterstützen.

1414–1418 **Kirchenversammlung zu Konstanz,** einberufen auf Drängen König Sigismunds, zahlreich besucht von Fürsten und Prälaten. Sie hat eine *dreifache Aufgabe* zu lösen: 1. *Beseitigung der Kirchenspaltung,* 2. *Verbesserung der kirchlichen Zustände,* 3. *Abstellung der Ketzerei.* Unter Führung Sigismunds gelingt es der Reformpartei durchzusetzen, daß nicht nach Köpfen, sondern nach Nationen abgestimmt wird. So wird das zahlenmäßige Übergewicht der italienischen Prälaten unwirksam gemacht. Das Konzil spricht den Grundsatz aus, daß *das Konzil über dem Papst stehe.* Johann wird abgesetzt, Gregor verzichtet in Rom freiwillig; 1417 wird schließlich auch Benedikt abgesetzt. Gelöst wird nur die Frage der Einheit: am 11. Nov. 1417 wird **Martin V.** (1417–1431) auf den Stuhl Petri erhoben. Zu einer wirklichen inneren Kirchenreform kommt es nicht.

1415 **Johann Hus** in Konstanz **als Ketzer verbrannt.** Der tschechische Professor ist Anhänger der Lehren des Engländers *John Wyclif* (revolutionärer Kirchenbegriff, Verwerfung von Ablaß und Ohrenbeichte etc.).

1431–1449 **Konzil zu Basel.** Mit *Eugen IV.* (1431–1447) beginnt die Reaktion des Papsttums gegen die konziliaren Tendenzen. Als gegen den Willen der Mehrheit der Papst das Konzil nach Ferrara (1438), im Jahr darauf nach *Florenz* verlegt, wo eine *kurzlebige Union mit der morgenländischen Kirche* zustande kommt, setzt die in Basel verbliebene Mehrheit 1439 Eugen ab und wählt *Felix V.*, der aber keine allgemeine Anerkennung findet und 1449 abdankt, worauf das Konzil zu Basel sich endgültig auflöst.

Mit *Nikolaus V.* (1447–1455) hält der *Humanismus* in Rom seinen Einzug. Er begründet die Vatikanische Bibliothek. Unter seinen Nachfolgern zeigt sich eine wachsende Verweltlichung des Papsttums, vor allem wird der Nepotismus immer mehr gefördert. Der furchtbare Verfall des Papsttums erreicht seinen Höhepunkt unter *Alexander VI.* (1492–1503).

d) Kultur des Spätmittelalters

Philosophie: Der Schöpfer spekulativer **Mystik** auf abendländischem Boden ist **Meister Eckehart.** Geboren um 1260 in Hochheim bei Gotha, ritterlicher Abkunft, Dominikaner, lehrt in Paris, Straßburg und Köln, wo er 1327 stirbt. Alle Dinge sind ursprünglich in Gott eingeschlossen, erst durch das Geschehen entstehen sie in ihrer Man-

nigfaltigkeit. In der unio mystica der Seele mit Gott erlangt der
Mensch die volle Einheit mit Gott wieder.

Marsilius von Padua, seit 1312 magister artium, dann Rektor der
Universität in Paris. Sein Hauptwerk, der *Defensor pacis,* 1324 abgeschlossen, ist das revolutionärste kirchenpolitische Werk des Spätmittelalters. Der Staat beruht auf der Volkssouveränität; der Regent
ist mit der vollziehenden Macht nur beauftragt und absetzbar. Kirche
und Staat werden klar unterschieden, die Kirche dem Staat förmlich
untergeordnet. Der römische Primat ist nicht von Gott eingesetzt,
sondern geschichtlich entstanden. Die höchste Gewalt in der Kirche
hat das Generalkonzil aller Gläubigen, dessen Berufung dem Kaiser
zusteht.

Wilhelm von Ockham, kurz vor 1300 geboren, Franziskaner, liest in
Oxford, 1324 in Untersuchungshaft in Avignon wegen Ketzereiver-
dachts, entflieht 1328, wird exkommuniziert, wohnt im Franziskaner-
kloster in München, in dem er 1349 stirbt. Der größte Philosoph des
14. Jh., Begründer des neueren Nominalismus, von tiefstem Einfluß
auf das Denken der Folgezeit.

Der größte Philosoph des 15. Jh. ist **Nikolaus Cusanus** (* 1401,
† 1464). Seine vieldeutige Philosophie ist bei aller Scholastik stark
von der Mystik beeinflußt. Das Unendliche ist für uns unergründlich
und unerkennbar. Das Bewußtsein unseres Nichtwissens ist die wahre
Weisheit.

Universitäten: Die älteste Universität auf Reichsboden gründet 1348
Karl IV. in *Prag.*

Wien ist eine Gegengründung Rudolfs IV. (1365) zum luxemburgischen Prag, erfährt aber erst nach 1384 Aufschwung.

Heidelberg, 1386 von Ruprecht von der Pfalz gestiftet.

Köln wird 1388, *Erfurt* 1389/92 gegründet, *Würzburg* 1402. In Erfurt
geht lange der „alte und der neue Weg" friedlich nebeneinander her;
in der Zeit Luthers haben die „Modernen", die Nominalisten, die
Alleinherrschaft. So wird Luther Ockhamist. Den „Realisten" dagegen war jede öffentliche Lehrtätigkeit verboten.

An der *Prager Universität* führen nationale Spannungen zum Auszug
der deutschen Professoren und Studenten nach *Leipzig* 1409, wo
Markgraf Friedrich der Streitbare von Meißen eine Universität errichtet. Die Universität *Rostock* wird 1419 gegründet, von wo aus
durch einen Exodus 1456 *Greifswald* entsteht. Die zweite österreichische Universität ist *Freiburg i. Br.* (1457/60). Eine städtische Gründung ist *Basel* (1460). *Ingolstadt* 1472, *Trier* 1473, *Mainz* 1477,
Tübingen 1477, *Wittenberg* 1502, *Frankfurt (Oder)* 1506.
Die Universitäten sind die Tribünen, von denen der **Humanismus**
verkündet wird und Stadtkanzleien und Klöster erobert.

Der **Buchdruck** wird zum großen Schwungrad der neuen Geistesbe-
um 1450   wegung. **Johann Gensfleisch zum Gutenberg** in *Mainz* erfindet die
Kunst des Drucks mit beweglichen, *gegossenen* Metallettern. Die
deutsche Erfindung, ein Ereignis von unermeßlicher Tragweite, ver-

breitet sich über alle Länder Europas. 1453 erstes größeres Druck-
werk die 42zeilige lateinische Bibel.
An die Stelle des teuren Pergaments tritt als Schreibstoff das billigere
Papier, eine chinesische Erfindung des 2. Jh. n. Chr., im Abendland
zuerst in Spanien (12. Jh.); erste deutsche Papiermühle 1390 in Nürnberg.

Kunst: Für die *deutsche* bildende Kunst zunehmende Bedeutung des
Bürgertums, das als Auftraggeber erscheint. Die alten monumentalen
Aufgaben treten zurück, abgesehen von den großen *Stadtkirchen*
(Ulmer Münster, 1377), den *Börsen,* den *Zunft-* und *Rathäusern.*
Diese besonders als Backsteinbauten im N und O Deutschlands
(Lübeck, Thorn, Tangermünde). An die Stelle der turmreichen staufischen Basiliken treten nun Saal- und Hallenkirchen, die von der zunehmenden Bedeutung der Predigt und des Gemeindedienstes bestimmt sind.
In *Italien* im 13. und 14. Jh. zahlreiche Neubauten von *Rathäusern*
und *Adelspalästen.* In den darstellenden Künsten dieser Zeit die ersten Wegbereiter der Renaissance. Im 14. Jh. ist *Siena* führend, während die eigentliche Grundlegung in *Florenz* im 15. Jh. erfolgt (*Bru-
nelleschi,* * 1377, † 1466; *Masaccio,* * 1401, † 1428; *Donatello,*
* 1386, † 1466; *Fra Angelico,* * 1387, † 1455). Weitere Zentren in
Bologna, Ferrara, Padua und *Verona.* Im 16. Jh. geht der Schwerpunkt nach *Rom* und *Venedig.* – Unter den Kunstgattungen steht an
erster Stelle die *Malerei.* Ausbildung der für die Folgezeit wichtigsten
Bildgattungen. In der Malerei: *Porträt, Selbstbildnis, Historienbild;*
in der Plastik: *Grabmal, Reiterstandbild, Büste;* in der Architektur:
der *Palast,* das *Amtsgebäude,* der kuppelbekrönte *Zentralbau* als Kirche.
Die *niederländische* Kunst wird in dieser Zeit durch die Brüder *Hubert*
und *Jan van Eyck* (Genter Altar, 1432 vollendet) begründet. Sie ist
vom Selbstbewußtsein des reichen Bürgerstandes geprägt. Entfaltung
der Porträtmalerei, der Buchmalerei mit geschichtlichen Themen, der
Goldschmiedekunst und der Teppichwirkerei.

Literatur: In der spätmittelalterlichen *deutschen* Literatur erlahmt die
schöpferische Kraft und verfällt der Formensinn. Das *Bürgertum* tritt
stärker in den Vordergrund, mit ihm eine realistische, stark lehrhafte
Sehweise. Eine neue Errungenschaft in deutscher Sprache ist das
Drama. Der ritterliche Minnesang findet noch einen wahren Dichter
in *Oswald von Wolkenstein* in Südtirol (* um 1377, † 1445). Eigen-
willig im Gehalt und noch mehr in der sprachlichen Form, sind seine
Gedichte immer Ausdruck persönlichen Erlebens und stärkster
menschlicher Eigenart. Der *Meistersang* knüpft an die gelehrten Meister der Spruchdichtung des 13. Jh. an und wird in Singbrüderschaften
geübt. Die Gedichte haben einen religiösen oder moralischen Inhalt.
Die Meistersinger sind Handwerksmeister. Das *Volkslied,* dessen
Überlieferung erst jetzt beginnt, erlebt vom 14. bis 16. Jh. seine höchste Blütezeit. Bereits der Renaissanceliteratur gehört an „*Der Acker-*

mann aus Böhmen" von *Johann von Saaz* († 1414), das bedeutendste
deutsche Sprachkunstwerk des Spätmittelalters. Der Ackermann, so
genannt als Vertreter des mühselig lebenden Menschen, klagt in Form
eines Streitgesprächs vor Gott gegen den Tod, der ihm seine Gattin
geraubt hat.

Entfaltung der italienischen Literatur durch die drei florentinischen
Dichter *Dante Alighieri* (* 1265, † 1321), *Divina Commedia, La vita
nuova,* lateinisch *De vulgari eloquentia, De monarchia; Petrarca*
(* 1304, † 1374) aus Arezzo; *Boccaccio* (* 1313, † 1375), *Decame-
rone,* Schöpfer der italienischen Prosadichtung. Von Petrarca besonders angeregt, entwickelt sich das erneute Studium der Wissenschaft
und der Poesie des Altertums **(Humanismus),** nach der Eroberung
Konstantinopels gefördert durch griechische Gelehrte. In der Folge
der geschichtlichen Selbstbesinnung werden die italienischen Städte
auf ihre Vergangenheit gewiesen; der mittelalterlichen Unselbstän-
digkeit wird die Größe des römischen Imperiums entgegengehalten.
Die *rinàscita* **(Renaissance** = Erneuerung, Wiedergeburt) bezieht
sich zunächst nur allgemein auf das politische Ansehen der Gemeinschaft, dann auf die Kunst und erst später auf die Antike im
ästhetischen Sinn.

6. Das späte Mittelalter

a) Deutschland (1273–1491) (Forts. v. S. 232)

*Noch mehr als in den großen westlichen Nachbarländern ist das Spät-
mittelalter für das Deutsche Reich eine Zeit der Auflösung. Der Tiefpunkt ist in der Zeit der Hussitenkriege erreicht. Nur als Besitzer einer
größeren Hausmacht ist der König regierungsfähig. Das Kolleg der
Kurfürsten bildet den Krebsschaden des Reiches. In unersättlichem
Egoismus benutzen die Kurfürsten jede Neuwahl zur Erpressung von
Reichsgut, behaupten ein Absetzungs- sowie Wahlrecht und streben
danach, den König zum Werkzeug ihres Willens und ihrer Willkür zu
machen. Zugleich bedeckt die deutsche Volkskraft das Land mit zahllosen Städten und schiebt ihren Siedlungsboden weit nach Osten vor.*

1273–1347 Könige aus verschiedenen Häusern.
Papst *Gregor X.* (1271–1276) bereitet einen neuen *Kreuzzug* vor.
Daher wünscht er einen handlungsfähigen deutschen König und for-
dert die Kurfürsten zur Neuwahl auf.

1273–1291 Rudolf I., Graf von Habsburg, wird in Frankfurt einmütig (Ottokar
von Böhmen wählt nicht mit) gewählt. Seine Besitzungen liegen im
Aar- und Zürichgau, Elsaß und Breisgau. Er gilt als einfach, sparsam,
leutselig und humorvoll und ist ein erfahrener Kriegsmann und hervorragender Landesfürst.

1275 trifft er mit Gregor zusammen und nimmt das Kreuz, die Kaiserkrönung wird für das folgende Jahr festgesetzt.
Rudolf fordert die Rückgabe des seit Friedrichs II. Tod entfremdeten

Reichsgutes. Umfangreichere Rückgewinnungen gelingen nur in Schwaben, im Elsaß und in Franken. Die Forderung richtet sich vor allem gegen König **Ottokar von Böhmen** (1253–1278), der durch seine Heirat 1251 *Österreich, Traungau, Salzkammergut* und *Wiener Neustadt* gewinnt. Dazu erhält er nach seinem Sieg über die Ungarn bei *Kroissenbrunn* 1260 die *Steiermark* und nimmt 1269 *Kärnten* und *Krain* in Besitz. Da der Böhmenkönig die Herausgabe seiner Erwerbungen verweigert, wird er geächtet, ab 1276 bekämpft.

1278   **Sieg Rudolfs auf dem Marchfeld.** Ottokar von persönlichen Feinden erschlagen. Sein Sohn behält nur Böhmen-Mähren. Es kommt zur **Bildung der habsburgischen Hausmacht:** *Österreich* und *Steiermark* erhalten Rudolfs Söhne, *Kärnten* und *Krain* (pfandweise) sein Verwandter Graf Meinhard von Görz-Tirol. Außerdem gelingt Rudolf eine sehr beträchtliche *Ausdehnung seiner Hausmacht am Oberlauf von Neckar und Donau* sowie in der *Schweiz.* Sorge für den Landfrieden. Die Kaiserkrönung scheitert zunächst am frühen Tod der Päpste. 1287 kommt der Romzug wegen der Zehntforderung des Papstes nicht zustande. 1289 Feldzug gegen *Besançon. Pfalzgraf Otto IV. von Burgund* wird zur Huldigung gezwungen, doch bahnt 1291 ein Heiratsvertrag den Verlust der Grafschaft an Frankreich an.

Entstehung der Schweizer Eidgenossenschaft. Schon in der 1. Hälfte des 13. Jh. treten die Waldorte dem Bestreben der Grafen von Habsburg, ihre gräflichen, gerichts- und grundherrlichen Rechte zu einer vollständigen Landeshoheit über sie auszubilden, entgegen. König Heinrich (VII.) stellt 1231 durch Rückkauf der an Habsburg verpfändeten Vogtei die Reichsunmittelbarkeit von *Uri* wieder her. Gleich nach Rudolfs Tod, August **1291,** schließen die drei Waldorte **Uri, Schwyz, Unterwalden einen ewigen Bund.**
Die von der Volksdichtung ausgeschmückte Erzählung, welche die Tatsache des *allmählichen* Erringens der *Reichsunmittelbarkeit* der Waldstätte auf ein kurzes Zeitmaß zusammendrängt, erscheint erst in Chroniken des 15. Jh. Weder der *Schwur auf dem Rütli* noch die Vertreibung der Vögte 1308 ist historisch verbürgt. Ein Landvogt *Geßler* hat nicht regiert. Die geläufige Tradition hat der Chronist *Ägidius Tschudi* († 1572) zusammengefaßt.

1292–1298   Da die Kurfürsten keinen mächtigen König wünschen, wird nicht Rudolfs Sohn Albrecht gewählt, sondern **Adolf von Nassau.** Die von Rudolf errichtete Machtgrundlage geht damit dem Reich wieder verloren. Im Krieg zwischen England und Frankreich nimmt Adolf wegen seiner Geldnot eine zweideutige Haltung ein. Da er in Thüringen und Meißen die Interessen des Erzbistums Mainz verletzt, setzt eine

1298   *Kurfürstenversammlung* in Mainz *Adolf* ab und wählt Albrecht zum König. Adolf fällt gegen Albrecht in der Schlacht bei *Göllheim.*

1298–1308   **Albrecht I. von Österreich.** Nach Zugeständnissen (Grafschaft Bar) erneuert er das Bündnis mit Frankreich. Die rheinischen Kurfürsten, die Hauptgegner eines starken deutschen Königtums, planen Albrechts Absetzung, werden aber 1301/02 niedergeworfen. Der Versuch, Böhmen 1306 für die habsburgische Hausmacht zu gewinnen, scheitert. 1308 wird Albrecht ermordet. *Mit ihm schwindet die letzte Möglichkeit für ein starkes deutsches Königtum.*

1308–1313 **Heinrich VII., Graf von Luxemburg,** ein Bruder des Erzbischofs von Trier. Er gibt den rheinischen Kurfürsten an Land und Einkünften zurück, was ihnen Albrecht entzogen hatte.

1310 belehnt er mit *Böhmen* seinen Sohn *Johann,* der Elisabeth, die Erbtochter der böhmischen Lande, heiratet. Dadurch gewinnen die Luxemburger *eine kräftige Hausmacht.* Heinrich sucht sich in Italien eine weitere Machtgrundlage zu schaffen.

1310–1313 *Italienzug.* Trotz einzelner Erfolge und der Kaiserkrönung (1312) gelingt es nicht, die deutsche Herrschaft über Italien wiederherzustellen.

1314–1347 **Ludwig der Bayer** (Haus Wittelsbach).

1314–1330 **Friedrich von Österreich,** Sohn Albrechts.
1315 Sieg der Waldstätte über Friedrichs Bruder *Leopold I. von Österreich* am Berg **Morgarten.** Darauf bestätigt der von der luxemburgischen Partei zum König gewählte Herzog Ludwig von Oberbayern den Waldstätten erneut ihre Reichsunmittelbarkeit. Der Dreiländerbund entwickelt sich zur achtörtigen Eidgenossenschaft (Luzern, Zürich, Glarus, Zug und Bern).

1322 Sieg Ludwigs und Johanns von Böhmen bei **Mühldorf** über Friedrich, der gefangengenommen und 1325 gegen Thronverzicht freigelassen wird. Als Ludwig einen Generalvikar nach Italien schickt, bannt Papst Johann XXII. 1324 Ludwig. 1327–1330 Ludwigs *Romzug.* Er empfängt in Mailand die eiserne *Lombardenkrone,* wird in Rom von Vertretern des römischen Volkes zum *Kaiser* gekrönt (1328) und setzt einen Gegenpapst ein. Ludwig erweitert seine Hausmacht. Er gewinnt 1324 durch Heirat *Hennegau-Holland,* während sein Sohn Ludwig die Mark *Brandenburg* erhält. 1342 sucht Ludwig *Tirol* zu gewinnen. Ein Ausgleich mit dem Papst scheitert. Die Kurfürsten finden sich schließlich zur Unterstützung Ludwigs gegen Frankreich und den

1338 Papst bereit. Der **Kurverein von Rhens** verkündet als *Reichsrecht: der von den Kurfürsten gewählte König bedürfe nicht der päpstlichen Bestätigung.* Nur die Kaiserkrönung bleibt dem Papst vorbehalten. Ludwig verkündet das Rhenser Weistum in veränderter Fassung als *Reichsgesetz: die Königswahl gebe auch Rechte und Titel des Kaisers.* 1338 Zusammenkunft mit Edward III. von England, der als rechtmäßiger König von Frankreich anerkannt wird. Edwards Feldzug gegen Philipp scheitert jedoch, worauf sich Ludwig mit dem französischen König verbündet. Die Verhandlungen zwischen Papst *Clemens VI.* und Ludwig verlaufen erfolglos, weil Ludwig († 1347) an seinen Rechtsansprüchen (Tirol) festhält. Daher befiehlt der Papst 1346 den Kurfürsten eine Neuwahl und schließt mit *Johann von Böhmen* und dessen Sohn *Karl* einen Vertrag über Karls Nachfolge im Reich; den päpstlichen Approbationsanspruch erkennt Karl nur für Italien an.

1346–1437 **Luxemburgische Kaiser.**

1346–1378 **Karl IV.** ist in der internationalen Politik gründlich bewandert und wird ein Diplomat und Staatsmann großen Stils. Er gilt als sparsamer Haushalter, kirchlich, gelehrt, kunstsinnig.

1348–1352 **Pest** in Deutschland und fast ganz Europa. Etwa ein Drittel der Bevölkerung soll umgekommen sein. Umzüge der Geißler.

Karls Hauptsorge gilt seinem Erbland **Böhmen,** das zum Kerngebiet des Reiches wird. Er zieht deutsche Ansiedler herbei, baut die Prager Neustadt, den Dom, den Karlstein und die Burg Hradschin und stiftet 1348 eine Universität. Er vollendet die von seinem Vater angebahnte *Vereinigung Schlesiens mit Böhmen,* auch die *Niederlausitz* kommt durch Kauf an Böhmen (1363/1364). Auch in *Meißen,* im *Vogtland,* in der *Oberpfalz* und in *Franken* erweitert er die böhmische Herrschaft.

Die Einverleibung *Brandenburgs* ist das Hauptziel seiner späteren Politik.

1354–1355 *1. Zug nach Italien.* Karls Ziel ist nur die Kaiserkrone, die er mit möglichst geringem Einsatz zu erwerben sucht. Er empfängt die eiserne Lombardenkrone und die *Kaiserkrone.*

1356 **Goldene Bulle** (genannt nach den goldenen Siegelbullen), **Reichsgrundgesetz,** das die Königswahl regelt und die Kurfürsten zu Mitträgern des Reiches macht. Die Königswahl wird endgültig den 7 Kurfürsten übertragen, die sie schon seit längerer Zeit tatsächlich ausübten; *drei geistliche:* 1. Erzbischof von **Mainz** (Erzkanzler für Deutschland), 2. Erzbischof von **Trier** (Erzkanzler für Burgund), 3. Erzbischof von **Köln** (Erzkanzler für Italien); *vier weltliche:* 4. König von **Böhmen** (Erzschenk), 5. **Pfalzgraf** bei Rhein (Erztruchseß), 6. Herzog von **Sachsen-Wittenberg** (Erzmarschall), 7. Markgraf von **Brandenburg** (Erzkämmerer). Statt einhelliger Wahl genügt künftig die *Mehrheit* von vier Stimmen. Die Erststimme erhält Trier, die *Letztstimme* Mainz, die den Ausschlag geben kann, da die Wahl jetzt durch Mehrheit entschieden wird. Die *päpstlichen Approbationsansprüche werden stillschweigend übergangen* und damit entkräftet.

Die Kurfürstentümer erben sich im Mannesstamm auf den Erstgeborenen fort und sind unteilbar. Sie erhalten gewisse Hoheitsrechte, welche die anderen Landesherren erst später oder gar nicht erwerben: Burg-, Münz-, Zoll-, Berg-, Salz- und Judenregal sowie das *Privilegium de non evocando* und das *Privilegium de non appellando,* so daß ihre Untertanen vor kein fremdes Gericht (auch nicht vor das Königsgericht) gezogen werden oder dorthin appellieren dürfen.

1363 Rudolf IV. von Österreich erwirbt Tirol, fälscht Freiheitsbriefe für Österreich *(Privilegium maius).*

1365 Karl IV. reist nach *Avignon,* um Papst *Urban V.* (1362–1370) zur Rückkehr nach Rom zu bewegen. Karl läßt sich in *Arles* krönen, um die Oberhoheit über die burgundischen Gebiete zu betonen.

1368–1369 *2. Zug nach Italien. Urban war 1367 nach Rom übergesiedelt.* Obwohl Karl einen Frieden zwischen Papst und Mailand vermittelt, kann er nichts Dauerhaftes gegen die Visconti erreichen. Bereits 1370 *kehrt Urban V. enttäuscht nach Avignon zurück.*

1373 Durch den Vertrag zu *Fürstenwalde* überläßt Markgraf Otto die Mark Brandenburg gegen ein Jahresgehalt an Karl IV.

1376 Karls ältester Sohn Wenzel von den Kurfürsten gewählt. Krönung in *Aachen* vor Eintreffen der päpstlichen Approbation.

Der deutsche Orden in Preußen (vgl. S. 202 f., 230 f.)

Ein letzter großer Aufstand der *Preußen* (1260–1273) war zusammengebrochen. Durch ihn hatten sie nach Auffassung des Ordens die im *Frieden von Christburg* (1249) gewährte Freiheit verwirkt. Seit dem späteren 14. Jh. beginnt der Orden Kolonisation mit preußischen Bauern; sie werden dadurch rechtlich und wirtschaftlich besser gestellt. Seit dem 15. Jh. setzt mit dem sozialen Absinken der deutschen Bauern ihre Verschmelzung mit den preußischen ein. Aber noch im 16. Jh. ist die *preußische Sprache*, besonders im Samland, weit verbreitet und erst *Anfang des 17. Jh. erloschen.* Wie daraus hervorgeht, *entbehrt die ältere Lehrmeinung, die Ritter hätten die Preußen ausgerottet, der Begründung.*

Die *deutschen* Ansiedler leben nach Kulmer Recht, das in den Grundzügen in der *Kulmer Handfeste* (1233) enthalten ist. Es beruht hauptsächlich auf Magdeburger Recht. Der Orden ist Obereigentümer des gesamten Bodens. Jeder Ansiedler ist persönlich frei und hält sein Land zu erblichem Besitz. Die Grundherren haben Gerichtsbarkeit über ihre Hintersassen, sie schulden *Kriegsdienst zu Pferd.* Die Bauern leisten von jeder Hufe einen bestimmten Geldzins, von etwa 1280 an beginnt eine stärkere Heranziehung bäuerlicher Kolonisten. Gewöhnlich werden *geschlossene Dorfgruppen mit je einer Stadt als Mittelpunkt angelegt.* Bis 1410 werden über 1400 landesherrliche Dörfer gegründet, dazu kommen die ritterschaftlichen. Die Einwohner der *Städte* sind persönlich frei, schulden mäßige Abgaben und genießen Selbstverwaltung und eigene Gerichtsbarkeit. Die Städte werden vom Orden besonders gefördert. 1410 zählt das Ordensland 93 vom Orden gegründete oder mit deutschem Recht bewidmete Städte. Setzt der Orden auf dem platten Lande auch Preußen, Polen, Litauer an, so bleiben die Städte rein deutsch. In Thorn leben um 1400 nur 7% Polen, in Danzig etwa 1,5%. Der *Handel* liegt ganz in der Hand der sechs größten Städte des Landes: *Danzig, Elbing, Thorn, Königsberg, Braunsberg* und *Kulm.*

Kirchlich zerfällt das Ordensland in die 4 *Bistümer Kulm, Pomesanien, Ermland* und *Samland.*

Wie sein Name besagt, nimmt *der Deutsche Orden nur Deutsche auf.* Das Kleid ist der *weiße Rittermantel mit schwarzem Kreuz* (daher die preußischen Landesfarben später Schwarz-Weiß). Den Reichsadler verleiht Kaiser Friedrich II., er wird das Wappen Preußens und schließlich des preußischen Gesamtstaates. Als gleichberechtigte

Brüder erscheinen *Ritter und Priester*. An der Spitze des Ordens steht der vom Generalkapitel gewählte *Hochmeister*. Die Ordensgebiete außerhalb Preußens, wie Livland, Deutschland, regiert ein *Landmeister*. Dem Hochmeister zur Seite stehen die fünf *Großgebietiger*. Preußen zerfällt in *Komtureien*, an deren Spitze der Komtur steht. Die *Höchstzahl der Ordensritter* (um 1400) *schätzt man auf 3000*. Der Orden ist *eine der größten Finanzmächte der Zeit*. Seine ausgedehnten Domänen bilden die ersten *landwirtschaftlichen Großbetriebe* des deutschen Ostens; er betreibt einen umfangreichen *Eigenhandel*.

1309   *Siegfried von Feuchtwangen* verlegt den Ordenssitz von Venedig auf die *Marienburg*.

Im Vertrag von Soldin (1309) verkauft Waldemar von Brandenburg dem Orden die Gebiete Danzig, Dirschau und Schwetz. *Damit ist die Landverbindung zwischen Preußen und dem Reich hergestellt. Polen* erneuert 1327 den Krieg mit dem Orden wegen Pommerellens. König *Kasimir* von Polen entsagt im *Frieden von Kalisch* 1343 allen Ansprüchen auf Pommerellen und das Kulmerland.

1346 Estland durch Kauf von Dänemark erworben.

Mit *Litauen* dauert während des ganzen 14. Jh. der Krieg ununterbrochen an. Schwere Niederlage der Litauer 1370 bei *Rudau*. Siegreich führt den Litauerkrieg *Winrich von Kniprode* (1351–1382), glänzender Verwalter und Diplomat, unter dem der Orden seine höchste Blüte erreicht. 1402 kauft der Orden die *Neumark;* 1404 tritt Litauen Samogitien dem Orden ab.

Durch den Übertritt der Litauer zum Christentum ist die Aufgabe des Ordens beendet. Eine völlig neue außenpolitische Lage ergibt sich aus der *Verbindung Polens mit Litauen* 1386; der neue Staat steigt zur ersten Großmacht des O empor. Der Geist der Zeit drängt überall auf die Teilnahme der Stände am Regiment; der Ordensstaat kann seiner inneren Struktur nach „weltlichen Leuten" eine solche Beteiligung an der Herrschaft nicht gewähren. So bildet sich ein immer tieferer *Gegensatz des Ordens zu den preußischen Ständen* aus, d.h. zum landsässigen Adel und den Städten, die durch den umfangreichen Eigenhandel des Ordens geschädigt werden. Diese Feindseligkeit der Stände ist die Hauptursache für die Katastrophe des Ordens in den Entscheidungskriegen mit Polen-Litauen.

1409 bricht der Krieg mit Polen-Litauen aus.

1410   Schlacht bei *Tannenberg*, vom Polenkönig überlegen geleitet, eine der
15. Juli   größten des Mittelalters auf deutschem Boden (12000–15000 Deutsche gegen rund 20000 Feinde). Vollständige Niederlage des Ordens. Der Hochmeister *Ulrich von Jungingen*, alle Großgebietiger und 200 Ordensritter fallen. Heinrich von Plauen verteidigt die Marienburg. Der Polenkönig muß schließlich abziehen.

1411   *1. Friede von Thorn*. Der Orden tritt *Samogitien* ab und verspricht Zahlung von 100000 Schock böhmische Groschen. In gewaltiger Anstrengung sucht *Heinrich von Plauen* den wankenden Ordensstaat zu festigen. Er erhebt zum erstenmal eine *allgemeine Landessteuer* und setzt einen ständigen *adlig-bürgerlichen Landesrat* ein. So *beginnt im Widerstreit zur Ordensidee die notwendige Entwicklung zum ständischen Territorialstaat.* Die oppositionellen Kräfte innerhalb des Ordens setzen nach einem Staatsstreich 1414 Heinrich ab und kerkern ihn jahrelang ein. Ein neuer Krieg (1419–1422) führt zum *Frieden von Melnosee,* der Orden verliert das Nessauer Land. Die verzweifelte Lage führt zu Parteiungen innerhalb des Ordens. Der livländische Ordenszweig geht seine eigenen Wege. Aus Edelleuten und Städten bildet sich 1440 *der Preußische Bund.* Er sagt 1454 dem Orden offen den Gehorsam auf. Die Seele des Widerstands ist das mächtige und reiche *Danzig.* Im Auftrag des Bundes bietet *Hans von Baysen,* der Führer des Landadels, *Kasimir IV. von Polen* die Oberhoheit über das Land an.

1454 tritt Preußen unter die Krone Polens, Hans von Baysen wird Gubernator. Der Orden erringt über die Polen einen bedeutenden Sieg bei *Konitz.*

1457 muß der Hochmeister aber den unbezahlten Söldnern die *Marienburg* als Pfand überlassen und nach Königsberg übersiedeln. Die Söldner übergeben sie und 22 andere feste Plätze gegen Bezahlung ihrer Forderungen an Kasimir. Nach völliger Erschöpfung wird der **2. Thorner**

1466 Friede geschlossen. *Pommerellen und das Kulmerland, die Gebiete von Elbing und Marienburg in Personalunion mit der Krone Polens vereinigt (1569 einverleibt); die Bistümer Ermland und Kulm* treten *unter polnische Oberhoheit.* Für den Rest des Ordenslandes erkennt der Hochmeister die Oberhoheit des Königs an. Die Städte sind nun vom König unabhängiger als einst vom Orden. *Danzig* steigt zur ersten Handelsstadt an der Ostsee empor.

In seiner hoffnungslosen Lage überträgt der Orden, um Hilfe aus dem Reich zu erhalten, die Hochmeisterwürde an deutsche Fürstensöhne. *Friedrich von Sachsen* (1498–1510) führt weitreichende Reformen im Innern durch. Sie dienen der *Umwandlung des geistlichen Ordensstaates in ein weltliches Landesfürstentum,* die sein Nachfolger *Albrecht von Brandenburg-Ansbach* zum Abschluß bringt.

Die Hanse

Mittelpunkt des Ostseehandels ist *Visby* auf Gotland. Die in Visby aus verschiedenen deutschen Städten *vorübergehend* tätigen Kaufleute schließen sich zu einer Gemeinschaft, einer *Hanse,* zusammen. Eine ähnliche besteht bereits in der Gildehalle in *London,* seit 1281 als allgemeine deutsche Hanse.

Ende des 13. Jh. wird die Gemeinschaft der deutschen Kaufleute in Visby aufgelöst. Ihre Aufgaben gehen an die einzelnen Städte, vor allem Lübeck, über. Privilegierte auswärtige Niederlassungen sind ferner in *Novgorod* am Ilmensee, *Brügge, Bergen.*

Die Vereinigung der deutschen Städte, die durch ihre gemeinsamen Handelsprivilegien im Ausland zusammengeschlossen waren, besteht zwar, ist aber nicht urkundlich festgelegt. Erst 1358 bezeichnen sich die Städte als *„Städte von der Deutschen Hanse".* Sie zerfallen, zuletzt über 200 an Zahl, in *landschaftliche Gruppen.* Die wichtigste ist die wendische: *Lübeck, Rostock, Wismar, Stralsund, Greifswald* sind die Vororte. Sächsische: *Lüneburg, Hamburg, Braunschweig, Magdeburg, Bremen, Goslar, Groningen* u. v. a.; vereinzelt im Süden: *Breslau* und *Krakau.* Westfälisch-niederrheinisch-zuiderseeische: *Dortmund, Münster, Soest, Osnabrück, Köln, Duisburg, Deventer, Arnheim, Nimwegen, Zwolle* usw. Preußische: *Danzig, Thorn, Kulm, Elbing, Königsberg* usw.; *Riga, Reval, Dorpat* usw.; *Visby.*

1361–1362   *1. Krieg gegen Waldemar IV. von Dänemark,* der Visby genommen hat und die Märkte auf Schonen bedroht. Die Kriegsflotte der Hanse wird vor *Hälsingborg* geschlagen.

1367–1370   *2. Krieg gegen Waldemar.* 1367 *Kölner Konföderation* der Hansestädte, der Holländer und Seeländer. Kopenhagen, Hälsingborg u. a. Städte werden von der Hanse erobert.

1370   **Friede von Stralsund:** zur Sicherung der Märkte von Schonen werden
24. Mai   die vier Sundburgen Skanör, Falsterbo, Malmö und Hälsingborg auf 15 Jahre überliefert. Der dänische Reichsrat darf einen Nachfolger Waldemars nur mit Zustimmung der Städte wählen. *Höhepunkt der hansischen Geschichte.* Die Hanse gewinnt damit im Norden für fast 1¹/₂ Jahrhunderte eine ausschlaggebende Stellung.

Seit dem späteren 15. Jh. Niedergang; Gründe: die nordischen Staaten erstarken, die Hanse hat keinen Rückhalt an heimischer kräftiger Staatsgewalt; die Interessen der einzelnen Städtegruppen gehen auseinander; das Schwergewicht des Handels verschiebt sich von Nord- und Ostsee zum Atlantik.

Nicht von gleicher Dauer wie der Hansebund sind die **süddeutschen Städtebündnisse,** welche die Selbständigkeit der Reichsstädte gegen die *Fürsten* und die *Reichsritter* sichern sollen. Der von Ulm geführte *Schwäbische Städtebund,* 1376 gegründet, wächst von 14 Städten auf 40 Verbündete im Jahre 1385 an. 1379 bildet sich ein *elsässischer Städtebund* und erweitert sich 1381 durch Beitritt von Straßburg, Speyer, Worms, Frankfurt zum *Rheinischen Städtebund,* der sich alsbald mit dem Schwäbischen zum großen *Süddeutschen Städtebund* zusammenschließt.

1377–1389   *Süddeutscher Städtekrieg.* 1377 Schlappe Karls IV. vor Ulm. Sieg der schwäbischen Städte bei *Reutlingen* über den Grafen von Württemberg.

1378–1400   **Wenzel,** Karls IV. ältester Sohn, verwendet nach dem Tod Ludwigs von Ungarn-Polen alle Kraft darauf, seinem Bruder Sigismund, Gemahl von Ludwigs Tochter Maria, *Ungarn* zu erhalten. 1387 *Sigismund König von Ungarn* (1410 deutscher König).

Schon 1383 ist Wenzel Luxemburg zugefallen. *Die luxemburgische Hauspolitik wächst damit über das Reich hinaus zu universaler Bedeutung.*

Herzog *Leopold III.* von *Österreich* bekriegt im Bund mit dem süd-

1386 deutschen Adel die **Eidgenossen.** Das Ritterheer wird in der **Schlacht**
9. Juli **bei Sempach** geschlagen. Österreich erkennt 1389 im Frieden mit den
eidgenössischen „Acht Orten" ihre Unabhängigkeit vom habsburgischen Territorialstaat an.

1389 Nach dem Sieg des Fürstenheeres 1388 bei Döffingen *Landfriede zu
Eger,* der die Städte den Fürsten opfert. *Die Städte müssen auf ihre
Bündnisse verzichten.* – Zwar bilden sich einzelne Bünde bald wieder,
aber *als maßgebende politische Macht im Reich haben die süddeutschen Städte seitdem ausgespielt.*

1400 Die vier rheinischen Kurfürsten erklären am 20. Aug. *Wenzel für ab-*
1400–1410 *gesetzt* (er stirbt 1419 als König von Böhmen) und wählen **Ruprecht
von der Pfalz.** Dieser fromme, redliche, wissenschaftlich interessierte
Mann kann aber trotz unermüdlicher Anstrengungen das königliche
Ansehen nicht zur Geltung bringen.

1401–1402 Mißglückter Romzug. Niederlage bei Brescia, Aufgabe der Rom-
fahrt.
Das Reich spaltet sich 1409 in der Frage des Pisaner Konzils;
Ruprecht bleibt Gregor treu; Wenzel, Kurmainz und andere Reichsfürsten entscheiden sich für Pisa (S. 254).

1410–1437 **Sigismund,** Markgraf von Brandenburg, König von Ungarn. Kluger,
wendiger Politiker von europäischem Gesichtskreis. Ungarn kann die
dringend nötige Kreuzzugshilfe gegen die Osmanen nur nach Beilegung des Schismas erwarten. Diese wird für Sigismund zur Hauptaufgabe (S. 254).

1415 Sigismund überträgt dem *Burggrafen von Nürnberg,* **Friedrich VI.**
30. März **von Hohenzollern,** die **Mark Brandenburg** mit der Kur- und Erzkäm-
mererwürde.

1423 Sigismund belehnt **Friedrich den Streitbaren,** Markgraf von *Meißen*
aus dem Haus **Wettin,** mit dem Kurfürstentum **Sachsen-Wittenberg.**

1433 Sigismund zieht nach Rom und empfängt die *Kaiserkrone.*

1419–1436 **Hussitenkrieg.** Zorn der Böhmen über die Hinrichtung von Hus.
Seine Anhänger, *Hussiten,* auch *Utraquisten* genannt, wollen die
Ausübung ihrer vom Konzil verworfenen Lehre mit Gewalt durchset-
zen. Sie fordern ungehinderte Predigt des Heiligen Schrift, Abend-
mahl in beiderlei Gestalt auch für Laien, apostolische Einfachheit.
Der Hussitismus ist gleichzeitig eine nationale Reaktion gegen das
deutsche Element und die wohlhabenden Stadtbürger und Landbesitzer. Die niedere Geistlichkeit ist der hauptsächliche Verkünder des
Nationalhasses gegen die Deutschen. Wenzel suchte zu vermitteln.
Bei seinem Tod (1419) bricht angesichts der drohenden Nachfolge
Sigismunds, des „Mörders" von Hus, der Aufstand los. In Prag (1420)
und anderen hussitischen Städten werden die Deutschen zur Flucht
genötigt. *Johann Ziska* Anführer der Hussiten († 1424). Verhee-
rende Züge der Hussiten seit 1426/27 nach Österreich, Bayern, Franken, Sachsen, Schlesien, Lausitz, Brandenburg; Niederlagen der gegen sie aufgebotenen Heere: *Deutsch-Brod* 1422, *Aussig* 1426, *Mies*
1427, *Taus* 1431.

Ergebnis des Hussitenkrieges: das Königtum in Böhmen sehr geschwächt, die Machtstellung der römischen Kirche im Land gebrochen, das Deutschtum, außer in den Randgebieten, stark zurückgedrängt, aber die Gründung eines tschechischen Nationalstaates nicht gelungen. Der eigentliche Sieger ist der böhmische Herrenstand, der sich am Kirchen- und Klostergut ungeheuer bereichert.

1438–1740 Kaiser aus dem Haus Habsburg.

1438–1439 **Albrecht II.** von Österreich, der tatkräftige Schwiegersohn Sigismunds, dem er auch in *Böhmen* und *Ungarn* folgt, stirbt nach der Rückkehr von einem Zuge gegen die Türken.

1440–1493 Friedrich III. von Innerösterreich (Vetter Albrechts). Er unterstützt *Eugen IV.*, mit dem er 1445 *ein Konkordat für Österreich* abschließt, das ihm besondere Rechte über die Kirche seines Landes einräumt. Das *Konkordat für Deutschland* wird 1448 abgeschlossen, aber von den einzelnen Landesherren nur gegen Zugeständnisse angenommen.

1443–1450 Krieg mit den Eidgenossen, in dem Österreich den Aargau und das Fricktal endgültig verliert. 1460 erobern die Eidgenossen auch den Thurgau, so daß Österreich fast allen Besitz südlich des Bodensees und links des Rheins verliert.
Vergebliche Bemühungen um eine Reichsreform, welche die Reichsverfassung im Sinne der Reichsstände umbilden soll. Die Stände benutzen die vom Kaiser immer wieder erbetene Türkenhilfe als Druckmittel. In die *zahlreichen Fehden* zwischen Fürsten und Städten im Deutschen Reich greift der Kaiser nicht ein, der 1444–1471 vom Reich abwesend ist. *1452 wird er als letzter deutscher Kaiser in Rom gekrönt.*

1460 wird **Schleswig-Holstein mit Dänemark vereinigt** (S. 280).

1466 werden **Westpreußen und das Ermland an Polen abgetreten** (S. 283).

1467–1477 **Karl der Kühne** *von Burgund* (S. 271). Er ist ein Politiker ohne Augenmaß und Gleichgewicht, verfolgt aber hartnäckig seine Pläne. Er strebt nach dem Besitz von *Lothringen* und *Elsaß*, um sein Herzogtum mit den „niederen Landen" zu verbinden. Durch Pfandvertrag erhält er 1469 die habsburgischen Besitzungen im Elsaß und Breisgau. 1473 erobert er Geldern und Zutphen und zwingt 1474 Herzog René II. von Lothringen, ihm seine wichtigsten Festungen auszuliefern und den freien Truppendurchzug zu gestatten. 1474/75 rückt Karl in das Erzbistum *Köln* ein, *belagert Neuß,* wird aber durch den Anmarsch eines Reichsheeres zum Abzug gezwungen.

1475 Karl *erobert das Herzogtum Lothringen.* Frieden zwischen Karl und dem Kaiser, dem der Herzog *die Vermählung seiner Tochter Maria mit dessen Sohn Maximilian verspricht.*
Auf dem Marsch gegen Bern wird Karl 1476 bei *Grandson* und bei

1477 *Murten* geschlagen. Karl zieht vor *Nancy,* wohin Herzog René zu-
5. Jan. rückgekehrt ist, und fällt im Kampf gegen die Übermacht eidgenössischer, elsässischer und lothringischer Truppen. Karls Tochter Maria vermählt sich mit Erzherzog *Maximilian.* Dieser gewinnt dadurch die **Niederlande** und die **Freigrafschaft Burgund** für die *habsburgische*

Hausmacht, verteidigt diese Erwerbung gegen die Franzosen und besiegt sie 1479 bei *Guinegate*. Doch zieht Ludwig XI. von Frankreich die burgundischen Städte in der *Picardie* und das *Herzogtum Burgund* als erledigte Mannlehen ein. Auch *Flandern* erkennt 1489 Maximilians Herrschaft an.

1486   Maximilian zum deutschen König gewählt.
Friedrich III., seit 1477 von *Matthias Corvinus*, König von Ungarn, in seinen Erblanden angegriffen, aus Wien vertrieben (1485), kehrt nach dessen Tod (1490) zurück.

1491   *Vladislav II.* von Böhmen (seit 1471) und Ungarn (seit 1490) sichert
7. Nov.   im Frieden von *Preßburg* dem Haus Habsburg die Erbfolge in Böhmen und Ungarn zu (S. 281). (Forts. S. 319.)

b) Frankreich (1270–1498) (Forts. v. S. 237)

Mit Philipp IV. dem Schönen erreicht das Königtum eine absolutistische Machthöhe, die den Staat zur energischen Expansion befähigt. Diese Ausdehnung muß sich gegen Deutschland mit geringfügigem Raumgewinn begnügen; in Italien ist der französische Bundesgenosse auf dem Wege, sich zum Herrn zu machen. Die Freiheit Italiens und des linken Rheinufers wird durch den Hundertjährigen Krieg gerettet, der zweimal auf Jahrzehnte das Königtum in Ohnmacht stürzt. Erst Ludwig XI. gewinnt etwa die Stellung Philipps IV. wieder. Der neuen Ausdehnung über Maas und Alpen tritt jetzt das zur Großmacht erwachsene Haus Habsburg entgegen.

1270–1285   Philipp III. der Kühne. Krieg gegen Aragón scheitert.
1285–1314   **Philipp IV. der Schöne** ist vermählt mit Johanna von Champagne-Navarra (S. 242); die große Grafschaft stellt eine bedeutende Vermehrung der Krondomäne dar. An der Reichsgrenze macht sich eine unaufhaltsame französische Ausdehnungspolitik bemerkbar, die unter Hinweis auf allerlei Rechtstitel vordringt. Das Erzbistum Lyon, das Land westlich der Rhone und kleinere Gebiete in Lothringen sind damals französisch geworden. 1295 zweiter Vertrag mit *Pfalzgraf Otto IV. von Burgund*, der das Land seiner Tochter als Mitgift für den Sohn Philipps, Philipp (V.), gibt und sofort auf alle Regierungsrechte verzichtet.

1294–1297   *Krieg mit Edward I. von England* zur Eroberung von Guyenne; Edward zwingt *Flandern* (1297) zum Krieg gegen seinen Lehnsherrn. *Flandern* wird Anfang 1300 von den Franzosen besetzt. Es ist durch seine Wolltuchindustrie neben Toscana das wirtschaftlich fortgeschrittenste Land des damaligen Europa. Scharfe soziale Spannung zwischen den Geschlechtern und dem Proletariat der Weber.

1302 Mai   *Morgenfeier von Brügge*. Die französische Besatzung von den Zünften nachts überfallen und massakriert.

1302   **Schlacht bei Kortrijk** (Courtrai). Das französische Ritterheer vom Fußvolk der Zünfte völlig vernichtet. Die Schlacht hat weltgeschichtlichen Rang, denn die durch sie gerettete Selbständigkeit Flanderns sichert England den notwendigen Landeplatz gegen Frankreich. Ohne Kortrijk kein Hundertjähriger Krieg. Die Kämpfe ziehen sich jahrelang hin. 1312, nach völliger Erschöpfung beider Parteien, *Friede von Athis:* Orchies, Douai und Lille, *der wallonische Teil Flanderns, werden an Frankreich abgetreten.*

1303 7. Sept. **Nogaret überfällt Bonifaz VIII. in Anagni** (S. 253).

1307 Wegen Ketzerei läßt der König alle Templer im Königreich festnehmen, wohl in der Hoffnung, sich ihrer Reichtümer bemächtigen zu können; viele werden getötet.

1311–1312 **Konzil von Vienne.** Es verlangt, daß ihm die Templer zur Untersuchung vorgeführt werden, aber Philipp schüchtert das Konzil mit einem Heer ein. Papst Clemens hebt den Orden auf. 1314 werden der Großmeister *Jacques de Molay* und andere Würdenträger von der französischen Regierung als „rückfällige Ketzer" öffentlich verbrannt.

Aus fiskalischen Gründen werden die *Juden* nach Konfiskation ihres Vermögens mehrfach aus Frankreich vertrieben.

Auf Philipp folgen seine drei Söhne Ludwig X. († 1316), Philipp V. († 1322), Karl IV. († 1328).

1328–1498 **Haus Valois** (Nebenlinie der Kapetinger).

1328–1350 **Philipp VI.,** Sohn Karls von Valois, Bruder Philipps IV. Gegen Philipp VI. erhebt Ansprüche auf den französischen Thron: *Edward III.* von England als Sohn Isabellas, der mit Edward II. vermählten Tochter

1339–1453 ter Philipps IV. Daher mehr als **hundertjähriger Krieg** zwischen Frankreich und England. Frankreich wird dadurch an einer weiteren Ausdehnung gegen Deutschland gehindert. Für England ist der eigentliche *Kriegsgrund Guyenne.*

Edward schließt 1336/37 Subsidienverträge mit Brabant, Hennegau-Holland, Geldern, Jülich, Nassau, Österreich, dem Erzbischof von Trier, um sich ihrer Kriegshilfe zu versichern; schließlich gelingt gegen hohe Hilfsgelder auch Abschluß eines Bündnisses mit Kaiser Ludwig dem Bayern (S. 259). Die flandrischen Städte sind aus Rücksicht auf ihre Wollindustrie für England, der Graf von Flandern für Frankreich.

1340 Bündnis der Flamen mit Edward, der als König von Frankreich in Gent einen Hoftag hält.

24. Juni In einer großen Seeschlacht vernichtet Edward die starke französische Flotte im Hafen von **Sluis.**

1346 Schlacht bei **Crécy.** Der Ansturm der weit überlegenen französischen

26. Aug.᷄ Ritter bricht sich im Hagel der *englischen Bogenschützen,* vernichtende französische Niederlage.

1347 Edward legt sich vor **Calais,** das nach langer Belagerung fällt. *Es bleibt*

4. Aug. *bis 1559 im Besitz Englands,* ein stets offener Landeplatz seiner Heere.

1349 Erwerbung der *Dauphiné.* Das Land bestimmt Philipp VI. dem jeweiligen französischen Thronfolger, der daher den Titel *Dauphin* trägt.

1350–1364   **Johann II. der Gute,** unfähig, verschwenderisch.
Der *wirtschaftliche Verfall* des Landes erreicht einen Gipfel durch die
bald nach Crécy auftretende *Pest.*

1356   Edward, der *Schwarze Prinz,* Sohn Edwards III., vernichtet das fran-
19. Sept.   zösische Ritterheer bei **Maupertuis** unweit von *Poitiers.* Johann vier
Jahre lang in England Gefangener. Verwirrung und furchtbare innere
Kämpfe in Frankreich.

1360   **Friede** mit England **in Brétigny.** Edward III. verzichtet auf die franzö-
sische Krone und erhält *Poitou, Guyenne* und *Gascogne, Calais* und
Guines als unabhängigen Besitz ohne Lehnspflicht, dazu 3 Mill.
Goldstücke.

1363   Johann gibt das Herzogtum *Burgund* seinem Sohn *Philipp dem Kühnen.* Dieser legt durch seine Heirat (1369) mit der Erbtochter des
Grafen von *Flandern* und der *Freigrafschaft* den Grund zur Herrschaft
des burgundischen Hauses in den Niederlanden (s. S. 270).

1364–1380   **Karl V. der Weise.** Tüchtiger Herrscher. Wiederherstellung der inneren Ordnung.
Karl V., von Anfang an entschlossen, den Frieden von Brétigny nicht
dauernd anzuerkennen, beginnt 1369 den Krieg von neuem.

1372   Die englische Flotte von der kastilischen bei *La Rochelle* geschlagen.
Nach und nach werden die englischen Besitzungen bis auf *Calais,
Guines,* das *Bordelais* (Bordeaux), *Bayonne, Dax* und *Saint-Sever* er-
obert. Seit 1375 *Waffenstillstand* von Brügge.

1380–1422   **Karl VI.** Für den 12jährigen König führen seine Oheime ein höchst
eigennütziges Regiment.

1382   In Flandern Aufstand Gents unter *Philipp von Artevelde.* Karl VI.
vernichtet das Heer Philipps bei *Roosebeke.*

1384   fallen außer *Flandern* auch *Artois* und die *Freigrafschaft Burgund* an
Herzog Philipp den Kühnen. Der Schwerpunkt der politisch-wirtschaftlichen Macht des neu entstehenden burgundischen Staates liegt
in den Niederlanden.
Karl wird wahnsinnig (1392); Regentschaft Ludwigs von Orléans.

1396   28jähriger Waffenstillstand mit England.
Wachsender *Gegensatz zwischen den Herzögen* von Burgund und
Orléans, der sich auf alle Gebiete der Politik erstreckt: Schisma, England, Deutsches Reich. 1404 stirbt Philipp der Kühne, sein Sohn
Johann ohne Furcht (1404–1419) fühlt sich weniger als Valois denn
als burgundischer Fürst. *Die Handelsinteressen seiner niederländischen Gebiete ziehen ihn zu England.*

1407   *Johann von Burgund* läßt Herzog *Ludwig von Orléans,* des Königs
Bruder, *ermorden* (23. Nov.).

1414   Johann von Burgund schließt *Bündnis mit England,* damit den Handelsinteressen der niederländischen Städte dienend.

1415   Heinrich V. von England schlägt ein französisches Ritterheer vernichtend bei *Azincourt.* Johann von Burgund erkennt 1416 Heinrich V. als König von Frankreich an.

1417–1419   Heinrich *erobert die Normandie.*

1418   Die *Burgunder* werden nachts in *Paris* eingelassen. *Doppelregierung:* die eine unter dem Dauphin Karl in *Bourges,* die andere unter der Königin Isabeau, die sich Burgund angeschlossen hat, in *Troyes.*

1419   *Herzog Johann* wird von Anhängern des Dauphins *ermordet.*
Johanns Sohn, *Philipp der Gute,* schließt mit den Engländern (1420) den *Vertrag von Troyes:* Heinrich V. heiratet *Katharina,* Tochter Karls VI., und wird als Nachfolger auf dem Thron Frankreichs von einer Versammlung der Generalstände anerkannt. Heinrich V. stirbt plötzlich 1422.

Burgund. Philipp der Gute kauft 1421/29 die Grafschaft *Namur.* 1428/33 muß Jakobäa von Bayern auf *Hennegau, Holland* und *Seeland* verzichten. 1430 fallen *Brabant* und *Limburg* an Burgund. 1443/62 erwirbt Philipp der Gute *Luxemburg.* 1435 erwirbt er von Frankreich mit den *Sommestädten* eine vortreffliche Militärgrenze, dazu das *Mâconnais,* das *Auxerrois* und *Bar-sur-Seine.* Dazu kommen die *Bischofsstühle von Cambrai, Lüttich* und *Utrecht* unter burgundischem Protektorat. Das burgundische Haus hat die *Einigung der Niederlande* beendet. *Dem Namen nach Vasall des Kaisers und des französischen Königs, ist der Herzog tatsächlich ein unabhängiger Souverän* (S. 266).

1422–1461   Karl VII. Schwächlich, ohne Willenskraft, von seinen Parteigängern beherrscht. Ihm hängt *Frankreich südlich der Loire, dazu die Touraine, Lyon und Dauphiné* an. Die Truppen des Dauphins von den Engländern mehrfach geschlagen. Ende 1428 beginnt die *Belagerung von Orléans.*

Auftreten der **Jeanne d'Arc,** * um 1412 als einfaches Bauernmädchen in *Domrémy* a. d. Maas. Von Stimmen und Visionen getrieben, hält sie sich für gotterwählt, den Dauphin wieder auf den Thron zu führen. Es gelingt ihr, einige Hauptleute um sich zu scharen. Mit ihnen wirft

1429
8. Mai   sie sich nach *Orléans* (29. April) und *zwingt die Engländer zur Aufhebung der Belagerung,* daher **Jungfrau von Orléans** genannt. Sie schlägt Falstaff bei *Patay* und führt in tollkühnem Zuge *Karl VII.* nach *Reims,*

1430 März   wo er am 16. Juli feierlich *gekrönt* wird. Johanna dringt mit einer Freischar in *Compiègne* ein, wird aber bei einem Ausfall gefangengenommen

1431   men und den Engländern ausgeliefert. Von einem geistlichen Gericht
30. Mai   in *Rouen* wird sie als Ketzerin verurteilt und *verbrannt.* Das ungerechte Urteil wird 1456 auf Befehl des Papstes widerrufen (Johanna 1920 heiliggesprochen).

1431   Krönung Heinrichs VI. Lancaster in Paris.

1435   Friedenskongreß in *Arras.* Als die Verhandlungen scheitern, *schließt Philipp der Gute* von Burgund *Frieden mit Karl VII.* Karl tritt ihm Gebiete ab und entbindet ihn für seine Person von aller Lehnspflicht.

1438   Der König erläßt die *Pragmatische Sanktion von Bourges,* welche die *Gallikanischen Freiheiten* schützt und die Beziehungen zum Heiligen Stuhl regelt: Sie ordnet freie kanonische Wahlen an, verbietet päpstliche Pfründenreserven. Der Papst soll ein Fünftel der bisher üblichen Abgaben erhalten.

Das späte Mittelalter – Britische Inseln   271

1453 haben die Engländer ihren gesamten Festlandbesitz außer Calais verloren.

1461–1483 **Ludwig XI.** Ein Politiker von unübertrefflicher Geschicklichkeit. Karl der Kühne, Sohn des alten Burgunderherzogs Philipp, bildet die *Ligue du bien public* mit Bretagne, Bourbon, Armagnac, Anjou. Ludwig wird mehrfach zur Annahme der weitgehenden Forderungen der Verbündeten gezwungen.

1467–1477 *Karl der Kühne, Herzog von Burgund* (vgl. S. 266) 1468 vermählt mit *Margarete von York*, Schwester Edwards IV. von England.

1475 Edward IV. landet, von Karl dem Kühnen angetrieben, mit starkem Heer in Calais, um den französischen Thron zu erobern. Aber Karl stürzt sich verblendet auf Lothringen und schickt das versprochene Hilfsheer nicht. Friede Edwards mit Ludwig in *Picquigny*, dem er seine Thronansprüche verkauft.

Nach dem Tod Karls des Kühnen zieht Ludwig das Herzogtum *Burgund* als erledigtes Lehen ein, während die anderen Besitzungen an Österreich kommen; 1480 wird *Anjou*, 1481 werden *Maine* und die *Provence* mit den Kronländern vereinigt; der König erbt die alten Ansprüche der Anjou auf Neapel.

Ludwig hat die Macht der großen Vasallen gebrochen und die *Grundlage der unumschränkten Monarchie gelegt*. Die Krone interessierende Prozesse entzieht er dem Parlament. Er ist völlig Herr der französischen *Kirche*. Seine sicherste Stütze sind die *Städte*, trotz seiner rücksichtslosen Eingriffe in ihre Selbstregierung. Das Heer wird mehr als verdoppelt.

1483–1498 *Karl VIII.* Für den 13jährigen Thronerben führt seine Schwester Anna eine tüchtige Regentschaft.

1484 *Generalstände in Tours.* Zum erstenmal sind alle Provinzen vertreten und werden die Abgeordneten der Städte als Vertreter des dritten Standes bezeichnet.

1494 *Karl zieht nach Italien,* um die Ansprüche des Hauses Anjou auf *Neapel* geltend zu machen. Er erobert das Königreich, wird aber durch ein Bündnis zwischen dem Papst, Kaiser Maximilian I., dem Herzog von Mailand, Venedig und Spanien zum Rückzug genötigt. (Forts. S. 331.)

c) Die Britischen Inseln (1272–1485) (Forts. v. S. 239)

Die Regierung Edwards I. stellt einen Höhepunkt der königlichen Gewalt dar, der erst unter den Tudor wieder erreicht wird. Der Hundertjährige Krieg bringt einen Niedergang. Die durch ihn verursachten Steuerforderungen sowie die Thronbesteigung des Hauses Lancaster steigern die Bedeutung des Parlaments, doch spielt es neben dem Oberhaus nur eine bescheidene Rolle. Die englische Sprache wird im Laufe des 14. Jh. vom Hof und den höheren Gesellschaftsschichten anstelle der französischen angenommen. Die Kräfte des Landes reichen zum Sieg über Frankreich nicht aus.

> *Die zurückgedrängten inneren Spannungen entladen sich im furchtba-*
> *ren Bürgerkrieg der beiden Rosen.*

1272–1307   **Edward I.,** bedeutender Herrscher und Gesetzgeber. *Er* erobert 1277
und 1282–1284 *Wales.* Prince of Wales (seit 1301) Titel seines ältesten, in Carnarvon geborenen Sohnes Edward (II.) und fortan jedes
Thronerben. Edward *vertreibt,* einer Forderung des Parlaments nach-
gebend, *die Juden aus England* (1290), die von der bei ihnen ver-
schuldeten Bevölkerung gehaßt werden.

1294–1297   Krieg mit Frankreich wegen Guyennes.
Die Steuerforderungen für den Krieg mit Frankreich begünstigen die
weitere Ausbildung des Parlaments, 1295 *Model Parliament.*

1297   *Bestätigung der Magna Charta.* Der König darf wie bisher keine Steuern von seinen Vasallen einziehen, künftig aber auch keine neuen
Zölle ohne Zustimmung des Parlaments erheben. Der König versammelt das **Parlament** zuweilen, um die Bitten und Beschwerden anzu-
hören. Der Name der Commons erklärt sich daraus, daß sie die
communities des Königreichs, die Gemeinwesen, vertreten, nämlich
Grafschaften, Städte, Marktflecken. *Sie sind kein dritter Stand im*
Sinne der Reichstage und Ständeversammlungen des Kontinents, denn
außer Städten gehören auch die Grafschaftsritter zu ihnen. Das ist der
eine kennzeichnende Wesenszug des englischen Parlaments; der andere besteht darin, daß der *Klerus hier keinen besonderen Stand bildet*
und seine Sitze aufgegeben hat.

1298   Edward besiegt die mit Philipp IV. dem Schönen verbündeten Schotten bei *Falkirk.* Kleinkrieg in Schottland, seit 1306 unter *Robert*
Bruce, der sich zum König krönen läßt.

1307–1327   **Edward II.,** politisch unfähig. Günstlingswirtschaft. *Pierre Gaveston*
ist Regent während Edwards Abwesenheit in Frankreich, wo er
Isabella, Tochter Philipps IV., heiratet.

1314   Edward II. von *Robert Bruce* bei *Bannockburn* entscheidend geschlagen. Die Unabhängigkeit Schottlands ist gerettet; Entstehung eines
ausgebildeten schottischen Nationalgefühls. Ein Parlament 1322 bestimmt, daß künftig *Gesetze nur von Lords und Gemeinen, also im*
Parlament, nicht im Großen Rat, erlassen werden sollen. Isabella
konspiriert gegen ihren Gemahl. Ein Parlament zwingt den König
1327 zur Abdankung; einige Monate später wird er ermordet.

1327–1377   **Edward III.** Zielbewußter kräftiger Monarch. Er greift in den schotti-
1333   schen Thronstreit ein, siegt bei *Halidon Hill,* aber Schottland behauptet seine Unabhängigkeit.
Der Geldbedarf für den Krieg mit Frankreich wegen Guyennes und
der Thronrechte zwingt zu Zugeständnissen an das Parlament. *Tren-*
nung des Parlaments in Oberhaus (House of Lords) und *Unterhaus*
(House of Commons) jetzt nachweisbar, ist aber wohl älter und geht
auf nichtamtliche Zusammenkünfte der Commons zurück. Im
Gesamtparlament hatten die einzelnen Commons kein Recht der
Rede. Der „Sprecher" *(Speaker)* allein antwortet im Namen aller.

Im Unterhaus wird dann der Sprecher zum Vorsitzenden der Versammlung. Das House of Lords ist oberstes Reichsgericht. *Steuerbewilligungsrecht* des Parlaments voll ausgebildet („No taxation without representation"). Vom König bewilligte *Petitionen* der Commons werden Gesetz; so entsteht das Gesetzgebungsrecht des Unterhauses.
Der Schwarze Tod *verringert die englische Bevölkerung von etwa 4 Mill. auf etwa 2¹/₂ Mill.* Einschneidende wirtschaftliche Folgen: der Wert des Landes, die Pachterträge sinken, dagegen verlangen die Arbeiter statt 2–3 jetzt 6–8 Pence täglichen Lohn.
Statute of Provisors (1351) gegen die Ernennung (provision) von Geistlichen und gegen Pfründenverleihung durch den Papst. *Statute of Praemunire* (1353) verbietet Appellationen an den Heiligen Stuhl in Sachen, die dem König zustehen.
Wiederbeginn des Krieges mit Frankreich (S. 269).
In *Schottland* besteigt nach dem Tod von David Bruce 1370 mit seinem Schwestersohn das *Haus Stuart* (Steward) den Thron. Ständige Kriege mit England. Edwards Söhne: Edward, der Schwarze Prinz; Johann begründet die Linie *Lancaster*, Edmund die Linie *York*.
Richard II., Sohn des Schwarzen Prinzen. Reformpredigt des **John Wyclif** aus Yorkshire, Professor in Oxford. Er bekämpft die weltliche Herrschaft der Kirche, fordert die Einziehung des Kirchengutes zugunsten armer Adliger, bestreitet den Heilscharakter der Kirche und die *Transsubstantiation im Abendmahl,* tritt für *die Abschaffung des Papsttums, der Klöster, der Priesterbeichte und der Heiligenverehrung* ein.
Er übersetzt 1380 *zum ersten Mal die Bibel vollständig ins Englische.*
1382 werden Wyclifs Lehrsätze für ketzerisch erklärt († 1384).
1381   Großer Bauernaufstand, teils aus politischen, hauptsächlich aber aus sozialen Gründen. Hauptforderung: Ablösung aller Dienste gegen 4 Pence Pacht pro Acre.
1382 Heirat Richards mit *Anna von Böhmen,* Tochter Karls IV. Adlige ihres Gefolges bringen die Schriften Wyclifs nach Böhmen, mit denen dann Hus bekannt wird.
Durch sein despotisches Willkürregiment macht sich Richard sehr unbeliebt. 1399 kommt es schließlich zum Aufstand seines Vetters Heinrich von Lancaster. Richard wird in den Tower geworfen († 1400). *Das Parlament setzt ihn wegen seiner Missetaten ab* und erkennt Heinrich Lancasters Thronanspruch an.
1399–1461   Haus Lancaster (Nebenlinie des Hauses Plantagenet).
1399–1413   Heinrich IV., Enkel Edwards III. Da Heinrich seine Krone dem Parlament verdankt, *achtet er während seiner ganzen Regierung sorgfältig die Rechte beider Häuser.*
1400–1408   Kämpfe mit Wales, Aufstand des Hochadels im Norden niedergeschlagen.
1413–1422   **Heinrich V.** Sehr fromm, erbitterter Feind der Anhänger der Lehre Wyclifs (Lollarden); glänzender Feldherr.
Um die starken inneren Spannungen nach außen abzulenken und

durch kriegerische Erfolge den Thron der Lancaster zu stützen, erneuert er den Anspruch auf die französische Krone. Im Gegensatz zu Edward will er Frankreich tatsächlich erobern und den Thron besteigen.

1415 Sammlung des Heeres in *Southampton*. Hier wird eine Verschwörung entdeckt, Richard von Cambridge (Haus York) und andere Große hingerichtet.

Krieg in Frankreich s. S. 269.

1422–1461 **Heinrich VI.,** beim Regierungsantritt einjährig. In Frankreich regiert für ihn sein Onkel Herzog *Johann von Bedford*, in England sein Onkel Herzog *Humphrey von Gloucester*. Anfänglich erfolgreicher, dann unglücklicher Krieg mit Frankreich. Ende des 100jährigen Krieges,

1453 S. 271. Der Krieg hat die Ausbildung des *englischen Nationalbewußtseins* beschleunigt, das Ansehen des Bauernstandes sehr gehoben und infolge der feindseligen Stimmung gegen Frankreich *die Abhängigkeit der englischen Kultur von der französischen beseitigen helfen.*

Das Ansehen des *Unterhauses* erreicht während des Mittelalters unter Heinrich VI. seinen Höhepunkt, aber es bleibt in der Hand von Adelsklüngeln. Das Petitionsrecht ist zum Recht der *Gesetzesinitiative* weitergebildet. 1430 beschränkt ein Gesetz das aktive Wahlrecht zugunsten der Reichen.

1455–1485 **Rosenkriege,** so genannt, weil eine rote Rose das Abzeichen der Lancaster, eine weiße das der York bildet.

Richard von York stützt sich gegen die starke Mehrheit des Hochadels auf die handeltreibenden Städte.

Die Grafen von Salisbury und Warwick sowie Edward (IV.) besiegen

1460 die königliche Armee bei *Northampton*, Heinrich VI. gefangengenommen. Richard von York erhebt jetzt förmlich Anspruch auf die Krone. Königin Margarete ruft zu ihrer Hilfe die Barone Nordenglands auf (Northumberland und Lancaster). Mit einem

1461 starken Heer siegt die Königin bei *Wakefield* vollständig. Richard

29. März von York fällt.

London öffnet Edward IV., Richards Sohn, die Tore. Er siegt entscheidend bei *Towton*. Edward in Westminster zum König gekrönt.

1461–1485 **Haus York** (Nebenlinie des Hauses Plantagenet).

1461–1483 **Edward IV.** Vortrefflicher Kriegsmann, energisch und schnell entschlossen in der Gefahr. 1464 Königin Margarete bei *Hexham* geschlagen. 1465 Heinrich erneut gefangengenommen und in den Tower gesperrt.

1470 muß Edward vor Margarete und Graf Warwick nach Holland fliehen. Heinrich VI. wird wieder eingesetzt. Edward kehrt aber zurück und besiegt seine Gegner bei *Barnet und Tewkesbury*. Heinrich VI. im Tower ermordet.

1475 Einfall in Frankreich. Der Friede mit Ludwig XI. leitet *den Übergang zur insularen Tudorpolitik* ein.

1483 **Edward V.** Edwards IV. jüngerer Bruder, *Richard von Gloucester*, läßt die Ehe Edwards IV. für ungültig, dessen Kinder für illegitim erklären. Mit Zustimmung des Parlaments wird Gloucester zum König gekrönt.

1483–1485   **Richard III.** läßt Edward V. und seinen jüngeren Bruder Richard im Tower heimlich umbringen. Dieser grausige Kindermord zerstört seine Popularität.

Heinrich Tudor, Graf von Richmond, der einzige lebende Sproß des Hauses Lancaster, Ururenkel Johanns, verspricht, *Edwards IV.* *Tochter Elisabeth* zu heiraten, um so die Ansprüche beider Häuser zu vereinigen. Er landet in England.

1485   Richard verliert bei *Bosworth* Schlacht und Leben. Heinrich wird auf dem Kampffeld zum König gekrönt. (Forts. S. 339.)

d) Italien (1268–1458) (Forts. v. S. 234)

Größere Staatsbildungen ursprünglich nur in den Gebieten ohne Kommunen: Königreich Sizilien, Kirchenstaat und Savoyen-Piemont. In den Kommunen geht die republikanische Verfassung infolge der inneren Parteikämpfe über in die Signorie. Durch Unterwerfung der Nachbarkommunen entstehen größere Herrschaftsgebiete. Das Regiment der Signori ist durch fürchterliche Greuel und Untaten gekennzeichnet; doch sorgen viele Signori für das niedere Volk und fördern als Mäzene Kunst und Wissenschaft. Wie vorher in Sizilien unter Friedrich II. entstehen jetzt in den italienischen Signorien Staaten modernen Typs, in denen die monarchische Gewalt aufs höchste gesteigert ist.

Stadtstaaten

Venedig wird im 13. und 14. Jh. im Kampf gegen Genua Flottenvormacht und Herrin des Levantehandels. Es entsteht seit 1339 ein *Festlandterritorium.* Gegen Ende des 15. Jh. erstreckt sich der venezianische Besitz von Cividale bis Bergamo, nördlich bis in die Alpen, südlich bis Adda und Po. 1489 kommt Cypern hinzu. Streng *aristokratische Verfassung.* Der Doge wird auf Lebenszeit gewählt. Der Große Rat Träger der Souveränität.

Verona: regiert durch das Geschlecht der *Scala.* Heinrich VII. belehnt Cangrande I. della Scala mit der Stadt. An seinem Hof lebt der verbannte Dante. 1387 Verlust des Herrschaftsgebietes an Mailand.

Mailand: Im 13. Jh. erringen die *Visconti* die Macht. Giangaleazzo (1385–1402) kauft von König Wenzel die Herzogswürde und erobert Verona (1406 an Venedig abgetreten), Padua, Bologna, Pisa, Siena. Er will sich zum König von Italien machen. Nach dem Aussterben der Visconti wird 1450 der Kondottiere *Francesco I. Sforza* Herzog. In **Ferrara** regieren seit 1264 die *Este,* in **Mantua** die *Gonzaga.*

Genua: Machtstellung im Orient, von Byzanz mit Vorrechten ausgezeichnet. Seit 1284 im Besitz von *Sardinien, Corsica, Elba.*

Florenz: Sitz großer Handelsgesellschaften und Bankhäuser. Seit 1282 *demokratische Verfassung.* Kämpfe zwischen „Schwarzen" (Guelfen)

und „Weißen" (Ghibellinen), die 1301, unter ihnen Dante, aus der
Stadt vertrieben werden. Allmählich gewinnt Florenz die Herrschaft
über Toscana. Seit 1400 gelangt das Geschlecht der *Medici* zu fürstlicher Stellung. In republikanischen Formen führen sie ein völlig
monarchisches Regiment.

Kirchenstaat

Zu ihm gehören: *Patrimonium, römisches Tuscien, Kampanien,* Herzogtum *Spoleto,* Mark *Ancona, Pentapolis* und *Romagna;* oft besteht
nur nominelle päpstliche Herrschaft. Zerrüttet durch die Kämpfe der
Adligen und den Aufenthalt der Päpste in Avignon. Kardinal *Aegi-
dius Alvarez Albornoz* (1353–1368) stellt die Ordnung wieder her,
neuer Verfall durch das Schisma.

Königreiche Neapel und Sizilien

Nach 1263 hat **Karl von Anjou** (1265–1285, vgl. S. 232 f.) zeitweise
durch Übertragung der Signorie die Herrschaft in zahlreichen Städten
Piemonts, Toscanas usw. und in Rom inne. Seine Hauptstadt wird
Neapel. Pläne zur Gewinnung *Konstantinopels* wie des Königreichs
Arelat. Durch die **Sizilianische Vesper** (31. März **1282:** spontaner
Aufstand, Ermordung oder Vertreibung aller Franzosen in Palermo,
dann in ganz Sizilien) wird er auf das Festland **(Neapel)** beschränkt.
Rückeroberungsversuche scheitern. *Robert der Weise* (1309–1343)
hat zeitweise eine hegemoniale Stellung auf der Halbinsel inne. Seine
Enkelin *Johanna I.* wird 1382 von *Karl von Durazzo* aus der ungari-
schen Linie der Anjou entthront. (Sie hatte vorher Ludwig I. von
Anjou, Bruder Karls V. von Frankreich, adoptiert; daher die späteren
Ansprüche Karls VIII. auf Neapel.) *Ladislaus* (1386–1414), ein Sohn
Karls von Durazzo, ist der tatsächliche Herr im Kirchenstaat, er versucht Italien zu einen. Seine Schwester Johanna II. (1414–1435) setzt
Alfons V. von Aragón-Sizilien zum Nachfolger ein; bis 1458 Neapel
und Sizilien wieder vereinigt.
Sizilien: 1282 rufen die Sizilianer Manfreds Schwiegersohn *Peter III.
von Aragón* nach Palermo. Nach Thronwirren kommt es zur Errichtung einer **aragonischen Nebenlinie** unter Friedrich III. (1296–1337),
der im Frieden von **Caltabellotta** (1302) von Karl von Valois anerkannt wird. Der jahrzehntelange Krieg mit Neapel und die Parteifeh-
den der sizilischen Barone führen zum Zusammenbruch der zentralen
Regierungsgewalt. Seit 1377 steht Sizilien wieder unmittelbar unter
Aragón. (Forts. S. 335.)

e) Die Iberische Halbinsel (1252–1492) (Forts. v. S. 242)

*Das spätere Mittelalter ist auch für Spanien eine Zeit der Auflösung.
Die Aristokratie erhebt sich gegen das Königtum, die Stände gewinnen
immer neue Privilegien, besonders im Reich Aragón. Die Reconquista*

bleibt ohne größere Erfolge. Gegen Ende des 15. Jh. beginnt ein neuer Aufstieg des Königtums. Die Vereinigung von Kastilien und Aragón gewinnt große Bedeutung.

Kastilien

1252–1284 Alfons X., Enkel Philipps von Schwaben. *Deutsche Königswahl* 1257 (S. 232). Seine Pläne zielen auf *Italien,* scheitern jedoch. Schwache Regierung im Innern. Erfolglose Maurenkriege. *Sancho IV.* (1284–1295). Das Eingreifen Kastiliens in die große europäische Politik setzt sich in verstärktem Maße fort. Es folgen sein Sohn *Ferdinand IV.* (1295–1312) und sein Enkel

1312–1350 Alfons XI. Maurenkriege. Ein Heer des Sultans von Marokko wird vom kastilisch-portugiesischen Heer in der *Schlacht am Salado* (1340) völlig geschlagen. Letzte Landung eines afrikanischen Heeres in Spanien.

1350–1369 Peter I. Thronstreit mit *Heinrich von Trastamara,* der von Frankreich unterstützt wird. 1369 verliert Peter die Entscheidungsschlacht von *Montiel.*

1369–1379 Heinrich II. *von Trastamara.* Für mehr als ein Jahrhundert bleibt Kastilien mit Frankreich verbündet.
Johann I. (1379–1390) vermählt sich mit der Erbtochter des Königs von Portugal, aber er erleidet die Niederlage von *Aljubarrota,* Portugal bleibt selbständig. – *Heinrich III.* (1390–1406) erobert die *Kanarischen Inseln. – Heinrich IV.* (1454–1474), der letzte männliche Sproß des Hauses Trastamara, setzt seine Schwester *Isabella* als Nachfolgerin ein. Sie heiratet, ohne Vorwissen ihres Bruders, 1469 Ferdinand von Aragón.

1474–1504 Isabella von Kastilien.
1479–1516 Ferdinand von Aragón.
Die Vereinigung der beiden Reiche ist nur lose. Die wichtigsten Regierungsrechte in Kastilien übt Isabella alllein aus. In beiden Reichen wachen die Stände mit Eifersucht über ihre Sonderrechte, und besonders in Aragón ist die Königsgewalt durch sie erheblich beschränkt. Die Krone übernimmt die Reform des Klerus. Oberster Berater der „große Kardinal" González de Mendoza, Erzbischof von Toledo, „der dritte König Spaniens". Mit päpstlicher Genehmigung 1481 Erneuerung der **Inquisition.** Der Dominikaner *Torquemada* wird 1483 Großinquisitor; Tausende zum Feuertod verurteilt.

1492 Ab 1481 Kampf gegen das Reich der Nasriden. Eroberung Granadas. Danach Vertreibung der Juden aus dem ganzen Reich Isabellas und Ferdinands.

Ansprüche Portugals auf Amerika führen zum Schiedsspruch Alexanders VI. und zum Vertrag von **Tordesillas:** Demarkationslinie 370
1494 Meilen westlich der letzten Azoreninsel scheidet von Pol zu Pol die spanischen und portugiesischen Entdeckungen.

1512 Navarra erobert und Spanien eingegliedert.

Aragón

1276–1285 **Peter III.** bemächtigt sich *Siziliens.*
Alfons III. (1285–1291), Peters ältester Sohn, folgt in Aragón mit Katalonien und Valencia.
1290 Bündnis mit dem Mameluckensultan von Ägypten zur gegenseitigen Kriegshilfe. – Zerfall des christlichen Einheitsbewußtseins.
1285–1327 **Jakob (Jaime) II.**, bis 1291 nur in Sizilien, folgt dem älteren Bruder in dessen Reichen nach. Als Jakob im Frieden von Anagni (1295) auf Sizilien verzichtet und dafür vom Papst mit Sardinien und Corsica belehnt wird, erheben die Sizilianer Jakobs Bruder Friedrich III. zum König. Nach langwierigen Kämpfen mit Pisa kann sich Jakob in den Besitz *Sardiniens* setzen (1326), während Genua Corsica behauptet; doch leben die Kämpfe um Sardinien unter seinen Nachfolgern wieder auf.
Als das Haus Barcelona ausstirbt, besteigt 1412 die kastilische Dynastie den Thron Aragón-Sizilien. *Alfons V.* (1416–1548) vereinigt Neapel wieder mit Sizilien; ihm folgt *Johann II.* (1458–1479) (außer in Neapel). Er ist zugleich *König von Navarra.* Sein Sohn *Ferdinand* wird 1474 König von *Kastilien.*

Portugal

Friedliche Entwicklung unter *Dionysius* (1279–1325) und seinen Nachfolgern. **Johann I.** (1383–1433) siegt 1385 über die Kastilianer bei *Aljubarrota;* Portugal bleibt selbständig. Sein Sohn *Heinrich der Seefahrer* fördert die Entdeckungsfahrten längs der afrikanischen Küste. 1455 wird *Cabo Verde* erreicht, 1482 die Kongomündung; an dieser Fahrt nimmt der Nürnberger Kaufmann *Martin Behaim teil,* Freund von Kolumbus und Magalhaes. 1487 umfährt *Bartolomeu Diaz* das Kap der Guten Hoffnung. (Forts. S. 337.)

f) Skandinavien (1286–1513) (Forts. v. S. 241)

Das spätere 14. und das 15. Jh. sind für den Norden die Zeit der Union. Aber nur zwischen Dänemark und Norwegen wird sie Wirklichkeit. Norwegen wird zu einem Anhängsel Dänemarks. In Schweden dagegen können sich die Nachfolger Margaretes nur vorübergehend durchsetzen, bis Gustav Vasa die Union förmlich aufhebt. Dänemark und Schweden entwickeln sich zum Wahlreich, in Norwegen aber setzt sich im 13. Jh. ein starkes Erbkönigtum durch.

1286–1319 **Erich VIII. Menved** versucht trotz der inneren Schwäche des Königtums die Rückkehr zur Großmachtpolitik. Als *Christoph II.* (1320–1326) Adel und Klerus besteuert, wird er vertrieben. Graf **Gerhard III.** d. Gr. von **Holstein** (Schauenburger) wird zum Reichsverweser, sein Mündel, Herzog Waldemar V. von Schleswig, als *Waldemar III.* (1326–1330) zum König gewählt.

1326   Gerhard läßt sich von Waldemar Schleswig zu erblichem Besitz über-
tragen, mit der Bestimmung, daß Schleswig *nie wieder mit der Krone
Dänemarks vereinigt werden solle.* Gerhard regiert nach 1332 als
Reichsverweser das königlose Reich; er wird 1340 ermordet.

1340–1375   Waldemar IV. *Atterdag,* Christophs Sohn, stellt die Königsmacht wieder her. Gewinnt *Fünen* und *Seeland* zurück, 1360 auch Schonen, so
daß der alte Reichsumfang wiederhergestellt ist. Er verkauft *Estland*
1346 an den Deutschen Orden, besetzt 1361 Visby.
Krieg mit der Hanse, 1361–1362; 1367–1370 (S. 264).
Waldemars Tochter *Margarete* mit König Haakon VI. Magnusson
von Norwegen vermählt; ihr Sohn *Olaf* (1376–1387) König von
Dänemark, der nach dem Tod seines Vaters auch den Thron von *Nor-*
1380   *wegen* besteigt. Seitdem *bleibt Norwegen mit Dänemark bis zum Kie-
ler Frieden 1814 verbunden.* Olaf stirbt 1387 als *letzter vom Mannesstamm der Folkunger.* Nun wird seine Mutter zur Königin gewählt.

1387–1412   Margarete von Dänemark und Norwegen, seit **1389** von **Schweden.**
In Schweden Opposition gegen König Albrecht aus dem Hause
Mecklenburg, ein Teil des schwedischen Adels wählt 1388 Margarete.
1389   Albrecht wird unweit von Falköping geschlagen und gefangengenommen. Ganz Schweden fällt ihr zu. Kräftige innere Regierung Margaretes in den drei Reichen gegen den Adel. Sie verschafft ihrem Groß-
neffen, *Erich von Pommern,* die Nachfolge.

1397   **Kalmarische Union.** Die Reichsräte der drei Länder nach Kalmar be-
20. Juni   rufen, der 14jährige Erich gekrönt. Vertrag, daß die drei Reiche, trotz
innerer Selbständigkeit, nicht wieder getrennt werden.
1386 *belehnt Margarete Gerhard von Holstein* mit *Schleswig,* so daß
fortan *beide Herzogtümer vereinigt sind.*

1412–1439   Erich der Pommer. Energisch und tüchtig.
Langjähriger *Krieg* mit den Grafen von Holstein *um Schleswig,* in den
auch die Hanse hineingezogen wird. Erich sucht den deutschen Kaufmann im Norden zurückzudrängen, begünstigt das Eindringen der
Holländer und Engländer in die Ostsee.
Seine die Rechtsgewohnheiten der einzelnen Länder beiseite set-
zende Politik zielt auf Verschmelzung der drei Reiche und eine absolute Herrschaft ab. Das ruft besonders in Schweden eine steigende
Opposition hervor. Schließlich setzt der dänische Reichstag Erich ab
1439–1448   († 1459) und wählt seinen Schwestersohn **Christoph III. von Bayern.**
1441 schließt sich der schwedische Reichsrat, 1442 Norwegen der dänischen Wahl an. Christoph regiert jedes Land nach seinen eigenen
Gesetzen und mit den eingeborenen Räten. Dem kinderlosen König
1448–1481   folgt in Dänemark und Norwegen **Christian I. von Oldenburg,**
Schwestersohn *Adolfs, Herzogs von Schleswig und Grafen von Holstein. 1450 Unionsvertrag von Bergen* mit Norwegen, setzt eine ewige
Vereinigung beider Reiche mit gemeinsamer Königswahl fest, erkennt aber Norwegens Selbständigkeit an. In Schweden wird *Karl
Knutsson* zum König gewählt, der aber nach Danzig fliehen muß.
1460   wird *Christian* von den Ständen zum *Herzog von Schleswig* und *Gra-*

fen von Holstein gewählt, unter voller Wahrung der Selbständigkeit der Lande. Die Stände halten so die Vereinigung der beiden Herzogtümer aufrecht. **Seitdem Personalunion der Herzogtümer mit Dänemark,** aber Realunion der Herzogtümer untereinander, beides **bis 1863.**

1464 Aufstand in Schweden, die Herrschaft Christians hört auf. König *Karl Knutsson* kehrt zurück.

1481–1513 **Johann** König in Dänemark und Norwegen. Auch Schweden ist zur Anerkennung Johanns bereit, nachdem er wie in Norwegen die Rechte des Adels und des Reichstags erweitert hat. Aber *Sten Sture* als Reichsverweser verhindert Johanns Thronbesteigung, wird jedoch
1497 vom einmarschierenden Dänenheer bei *Retebro* geschlagen.
1500 Schlacht von *Hemmingstedt*, völlige Niederlage der Dänen und Holsteiner durch die Dithmarschen. Darauf folgen neue Unruhen in *Schweden*, Vertreibung der Dänen. (Forts. S. 343.)

g) Ost- und Südosteuropa (1308–1526)

Folgendes bestimmt diese Epoche:
Die Entfremdung Rußlands vom Westen durch die Mongolenherrschaft und die Ersetzung des Mosaiks der russischen Teilfürstentümer durch die Einheit des aufstrebenden zentralistischen Moskauer Staates;
die Expansion Litauens und seine Vereinigung mit Polen im machtvollen Jagiellonenreich, dessen spätere Schwäche das Eindringen Moskaus in die europäische Politik zwangsläufig nach sich zieht;
die Ausweitung des Osmanenreiches über den Balkan und große Teile Südosteuropas.

Ungarn (Forts. v. S. 247)

Die *Herrschaft* der **Anjou** bedeutet die *Erneuerung der Zentralge-*
1342–1382 *walt: Karl Robert* (1308–1342) und sein bedeutender Sohn **Ludwig d. Gr.** schützen den niederen Adel gegen die Tyrannei der Magnaten, verleihen Privilegien an Bürgertum und Städte. Anfänglich erfolgreiche Außenpolitik: Siege über *Serbien* und Unterwerfung *Bosniens* (1328). Die Ehe Karl Roberts mit *Elisabeth von Polen* (1320) führt Ludwig I. 1370 auf den polnischen Thron. Im Süden wird Ungarn seit der Mitte des 14. Jh. durch das Vordringen der *Türken* bedroht: *Unabhängigkeit von Walachei und Moldau*, Erneuerung des Königreichs *Bosnien unter Tvrtko* und Entstehung eines Gürtels von *serbischen* und *bulgarischen* Fürstentümern.

1387–1437 1387 kommt der Verlobte der *Maria von Ungarn*, der **Luxemburger Sigismund,** auf den Thron, der 1410 Kaiser wird.
1396 Niederlage des von Sigismund geführten Kreuzheeres bei *Nikopolis* durch die Türken. Die Magnaten zwingen Sigismund zur Anerkennung ihrer Rechte 1401.
1444 Nach der Niederlage gegen die Türken bei *Varna* kommt es zu *Bürgerkriegen*. Sieg über die *Türken* bei *Belgrad* 1456.

1458–1490   herrscht **Matthias I. Corvinus** (Sohn Johann Hunyádis), der 1463 die Türken besiegt und die Herrschaft in *Böhmen* einschließlich *Mährens, Schlesiens* und der *Lausitz* erringt: Starke Abwehr gegen die Türken; Feindschaft mit *Friedrich III.;* Eroberung Wiens 1485.

1490–1516   *Vladislav II.,* seit 1471 König von Böhmen. Mähren, Schlesien und die Lausitz fallen an Böhmen zurück, Kroatien wird von Österreich erobert.

1515   bestätigen Vladislav und Maximilian nach Eheschließung zwischen ihren Kindern bzw. Enkeln den Frieden von Preßburg, der die Rechtsbasis für den Übergang der Länder der Stephanskrone an das Haus Habsburg bildet.

1526   *Niederlage und Tod Ludwigs II.* (1516–1526) *bei Mohács; Buda* und *Pest* von den Türken erobert. Gegen den Erben *Ferdinand von Österreich* (1527–1564) erhebt sich ein *nationales Königtum unter Johann Zápolya* (1526–1540) mit *Buda* als Hauptstadt, von den Osmanen unterstützt, wodurch Ungarn für 1½ Jahrhunderte unter osmanischer Herrschaft bleibt.

Serbien (Forts. v. S. 243)

1322–1331   erfährt die *größte Blüte seiner Macht* unter *Stephan Uroš III.* (Annexion *Bulgariens*, Vertreibung des Kaisers *Andronikos* aus *Makedo-*

1331–1355   *nien*) und unter **Stephan Dušan** (Uroš IV.). Er dehnt nach Kriegen gegen *Bosnien* und *Ungarn* unter Ausnutzung der byzantinischen Wirren sein Reich bis *Thessalien* aus. 1346 erfolgt die Krönung, die Einrichtung des *Patriarchats Serbien* und die *Kodifizierung des Rechts* (1349). Stephan Dušan stirbt vor Erreichen seines Ziels, der *Kaiserkrone von Byzanz.* Sein Reich zerfällt in eine Reihe von Teilfürstentümern, die unter türkische Oberhoheit gelangen. Die *Entscheidung* darüber fällt nach dem Sieg der Türken an der *Maritza* (1371) *in der*

1389   *Abwehrschlacht der südslawischen Völker* auf dem **Amselfeld.** Das

15. Juni   Land zwischen *Donau, Save, Drina* und *Timok* wird den Türken tributpflichtig; *Stephan Lazarević* (1389–1427) und *Georg Brankovič* (1427–1456) suchen Anlehnung an *Byzanz, Ungarn* und den *Westen,*

1444   ohne der Türkenmacht widerstehen zu können, die nach dem Sieg

10. Nov.   bei **Varna** Serbien 1459 überrennt, Bosnien 1463 und die *Herzegowina* 1483 besetzt. Damit ist die *Vorherrschaft der Türken auf dem Balkan* vollendet. Lediglich **Montenegro** und die **Republik Ragusa** bleiben von der Türkenherrschaft verschont, unter der Serbien bis zum Beginn des 19. Jh. steht. Ausrottung der serbischen Aristokratie. Der serbische Nationalgedanke bleibt in der Kirche lebendig. (Forts. S. 386.)

Bulgarien. Der ohnmächtige Staat verliert 1330 seine Selbständigkeit an Serbien und wird **1396 türkische Provinz (bis 1878).**
Die **Walachei** wird 1389/1411 (bis 1877), die **Moldau** nach 1500 **den Türken tributpflichtig** (bis 1828).

Böhmen (Forts. v. S. 244)

Innere Konsolidierung unter dem Sohn Kaiser Heinrichs VII., *Johann von Luxemburg* (1310–1346), der sich mit *Elisabeth*, Tochter Wenzels II., vermählt. Er verzichtet 1335 im Vertrag von *Visegrád* auf die Krone Polens, wofür seine Herrschaft über die schlesischen Fürstentümer anerkannt wird. Sein Sohn, der spätere König und Kai-

1333–1378 ser **Karl IV.**, der 1333 mit der Verwaltung Böhmens und Mährens betraut wird, führt das „*Goldene Zeitalter*" herauf: 1344 *Prag Erzbistum;* 1348 *Gründung der Universität Prag,* Ausbau von Prag *(Dom, Hradschin),* das zur *Hauptstadt des Reiches* wird; Reform des Finanz- und Gerichtswesens; Pflege von Handel und Industrie, Kunst und Wissenschaft; Erweiterung Böhmens durch Vereinigung mit *Schlesien* und der *Lausitz,* Erwerb der Mark Brandenburg (1373).

1378–1419 *Wenzel IV. von Böhmen und Schlesien* gerät in Konflikt mit dem böhmischen Adel, der ihn mehrfach seiner Freiheit beraubt. Unter ihm wird **Johann Hus,** Professor der Theologie und Führer der nationalen Partei an der Universität Prag, zum *Haupt der Reformbewegung,* die sich für die Lehre des Realisten *John Wyclif* entscheidet (vgl. S. 273). 1409 *Auszug der deutschen Studenten und Professoren nach Leipzig.*

1415 **Hus** in Konstanz **verbrannt.**

1419–1436 **Hussitenkrieg** (S. 265 f.). 1433 Friede mit der gemäßigten Partei, Niederlage der radikalen Taboriten 1434 bei *Lipan.*

1452 wird **Georg von Podiebrad** als Führer der Utraquisten *Reichsverweser* und *König von Böhmen* (1458–1471). Angefeindet vom Papsttum, erliegt *Podiebrad* 1468/69 dem Angriff des Ungarnkönigs *Matthias Corvinus,* dessen Herrschaft über *Mähren, Schlesien* und *Lausitz* er anerkennen muß. Nach Georgs Tod wählen die böhmischen Stände

1471–1516 *Vladislav II.,* Sohn Kasimirs IV. von Polen, zum Herrscher, der 1490 auch die Stephanskrone erhält (S. 281). Leibeigenschaft der Bauern und gesetzgebende Gewalt durch die Stände wird 1500 festgelegt. Die im *Frieden von Preßburg* 1491 dem Haus Habsburg zugesicherte *Erbfolge* tritt *1526* ein.

Polen (Forts. v. S. 245)

Einigung Polens unter *Władysław Łokietek,* der 1320 gekrönt wird. Verlust Pommerellens 1308/09 an den Deutschen Orden, Schlesiens 1327/31 an Böhmen. Konflikte mit Brandenburg (1326–1329). Böhmen (1329–1331) und dem Deutschen Orden (1326–1332).

1333–1370 **Kasimir III.** d. Gr. schließt Frieden mit Böhmen 1335 im *Vertrag von*
1343 *Visegrád* und mit dem Deutschen Orden 1343 im *Vertrag von Kalisch* (Verzicht auf Pommerellen) und gewinnt den Kampf mit *Litauen* um die Nachfolge in den Fürstentümern *Halicz* und *Wolynien* (1349; 1366). Maßnahmen auf dem Gebiet der Verwaltung (Kodifikation des polnischen Rechts), der Landeskultur (Förderung der Kolonisation zu deutschem Recht, Hebung des Bauernstandes), der Wissen-

schaft und Bildung. Kasimir legt die Grundlage für die künftige *Groß-macht des Jagiellonenreichs.*

1370–1382   *Ludwig I. von Ungarn,* der Polen mit Hilfe seiner Mutter Elisabeth regiert. Nach seinem Tod wird seine Tochter *Hedwig* Königin und aus politischen Interessen gezwungen, den heidnischen Litauerfürsten *Jagiełło* zu heiraten.

1386   Wahl und Taufe Jagiełłos, danach Heirat mit *Hedwig* und Krönung als **Władysław II. Jagiełło** (1386–1434; das **Haus der Jagiellonen** bis 1572); 1387 Einführung des Christentums in Litauen in Verbindung mit der Privilegierung des litauischen Adels nach polnischem Muster. **Die polnisch-litauische Union bedeutet einen Markstein in der Geschichte Osteuropas:** Nach dem Ende der litauischen Ostexpansion und der inneren Gegensätze zwischen Władysław und seinem Vetter *Witold* erfolgt der gemeinsame Angriff gegen den Deutschen Orden (vgl. S. 262), der in der

1410   **Schlacht bei Tannenberg** unterliegt und 1411 im *1. Thorner Frieden Samogitien* verliert. Der Zusammenhalt beider Teile wird nach dynastischen und territorialen Differenzen unter der Herrschaft *Kasimirs IV.* (1447–1492) erneuert: *Wolynien* fällt an *Litauen, Podolien* an *Polen* (vermehrte und gleiche Privilegien in beiden Reichen). 1454 bricht erneut der Krieg zwischen dem Deutschen Orden und Polen aus. Der Adel benutzt ihn zur Erweiterung seiner Privilegien (1454 *Statut von Nessau).* Im 2. *Thorner Frieden* erhält Polen *Westpreußen* mit *Danzig* und *Marienburg* sowie das *Ermland* bei Wahrung der Autonomie und deutschen Sprache. Der Hochmeister wird zu Heerfolge und Treueid verpflichtet. Damit ist *die jagiellonische Idee eines Reiches von der Ostsee bis zum Schwarzen Meer* mit Einschluß des gesamten *Dnjeprbassins* wenigstens *für kurze Zeit verwirklicht.* Zusammen mit dem von Władysław, Kasimirs ältestem Sohn, beherrschten Böhmen (seit 1471) und Ungarn (seit 1490) kontrolliert *die jagiellonische Dynastie* einen starken Block, dessen Größe zur entscheidenden Schwäche wird infolge der Vielzahl der Konfliktstoffe mit den aufkommenden Rivalen: *Moskau, Türken, Habsburg* und *Schweden.* Unter Johann Albrecht (1492–1501) erfolgt bereits der Rückschlag in der Moldau und in Litauen. *Senat* (Magnaten und Geistliche) und *Sejm* (niederer Adel) erhalten im 15. Jh. ihre endgültige Form. Polen ist ein Ständestaat. (Forts. S. 345.)

1447

1466

Litauen

1316–1341   Litauen, das bereits *Mindowe* († 1263) durch die Annexion der benachbarten russischen Territorien erweitert hat, wird unter **Gedymin** zu einer erstrangigen politischen und militärischen Macht, die die Befreiung der russischen Länder von der Mongolenherrschaft proklamiert: nach *Polock* kommen die Gebiete um *Vitebsk* und *Minsk* sowie *Halicz* unter litauische Herrschaft. Seit dem Bund mit Polen (1325) wird es ein gefährlicher Feind des Deutschen Ordens. Unter

Gedymins Sohn **Olgierd** (1345–1377) werden *Černigov, Brjansk, Kiev* sowie der größte Teil von *Wolynien* und *Smolensk* angegliedert, während sein Bruder *Kejstut* Kriege gegen den Deutschen Orden führt. *Litauen ist ein vorwiegend russisches Staatswesen, in dem die orthodoxe Bevölkerung das heidnische Litauertum weit überragt und kulturell beherrscht.* **Jagiełło,** Olgierds Sohn, 1377–1434, mit seinem Oheim Kejstut (1382 ermordet) und seinem Vetter Witold in schwere Kämpfe verwickelt, vollzieht nach seiner Ehe mit Hedwig von Polen für sein Land den Anschluß an das Christentum lateinischer Prägung.

1387 **Polnisch-litauische Union.** Darauf kommt es zu Aufständen der heidnischen Kräfte unter *Witold,* der schließlich 1392 als Großfürst von Litauen bestätigt wird; dafür erkennt er die polnische Oberhoheit an. Die Unionen von *Horodło* 1413, *Grodno* 1432 und *Mielnik* 1501 bil-

1569 den die Vorstufen für die staatsrechtliche Vereinigung Polens und

1. Juli Litauens in der **Union von Lublin.** (Forts. S. 346.)

Rußland (Forts. v. S. 246)

befindet sich im *Zustand der Auflösung.* Politisch beherrschen es nach der Mitte des 14. Jh. 3 Mächte: *Die Goldene Horde* im *Wolgagebiet* mit NO des alten Kiever Reichs; *Litauen* (Kiev, Černigov, Smolensk, Polock, Vladimir-Volynsk); *Polen.* Die *Einheit* Altrußlands der Kiever Periode *existiert nicht mehr* und ist der im Entstehen begriffenen *Dreiheit der russischen Völker gewichen:* Die *Großrussen* zwischen *Oka* und *Wolga* mit *Vladimir* als Zentrum; die Weißrussen zwischen *Pripjet* und *Düna* und oberem *Dnjepr* unter *litauischer* Herrschaft; die *Ukrainer* mit *Kiev* als Zentrum unter *litauischer* und *polnischer* Oberhoheit. *Es fehlt ein politisches Zentrum* für die Wiederherstel-

1325–1341 lung der russischen Einheit. Es bildet sich im **Fürstentum Moskau** unter **Ivan Kalita** (Geldsack) heraus. Dank seiner Skrupellosigkeit erhält er vom *Chan der Goldenen Horde* das *Recht der Steuereintreibung* und die *Großfürstenwürde* 1328 übertragen; er veranlaßt die Über-

1359–1389 siedlung des *Metropoliten* nach Moskau und beginnt die „*Sammlung der russischen Erde",* die unter **Dmitrij** *Ivanovič* **(Donskoj** genannt) bereits bis zur *Wolga* reicht. Infolge des Zerfalls der Goldenen Horde

1380 wagt Dmitrij den *offenen Bruch mit den Tataren,* die er auf dem *Kulikover Feld* besiegt. Die Mongolenherrschaft wird zwar nicht beseitigt, aber schwer erschüttert. Der Sieg in den gefährlichen Rivalitätskämpfen der 1. Hälfte des 15. Jh. macht *Moskau zum unbestrittenen Mittelpunkt des Großrussischen Reiches.*

1462–1505 **Ivan III. d. Gr.,** der sich „*Zar von ganz Rußland"* nennt, leistet den entscheidenden Ausbau: Aus einem System von Teilfürstentümern entsteht ein **nationaler Einheitsstaat** mit einem neuen Beamtenadel im Dienste des Zaren. Das Reich wird um ein Vielfaches erweitert: 1463 wird *Jaroslavl* inkorporiert; 1478 fällt die Handelsrepublik *Groß-Novgorod,* 1485 wird *Tver,* 1489 *Vjatka* unterworfen. Durch die Heirat Ivans mit Zoe, der Nichte des letzten oströmischen Kaisers, gewinnt Moskau 1472 den Anspruch, als Hort der Orthodoxie und als das *„Dritte Rom"* zu gelten. 1480 befreit sich Moskau ohne Schwertstreich von der Tributherrschaft der Tataren. 1492 beginnt Moskau seinen Vormarsch nach W mit seinen nun nicht mehr abrei-ßenden Kriegen mit Litauen; 1494 wird das Kontor der Hanse in Novgorod geschlossen. (Forts. S. 344.)

h) Byzanz (1204–1453) (Forts. v. S. 249)

Von der Aufteilung des Reichs durch Kreuzfahrer und Venezianer hat sich Byzanz nie mehr erholt. Auch nach der Vertreibung der Latei-ner bleibt es ein Kleinstaat, der sich der militärischen Überlegenheit der Serben und Osmanen nicht erwehren kann.

Groß ist seine Wirkung in ideeller und kultureller Hinsicht; das poli-tische Erbe des orthodoxen Kaisertums übernimmt Moskau, während die kulturelle Überlieferung der Antike durch die Übersiedlung der griechischen Gelehrten nach Italien die Renaissance stark beeinflußt.

Das byzantinische Territorium wird nach 1204 zwischen dem *Lateini-schen Kaisertum*, den entstehenden Kreuzfahrerstaaten (Bonifaz von Montferrat: *Königreich Thessalonike*) und *Venedig* aufgeteilt, wobei sich Venedig die Kontrolle über das Lateinische Kaisertum (Bald-win I. 1204–1205; Heinrich I. 1206–1216; Balduin II. 1228–1261) sichert. Die Neuordnung wird von den Byzantinern als Fremdherr-schaft empfunden. Unter **Theodor I. Laskaris** (1204–1222) entsteht **im westlichen Kleinasien** mit dem Zentrum **Nikaia** ein **neuer byzanti-nischer Staat nach dem Muster des alten.**

1208 Wahl *Michael Autoreianos'* zum Patriarchen und **Krönung Theodors zum Kaiser.** Nikaia wird zum Bewahrer der legitimen byzantinischen Tradition gegen das Lateinische Kaisertum und gegen die türkischen Ansprüche. Theodor Laskaris und sein Nachfolger können durch mehrfache Angriffe die Macht des Lateinischen Kaisertums erschüt-tern. *Im Frieden von 1225* erhält Nikaia fast den gesamten lateini-schen Besitz in Kleinasien; dazu besetzt es die Inseln Lesbos, Chios, Samos und Ikaria.

Auf dem Balkan: Konzentration des Byzantinertums im **Despotat von Epirus,** *das im Wettstreit um die Beseitigung des schwachen Lateini-schen Kaisertums in Konstantinopel in Gegensatz zu Nikaia gerät.* **Theodor I. Angelos** erobert 1224 das Königreich Thessalonike. Er läßt sich zum **Kaiser** krönen und salben. Somit entstehen auf altem byzantinischem Boden *drei Kaiserreiche:* ein lateinisches und zwei griechische. Hinzu kommt noch Bulgarien, das unter Ivan Asen II. die Gründung eines bulgarisch-byzantinischen Imperiums anstrebt. **Nikaia erringt** schließlich **den Sieg** über alle Rivalen. 1246 wird der Bulgarenstaat besiegt und Thessalonike besetzt, 1252 das Despotat Thessalien gedemütigt.

1259–1282 **Michael VIII. Palaiologos** (seine Dynastie beherrscht Byzanz bis zum Untergang) schließt 1261 das gegen Venedigs Monopolstellung ge-

richtete Bündnis mit Genua, das diesem völlige Steuer- und Abga-
benbefreiheit sichert und die *Handelssuprematie Genuas* begründet

1261 (1267 Galata). **Am 25. Juli 1261 fällt Konstantinopel, die griechische
Herrschaft wird wiederhergestellt** *(erneute Kaiserkrönung Michaels VIII.* in der Sophienkirche). Michaels Hauptziel ist: *Beseitigung
des Despotats von Epirus und der lateinischen Stützpunkte in Griechenland sowie die Verhinderung eines Zusammengehens der Kurie
mit dem Sizilianischen Reich.* Auf Epirus kann 1264 der byzantinische
Einfluß ausgedehnt werden, auf Achaia nicht.

Michael schließt auf dem Konzil in Lyon 1274 eine **Union mit der
römischen Kirche,** um *Karl von Anjou* bei seinen Eroberungsplänen
gegen Konstantinopel die päpstliche Hilfe zu entziehen. Doch *1281*
schließen unter dem Patronat des neuen Papstes *Karl von Anjou,* der
lateinische Titularkaiser Philipp und die Republik *Venedig* ein Bündnis gegen Byzanz *„zur Wiederherstellung des von dem Palaiologen
usurpierten römischen Imperiums".* Martin IV. erklärt Michael für
abgesetzt und verdammt ihn. Aus der gefährlichen Bedrohung durch
den vereinigten Westen rettet Byzanz die geschickt geschürte Aufstandsbewegung gegen die Fremdherrschaft der Anjou, die in der
Sizilianischen Vesper 1282 ihren Höhepunkt findet. *Die Gefahr aus
dem Westen ist damit gebannt.* Die **innere Schwäche** des oströmischen
Kaisertums zeigen jedoch die ausbrechenden *Bürgerkriege* sowie die
Zerstückelung des Staates, der bald nur noch auf Thrakien, Inseln der
Ägäis, Thessalonike und Herrschaftsbezirke auf der Peloponnes beschränkt ist. Die **äußere Schwäche** des byzantinischen Staates zeigt
das stetige *Vordringen Serbiens* und *des Osmanenreichs* sowie ihre
Einmischung in die inneren Verhältnisse des Byzantinischen Reiches.
Nach dem Zerfall Serbiens 1355 kann den Türken kein entscheidender Widerstand mehr geleistet werden. 1362 fällt Adrianopel. Byzanz
sucht durch Einleitung von Unionsverhandlungen Hilfe im Abendland zu erhalten. Das ungehinderte Vordringen der Türken führt
1366 zur Tributhoheit über Bulgarien, nach der *Schlacht an der
Maritza* über das südliche Serbien und *zwingt* wenig später *Byzanz
zur Heeresfolge.* Damit ist das byzantinische Kaisertum bereits in

1389 Abhängigkeit vom Osmanenreich geraten. *Nach der Schlacht auf dem
Amselfeld 1389 kann kein byzantinischer Herrscher gegen den Willen
des Sultans regieren. Manuel II.* (1391–1425) kann das Vordringen
der Türken ebenfalls nicht verhindern. Niederlage des abendländischen Kreuzritterheeres bei *Nikopolis* 1396, Bulgarien, Thessalien
und die Dobrudscha werden türkisch.

1422 Mit dem Sultanat *Murāds II.* (1421–1451) beginnt die *aggressive
Politik der Osmanen* gegen Konstantinopel, das *erstmals belagert*
wird, aber dem Angriff widerstehen kann.

Johannes VIII. (1425–1448) hofft durch Unionsverhandlungen auf

1439 Hilfe vom Westen: 1437 reist Johannes nach Rom; 1438 Übertritt
6. Juli zum römisch-katholischen Glauben und 1439 Vollzug der Union von
1444 Florenz. Er erhält aber keine Hilfe. Die Niederlage des Kreuzzugs-

heeres bei Varna 1444 vernichtet die Hoffnungen des byzantinischen Kaisers auf ein erfolgreiches gemeineuropäisches Unternehmen gegen die Türken. Unter **Konstantin XII. Dragases** (1448–1453), der noch einmal vergeblich auf die Hilfe des Abendlandes hofft, wird die Union 1452 in der Hagia Sophia von Kardinal *Isidor* verkündet. Eine gewaltige Übermacht unter Sultan **Mechmed II.** (1451–1481) beginnt die *Belagerung Konstantinopels Anfang April. Mit Hilfe einer neuen Waffe, der schweren Artillerie,* wird nach verlustreichen Kämpfen und todesmutiger Verteidigung unter Führung *Kaiser Konstantins XII.* und des *Genuesen Giustiniani,* die beide kämpfend fallen, schließlich die **Kaiserstadt erobert.** Konstantinopel wird zur Hauptstadt des Osmanischen Reiches, das byzantinische Kaisertum erlischt. Die Kirchenunion wird widerrufen. 1456 fällt *Athen,* 1460 *Morea* und 1461 die letzte griechische Herrschaft in *Trapezunt.*

1453

29. Mai

Die **Übertragung des antiken Erbes durch die griechischen Gelehrten von Byzanz nach Italien wird für die Renaissance von welthistorischer Bedeutung.** *Das griechisch-orthodoxe Christentum bleibt unter der Türkenherrschaft bestehen und bewahrt die Balkanvölker vor der völligen Preisgabe ihrer nationalen und kulturellen Eigenständigkeit. Die Führerrolle innerhalb der Orthodoxie übernimmt als die einzige relativ unabhängige Macht der Moskauer Staat mit dem Anspruch, das „Dritte Rom" zu repräsentieren.*

B. Außereuropäische Länder

1. West- und Zentralasien

a) Das arabisch-islamische Weltreich

Für Vorderasien und später für Mittelasien und Nordafrika bildet das Auftreten des Islams und seine rasche Ausbreitung die eigentliche Zeitenwende, daher noch heute die Zählung nach Hidschrajahren. Die arabische Halbinsel wird dadurch im 7. Jh. einer der Mittelpunkte des Weltgeschehens. Durch den Schwung der neuen Religion werden die arabischen Stämme, neben Beduinen auch viele wohlhabende Kaufleute, Schöpfer eines Weltreichs. In gewaltigen Eroberungszügen dehnen die Araber ihren Glauben und ihre Sprache weit über die Grenzen Arabiens aus. Später wird der Islam auch unter nichtarabischen Völkern verbreitet. Türkische Herrscher tragen ihn nach Indien, ja er dringt bis nach Indonesien und China; schließlich wird er durch die Osmanen auf dem ganzen Balkan bekannt. Die fremden Kulturen befruchten den regen arabischen Geist, so entsteht eine ungewöhnliche Kulturblüte.

Mohammed (sprich: Mohámmed; * um 570 in Mekka) kommt durch die Heirat mit Chadĭdscha zu Reichtum und lernt auf seinen Reisen als Kaufmann Arabien und Syrien kennen. Von religiösen Skrupeln ergriffen und in wachsender Angst vor dem Weltende und Gottesgericht, glaubt er seit 610 unmittelbare Offenbarungen von Gott zu erhalten. Er fühlt sich zum Propheten des einen Gottes berufen und predigt die **Ergebung in Gottes Willen: Islām.** Er übernimmt bewußt Kultformen des arabischen Heidentums (Ka'ba, Wallfahrt) und sieht sich als Vollender des Judentums und des Christentums. Der Islam setzt sich aber noch zu Mohammeds Lebzeiten als eine eigenständige Religion durch, die sich von vornherein in einem von diesem Glauben geprägten Staatswesen entwickelt. Das verleiht dem Islam das Gepräge einer rigoros monotheistischen Theokratie, die sich mit Waffengewalt Arabien und dann weite Teile Vorderasiens und Nordafrikas politisch unterwirft, ohne die vorgefundenen Offenbarungsreligionen gewaltsam auszulöschen. Die zeitlich letzten Offenbarungen Mohammeds betreffen hauptsächlich staatspolitische und sozialethische Fragen. Sie werden von seinem Sekretär aufgezeichnet und 650 in 114 Suren veröffentlicht. Sie bilden als **Korān** das ewige, unveränderliche Wort Gottes an die gesamte Menschheit. Er lehrt einen absoluten Monotheismus, Vergeltung der Taten des Menschen im Jüngsten Gericht, neigt der Vorherbestimmung des menschlichen Schicksals zu, regelt kultische Fragen, Ehe- und Erbrecht, wirtschaftliche Fragen und legt die religiösen Pflichten fest: Glaube an Gott und Mohammed als seinen Propheten *(Es ist nur ein Gott [Allah], und Mohammed ist sein Prophet);* Fasten im Monat Ramadan, Almosen, mehrmaliges tägliches Gebet, Wallfahrt nach Mekka. Der Korān wird durch den Bericht über das normative Reden und Handeln des Propheten *(Sunna)* ergänzt. Der Heilige Krieg soll nicht der gewaltsamen Durchsetzung des Islams bei den Ungläubigen dienen, sondern der Ausbreitung des islamischen Staatsgebietes.

Mohammed findet lange Zeit nur wenige, meist sozial niedrig stehende Anhänger. Nach schweren Auseinandersetzungen muß er seine Heimatstadt verlassen.

622 Mohammeds Übersiedlung *(Hidschra)* von *Mekka* nach *Medina* (Anfangsjahr der Zeitrechnung bei den islamischen Völkern) führt zur Entstehung eines islamischen Staates. Mohammed wird mehr und mehr zum Staatsmann. Es folgen kriegerische Auseinandersetzungen mit seiner Vaterstadt.

630 besetzt Mohammed fast ohne Gewalt Mekka. Er reinigt die Ka'ba von „heidnischen" Zutaten.

632 stirbt er und wird in Medina begraben. Er hinterläßt keinen Sohn.

632–634 *Abū Bakr,* Vater der späteren Lieblingsfrau Mohammeds, wird zum *Nachfolger,* zum *Kalifen,* bestimmt. Ihm gelingt es, die Gemeinde zusammenzuhalten und prophetische Nebenbuhler zu überwinden.

634–644 Omar I. *Begründer des theokratischen arabischen Weltreichs,* in dem der Kalif als Herrscher der Gläubigen im Auftrag Gottes als Nachfolger des Propheten herrscht. Die Reichsverwaltung wird straff organisiert. Der militärische Befehlshaber *(Emir)* ist zugleich ziviler Statthalter, religiöses Oberhaupt *(Imam)* und weltlicher Richter *(Kadi).*

Omar erobert die gesamte arabische Halbinsel, 635 Damaskus, 637 Jerusalem, 640–644 Persien, 639–641 Ägypten.

644–656 Othmān, Schwiegersohn des Propheten. Innerer Hader, Zerfallserscheinungen, Herausbildung. der drei islamischen Konfessionen. Othmān wird wie sein Vorgänger ermordet.

656–661 Alī, Vetter und durch Fātima Schwiegersohn Mohammeds. Er findet nicht überall Anerkennung, Kämpfe mit *Mu'āwija*, dem Statthalter
657 Syriens. Nach der Schlacht bei *Siffīn* (südöstlich von Edessa) spalten sich von Alīs Anhängern, den *Schiiten*, die *Charidschiten* ab. Von diesen wird Alī ermordet.

26 Jahre nach dem Tod seines Gründers ist der *Islam in 3 Konfessionen* gespalten. **Sunniten:** Zu ihr bekennt sich der größte Teil der Muslimen. Das Kalifat soll den nächsten Verwandten des Propheten in männlicher Linie vorbehalten sein. Sie erkennen auch die mündlich überlieferten Aussprüche des Propheten an (Sunna). **Schiiten:** Die Lenkung der Gemeinde durch Imame gebühre Alī und seinen Nachfahren aus der Ehe mit Fātima. Die Kraft der Schiiten durch viele Spaltungen geschwächt. Später starker persischer Einfluß. **Charidschiten:** Der Frömmste soll Kalif werden. Heute nur sehr geringe Anhängerzahl.

661–750 **Kalifat der Omajjaden in Damaskus.** Mu'āwija, Urenkel des Omajja, eines Verwandten Mohammeds, gründet eine sunnitische Dynastie, verlegt die Residenz von Medina nach Damaskus und kämpft jahrelang gegen das Byzantinische Reich. 674/678 Konstantinopel belagert, aber nicht eingenommen. Byzanz entschließt sich 679 zur Tributzahlung. Durch die Byzantiner werden die Araber als Sarazenen dem Abendland bekannt. Seit 696 erfolgt die allmähliche Einführung der arabischen Verwaltungs- und Kanzleisprache. Das Griechische und das Persische verschwinden aus der Verwaltung binnen einer Generation. Seit 693 untersteht Armenien der islamischen Oberherrschaft.

705–715 *Walīd I.* Zweite große Ausdehnungswelle des Islams. Sie geht über Nordafrika hinweg – 697 *Karthago* eingenommen – und stößt 711 nach *Spanien* vor. Der Feldherr Tārik setzt bei dem nach ihm benannten Berg – Dschebel-at-Tārik = Gibraltar – nach Spanien über und vernichtet das Westgotenreich (vgl. S. 187). Gleichzeitig Vorstöße ins *Industal*, nach *Transoxanien, Choresmien.* 717/718 Konstantinopel vergeblich belagert. Im W stoßen die Araber über die Pyrenäen vor, besiegen den Herzog von Aquitanien. Erst der entscheidende Sieg
732 Karl Martells zwischen *Tours und Poitiers* setzt dem bis dahin unaufhaltsamen Vordringen der Araber ein Ende.
Größte Ausdehnung des Kalifenreichs: Es umfaßt Westasien vom Arabischen Meerbusen bis zum Kaukasus, ganz Nordafrika, große Teile der Iberischen Halbinsel, Südfrankreich und die Mittelmeerinseln Balearen, Sardinien und Corsica. Im Innern häufige Kämpfe. Die verschiedenen Strömungen der mit der Herrschaft der Omajjaden Unzufriedenen werden von den *Abbasiden* (Ahnherr ist Abbās, der

750 Oheim Mohammeds) geschickt zusammengefaßt. *Merwān II.* wird in
der blutigen Schlacht am Sāb (Nebenfluß des Tigris) von Abū Muslim
besiegt und das Geschlecht der Omajjaden ausgerottet. Nur Abd ar-
Rachmān I. gelingt es, nach Spanien zu entkommen. Er gründet dort
929 756 das Emirat, später *Kalifat von Córdoba* (s. S. 187). Es ist der
erste vom Kalifat in Bagdad unabhängige islamische Staat, der alsbald
zu hoher Blüte gelangt und Spanien weithin mit arabischem und isla-
mischem Wesen durchdringt.

750–1258 **Kalifat der Abbasiden in Bagdad.** Damit wird das Zweistromland zum
Mittelpunkt des Kalifenreichs. Der Dynastiewechsel bedeutet Vorherrschaft der Perser über die Araber und Wiederaufrichtung der alt-
orientalischen Despotie. Die regierende Schicht ist nur z. T. arabisch,
da auch nichtarabische Muslime Vollbürger des Reichs werden und
zu den höchsten Stellen aufsteigen können. Mit dem Aufhören der
politischen Hegemonie der Araber entsteht eine national gemischte
Beamtenaristokratie und eine gemeinsame islamische Kultur. Damit
wird der Islam übernational. 775–785 befestigt *al-Machdī* die Machtstellung. Das abbasidische Kalifat erreicht politisch und kulturell den
höchsten Rang unter der Leitung der iranischen Wesirdynastie der
Barmakiden (bis 803) mit **Harūn ar-Raschīd** (786–809), dessen
Weisheit und Glanz noch in Tausendundeiner Nacht gespiegelt wird,
und unter seinem Sohn *al-Mā'mūn* (813–833).

Im 9. und 10. Jh. Blüte des Handels, der Baukunst und der Wissenschaften: Philosophie (u. a. *Avicenna,* * 980, † 1037) im Anschluß an
Aristoteles, Sprach- und Geschichtswissenschaft, Naturwissenschaften: Mathematik, Astronomie, Geographie, Medizin, Technik. Bagdad, Mekka, Samarkand und Kairo sind blühende Zentren der islamischen Kultur. Die spätantik-hellenistische Wissenschaft befruchtet
den islamischen Geist fühlbar. Überdies strömen in Bagdad alle
Reichtümer Asiens zusammen: Neben den einheimischen Erzeugnis-
sen vermittelt der Handel die Produkte Indiens und selbst Chinas
(Porzellan, Seide). Von Nordpersien aus beherrschen die Araber
weithin den Handel zu den Normannen in Rußland und Skandinavien
und zu den Slawen in Osteuropa.

Während dieser Zeit beginnt nach der Ausgliederung Spaniens die
Loslösung weiterer Gaue von der Zentralgewalt: im W die *Aghlabiden*
(800–909) in Tunesien und Tripolitanien, später im Niltal die *Tuluni-
den* (868–906) und die *Ichschididen* (935–969). Im O beherrschen
die *Tahiriden* (821–873) und die *Samaniden* (873–999) Nordostper-
sien und Transoxanien. Sie bilden der Sache nach unabhängige Staaten, die aber die Oberhoheit des Kalifen formell anerkennen.
Dadurch wird die islamische Oikumene nicht gesprengt. Die Freizügigkeit für Kaufleute, Gelehrte und andere bleibt gewahrt und trägt
nachhaltig zur Herausbildung des islamischen Gemeinschaftsgefühls
bei, das zum Kern des islamischen Selbstgefühls wird. Erst 847 erweist
sich die sunnitische Orthodoxie als siegreich im Kampf der Lehrmeinungen und wird von den Kalifen offiziell vertreten. Außenpolitisch

ändert sich die Lage wenig. Die Grenzen bleiben trotz vieler Einzel-vorstöße fast völlig stabil. Soziale Unruhen und der Verfall der arabi-schen Militärorganisation zwingen den Kalifen seit der Mitte des 9. Jh. in immer stärkerem Maße, türkische Sklaven als Soldaten einzu-stellen, die sich rasch zu einer Prätorianergarde zusammenschließen. Die Türken nehmen die sunnitische Form des Islams an, bereiten den Kalifen aber mannigfache Schwierigkeiten. Das eröffnet neuen Lokaldynastien die Möglichkeit, sich durchzusetzen. Sie reiben sich freilich oft in gegenseitigen Kämpfen auf. Gleichzeitig verstärkt sich die extrem schiitische Richtung der Ismailiten, von denen sich ein Zweig, mit deutlichen dogmatischen Besonderheiten, 909 in Nord-westafrika durchsetzt. Infolge innerer Unruhen und durch das Auf-kommen von Teilfürsten schwindet die Macht der Abbasiden, die von den Führern ihrer türkischen Leibwache abhängig werden.

945–1055 Dynastie der *Bujiden*. Sie stammt aus Persien und reißt mit der Würde des obersten Emirs die weltliche Macht in Bagdad an sich, der Kalif bleibt nur noch geistliches Oberhaupt. 969 gehen Ägypten und 1029
1055 auch der gesamte Osten verloren. *Togrylbeg*, Sultan der Seldschuken, befreit den Kalifen von der Übermacht der Bujiden und vererbt die Würde des obersten Emirs auf seinen Neffen *Alp Arslan*. Dessen Sohn *Melikschah* (1072–1092) stellt die Einheit des Kalifenreichs wieder her. Der Bestand des Kalifates wird durch die nun folgenden Angriffe der Christen in den Kreuzzügen nicht wesentlich erschüttert. Bagdad bleibt glänzende Metropole bis zur Eroberung und Zerstö-rung durch die *Mongolen* unter *Hülägü*, einem Enkel Tschingis Chans (1258).

b) Ägypten und Nordwestafrika

634–641 **Ägypten,** das zum Oströmischen Reich gehört, wird von den *Arabern* unter Amr, dem Feldherrn von Kalif Omar I., erobert. Es wird fortan von Statthaltern, dann von hohen Offizieren der *türkischen Garde* des Kalifen von Bagdad regiert. Als ihr Vertreter bereitet seit 868 *Ach-med ibn Tulun* die Selbständigkeit Ägyptens vor. 906 wird diese Tu-luniden-Dynastie beseitigt. 935–969 herrschen die Ichschididen.

969–1171 Dann steht Ägypten unter Fürsten aus dem Geschlecht der *Fatimiden.* Sie bemächtigen sich vom nordafrikanischen Berbergebiet her nach mehreren Versuchen des Landes und gründen Kairo. Die Fatimiden sind Anhänger der extrem-schiitischen ismailitischen Geheimlehre. *Al-Mu'iss,* 953–975, und sein Sohn *al-Asis,* 975–996, sind tüchtige Herrscher, denen freilich die Bekehrung der sunnitischen Ägypter zu ihrer Konfession nicht gelingt und die deshalb die Minderheiten (Kopten, Armenier, Juden) als deren Gegengewicht rücksichtsvoll behandeln. Das Land steigt zu wirtschaftlicher Blüte auf, versperrt sich aber den Anschluß an die Entwicklung der islamischen Wissen-schaften durch die Sonderkonfession seiner Herrscher und verfällt unter dem zuletzt wahnsinnigen Kalifen *al-Hākim* (996–1021) in innere Unruhen; doch findet er in ismailitischen Kreisen Syriens glühende Verehrer, die in ihm eine Inkarnation Gottes sehen und ihn zum Mittelpunkt ihrer Religion machen. Sie werden nach ihrem Stifter ad-Darasī *Drusen* genannt. Das Ansehen des fatimidischen Reiches sinkt unter der langen Regierung des Kalifen *al-Mustansir* (1036–1094) noch mehr; Syrien und Palästina gehen an die *Seldschuken* verloren. Die kulturelle Entwicklung (prächtige Moscheen, umfangreiche Bibliotheken) reißt ab; die Wirtschaft verfällt infolge der Eingriffe des Staates; der Kampf gegen die Kreuzfahrer wird von anderen Kräften getragen. In inneren Wirren kommt schließlich **Saladin** (1169–1193), wohl aus kurdischer Familie, an die Macht, der die Dynastie der *Ajjubiden* begründet. 1171 wird auch das sunnitische Bekenntnis als Staatsreligion wiederhergestellt. Darauf *Siegeszug in Syrien:* 1172 Tripolis, 1174 Damaskus, 1183 Aleppo, 1185/86 Mossul, 1187 *Jerusalem* gewonnen. Es folgen innere Streitigkeiten. Die letzten Herrscher der Ajjubiden müssen bereits Kaufsklaven aus dem Schwarzmeergebiet, die Mamelucken, als Söldner verwenden. Als

1171–1250

1250 Führer der Garde auf der Nilinsel erhebt sich *Aibeg* und begründet die *Mameluckenherrschaft* (bis 1517 bzw. 1811). Nach dem Erlöschen des Kalifats von Bagdad entsteht ein *abbasidisches Ersatzkalifat in Kairo* (1261–1517), das aber über Ägypten hinaus kaum Anerkennung findet. Der Sultan *Baibars I.* (1260–1277) wehrt die *Mongolen*

1260 bei Ain Dschālūt ab. Dadurch wird der arabische Islam in Afrika vor einer Unterjochung durch die ungläubigen Mongolen bewahrt. Das Zentrum der arabisch-islamischen Kultur verlagert sich nach Ägypten und in den Maghreb. Die Ashar in Kairo gewinnt als sunnitische theologische Hochschule weites Ansehen. Baibars gewinnt Nubien und Kleinarmenien zu Vasallen.

1382–1517 herrschen die *burdschitischen Mamelucken*, eine Reihe energischer Generäle, u. a. Barkūk (1382–1399), Bars Bei (1422–1438), Kā'it Bey (1468–1496). Sie werden jeweils von den von ihnen ausgehaltenen Kalifen bestätigt. Viele Baudenkmäler aus ihrer Zeit sind bis heute erhalten. Wegen Gebietsstreitigkeiten kommt es zum Zusam-

1516/17 menstoß mit den *Osmanen*, die Syrien, Palästina und Ägypten erobern. (Forts. S. 430.)

Nordwestafrika ist seit 534 eine Provinz des Oströmischen Reichs. Im 7. Jh. (644 Tripolitanien, 675 Tunesien, um 700 Marokko) erobern die *Araber* das Land, das von den *Aghlabiden* (800–909), dann von den *Fatimiden* beherrscht wird. Als diese 969 den Schwerpunkt ihrer Herrschaft nach Ägypten verlegen und nach Kairo übersiedeln, entstehen lokale Dynastien. Seit etwa 1060 geraten die westlichen Berberstaaten unter die Herrschaft der berberischen Dynastie der *Almoraviden*, dann 1146/47 der *Almohaden*. Der Almoravide *Jūsuf*

1086 (1087–1106) begründet durch den *Sieg von Zallāka* (span.: Sacralias) über Kastilien die größte islamische Machtbildung am westlichen Mittelmeer.

1228–1534 steht **Tunesien** unter der selbständigen Herrschaft der *Hafsiden*, die

1270 den Angriff Ludwigs IX. von Frankreich abschlagen. Es entsteht ein neues islamisches Kulturzentrum mit Palästen, Moscheen, Bibliotheken. Die Hafsiden werden 1534 abgesetzt und 1574 durch den Türken Sinān Pascha endgültig beseitigt. Von da an steht das Land unter ziemlich unabhängigen Provinzstatthaltern der Pforte.

1236–1393 Nach dem Zerfall des Almohadenreichs bildet sich in **Westalgerien** mit dem Zentrum *Tlemcen* die Herrschaft der *Sijaniden*. Dieses Gebiet wird 1393 von den *Meriniden* Marokkos abhängig. Als sich die aus Spanien vertriebenen Mauren (1492) in Algerien niederlassen, entwickeln sich Kämpfe mit den Spaniern, gegen die *Chaireddin Barbarossa* die Türken zu Hilfe ruft. 1519 erkennt er die Oberhoheit der Pforte an.

1269–1420 **Marokko** wird von der Berberdynastie der *Meriniden* beherrscht, nachdem sie die Almohaden vernichtet haben. Ihre Residenz ist *Fes*. Kämpfe mit den Hafsiden von Tunesien und später mit den Portugiesen. 1420 wird der letzte Meriniden-Herrscher ermordet. Die Nach-

1420–1550 folge treten die *Wattasiden* an. Nach kurzer türkischer Herrschaft fällt das Land 1554 den Scherifen von Marokko zu. (Forts. S. 431.)

c) Reichsgründungen in Vorderasien

Die Türken spielen für das ausgehende Persische und Arabische Reich die gleiche Rolle wie die Germanen für das Römerreich. Über das Kommando der Leibgarde steigen türkische Sklaven z. T. zu den höchsten militärischen und zivilen Stellen innerhalb des Kalifenreichs auf. Daneben schieben sich aber auch geschlossene türkische Völkerschaften in die Länder der westasiatischen Hochkulturen vor und bilden eigene Reiche, die bei weitgehender Übernahme der Kulturen türkischen Charakter annehmen.

Seit 960 verbreitet sich der sunnitische Islam unter den Türken jenseits des Oxus in Transoxanien. Er bildet die Grundlage des Stammesverbandes der **Seldschuken,** die sich 1025–1030 über den Oxus vorschieben.

1039–1157 **Großseldschukisches Reich.** Sultane 1039–1063 *Togrylbeg,* 1063–1072 sein Neffe *Alp Arslan.* Nach dem Sieg bei Dandanakān (1040) südlich von Märw ist der Weg auf die iranische Hochfläche frei. 1043 der persische Irak erobert, ab 1048 Einfälle in Armenien.

1055 erobern sie *Bagdad* (Sturz der Bujiden), 1071 Jerusalem, 1076 Damaskus.

1071 Schlacht bei *Mantzikert* (Malāsgird): Zusammenbruch der byzantinischen Verteidigung in Kleinasien, das an die Seldschuken fällt.

1072–1092 *Melikschāh.* Blüte des Großseldschukischen Reiches. Einschränkung des fatimidischen Einflusses, die Herrscher in Syrien, Mossul und im nördlichen Irak behalten nur begrenzten Besitz. Die Seldschuken sind gelehrige Schüler der Perser und übernehmen und verbreiten deren Kultur. Die Perser erlangen innerhalb des Islams eine den Arabern ebenbürtige Bedeutung. Die Seldschuken lösen durch ihr Verhalten gegenüber den Jerusalempilgern die Kreuzzüge aus. Leitender Wesir: Nisām al-Mulk (1063–1092).

Nach Melikschāhs Tod löst sich das Seldschukenreich in Teilreiche auf:

1041–1186 *Kirmān-Seldschuken* (südöstlich von Persien), ab 1180 von Oghusen geplündert, nach einer Zeit der Anarchie 1255–1354 Herrschaft der *Ilchane.*

1098–1194 *Irak-Seldschuken* führen untereinander zahlreiche Fehden. Nur *Sandschar* in Chorāsān (1098–1157) kann sich machtvoll durchsetzen. Sie werden 1194 von den *Chōresmschahs* (Ausgangspunkt südlich des Aralsees) unterworfen, die aber bereits 1220 von den Mongolen unter Tschingis Chan überwältigt werden.

1077–1307 *Rum-Seldschuken* in Kleinasien. Um die Residenz Konya entsteht ein kraftvoller Staat, der sich seit 1156 in Bürgerkriegen aufreibt und 1243 unter die Herrschaft der mongolischen *Ilchane* gerät. Nach ihrem Untergang zerfällt Kleinasien in viele Kleinfürstentümer. Hier gewinnt **Osmān** (im NW) seit etwa 1299 Bedeutung und wird zum Gründer des **Osmanischen Reichs.** Sein Sohn Orchan (1326–1359) erobert 1331 Nikaia.

1359–1389 *Murād I.* Er dehnt die Herrschaft der Osmanen auf die Balkanhalbinsel aus. 1365 macht er *Adrianopel* zu seiner Residenz.

1389 Sieg über die Südslawen auf dem *Amselfeld.* – Knaben, die aus griechischen, später slawischen Völkern gewonnen werden, bilden jahrhundertelang die Kerntruppe des Reichs: die *Janitscharen.*

1389–1402 Murāds Sohn *Bājesīd I.* macht 1393/96 Bulgarien zur türkischen Provinz (bis 1878). Die Walachei wird tributpflichtig. Die weitere Ausdehnung des Türkischen Reichs nach O wird durch das Vordringen der *Mongolen* verhindert. 1402 wird Bājesīd von *Tīmūr* bei Angora vernichtend geschlagen. 1413–1421 *Mechmed I.* Wiederherstellung des Osmanischen Reichs, gute Beziehungen zu Byzanz. 1416 Sieg Venedigs in der Seeschlacht bei Gallipoli.

1421–1451 *Murād II.* befestigt die osmanische Vormachtstellung in Kleinasien und auf dem Balkan. Wiederaufnahme der Eroberungspolitik gegen Byzanz. 1444 Sieg bei *Varna* über ein christliches Kreuzfahrerheer. 1448 Serbien unterworfen, Griechenland besetzt.

1451–1481 *Mechmed II.* **1453 Konstantinopel erobert.** Es wird zum politischen und geistigen Mittelpunkt des nunmehr mächtigsten islamischen Reiches. Bosnien (1463), Albanien und die Herzegowina (1483) werden osmanische Provinzen. Die kleinen Emirate Anatoliens werden bis 1502 durch die osmanische Herrschaft ersetzt. Eine starke Zentralgewalt ohne Zwischeninstanzen und ein Gefühl religiös-militärischer Verpflichtung ermöglichen die ungeheuren Erfolge der Osmanen im 14. bis 16. Jh. Die Verwaltung leitet neben dem Sultan der Großwesir, der seinen Sitz im Palast der „Hohen Pforte" hat. (Forts. S. 440.) Reichsgründung der **Türkmenen** im Zweistromland: Nach dem Zusammenbruch der Herrschaft der mongolischen Ilchaniden (1336–1410) setzt sich die türkische Dynastie der schiitischen

„*Schwarzen Hammel*" durch. 1466 fällt das Gebiet an *Usun Hasan*, den Führer der sunnitischen „*Weißen Hammel*". Er setzt sich gegen die Timuriden, die türkischen Fürsten in Anatolien und die Mamelukken in Syrien schnell durch und beherrscht auch weite Teile des Iran. Nach seinem Tod (1478) Machtzerfall. 1509/15 erliegt der Staat dem *Osmanischen Reich.*

d) Reichsgründungen in Zentralasien (Forts. v. S. 158)

552 **Kök-türkisches Reich.** Der Name „*Türken*" erstmals erwähnt, sie zerstören unter Bumyn Kaghan das Nomadenreich der Shuan-shuan (Jou-jan).

567 wird der Staat der „*Weißen Hunnen*" in Zentralasien vernichtet. Kriegerische Auseinandersetzungen mit Byzanz. 630/657 erliegt das Reich den Chinesen.

680–745 *Zweites Kök-türkisches Reich,* kultureller und politischer Einfluß der
745–840 Chinesen. Nach seinem Zusammenbruch entsteht das **Großreich der Uiguren.**

751 **Schlacht** im Gebiet des **Talas.** Islamische Truppen besiegen die vorgedrungenen Chinesen. Der Sieg hat *weltgeschichtliche Bedeutung:* Innerasien wird im Laufe von Jahrhunderten der islamischen Kultur einverleibt. Nach dem Zerfall des Uigurenreichs entstehen im O Innerasiens: 840 **Reich der Kirgisen** – die unter den Uiguren reiche kulturelle Entwicklung geht rasch zurück –, im W: 776 **Karlukenreich** unter den *Karachaniden.* Um 960 erfolgreiche islamische Mission. 999 Ausdehnung bis an den Oxus. Das Türkische drängt ganz allmählich das Persische zurück.

1047 Reichsspaltung: *West-Turkestan* und *Ost-Turkestan* (= Land der Türken). Im O Mittelasiens setzen sich 1125 die *Chitai* durch, die 916 Nordchina besetzt hatten. Von dort werden sie 1125 verdrängt
1133–1211 und gründen in Innerasien das **Reich der Kara-Chitai,** das sich auch
1141 über Turkestan ausdehnt. Einfluß des Buddhismus. Sieg über den Seldschukensultan Sandschar nördlich Samarkands. 1212 wird der letzte Kara-Chitai-Herrscher von einem mongolischen Prinzen gestürzt, der nach Heirat mit der Erbtochter die Regierung übernimmt.

1194–1220 **Großreich der Chōresmschahs,** das sich allmählich auf fast ganz Iran ausdehnt. 1194 wird der letzte Seldschukenherrscher beseitigt. 1210 siegen sie über die *Kara-Chitai,* denen sie bis dahin tributpflichtig waren. Als der Schah 1217/18 den Kalifen von Bagdad stürzen will, bricht seine Herrschaft unter dem Ansturm der *Mongolen* unter Tschingis Chan bis 1220 zusammen. (Forts. S. 443.)

Die **Mongolen** sind die geschichtlichen Erben der Hunnen und der Turkvölker. Sie unterwerfen sich fast ganz Asien und dringen bis an den Rand Mitteleuropas vor.

1206 wird *Temudschin* (* 1155/67, † 1227), nachdem er in schweren blutigen Kämpfen gegen Nebenbuhler die Stämme der Mongolei geeint·hat, unter dem Titel **Tschingis Chan** zum obersten Herrscher der Mongolen ausgerufen. Er schafft ein schlagkräftiges Heer, faßt das Recht im Gesetzbuch der *Jasa* zusammen und unternimmt *Eroberungszüge* in die Nachbarländer. Zunächst erobert er Nordchina. 1209 unterwerfen sich die Uiguren um Turfan und andere Völkerschaften freiwillig. 1218/20 wird das Reich des Chōresmschahs vernichtet, anschließend der Hindukusch und Nordiran besetzt. *Damit ist ganz Zentralasien von China bis zum Oxus unter der Herrschaft der Mongolen.* Die Russen werden 1223 an der Kalka (nahe Azov) geschlagen.

1229–1241   *Ögädäi,* sein Sohn, beherrscht von Karakorum aus als Großchan das Mongolische Reich. Neben ihm waltet sein Bruder *Tschagatai* als Wahrer der mongolischen Tradition. – 1236–1242 erobern die Mongolen den größten Teil Rußlands, stoßen 1241 bis nach Schlesien *(Schlacht bei Liegnitz)* und Ungarn vor, ziehen sich aber nach dem

1240–1502   Tod des Großchans wieder nach Osten zurück. Das *Reich der Goldenen Horde* im Wolgagebiet beherrscht weite Teile des osteuropäischen Raumes. Das Russentum wird dadurch an einer Einmischung in Mitteleuropa und im Vorderen Orient gehindert. 1251–1259 fe-

1256–1353   stigt der Großchan *Möngkä,* ein Enkel Tschingis Chans, das Reich erneut. Sein Bruder *Hülägü* erobert Persien und Vorderasien. 1258 Kalifat von Bagdad beseitigt. Die *mongolischen Ilchane* beherrschen

1259–1294   Persien und das Zweistromland. Der Großchan *Kubilai,* ein Bruder Möngkäs, setzt sich als *Kaiser Nordchinas* (Residenz: Peking) durch. Er erobert 1279/80 auch Südchina. Die Mongolen greifen nach Korea, Hinterindien und Indonesien aus. Vergeblicher Angriff auf Japan. In Innerasien geraten die Nachfahren Ögädäis und Tschagatais wiederholt in kriegerische Verwicklungen miteinander. 1309 Nachfahren Ögädäis endgültig ausgeschaltet.

Im 14. Jh.   tritt eine Trennung zwischen dem seit 1347 von Adelsfamilien beherrschten westlichen Innerasien und den von Chanen zentralistisch gelenkten Ostgebieten ein. Der *sunnitische Islam* gewinnt an Bedeutung.

1360–1405   **Tīmūr Läng** setzt sich gegenüber den Nachfahren Tschagatais durch. *Zweites Mongolisches Reich.* Hauptstadt Samarkand, das Mittelpunkt islamischer Geisteskultur wird. In greuelvollen Zerstörungskriegen greift er seit 1379 in Kleinasien (1402 Angora), in der Goldenen Horde im Wolgagebiet (1391, 1395) und in Indien (1398 Delhi) ein. Transoxanien, Iran und das Zweistromland unterstellt er direkt seiner Herrschaft. Nach seinem Tode teilen sich seine Verwandten, die *Timuriden,* das Erbe. Die Herrschaft der Timuriden *in Herat* hat von 1407 bis 1506 große politische und vor allem kulturelle Bedeutung. Die Dynastie ist im Gegensatz zu ihrem Ahnherrn wenig kriegerisch. Die Timuriden werden von den *Safawiden* gestürzt. Ihr letzter Sproß *Babur* gründet 1525/1526 das *Reich der Großmoguln in Nordindien.* Die Safawiden begründen unter *Ismā'īl I.* (1502–1524) im Iran ein Großreich, das erst 1736 von Nādir erobert wird.

*Zu Beginn der Neuzeit treten an die Stelle der vielen wechselnden isla-
mischen Staaten drei Großreiche: Das Osmanenreich, das Safawiden-
reich (Iran), das Reich der Großmoguln in Nordindien. Sie verleihen
auf Jahrhunderte hinaus dem Islam neue Macht und hindern die mittelasiatischen Völker daran, sich nach Süden auszubreiten. Seitdem spielt
Mittelasien weltgeschichtlich keine Rolle mehr. (Forts. S. 440, S. 443,
S. 444.)*

2. Süd- und Ostasien

a) Indien (Forts. v. S. 159)

*Im 1. Jtsd. n. Chr. entwickelt der Buddhismus eine neue Form, die
den Charakter einer Gnadenreligion hat. Im Mahayana-Buddhismus
führen nicht nur persönliche Anstrengungen, sondern auch Gebete zu
einem Bodhisattva (ein Wesen, das durch seine Verdienste dazu bestimmt ist, ein Buddha zu werden) zur Erlösung. Diese Form breitet
sich nach Zentralasien und nach Ostasien aus; in Südostasien wird sie
jedoch nach Anfangserfolgen wieder von der älteren Theravada-Schule
verdrängt. In Indien verschwindet der Buddhismus nach 1000 fast völlig; dagegen können sich der weiterentwickelte Hinduismus und der
Dschainismus (Jainismus) gegenüber dem vordringenden Islam halten.*

Etwa 320–535
Das **Gupta-Reich** vereinigt große Teile Indiens bis in den Dekkan hinein unter einer Herrschaft. Unter *Tschandragupta II.* und *Kumaragupta* erreicht die klassische Kultur Indiens auf fast allen Gebieten einen Höhepunkt.

6. Jh.
Die „*Weißen Hunnen*" (Hephtaliten) zerstören das Gupta-Reich, werden jedoch wieder zurückgeschlagen.

606–647
Harscha von Kanaudsch errichtet noch einmal ein Großreich. – Von den Nachfolgedynastien wären die *Pala* und *Sena* in Bengalen und die *Tschandela* in Bundelkand zu nennen, die dem Vordringen muslimischer Fürsten noch einigen Widerstand entgegenzusetzen vermögen.

Seit 575
haben die *Pallava* in Südindien eine Vormachtstellung inne, während gleichzeitig im Dekkan die *Tschalukya* herrschen.

Seit 985
werden die *Tschola* zur südindischen Groß- und Seemacht.

713
Die *Araber* dringen nach Sind und dem unteren Pandschab vor.

1001–1027
Raubzüge Mahmuds von Gazni (Ghasna) nach Nordindien.

1193
Unter **Mohammed von Ghur** (Ghor) beginnt die eigentliche Eroberung Indiens durch den Islam. In Delhi herrschen die *Sklavenkönige;* später die Dynastien der *Tugluq, Sayyid* und *Lodi.* Gleichzeitig werden große Teile Nord- und Zentralindiens erobert, doch zu einer Reichsgründung kommt es erst unter den Mogulherrschern:

1398/99
Tīmūr Läng plündert Delhi.

1526
Babar (Babur) erobert Delhi und gründet damit die **Mogulherrschaft.**

1498
Die Portugiesen unter *Vasco da Gama* erreichen Südindien. (Forts. S. 444.)

b) **Südostasien** (Forts. v. S. 159)

Das Festland

Die überlieferte Geschichte Südostasiens beginnt in den ersten Jahr-
hunderten n. Chr., als indische Kultureinflüsse die Religionen des
Buddhismus und Hinduismus und die Schrift in diese Gebiete bringen
und Reichsgründungen anregen. Doch gehen reiche prähistorische
Kulturen mit sehr frühen Belegen von Bronze und Keramik voraus.
Die Bevölkerung scheint aus einer Mischung australoider und mongo-
loider Typen hervorgegangen zu sein; sie durchdringen sich vor allem
im Festlandsgebiet, wo noch in historischen Zeiten Südwanderungen
aus dem zentralasiatischen und südchinesischen Raum zu beobachten
sind. Der einheimischen Kultur sind indische und – vor allem im Gebiet
des heutigen Vietnam – chinesische Einflüsse überlagert.

221 v. Chr.	Erste Erwähnung eines **Viet-Staates** in *Südchina*. Später werden die Viet immer weiter nach Süden gedrängt.
1. Jh. n. Chr.	Das Reich **Funan** im *Mekongdelta* wird gegründet.
192 n. Chr. 3.–8. Jh.	Nach chinesischen Quellen Gründung des Reichs **Tschampa** im heuti-gen *Zentralvietnam*. Das Reich **Schrikschetra** der den Burmesen ver-wandten *Pyu* am Oberlauf des *Irawadi*. Gleichzeitig bestehen am Unterlauf des Irawadi und des *Menam* Reiche der mit den Khmer verwandten *Mon:* **Sudhammavati** und **Dvaravati.**
6. Jh.	Das Reich **Ch'en-la** löst Funan im unteren Mekonggebiet ab. Daraus
12.–13. Jh.	entwickelt sich das Reich der **Khmer** (Kambodscha), das unter den Herrschern von *Angkor* seinen Höhepunkt erreicht.
10.–13. Jh.	Reich von **Pagan** in *Zentralburma*, das unter *Anoratha* (1044–1077) auch Südburma erobert.
13. Jh.	Die **Thaistämme** am oberen Menam beginnen sich zu vereinigen.
1283–1317	Unter *Rama Khamheng* dringen sie nach Süden vor und zerstören das Großreich der Khmer. (Forts. S. 445.)

Die Inseln

Während sich auf dem Festland Territorialreiche entwickeln, entsteht
in der indonesischen Inselwelt ein anderer Typ: der zentrale Handels-
platz, der sich auf ein Monopol (Gewürze von den Inseln, ertragreicher
Zwischenhandel zwischen China einerseits und Indien und dem Nahen
Osten andererseits) stützt und zur Kontrolle seiner Einflußsphäre
Hafenstützpunkte und eine Seemacht benutzt.

7. Jh. n. Chr.	**Schrividschaya** überflügelt von *Palembang* auf *Sumatra* aus andere Häfen.
1391	wird es zerstört. Seine Herrscher flüchten sich auf die Malaiische Halbinsel und gründen **Malakka** und **Singapore** (Singapur).
8. Jh. n. Chr.	Auf *Java* haben die buddhistischen **Schailendras** die Vormachtstel-lung; sie bauen u. a. den Stupa von Borobudur.

1019–1049   Unter *Airlanga* erlangt der (hinduistische) Ostteil der Insel politische und kulturelle Vorherrschaft.

1293–   **Madschapahit** kontrolliert von Java aus fast ganz Indonesien. (Forts.
ca. 1520   S. 445.)

c) China (Forts. v. S. 161)

Nach rd. 350jähriger Spaltung wird China wieder ein Reich, dessen politische Macht und kulturelle Errungenschaften weit über seine Grenzen ausstrahlen. Dieser Zeit der Weltoffenheit und Expansion folgt eine bis ins 19. Jh. anhaltende Wendung nach innen, die nur von der zeitweiligen Eingliederung Chinas ins Mongolenreich unterbrochen wird. Die feudale Gesellschaftsstruktur geht – anders als im Abendland – in eine bürokratische über. Trotz Urbanisierung gibt es nur Ansätze zur Entwicklung eines Bürgertums. Der Buddhismus beeinflußt wesentlich die chinesische Kultur und breitet sich über ganz Ostasien aus.

221–264   Zerfall in **Drei Reiche,** die um die Vormacht streiten. Der Vorherrschaftsanspruch des Nordens setzt sich nicht durch. In der Volksüberlieferung als Heldenzeitalter romantisch ausgedeutet.

264–316   Vorübergehende Wiedervereinigung unter der **Chin-Dynastie.**

317–420   Hsiung-nu drängen als **Östliche Chin-Dynastie** die chinesische Herrschaft ins Gebiet des unteren Yangtse zurück. In Nordchina entstehen, oft nebeneinander, kurzlebige „Dynastien"; ihre Herrscher sind meist Steppenbewohner, welche über die chinesische Bauernbevölkerung regieren.

420–589   Die eigentliche Zeit der **Trennung von Nord- und Südchina.** Infolge des Drucks von Norden her dehnt sich der politische und kulturelle Einfluß Chinas nach Süden aus. Vier chinesische Dynastien mit dem heutigen Nanking als Mittelpunkt lösen einander ab. Im Norden errichtet der Turkstamm der *Toba* nach chinesischem Muster eine stabile Herrschaft. Die herrschende Schicht der Fremden wird allmählich sinisiert; Nomaden werden seßhaft und verschmelzen mit chinesischen Ackerbauern. Durch Einziehung von Großgrundbesitz und Aufteilung an landlose Bauern wird ein später vorbildlich gewordener „Ausgleich des Landbesitzes" durchgeführt. Höchste *Blütezeit des Buddhismus,* der in Anpassung an die chinesische Umwelt diese auf allen Gebieten – insbesondere auch auf dem des Taoismus – stärkstens beeinflußt, ohne sie jedoch grundlegend zu verändern.

589–617   Vom Norden aus Wiedervereinigung ganz Chinas unter der **Sui-Dynastie:** Bau des Yangtse und Huangho verbindenden sog. *Kaiserkanals.*

618–906   Unter der **Tang-Dynastie** erreicht China einen politischen und kulturellen Höhepunkt. Trotz des Widerstandes der Türken, die seit dem 6. Jh. die Hsiung-nu und die Jou-jan (Pseudo-Avaren) in Innerasien ablösen, und dann der Uiguren dehnt sich seine Herrschaft im Westen bis zum Aralsee aus. Die Hauptstadt *Ch'ang-an* beim heutigen Hsian wird eine internationale Metropole. *Manichäismus, Nestorianismus, Zoroastrismus* und *Islam* gründen Gemeinden in China. – Die T'ang-Kaiser, zunächst weitgehend von erblicher Aristokratie abhängig, suchen durch ein für jeden offenes *Prüfungssystem* – Inhalt ist vor allem die konfuzianische Lehre – Kräfte aus dem Volk als Gegengewicht heranzuziehen.

756   Nach einem großen, zur Schwächung der Staatsgewalt führenden Aufstand **Wendepunkt** von Expansion zu Verteidigung, von Weltoffenheit zu Konsolidierung des Chinesentums, von Ausbreitung des Buddhismus und fremder Religionen zu Säkularisierung.

8. Jh.   Blütezeit der *Dichtung* (Li Po, Tu Fu); Kenntnis der *Papierherstellung* gelangt von China über Zentralasien nach Westen.

Durch Gegensätze zwischen alten feudalen und neuen Kräften aus anderen Schichten in der Zentrale sowie durch zentrifugale regionale

9. Jh.   Interessen (*„Schlüsselgebiete"*), verkörpert durch mächtige Militärgouverneure, Zusammenbruch der T'ang-Dynastie.

649(?)–902   besteht im Südwesten Chinas und in Südostasien das zeitweise mächtige Reich **Nan-chao** mit den *Thai* verwandter Bevölkerung.

906–960   Unter den **Fünf Dynastien** (tatsächlich mehr) fällt das Reich erneut auseinander. In Nordchina bleiben nichtchinesische Dynastien (ab 937 *Liao-Dynastie* der *Khitan*) neben der das übrige China wieder

960–1279   einenden **Sung-Dynastie** bestehen. Die Erbaristokratie wird völlig beseitigt, das Prüfungssystem zum nahezu einzigen Weg, um eine privilegierte soziale Stellung und politischen Einfluß als Regierungsbeamter zu erhalten und zu wahren. Dadurch Verstärkung der kaiserlichen Macht über eine *bürokratisch orientierte Gesellschaft*. Unter dem Druck der Khitan (Chitai) und Ju-chen (ab 1115 *Chin-Dynastie*) wird

1127   die Hauptstadt nach **Hang-chou** (südlich des modernen Shanghai) verlegt, deren Reichtum, Kultur, soziale und administrative Institutionen einzigartig sind.

1127–1279   **Südliche Sung-Dynastie:** Starke wirtschaftliche Entwicklung und Urbanisierung des Südens. Wichtige Erfindungen praktisch angewandt, wie *Papiergeld, Buchdruck, Schießpulver, Magnetnadel.* Der Kompaß bewirkt Entwicklung von Hochseefahrt und Überseehandel mit Kanton und Ch'üan-chou (Zayton) als Haupthäfen. – Vertiefung und Dogmatisierung der konfuzianischen Lehre durch Chinas bedeutendsten Philosophen *Chu Hsi;* Blütezeit der erzählenden Volksliteratur.

1279–1367   Als **Yüan-Dynastie** regieren die *Mongolen* von Peking aus ganz China: Unter Diskriminierung der Chinesen Verwaltung vielfach durch Mongolen und andere Nichtchinesen; Weltoffenheit und religiöse Toleranz; Fremde – darunter Europäer *(Marco Polo)* und christliche Missionare – überall in China. Blütezeit von *Drama* und *Singspiel.* Entwicklung von Schiffbau und Navigation ermöglicht *Übersee-Expansion;* aber Versuche, Japan und Java zu erobern, scheitern. Politische und wirtschaftliche Unfähigkeit der Mongolen führt im 14.

Jh. überall zu Bauernaufständen. Unter Führung des früheren Bettel-
mönchs Chu Yüan-chang Sturz der Mongolenherrschaft und Grün-
1368–1644   dung der chinesischen **Ming-Dynastie** in Nanking. Zunächst Enteignung vieler Grundbesitzer, Neuverteilung des Bodens und andere
Maßnahmen zum wirtschaftlichen Wiederaufbau. Höhepunkt der absoluten Macht des Kaisers; Disziplinierung des Beamtentums; nationalistische Orientierung mit zwangsweiser Assimilierung und Eingliederung der Fremden. Der dogmatisierte *Kaiserliche Konfuzianismus* wird durchgesetzt.
Große *Übersee-Expeditionen* durch die Malakkastraße über Indien
an die Küste Afrikas, ins Rote Meer und in den Persischen Golf. Verlegung der *Hauptstadt nach Peking* (1421). Feldzüge in die Mongolei
bis zum Orkhon und Kerulen.
1449   Mongolen dringen bis nahe Peking vor; daraufhin Ausbau der **Großen Mauer** mit Lehm und Ziegeln. (Forts. S. 446.)

d) Japan (Forts. v. S. 162)

*Japan übernimmt zu Beginn des Mittelalters vieles aus der chinesischen
Kultur und löst damit die alte Geschlechterverfassung durch eine zentralistische Staatsverfassung ab, der die politische Wirklichkeit allerdings nur selten entspricht.*

645–649   **Taika-Reform** (taika = Große Wandlung), vor allem vom Prinzen
Naka no Ōe (dem späteren Kaiser Tenchi) und seinem Kanzler Na-
katomi Kamatari (Ahnherr des Hauses Fujiwara) durchgeführt. An
die Stelle der Würdenträger der alten Geschlechterverfassung treten
nach dem Vorbild des T'ang-Reiches Beamte, die nur dem Kaiser
verantwortlich sind. Das gesamte Land wird theoretisch Eigentum
des Kaisers (Tennō).
670   Korea muß endgültig aufgegeben werden.
710–794   **Nara-Zeit.** Die Hauptstadt ist das nach dem Vorbild von Ch'ang-an
errichtete Nara. Die weitgehende Übernahme der chinesischen Kultur wirkt sich fruchtbar aus. *Blüte des Buddhismus* („Sechs Nara-
Schulen") und der buddhistischen Kunst: Baukunst, Plastik und
Malerei. 728 wird der Tempel Tōdaiji erbaut und zum kaiserlichen
Haupttempel erhoben; in seinem Schatzhaus, dem Schōsōin, lagern
noch heute Kunstschätze und Kostbarkeiten aus jener Zeit. Viele mit
Grundbesitz reichlich beschenkte Tempel fördern Kunst und Kultur,
greifen aber auch immer mehr in die Politik ein. – Auf kaiserlichen
Befehl Abfassung von Chroniken (Kojiki, Nihongi, s. S. 161), Pro-
vinzbeschreibungen (Fudoki) und Kompilation der besten Gedichte
vom Beginn des 5. Jh. bis 759 im 20bändigen Manyōshū („Zehntau-
send-Blätter-Sammlung"). Erleichterung der in hohem Ansehen stehenden Schreibkunst durch *Entwicklung einer Silbenschrift,* die sich
phonetisch von benutzten chinesischen Schriftzeichen ableitet.

772 Dōkyō stirbt, der als Günstling der Exkaiserin Kōken nach der Tennō-Würde strebte, 770 aber von deren Nachfolger, dem Kaiser Kōnin, verbannt wurde.

794–1192 Heian-Zeit. 794 gründet Kammu Tennō, vor allem, um dem Einfluß der immer mächtiger werdenden buddhistischen Klöster zu entgehen, eine neue Hauptstadt, Heian-kyō, das spätere Kyoto. – Politisch ist diese Zeit durch die steigende Macht der Fujiwara-Familie bestimmt, die nicht nur dank ihres wachsenden Grundbesitzes in den Provinzen, sondern vor allem durch planmäßige Verheiratung ihrer Töchter an die jeweiligen Kaiser und schließlich durch unmittelbare Einflußnahme als Regenten die eigentlichen Herren im Lande sind.

Um 1000 erreichen *die Fujiwara* unter Michinaga (* 966, † 1026) den Höhepunkt ihrer Macht. In den Provinzen entwickelt sich der Großgrundbesitz (shoen) immer mehr; es entsteht ein Landadel vor allem im O des Reiches, und die politische Macht gerät immer mehr in seine Hände.

1185 In der *Schlacht von Dan-no-ura* vernichtet Yoshitsune Minamoto die Taira-Familie, die bis dahin – vor allem unter Kiyomori Taira (* 1118, † 1181) – die Vorherrschaft ausgeübt hat.

Goldenes Zeitalter der Literatur. Während die Männer vorzugsweise chinesisch schreiben, schaffen Hofdamen, fast durchweg in Silbenschrift, unvergängliche Prosawerke: Murasaki Shikibu das Genji-monogatari, Sei Shōnagon das Makura-no-sōshi (Kopfkissenbuch). Zahlreiche, vom Kaiser befohlene Gedichtanthologien wie das Kokinwakashū („Sammlung alter und neuer Gedichte") mit einem literarischen Essay über die Eigenart japanischer Dichtung von dem Hauptkompilator Ki no Tsurayuki. Gegen Ende der Heian-Zeit historisch nicht immer zuverlässige, aber literarisch gut geschriebene Chroniken (Ōkagami, Mizu-kagami, Ima-kagami). – Entwicklung eines typisch japanischen Malstils, Yamato-e.

1192–1333 Kamakura-Zeit. Yoritomo Minamoto, als erblicher Kronfeldherr (Schogun), vereint mit der höchsten militärischen Stellung auch die oberste zivile Gewalt, läßt aber den Kaiserhof in Kyoto als Scheinregierung bestehen. – Residenz in Kamakura, wo 1252 eine Kolossalstatue des Buddha aufgestellt wird. – Die großen Grundherren stehen als Vasallen zum Schogun in einem persönlichen Treueverhältnis.

1219 Sanetomo Minamoto wird ermordet; fortan herrscht die *Hōjō-Familie,* die sich mit dem Titel Regent (shikken) begnügt; die Schogun-Würde wird bedeutungslosen Fujiwara oder Mitgliedern des Kaiserhauses überlassen.

1274, 1281 Einfälle der Mongolen werden unter Tokimune Hōjō abgeschlagen; ein Taifun vernichtet die feindliche Flotte.

1324, 1331 Kaiser Go-Daigo erhebt sich vergebens gegen die Hōjō, doch werden diese schließlich von Kusunoki Masashige besiegt; Go-Daigo kehrt aus der Verbannung zurück.

1334–1338 *Reorganisation des Reiches* unter *Go-Daigo.* Als Takauji Ashikaga sich unerwartet gegen Go-Daigo erhebt, flieht dieser nach Yoshino, wo er eine Residenz errichtet; es gibt nunmehr eine Nord- und eine Süddynastie.

In der *Literatur* erlebt die Dichtung ihre letzte große Blüte: Anthologie Shinkokinwakashū („Neues Kokinwakashū", S. 302); erhöhte Bedeutung der Volksliteratur, Kriegserzählungen (Heike-monogatari).

Neue buddhistische Schulen: Jōdō-Shinshū, gegründet von Shinran Shōnin (* 1173, † 1262), Nichirenshū (oder Hokke-shū), gegründet von Nichiren (* 1222, † 1282).

1336–1573 **Ashikaga-**(nach einem Stadtteil Kyotos, wo die Ashikaga residieren, auch Muromachi-)Zeit. Das Land löst sich in zahlreiche Feudalherrschaften auf. Die politische Macht der Ashikaga-Schogune ist mit denen der Hōjō-Regenten nicht zu vergleichen: kein Einfluß auf die mächtigen Kriegersippen und buddhistischen Klöster.

1392 Ende des Streits zwischen Nord- und Süddynastie.

1467–1477 Bürgerkrieg der Ōnin-Jahre als Auftakt zur „Zeit der Kämpfenden Provinzen" (sengoku-jidai, 1490–1600).

Die Ashikaga machen sich vor allem als Förderer von *Kunst und Wissenschaft* verdient. Der Zen-Buddhismus (bedeutende Meister: Muso Kokushi, Ikkyu Zenji) befruchtet fast alle künstlerischen Bereiche. Literatur: Tsurezuregusa, Aphorismen des Mönchs Kenko; bedeutende Poetikschriften von Shōtetsu und Shinkei; das fünfzeilige Waka-Gedicht wird durch das Kettengedicht (renga) fast völlig verdrängt. Das lyrische Melodrama des Nō findet in Seami (* 1363, † 1443), der auch geistvolle kunstkritische Traktate verfaßt, seinen Höhepunkt.

1543 Die *Portugiesen* erreichen Japan, wohin 1549 der Jesuitenmissionar *Franz Xaver* das Christentum bringt. (Forts. S. 448.)

3. Amerika

a) Nordamerika

Die Einwanderung der Indianer aus Nordostasien erfolgt im wesentlichen zwischen 25 000 und 18 000 v. Chr. über die Beringlandbrücke. Ab 10 000 v. Chr. gibt es sicher datierte Funde von *Großwildjägern* (Clovis, Folsom, Plano), ab 7000 v. Chr. (im Präriegebiet ab 4000 v. Chr.) herrscht eine *Wildbeuter- und Sammlerkultur* (Archaikum) vor. Um 500 v. Chr. beginnen sich im O und SW Einflüsse der präklassischen mesoamerikanischen Hochkulturen bemerkbar zu machen: Anbau von domestizierten Pflanzen (Mais, Bohne, Kürbis); feste Siedlungen; Keramik usw.

Im **östlichen Waldland** entsteht die *Early-Woodland-Kultur* (Adena). Sie ist zugleich die erste Stufe des weitverbreiteten und zeitlich andauernden Moundbuilder-Komplexes.

400 v. – 400 n. Chr.	Ihr folgen die *Middle-Woodland-Kulturen* (Hopewell u.a.). Die Mounds nehmen größere Ausmaße an. Diese Kultur wird als hochentwickelter, komplizierter Totenkult gedeutet.
Seit 500 n. Chr.	Zur *Late-Woodland-Kultur* gehört die *Mississippi-Kultur*. An die Stelle der Begräbnishügel treten Tempelpyramiden, so die Cahokia Mound bei St. Louis (330 m × 240 m Grundfläche, 33 m Höhe, 1 Mill. cbm Inhalt), und andere mesoamerikanische Kulturformen. Um 1400 n. Chr. Ausbreitung des südlichen Totenkultes im Bereich der Mississippi-Kultur.
Um Chr. Geb.	wird das **Präriegebiet** von der *Middle-Woodland-Kultur* (Hopewell) erfaßt.
Um 700 n. Chr.	dringt die Mississippi-Kultur ein und bildet die *Prärie-Dorf-Kultur* aus, die sich bis zur Einführung von Pferd und Gewehr durch die Europäer hält.
	Im **Südwesten** (Arizona, New Mexico) verläuft die Entwicklung anders. Um 500 v. Chr. erreichen die mesoamerikanischen Kulturerrungenschaften das Gebiet von Zentralarizona und das westliche New Mexico. Von hier aus breitet sich der Bodenbau (Mais, Kürbis, Bohne) nach N aus. Aus einer Grundkultur entstehen selbständige Lokalkulturen: *Mogollon, Anasazi* und *Hohokam* (wichtigster Fundort: Snaketown im Gilabecken).
Um 700 n. Chr.	schließt die frühe Anasazi-Tradition mit Basketmaker III ab. Ihr Zentrum liegt in Südwestcolorado am San Juan River, wo z.Z. des Höhepunktes dieser Tradition, 1100–1300, die großen *Cliff Dwellings* errichtet werden.
Nach 1300	dringen die Anasazi ins Chaco-Canyon-Gebiet, in das Gilabecken, wo sie die dort seßhaften Hohokam unterwerfen, und in das obere Rio-Grande-Tal ein, wo die meisten ihrer prähistorischen Siedlungen noch heute von ihren direkten Nachkommen bewohnt sind.
	Im *Großen Becken,* zwischen Sierra Nevada und den Rocky Mountains, sowie in *Kalifornien* haben sich die prähistorischen Sammlerkulturen vom Desert-Culture-Typ bis in die historische Zeit hinein erhalten. (Forts. S. 419.)

b) Mesoamerika

Auf der Grundlage von Bodenbau und Seßhaftigkeit entwickeln sich unabhängig voneinander die ersten Hochkulturen. Von dort gehen ihre Auswirkungen in den S Nordamerikas und nach Südamerika. Sie haben zahlreiche gemeinsame Merkmale. Dazu gehört eine hierarchische Gesellschaftsordnung mit Adels-, Priester-, Händler- und Handwerkerkaste, Bauern und Sklaven, mit Städten, die z. T. nur Tempelstädte sind, z. T. profane und kultische Bauten umfassen. Sie haben ein blühendes Handwerk, eine hochstehende Kunst und geistige Kultur. Den vielgestaltigen polytheistischen Religionen kommt eine zentrale Stellung im Staatsleben und in der Kultur zu.

Nordmexiko gehört zum Bereich der *Desert Culture;* um 3000/1000 v.Chr. wird der Anbau von Mais bzw. Bohnen bekannt, um 1000 Keramik. 500–900 n.Chr. geht ein Teil der Bevölkerung ganz zum Feldbau über. Siedlung in unbefestigten Dörfern um einen religiösen Mittelpunkt. 900–1200 sind die städtischen und religiösen Zentren, z.B. Zape, Casas Grandes, deutlich von der Tula-Mazapan-Kultur beeinflußt. 1100–1400 blühen die *Kulturzentren im W:* Guasave, Culiacan, Chametla; Steinarchitektur fehlt.

1200–1521 Nachteilige Auswirkungen des Aufstiegs der Azteken. Zerstörung der wirtschaftlichen Basis durch die Spanier: die Eingeborenen sinken auf die Stufe der Desert Culture zurück.

Im **zentralen Mesoamerika** läßt sich für ca. 2000 v.Chr. eine bodenbautreibende Bevölkerung nachweisen. Um 1000 v.Chr. erobern unbekannte Völker die *Mesa Central.* Sie gründen Kulturzentren (Tempelpyramide von *Cuicuilco*).

Um 300 n. Chr. entsteht in **Teotihuacán** eine große Tempelstadt mit eindrucksvollen Bauten (Sonnen- und Mondpyramide, Zitadelle). Dieser Priesterstaat erreicht im 6. Jh. seinen kulturellen Höhepunkt.

Um 650 zerstören Nahua-Völker Teotihuacán und gründen das **Toltekenreich,** das von einer Krieger- und Händlerkaste beherrscht ist; seine

1168 Götter verlangen Menschenopfer. Das Reich fällt den *Chichimeken* zum Opfer, deren Staatsgründung in der 2. Hälfte des 14. Jh. in zahlreiche Kleinstaaten zerbricht.

1343(?)–1430 Die *Tepaneken* vereinigen das ganze Tal von Mexiko unter ihrer Herrschaft.

1375 gründen die **Azteken,** ein Nahua-Volk, die um 1250 in das Tal von Mexiko eingewandert sind, ihre Hauptstadt **Tenochtitlán.** Sie erheben sich gemeinsam mit anderen Vasallen der Tepaneken und zerstören 1430 deren Reich. Allmählich gewinnen die Azteken die Vorherrschaft. Unter wechselnden Königen bleibt *Tlacaelel* († 1481) der führende Staatsmann. Er gibt der aztekischen Machtpolitik einen religiösen Inhalt. Es müssen Menschenopfer für den Kriegsgott Huitzilopochtli beschafft werden. Das Aztekenreich ist kein straff organisierter Einheitsstaat. Die Unterworfenen stehen in unterschiedli-

1502–1520 chen Formen der Abhängigkeit. Unter *Motecuhzoma II. Xocoyotzin* erreicht das Aztekenreich seinen machtpolitischen Höhepunkt. Die Mixteken werden unterworfen, Tetzcoco abhängig gemacht. Tenochtitlán wird zur größten und prunkvollsten Stadt Amerikas ausgebaut (etwa 75000 Einwohner). Wirtschaftliche Blüte.

1529–1531 Eroberung durch Cortés.

Im 15. Jh. entsteht an der *Pazifikküste* (ursprüngliches Kerngebiet: Michoacán) das Reich der **Tarasken.** Tzitzis phandaquare wird Alleinherrscher, Hauptstadt Tzintzuntzan, und wehrt den Aztekenangriff unter Axayacatl ab. Sein Sohn erkennt 1522 freiwillig die spanische Oberhoheit an.

1500 v. – 300 n. Chr.	Im **südöstlichen Mesoamerika,** vom südlichen Teil Zentralmexikos bis Westhonduras und El Salvador, entwickeln sich verschiedene geschlossene Kulturgebiete nebeneinander. ist an der Golfküste *La Venta* das Zentrum der Kultur der **Olmeken;** sie wird zur Mutterkultur aller mesoamerikanischen Kulturen.
Jm 400 v. – 300 n. Chr.	*Izapa-Kultur* an der Pazifikküste nahe Guatemala (große Stadtanlage mit riesigen Tempelhügeln).
Um 600– 300 v. Chr.	Zwischen Mesa Central und der Landenge von Tehuantepec entwickelt sich die *Monte-Albán-Kultur* (Tempelstadt im Tal von Oaxaca). Ab 300 n. Chr. wird Monte Albán zum Kulturzentrum der **Zapoteken.** Später werden die bisher zapotekischen Kultstätten von den **Mixteken** besetzt: Mitla wird bis zum 14./15. Jh. das neue mixtekische Kultzentrum. Sie übernehmen die Führung in Zentralmexiko. Schließlich erkennt König Coaja-eza (1482–1529) die Oberhoheit erst der Azteken, dann der Spanier an.
600–1200	Kultur von *Tajín* an der Küste bei Vera Cruz. Ihre Träger sind die **Totonaken.**
1200–1519	Jüngere Kultur der Totonaken, neuer Mittelpunkt *Cempoala.* Sie lehnen die Oberhoheit der Azteken ab und unterstützen deshalb 1519 die Spanier gegen die Azteken.
	Um 600 v. Chr. Anfänge der Kultur der **Maya.**
300 n. Chr.	Die Klassische Kultur der Maya **(Altes Reich)** blüht vor allem in der Zentralprovinz (Britisch-Honduras, Nordguatemala). Es entstehen zahlreiche Tempelstädte, die als Kult- und Verwaltungszentren sowie als Märkte dienen. Die größte ist *Tikal* mit etwa 10000 Einwohnern. Blüte des Handels, hochentwickelte Kalenderwissenschaft, Steinarchitektur und Plastik. Maßgebender Einfluß der Religion. Historisch-soziale Entwicklungen kaum bekannt, aber sicher kein geschlossener Einheitsstaat. Seit 900 Zerfall der Klassischen Mayakultur, Aufgabe der Städte, Abwanderung nach Yucatán. Die Ursachen sind umstritten.
987	entsteht in *Yucatán* das neue Kulturzentrum der Maya, das **Neue Reich.** Einfluß der eingewanderten **Tolteken,** die *Chichén Itzá* besetzen. Es wird zum Zentrum des Toltekentums in Yucatán. Die Tolteken beseitigen die Mayakultur nicht, sondern streben eine Synthese an. Sie bilden die Herrenkaste über den Maya. Adlige Mayafamilien
1007	gründen *Mayapán* (Cocom) und *Uxmál* (Xiu). Diese beiden Städte schließen mit Chichén Itzá die *Liga von Mayapán.* Im 13. Jh. übernehmen die Cocom die Hegemonie in Yucatán.
1441	Erhebung der Mayafürsten unter Anführung der Xiu von Uxmál. Mayapán zerstört.

Im **südlichen Mesoamerika** (Panama, Costa Rica, Nicaragua) sind um 300 v. Chr. Siedlungen mit Bodenbau, um 500 n. Chr. erste technische und handwerkliche Fortschritte feststellbar. Zunahme der Bevölkerung infolge der Zuwanderung verschiedener Bevölkerungsgruppen: Tolteken, Chorotegen, Chibcha-Völker. Zwischen 800 und

1500 hohe kulturelle Entwicklung, monumentale Skulpturen („sukias"). (Forts. S. 424.)

c) Südamerika

Es wird vor mehr als 10000 Jahren über Mittelamerika von den ersten Menschen erreicht und in kurzer Zeit durchquert. Die ältesten Bewohner sind niedere Jäger, denen Großwildjäger folgen. Zwischen 3000 und 2000 v. Chr. werden in peruanischen Küstentälern Keramik, Textiltechnik, Dauersiedlungen, primitive Steingeräte angetroffen. Auf dieser Grundlage entstehen die frühen archaischen Hochkulturen.

Mit 2900 v. Chr. ist *Puerto Hormiga* in **Kolumbien** der Fundplatz der ältesten Keramik Südamerikas. Höchste Entwicklung in *Malambo* um 1200 v. Chr.
Momil repräsentiert die wichtigste Kulturphase von 1000 v. bis 500 n. Chr. – 600 v. bis 500 n. Chr. Kultur von *San Agustín* am Oberlauf des Rio Magdalena, Bodenbau, religiöse Zentren, Monumentalbauten aus Stein. Um 400 n. Chr. Funde des *Tierradentro-Komplexes*.
Nach ca. 500 Jahren gleichförmiger Entwicklung bilden sich in Nordkolumbien landschaftlich differenzierte Kulturen aus: An den

1000–1500 Abhängen der Sierra Nevada de Santa Marta die *Tairona-Kultur*. Sie beeindruckt in den städtischen Zentren durch ihre Architektur- und Ingenieurleistungen: Terrassen für Hausbau und Feldbau, Steinfußböden, mit Steinplatten belegte Straßen, steinerne Brücken, Bewässerungskanäle, Säulenhallen. Die Metallverarbeitung ist gut entwikkelt. Den *Betancí-Viloria-Komplex* (am Unterlauf von Sinú und San Jorge River) kennzeichnen Gold- und Tumbaga-Verarbeitung.

1100–1500 Eine Hochkultur entwickeln die auf der Hochebene von Bogotá lebenden Chibcha (= *Muisca*) mit größeren Städten und geordneten Gemeinwesen, sind aber in mehrere sich bekämpfende Kleinstaaten zerfallen.

In **Venezuela** wird die *präkeramische Epoche* (älteste Funde vor 5000 v. Chr.) um 1000 v. Chr. ohne Übergang von Kulturen mit gut gearbeiteter Keramik abgelöst: am Unterlauf des Orinoco *Saladero*, um 900 v. Chr. am Mittel- und Unterlauf *Barrancas*. Die Saladero-Kultur breitet sich um Christi Geburt an die Ostküste aus *(El Mayal)*. Um 400 n. Chr. erscheint am mittleren Orinoco die *Arauquín-Kultur* mit plastisch verzierter Keramik, Maisanbau und Goldguß.
Im Andengebiet werden die frühesten Keramikfunde auf 200 v. Chr. datiert, sog. *Tocuyano-Phase*, die sich über ganz Westvenezuela ausbreitet. Für dieses Gebiet ist bemalte Keramik 350–1150 n. Chr. charakteristisch. Kurz vor 1500 Anlage von Wohnhügeln, Intensivierung des Bodenbaus.

1150–1500 *Valencia-Phase*, eine der vielseitigsten Kulturen von Venezuela. Die Keramik hat plastisches Dekor: Vögel, Frösche, Säugetiere; bemerkenswert sind große Wohnhügel.

Um 3000 v.Chr. wird die Töpferei nach **Ecuador** gebracht: *Valdivia-Kultur*. Es folgen *Machalilla* (2000–1500 v.Chr.), *Chorrera* (nach 1500 v.Chr.). Um 500 v.Chr. setzt die regionale Differenzierung ein, die jedoch nur in Bahía zu einer Hochkultur führt.

500–1500 ist die *Milagro-Kultur* (von der Grenze mit Peru bis Quevedo) gut faßbar. Große Stadtanlagen auf künstlichen Hügeln. Die *Manteña-Kultur* (an der Küste von Bahía de Caraquéz) hat große Städte, Terrassen für den Bodenbau.

Um 700–800 landen die *Cara*, ein Chibchastamm, in der Bucht von Guayaquil. Um 1000 gründen sie einen allmählich den größten Teil des Hochlandes umfassenden Staat, den der Inka Huayna Capac (S. 309) unterwirft.

Um 800 v. Chr. In den **Zentralanden** (Peru, Bolivien) entwickelt sich nach wenigen regionalen Vorläufern im Tal des Mozna die sog. *Chavín-Kultur* (religiöser Mittelpunkt Chavín de Huantar), die älteste Hochkultur Südamerikas mit aus Stein gebauten Städten, Tempelpyramiden, Bewässerungsanlagen, Metallverarbeitung. Sie dehnt sich etwa über das heutige Peru aus und endet um 300 n.Chr.

Um 300 n. Chr. Hochkultur der *Mochica* in Nordperu. Bewässerungssysteme, gut entwickelter Bodenbau in dicht besiedelten Taloasen, Tempelpyramiden aus Lehmziegeln in Moche: Huaca del Sol und Huaca de la Luna; Verarbeitung von Gold, Silber, Kupfer, hochstehende Keramik (Porträtköpfe).

Im 4. Jh. entsteht an der Südküste Perus die *Nazca-Kultur:* polychrome Keramik mit stilisierten Tieren und Pflanzen, später katzenartigen Gottheiten und Dämonen. Sie wird um 1000 von der *Tiahuanaco-Kultur* abgelöst.

Um 1100 Nach dem Zusammenbruch der Tiahuanaco-Kultur blühen die Küstenkulturen wieder auf, die sich politisch in mehrere Staaten aufgliedern. Im N entsteht das *Reich der Chimú*, Hauptstadt Chanchán, mit regem Handel; es wird von den Inka erobert (vgl. S. 309). Im S beherrscht *Cuismancu* die Täler der Flüsse Rimac, Ancón und Chancay. Zu ihm gehören die Großstadt Cajamarquilla und die Tempelstadt Pachacamac. Das *Reich der Chincha* hat seine Schwerpunkte in den Tälern von Chincha, Ica und Nazca.

200–1000 n. Chr. *Tiahuanaco-Kultur*, zunächst auf das südliche Andenhochland beschränkt. Ihre Träger sind vermutlich die Aymará. Berühmteste Fundstätte ist *Tiahuanaco* (südlich des Titicacasees), Wallfahrtszentrum und Tempelstadt, daneben *Pucara* und *Huari*. Um 500 entstehen die beiden bedeutendsten Bauwerke, die Kalasasaya, ein Terrassengeviert mit Pfeiler- und Mauerresten, und die Akapana, eine Kultpyramide; große, genau zugehauene Blöcke, mit zahlreichen Skulpturen und Plastiken. Die Kunst steht völlig im Dienst der Religion (vgl. Sonnentor mit Fries). In der Spätphase wird die Tiahuanaco-Kultur expansiv und erstreckt sich über ganz Peru, Bolivien, Nordwestargentinien bis nach Chile.

Um 1200 zerfällt das Andenhochland politisch in zahlreiche Kleinstaaten, de-

ren wirtschaftliche Basis intensive Landwirtschaft und Viehzucht ist.
Unter den Kleinstaaten gewinnen die **Inka** allmählich die Vormacht-
1438–1471   stellung; ihre Hauptstadt Cuzco um 1200 gegründet. Seit *Pachacutec
Yupanqui*, dem 9. Inka, gibt es eine gesicherte Überlieferung. Er unterwirft das Gebiet von Ecuador bis zum Titicacasee und schafft die
1471–1493   Grundlagen der Verwaltung des Reiches. Sein Sohn *Tupac Yupanqui*
erobert das bolivianische Hochland, stößt bis nach Nordwestargentinien vor, unterwirft das Küstengebiet, so auch das Chimú-Reich (vgl.
S. 308), und schiebt die Reichsgrenze bis nach Mittelchile vor.
1493–1527   **Huayna Capac** erweitert das Reich im N bis an die Grenzen des heutigen Kolumbien, vgl. S. 308. Nach seinem Tod streiten sich seine beiden Söhne *Huascar* und *Atahualpa* erbittert um den Thron. 1532 wird
Huascar von Kriegern Atahualpas ermordet, dieser von den Spaniern
1532–1534   unter Pizarro hingerichtet. Das Inkareich unterwirft sich darauf fast
widerstandslos.
Der *Staat der Inka* ist straff zentralisiert und übersichtlich organisiert.
An seiner Spitze steht der als Sohn der Sonne göttlich verehrte Herrscher. In der streng hierarchischen Gesellschaftsordnung bilden die
Inka die privilegierte Herrenkaste. Genaue Vorschriften regeln das
Leben der Adligen, Gemeinfreien, Hörigen und Sklaven. Grund und
Boden sind Gemeindeeigentum. Ein Teil der Ernte wird gesammelt
und bei Mißernten an Notleidende verteilt. Die Dorfgemeinschaft
muß für Kranke und Alte sorgen. Bergwerke und Cocaplantagen sind
Staatseigentum (keine sozialistischen Anschauungen, sondern macht-
und wirtschaftspolitische Ziele der Inka). Die Inka streben eine poli-
tische und kulturelle Verschmelzung der verschiedenen Stämme und
Kulturen an. (Forts. S. 424.)

4. Australien, Neuseeland und Ozeanien

a) Australien

Australien liegt bis zu seiner Entdeckung durch die Europäer abseits
aller Vorgänge von weltgeschichtlicher Tragweite.
Seine *Urbewohner* gehören dem australiden Rassenkreis an, daneben
gibt es ein negrides Bevölkerungselement. Zu Beginn der Landnahme
durch die Europäer leben in Australien etwa 300 000 Menschen. Sie
gliedern sich in ca. 500 ethnische und sprachliche Einheiten. Ihre
Sprachen haben jedoch alle eine gemeinsame australide Sprachwur-
zel.
Über den Zeitpunkt der *Erstbesiedlung* können keine genauen Angaben gemacht werden. Vermutlich waren die *Negriden* die Erstan-
kömmlinge, die von Südostasien und Melanesien her Australien erreichten. Nach den aus der Fundstelle bei *Lake Menindee* (etwa
24 350 v. Chr.) ermittelten Daten ist zu schließen, daß die Erstbesiedlung weit früher stattgefunden hat, als man bisher annahm. In Australien haben sich vom Pleistozän (quartäre Eiszeit) bis in die jüngste

Gegenwart Kulturen fortgesetzt, die ihrer materiellen Ausstattung nach typologisch der mittleren und jüngeren Altsteinzeit (60 000 bis 8000 v. Chr.) zugehören. Neben den Bodenfunden, zahlreichen Felsbildern (Malereien und Gravierungen) und gelegentlichen künstlichen Steinsetzungen geben uns vor allem die mythisch-historischen Überlieferungen Hinweise, daß sich in den vergangenen Jahrtausenden an Dramatik reiche und zu kulturellen Veränderungen führende geschichtliche Prozesse abgespielt haben müssen. Diese können zwar nicht zeitlich eingeordnet werden, aber die mündliche Überlieferung berichtet mit überraschender Genauigkeit von weiträumigen Wanderungen, Entdeckungen, Erfindungen, institutionellen Neuschöpfungen, aber auch von kriegerischen Auseinandersetzungen. Die australischen Farbigen sind *Jäger und Sammler,* d. h., sie verharren in der parasitären Wirtschaftsform des Wildbeutertums und gehen niemals zur produktiven Wirtschaftsform der Bodenbebauung über. Dieser ,,ökonomische Konservativismus'' hat ihre Kultur weitgehend mitgeprägt. Mit der wildbeuterischen Wirtschaftsform und mit dem in sie integrierten bescheidenen dinglichen Kulturbesitz verbindet sich eine hochdifferenzierte und philosophisch durchdrungene *Geisteskultur.* Schöpfergottheiten geben als Kulturträger der Welt ihr endgültiges Gepräge. Sie gelten nicht nur als die letzte Ursache des gegenwärtigen Landschaftsbildes und allen Geschehens in Natur und Kosmos, sondern auch sämtlicher Institutionen des Gemeinschaftslebens und der verschiedenen Kulturleistungen. Es ist eine sog. totemistische Weltbetrachtung, die den Menschen und seine Kultur noch nicht aus dem Gesamtzusammenhang der Natur herausgelöst hat. Dieser religiös-philosophische Komplex spiegelt sich in Systemen mündlich überlieferter Epen. Ein so beschaffenes Weltbild legitimiert neben der Wirtschaftsform und dem Kulturbesitz auch die Normen des sozialen Lebens. (Forts. S. 451.)

b) Ozeanien und Neuseeland

Die ,,Inselwelt der Südsee'' wird im W durch die Nordwestspitze Neuguineas, im O durch die Osterinsel, im N durch die Hawaii-Gruppe und im S durch die Doppelinsel Neuseeland begrenzt. Geographisch wird dieser weit ausgedehnte Raum in *Melanesien, Mikronesien* und *Polynesien* gegliedert. Bis zum Beginn der europäischen Kolonisation leben hier: a) Papua, Melanesier (dunkelhäutig), b) Mikronesier, Polynesier (hellhäutige Mischrassen). Die *melanesischen Inselkulturen* haben folgende gemeinsame Grundzüge: feste dörfliche Siedlungsweise mit pfluglosem Hackbau und Kleinviehzucht; weitgespannter Handelsverkehr mit Keramik, Schmuckartikeln und jungsteinzeitlichen Werkzeugen. Die gesellschaftlichen Verfassungen beruhen auf Altersklassen mit Männerbünden und Geheimkulten. Das geistig-religiöse Leben ist von Ahnenkult und Geistervorstellungen bestimmt. Die wirtschaftliche Basis der *polyne-*

sischen Inselkulturen ist der Bodenbau mit fester Siedlungsweise; die Polynesier sind jedoch maritim orientiert und waren Seefahrer (wie die Wikinger), die mit ihren seetüchtigen Doppelbooten in die Weiten des Pazifischen Ozeans hinausfuhren. In einem auffallenden Kontrast zu ihrem ärmlichen materiellen Kulturbesitz (formenarm, ausdrucksschwach) steht eine hochdifferenzierte Geistes- und Sozialstruktur, vergleichbar den Hochkulturen der Alten und Neuen Welt. Sie ist gekennzeichnet durch aristokratische Ständegliederung mit sakralem Häuptlingstum, das von einer gebildeten Priesterklasse gestützt wird. Das Weltbild beruht auf einem tiefsinnigen Schöpfungsmythos, einer klar durchdachten Götterlehre und ist von Geschichtsbewußtsein geprägt. Dieses Kulturbild setzt sich in den *mikronesischen Inselkulturen* fort, andererseits erweist sich dieser ozeanische Bereich als eine Mischzone indonesischer, melanesischer und polynesischer Rassen-, Sprach- und Kulturelemente, gekennzeichnet u. a. durch stadtartige Siedlungen (Kussae, Ponape).

Seit den *Austronesischen Wanderungen* (Beginn im 2. Jtsd. v. Chr., in ihrer späteren Phase malaio-polynesisch genannt, Ausklang seit dem 15. Jh. n. Chr.) läßt sich die Besiedlung der ozeanischen Inselwelt feststellen. Um 1000 v. Chr. sind Neuguinea, die Fidschiinseln und Neukaledonien durch Austronesier bzw. Malaio-Polynesier besetzt. Zwischen 750 und 500 v. Chr. beginnt die Landnahme in Polynesien. Vor dem 2. Jh. v. Chr. sind die Marquesas- und die Gesellschaftsinseln besiedelt. Dieses zentralpolynesische Inselgebiet wird zu einem politischen und kulturellen Ausstrahlungsgebiet für das gesamte Polynesien.

Um 500 v. Chr. um 700 n. Chr.	erreicht eine neue *malaio-polynesische Wanderungswelle* von W her die Inseln Zentralpolynesiens. Ihre Kultur kennt megalithische Tempel- und Befestigungsanlagen. Insel *Raiatea* der Gesellschaftsinseln geistig-kultureller Mittelpunkt der polynesischen Welt.
858	beginnt die Besiedlung der Osterinsel, ab 957 die der Hawaii-Inseln. Um 1200 führen die westpolynesischen Reiche Samoa und Tonga einen hundertjährigen Krieg.
Um 1250	Begründung des *arioi-Kultbundes* auf der Insel Raiatea führt zu einer geistig-religiösen Neuorientierung in Zentralpolynesien. (Forts. S. 451.)
950 n. Chr.	entdecken die tahitischen Abenteurer Kupe und Ngahue die Doppelinsel **Neuseeland;** in den folgenden Jahrhunderten von den Tangala Whenua aus Zentralpolynesien besiedelt. Die Siedler begründen als Jäger des Moa-Vogels eine archäologisch gut dokumentierte Wildbeuterkultur.
Um 1350	bringt die „*heke*", d. h. die große Flotte, die letzte malaio-polynesische Wanderungswelle, größere Gruppen von Emigranten von den Gesellschaftsinseln nach Neuseeland. Ihre Nachfahren begründen die *Maori-Kultur.* (Forts. S. 451.)

V. Neuere Geschichte

Die Ausbreitung der Europäer über die Erde seit dem Zeitalter der Entdeckungen bringt einen Kontinent nach dem andern in Abhängigkeit von europäischen Mächten und unter den Einfluß europäischen Geistes, bis seit dem 18. Jh. bei immer noch fortschreitender Eroberung überseeischer Gebiete (Indien, Australien, Zentralasien, Afrika) gleichzeitig bereits die Verselbständigung der Kolonien beginnt (1776 Vereinigte Staaten, seit 1810 Südamerika).

Die Weitung des Gesichtskreises trägt dazu bei, das mittelalterliche Weltbild zu sprengen, wie auf andere Weise die Wiederentdeckung der heidnischen Antike in Humanismus und Renaissance und die Säkularisierung der Vernunft. Die Reformation bricht mit dem mittelalterlichen Kirchenbegriff; sie setzt den einzelnen frei, ohne den Geist selbstmächtig zu machen. Die katholische Restauration (Gegenreformation) kann mehrere Länder zurückgewinnen und bewirkt eine Festigung der Kirche auf den traditionellen dogmatischen Grundlagen. Die neuzeitliche Naturwissenschaft, die in großartigster Weise der Technik die Bahn bricht, verfängt sich, indem sie durch den Zweifel frei zu werden meint, im dogmatisierten Versuch mechanistischer Naturerklärung. Die Aufklärung, die der Neuzeit auf einem Lebensgebiet nach dem andern das Gepräge gibt, erweist heute, wo sie folgerichtig zu Ende geführt wird, nicht nur die erprobte Macht, sondern auch die Grenzen der Ratio. Die im Mittelalter begründete ständische Ordnung zerfällt infolge der wirtschaftlichen und sozialen Wandlungen, die sich unter dem Absolutismus anbahnen. Der aufgeklärte Absolutismus, der die Herrschaft durch den Wohlfahrtsgedanken rechtfertigt, bedeutet eine weitere Stärkung der Staatsgewalt und eine Schwächung der eigenständigen sozialen Kräfte, bietet aber andrerseits zugleich auf mannigfache Weise den breiten Volksschichten Wachstumshilfe. Die Französische Revolution, die dem Gedanken der Volkssouveränität und des nationalen Selbstbestimmungsrechts zum Durchbruch verhilft, läßt auch den modernen Nationalismus geschichtsmächtig werden. Die Monarchie verliert auch dort, wo sie bis in den Ersten Weltkrieg hinein erhalten bleibt, weithin ihre geistigen und sozialen Grundlagen. Die außerordentliche neuzeitliche Bevölkerungszunahme läßt mit der Großstadt und der Masse neue Probleme entstehen. Träger der sozialen Umwälzung ist zuerst – in der Französischen Revolution und später – das Bürgertum; seit dem 19. Jh. macht ihm das Industrieproletariat den Führungsanspruch streitig.

Seit dem Ende des 18. Jh. verändert die Industrielle Revolution, von England ausgehend, die Produktionsbedingungen in Europa.
An die Stelle des mittelalterlichen Reiches und der allgemeinen Christenheit tritt das Europa der älteren und neueren Nationalstaaten mit ihren überseeischen Interessen, ihrem Souveränitätsanspruch und ihren Hegemoniekämpfen. Peter d. Gr. führt auch Rußland mit seiner sozialen Zweischichtigkeit und kulturellen Zwiespältigkeit und sein riesiges asiatisches Hinterland in den Kreis dieser Mächte. Die Niederwerfung Napoleons bringt Rußland die kontinentale Vormachtstellung, bis der Krimkrieg die Umgestaltung Europas einleitet, in der sich Italien und das Deutsche Reich als neue Großmächte erheben. Bismarcks konservative Friedenspolitik hat die Entfaltung der national-revolutionären Kräfte, die in vielen Ländern spürbar wurden, wirksam aufgehalten. Imperialismus und Nationalismus tragen zur inneren Aushöhlung Europas bei; sie hängen ebenso wie die tiefergehenden, allgemeinen geistigen Veränderungen mit der Säkularisierung der europäischen Denkformen zusammen. Aber während die europäische Einheit durch den ideologischen Nationalismus zerstört zu werden scheint – der Kriegsausbruch 1914 wirkt wie eine Bankrotterklärung –, hat sich zugleich eine kulturelle, menschliche schicksalhafte Verdichtung des europäischen Lebens vollzogen, die auch durch die kriegerische Zerklüftung nicht aufgehoben werden kann. Den christlichen Glauben haben weder Aufklärung noch Revolution auslöschen können.
Aus der christlich-abendländischen Auffassung von der Würde des Menschen erwächst durch die ständerechtlich erkämpfte, in kolonialer Weite gesteigerte Freiheit des einzelnen der Anspruch auf die Menschenrechte, die in der Virginia declaration of rights ihren klassischen Ausdruck finden. Durch die schicksalhafte Verknüpfung der Kontinente und der Vielheit ihrer vorher selbständigen Kulturen zu einem Wirkungszusammenhang wird nun die Geschichte erst eigentlich zur Weltgeschichte.
Die meisten Kolonien sind Handelskolonien zur wirtschaftlichen Ausbeutung. Seeräuberei, Menschenraub und Sklavenhandel sind mehr als die Mission kennzeichnend für den Geist der frühen Kolonialmethoden. Eigentliche Siedlungskolonien europäischer Auswanderer entstehen nur in den gering besiedelten und kulturell wenig entwickelten, dabei klimatisch für die Europäer günstigen Gebieten in den beiden Amerika, an der Südspitze Afrikas und in Australien, die sich erfolgreich der Ausnutzung durch das europäische Mutterland erwehren. Die nordamerikanischen Kolonien entwickeln ein mächtiges Gefühl unbegrenzter politischer und wirtschaftlicher Freiheit, das bald auf die Länder der Alten Welt übergreift. Die Suche nach einem Seeweg, der zu den sagenhaften Schätzen der indischen Monsunländer, den „Goldfransen am Bettlergewande Asiens", führt, bildet neben Frömmigkeit und fanatischem Glaubenseifer den Anreiz zu den überseeischen Entdeckungen. Die Entwicklung der „orientalischen

Frage" bestimmt im 18. und 19. Jh. in starkem Maße die Politik der europäischen Kabinette.

Mit dem Ende des 19. Jh. ist das koloniale Wettrennen um die Verteilung der Erde abgeschlossen. Nur im Vorderen Orient und im Fernen Osten erhalten sich selbständige Staaten, unter ihnen China durch sein passives Beharrungsvermögen und Japan durch seine energiegeladene Aktivität. Gleichzeitig offenbart der Weltkrieg schlagartig die innige Verflechtung der Weltwirtschaft und die Abhängigkeit der dichtbesiedelten Länder Europas von den unentbehrlichen Lebensmittel- und Rohstoffeinfuhren aus den reichen und fruchtbaren überseeischen Gebieten.

A. Europa

1. Allgemeine Tendenzen am Anfang der Neuzeit

a) Die Entdeckungen

Ursachen der Entdeckungsfahrten: Nach der Eroberung Konstantinopels und der Balkanhalbinsel kommt die Herrschaft der Türken im östlichen Mittelmeer einer Sperrung der alten Karawanenstraßen gleich. Weil damit der Handel zwischen Abendland und Morgenland, besonders Indien, nahezu zum Erliegen kommt, versuchen die zur See hin orientierten Staaten Spanien und Portugal, den Seeweg nach Indien zu finden. Durch Fortschritte in der Naturerkenntnis werden die Voraussetzungen geschaffen: Kompaß (seit dem 14. Jh.), erste Weltkarte, Wissen um die Kugelgestalt der Erde. Starken Antrieb erhalten die Fahrten durch den Missionseifer der Kirche (Orden).

1492 **Entdeckung Amerikas** durch den Genuesen **Christoph Kolumbus**
12. Okt.   (* 1447, † 1506) im Dienst Spaniens: er landet auf der Bahamainsel *Guanahani*, entdeckt Cuba und Haiti. Im ganzen vier Reisen.
Der Florentiner **Amerigo Vespucci** unternimmt mehrere Fahrten nach *Südamerika*. Nach ihm wird der neue Erdteil *Amerika* genannt (1494).

1498 Entdeckung des **Seewegs nach Ostindien** durch den Portugiesen **Vasco da Gama** (1487 *Bartolomeu Diaz* am *Kap der Guten Hoffnung*).

1500 *Cabral* entdeckt **Brasilien** für *Portugal*.

1519–1521 Eroberung von **Mexiko** durch Hernán Cortés.

1519–1522 **Erste Erdumseglung** durch den *Portugiesen Fernão de Magalhães*, der erstmals den Stillen Ozean durchfährt und die *Philippinen* entdeckt, wo er im Kampfe fällt (1521).

1531–1534 Eroberung von **Peru** durch *Francisco Pizarro*. Die Eroberer finden bei den *Azteken* in *Mexiko* und bei den *Inka* in *Peru* Hochkulturen vor. Die *spanische* Herrschaft breitet sich über *Mittel- und Südame-*

rika aus, während die *Portugiesen* die Küsten von *Ostindien* (Gôa), *Südafrika* (Loanda) und *Brasilien* in Besitz nehmen.

Folgen der Entdeckungen: Ausbreitung christlicher Mission und europäischer Kultur über weite Teile der Erde. Bereicherung der Wissenschaften, besonders der Geographie und Naturkunde. Völlige Umwälzung des Welthandels: Das Mittelmeer und die italienischen Handelsstädte verlieren ihre bisherige Bedeutung zugunsten der Spanier und Portugiesen, später der Niederländer und Engländer. Die europäischen Seemächte erleben einen außerordentlichen wirtschaftlichen Aufschwung durch die Ausnutzung der überseeischen Kolonien und gründen darauf ihre weltpolitische Machtstellung. Die reichen Gold- und Silberschätze Perus und Mexikos beschleunigen die geldwirtschaftliche Entwicklung in den europäischen Ländern. Beginn der Auswanderung nach Amerika.

b) Wirtschafts- und sozialgeschichtliche Wandlungen

Seit der Eroberung des Byzantinischen Reiches, Syriens und Ägyptens durch die Osmanen und nach der Entdeckung der Seewege nach Ostindien und Amerika ist die wirtschaftliche Vormachtstellung Italiens (Venedig, Florenz) gebrochen, der *atlantische Handel* löst den Mittelmeerhandel ab. Hauptumschlagplatz des Überseehandels wird *Sevilla* (Edelmetall, Gewürze, „Silberflotte"). Während seit der Mitte des 16. Jh. auch die Bedeutung der süddeutschen *Handelsgesellschaften* und Bankhäuser (Fugger, Welser) infolge der Verlagerung der Handelswege und einer schleichenden Geld- und Absatzkrise (Geldentwertung, Edelmetalleinfuhr) zurückgeht, verdanken die Niederlande ihren wirtschaftlichen Aufschwung nach dem *Niedergang der Hanse* (Änderung der Heringszüge, Verlust Novgorods, Schließung des Stalhofs in London) dem **Zwischenhandel** (Getreide aus den Ostseeländern und Fisch gegen Kolonialprodukte). Anstelle von Brügge, dessen Hafen versandet ist, wird zunächst *Antwerpen* Haupthandelsplatz und Geldmarkt; infolge der Freiheitskriege und der Sperrung der Scheldemündung verliert es seine Vorrangstellung an *Amsterdam*. Die Vereinigten Niederlande durchbrechen die spanische Monopolstellung im Überseehandel. 1602 wird die Niederländisch-Ostindische, 1621 die Niederländisch-Westindische Kompanie gegründet (Entstehung eines eigenen Kolonialreichs: Borneo, Java, Celebes, Ceylon, Kapstadt, Neu-Amsterdam). Den Wettbewerb mit den Niederländern nehmen – von der Krone gestützt – die englischen Kaufleute und Seefahrer auf. 1555 entsteht die Gilde der *Merchant Adventurers,* 1571 die Königliche *Börse in London,* 1600 die *East India Company.*

Im 17. Jh. gewinnt der Staat in zunehmendem Maß Einfluß auf die Wirtschaft **(Merkantilismus).** Ziel merkantilistischer Wirtschaftspolitik ist eine *aktive Handelsbilanz* („Staatsschatz"). Sie wird erreicht durch Entwicklung des eigenen Gewerbes (Manufakturen), durch Grenzzölle, Förderung des Fertigwarenexports und der Rohstoffeinfuhr bei Verbot der Rohstoffausfuhr, Ausbau der Verkehrswege, Erwerb und Entwicklung von Kolonien als Rohstofferzeuger und Absatzgebiete. Zwar gehen die Seemächte Holland und England durch wiederholte *Navigationsakte* (S. 342, z. B. 1651 unter Cromwell; Verhinderung eigener Industrie und eigenen Seehandels der Kolonien) voran, doch wird das Merkantilsystem vor allem in Frankreich durch *Colbert* ausgeprägt (s. S. 333). Frankreich wird führende Wirtschaftsmacht des Kontinents, wenn auch infolge der Vertreibung der Hugenotten und der kostspieligen Kriege Ludwigs XIV. schwere Rückschläge eintreten (1720 Staatsbankrott). Italien und Deutschland nehmen im 17. und 18. Jh. wegen der Ungunst ihrer Lage kaum an der atlantischen Weltwirtschaft teil. Doch steigt auch dort die wirtschaftliche Kraft infolge des landesfürstlichen Merkantilismus und des agrarischen und gewerblichen Landesausbaus. Die soziale Entwicklung entspricht der staatlichen und wirtschaftlichen. In den Fürstenstaaten des Kontinents wird der *Adel* an den Staat gebunden (Hofadel, Offizierskorps, leitendes Beamtentum), nachdem die ständische Landesregierung eingeschränkt worden ist. Während das *Bauerntum* fast überall in grund- und gutsherrschaftlicher Abhängigkeit bleibt, wird das *Bürgertum* zum Träger der wirtschaftlichen Entwicklung. Indem der Fürstenstaat die Vorrangstellung des Adels bewahrt (Spätfeudalismus) und das aufstrebende Bürgertum zurückhält, bereiten sich Spannungen vor, die in der Französischen Revolution und dem ihr folgenden revolutionären Zeitalter Ausdruck finden. In Holland und England dagegen (Parlament, adlig-bürgerliche Oberschicht) wird diese revolutionäre Krise vermieden. „Industrielle" und „Agrarische Revolution" in England, s. S. 353.

c) Renaissance und Humanismus

Der Ausdruck „rinàscita" (Vasari, 1550) will die Wiedergeburt der Kunst bezeichnen, meint also einen Akt und keinen Stilbegriff. Heute umschreibt der Begriff Renaissance eine Gesamtheit von künstlerischen Erscheinungen des 15. und 16. Jh., die, in Italien geprägt, die Grundlage der Kunst der Neuzeit bis zum Beginn des 20. Jh. wurden. Man gebraucht den Begriff aber auch seit J. Burckhardt in einem weiteren Sinn, als Bezeichnung für die gesamte durch die Wiederentdeckung des klassischen Altertums bewirkte und von ihr begleitete Wandlung des Welt- und Menschenbildes an der Schwelle zur Neuzeit.

Mit der Renaissance eng verbunden ist der Humanismus, die im 14. Jh. in Italien als wissenschaftliche Bewegung von neuem aufkommende Pflege der antiken Schriftüberlieferung (bahnbrechend Petrarca). Vom philologischen Verständnis der alten Sprachen, die mit neuer Meisterschaft gehandhabt werden, und der Nachahmung der klassischen Dichter und Schriftsteller führt überall ein Weg zur Entdeckung der lebenden Sprachen für den Ausdruck des Geistigen. Die neue Orientierung an der Antike bewirkt eine kritische Einstellung zur kirchlichen Überlieferung, den Beginn historischer Kritik und vielfach eine Verdiesseitigung des Lebensgefühls. In Italien bedeutet die Wiedergeburt der römischen Antike zugleich die Geburtsstunde des italienischen Selbstgefühls. Gegen die an Typen gebundene Schaffensweise des Mittelalters fordert die Lehre der Renaissancekunst: Nachahmung der Natur, Vorbildlichkeit der Antike, Richtigkeit der Perspektive und Proportionen, angemessene Schönheit. Die Zeichnung, d. h. die lineare, „richtige" Fixierung des Gegenstandes, ist Ausgang jeder Konzeption und befähigt den Künstler, in einer Person als Maler, Bildhauer und Architekt tätig zu sein.

d) Reformation, Gegenreformation, Überseemission

(Zusammenfassung, Einzeltatsachen in den Länderkapiteln)

Die Begriffe Reformation und Gegenreformation bezeichnen abkürzend und zusammenfassend eine Vielfalt von Erscheinungen und Begebenheiten vom ersten Viertel des 16. bis ins 18. Jh.: das Auftreten Luthers seit 1517 und den Siegeszug seiner Lehre in Deutschland und den angrenzenden Ländern, Zwinglis Reformation in der Schweiz seit 1522, Calvins Kirchengründung in Genf 1541 und die Ausbreitung des Calvinismus, die Entstehung der anglikanischen Kirche seit 1534 und des Puritanismus in England, die katholische Reformbewegung mit der umfassenden Festlegung der Glaubenslehren auf dem Konzil von Trient (1545–1563), die Entfaltung des Jesuitenordens (seit 1540), die Neubefestigung der päpstlichen Autorität, den Kampf katholischer Fürsten, Bischöfe und Orden um die Rückgewinnung protestantisch gewordener Gebiete für die römische Kirche, die Religionskriege in Deutschland (16. und 17. Jh.), Frankreich (1562–1598), England (1642–1649). Gemeinsames Merkmal der beiden miteinander verschränkten Zeitalter ist der Vorrang der Solidarität des religiösen Glaubens vor allen anderen Bindungen, die bestimmende Lebensmacht des religiösen Bekenntnisses, das alle geistigen Kräfte in seinen Bann zieht.

Die deutsche Reformation (seit 1517) ist *nicht* aus der seit der Renaissance zunehmenden geistig-wissenschaftlichen Kritik an der Kirche hervorgegangen, sondern aus dem Geist einer gesteigerten Religiosität, der die durch den *Fiskalismus* veräußerlichte, in der Renaissancekultur verweltlichte römische Kirche nicht mehr genügt. Dazu kommen Beschwerden nationaler Art. Innerer Ausgangspunkt der Reformation sind die persönlichen religiösen Erfahrungen Luthers; ihr Fortgang ist von allen geschichtlichen Mächten abhängig, kann mithin auch nur im Zusammenhang mit der deutschen und allgemeinen Geschichte dargestellt werden.

Die Lehre Luthers verbreitet sich vornehmlich über Nord-, Ost- und Süddeutschland, Livland (1522), Schweden (1527) und Finnland, Dänemark (1536) und Norwegen, zeitweilig Polen-Litauen, auch Ungarn, Siebenbürgen (1545) und Slowenien (1561). In politischer Hinsicht stärkt das Luthertum je nach den allgemeinen geschichtlichen Voraussetzungen das Landesfürstentum bzw. die ständischen Autonomiebestrebungen.

Einen anderen Ansatz hat die Genfer Reformation (Calvinismus), die sich nach Westdeutschland, Frankreich (1559 erste französische Nationalsynode), Schottland (1560 anerkannt), den nördlichen Niederlanden (1566), England (Puritaner, Independenten), auch nach Polen und Ungarn verbreitet, während in Italien und Spanien die neue Lehre kaum Fuß zu fassen vermag. Im Kampf gegen die katholische Obrigkeit entwickelt der Calvinismus besonders in Frankreich, Schottland und den Niederlanden das ständische Widerstandsrecht, während das Gemeindeprinzip (Congregationalism) in England die strengste Staatsunabhängigkeit der Religion begründet. Von England wird die freie protestantische Gemeindebildung im 17. Jh. auf Nordamerika übertragen.

Eine dritte Form reformatorischen Kirchentums entsteht in England unter Heinrich VIII. (s. S. 339 f.).

Der Einfluß der Hauptrichtungen des Protestantismus auf das soziale und kulturelle Leben der europäischen Länder ist weitgehend von den herrschenden sozialen Bedingungen abhängig. Dementsprechend trägt auch die seit dem 17. Jh. um sich greifende Säkularisierung des Christentums je nach den Lebens- und Denkformen im Katholizismus, im Luthertum und im Calvinismus verschiedene Züge. (Verallgemeinerungen sind in jeder Beziehung bedenklich.)

Die Gegenreformation bzw. katholische Restauration geht von der Selbstbesinnung der alten Kirche aus, die von der lutherischen Bewegung stärkste Anstöße und Anregungen empfängt, verbindet die Erneuerung der Lehrautorität der Kirche mit kirchlichen Reformen, wird von neuen Orden und Kongregationen getragen (bes. Kapuziner 1528, Jesuiten 1540, Ursulinerinnen ab 1544) und führt zu einer neuen und bewußten Unterordnung des Katholizismus unter den Papst (Erfolge u. a.: Union von Brest s. S. 346 f.). Die ganze Breite der neu entfalteten katholischen Aktivität läßt sich nicht nur als Gegenaktion verstehen.

Für die innere und äußere Erstarkung der römisch-katholischen Kirche ist die Überseemission von Bedeutung, die den Spuren der portugiesischen und spanischen Entdeckungsfahrten folgt und der Kirche große neue Gebiete erschließt: seit dem Anfang des 16. Jh. in Mittel- und Südamerika (1608 Jesuitenstaat in Paraguay), seit der Mitte des 16. Jh. in Vorderindien und Japan, bald danach in China. Die überseeische Mission der Protestanten beginnt erst Mitte des 17. Jh. in Nordamerika, 1706 in Trankebar.

e) Barock

Der ursprünglich abwertende Kunstbegriff Barock wird erst seit dem ausgehenden 19. Jh. zur Bezeichnung für eine Stilrichtung der europäischen Kunst von etwa 1600 bis etwa 1750, dann zur Bezeichnung eines ganzen Zeitalters mit seinem besonderen Lebensgefühl und Menschenbild, wie es sich auch in der Dichtung äußert. Die entscheidenden Antriebe gehen gegen 1600 von Rom aus, wo im Anschluß an die Kunst des Michelangelo ein neuer monumentaler Stil geprägt wird.

Die Lehrsätze der Renaissance bleiben in der kunsttheoretischen Literatur des Barocks bestehen, doch wird der Gedanke der Naturnachahmung zunehmend differenziert. Vor allem der Hellenismus wird zu einer vielbenutzten Quelle für die zahlreichen Themen der religiösen Ekstase und der weltlichen Apotheose. – Die geschichtlichen Voraussetzungen der barocken Kunst sind vor allem in den universalen Ansprüchen zu sehen, die die auftraggebenden Mächte vertreten (Papsttum, Orden der Gegenreformation, absolute Monarchien).

2. Humanismus, Reformation, Gegenreformation, Grundlegung des Absolutismus (1500–1700)

a) Römisch-Deutsches Reich. Deutschland (Forts. v. S. 267)

Bildung der habsburgischen Hausmacht

1493–1519 **Kaiser Maximilian I.,** Sohn Kaiser Friedrichs III.

1495 Reform der Reichsverfassung durch die Beschlüsse des Reichstags zu **Worms:** im „Ewigen Landfrieden" wird die Rechtsgemeinschaft des Reiches begründet, im Reichskammergericht die erste von der Person des Kaisers gelöste Reichsbehörde geschaffen. Die Reform der Reichssteuern („Gemeiner Pfennig") und des Reichsregiments („Handhabung Friedens und Rechts": jährliche Einberufung des Reichstages) bleibt stecken. Auch das 1500 als fürstlicher Ständerat konstituierte Reichsregiment stellt seine Tätigkeit wieder ein.

1512 Reichstag zu **Köln.** Einteilung des Reichsgebietes (mit Ausschluß von Böhmen und der Schweiz) in 10 Landfriedenskreise.

Die Heiratspolitik der Habsburger begründet um 1500 ein Weltreich: Maximilian I. heiratet Maria von Burgund, die Erbtochter Karls des Kühnen, und sichert Habsburg die Erbfolge in Böhmen und Ungarn. Sein einziger Sohn, Philipp der Schöne, heiratet die Alleinerbin der spanischen Monarchie. Der älteste Sohn aus dieser Verbindung, Karl, erbt nach dem frühen Tod seines Vaters als König von Spanien das Gesamtreich, das Frankreich nun durch Umfassung von drei Seiten bedroht.

Bei der **Kaiserwahl** in Frankfurt a. M. im Juni 1519 siegt König Karl über seinen von Papst Leo X. unterstützten Rivalen König Franz I. von Frankreich. Ausschlaggebend sind nicht die vom Bankhaus Fugger verbürgten hohen Bestechungsgelder, sondern das Mißtrauen gegen Papst und Franzosen. Aufgrund einer Wahlkapitulation, die allen späteren als Vorbild dient, erfolgt die Wahl einstimmig.

1519–1556 **Kaiser Karl V.** vereinigt Gebiete unter seiner Macht, die an Umfang, Zahl der Bevölkerung und Reichtum alles übertreffen, was jemals seit den Tagen des Karolingischen Reiches unter einem Zepter zusammengeschlossen war – ein Reich, in dem (wie Karl gesagt hat) „die Sonne nicht unterging". Karl V. (* 1500 in Gent) ist nach Erziehung und Heimatgefühl weder Spanier noch Deutscher, sondern Niederländer und Burgunder.

1521/22 überläßt Karl V. die habsburgischen Erblande seinem Bruder Ferdinand von Österreich. Dieser heiratet Anna, die Schwester des letzten

1526 Königs von Böhmen und Ungarn, und erwirbt nach dessen Tod in der Türkenschlacht bei Mohács die Kronen von Böhmen und von Ungarn, das zunächst freilich unter türkische Herrschaft gerät.

Geistige, soziale, wirtschaftliche Wandlungen

In Deutschland allmähliche Einführung des **römischen Rechts** durch die an italienischen Universitäten ausgebildeten deutschen Rechtsgelehrten; das germanische Gewohnheitsrecht verkümmert. Das römische Recht mißt dem Landesherrn unumschränkte Gewalt zu: „Princeps legibus absolutus". So bildet sich nach und nach überall der **fürstliche Absolutismus** aus. In Deutschland müssen die Kaiser die zunehmende Selbständigkeit *(Libertät)* der Fürsten gelten lassen. An die Stelle der ritterlichen Lehnsaufgebote treten die **Söldnerheere** (Landsknechte) als sicherste Stütze des Absolutismus.

Das **Rittertum** verliert durch die neuen Fußtruppen seine militärische Bedeutung. Die umwälzende Wirkung der neuen Taktik wird durch die neue Waffentechnik *(Feuerwaffen)* gesteigert. Die Einnahmen der Ritter aus dem Ackerbau halten infolge der veralteten *Dreifelderwirtschaft* einen Vergleich mit den Einkünften der Handelsherren in den Städten nicht aus. Daher erzwingen die Ritter Erhöhung der Leistungen und Abgaben von den **Bauern.** Die Folgen sind Unzufriedenheit und Auflehnung des bedrückten Bauernstandes. Das **Bürgertum** in den Städten gewinnt durch Gewerbefleiß und Handel an Reichtum, Macht und Bildung. **Frühkapitalismus** in Deutschland: Bergbau und Großhandel (die Geschlechter der *Fugger* und *Welser* in Augsburg). Angeregt durch die von Italien sich ausbreitende Geistesströmung, entfaltet sich der **Humanismus** auch in Deutschland: *J. Wimpfeling, K. Celtis, W. Pirckheimer, K. Peutinger, J. Reuchlin, Ph. Melanchthon, U. v. Hutten* (Mitverfasser der „Dunkelmännerbriefe", 1517). Der größte europäische Humanist, *Erasmus von Rotterdam* (* um 1466 in Rotterdam, † 1536 in Basel), erstrebt den Ausgleich von Frömmigkeit und Philosophie in der Hoffnung auf eine Befriedung der Welt durch christliche Bildung. 1516 gibt Erasmus das Neue Testament in der griechischen Urfassung mit eigener lateinischer

Übersetzung heraus. Diese erste kritische Ausgabe ist die Grundlage für Luthers Übersetzung.

Nikolaus *Kopernikus* (* 1473, † 1543, Domherr zu Frauenburg) begründet in seinem Werk „De revolutionibus orbium coelestium", angeregt von der Astronomie der Pythagoreer, die bahnbrechende Lehre vom Planetensystem mit der Sonne als Mittelpunkt. Seine Nachfolger sind *J. Kepler* (Entdecker der Gesetze der Planetenbewegung) und *Galilei* (s. S. 337).

Die Erfindung des **Buchdrucks** durch *Gutenberg* (S. 255) wird auch folgenreich für die Form des politischen Geschehens (Flugschriften). Blütezeit der *bildenden Kunst,* vornehmlich in den Städten (Nürnberg, Augsburg, Basel). Das Weiterwirken gotischer Überlieferungen, die oft nur punktweise Berührung mit der Renaissance und das baldige Einsetzen von Gegenströmungen lassen es im Norden nicht zu einer homogenen Stilbildung wie in Italien kommen, doch wird in einer breiten Schicht des Kunstgewerbes, der Graphik und Kleinplastik und in verschiedenen Malerschulen der Formenapparat der Renaissance geläufig. *H. Holbein d. J., Mathis Neithardt,* gen. *Grünewald* (Isenheimer Altar), *M. Schongauer, A. Altdorfer; Albrecht Dürer* (* 1471, † 1521) ist Holzschneider, Kupferstecher, Maler, Verleger und Theoretiker des Festungsbaus. In der *Bildhauerkunst* liegen die großen Altarwerke meist vor 1500 *(M. Pacher, Veit Stoß, Tilman Riemenschneider),* während die Gattung der Grabdenkmäler bis in den Barock weiterlebt. Höhepunkt auch des Bronzegusses *(P. Vischer d. Ä.).*

Der Forschungstrieb führt zu den Anfängen der neuzeitlichen *Naturwissenschaften,* der Physik, Chemie und Medizin *(Paracelsus,* Arzt, Naturforscher und Philosoph, * 1493, † 1541).

Reformation und Gegenreformation

1517 **Beginn der Reformation durch Martin Luther** (* 10. Nov. 1483 in
31. Okt.   Eisleben, 1505 Augustinermönch in Erfurt, 1512 Dr. der Theologie und Professor in Wittenberg, hat 1512/13 das entscheidende religiöse Erlebnis: Rechtfertigung allein durch den Glauben). Er versendet 95 *lateinische Thesen* gegen den Mißbrauch des Ablasses *(Johann Tetzel)* an kirchliche Würdenträger und lädt in Wittenberg durch Anschlag öffentlich zu einer Universitätsdisputation ein. Die Thesen werden bald von Freunden Luthers durch den Druck verbreitet und erregen großes Aufsehen. Vor dem Kardinallegaten *Cajetan* verweigert Luther in Augsburg 1518 den Widerruf seiner Lehre.

1518 Beginn der Reformation in der Schweiz: **Ulrich Zwingli** in Zürich (* 1484, gef. 1531) folgt Anregungen Luthers, führt aber die Trennung von der alten Kirche und die reformatorische Neuordnung selbständig durch, für die er 1523 die Stadt Zürich gewinnt.

1519 Disputation zu Leipzig (Luther gegen *Dr. Eck:* Auch ein allgemeines Konzil könne irren).

1520   Luther veröffentlicht drei reformatorische Schriften: 1. „An den christlichen Adel deutscher Nation von des christlichen Standes Besserung", 2. „Von der babylonischen Gefangenschaft der Kirche", 3. „Von der Freiheit eines Christenmenschen". Luther verbrennt in Wittenberg die Bannandrohungsbulle.

1521   Luther wird trotz des inzwischen rechtswirksam gewordenen Bannes auf den **Reichstag zu Worms** vor Kaiser Karl V. geladen, trifft am 16. April, getragen von der Erwartung und Erregung des ganzen Volkes, in Worms ein und verweigert am 18. April die Zurücknahme seiner Lehren (Schlußworte: „... weil gegen das Gewissen zu handeln unsicher und gefährlich ist. Gott helfe mir, Amen!"). Luther verläßt am 28. April Worms; das kaiserliche Geleit wird ihm gehalten. Sein Landesherr, Kurfürst Friedrich der Weise von Sachsen, läßt ihn zunächst auf die Wartburg in Sicherheit bringen. – **Wormser Edikt** (datiert 8. Mai): Luther als Ketzer in die Acht erklärt.

Auf der **Wartburg** (1521–1522) übersetzt Luther das Neue Testament aus der Vulgata und der Ausgabe des Erasmus ins Deutsche. *Seine Bibelübersetzung wird die Grundlage für die neuhochdeutsche Schriftsprache.*

Schon während des Wormser Reichstags ist die Auseinandersetzung zwischen dem Kaiser und seinem französischen Rivalen unvermeidlich geworden. Karl V. will das burgundische Reich wiederherstellen und die Franzosen aus Mailand und Genua vertreiben, Franz I. das spanische Navarra und Neapel erwerben.

1521–1526   **Erster Krieg Karls V. gegen Franz I.** In der Schlacht bei **Pavia** (1525) wird Franz I. besiegt und gefangengenommen, verzichtet im **Frieden zu Madrid** (1526) auf Mailand und Genua, das Herzogtum Burgund und Neapel.

In Abwesenheit des Kaisers bemüht sich das Reichsregiment vergeblich um die weitere Reform des Reiches und die Beilegung des Glaubensstreites (Nürnberger Reichstage 1522/23, 1524).

Von Luthers Schriften erscheinen 1517–1525 nahezu 2 000 Ausgaben. Volkstümliche Flugschrift als neue Form der Publizistik. Bedeutendster Mitarbeiter Luthers ist der Humanist *Philipp Melanchthon* (Schwarzert, * 1497, † 1560), Schöpfer des evangelischen Schulwesens.

1522–1523   **Ritterkrieg:** Franz von Sickingen, erfolgloser kaiserlicher Feldhauptmann, erhebt sich gegen die erstarkende Fürstenmacht, insbesondere die geistliche. Sein Untergang bedeutet das Ende der politischen Rolle der Reichsritterschaft.

1524–1525   **Bauernkrieg.** In Schwaben und Franken, Tirol und Salzburg, im Elsaß, in Mitteldeutschland (Thüringen) erheben sich die zu Wohlstand und Selbstbewußtsein gelangten Bauern im Namen des „alten" und des „göttlichen" *Rechts* gegen die Herrenmacht. Grundlage der reformatorischen, rechtlichen, wirtschaftlichen und sozialen Forderungen werden die schwäbischen „12 Artikel". Bedeutende Führer *Florian Geyer* und *Wendel Hipler.* Von Mühlhausen (Thüringen) aus hat der Wiedertäufer **Thomas Münzer** (1525 hingerichtet) mit seiner chiliastisch-kommunistischen Verkündigung große Erfolge. Der Aufstand wird von den landesherrlichen Obrigkeiten blutig niedergeworfen. In der Sorge um die Reinerhaltung des Evangeliums, das er bei den Schwärmern politisch mißverstanden sieht, schreibt Luther leidenschaftlich und hart „wider die räuberischen und mörderischen Rotten der Bauern". *Durch den Sieg über die Bauernerhebungen ist das Landesfürstentum gestärkt. Der Bauernstand wird für Jahrhunderte politisch rechtlos.*

1525   Auf einen Angriff von Erasmus antwortet Luther mit einer seiner wichtigsten theologischen Schriften, *„De servo arbitrio"* (Vom unfreien Willen), die den Bruch mit dem Humanismus bedeutet.

1525   Der Hochmeister des Deutschen Ordens, **Albrecht von Brandenburg**
8. April   (* 1490, † 1568), bekennt sich zur Reformation Luthers, auf dessen Rat er den Ordensstaat säkularisiert: er wird durch den Vertrag von Krakau weltlicher *Herzog von Preußen* unter der Lehnshoheit des Königs von Polen.

1526   **1. Reichstag zu Speyer:** In Sachen des Wormser Edikts soll jeder Reichsstand bis zur Abhaltung eines Konzils handeln, „wie ein jeder solches gegen Gott und kaiserliche Majestät hoffe und vertraue zu verantworten".

1526–1529   Der französische König, nun mit dem Papst, Mailand, Florenz und Venedig verbündet, erklärt den Frieden von Madrid für erzwungen und verweigert seine Erfüllung. Daraufhin **zweiter Krieg Karls V. gegen Franz I.** Das kaiserliche Heer erstürmt 1527 Rom, das monatelang geplündert wird *(Sacco di Roma)*. Im *Frieden von Cambrai* (1529) entsagt Franz den Ansprüchen auf Italien.

1530   Karl V. empfängt im Februar in Bologna die *Kaiserkrone* (letzte Kaiserkrönung durch einen Papst).

1527   Kurfürst *Johann von Sachsen* läßt in seinen Landen eine Kirchen- und Schulvisitation durchführen. Hieraus und aus der vorreformatorischen kirchlichen Landeshoheit erwächst das deutsche evangelische **Landeskirchentum.** Landgraf *Philipp von Hessen* folgt in der Organisation der Kirche sächsischem Beispiel. Gründung der evangelischen *Universitäten Marburg und Jena.* Landesfürstliche Gewalt, Pfarrgeistlichkeit und Universität werden die „drei Pfeiler", auf denen das evangelische Kirchenwesen seitdem ruht. Das Landesfürstentum beginnt mit der Einziehung von Kloster- und Kirchengut.

1529   **2. Reichstag zu Speyer.** Die evangelischen Reichsstände (die Fürsten von Kursachsen, Ansbach, Braunschweig, Hessen, Anhalt und 14 Städte, darunter Straßburg, Nürnberg, Ulm, Konstanz) unterzeichnen eine „Protestation" gegen die Aufhebung des Reichstagsabschieds von 1526, daher **„Protestanten"** genannt.
Im *Religionsgespräch zu Marburg* zwischen Luther und Zwingli Einigung in allen Punkten mit Ausnahme der Abendmahlsfrage.
Die **Türken,** die sich zu Herren Ungarns gemacht haben, rücken im Sept. 1529 **vor Wien.**

1530 **Reichstag zu Augsburg. Augsburgische Konfession** *(Confessio Augustana),* von Melanchthon verfaßt, betont das Gemeinsame mit der alten Kirche, gibt aber dem neuen Glauben in den entscheidenden Punkten (Rechtfertigungslehre, Predigtamt, Kirchenauffassung) klaren Ausdruck. Eine katholische Gegenerklärung (die *Confutatio*) führt nicht zu der vom Kaiser erhofften Unterwerfung der Protestanten, nach deren Abzug der Reichstag den Widerstand gegen das Wormser Edikt für einen Bruch des Landfriedens erklärt.

1531 Jetzt schließen protestantische Stände ein Verteidigungsbündnis gegen die Religionspolitik des Kaisers. Der **Schmalkaldische Bund** erweitert sich in den nächsten Jahren und knüpft Beziehungen zu auswärtigen Mächten an.

Angesichts der Türkengefahr und der bewaffneten Macht der Prote-
1532 stanten gewährt der Kaiser den protestantischen Ständen auf dem Reichstag von Nürnberg Aufschub *(,,Nürnberger Religionsfriede"):* die Protestanten erhalten bis zu einem Konzil der Sache nach freie Reiligionsübung und leisten nun Hilfe gegen die Türken.

1534–1535 Aus Holland kommen **Wiedertäufer** nach **Münster,** wo sie ein apokalyptisch-wahnsinniges ,,Gottesreich" errichten (Kommunismus, Vielweiberei, Glaubensterror). Mit der Rückeroberung der Stadt durch den Bischof (Hinrichtung der Aufrührer) ist das revolutionär-enthusiastische Täufertum in Deutschland vernichtend getroffen.

1535 Karl V. unternimmt einen Kriegszug gegen den Seepiraten und türkischen Vasallen Chaireddin Barbarossa und erobert Tunis.

1536 *Franz I.* schließt mit dem *Sultan* ein **Bündnis.** In den folgenden Krie-
1544 gen dringt der Kaiser siegreich bis Paris vor. **Friede von Crépy:** Alle Teile behaupten ihren Besitzstand.

1541 **Reformation in Genf. Johann Calvin,** * 1509 in Noyon, studiert Rechtswissenschaft, wird zwischen 1531 und 1533 evangelisch, veröffentlicht in Basel 1536 seine Glaubenslehre, die ,,Institutio religionis Christianae", wirkt in Genf und Straßburg, wird 1541 nach Genf zurückberufen und organisiert hier gegen heftigen Widerstand das Kirchenwesen auf der Grundlage des Gemeindeprinzips: Die Gemeinden werden von gewählten Geistlichen und Ältesten (Presbyterien) regiert, mehrere Gemeinden durch die Synode; strenge Kirchenzucht durch Kontrolle des Lebens der Gemeindemitglieder. 1549 Einigung mit den Zwinglianern über die Abendmahlslehre. Vom Luthertum trennt die Calvinisten (abgesehen vom Unterschied im Verständnis des Abendmahls) die Kirchenordnung und die konsequent durchdachte *Prädestinationslehre,* die zu einem aktiv der Welt zugewandten Erwählungsglauben führt.

1545–1563 **Konzil zu Trient** (Concilium Tridentinum). In der ersten Periode (bis zur Verlegung nach Bologna 1547) werden die Glaubenslehren formuliert, ohne Beteiligung der Protestanten und im Gegensatz zu ihnen, sowie Reformdekrete erlassen. Eine der wichtigsten Entscheidungen ist die Gleichstellung der Heiligen Schrift und der kirchlichen Tradition. Das *Tridentinum* hat die katholische Kirche **mit neuer**

Widerstandskraft gegen den Protestantismus erfüllt, die Stellung des Papsttums gefestigt und die Grundlagen des neuzeitlichen Katholizismus geschaffen.

1546   18. Febr. *Tod Luthers* (begraben in Wittenberg), *der in der Tiefe seiner theologischen Aussagen, der Reichweite seines Einflusses und der Vielseitigkeit seiner historischen Wirkungen eine in der Geschichte Europas einzigartige Erscheinung ist.*

Der Kaiser will die protestierenden Stände niederwerfen, gewinnt den Schwiegersohn des Landgrafen Philipp, den protestantischen Herzog Moritz von Sachsen (Vetter des Kurfürsten), und beginnt gegen Hes-

1546–1547   sen und Sachsen den **Schmalkaldischen Krieg,** besiegt den Kurfürsten
1547   Johann Friedrich von Sachsen in der **Schlacht bei Mühlberg a. d. Elbe**
24. April   und nimmt ihn gefangen. Die Macht der Schmalkaldener ist damit gebrochen. Die Kurwürde kommt an Moritz von Sachsen. Landgraf Philipp von Hessen wird ebenfalls gefangengesetzt.

Kurfürst **Moritz von Sachsen** verbündet sich 1551 mit der deutschen Fürstenopposition verräterisch gegen den Kaiser und 1552 mit Heinrich II. von Frankreich, dem er das Reichsvikariat über Toul, Metz und Verdun zugesteht, zieht gegen den Kaiser zu Felde, der zur Flucht

1552   genötigt wird, und erzwingt den **Passauer Vertrag.** Die Bekenner der Augsburgischen Konfession erhalten bis zu einem neuen Reichstag freie Religionsübung.

1552–1556   **Krieg** *Karls V. gegen Frankreich* bleibt ohne Erfolg.

1555   **Augsburger Religions- und Landfriede:** *Die Augsburgische Konfes-*
25. Sept.   *sion wird reichsrechtlich endgültig als gleichberechtigt neben der katholischen anerkannt; Anhänger anderer Bekenntnisse (die Reformierten) werden vom Frieden ausgeschlossen. Die Reichsstände (Obrigkeiten) erhalten mit dieser Einschränkung Religionsfreiheit und haben das Recht, in ihren Gebieten die Glaubens- und Kirchenordnung aufzurichten. (Die Formel „cuius regio, eius religio" findet sich in der Urkunde nicht, sondern ist ein interpretierender Rechtssatz.) Andersgläubige erhalten Abzugsrecht. Geistlicher Vorbehalt zugunsten der katholischen Kirche: geistliche Reichsstände, die protestantisch werden, sollen Amt, Gebiet und Einkünfte verlieren. Die Reichsritterschaft wird in den Frieden einbezogen; in konfessionell gemischten Reichsstädten soll Parität herrschen. – In einer besonderen Erklärung gibt König Ferdinand die Zusage, daß in geistlichen Territorien Ritterschaften, Städte und Gemeinden, die schon lange der Augsburgischen Konfession anhängen, unbehelligt bleiben sollen (Declaratio Ferdinandea).*

1556   **Abdankung Karls V.** († 1558). Spanien mit seinen Kolonien, ferner Neapel, Mailand, Freigrafschaft Burgund, Niederlande kommen an Karls Sohn **Philipp II.** Die Kaiserwürde geht auf Ferdinand, den Bruder Karls V., über, der schon seit 1521 im Besitz der deutschen Erblande ist.

Unter den Kaisern **Ferdinand I.** (1556–1564), **Maximilian II.** (1546–1576) und **Rudolf II.** (1576–1612) und weiterhin im 17. Jh.

bleibt es die politische Hauptaufgabe Habsburgs, das Reich im W gegen Frankreich, im O gegen die Türken zu verteidigen. Innerhalb Deutschlands vermag der Protestantismus zunächst noch weitere Fortschritte zu machen (etwa sieben Zehntel lutherisch). Papst Gregor XIII. leitet 1572 die katholische Restauration ein, deren Träger der Jesuitenorden (Petrus Canisius, * 1521, † 1597) wird. Bis 1600 sind Bayern (Albrecht V.), Baden-Baden, Steiermark, Kärnten, Krain, dazu die geistlichen Territorien von Köln, Paderborn, Münster, das Eichsfeld wieder katholisch. – Dogmatische Streitigkeiten im Luthertum werden erst 1577 durch ein einheitliches Lehrbekenntnis, die **Konkordienformel,** beseitigt.

Die seit 1576 sich verschärfenden konfessionellen Spannungen im Reich (1582/83 Kölner Krieg, Besetzung der norddeutschen Bistümer im Widerspruch zum Geistlichen Vorbehalt) führen zum Zusammenschluß der Reichsstände in *konfessionellen Schutzbünden* mit eigener militärischer Organisation:

1608   Gründung der **Union,** eines protestantischen Verteidigungsbündnisses süddeutscher Reichsfürsten unter dem Direktorium des Kurfürsten von der Pfalz, dem in den nächsten Jahren u. a. Brandenburg, Hessen-Kassel und 17 oberdeutsche Reichsstädte beitreten, während Kursachsen fernbleibt.

1609   **Katholische Liga** gegründet: Schutzbündnis zwischen Herzog Maximilian von Bayern und den süddeutschen Bischöfen, dem sich die drei geistlichen Kurfürsten und die meisten katholischen Reichsstände anschließen.

1609–1614   Im *Jülich-Cleveschen Erbfolgestreit* stehen sich nach dem Übertritt Wolfgang Wilhelms von Pfalz-Neuburg zum Katholizismus die beiden konfessionellen Gruppierungen zum ersten Mal gegenüber. Vertrag von Xanten 1614: Jülich und Berg kommen an Pfalz-Neuburg, Cleve, Mark und Ravensberg an Brandenburg, dessen *Kurfürst Johann Sigismund* 1613 aus Überzeugung *zum Calvinismus* übergetreten ist. Der konfessionelle Unterschied zwischen dem Herrscherhaus und den beim Luthertum verbleibenden Untertanen macht für Brandenburg eine tolerante Religionspolitik zur Staatsnotwendigkeit.

1609   Rudolf II. erteilt durch den *Majestätsbrief* den böhmischen Ständen volle Religionsfreiheit und ständische Privilegien.

1612–1619   **Kaiser Matthias,** Bruder Rudolfs II., sichert seinem katholischen Vetter Erzherzog Ferdinand trotz des Widerstands der protestantischen Stände die Nachfolge in Böhmen und Ungarn sowie im Reich.

1618   Das *Herzogtum Preußen* fällt durch Erbschaft *an Brandenburg.*

Der Dreißigjährige Krieg (1618–1648)

Die Ursachen des Dreißigjährigen Krieges liegen in erster Linie im religiösen Gegensatz zwischen Katholiken und Protestanten. Dieser tiefe Gegensatz ist durch das Streben der Reichsstände nach größerer Macht und höheren Souveränitätsrechten noch wesentlich erweitert worden.

Demgegenüber besteht auf seiten der habsburgischen Kaiser das Streben nach religiöser und politischer Einheit des Reichs.

1618–1623 *Böhmisch-pfälzischer Krieg.*

1618 Ständischer **Aufstand in Prag** wegen Verletzung des Majestätsbriefes. „Prager Fenstersturz": die kaiserlichen Statthalter Martinitz und Slavata werden aus einem Fenster des Hradschin gestürzt.

1619–1637 **Kaiser Ferdinand II.** In Böhmen wird der Führer der Union, Kurfürst Friedrich V. von der Pfalz, zum König gewählt. Ferdinand verbindet sich gegen ihn mit Herzog Maximilian von Bayern, dem Haupt der Liga.

1620 8. Nov. **Schlacht am Weißen Berge** bei Prag: Friedrich *(„Winterkönig")* ge-
1621 schlagen und geächtet, flieht nach Holland. *Strafgericht, katholische Restauration,* Verwirklichung des Absolutismus in Böhmen: Hinrichtungen, Enteignung adligen Grundbesitzes (rund 150000 Protestanten wandern aus). Die Union löst sich auf.

1623 Maximilian von Bayern erhält die pfälzische Kurwürde. Tilly dringt mit Truppen der Liga in die Pfalz und nach Westfalen vor.

1625–1629 *Dänisch-niedersächsischer Krieg:*
Christian IV., König von Dänemark und Herzog von Holstein, tritt als Oberster des Niedersächsischen Kreises an die Spitze der Protestanten.
Seit 1625 tritt die „außerordentlichste Gestalt" des 30jährigen Krieges hervor: Albrecht von **Wallenstein,** * 1583, aus protestantischer tschechischer Adelsfamilie, seit 1606 katholisch, stellt dem Kaiser aus eigenen Mitteln ein Söldnerheer zur Verfügung (neues Kontributionssystem), erhält den Oberbefehl über alle kaiserlichen Truppen im Reich und wird vom Kaiser zum Herzog von Friedland erhoben.

1626 *Tilly* siegt bei Lutter am Barenberge (bei Salzgitter) über Chri-
1627 stian IV. von Dänemark. Tilly, Wallenstein und das Heer der Liga unterwerfen Norddeutschland; Wallenstein dringt bis Jütland vor.

1628 Wallenstein vom Kaiser zum „General des Baltischen und Ozeanischen Meeres" ernannt, belagert vergeblich Stralsund und bewirkt
1629 den **Frieden zu Lübeck:** Christian IV. erhält seine besetzten Gebiete zurück, entsagt aber weiterer Teilnahme am Krieg.
Ferdinand II. erläßt das **Restitutionsedikt,** in dem die Rückgabe aller seit dem Passauer Vertrag (1552) von den Protestanten eingezogenen geistlichen Güter verfügt und die Declaratio Ferdinandea für ungültig erklärt wird. Entscheidende Gewichtsverschiebung zugunsten des Katholizismus in Deutschland eingeleitet. Der Kaiser auf dem Höhepunkt seiner Macht.

1630 **Kurfürstentag zu Regensburg:** Maximilian von Bayern, der im Machtanstieg des Kaisers eine Bedrohung des Reichsfürstenstandes sieht, erzwingt die Entlassung Wallensteins.

1630–1635 *Schwedischer Krieg:*
1630 König Gustav II. Adolf von Schweden landet in Pommern, um der

Ausbreitung der kaiserlichen Macht an der Ostsee entgegenzutreten und den Protestanten zu helfen.

1631 **Tilly erobert Magdeburg,** wird von Gustav Adolf bei Breitenfeld (unweit Leipzigs) besiegt. Gustav Adolf zieht durch Thüringen und Fran-
1632 ken bis nach Mainz, besiegt Tilly, der tödlich verwundet wird, bei Rain am Lech. Wallenstein wird wieder kaiserlicher Oberfeldherr mit weitgehenden Vollmachten, zwingt Gustav Adolf zum Abzug aus Süddeutschland.

1632 **Schlacht bei Lützen.** Gustav Adolf fällt. Die Schweden siegen. Die
6. Nov. politische Leitung dss Krieges auf protestantischer Seite übernimmt der schwedische Reichskanzler *Axel Oxenstierna* (1633 Heilbronner Bund).

1634 *Wallenstein,* der Verbindungen mit den Gegnern anknüpft und sich mit hochfliegenden Macht- und Friedensplänen trägt, wird vom Kaiser abgesetzt und geächtet und in Ausführung kaiserlicher Befehle in Eger *ermordet.* Die Niederlage der Schweden bei Nördlingen führt zum Zerfall der protestantischen Front.

1635 **Friede zu Prag** zwischen dem Kaiser und Sachsen: Der Kaiser verzichtet auf die Durchführung des Restitutionsedikts. Gemeinsamer Kampf gegen die Schweden. Brandenburg und die meisten protestantischen Stände treten dem Frieden bei.

1635–1648 *Schwedisch-französischer Krieg:* Frankreich greift an der Seite des schwedischen Bundesgenossen in den Krieg ein (vgl. S. 332).

1637–1657 **Kaiser Ferdinand III.**
Da ein Sieg einer der beiden Parteien unmöglich erscheint, sind sie friedensgeneigt und nehmen Verhandlungen auf.

1648 **Westfälischer Friede** (Kaiser und Reich mit Frankreich in Münster,
Okt. mit Schweden in Osnabrück): *I. Der Augsburger Religionsfriede wird wiederhergestellt und auf die Reformierten ausgedehnt. Als Norm soll der kirchliche Besitz- und Bekenntnisstand von 1624 („Normaljahr") gelten. II. Schweden erhält Vorpommern mit Stettin und der Odermündung, Wismar, die Herzogtümer Bremen (ohne die Stadt) und Verden (Elbe- und Wesermündung); es erwirbt mit seinen deutschen Besitzungen die Reichsstandschaft. Frankreich erlangt die bisher österreichischen Hoheitsrechte im Elsaß (ohne Reichsstand zu werden), das Besatzungsrecht in Philippsburg, die Entmilitarisierung des Oberrheins und die Besitzbestätigung in Toul, Metz und Verdun. Brandenburg wird mit Hinterpommern nebst Kammin, Halberstadt, Minden und der Anwartschaft auf Magdeburg entschädigt. Bayern behält die Kurwürde und die Oberpfalz. Für die Rheinpfalz wird eine achte Kurwürde errichtet. III. Den Reichsständen wird die Mitbestimmung in allen Reichsangelegenheiten und die volle Landeshoheit in geistlichen und weltlichen Dingen sowie das Recht zu Bündnissen auch mit auswärtigen Partnern zuerkannt (unter dem Vorbehalt ihrer Verpflichtungen gegen Kaiser und Reich; Bündnisse dürfen sich nicht gegen Kaiser und Reich oder gegen dessen öffentlichen Frieden richten). Der Westfälische Friede ist fortan eine Hauptquelle des Reichsrechts.*

Vor dem Hauptfrieden haben die Vereinigten Provinzen der nördlichen Niederlande 1648 in Münster mit Spanien einen Sonderfrieden geschlossen, der ihnen die volle Unabhängigkeit gewährt. Im Westfälischen Frieden wird ihr Ausscheiden aus dem Reich indirekt stillschweigend anerkannt.

Das Ausscheiden der Schweizer Eidgenossen wird durch Aufnahme einer älteren kaiserlichen Erklärung in den Friedensvertrag anerkannt, in der es heißt, die Schweizer Kantone seien im Besitz „einer gewissermaßen vollen Freiheit und Exemtion vom Reich und den Behörden und Gerichten des Reichs keineswegs unterworfen".

Folgen des Krieges: *Die Macht der Habsburger in Deutschland ist zeitweise gemindert, die des alten Kaisertums für immer vernichtet. Das Reich, nach außen ohnmächtig, ist im Innern geschwächt durch die Selbständigkeit der zahlreichen kleinen und großen Herrschaftsgebiete. – Furchtbare Verwüstungen weiter Gebiete; Bevölkerungsverluste ungleich, Gesamtverluste können auf etwa ein Drittel geschätzt werden; Verarmung des Bauern- und Bürgerstandes; in Ostdeutschland soziales Absinken der Bauern. Umschichtung der deutschen Stämme. Glaubensduldung, aber auch Säkularisierung eingeleitet. Frankreich hat die Vormachtstellung errungen.*

Nach dem Westfälischen Frieden

Die Entwicklung zur Staatlichkeit in den Reichsterritorien setzt sich fort. Das Reich behält vor allem für die mittleren und kleinen Reichsstände seine Bedeutung als schützende Rechtsgemeinschaft (Reichskammergericht). Seit 1663 tagt in Regensburg der *„Ewige Reichstag"*.

1640–1688 **Friedrich Wilhelm,** der **Große Kurfürst** von Brandenburg. Durch die Schaffung eines stehenden Heeres, Zentralisation der Verwaltung und erfolgreiche dynastische Machtpolitik legt er den Grund für den Aufstieg **Brandenburg-Preußens.** Gegen die ältere Rechtsauffassung der Landstände richtet er den Absolutismus auf. Nach dem Landgewinn im Westfälischen Frieden erlangt er im Machtkampf zwischen Schweden und Polen durch zweimaligen Parteiwechsel die Anerkennung seiner Souveränität im Herzogtum Preußen.

1660 **Friede von Oliva** bestätigt außerdem den polnischen Besitz von Westpreußen und die schwedische Herrschaft in Livland.

Das wechselvolle Eingreifen in die Kriege gegen Ludwig XIV. führt zum *Kampf gegen* die mit Frankreich verbündeten *Schweden*, die in

1675 die Mark Brandenburg einfallen. Der Große Kurfürst siegt bei **Fehrbellin** und erobert Schwedisch-Pommern.

1679 **Friede zu Saint-Germain:** Der Große Kurfürst, der auf Schwedisch-Pommern verzichten muß, schließt ein Bündnis mit Ludwig XIV., dem gemäß er dessen Politik gegen das Reich unterstützt.

1681 Straßburg geht dem Reich verloren (S. 334).

1683 Brandenburg erwirbt *überseeische Kolonien* (S. 437).

1686 Der Große Kurfürst tritt nach dem Edikt von Nantes durch einen *Geheimvertrag* auf die Seite des Kaisers und bietet den Hugenotten Zuflucht (20 000 „Refugiés").

1692 Erhebung **Hannovers** zum **Kurfürstentum.**

1697 Kurfürst *Friedrich August I.* von *Sachsen* wird in zwiespältiger Wahl als **August II.** zum **König von Polen** gewählt (August der Starke). Er ist deshalb unmittelbar vorher zur römisch-katholischen Kirche übergetreten.

1701 Kurfürst *Friedrich III. von Brandenburg* wird **König Friedrich I. in Preußen.** Der Krontraktat verpflichtet ihn zur Unterstützung des Kaisers.

Österreichs Kampf gegen die Türken. Aufstieg zur Großmacht

1658–1705 Kaiser Leopold I. Die Zeit der österreichischen Großmachtbildung.

1683 1663–1664 Siege im Krieg gegen die Türken. Bündnis des Kaisers mit König Jan III. Sobieski von Polen.

1683–1699 **Türkenkrieg. 2. Türkenbelagerung Wiens** (1683): Stadtverteidigung durch *Graf Starhemberg* bis zur Befreiung durch das Reichsheer (Feldherren: Jan III. Sobieski und Herzog Karl V. Leopold von Lothringen), dem sich Truppenkontingente fast aller europäischen Länder (*nicht* Frankreich) zugesellen. Der folgende Angriffskrieg

1699 führt zur Eroberung Ungarns und Siebenbürgens. Im *Frieden von Karlowitz* sichert sich Österreich die Angliederung der eroberten Gebiete. Der Versuch der Türken, in einem neuen Krieg (1714–1717) das verlorene Gebiet zurückzugewinnen, scheitert bei

1717 *Belgrad* durch den glänzenden Sieg des schon im ersten Krieg hervorragenden **Prinzen Eugen** von Savoyen (* 1663, † 1736). Erreicht wird bis 1718 die dauernde Sicherung von Ungarn mit Siebenbürgen, dem größten Teil von Slawonien und Kroatien. Deutsche Kolonisten strömen ins Land. – **Österreich** ist zur **Großmacht** emporgestiegen. (Forts. S. 356.)

Sprache, Sitte, Tracht der höheren Stände in Deutschland stehen im 17. Jh. unter dem beherrschenden Einfluß des französischen Vorbilds. Gegen das „Alamodewesen" wenden sich Satiriker (u. a. Grimmelshausen) und Vereinigungen zur Pflege des Sprach- und Nationalsinns wie die (schon 1617 gegründete) *Fruchtbringende Gesellschaft.*

Das **geistige Leben** ist vielgestaltig und bewegt sich noch ganz auf kirchlichem Boden. Die Universitäten sind konfessionell streng gebunden. Den deutschen Pietismus begründet *Ph. J. Spener* (* 1635, † 1705). Der einflußreichste Pietist ist *A. H. Francke* (* 1663, † 1727) in Halle, Gründer der „Franckeschen Stiftungen", mehrerer Erziehungs- und Unterrichtsanstalten. Der umfassendste und glänzendste Geist des Zeitalters ist *G. W. Leibniz* (* 1646 in Leipzig, † 1716 in Hannover), der unabhängig von Newton die Differentialrechnung entwickelt, als Historiker tätig ist und eine weit nachwirkende harmonisierende Philosophie begründet (Monadenlehre). Erfolglose Bemühungen um eine Union der christlichen Kirchen. – Das säkularisierte Naturrecht findet in Deutschland vor allem durch *S. Pufendorf* (* 1632, † 1694) Eingang.

Der politische Aufschwung nach dem 30jährigen Krieg und die Erneuerung der katholischen Kirche lassen überall neue Schlösser, Abteien und Wallfahrtskirchen entstehen. Hervorragende Architekten: in Österreich *J. B. Fischer von Erlach* (* 1656, † 1723) und *J. L. von Hildebrandt* (* 1668, † 1745); in Preußen *A. Schlüter* (* um 1660, † 1714); in Sachsen *M. D. Pöppelmann* (* 1662, † 1736). Die anderen Hauptländer der Barockarchitektur, Böhmen, Schwaben, Bayern und Franken, bilden landschaftliche Sonderzüge aus: *Balthasar Neumann* (* 1687, † 1753); *J. Dientzenhofer* († 1726); *J. M. Fischer* (* um 1691, † 1766); *D. Zimmermann* (* 1685, † 1766). – Alle Bauten sind Gesamtkunstwerke, d.h., Deckenmalerei und Plastik sind zugeordnet, wie auch Liturgie, Musik, Theater oder Feste zur Vollständigkeit des Bauwerks gehören. – 1708/09 Erfindung des europäischen Porzellans durch F. Böttger. 1710 erste Manufaktur in Meißen.

b) Frankreich (Forts. v. S. 271)

Bis zur Grundlegung des Absolutismus durch Richelieu

Seit Kaiser Maximilians burgundischer und spanischer Heiratspolitik wird die französische Außenpolitik durch die Furcht vor der habsburgischen Umklammerung bestimmt. Hauptkriegsschauplatz ist seit 1494 Italien, wo Frankreich um die angevinische Erbschaft in Neapel kämpft.

1515–1547 **Franz I.** regiert absolut inmitten eines glänzenden Renaissancehofes. Unter anderen Künstlern und Gelehrten ist auch Leonardo da Vinci in seinen letzten Lebensjahren (1516–1519) Gast des Königs. Ein führender Humanist ist *G. Budé* (* 1467, † 1540), Gründer des Collège de France und der Bibliothèque Nationale. Schloßbauten: Louvre, Blois, Fontainebleau, Chambord.

1516 **Konkordat** mit Papst Leo X.: Der König ernennt die hohe Geistlichkeit und beherrscht die französische Kirche, läßt dafür Zahlung der *Annaten* (Abgaben) nach Rom zu und anerkennt den Supremat des Papstes über die Konzilien.

Die Außenpolitik von Franz I. ist beherrscht vom Kampf mit Karl V. In diesem Kampf verbindet Franz I. sich allen Glaubenserwägungen zuwider mit den Türken.

1547–1559 **Heinrich II.,** vermählt mit Katharina von Medici. Wachsende Macht der Guisen, eines Nebenzweigs des Hauses Lothringen, Verfolgung der Hugenotten. Durch Unterstützung der deutschen Protestanten 1552 Metz, Toul und Verdun für Frankreich gewonnen. Französisch-spanischer Krieg s. S. 337.

Seit 1559   regiert *Katharina von Medici* das Land für ihre Söhne Franz II. und Karl IX.

1562–1598   **Hugenottenkriege in Frankreich.** Seit der Mitte der 40er Jahre zunehmende Calvinisierung des französischen Protestantismus. Durch seine weitgehende Verbindung mit ständischen Interessen gerät er in Konflikt mit dem Absolutismus der Krone. Einmischung Englands und Spaniens auf seiten der beiden Religionsparteien; die *Guisen* Führer der Katholiken.

1572   **Bartholomäusnacht** oder Pariser Bluthochzeit: Königin Katharina
24. Aug.   benutzt die Anwesenheit zahlreicher Hugenotten bei der Vermählung ihrer Tochter Margarete mit König Heinrich von Navarra (s. unten) in Paris, um den Führer der Hugenotten, Admiral *Gaspard de Coligny,* der großen Einfluß auf Karl IX. gewonnen hat, und Tausende seiner Anhänger ermorden zu lassen.

1574–1589   **Heinrich III.** Erneuter Ausbruch des Bürgerkriegs zwischen den Religionsparteien. Zu einer dritten Partei, den „Politikern", gehört *Jean Bodin* (* 1530, † 1596), der in „De la république" die epochemachende *Lehre von der Souveränität* entwickelt.
Nach der Ermordung Heinrichs III. gelangen mit *Heinrich von Navarra* die *Bourbonen* (bis 1792) auf den französischen Thron.

1589–1610   **Heinrich IV.** (von Navarra), die Hoffnung der Protestanten, muß um seine Anerkennung kämpfen und tritt 1593 zum Katholizismus über. Seinen ehemaligen Glaubensgenossen gewährt er gegen alle Widerstände durch das **Edikt von Nantes** bedingte Religionsfreiheit. – Der
1598   König erringt durch Kraft, Klugheit und Menschlichkeit, durch umsichtigen Wiederaufbau des im Bürgerkrieg zerstörten Landes mit den Mitteln neuzeitlicher Wirtschaftspolitik große persönliche Autorität. Außenpolitiker großen Formats, macht er Spanien das Monopol als katholische Vormacht streitig. Heinrich IV. wird 1610 ermordet.

1610–1643   **Ludwig XIII.** Überlegene und machtkundige Staatsleitung durch Kardinal **Richelieu** (* 1585, † 1642, seit 1624 leitender Minister). Richelieus Ziel ist die Stärkung der Allgewalt der französischen Krone und die Verwirklichung des modernen Staatsgedankens, die Beseitigung der Vormachtstellung des Hauses Habsburg in Deutschland und Spanien sowie die Erhebung Frankreichs zur ersten Macht Europas. Mit der Unterstützung Schwedens im Dreißigjährigen Krieg siegt die Staatsraison über konfessionelle Interessen.

1628   Richelieu erobert *La Rochelle,* den stärksten Sicherheitsplatz der Reformierten, denen ihre politische Sonderstellung genommen, aber
1628/31   ihr religiöses Ausnahmerecht bestätigt wird. Gewinn der wichtigen Gebirgsfestung Pinerolo (Schlüsselstellung gegen die spanischen Nebenlande in Italien). Die Macht der hochadligen Gouverneure und Prinzen von Geblüt wird gebrochen. Die **Intendanten** werden die wichtigsten Organe des königlichen Willens. – 1641 wird den Parlamenten das Recht des Einspruchs bei königlichen Edikten genom-
1635   men. Frankreich erklärt Spanien den Krieg und tritt in den 30jährigen Krieg ein. – Richelieu gründet die Académie Française.

Das Zeitalter Ludwigs XIV.

1643–1715 **Ludwig XIV.** Die Regierung wird während der Minderjährigkeit des Königs (* 5. Sept. 1638) von Kardinal **Mazarin** geleitet (seit 1643 erster Minister, † 1661), der Richelieus Werk fortsetzt.

1648–1653 **Fronde-Aufstand** (Fronde = aufständische Adelspartei) und Bürgerkrieg: Der Widerstand des Pariser Parlaments und des ständisch gesinnten Hochadels *(Prinz Condé)*, der sich 1652 mit dem Landesfeind Spanien vertraglich verbündet, gegen den Absolutismus Mazarins wird erst nach wechselvollen Kämpfen bezwungen.

1659 Der **Pyrenäenfriede** beendet den jahrzehntelangen Krieg mit Spanien und bringt Frankreich Land- und Machtgewinn (Roussillon, Artois und Teile Lothringens). Die Vermählung Ludwigs XIV. mit der Tochter Philipps IV. von Spanien, Maria Theresia, wird vereinbart.

1661 Nach Mazarins Tod beginnt Ludwig XIV. die Selbstregierung. Vollendung des Absolutismus (der dem König zugeschriebene Ausspruch *„L'Etat c'est moi!"* ist schwerlich gefallen, entspricht auch nicht dem Staatsdenken, wohl aber der Regierungspraxis des Königs). Der Verherrlichung des Monarchen dienen der Bau des Riesenschlosses in Versailles (1661–1684 erbaut von *Mansart*), die Erweiterung des Hofstaats, die Ausgestaltung des Hofzeremoniells. Als überall angebrachtes Sinnbild des Herrschers wird die Sonne gewählt (deshalb „Sonnenkönig"). Der Adel wird durch Pensionen und Hofdienst in einen von königlichen Gnadenbeweisen abhängigen Hofadel verwandelt, das Parlament in seinen Rechten erneut eingeschränkt. Steuererhebung wird mehr und mehr als königliches Recht gehandhabt. – Ludwig XIV. wird für viele Herrscher das Musterbild eines Monarchen, sein Hof zum Vorbild europäischer Hofhaltung.
Der bedeutendste Mitarbeiter Ludwigs XIV. ist Jean Baptiste **Colbert** († 1683), seit 1661 Leiter des Finanzwesens und der Wirtschaftspolitik. Die von Colbert angestrebte grundlegende Reform des Staatshaushaltes und der Finanzen scheitert. Seine größten Erfolge und stärksten Wirkungen erzielt er auf dem Gebiet planmäßiger Wirtschaftsförderung (**Merkantilismus**, staatliche Planwirtschaft): Mit Schutzzoll, Übernahme fremder Herstellungsmethoden, Reglementierung und Arbeitslenkung schafft er die Grundlagen der französischen Großindustrie; der Canal du Midi verbindet Atlantik und Mittelmeer; gegen den holländischen Zwischenhandel richtet sich die Vermehrung des eigenen Schiffsraums; Vervielfachung der Kriegsflotte; aktive staatliche *Kolonialpolitik* (erste Kolonien in Kanada, Westindien, Guayana und Senegal schon durch Richelieu erworben) gestaltet Französisch-Kanada zu einem Abbild des Mutterlandes, bleibt jedoch hinter den weitgespannten kolonialen Plänen Colberts zurück. Ludwig XIV. folgt mit seiner kontinentalen Kriegs- und Religionspolitik älteren Traditionen, hat aber auch dafür tüchtige Sachverständige: Kriegsminister Louvois, Festungsbaumeister Vauban, Feldherr Turenne.

1667–1668 Unter Berufung auf umstrittene Erbansprüche aus dem Pyrenäen-frieden (Devolutionsrecht) beginnt Ludwig XIV. den *1. Eroberungs-krieg gegen Spanien* und *die Spanischen Niederlande.* Daraufhin geben England und Holland ihren See- und Handelskrieg auf und verbün-den sich angesichts der Bedrohung des spanischen Flandern mit Schweden (Tripelallianz). Trotzdem muß Spanien im Frieden zu Aachen (1668) niederländische Grenzfestungen, u. a. Lille, abtreten.

1672–1678 *2. Eroberungskrieg gegen Holland,* das vom Reich, Brandenburg und Spanien nur unzureichend unterstützt wird. Rettung bringt **Wilhelm von Oranien,** der als Generalkapitän das Land weitgehend über-schwemmen läßt, den Seekrieg mit England beendigt und für eine antifranzösische Koalition wirbt.

1678–1679 Erfolg Frankreichs in den Friedensschlüssen zu *Nimwegen.* Spanien tritt die Freigrafschaft Burgund (Franche-Comté) und abermals Grenzgebiete in den Niederlanden an Frankreich ab. Ludwig XIV. nimmt aufgrund der Beschlüsse französischer Gerichtshöfe *(Reuni-onskammern,* seit 1680) Teile von *Elsaß* und *Lothringen* in Besitz.

1681 Die Franzosen erzwingen im Frieden die *Kapitulation Straßburgs und*
1684 *besetzen die Stadt.* Am gleichen Tag wird *Casale Monferrato* („der Schlüssel Oberitaliens") von ihnen besetzt. Da Kaiser und Reich durch den von Frankreich begünstigten Angriff der Türken gebunden sind, behauptet Ludwig XIV. den Besitz der Reunionen, Straßburgs und Luxemburgs.

1685 **Aufhebung des Edikts von Nantes.** Ausübung des reformierten Bekenntnisses verboten. Einige hunderttausend Hugenotten fliehen aus Frankreich. Das Edikt beraubt Frankreich vieler moralisch, intel-lektuell und wirtschaftlich aktiver Kräfte und entfremdet dem intole-ranten Staat die protestantischen Länder Europas.

1688–1697 Unter dem Vorwand von Erbansprüchen seiner Schwägerin Elisabeth Charlotte (Liselotte) *3. Eroberungskrieg* Ludwigs XIV. *gegen die Pfalz,* die von Mélac verwüstet wird. – Auf Betreiben Wilhelms von Oranien, seit 1689 auch König von England, *große Allianz* zwischen dem Kaiser, Spanien, Schweden, den bedeutendsten Reichsfürsten (Brandenburg, Sachsen, Hannover), England, Holland und Savoyen gegen Ludwig XIV. Nach dem Seesieg der verbündeten englischen und holländischen Flotten über die französischen Seestreitkräfte bei *Cap de la Hogue* (1692) tritt **Frankreich als Seemacht hinter England** zurück. Im Frieden zu *Ryswijk* (1697) behält Frankreich die im Elsaß besetzten Gebiete, gibt aber Lothringen an Herzog Karl V. Leopold zurück.

Über Frankreichs Eintritt in den Spanischen Erbfolgekrieg s. S. 346. Bei seinem Tod (1715) hinterläßt Ludwig XIV. ein durch die Kriege erschöpftes Land, verelendete Bauern, eine vervielfachte Staats-schuld, gesunkenes Ansehen. (Forts. S. 354).

Wissenschaft. *René Descartes* (* 1596, † 1650), bahnbrechender Mathematiker, begründet durch den methodischen Zweifel die moderne Erkenntniskritik, wird mit dem Satz „cogito, ergo sum" und dem Glauben an die Möglichkeit mechanistischer Naturerklärung der größte Wegbereiter der Aufklärung. – *Blaise Pascal* (* 1623, † 1662), einer der hervorragendsten Köpfe Frankreichs, bedeutender Mathematiker, Jansenist. Seine „Pensées sur la religion" sind eine geistvolle Verteidigung des christlichen Erlösungsglaubens. **Französische Klassik.** Schöpfer der klassischen Tragödie ist *P. Corneille* (* 1606, † 1684). Sein jüngerer Zeitgenosse *Molière* (* 1622, † 1673) dichtet die klassische Charakterkomödie mit zeitlosen Gestalten („Le Tartuffe", „Le Misanthrope", „L'Avare", „Le Malade imaginaire"). *La Fontaine* (* 1621, † 1695) glänzt durch seine eleganten „Contes" und die geistvoll satirischen Tierfabeln. *J. Racine* (* 1639, † 1699) führt die Tragödie sprachkünstlerisch und ideell zur Vollendung („Andromaque", „Phèdre"). *Boileau* begründet nach antiken Vorbildern die Ästhetik des Zeitalters („Art poétique"). Der geistvolle Kanzelredner Bossuet formuliert 1682 die (nationalkirchlichen) Gallikanischen Artikel. Kritik am Absolutismus übt der Erzbischof *Fénelon* im Erziehungsroman „Les aventures de Télémaque". Auch die *bildenden Künste* stehen im Dienst der Verherrlichung des Königsgedankens. Gründung von Akademien zur Reinigung und Vereinheitlichung der Künste und zum Studium der Antike, Ausbildung eines strengen und großartigen Klassizismus in der Malerei (*N. Poussin*, * 1593, † 1665).

c) Italien. Das Papsttum (Forts. v. S. 276)

Die Stadtstaaten, die sich in Italien im 14. und 15 Jh. gebildet haben und eine starke politische und wirtschaftliche Zerrissenheit des Landes bewirken, werden im 16. und 17. Jh. immer wieder in die Auseinandersetzungen der Großmächte hineingezogen, wobei ihre wirtschaftliche und kulturelle Bedeutung einen Anreiz bildet.

Unter den Kriegen zwischen dem Reich bzw. Spanien und Frankreich haben vor allem das Herzogtum (seit 1713 Königreich) *Savoyen* und das Herzogtum *Mailand* (seit 1556 als Reichslehen ein Nebenland Spaniens) zu leiden. – *Venedig,* das sich trotz der Verlagerung des Handelsschwerpunkts durch die Entdeckung des Seewegs nach Ostindien und die allmähliche Erschließung der amerikanischen Gebiete als Handelsstadt behauptet, erlebt wie Florenz mit der Renaissance eine kulturelle Blüte. Als Nachbar der Türken ist es während der Kriege zwischen dem Reich und Frankreich meist im Bund mit Karl V. Auch nach dem Verlust von Cypern (1571), Kreta (1669) und Morea (Peloponnes, 1718) an die Türkei bleibt es im Besitz eines ansehnlichen Festlandgebiets (Verona, Brescia, Bergamo, Udine, Istrien, Dalmatien) und der Ionischen Inseln. – Die Republik *Genua* hat fortwährend ihre Unabhängigkeit gegen ihre mächtigen Nachbarn zu verteidigen. Wirtschaftlicher Niedergang seit der Entdeckung

Amerikas. – Im *Florenz* der Medici wird nach deren Vertreibung 1494 der Stadt durch den Dominikanerprior *Savonarola,* der als Bußprediger und Prophet eine starke Wirkung ausübt (1498 als Ketzer verbrannt), eine theokratisch-demokratische Verfassung gegeben. Noch zweimal nach Rückkehr der Medici wechselt die Stadt ihre Verfassung, bis Cosimo I. Medici nach der Vereinigung von Florenz mit der Republik Siena vom Papst zum Großherzog von Toscana erhoben wird. Im 17. Jh. beginnt der Verfall Toscanas. – *Neapel* und *Sizilien* werden 1504–1713 von spanischen Vizekönigen regiert. Frankreichs Erbanspruch führt zu langen Kämpfen in der ersten Hälfte des 16. Jh.

Das Papsttum

Die Päpste sind im 16. Jh. mit Erfolg bemüht, den Kirchenstaat zu vergrößern, die Bedeutung ihrer Stellung zu erhöhen, die Folgen der Reformation zu überwinden, den Katholizismus zu festigen und seinen Einflußbereich nach Möglichkeit auszudehnen.

Unter den Päpsten ragen hervor: *Julius II.* (1503–1513), der bedeutendste Renaissancepapst, kraftvoll als Staatsmann und Feldherr, Begründer des neuzeitlichen Kirchenstaates. – *Paul III.* (1534–1549) bestätigt 1540 den Jesuitenorden, erneuert und zentralisiert 1542 das Inquisitionswesen, beruft das Trienter Konzil. – *Gregor XIII.* (1572–1585) erneuert den Kalender (Gregorianischer Kalender), wirkt für die Restauration der katholischen Kirche in Deutschland (u. a. Einrichtung von Nuntiaturen). – *Gregor XV.* (1621–1623) gründet 1622 die *Congregatio de propaganda fide,* in deren Hände er die Organisation der Mission und die Rückführung der Protestanten legt. (Vgl. S. 368, 370, 372, 375; Forts. S. 379.)

Blütezeit von **Kunst und Literatur** in der Epoche der sog. *Hochrenaissance* (etwa 1500–1530; vgl. S. 316). Die großen Maler *Raffael Santi* (* 1483, † 1520), *Michelangelo Buonarotti* (* 1475, † 1564) und *Leonardo da Vinci* (* 1452, † 1519) sind gleichzeitig führende Architekten oder Bildhauer. – Befreiung der Künstler aus dem Zunftzwang und Gründung von Malerschulen und Akademien.
Im Gegensatz zum Quattrocento treten neben die Stadtrepubliken mehr und mehr die Dynastien und das Papsttum als Auftraggeber. Im Mittelpunkt der päpstlichen Kunstförderung steht seit *Julius II.* der Neubau von *St. Peter,* an dem *Bramante* (1506–1514), *Raffael* (1515–1520), *Michelangelo* (1547–1564) und *Bernini* (1629–1669) neben anderen leitend tätig sind, und der *Vatikanische Palast* mit den Gemäldezyklen *Raffaels* in den *Stanzen* (1509–1511) und *Michelangelos* in der *Sixtinischen Kapelle* (1508–1512). – In *Venedig* gelten die monumentalen Aufträge vornehmlich der Ausstattung des *Dogenpalastes.* Maler *Bellini, Veronese, Tintoretto, Tizian* (* um 1476/77, † 1576).
Im Zeitalter des sog. *Manierismus* (etwa 1520–1600) gewinnt die

Malerei eine neue Geistigkeit. – Auch der *Barock* (seit etwa 1600)
hat seine Ursprünge in Italien (s. S. 319).

In der *Musik* stellt *Palestrina* († 1594) den Höhepunkt kirchlicher
A-capella-Polyphonie dar; *Peri* und *Monteverdi* (* 1567, † 1643)
bringen die Anfänge der Oper; *Corelli* (* 1653, † 1713) und *Vivaldi*
(* etwa 1678, † 1741) vollenden die spezifisch barocken Formen der
Solo- und Triosonate, des Solokonzerts und des Concerto grosso.

Niccolò Machiavelli (* 1469 in Florenz, † 1527) tritt in den Verwal-
tungsdienst seiner Vaterstadt. Sein Buch „*Il principe*" ist eine Lehre
von den Methoden politischer Herrschaft, abgeleitet aus den Erfahrungen italienischer Fürstenstaaten im Zeitalter der Renaissance.
Seine starke Fernwirkung beruht auf der Erkenntnis des Wesens der
Macht. – *T. Campanella* (* 1568, † 1639) schreibt 1602 die „Città
del Sole" (Sonnenstaat), eine sozialistisch-chiliastische Utopie, von
der starke Wirkungen auf spätere Denker ausgegangen sind. – *Gali-
leo Galilei* (* 1564, † 1642), einer der größten empirisch-mechanisti-
schen Naturforscher und Wegbahner der neuzeitlichen Physik und
Mathematik, Entdecker der Fall- und Pendelgesetze.

d) Spanien. Portugal (Forts. v. S. 278)

1516–1556 **Karl I.,** König von Kastilien und Aragón (als Kaiser *Karl V.*), begründet die *unumschränkte* Königsgewalt in Spanien; die Cortes sind
fortan ohne Bedeutung. Durch Erwerbung großer Kolonialgebiete
gelangt Spanien zu außerordentlicher Machtstellung.

Der baskische Edelmann **Ignatius von Loyola** (* 1491, † 1556) gründet 1534 den **Jesuitenorden** (Societas Jesu, 1540 vom Papst bestätigt)
und wird 1541 in Rom dessen erster General. Die Aufgabe des
Ordens ist die Errichtung der Alleinherrschaft der vom Papst geleiteten katholischen Kirche und die Bekehrung der Ketzer und Heiden.
Alles dient dem obersten Zweck: die mit schärfster Kontrolle verbun-
dene Ordensdisziplin, die geistlichen Exerzitien (mehrwöchige seeli-
sche Übungen, durchgeführt mit genauem psychologischem Wissen),
die hervorragend geleiteten Gymnasien (Jesuitenkollegien), die Stellung zahlreicher Jesuiten als Beichtväter bei den Fürsten. Der Jesuitenorden ist eine der stärksten geistigen Mächte der frühen Neuzeit,
bis er in der Aufklärung (1773) vorübergehend aufgehoben wird.

1556–1598 Unter Karls Sohn **Philipp II.** erlangt Spanien die größte Ausdehnung
seiner Macht (neben den Kolonien auch die Niederlande). Es wird
zur Vormacht der katholischen Welt. Während jedoch die Festigung
der königlichen Macht fortschreitet, erfährt das Land eine Schwächung durch Abstrom von Menschen in die Kolonien, Austreibung
von Andersgläubigen und Krieg in den Niederlanden (Zerrüttung der
Staatsfinanzen). Während der Ehe Philipps II. mit Maria von England
(bis 1558) ist Spanien mit England verbündet. Dann entwickelt sich
zwischen beiden Ländern eine weitgespannte Gegnerschaft.

1556–1559 **Krieg mit Frankreich** beendet durch den Frieden zu **Câteau-Cambré-**

sis: Frankreich verzichtet auf seine Ansprüche in Italien und Burgund.

1571 **Seekrieg** Spaniens im Bund mit dem Heiligen Stuhl und Venedig gegen die Osmanen. Die türkische Flotte wird bei **Lepanto** von Don Juan de Austria vernichtet. *Spanien vorherrschend im Mittelmeer.*

Seit 1567 Kampf gegen die Unabhängigkeitsbestrebungen der Niederlande (s. unten).

1580 **Portugal,** das unter **Emanuel I. d. Gr.** (1495–1521) und seinen Nachfolgern seine größte Ausdehnung und den Höhepunkt seiner Macht erreicht, wird nach dem Aussterben seines Königshauses in Personalunion mit Spanien vereinigt. **Spanien auf dem Höhepunkt seiner Macht.** Bau des Klosterschlosses Escorial bei Madrid.

1588 Der Versuch Philipps II., England seinem Weltherrschaftssystem einzugliedern, scheitert. Die *spanische Armada* im Kanal von den Engländern besiegt; seitdem **Niedergang der spanischen Seeherrschaft.**

Unter den Nachfolgern Philipps II. weiterer Abstieg der spanischen Macht, sichtbar im Verlauf des Freiheitskampfes der Niederlande. (Forts. S. 346, 356.)

Gleichzeitig jedoch Blüte der spanischen **Dichtung und Malerei:** *Miguel de Cervantes* (* 1547, † 1616): Meisterwerk „Don Quijote"; *F. Lope de Vega* (* 1562, † 1635), Dichter geistlicher Spiele, Komödien, Versepen und Gedichte; *Calderón* (* 1600, † 1681), Dichter bühnenwirksamer barocker Dramen mit philosophisch-theologischem Gehalt. – In der Malerei vertritt *El Greco* (* 1541, † 1613) den Manierismus, *D. Velázquez* (* 1599, † 1660) den neuen Realismus des Barocks.

e) Die Niederlande

1568–1648 *Freiheitskampf der Niederlande. Philipp II.* will die 17 niederländischen Provinzen fest in sein Reich eingliedern; die Niederländer wollen ihre Privilegien behaupten. Der politische Gegensatz wird durch den religiösen (die nördlichen Provinzen sind calvinistisch) und nationalen verschärft.

1566 Massenpetition des Adelsbundes um Zurückziehung der spanischen Truppen und Widerrufung des Inquisitionsedikts.

1567 Bildersturm. **Herzog Alba** (* 1507, † 1582) greift mit spanischer Militärmacht ein. Die Grafen *Egmont* und *Hoorn* hingerichtet (1568). Blutjustiz. Führer des Widerstandes **Wilhelm von Nassau-Oranien,** der zuerst noch zu vermitteln sucht: Anerkennung der ständischen Rechte und Religionsfreiheit gegen Verzicht auf Unabhängigkeit. Es gelingt ihm zunächst auch, die katholischen Südprovinzen auf seine Seite zu bringen (Genter Pazifikation, 1576); im Vertrag von Arras (1579) werden sie jedoch für Spanien zurückgewonnen.

1579 **Union** der nördlichen „Sieben Provinzen" (Geldern, Holland, Zeeland, Utrecht, Friesland, Overijsel, Groningen) zu **Utrecht:** sie sagen sich von Spanien los und übertragen die erbliche Statthalterschaft an *Wilhelm von Oranien* (1584 ermordet).

1648 Nach langen Kriegen (Waffenstillstand 1609–1621) wird im Westfälischen Frieden die *Unabhängigkeit der Republik der Niederlande* anerkannt. Die südlichen Provinzen *(Belgien)* bleiben bei Spanien und kommen 1714 an Österreich.

Die Vereinigten Niederlande (Generalstaaten)

Unter den 7 Provinzen ist *Holland* die mächtigste mit fast zwei Drittel der Gesamtbevölkerung der Republik. Die *Generalstaaten* (im 17. Jh. offizieller Name der Republik), die Versammlung der Abgeordneten der Provinzialstände, tagen im Haag. Das Heerwesen wird von den Oraniern als Statthaltern geleitet. Nach dem Westfälischen Frieden läßt der Bedarf an militärischer Führung nach, die Oranier werden verdrängt, das Großbürgertum ist auf Ausdehnung von Hollands Welthandel bedacht *(Amsterdam)*. Mit der Bedrohung Hollands durch Ludwig XIV. werden die Folgen dieser Politik offenkundig. *Wilhelm III.* wird 1672 Statthalter (vgl. S. 342) und ist die Seele des europäischen Widerstandes gegen Ludwig XIV. Die Machtstellung der Republik beruht auf Schiffbau und Seefahrt: die Niederländer beherrschen im 17. Jh. den Ostseehandel, der die Grundlage ihres Reichtums ist, haben die größte Handelsflotte der Welt und schaffen sich koloniale Stützpunkte und Niederlassungen. Gründung der *Niederländisch-Ostindischen Kompanie* (vgl. S. 315). Das Frachtmonopol wird den Holländern Mitte des 17. Jh. von England streitig gemacht. (Vgl. S. 368, 371, 374; Forts. S. 382).

1600–1680 Blüte der **Wissenschaften** an der Universität Leiden (gegr. 1575). *H. Grotius* (* 1583, † 1645) wird mit seinem Werk „De iure belli ac pacis" der Begründer des Völkerrechts. *B. de Spinoza* (* 1632, † 1677) übt schärfste Kritik an der Bibel und der monarchischen Ordnung.

Glänzende Entwicklung der **Malerei.** Zu Beginn des 17. Jh. sondert sich ein südniederländischer, katholischer *(flämischer)* und ein nordniederländischer, protestantischer *(holländischer)* Stilbezirk aus. – In den Südniederlanden ist *P. P. Rubens* (* 1577, † 1640) Mittelpunkt der flämischen Malerei. Unter seinen Schülern sind *van Dyck* (* 1599, † 1641) und *Jordaens* (* 1593, † 1678). – In Holland überragt *Rembrandt* (* 1606, † 1669) alle anderen. Malerschulen bilden sich in: *Amsterdam* (Rembrandt), *Haarlem* (Frans Hals, * um 1580 bis 1581, † 1666), *Leiden* (Jan Steen, * 1626, † 1679), *Delft* (P. de Hooch, * 1629, † 1677, Jan Vermeer, * 1632, † 1675).

f) Die Britischen Inseln (Forts. v. S. 275)

1485–1603 **Haus Tudor** in England.

1509–1547 **Heinrich VIII.** Die vom Papst verweigerte Scheidung von seiner ersten Gemahlin wird für den anfangs streng katholischen König Anlaß

und Grund zur *Trennung der englischen Kirche vom Heiligen Stuhl.*
1534 macht der König sich selbst zum *Oberhaupt der englischen Kirche* **(Suprematsakte).** Eine Reformation wie in Deutschland bleibt aus. Blutige Verfolgung aller den Suprematseid Verweigernden. 1535 Hinrichtung dss Kanzlers Thomas More, genannt **Morus** (Humanist, Verfasser der satirischen und kritisch-reformerischen Schrift „Utopia"). Heinrich VIII. beginnt mit der Einziehung und dem Verkauf des Klosterbesitzes zugunsten des Kronschatzes. Rund drei Viertel des Landbesitzes der englischen Kirche gehen in private Hände über. Dadurch entsteht eine *neue Schicht reicher Grundbesitzer,* die dem Unterhaus Macht und Selbstgefühl verleihen.

In Schottland breitet sich in den 40er Jahren unter Führung des Predigers **John Knox** (* 1505, † 1572) die calvinistische Reformation aus.

1547–1553 Unter **Eduard VI.** Gründung der englischen Hochkirche, die in der Lehre protestantisch, in der bischöflichen Verfassung und der Form des Gottesdienstes katholisch ist. *Common Prayer Book* (1549).

1553–1558 **Maria** die Katholische, Gemahlin Philipps II. von Spanien. Katholische Restauration.

Die absolutistische Regierung Jakobs V. von Schottland († 1542) und seine französischen Tendenzen treiben die schottischen Barone in das Lager der Reformation (Calvinismus). Das schottische Parlament errichtet 1560 die reformierte Staatskirche, die sich gegen die katholische Königin **Maria Stuart** (Tochter Jakobs V. und der Maria von Guise), die 1568 nach England flieht, durchsetzt.

1558–1603 **Elisabeth.** Wiederherstellung der anglikanischen Kirche (Episkopalkirche). Glaubensbekenntnis: die 39 Artikel (1571). Anfänge des *Puritanismus* (radikale Richtung des englischen Protestantismus mit der Forderung nach Reinheit der Lehre, des Gottesdienstes und der Lebensführung).

1577–1580 *Sir Francis Drake:* Zweite Erdumseglung.

1584 *Sir Walter Raleigh* gründet die **erste englische Kolonie in Nordamerika** (*Virginia* – nach der unvermählten Königin Elisabeth benannt).

1587 Hinrichtung der Königin *Maria Stuart.* Krieg mit Philipp II. (s. S. 338). Aufschwung der englischen Seemacht.

1600 *Gründung der East India Company* (S. 315). Entwicklung Englands zur **Kolonialmacht.**

1603–1714 Haus Stuart.

1603–1625 **Jakob I.,** Sohn von Maria Stuart, vereinigt die 3 Kronen England, Schottland und Irland als König von Großbritannien und Irland, folgt, ohne Verständnis für Funktion und Selbstbewußtsein des englischen Parlaments, absolutistischen Vorstellungen von königlicher Macht. 1604 verweigert er den Puritanern die erbetenen kirchlichen Freiheiten. Der Puritanismus, der die Anpassung ablehnt (Nonkonformismus), wird in die Opposition gedrängt.

1625–1649 **Karl I.** begünstigt die Katholiken und erstrebt unumschränkte Gewalt des Königtums (Absolutismus). *Viele Puritaner wandern in die amerikanischen Kolonien aus.*

1628 **Petition of rights:** Steuerauflagen ohne Parlamentsbewilligung und willkürliche Verhaftungen sind gesetzwidrig.

1629 Nach der dritten Parlamentsauflösung regiert Karl I. elf Jahre ohne
1638 Parlament. Der Versuch, englische kirchliche Einrichtungen in Schottland einzuführen, verursacht den *schottischen Aufstand* des „Covenant" (1581 als Religionsbündnis der Reformierten entstanden, das Anlehnung an England sucht). Um Geldmittel für den Krieg gegen Schottland zu erhalten, beruft der König das Parlament ein („*Kurzes Parlament*", April–Mai 1640), das vor der Geldbewilligung Wiederherstellung seiner Rechte fordert. Das im November wieder

1640–1653 berufene **„Lange Parlament"** erhebt Anklage gegen den Earl of **Strafford,** den bedeutendsten Staatsmann Karls I., der beschuldigt wird, zur militärischen Unterwerfung Englands geraten zu haben. Der König, der vergeblich versucht hat, ihn zu retten, unterschreibt unter dem Druck der Londoner Massen das Todesurteil, gleichzeitig ein Gesetz, wonach das Parlament nur mit eigener Zustimmung vertagt oder aufgelöst werden darf.

Im Parlament bilden sich die Parteien der „*Rundköpfe*" (später Whigs), deren Schwerpunkt in der Wirtschaft liegt, und der „*Kavaliere*" (später Tories), die vorwiegend aus der alten Landaristokratie stammen.

1642 Der König versucht fünf führende Abgeordnete der Opposition im Unterhaus mit Gewalt festnehmen zu lassen; London in Aufruhr, der König flieht (10. Jan.).

1642–1646 **Bürgerkrieg in England.** Die Mehrheit des Adels auf der Seite des Königs, ebenso die meisten Bischofsstädte und alle Katholiken. Die Parlamentspartei stützt sich auf die meisten Handelsstädte, insbesondere auf London. Der entscheidende Gegensatz ist ein religiöser: das Parlament will den streng presbyterianischen Puritanismus verwirklichen, der König die Bischofskirche wiederherstellen. Die stärkste Partei werden die Anhänger der von aller Kirchenregierung unabhängigen Gemeindeorganisationen, die Kongregationalisten oder **Independenten.**

Presbyterianer, Independenten und Schotten schlagen das königliche Heer 1644 bei *Marston Moor* und 1645 bei *Naseby.* Der König flieht 1646 zu den Schotten und wird von ihnen 1647 ans Parlament ausgeliefert.

Führer der Independenten ist der Landedelmann **Oliver Cromwell** (* 1599), der ein durch religiöse Glaubenskraft verbundenes Reiterheer geschaffen hat („Eisenseiten"). Das independentische Heer gerät 1647 in Gegensatz zum presbyterianischen Parlament. Cromwells Verhandlungen mit dem gefangenen König scheitern an dessen kirchenpolitischer Entschlossenheit. Das Heer marschiert Dez. 1648 nach London (2. Bürgerkrieg) und vertreibt die Presbyterianer aus dem Parlament. Das „Rumpfparlament" verurteilt den König.

1649 König **Karl I.** wird zu Whitehall in London **hingerichtet.** Das Ober-
30. Jan. haus wird aufgehoben, der Freistaat ausgerufen.

1649–1660   ist England Republik *(„Commonwealth and Free State")*. Die Regierung übernimmt ein 41köpfiger Staatsrat.

1649–1650   Cromwell unterwirft mit blutigen Vergeltungsmaßnahmen *Irland* und setzt protestantisch-britische an die Stelle der irischen Grundherren.

1651   Das Parlament beschließt die **Navigationsakte,** laut der bei der Einfuhr fremde Schiffe ausgeschlossen sein sollen. Das Gesetz ist gegen die holländische Frachtschiffahrt gerichtet und hat 1652–1654 den *1. englisch-holländischen Seekrieg* zur Folge. Holland wird gezwungen, die Navigationsakte und die englische Vormacht zur See anzuerkennen.

1653–1658   Cromwell wird nach Auflösung des Parlaments (Dez.) **Lord-Protektor** von England, Schottland und Irland.

1655–1658   Krieg mit Spanien um die englische Handelsfreiheit in den spanischen Kolonien mit englischen Erfolgen in Westindien (Jamaica erobert). 1657 Bündnis mit Frankreich. Cromwell herrscht mit weitgehender religiöser Duldung, aber wachsendem Druck gegen politische Gegner, zögert mit der Annahme des ihm angetragenen Königstitels und stirbt 1658, ohne daß ihm die angestrebte Wiederherstellung einer verfassungsmäßigen Staatsordnung gelungen ist, jedoch hat er, getragen von starkem religiösem und merkantilem Imperialismus, England zur ersten protestantischen Macht in Europa erhoben.

1660   Nach Cromwells Tod und der Abdankung seines Sohnes wird durch Parlamentsbeschluß das Stuartkönigtum wiederhergestellt.

1660–1685   **Karl II.** Das Parlament verschärft durch staatskirchliche Gesetzgebung die religiösen Gegensätze. Viele Puritaner („Dissenters") wandern in die Kolonien aus.

1664–1667   *2. englisch-holländischer Seekrieg:* die Navigationsakte zugunsten der Generalstaaten modifiziert, England behält Neu-Amsterdam, jetzt New York.

1672–1674   *3. englisch-holländischer Seekrieg,* endet mit einem Frieden, der das bisherige Verhältnis bestätigt und das Zusammengehen der beiden Seemächte begründet.

1673   **Testakte:** Wer ein bürgerliches oder militärisches Amt bekleiden will, muß den König als Oberhaupt der Kirche anerkennen und sich gegen die katholische Abendmahlslehre erklären. Hiernach sind (bis 1829) alle Dissenters und alle Katholiken vom staatlichen und kommunalen Leben ausgeschlossen.

1679   *„Habeas Corpus Act"* (Schutz der persönlichen Freiheit und Sicherung gegen willkürliche Verhaftung) vom Parlament durchgesetzt.

1685–1688   **Jakob II.,** Bruder Karls II., ist katholisch, will die unumschränkte Königsgewalt und den Katholizismus in England wiederherstellen. Sein Versuch, Katholiken und Dissenters den Zugang zu den Ämtern zu öffnen, führt zum Umsturz; das Parlament ruft den Neffen und Schwiegersohn des Königs, den niederländischen Statthalter Prinz Wilhelm III. von Oranien, nach England. Dieser landet 1688. Jakob II. flieht und wird ohne Schwertstreich abgesetzt *(„Glorious Revolution").*

1689–1702 **Wilhelm III.** und Maria Febr. **1689** durch Parlamentsakte auf den Thron erhoben. Personalunion zwischen England und Holland. Wilhelm III. genehmigt durch die *Bill of rights* die Erklärung der Rechte des Parlaments („Declaration of rights"). Damit ist die *Grundlage des Parlamentarismus in England* geschaffen. Die Toleranzakte (1689) gibt den protestantischen Nonkonformisten das Recht auf eigenen Gottesdienst. Krieg gegen Ludwig XIV. Ordnung der
    1701 Thronfolge *(„Act of settlement"):* Die katholischen Stuarts werden ausgeschlossen; erbberechtigt ist das protestantische *Haus Hannover.*
1702–1714 Auf Wilhelm III. folgt die Schwester seiner Gemahlin, **Anna.** Ihr Feldherr ist *John Churchill,* Herzog von Marlborough (* 1650, † 1722), politischer und militärischer Führer der Seemächte im Spanischen Erbfolgekrieg. (Forts. S. 346, 352.)

Unter Elisabeth I. reichste Entfaltung des **Geisteslebens** in England: *Francis Bacon* (* 1561, † 1626) bereitet dem Empirismus (alle Erkenntnis leitet sich aus der Erfahrung ab) den Weg. *William Shakespeare* aus Stratford-on-Avon (* 1564, † 1616), größter europäischer Dramatiker seit der Antike, schafft sein „großes Welttheater", vor allem in Charaktertragödien wie Hamlet, König Lear, Macbeth, Romeo und Julia, Othello, Richard III., Coriolan, Julius Caesar u. a. – Der Dichter *J. Milton* (* 1608, † 1674) ist zugleich religiöser und politischer Denker. Weltrang hat sein Epos „The Paradise Lost". Der Philosoph *Thomas Hobbes* (* 1588, † 1679) entwickelt im „Leviathan" (1651) aus mechanistischer Naturauffassung eine Staatslehre, nach der dem Staat die absolute Macht zukommt, mit der er den menschlichen Naturzustand, den „Krieg aller gegen alle", abzulösen hat. – Der wirksamste englische Aufklärungsphilosoph und Interpret des bürgerlich-liberalen Staatsgedankens nach der „Glorious Revolution" ist *John Locke* (* 1632, † 1704). Hauptwerk: „An Essay Concerning Human Understanding". Bahnbrechend auf vielen Gebieten ist der größte mechanistische Naturforscher der Frühaufklärung *Isaak Newton* (* 1643, † 1727), Entdecker des Graviationsgesetzes und Begründer der Differentialrechnung. *D. Defoe* schreibt den weltberühmten Roman „Robinson Crusoe" (1719), Ausdruck des moralisch-vernünftig-aktiv gerichteten Lebensideals der Zeit.

g) Skandinavien (Forts. v. S. 280)

In Skandinavien kämpfen das im 16. Jh. und bis 1648 noch führende *Dänemark* (seit 1380 mit Norwegen vereinigt) und *Schweden* um die Vormachtstellung, die der Schwedenkönig Gustav Adolf durch seine Erfolge im Dreißigjährigen Krieg für sein Land erringt. Das *Haus Vasa* (1523–1654) begründet durch seinen ersten König, *Gustav I.,* in Schweden eine einheitliche, leistungsfähige Staatsverwaltung (der Reichstag mit vier Kurien bleibt erhalten) und führt die Reformation ein. In der Außenpolitik gesellt sich zur skandinavischen Rivalität seit

der Mitte des 16. Jh. der von Dänemark, Schweden, Polen und Rußland aus vorwiegend wirtschaftlichem Interesse geführte Kampf um
das *„dominium maris Baltici"*, den *Gustav II. Adolf* (1611–1632)
(S. 327) für Schweden entscheidet. Seinen Nachfolgern – die Regierung geht 1654 an das *Haus Pfalz-Zweibrücken* (Wittelsbach) über –
gelingt es, diese *Vormachtstellung rund um die Ostsee* noch zu festigen
und im Innern eine absolutistische Herrschaft aufzurichten. (Forts.
S. 348, 352.)

h) Rußland (Forts. v. S. 285)

Der Mönch Philotheos (Filofej) in Pleskau entwickelt nach 1510 die
Idee, daß Moskau nach dem Fall Konstantinopels das *„Dritte Rom"*
sei.
Mit der Vereinigung der Teilfürstentümer entsteht in Moskau eine
Zentralverwaltung und bildet sich ein stark differenzierter zahlreicher
Dienstadel mit genau fixierter Stellenordnung. Der Adel ist steuerfrei
und leistet Garnison- und Kriegsdienst für seine Dienstgüter. Die ursprünglich in freiem Vertrag arbeitenden, durch Verschuldung und
staatliche Bindungsmaßnahmen *endgültig* im 18. Jh. *leibeigen werdenden Bauern* zahlen Steuern ebenso wie die persönlich freie, im
17. Jh. *geburtsständisch geschlossene Händler- und Handwerkerbe-
völkerung* der Städte.

1533–1584 **Ivan IV. Groznyj** (der „Schreckliche") erzielt (seit 1547) innen- und
außenpolitische Erfolge. Reform der Lokalverwaltung: die bisher ernannten, mit Sporteln entschädigten Beamten werden durch gewählte, zusammen mit ihren Gemeinden für Amtsführung und
Steueraufkommen haftende ersetzt. Das Aufgebot des Dienstadels
wird durch besoldete stehende *Strelitzen-*(Schützen-)*regimenter* ergänzt.

1553 Die Engländer entdeckten den nördlichen Zugang zum Moskauer
Reich und stellen eine wichtige Handelsverbindung zwischen Moskau
und Westeuropa her.

1552–1556 Eroberung der tatarischen Chanate **Kazan** und **Astrachan.** Russische
Kolonisation und Mission. 1582 Beginn der Unterwerfung Sibiriens.

1558–1582 **Krieg um Livland.** Polen und Schweden siegen. Frieden: Moskau verzichtet auf Livland und Polock.

1565–1572 Der Zar überläßt zunächst den größeren Teil des Reiches der Verwaltung der Bojaren *(zemščina),* regiert selbst die **opričnina,** die schließlich etwa die Hälfte des Gesamtgebietes umfaßt. Massenmorde und
-umsiedlungen, Plünderungen und Gütereinziehungen treffen die
ganze Bevölkerung, vor allem die Aristokratie, deren Macht gebrochen werden soll. Mit den eingezogenen Gütern wird eine breite
Schicht neuen Dienstadels ausgestattet.
Folgen der Regierung Ivans: Ausdehnung der Herrschaft und neue
Siedlungsmöglichkeiten im Osten; innere Zerrüttung des Reiches u. a.
durch starke Mobilisierung des Landbesitzes; erste Maßnahmen zur
Fesselung des Bauern an den Boden.

1589 Die Moskauer Kirche wird durch Errichtung des **Patriarchats** auch der Form nach unabhängig von Konstantinopel.

1598–1605 **Boris Godunov** nach Erlöschen der Rurikdynastie von einer Landesversammlung (Zemskij Sobor) zum Zaren gewählt. Herrscher von überlegener Klugheit. Geht gegen die Bojaren vor und begünstigt die Ausländer in Rußland.

1605–1613 **Zeit der Wirren:** Außer mehreren Thronprätendenten beansprucht Polen die Herrschaft. Die eigentliche Bedeutung dieser Kämpfe liegt darin, daß zwei sozialpolitische Tendenzen vergeblich durchzudringen trachten: der Versuch, die politische Macht des Bojarentums wiederherzustellen, und der auf Wiedergewinnung der Freizügigkeit gerichtete revolutionäre Radikalismus der Bauern. Ein Zemskij Sobor

1613 wählt **Michail Fedorovič Romanov** zum neuen Zaren.

1645–1676 **Zar Aleksej Michajlovič.** Die schon seit Ivan III. angebahnte Verbindung mit dem europäischen Westen verstärkt sich.

Unter den beiden ersten Zaren aus dem Hause Romanov gelingt nach erneutem Krieg mit Polen und Schweden schließlich nicht nur die Behauptung des russischen Machtbereichs, sondern das *Aufrücken zur ersten Macht Osteuropas.* Dazu gehört die Unterstellung der

1654 Kosaken in der **Ukraine** (Grenzreiterrepublik) unter den Moskauer

1686 Zaren ebenso wie der Beitritt Moskaus zur **„Heiligen Liga"** zum Kampf gegen die Türken.

1689 Im ersten Staatsvertrag einer europäischen Macht mit China verzichten die Russen auf das Amurgebiet und gewinnen dadurch Bewegungsfreiheit für den russisch-chinesischen Handel.

1689–1725 **Zar Peter I. d. Gr.** (* 1672) unternimmt als erster Zar eine Auslandsreise (1697/98): über Riga und Kurland nach Preußen, Holland, England (Ausbildung zum Schiffbauingenieur) und nach Wien. Da Kaiser Leopold mit Rücksicht auf die spanische Erbfolgefrage mit der Pforte Frieden schließen will, scheitert eine gemeinsame Fortsetzung des Türkenkriegs. Nach seiner Rückkehr bricht Peter mit den Altmoskauer Sitten und zwingt die Russen zum (kirchlich untersagten) Bartscheren. – Ein Aufstand der *Strelitzen*-Regimenter wird durch Hunderte von Hinrichtungen gerächt.

Übergang Rußlands von der älteren Zeitrechnung („Jahreszählung seit Erschaffung der Welt") zum Julianischen Kalender.

Friede mit der Pforte: Rußland gewinnt Azov. Der Krimchan darf von Moskau keinen Tribut mehr fordern. (Forts. S. 348, 349.)

i) Polen (Forts. v. S. 283)

Die äußere Lage Polen-Litauens, das unter den *Jagiellonen* (seit 1386) zur osteuropäischen Großmacht aufgestiegen ist, wird vom Gegensatz zu Schweden, Moskau und der Türkei bestimmt. Schwaches Wahlkönigtum. Der sehr zahlreiche Adel *(Szlachta),* der die rechtliche Sonderstellung der Städte beseitigen kann und die Bauern in Erbuntertänigkeit bringt, ist auch politisch der maßgebende Stand:

Landtage; deren Abgeordnete bilden zusammen mit dem Senat (hohe Geistlichkeit und Magnaten) den **Reichstag (Sejm),** dessen Zustimmung der König seit 1505 zum Erlaß neuer Gesetze braucht. Formal eine Adelsdemokratie mit monarchischer Spitze, wird die Republik tatsächlich von den Magnatenfamilien beherrscht, die starke Parteien *(Konföderationen)* bilden, das *„liberum veto"* ausnutzen und durch ihre gewalttätige Uneinigkeit fremdem Einfluß Raum geben.

Unter **Sigismund II. August** (1548–1572) bricht die *livländische Konföderation* zusammen: *Kurland* wird weltliches Herzogtum, das der letzte Deutschordensmeister vom polnischen König zu Lehen nimmt. *Livland* wird polnische Provinz (1621 an Schweden verloren). *Estland* unterstellt sich Schweden.

1569 **Lubliner Union:** *Litauen* verliert seine Eigenstaatlichkeit fast völlig. Die Gegenreformation gewinnt in Polen an Boden gegenüber anfangs starken protestantischen Strömungen. Seit den 60er Jahren wirken die Jesuiten mit großem Erfolg in allen Teilen des Reiches. Seit *Heinrich von Valois* (1572–1574; dann König Heinrich III. von Frankreich) **freie Königswahl.**

1587–1668 regiert die katholische Linie des *Hauses Vasa.* König **Sigismund III.** unterstellt in der *Union von Brest* 1596 einen Teil der orthodoxen Kirche in Polen unter Beibehaltung der Lehre und Riten dem Papst.

1667 Im **Waffenstillstand von Andrusovo** kommen *Smolensk* und die *Ukraine* östlich des Dnjepr mit Kiev an Rußland.

1697–1733 **August II. der Starke** König von Polen (S. 330). (Forts. S. 348, 351.)

3. Die großen europäischen Kriege (1700–1721)

a) Der Spanische Erbfolgekrieg (1701–1714)

Ursachen: Infolge der Kinderlosigkeit des letzten spanischen Habsburgers Karl II. kommen französische und österreichische Erbansprüche in Betracht. Frankreich, das seine Verzichterklärung vom Pyrenäenfrieden widerruft, fürchtet, vom Haus Habsburg umklammert zu werden, der Kaiser fürchtet, den habsburgischen Hausbesitz zu verlieren, England dringt auf Teilung des Erbes. Da der zuerst vorgesehene Erbe, der bayerische Kurprinz Joseph Ferdinand, 1699 stirbt und man in Spanien das Erbe ungeteilt erhalten will, wird dem König im Oktober 1700 ein *Testament* abgenötigt, das den Enkel seiner mit Ludwig XIV. vermählten Stiefschwester, *Philipp von Anjou,* zum Erben einsetzt; Ludwig XIV. nimmt die Erbschaft für seinen Enkel an. Kaiser Leopold I. ist entschlossen, die Durchführung des Testaments zu verhindern, und erhebt als Gemahl der jüngeren Schwester Karls II. Ansprüche für seinen Sohn Erzherzog Karl. Ein kaiserliches Heer unter Prinz Eugen marschiert nach Italien. Wilhelm von Oranien bringt gegen die Bedrohung der Kanalküste und des englischen Kolonialreichs durch Frankreich die *große Allianz* zu-

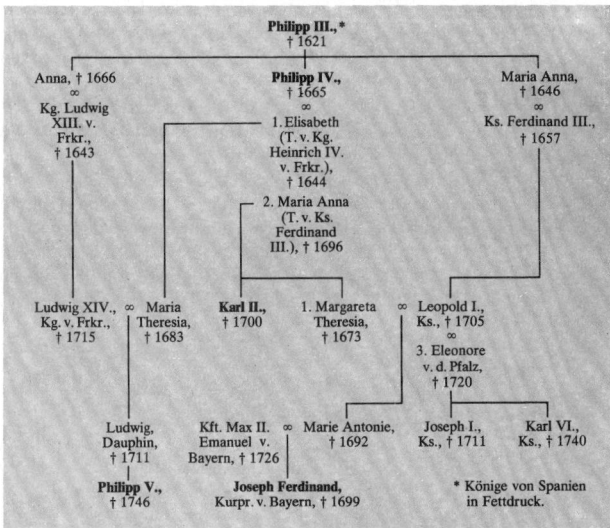

Philipp III.,*
† 1621

Anna, † 1666
∞
Kg. Ludwig
XIII. v.
Frkr.,
† 1643

Philipp IV.,
† 1665
∞
1. Elisabeth
(T. v. Kg.
Heinrich IV.
v. Frkr.),
† 1644

2. Maria Anna
(T. v. Ks.
Ferdinand
III.), † 1696

Maria Anna,
† 1646
∞
Ks. Ferdinand III.,
† 1657

Ludwig XIV.,   ∞   Maria
Kg. v. Frkr.,   Theresia,
† 1715   † 1683

Karl II.,
† 1700

1. Margareta   ∞   Leopold I.,
Theresia,   Ks., † 1705
† 1673   ∞
                   3. Eleonore
                   v. d. Pfalz,
                   † 1720

Ludwig,
Dauphin,
† 1711

Kft. Max II.   ∞   Marie Antonie,
Emanuel v.   † 1692
Bayern, † 1726

Joseph I.,
Ks., † 1711

Karl VI.,
Ks., † 1740

Philipp V.,
† 1746

Joseph Ferdinand,
Kurpr. v. Bayern, † 1699

* Könige von Spanien
in Fettdruck.

stande (S. 334), während Ludwig XIV. mit den Kurfürsten Max Emanuel von Bayern und dessen Bruder Joseph Clemens von Köln verbündet ist.

In Spanien faßt Erzherzog Karl gegen König Philipp V. Fuß. 1704
1704   erobern die Engländer mit deutschen Soldtruppen **Gibraltar.** Entscheidungsschlacht bei **Höchstädt** (Prinz Eugen von Savoyen als kaiserlicher, Marlborough als englischer Feldherr): Franzosen geschlagen, Wien dadurch gerettet.

1705–1711 Kaiser Joseph I. folgt seinem Vater Leopold I.
1706   Marlborough siegt bei **Ramillies,** Prinz Eugen bei **Turin.** Beide vereinigt kämpfen erfolgreich in den Niederlanden, 1708 bei Oudenaarde, 1709 bei **Malplaquet.**
1710   Politischer Umschwung in England: die Tories beginnen Geheimverhandlungen mit Frankreich. 1711 Marlborough abberufen.
1711   Tod Kaiser Josephs I. Ihm folgt sein Bruder Karl, der bisherige spanische Gegenkönig, als Kaiser **Karl VI.** Die Seemächte fürchten, daß er durch Vereinigung aller Länder Habsburgs die Universalherrschaft Karls V. wiederherstellen könnte.
       Zwischen Spanien und Großbritannien wird im März 1713 in Madrid der **Asiento** geschlossen, nach dem England das Alleinrecht für den Handel mit Negersklaven in den südamerikanischen Provinzen Spaniens erhält, eine der Quellen des neuen Reichtums in England.
1713   **Friede von Utrecht** (ohne den Kaiser und das Reich). Philipp V., Enkel Ludwigs XIV., wird als König von Spanien anerkannt. Doch

sollen die Kronen Frankreichs und Spaniens niemals bei einem Herrscher vereinigt werden. – Österreich (Karl VI.) werden die meisten
spanischen Nebenländer (Niederlande, Mailand, Neapel) zugesprochen. – Der Herzog von Savoyen erhält Sizilien als Königreich (1720
mit Sardinien vertauscht). – England bekommt von Frankreich (dessen Besitzstand in Europa unverändert bleibt) Neufundland, Neuschottland und die Hudsonbailänder, von Spanien Gibraltar und
Menorca. – Holland erhält das Besatzungsrecht in einigen Grenzfestungen der bisher spanischen Niederlande (Barrierefestungen).
Preußen erlangt die Anerkennung des Königstitels.

1714   Friedensschlüsse des Kaisers und des Reichs mit Frankreich in *Rastatt*
und in *Baden* (Aargau). Karl VI. nimmt die ihm bestimmten Länder
an und erhält dazu Sardinien. Landau, Straßburg, das Elsaß bleiben
französisch.

b) Der Nordische Krieg (1700–1721)

Ursachen: Schweden, das mit den Seemächten verbündet ist, fordert
durch unvorsichtige Unterstützung der holsteinischen Ansprüche
Dänemark heraus, das seinerseits gegen Holstein vorgehen will.
August der Starke wünscht durch militärische und politische Erfolge
(Wiedererwerb Livlands) seine Stellung als König von Polen zu stär-
ken. Peter d. Gr. will, da das Ausscheiden des österreichischen Part-
ners aus dem Türkenkrieg der Aussicht auf Gewinnung von Schwarz-
meerhäfen ein Ende macht, in den baltischen Machtbereich
Schwedens eindringen, um „ein festes Fundament am Baltischen
Meer" zu erringen. So bildet sich eine Koalition von Dänemark,
Sachsen-Polen und Rußland gegen Karl XII. (1697–1718).
Karl XII. schlägt 1700 die Russen und 1701 die Sachsen, vertreibt
August den Starken aus Polen und erzwingt 1704 die **Wahl Stanisław
Leszczyńskis** zum König.
Peter d. Gr. erobert 1702/03 Ingermanland, gründet 1703 *St. Peters-
burg,* nimmt 1704 Narva und Dorpat.

1706   **Friede von Altranstädt:** König August verzichtet auf Polen.
1709   Karl XII. marschiert 1708 in die Ukraine, wird jedoch in der **Schlacht
bei Poltava** von Zar Peter entscheidend geschlagen, flieht in die Türkei und kann die Pforte – erst 1710/11 – zum Krieg gegen Rußland
bewegen.

1710   Die Russen erobern **Viborg, Riga** und **Reval.** Durch Kapitulationen
mit den Ritterschaften und Städten gewinnt Peter die deutschen
Stände Livlands und Estlands für sein Reich.
Kurland gerät in die russische Einflußsphäre. Die *Pforte erklärt dem
Zaren den Krieg.* Peter wird 1711 von den Türken am **Prut** einge-
schlossen und erkauft den Friedensschluß durch Preisgabe Azovs.

1714   Karl XII. kehrt aus der Türkei zurück; er fällt 1718.
1719–1721   **Friedensschlüsse** *Schwedens* mit *Hannover,* das Bremen und Verden
erhält; mit *Preußen,* das Stettin, Vorpommern bis zur Peene erlangt;

mit *Dänemark,* das fast leer ausgeht; mit *Rußland* in **Nystad:** der Zar erhält Livland, Estland, Ösel, Ingermanland, einen Teil Kareliens. – August der Starke wird als König von Polen anerkannt.

Ergebnisse: *Im Spanischen Erbfolgekrieg ist England der eigentliche Sieger. Die Vorherrschaft Frankreichs ist gebrochen. Österreich hat die Nachfolge Spaniens in den südlichen Niederlanden (dem späteren Belgien) und in Italien angetreten. – Der Nordische Krieg hat die Machtstellung Schwedens vernichtet, Rußland zum stärksten Ostseestaat gemacht und zur europäischen Großmacht erhoben.*

4. Die Aufklärung

„Der Ausgang des Menschen aus seiner selbstverschuldeten Unmündigkeit" (Kant 1784) ist die stärkste geistige Bewegung der europäischen Neuzeit seit der Reformation, gekennzeichnet durch die Verselbständigung der Vernunft (Rationalismus) gegenüber allem überlieferten Autoritätsglauben. Die aufklärerische Wendung vollzieht sich seit der Mitte des 17. Jh. zunächst in Holland, wo kirchliche Toleranz herrscht und die Freigeisterei Fuß fassen kann. Hier wirken *Descartes* (S. 334), *Spinoza* (S. 339) und *P. Bayle,* dessen „Dictionnaire historique et critique" der Skepsis und Dogmenkritik die Bahn bricht. Von Holland aus ergreift die Aufklärung England *(Locke,* S. 343), dann Frankreich, wo sie radikal kirchenfeindlich wird *(Voltaire,* S. 356). Auch materialistische Lehren finden Verbreitung. In Deutschland bleibt die Lehre im allgemeinen ohne religionsfeindliche Tendenz (s. S. 360).

Die Aufklärung ist eine gesamteuropäische Denkbewegung, die in allen Wissenschaften herrschend wird, viele neue Erkenntnisse, Reformen und Forschungswege ermöglicht (Statistik, Strafrechtsreform, Universalhistorie), das politische Denken und Handeln stark beeinflußt und mit einem aktiv-optimistischen Lebensgefühl verbunden ist. Die Rationalisten setzen an die Stelle des Offenbarungsglaubens als neue Dogmen den Glauben an die mechanistisch verstandene Natur, an den Fortschritt, an die säkularisierte Vernunft. Die Nachwirkung der Aufklärung ist auch in der Gegenwart noch spürbar, obwohl sie längst von anderen geistigen Mächten (Pietismus, Entdeckung der irrationalen Kräfte, Idealismus, neue christliche Gläubigkeit) abgelöst und durch die moderne Naturwissenschaft endgültig ihrer dogmatischen Grundlage beraubt worden ist.

5. Das 18. Jahrhundert

a) Rußland (Forts. v. S. 345, 349)

Peter d. Gr. verlegt während des Nordischen Kriegs die Residenz von Moskau nach **St. Petersburg** („Fenster nach Europa", Schwerpunkt des russischen Seehandels).

Gegen den Widerstand der Altmoskowiter greift Peter durch **Reformen** tief in das russische Leben ein. Aus dem Nichts wird die **Ostseeflotte** geschaffen. Das Heer wird verfünffacht und nach westeuropäischem Vorbild ausgebildet. Die Dienstpflicht des Adels wird verschärft, das Steueraufkommen durch Einführung der Kopfsteuer erhöht. Errichtung von Manufakturen, Förderung des Bergbaus, Kanalbauten. Die Leibeigenschaft der Bauern wird u. a. durch die Schaffung leibeigener Fabrikbauernschaften verschärft. Dadurch bleibt die alte Sozialstruktur im ganzen erhalten, obgleich die **Rangtabelle** (1722) neuen Dienstadel entstehen läßt, der auch Nichtadligen gewisse Aufstiegsmöglichkeiten bietet. Die Zentralverwaltung wird z. T. nach schwedischem Vorbild umgestaltet (1711 **Senat**, 1717 fachliche Regierungskollegien). Planmäßig werden Ausländer nach Rußland gezogen, zahlreiche fähige Russen im Ausland ausgebildet. Beginn der Säkularisierung. Der geistig bedeutendste Mitarbeiter Peters, der spätere Erzbischof **Feofan Prokopovič** (* 1681, † 1736), verfaßt das **Geistliche Reglement,** ein Kirchengesetz (1721), das an die Stelle des Patriarchen ein geistliches Kollegium mit Behördencharakter, den Heiligen Synod, setzt. Viele fachlich-weltliche Ausbildungsanstalten treten ins Leben.

1721   Gleich nach dem Nystader Frieden (S. 349) nimmt Peter d. Gr. den **Kaisertitel** an.

1722–1723   Feldzug Peters gegen *Persien,* der zur Abtretung persischer Provinzen am Kaspischen Meer an Rußland führt.
Im Auftrag des Zaren Forschungsreisen in Sibirien und Entdeckungsfahrt des Dänen *Bering* durch die später nach ihm benannte Meerenge.

Die Regierung Peters d. Gr. hat Rußland tiefgehend verändert, ohne freilich die sozialgeschichtlichen Grundlagen wandeln zu können. Die Übernahme der westeuropäischen Technik wird von ihm beschleunigt; zugleich öffnet er den geistigen Kräften der europäischen Neuzeit die Tür, wodurch ein weit fortwirkender Zwiespalt im russischen Leben entsteht. Die Machtsteigerung bedeutet Annäherung an den Westen und steigenden Einfluß auf das politische Schicksal Mitteleuropas.

Auf Peter d. Gr. folgen weniger bedeutende Inhaber des Thrones. *Zarin Elisabeth* (1741–1762) schließt als Gegnerin Preußens mit Österreich ein Verteidigungsbündnis und nimmt am Siebenjährigen Krieg teil

1755   wird in **Moskau** die **erste russische Universität** gestiftet. An der Akademie der Wissenschaften in Petersburg ist Michail V. *Lomonosov* tätig (* 1711, † 1765), Chemiker und Physiker, Verfasser einer russischen Grammatik, von Oden und Dramen („Vater der russischen Schriftsprache"), Träger eines neuen russischen Selbstgefühls.

1762–1917   **Haus Holstein-Gottorp** in Rußland.

1762–1796   **Katharina II. d. Gr.** (Prinzessin Sophie von Anhalt-Zerbst), Witwe Peters III., der als Bewunderer Friedrichs II. den Krieg mit Preußen beendet hat. Erfüllt vom Ideengut der französischen Aufklärung (Korrespondenz mit Voltaire, Diderot), geistvoll und moralisch bedenkenlos, ist sie zugleich auf Reformen und auf Erhöhung der Machtstellung Rußlands bedacht. Ihre Außenpolitik ist imperialistisch vor allem in Richtung auf Polen und die Türkei. Leitender Staatsmann 1763–1783: Graf N. I. *Panin.*

1767–1768 **Gesetzgebende Kommission** aus Vertretern aller Stände berät über Reformen. Die bäuerliche Leibeigenschaft wird aller Theorie zum Trotz durch Ukasse der Kaiserin verschärft.

1768–1774 Russisch-türkischer Krieg. Die russische Flotte vernichtet die türkische bei **Tscheschme** (gegenüber der Insel Chios).

1772/93/95 Zu den drei *Teilungen Polens* s. unten und S. 352.

1773–1774 Ausgedehnter Aufstand des Kosaken *Pugačev* im Ural- und Wolgagebiet (Kosaken, Fabrikarbeiter, Leibeigene, mohammedanische Fremdvölker) niedergeworfen.

1774 Rußland erhält im Frieden mit der Türkei an der Dnjeprmündung einen schmalen Zugang zum Schwarzen Meer, die Meerenge von Kertsch und freie Handelsschiffahrt auf den türkischen Gewässern. Rückgabe der russischen Eroberungen in Moldau und Walachei. Rußland erwirbt das Recht, zugunsten dieser Fürstentümer und der griechisch-orthodoxen Kirche in der Türkei Vorstellungen zu erheben, die die Pforte zu beachten verspricht.

1780 Zur Sicherung des Handelsverkehrs der Neutralen im nordamerikanischen Freiheitskrieg greift Katharina II. gegen die Methode der englischen Seekriegführung durch die Erklärung der **bewaffneten Seeneutralität** ein, deren Grundsätze für das Seekriegsrecht epochemachend werden. Die **Krim** in Rußland einverleibt. *Potemkin*

1783 (Günstling der Zarin 1774–1779) erschließt und kolonisiert die neu gewonnenen südrussischen Gebiete.

1787–1792 **Zweiter Türkenkrieg.** Rußland erhält im Frieden zu **Iasi** das Küstenland am Schwarzen Meer bis zum Dnjestr. 1793 Gründung der Hafenstadt *Odessa.* (Forts. S. 385.)

b) Polen (Forts. v. S. 346, 349)

Das allmähliche Absinken des polnischen Staates bis zur politischen Bedeutungslosigkeit seit dem Bestehen des Wahlkönigtums wird vor allem sichtbar durch den wachsenden Einfluß Rußlands (z. B. Polnischer Thronfolgekrieg 1733–1735). Eine Belebung des polnischen Geisteslebens und der Literatur unter dem Einfluß der Aufklärung seit der Mitte des 18. Jh. schärft das Bewußtsein der kulturellen Einheit während der Auflösung des Staates durch die polnischen Teilungen.

1764–1795 *Stanislaus II. August,* letzter König von Polen († 1798).

1772 **1. Teilung** Polens. Die russischen Erfolge im Türkenkrieg veranlassen Österreich, mit der Türkei 1771 ein Bündnis zu schließen, das Rußland an der Gewinnung von Moldau und Walachei hindern soll. Daraufhin verständigt Rußland sich Jan. 1772 mit Preußen über die

Besitzergreifung von Teilen des polnischen Reiches. Österreich tritt dem Abkommen bei. Rußland erhält die Gebiete bis zur Düna und zum Dnjepr; Preußen – Westpreußen ohne Danzig und Thorn, das Bistum Ermland und den Netzedistrikt; Österreich – Ostgalizien und Lodomerien (Rotrußland). Polen verliert ein Drittel seines Gebiets und etwa die Hälfte seiner Bevölkerung.

Aus Reformplänen, in denen sich Ideen der Aufklärung mit patriotischem Widerstand gegen die Teilungsmächte verbinden, entsteht nach dem Reichstag von 1773 die Edukationskommission, „das erste Unterrichtsministerium Europas".

1791 **Mai-Konstitution:** der Thron erblich; das liberum veto und das Recht zu Konföderationen werden abgeschafft; der Bürgerstand erhält Reichstagsvertretung. Einmarsch russischer Truppen zwingt König Stanislaus, die von ihm beschworene Verfassung fallenzulassen.

1793 **2. Teilung** Polens. Rußland und Preußen zwingen Polen zur Abtretung weiterer Gebiete: der Rest von Litauen, die Hälfte von Wolynien, Podolien u. a. an Rußland; Danzig, Thorn, Gnesen, Posen, Kalisch u. a. an Preußen.

1794 Erhebung der Polen unter **Kościuszko** von Russen und Preußen niedergeschlagen.

1795 **3. Teilung** Polens. Rußland und Österreich schließen den Teilungsvertrag, dem Preußen beitritt. Rußland erhält die übrigen ostpolnischen Gebiete und das Herzogtum Kurland; Österreich – Westgalizien mit Krakau u. a.; Preußen – Warschau, das Gebiet zwischen Weichsel, Bug und Njemen. Ende des alten polnischen Reiches. (Vgl. S. 371, 374, 386, 414; Forts. S. 500.)

c) Skandinavien (Forts. v. S. 344, 349)

Während es **Dänemark** (mit *Norwegen*) gelingt, sich unter dem Gesichtspunkt **„Ruhe im Norden"** den inneren und äußeren Frieden auf lange Zeit zu erhalten, verliert **Schweden** (1751–1818 *Haus Holstein-Gottorf*) nach den Einbußen im Nordischen Krieg im Laufe des 18. Jh. weitere Gebiete an Rußland. – Bedeutend der schwedische Botaniker *C. v. Linné*, der die Pflanzenformen in einem Ordnungssystem zusammenfaßt. (Vgl. S. 375; Forts. S. 385.)

d) Großbritannien (Forts. v. S. 343, 349)

Nach den innenpolitischen Auseinandersetzungen im 17. Jh. gewinnt England im 18. Jh. eine Vormachtstellung, die es sich durch die Politik des Gleichgewichts auf dem europäischen Festland (balance of power) zu bewahren sucht. Seit dem Frieden von Utrecht verdrängt es Frankreich zunehmend aus Übersee und entwickelt sich zur ersten Kolonialmacht der Welt.

1714–1901 Haus Hannover in England.

1714–1727 **Georg I.** bevorzugt seine hannoversche Heimat. Leiter der gegen

Rußland gerichteten Koalitionspolitik ist seit 1717 **Stanhope**
1720   († 1721). Die finanzielle Grundlage der englischen Politik wird erschüttert durch den **Zusammenbruch der Südseekompanie,** einer
Aktiengesellschaft (gegr. 1711), die überseeische Ausbeutung mit
Aktien anstrebt.

Die Sanierung übernimmt der Schatzlord Sir Robert **Walpole**
(* 1676, † 1745), der erste britische „Premierminister", d. h. der vom
1721–1742 Vertrauen des Königs und der Parlamentsmehrheit (Whigs) getra-
gene leitende Minister mit Gesamtverantwortung. Er regiert mit
einem System parlamentarischer Bestechung und treibt erfolgreiche
Friedens- und Handelspolitik.

1727–1760 Georg II.

1755–1763 Krieg gegen Frankreich. Es wird zu Land in Amerika, Indien und
Deutschland, zur See in allen Teilen der Welt geführt. Leiter der eng-
lischen Außenpolitik ist 1756/57–1761 **William Pitt** d. Ä. (* 1708,
† 1778), der wirkungsvollste Redner des Parlaments, überragender
Organisator der Kriegführung, leidenschaftlicher und weitschauender
Machtpolitiker. Subsidienvertrag mit Preußen.

1759   Die Engländer erobern Quebec, 1760 Montreal. Ganz Kanada wird
britisch. Heimatflotte vereitelt französische Invasion in England. In
den nächsten Jahren verlieren die Franzosen fast alle Stützpunkte in
Südindien.

1760–1820 Georg III.

1763   **Friede von Paris,** einer der größten Erfolge im Aufstieg Englands zur
Weltmacht: England gewinnt **Kanada** und Louisiana östlich des Mississippi, Cape Breton Island und Senegambien von Frankreich, das
den spanischen Bundesgenossen westlich des Mississippi entschädigt.
Das spanische Florida kommt an *England,* das nunmehr zur *ersten
Kolonialmacht der Welt* geworden ist. 1757–1784 Eroberung Ostin-
diens (S. 444).

1775–1783 **Freiheitskrieg der nordamerikanischen Kolonien** s. S. 420.

1783–1801 **William Pitt** d. J. (* 1759, † 1806), leitender Staatsmann (noch einmal 1804–1806), stellt das Ansehen Englands wieder her: Vergrößerung der Flotte, stehendes Heer, festere Bindung der überseeischen
Besitzungen an das Mutterland (East India Bill, Canada Act), Gewinnung neuer Kolonien (Australien, Ceylon, Kapstadt). Gegner des revolutionären und napoleonischen Frankreich.

Seit 1760 in England **„Industrielle Revolution",** der Übergang zur
großkapitalistischen Industriewirtschaft mit proletarischen Arbeitermassen aufgrund entscheidender technischer Fortschritte: Dampf-
maschine 1769 *(J. Watt);* Spinnmaschine 1769 *(R. Arkwright);* mechanischer Webstuhl 1785/90. Die Technik führt eine Umwälzung
in der Baumwoll- und Eisenindustrie und in der Kohlenförderung
herbei und leitet ein neues Zeitalter ein. Schon früher hat in England
die *Landeinhegung* begonnen, die zusammen mit der Rationalisierung der Landwirtschaft (erhebliche Steigerung des Ertrags) eine
„Agrarische Revolution" bewirkt. Beide Umwälzungen haben weit-

reichende soziale Folgen: Entwicklung zu Großgütern, Untergang des freien Kleinbauernstandes, Entstehung des Industrieproletariats und der technischen Berufe. Die Bevölkerung Großbritanniens steigt von 7,5 Mill. 1760 auf 8,9 Mill. 1801 und 14 Mill. 1821. Seit dem Ende des 18. Jh. ist England von Getreideeinfuhr abhängig. (Forts. S. 381.)

Kunst und Wissenschaft. In Reaktion auf das Pathos des festländischen Barocks Hervortreten intimer Kunstformen. Porträt- und Landschaftsmalerei *(Reynolds, Gainsborough).* – Als neuer Bildtyp das satirische Sittenbild *(Hogarth,* * 1697, † 1764).

In der Philosophie führt *D. Hume* (* 1711, † 1776) den skeptizistischen Denkansatz der Aufklärung weiter; der antimetaphysische Positivismus des 19. Jh. knüpft an ihn an. Als Geschichtsschreiber ist bedeutend *Gibbon* (* 1737, † 1794) mit seiner „History of the Decline and Fall of the Roman Empire". *Adam Smith* (* 1723, † 1790) begründet 1776 die klassische Volkswirtschaftslehre mit dem Gedanken des wirtschaftlichen Individualismus. – Entstehung des *Methodismus,* einer religiösen Erweckungsbewegung mit starker sittlicher Aktivität, die von dem lutherisch beeinflußten *J. Wesley* (* 1703, † 1791) ausgeht. – Europäische Bedeutung gewinnt der konservative Staatsdenker *E. Burke* (* 1729, † 1797), Kritiker der Französischen Revolution („Reflections on the Revolution in France", 1790).

In London wirkt seit 1712 der große deutsche Komponist *G. F. Händel* (* 1685, † 1759), Schöpfer von Barockopern, Oratorien, Sonaten und Konzerten.

e) Frankreich (Forts. v. S. 334)

1715–1774 **Ludwig XV.** (* 1710), Urenkel Ludwigs XIV. Regentschaft des Herzogs *Philipp von Orléans* († 1723).

1716–1720 Der schottische Wirtschaftstheoretiker **John Law** versucht die infolge des Spanischen Erbfolgekriegs erschöpfte Finanzkraft Frankreichs durch gewagte Finanzpolitik großen Stils zu heben (Aktienausgabe, Papiergeldinflation). Jedoch Kurssturz und Zusammenbruch des Systems. Die Staatsschuld freilich um die Hälfte verringert.

Durch Verheiratung Ludwigs XV. mit der Tochter des früheren Polenkönigs Stanisław Leszczyński wird Frankreich in den Polnischen Thronfolgekrieg verwickelt (1733–1735; Anwartschaft auf Lothringen, das 1766 an Frankreich fällt).

1726–1743 Kardinal **Fleury** leitender Minister. Außenpolitische Erfolge. Wirtschaftlicher Aufschwung, der nur einer dünnen Schicht zugute kommt. Der Staatshaushalt wird durch Steuerverpachtungen ausgeglichen, die später unheilvolle Ausmaße annehmen.

Nach Fleurys Tod großer Einfluß der Geliebten des unverantwortlich lässigen und genußsüchtigen Königs (Marquise de *Pompadour* 1745–1764, Gräfin *Dubarry* 1769–1774).

Immer mehr tritt das kolonialpolitische Ringen mit England in den

Vordergrund. Deshalb schließt Frankreich das ungewöhnliche Bündnis mit Österreich, das dessen Staatskanzler Kaunitz 1756 anbietet. – Siebenjähriger Krieg S. 358.

Die Staatsschuld wächst bedrohlich, weil alle Reformversuche am Widerstand der Privilegierten scheitern.

1774–1792 **Ludwig XVI.,** Enkel seines Vorgängers, ehrenhaft, aber schwach, vermählt mit Marie Antoinette, einer Tochter Maria Theresias. Sein Finanzminister **Turgot** steht unter dem Einfluß physiokratischer Ideen. Sein Reformversuch im Sinne des aufgeklärten Staatsabsolutismus (Freigabe des Getreidehandels, Einführung der Gewerbefreiheit u. a.) wird vom König wegen des Widerstands der Parlamente aufgegeben, Turgot entlassen (1776).

1778–1783 Bündnis Frankreichs mit den 13 Vereinigten Staaten von Amerika (S. 420). Die Teilnahme am Krieg hat *starke Rückwirkungen auf die öffentliche Meinung in Frankreich* im Sinn einer Ausbreitung der Freiheitsideen.

Turgots zweiter Nachfolger, der Pariser Bankier **Necker,** gewinnt 1776 die Gunst des Königs durch das Angebot, die Finanzmisere auch ohne das Sozialgefüge berührende Reformen durch Anleihen und Sparmaßnahmen zu beheben. Sein **Compte rendu,** der erste öffentliche Rechenschaftsbericht in Frankreich, verschleiert die wahre Finanzlage und legt etwas einseitig den Schluß nahe, nur die hohen Ausgaben des Hofes seien ein Grund zur Beunruhigung. Nach seiner Entlassung greift sein Nachfolger **Calonne,** der das volle Defizit bekanntgibt, auf Turgots Reformpolitik zurück, scheitert aber am Widerstand der Parlamente und an der Uneinsichtigkeit der Notabeln. Daraufhin Wiederberufung des im Volk beliebten Necker (1788), der durch Konvokation der erweiterten Generalstände (Verdoppelung der Stimmen des 3. Standes, der damit den beiden ersten Ständen gleichgewichtig wird) aus der Sackgasse entkommen will. Träger der Zeitideen und der öffentlichen Meinung in Frankreich sind zahlreiche Lese- und Debattiergesellschaften und insbesondere die Freimaurer (1789: 629 Logen, geistige Elite aller Stände).

1785 Der anstößige *Halsbandprozeß,* in den die Königin Marie Antoinette ohne Schuld verwickelt wird, untergräbt in aller Öffentlichkeit das Ansehen der Krone.

1786 Handelsvertrag mit England setzt Einfuhrzölle auf englische Waren herab und führt deshalb zu einer schweren **Industriekrise** in Frankreich (Arbeitslosigkeit). Mißernten und Überschwemmungen lassen 1788 eine **Agrarkrise** folgen. (Forts. S. 362.)

Kunst und Geistesleben. In Reaktion zu den steifen Kunstäußerungen unter Ludwig XIV. machen sich freiere Züge geltend (sog. *Rokoko*). Neuer Höhepunkt der Malerei: *Watteau* (* 1684, † 1721), *Chardin, Fragonard, Boucher.*

Montesquieu (* 1689, † 1755) fordert, ausgehend von der idealisierten englischen Verfassung, als aristokratischer Kritiker des Absolu-

tismus die Gewaltenteilung („De l'Esprit des lois", 1748). Größter
Schriftsteller der Aufklärung ist *Voltaire* (* 1694, † 1778), glänzender Stilist von stärkstem Einfluß. *Jean Jacques Rousseau* (* 1712,
† 1778) beginnt 1750 mit bahnbrechender Kulturkritik („Zurück zur
Natur"), verficht das Recht der Leidenschaft, fordert in „Émile ou
de l'éducation" naturnahe Erziehung und wird durch seine im „Con-
trat social" (1762) suggestiv vorgetragene Lehre von der *volonté gé-
nérale* der wichtigste Wegbahner der Idee der Volkssouveränität und
des modernen Staatsabsolutismus. Kritisches Denken durchsetzt die
ganze französische Gesellschaft. 1751–1772 erscheint, obwohl verboten, in 28 Bänden die *Encyclopédie Diderots* und *d'Alemberts*, eine
Zusammenfassung aller autoritäts-, staats- und kirchenkritischen
Tendenzen der Aufklärung.
Wirtschaftliche Reformgedanken vertreten die *Physiokraten* (F.
Quesnay, Mirabeau d. Ä.), die nicht nur die Freiheit der Wirtschaft
fordern, sondern den Schwerpunkt ihrer Lehre in der Steigerung
landwirtschaftlicher Produktion und in der Agrarreform sehen.

f) Iberische Halbinsel (Forts. v. S. 338, 349)

Mit dem Regierungsantritt des *Hauses Bourbon* in **Spanien** seit dem
Spanischen Erbfolgekrieg beginnt eine Politik des Einverständnisses
mit Frankreich. Auf dieser Grundlage versucht Spanien im Laufe des
18. Jh. wiederholt, die an die deutschen Habsburger verlorenen italienischen Nebenländer zurückzugewinnen.
In **Portugal** ist die beherrschende politische Persönlichkeit der *Mar-
quis von Pombal* (* 1699, † 1782), der als Premierminister
(1756–1777) zahlreiche Reformen im Sinne des aufgeklärten Absolutismus durchführt. (Vgl. S. 371, 375; Forts. S. 379.)

g) Deutschland (Forts. v. S. 331)

Außenpolitische Schicksale

*Im 18. Jh. verringert sich das im Westfälischen Frieden stark angegrif-
fene machtpolitische Gewicht des Reiches weiter. An seine Stelle treten
im Spiel der europäischen Politik zwei große Staaten: Österreich und
Preußen; drei mittlere Staaten: Sachsen (Personalunion mit Polen),
Hannover (Personalunion mit England) und Bayern, während die übrigen sich nicht über die Rolle von Kleinstaaten zu erheben vermögen.*

1711–1740 Kaiser Karl VI.
      1713 **Pragmatische Sanktion** (Erbfolgegesetz): seine künftigen Kinder
            (auch Töchter) haben den Vorrang vor den Töchtern seines Bruders
            Joseph. Der Kaiser erreicht die Zustimmung der Erbländer, Ungarns
            und nach und nach aller europäischen Großmächte sowie des Reiches,
            außer Bayern und Sachsen.
            Spanischer Erbfolgekrieg und Türkenkrieg s. S. 346, 330.

1720   Österreich erhält **Sizilien,** Savoyen wird durch Sardinien entschädigt.

1733–1735   Der Gegensatz zwischen Österreich und Frankreich in der polnischen Thronfolgefrage führt zum Krieg.

1735   **Vorfriede zu Wien** (endgültig 1738): König Stanisław Leszcyński verzichtet auf die polnische Krone und wird durch Lothringen – das nach seinem Tod an Frankreich fallen soll –, Herzog Franz Stephan von Lothringen durch Toscana entschädigt. Österreich überläßt Neapel und Sizilien als Sekundogenitur den spanischen Bourbonen, die dafür Parma und Piacenza an Österreich abtreten.
Der eigentliche Gewinner ist Rußland, dessen Kandidat August III. von Sachsen als König von Polen anerkannt wird.

1736–1739   In den von Rußland begonnenen Krieg gegen die Türkei greift auch
1739   das mit ihm verbündete Österreich ein. Die Österreicher werden geschlagen und zum **Frieden von Belgrad** genötigt: Österreich verliert Belgrad, Serbien, die Kleine Walachei an die Türken. Österreichs Ansehen schwer getroffen; Rußland seitdem Rivale auf dem Balkan.

1713–1740   **Friedrich Wilhelm I.,** Nachfolger König Friedrichs I. in Preußen.

1740–1786   Friedrich II. d. Gr., * 1712. Strenge Erziehung; Vorliebe des Prinzen für französische Literatur und Musik, Abneigung gegen militärische Übungen. *Fluchtversuch* 1730 unweit Mannheims; Kriegsgericht; der Kronprinz kommt als Gefangener nach *Küstrin.* 1732 Aussöhnung. Bedeutendster und geistvollster Fürst des aufgeklärten Absolutismus (Verbindung mit Voltaire), Feldherr, Staatsmann, bekennt sich als „premier serviteur de l'État".

1740–1780   Maria Theresia, Königin von Böhmen und Ungarn, Erzherzogin von Österreich, vermählt mit Franz Stephan von Lothringen, seit 1737 Großherzog von Toscana, Mitregent der österreichischen Erblande, 1745 Kaiser Franz I. Maria Theresia, aufgewachsen unter wienerischen und italienischen Eindrücken, fromm katholisch, verbindet warme Natürlichkeit und herrscherliche Würde.

1740–1748   **Österreichischer Erbfolgekrieg** um die Geltung der Pragmatischen Sanktion. Der Krieg wird ausgelöst durch den **Einmarsch Friedrichs II. in Schlesien,** ein Schritt, der, diplomatisch nicht vorbereitet und mit Rechtsgründen nicht zu stützen, die preußische Politik auf Jahrzehnte hinaus bindet, neue Gegensätze entstehen läßt und zu weltweiten Auseinandersetzungen führt.

1740–1742   **1. Schlesischer Krieg:** Friedrich II. besetzt Schlesien, schließt ein **Bündnis mit Frankreich,** das mit Bayern und Sachsen in den Krieg
1742   eingreift. Kurfürst Karl Albert von Bayern, nach der Erstürmung Prags König von Böhmen, wird als **Karl VII.** zum römisch-deutschen Kaiser gewählt. **Friede von Breslau:** Österreich tritt an Preußen Ober- und Niederschlesien und die Grafschaft Glatz ab, gewinnt dadurch Kräfte zum Kampf gegen Bayern und Franzosen. Der Kurfürst-Kaiser aus Bayern vertrieben. England greift an der Seite Österreichs in den Krieg ein (Sieg bei Dettingen, 1743).

1744   Als die Österreicher über den Rhein marschiert sind, rückt Friedrich in Böhmen ein: **2. Schlesischer Krieg.**

1745 Kaiser Karl VII. gestorben. Sein Nachfolger in Bayern verzichtet frei-
20. Jan. willig auf die Kaiserkrone und schließt mit Österreich Frieden. Er
erhält seine Lande gegen Anerkennung der Pragmatischen Sanktion
zurück.

25. Dez. **Friede von Dresden:** Friedrich II., im Besitz von Schlesien bestätigt,
erkennt den Gemahl Maria Theresias als Kaiser an.

1745–1765 **Kaiser Franz I.**
Der österreichische Erbfolgekrieg hat durch den kolonialpolitischen
Gegensatz Frankreich–England einen neuen Schwerpunkt erhalten.
Friede von Aachen (1748) bringt keine Entscheidung.

1756 Friedrich schließt mit England die **Westminsterkonvention** (Neutralisierung Deutschlands), die den Abschluß des österreichisch-französi-
schen Defensivbündnisses zur Folge hat („Umsturz der Bündnisse").
Rußland einigt sich mit Österreich über eine Offensive gegen Preußen. Friedrich kommt dem Angriff seiner Gegner zuvor, indem er
ohne Kriegserklärung in Sachsen einrückt.

1756–1763 **Siebenjähriger Krieg.** Er hat zwei Schwerpunkte: 1. Kampf Preußens
um Schlesien und um seine Existenz (3. Schlesischer Krieg) gegen
Österreich, Rußland, Frankreich, Schweden und die Mehrzahl der
Reichsfürsten; seit 1758 preußisch-englisches Subsidienbündnis; 2.
Kampf zwischen England und Frankreich um die Kolonien (s.
S. 353 f.). Friedrich siegt in mehreren Schlachten, wird aber durch
Niederlagen (vor allem *Kunersdorf* 1759) infolge der Übermacht sei-
ner Gegner bis zur völligen Erschöpfung geschwächt.

1760–1762 Friedrich kämpft mit letzten Kräften, verzichtet aber auf Schlesien
nicht. Die Rettung bringt 1762 der Tod der Zarin *Elisabeth* von Rußland, deren Nachfolger *mit Preußen Frieden* schließt.

1763 **Friede von Hubertusburg** (zwischen Österreich, Preußen und Sachsen): Preußen behält Schlesien und begründet damit seine Stellung
als Großmacht. Friede von Paris s. S. 353.

1765–1790 **Kaiser Joseph II.,** in den österreichischen Ländern bis 1780 nur Mitregent seiner Mutter Maria Theresia, ein hochbegabter, unruhiger,
selbstlos und hastig regierender Aufklärer von starrer Konsequenz
(„gekrönter Revolutionär"). Sein Versuch, die österreichische Stellung im Reich durch den Erwerb Niederbayerns und der Oberpfalz
zu stärken, wird von Friedrich II. ebenso vereitelt wie sein Tauschplan
(Erwerb Bayerns gegen Abtretung der Österreichischen Niederlande
an die bayrischen Thronerben). Gründung des deutschen *Fürsten-
bundes* (1785).
Nach Friedrichs II. Tod folgt ihm sein Neffe *Friedrich Wilhelm II.*

1790–1792 (1786–1797). Auf Joseph II. folgt sein Bruder **Kaiser Leopold II.**
Zu den polnischen Teilungen s. S. 351 f. (Forts. S. 369 ff., 373.)

Innenpolitische Wandlungen

Der deutsche landesfürstliche Obrigkeitsstaat wandelt sich unter der
Einwirkung der Aufklärungsideen in den mechanisch-bürokrati-

schen, aber reformbewußten Fürstenstaat des aufgeklärten Absolutismus. Vorbild ist das Preußen Friedrichs d. Gr.

Preußen. *Friedrich Wilhelm I.* vollendet den Absolutismus, indem er die Rechte der Stände beseitigt und den Staat auf Heer und Beamtentum gründet. Er erzieht die Untertanen mit Härte zum Ethos der Pflicht, aber auch zur unbedingten Subordination. Der Mittelpunkt des Staates, der Verwaltung und der Wirtschaft ist das Heer. Das Offizierskorps soll vom einheimischen Adel gestellt werden und bildet den ersten Stand im Staat. Der König hinterläßt bei seinem Tod ein die Größenverhältnisse des Staates weit übertreffendes Heer. Außenpolitisch aus Gewissensgründen friedfertig. Die Wirtschaftspolitik folgt merkantilistischen Grundsätzen und erzielt große Erfolge, die durch sparsamste Haushaltführung und genaue Steuerverwaltung gesichert werden *(Oberrechenkammer).* – Eine große Leistung ist der systematische Wiederaufbau des durch die Pest entvölkerten nördlichen Ostpreußen durch Meliorationen und Neubesiedlung. 1732 werden in Ostpreußen mehr als 15 000 Salzburger Protestanten aufgenommen, die vom Erzbischof vertrieben worden sind.

Friedrich d. Gr. baut auf dem von seinem Vater gelegten Fundament weiter. Die Kriege haben zwar Preußens Machtstellung begründet, aber auch seine Kräfte aufs äußerste erschöpft. Die unablässige Fürsorge Friedrichs II. ist in den nachfolgenden Friedensjahren auf Besserung der Notlage des ausgebluteten Landes gerichtet. Allerdings wird die Gutsuntertänigkeit der Bauern erhalten, der Adel in seiner sozialen Stellung geschützt und als Träger der Staatsgesinnung in Heer und Verwaltung auch gegenüber dem Bürgertum bevorzugt. Das größte Werk des Königs ist die *innere Kolonisation,* bei der rund 900 Dörfer gegründet und fast 60 000 Siedlerstellen angelegt, im ganzen rund 300 000 Menschen angesetzt werden. Dazu gehört die Urbarmachung des Warthe-, Oder- und Netzebruchs. Bau von Straßen und Kanälen. Im Sinne des Merkantilismus Industrialisierung des Landes. Förderung des Gewerbewesens, Belebung des Binnen- und Außenhandels, des Bankwesens, Einführung eines strengen Steuersystems. – An der *Rechtspflegereform* (Cocceji) ist das Wichtigste die grundsätzliche Anerkennung unabhängiger Rechtsprechung. Aufgrund der Vorarbeiten in seiner Regierungszeit wird 1794 das „**Allgemeine Landrecht** für die preußischen Staaten" veröffentlicht.

Österreich. *Maria Theresia* folgt z. T. dem Beispiel des preußischen Gegners. Eine *Verwaltungsreform* macht aus den getrennten Ländern der Monarchie (ohne Ungarn und Belgien) einen vereinheitlichten Beamtenstaat. Heeresreform, Finanzreform. Aufbau des Volksschulwesens. – Eine der größten Leistungen ist auch hier die *innere Kolonisation:* Österreich besiedelt das *Banat* mit Kolonisten verschiedenen Volkstums, darunter vielen südwestdeutschen Bauern („Schwabenzüge").

Josephinische Reformen: Schematischer als seine Mutter, rücksichts-

und verständnislos strebt *Joseph II.* die Schaffung des Einheitsstaates an, in den auch Ungarn und Belgien einbezogen werden sollen. Mit unzähligen Verordnungen greift der Kaiser in alle Lebensverhältnisse ein, wobei z. T. wirkliche Fortschritte erzielt werden. 1781 wird die *Leibeigenschaft aufgehoben* und ein Toleranzpatent erlassen. Im Zuge schroffer Säkularisierungsmaßnahmen werden rund 700 Klöster aufgehoben (1781/82). Die Reformen des Kaisers sind vielfach übereilt und erregen in der Bevölkerung wachsende Unzufriedenheit. Gegen die Zentralisierungspolitik (1784 Deutsch alleinige Amtssprache) erhebt sich in Belgien und Ungarn erbitterter Widerstand. Unmittelbar vor seinem Tod (1790) muß der Kaiser fast alle Maßnahmen zurückziehen. *Leopold II.* lenkt wieder in die Bahnen einer gemäßigten Reformgesetzgebung ein und stellt die frühere ungarische Verfassung wieder her.

Ein eigenes Leben haben die zahlreichen **Reichsstädte.** Zu den hervorragendsten gehören die Stadt der Kaiserkrönungen, *Frankfurt a. M., Nürnberg, Augsburg und Hamburg. Leipzig* ist im 18. Jh. eine der deutschen Hauptstädte (u. a. Buchhandel). Hier wirkt seit 1723 als Kantor der Thomasschule *Joh. Seb. Bach* (* 1685, † 1750), der größte deutsche Musiker, Schöpfer von Kantaten, Motetten, Oratorien, h-Moll-Messe, Violinsonaten, Klavierwerken. In *Hannover* wird 1737 die *Universität Göttingen* gegründet, die bald bedeutende Lehrer gewinnt. Der Despot *Karl Eugen von Württemberg* (Schillers Landesherr) gehört mit seiner eigensüchtigen Härte zu den Ausnahmen von der „Serenität". Ganz anders ist *Herzog Carl August von Sachsen-Weimar* (* 1757, † 1828), der Freund seines Ministers Goethe. Ein bedeutender Regent im Sinne aufgeklärter Reformpolitik ist Markgraf **Karl Friedrich von Baden** (1746–1811), berühmt wegen seiner musterhaften Verwaltung.

Mehrere Residenzen sind geistige und künstlerische Mittelpunkte geworden: *Berlin-Potsdam, Dresden, Würzburg, Wien* u. a. durch ihre Bauten, Wien besonders durch die Pflege der *klassischen Musik: Chr. W. Gluck* (* 1714, † 1787); *J. Haydn* (* 1732, † 1809) ist der Schöpfer der klassischen Sinfonie; *W. A. Mozart* (* 1756, † 1791), genial und trotz früher Vollendung reich in allen Gattungen. 1792 kommt der größte der Wiener Klassiker nach Wien: *Ludwig van Beethoven* (* 1770, † 1827, seit 1800 zunehmende Taubheit).

Eine Eigentümlichkeit Deutschlands sind die zahlreichen `geistlichen Territorien* mit einflußreichem Adel und z. T. aufgeklärten Regierungen. Zu den Mißständen des sozialen und politischen Lebens gehört der „Soldatenhandel". Zurücksetzung des Bürgerstandes wird zwar beklagt (vgl. die Literatur), doch fehlen für eine Revolution in Deutschland sowohl der soziale Boden als der politische Anlaß, sowohl die äußere Möglichkeit als die inneren Voraussetzungen.

Kunst und Wissenschaft. Die Aufklärung findet in Deutschland Eingang durch den Vorkämpfer der Toleranz *Chr. Thomasius* (* 1655,

† 1728) und den Philosophen *Chr. Wolff* (* 1679, † 1754). Einen Durchbruch sprachlicher Kraft und dichterischen Gefühls bringt *Klopstock* (* 1724, † 1803) mit seinem Versepos „Messias". *J. J. Winckelmann* (* 1717, † 1768) entdeckt für das deutsche Bewußtsein den Bildungswert der antiken Kunst („edle Einfalt und stille Größe"). Der erste Klassiker der deutschen Sprache ist *Gotthold Ephraim Lessing* (* 1729, † 1781), Kritiker, Kunsttheoretiker („Laokoon", „Hamburgische Dramaturgie"), dramatischer Dichter („Minna von Barnhelm", „Emilia Galotti", „Nathan der Weise"), Lebensphilosoph („Erziehung des Menschengeschlechts"). – *Wieland* (* 1733, † 1813) steigert die deutsche Sprachbeherrschung in Richtung des Spielerisch-Eleganten. Von *Hamann* (* 1730, † 1788) geht der bahnbrechende Anreger *Johann Gottfried Herder* aus (* 1744, † 1803), der als Kulturphilosoph auf die Dichtung, die Geisteswissenschaften und die Nationalbewegungen des 19. Jh. die stärksten Wirkungen ausgeübt hat. Herders Entdeckungen der eigenständigen und ursprünglichen Wesensart der Völker trägt dazu bei, das zunächst unstaatliche Volksbewußtsein der Deutschen zu fundieren; vom Kapitel über die Slawen in seinen „Ideen zur Philosophie der Geschichte der Menschheit" gehen starke politische Wirkungen auf die slawischen Nachbarvölker aus.

In den 1770er Jahren sammelt sich um den jungen Goethe die schöpferisch-genialische Opposition („Sturm und Drang") gegen die geistige Enge der Aufklärung.

Zur Klassik erhebt sich die deutsche Dichtung dank den am Hofe von Weimar vereinigten Dichtern. *Johann Wolfgang von Goethe,* * 1749 in Frankfurt a. M., folgt 1775 dem Herzog nach Weimar, wo er als Minister eine ausgedehnte reformerische Verwaltungtätigkeit entfaltet, unternimmt 1786–1788 die für Leben und Dichtung epochemachende italienische Reise, schließt 1794 Freundschaft mit Schiller, † 1832. Sein Werk umfaßt mit höchster Sprachgewalt und in größtem Gedankenreichtum alle Bereiche von der Lyrik über die Versepik (Hermann und Dorothea) und den Roman (Die Leiden des jungen Werthers, Wahlverwandtschaften, Wilhelm Meister) zum Drama (Götz von Berlichingen, Egmont, Iphigenie auf Tauris, Torquato Tasso, Faust I. und II. Teil), autobiographische Prosa und wissenschaftliche Schriften. *Friedrich von Schiller* (* 1759, 1789 Professor der Geschichte in Jena, siedelt 1799 nach Weimar über, † 1805). Größter deutscher Dramen- und Ideendichter: Die Räuber, die Verschwörung des Fiesco zu Genua, Kabale und Liebe, Don Carlos, Wallenstein-Trilogie, Maria Stuart, Jungfrau von Orléans, Die Braut von Messina, Wilhelm Tell. Groß ist Schiller auch in der klassischen Ballade und der Gedankenlyrik. Seine moralisch-ästhetischen Schriften sind ebenso wie seine Dichtung ein Ausdruck seiner in der Auseinandersetzung mit Kant entwickelten Freiheits- und Humanitätsphilosophie.

Nicht zur Gruppe der Weimarer Klassiker gehören der große einsame

Dichter *Friedrich Hölderlin* (* 1770, † 1843, seit 1804 geistig umnachtet) und *Jean Paul* (* 1763, † 1825). Prosadichter von reicher
Ausdruckskraft. Auch die frühen Romantiker stehen auf anderem
Boden als die Weimarer: *Friedrich* und *August Wilhelm Schlegel* (genialer Shakespeare-Übersetzer), die Entdecker des mittelalterlichen
Nürnberg *L. Tieck* (ebenfalls Shakespeare-Übersetzer) und *W. H.
Wackenroder,* der frühverstorbene *Novalis* (F. von Hardenberg,
* 1772, † 1801) u. a., Dichter mit einem am Mittelalter, an der Fern-
sehnsucht (die „Blaue Blume"), am Wunderbaren orientierten
Lebensgefühl, das in seiner Gespaltenheit in die Moderne weist. Über
seine Zeit hinaus greift der große Tragiker *Heinrich von Kleist*
(* 1777, † 1811) in seinen Dramen und Novellen.
Auf dem Gebiet der *Philosophie* ist bahnbrechend der Königsberger
Immanuel Kant (* 1724, † 1804) mit seinem Werk „Kritik der reinen
Vernunft" (1781), das den Rationalismus zugleich auf seinen Höhepunkt führt und überwindet. Mit seiner „Kritik der praktischen Vernunft" (1788) führt Kant das Zeitalter des deutschen Idealismus herauf.

6. Vom Beginn der Französischen Revolution bis zum Wiener Kongreß (1789–1815)

a) Die Französische Revolution und die Koalitionskriege (bis 1803) (Forts. v. S. 355)

Ursachen: *Dank dem wirtschaftlichen Aufschwung in Frankreich
(1715–1789 Ausfuhrhandel vervierfacht) bildet sich aus Kaufleuten,
industriellen Unternehmern, Finanzleuten, Steuerpächtern u. a. eine
reiche bürgerliche Schicht, die in vielen Beziehungen dem Landadel überlegen, aber infolge der hohen Privilegierung des Adels (Steuerfreiheit, Ämtermonopol u. a.) stark benachteiligt ist und sozial nicht
die ihrem Gewicht und ihrem Selbstgefühl entsprechende Schätzung
genießt. In den breiteren kleinbürgerlichen Schichten sinkt der Lebensstandard. Das Steuersystem ist veraltet und durch viele Mängel und
Mißbräuche belastet. Von der wichtigsten direkten Steuer, der Taille
(Einkommen- und Grundsteuer), sind Geistlichkeit und Adel befreit.
Die indirekten Steuern, deren wichtigste die Salzsteuer ist, sind an
Generalpächter mit hohen Gewinnen verpachtet. – Alle Mißstände
werden mit zunehmender Schärfe empfunden, weil um die Mitte des
Jahrhunderts der Geist der Kritik die französische Gesellschaft beherrscht (Enzyklopädisten, Rousseau). Der Adel selbst glaubt nicht
mehr an die Prinzipien, auf denen seine überlieferte Stellung beruht.
Die Salons, die Zeitschriften, die Freimaurerlogen werden Träger der
gegen das Bestehende gerichteten öffentlichen Meinung. In die breiten
Schichten dringen einfache Schlagworte, die später der ganzen politischen und sozialen Ordnung gefährlich werden. Reformversuche
der Regierung scheitern u. a. an der Opposition des Parlaments-*

adels, der an der Erhaltung der Feudalrechte und der ständischen Privilegien interessiert ist. Im Widerspruch zur tatsächlichen Schwäche der Regierung stehen die absolutistischen Formen und Ansprüche, auch die Kabinettsjustiz (Lettres de cachet). Dabei reichen die Mittel der Staatsgewalt nicht aus, um der steigenden Staatsschuld Herr zu werden. Der Nordamerikanische Freiheitskrieg, den Frankreich unterstützt (Lafayatte!), belebt alle radikalen Tendenzen. – Eine Industrie- und eine Agrarkrise am Ende der 80er Jahre steigern die Unzufriedenheit, während der Glaube an den Fortschritt die Neuerungswünsche beflügelt. Die große Hauptstadt Paris (650000 Einw.) gibt allen Bewegungen stärkste Resonanz. 1788/89 Broschürenflut (Sieyès: Qu'est-ce que le tiers-état). Alle Forderungen gipfeln in der Losung Freiheit und Gleichheit.

1789
5. Mai Die **Generalstände** *(Etats généraux)* treten in Versailles zusammen, zum erstenmal seit 1614. Der 3. Stand, in ständiger Fühlung mit den Wählermassen, beginnt sich als Träger des Nationalwillens zu fühlen
11. Juni und erklärt sich zur **Nationalversammlung** *(Assemblée nationale).* Graf **Mirabeau,** Abgeordneter des 3. Standes, vertritt in den entscheidenden Tagen wirksam dessen Forderungen († 2. April 1791).

Die Nationalversammlung beginnt eine neue **Verfassung** für Frankreich zu beraten, wird deshalb bezeichnet als **Verfassunggebende Versammlung** *(Assemblée constituante,* 1789–1791). Gerüchte von einer beabsichtigten Auflösung der Nationalversammlung und die Entlassung Neckers (11. Juli) rufen Unruhen in Paris hervor. Die Miliz (Nationalgarde) erhält die dreifarbige Kokarde: die Farben der Stadt Paris, Blau und Rot, vermehrt um das Weiß des Königsbanners.

14. Juli Die Massen erzwingen die **Übergabe der Bastille** und zerstören dieses alte Pariser Staatsgefängis. Der 14. Juli wird später französischer Nationalfeiertag. Der König bekennt sich am 17. Juli öffentlich, jedoch mit geheimen Vorbehalten, zum Geschehenen.

In den nächsten Wochen in mehreren Gegenden Bauernaufstände, Zusammenbruch der Staatsgewalt. In den Provinzstädten bilden sich wie in Paris als Organe des revolutionären Bürgertums ständige Komitees und Nationalgarden, denen die Herstellung der Ordnung gelingt.

Die *Emigration* des Adels beginnt. Schwerpunkt zuerst in Turin, seit 1791 am Rhein (Mainz und Koblenz); die Emigranten werben für eine Intervention der Mächte in Frankreich.

4. Aug. Die Nationalversammlung beschließt auf Initiative der Privilegierten, die durch ihre Verzichterklärungen noch einmal Geltung erlangen, die **Aufhebung des Feudalsystems,** außerdem die entschädigungslose Aufhebung der Frondienste, Ablösung der Feudalrechte durch Geldentschädigung, Beseitigung des Zehnten der Geistlichkeit.

Nach wochenlangen Beratungen wird auf der Grundlage eines vom
26. Aug. amerikanischen Gesandten Jefferson korrigierten Entwurfs von Lafayette die **Erklärung der Menschen- und Bürgerrechte** beschlos-

sen. Vom amerikanischen Vorbild weicht die französische Erklärung vor allem durch das Vorwalten der Theorie und ihren universalen Anspruch ab.

10. Sept.   Im Zuge der Beratung über die **Verfassung** beschließt die National-versammlung die Einführung des *Einkammersystems;* grundlegend wichtig ist die Annahme des *Zensuswahlrechts* am 22. Dez. (mit knapper Mehrheit, gegen den Widerspruch der Radikalen wie Robespierre und Marat), wodurch die politischen Rechte an einen dreistufigen Steuerzensus gebunden werden. Anstelle der histori-schen Provinzen und Intendanturbezirke soll Frankreich eine neue Verwaltungseinteilung in 83 annähernd gleich große Departements erhalten, die nach geographischen Gegebenheiten benannt werden.

5. Okt.   Aufstand in Paris. König und Nationalversammlung zur Übersiedlung von Versailles nach Paris genötigt.

2. Nov.   Verstaatlichung der *Kirchengüter* mit der Verpflichtung für den Staat, die Religionsdiener zu besolden.

1790   Durch zahlreiche Beschlüsse der Nationalversammlung wird Frank-reich tiefgreifend umgestaltet: Die Kirchengüter, zu Nationalgütern erklärt, bilden die Grundlage für die Ausgabe der *Assignaten* (Papier-geld), mit deren Hilfe die Nationalversammlung des staatlichen Defi-zits Herr zu werden hofft. Das neue Zahlungsmittel bewirkt zunächst einer Belebung der Wirtschaft, führt aber vom April 1791 an in die Inflation. Die *Nationalgüter* werden durch Dekret vom 9. Juli 1790 schuldenfrei für den *Verkauf* freigegeben, wodurch eine Umwälzung der Besitzverhältnisse eingeleitet und eine breite Bevölkerungs-schicht am Gelingen der Revolution interessiert wird.

12. Juli   **Staatsgesetz über die Geistlichkeit** (Constitution civile du Clergé): im Anschluß an die Departementseinteilung werden neue Diözesen ge-bildet; die Geistlichen werden zu Staatsbeamten und müssen den Eid auf die Verfassung leisten. Papst Pius VI. mißbilligt im Frühjahr 1791 die neue Kirchenverfassung. Mehr als die Hälfte der Priester und fast alle Bischöfe (außer 4 von 133, darunter Talleyrand) verweigern den Eid. An ihre Stelle treten neue, konstitutionelle Bischöfe und Prie-ster, die vom Papst mit dem Bann bedroht und verdammt werden. In Frankreich beginnt ein Kirchenkampf, in dem die königs- und romtreue Geistlichkeit zunächst die Oberhand hat.

Indem der Nationalversammlung haben sich als die wichtigsten zwei Par-teien gebildet: 1. die **„Girondisten"**, Vertreter des mittleren, gebilde-ten, am Eigentum festhaltenden, an der freien Wirtschaft interessier-ten Bürgertums und der föderalistisch gesinnten Provinz gegen das Übergewicht der Hauptstadt, in der Nationalversammlung maßge-bend; 2. die **„Montagnards"**, radikale Republikaner, meist Abgeord-nete der Stadt Paris. Die führenden Köpfe: Robespierre, Danton, Marat, Desmoulins.

Die Meinungsbildung geschieht vor allem in den *Klubs* verschiedener Parteirichtungen. Die wichtigsten sind: 1. „Gesellschaft der Verfas-sungsfreunde", genannt **Jakobiner,** mit Hunderten von Mitgliedern und zahlreichen Provinzklubs. 1790 tritt Lafayette aus und gründet einen Gegenklub, woraufhin der Jakobinerklub radikaler wird. Sein Symbol: rote phrygische Mütze nach griechischem Vorbild. 2. „Gesellschaft der Freunde der Menschen- und Bürgerrechte", genannt **Cordeliers,** volkstümlicher Kampfbund, mit einem Auge als Siegel. 3. *„Monarchistischer Klub",* mit vielen Zweigvereinen in der Provinz und noch Anfang 1791 zahlreichen Mitgliedern, in scharfem Gegensatz zum Jakobinerklub. Seit 1791 sammeln sich die mit dem Hof in Verbindung stehenden konservativen Verfassungspolitiker im Klub der **Feuillants.**

Gleichzeitig mit den Parteigruppen entsteht die politische Tagespresse aller Parteirichtungen mit dem ungehemmten Federkrieg. Für Stil und Geist der Revolution sind die republikanischen Gestalten aus dem römisch-griechischen Altertum lebendige, viel nachgeahmte, als maßgebend empfundene Beispiele. Von überragender Bedeutung für den Fortgang der Revolution ist die große Hauptstadt mit den östlichen Vorstädten, in denen Kleinbürger, Arbeiter und Arbeitslose wohnen, bedroht und radikalisiert vom Hunger.

Der König bekennt sich wiederholt zu den Grundsätzen der Revolution, ist aber – endgültig nach der Bestätigung des Gesetzes über den Priestereid im Dez. 1790 – entschlossen, bei günstiger Gelegenheit ins Ausland zu fliehen, mit dem er insgeheim in Verbindung steht.

1791 20.–25. Juni	*Fluchtversuch Ludwigs XVI.* Der König wird erkannt und nach Paris zurückgeführt. Noch überwiegt in Frankreich die royalistische Gesinnung. Kaiser Leopold II., Bruder der französischen Königin, erstrebt eine rein diplomatische Intervention zugunsten des Königtums. Auf der Zusammenkunft des Kaisers mit König Friedrich Wilhelm II. von Preußen, an der auch die Brüder Ludwigs XVI. teilnehmen, wird die
27. Aug.	**Pillnitzer Deklaration** beschlossen. Falls die anderen eingeladenen Mächte mitwirken, wollen die beiden Herrscher zugunsten einer „den Rechten des Souveräns und den Interessen der Nation gleichmäßig angemessenen monarchischen Regierung" in Frankreich einschreiten. Die Erklärung wird in Frankreich als Herausforderung empfunden.
3. Sept.	Die **Verfassung** tritt in Kraft, die Frankreich zu einer konstitutionellen Monarchie macht, in der dank dem Zensuswahlrecht das Bürgertum die einzige Kammer und dadurch den Staat beherrscht; der König hat ein suspensives Veto.
14. Sept.	Der König leistet den Eid auf die Verfassung und erklärt die Revolution für beendet, setzt aber sein Doppelspiel fort, in der Hoffnung auf den Sieg der Gemäßigten.
1. Okt.	Die **Gesetzgebende Versammlung** (Assemblée législative) beginnt ihre Tätigkeit. Sie wird vom revolutionsnahen Bürgertum beherrscht, führend sind noch die Girondisten.
29. Nov.	Gesetz gegen die kirchliche Opposition: Die **eidverweigernden Priester** verlieren Pensionsansprüche und Bürgerrechte. Der König legt sein Veto ein.

1792 Die aus Girondisten bestehende französische Regierung (Außenmi-
27. März nister General Dumouriez) fordert von Österreich ultimativ die Herabsetzung der Rüstungen in Belgien.

20. April Die Gesetzgebende Versammlung beschließt die **Kriegserklärung an
Österreich.** Entstehung der *Marseillaise.*

1792–1797 *1. Koalitionskrieg* (Frankreich gegen Österreich und Preußen). Die
Girondisten sind bestrebt, die Revolution im Land durch Kriege gegen äußere Feinde zu festigen. Sie knüpfen dabei an die außenpolitische Tradition des Königtums an („natürliche Grenzen") und sprechen von der Freiheitsmission Frankreichs den anderen Völkern
gegenüber. Zunächst jedoch französische Mißerfolge. Angesichts der
bedrohlichen militärischen Lage wird das „Vaterland in Gefahr" erklärt (11. Juli).

25. Juli Das *Manifest* des Oberbefehlshabers der Verbündeten, des Herzogs
von Braunschweig, erklärt als Zweck des Feldzugs die Wiederherstellung der Autorität des Königs und droht mit Strafmaßnahmen, was
in Frankreich öffentliche Debatten über die Absetzung des Königs
auslöst.

10. Aug. **Zweite Phase der Revolution:** Die Massen aus den Pariser Vorstädten
erstürmen die Tuilerien und machen die Schweizergarde nieder. Das
Königtum wird auf Beschluß der Gesetzgebenden Versammlung *suspendiert,* der König mit Familien im Temple *gefangengesetzt.* Orga-
1792 nisator des Umsturzes ist der ehrgeizige Volkstribun Georges **Danton**
(* 1759); der journalistische Agitator **Marat** fordert blutige Abrech-
nung. Danton veranlaßt Massenverhaftungen und ein Blutbad in den
Gefängnissen:

2.–5. Spet. **Septembermorde.** 1600 Personen getötet, davon rund 300 eidverwei-
gernde Priester. Die Metzelei bewirkt, daß die Sympathie mit der
Revolution im Ausland stark abkühlt.
Nachdem die Gesetzgebende Versammlung im August die Einführung des **allgemeinen Wahlrechts** beschlossen hat, finden Wahlen für
eine neue Volksvertretung statt. Die indirekte Wahl wird beibehalten,
dadurch der Einfluß der bisher führenden bürgerlichen Gruppen gesichert:

21. Sept. Der **Nationalkonvent** (Convention nationale) tritt zusammen und beschließt die **Abschaffung des Königtums** sowie die Einführung der
neuen republikanischen *Zeitrechnung* (jeder Monat hat 3 Dekaden
zu je 10 Tagen und einen neuen Namen, der neue Kalender beginnt
am nächsten Tag mit dem Jahr 1. Der Gregorianische Kalender wird
1806 von Napoleon wiederhergestellt).
In denselben Tagen Wende des Krieges: die Preußen haben Verdun
besetzt, beginnen aber nach der **Kanonade von Valmy** (20. Sept.) den
Rückzug. Die Revolutionsarmee erobert Speyer, Worms, Mainz.
Dumouriez besiegt die Österreicher in Belgien, das ganz besetzt wird.
Die Eroberungen mit der Forderung nach „natürlichen Grenzen" begründet.

Okt. Der Prozeß gegen Ludwig XVI. beginnt; dem König werden landesverräterische Beziehungen zu den Emigranten nachgewiesen. Der Nationalkonvent gibt den Rechtsgedanken zugunsten der Idee des „salut public" (des öffentlichen Wohls) preis, indem er im Widerspruch zum Strafgesetzbuch, das für ein Todesurteil drei Viertel der Stimmen des Gerichts verlangt, die einfache Mehrheit für ausreichend erklärt.

1793 **König Ludwig XVI.** mit einfacher Mehrheit zum Tod verurteilt. Er
17. Jan.   wird am 21. Jan. auf der Guillotine **hingerichtet.** Darauf treten England, Holland, Spanien, Sardinien, Neapel, Portugal und das Deutsche Reich dem Bündnis gegen Frankreich bei. Dumouriez wird von den Österreichern geschlagen. Englische Blockade erschwert Getreidezufuhr, Paris ist von Hungersnot bedroht.

10. März   *Revolutionstribunal* eingesetzt. Die Urteilssprüche des Gerichts können nicht angefochten werden.

28. März   Die *Emigranten* werden für „bürgerlich tot" erklärt, ihre Güter verstaatlicht.

6. April   **Wohlfahrtsausschuß** als neungliedriges Exekutivorgan des Nationalkonvents geschaffen. Erster Vorsitzender Danton.

2. Juni   Die Radikalen erzwingen mit Hilfe der Masse die *Verhaftung der Girondisten*. Die Folge sind Erhebungen in der bürgerlich-föderalistisch gesinnten Provinz. Seit März ist der royalistische Aufstand in der *Vendée* im Gang. Die Bergpartei läßt zu Propagandazwecken eine demokratische, aber undurchführbare Verfassung ausarbeiten, die am 24. Juni angenommen wird.
          Im Wohlfahrtsausschuß wird Danton von Maximilian **Robespierre** verdrängt, der am 24. Juli den Vorsitz übernimmt und rund ein Jahr lang eine sich verschärfende Diktatur ausübt (* 1758 in Arras, Anwalt, Doktrinär von unbestechlicher und rechthaberischer Konsequenz, methodischem Fleiß und krankhafter Eigenliebe).

23. Aug.   Der Nationalkonvent beschließt die **Levée en masse:** allgemeine militärische Dienstpflicht, Massenaushebungen zur Verteidigung Frankreichs (Organisator Carnot), das zur belagerten Festung erklärt wird. Zahlreiche militärische Talente bewähren sich (u. a. Jourdan, Pichegru, Moreau, Davout, Napoleon Bonaparte).

5. Sept.   Wohlfahrtsausschuß und Nationalkonvent bekennen sich zur **Schrekkensherrschaft** *(terreur;* 1793/94) als Regierungsmittel.

17. Sept. Gesetz gegen die *Verdächtigen:* praktisch alle Personen, deren das Regime sich entledigen will, u. a. auch diejenigen, denen die Behörden die vorgeschriebenen politischen Unbedenklichkeitsausweise verweigert haben.

27. Sept. **Maximum-Gesetz:** Lebensmittelhöchstpreise festgesetzt; Anzeigepflicht für Vorräte. Das Gesetz wird viel umgangen.

10. Okt.   Der Nationalkonvent erteilt dem Wohlfahrtsausschuß unbeschränkte Vollmachten. **Todesurteile** des Revolutionstribunals: u. a. die Königin Marie Antoinette (16. Okt.) und viele Girondisten hingerichtet. Das kulturelle Leben steht im Dienst der revolutionären Propaganda.

Im Herbst werden die aufständischen Städte *Marseille, Bordeaux, Lyon* u. a. und die hartnäckig kämpfende *Vendée* bezwungen. Überall finden anschließend grausame Massenexekutionen statt. – Bei der Belagerung von Toulon zeichnet sich der Artilleriehauptmann *Napoleon Bonaparte* (* 1769 auf Korsika) aus, der bald danach zum Brigadegeneral befördert wird.

1793 Nov. In Notre-Dame in Paris wird der Vernunftkult eingeführt. *Antichristliche Bewegung,* die zur Schließung zahlreicher Kirchen bzw. zur Einstellung der Gottesdienste führt. An vielen Orten entwickelt sich ein Vaterlandskult (Religion de la patrie).

1794 April Danton verhaftet und hingerichtet.

Mai/Juni Robespierre führt den Kult des „Höchsten Wesens" ein.

10. Juni Neues **Terrorgesetz:** Verhängung der Todesstrafe praktisch in die Willkür des Revolutionstribunals gestellt. Die Opfer der Schreckensherrschaft (außer den Massenhinrichtungen in der Provinz) können auf 14 000 bis 15 000 geschätzt werden.

27. Juli Am 9. Thermidor wird **Robespierre** gestürzt und einen Tag später **hingerichtet;** am 29. Juli wird fast die ganze Commune guillotiniert. Ende der Schreckensherrschaft.

1794/95 General *Pichegru* erobert **Holland (Batavische Republik).** England besetzt holländische Kolonien (Ceylon, Kapstadt).

Das Bürgertum in Frankreich erwirbt dank der Inflation wohlfeil den Güterbesitz des Klerus und der Emigranten, gewinnt dadurch eine neue wirtschaftliche Fundierung.

1795 **Friede von Basel** zwischen Frankreich und Preußen: Frankreich bleibt
5. April im Besitz des linken Rheinufers. Demarkationslinie gegenüber Norddeutschland festgesetzt. Preußen, das im selben Jahr durch die 3. polnische Teilung in Anspruch genommen ist, zieht seine Truppen aus dem Revolutionskrieg zurück; ihm wird rechtsrheinische Entschädigung versprochen. Österreich trägt fortan allein die Last des Krieges gegen Frankreich.

1795–1799 **Regierung des Directoire in Frankreich:** Direktorium von 5 Konventsmitgliedern. Rat der Alten (250) und Großer Rat (500). Das Bürgertum nimmt die Ordnung der Verhältnisse in die Hand. Eine kommunistische Verschwörung unter **Babeuf,** der die allgemeine Arbeitspflicht sowie den Ausgleich von Reich und Arm fordert und das Privateigentum am Boden verwirft, wird unterdrückt, Babeuf hingerichtet (1797).

Der Friede von Basel gewährt Frankreich die Möglichkeit eines kombinierten Angriffs gegen Süddeutschland und Oberitalien. Erzherzog
1796 **Karl von Österreich** schlägt und vertreibt die in Süddeutschland eingedrungenen Franzosen.

Feldzug Bonapartes in Italien: Er besiegt die Österreicher mehrmals, zwingt den König von Sardinien und den Papst zum Frieden (Abtretung von Savoyen und Nizza bzw. Avignon, Ferrara, Romagna u. a.), erobert die Lombardei.

1797 **Cisalpinische Republik** (Mailand, Modena Ferrara, Bologna, Romagna). **Ligurische Republik** (Genua). Aufhebung der Republik Venedig.

17. Okt. **Friede von Campoformio:** Österreich tritt Belgien gegen Venedig an Frankreich ab, stimmt der Abtretung des linken Rheinufers an Frankreich zu. Die dadurch beeinträchtigten Fürsten sollen in Deutschland entschädigt werden. **Kongreß zu Rastatt** (1797–1799) erzielt keine Einigung.

1798 Die Franzosen besetzen Rom. Papst *Pius VI.* wird als Gefangener nach Frankreich geführt. *Der Bund der Eidgenossen* (Schweiz) wird in die **Helvetische Republik** umgewandelt.

1798–1799 **Bonapartes Zug nach Ägypten:** Sieg bei den Pyramiden. Sieg der eng-
1798 lischen Flotte bei **Abukir** (nordöstlich von Alexandria) unter Admiral Nelson über die französische Flotte. Dadurch wird das französische Landheer von der Heimat abgeschnitten.

1799–1802 **2. Koalitionskrieg gegen Frankreich:** Auf die Initiative des englischen Ministers *W. Pitt d. J.* verbünden sich England, Rußland, Österreich, Portugal, Neapel, Türkei. Preußen bleibt neutral.

1799 Bonaparte, aus Ägypten nach Frankreich zurückgekehrt, stürzt am
9. Nov. 18. Brumaire durch einen **Staatsstreich** das Direktorium und löst den Rat der 500 auf.

1799–1804 **Konsularregierung in Frankreich: Napoleon Bonaparte Erster Konsul** (Außenminister: *Talleyrand*).

1800 Napoleon siegt bei *Marengo,* Moreau bei *Hohenlinden* (Bayern) über die Österreicher.

1801 **Friede von Lunéville:** Bestätigung des Friedens von Campoformio. Das linke Rheinufer bleibt französisch; die neuen Republiken werden anerkannt. Nach der Räumung Ägyptens

1802 **Friede von Amiens** zwischen England und Frankreich. England gibt
27. März den größten Teil seiner überseeischen Eroberungen an Frankreich zurück, erwirbt aber Trinidad und Ceylon.
Konsulat Napoleons auf Lebenszeit (Volksabstimmung). Rückkehr zahlreicher Emigranten, Versöhnung mit der katholischen Kirche (Konkordat), weitere Zentralisation der Verwaltung, Festlegung der neuen französischen Gesellschaftsordnung im **Code civil** („Code Napoléon", 1804), der die bürgerlichen Errungenschaften der Revolution festhält, bis heute die Grundlage des französischen Zivilrechts ist und auf alle von Napoleon später beherrschten Länder einwirkt.

1803 **Reichsdeputationshauptschluß** zu Regensburg: Unter bestimmender
25. Febr. Einwirkung der napoleonischen Politik und der einzelstaatlichen Interessen zerstört der reichsständische Ausschuß die politischen und rechtlichen Grundlagen des alten Reiches. Zahlreiche deutsche Kleinstaaten werden aufgehoben, indem sämtliche geistlichen Herrschaften säkularisiert und mediatisiert werden. Die geistlichen Gebiete, außer Mainz und den Ritterorden, sowie die Reichsstädte, außer Hamburg, Lübeck, Bremen, Frankfurt a. M., Nürnberg, Augsburg, werden zur Entschädigung der 1797 betroffenen Fürsten verwendet. Preußen erwirbt u. a. die Bistümer Münster, Hildesheim und

Paderborn, Erfurt und das Eichsfeld. Gründung von vier neuen Kur-
fürstentümern: Hessen-Kassel, Baden, Württemberg, Salzburg.
Die Franzosen besetzen Hannover; Napoleon trifft alle Vorbereitungen für eine Landung in England.

Wirkungen der Französischen Revolution

*Die Prinzipien von 1789 – F r e i h e i t und G l e i c h h e i t, der Gedanke
der V o l k s s o u v e r ä n i t ä t – treten ihren Siegeszug durch die Welt an.
Die alte Ständeordnung verliert gegenüber der bürgerlichen Gleichheit
nach und nach überall ihre Kraft. Die M o n a r c h i e ist in der Wurzel
getroffen. Gewinner des Umsturzes ist das B ü r g e r t u m, das Anteil an
der Regierung erringt, nicht die Masse des Volkes, obgleich sich in
Frankreich schon klassenkämpferische Tendenzen zeigen. Die Zeit des
Krieges und der Schreckensherrschaft bringt ein t o t a l i t ä r e s S y s t e m
hervor. Im Prinzipienglauben und im revolutionären Nationalismus
liegen entscheidende Anstöße zur radikalen Säkularisierung des
Lebens.*

b) Das Zeitalter Kaiser Napoleons (1804–1815)

Umwandlung Frankreichs in ein erbliches Kaisertum in einer Volksabstimmung gebilligt.

1804–1814 **Napoleon I., Kaiser der Franzosen.**
(1815) Am *2. Dez. 1804* krönt *Napoleon* sich und seine Gemahlin *Josephine
Beauharnais* in der Kirche *Notre-Dame* zu Paris, nachdem Papst
Pius VII. die Salbung vollzogen hat.

1805 Napoleon auch *König von Italien*, sein Stiefsohn *Eugen Beauharnais*
wird *Vizekönig.* Die *Ligurische Republik* Frankreich einverleibt.

1805 **3. Koalitionskrieg gegen Frankreich:** England als Hauptgegner
Napoleons vereinigt sich mit Rußland, Österreich und Schweden zur
Wiederherstellung des europäischen Gleichgewichts. Spanien und die
süddeutschen Staaten sind mit Frankreich verbündet. – Preußen
bleibt auch diesmal neutral.

21. Okt. Die Franzosen besetzen *Wien.* Englands Seeheld *Nelson* siegt bei
Kap Trafalgar über die französisch-spanische Flotte und fällt im
Kampf.

2. Dez. **Dreikaiserschlacht bei Austerlitz:** Napoleon erringt über die vereinigten Russen (Kaiser *Alexander I.*) und Österreicher (Kaiser
Franz I.) einen glänzenden Sieg.

15. Dez. **Vertrag** zwischen Preußen und Frankreich **zu Schönbrunn:** Preußen
tritt Wesel, Neuenburg, Ansbach und Bayreuth ab, soll dafür das
Kurfürstentum Hannover erhalten.

26. Dez. **Friede von Preßburg:** Österreich tritt Venetien an das Königreich Ita-
lien ab, Tirol, Vorarlberg, Eichstätt, Passau, Burgau, Brixen, Trient,
Freie Stadt Augsburg an Bayern. *Bayern* und *Württemberg* werden
Königreiche. Österreich bekommt Salzburg.

1806 Napoleons Brüder *Joseph* und *Louis* werden *Könige von Neapel* bzw. *Holland,* sein Schwager *Murat* wird *Großherzog von Berg* (bisher bayrisch).
Errichtung des **Rheinbundes:** 16 süddeutsche Fürsten treten aus dem Reich aus und gründen unter Napoleons Protektorat den Rheinbund, dem sich bis 1811 weitere 20 deutsche Territorien anschließen. Fürstprimas wird der bisherige Kurerzkanzler *Dalberg.* Dem Rheinbund halten sich fern Österreich, Preußen, Braunschweig und Kurhessen. Weitverbreitete Bewunderung für Napoleon, der als Träger des politischen und sozialen Fortschritts erscheint.

1806 **Kaiser Franz II.** – seit 1804 als **Franz I. Kaiser von Österreich – legt**
6. Aug. **am 6. August** auf ein Ultimatum Napoleons hin die römisch-deutsche **Kaiserwürde nieder.** Dies bedeutet das **Ende des Heiligen Römischen Reiches Deutscher Nation.**

1806–1807 **Krieg Frankreichs gegen Preußen und Rußland:**
1806 Preußen, das mit Rußland verbündet ist, fordert in einem Ultimatum die Zurückziehung der französischen Truppen aus Süddeutschland und erklärt Frankreich den Krieg.

14. Okt. **Doppelschlacht bei Jena und Auerstedt,** vollständige Niederlage Preußens.

21. Nov. Von Berlin aus verfügt Napoleon die **Kontinentalsperre** *gegen England:* In allen Häfen des Kontinents soll die Einfuhr englischer Waren verhindert werden. Die englische Wirtschaft wird empfindlich geschädigt. Infolge der Absperrung von der englischen Produktion entwickeln sich besonders in Frankreich und Deutschland eigenständige Industriezweige.

Dez. Napoleon schließt ein Bündnis mit dem *Kurfürsten von Sachsen,* der als *König* dem Rheinbund beitritt.

1807 **Schlacht bei Preußisch Eylau** bleibt unentschieden (7./8. Febr.).
14. Juni Napoleon siegt in der **Schlacht von Friedland** über die Russen. *Königsberg* wird von den Franzosen besetzt.

7.–9. Juli **Friede von Tilsit:** Rußland erhält einen Teil von Neuostpreußen und tritt der Kontinentalsperre bei. Preußen tritt seine Besitzungen westlich der Elbe ab und verliert die meisten nach 1772 von Polen gewonnenen Gebiete an das neugeschaffene *Herzogtum Warschau* unter dem König von Sachsen. *Danzig* wird *Freie Stadt.* Napoleon bemüht sich um eine Freundschaft mit Alexander I. (Treffen auf dem Fürstentag zu Erfurt, Okt. 1808).

Aug. *Westfalen* wird *Königreich* unter Napoleons Bruder *Jérôme.* Im Kampf gegen die Kontinentalsperre erzwingen die Engländer in *Kopenhagen* die Auslieferung der dänischen Flotte, wodurch sie die Schließung der Ostsee verhindern, und besetzen Helgoland.
Portugal, das mit England verbündet ist, und **Spanien** werden von
1808–1814 den Franzosen besetzt. Napoleons Bruder Joseph wird König von Spanien. Aufstand der Spanier. Kleinkrieg *(Guerilla)* gegen die Franzosen bis zum Sturz Napoleons.

1807–1814 **Wiederaufbau Preußens:** König Friedrich Wilhelm III. (1797–1840)

beruft 1804 als leitenden Minister den **Reichsfreiherrn Karl vom und zum Stein** (* 1757, † 1831), den größten deutschen Staatsmann des 19. Jh. neben Bismarck. Stein bekämpft die bisherige Kabinettsregierung und wird deshalb vom König Jan. 1807 seines Amtes enthoben. Nach dem Tilsiter Frieden wiederberufen, führt Stein mit nahezu unbeschränkter Vollmacht weitgreifende Reformen durch. Gesetze: **Aufhebung der Erbuntertänigkeit der Bauern** durch das Edikt vom 9. Okt. 1807. Die Erwerbung adliger Güter nunmehr auch den Bürgerlichen freigegeben. **Städteordnung** vom 19. Nov. 1808: Selbstverwaltung der Bürgerschaft. Fünf Fachministerien, Vereinfachung der Verwaltungsbehörden. Auf Verlangen Napoleons wird Stein entlassen, begibt sich 1812 nach Rußland, wo er als politischer Ratgeber Alexanders I. wesentlich zur Vorbereitung der Freiheitskriege beiträgt. Sein Nachfolger wird Freiherr (später Fürst) **von Hardenberg** (* 1750, † 1822). „Regulierung" der bäuerlichen Verhältnisse 1811; Judenemanzipation 1812; Ordnung der Steuern und Finanzen, Einführung der Gewerbefreiheit, Säkularisation der geistlichen Güter. Neuordnung des **Heeres** aufgrund der allgemeinen **Wehrpflicht** (1814) durch **Scharnhorst** (Mitarbeiter: *von Gneisenau, von Grolman, von Boyen, von Clausewitz* u. a.). In Berlin hält der Philosoph des Idealismus *J. G. Fichte* (* 1762, † 1814) seine „Reden an die deutsche Nation". Errichtung der **Berliner Universität** *(Wilhelm von Humboldt)*.
Österreich (Grafen *Stadion*) versucht allein die Befreiung, als Napoleon durch den Kampf in Spanien gehemmt zu sein scheint.

1809   **Krieg Österreichs gegen Frankreich:** Erhebung der *Tiroler (Andreas Hofer)* gegen Bayern. In Norddeutschland Züge des Majors *von Schill* und des *Herzogs von Braunschweig.*

Mai   Napoleon, von Erzherzog Karl bei **Aspern** geschlagen (zum erstenmal besiegt), geht über die Donau und siegt bei **Wagram.**

Okt.   **Friede in Wien:** Österreich tritt Salzburg, das Innviertel, die illyrischen Provinzen und Galizien (110 000 qkm) ab.

1810   Papst Pius VII. wird nach Savona (bei Genua) abgeschoben, der Kirchenstaat mit Frankreich vereinigt.

April   Napoleon, von *Josephine Beauharnais* geschieden, heiratet die Tochter von Kaiser Franz I. von Österreich, *Marie Louise.* – Einverleibung Hollands, Oldenburgs, Ostfrieslands, der Hansestädte in das Kaiserreich.

1811   **Napoleon auf dem Gipfel seiner Macht.** Geburt eines Sohnes, der den Titel *König von Rom* erhält (1832 als *Herzog von Reichstadt* gestorben).

1812   **Napoleons Krieg gegen Rußland,** weil dieses die Kontinentalsperre durchbricht. Preußen und Österreich mit Napoleon verbündet. Invasion der *„Großen Armee".* **Schlacht bei Borodino:** Die Franzosen besetzen *Moskau.* 15.–20. Sept. **Brand von Moskau.** Nach 5wöchigem Aufenthalt in Moskau muß, da Alexander I. kein Friedensangebot macht, der **Rückzug aus Rußland** angetreten werden. Verlustreicher

Übergang über die Beresina. Auflösung des verbündeten Heeres. Rückkehr Napoleons nach Paris.

30. Dez. Der preußische General *Yorck* schließt bei **Tauroggen** einen *Neutralitätsvertrag* mit dem russischen General Diebitsch.

c) Die deutschen Befreiungskriege (1813–1814)

1813 28. Febr. Bündnis zwischen Rußland und Preußen zu *Kalisch*.

17. März *König Friedrich Wilhelm III.* erläßt in *Breslau* den Aufruf *„An mein Volk".*

12. Aug. **Österreich** tritt dem Bündnis Rußlands, Preußens und Englands bei, am 8. Okt. auch Bayern. Drei Heere: 1. Das *Böhmische oder Hauptheer* unter *Fürst Schwarzenberg* (Gesamtoberbefehlshaber); 2. das *Schlesische Heer* unter *Blücher* (Generalstabschef Gneisenau); 3. das *Nordheer* unter Kronprinz *Karl Johann von Schweden* (Bernadotte).

16.–19. Okt. **Völkerschlacht bei Leipzig:** 160 000 Franzosen gegen 255 000 Verbündete. Sieg der Alliierten. Rückzug Napoleons über den Rhein. Metternich versucht Napoleon zum Frieden zu bewegen, um zu verhindern, daß Rußland ein zu großes Übergewicht in Europa bekommt. Napoleon lehnt ab, obwohl ihm die Rheingrenze angeboten wird.

Dez. **Auflösung des Rheinbundes.** Beginn des Feldzugs in Frankreich.

1814 6. April **Einzug der Verbündeten in Paris** (31. März). Napoleon entsagt der Krone und erhält die *Insel Elba* als Fürstentum zugewiesen. **Rückkehr der Bourbonen** nach Frankreich.

1814–1824 Ludwig XVIII., Bruder Ludwigs XVI., König von Frankreich, gewährt dem Land eine Verfassung nach englischem Vorbild.

30. Mai **Erster Friede von Paris:** Frankreich erhält im allgemeinen die Grenzen von 1792.

1815 1. März **Landung Napoleons** in Frankreich; *Herrschaft der Hundert Tage.* Aufmarsch der Alliierten in Belgien.

18. Juni Schlacht bei **Belle-Alliance** *(Waterloo):* Gemeinsamer Sieg *Blüchers* und *Wellingtons.*

7. Juli **Zweite Einnahme von Paris** durch die Verbündeten. Rückkehr Ludwigs XVIII. Napoleon wird auf die Insel *St. Helena* verbannt, wo er am 5. Mai 1821 stirbt.

Zweiter Friede von Paris: „Grenzen von 1790". Nord- und Ostfrankreich bis zu 5 Jahren von Truppen der Verbündeten besetzt. Kriegsentschädigung in Höhe von 700 Mill. Franken. Rückgabe der aus Deutschland und Italien weggeführten Kunstschätze. (Forts. S. 378, 383.)

d) Der Wiener Kongreß (1814–1815) und die Wiederherstellung des europäischen Staatensystems

Nov. 1814 **Wiener Kongreß:** Versammlung der Vertreter von rund 200 Staaten, bis Juni 1815 Städten, Herrschaften und Körperschaften. Maßgebend sind die fünf

Großmächte. Vertreter Österreichs (und Präsident) Metternich, Rußlands Alexander I. selbst, Frankreichs Talleyrand, Englands Castlereagh, Preußens Hardenberg und W. v. Humboldt.

Hauptbestimmungen der Wiener *Kongreßakte* vom 8. Juni 1815: **Österreich** tritt Belgien an die Niederlande ab und überläßt den Breisgau an Baden und Württemberg; dagegen erhält es zurück: Tirol, Vorarlberg, Kärnten, Krain, Triest, Galizien, Mailand, Venetien, Salzburg, Innviertel. – **Preußen** überläßt an Bayern: Ansbach und Bayreuth, an Hannover: Ostfriesland, Hildesheim, Goslar und Lingen, an Rußland: die polnischen Gebiete aus der 3. Teilung Polens, erhält dafür: Schwedisch-Pommern mit Rügen (von Dänemark im Austausch gegen Lauenburg), die Rheinprovinz (Kurtrier, Kurköln, Aachen, Jülich und Berg), Vergrößerung Westfalens, fast die Hälfte des Königreichs Sachsen. An **Bayern** kommen noch die Reichsstädte Augsburg und Nürnberg. – Bayern, Sachsen und Württemberg bleiben Königreiche; hinzu kommt das frühere Kurfürstentum Hannover ebenfalls als Königreich. – Die *römisch-deutsche Kaiserwürde* wird trotz Steins Bemühungen *nicht wiederhergestellt.*

An die Stelle des früheren Heiligen Römischen Reiches Deutscher Nation tritt der **Deutsche Bund,** gebildet von 35 souveränen Fürsten und 4 freien Städten. Grundgesetz ist die *Bundesakte* vom 8. Juni 1815. Zweck des Bundes ist (Art. 2): „Erhaltung der äußeren und inneren Sicherheit Deutschlands, die Unabhängigkeit und Unverletzbarkeit der einzelnen deutschen Staaten". Oberste Behörde ist der **Bundestag** in Frankfurt a. M., eine Versammlung von Gesandten der Bundesstaaten unter dem Vorsitz des österreichischen Gesandten. Das Bundesheer wird aus den Kontingenten der Einzelstaaten gebildet. Bundesfestungen sind Mainz, Luxemburg, Landau, Ulm und Rastatt. Die Gliedstaaten sind souverän nur gegenüber ihren Untertanen, nicht gegenüber dem Bund, aus dem sie nicht austreten dürfen und dessen Mehrheitsbeschlüsse für sie bindend sind. Rechtskraft erhalten allgemeine Rechtsordnungen nur durch einzelstaatliche Gesetzgebung. Art. 13 der Bundesakte verspricht: „In allen Bundesstaaten wird eine landständische Verfassung stattfinden."

Österreich und **Preußen** gehören nicht mit ihrem ganzen Gebiet dem Bund an. *Mitglieder des Deutschen Bundes* sind: Der König von **England** als König von Hannover, der König von **Dänemark** als Herzog von Holstein und Lauenburg, der König der **Niederlande** als Großherzog von Luxemburg.

Mit **Rußland** wird der größte Teil des Herzogtums Warschau *(Kongreßpolen)* als **Königreich Polen** in Personalunion vereinigt. **Krakau** wird Freistaat unter gemeinsamem Schutz Österreichs, Rußlands und Preußens (1846 Österreich einverleibt).

England behält von den Erwerbungen der napoleonischen Zeit Malta, Helgoland, Ceylon, die Kapkolonie u. a.

Aus den nördlichen Niederlanden und den südlichen Niederlanden **(Belgien)** wird das **Königreich der Vereinigten Niederlande** gebildet.

Schweden in Personalunion mit **Norwegen** vereinigt; **Dänemark** mit Schwedisch-Pommern entschädigt (durch Tausch an Preußen, S. 374).

Schweiz. Aus den revolutionären Wandlungen ist ein Gesamtstaat hervorgegangen, dessen Bundesverfassung jetzt auf föderativer Grundlage neu geordnet wird. Die fünf Großmächte unterzeichnen eine Deklaration, in der sie die *immerwährende Neutralität* der Schweiz anerkennen und die *Unverletzlichkeit* ihres Territoriums garantieren. (Forts. S. 382.)

In **Spanien, Portugal, Sardinien** (durch Genua vergrößert), **Toscana** und **Neapel** werden die alten Dynastien wiederhergestellt. Wiederherstellung des **Kirchenstaates**. – Italien ist nur noch ein „geographischer Begriff" (Metternich); den bestimmenden Einfluß hat Österreich.

1815 **Heilige Allianz:** Kaiser Alexander I. entwirft ein Manifest der Monarchen an die Völker. Nach tiefgreifender Umgestaltung des Textes durch Metternich von den drei Monarchen Rußlands, Österreichs und Preußens unterzeichnet. Alle europäischen Mächte mit Ausnahme des Papstes und der Türkei treten bei. Metternichs Politik macht aus dem Vertrag, der religiös-moralisch gemeint war, mehr und mehr ein Werkzeug restaurativ-konservativer Tendenzen.

Ergebnisse: *Im Kampf mit Napoleon sind die großen Mächte in Europa erstarkt. England hat seine See- und Kolonialherrschaft ausgebaut; Rußland ist nach Mitteleuropa vorgedrungen und die stärkste Kontinentalmacht geworden; Österreich hat sich vom Rhein zurückgezogen und sein Schwergewicht nach Italien und in den Südosten verlagert; Preußen ist die deutsche Vormacht am Rhein geworden, aber noch ohne territoriale Verbindung zwischen den Ost- und Westgebieten. Frankreich ist geschwächt, kehrt aber rasch in den Kreis der Großmächte zurück („Pentarchie"). Neu erstarkt sind die alten Gewalten (Dynastien, Bürokratie, Kirche) gegenüber dem Zeitgeist. Aber die Völker sind erwacht.*

7. Vom Wiener Kongreß bis zum Ersten Weltkrieg (1815–1914)

a) Allgemeine Tendenzen im 19. Jh.

Das 19. Jh. steht unter den Auswirkungen der fortschreitenden Industriellen Revolution, der Französischen Revolution und des Geistes der Aufklärung auf die Massen. Träger der neuen politischen Ansprüche ist das Bürgertum; bürgerlich sind die Gesinnungen des Liberalismus und der Demokratie und die sich gegen die Ständewelt durchsetzende nationale Solidarität. Eine Umwälzung bringt die Bevölkerungsvermehrung (Europa hat um 1800 187 Mill., 1900 447 Mill. Einwohner) mit dem Emporkommen zahlreicher Großstädte und, eng damit verbunden, die Entfaltung der Technik. Aus der bürgerlich-kapitalisti-

*schen Welt geht die Arbeiterfrage hervor. In der zweiten Hälfte des
Jahrhunderts entstehen fast überall die sozialdemokratischen Parteien.
Gleichzeitig drängt die moderne Volkswirtschaft in neue Räume: der
Imperialismus wird das gemeinsame Merkmal der älteren Großmächte
und der neuen Nationalstaaten.
Auch das geistige und künsterische Leben Europas zeigt im 19. Jh.
in den großen Zügen seines Stilwandels eine innere Übereinstimmung
und zahlreiche längst selbstverständliche Abhängigkeiten von Volk zu
Volk. Überall folgt auf die Romantik der Realismus, aus dem sich der
Naturalismus entwickelt, der wieder neuromantische Züge freigibt.
Gemeinsam ist Europa die Säkularisierung, d. h. der Zug zur Verweltlichung und Verdiesseitigung des Lebens (andererseits Konsolidierung
der Kirchen); gemeinsam auch das Vordringen der Naturwissenschaften, von denen die übrigen Wissenschaftszweige zeitweilig geistig und
methodisch abhängig werden. Die Meister des künstlerischen, for-
scherlichen und denkerischen Schaffens erlangen in kurzer Zeit
gesamteuropäische Bedeutung (öffentliches Konzertleben, wissenschaftliche Zeitschriften, internationale Kongresse).*

b) Die wichtigsten technischen Erfindungen

1. Versuche mit **Dampfschiffen** werden 1774/75 und 1786 gemacht.
Erster Linienverkehr 1807 auf dem Hudson River. 1818 fährt das
erste Dampfschiff von New York nach Liverpool. HAPAG (Ham-
burg-Amerika-Linie) 1847, Norddeutscher Lloyd in Bremen 1857
gegründet. – Sämtliche Kriegsschiffe werden seit der Anwendung der
Dampfkraft aus Stahl und Eisen hergestellt, Tonnage und Armierung
ständig gesteigert.
2. Außerordentliche Entwicklung des Landverkehrs durch die **Eisenbahnen.** Erfinder der Lokomotive: *G. Stephenson* 1814. Erste größere
Linie für den Personenverkehr Liverpool–Manchester 1830, in
Deutschland Nürnberg–Fürth 1835, Leipzig–Dresden 1837, Berlin–Hamburg 1845.
3. Den **elektrischen Telegraphen** erfindet 1809 *S. Th. Sömmering* in
München. Den *Elektromagnetismus* benutzen 1832/33 *Gauß* und
Weber in Göttingen als erste für Fernverständigung. Den *Schreibtele-
graphen* erfindet *S. F. B. Morse* in New York 1837: erste Telegra-
phenlinie Baltimore–Washington 1844. Erstes unterseeisches Kabel
Dover–Calais 1851; erste ozeanische Verbindung Irland–Neufundland 1866.
4. **Erweiterte Anwendung der elektrischen Kraft:** *Telephon* erfunden
1861 von *J. Ph. Reis. Elektrische Beleuchtung* 1879 durch *Th. A. Edi-
son* in New York, neben der seit 1814 in London, 1826 in Berlin üblich gewordenen *Gasbeleuchtung. Elektrische Eisenbahnen* 1879 *W.
Siemens* in Berlin. **Drahtlose Telegraphie:** *Elektrische Wellen* im
Luftraum, hergestellt und beobachtet 1887 von *H. R. Hertz* in Karlsruhe, zu telegraphischen Zwecken seit 1897 benutzt von *G. Marconi.*

c) Wirtschafts- und sozialgeschichtliche Entwicklungen

Die industrielle Entwicklung nimmt ihren Ausgang von Großbritannien (*„Industrielle Revolution"*, S. 353). Übergang von der Hausindustrie zum Fabrikbetrieb, Konzentration der industriellen Arbeit in städtischen Ballungen. Die technische Entwicklung ermöglicht die Herstellung von Massenartikeln, mit denen Großbritannien die *Weltmärkte* erobert (Forderung des Freihandels: *Adam Smith*), während die wirtschaftliche Entwicklung des Kontinents infolge der Französischen Revolution und der Kriege zunächst stagniert, wenn auch alle älteren Bindungen und Privilegien fallen (Aufhebung des Zunftwesens, Gewerbefreiheit, Bauernbefreiung usw.). Napoleon versucht die Vormachtstellung Frankreichs durch Schutzzölle und die Kontinentalsperre (S. 371) zu fördern. Infolge der Überschwemmung mit den jahrelang gestapelten englischen Waren kommt es nach 1815 zu einer **Wirtschaftskrise in Deutschland.** Erst im Schutz des Deutschen Zollvereins (1833/34) setzt die Entwicklung der Industrie ein. Auch in den USA beginnt im Schutz hoher Zölle die Industrialisierung, die mit der Landnahme parallel verläuft.

Mit der Entwicklung des *Verkehrswesens* (S. 376) tritt die **Industrialisierung** in eine neue Phase. Großbritannien bleibt weiterhin Vorbild für die kontinentale industrielle Entwicklung (1846 Übergang zum Freihandel). Auch die europäischen Staaten wenden sich gemäßigter Schutzzollpolitik zu. Während Rußland weit hinter der europäischen Entwicklung zurücksteht und die farbige Welt, aber auch Südamerika, Rohstofflieferant und Abnehmer für Industriewaren bleibt, haben Deutschland und die USA im letzten Drittel des 19. Jh. Großbritannien eingeholt, beginnt Japan nach 1868 die Ausbildung eigener Industrien, die infolge der billigen Arbeitslöhne bald die europäischen Preise unterbieten.

Im Zeitalter des Imperialismus *Hochblüte der Industrie.* Schwere Krisen verzögern die industrielle Entwicklung kaum: Bündnis von Naturwissenschaft und Technik, Stabilität der Währungen, Entstehung von Industrielandschaften. In *Aktiengesellschaften, Kartellen, Trusts* entstehen neue Formen wirtschaftlicher Zusammenschlüsse oft ganzer Industriezweige. Diese Entwicklung bricht die Kriegswirtschaft des Ersten Weltkriegs ab.

Durch die Industrialisierung wird die ständische Gesellschaftsordnung in die *Industriegesellschaft* übergeführt. Die Technisierung und Mechanisierung bringt den Niedergang des Manufaktur- und Heimgewerbes, häufig unter schlimmsten Elendserscheinungen („Pauperismus") in der Übergangszeit. Aus diesen handwerklichen Arbeitskräften, dazu aus unterbäuerlicher und unterbürgerlicher Schicht entsteht die neue Lohnarbeiterschaft, das **„Proletariat".** Trotz zeitweise elender Lebenslage (Kinderarbeit, Löhne am Existenzminimum, 12- bis 14-Stunden-Tag) dieses neuen „vierten Standes", dessen Eingliederung in die Gesellschaftsordnung die **„Soziale Frage"** der Zeit darstellt, bedeutet die „Industrielle Revolution" die Rettung vor einer allgemeinen Elendskrise infolge der Übervölkerung, weil das wachsende Arbeitsplatzangebot den Menschenüberschuß und die durch die Technisierung frei gewordenen Arbeitskräfte absorbieren kann. Die Oberschicht (Kapitalisten) wird von den Großindustriellen und der „Hochfinanz" gestellt, doch schiebt sich zwischen sie und die Lohnarbeiterschicht eine breite bürgerliche Mittelschicht. Die soziale Mobilität ist in dieser Ordnung sehr groß; auch sind die einzelnen Schichten nicht gegeneinander geschlossen, wie in der älteren Ordnung. In der *Politisierung* der Arbeiterschaft (Marxismus, Arbeiterparteien) und der bürgerlichen Schichten (liberale Parteien) sowie in *Organisationen* wirtschaftlichen Kampfes (Gewerkschaften, Arbeitgeberverbände) findet diese Gesellschaftsordnung und ihre Dynamik den politischen Ausdruck. *Staatliche Sozialpolitik* und karitative Organisationen beseitigen die schlimmsten Mißstände der Industrialisierung und Verstädterung.

8. Die Zeit der Restauration und Revolution. Der Krimkrieg

a) Frankreich (Forts. v. S. 373)

Restauration und Julikönigtum

1814–1824	König **Ludwig XVIII.,** Bruder Ludwigs XVI., führt ein gemäßigt royalistisches Regiment.
1814 4. Juni	**Charte constitutionnelle:** Begründung einer Pairs- und einer Deputiertenkammer mit Steuerbewilligungsrecht, aber ohne Gesetzgebungsinitiative. Die Charte wird Grundlage des parlamentarischen Lebens und der Parteibildung in Frankreich; zunehmende Wirkung auf Deutschland. Erster Außenminister Ch. M. Herzog von **Talleyrand-Périgord** (* 1754, † 1838).
1816–1820	Mehrheit der Konstitutionellen (gemäßigten Royalisten). Die Liberalen machen langsam Fortschritte.
1820 Febr.	Ermordung des Herzogs von *Berry* (Neffe des Königs und einziger Stammhalter der Dynastie). Daraufhin neues Wahlgesetz, Ausnahmegesetz. Wiederansteigen der ultraroyalistischen Stimmen.
1824–1830	**Karl X.,** Bruder Ludwigs XVIII., König. Einseitiger Förderer der „Ultras". Entschädigung der Emigranten. Gesetze zur Wiederherstellung der Rechtsfähigkeit kirchlicher Körperschaften. Widerstand im Land. – Außenpolitischer Erfolg durch die beginnende Eroberung Algeriens.
1830 26. Juli	Neuwahlen bringen den Gegnern der Regierung die Mehrheit. Daraufhin erläßt der König drei Ordonnanzen zur Aufhebung der Pressefreiheit und zur Änderung des Wahlrechts. Das führt sofort zur **Julirevolution.** Träger: Journalisten – an ihrer Spitze der Leiter des „National", Adolphe **Thiers** (* 1797, † 1877) –, Advokaten, weite Kreise des Bürgertums, das Volk von Paris. Antiklerikale Begleit-

erscheinungen. Ergebnis: Karl X. und mit ihm die ältere Linie der Bourbonen dankt ab. In der Frage der politischen Neuordnung fällt die Entscheidung gegen eine republikanische Lösung mit *Lafayette* als Staatschef und für Beibehaltung der Monarchie; der liberale Herzog **Louis Philippe** von Orléans von der Kammer zum „König der Franzosen" gewählt („Bürgerkönig"). Mit der Wiederannahme der Trikolore wird allerdings der innere Zwiespalt der neuen Monarchie deutlich. Grundsätzliche Gegner des neuen Regimes: Legitimisten, Republikaner und später Bonapartisten. (Forts. S. 388.)

1830–1848

Kunst und Wissenschaft. Der *Klassizismus,* der unter Napoleon Züge eines pomphaften Repräsentationsstils angenommen hat *(Empire),* wird in der Malerei einerseits fortgesetzt *(Ingres,* * 1780, † 1867), andererseits wird eine realistische Romantik mit Betonung der Farbwerte ausgebildet *(Delacroix,* * 1798, † 1863). Zeitsatire und soziale Kritik in der Graphik *(H. Daumier,* * 1808, † 1879).
Der Philosoph *A. Comte* (* 1798, † 1857) ist der Begründer des wissenschaftlichen Positivismus, der konservative Historiker *A. de Tocqueville* (* 1805, † 1859) ein bedeutender Analytiker der politischen Welt. Schulbildend unter den Gesellschaftskritikern ist der Frühsozialist *Saint-Simon* (* 1760, † 1825). – In diesem Zeitalter entsteht der große psychologisch-realistische französische Gesellschaftsroman: *Stendhal* (* 1783, † 1842, bahnbrechend „Rot und Schwarz"); *Balzac* (* 1799, † 1850, u. a. „Comédie Humaine"). Blüte der Romantik: *Chateaubriand* (* 1768, † 1848), *A. de Musset* und der Dramatiker, Lyriker und Romancier *Victor Hugo* (* 1802, † 1885).

b) Spanien und Portugal (Forts. v. S. 356)

In **Spanien** bricht **1820** die **Revolution** gegen den Absolutismus aus unter *Oberst Rafael Riego,* der eine Verfassung verkündet. Frankreich greift ein, die Revolution ist 1823 niedergeworfen. Nach Bürgerkriegen infolge verschiedener Ansprüche auf den Thron („Karlistenkriege") regiert 1843–1868 **Isabella II.,** Tochter Ferdinands VII. aus dem Hause Bourbon. – Von großer Bedeutung ist der Maler und Graphiker *F. Goya* (* 1746, † 1828) mit seinen schonungslosen Porträts und phantastisch-dämonischen Radierfolgen.
Spanische *Kolonien* in Südamerika s. S. 425 ff.
Auch in **Portugal** bricht **1820** die **Revolution** aus; der König muß eine Verfassung bestätigen. **1822 Unabhängigkeitserklärung Brasiliens** (S. 428), dessen Kaiser Pedro I. zugunsten seiner Tochter **Maria II. da Gloria** auf den portugiesischen Thron verzichtet (regiert 1826–1853). (Forts. S. 412.)

c) Italien. Das Papsttum (Forts. v. S. 337)

Die napoleonische Zeit hat in Italien Einheits- und Freiheitsbestrebungen geweckt. Träger der Bewegung ist der Geheimbund der **Car-**

bonari („Köhler"), dem es jedoch an einheitlicher Führung und Zielsetzung fehlt. Erhebungen in Neapel und Piemont, Opposition in
Lombardo-Venetien, um Verfassungen durchzusetzen. Die monarchische Restauration zunächst siegreich.
Nach der Pariser Julirevolution neue Bewegung in Italien. Erhebungen 1831 u. a. in Bologna und Parma, überall von österreichischen
Truppen niedergeworfen. Der 1831 ausgewiesene Giuseppe **Mazzini**
gründet 1832 in Marseille den nationalen Geheimbund *La gióvane
Italia,* mit dem er die soziale Einseitigkeit und regionale Beschränkung der Carbonaria überwindet und die Nationalbewegung demo-
kratisiert. Er stiftet 1834 in Bern das *„Junge Europa",* einen Verband
je eines italienischen, deutschen und polnischen republikanischen
Nationalbundes. In Italien wachsen die Hoffnungen auf die einzige
nationalitalienische Dynastie – die savoyische in Piemont-Sardinien.
1847 In Turin gründen Graf C. Balbo und Graf C. Benso di Cavour die
Zeitung **„Il Risorgimento",** die der nationalen Bewegung den Namen
gibt. Ihr Programm: Unabhängigkeit Italiens. – Bedeutende Impulse
im Sinn einer Stärkung des italienischen Nationalgefühls gehen vom
Werk des Opernkomponisten *G. Verdi* (* 1813, † 1901) aus. (Forts.
S. 393.)

Das Papsttum

Nach dem Sturz des napoleonischen Kaiserreichs Wiederherstellung
des **Kirchenstaates.** Bereits 1814 ist der Jesuitenorden wiedererrichtet worden. Die Kurie schließt mit mehreren Staaten Konkordate ab.
Die Säkularisation der geistlichen Herrschaften und die Enteignung
des Kirchengutes kommt insofern dem Papsttum zugute, als dadurch
die Ausbildung seiner kirchlichen Zentralgewalt begünstigt wird.
Pius IX. (1846–1878) beginnt mit liberalen Reformen und ermutigt
die nationalen Patrioten (Giobertis Gedanke eines italienischen Staatenbundes unter päpstlichem Vorsitz). Er muß indessen 1848 nach
Gaeta fliehen, worauf in Rom die *„Römische Republik"* ausgerufen
wird *(Mazzini).* Wiederherstellung der weltlichen Herrschaft des
Papstes unter dem Schutz französischer Waffen (1849). (Forts.
S. 396.)

d) Griechenland (vgl. S. 386)

Infolge der von den Türken geförderten Sonderstellung der Griechen
auf der ganzen Balkanhalbinsel bedeutet die griechische Erhebung
mehr als einen Befreiungsversuch Griechenlands. Sie rührt an die
Grundlagen des Osmanischen Reiches, weil sie das ganze innere
Gefüge des Vielvölkerreichs und zugleich seine Position am Mittelmeer in Frage stellt.
1821–1829 **Unabhängigkeitskrieg.**
1822 Verkündigung der **Unabhängigkeit** des hellenischen Volkes und eines
1. Jan. Verfassungsgesetzes (Volkssouveränität) auf dem Nationalkongreß zu

Epidauros. Griechenbegeisterung in ganz Europa *(philhellenische Bewegung).* Freiwillige nach Griechenland *(Lord Byron).* Am Interessengegensatz zwischen Österreich und Rußland in der griechischen Frage zerbricht die Heilige Allianz. Englands Neutralitätspolitik bringt den Aufständischen Vorteile, verhindert aber zusammen mit Österreich russisches Eingreifen zugunsten der Griechen.

1827 Seeschlacht bei *Navarino.* Die türkisch-ägyptische Flotte von der englischen, französischen und russischen vernichtet. Im Frieden zu

1829 **Adrianopel** erkennen die Türkei und 1830 im *Londoner Protokoll* die Schutzmächte (Rußland, England, Frankreich) die **Unabhängigkeit Griechenlands** an. Seit 1832 Königreich (Otto, Sohn Ludwigs I. von Bayern), seit 1844 (Verfassung) parlamentarisches Regime. (Vgl. S. 386 f.; Forts. S. 505.)

e) Großbritannien und Irland (Forts. v. S. 354)

Von 1815 bis 1830 konservative Regierungen (Tories). Die Kontinentalsperre verursacht eine Teuerung, unter der breite Bevölkerungsschichten leiden. Nach dem Wiederbeginn der Getreideeinfuhr, die ein Sinken der Preise und den Ruin vieler Pächter zur Folge hat, werden 1815 **Getreideschutzzölle** eingeführt, eines der Hauptprobleme der nächsten Zeit.

1819 16. Aug. Unzufriedenheit in der Arbeiterschaft führt zum blutigen Zusammenstoß auf dem St.-Peters-Feld bei Manchester. Es folgen die sog. *Knebelgesetze (Six Acts)* mit scharfer Einschränkung der Presse- und Versammlungsfreiheit.

1824 Bildung von **Gewerkschaften** (Trade Unions) wieder freigegeben. Führer der Arbeiterbewegung ist der demokratische Journalist *W. Cobbett.*
Bevölkerungszunahme und Lebensverhältnisse in England begünstigen die *Auswanderung,* die sich vor allem nach Kanada, Australien, Neuseeland richtet.

1820–1830 *Georg IV.,* König von England und Hannover. 1822 wird der liberalisierende Tory **Canning** Staatssekretär des Auswärtigen, der im Gegensatz zum System der Heiligen Allianz für die Freiheitsbestrebungen der Völker eintritt.

1829 Aufhebung der Testakte: Die Katholiken werden zum Parlament und zu den Staatsämtern zugelassen. Der Führer des irisch-katholischen Mittelstands Daniel O'Connell wirkt für die Aufhebung („Repeal") der parlamentarischen Union Irlands mit England.

1830–1837 *Wilhelm IV.* (Bruder Georgs IV.) König von England und Hannover. Whigkabinett mit Programm der Parlamentsreform.
Staatssekretär des Auswärtigen ist Lord **Palmerston,** der die Kontinuität einer expansiven Außenpolitik bis in die 50er Jahre gewährleistet.

1832 Mai **Parlamentsreform:** Neuverteilung der Mandate zugunsten der Industriestädte, wodurch sich die Zahl der Wahlberechtigten verdoppelt.

1833 Vor allem unter dem Einfluß des humanitär-sozialistischen Industriellen *Robert Owen* wird die Arbeitszeit von Kindern und Jugendlichen gesetzlich beschränkt. – Abschaffung der Sklaverei im ganzen Reich.

1837–1901 Viktoria, Königin von England, 1840 vermählt mit Herzog *Albert von Sachsen-Coburg-Gotha* († 1861). *Auflösung der Personalunion mit Hannover.*

1838 Beginn der **Chartistenbewegung:** Forderung des allgemeinen, gleichen, geheimen Wahlrechts. Die Bewegung als Ausdruck klassenkämpferischer Tendenzen bleibt Episode, beschleunigt jedoch die notwendigen Reformen. *R. Cobden,* Vorkämpfer des *Freihandels,*
1846 gründet die *Anti-Corn-Law-League,* die nach sechsjähriger Agitation 1846 die **Abschaffung der Getreidegesetze** erreicht.
1847 10-Stunden-Tag in den Fabriken eingeführt. Der steigende Wohlstand mildert die sozialen Spannungen und verhindert eine revolutionäre Entwicklung. In **Irland** jedoch 1845/46 *Hungersnot,* die eine starke Auswanderung zur Folge hat. (Forts. S. 410.)
Starken Einfluß auf die gesamte europäische **Literatur** gewinnt die englische Romantik durch *Lord Byron* (* 1788, † 1824, Versepen, Lyrik, Dramen) und *Walter Scott* (* 1771, † 1832), den Begründer des historischen Prosaromans, sowie die Lyriker *Shelley* (* 1792, † 1822) und *Keats* (* 1795, † 1821).

f) Niederlande, Belgien, Luxemburg (Forts. v. S. 339, 374)

König Wilhelm I. (1815–1840) oktroyiert 1815 eine Verfassung. Trotz des Bevölkerungsübergewichts im Süden sollen die nördlichen und die südlichen Provinzen gleich stark vertreten sein. Widerstand in Belgien. Die Liberalen und die Klerikalen in Belgien erheben 1828/29 gemeinsame Reformforderungen. Unter dem Eindruck der
1830 Pariser Julirevolution **Revolution in Brüssel.**
Die *Londoner Konferenz* der fünf Großmächte erkennt 1831 die **Unabhängigkeit Belgiens** an und verbürgt Belgien nach Schweizer Muster *ewige Neutralität.* Zum König der Belgier wird Leopold I. von Sachsen-Coburg gewählt.
Der größere, wallonische Teil **Luxemburgs,** das seit 1815 als *Großherzogtum* in Personalunion mit dem Königreich der Niederlande verbunden ist, wird 1839 *mit Belgien vereinigt.* (Forts. S. 413.)

g) Die Schweiz (Forts. v. S. 375)

1845 schließen sich die katholischen Kantone *Luzern, Schwyz, Uri, Unterwalden, Zug, Freiburg* und *Wallis* zur Wahrung der Kantonssouveränität zum sog. **„Sonderbund"** zusammen. Nach seiner Überwindung im **Sonderbundskrieg** 1847 wird der Staatenbund *1848* durch eine Verfassung in einen **Bundesstaat** umgewandelt: Bundesversammlung aus Ständerat (Vertreter der Kantonsregierungen) und Nationalrat (direkt gewählt). Die vollziehende Gewalt übt der von der Bundesversammlung gewählte Bundesrat aus. (Forts. S. 513.)

h) Österreich, Preußen und der Deutsche Bund (Forts. v. S. 373)

Leitender Minister in Österreich: Fürst **Metternich** (* 1773, † 1859). Er wirkt in seiner Außen- und Innenpolitik für die Erhaltung der überlieferten Sozialordnung Europas und steht deshalb in unversöhnlichem Gegensatz zum Liberalismus und zu allen revolutionären Bewegungen. Österreich als Präsidialmacht im Deutschen Bund führend.

1817 **Wartburgfest** der deutschen Studenten zum Gedächtnis an die Refor-
18. Okt. mation und die Leipziger Schlacht.
Nachdem das Herzogtum Nassau 1814 und Sachsen-Weimar 1816 vorangegangen sind, werden 1818 in *Bayern* und *Baden* nach dem Muster der französischen Charte **Verfassungen** gewährt (Volksvertretung in zwei Kammern). In *Württemberg* einigt sich der König 1819 mit den Ständen über eine Verfassung. In *Preußen* werden entgegen der 1815 gegebenen Zusage 1823 nur Provinzialstände berufen.

1819 Ermordung *Kotzebues* durch den Studenten *Sand*. Auf Veranlassung Metternichs faßt eine Ministerkonferenz die später vom Bundestag bestätigten **Karlsbader Beschlüsse:** Vorzensur für Zeitungen und alle Schriften unter 20 Druckbogen; Verbot der Burschenschaften; Entlassung revolutionär gesinnter Lehrkräfte; Überwachung der Universitäten. Zentraluntersuchungskommission in Mainz.

1828–1829 Der Gründung des gegen Preußen gerichteten Mitteldeutschen Handelsvereins der Kleinstaaten folgt der Zollvertrag zwischen Preußen, Hessen, Bayern und Württemberg, der Kern des späteren Deutschen Zollvereins, dessen Initiator der Württemberger *Friedrich List* ist (* 1789, † 1846). – In der Slowakei entsteht aus deutsch-romantischen Anregungen Begriff und Idee des **Panslawismus** als der sprachlich-kulturellen Gemeinsamkeit aller Slawen.

1830–1831 Nach der Julirevolution Unruhen in mehreren deutschen Bundesländern (Braunschweig, Göttingen, Sachsen, Kurhessen).

1832 Mai **Hambacher Fest:** Massenkundgebungen des süddeutschen radikalen Liberalismus mit Teilnahme polnischer Flüchtlinge. – Der Bundestag verbietet politische Vereine und öffentliche Kundgebungen.

1833 Der **Deutsche Zollverein** schließt unter Führung Preußens die meisten deutschen Länder mit Ausschluß Österreichs wirtschaftlich zusammen. Die deutschen Einigungshoffnungen beginnen sich auf Preußen zu richten. Zunahme der deutschen **Auswanderung** in den 30er und 40er Jahren.

1837 Die Personalunion zwischen Hannover und England löst sich infolge des verschiedenen Erbrechts. König Ernst August hebt die 1833 Hannover gewährte Verfassung auf. Die **„Göttinger Sieben"** (u. a. die Professoren *Jakob und Wilhelm Grimm, Dahlmann*) protestieren und werden abgesetzt. Starker Widerhall in ganz Deutschland. – **Köl-**

ner **Bischofsstreit** wegen der verschiedenen Grundsätze des Staates und der Kirche in bezug auf die Erziehung der Kinder aus konfessionellen Mischehen. Erzbischof Klemens August Freiherr von Droste zu Vischering zu Festungshaft verurteilt. Erregung im deutschen Katholizismus.

1839 In Preußen wird die Arbeitszeit für Jugendliche in Fabriken auf 10 Stunden beschränkt, Kinderarbeit verboten.

1840–1861 König **Friedrich Wilhelm IV.** von Preußen, hochbegabter, aber psychopathischer Romantiker, anfangs vielseitig entgegenkommend.

1840 Kriegsstimmung im Zusammenhang mit der orientalischen Krise (S. 386): Die französische Forderung nach dem Rhein wird durch einmütigen Widerstandswillen in Deutschland beantwortet („Die Wacht am Rhein").

1844 *Weberaufstand in Schlesien* wegen unzulänglicher Lohnverhältnisse.

1847 Berufung des preußischen Vereinigten Landtags, dessen geringe Befugnisse im liberalen Bürgertum Enttäuschung verursachen und der bald wieder aufgelöst wird. In Österreich wachsende Spannung durch die Entwicklung der Nationalitätenbewegung. (Forts. S. 389.)

Kunst und Wissenschaft. Für das Zeitalter des Idealismus sind die Brüder Humboldt repräsentativ: *Wilhelm von Humboldt* (* 1767, † 1835), preußischer Staatsmann, idealler Gründer der Universität Berlin, Sprachforscher und humanistischer Denker hohen Ranges, und *Alexander von Humboldt* (* 1769, † 1859), Naturforscher und Forschungsreisender. – Der größte Philosoph des Jahrhunderts ist *G. W. F. Hegel* (*1770, † 1831), dessen dialektischer Idealismus das wissenschaftliche Denken stark beeinflußt. Bei den „Junghegelianern" schlägt die Dialektik in radikale Kritik der bestehenden Ordnung um. Neben und gegen Hegel stehen der pantheistisch-idealistische *F. W. J. (von) Schelling* (* 1775, † 1854) und der pantheistisch-pessimistische *A. Schopenhauer* (* 1788, † 1860). – Geistige Erneuerung in den beiden Konfessionen: Im **Katholizismus** der Kreis um *J. M. Sailer* (* 1751, † 1832, zuletzt Bischof von Regensburg); einer der geistigen Führer des erneuerten Katholizismus wird *J. Görres* (* 1776, † 1848), der einstige Vorkämpfer der nationalen Unabhängigkeit gegen Napoleon. Im **Protestantismus** ist lange der Berliner Theologe *F. Schleiermacher* (* 1768, † 1834) eine zentrale Gestalt. Die Bibelkritik der „Tübinger Schule" findet ihren wirksamsten Verkünder in *D. F. Strauß* (* 1808, † 1874), dessen „Leben Jesu" (1835) einen heftigen Schriftenstreit hervorruft. – In der *Geschichtsforschung* bedeutet neben der vom Reichsfreiherrn vom Stein begründeten Quellensammlung der Monumenta Germaniae historica (1819) methodisch einen Neubeginn *B. G. Niebuhr* (* 1776, † 1831). Vor 1848 erscheinen auch schon mehrere Meisterwerke des größten Geschichtsschreibers des 19. Jh., *L. von Ranke* (* 1795, † 1886).

Physik und *Chemie* erhalten eine neue experimentelle Grundlage.

1842 formuliert *J. R. Mayer* (* 1814, † 1878) das Gesetz von der Erhaltung der Energie. *J. v. Liebig* (* 1803, † 1873) begründet die Agrikulturchemie.

Die *Dichtung* ist teils noch von der Romantik bestimmt (*J. Frhr. von Eichendorff,* * 1788, † 1857), teils unter dem Einfluß des literarischen „Jungdeutschland", dessen wirkungsvollster Vertreter *Heinrich Heine* ist (* 1797, † 1856). Über ihre Zeit hinaus weisen die Dramatiker *G. Büchner* (*1813, † 1837; seine Werke behandeln schon Probleme des Sozialismus) und *Chr. D. Grabbe* (* 1801, † 1836). *F. Hebbel* (* 1813, † 1863) gestaltet in seinen Dramen eine tragische Weltanschauung, die in ihrem dialektischen Zug der Hegelschen Philosophie entspricht.

Die deutsche *Musik* erreicht in der Romantik erneut Weltgeltung: *C. M. von Weber* (* 1786, † 1826), *Franz Schubert* (* 1797, † 1828), *Robert Schumann* (* 1810, † 1856), *Felix Mendelssohn-Bartholdi* (* 1809, † 1847).

i) Dänemark, Schweden, Norwegen (Forts. v. S. 352, 375)

1814   verliert **Dänemark** im *Frieden von Kiel* **Norwegen** an Schweden. *Schleswig-Holsteinische Frage* s. S. 392.
In **Schweden** gründet König **Karl XIV. Johann,** früherer französischer Marschall, die *Dynastie Bernadotte.* (Forts. S. 413.)

k) Rußland (Forts. v. S. 351)

1801–1825   **Kaiser Alexander I.,** erzogen im Sinne der französischen Aufklärung. 1802 lösen Ministerien die früheren Kollegien ab. Universitätsgründungen: Dorpat 1801, Wilna 1803, Kazan und Charkow 1804. 1807 **(Friede von Tilsit)** Ausgleich mit Napoleon, von dem der russische Staatsmann **Speranskij** (1808–1812) Anregungen zu Reformen übernimmt: 1810 Reichsrat als beratende Instanz für die innere Gesetzgebung (bis 1906 unverändert).

1809   **Friede von Fredrikshamn:** Schweden tritt Finnland und die Åland-inseln an Rußland ab.

1812–1815   **Kampf gegen Napoleon** (S. 372). Ergebnis: Vormachtstellung Alexanders I. in Europa. Heilige Allianz. **Kongreßpolen,** das mit Rußland vereinigt wird, erhält 1815 eine **Konstitution,** die ihm eine eigene Staatlichkeit bewahrt.

1818   Alexander I. kündigt bei der Eröffnung des polnischen Reichstags die Einführung liberaler Institutionen in ganz Rußland an. 1819/20 wendet sich der Kaiser wieder davon ab.

1825–1855   **Kaiser Nikolaj I.**

1825   **Dekabristenaufstand** in St. Petersburg. Die Verschwörung der von den westeuropäischen Ideen berührten Jugend des russischen Adels führt zur Revolution, die schon bei ihrem Ausbruch niedergeschlagen wird. Strenge Überwachung des öffentlichen und geistigen Lebens.

1826   Russisch-englische Verständigung in der griechischen Frage. Rußland
      dringt auf Vollziehung des Friedens von Bukarest (1812 nach sechs-
      jährigem Krieg: Bessarabien fällt an Rußland), Gültigkeit des Proto-
      kolls von Konstantinopel 1817 (Hauptmündung der Donau an die
      Russen), Erfüllung der türkischen Zusagen bez. Sonderstellung von
      Moldau und Walachei, Freihandel der Russen in der Türkei.
1828–1829   **Russisch-türkischer Krieg:** Die Russen besetzen die Donaufürsten-
      tümer, überschreiten den Balkan, erobern Kars und Erzerum südlich
      des Kaukasus. 1829 **Friede von Adrianopel:** Rußland erhält fast das
      ganze Donaudelta und einen Teil von Armenien. Die Donaufürsten-
      tümer bis 1834 unter russischer Verwaltung. – Kampf mit den **kauka-
      sischen Bergvölkern** erst 1859 beendet.
1830–1831   **Polnische Revolution.**
      Der Reichstag spricht dem russischen Kaiserhaus die Krone Polens
      ab (25. Jan. 1831). Russische Truppen erobern Polen. Die polnische
      Verfassung wird aufgehoben, Polen als unterworfene Provinz regiert,
      die Russifizierung eingeleitet. Polnische Flüchtlinge entfachen in
      Deutschland und Frankreich Polenbegeisterung. Politisches Zentrum
      der polnischen Emigration wird Paris (u. a. *Chopin*). (Forts. S. 414.)
1839–1841   **Orientalische Krise.** Im Krieg zwischen dem türkischen Sultan und
      dem Pascha von Ägypten tritt Frankreich für Ägypten ein, muß aber
      vor den anderen Großmächten zurückweichen. Infolge dieser diplo-
      matischen Niederlage Kriegsstimmung in Frankreich; Ministerpräsi-
      dent Thiers fordert als Ablenkungsmanöver den Rhein (s. S. 384).
      Im **Meerengenvertrag** (1841) werden Dardanellen und Bosporus für
      nichttürkische Kriegsschiffe in Friedenszeiten geschlossen.
1849   Russische Intervention in Ungarn; 1850 Eingreifen in den preu-
      ßisch-österreichischen Konflikt. *Rußland die führende Kontinental-
      macht.* (Forts. S. 393, 414.)

Die **Literatur** gewinnt in der ersten Hälfte des 19. Jh. schöpferische
Eigenständigkeit: *A. Puschkin*, der größte russische Versdichter
(* 1799, † 1837), Schöpfer der modernen russischen Schriftsprache;
N. Gogol (* 1809, † 1852, Ukrainer), Lustspiel „Der Revisor“,
Novellen, Roman „Tote Seelen“; *M. Lermontov* (* 1814, † 1841). –
In der Führungsschicht vollzieht sich eine heftige innere Auseinan-
dersetzung zwischen den an westeuropäischen Maßstäben orientier-
ten „Westlern“ *(A. Herzen*, * 1812, † 1870) und den die Eigenart
Rußlands betonenden „Slawophilen“ *(Chomjakov*, * 1804, † 1860).

I) Der Balkan (vgl. S. 281, 294)

im 19. Jh.

*Die Intensität der türkischen Balkanherrschaft weist große örtliche
Unterschiede auf, wie die Ausgangslage der späteren Nationalstaaten
erkennen läßt. Sie ist stärker in Bosnien und der Herzegowina, deren
Adel im 14. und 15. Jh., am stärksten in Albanien, wo seit dem Ende*

*des 16. Jh. auch große Teile der bäuerlichen Bevölkerung zum Islam
übergetreten sind. Sie hat sonst überall lokale Autonomien, Volks-
rechte und die kirchliche Organisation der Rajahs (nichtislamische
Untertanen) bestehen lassen, die wichtige Stützpunkte der späteren
Befreiungsbewegung werden. Die Sonderstellung der Griechen führt
besonders seit dem 18. Jh. zu weitgehender Gräzisierung der balkani-
schen Führungs- und Bildungsschichten, vor allem der Hierarchie:
1766 die autokephale Kirche der Serben (Patriarchat von Peč), 1767
die der Bulgaren (Patriarchat von Ochrid) aufgehoben. Die nichtgriechischen Nationalbewegungen des 19. Jh. richten sich deshalb gegen
Türken und Griechen zugleich. – Die Bildung der neuen Nationalstaaten wird in allen Fällen durch das diplomatische oder militärische Eingreifen der Großmächte, besonders Rußlands, ermöglicht und mitbestimmt, ihre Außen- und Innenpolitik bleibt weitgehend von ihnen
abhängig und gewinnt erst mit der Stabilisierung ihrer Verfassungen
um 1900 größere Unabhängigkeit.*

Die wichtigsten Daten der vielfältigen Geschichte der Autonomiebestrebungen auf dem Balkan, die vor allem durch das Ergebnis des
russisch-türkischen Krieges von 1877/78 (S. 415) bestimmt werden
(Berliner Kongreß), sind folgende: *Serbien* 1817 abhängiges (tributä-
res), 1878 unabhängiges Fürstentum (1882 Königreich); *Rumänien*
(Moldau und Walachei) 1878 unabhängiges Fürstentum (1881
Königreich); *Bulgarien* 1878 abhängiges Fürstentum, 1908 unabhängiges Königreich; *Bosnien* und *Herzegowina* 1878 von Österreich besetzt, 1908 annektiert; *Montenegro* 1878 unabhängiges Fürstentum
(1910 Königreich).

1912 **1. Balkankrieg:** 1912 Bündnis zwischen Serbien, Bulgarien, Montenegro und Griechenland mit dem Ziel: *Aufteilung der europäischen
Türkei* unter die Balkanslawen, im Oktober Kriegserklärung an die
Türkei, die überall unterliegt. Im *Londoner Frieden* (Mai 1913) muß
die Türkei in die Abtretung fast ihres ganzen europäischen Gebiets
einwilligen.

1913 **2. Balkankrieg:** Da über die Beute keine Einigung erzielt wird, greift
Bulgarien Serbien an (Juni). Griechenland, Rumänien und die Türkei
treten gegen Bulgarien in den Krieg ein. Bulgarien vollständig ge-
schlagen. *Friede von Bukarest* (August 1913): Der Südteil der
Dobrudscha an Rumänien, Makedonien größtenteils an Serbien,
Adrianopel wieder an die Türkei, Kreta, ein Teil Makedoniens mit
Saloniki und Kavala an Griechenland. Das Fürstentum *Albanien* wird
selbständig.
Rußland und Österreich-Ungarn halten sich in beiden Kriegen zu-
rück, obgleich ihre Interessen berührt werden. Auf Österreich-
Ungarn, das gegen Serbien eingreifen will, wirkt Berlin im Sinne des
Friedens ein. Die russische Regierung, in der die Meerengenfrage
ernsthaft erörtert wird, hält eine Aktion für verfrüht, zumal Frank-
reich den Krieg nicht wünscht. (Forts. S. 503.)

m) Die Revolution von 1848/49 und ihre nächsten Folgen

Die revolutionäre Bewegung des Jahres 1848 erschüttert Frankreich, ergreift Deutschland, Österreich, Ungarn und Italien. Sie hat überall eine soziale und nationale Seite, führt nirgends zu einer dauernden sozialen Umwälzung, auch noch nicht zur Bildung neuer Nationalstaaten, verändert aber das Gesicht Europas in vielen Beziehungen. Das Revolutionsjahr macht die Nationalitätenprobleme akut. Eine Lösung wird zunächst nirgends gefunden, doch setzt sich in Österreich der zukunftsreiche Grundsatz der sprachlichen Gleichberechtigung durch. Ein bleibender Gewinn sind die von der Umwälzung herbeigeführten sozialen Reformen.

1848
Febr.
Am Vorabend der Revolution erscheint in London in deutscher Sprache das **Kommunistische Manifest** von *Marx* und *Engels,* das aber den Ausbruch der Revolution von 1848 nicht beeinflußt und erst später seine internationale Wirkung entfaltet. – **Karl Marx** (* 1818, † 1883) ist der Begründer des nach ihm genannten Denksystems, das Hegels Grundgedanken übernimmt, ihn aber radikal umkehrt, indem es nicht den absoluten Geist, sondern den Menschen zum Prinzip des dialektisch verstandenen Weltgeschehens macht und auf der Grundlage des historischen Materialismus dem Proletariat die Aufgabe zuschreibt, die „Selbstentfremdung" des Menschen zu überwinden und mit dem Sozialismus die klassenlose Gesellschaft zu verwirklichen. Ein Kernpunkt, die Lehre von der Revolution, wird später von Lenin besonders im Anschluß an Engels aufgenommen und weiterentwickelt. Hauptwerk: „Das Kapital". **Friedrich Engels** (* 1820, † 1895), seit 1844 mit Marx befreundet, kennzeichnet aufgrund persönlicher Eindrücke „Die Lage der arbeitenden Klassen in England" (1845), entwickelt und popularisiert die Lehre von K. Marx.

Frankreich (Forts. v. S. 379)

Zur Revolution führt die allgemeine Unzufriedenheit mit der auf dem Zensuswahlrecht beruhenden bürgerlichen Monarchie.

1848
22.–24. Febr.
Februarrevolution. Studenten- und Arbeiterdemonstrationen. Die Entlassung der Regierung bringt keine Beruhigung: die Massen stürmen das Palais-Royal und erzwingen die Abdankung des Königs Louis Philippe und die Ausrufung der Republik.

25. Febr.
Gemäß den Forderungen der Arbeiter wird ein Gesetz zur Sicherstellung des *Rechts auf Arbeit* erlassen. Zur Durchführung werden die **Nationalwerkstätten** errichtet.

4. März
Das **allgemeine und gleiche Wahlrecht** wird verkündet. Wahlen zur Nationalversammlung ergeben eine gemäßigt republikanische Mehrheit.

23.–26. Juni
Junischlacht: In blutigen Straßenkämpfen wird ein Arbeiteraufstand niedergeworfen. 4000–5000 Tote.

4. Nov.
Neue Verfassung: Einkammersystem, Präsidialregierung unter einem

vom Volk auf 4 Jahre gewählten Präsidenten, der nicht wiederwähl-
bar ist.

10. Dez. Prinz **Louis Napoleon** (Neffe Napoleons I.) zum Präsidenten gewählt.
1851 **Staatsstreich Louis Napoleons.** Er läßt die angesehensten Mitglieder
der Nationalversammlung verhaften, fordert wiederum Volksabstim-
2. Dez. mung. Er wird zum Präsidenten auf 10 Jahre gewählt. Am 14. Jan.
1852 verkündet er eine neue, der des ersten Kaiserreichs ähnliche
Verfassung. Feierliche Friedensversicherungen („L'Empire c'est la
paix"). Aufgrund eines Senatsbeschlusses und einer dritten Volksab-
1852 stimmung besteigt er als **Napoleon III., Kaiser** der Franzosen, den
2. Dez. Thron und wird bald von allen Mächten anerkannt. (Forts. S. 408.)

Deutschland, Preußen, Österreich (Forts. v. S. 384)

Träger der revolutionären Bewegung ist der bürgerliche Mittelstand,
gestützt auf die Masse des Kleinbürgertums, besonders die ständisch
entwurzelten Handwerksgesellen, nicht das Fabrikproletariat und auf
dem Land nicht die Landarbeiter, sondern die wohlhabende bäuerliche Schicht.

1848 Volksversammlungen in Baden und anderen Staaten fordern Presse-
freiheit, Schwurgerichte, Vereinsrecht, Volksbewaffnung, ein deutsches Parlament. Die Regierungen zeigen sich nachgiebig; der Bundestag in Frankfurt hebt die Zensur für Druckschriften auf, erklärt
den alten deutschen Reichsadler zum Bundeswappen und *Schwarz-
Rot-Gold* zu den deutschen *Bundesfarben.*

13.–15. März Aufstand in **Wien.** *Metternich* flieht nach England. Bürgerwehr und
1848 Studenten beherrschen die Stadt. Verfassungsurkunde für alle österreichischen Provinzen vom 26. April (§ 4): „Allen Volksstämmen ist
die Unverletzlichkeit ihrer Nationalität und Sprache gewährleistet."
– Über den Kampf um Italien s. S. 393.

18. März Unruhen und *Straßenkämpfe* in **Berlin.** Die Truppen verlassen auf
Befehl des Königs am 19. März die Stadt. Proklamation des Königs
an die deutsche Nation, worin er betont, daß er sich zur Rettung
Deutschlands an die Spitze des Gesamtvaterlandes stelle (21. März).
Berufung einer preußischen Nationalversammlung nach Berlin, die
am 22. März eröffnet wird.

20. März Infolge wiederholter Unruhen in **München** dankt König *Ludwig I.*
zugunsten seines Sohnes Maximilian II. ab.

31. März Mit Zustimmung des Bundestags tritt in Frankfurt a. M. ein aus Mitgliedern deutscher Ständeversammlungen gebildetes *Vorparlament*
zusammen und beschließt die Berufung einer deutschen Nationalversammlung zur Feststellung der deutschen Reichsverfassung.

April Eine republikanische Erhebung in Baden *(Hecker, Struve, Herwegh)*
wird von deutschen Bundestruppen unterdrückt.

15. Mai Zweiter Aufstand in **Wien,** der die Einberufung eines österreichischen Reichstags erzwingt (am 22. Juli einberufen). Der regierungs-
unfähige Kaiser *Ferdinand I.* verläßt Wien.

18. Mai **Deutsche Nationalversammlung** in Frankfurt a. M. *(Paulskirche)* eröffnet. – Von fast 600 Abgeordneten sind 319 Juristen und Verwaltungsbeamte, 104 Gelehrte, 38 Kaufleute und Industrielle, 1 Bauer, keiner Arbeiter. Der tschechische Historiker František *Palacký* (* 1798, † 1876) lehnt die deutsche Einladung namens der Tschechen ab. Zum Präsidenten wird der liberale hessen-darmstädtische Minister *Heinrich Frhr. von Gagern* (* 1799, † 1880) gewählt, der für die Grundlage des Verfassungswerks die „Souveränität der Nation" erklärt. Am 31. Mai beschließt die Nationalversammlung eine Schutzerklärung für die nichtdeutschen Minderheiten in Deutschland, denen ihre volkstümliche Entwicklung und die Gleichberechtigung ihrer Sprache in Kirche, Schule, innerer Verwaltung und Rechtspflege gewährleistet wird.

Erzherzog Johann *von Österreich* wird am 27. Juni zum **Reichsverweser** gewählt; der Bundestag überträgt seine Vollmachten auf ihn. Erzherzog Johann ernennt ein Reichsministerium; doch zeigt sich bald, daß die neugeschaffene Zentralgewalt weder den Einzelstaaten noch dem Ausland gegenüber wirkliche Macht hat.

1848
2.–12. Juni **Slawenkongreß in Prag** beschließt ein Manifest, das die Umformung des österreichischen Kaiserstaats „in einen Bund von gleichberechtigten Völkern" wünscht. Das Programm ist für die Erhaltung der Donaumonarchie als Gegengewicht gegen die Gefahr einer russischen Universalmonarchie.

Pfingstaufstand der tschechischen Radikalen in Prag von Fürst Windischgrätz niedergeworfen.

Gesellenkongresse in Frankfurt, Hamburg und Berlin sowie zahlreiche örtliche Zusammenschlüsse lassen im „Aufbäumen des Mittelstandes gegen die Proletarisierung" eines der bedeutendsten Phänomene der Revolution sichtbar werden.

In Berlin tagt der **1. Allgemeine Deutsche Arbeiterkongreß** (23. Aug. – 3. Sept.) auf Initiative von *Stephan Born* (* 1824, † 1898). Beschlossen werden Organisations- und Selbsthilfemaßnahmen sowie soziale und politische Forderungen (u. a. gewerkschaftliche Organisation mit Assoziationskassen, Wahlrecht für alle männlichen Einundzwanzigjährigen, Abschaffung der indirekten Steuern, Zehnstundentag, unentgeltlicher Volksschulunterricht ohne konfessionellen Religionsunterricht). Die Arbeiterorganisationen werden 1854 durch Beschluß des Bundestags aufgehoben.

7. Sept. Der österreichische Reichstag beschließt die Aufhebung aller bäuerlichen Untertänigkeitsverhältnisse. Neue Unruhen.

6. Okt. Dritter allgemeiner Aufstand in **Wien.** Barrikadenkämpfe.

27. Okt. Die Frankfurter Nationalversammlung nimmt in 1. Lesung einen *Verfassungsentwurf* an, laut dem (§ 2) kein Teil des Deutschen Reiches mit nichtdeutschen Ländern zu einem Staat vereinigt sein und (§ 3) gegebenenfalls nur Personalunion bestehen darf. Damit hat Österreich die Wahl, entweder einer Lockerung seines Staatsverbandes zuzustimmen oder dem neuen Deutschen Reich fernzubleiben.

31. Okt. *Einnahme Wiens* nach achttägigen heftigen Kämpfen durch kaiserliche Truppen. Robert Blum, Mitglied des Frankfurter Parlaments, und viele andere werden erschossen. Der österreichische Reichstag wird nach **Kremsier** in Mähren verlegt. **Felix Fürst zu Schwarzenberg** übernimmt das Ministerium. Sein Programm ist die Absage an den Frankfurter Verfassungsentwurf. Der österreichische Staatsgedanke erstarkt wieder.

9. Nov. Die preußische Nationalversammlung in **Berlin** wird auf Befehl des Königs vertagt und am 5. Dez. aufgelöst. Der König befiehlt die Verkündigung (Oktroyierung) einer **preußischen Verfassung,** die am 31. Jan. 1850 in Kraft tritt. *Zwei Kammern (Herrenhaus* und das nach dem Dreiklassenwahlrecht gewählte *Abgeordnetenhaus).*

2. Dez. Kaiser Ferdinand I. dankt ab; ihm folgt auf dem Thron sein 18jähriger Neffe **Franz Joseph I.** (1848–1916).

1849
4. März Der Reichstag von Kremsier wird aufgelöst und eine Verfassung oktroyiert (1851 wieder aufgehoben), die die Erhaltung des österreichischen Gesamtstaates voraussetzt (§ 5: „Alle Volksstämme sind gleichberechtigt, und jeder Volksstamm hat ein unverletzliches Recht auf Wahrung und Pflege seiner Nationalität und Sprache").

28. März In Frankfurt wird die **Reichsverfassung** nach lebhaften Parteikämpfen vollendet („großdeutsche" Österreicher, Süddeutsche, Republikaner, die Österreich an der Spitze Deutschlands erhalten wollen, gegen „Kleindeutsche", die nach dem Plan H. von Gagerns den Ausschluß Österreichs und einen engeren Bund unter Preußens Führung anstreben). An der Spitze des Reiches soll ein erblicher Kaiser stehen, neben ihm ein Reichstag, bestehend aus einem Staatenhaus (zur Hälfte von den Regierungen, zur Hälfte von den Volksvertretungen der Einzelstaaten zu ernennen) und einem Volkshaus (aus allgemeinen und direkten Wahlen hervorgehend).

3. April Der mit 290 Stimmen (bei 248 Enthaltungen) zum Kaiser gewählte König *Friedrich Wilhelm IV. von Preußen* erklärt einer Abordnung des Frankfurter Parlaments *(E. Simson),* die ihm angetragene Würde nur mit Zustimmung aller deutschen Fürsten annehmen zu können. Endgültige Ablehnung am 28. April.

Mai **Aufstand in Dresden,** um die Einführung der Reichsverfassung zu erzwingen, mit preußischer Hilfe niedergeworfen. In **Baden** und der bayrischen **Pfalz** republikanischer **Aufstand** unter Beteiligung des Heeres. Preußische und deutsche Bundestruppen besiegen die Aufständischen und stellen die alte Ordnung wieder her.
Nach Abberufung und Austritt einer großen Zahl Abgeordneter nimmt das „Rumpfparlament" seinen Sitz in Stuttgart, wo es von der württembergischen Regierung aufgelöst wird (18. Juni).

Dez. Erzherzog Johann legt die Würde des Reichsverwesers nieder. Preußens Versuch, eine deutsche **Union** mit Ausschluß Österreichs zu schaffen, führt zum

1850
20. März **Erfurter Parlament** (meist Abgeordnete aus Preußen, darunter auch Bismarck), das die Beratung über die Verfassung der deutschen

1850 Union bis Ende April abschließt. Darauf Fürstenkongreß in Berlin,
      aber keine Einigung. Den preußischen Unionsbestrebungen tritt
      Österreich entgegen durch Einladung zur
1. Sept. **Wiedereröffnung des Frankfurter Bundestags.**
      Wegen der Exekution des Bundestags im Verfassungsstreit des zum
      Unionsgebiet gehörigen **Kurhessen** kommt es fast zum Krieg zwi-
      schen Österreich und Preußen.
29. Nov. **Vertrag zu Olmütz** zwischen Österreich und Preußen, das seine Uni-
      onspolitik unter russischem Druck aufgibt.
1851 Der Deutsche Bund wiederhergestellt. In den nächsten Jahren reak-
      tionäre Regierungspolitik in Österreich und Preußen. – Ansteigen
      der *Auswanderung* aus Deutschland. (Forts. S. 396, 406.)

Die Schleswig-Holsteinische Frage

*Von allen Nationalitätenfragen ist die Schleswig-Holsteinische am
stärksten mit den machtpolitischen Spannungen Europas verbunden.*

1846 Der König von Dänemark erklärt in einem **„Offenen Brief",** daß auch
8. Juli Schleswig – entgegen dem alten Recht der Herzogtümer – der Erb-
      folge des dänischen Königsgesetzes unterworfen, mithin untrennbar
      mit dem dänischen Gesamtstaat verbunden sei. Erregung in ganz
      Deutschland.
1848 Angesichts der unmittelbaren Gefahr einer Inkorporation Schleswigs
24. März in Dänemark bilden die Schleswig-Holsteiner in Kiel eine *Provisori-
      sche Regierung,* die vom deutschen Bundestag anerkannt wird. Preu-
12. April ßen kommt den Schleswig-Holsteinern zu Hilfe, marschiert in Jütland
      ein, wird aber durch die diplomatische Intervention Rußlands, das
      sich mit der französischen Regierung verständigt, zum **Waffenstill-**
26. Aug. **stand von Malmö** gezwungen, in dem die Provisorische Regierung fal-
1850 lengelassen wird. Nach neuen Kämpfen **Friede von Berlin** zwischen
2. Juli Preußen und Dänemark. Die Schleswig-Holsteiner kämpfen allein
      weiter, werden aber geschlagen. Schleswig von den Dänen besetzt.
      Preußen und Österreich zwingen Holstein zur Unterwerfung. Die
      preußischen und österreichischen Truppen räumen das Land aber
      erst, nachdem *Dänemark bindend erklärt hat, daß es Schleswig nie
      einverleiben werde.* In der Erbfolgefrage kommt es zum
1852 **Londoner Vertrag,** unterzeichnet von den fünf Großmächten, Schwe-
8. Mai den und Dänemark. Um den Bestand des dänischen Gesamtstaates
      zu wahren, wird eine neue Thronfolgeordnung für Dänemark und die
      Herzogtümer festgestellt.

Ungarn

In den Ländern der ungarischen Krone sind die Magyaren in der Minderheit. Träger des Nationalbewußtseins ist vornehmlich der magyarische Kleinadel.
1848 April Die Magyaren erhalten ein eigenes Ministerium, in dem die revolu-

tionär-demokratische Nationalbewegung das Übergewicht gewinnt: **Ludwig Kossuth** (* 1802, † 1894) setzt im Reichstag die Befreiung der Bauern und andere Reformgesetze durch, ist als Finanzminister das eigentliche Haupt der Regierung. Widerstand der slawischen Bevölkerung und der Nebenländer der Krone Ungarns (Kroatien, Siebenbürgen) gegen die magyarischen Ansprüche; ihre Forderung politischer Gleichberechtigung wird vom Wiener Hof unterstützt.

Dez. **1849** Der ungarische Reichstag erkennt den österreichischen Thronwechsel (S. 391) nicht an.

März Nach der Verkündigung der österreichischen Gesamtverfassung, welche die alte ungarische Verfassung aufhebt, erklärt der ungarische Reichstag das Haus Habsburg-Lothringen in Ungarn für abgesetzt. Kossuth zum Reichsverweser gewählt.

Juni Auf ein österreichisches Hilfegesuch greift **Rußland** militärisch ein. Die Ungarn werden geschlagen. In den Kämpfen fällt der größte nationalpolitische Lyriker Ungarns, Alexander *Petöfi* (* 1823). Kossuth flieht ins Ausland. Die Österreicher verhängen über die Aufständischen ein blutiges Strafgericht.

Italien (Forts. v. S. 380)

Noch vor dem Ausbruch der Pariser Februarrevolution kommt es in Sizilien und Neapel zum Umschwung, auch Toscana und Sardinien verkünden Verfassungen. Im März erhebt sich Mailand; Venedig erklärt sich zur Republik; Sardinien tritt in den Krieg ein. Im weiteren Verlauf der Ereignisse gelingt es aber Österreich (bis Aug. 1849), seine Herrschaft in Oberitalien wiederherzustellen (Siege des Feldmarschalls **Radetzky** bei *Custozza* und *Novara*). (Forts. S. 394.)

n) Der Krimkrieg (1853–1856)

Der Krieg – zwischen Rußland und der Türkei, an deren Seite England und Frankreich, schließlich auch noch Sardinien in den Krieg eintreten – ist einerseits einer der vielen kriegerischen Ausbrüche der gegensätzlichen Interessen in der *orientalischen Frage,* andererseits ein Akt im allgemeinen Ringen der europäischen Großmächte um ihre Machtstellung. Hauptgründe: 1. Nikolaj I. will sich, wenn die Türkei „stürzt" und aufgeteilt werden kann, seinen Anteil sichern. Seit dem 1. Nov. Kriegszustand zwischen Rußland und der Türkei. 2. Napoleon III. wünscht (seit 1850) aus innenpolitischen Gründen einen Prestigeerfolg durch die Aufrichtung des Schutzrechts gegenüber den heiligen Stätten in Palästina, womit er russischen Ansprüchen entgegentritt. 3. In England wirkt Lord Palmerston mit einem Teil der Öffentlichkeit für den Krieg gegen Rußland. Einem Ultimatum an Rußland lassen England und Frankreich am 28. März 1854 die Kriegserklärung folgen. – Auf die durch ein Bündnis mit der Türkei (14. Juni) unterstützte Forderung (des neutralen) Österreichs räumen die Russen seit Juli die Donaufürstentümer, die von den Österreichern und Türken besetzt werden. Auf der **Krim** fällt militärisch die Entscheidung in mehreren blutigen Schlachten und während

1854 Okt. – der **Belagerung von Sewastopol**. Hohe Verluste. Erstmals weibliche
1855 Sept. Verwundetenfürsorge (Florence *Nightingale*, * 1820, † 1910, Begründerin der modernen Kriegskrankenpflege).

1854 **Bündnis Österreichs mit den Westmächten** bindet starke russische
Dez. Kräfte; Erbitterung in Rußland. Preußen hält sich neutral.

Nach wechselnden Erfolgen ist Napoleon III. zum Frieden geneigt.

1856 **Friede von Paris:** 1. Rußland tritt die Donaumündungen mit einem
30. März kleinen Teil von Bessarabien an die Moldau ab (Donauschiffahrt für frei erklärt). 2. Es entsagt der besonderen Schutzherrschaft über die Christen in der Türkei, die unter den Schutz sämtlicher Großmächte gestellt werden, und über die Donaufürstentümer. 3. Das Schwarze Meer wird neutralisiert. Rußland darf im Schwarzen Meer keine Kriegsschiffe halten und keine Waffenplätze anlegen. 4. Die Westmächte geben Sewastopol nach Zerstörung der Hafenbauten und Befestigungen an Rußland zurück. Rußland gibt Kars zurück. 5. Rußland darf auf den Ålandinseln keine Befestigungen anlegen.

Während die R e v o l u t i o n von 1848 die Möglichkeit einer sozialen Umwälzung gezeigt und die Entstehung neuer Nationalstaaten angekündigt hat, ist durch den K r i m k r i e g eine Umgestaltung des europäischen Staatensystems herbeigeführt worden: Rußland hat seine Vormachtstellung an Frankreich verloren; zwischen Rußland und Österreich ist eine tiefe Entfremdung, ja Feindschaft eingetreten (das kommt der Stellung Preußens zugute); Rußland legt Wert auf gute Beziehungen zu Frankreich, während der Gegensatz zu England sich vertieft hat.

9. Nationalstaat und Imperialismus (1850–1914)

a) Das Königreich Italien. Das Papsttum (Forts. v. S. 393)

Nachdem die Italiener 1848 von Österreich besiegt worden sind, führt Graf C. **Benso di Cavour** (* 1810, † 1861) eine Wendung herbei. Wurzelnd in der westeuropäischen Aufklärung, wird er der aristokratische Vorkämpfer des bürgerlichen Nationalismus. 1852 Ministerpräsident von Piemont-Sardinien. Dem liberalen Realpolitiker gelingt es, durch die Beteiligung *Sardiniens* am *Krimkrieg* die **italienische Frage** auf dem *Pariser Friedenskongreß* 1856 zur Sprache zu bringen. 1858 verabredet Cavour mit *Napoleon III.* einen gemeinsamen Angriffskrieg gegen Österreich um den Preis der Abtretung *Savoyens* und *Nizzas* an Frankreich. Ziel: Einigung Italiens.

1859 **Krieg Sardiniens und Frankreichs gegen Österreich.** Nach den Siegen
10. Nov. der Verbündeten bei *Magenta* (4. Juni) und *Solferino* (24. Juni) schließt Napoleon III. mit Österreich den **Frieden von Zürich:** *Österreich* tritt die *Lombardei* an Napoleon III. ab, der sie *Sardinien* übergibt; die während des Krieges vertriebenen Herrscher von *Toscana*

und *Modena* sollen wieder eingesetzt, die abgefallenen päpstlichen Besitzungen wiederhergestellt werden.
Nach den Eindrücken auf dem Schlachtfeld von Solferino wird auf Anregung des Schweizer Bankiers Henri Dunant in Genf ein internationales Übereinkommen – **Genfer Konvention** *– zur Verbesserung des Loses der Verwundeten bei den im Felde stehenden Heeren geschlossen, das von fast allen Staaten anerkannt und von der ersten Haager Friedenskonferenz auch auf den Seekrieg ausgedehnt wird. Symbol:* **Rotes Kreuz** *auf weißem Feld. Die Haager Friedenskonferenz (1899) gründet den* **Haager Schiedsgerichtshof** *zur Schlichtung internationaler Streitigkeiten; nach einer zweiten Konferenz im Haag (1907) gilt die* **Haager Landkriegsordnung,** *die von fast allen Staaten anerkannt wird.*

1860   Die Erfüllung der Restitutionsverpflichtungen wird durch die nationale Bewegung verhindert: Durch *Volksabstimmung* schließen sich *Toscana, Parma, Modena* und die *Romagna* Sardinien an. – Der Freischarenführer *Giuseppe* **Garibaldi** (* 1807, † 1882) landet auf *Sizilien,* zieht in *Palermo* ein und vertreibt *König Franz II.* aus Neapel. – Sardinische Truppen rücken in den *Kirchenstaat* ein, schlagen die päpstlichen Truppen. Volksabstimmungen in *Neapel,* den *päpstlichen Marken* und *Umbrien* für den Anschluß an Sardinien. *Garibaldi tritt nach der Abstimmung zugunsten König Viktor Emanuels von seiner Diktatur zurück.*

1861   **Viktor Emanuel II.** *von Sardinien* nimmt mit Billigung des *ersten ita-*
14. März   *lienischen Parlaments* den Titel eines **Königs von Italien** an. Mit Ausnahme von *Venetien* und dem Gebiet um *Rom* ist *ganz Italien geeint.* Erste Hauptstadt: Florenz.

1866   *Italien* tritt *an der Seite Preußens* in den *Krieg gegen Österreich* ein, wird *geschlagen, gewinnt* aber auf politischem Wege dank der Mittlerschaft Napoleons III. *Venetien.* G. *Mazzini* erklärt den italienischen Verzicht auf die Alpen- und Küstenländer für schmachvoll und fordert für Italien Istrien, Friaul und Südtirol *(„Irredenta",* d. h. „unerlöste Gebiete").

1870   *Rom besetzt* (S. 396). **Rom Hauptstadt Italiens.**

1882   Gegen die aktive französische Kolonialpolitik (1881 *Tunis besetzt)* sucht *Italien Anschluß bei den Mittelmächten:* **Dreibund mit Österreich-Ungarn und dem Deutschen Reich** auf fünf Jahre (nicht gegen Großbritannien).

1887–1889   **Krieg gegen Abessinien** (S. 433).

1900   Italienisch-französisches Abkommen über Marokko und Tripolis. 1902 auch Neutralitätsabkommen.

1912   Italien *annektiert Tripolis,* die *Cyrenaika* und den Dodekanes mit Rhodos.

1914   Nach dem Ausbruch des *Weltkriegs* erklärt *Italien* zunächst seine *Neutralität.* (Forts. S. 460, 513.)

Das Papsttum (Forts. v. S. 380)

1860 Der größte Teil des Kirchenstaates schließt sich im Zuge der Einigung Italiens dem Königreich Sardinien an.

1864 Pius IX. (1846–1878) erläßt die Enzyklika *„Quanta cura"* gegen die freien Anschauungen der Gegenwart über die Religion; dazu ein Verzeichnis aller Irrlehren (Syllabus errorum), das die *unbedingte Unterordnung des Staates und der wissenschaftlichen Forschung unter die Autorität der katholischen Kirche fordert.*

1869 **1. Vatikanisches Konzil** in *Rom* eröffnet, durch welches das Ansehen
8. Dez. des Papsttums wieder erhöht werden soll.

1870 **Unfehlbarkeitsdogma** verkündet, wonach der **Papst,** wenn er *ex ca-*
18. Juli *thedra* Lehrentscheidungen trifft, **unfehlbar** ist.

20. Sept. Italienische Truppen besetzen Rom. Aufhebung der weltlichen Herrschaft des Patrimonium Petri. Dem Papst bleiben die Vorrechte eines Souveräns sowie der Besitz der *Peterskirche,* des *Vatikan-* und *Lateranpalastes.*

1891 Leo XIII. (1878–1903) erläßt die bedeutende Enzyklika *„Rerum novarum",* in der er gegen die revolutionären Losungen des Sozialismus eine Lösung der Arbeiterfrage im Geiste des Christentums fordert.

1903 Nach österreichischem Einspruch gegen Kardinal Rampolla (letzter weltlicher Eingriff) wird Pius X. (1903–1914) zum Papst gewählt, ein bedeutender Förderer der innerkirchlichen Erneuerung.

1904 Bruch mit Frankreich.
Benedikt XV. (1914–1922) versucht unermüdlich mit diplomatischem Geschick, dem Krieg und Haß der Völker durch Einwirkung auf die Staatsoberhäupter und Regierungen ein Ende zu bereiten. (Forts. S. 515.)

b) Die Einigung Deutschlands
Das Deutsche Reich und die Großmächte bis 1914 (Forts. v. S. 392)

Die **deutschen Einigungsbestrebungen,** deren Träger in erster Linie das Bürgertum ist, finden seit dem Ende der 50er Jahre in zahlreichen Massenveranstaltungen (Schützen-, Turner-, Sängerfesten) Ausdruck.

1859 In Frankfurt am Main wird der **Deutsche Nationalverein** gegründet, mit der Aufgabe, Ziele und Mittel der deutschen Einigungsbewegung „immer klarer im Volksbewußtsein hervortreten zu lassen". Der Nationalverein (rund 20000 Mitglieder) hält an der Reichsverfassung von 1849 und an der Zugehörigkeit der deutschen Provinzen Österreichs zu Deutschland fest.
In **Preußen** übernimmt Prinz Wilhelm, nachdem sein Bruder infolge geistiger Erkrankung regierungsunfähig geworden ist, 1857 die Stellvertretung, 1858 die Regentschaft. Innenpolitischer Kurswechsel durch Berufung liberaler Minister: Die „Neue Ära".

1861–1888 **Wilhelm I.,** *König von Preußen.*
1862–1866 **Verfassungsstreit** (Konfliktszeit) in Preußen. Die Ausgaben für die

Heeresverstärkung werden vom Abgeordnetenhaus mit einer liberalen Mehrheit (1861 Gründung der *Deutschen Fortschrittspartei*) nicht genehmigt. Abdankung des Königs wird durch die Bereitschaft Bismarcks verhindert, die Regierung auch gegen die parlamentarische Mehrheit zu führen.

1862 **Otto von Bismarck preußischer Ministerpräsident** (* 1. April 1815,
23. Sept. aus altmärkischem Adel, † 30. Juli 1898).

Österreich versucht eine Bundesreform unter seiner Führung und lädt
1863 Aug. die deutschen Fürsten zu diesem Zweck zum **Fürstentag** in Frankfurt a. M. ein. Der Plan scheitert, weil König Wilhelm nicht teilnimmt.

1864 **Krieg Österreichs und Preußens gegen Dänemark.**

Der König von *Dänemark* bestätigt eine Verfassung, die im Widerspruch zu den Vereinbarungen mit Preußen und Österreich (S. 392) die **Einverleibung Schleswigs in Dänemark** vorsieht. Österreich und Preußen fordern die Aufhebung dieser Verfassung und marschieren, als Dänemark ablehnt, in Schleswig ein. Nach entscheidenden Siegen

Okt. der deutschen Truppen (Düppeler Schanzen) **Friede von Wien:** *Dänemark tritt die Herzogtümer Schleswig, Holstein und Lauenburg an Österreich und Preußen ab.*

1865 Ein Ausgleich mit Österreich gelingt Bismarck im **Vertrag von Gastein:** die Ausübung der gemeinsamen Rechte soll in *Holstein Österreich*, in *Schleswig Preußen* zustehen; Lauenburg kommt gegen Geldentschädigung an Preußen; Kiel soll Bundeshafen unter preußischem Oberbefehl werden.

Spannungen in der Schleswig-Holsteinischen Frage werden von Bismarck benutzt, *um Preußen die Vormachtstellung in Deutschland zu erringen.*

1866 April Befristetes *geheimes Angriffsbündnis Preußens mit Italien gegen Österreich.* Preußen beantragt Bundesreform, zuletzt (Juni) mit Ausschluß Österreichs. *Österreich schließt einen Geheimvertrag mit Frankreich,* das für die Abtretung Venetiens an Frankreich Neutralität verspricht. – Der *Bundestag* beschließt auf österreichisch-bayrischen Antrag *Mobilmachung eines Teils der Bundesarmee. Preußen* erklärt die Bundesakte für gebrochen und *tritt aus dem Bund aus.*

15. Juni – **Krieg um die Vorherrschaft in Deutschland,** zugleich österreichisch-
26. Juli italienischer Krieg.

Preußen, im Bund *mit den kleineren norddeutschen Staaten,* kämpft gegen **Österreich,** die 4 Königreiche *Bayern, Württemberg, Sachsen* und *Hannover* sowie *Baden, Kurhessen, Hessen-Darmstadt, Nassau, Meiningen, Reuß ä. L., Frankfurt.*

1866 **Schlacht bei Königgrätz.** Entgegen den französischen Erwartungen
3. Juli siegen die vereinigten preußischen Armeen (Chef des Generalstabs General *von Moltke*).

26. Juli Gegen den Willen des Königs setzt Bismarck den entgegenkommen-
1866 den **Vorfrieden von Nikolsburg** durch, um Kompensationsforderungen Frankreichs und die Einmischung Rußlands auszuschließen und Österreich künftig als Bundesgenossen gewinnen zu können. Bis-

marck schließt (zunächst geheime) Schutz- und Trutzbündnisse mit den süddeutschen Staaten ab.

23. Aug. **Friede von Prag** zwischen Preußen und Österreich: *Österreich stimmt der Auflösung des Deutschen Bundes, den von Preußen beabsichtigten Annexionen (mit Ausnahme von Sachsen, dessen Integrität anerkannt wird) und der geplanten Neugestaltung Deutschlands ohne Österreich zu. Österreichs Rechte in Schleswig-Holstein gehen auf Preußen über. Keine Gebietsabtretungen Österreichs an Preußen. Kriegsentschädigung 20 Mill. Taler.*

3. Sept. Das preußische Abgeordnetenhaus nimmt die **Indemnitätsvorlage** an,
20. Sept. durch die der Verfassungsstreit beendet wird. *Preußen annektiert Hannover, Kurhessen, Nassau und Frankfurt am Main.*

1866–1867 **Gründung des Norddeutschen Bundes unter Führung Preußens.**
1867 Der verfassunggebende *norddeutsche Reichstag* wird aufgrund des
12. Febr. *allgemeinen, gleichen und direkten Wahlrechts* gewählt. Die Verfassung des Norddeutschen Bundes wird die Grundlage der späteren Reichsverfassung. **Bismarck Bundeskanzler.**

1868 Das deutsche Zollparlament vereinigt nord- und süddeutsche Abgeordnete.

1870–1871 **Deutsch-Französischer Krieg.**
Entstehung: Die von Bismarck geförderte Kandidatur des Erbprinzen Leopold von Hohenzollern-Sigmaringen auf den *spanischen* Thron veranlaßt die französische Regierung zu einer drohenden Kammererklärung (6. Juli). Daraufhin verzichtet der Prinz auf die Kandidatur. Der französische Botschafter *Benedetti* fordert in *Ems* von König Wilhelm zusätzlich eine bindende Erklärung, daß er einer solchen Kandidatur niemals wieder seine Zustimmung geben werde; der König lehnt dies ab. Vom König dazu ermächtigt, gibt Bismarck die telegraphische Mitteilung der Vorgänge aus Ems der Presse bekannt, und zwar mit verschärfender Kürzung. Auf diese *„Emser Dépesche"* (13. Juli) antwortet das französische Prestigebedürfnis, wie Bismarck voraussah, mit dem Entschluß zum Krieg.
Die *süddeutschen Staaten* stellen sich *sofort an die Seite des Norddeutschen Bundes.* In ganz Deutschland/auch bei den Deutschen im Ausland, begeisterte Einmütigkeit und Opferbereitschaft.
Alle Nachbarn Deutschlands bleiben neutral. Aufhebung der Schwarzmeerklausel durch Rußland. Weder Österreich noch Italien leisten Frankreich, trotz vorhergegangener Verhandlungen, Hilfe.
Verlauf: Die deutsche Heeresleitung (Chef des Generalstabs General *von Moltke*) ergreift mit drei Armeen die Offensive. Ein Teil des
1870 französischen Heeres wird in Metz eingeschlossen, ein anderer kapi-
1. Sept. tuliert in der Schlacht bei **Sedan:** Napoleon III. Kriegsgefangener. Daraufhin **Sturz des französischen Kaisertums.**

Ab 19. Sept. *Belagerung* und *Beschießung der Festung Paris* (von Bismarck aus militärischen Gründen durchgesetzt). Erfolgreiche Abwehr französischer Entsatzheere.
In staatsmännisch entgegenkommenden Verhandlungen – besonders

mit *Bayern* – erreicht Bismarck den *Zusammenschluß der Süddeut-*
1871 *schen mit dem Norddeutschen Bund* zum neuen **Deutschen Reich.**
18. Jan.   König *Wilhelm I. von Preußen wird im Spiegelsaal des Schlosses von
Versailles zum* **Deutschen Kaiser** *ausgerufen.*
28. Jan.   *Übergabe von Paris:* Eine französische Nationalversammlung tritt in
Bordeaux zusammen.
Bismarck drängt auf rasche Beendigung des Krieges, weil die Vermittlung der neutralen Großmächte droht.
26. Febr.   **Vorfriede von Versailles,** bestätigt am 10. Mai im **Frieden von Frankfurt a. M.:** Frankreich tritt an Deutschland das **Elsaß** (ohne *Belfort*)
und **Lothringen** *mit Metz* (diese trotz Bedenken Bismarcks) ab.
Frankreich zahlt in 3 Jahren 5 Mrd. Francs; zur Sicherstellung der
Zahlung bleiben die östlichen Departements Frankreichs besetzt.
Ergebnisse: *Der Krieg hat Deutschland die langersehnte Einigung gebracht. Durch die Entstehung des starken Deutschen Reiches sind die
europäischen Machtverhältnisse in vielen Beziehungen verändert worden. Die Niederlage, der Aufstieg Deutschlands, der Verlust von Elsaß
und Lothringen sind in Frankreich nicht verwunden worden (Revan-
chebedürfnis). Der deutsche Nationalstaat entspricht in seiner ,,klein-
deutschen'' Gestalt dem Verlangen und den von Bismarck kunstvoll
genutzten politischen Möglichkeiten der Zeit. Bismarck erklärt
Deutschland für ,,saturiert''.*
Das Deutsche Reich (1870: 40,8 Mill. Einwohner) ist ein Bundesstaat; Träger der Souveränität ist die Gesamtheit der Fürsten und
freien Städte, vertreten im **Bundesrat.** Der König von Preußen ist
erblicher **Deutscher Kaiser,** der u. a. den Oberbefehl über die
deutsche Land- und Seemacht führt, den Reichstag beruft, eröffnet,
schließt und den Reichskanzler ernennt. Der **Reichskanzler** führt den
Vorsitz im Bundesrat, ist allein verantwortlich (nicht im Sinne parlamentarischer Verantwortung) und der Vorgesetzte der Staatssekretäre (Leiter der Reichsämter).
Der **Reichstag** (397 Abgeordnete) geht aus allgemeinen, gleichen, direkten und geheimen Wahlen hervor und ist der eigentliche Träger
der Reichsgesetzgebung. Es besteht *allgemeine Wehrpflicht. Elsaß-
Lothringen* wird ein besonderes *Reichsland,* das (seit 1879) von einem
Statthalter regiert wird und seit 1911 im Bundesrat vertreten ist. –
Bismarck (seit 1865 *Graf,* seit 1871 *Fürst*) ist 1871–1890 Reichskanzler.
Durch seine Vertragspolitik erstrebt Bismarck Sicherung des Friedens; hierfür ist ihm die Isolierung Frankreichs, die Annäherung an
Österreich-Ungarn und die Pflege guter Beziehungen zu Rußland am
wichtigsten.
1873 **Dreikaiserabkommen** zwischen *Österreich, Rußland* und dem *Deutschen Reich.* Der Vertrag sieht für den Fall eines Angriffs von anderer
Seite wechselseitige Verständigung vor.
Die stärkste Partei sind in den ersten Jahren nach der Reichsgründung
die **Nationalliberalen,** die Partei des national gesinnten westdeut-

schen Bürgertums, die für den liberalen Rechtsstaat und Bismarcks Außenpolitik eintritt. Bismarckisch ist die liberal-konservative **Deutsche Reichspartei,** während die stärkeren, meist preußischen Altkonservativen kritisch eingestellt sind. In Gegensatz zur Regierung tritt mehr und mehr die **Fortschrittspartei** (später Freisinnige). Oppositionell sind die **Polen** und einige kleinere Gruppen (Welfen, Dänen), die 1874 durch die elsässischen Autonomisten verstärkt werden, sowie die langsam ansteigenden **Sozialdemokraten,** seit dem Kulturkampf auch das **Zentrum,** die politische Partei des Katholizismus.

Der sog. **Kulturkampf** entsteht im Zusammenhang mit dem Unfehlbarkeitsdogma aus dem Gegensatz zwischen politischem Katholizismus (Zentrumspartei unter Ludwig Windthorst) und dem von Bismarck entwickelten Anspruch des Staates. Eine Reihe gesetzlicher Maßnahmen soll den Einfluß der Kirche zurückdrängen. Der radikale Liberalismus unterstützt den Kampf im Sinne der Kirchenfeindschaft. Dem als Reichsgesetz erlassenen sog. **Kanzelparagraphen** (Zusatz zum Strafgesetzbuch, der den Mißbrauch des geistlichen Amts zur Gefährdung des öffentlichen Friedens mit Gefängnis bedroht) folgen 1872 das preußische **Schulaufsichtsgesetz** (die Schulinspektion wird verstaatlicht; katholische Ordensangehörige werden vom Lehrberuf an öffentlichen Schulen ausgeschlossen) und das reichsgesetzliche **Verbot des Jesuitenordens,** sodann mit der Zuspitzung des Kampfes die (für beide Konfessionen geltenden) sog. **„Maigesetze"** (1873) über Vorbildung und Anstellung der Geistlichen, kirchliche Disziplinargewalt u. a. Die katholische Kirche leistet passiven Widerstand.

Nachdem der Kampf zu erheblichen sittlichen und politischen Schäden geführt hat und die Niederlage des Staates unverkennbar geworden ist, bricht Bismarck ihn ab und bahnt seit 1879 den Ausgleich mit der Kirche an. Aus der Kirchengesetzgebung bleiben erhalten (außer dem Jesuitengesetz) die *staatliche Schulaufsicht* und das Gesetz über die *obligatorische Zivilehe* von 1874.

In den **„Gründerjahren"** nach dem Einströmen der Milliarden aus Frankreich kommt es zu einem ungesunden Aufschwung der kapitalistischen Wirtschaft, dem seit 1873 Zusammenbrüche folgen.

1875   Auf dem Kongreß in *Gotha* (Mai 1875) vereinigen sich der von *Ferdinand Lassalle* (* 1825, † 1864) 1863 gegründete Allgemeine deutsche Arbeiterverein und die 1869 in *Eisenach* gegründete Sozialdemokratische Arbeiterpartei unter der Führung von **August Bebel** (* 1840, † 1913) und **Wilhelm Liebknecht** zur *Sozialistischen Arbeiterpartei Deutschlands* (seit 1890 **Sozialdemokratische Partei Deutschlands**). Das Gothaer Programm fordert u. a. Arbeiterschutzgesetze und sozialistische Umgestaltung von Staat und Gesellschaft.

1876   Gründung der Reichsbank als Zentralnotenbank.

1878   Bismarck leitet einen innenpolitischen *Kurswechsel* ein: Wendung vom wirtschaftspolitischen und allgemeinpolitischen Liberalismus zu

Schutzzoll, *Konservatismus,* staatlicher Sozialpolitik. Bruch mit den Nationalliberalen.

Juni–Juli **Berliner Kongreß** unter Bismarcks Vorsitz zur Schlichtung des durch den *russisch-türkischen Frieden* von *San Stefano* entstandenen Gegensatzes zwischen *England* und *Österreich-Ungarn* einerseits; *Rußland* andererseits.

Okt. Nach zwei Attentaten auf Kaiser *Wilhelm I.* und Neuwahl des danach aufgelösten Reichstags Annahme des **Sozialistengesetzes:** Verbot sozialistischer Vereine, Versammlungen und Druckschriften, Ausweisung sozialdemokratischer Führer. Der jetzt illegale Kampf der *Sozialdemokratie* verschärft sich, ihre Reichstagsmandate steigen.

1879 Infolge der Verschlechterung der deutsch-russischen Beziehungen nach dem Berliner Kongreß setzt Bismarck das geheime **Verteidigungsbündnis** zwischen dem **Deutschen Reich und Österreich-Ungarn** durch **(Zweibund).**

1881 Geheimes **Neutralitätsabkommen** zwischen dem *Deutschen Reich, Österreich-Ungarn* und *Rußland* auf 3 Jahre *(Dreikaiservertrag):* im Fall des Angriffs einer vierten Macht auf einen Vertragspartner sind die beiden andern zu wohlwollender Neutralität verpflichtet (1884 auf weitere 3 Jahre verlängert).

1882 Geheimer **Dreibundvertrag** (auf Initiative Italiens) zwischen dem *Deutschen Reich, Österreich-Ungarn, Italien* für den Fall eines französischen Angriffs auf Italien oder Deutschland. Bismarck versucht seit 1881 durch eine von anderen Staaten später nachgeahmte **Sozialgesetzgebung** („Staatssozialismus") die Arbeiterschaft für den Staat zu gewinnen: „Übergang vom Rechtsstaat zum Wohlfahrtsstaat". 1883 *Krankenversicherungs-,* 1884 *Unfallversicherungs-,* 1889 *Alters-* und *Invalidenversicherungsgesetz.* Staatspolitischer Zweck nicht erreicht.

1884–1885 Gründung deutscher **Kolonien** („Schutzgebiete") (S. 439f., 452).

1887 Der *Dreibund* wird erneuert und durch zwei *Sonderabkommen* ergänzt: Österreich-Ungarn und Italien machen zur Voraussetzung für Gebietsgewinne auf dem Balkan oder den türkischen Inseln die gegenseitige Verständigung über eine angemessene Kompensation; das Deutsche Reich anerkennt, daß der Bündnisfall gegeben ist, wenn Italien mit Frankreich wegen Nordafrika in Krieg gerät.

Da eine weitere Verlängerung des Dreikaiservertrages wegen der Spannungen zwischen Rußland und Österreich-Ungarn Schwierig-

1887 keiten macht, schließt Bismarck den **„Rückversicherungsvertrag":** *geheimes Neutralitätsabkommen zwischen Rußland und dem Deutschen Reich auf 3 Jahre mit der Anerkennung der historischen Rechte Rußlands auf dem Balkan, insbesondere des maßgebenden Einflusses in Bulgarien, und einem ganz geheimen Zusatzprotokoll, in dem Deutschland sich zu moralischem und diplomatischem Beistand verpflichtet, falls Rußland den Zugang zum Schwarzen Meer selbst zu verteidigen und „den Schlüssel seines Reichs in der Hand zu behalten" für notwendig halten sollte.*

Ende der 80er Jahre nehmen die deutsch-französischen Spannungen zeitweilig zu, die deutsch-russischen Beziehungen verschlechtern sich laufend. Die Reichsbank schließt auf Bismarcks Veranlassung die russischen Wertpapiere von der Beleihung aus. Daraufhin Verlagerung der russischen Staatsschuld auf den französischen Kapitalmarkt. Die russische Öffentlichkeit drängt auf ein Zusammengehen mit Frankreich.

Nach dem Tod Kaiser *Wilhelms I.* regiert sein schwerkranker Sohn

1888   **Kaiser Friedrich III.** nur drei Monate. Ihm folgt sein 29jähriger Sohn

1888–1918   als **Kaiser Wilhelm II.**

1890   **Bismarcks Entlassung,** hauptsächlich wegen des persönlichen Gegen-

20. März   satzes zwischen dem alten Kanzler und dem jungen Kaiser. Zugleich sachlicher Gegensatz in der Auffassung der Innenpolitik. Der neugewählte Reichstag (1890) hat eine starke Mehrheit von Gegnern Bismarcks; die von Bismarck gewünschte Aufnahme des Kampfes gegen den Reichstag wird vom Kaiser abgelehnt. Der später bekanntgewordene sogenannte „Staatsstreichplan" Bismarcks enthält eine Kette von Überlegungen, die auf die Entstehung des Reiches als eines Bundes von Fürsten und Stadtsenaten zurückgreifen. Jedenfalls hat Bismarck bei fortdauernd ungünstigen Wahlergebnissen die Abschaffung des von ihm selbst eingeführten allgemeinen und gleichen Wahlrechts für erwünscht gehalten. Begleitumstände und Form der Verabschiedung sind unwürdig, die außenpolitische Tragweite wird nicht erkannt.

1890–1894   Reichskanzler General **Leo von Caprivi** (* 1831, † 1899).

Der **Rückversicherungsvertrag** wird **nicht erneuert.** Auch die Bereitschaft des russischen Außenministers *Giers,* ein neues Abkommen zu schließen, wird von den verantwortlichen Leitern der deutschen Außenpolitik (maßgebend: Friedrich von Holstein) nicht erwidert. Im Zusammenhang mit einer deutsch-englischen Annäherung (Tausch Helgoland–Sansibar) wird der Eindruck eines deutschen außenpolitischen Kurswechsels hervorgerufen und Rußland dadurch zur Aufnahme von Bündnisverhandlungen mit Frankreich veranlaßt. Innenpolitisch *„neuer Kurs":* Versuch eines sozialpolitischen Ausgleichs sowie einer entgegenkommenden Polenpolitik.

1890/91   **Arbeiterschutzgesetzgebung** (u. a. Gewerbegerichte, Verbot der Kinderarbeit bis zur Vollendung der Schulpflicht, Schutz von Leben und Gesundheit, obligatorische Arbeitsordnungen).

1893   Förderung der Exportindustrie bewirkt einen schlagartigen *Rückgang der Auswanderung.*

18. Febr.   **Bund der Landwirte** gegründet; er wird neben der SPD zur mächtigsten politischen Massenorganisation in Deutschland.

Juli   Neue Militärvorlage: weitere *Verstärkung des Heeres.* Verstärkung der Flotte durch das 1. (1898) und 2. Flottengesetz (1900) sowie die Flottenvorlage von 1912.

1894–1900   Reichskanzler **Chlodwig Fürst zu Hohenlohe-Schillingsfürst** (* 1819, † 1901).

Nachdem 1890 als Dachorganisation der sozialistischen Gewerkschaften die **Generalkommission der freien Gewerkschaften Deutschlands** gegründet worden ist, wird die Gewerkschaftsführung 1895 gegenüber der SPD selbständig, die 1906 (Mannheimer Parteitag) die Unabhängigkeit der Gewerkschaftsarbeit anerkennt. Sie ist die stärkste Gewerkschaftsorganisation in Europa vor 1914 (1890: 100 000, 1900: 690 000, 1910: 2 Millionen, 1914: 2,5 Millionen Mitglieder). Neben ihr bestehen die *Hirsch-Dunckerschen Gewerkvereine* und (seit 1894) die *christliche Gewerkschaftsbewegung,* die 1914 annähernd gleich stark (je 123 000 Mitglieder) sind.

1896   Kaiser Wilhelm II. beglückwünscht den Präsidenten der Burenrepublik Krüger zur erfolgreichen Liquidation des Jameson-Einfalls in Transvaal *(Krügerdepesche).* In England starke Verstimmung.

Die vom *englischen Kolonialminister Joseph Chamberlain* ausgehenden *Sondierungen wegen eines deutsch-englischen Bündnisses* führen nicht weiter, weil die deutsche Regierung weder eine englisch-russische Verständigung für möglich hält noch an eine Gefährdung Deutschlands von Osten her glaubt.

1900   Das **BGB** (Bürgerliche Gesetzbuch), 1896 verabschiedet, tritt am 1. Jan. in Kraft.

1900–1909 Reichskanzler **Fürst Bernhard von Bülow** (* 1849, † 1929).

1901   Erneuerung der *deutsch-englischen Bündnisgespräche.* Deutschland macht die Einbeziehung Englands in den Dreibund und die Genehmigung des Vertrags durch das englische Parlament zur Bedingung. Beides wird von England abgelehnt, das sich jetzt mit Japan verständigt.

1905/06 **Erste Marokkokrise:** Die deutsche Regierung stellt sich der französischen Marokkopolitik in den Weg, um eigene Handelsinteressen und Prestigeansprüche zu schützen. Sie sieht sich auf der internationalen Konferenz von **Algeciras** einer französisch-englisch-russischen Front gegenüber, der sich auch Italien anschließt. Der französische Standpunkt setzt sich durch, *Deutschland erleidet eine schwere diplomatische Niederlage.*

Ein im **„Daily Telegraph"** erschienenes Interview *Wilhelms II.* wird die Veranlassung dazu, daß im Reichstag und in der Presse Kritik am „persönlichen Regiment" des Kaisers geübt wird.

1909   In der **Annexionskrise** um Bosnien-Herzegowina verursacht eine deutsche diplomatische Intervention in St. Petersburg zugunsten Österreich-Ungarns die Ausdehnung der russischen Verstimmung auf Deutschland.

1909–1917 Reichskanzler **Theobald von Bethmann Hollweg** (* 1856, † 1921).

1911 **Zweite Marokkokrise:** Gegen das französische Vorgehen in Marokko protestiert Deutschland durch *Entsendung des Kanonenbootes „Panther"* nach **Agadir.** Verhandlungen führen zu den *deutsch-französischen Marokko- und Kongoabkommen,* durch die Deutschland für die Anerkennung des französischen Protektorats in Marokko in Äquatorialafrika territorial entschädigt wird. *Diplomatische Niederlage Deutschlands.*

1912 *Reichstagswahlen: Sozialdemokraten* jetzt *stärkste Partei* (110 Abgeordnete); *Rückgang der Konservativen.*

1913 *Heeresverstärkung* (2 neue Armeekorps); vgl. *Frankreich,* S. 409), *Rußland,* S. 417.

1914 *Deutsch-englisches Bagdadbahnabkommen. Julikrise* nach der *Ermordung des österreichisch-ungarischen Thronfolgers* (S. 407). *Deutschland* läßt sich durch die österreichische Politik *in den Krieg hineinziehen,* der infolge der *russischen Mobilmachung unabwendbar* wird. (Forts. S. 455, 485.)

Kunst und Wissenschaft

Im Übergang von der Romantik zur Moderne steht *Richard Wagner* (* 1813, † 1883), der Schöpfer eines neuen Musikdramas. Beginn der modernen Musik: *A. Schönberg,* Klavierstücke 1910. – In der Literatur führt der Weg von der bürgerlichen Spätromantik *(Th. Storm,* * 1817, † 1888) und dem liberal-realistischen Bürgerroman *G. Freytags* (* 1816, † 1895; „Soll und Haben") über die Balladen und Gesellschaftsromane von *Th. Fontane* (* 1819, † 1898) und die Erzählungen *W. Raabes* (* 1831, † 1910) zum modernen Realismus und Naturalismus.

Mit ihnen verbinden sich andere Stilelemente, vor allem Neuromantik, Impressionismus und Expressionismus. Kaum ein Dichter ist einer Richtung allein zuzuweisen. Der bedeutendste Dramatiker ist *Gerhart Hauptmann* (* 1862, † 1946). Zu neuen weltgültigen Formen streben die Lyriker *Stefan George* (* 1868, † 1933) und *R. M. Rilke* (* 1875, † 1926). In der Romankunst hat höchsten Rang *Thomas Mann* (* 1875, † 1955; „Buddenbrooks", „Zauberberg", „Dr. Faustus" u. v. a.), daneben *H. Hesse* (* 1877, † 1962). Auch die große Dichtung der Schweiz gehört im 19. Jh. in die deutsche Literaturgeschichte: nach *J. Gotthelf* sind die größten Erzähler die beiden Züricher *G. Keller* (* 1819, † 1890) und *C. F. Meyer* (* 1825, † 1890). – Der Philosoph, dessen aufwühlendes Werk ins ganze geistige Leben hineinwirkt, *F. Nietzsche* (* 1844, geistig umnachtet 1889, † 1900), führt trotz seiner Widersprüche mit starker Sprachkraft an die letzten menschlichen Entscheidungen heran, trägt aber zur Entchristlichung bei. Die Geisteswissenschaften verdanken starke Anregungen dem Philosophen *W. Dilthey* (* 1833, † 1911). Eine Generation jünger ist der bahnbrechende Soziologe *Max Weber* (* 1864, † 1920). – Klassiker der Geschichtsschreibung ist der Schweizer Kulturhistoriker *J. Burckhardt* (* 1818, † 1897). – Evangelischer Kirchenhistoriker: *A. v. Harnack* (* 1851, † 1930, Gründer der Kaiser-Wilhelm-Gesellschaft zur Förderung der Wissenschaften, später Max-Planck-Gesellschaft). – Die Sorge um die soziale Frage führt auf katholischer Seite zur sozialpolitisch bedeutsamen Wirksamkeit des Mainzer Bischofs *von Ketteler* (* 1811, † 1877) und zur Gründung der katholischen Gesellenvereine durch *A. Kolping* (* 1813, † 1865). Auf evangelischer Seite ist *J. H. Wichern* (* 1808, † 1881) der Gründer der Inneren Mission. *A. Stoecker* (* 1835, † 1909) kämpft um die Wiedergewinnung der Arbeiter, nach ihm auf liberalem Boden *F. Naumann* (* 1860, † 1919). – Der repräsentative Historiker der Bismarck-Zeit ist *H. v. Treitschke* (* 1834, † 1896), grundlegend für die römische Geschichte *Th. Mommsen* (* 1817, † 1903), für die Erforschung des Griechentums *U. v. Wilamowitz-Moellendorff* (* 1847, † 1931), bahnbrechend für die Ideengeschichte *F. Meinecke* (* 1862, † 1953).

Naturwissenschaften: *R. Bunsen* (* 1811, † 1899), Entdecker der Spektralanalyse. *W. C. Röntgen* (* 1845, † 1923) entdeckt die nach ihm benannten Strahlen. *F. Braun* (* 1850, † 1918), Begründer der drahtlosen Telegraphie, Erfinder der Braunschen Röhre. *H. Hertz* (* 1857, † 1894) ermöglicht durch seine Forschungen die spätere Rundfunktechnik und ist einer der Begründer der modernen Elektrizitätslehre.

Technik: *Graf F. von Zeppelin* (* 1838, † 1917), Schöpfer der starren Luftschiffe. *R. Diesel* (* 1858, † 1913), Erfinder des Dieselmotors. *H. Junkers* (* 1859, † 1935), bahnbrechend in der Wärmetechnik, im Motorenbau und Ganzmetall-Flugzeugbau.

Die Medizin wird auf der Grundlage der Naturwissenschaften neu aufgebaut. *R. Virchow* (* 1821, † 1902) begründet die pathologische Histologie. Mit *Robert Koch* (* 1843, † 1910) beginnt die wissenschaftliche Bakteriologie, 1882 entdeckt er den Tuberkelbazillus. Sein Schüler *E. von Behring* (* 1854, † 1917) begründet die Serumtherapie. Ähnliche Bedeutung auf dem Gebiet der Immunitätsforschung und experimentellen Therapie kommt *P. Ehrlich* (* 1854, † 1915) zu.

Die bildende Kunst tritt in der zweiten Jahrhunderthälfte zurück. Der wirtschaftliche Aufschwung nach 1870 führt in der Baukunst oft zu Formen des falschen Reichtums und des gedankenlosen Historismus. Nur wenige bedeutende Künstler, die entweder den Klassizismus weiterführen (Maler: *A. Feuerbach,* * 1829, † 1880; *H. v. Marées,* * 1837, † 1887; Bildhauer: *A. v. Hildebrand,* * 1847, † 1921) oder im Umkreis des französischen Impressionismus stehen (*A. von Menzel,* * 1815, † 1905), oder neubarocke Elemente vortragen (der Maler *A. Böcklin,* * 1828, † 1901, und der Bildhauer *M. Klinger,* * 1857, † 1920). – Von etwa 1890 bis 1914 neue revolutionäre künstlerische Bewegungen, die bis in die Gegenwart wirken. Der sog. *Jugendstil* will durch materialgerechte Behandlung der Elemente und Aufdeckung der linearen Ausdruckswerte einen neuen Stil schaffen. 1901 Gründung der Weimarer Kunstgewerbeschule durch *H. van de Velde,* 1907 des deutschen Werkbunds, 1919 des Bauhauses in Weimar. – In der Malerei Zusammenschluß zu Künstlervereinigungen: in Dresden „Die Brücke" (1903–1913: *E. Heckel,* * 1883, † 1970; *K. Schmidt-Rottluff,* * 1884; *E. L. Kirchner,* * 1880, † 1938; *E. Nolde,* * 1867, † 1956; *M. Pechstein,* * 1881, † 1955), in München „Der

Blaue Reiter" (1912: der Russe *V. Kandinsky*, * 1866, † 1944; *F. Marc*, * 1880, † 1916; *A. Macke*, * 1887, † 1914; *P. Klee*, * 1879, † 1940). Beginn des Expressionismus (erste gegenstandslose Bilder von Kandinsky 1911). Starke visionäre Züge bei *O. Kokoschka* (* 1886). Expressionistische Plastik: *W. Lehmbruck* (* 1881, † 1919); *E. Barlach* (* 1870, † 1938).

c) Österreich-Ungarn (Forts. v. S. 392, 393)

1848–1916 *Kaiser und König* **Franz Joseph I.** (* 1830).
Nach der Niederwerfung der Revolution erneuert *Fürst Schwarzenberg* den österreichischen Großmachtanspruch. Sein Nachfolger zieht Österreich durch sein Verhalten im Krimkrieg die Feindschaft Rußlands zu. Nachdem der letzte Versuch, Deutschland unter österreichischer Führung zu einigen, auf dem Frankfurter Fürstentag 1863 gescheitert und 1866 der Krieg gegen Preußen verloren ist, verzichtet Österreich auf Mitwirkung bei der Bildung des deutschen Nationalstaates.
Die Niederlage von 1866 und der Verlust *Venetiens* haben zur Folge, daß Österreich dem staatlichen Dualismus zustimmen muß.

1867 **Ausgleich mit Ungarn:**
Das Königreich **Ungarn** erhält eigenen Reichstag und eigenes Ministerium und schließt ein Zoll- und Handelsbündnis mit Österreich. Gemeinsam bleiben der *„österreichisch-ungarischen Monarchie"* das Heer, die auswärtige Politik und die Finanzen.
Ungarn erläßt zwar 1868 ein tolerantes **Nationalitätengesetz,** treibt jedoch im Widerspruch dazu eine scharfe Magyarisierungspolitik.
Der Zusammenhalt der Doppelmonarchie beruht mehr und mehr vornehmlich auf der Person des **Kaisers und Königs.** Franz Joseph I. verkörpert die Monarchie in unermüdlicher Pflichttreue und Gewissenhaftigkeit mit einer im Alter allmählich erstarrenden Würde.
Das Schicksal Österreich-Ungarns wird bis zum Weltkrieg vorwiegend durch seine **Nationalitätenprobleme** *bestimmt:*
1. *Rumänische* Frage in *Siebenbürgen:* Vornehmlich bei den 3$^1/_2$ Millionen Rumänen entwickelt sich das Nationalbewußtsein.
2. An die Stelle des kroatisch-serbischen Gegensatzes tritt nach 1900 mehr und mehr eine *jugoslawische* Gemeinsamkeit gegen Ungarn.
3. Zunehmender Widerstand der *Deutschen* in Ungarn (rund 2 Millionen) gegen die Entnationalisierungsbestrebungen.
4. Die *böhmische* Frage. Der deutsch-tschechische Nationalitätenkampf erhält seine Schärfe durch die Umprägung der Idee des „böhmischen Staatsrechts" ins Nationalstaatliche, durch das wirtschaftliche Empordrängen des tschechischen Bürgertums und durch das Festhalten der Wiener Regierung am Zentralismus. Nationale Obstruktion in Reichstag und Landtag. 1882 Teilung der Universität Prag.
5. Die *italienischen Autonomiebestrebungen* und die auf die Vereini-

gung *Südtirols* und *Triests* mit Italien gerichtete Irredentalosung (S. 394 f.).

6. Der *polnisch-ruthenische* Gegensatz in *Galizien*.

Nach dem Fehlschlagen der Revanchepolitik gegen Preußen wird für Österreich-Ungarn das Verhältnis zu Rußland am wichtigsten, mit dem sich seine Balkaninteressen kreuzen. Auf die Dreikaiserpolitik seit 1872 folgt 1877/78 im Zusammenhang mit dem *russisch-türkischen* Frieden von *San Stefano* eine schwere Krise der Beziehungen zu Rußland, die durch den *Berliner Kongreß* insofern ihre Schärfe verliert, als die russische Mißstimmung sich seitdem vornehmlich gegen Deutschland richtet.

1878   *Bosnien* und *Herzegowina besetzt,* in Verwaltung genommen. Zu Zweibund, Dreikaiservertrag und Dreibund s. S. 401.
     Geheimes Verteidigungsbündnis mit Rumänien.

1883   Österreich-Ungarn verbürgt im *Orientdreibund* zusammen mit Eng-
1887   land und Italien den Besitzstand der Türkei gegen einen russischen Angriff.

1889   Der einzige Sohn des Kaisers, Erzherzog Rudolf, verübt Selbstmord. Thronfolger wird **Franz Ferdinand,** Neffe des Kaisers. Er entwickelt ein *politisches Programm,* das die *Sprengung des Dualismus durch den Trialismus* vorsieht (Errichtung eines großkroatischen Staates, um die jugoslawische Frage im Gegensatz zu großserbischen Plänen im Rahmen der Donaumonarchie zu lösen).

1905   **Mährischer Ausgleich:** Vorbildliche Regelung der Sprachen- und Nationalitätenfrage in Mähren.

1906   In der *österreichischen* Reichshälfte wird für die Wahlen in den Reichsrat das allgemeine, gleiche, direkte und geheime Wahlrecht eingeführt, während in *Ungarn* das Zensuswahlrecht fortbesteht.

1908   Nach *Vereinbarung* mit Rußland, dem *Österreich-Ungarn* dafür die Zustimmung zur *Öffnung der Dardanellen* für *russische Kriegsschiffe* verspricht, erklärt die Donaumonarchie die **Annexion von Bosnien und der Herzegowina,** die ein Schritt zur Verwirklichung des Trialismus sein soll.

1908–1914   *Sprachen- und Machtkampf* zwischen *Tschechen* und *Deutschen* in **Böhmen.** Ziel: Föderalisierung des Reiches zugunsten tschechischer Herrschaft in *Böhmen* und *Mähren* und deren Vereinigung mit der ungarischen *Slowakei.*

1914   Der **Thronfolger Erzherzog Franz Ferdinand,** der Träger des trialisti-
28. Juni   schen Reformprogramms, wird zusammen mit seiner Gemahlin in **Sarajewo** von *großserbischen Nationalisten* **ermordet.** (Forts. S. 455, 495.)

Wien behauptet sich nach wie vor als **Kulturzentrum.** Vor allem ist der Epiker *A. Stifter* (* 1805, † 1868) zu nennen und der größte österreichische Dramatiker *F. Grillparzer* (* 1791, † 1872). Der größte österreichische Lyriker ist *H. v. Hofmannsthal* (* 1874, † 1929), der auch in Prosa und mit Dramen hervortritt. In Wien gelangt der Hamburger Komponist *J. Brahms* (* 1833, † 1897) zur Anerkennung. Bedeutende österreichische Komponisten: *A. Bruckner* (* 1824, † 1896), *G. Mahler* (* 1860, † 1911).

In Wien beginnt eine neue Blütezeit der *Medizin*. 1847 findet *I. Semmelweis* (* 1818, † 1865) den Weg zur Verhütung des Kindbettfiebers. Der bedeutende Chirurg Th. Billroth (* 1829, † 1894) lehrt hier seit 1867. *Sigmund Freud* (* 1856, † 1939) baut in der von ihm begründeten Psychoanalyse eine Neurosentherapie auf.

Die Tschechen bereichern die europäische Musik durch das Werk von *Smetana* (* 1824, † 1884) und Dvořak (* 1841, † 1904).

d) Frankreich (Forts. v. S. 389)

Das Zweite Kaiserreich

1852–1870 **Napoleon III., Kaiser der Franzosen.**
Krimkrieg s. S. 393; *Krieg gegen Österreich* s. S. 394.
Napoleon III. erkennt die Bedeutung des sozialen Problems: vor allem Arbeitsbeschaffung durch großzügige bauliche Umgestaltung und Modernisierung der Hauptstadt. 1855 Weltausstellung in Paris. Der Aufschwung der kapitalistischen Wirtschaft ist begleitet von ungesunden Erscheinungen des Luxus und der Spekulation. Der Kaiser regiert mit seiner plebiszitären Diktatur *autoritär gegen eine wachsende republikanisch-demokratische Opposition.* Von 1860 an beginnt er das autoritäre Kaiserreich durch wachsende Zugeständnisse hinsichtlich der Rechte der Volksvertretung in ein liberales zu verwandeln.
Der Kaiser bekennt sich zum *Nationalitätsprinzip,* soweit es dem Prestige und der Machtpolitik des Kaiserreichs dienlich ist.

1861–1867 Napoleon III. greift – anfangs zusammen mit England und Spanien – in **Mexiko** ein (S. 427). Durch das „mexikanische Abenteuer" wird *Napoleons Prestige* weitgehend *erschüttert.*

1862 *Kotschinchina* (Mündungsgebiet des Mekong) besetzt (vgl. S. 445).

1866–1867 In Deutschland begünstigt Napoleon III. ebenfalls die Tendenzen des Nationalgefühls, wünscht aber zugleich Zugeständnisse an der französischen Ostgrenze (Luxemburg).

1870 Das Anwachsen der inneren Opposition veranlaßt den Kaiser, **E. Ollivier,** einen der Führer der Opposition, zur Leitung des Ministeriums zu berufen und eine halb parlamentarische Verfassung ausarbeiten zu lassen, die durch **Volksabstimmung** gebilligt wird.

1870 Das Prestigebedürfnis seiner Regierung läßt Napoleon, der einen diplomatischen Erfolg, nicht aber den Krieg wünscht, die unvorsichtige Politik mitmachen, die durch Herausforderung Preußens zum Krieg führt.

19. Juli *Frankreich erklärt Preußen den Krieg* und muß ihn gegen Deutschland führen (S. 398).

4. Sept. Frankreich wird zur **Republik** erklärt.

Die Dritte Republik

übernimmt zunächst die Last des Krieges. **Gambetta** organisiert den Widerstand, doch gelingt der Entsatz von *Paris* nicht. Die während des Waffenstillstands gewählte

1871 **Nationalversammlung** in *Bordeaux* beruft an die Spitze der Regierung
13. Febr. den 74jährigen ehemaligen Ministerpräsidenten des Bürgerkönigtums, *Adolphe Thiers.*

März–Mai In Paris wird ein von Sozialisten und Kommunisten beherrschter revolutionärer Gemeinderat gewählt, die **Commune,** die den Versuch unternimmt, die Staatsgewalt in den Willen aller aufzulösen. Als die Stadt von Regierungstruppen wiedererobert ist, werden die Kommunarden zu Tausenden niedergemacht. Ein Gesetz (1872) verbietet die Zugehörigkeit zu internationalen revolutionären Assoziationen.

1871–1873 **Thiers, Präsident der Republik,** erreicht durch rasche Zahlung der Kriegskontribution frühere Zurückziehung der deutschen Truppen. Bismarck begünstigt die Republikaner, um Frankreich im monarchi-
1875 schen Europa zu isolieren. Die Nationalversammlung beendet ihre
30. Jan. Tätigkeit nach Annahme der Verfassungsgesetze. *Frankreich* mit 353 gegen 352 Stimmen *zur Republik erklärt.*

Erweiterung des **französischen Kolonialbesitzes** s. S. 431, 437f., 452.

General **Boulanger** (Kriegsminister 1886/87) beunruhigt das deutsch-französische Verhältnis durch Revanchepropaganda, muß jedoch zurücktreten und verliert in den nächsten Jahren Ansehen und Einfluß. Zunehmende *Freundschaft mit Rußland.*

1889 In Paris Sozialistenkongreß: **II. Internationale** gegründet. Sie hat keine Zwangsgewalt und ist keine revolutionäre Aktionsgemeinschaft. Der 1. Mai wird zum Arbeiterfeiertag.

1892 **Russisch-französische Militärkonvention.** Wenn ein Vertragspartner von einer der Dreibundmächte angegriffen wird und Deutschland daran teilnimmt, ist der andere zum Kampf gegen Deutschland verpflichtet.

1894 Hauptmann **Dreyfus** (jüdischer Elsässer) wird wegen Landesverrats verurteilt (Urteil 1897 angefochten, 1906 Rehabilitierung). Die Affäre erregt jahrelang alle politischen Leidenschaften. Aus der Auseinandersetzung mit nationalistischen, klerikalen und antisemitischen Kreisen geht der Block der Radikalen hervor, der seit der Jahrhundertwende politisch maßgebend ist. – Im Zuge des kolonialen Vor-
1898 marsches vom Kongo aus besetzen die Franzosen **Faschoda** am oberen *Nil,* werden aber durch englische Kriegsdrohung zum Rückzug
1904 gezwungen *(Faschodakrise).* Der kolonialpolitische Ausgleich zwischen Frankreich und England führt zur Entente cordiale.

Seit 1901 antikirchliche Schulgesetzgebung.

1905 Gesetz über die **Trennung von Kirche und Staat.**
1905/06; 1911 1. und 2. Marokkokrise s. S. 403.

Kadergesetz: Vergrößerung des Rahmens der französischen Heeresorganisation. – Chef des Generalstabs: *General* **Joffre.**

1912 *Ministerpräsident* und Außenminister wird **Raymond Poincaré,**
Träger des Revanchegedankens.
Juli **Französisch-russische Marinekonvention.**
1913 **Poincaré zum Präsidenten der Republik** gewählt. (Forts. S. 455, 511.)

Kunst und Wissenschaft. Der führende Philosoph um die Jahrhundertwende, *H. Bergson* (* 1859, † 1941), setzt dem Positivismus eine Lebensphilosophie entgegen, die der Intuition neue Geltung erringt. Ein bedeutender sozialistischer Denker ist *P. J. Proudhon* (* 1809, † 1865), Begründer der Theorie des Anarchismus.

In der Medizin ist von größter Bedeutung für die Erkenntnis der Mikroorganismen und der von ihnen bewirkten chemischen Umsetzungen *L. Pasteur* (* 1812, † 1895; Schutzimpfungen gegen Tollwut). – In der Naturwissenschaft gelingen bahnbrechende Entdekkungen. Das Ehepaar *Pierre* (* 1859, † 1906) und *Marie* (* 1867, † 1934) *Curie* entdeckt die radioaktiven Elemente Radium und Polonium.

Seit der Mitte des 19. Jh. hat die französische Dichtung neue Wege beschritten: der ausdrucksreiche Lyriker *Ch. Baudelaire* (* 1821, † 1867); die Symbolisten *Mallarmé, Verlaine, Rimbaud.* Der große Roman findet seine Gestalter in *G. Flaubert* (* 1821, † 1880), im führenden Naturalisten *É. Zola* (* 1840, † 1902), in *G. de Maupassant* (* 1850, † 1893). Eine neue Generation verkörpern u. a. *P. Claudel* (* 1868, † 1955), *A. Gide* (* 1869, † 1951), *M. Proust* (* 1871, † 1922), *P. Valéry* (* 1871, † 1945).

Beginn des *Impressionismus* in der Malerei. Hauptmeister: *Manet* (* 1832, † 1883), *Degas* (* 1834, † 1917), *Monet* (* 1840, † 1926), *Renoir* (* 1841, † 1919). In der Plastik *A. Rodin* (* 1840, † 1917). – Gegen Ende des Jahrhunderts Versuche, die flächige Bildstruktur zu betonen: *Gauguin* (* 1848, † 1903), *Cézanne* (* 1839, † 1906), der Holländer *van Gogh* (* 1853, † 1890), *Toulouse-Lautrec* (* 1864, † 1901). 1903 Zusammenschluß des Künstlerbundes der „Fauves" unter Führung von *H. Matisse* (* 1869, † 1954). In Opposition gegen diese seit etwa 1908 Beginn des sog. Kubismus: mehrere dreidimensionale Ansichten auf einem Bild, stereometrische Formzusammensetzungen (der Spanier *P. Picasso,* * 1881, † 1973; *G. Braque,* * 1882, † 1963; *F. Leger,* * 1881, † 1955).

e) Großbritannien und Irland (Forts. v. S. 382)

1837–1901 **„Viktorianisches Zeitalter":** Wohlstand, Sicherheit, Seemacht, Liberalismus.
1854–1856 Teilnahme am *Krimkrieg* zum Schutz der Türkei (S. 393).
1857–1858 *Aufstand in Indien* niedergeworfen (S. 444).
1864 In London gründen Vertreter der Trade Unions und revolutionäre
Sept. Emigranten verschiedener Nationen unter maßgebendem Einfluß von K. Marx die **I. Internationale** „zur Herstellung eines Mittelpunktes der Verbindung und des planmäßigen Zusammenwirkens zwi-

schen den in verschiedenen Ländern bestehenden Arbeitergesellschaften, welche dasselbe Ziel verfolgen, nämlich: den Schutz, den Fortschritt und die vollständige Emanzipation der Arbeiterklasse" (Art. I der Statuten).

1867 **Zweite Parlamentsreform:** Jeder Inhaber einer Stadtwohnung (also auch Arbeiter) erhält das Wahlrecht. Die Wählerzahl steigt von 1 Mill. auf 1½ Mill. Kanada wird 1867 Dominion (S. 423).

1868–1874 Erstes Ministerium von William **Gladstone** (* 1809, † 1898), der liberale Reformen in Angriff nimmt. 1869: religiöse Gleichberechtigung in Irland. 1870: *Education Act* (allgemeine Schulpflicht, Kompromiß in der Konfessionsfrage). Reform des Heerwesens.

1874–1880 Konservatives Ministerium **Disraeli** (* 1804, † 1881). 1880 bis 1885 zweites liberales Ministerium **Gladstone.**

1877 Königin *Viktoria* nimmt den Titel *Kaiserin* von *Indien* an. – 1878 kommt *Cypern* unter britische Verwaltung. – Zu den afrikanischen Kolonien s. S. 436 f.

1884 **Dritte Parlamentsreform:** Wahlrecht auch für Wohnungsinhaber auf dem Lande. Über 4 Millionen Wahlberechtigte.

1886 Gladstone verbindet sich mit der irischen *Nationalpartei* im britischen Parlament und beantragt die Errichtung eines eigenen Parlaments für Irland. Die **Home Rule Bill,** 1886 mit großer Mehrheit abgelehnt, wird 1893 vom Unterhaus angenommen, vom Oberhaus verworfen, dessen Haltung die Wahlen 1895 bestätigen.

1886–1892 und 1895–1902 konservative Ministerien von **Lord Salisbury.**

1889–1890 **Kolonialverträge** mit dem *Deutschen Reich,* den *Vereinigten Staaten* und *Frankreich* über die Abgrenzung der Herrschaftsgebiete.

1892 In Dublin wird die Irish National Literary Society gegründet; im nächsten Jahr die Gaelic League.

1899–1902 (Zweiter) **Burenkrieg.** Über die englisch-deutschen Bündnisverhandlungen um die Jahrhundertwende s. S. 403. Commonwealth of Australia s. S. 451.
Gründung der *Labour Party.*

1901–1910 König **Eduard VII.,** Sohn von Königin Viktoria.

1902 Englisch-japanisches Bündnis.

1904 **Englisch-französische Verständigung** (Entente cordiale): In *Ägypten*
8. April wird die englische, in *Marokko* die französische Vorherrschaft anerkannt.

1905 Die Konservativen werden von den Liberalen abgelöst. Außenminister ist seit 1905 (bis 1916) *Sir Edward Grey.* In seiner Deutschlandpolitik läßt er sich weitgehend von der Befürchtung leiten, daß Deutschland in Europa und in der Welt die Hegemonie anstrebe.

1907 **Englisch-russisches Abkommen** über *Persien, Afghanistan, Tibet.*
31. Aug. England erreicht damit die *Sicherung der indischen Grenzen,* Rußland erhofft die englische Unterstützung in der Meerengenfrage.

1908 Zusammenkunft *Eduards VII.* mit Zar *Nikolaj II.* in *Reval.* Festigung der englisch-russischen Entente.

1910–1936 König **Georg V.**

1911 **Englisch-amerikanischer Schiedsvertrag:** Streitigkeiten zwischen beiden Mächten sollen schiedsgerichtlich erledigt werden.

Das **Oberhaus** verliert durch das Parlamentsgesetz sein bisheriges *Vetorecht,* behält nur ein aufschiebendes Veto.

1912 *Vierte Wahlrechtsreform* beantragt (angenommen 1917). Suffragetten fordern Frauenstimmrecht.

1912–1914 Das Unterhaus nimmt dreimal nacheinander das Gesetz über **Home Rule** in Irland an (erst nach dem Krieg in Kraft). Infolge der zunehmenden deutsch-englischen Spannungen wegen des deutschen Flot-

1912 tenbaus Besuch des englischen Kriegsministers **Haldane in Berlin.** Die in Berlin und London geführten Verhandlungen scheitern am gegenseitigen Mißtrauen. Dagegen kommt es zu einer *deutsch-englischen Verständigung* über die *Bagdadbahn.* Weiteren Verständigungsmöglichkeiten macht der Weltkrieg ein Ende. (Forts. S. 456, 508.)

Kunst und Wissenschaft. Repräsentativ für das *Viktorianische Zeitalter* ist der vielseitige Dichter *Lord Tennyson* (* 1809, † 1892). Bedeutende Erzähler sind *W. Thackeray* (* 1811, † 1863), *Ch. Dikkens* (* 1812, † 1870). Die hervorragendste Gestalt des erneuerten Katholizismus ist der 1845 konvertierte *J. H. Newman* (* 1801, † 1890). Dichter geistreicher Gesellschaftskomödien und hintergründiger Romanschriftsteller ist *Oscar Wilde* (* 1856, † 1900). – Von den neueren irischen Dichtern hat *G. B. Shaw* (* 1856, † 1950) als satirischer Dramatiker Weltrang; der symbolistische Lyriker und Dramatiker *W. B. Yeats* (* 1865, † 1939) ist das geistige Haupt der irischen Nationalbewegung.

In der Weltwirkung werden der philosophische Empirist *J. St. Mill* (* 1806, † 1873) und der systematische Vertreter des Evolutionsgedankens *H. Spencer* (* 1820, † 1903) überboten von dem großen Biologen *Ch. Darwin* (* 1809, † 1882). Er veröffentlicht 1859 die Lehre vom Ursprung der Arten durch natürliche Zuchtwahl, die die biologischen Wissenschaften grundlegend wandelt. *M. Faraday* (* 1791, † 1867) gilt als der eigentliche Begründer der Elektrotechnik. *J. C. Maxwell* (* 1831, † 1879) entdeckt die gegenseitige Wechselwirkung elektrischer und magnetischer Feldänderungen (Maxwellsche Theorie). *E. Rutherford* (* 1871, † 1937) wirkt bahnbrechend durch seine Atomforschungen (Atomzertrümmerung) und seine Untersuchungen über die radioaktiven Zerfallserscheinungen.

f) Iberische Halbinsel (Forts. v. S. 379)

1868 Revolution in **Spanien;** Königin Isabella II. wird abgesetzt. (Zu den Auswirkungen auf das deutsch-französische Verhältnis s. S. 398.) Ihr Sohn, Alfons XII. (1875–1885), kann, nachdem 1874 die Monarchie wiederhergestellt worden ist, das Land befrieden.

1898 **Krieg zwischen Spanien und den USA** (S. 422).

Spanien behält von seinem alten Kolonialreich nur noch die *Kanari-*

schen Inseln, Spanisch-Guinea, die Küste von *Río de Oro* und die fünf *Presidios* an der Küste von *Marokko.*
Alfons XIII. (1902–1931) erklärt nach Ausbruch des Ersten Weltkriegs seine Neutralität.
Bedeutende Persönlichkeiten sind der idealistische Philosoph und Dichter *M. de Unamuno* (* 1864, † 1936) sowie der Philosoph *Ortega y Gasset* (* 1883, † 1955), dessen Wirkung sich in die Gegenwart erstreckt. (Forts. S. 515.)
In **Portugal** errichtet Ministerpräsident João Franco gegen die liberale Opposition 1907 mit Billigung des Königs die Diktatur.
1910 Verkündung der Republik; das Haus Braganza-Coburg wird abgesetzt. Trennung von Kirche und Staat (1911). (Forts. S. 516.)

g) Belgien, Niederlande, Luxemburg (Forts. v. S. 382)

Belgien entwickelt sich unter König Leopold II. (1865–1909) zum Industriestaat. Spannungen zwischen Liberalen und Klerikalen, Wallonen und Flamen. 1884/85 Kongokonferenz und Gründung von Belgisch-Kongo (s. S. 436, 438).
Die *Niederlande* (Wilhelm III., 1849–1890; Wilhelmina 1890–1948) werden Sitz des Haager Schiedsgerichtshofes.
1867 wird das Großherzogtum *Luxemburg* für neutral erklärt, 1890 die Personalunion mit den Niederlanden aufgehoben. (Forts. S. 456, 512.)

h) Skandinavien (Forts. v. S. 385)

Die dänische Außenpolitik wird in erster Linie von der Schleswig-Holsteinischen Frage bestimmt (S. 392, 397). Island erhält 1903 eine autonome Verfassung.
Die Industrialisierung Schwedens schreitet in der 2. Hälfte des 19. Jh. rasch fort. 1905 wird die norwegisch-schwedische Union (S. 375) gelöst. König von Norwegen wird der dänische Prinz Carl als Haakon VII. Deutschland, Frankreich, Großbritannien und Rußland anerkennen 1907 die Integrität Norwegens.
Der schwedische Chemiker Alfred **Nobel** (* 1833, † 1896), *Erfinder des Dynamits,* stiftet 1895 den jährlichen Nobelpreis, d. h. Preise in 3 Forschungsgruppen für Physiker, Chemiker und Mediziner und je einen Literatur- und Friedenspreis.
Der Norweger *H. Ibsen* (* 1828, † 1905) begründet die Gesellschaftskritik auf der Bühne; als naturalistischer Romanschriftsteller und expressionistischer Dramatiker repräsentiert der Schwede *A. Strindberg* (* 1849, † 1912) den literarischen und geistigen Umbruch der 80er Jahre. – Der norwegische Maler *E. Munch* (* 1863, † 1944) gehört zu den Wegbereitern des Expressionismus.
1912 Vereinbarung der drei nordischen Staaten über Neutralitätsregeln. (Forts. S. 502.)

i) Rußland (Forts. v. S. 386, 394)

1855–1881 **Kaiser Alexander II.** Außenminister 1856–1882; **Fürst Gorčakov.**
Der Thronwechsel und die Niederlage im Krimkrieg (S. 393 f.) führen
einen innenpolitischen Umschwung herbei: „Neue Ära" mit umge-
staltenden Reformen und starken liberalen Tendenzen.

1861 **Gesetz über die Aufhebung der Leibeigenschaft:** 47 Millionen
19. Febr. Bauern erhalten die Freiheit. Die wirtschaftliche Sicherung der
(a. St.) Bauern gelingt jedoch nicht, z. T. wegen der Beibehaltung des
Gemeindebesitzes *(Mir)*, hauptsächlich aber weil die Landanteile
der Bauern zu klein sind und die Ablösungszahlungen den Landwert
übersteigen. Der Landhunger wird das Hauptproblem der russischen
Bauernfrage.

In Verträgen mit *China* (1858 und 1860) wird das linke Ufer
und das Küstengebiet des **Amur** gewonnen. 1860 **Vladivostok**
gegründet.

Entgegenkommende Politik Alexanders II. gegenüber *Polen:* Programm einer Polonisierung der inneren Verwaltung bei engem
Anschluß an Rußland. Die polnischen Radikalen sehen im Ausgleich
eine Gefahr. Attentate. Infolge drohenden russischen Gegenschlags

1863 **Polnischer Aufstand.** Anders als 1830 ohne eigenes Heer, doch sind
22. Jan. jetzt alle sozialen Schichten mitbeteiligt. Proklamation der revolutionären Zentrale: das von den Bauern genutzte Land wird für deren
unentziehbares Eigentum erklärt. Die Aufständischen werden besiegt. Scharfe Vergeltungsmaßnahmen der russischen Regierung. In
den ehemals polnischen Ostprovinzen begünstigt die russische Regierung die Bauern gegen die polnische Aristokratie. Auch im Königreich Polen führt die Regierung die *Agrarreform* durch. Schrittweise
Russifizierung von Verwaltung und Justiz, Schule und Universität. –
Schroffe Wendung der russischen öffentlichen Meinung gegen Polen;
Katkov Wortführer des nationalen Selbstgefühls.

1864 Weitere *Reformen* in Rußland: Kreis- und Gouvernements-Selbst-
verwaltung (**Zemstvo**-Organisation) geschaffen. Justizreform mit der
Einführung von Friedensrichtern und Geschworenengerichten. –
1870 Städteordnung (nach preußischer Art, *Dreiklassenwahlrecht*).
Seit den 60er Jahren beginnt die *Industrialisierung* die Wirtschafts-
und Sozialstruktur Rußlands zu wandeln.

1864–1868 *Turkestan, Taschkent, Samarkand* erobert.

1873 *Dreikaiserabkommen* (S. 399).

1874 Einführung der **allgemeinen Wehrpflicht.**

1875–1876 Aufstände in der *Herzegowina* und in *Ostrumelien* gegen die *türkische*
Herrschaft veranlassen *Serbien* und *Montenegro*, den *Krieg gegen die
Türken* zu beginnen. *Russische Freiwillige.* Rußland verständigt sich
mit *Österreich-Ungarn*, das für den Fall eines russisch-türkischen
Krieges *Neutralität* zusagt und dafür die Zustimmung Rußlands u. a.
zur *Besetzung von Bosnien-Herzegowina* gewinnt. Verselbständigung der Balkanvölker, aber kein großer slawischer Balkanstaat zu-

gestanden. **Panslawistische** Tendenzen gewinnen erstmals Einfluß auf die offizielle Politik.

1877–1878 **Russisch-türkischer Krieg;** Vormarsch bis in die Nähe von *Konstantinopel.*

1878 **Friede von San Stefano:** *Serbien, Montenegro, Rumänien,* durch *türkisches* Gebiet vergrößert, sollen unabhängige Staaten werden, *Bulgarien,* mit *Ostrumelien* und *Makedonien* bis ans *Ägäische Meer* ausgedehnt, soll, als autonomes und der Türkei tributpflichtiges Fürstentum, 2 Jahre von den Russen besetzt bleiben. Rußland gewinnt in Asien Teile *Armeniens,* in Europa den 1856 verlorenen Teil von *Bessarabien,* für den *Rumänien* mit der *Dobrudscha* entschädigt wird.
Berliner Kongreß. Infolge des von England und Österreich-Ungarn ausgehenden Drucks werden die Friedensbedingungen umgestaltet. Als russischer Gewinn werden der umstrittene Teil *Bessarabiens* bis zum *Donaudelta* und in Asien *Kars, Ardahan* sowie *Batum* als Freihafen behauptet. *Bulgarien* als autonomes tributpflichtiges Fürstentum bleibt von *Ostrumelien* (von der Pforte abhängige Provinz) und *Makedonien* (an die Pforte zurückgegeben) getrennt. *Montenegro, Serbien* und *Rumänien* werden unabhängig; *Griechenland* soll einen Teil von *Epiros* und *Thessalien* erhalten. *Österreich-Ungarn* okkupiert *Bosnien-Herzegowina.* – Russische Enttäuschung über das Kongreßergebnis.
In der russischen Gesellschaft, vor allem unter den Studenten, entwickelt sich infolge der unbefriedigenden Sozialverhältnisse die Bewegung des **„Narodničestvo"** („Dienst am Volk", Aufklärung breiter Volksschichten), die mehr und mehr revolutionären Charakter gewinnt. Die revolutionäre Bewegung, die zu zahlreichen sog. **Nihilistenprozessen** führt, geht 1878 mit einer Kette von Attentaten zum *Terrorismus* über.

1881 März *Alexander II. durch ein Bombenattentat getötet.* Ihm folgt sein Sohn
1881–1894 Alexander III. Außenpolitisch Anlehnung an die Mittelmächte durch den Außenminister *Giers:* Erneuerung der *Dreikaiserpolitik* (Verträge 1881 und 1884), später *Rückversicherungsvertrag* (S. 401).
Seit 1881 zahlreiche Judenpogrome; verschärfte Ausnahmebestimmungen.
In Genf gründet 1883 der erste bedeutende russische Theoretiker des Marxismus, *G. W. Plechanov,* den „Bund der Befreiung der Arbeit".

1885–1886 **Bulgarische Krise:** Die selbständige Politik des Fürsten Alexander von Bulgarien führt zu seinem Sturz, der als russischer Sieg gefeiert wird.

1885–1893 **Russifizierung** der Behördensprache, der Gerichte und des gesamten Schul- und Hochschulwesens in den **Ostseeprovinzen** *Livland, Estland* und *Kurland.*

1892 **Militärkonvention mit Frankreich** nach längerer Annäherung.
Finanzminister wird **S. J. Witte,** der durch Schutzzollpolitik die Industrialisierung begünstigt, durch Einführung der Goldwährung den

Rubelkurs stabilisiert und den 1891 begonnenen Bau der **Transsibiri-schen Eisenbahn** tatkräftig fördert. Die wichtigsten russischen Indu-striezentren sind die beiden Hauptstädte und das Donezbecken. Die Zahl der Fabrikarbeiter steigt 1890–1900 von 1,425 Mill. auf 2,373 Millionen.

1894–1917 **Nikolaj II.,** vermählt mit Alix von Hessen-Darmstadt.

1896   *Geheimes Verteidigungsbündnis* mit China gegen einen *japanischen* Angriff. China genehmigt außerdem den **Bau der sibirischen Eisen-bahn durch die Mandschurei.**

Russisch-japanischer Vertrag über Kondominium in **Korea** ohne Abgrenzung der Einflußsphären. 1898 neuer Vertrag: Russischer Rückzug, Vorrang der wirtschaftlichen Interessen Japans in Korea anerkannt. Besetzung von Port Arthur (Pachtvertrag).

Vladimir Iljič Uljanov **(Lenin)** (* 1870) absolviert das juristische Stu-dium, wird 1895 wegen revolutionärer Tätigkeit verhaftet und 1897 auf drei Jahre nach *Ostsibirien verbannt,* wo er sein Buch „Die Ent-wicklung des Kapitalismus in Rußland" vollendet. Seine philosophi-schen und ökonomischen Studien führen ihn zu konsequenter Ableh-nung des Idealismus und zu einer Aktivierung der Lehre von Marx im Dienst seiner politischen Strategie und Taktik. 1900–1905 im Ausland, dann in Rußland und *Finnland, 1908–1917 zweite Emigra-tion.*

1898   *I. Parteitag der Sozialdemokratischen Arbeiterpartei Rußlands in Minsk.* Das Zentralkomitee wird verhaftet. In Polen wirken seit 1892 die Polnische Sozialistische Partei (PPS) unter Führung von *Piłsudski* (* 1867, † 1935) und seit 1893 die „Sozialdemokratische Partei des Königreichs Polen" (führend u. a. *Rosa Luxemburg*) mit stärker in-ternationalem Kurs.

1899   Schwerer Konflikt mit **Finnland,** dessen Autonomie durch die russi-sche Gesetzgebung durchbrochen wird.

1902   Aus der Narodničestvo-Bewegung geht die mit Terrormitteln kämp-fende *Sozialrevolutionäre Partei* (SR) hervor. Die linksliberalen Kreise der Zemstvo-Bewegung verlegen die publizistische Opposi-tion ins Ausland. Das Programm zielt auf die Beseitigung der Selbst-herrschaft und die Solidarität mit der revolutionären Bewegung. 1901–1905 zahlreiche Attentate.

1903   *2. Parteitag,* in Brüssel eröffnet, nach *London* verlegt, bringt die Spal-tung der *Sozialdemokratischen Partei Rußlands* in die unter *Lenins* Führung stehende Mehrheit **(Bolschewisten)** und die zu taktischen Zugeständnissen neigende Minderheit **(Menschewisten).** 1906 Wie-dervereinigung. Lenins Ziel: zentral geleitete Partei aktiver Revolu-tionäre.

1904–1905 **Russisch-japanischer Krieg** (S. 450 f.). **Außenpolitische Folgen:** Rußland wendet sich von der *ostasiatischen* Expansion wieder *aktiver Balkanpolitik* zu.

1905–1906   **Revolution in Rußland.** Die *Streikbewegung* in *St. Petersburg* schlägt im Jan. 1905 in die *Revolution* um, als eine friedliche Demonstration der Arbeitermassen niedergeschlagen wird. Die Revolution ergreift mit Streiks, Kundgebungen, Attentaten fast ganz Rußland. Auch die russische Intelligenz tritt für die Revolutionäre ein. Das **Kaiserliche Manifest vom 17./30. Okt. 1905** kündigt die Erfüllung der bürgerlichen Freiheiten an, allgemeines Wahlrecht, kein Gesetz ohne Reichsduma. – Erster Ministerpräsident: *Graf Witte*. Fortdauer der revolutionären Bewegung. In Petersburg wird der im Oktober als Streikkomitee entstandene *Sowjet* das erste allgemeine politische Vertretungsorgan der hauptstädtischen Arbeiterschaft. Judenpogrome. Der vom Moskauer Arbeitersowjet geführte Dezemberaufstand bis Neujahr niedergeworfen. Witte gestürzt. Die **1. Reichsduma** wird wegen ihrer radikalen Richtung aufgelöst, ebenso die 2. Duma. Nach einer rechtswidrig durch kaiserliche Botschaft verfügten *Änderung des Wahlrechts* tritt im Nov. 1907 die 3. Duma zusammen, in der die Opposition (Konstitutionelle Demokraten und Sozialdemokraten) in der Minderheit ist. Die polnischen Dumaabgeordneten bilden den polnischen Klub, bis 1909 unter dem Vorsitz des Hauptes der Polnischen Nationaldemokratie **Dmowski** (* 1864, † 1939), der die Zukunft Polens im Zusammengehen mit Rußland sieht.

1906–1911 Ministerpräsident **Stolypin** erstrebt durch grundlegende *Agrarreform* die Umwandlung des Gemeindebesitzes in bäuerliches Einzeleigentum und die Russifizierung der Grenzländer. Unheilvoller Einfluß des „Wundermannes" Rasputin auf die Zarin.

Außenminister 1906–1910 *Izvol'skij*, der durch den Ausgleich mit England Unterstützung für die russische Meerengen- und Balkanpolitik zu gewinnen hofft.

1907 31. Aug. **Russisch-englisches Abkommen** (S. 411).

1908 Sept. *Izvol'skij* leitet seine **Meerengenpolitik** ein (Öffnung der *Dardanellen* für russische Kriegsschiffe), scheitert aber an Englands Einspruch. Seit seiner Niederlage in der Annexionskrise 1908/09 stellt er seine Politik feindlich gegen Österreich-Ungarn und Deutschland ein, auch als Botschafter in *Paris* (seit 1910).

1912 In Prag konstituieren sich die Bolschewisten mit dem Anspruch, allein die echten Vertreter der Sozialdemokratischen Partei zu sein. Damit ist die Partei endgültig gespalten. Das neugewählte Zentralkomitee kooptiert bald danach *Dschugaschwili (Stalin)*.

Wahlen zur *4. Duma* ergeben, nicht ohne Einwirkung der Regierung, eine Stärkung der Rechten. Von den 13 sozialdemokratischen Abgeordneten sind 7 Menschewisten, 6 Bolschewisten. *Flottengesetz* mit großem Bauprogramm für die Ostsee- und Schwarzmeerflotte. *Russisch-japanischer Geheimvertrag* über *Mongolei* und *Mandschurei* mit endgültigem Interessenausgleich. Marinekonvention mit Frankreich. Steigender russischer Einfluß auf dem *Balkan*.

1914 Neue russische Rüstungsanleihe in Frankreich. Erhöhung der russischen Heeresstärke. (Forts. S. 455, 505.)

Auch die **Literatur** steht fast ganz im Schatten der sozialen Problematik. Sie erreicht in der künstlerischen Analyse der Wirklichkeit Weltrang: *I. Turgenjew* (* 1818, † 1883): „Väter und Söhne", „Das Adelsnest"; *F. Dostojewskij* (* 1821, † 1881): „Aufzeichnungen aus einem Totenhaus", „Schuld und Sühne", „Der Idiot", „Die Dämonen", „Die Brüder Karamasow", mit starker Wirkung auf die europäische Öffentlichkeit; *Graf L. Tolstoj* (* 1828, † 1910): „Anna Karenina", „Krieg und Frieden"; eine Generation jünger ist *A. Tschechow* (* 1860, † 1904), Meister der pessimistischen Novelle. Einer der größten Dichter ohne sozialkritische Tendenz ist *N. Leskow* (* 1831, † 1895). In die Zeit des revolutionären Sozialismus weisen *M. Gorkij* (* 1869, † 1935) und der bedeutende Lyriker *A. Blok* (* 1880, † 1921). – Der bedeutendste Philosoph ist der theologisch orientierte Idealist *W. Solowjew* (* 1853, † 1900).

In der Musik sind repräsentativ *M. Mussorgskij* (* 1835, † 1881, Musikdrama „Borjs Godunow") und der Romantiker *P. Tschaikowskij* (* 1840, † 1893).

B. Amerika

Mit der Entdeckung Ende des 15. Jh. beginnt die wirtschaftliche und politische Unterwerfung und Durchdringung des amerikanischen Kontinents durch die seefahrenden europäischen Völker, Briten, Franzosen, Spanier und Portugiesen.

Die Formen der kolonialen Beherrschung sind verschieden. Die Kreuzzugsidee der Reconquista (Eroberung und Missionierung) prägt die spanische und portugiesische Expansion und trägt bei zu der für die spanischen und portugiesischen Kolonialgebiete typischen Verbindung von Religion, Politik und Wirtschaft. Spanien sucht mit Hilfe einer zentralistischen Verwaltung und einer einheitlichen Rechtsprechung die Kolonien möglichst dem Mutterland anzugleichen und die Feudalordnung auf die Kolonien zu übertragen. Ähnlich verfährt Portugal, das seine Herrschaft allerdings nicht so absolut durchsetzen kann wie Spanien. Wirtschaftlich entwickelt Portugal das Plantagensystem mit einheimischen Arbeitskräften, das Engländer und Franzosen in Westindien übernehmen und das auch in den südlichen britischen Kolonien Nordamerikas angewandt wird. Sprachlich und kulturell werden Mittel- und Südamerika hispanisiert (Iberoamerika; Lateinamerika).

Die britischen Gebiete in Nordamerika sind Auswanderungs- und Siedlungskolonien. Im Unterschied zu Iberoamerika bebauen die Einwanderer Grund und Boden selbst. Das britische Prinzip der Selbstverwaltung besteht von Anfang an, so daß die Kolonien eine relativ hohe politische und gesellschaftliche Eigenständigkeit entfalten können.

In den wirtschaftlichen Beziehungen zwischen Mutterland und Kolo-
nien dominieren die Interessen der Europäer, die die überseeischen
Gebiete als Ergänzungsraum für die eigene Wirtschaft (Ausbeutung
von Rohstoffen; Anbau von Monokulturen) bzw. als Absatzgebiet für
ihre eigenen Erzeugnisse betrachten (Handelsmonopol des Mutterlan-
des).
Die verschiedenen politischen und sozialen Strukturen in Nordamerika
und Iberoamerika sind Voraussetzung für die unterschiedliche Ent-
wicklung nach den Unabhängigkeitskriegen: in den britischen Gebieten
entsteht ein geschlossener und tragfähiger Staat, das spanische Kolo-
nialreich löst sich in Einzelstaaten auf, die um die Bewältigung ihrer
politischen, wirtschaftlichen und sozialen Probleme hart ringen müs-
sen.

1. Nordamerika

(Forts. v. S. 304)

Erste französische *Entdeckungsreisen* werden unter König Franz I.
durchgeführt. 1682 wird die Mündung des Mississippi erreicht. Gründung von Missions- und Handelsstationen. Das größte geschlossene
Gebiet französischer Ansiedlung auf dem heutigen Staatsgebiet der
USA ist Louisiana, das östlich des Mississippi 1763 an Großbritannien fällt.
Im Auftrag Heinrichs VII. von England sucht John Cabot den Seeweg
nach Asien und erreicht 1497 Labrador. Sir Walter Raleigh landet
1584 bei Kap Hatteras, 1609 erforscht Henry Hudson die nordamerikanische Ostküste.
Die *Koloniegründungen* erfolgen meist durch Gesellschaften. Die
englische Krone erteilt nur Freibriefe: *Chartered Colonies* (= Frei-
briefkolonien). Die Gesellschaften erhalten Land zur Ansiedlung von
Auswanderern, Handels- und Regierungsvollmachten nach englischem Recht. Seit 1619 Einfuhr von Negersklaven. 1620 landen emi-
grierte Puritaner („Pilgerväter") mit der „Mayflower" am Kap Cod.
1643 bilden Connecticut, New Haven, Plymouth und Massachusetts
Bay die „Vereinigten Kolonien von Neuengland", 1686 als „Krondo-
minion Neuengland".
Auch kapitalkräftige Einzelpersonen erhalten Freibriefe von der britischen Krone: *Proprietor Colonies* (= Eigentümerkolonien). 1664
erhält Jakob, Herzog von York (später Jakob II.), das früher holländische Gebiet Neuniederland (mit New York) und das ehemals
schwedische Delaware. 1682 erhält William Penn den Freibrief für
Pennsylvania. Nördliche Eigentümerkolonien sind New York, New
Jersey, Delaware und Pennsylvania, die südlichen sind Maryland,
Virginia, North Carolina, South Carolina und Georgia. Gründung von
Universitäten: Harvard, Yale, Princeton.

a) Vereinigte Staaten von Amerika

Die aktive Teilnahme am Krieg gegen Frankreich (1755–1763) stärkt das Selbstbewußtsein der Kolonien, die die wirtschaftliche Abhängigkeit von Großbritannien als drückend empfinden. London will, um die Kriegsschulden zu verringern, die Kolonien zu erhöhten finanziellen Leistungen heranziehen (Stempelsteuer; Teezoll). Die Kolonien verlangen als Gegenleistung, daß sie im britischen Parlament durch eigene gewählte Abgeordnete vertreten werden.

1773 Offener Konflikt mit dem Mutterland, als Kolonisten in Boston Schiffsladungen mit britischem Tee versenken *(Boston Tea Party)*.

1774 Erster Kontinentalkongreß in Philadelphia, dessen Delegierte die Einstellung des Englandhandels und gemeinsame militärische Maßnahmen beschließen; den Oberbefehl gegen die eingesetzten britischen Truppen führt George Washington (* 1732, † 1799).

1776 **Unabhängigkeitserklärung** (entworfen von Thomas Jefferson) der 13
4. Juli Kolonien: sie spricht im Namen der „Vereinigten Staaten von Amerika" unter Berufung auf die Menschenrechte und die Volkssouveränität die offizielle Trennung von England aus. – 1778 Bündnis mit Frankreich, abgeschlossen von Benjamin Franklin.

1781 Nach Kämpfen mit wechselndem Kriegsglück entscheidet die britische *Kapitulation bei Yorktown* den Krieg zugunsten der Amerikaner.

1783 Im *Frieden von Versailles* wird die Unabhängigkeit der Vereinigten Staaten anerkannt. *Erster Präsident George* **Washington.**

1789 **Verfassung** proklamiert: sie überträgt dem Kongreß (Senat und
4. März Repräsentantenhaus) und dem Präsidenten die gesetzgebende und die ausführende Gewalt; sie legt die Rechte der Union und der Einzelstaaten fest sowie diejenigen der Staatsgewalten innerhalb des Gesamtstaates. In den ersten 10 Zusätzen (amendments) zur Verfassung werden die Grundrechte **(Bill of Rights)** festgelegt. Die USA sind der erste demokratische Bundesstaat der Welt. 1793 Gründung der Stadt Washington als Sitz von Präsident und Kongreß. – Die britische Gegenblockade gegen die Kontinentalsperre schädigt den Handel der USA.

1812–1814 Krieg gegen Großbritannien; das Ziel, Kanada zu erwerben, wird nicht erreicht. Der Friede von Gent (1814) stellt den Status quo wieder her. – Zunehmende Tendenz zu außenpolitischem Isolationismus. Das Manifest der Heiligen Allianz (S. 375) wird als Interventionsdrohung, vor allem zugunsten Spaniens in seinen ehemaligen amerikanischen Besitzungen, aufgefaßt.

1823 Präsident *James Monroe* weist jede europäische Einmischung in die
2. Dez. Verhältnisse unabhängiger amerikanischer Staaten und umgekehrt zurück; die USA sind als Schutzmacht der iberoamerikanischen Staaten anzusehen **(Monroedoktrin).**

Schon vor 1800 Beginn der großen *Siedlungsbewegung nach Westen* (der „Wilde Westen" als nationaler Mythos); Gründung neuer Unionsstaaten, Kämpfe mit den Indianern, die zwangsweise in Reservationen umgesiedelt werden. 1803 kaufen die USA Louisiana von Frankreich, 1819 Florida von Spanien. 1821 zählt die Union 26 Bundesstaaten. Mit der Einverleibung von Texas, New Mexico und Kalifornien (Entdeckung von Goldfeldern) 1848 nach siegreichem Krieg gegen Mexiko haben die USA die territoriale Expansion nach W und S abgeschlossen. 1867 kaufen die USA Alaska von Rußland. Innere Auseinandersetzungen um den politischen Einfluß und um das wirtschaftliche und soziale System in den neugewonnenen Gebieten. Gegen den N (Schwerpunkt von Handel, Industrie und Bankwesen) und den W (Farmbetrieb selbständiger Landbesitzer ohne Sklavenarbeit) erstrebt der S (Baumwollmonokultur, Plantagenaristokratie und Sklavenhaltung) aus wirtschaftlichen Gründen die Ausdehnung der Sklaverei auf das ganze Unionsgebiet. Der Versuch, eine Grenzlinie zwischen sklavenhaltenden und sklavenfreien Bundesstaaten zu ziehen, schlägt auf die Dauer fehl. Der Streit um die *Sklavenfrage* spaltet die Partei der Demokraten: Gründung der Republikanischen Partei (1854), die für die Abschaffung der Sklaverei (Abolition) eintritt. Die republikanische Mehrheit im Kongreß und die Wahl ihres Kandidaten

1861–1865 **Abraham Lincoln** zum Präsidenten gibt den Anstoß, daß 11 Südstaaten aus der Union austreten (Sezession) und unter *Jefferson Davis* den *Sonderbund der Konföderierten Staaten* gründen. Bürgerkrieg. (Yankee = Bezeichnung für den Nordamerikaner aus Neuengland.)

1862 Lincoln erklärt *alle Sklaven der Südstaaten* ab 1. Jan. 1863 für *frei*. Nach wechselhaften erbitterten Kämpfen Sieg der wirtschaftlich überlegenen Nordstaaten unter General Ulysses Simpson Grant:

1865 Kapitulation der Südstaatenarmee unter General Robert E. Lee bei Appomattox Court House. Die Union als Staat bleibt erhalten.

14. April Lincoln wird ermordet. Der Kongreß beschließt die *Abschaffung der Sklaverei* für die ganze Union und verleiht den Negern Bürgerrecht und Stimmrecht (13. Amendment zur Verfassung, 18. Dez. 1865). Unter Führung der Nordstaaten setzen sich *kapitalistische Wirtschaftsformen* durch. 1869 Eröffnung der ersten *Pazifikeisenbahn* (Chicago – San Francisco), 1883 der Northern-Pacific-Bahn und der Southern-Pacific-Bahn (New Orleans – Los Angeles). Die Siedlungsgrenze (frontier) besteht nach Aufnahme der beiden Dakota, von Montana, Washington, Idaho und Wyoming (1889/90) in den Staatsverband nicht mehr. Beginn des Landesausbaus. Durch die *Industrialisierung* (seit Mitte des 19. Jh.) wird der Lebensraum nochmals erweitert. 1859 sind 1,3 Mill., 1900: 5,7 Mill. in der Industrie beschäftigt. Mit der Industrialisierung ist die Verstädterung verbunden. 1910 leben 37% der Bevölkerung (Gesamtzahl rd. 92 Mill. Einwohner) in Gemeinden mit 10000 und mehr Bewohnern. „Industriegürtel" in den Oststaaten, im Ohiogebiet, am Mississippi und in Kalifornien. Zunehmende *Einwanderung aus Europa,* die sich in zwei große Gruppen gliedert: die „Alte" Einwanderung aus Nord-, Mittel- und Westeuropa (Siedlungseinwanderung) bis etwa 1890 und die

„Neue" aus Süd-, Ost- und Ostmitteleuropa als Industriearbeiterzuwanderung. Widerstand der Gewerkschaften (u. a. American Federation of Labor) gegen die Konkurrenz der Neueinwanderer, die für niedrigere Löhne arbeiten und die „industrielle Reservearmee" bilden. Massenarbeitslosigkeit während der *Wirtschaftskrisen* (1873, 1885/86 und 1907). Beginn der Trustbildung in der Erdöl- und Stahlindustrie und im Bankwesen; Monopolpolitik der Trusts. Erste Anti-Trust-Gesetze seit 1890, die keine durchgreifende Wirkung haben, da die Gesetzgebung der einzelnen Bundesstaaten verschieden ist. Die *Außenpolitik* paßt sich dem Stil des europäischen Imperialismus an. Aufgrund der Monroedoktrin beanspruchen die USA die Führung auch in Iberoamerika, wo die US-Wirtschaft ihre überschüssigen Gewinne anzulegen beginnt (Dollarimperialismus). Die Annexion der Sandwichinseln (Hawii-Insel) 1897 weist nach Ostasien (Grundsatz: Politik der „offenen Tür").

1898 *Krieg gegen Spanien,* das im Frieden von Paris Puerto Rico und die Philippinen gegen Geldentschädigung an die Union abtreten muß. Cuba wird nominell sebständig, tatsächlich aber US-Schutzgebiet. 1903 sichern sich die USA vertraglich den Militärstützpunkt Guantanamó.

1904 Präsident **Theodore Roosevelt** (1901–1909) erweitert die Monroe-
2. Dez. doktrin zu einem Aufsichtsrecht über die kleineren Staaten Lateinamerikas (Funktion einer internationalen Polizeimacht). Festigung der Herrschaft auf dem Kontinent durch den Bau des *Panamakanals* (eröffnet 1914); Inszenierung der Gründung der Republik Panama (1903) – früher eine Provinz Kolumbiens. Die Stellung der USA als Weltmacht zeigt sich, als Washington zwischen Rußland und Japan den *Frieden von Portsmouth* vermittelt (1905). Soziale Gegensätze, Einfluß von Interessen- und Machtgruppen auf Politik und öffentliches Leben lassen den Ruf nach Reform laut werden (soziale Gerechtigkeit, Chancengleichheit für jeden als amerikanische Ideale). Unter Präsident *William Howard Taft* (1909–1913) Prozesse gegen Trusts vor dem Obersten Bundesgericht.

1913–1921 Präsident Thomas Woodrow **Wilson** leitet das *„New-Freedom-Programm"* ein. Neugestaltung des Bank- und Kreditwesens, Gründung von 12 Bundesreservebanken; progressive Bundeseinkommensteuer eingeführt (Amendment zur Verfassung, 1913); Direktwahl der Senatoren und Frauenwahlrecht. Der Ausbruch des Ersten Weltkriegs unterbricht die inneren Reformen. – Seit 1870 wandelt sich die amerikanische Gesellschaft von einer landwirtschaftlichen und handeltreibenden zu einer industriellen. Die alten Mittelschichten (selbständige Farmer, Gewerbetreibende) werden nach und nach abgelöst von den neuen der Facharbeiter, Angestellten, Techniker. Dieser Strukturwandel bedingt berufliche und soziale Beweglichkeit. In den Südstaaten Schichtung der Bevölkerung nach Rassen (Weiße und Neger). Der „tiefe Süden" ist wirtschaftlich (mangelnde Industrialisierung) und sozial rückständig: Grundbesitzeraristokratie, neue

Reiche, der Mittelstand, die breite Schicht der „armen Weißen" und die Neger als Unterprivilegierte. (Forts. S. 681.)

b) Kanada

Die Erforschung des Landes beginnt mit Giovanni Verrazano und Jacques Cartier. Nach 1603 setzt mit dem Wirken von Samuel de Champlain die Erschließung und Besiedlung ein. 1608 Gründung von Quebec. Die Bezeichnung „Neufrankreich" gilt seit Anfang des 17. Jh. für das Gebiet des St.-Lorenz-Stroms. Ab 1674 untersteht die Kolonie der französischen Krone.

Der Versuch Frankreichs, die Verbindung zum Mississippi herzustellen, und das Bestreben Englands, das Hinterland des Ohio zu gewinnen, führen zum Krieg. In den *Friedensschlüssen von Utrecht* 1713 (S. 347) und von *Paris* 1763 (S. 353) verliert Frankreich schließlich *ganz Kanada an England.* – Nach dem nordamerikanischen Unabhängigkeitskrieg wandern viele Amerikaner, die England treu geblieben sind, in Kanada ein, so daß zwei nach Bevölkerung, Kultur und

1791 Religion verschiedene Siedlungszentren entstehen. **Canada Act:** das Gebiet wird geteilt in Oberkanada – hauptsächlich englisch – und Unterkanada – vorwiegend französisch, jedes mit eigenem Gouverneur und gewählter Versammlung. – Nationale Spannungen zwischen englischer Verwaltung und französisch bestimmter Versammlung (Unterhaus) in Unterkanada, wirtschaftliche Gegensätze zwischen Großgrundbesitzern und Großbürgertum einerseits und bäuerlichen Siedlern andrerseits führen zum Aufstand in Oberkanada und Unterkanada, der bald niedergeworfen wird.

1840 *Vereinigung der beiden Provinzen* unter einem Gouverneur, einem Gesetzgebenden Rat und einem vom Volk gewählten Unterhaus, in dem die beiden früheren Provinzen gleiche Vertretung haben. 1857 Ottawa Hauptstadt.

1867 *British North America Act:* Neuschottland und Neubraunschweig
29. März vereinigen sich mit Kanada zum Dominion of Canada.

1870 wird Manitoba Provinz des Dominion. Die Gebiete der Hudson's Bay Company, British Columbia, Alberta und Saskatchewan, werden 1871 bzw. 1905 Provinzen Kanadas; 1873 wird die Prinz-Edward-Insel in das Dominion aufgenommen.

Kanada ist das größte britische Siedlungsgebiet in Übersee. Durch den Bau der Canadian Pacific Railway (1881–1895) und der Canadian Northern Railway erweitert sich die Besiedlung der Westgebiete. Beginn der industriellen Entwicklung. (Forts. S. 691.)

2. Lateinamerika

(Forts. v. S. 307, 308, 309)

a) Das portugiesische Kolonialreich

1500 Pedro Alvarez *Cabral* landet in der Nähe von Baía. Die portugiesi-
22. April schen Niederlassungen sind zuerst nur Handelsfaktoreien.

1534 Johann III. (1521–1557) führt das *System lehnsrechtlicher Land-
schenkungen* ein (donatárias; Siedlungskolonien): Da der Staat selbst
nicht die nötige Finanzkraft hat, übernimmt der donátario Besiedlung
und Erschließung mit eigenen Mitteln. Aufbau von Plantagen, die in
sich autarke Wirtschaften bilden. Da sich das System der donatárias

1549 nicht bewährt, wird Brasilien einem königlichen *Generalgouverneur*
unterstellt *(seit 1714 Vizekönig)*. Sitz der Kolonialregierung ist São
Salvador da Baía, seit 1763 Rio de Janeiro. Ab 1553 werden *Jesuiten*
nach Brasilien entsandt, die sich um die Erschließung des Landes verdient machen. Da sich die Indianer als Arbeitskräfte auf den Plantagen wenig eignen, führen die Portugiesen ab 1574 *Negersklaven* aus
ihren afrikanischen Besitzungen ein (meist Bantu und Sudanesen, vgl.
S. 439).

Im allgemeinen gelten auch in Brasilien die Gesetzes des Mutterlandes. Da es aber an geeigneten Beamten fehlt, üben die Großgrundbesitzer und die lokalen Honoratioren in der Regel Verwaltung und
Rechtsprechung aus. Erst Pombal (S. 356) vereinheitlicht und strafft
die Verwaltung. Die an Private übereigneten Hoheitsrechte fallen gegen Entschädigung an die Krone zurück.

Wie im spanischen Kolonialreich kämpft die Kirche, besonders die
Jesuiten, gegen die Versklavung der Indianer. Berüchtigt als Sklavenjäger sind die Bewohner des Gebietes von São Paulo, die „Paulista-
ner".

1758 Ein königlicher *Erlaß* erklärt *alle Indianer* für *frei* (rechtliche Gleichstellung mit den Weißen, Begünstigung indianisch-portugiesischer
Mischehen). Die *Ausweisung der Jesuiten* (1759) ist allerdings für das
Wirtschaftsleben und das Unterrichtswesen unter den Eingeborenen
höchst nachteilig.

Der portugiesische Siedlungsraum dehnt sich im 17. Jh. ins Landesin-
nere aus; die planmäßige Erschließung beginnt 1744 von N nach S.
Einen beträchtlichen wirtschaftlichen Aufschwung bringt 1693 die
Entdeckung von Goldlagern; 1729 werden in Minas Gerais Diamanten gefunden. In den Bergbaugebieten entstehen neue Städte, die
großen Bevölkerungszustrom haben; steigende Einfuhr von Negersklaven als Arbeitskräfte in den Minen; Verfall der Agrarwirtschaft
(besonders der Zuckerproduktion).

1807 Die portugiesische Königsfamilie flüchtet vor den napoleonischen
Truppen nach Brasilien, dessen eigentlicher kolonialer Status durch
eine Reihe von Reformen (u. a. Aufhebung der Monopole) beendet
wird.

1815 **Brasilien** wird *gleichberechtigter Partner* des „Vereinigten Königreichs von Portugal, Brasilien und Algarve". (Forts. S. 428.)

b) Das spanische Kolonialreich

1498 Auf seiner 3. Reise entdeckt **Kolumbus** das amerikanische Festland
an der Küste Venezuelas und auf seiner 4. Reise die Ostküste von
Panama (1502).

1513 Balboa durchquert den Isthmus von Panama und sichtet als erster
den Stillen Ozean.

1519 *Hernán Cortés* landet bei Veracruz, zieht zur Hauptstadt des Azte-
kenreichs, bemächtigt sich durch Verrat des Königs Motecuhzoma II.
(S. 305) und unterwirft bis 1521 ganz Mexiko.

1527 Karl V. verpfändet Venezuela an die Welser (bis 1546).

1531–1534 *Francisco Pizarro* erobert das Reich der Inka (S. 309).
Der spanische Besitz ist in Provinzen unter einem königlichen Gouverneur eingeteilt. Eine kollegiale Verwaltungsbehörde (Audiencia)
soll den Zusammenhalt der sich ständig weiter ausdehnenden Besitzungen gewährleisten. Zu Beginn des 19. Jh. bestehen die *Vizekönig-
reiche Neuspanien* (Mittelamerika, 1535), *Peru* (1543), *Neugranada*
(Kolumbien, Ecuador, Venezuela, 1739), *Rio de la Plata* (1776) und
die *Generalkapitanate Cuba* (1777) und *Chile* (1778).
Spanien baut in Lateinamerika sein Kolonialreich grundsätzlich als
europäische Siedlungskolonie auf. In Neuspanien erlauben klima-
tische, geographische und demographische Voraussetzungen, ein ge-
treues Abbild der gesellschaftlichen und wirtschaftlichen Struktur des
Mutterlands zu erstellen. Die *Kreolen,* in Übersee geborene Spanier,
bilden als Beherrscher von Handel und Wirtschaft (Ländereien, Sil-
berminen) zahlenmäßig eine starke Oberschicht. Die einheimische
Bevölkerung, die sich mit der Fremdherrschaft abfindet, wird nach
und nach assimiliert und als Arbeitskraft eingesetzt. In Gegenden mit
dünngestreuter spanischer Besiedlung üben die Gouverneure nur
eine Oberaufsicht über die Einheimischen aus (Stützpunkte, Mis-
sionsstationen).
Der überseeische Besitz ist Patrimonialeigentum der Krone, die den
Siedlern Königsland zuteilt und Privilegien verleiht. Die Kolonien
werden grundsätzlich wie das Mutterland behandelt. Oberstes Regierungsorgan ist ab 1524 der **Indienrat in Madrid:** einheitliche Rechtsprechung, Verwaltung, eine nach spanischem Muster aufgebaute
Gesellschaftsordnung und die katholische Kirche bestimmen das
Gepräge Lateinamerikas.
In *Wirtschaft, Handel und Finanzen* sind die Überseebesitzungen auf
das Mutterland ausgerichtet. Die Krone besitzt das Handelsmonopol.
In den Kolonien ist die Herstellung bestimmter Waren untersagt, der
Warenaustausch Einschränkungen unterworfen. Einnahmen, die
nicht direkt zum Unterhalt der Kolonien benötigt werden, fließen
dem Mutterland zu.

Ein schwerer Mißstand ist die **Zwangsarbeit,** zu der die europäischen Eroberer die Indianer heranziehen *(encomienda)*. Mit der Übereignung von Land werden auch Eingeborene als Arbeitskräfte zugeteilt bzw. die spanischen Beamten damit besoldet *(repartimiento)*. Gegen diese Methoden wenden sich vor allem die Missionsorden, die den Plan fassen, indianische Christengemeinden zu gründen, die den Kolonisten verschlossen sein sollen (Ferdinand der Katholische erteilt dem *Dominikaner Pedro de Córdoba* die Genehmigung). Die ersten Versuche, solche Missionsreservationen (Reduktionen) zu gründen (1516), scheitern, da die Überfälle spanischer Händler nicht aufhören.

Der Dominikaner Fray Bartolomé de **Las Casas** führt einen leidenschaftlichen Kampf gegen das spanische Kolonialsystem; ausgehend vom christlichen Gleichheitsgedanken, sieht er im Missionsstaat die gerechte Sozialordnung für die Kolonialgebiete. Endlich verbieten 1542 *Reformgesetze,* die Indianer zu versklaven und neue encomiendas zu vergeben bzw. vorhandene zu vererben. Eine negative Auswirkung dieser Leyes Nuevas (Neue Gesetze) ist die Einfuhr von Negersklaven. Die Indianersklaverei wird erst allmählich beseitigt.

Von den Inka übernehmen die Spanier die *mita,* eine *zwangsweise Dienstverpflichtung* der Indianer zu Bergbau (Silbergruben von Potosí) und Straßenbau. Die Schutzbestimmungen werden meist nicht beachtet. Entvölkerung des Andenhochlands durch Flucht. Erst die „Königliche Instruktion über die Arbeit der Indianer" (1601) beseitigt die schlimmsten Mißstände und regelt Arbeitsfreiheit, Arbeitsvermittlung und Entlohnung.

Der Plan, Indianer in Reduktionen anzusiedeln und sie z.T. in ihrer Landessprache zu missionieren, wird immer wieder aufgenommen. Auf Veranlassung der spanischen Behörden beginnen die *Jesuiten 1610* ihr Werk der Christianisierung und Zivilisierung in **Paraguay.** Die im sog. **Missionsstaat,** Reduktionen mit ausgedehntem Wirtschaftsraum und Verwaltungsautonomie, angesiedelten Indianer dürfen nicht zu Zwangsarbeit herangezogen werden. Eigene Miliz gegen Überfälle brasilianischer Sklavenjäger. Ähnliche „Jesuitenstaaten" entstehen östlich von Quito, im nördlichen Bolivien, im nordwestlichen Mexiko u.a.m. Das Experiment endet 1767 mit der Vertreibung der Jesuiten durch die Behörden.

Unter Karl III. (1759–1788) werden neue Reformen und sozialpolitische Maßnahmen zugunsten der Indianer eingeleitet. Unzufriedenheit der kreolischen Aristokratie, da die Reformen oftmals den örtlichen Interessen entgegenstehen. Zurücksetzung bei der Ämtervergabe verstärkt den *Gegensatz zwischen Alteingesessenen und Zuwanderern* aus Spanien (meist einfacher Herkunft). Anfänge eines Nationalgefühls der lateinamerikanischen Völker.

Die kreolische Oberschicht ist mit dem Gedankengut der europäischen Aufklärung (S. 349) und den Doktrinen der Französischen Revolution durchaus vertraut; auch das Beispiel der Neuenglandstaaten wirkt auf die Unabhängigkeitsbewegung. Politisch bedeutsam ist die Lehre vom Gesellschaftsvertrag und der Volkssouveränität: Als Ferdinand VII. abgesetzt wird und französische Truppen Spanien besetzen (S. 371), betrachtet sich Spanisch-Amerika als souverän mit dem Recht, sich selbst zu regieren. Die indianische Bevölkerung ist kein aktiver Faktor bei Revolutionsausbruch. Der Aufstand des Inkanachkommen Tupac Amaru 1780 hat soziale Ursachen.

1810 Der **Kongreß in Caracas** proklamiert die **Unabhängigkeit Venezuelas.**
5. Juli   Buenos Aires, Neugranada und Chile folgen.

José de San Martín (* 1778, † 1850) überschreitet 1817 die Anden und erobert Chile und Peru. Simón **Bolívar** (* 1783, † 1830), unterstützt von Großbritannien, zieht nach seinem Sieg über die Spanier in Bogotá ein und proklamiert, nachdem ihm der Kongreß (Februar 1819) diktatorische Vollmachten erteilt hat, die Vereinigung von Venezuela und Neugranada als **unabhängige Republik Kolumbien.**

1824 Die *Schlacht von Ayacucho* entscheidet den Freiheitskampf.

Die Erhebung gegen Spanien entwickelt sich zu einer vielfach verworrenen, widerspruchsvollen Bewegung, ohne eine leitende Zentrale und ohne allgemeinverbindliche politische Richtlinien. Auch die siegreichen Führer der Freiheitskriege verkörpern nicht die anerkannte Autorität, die vorher im spanischen König symbolisiert war. Der Plan Bolívars, einen Bund aller amerikanischen Staaten zu errichten (S. 679), ist ebenso zum Scheitern verurteilt wie die kurzfristige Vereinigung von Venezuela, Kolumbien und Ecuador (S. 428) oder San Martíns Vorstellung von einer konstitutionellen Erbmonarchie. San Martín legt am 29. August 1822 den Oberbefehl nieder und geht nach Europa ins Exil; auch Bolívar muß abdanken. (Forts. s. unten.)

c) Die selbständigen Staaten bis 1914 (Forts. v. S. 425)

In **Mexiko** (Teil des Vizekönigreichs Neuspanien) beginnt 1810 der Freiheitskampf unter Miguel Hidalgo. *1821 Unabhängigkeit.* Bürgerkriege zwischen rivalisierenden Generälen, zwischen kirchlich-konservativen und liberalen Gruppen. Der Krieg mit den USA endet mit Gebietsverlusten (S. 421). Unter Präsident *Benito Juárez* (1858–1872) Beginn der liberalen Ära. Auf Ersuchen der Klerikalen und Zentralisten greift Frankreich ein: *1863* wird Mexiko *Kaiserreich* unter Erzherzog Maximilian von Österreich als Kaiser. Auf Druck der USA hin Abzug der französischen Truppen (1866); Maximilian wird 1867 erschossen. Unter Präsident *Porfirio Díaz* (1877–1880, 1884–1911) wirtschaftlicher Aufschwung, aber auch wachsende soziale Spannungen, die *1910* in einer *Revolution* zum Ausbruch kommen; Díaz tritt zurück (1911).

Das Generalkapitanat Guatemala, das zu Mexiko gehört, erklärt seine Unabhängigkeit *1823* als *Zentralamerikanische Konföderation;*

diese löst sich **1839** in die *selbständigen Staaten* **Guatemala, El Salvador, Nicaragua** und **Costa Rica** auf.

Kolumbien (Neugranada), **Venezuela** und **Ecuador** schließen sich 1819 unter Simón Bolívar als Präsidenten zur Republik Großkolumbien zusammen, trennen sich jedoch *1830* und konstituieren sich als *selbständige Republiken.*

Peru wird 1821, **Bolivien** (früher Alto Perú) 1825, **Paraguay** 1811, **Uruguay** endgültig 1828, **Argentinien** 1816 unabhängig. **Chile,** 1818 unabhängig (erster Präsident Bernardo O'Higgins), gewinnt im Krieg gegen Peru (1879–1883) das Weltmonopol für Salpeter und nimmt Bolivien die Provinz Antofagasta mit ihren reichen Kupferlagern ab (1884).

Mit der Übersiedlung des portugiesischen Königshauses 1807 nach **Brasilien** beginnt die Trennung des Landes von Portugal. *Unabhängigkeitserklärung 1822;* Dom Pedro (Sohn von König Johann VI. von Portugal) Kaiser (konstitutionelle Monarchie). Innere Gegensätze wegen der Sklavenfrage, starke republikanische Strömungen. Die Aufhebung der Sklaverei 1888 löst den Sturz der Monarchie aus (Bündnis von Großgrundbesitzern und Republikanern). *1889* Ausrufung der *Republik;* Föderativverfassung.

Cuba (vgl. S. 422) wird *1901 Republik;* 1906 und 1917 Intervention der USA. **Haiti,** dessen Westteil seit 1697 französischer Besitz ist, proklamiert *1801* seine *Unabhängigkeit;* innere Wirren, Kämpfe mit den Franzosen. Der früher spanische Ostteil der Insel schließt sich 1822 dem französischen Haiti an, erklärt sich jedoch *1844* als **Dominikanische Republik** für *unabhängig.* Bürgerkriege und Revolutionen veranlassen die USA, in beiden Staaten zum Schutz der Interessen der United Fruit Co. militärisch zu intervenieren (1915/16).

Als **Lateinamerika** zu Beginn des 19. Jh. seine Unabhängigkeit erkämpft, bleiben die Grundlagen von Herrschaft und Gesellschaft – Zentralismus, Hierarchie und autoritäres Regime – erhalten, wenn auch unter anderen Vorzeichen. Die sozialen Privilegien der kreolischen Oberschicht, die nunmehr die gesamte politische und wirtschaftliche Macht für sich beansprucht, bleiben ungeschmälert. Indianer, Neger, Mestizen und Mulatten stehen dem öffentlichen und politischen Leben gleichgültig gegenüber bzw. sind von diesem ausgeschlossen. Infolgedessen fehlt eine wirklich staatstragende Bevölkerung.

Die *innere Entwicklung* der lateinamerikanischen Staaten ist bis in die Gegenwart hinein eine Auseinandersetzung zwischen Zentralregierung und Lokalgewalten. Ortsansässige caudillos – meist Großgrundbesitzer – kontrollieren mit ihren festgefügten Familienverbänden (System der hacienda) weite Landstriche. Die Regierung, deren Mitglieder sehr oft den maßgebenden Oligarchien entstammen, hat den regionalen Gewalten Rechnung zu tragen, es sei denn, sie wählt die Diktatur.

Ein wesentlicher Anspekt der lateinamerikanischen Diktatur ist die

Armee, die dann die Macht ergreift, wenn die Regierung nicht allgemein anerkannt wird. Politik und Parteien sind nicht an theoretische oder ideologische Programme (bzw. Begriffe wie Liberalismus, Sozialismus, Demokratie, Konstitutionalismus, Konservativismus), sondern zuerst an die Person und die Macht eines caudillo gebunden. Der Präsident übt daher Legislative, Exekutive und Justiz aus; er steht nicht unter der Verfassung, sondern regiert in ihrem Namen. Wahlen dienen in der Regel dazu, seine Herrschaft zu legitimieren.

Die *katholische Kirche* büßt ihre zentrale Rolle im staatlichen Leben vielfach ein. Sie verliert in den meisten Staaten Grund und Boden sowie die Kontrolle über Literatur und Presse, Eheschließung, Erziehungswesen und öffentliche Wohlfahrt. Trotz des ,,Antiklerikalismus" bleibt sie aber als religiöse Institution von der Bevölkerung anerkannt.

Tiefgreifende *Wandlung des Wirtschafts- und Sozialgefüges* infolge der industriellen Expansion in Europa (S. 377) und der steigenden Nachfrage nach Rohstoffen: Spezialisierung auf lohnende Monokulturen, Vernachlässigung anderer Wirtschaftszweige und Verelendung der dort Beschäftigten, Einsatz des technischen Fortschritts (Eisenbahnen, Schiffahrt, Mechanisierung) ohne Rücksicht auf die planmäßige Erschließung nichtbegünstigter Gebiete. Die europäische Masseneinwanderung (ab 1870) bringt nicht die erhoffte Stärkung der Landwirtschaft, da die Neuankömmlinge in den Städten bessere Chancen erwarten (Entstehung einer Mittelklasse). Neben einer neuen Oberschicht aus Beamten, Kaufleuten, Fabrikanten und Angehörigen gehobener freier Berufe bilden sich um die Wende zum 20. Jh. Ansätze zu einem städtischen Proletariat.

Der wachsende Zustrom ausländischer Investitionen fördert zwar den Aufschwung des Außenhandels, führt aber auch zu einer *starken Abhängigkeit vom internationalen Kapital* und von Weltmarktkrisen (u. a. 1857, 1866, 1882, 1890). Mit dem wirtschaftlichen Einfluß des Auslands geht der politische Hand in Hand: Investitionen und Anleihen sollen die Staatsgewalt konsolidieren, die den ausländischen Interessen den nötigen Schutz garantiert. Die Großmächte setzen je nach Bedarf Handel, Politik und Diplomatie – bis zu bewaffneter Intervention – zur Sicherung ihrer Positionen ein. Von der Monroedoktrin über die Erweiterung des amerikanischen Staatsgebiets und die Big-stick-Politik Theodore Roosevelts bis zur panamerikanischen Zusammenarbeit (S. 679) bauen die USA ihre beherrschende Stellung auf dem amerikanischen Kontinent auf, gestützt auf ihre Wirtschaftsmacht (,,Dollarimperialismus", repräsentiert u. a. von der United Fruit Co.) und ihre Propaganda für den American way of life. (Forts. S. 693 ff.)

C. Afrika

1. Nordafrika

a) Ägypten (Forts. v. S. 292)

1517–1798 In Ägypten dauert die unmittelbare türkische Herrschaft an, die, zusammen mit der Verlegung der Handelswege um das Kap der Guten Hoffnung und nach Amerika, das Niltal zu einer fast geschichtslosen Epoche verurteilt. Neben den türkischen Gouverneuren setzt sich die Aristokratie der im Land verbliebenen Mamelucken (S. 292) immer mehr durch. Die Vertreter des Sultans sind am Schluß nur noch Schattenfiguren. Mancherlei Verbindungen mit europäischen Mächten, die sich um das Protektorat über die Christen und den Einfluß an den heiligen Stätten bemühen, fördern die geistige Distanz der Araber zu den Türken.

1798–1801 Ausgangspunkt für die Verselbständigung der arabischen Welt wird Napoleons ägyptische Expedition, auch wenn sie politisch ein Fehlschlag ist.

1806 wird der albanische Offizier **Muhammad Alī** (türk. Mechmed Alī) türkischerseits zum **Pascha** von Ägypten ernannt. Nach der Ausschaltung der Mamelucken durch Mord (1811) festigt er seine Macht, schafft eine geordnete Verwaltung, baut Landstraßen, errichtet ein eigenes Heer und eine Flotte, reformiert das Medizinalwesen, behindert aber die Entwicklung des Landes durch ein Handelsmonopol und hohe Ausfuhrzölle. Gestärkt durch militärische Erfolge (1831/39), strebt er nach Unabhängigkeit von der Türkei, muß sich aber unter dem Druck der Großmächte mit der erblichen Statthalterwürde begnügen.

1863–1879 *Ismā'il*, seit 1867 mit dem Titel *Chedive* (Vizekönig), gerät durch den *Bau des Sueskanals* (Leitung Ferdinand de Lesseps) in große finanzielle Schwierigkeiten. Die Eröffnungsfeierlichkeiten 1869 erhöhen sein Ansehen, doch kommt es zu Auseinandersetzungen mit der Pforte, die erst 1873 behoben werden: weitgehende innere Selbständigkeit bei Anerkennung der türkischen Oberhoheit und jährlicher Tributzahlung an die Pforte. Die ruinöse Finanzwirtschaft des Chediven, die Ausgaben für einen unglücklichen Krieg gegen Äthiopien 1875–1877 sowie 1875 der Verkauf seines Anteils an den Sueskanalaktien an England führen zur Einrichtung einer von Ausländern geschaffenen Staatsschuldenverwaltung.

1882 Nach einer nationalistischen Militärrevolte bombardiert eine englische Flotte Alexandria und besetzt das Land. Währenddessen erhebt sich *im Sudan* der *Aufstand des Machdī* (26. Jan. 1885 Eroberung von Chartūm). Erst 1898 wird der Sudan von Kitchener durch den Sieg bei Omdurmān wieder unterworfen und (nominell) als englisch-ägyptisches Kondominium eingerichtet; nach dem Zusammenstoß in Faschoda 1898 (S. 409) überläßt Frankreich 1904 Ägypten und den Sudan dem britischen Einfluß. Der englische Generalkonsul Lord

Cromer wird zum wahren Herrscher Ägyptens: innere Konsolidierung, Förderung der Landwirtschaft, Schutz der Kleinbauern, Durchsetzung des Baumwollanbaus, Bau des Staudamms von Assuan (1899–1902).

Während dieser Periode wächst das ägyptische und islamische Selbstbewußtsein durch eine *Neubesinnung der islamischen Theologen.* Ihr Aufruf zur Einbeziehung moderner Ideen in das Glaubensgut und die Aktivierung des religiösen Lebens einschließlich des Erziehungswesens wirken bis heute nach. In den oberen und mittleren Schichten finden europäische Ideen, wie Liberalismus und Nationalismus, auch Freigeisterei, bedeutsamen Widerhall.

1914   wird **Ägypten** zu einem **englischen Protektorat** erklärt, nachdem die
19. Dez.   Türkei an Deutschlands Seite in den Krieg eingetreten ist. Der neue „Sultan von Ägypten" ist zu einer rein passiven Rolle verurteilt.

Nach einer Reihe von Demonstrationen nötigt die mächtige Wafd-
1922   Partei den Engländern die Erklärung **Ägyptens** zum **unabhängigen Königreich** ab. König wird Fu'ād I. (Forts. S. 723.)

b) Der Maghreb (Forts. v. S. 293)

Im Anschluß an die Eroberung Ägyptens durch die Türken 1517 dehnt sich deren – vielfach nur nominelle und mittelbare – Macht rasch westwärts aus (1521 Cyrenaika, 1551 Tripolitanien, 1556 Algerien, 1574 Tunesien); doch bleiben überall örtliche Fürsten und Schaichs maßgebend. In Marokko hält sich die (vom Propheten Mohammed abstammende) Dynastie der Scherifen. Eine Reihe von Küstenplätzen bleibt (z. T. bis heute) in spanischer Hand. Im 18. Jh. hört die osmanische Oberherrschaft praktisch auf. Der weitgehende Verfall staatlicher Autorität hat eine starke Entwicklung des Piratentums zur Folge. Die Flottillen der „Barbaresken" bilden im 17. und 18. Jh. eine Bedrohung der europäischen Mittelmeerschiffahrt, zumal Gefangene immer wieder als Sklaven verkauft werden. Eine entscheidende Wende bringt erst das Eingreifen der nördlichen Anrainer des Mittelmeers im 19. Jh.:

1830–1847 Die *Eroberung* **Algeriens** *durch Frankreich* im Kampf gegen Abd al-Kāder treibt einen Keil in die islamische Länderkette und wird für Nordafrika zum Beginn der Neuzeit. Das Land wird von romanischen Siedlern (colons) erschlossen und zu einem bedeutenden Lieferanten von Getreide und Wein. Die Eingeborenen fügen sich der französischen Herrschaft nur widerwillig (1870/71 großer Aufstand). Der Ausbau der Verkehrsverbindungen, schließlich auch quer durch die Sahara, zusammen mit starken Garnisonen (Fremdenlegion) bringt das Land zur Ruhe. (Forts. S. 731.)

Marokko wahrt unter der scherifischen Dynastie seine Unabhängigkeit. Erst zu Beginn des 20. Jh. gerät es in den Interessenkonflikt zwischen Frankreich und Deutschland (S. 403). Schließlich wird das
1912   Land unter Beibehaltung seiner Dynastie **französisches Protektorat**

(Vertrag von Fes). Gouverneur Marschall Lyautey (1912–1925): wirtschaftliche Erschließung; Marokkaner im Ersten Weltkrieg. (Forts. S. 732.)

Tunesien lehnt sich nach 1847 – zuerst zögernd – enger an Frankreich an. 1871 erkennt die Hohe Pforte die Autonomie an. Dadurch werden in Italien Hoffnungen auf ein mögliches Protektorat geweckt, das sich auf die vielen dort ansässigen Italiener stützen soll.

1881 Die *Besetzung des Landes durch Frankreich* veranlaßt Italien zum Abschluß des Dreibunds mit Deutschland und Österreich (S. 395). Auch in Tunesien bleibt die einheimische Dynastie erhalten, so daß die Franzosen einen legalen Partner für Verhandlungen mit den Einheimischen haben. (Forts. S. 730.)

Tripolitanien gehört weiterhin nominell zur Hohen Pforte, ist aber staatlich nur wenig organisiert. Nur der damals neu gegründete Orden der Senūsī vermag den Italienern wesentlichen Widerstand zu leisten,

1912 als diese das Land während der Balkankriege besetzen (S. 395). (Forts. S. 522, 536.)

2. Afrika südlich der Sahara – Die vorkoloniale Zeit

Die archäologische Erforschung Afrikas ist noch lückenhaft; daher kann noch kein verbindlicher Überblick über die Ausbreitung der urgeschichtlichen Kulturen gegeben werden. Die von Europa her bekannte Einteilung der Vorgeschichte ist auf Afrika südlich der Sahara nicht anzuwenden. So gibt es hier z. B. neben steinzeitlichen Industrien verschiedener Stufen metallbesitzende und -verarbeitende Kulturen, die sich alle bis zur europäischen Besiedlung im 19. Jh. erhalten konnten. Die älteste faßbare Steinindustrie ist die Geröllkultur (etwa 500000 bis 60000 v. Chr.). In diese Zeit gehören wohl auch die Frühmenschenfunde (Tanganjika, Südafrika). Bisher ältester Menschenfund in der Oldoway-Schlucht von R. Leakey jr. auf 2,6 Mill. Jahre geschätzt. Zwischen ca. 5000 bis 2500 v. Chr. ist die große Einwanderung von Menschen neolithischer Kulturstufe anzusetzen (Felsbilder in den Gebirgsmassiven der Sahara). Herkunft und Verarbeitung des Eisens sind noch nicht geklärt (Eisenzeit etwa ab 600 v. Chr.); ein Mittelpunkt der Eisenverarbeitung war das von Ägypten beeinflußte Meroe. Nach Westafrika sind Eisengegenstände vermutlich mit der phönikischen Kultur gekommen. Im übrigen Afrika ist die Eisenverbreitung offensichtlich mit den Bantuwanderungen im 2. und 3. Jh. n. Chr. eng verbunden. Im Lauf der Geschichte nehmen nicht nur die Wirkungen „von außen" her zu, sondern eigene schwarzafrikanische Entwicklungen zu Hochkulturen oder vorübergehende Zusammenfassungen größerer Völkerschaften unter starken Einzelpersönlichkeiten halten den Kontinent ständig in Bewegung. Die religiösen Vorstellungen sind eng mit der Natur verbunden. Sehr früh dringen christlicher und islamischer Glaube zu den Völkern Schwarzafrikas. Da die Schrift fehlt, sind eigene schriftliche Quellen nicht vorhanden, ausgenommen die stärker islamisierten Gebiete. Religiöse Mythen, historische Sagen zeugen von einem vielgestaltigen Geistesleben. Die Wanderungen, in vorgeschichtlicher Zeit begonnen, werden fortgesetzt und halten bis in die Neuzeit hinein an.

a) Äthiopien, Sudan und Westafrika

Erster historisch faßbarer Staat in **Äthiopien** ist das sabäische *Reich von Aksum* (vermutlich 60 n. Chr. erstmals erwähnt). Christianisierung um 450 n. Chr. (koptische Kirche). Geistige und wirtschaftliche Beziehungen zum Mittelmeerraum, die der Islam dann unterbindet. Herrscher der *salomonischen Dynastie* seit 1270. Kämpfe gegen die Muslime, besonders gegen das Königreich Adel (später Britisch-Somaliland). Seit 1267 Fühlungnahme mit dem Abendland (Italien, Spanien, Portugal). Unter *Jasus I. d. Gr.* (1682–1706) erreicht Äthiopien einen Höhepunkt seiner Macht. Nach einer längeren Periode des Niedergangs und innerer Wirren eint Theodor II. (1855–1868) das Reich wieder. *Menelik II. d. Gr.* (1889–1911) wehrt Italien, das Äthiopien zur Kolonie machen will, durch seinen Sieg bei Adua ab (1896); Italien erkennt im Frieden von Addis Abeba Äthiopiens Unabhängigkeit an. Menelik beginnt sein Land westlichen Errungenschaften zu öffnen. (Forts. S. 749.)

Im 8. Jh. v. Chr. entsteht in **Nubien** das *Reich Kusch* (Hauptstadt Meroe) mit regen Beziehungen zum Mittelmeerraum. Kusch erliegt im 3./4. Jh. n. Chr. dem Reich von Aksum und Nomadenstämmen. Auf seinem früheren Gebiet entstehen kleinere Nachfolgestaaten. Christianisierung im 6. Jh. (koptische Kirche); erst im 14. Jh. Islamisierung. 1820/22 fallen Nubien und das obere Niltal an Ägypten. Der Aufstand des Machdi dehnt sich auf diese Gebiete aus, die Großbritannien nach seinem Sieg dem Anglo-Ägyptischen Sudan einverleibt. (Forts. S. 751.)

Östlich und westlich des Tschadsees entsteht um 800 n. Chr. das *Reich Kanem.* Beherrschende wirtschaftliche, politische und kulturelle Stellung, die auch der Nachfolgestaat *Bornu* lange aufrechterhalten kann. 1899/1900 fällt Kanem an Frankreich, der Hauptteil Bornus kommt zur britischen Kolonie Nigeria, ein Teil Bornus zu Nordkamerun (deutsche Kolonie). Am Niger bildet sich um 300 n. Chr. das *Reich Ghana,* das sich im N bis zur Sahara, im O bis Timbuktu und im W bis zum Senegal ausdehnt. Angriffe der Almoraviden; Niedergang Ghanas im 12. Jh. Seinen Platz als Großreich nimmt *Mali* ein. Zerfall Ende des 16. Jh. Erbe Ghanas und Malis wird *Songhai* (Handelszentren Timbuktu, Djenné und Gao). Kämpfe mit den Fulbe (Fulani), die im Mittelalter von ihren Wohnsitzen nördlich des Senegal aus ihre Wanderungen begonnen haben. Islamisierung im 18. Jh.; neue Staaten mit den *Fulbe* als Herrenschicht (Unterwerfung der Haussa). Das Vordringen Frankreichs in den westlichen Sudan beendet die Kämpfe; die Fulbe geraten unter englische und französische

Kolonialherrschaft. Der Überlieferung nach sind Einwanderer aus N und O in die westafrikanischen Küstenländer gekommen. Historisch faßbar sind u. a. die *Ibo* (Ostnigeria) und die *Yoruba* (Westnigeria); bemerkenswert die Kunstarbeiten der Yoruba (Elfenbeinschnitzereien, Gelbgußkunst von Ife und Benin). Ende des 19. Jh. unterliegen die Yorubastaaten den Briten, desgleichen die Aschanti. (Forts. S. 436, 437.)

1822 werden an einem Küstenstrich beim heutigen Monrovia befreite Negersklaven aus dem Süden der USA angesiedelt. Diese Ansiedler geben sich 1847 eine Verfassung nach amerikanischem Vorbild und proklamieren die *„Freie und Unabhängige Republik* **Liberia**". Die Nachkommen der ersten Siedler (Americo-Liberier) unterwerfen die Bewohner des Hinterlands. (Forts. S. 736.)

b) Kongobecken

Im 13. Jh. entsteht am Unterlauf des Kongo das gleichnamige *Königreich*, das seine Herrschaft über andere Stämme ausdehnt. Aufnahme diplomatischer Beziehungen zu Portugal, das 1490 Missionare entsendet (Bau von Kirchen und Klöstern). Als Portugal als Belohnung für Militärhilfe Gebiete an der Kongomündung verlangt, kommt es im Königreich zum Bürgerkrieg (Ende des 16. Jh.). Das Königreich löst sich in Einzelstaaten auf; das Christentum verschwindet. Ein Rest des Reichs kommt 1885 durch die *Kongoakte* zu Angola.

Wohl zwischen dem 9. und 12. Jh. entstehen die Staaten der *Ba-Luba*, *Ba-Lunda* und *Ba-Kuba*, die in den folgenden Jahrhunderten ihre Macht ausdehnen können (organisiertes Staatswesen, lebhafter Handel). Die drei Reiche werden Ende des 19. Jh. von den Belgiern unterworfen und Belgisch-Kongo zugeschlagen. (Forts. S. 438, 439.)

c) Ostafrika

Die Araber haben schon früh Wirtschaftsbeziehungen zu den *Küstenstämmen* angeknüpft. Die Handelsniederlassungen werden im 13./14. Jh. zu Städten ausgebaut (u. a. *Mombasa, Malindi, Mogadischu*); Einwanderung von Asiaten. Die Portugiesen zerstören Wirtschaft und Kultur dieser Stadtstaaten (Vasco da Gama kommt 1498 erstmals dorthin). Im 18. Jh. wird die portugiesische Herrschaft wieder von den Arabern abgelöst. Das *Sultanat Sansibar* unterwirft 1837 den gesamten Küstenstreifen.

In das *Innere Ostafrikas* dringen nacheinander in mehreren Wanderwellen verschiedene Völker von N nach S vor: u. a. im 6. Jh. die *Azaner* (Kenntnis der Eisenbearbeitung, Steinbau) ungefähr im heutigen Kenia und Uganda; im 16. Jh. hamitische Einwanderer. Im 15./16. Jh. gründen Einwanderer vom Nil her die Staaten *Bunyoro* und *Buganda* (im heutigen Uganda). 1862 erstmals Berührung mit Europäern; Missionierung; Bildung einer katholischen und evangelischen Partei. In den Bürgerkrieg greift Großbritannien ein.

Unter den neuen Staaten mit hamitischer Oberschicht sind die *Tutsi-reiche* (Watussi) *von Ruanda und Urundi* von Bedeutung (z. T. komplizierte Gesellschaftsordnung). Die nicht arabisch geprägte Oberschicht leistet der kolonialen Ausbreitung Deutschlands heftigen Widerstand (Wahehekriege).
Das Nebeneinander verschiedener Völkergruppen (Bantu, hamitische Hirtenvölker, Asiaten und Europäer) wird im 20. Jh. das Problem der „mehrrassischen Gesellschaft" aufwerfen. (Forts. S. 437, 439.)

d) Südafrika

Ins südliche Afrika kamen jedenfalls in mehreren Wellen Einwanderer von N her. Kenntnis der Eisenverarbeitung, Bau von Terrassen und Bewässerungsanlagen schon im 1. Jh. n. Chr. feststellbar. Größte Anlage ist *Zimbabwe* (ältestes Radiokarbondatum 591), später Mittelpunkt des *Reichs des Monomotapa* (= der den Tribut einsammelt), das seine Macht bis zum Kap ausdehnt (12.–16. Jh.). Handel mit den Portugiesen, die 1629 die Anerkennung ihrer Oberhoheit erzwingen; Zerfall des Monomotapareichs. Neue Staatengründungen (u. a. der *Rozwi* um 1700). Zu den nach Südafrika eingedrungenen Bantustämmen zählen u. a. die *Swasi* und *Zulu*. Tschaka errichtet ein Reich, das sich vom Limpopo bis zum Kapland erstreckt (1820–1828). Seine grausame Herrschaft löst die Fluchtwanderung anderer Bantustämme aus, wobei frühere Staaten zerstört werden – wie der der Rozwi – und neue Reiche entstehen, so das *Reich der Matabele*, die von Natal nach Südrhodesien ziehen. Unter Tschakas Nachfolgern zerfällt die Macht der Zulu, die 1879 von den Briten besiegt werden; ein Teil des Gebiets fällt an die Buren, der Rest an Großbritannien, das 1888–1893 auch die Matabele niederwirft. Das ehemalige Gebiet des Monomotapareichs kommt an Portugal und Südrhodesien. (Forts. S. 437, 439.)

e) Madagaskar

Die Insel, schon in vorgeschichtlicher Zeit besiedelt, wird im 1. Jtsd. n. Chr. von Arabern, Indern und Melanesiern erreicht. 1506 entdeckt der Portugiese *Diogo Dias* die Insel, die im 17. Jh. unter französischen, dann unter britischen Einfluß gerät. Die Berliner Kongokonferenz 1885 spricht Madagaskar den Franzosen zu, die nach mehreren Revolten die Insel *1896* zur *Kolonie* erklären. Befriedung und zivilisatorische Erschließung durch Frankreich. (Forts. S. 751.)

3. Afrika südlich der Sahara – Die Kolonialzeit

Nach der Entdeckung durch die Portugiesen (S. 315) entstehen an den Küsten Afrikas Stützpunkte und Faktoreien; eingehandelt werden Gold, Elfenbein, Gewürze und Sklaven. Die Entwicklung der Planta-

*genwirtschaft in Übersee bewirkt die Ausweitung des Sklavenhandels
(erst um 1860 endgültig unterbunden), an dem sich neben den Europäern auch afrikanische Staaten bereichern: bis zum 18. Jh. werden Millionen Neger nach Amerika verfrachtet (S. 421, 424, 426). Die Industrielle Revolution (S. 353) läßt die europäischen Staaten nach neuen
Absatzmärkten suchen (Fertigwaren gegen tropische Produkte). Die
Handelsverbindungen werden anfangs von privaten Firmen wahrge-
nommen, doch schalten sich zur rechtlichen Sicherstellung der Kontore
nach und nach die Regierungen ein.*

*Bereits vor und während der Handelsexpansion setzt die wissenschaft-
liche Erforschung Innerafrikas ein: Voraussetzung für koloniale
Erschließung und christliche Missionierung.*

*Den eigentlichen kolonialen Imperialismus löst die Absicht König
Leopolds II. von Belgien aus, im Kongogebiet Kolonialbesitz zu erwerben, in dem Kapital gewinnbringend investiert werden kann. Auf
der Kongokonferenz in Berlin 1884/85 wird bestimmt, daß nur der
Staat Anspruch auf ein Gebiet erheben kann, der es tatsächlich in Besitz
nimmt. Daraufhin ist ganz Afrika binnen wenigen Jahren unter den
europäischen Staaten aufgeteilt.*

*Bei den Grenzziehungen werden weder sprachliche noch ethnische
Bindungen berücksichtigt: völlige Umgliederung der Bevölkerung,
Ende der großen Massenwanderungen, neue Entwicklungszonen an
Verwaltungs- und Wirtschaftszentren. Die traditionellen Lebensfor-
men lösen sich mehr oder minder auf, andererseits erhalten die Afrika-
ner Anteil an westlicher Bildung: Voraussetzung für den späteren
Kampf um die Unabhängigkeit. Wirtschaftliche und verkehrstechni-
sche Erschließung des Kontinents. Die strukturelle Ausrichtung auf die
Bedürfnisse des Mutterlandes wirkt sich im 20. Jh. negativ als Problem
der „unterentwickelten" Staaten aus.*

*Im 19. Jh. hat der Islam, der der afrikanischen Mentalität besser ange-
paßt ist, in Afrika fast doppelt soviel Anhänger wie das Christentum.
Erst allmählich lösen die Kirchen die Bindungen zum Kolonialismus
(Afrikanisierung).*

a) Das britische Kolonialreich

*Der Aufbau der britischen Überseebesitzungen seit der Mitte des 16.
Jh. zeigt weniger ein planmäßiges Vorgehen, sondern mehr ein wech-
selseitiges Zusammenwirken zwischen der Krone und Kaufmannsge-
sellschaften, Kapitänen, Siedlern und Abenteurern. Entscheidend für
die britische Afrikapolitik wird der Bau des Sueskanals (S. 430): zur
Sicherung des Wegs nach Indien erstrebt England die Kontrolle des
Niltals und die Schaffung einer Landbrücke „vom Kap nach Kairo".*

In *Westafrika* übernimmt die britische Regierung 1765 Handelsnie-
derlassungen in **Gambia.** An der Küste von **Sierra Leone** erhält eine
Ansiedlung befreiter Negersklaven (Freetown 1787) 1806/08 den
Status einer Kronkolonie. An der **Goldküste** setzt sich Großbritan-

nien gegen portugiesische, holländische, dänische und brandenburgische (Großfriedrichsburg 1680–1717) Handelsinteressen durch (1874 Kronkolonie). Um das französische Vordringen den Niger abwärts aufzuhalten, sichert sich England durch Verträge mit den Einheimischen das Gebiet der Nigermündung: 1885/1900 Protektorat **Nigeria.**

Die Bedeutung der *Gebiete am Indischen Ozean* für die Sicherung des Seewegs nach Indien und der Vorherrschaft im Nahen Osten nimmt zu. *1890* unterstellt der *Helgoland-Sansibar-Vertrag* mit dem Deutschen Reich **Sansibar** der britischen Interessensphäre, der auch **Kenia** (ab 1899 Niederlassung weißer Siedler, Einwanderung indischer Arbeitskräfte) und das von religiösem Hader zerrissene **Uganda** (1894 Protektorat, das weißen Siedlern verschlossen ist) zugeschlagen werden. Übereinkommen mit Italien 1894 und Äthiopien 1897 bestätigen die Grenzen von **Britisch-Somaliland,** ein Abkommen mit Portugal 1891 Englands Protektorat über **Njassaland.** (Forts. S. 721.)

Seit 1652 siedeln im **Kapland** holländische Bauern *(Buren),* die ihren Machtbereich in steten Kämpfen mit den Stämmen der Hottentotten, Buschmänner, Bantu und Zulu nach N ausdehnen. 1806 besetzen die *Briten* Kapstadt. Ihre liberale Eingeborenenpolitik, Sprachgesetze sowie die anglikanische und schottische Missionierung verursachen einen schroffen Gegensatz zu den calvinistischen Buren.

1837/38   Im **Großen Treck** wandern Buren nach N, wo sie die Staaten *Natal* (1839), *Oranjefreistaat* (1842) und *Transvaal* (1856) errichten. Als England die wirtschaftlich aufstrebenden Burenrepubliken annektiert, erzwingen die Buren in einem großen Aufstand 1880/81 die Anerkennung der uneingeschränkten Autonomie (ohne Natal). In der Folgezeit werden die Burenstaaten durch *britische Protektorate* eingekreist: *Basutoland, Betschuanaland, Swasiland, Süd- und Nordrhodesien.*

Maßnahmen der Buren (Präsident „Ohm" Krüger) gegen die Überfremdung durch „Uitlanders" führen zu neuen Konflikten (1895/96 Jameson Raid; zur Krügerdepesche s. S. 403), die in den erbittert ge-
1902   führten **Burenkrieg** (1899–1902) münden. Im **Frieden von Vereeniging** werden die burischen Republiken zu Kronkolonien erklärt, mit dem Versprechen baldiger innerer Autonomie. (Forts. S. 721.)

b) Das französische Kolonialreich

1633 verleiht Richelieu der Compagnie Normande de Sénégambie ein Monopol für den Handel an den Mündungsgebieten von Senegal und Gambia. Grundsätze der französischen Kolonialdoktrin: Erweiterung des nationalen Bereichs (Richelieu), Lebensgemeinschaft der Eingeborenen mit den Franzosen (Colbert). In wechselvollen Auseinandersetzungen behauptet Frankreich *Senegambien,* das ihm 1815 endgültig zugesprochen wird.

Oberst Faidherbe leitet als Gouverneur in Senegal (1854–1864) eine neue Phase der Expansion ein. Nach seiner Auffassung können sich die Erwerbungen nur mit Hilfe einer Kolonisation Innerafrikas behaupten: Unterwerfung der islamischen Fürsten, Anleitung der Afrikaner zur Anlage von Pflanzungen. Damit ist die Grundlage für das französische Kolonialreich in Richtung Senegal–Niger–Tschad geschaffen. 1887 wird der Bau der Eisenbahn Dakar–Bamako begonnen. 1889/90 bestätigt England die französische Vormacht in Westafrika. **1904** erhält **Französisch-Westafrika** seine verfassungsmäßige Struktur als **Föderation** der Kolonien *Senegal, Guinea* (1891), *Französisch-Sudan* (1892), *Elfenbeinküste* (1893) unter einem Generalgouverneur (Sitz in Dakar), dem später auch *Niger* (1922), *Obervolta* (1919) und *Mauretanien* (1920) unterstellt werden. (Forts. S. 720.)

Die *Berliner Kongokonferenz* von 1885 erkennt Frankreich das von Graf Brazza ab 1875 erforschte rechte Kongoufer zu. Militär- und Forschungsexpeditionen stoßen in Richtung Tschad vor, wo 1898 Rabeh besiegt wird. Inzwischen sind die Franzosen auch in das Gebiet des oberen Nil vorgedrungen, stoßen aber dort auf die Engländer (*Faschodakrise*, S. 409). Der *Sudanvertrag* 1899 grenzt die Interessensphären in Zentralafrika voneinander ab. Die verwaltungstechnische Organisation beginnt 1883. **1910** werden die Regionen *Gabon, Mittelkongo, Ubangi* und *Tschad* zur **Föderation Französisch-Äquatorialafrika** zusammengefaßt. (Forts. S. 720.)

Am Eingang zum Roten Meer erwirbt Frankreich die Kolonie **Französisch-Somaliland,** deren Verwaltungssitz Dschibuti zum „offiziellen Ausfuhrhafen des äthiopischen Handels" wird: Bau der Eisenbahn nach Addis Abeba (1917 vollendet). (Forts. S. 720.)

c) Belgisch-Kongo

Die Berliner Konferenz 1885 (S. 436) hat den **„Kongo-Freistaat"** als Besitz des belgischen Königs bestätigt. Leopold II. betrachtet den Kongo allein unter dem Gesichtspunkt der Rentabilität. Da die Anlage von Verbindungswegen und die Erschließung der reichen Bodenschätze hohe Investitionen erfordern würden, wählt er die *Monopolwirtschaft* (Monopole und Landkonzessionen an kapitalkräftige Gesellschaften wie die Compagnie du Katanga) und die *Zwangsabgabe* der Eingeborenen. Diese Kolonialpolitik stützt sich auf eine Söldnerarmee, deren „Kongo-Greuel" in der Weltöffentlichkeit einen Proteststurm auslösen.

1908 Daraufhin übernimmt der belgische Staat den Kongo als **Kolonie.** Die belgische Kolonialpolitik ist seither darauf bedacht, die Afrikaner ihre Angelegenheiten selbst regeln und die einheimischen Gesellschaftsordnungen bestehen zu lassen. Erhebliche Gewinne aus Elfenbein, Kautschuk, Kupfer, Diamanten, Radium und Uran. Ertragreiche Plantagenwirtschaft. (Forts. S. 665, 742.)

d) Die deutschen Kolonien

Die Initiative zur Gründung deutscher Kolonien geht besonders von hanseatischen Unternehmen aus, die seit 1832 in Westafrika, ab 1843 in Ostafrika Handel treiben. Obwohl deutsche Forscher (Heinrich Barth, Gerhard Rohlfs, Gustav Nachtigal u. a.) wesentlich zur Erforschung des Kontinents beitragen, schaltet sich das Deutsche Reich erst kurz vor dem Berliner Kongreß in die Kolonialpolitik ein. Bismarck, der im Kolonialbesitz in erster Linie ein außenpolitisches Machtmittel sieht, sucht die Bindungen an die „Schutzgebiete" lose zu gestalten.

1884 Gustav Nachtigal schließt als Reichskommissar Verträge mit afrikanischen Stämmen und erklärt **Togo** und **Kamerun** zu deutschen Schutzgebieten, deren Grenzen durch Vereinbarungen mit England und Frankreich festgelegt werden. (Forts. S. 463, 738, 740.) Im gleichen Jahr erklärt das Reich auf Bitten des Bremer Kaufmanns Adolf Lüderitz **Deutsch-Südwestafrika** zum Protektorat. Dank Edelstein- und Kupfervorkommen sowie günstigen klimatischen Verhältnissen entwickelt sich das Land zur Siedlungskolonie. Die Befriedung gelingt erst nach schweren Kämpfen mit den Hottentotten und den Herero. (Forts. S. 463, 722.)

1885 Die Deutsch-Ostafrikanische Gesellschaft (Carl Peters) erhält einen kaiserlichen Schutzbrief für ihre Unternehmungen zwischen Indischem Ozean und ostafrikanischen Seen. Die endgültige Abgrenzung gegen den britischen Kolonialbesitz erfolgt 1890 (S. 411).

1891 Das Deutsche Reich übernimmt **Deutsch-Ostafrika**. Die deutsche Herrschaft kann sich im Innern z. T. nur in erbitterten Kämpfen durchsetzen. (Forts. S. 463, 721.)

In den deutschen Kolonien fungieren Häuptlinge und einheimische Würdenträger oft als Auftragsbeamte der deutschen *Verwaltung.* Unter der Aufsicht deutscher Beamter sprechen die Häuptlinge nach den traditionellen Gepflogenheiten Recht. Ausbau der Ausbildungsmöglichkeiten für die Afrikaner, der Gesundheitsfürsorge und der Verkehrswege.

e) Die portugiesischen Kolonien

1446 entdeckt Nuno Tristão die Küste des heutigen **Portugiesisch-Guinea.** Die Niederlassung Cacheu (1470) wird ein Zentrum des Sklavenhandels. Die **Kapverdischen Inseln** sind bis zu ihrer Entdeckung 1456 unbewohnt. Portugiesische Kolonisation ab 1500. Die 1471 entdeckten Inseln **São Tomé** und **Príncipe** besiedeln christianisierte Juden.

Nach der Entdeckung des Kongo folgen die ersten Ansiedlungen im Norden des heutigen **Angola** (1578 Loanda). Enge wirtschaftliche Beziehungen zu Brasilien, das für seine Zuckerrohrplantagen Sklaven benötigt. Auf der Berliner Konferenz (S. 436) werden die endgültigen Grenzen Angolas bestimmt.

1507 besetzen die Portugiesen die Stadt **Moçambique** und errichten Stützpunkte am oberen Sambesi. 1891 erfolgt die Abgrenzung gegen Rhodesien und Njassaland. Da der portugiesische Staat finanzschwach ist, erhalten Privatgesellschaften für bestimmte Distrikte Konzessionen (u. a. Landvergabe, Steuereintreibung, Handel, Bergbau, Bau der Beira-Bahn).

Bemühungen, Angola mit Moçambique durch eine Landbrücke zu verbinden, scheitern 1890 am britischen Einspruch. 1899 sichert der *Windsorvertrag* Portugal den britischen Schutz für das Mutterland und die Kolonien zu.

Bis nach dem Ersten Weltkrieg hält Portugal, was die *Kolonialverwaltung* betrifft, kaum mit den anderen Mächten Schritt. Grundsätzlich wird die Auffassung der Integration mit dem Mutterland vertreten. Da Sklaverei verboten ist, wird die Zwangsarbeit eingeführt. (Forts. S. 722.)

f) Spanisch-Guinea

Die spanischen Besitzungen in Äquatorialafrika bestehen aus *Río Muni* (zwischen Kamerun und Gabon) und den Inseln *Fernando Póo* und *Annobón*. Sie werden 1885 Protektorat. (Forts. S. 722.)

g) Italienische Kolonien

Als Frankreich und England das Gebiet des Königreichs Adel bzw. der Somali untereinander aufteilen, sichert sich auch Italien seinen Anteil: 1889/90 Kolonien **Eritrea** und **Italienisch-Somaliland** (zum Krieg gegen Äthiopien s. S. 433). (Forts. S. 749.)

D. Asien

1. Westasien

a) Das Osmanische Reich (Forts. v. S. 295, 297)

1512–1520 *Selím I. Javus* (der Grausame) wird der eigentliche Begründer des Osmanischen Großreichs: Eroberung von Täbris und Aserbeidschan (bis 1603 türkisch), Syrien und Ägypten (1516/17). In den folgenden Jahrzehnten werden auch die heiligen Städte Mekka und Medina, der Jemen, Bagdad (1534) und die Staaten Nordafrikas (S. 430 f.) dem Türkischen Reich in lockerer Form angegliedert. Erst jetzt wird die Türkei ein religiös einheitlich sunnitischer, vom Scheich ül-Islām überwachter und vom Großwesir rational verwalteter, zentralistischer Staat. In ihm spielt neben den Beamten das Heer eine führende Rolle („Prätorianertruppe" der Janitscharen). Die arabischen Länder leben bis ins 20. Jh. praktisch geschichtslos.

1520–1566   **Süleimän II. der Prächtige:** umfassendes Gesetzgebungswerk; großartige Bautätigkeit unter dem genialen Sinän; Vorstoß nach Mitteleuropa. 1526 Vernichtung des Ungarischen Reiches bei Mohács; *1529 erste Belagerung Wiens*, dessen Rettung die seitherige Geschichte bestimmt; 1536 folgenreiches Bündnis mit Frankreich gegen Habsburg (S. 324).

1571   Der **Seesieg** einer abendländischen Flotte unter Don Juan de Austria **bei Lepanto** wird nicht wirklich ausgenützt (S. 338).

Nach Süleimäns Tod verfällt das innere Gefüge des Staates: Haremsintrigen, Palastrevolutionen der Janitscharen, Verselbständigung anatolischer Großlehnsträger, Erhebungen in Syrien (Drusen), Rumelien und Bulgarien, Inflation. Die *Wesirsfamilie der Köprülü* (ab 1656) führt das Reich in eine neue Periode innerer Stabilität und äußerer Macht.

1682–1699   Die entscheidende Wende bringt der große Koalitionskrieg des Kaisers, vieler deutscher Reichsfürsten, Polens und Rußlands. Zur *zweiten Türkenbelagerung Wiens 1683* und dem anschließenden Gegenstoß kaiserlicher Heere s. S. 330, zu den Kämpfen mit Peter d. Gr. s. S. 345, 348. Die vielfältigen Niederlagen und die davon ausgehende moralische Schwächung wenden das Interesse der Türken von der Politik weit ab („Tulpenzeit").

In der 2. Hälfte des 18. Jh. vollzieht sich ein folgenschwerer politischer Machtumschwung, der anstelle des deutschen Kaisers den russischen Zaren zum Vorkämpfer gegen die Osmanen werden läßt (S. 351).

Wie für den Nahen Osten überhaupt, so bedeutet die napoleonische Expedition nach Ägypten (S. 369) auch für das Türkentum den Beginn einer neuen Epoche. Den militärischen Reformen zu Beginn des 19. Jh. (u. a. 1826 Ausschaltung der Janitscharen) folgen weitere auf zivilem Gebiet (Verbesserung des Schulwesens nach europäischem Muster, 1856 Versprechen der Gleichstellung aller Nationalitäten und Religionen) nur unter dem Druck der Großmächte, von denen die Türken mehr und mehr abhängig werden. Wachsender kultureller Einfluß Europas, u. a. Frankreichs.

1829 erhält Griechenland seine Unabhängigkeit (S. 380). Ägypten wird unter Muhammad Alí praktisch selbständig (S. 430).

Gegenüber den russischen Absichten auf Konstantinopel und die Meerengen (S. 386) bietet Westeuropa dem Sultan zunehmend Schutz. Zum Krimkrieg 1853–1856 vgl. S. 393.

1876   Nach Studentenkundgebungen und aufgrund allgemeiner Unzufriedenheit erzwingen die „Jungtürken" die Einführung einer **Verfassung.** – Zum russisch-türkischen Krieg 1877/78 s. S. 415.

Um dem drohenden Zerfall des Reiches zu wehren, verschreibt sich Sultan *Abd ül-Hamīd II.* (1876–1909) einer *reaktionären Politik* (Aufhebung der Verfassung, Unterdrückung liberaler Tendenzen), die in der Tat auf Jahrzehnte den Besitzstand wahrt, aber in der **jungtürkischen Revolution 1908** zusammenbricht: mit der Folge alsbaldiger neuer Gebietsverluste (zur Entwicklung auf dem Balkan vgl. S. 386) und tiefer innerer Erschütterungen.

Um der Gefahr einer völligen Auflösung zu begegnen, bemüht sich die Türkei unter deutscher Leitung erfolgreich um eine Heeresreform. Britischer Argwohn infolge des Baus der anatolischen und der Bagdadbahn.

1914–1918 Im Ersten Weltkrieg verteidigt sich die Türkei als Bundesgenosse der Mittelmächte heldenhaft und bringt der Entente schwere Niederlagen (Dardanellen) bei (s. S. 459f.). Der Waffenstillstand (30. Okt. 1918) bedeutet praktisch das **Ende des Osmanischen Reichs.** (Forts. S. 758.)

b) Persien (Iran) (Forts. v. S. 297)

1502–1736 Die Dynastie der **Safawiden** einigt das Siedlungsgebiet der Iraner, dazu das türkische Aserbeidschan und zeitweise selbst den Irak im Zeichen der zwölfer-schiitischen Konfession und schmilzt damit die durch lange Bürgerkriege und Fremdherrschaften innerlich zerrissene persische Nation zu einer Einheit zusammen, die sich seitdem gegen alle Bedrohungen behauptet hat.

1588–1629 Schah *Abbās I. d. Gr.* führt das Reich auf den Gipfel seiner Macht. Die Zerstörung der portugiesischen Kolonie (seit 1515) Ormuz im Persischen Golf 1623 und deren Ersatz durch den Festlandshafen Bändär Abbās eröffnet dem persischen Handel im Indischen Ozean außerordentliche Möglichkeiten. Heeresreform; glänzender Ausbau der Residenz Isfahan; Botschafteraustausch mit Europa und den Großmogul.

Der rasche Verfall des Staates unter Abbās' Nachfolgern kann auch
1794–1925 unter der neuen Dynastie der **Kadscharen** nicht entscheidend aufgehalten werden.

Persien erlebt im 19. Jh. eine bedeutsame religiöse Krise (neue Religion des *Babismus* bzw. Behaismus) und gerät mehr und mehr in den Bannkreis europäischer geistiger Strömungen und technischer Errungenschaften.

Die Wirtschaftskraft des Landes wird durch die Vergabe zahlreicher Monopole und Schürfrechte (Erdöl) an Ausländer sehr geschwächt. Rußland und England ringen um den beherrschenden Einfluß. Trotz der Stärkung des persischen Selbstbewußtseins durch die Annahme
1907 einer *Verfassung* (1906) kann der **russisch-englische Teilungsvertrag** nicht verhindert werden, der den Russen ein Einflußgebiet im Norden, den Briten im Südosten zuweist. Während des Ersten Weltkriegs ist das wehrlose Land dem Einmarsch russischer, türkischer und englischer Truppen ausgesetzt. (Forts. S. 780.)

c) Afghanistan

Afghanistan, schon während des Mittelalters häufig unter Lokaldy-
1747 nastien fast unabhängig vom übrigen Iran, gewinnt unter **Achmed**

Schāh Durrānī endgültig staatliche Selbständigkeit. In einer Periode des Machtverfalls beginnt die *englische Einflußnahme* (1809 Schutzvertrag), doch scheitern alle Versuche (Kriege 1838–1842, 1878–1881, 1919), das Land an Britisch-Indien anzugliedern. Durch geschicktes Lavieren im russisch-britischen Spannungsfeld bleibt die Neutralität auch während des Ersten Weltkriegs erhalten. König *Amān Ullāh* (seit 1919), der die dringend notwendigen inneren Reformen überstürzt durchzuführen versucht, wird 1929 durch den Widerstand der streng sunnitisch-orthodoxen Geistlichkeit und der öffentlichen Meinung gestürzt. (Forts. S. 782.)

2. Zentralasien

a) Westturkestan, Ostturkestan (Forts. v. S. 295)

Durch die Bildung des Safawidenreichs und des Staates der Großmoguln zu Beginn des 16. Jh. werden den z. T. nomadischen Kräften jenseits des Oxus Vorstöße nach S verwehrt. Auch der sich herausbildende religiöse Gegensatz zwischen dem schiitischen Iran und dem sunnitischen Transoxanien läßt alte kulturelle und geistige Verbindungen abreißen. Gleichzeitig veröden durch die nun voll entwickelte Überseeschiffahrt die alten Seidenstraßen quer durch Innerasien, das zum Randgebiet der Weltgeschichte wird.
Aus den Trümmern des im 16. Jh. mächtigen Reiches der türkischen Özbeken (Uzbeken) bilden sich mehrere Chanate und Emirate *(Buchārā, Chokand, Chiwa)* mit rasch wechselnden Grenzen und häufig miteinander verfeindet. Vorstöße der *Kasachen, Kirgisen* und *Kalmücken* vermehren die Unsicherheit in Westturkestan.
Inzwischen sind die *Russen* seit 1582 in Sibirien eingedrungen (S. 344). Sie knüpfen Ende des 17. Jh. die ersten Verbindungen zu den Türkvölkern Mittelasiens an und erobern seit der Mitte des 19. Jh. weite Gebiete: 1868 Samarkand, 1876 Chokand, 1884 Märw. 1895 wird gegenüber Persien und Afghanistan sowie im Pamirgebiet die bis heute geltende Staatsgrenze festgelegt.

b) Mongolei (Forts. v. S. 296)

Nach der Bekehrung des Mongolenfürsten Altan Chan zum **Lamaismus** (1578) bestimmt die mongolische Form des Buddhismus den Charakter des Volkes der einstigen Welteroberer. Seit dem Ende des 17. Jh. ist die Mongolei ein Teil des Chinesischen Reiches.

1912 *Abfall von China* und starke Anlehnung an Rußland, das 1913 zwar förmlich die Oberhoheit Chinas über die Mongolei anerkennt, praktisch aber über den größeren Einfluß verfügt. (Forts. S. 783.)

c) Tibet

Der **Lamaismus** ist die Lehre von den aufeinanderfolgenden Inkarnationen Buddhas. Seit dem 13. Jh. entwickelt sich die lamaistische Hierarchie. Dem fünften *Dalai-Lama* (1617–1682) gelingt es, sich zuerst die geistliche und dann auch die weltliche Oberherrschaft in Tibet zu sichern. Er schafft das Amt des *Pantschen-Lama*, um den sich später oft die Gegner des Dalai-Lama sammeln.

Im 18. Jh. errichten die Mandschu ein **chinesisches Protektorat** über Tibet. Nach dem Einfall der Gurkhas 1791/92 schließt sich das Land hermetisch gegen den britischen Handel ab. Der Dalai-Lama flieht vor britischen (1904) und vor chinesischen Expeditionstruppen.

1912 **Abfall von China** (bis 1950 unabhängig). (Forts. S. 783.)

3. Südasien

a) Indien (Forts. v. S. 297)

Da die Portugiesen allein am Handel interessiert sind, bleibt die politische Szene Indiens durch ihre Niederlassungen in Gôa und Diu praktisch unberührt.

1556–1605 **Akbar,** der bedeutendste Herrscher der **Moguldynastie,** versucht durch religiöse und kulturelle Toleranz die verschiedenen Elemente des Reichs zu einigen. Unter ihm wird *Vidschayanagar* im Dekkan dem Herrschaftsbereich hinzugefügt. Sein Sohn *Dschahangir* (1605–1627) führt die Toleranzpolitik fort; dessen Nachfolger *Schah Dschahan* (1628–1658), der Erbauer des Tadsch Mahal, und *Aurangzeb* (1658–1707) geben diese Politik auf; trotzdem erreicht das Reich unter ihnen seinen äußeren Höhepunkt, bevor der Zerfall eintritt.

Seit 1600 werden die Portugiesen als Händler von den Holländern, Franzosen und Engländern verdrängt.

1757 Durch *Robert Clives* **Sieg** über die Mogularmee **bei Plassey** und durch die vorangegangenen Siege über die Franzosen erringen die *Engländer die politische Vorherrschaft in Indien.*

1784 Die East India Company wird durch die *East India Act* unter Regierungsaufsicht gestellt.

1794 Die Engländer nehmen *Ceylon* den Holländern ab; die Insel wird im Wiener Kongreß als englische *Kronkolonie* bestätigt.

1818 Nach dem Zusammenbruch der Mahrattischen Föderation kontrolliert die *East India Company* den ganzen Subkontinent direkt oder indirekt (durch abhängige Fürstentümer).

1857/58 Nach dem Großen Aufstand **(Indian Mutiny)** der einheimischen Kompanietruppen übernimmt die englische Regierung die volle Verantwortung.

1876 *Königin Viktoria* wird zur *Kaiserin von Indien* erklärt. – Die unter den Engländern einsetzende Beschäftigung mit dem kulturellen Erbe

Indiens führt zu einem Wiedererstarken des indischen Selbstbewußtseins. Kulturell-religiöse Vereinigungen tragen dazu bei.
1885   Gründung des **Indischen Nationalkongresses.** (Forts. S. 784.)

b) Südostasien (Forts. v. S. 299)

1531–1752 *Taungu-Dynastie* in **Burma.**
1752–1760 *Alaungpaya* einigt Burma und gründet die Konbaung-Dynastie.
Grenzkonflikte und wirtschaftliche Annexionsbestrebungen Englands führen zu drei Kriegen, in denen jeweils Teile Burmas annektiert werden (1823/24: Arakan und Tenasserim; 1856: Unterburma;
1886: das Restgebiet und die Shan-Staaten); *Burma* wird *unter die
Verwaltung des Vizekönigs in Delhi* gestellt. (Forts. S. 792.)
1350   Gründung des Reichs von *Ayuthya* der **Thai.**
Seit 1767 Das von burmesischen Invasionen heimgesuchte **Siam** wird von
Bangkok aus geeinigt. In der Folge muß das Reich zwar Handelsver-
träge mit europäischen Mächten hinnehmen, kann aber zwischen den
Rivalen England und Frankreich seine staatliche Unabhängigkeit be-
1896   wahren, die endgültig bestätigt wird. (Forts. S. 793.)
Die **Viet** sind ₍nach der Vernichtung des Reiches *Tschampa* bis ins
Mekongdelta vorgedrungen. Die Gebiete *Tongking, Annam* und
1802   *Kotschinchina* werden im **Vietnamesischen Kaiserreich** von Hué ge-
einigt. Der französische Einfluß gewinnt immer mehr an Boden;
nach zahlreichen kleineren Konflikten werden die „Protektorate"
Tongking, Annam, Kotschinchina und das nach langen Konflikten mit
1887   den umliegenden Staaten übriggebliebene **Kambodscha** in der Union
Indochinoise zusammengefaßt. Dazu kommt das von Thai-Völkern
1893   besiedelte **Laos,** dessen Protektoratsstatus von Siam bestätigt wird.
(Forts. S. 794.)
Seit 1526 Islamische Herrscher kontrollieren weite Teile der **indonesischen
Inselwelt.** Sultan Agung (1613–1645) einigt größere Teile Javas unter
seiner Herrschaft.
Seit 1601 sind die *Holländer* am Gewürzhandel der Inseln interessiert. Sie neh-
bis 1649 men den *Portugiesen* die Kontrolle über das Gebiet ab, die sie wie
frühere malaiische Staaten mittels einer verhältnismäßig kleinen Zahl
von Flottenstützpunkten ausüben.
1799   *Auflösung der Niederländisch-Ostindischen Kompanie.*
1816   *Indonesien* als holländische *Kolonie* bestätigt. (Forts. S. 666, 798.)
Die englische Einflußnahme auf der **Malaiischen Halbinsel** beginnt
mit dem Erwerb der Insel Penang 1786 und der Halbinsel Singapore
(Singapur) 1819.
1867   Die *Straits Settlements* (Singapore, Penang und Malakka) werden
Kronkolonie. In den folgenden Jahren schließt Großbritannien mit
den einheimischen Fürstentümern verschiedenartige Schutz- und
Protektoratsverträge.
1891   Die Grenze zwischen den englischen und holländischen Teilen **Bor-
neos** wird definiert.

Die Geschichte der von malaiischen Völkern besiedelten **Philippinen** vor der kolonialen Epoche liegt im dunkeln.

1521   Vom Portugiesen Magalhães entdeckt. Die erste spanische Siedlung wird 1564/65 gegründet. In der Folgezeit übt die katholische Kirche

1898   einen großen Einfluß aus. Nach dem spanisch-amerikanischen Krieg werden die Philippinen an die USA abgetreten. (Forts. S. 799.)

4. Ostasien

a) China (Forts. v. S. 301)

Frühe Ansätze zu einer bürgerlich-kapitalistischen Gesellschaft erstikken im Keim. China erlebt erneut eine Fremddynastie, die sich rasch integriert. Nach einer glanzvollen Friedenszeit mit politisch-wirtschaftlicher Stabilität führt Übervölkerung zu Verelendung der Volksmassen, Aufständen und politisch-wirtschaftlichem Niedergang und die konfuzianische Orthodoxie zu intellektueller Erstarrung. Unter dem zunehmenden Druck der abendländischen Großmächte und dem Einfluß westlichen Gedankengutes brechen Anfang des 20. Jh. mit der Mandschu-Dynastie der traditionelle chinesische Staat und die traditionelle chinesische Weltordnung zusammen.

16.–17. Jh.   Zunehmende *Urbanisierung,* vor allem im Gebiet des unteren Yangtse, zeigt *Ansätze* zu einer marktwirtschaftlichen, *bürgerlich-kapitalistischen Entwicklung,* begleitet von der Auflehnung gegen die staatliche Orthodoxie und einem Aufblühen der umgangssprachlichen *Romanliteratur.* Diese Tendenzen werden jedoch durch die Bürokratie und deren Wertmaßstäbe erstickt.

1513   landen die ersten *Portugiesen* in China. *Spanier* und im 17. Jh. *Holländer* und *Engländer* folgen. Gewinnsucht, brutales und anmaßendes Auftreten der Fremden sowie Mißtrauen, Abneigung und mangelnde Verständnisbereitschaft bestimmen seitdem auf beiden Seiten die Handelsbeziehungen.
(oder) 1514

1582–1610   **Matteo Ricci,** Begründer und bedeutendster Vertreter der Jesuitenmission in China, und seine Nachfolger suchen das Christentum durch Anpassung an die chinesischen Gegebenheiten zu verbreiten; sie wirken anregend auf das chinesische Geistesleben, ohne es grundlegend zu beeinflussen.

1644   **Bauernaufstände stürzen** die durch Kriege im N und in Korea, Cliquenkämpfe und Mißwirtschaft geschwächte **Ming-Dynastie.** Die nach chinesischem Muster staatlich organisierten tungusischen **Mandschus** überwältigen die Aufständischen sowie die Reste der

1644–1911   Ming und errichten in Peking als **Ch'ing-Dynastie** eine mandschurisch-chinesische „Doppelherrschaft" (Dyarchy). Taiwan (1683), Mongolei (1697), Tibet (1724) und Sinkiang (1757/59) werden fest ins Mandschu-Chinesische Reich eingegliedert. Anfängliche Widerstände der chinesischen Intelligenzschicht gegen die Mandschus werden durch deren weitgehende Sinisierung, durch Übernahme der konfuzianischen Staatsdoktrin sowie des politischen und sozialen Systems der Ming-Zeit bald eingeschläfert. Besondere Leistungen zeitigen Philologie, Bibliographie und Textkritik.

1662–1722   Regierung des Kaisers **K'anghsi:** Letzte politische, wirtschaftliche und kulturelle Blütezeit des traditionellen China, wo Vertreter der europäischen Aufklärung ihr Idealbild verwirklicht zu sehen meinen. Friede und wirtschaftliche Prosperität führen zu ungeheurer Vermehrung der Bevölkerung, die das Land bald nicht mehr ernähren kann.

1850–1864   Im 19. Jh. beginnen große *Aufstandsbewegungen;* deren schwerste, der **Taiping-Aufstand,** schwächt die Ch'ing-Dynastie entscheidend. Dazu kommt das abendländische Vordringen in Ostasien. Durch verstärkte Opiumeinfuhr aus Indien sucht England seine passive Handelsbilanz mit China auszugleichen. Darüber kommt es zum **Opium-**

1840–1842   **krieg,** der die militärische Überlegenheit der Engländer zeigt und zur Abtretung Hongkongs und zur Öffnung von fünf chinesischen Häfen für den Handel mit dem Westen führt.

Zunächst versucht China, seine Beziehungen zu den westlichen Ländern in die traditionelle chinesische Weltordnung einzufügen, wird aber in den folgenden Jahrzehnten wiederholt mit Waffengewalt insbesondere von England und Frankreich zu folgenschweren Zugeständnissen gezwungen. Diese werden in den sog. **Ungleichen Verträgen** festgelegt: Anerkennung des abendländischen Völkerrechts und der darauf gegründeten zwischenstaatlichen Beziehungen, Residenz fremder Diplomaten in Peking, Exterritorialität und Konsulargerichtsbarkeit der Fremden, Beschränkung der chinesischen Zollhoheit, Niederlassungen und Pachtgebiete unter fremder Verwaltung, Freiheit fremder Schiffahrt in chinesischen Hoheitsgewässern, Freizügigkeit für christliche Missionare in ganz China.

Ab 1862   **T'ungchih-Restauration:** Letzter Versuch, mit traditionellen chinesischen Methoden und Reformen die bestehende Ordnung wieder zu festigen bei vorübergehender kooperativer Haltung westlicher Diplomaten. Nach anfänglichen Erfolgen Scheitern wegen Unzulänglichkeit des traditionellen Systems in einer veränderten Situation und zunehmenden Drucks der Kolonialmächte. – *Die Verknüpfung der Mission mit der Politik der imperialistischen Mächte* und die Verbreitung des Christentums in westlichen Formen ohne das Bemühen um Anpassung erregen Haß und zahlreiche Ausschreitungen gegen Missionare (1870 Tientsin-Massaker), welche die Westmächte zu militärischen Repressalien veranlassen.

1894–1895   **Krieg Japans gegen China** zeigt erneut Chinas Schwäche: Abtretung Taiwans an Japan.

1897–1898   *Höhepunkt des Imperialismus in China.* Abtretung wichtiger Häfen (Kiaochou mit Tsingtao, Dairen mit Port Arthur, Weihaiwei, Kowloon, Kwangchouwan) und von Vorrechten zu wirtschaftlicher Ausbeutung führt zu *Einflußsphären der Großmächte* (England, Frankreich, Rußland, Deutschland, Japan; Aufteilung Chinas scheint bevorzustehen. – Durch konfuzianische Orthodoxie bedingte Erstarrung in überkommenen Denkweisen erschwert eine aktive Antwort Chinas auf die Herausforderung durch den Westen.

1898 Erst die **Reformbewegung** erstrebt nach Vorbild Japans grundlegende Reformen des traditionellen Systems, kann sich gegen konservative Hofkreise aber nicht durchsetzen. Diese versuchen mit Hilfe der Boxer, einer fremdenfeindlichen religiösen Geheimgesellschaft,

1900 im sog. **Boxeraufstand** die Fremden zu vertreiben und chinesische Reformer zu beseitigen. Daraufhin Strafexpedition der westlichen

1901 Mächte und Japans, Besetzung Pekings und demütigender Friede.

Dem vorwiegend politisch orientierten, auf Erwerb chinesischen Territoriums drängenden Rußland setzen die stärker wirtschaftlich interessierten Mächte England und USA die Grundsätze der *„offenen Tür"* (d. h. gleiche wirtschaftliche Möglichkeiten in China für alle) und der *territorialen Unverletzlichkeit Chinas* entgegen (d. h. keine weiteren Gebietsabtretungen), die eine Aufteilung Chinas verhindert. Erkenntnis der Notwendigkeit von Reformen setzt sich durch; Studenten gehen zum Studium ins Ausland, vor allem nach Japan; traditionelle Fremdenfeindlichkeit schwindet; modernes Nationalbewußtsein erwacht; Regierung beschließt entscheidende Änderungen des Staatssystems.

1904–1905 *Russisch-japanischer Krieg:* Dairen mit Port Arthur sowie weitgehende früher russische Rechte in der südlichen Mandschurei fallen an Japan.

1905 **Beseitigung des traditionellen Prüfungssystems;** damit Verzicht auf das Kriterium zur Konstituierung der bevorrechteten staatstragenden Schicht und auf einheitliche Ausbildung. – In Tokio schließen sich gleichzeitig mehrere Gruppen chinesischer Studenten unter Führung Sun Yat-sens zum *Chinesischen Revolutionsbund,* dem Vorläufer der Nationalen Partei (Kuomintang), zusammen. – Die zögernde Politik der zu grundlegender Erneuerung nicht mehr fähigen Dynastie bringt immer weitere Kreise auf die Seite der Revolutionäre, darunter viele Offiziere der modern ausgebildeten Truppen. Nach mehreren vergeblichen Putschversuchen wird die Ch'ing-Dynastie und damit die

1911 Monarchie gestürzt: Ende des traditionellen Systems; **China wird Republik.** Seitdem zunehmende Schwächung der Zentralgewalt; Verlust der Kontrolle über Mongolei und Tibet an Rußland bzw. England. (Forts. S. 800.)

b) Japan (Forts. v. S. 303)

1573–1600 **Azuchi-Momoyama-Zeit** bzw. Azuchi-Zeit (1573–1582) als Epoche von Nobunaga Oda, der sich das Azuchi-Schloß baut, und Momoyama-Zeit (1582–1600) als Epoche von Hideyoshi Toyotomi, der auf dem Momoyama-Hügel residiert.

1573 *Nobunaga Oda,* ein mächtiger Lehnsfürst (Daimyō), der ganz Japan unter seiner Herrschaft wieder vereinigen will, setzt nach vielen siegreichen Schlachten den letzten Ashikaga ab und beendet damit deren Schogunat. Er baut 1583 das Schloß von Osaka.

1586 *Hideyoshi Toyotomi*, der das Einigungswerk von Nobunaga Oda fort-
1590 setzt, wird vom Kaiser zum Großminister ernannt; er besiegt die Hōjō in der Schlacht von Odawara;

1592–1595 führt er einen erfolglosen Feldzug gegen Korea.

1600 Ieyasu Tokugawa besiegt in der Schlacht von Sekigahara den Toyotomi-Clan und erringt damit die gesamte Macht im Reich.

1603–1868 **Tokugawa-Zeit.** 1603 wird *Ieyasu Tokugawa* vom Kaiser zum Schogun ernannt; er verlegt den Regierungssitz nach Edo (später: Tokio) und schafft damit eine neue Reichszentrale im Osten; geschickte Familienpolitik und Verleihung der Lehen, die einer ständigen Kontrolle unterstehen; die Stellung des Tennō-Hauses bleibt unangetastet, doch werden seine Befugnisse weiter eingeschränkt. Die harten Maßnahmen des Schoguns Iemitsu gegen das Christentum rufen
1637/38 den *Christenaufstand von Shimabara* hervor; seine Niederwerfung führt zur *Ausrottung des Christentums* und zur Ausweisung der Portugiesen (1639); die protestantischen Holländer dürfen unter Kontrolle in Nagasaki den Handel weiterbetreiben.

Strenge Abschließung (sakoku) gegenüber dem Ausland, gleichwohl Aufschwung des Handels und der Städte (insbesondere Osaka und Edo); es entwickelt sich ein wohlhabendes, genußfrohes Bürgertum. Die *geistige Grundlage* ist der Konfuzianismus, und zwar in der Auslegung des chinesischen Philosophen Chu Hsi (12. Jh.); Bushidō (= der Moralkodex des Ritterstandes). Schintoistisch-nationale Richtungen als Reaktion gegen die herrschenden konfuzianischen Schulen. Der Buddhismus bleibt Religion des Volkes. – Den westlichen Wissenschaften wendet sich die Holländische Schule (rangaku) zu, die wertvolle wissenschaftliche Kenntnisse des Auslands trotz amtlicher Überwachung vermittelt. – *Literatur:* realistische Romane von Ihara Saikaku (* 1642, † 1693); Chikamatsu Monzaemon (* 1653, † 1725) schreibt für das Puppenspiel und Kabuki (bürgerliche Volksbühne); Bashō (* 1644, † 1694) ist Meister des dreizeiligen Haiku. Farbholzschnitt.

1823 *Philipp Franz von Siebold* (* 1796, † 1866) kommt in holländischen Diensten nach Japan, arbeitet dort mit japanischen Gelehrten zusammen.

1837 Unter Führung des konfuzianischen Gelehrten Heihachirō Ōshio brechen Reisunruhen aus.

1841 *Reformversuche* von Tadakuni Mizuno (* 1794, † 1851); sog. Reform der Tempō-Ära gegen die luxuriöse Lebenshaltung.

1853 und Der amerikanische *Commodore Perry* erscheint mit einem Geschwa-
1854 der vor der Küste und setzt 1854 den Handelsvertrag von Kanagawa (Öffnung der Häfen Shimoda und Hakodate) zwischen den USA und Japan durch; ähnliche Verträge mit England (1854), Rußland (1854), Frankreich, Holland und Preußen (1861).

1863 Beschießung von Kagoshima durch ein englisches Geschwader.

1867   Der letzte Tokugawa-Schogun Yoshinobu erklärt sich auf Drängen einiger Lehnsfürsten bereit, seine Macht an den **Kaiser Meiji,** der Anfang des gleichen Jahres den Thron bestiegen hat, zurückzugeben.

1868–1912 **Meiji-Zeit.**

1868   Durch kaiserlichen Erlaß wird die Bakufu-Regierung abgeschafft. Japan verwandelt sich langsam aus einem halbmittelalterlichen Polizeistaat fast in einen modernen Rechtsstaat. Edo wird in Tokio umbenannt, der kaiserliche Hof dorthin verlegt.

1871   *Beseitigung des Feudalsystems,* Errichtung von Präfekturen.

1875   In einem Vertrag mit Rußland wird Sachalin den Russen, die Kurilen Japan zugesprochen.

1876   Satsuma-Aufstand, die letzte Erhebung gegen die neue Ordnung.

1889   Proklamation der neuen *Verfassung;* diese ist Gnadenakt des Tennō, der seine „Göttlichkeit" wahrt; Rede- und Religionsfreiheit, Freizügigkeit und Unantastbarkeit des persönlichen Eigentums.

1894–1895 **Chinesisch-japanischer Krieg;**

1895   **Frieden von Shimonoseki.** China erkennt die „Unabhängigkeit" Koreas an, tritt Formosa (Taiwan) mit den Pescadores, die Halbinsel Liao-tung ab und verpflichtet sich zur Zahlung einer beachtlichen Wiedergutmachungssumme. Auf Einspruch von Deutschland, Frankreich, Rußland muß Japan allerdings die Halbinsel Liao-tung an China zurückgeben.

1900–1901 Teilnahme an der Niederwerfung des sog. Boxeraufstands.

1902   *Japanisch-britisches Bündnis* zur Aufrechterhaltung des Status quo in China und Korea.

1904–1905 Die Interessengegensätze zwischen Japan und Rußland führen zum **Krieg zwischen Japan und dem Zarenreich,** den Japan durch Überfall auf die russischen Seestreitkräfte in Port Arthur eröffnet. Die Russen werden aus der Mandschurei vertrieben, die Reste ihrer Flotte bei Tsushima vernichtet.

1905   Im **Frieden von Portsmouth** erkennt Rußland Japans Interessen in Korea an, überläßt diesem seine Rechte an der südmandschurischen Eisenbahn und verzichtet auf den südlich des 50. Breitengrades gelegenen Teil Sachalins. – *Japan* tritt nunmehr in die Reihe der Großmächte und wird unumstritten *vorherrschende Macht im Fernen Osten.*

1910   **Korea** wird **annektiert.**

1912   Tod des Kaisers Meiji.

1912   Geheimvertrag mit Rußland, Einigung über alle strittigen Fragen in der Mongolei und der Mandschurei. (Forts. S. 809.)

E. Australien, Neuseeland und Ozeanien

1. Australien

(Forts. v. S. 310)

Als erster Europäer betritt der Holländer *Willem Jansz* 1606 den von den Geographen seit langem vermuteten Südkontinent. 1642–1644 bemerkenswerte Entdeckungsreise *Abel Tasmans.*

1770 Eigentlicher Entdecker wird der englische Kapitän **James Cook,** der die Südostküste als „New South Wales" für die britische Krone in Besitz nimmt. 1788 wird die erste *Kolonie für Strafgefangene* angelegt (Deportationen bis 1853). Aber 1813 beginnt die Erforschung des Landesinnern (noch nicht abgeschlossen). Den Forschern folgen Siedler, die den Kontinent als Landwirte und Viehzüchter erschließen. 1851 werden die ersten Goldvorkommen entdeckt („Goldrausch", rascher Bevölkerungsanstieg). Die inzwischen entstandenen Kolonien Neusüdwales, Tasmanien, Westaustralien, Südaustralien, Victoria und Queensland schließen sich zum Bundesstaat **Common-**
1901 **wealth of Australia** zusammen, der **1907** den **Dominionstatus** erhält. Seine weltwirtschaftliche Bedeutung liegt vor allem in der Produktion von Rohstoffen. 1914 besetzen australische Truppen die deutschen Besitzungen im Pazifik.
Die farbige Urbevölkerung nimmt an den politischen und wirtschaftlichen Entwicklungen keinerlei aktiven Anteil. (Forts. S. 813.)

2. Neuseeland

(Forts. v. S. 311)

Nach einer ersten Entdeckung durch den holländischen Kapitän *Abel Tasman* 1642, die in Vergessenheit gerät, entdeckt der Engländer
1769 **James Cook** die Doppelinsel erneut. Händler und Missionare begründen die ersten festen Siedlungen, doch macht die Kolonisierung nur zögernd Fortschritte (Fremdenfeindlichkeit der Maori-Stämme).
1840 Neuseeland wird britische **Kronkolonie,** die sich ab 1870 zu einem Agrarexportland ersten Ranges entwickelt. Die *Maori* werden nach dem Abklingen des „Krieges der Rassen" (1845–1870) schrittweise in das Wirtschaftsleben eingeordnet, ohne ihre kulturelle Eigenart aufzugeben.
1907 Neuseeland gewinnt als britisches **Dominion** praktisch seine staatliche Unabhängigkeit. (Forts. S. 814.)

3. Ozeanien

(Forts. v. S. 311)

In der Nachfolge des Weltumseglers Magalhães (1521) entdecken Seefahrer, Kaufleute und Missionare aus Spanien, Portugal, Holland

(Tasman) und England (Cook) die Inselwelt Melanesiens, Mikronesiens und Polynesiens. Holländische Ansprüche auf Westneuguinea eröffnen 1828 das *koloniale Zeitalter in der Südsee*. Rivalität zwischen den Großmächten: *Großbritannien* (Fidschiinseln, Gilbertinseln, Tonga), *Frankreich* (Zentralpolynesien mit Tahiti, Neukaledonien), *Deutsches Reich* (1884 Bismarckarchipel, 1899 durch Kauf von Spanien: Marianen, Marshallinseln, Karolinen, Palauinseln) und – erstmals – *USA* (1897 Hawaii). Teilung des östlichen Neuguinea (1883/84) und der Salomonen (1895/99) zwischen Großbritannien und dem Deutschen Reich. 1899 wird der Samoa-Archipel zwischen dem Deutschen Reich und den USA aufgeteilt. 1906 Abschluß der Kolonisierung durch Errichtung eines englisch-französischen Kondominiums über die Neuen Hebriden. – Das Zeitalter des Kolonialismus zwingt die Eingeborenenbevölkerung überall zur Anpassung an europäische Wert- und Wirtschaftsordnungen. (Forts. S. 815.)

VI. Neueste Geschichte

Die Jahre 1914 und 1939 bedeuten keine echten Epocheneinschnitte. War „1914" nur der Kriegsausbruch zwischen den europäischen Großmächten, die schon seit dem Ausgang des 19. Jh. dem Konflikt zutrieben, so leitet „1939" den Zweiten Weltkrieg ein, der aus der Spannung der Jahre zwischen den Kriegen entstand und in seinem Ergebnis keinen Frieden gebracht hat.

Bei Beginn des Ersten Weltkriegs hat es sich vorwiegend um eine Fortsetzung des alten Kampfes innerhalb des überlieferten europäischen Staatensystems gehandelt. Im Jahre 1917 wird die Ausweitung zum gegenwärtigen Weltgegensatz in den Anfängen sichtbar: Kriegseintritt der USA und bolschewistische Revolution. Während dem Bolschewismus in den Wirren des Bürgerkriegs sowohl vom Deutschen Reich wie von den Ententemächten die „Atempause" gewährt wird, die seine Entwicklung in Rußland ermöglicht, entscheidet der Einsatz der Vereinigten Staaten den Krieg gegen Deutschland. Nach dem Scheitern der Idee Wilsons vom „Gerechtigkeitsfrieden" ziehen sich die USA freilich wieder von Europa zurück. Dieses wird in den Pariser Vorortsverträgen unter der Vorherrschaft Frankreichs und Englands neu geordnet. Doch ist diese neue Ordnung brüchig, da das deutsche Volk das Selbstbestimmungsrecht nicht im gewünschten Ausmaß erhält und Ostmitteleuropa in labile Nationaldemokratien mit starken nationalen Minderheiten aufgeteilt wird. Während sich die bolschewistische Herrschaft mit aller Rücksichtslosigkeit innerpolitisch durchsetzt und Rußland sich zur gewaltigen Industriemacht entwickelt, krankt Europa an den Gegensätzen, die im Jahre 1919 nicht beseitigt, sondern vervielfacht worden sind. Verfassungspolitisch ist dies begleitet von einer allgemeinen „Krise der Demokratie", wirtschaftspolitisch von einem Zurückbleiben des Potentials der europäischen Staaten gegenüber der Entwicklung der großen Weltmächte. Der heraufkommende Gegensatz zwischen dem weltrevolutionären bolschewistischen Rußland einerseits, den Vereinigten Staaten von Amerika und Westeuropa andrerseits wird in den dreißiger Jahren überdeckt durch die Expansionspolitik der im Gegensatz zu den anderen großen Völkern sich eingeengt fühlenden Deutschen, Italiener und Japaner. In Italien und Deutschland werden zudem im Faschismus und Nationalsozialismus neue politische Ideologien und Verfassungsformen entwickelt, in denen die „Krise der Demokratie" überwunden und die militante Abwehr gegen den Bolschewismus ausgedrückt sein soll. Ihre Politik scheint in den dreißiger Jahren zum Erfolg zu gelangen. Hitler und Mussolini verspielen jedoch die Möglichkeiten dieses Erfolgs durch die Unzulänglichkeit ihrer Politik, durch den destruktiven Ausschließlichkeitscharakter ihrer „politischen Religion" sowie durch die verantwortungslose Leichtfertigkeit, mit der das Spiel mit dem Krieg getrieben und das internationale Vertrauen zerstört wird. Die Sowjetunion zieht aus dieser politischen Entwicklung ihren Gewinn, da bereits vor 1939 deutlich wird, daß das Gewicht der Sowjetunion in einem kommenden Krieg entscheidend sein muß.

Der Zweite Weltkrieg hat die Landkarte Europas völlig verändert und auch die Afrikas und Asiens abgewandelt. Innerhalb der derart umgegliederten Welt sind die Machtverhältnisse völlig verschoben. Die europäischen Staaten erholen sich nur langsam von den Folgen des Krieges und sind auf die Hilfe der Vereinigten Staaten angewiesen. Dieser Abnahme der Bedeutung der europäischen Staaten entspricht eine Zunahme des Gewichts der Vereinigten Staaten, die das im Ersten Weltkrieg erreichte Maß bei weitem übersteigt.

Die USA stoßen auf den sich von Jahr zu Jahr verstärkenden Einfluß der Sowjetunion, die durch den Zweiten Weltkrieg nicht nur ihre ganze Westgrenze vorschiebt, sondern auch Schritt für Schritt die Angliederung der angrenzenden Nachbarn als Satellitenstaaten durchführt.

So führt der Zweite Weltkrieg dazu, daß die Bedeutung Europas, die schon durch den Ersten Weltkrieg gesunken war, noch mehr schwindet und daß die in Amerika und Asien bestimmenden Mächte das entscheidende Wort in der Weltpolitik sprechen.

An die Stelle des Völkerbundes, der sich als ohnmächtig erwiesen hat, tritt die neue Weltorganisation der „Vereinten Nationen". Sie enttäuscht die großen ihr entgegengebrachten Hoffnungen, da ihr wichtigstes Organ, der Sicherheitsrat, durch das Vetorecht der Großmächte lahmgelegt werden kann.

Die aufgrund der technischen Entwicklung immer komplizierter und kostspieliger werdenden gigantischen Waffensysteme zwingen die Sowjetunion und die USA nach Jahren des „kalten Krieges" zu einer partiellen Annäherung mit dem Ziel einer Rüstungsbegrenzung.

A. Allgemeine Geschichte 1914–1939

1. Der Erste Weltkrieg (1914–1918)

a) Vorgeschichte des Krieges

Ursachen: Aufgrund des sich steigernden Imperialismus der großen Mächte rechnet man überall mit dem zwangsläufig drohenden großen Krieg, der Anfang August 1914 beginnt. Bewußt oder unbewußt kriegstreibend wirken: 1. Überlieferte politische Gegensätze im europäischen Staatensystem, besonders **Frankreichs** Ziel, *Elsaß-Lothringen* zurückzugewinnen, und **Rußlands** Drang nach den *Meerengen;* 2. nationalistische Propaganda meist kleiner Kreise, die in allen Staaten zunehmend größere Volksmassen erfaßt. Dazu gehören vor allem die **nationalen Bewegungen der kleinen Völker in Ostmitteleuropa.** Die Verbindung dieser meist slawischen Nationalismen mit dem russisch geführten **Panslawismus** und (seit 1905) **Neoslawismus** wirkt sprengend gegenüber den bestehenden monarchischen übernationalen Reichen. Sie werden gesteigert durch das nur durch einen Krieg zu erreichende Ziel der Zertrümmerung Österreich-Ungarns; 3. die deutsch-englische Flottenrivalität als Ausdruck des deutschen Strebens nach einer Weltmachtposition.

Veranlassung: Die Ermordung des österreichischen Thronfolgerpaars in *Sarajewo* am 28. Juni 1914 und das am 23. Juli um 18 Uhr in Belgrad überreichte, auf 48 Stunden befristete **Ultimatum Österreich-Ungarns an Serbien,** dessen Annahme die serbische Souveränität berühren würde. Serbiens Entscheidung hängt von Rußland ab.

1914
6. Juli Die Versicherung unbedingter deutscher Bündnistreue wirkt ermutigend für Österreich-Ungarn. Das Deutsche Reich geht damit bewußt auf Risikokurs.

25. Juli **Russischer Kronrat in Krasnoje Selo** mit der Entscheidung, „Serbien zu unterstützen, auch wenn man dazu die Mobilmachung erklären und Kriegshandlungen beginnen müsse", falls österreichische Truppen die serbische Grenze überschreiten sollten. Die serbische Regierung, sofort davon unterrichtet, gibt eine nur halb entgegenkommende Antwortnote an Österreich-Ungarn. Abends Abbruch der diplomatischen Beziehungen zwischen Österreich-Ungarn und Serbien. Beide Staaten mobilisieren.

Englische und deutsche Vermittlungsversuche (26.–31. Juli) ohne endgültigen Erfolg.

28. Juli **Österreich-Ungarn erklärt Serbien den Krieg,** stellt aber ausdrücklich fest, daß es keine Gebietserweiterung auf Kosten Serbiens beabsichtige.

30. Juli Der Zar wird von Außenminister *Sasonow* zur **Vollmobilmachung** überredet, die faktisch schon im Gang ist.

31. Juli Am Morgen wird die russische Mobilmachung in Berlin bekannt. Unmittelbar darauf *Telegramm des deutschen Generalstabschefs von*

Moltke an den österreichischen Generalstabschef Conrad von Höt-
zendorf, in dem Österreich-Ungarn zur Mobilisierung gegen Rußland
aufgefordert und die deutsche Mobilmachung vorausgesagt wird. Das
Telegramm wird ohne Wissen des Kaisers und des Reichskanzlers ab-
gesandt und fördert den Wiener Entschluß, den Krieg gegen Serbien
durchzuführen und den Rest der Armee mobil zu machen. Mittags
erklärt die deutsche Regierung den **„Zustand drohender Kriegsge-
fahr"**. Kurz darauf befristetes **Ultimatum an Rußland** (12 Stunden),
ferner ein auf 18 Stunden befristetes **Ultimatum an Frankreich** mit
der Anfrage, ob Frankreich im Fall eines deutsch-russischen Krieges

1. Aug. neutral bleiben werde. Nachmittags die **Kriegserklärung des Deutschen Reichs an Rußland und der Befehl zur allgemeinen Mobilmachung** in Deutschland. Kurz vorher **allgemeine Mobilmachung in
Frankreich.**

2. Aug. Besetzung **Luxemburgs** ohne diplomatische Vorbereitung.

3. Aug. **Kriegserklärung des Deutschen Reichs an Frankreich** als Antwort auf
die unbefriedigende französische Note zum deutschen Ultimatum und
auf die französische Mobilmachung. Mit den ultimativen Anfragen
vom 31. Juli glaubt man die Rechtsauffassung festgelegt zu haben,
daß man sich einem russisch-französischen Angriff gegenübersehe.
Die Kriegserklärungen geben jedoch der feindlichen Propaganda den
wirksamen Anlaß, Deutschland einseitig als den Friedensbrecher
hinzustellen.

Die belgische Frage und die Kriegserklärung Englands

Belgien ist trotz vorausgegangener militärischer Besprechung mit
Frankreich und England (1900 und 1912) entschlossen, seine **Neutralität** zu behaupten. Im deutschen Operationsplan war jedoch der
Durchmarsch durch Belgien geplant. Da am dritten Mobilmachungs-
tag bereits der Handstreich auf *Lüttich* vorgesehen ist, steht die

1914 deutsche Führung unter dem Zwang, schnell handeln zu müssen.

2. Aug. Daher abends Überreichung der **deutschen Sommation** in Brüssel,
in der die belgische Regierung aufgefordert wird, als neutrale Macht
den Durchmarsch der deutschen Truppen zuzulassen, wogegen
Besitzstand und Unabhängigkeit garantiert werden, sofern Belgien
wohlwollende Neutralität bewahren werde.

3. Aug. Ablehnende belgische Antwortnote. **Einmarsch in Belgien.** Abbruch
der diplomatischen Beziehungen zwischen Belgien und dem Deutschen Reich (5. Aug.).

4. Aug. Die Verletzung der belgischen Neutralität durch das Deutsche Reich
gibt **England** den Anlaß zum **Kriegseintritt.** Englisches Ultimatum,
Abbruch der diplomatischen Beziehungen, gleichbedeutend mit
Kriegserklärung Englands an Deutschland. Es geht nicht in erster
Linie um Belgien, sondern um das englische Interesse, Frankreich in
einem Krieg gegen Deutschland, entsprechend den Zusagen von
1912, nicht allein zu lassen.

In der **Sitzung des deutschen Reichstags** erklärt Bethmann Hollweg den Einmarsch in Belgien als ein völkerrechtliches Unrecht und begründet es mit „Notwehr", in der keine Zeit zu verlieren sei.

b) Der Bewegungskrieg im Westen 1914

Der **deutsche Aufmarsch** und Operationsplan geht letztlich auf eine Denkschrift Schlieffens vom Jahre 1905 zurück (sog. Schlieffenplan), die auf der Voraussetzung eines Einfrontenkriegs im W beruht hatte. – Der deutsche Aufmarsch vollzieht sich planmäßig bis zum 17. Aug. in 7 Armeen unter Führung des Generalstabschefs, *General-oberst von Moltke.*

Der **französische Aufmarschplan** ist gleichfalls offensiv gedacht; er sieht eine Offensive in Lothringen vor. Der Aufmarsch unter Führung von *General Joffre* erfolgt in 5 Armeen.

Am linken Flügel (bis Maubeuge) schließt das **englische Expeditions-korps** an.

1914	
20. Aug.	Einzug der **deutschen Truppen in Brüssel.**
22.–27. Aug.	Die **großen Grenzschlachten:** die französische Offensive gestoppt; keine operativen Entscheidungen.
30. Aug.– 5. Sept.	Die **deutschen Truppen** dringen bis an und über die **Marne** vor. **Paris ist bedroht.** Die **französische Regierung** flüchtet am 3. Sept. nach **Bordeaux.** General Joffre ordnet den Rückzug der französischen Streitkräfte hinter die Marne an.
5.–12. Sept.	**Schlacht an der Marne.** Der deutsche Vormarsch wird durch einen französischen Gegenangriff zum Stehen gebracht. Da im Verlauf der Schlacht in der deutschen Front eine 40 km breite Lücke entstanden ist, gibt Generalstabschef von Moltke den Befehl zum Rückzug der deutschen Truppen hinter die *Aisne.* Am 14. Sept. wird Moltke durch *Generalleutnant von Falkenhayn* als Chef des Generalstabs abgelöst. Alle **Durchbruchsversuche** der Franzosen und Engländer (13. Sept. bis 10. Okt.) gegen die sich festigende deutsche Front abgewiesen.
15. Okt.	Ganz Belgien bis zum Yserkanal befindet sich in deutscher Hand.
10. Okt.– 10. Nov.	Auf dem rechten Flügel der Westfront gelingt es den Deutschen nicht, die Kanalhäfen zu gewinnen.

Die Front erstarrt auf der ganzen Linie. Der Krieg ist zum **Stellungs-krieg** geworden. Damit entsteht auf beiden Seiten die bis 1918 nicht gelöste Aufgabe, aus der festen Front wieder zum schlachtentscheidenden Bewegungskrieg zu kommen. Die großen Einbruchs- und Materialschlachten geben von da an dem Krieg im W das Gesicht. Das besetzte **Belgien** wird unter Militärverwaltung gestellt. (Forts. S. 458.)

c) Die Kampfhandlungen im Osten 1914–1915

Aus der geostrategischen Lage im, O und den Aufmarschplänen ergeben sich zwei Schwerpunkte: die Hauptfront **Galizien** und die Nebenfront **Ostpreußen.** Die Tiefe zwischen diesen beiden Flanken ist nur schwach besetzt und spielt zunächst militärisch keine Rolle. Auf **deutscher Seite** steht im O nur die **8. Armee,** deren Aufmarsch, mit Schwerpunkt in Ostpreußen, am 10. Aug. beendet ist. Mit stärkeren Kräften (4 Armeen) marschieren die **österreichisch-ungarischen Truppen** in Galizien auf, um ihre Offensive vorzubereiten.

Rußland steht unter Führung des Oberstkommandierenden Großfürst *Nikolai Nikolajewitsch* mit 2 Armeen gegen Ostpreußen und mit 5 Armeen gegen Galizien. Damit ist entgegen den Wünschen der Franzosen der Schwerpunkt an die Front gegen Österreich-Ungarn gelegt.

1914
19.–20. Aug. Die Schlacht bei *Gumbinnen* wird abgebrochen, da man die Umfassung durch die südlich vorrückende russische Narew-Armee befürchtet. Räumung Ostpreußens bis zur Weichsel. **Generaloberst von Beneckendorff und von Hindenburg** (Chef des Generalstabs Generalmajor **Ludendorff**) wird Oberbefehlshaber der 8. Armee (22. Aug.).

26.–30. Aug. **Schlacht bei Tannenberg.** Die russische Narew-Armee im Raum Hohenstein–Gilgenburg–Ortelsburg eingeschlossen und größtenteils vernichtet. 93 000 Gefangene und große Beute.

6.–15. Sept. **Schlacht an den Masurischen Seen.** Die russische Njemen-Armee muß unter schweren Verlusten Ostpreußen räumen. Durch rechtzeitigen Rückzug entgeht sie der ihr zugedachten Vernichtung.

Nach mehreren Niederlagen müssen die **Österreicher Ostgalizien räumen.** Mitte September wird in Schlesien die 9. deutsche Armee

28. Sept. u. 11. Nov. gebildet (ab 7. Nov. *von Mackensen* Befehlshaber). Gegenoffensiven der 9. deutschen Armee, die das russische Vordringen aufhalten und eine Stellungsfront erzwingen.

Hindenburg zum Oberbefehlshaber Ost ernannt (1. Nov.).

1915
4.–22. Febr. **Winterschlacht in Masuren.** Die russische 10. Armee vernichtend geschlagen (über 100 000 Gefangene). Anschließend im Februar und März erfolgreiche deutsche Abwehrkämpfe gegen neue Angriffe der Russen zwischen Grodno und Mława. (Forts. S. 459.)

d) Der Stellungskrieg im Westen 1914–1916

1915 Im Jahr 1915 gelingt trotz immer größeren Materialeinsatzes keine Schlachtentscheidung, die die Erstarrung der Front aufgehoben hätte. Sowohl Joffre wie Falkenhayn planen 1916 die Kriegsentscheidung

1916 an der Front in Frankreich.

21. Febr. **Beginn des Angriffs auf Verdun.** 25. Febr. Erstürmung der Panzerfeste **Douaumont.** Der für beide Seiten sehr verlustreiche Kampf wird ohne strategischen Erfolg Anfang Juli eingestellt.

24. Juni **Schlacht an der Somme.** Vergeblicher Versuch der Engländer und

26. Nov.	Franzosen, die deutsche Abwehrfront zu durchbrechen. Die Mißerfolge haben auf beiden Seiten zum Führungswechsel beigetragen:
29. Aug.	Generalfeldmarschall **von Hindenburg** wird **zum Chef des Generalstabes des Feldheeres** und Generalleutnant **Ludendorff zum ersten Generalquartiermeister** ernannt.
3. Dez.	Infolge des Scheiterns der Somme-Offensive wird General **Joffre durch General Nivelle als Generalissimus ersetzt.** (Forts. S. 465, 467.)

e) Der Krieg im Osten von Frühjahr 1915 bis Frühjahr 1917

Dez. 1914– April 1915	**Die Winterschlacht in den Karpaten.** Die russische Absicht, über die Karpatenpässe nach Ungarn einzubrechen, wird in wechselvollen Kämpfen durch österreichisch-ungarische und deutsche Truppen vereitelt.
1915 1.–3. Mai	**Durchbruchsschlacht von Gorlice-Tarnów.** Die westgalizische Front der Russen wird unter Führung von Generaloberst von Mackensen durchstoßen.
5. Aug.	**Warschau** wird von den Deutschen besetzt. Die Offensive kommt zuerst in Ostgalizien zum Stehen:
6.–19. Sept.	**Schlacht bei Tarnopol.** Später wird sie auch am nördlichen und mittleren Frontabschnitt gestoppt. Die **Stellungsfront** verläuft in südnördlicher Richtung von der Bukowina (Czernowitz österreichisch) durch Ostgalizien und Wolynien (Tarnopol russisch, Dubno österreichisch) über Pinsk (deutsch), Baranowitsch (deutsch), Smorgon (russisch), Dünaburg (russisch), dünaabwärts zum Rigaer Meerbusen (Riga mit Brückenkopf russisch).
25. Aug. 1916	**General von Beseler wird Generalgouverneur** des unter deutscher Verwaltung stehenden nördlichen Kongreßpolen (ohne Suwałkigebiet).
Anf. Juni – Anf. Sept.	Erste russische **Offensive unter General Brussilow** zur Entlastung der Alliierten **scheitert** unter erheblichen Verlusten (etwa 1 Mill. Mann). Seitdem schnell fortschreitende Demoralisierung des russischen Heeres. Die zweite Brussilow-Offensive (Sept./Okt.) zwischen Karpaten und Stochod in Wolynien wird abgewiesen, auch die dritte Brussilow-Offensive (Okt.-Mitte Dez.) zur Entlastung der Rumänen ohne Erfolg. Bis zum Ausbruch der russischen Revolution im März 1917 bleibt die Front im wesentlichen unverändert. (Forts. S. 465.)

f) Die Nebenkriegsschauplätze bis August 1916

1. Die Türkei

1914 2. Aug.	Ein Bündnisantrag der Türken an das Deutsche Reich führt zum **Vertrag** zwischen beiden Mächten, in dem sich die Türkei zur **strikten Neutralität** im Konflikt Österreich-Ungarn–Serbien verpflichtet und den **Bündnisfall** (Kriegseintritt) für die Türkei festsetzt, falls Rußland gegen das Deutsche Reich in den Krieg eintreten werde. Österreich-Ungarn tritt kurz darauf bei.

3. Aug.	Der Bündnisfall ist gegeben. Statt jedoch in den Krieg einzutreten, erklärt die Türkei bewaffnete Neutralität.
1914 2.–5. Nov.	Wegen deutschfreundlicher Parteinahme der Türken **Kriegserklärungen Rußlands, Englands und Frankreichs an die Türkei** sowie
18. Dez.	Annexion *Cyperns* durch England (5. Nov.). Erklärung des britischen Protektorats über *Ägypten*.
	Es entstehen vier Kriegsschauplätze:
Febr. 1915 – Jan. 1916	a) Schwarzes Meer und Dardanellen: Vergeblicher Kampf der Ententetruppen um die Durchfahrt durch die Meerengen.
1916	b) Kaukasus und Armenien: *Türkisch-Armenien* in russischer Hand.
	c) Mesopotamien: Vergeblicher Versuch der Engländer, in den Besitz der Erdölquellen zu gelangen und mit den russischen Truppen gemeinsam zu operieren.
	d) Sueskanal: fest in englischer Hand. (Forts. S. 465, 468.)

2. Der Krieg auf dem Balkan

Zu Beginn des Krieges hatten die österreichisch-ungarischen Kräfte nicht ausgereicht, gegen Serbien mit Erfolg offensiv zu werden. Die entscheidende Frage auf dem Balkan muß sein, ob und auf welcher Seite die drei vorerst neutralen Staaten Rumänien, Bulgarien und Griechenland in den Krieg eingreifen werden.

1915	Um die Verbindung zur Türkei herzustellen, entschließen sich die Mittelmächte zur **Offensive gegen Serbien** (Oberbefehlshaber von Mackensen).
6. Okt.	Beginn der Offensive. **Belgrad** am 9. Okt. **erstürmt.**
14. Okt.	**Bulgarien,** das Mazedonien gewinnen will, **erklärt Serbien den Krieg.**
Okt.–Dez.	Erfolgreiche Offensive der Deutschen, Österreicher, Ungarn und Bulgaren. **Ganz Serbien erobert.**
1916 6.–22. Juni	**„Pacific blockade" Griechenlands durch die Entente,** deren Ultimatum vom 21. Juni die Demobilisierung der griechischen Armee sowie Verfassungs- und Regierungsumbildung fordert. (Forts. S. 465, 468.)

3. Italien

Über die doppelte und gegensätzliche vertragliche Bindung Italiens durch den Dreibund einerseits, den italienisch-französischen Geheimvertrag von 1902 andrerseits s. S. 395; über die Entwicklung zum Kriegseintritt s. S. 513.

1915 23. Mai	**Kriegserklärung Italiens an Österreich-Ungarn.** Die Kriegserklärung an das Deutsche Reich folgt erst am 28. Aug. 1916. Drei Kampfgebiete: 1. die Isonzolinie von der Küste bis Karfreit, 2. die Kärntner Grenzlinie, 3. die Tiroler Grenzlinie.
Juni 1915 – März **1916**	In **5 Isonzoschlachten** versuchen die Italiener vergeblich die Einnahme des Brückenkopfes von Görz und den Durchbruch durch die österreichisch-ungarische Front.
6.–9. Aug.	**6. Isonzoschlacht.** Görz von Italienern genommen. (Forts. S. 465.)

g) Der Krieg zur See

Der Seekrieg, vielfach in Deutschland unterschätzt, ist von ausschlaggebender Bedeutung. Die trotz der deutschen U-Boot-Kriegführung durchgehaltene britische **Blockade** gegen Deutschland ist kriegsentscheidend.

Bei Kriegsausbruch liegt der Schwerpunkt des kommenden Seekriegs in der **Nordsee.** Das deutsch-englische Kräfteverhältnis in der Nordsee ist 1 : 1,8. England hatte sich unter dem Einfluß Churchills seit 1911 zur Fernblockade entschlossen (zwischen den Shetlands und Norwegen). Auf deutscher Seite erwartet man die enge Blockade. Entgegen der Auffassung von Großadmiral von Tirpitz entschließt man sich nicht zum Schlachteinsatz der Hochseeflotte. Statt dessen der Befehl zum „Kleinkrieg" durch Minen und U-Boote. Ziel: Erreichung eines für Deutschland besseren Kräfteverhältnisses, um dann die Entscheidungsschlacht mit der Hochseeflotte zu suchen.

1916
31. Mai –
1. Juni
Erst ein Wechsel in der Flottenführung bringt größere operative Bewegungsfreiheit der deutschen Hochseeflotte. Es kommt zur einzigen großen **Seeschlacht vor dem Skagerrak.** Die englische Grand Fleet (mit 37 Großkampfschiffen) unter Admiral Jellicoe trifft mit der deutschen Hochseeflotte (21 Großkampfschiffe) unter Admiral Scheer zusammen. Der Kampf wird nicht bis zur Entscheidung durchgeführt. Da sich die englische Flotte zurückzieht, wird der Krieg in der Nordsee seitdem im wesentlichen als **Minen- und U-Boot-Krieg** geführt.

U-Boot-Krieg

1914
22. Sept.
Die Bedeutung der **U-Boot-Waffe** wird allgemein sichtbar, als **Kapitänleutnant Weddigen,** Kommandant von „U 9", vor der holländischen Küste 3 englische Kreuzer versenkt.

2. Nov.
1915
Die Steigerung des deutschen U-Boot-Krieges gegen Handelsschiffe wird bewirkt durch die englische Blockadepolitik. Mitteilung Englands an alle Neutralen, daß die Nordsee als Kriegsgebiet zu betrachten sei (Verminung!).

22. Febr.
Der *U-Boot-Handelskrieg* gegen England befohlen.

7. Mai
Deutsches U-Boot versenkt den englischen Passagierdampfer **„Lusitania",** der Kriegsmaterial und Munition an Bord hat und vor Auslaufen in New York vom deutschen Botschafter gewarnt worden war. Unter 1198 umgekommenen Personen sind 139 Amerikaner. Große Erregung in Amerika. Die Folge ist eine **scharfe Note der USA** (13. Mai) und Einschränkung des U-Boot-Kriegs durch den Befehl, neutrale Schiffe und feindliche Passagierdampfer zu schonen.

19. Aug.
1916
Versenkung des englischen Passagierdampfers **„Arabic",** wobei zwei Amerikaner ums Leben kommen. Der U-Boot-Krieg wird daraufhin noch strenger gemäß den völkerrechtlichen Regeln des Kreuzerkrieges eingeschränkt.

29. Febr. Beginn des **verschärften deutschen U-Boot-Kriegs** gegen bewaffnete Handelsschiffe.

6. März Wilhelm II. lehnt gegen das Votum von Falkenhayn und Tirpitz endgültig den uneingeschränkten U-Boot-Krieg (auch gegen neutrale Schiffe, ohne vorherige Warnung) ab.

4. Mai **Deutsche Note an die USA,** die Rückkehr zu den völkerrechtlichen Regeln des Kreuzerkrieges zusagt, falls auch Großbritannien sich zur Einhaltung des Völkerrechts verpflichtet. Bis zum Beginn des Jahres 1917 hat der U-Boot-Krieg infolge dieser Einschränkung nur geringe Bedeutung.

1917 Erklärung des **uneingeschänkten U-Boot-Kriegs** durch Deutschland
1. Febr. als Antwort auf die Hungerblockade. 105 deutsche U-Boote dafür verwendbar. Vom 1. Febr. bis 31. Dez. 1917 werden 6 141 000 BRT Schiffsraum der Alliierten versenkt (dazu 1,127 Mill. BRT der Neutralen). Obwohl monatlich über 600 000 BRT versenkt werden, tritt der durchschlagende Erfolg des U-Boot-Kriegs nicht ein. Keine ernsthafte Störung des Nachschubs aus den USA nach Europa.

h) Der Luftkrieg

Gegen Ende des 19. Jh. beginnt die Technik um die Eroberung des Luftraums zu ringen. Später bemüht man sich, den Luftraum auch für Zwecke der Kriegführung zu gewinnen. Erstmals werden Luftstreitkräfte im Weltkrieg 1914–1918 entwickelt und eingesetzt.

1916 Im Frühjahr erstmals auf deutscher Seite geschlossener Einsatz von
Juli–Aug. ,,Kampfgeschwadern" bei Verdun. An der **Somme** britisch-französische Luftüberlegenheit (u. a. neuartige Jagdflugzeuge).

Okt. **Zusammenfassung** der Gesamtorganisation des deutschen Luftkriegwesens unter der Dienststelle eines kommandierenden Generals der Luftstreitkräfte. Schaffung einer starken Jagdfliegertruppe und Umwandlung der ,,Kampfgeschwader" in leistungsfähige Bombengeschwader.

1917 Juni Trotz großer wirtschaftlicher Anstrengungen (sog. **Amerikaprogramm**) auf deutscher Seite zahlenmäßige Unterlegenheit in der Luft. Allgemein hat die Luftwaffe im Weltkrieg 1914–1918 noch nicht kriegsentscheidend gewirkt. Ihre starke Entwicklung bis zum Kriegsende eröffnet jedoch die Aussicht auf grundlegende Wandlungen für die gesamte Kriegführung in der Zukunft.

i) Der Krieg in den deutschen Kolonien

Das Deutsche Reich hatte sich auf bestimmte Abmachungen in der Kongoakte (S. 436) verlassen und nicht damit gerechnet, daß ein europäischer Krieg auch auf die deutschen Kolonien ausgedehnt würde. Infolgedessen sind die Streitkräfte in den Kolonien, die lediglich für Polizeiaufgaben vorbereitet waren, auf einen wirklichen Krieg mit einem starken Gegner in keiner Weise gerüstet. So gehen die Kolonien nach kurzer Zeit verloren, außer Deutsch-Ostafrika.

Togo wird nach Überwältigung der Schutztruppe unter Frankreich und Großbritannien geteilt (Aug. 1914).

In **Kamerun** (1914/16) und **Deutsch-Südwestafrika** (Juli 1915) unterliegt die Schutztruppe britischen Streitkräften.

Nur in **Deutsch-Ostafrika** gelingt es *General von Lettow-Vorbeck,* sich mit schwachen Kräften gegen feindliche Übermacht zu behaupten. Nach *Siegen bei Tanga* (Nov. 1914) und *Mahiwa* (Okt. 1917) marschiert er nach *Rhodesien* ein, wodurch die britische Etappenlinie bedroht wird. So erreicht er seine Absicht, durch Bindung starker feindlicher Kräfte die Heimat möglichst zu entlasten.

Tsingtau wird nach 43 tägiger Belagerung im Nov. 1914 von den Japanern erobert.

Die deutschen Kolonien in **Ozeanien** werden teils von australischen *(Deutsch-Neuguinea),* teils von japanischen *(Marshallinseln, Marianen, Palauinseln, Karolinen),* teils von neuseeländischen Truppen *(Samoainseln)* besetzt (1914).

k) Politische Geschichte des Kriegs bis Sommer 1917

Die wichtigsten politischen Probleme der ersten Kriegsjahre sind: 1. Die Lösung der Frage des Verhältnisses von Kriegführung und Politik im Koalitionskrieg, 2. die innerpolitischen Auseinandersetzungen in den Staaten, 3. die Bemühungen um den Frieden und die Kriegsziele (s. unten und S. 464).

1. Die Frage einer koordinierten politischen und militärischen Führung ist bei beiden Koalitionen unvollkommen gelöst. Auf seiten der Entente ist die Verbindung zwischen dem W und Rußland aus äußeren und inneren Gründen schwierig.

1914
5. Sept.   **Vertrag zu London.** Großbritannien, Frankreich und Rußland verpflichten sich, keine Sonderfrieden zu schließen. **Japan** (Kriegserklärung an Deutschland am 23. Aug. 1914) tritt dem Vertrag am 19. Okt. 1915 bei. Die notwendige militärische Kooperation wird zwi-
1915   schen Herbst 1915 und Sommer 1917 durch interalliierte Konferen-
6.–8. Dez.   zen hergestellt. Hervorzuheben ist die **Konferenz von Chantilly,** in der der Beschluß korrespondierender Offensiven und der Räumung der Dardanellen gefaßt wird.

Auf seiten der Mittelmächte ist die Einheitlichkeit dadurch belastet, daß die beiden Monarchen als „oberste Kriegsherren" de facto ausfallen, daß damit den auseinanderfallenden Ressorts der politischen und militärischen Leitung die verbindende Spitze fehlt, daß die Generalstabschefs beider Monarchien zunehmend in Gegensatz zueinander geraten und daß Außenpolitik und Kriegsziele beider Monarchien sich vielfach widersprechen.

2. Innenpolitik: s. in den Länderabschnitten, S. 485 ff.

3. Friedensversuche und Geheimverträge sind bis Ende 1916 noch nicht von allgemeiner Bedeutung.

1915
Febr.– Reise des *Obersten House* im Auftrag von Präsident Wilson nach London, Berlin und Paris.
März Seine unzulängliche Friedensvermittlung scheitert.

1916
3. Juli Russisch-japanisches Geheimbündnis mit unausgesprochener Spitze gegen die USA und Großbritannien als spätere Gegner.

27. Aug. Von der Entente durch große Versprechungen gedrängt, **erklärt Rumänien an Österreich-Ungarn den Krieg.**
Am 28. Aug. beginnt der Feldzug der Mittelmächte gegen Rumänien.

6. Dez. Einzug der Sieger in *Bukarest*. Der größte Teil Rumäniens (mit dem Erdöl) in der Hand der Mittelmächte.
Generalgouverneur von Beseler drängt auf deutsche Initiative zur politischen Lösung des polnischen Problems und legt nahe, einen selbständigen polnischen Staat zu proklamieren. Die OHL greift den Plan auf, da sie auf die Bildung eines polnischen Heeres auf deutscher Seite hofft. Im August erklärt der österreichisch-ungarische Außenminister Burián trotz Differenzen grundsätzlich sein Einverständnis.

5. Nov. **Der polnische Staat durch gemeinsame Erklärung der beiden Monar-**
1916 **chen proklamiert.** Kurz darauf ein polnischer Staatsrat in Warschau gebildet. Die Exekutive bleibt jedoch in Händen der Generalgouverneure in Warschau und Lublin.
Der Wille Wilsons, einen allgemeinen Frieden zu vermitteln, begegnet sich mit Friedensabsichten des deutschen Reichskanzlers *Bethmann Hollweg* während der 2. Hälfte des Jahres 1916, jedoch hemmen sie sich gegenseitig in ihrer Wirkung, da sie nebeneinanderher laufen.

21. Nov. **Tod Kaiser Franz Josephs.** Nachfolger sein Großneffe **Karl**, vermählt mit Zita von Bourbon-Parma. Das neue Kaiserpaar erwägt von Anbeginn Sonderfriedenspolitik der Monarchie. *Graf Czernin* wird Außenminister dieser neuen Linie.

12. Dez. **Friedensdeklaration des Deutschen Reichs.** Die USA werden aufgefordert, die Ententemächte zu informieren, daß Deutschland zu Friedensverhandlungen bereit sei. Die Entente lehnt ab.

21. Dez. Note Wilsons an die kriegführenden Mächte und an die Neutralen, um „einen Meinungsaustausch über ihre Friedensbedingungen und Forderungen anzuregen". Die Antwort der Mittelmächte ist zustimmend. Die Entente stellt so weitgehende Forderungen, daß der Friedensversuch scheitert.

1917
9. Jan. Im Hauptquartier zu Pleß wird der uneingeschänkte U-Boot-Krieg beschlossen. Der Kaiser schließt sich der OHL und der Marineleitung an gegen den Willen Bethmann Hollwegs, der auf den sicheren Kriegseintritt der USA hinweist. Die militärische Führung will dies in Kauf nehmen, da sie mit der Niederlage Englands in 6 Monaten rechnet.

22. Jan. **Rede Wilsons** vor dem Senat mit der Parole **„Frieden ohne Sieg".**
Anschließend Verhandlungen mit dem deutschen Botschafter Graf

Bernstorff, die durch die neue Wendung im U-Boot-Krieg abgeschnitten werden.

3. Febr. **Abbruch der diplomatischen Beziehungen zwischen den USA und dem Deutschen Reich.** Da die öffentliche Meinung in den USA immer stärker zum Krieg drängt, die USA den Ententemächten in großem Umfang Rüstungsmaterial auf Kreditbasis geliefert haben und der englische Secret Service eine deutsche Note abgefangen und entziffert

6. April hat, in der Mexiko ein Bündnis angeboten wird, erfolgt die **Kriegserklärung der USA an das Deutsche Reich** (an Österreich-Ungarn erst am 7. Dez.).

Sonderfriedensaktion des *Prinzen Sixtus* von Bourbon-Parma, des Bruders der Kaiserin Zita, bereits seit dem 29. Jan. Bis in den Sommer 1917 hinein versucht Sixtus vergeblich, zwischen der französischen Regierung und dem Wiener Hof zu vermitteln.

Febr.–Mai **Diplomatische Friedensversuche Graf Czernins,** unabhängig von der Mission von Sixtus, ohne Erfolg.

1. Aug. **Friedensnote Papst Benedikts XV. an die kriegführenden Mächte** ohne Erfolg.

l) Die Kriegführung im Jahre 1917

1917 Teilweise Rücknahme der deutschen Front in die vorbereitete „*Siegfriedstellung*".

22. Febr. – Trotz englischer und französischer Großoffensiven kein Durchbruch
17. März und damit **keine Schlachtenentscheidung an der Westfront.** Die Krise des französischen Heeres infolge der Meutereien im Frühsommer 1917 wird von der deutschen Führung zu spät erkannt.

24.–27. Okt. Durchbruch der Mittelmächte am oberen *Isonzo*, nachdem die Italiener in der 7.–11. Isonzoschlacht abgewiesen worden sind; Demoralisierung im italienischen Heer.

Balkan: Die mazedonische Front bleibt stabil trotz der Angriffe der Alliierten im März und Mai.

27. Juni **Griechenland tritt dem Bund der Entente bei.**

Türkei: **Vordringen der Engländer vom Persischen Golf gegen Bagdad,** das am 11. März genommen wird. Die Verbindung zwischen der Front der Engländer und der Russen wird hergestellt. Nach Abzug der Russen infolge der Revolution besetzen die Engländer *Teheran* und ganz Persien.

Anf. Nov. Erfolgreiche britische Offensive von der Sueskanalfront nach Palästina.

8. Dez. *Jerusalem* von den Türken geräumt.

Über die russische Front s. S. 466 f.

m) Die Russische Revolution und der Frieden von Brest Litowsk

Das russische Volk treibt immer mehr einer großen Revolution zu. Gründe: Der unglückliche Verlauf des Krieges, die ungelöste Verfassungsfrage, die innere Brüchigkeit einer dekadenten Führungsschicht, die durch Parteiungen und Intrigen gespalten ist, die Anstoß erregende Kamarilla um die Zarin unter dem beherrschenden Einfluß des Wundermönchs und Lüstlings *Rasputin*, die linksrevolutionäre Anfälligkeit der russischen „Intelligenz", die agrarrevolutionäre Bereitschaft der Kleinbauern im übervölkerten Dorf, die weit fortgeschrittene Organisation der Industriearbeiterschaft durch die sozialistischen Parteien.

1916 30. Dez. Ermordung Rasputins durch Fürst *Jussupow.*

1917 Beginn von Streiks und Unruhen in Petrograd. Da die Petrograder
8. März Truppen zu den aufständischen Sozialisten übergehen, ist in wenigen Tagen die **Revolution in der Hauptstadt entschieden.** Der **Arbeiterrat (Sowjet)** hat die Macht in Händen, ist aber nicht fähig, die Regierung
12. März zu übernehmen. Daher **Bildung einer provisorischen Regierung** aus dem Dumakomitee des „Progressiven Blocks" und der Sozialrevolutionäre. Leitung: **Fürst Lwow.**

15. März **Zar Nikolaj II. dankt ab** und wird mit seiner Familie gefangengesetzt. In wenigen Tagen hat sich die Revolution auch in den übrigen Zentren des Reichs durchgesetzt. Doch steht die Regierung Lwow in ihrer vorwiegend großbürgerlichen Zusammensetzung der proletarischen und bäuerlichen Sozialrevolution im Wege. Weder sie noch die weiteren Regierungen des Jahres 1917 haben die Exekutive gegenüber den überall entstehenden Sowjets der Arbeiter und Bauern wirklich erreicht. Zeit der **„Doppelherrschaft".**

16. April **Ankunft Lenins** und anderer Führer der **Bolschewisten** in Petrograd.
17. April Rede Lenins über die Aufgaben des Proletariats in der gegenwärtigen Revolution („Aprilthesen"): Beendigung des Krieges, Republik der Arbeiterräte, Nationalisierung des gesamten Bodens, Kontrolle über die Produktion und Verteilung durch die Räte (Sowjets).
Bolschewistischer Aufstand (16.–18. Juli) in Petrograd scheitert.

20. Juli Rücktritt Lwows. **Kerenskij** (Sozialrevolutionär) wird Ministerpräsident.

9.–14. Sept. **Putsch General Kornilows** gegen Kerenskij, um die provisorische Regierung vom sozialistischen Einfluß zu lösen und die Doppelherrschaft der Sowjets zu beseitigen, scheitert.

16. Sept. Ausrufung der Republik. Diktatur Kerenskijs.

6.–7. Nov. **Revolution der Bolschewisten** in Petrograd wird schnell gewonnen, da das Militär auf der Seite der Aufständischen steht. **Oktoberrevolution** (nach russischem Kalender).

7. Nov. **II. Allrussischer Sowjetkongreß** in Petrograd. Übergewicht der Bolschewisten im Bündnis mit den abgespaltenen linken Sozialrevolutionären. Rechte Sozialrevolutionäre und Menschewisten verlassen den Kongreß. – Aufruf an die Bürger Rußlands.

8. Nov. **Dekret über den Frieden** enthält Aufforderung zu Waffenstillstand und Friedensschluß an alle Kriegführenden, verbunden mit der Idee der proletarischen Weltrevolution.
Dekret über den Grund und Boden bestimmt die entschädigungslose Enteignung des Großgrundbesitzes.

1917   **Bildung des Rats der Volkskommissare** (Ministerien).
Gleichzeitig oder kurz darauf greift die bolschewistische Revolution
auf andere Städte und dann auch auf das Land über.

15. Nov.   **Deklaration der Rechte der Völker Rußlands** begründet das nationale
Selbstbestimmungsrecht im revolutionären Sinn bolschewistischer
Nationalitätenpolitik.

25. Nov.   Die **Wahlen zur Konstituierenden Nationalversammlung** – noch von
der Regierung Kerenskij ausgeschrieben – ergeben bei 41,7 Mill. abgegebenen Stimmen 9,8 Mill. für die Bolschewisten und 22 Mill. für
die Sozialrevolutionäre (Masse der Bauern!), der Rest verteilt sich
auf bürgerliche Gruppen und Menschewisten.
Das **Parlament wird bei seinem ersten Zusammentreten** (18. Jan.
1918) **durch rote Truppen gesprengt.** Lenin hat gegen die parlamentarische und für die Räterepublik entschieden.

28. Nov.   Vorschlag zum Waffenstillstand an alle Kriegführenden durch *Leo
Trotzki*, Volkskommissar des Äußeren. Während die Entente ablehnt, erklären sich die Mittelmächte bereit.

15. Dez.   **Abschluß des Waffenstillstands** zwischen Deutschland und Rußland.

22. Dez.   **Friedensverhandlungen in Brest Litowsk.** Die Bolschewisten, vertre-
1918   ten durch *Trotzki*, üben Verschleppungstaktik.

3. März   **Abschluß des Friedens von Brest Litowsk** (zwischen Deutschland,
Österreich-Ungarn, Türkei, Bulgarien und Sowjetrußland). Darin
verzichtet Rußland auf seine Hoheit in Polen, Litauen, Kurland, deren künftige Verhältnisse vom Deutschen Reich im Einvernehmen
mit den dortigen Völkern nach dem Selbstbestimmungsrecht gelöst
werden sollen. *Estland* und *Livland* bleiben vorläufig von deutscher
Polizeimacht besetzt. Sie werden durch Ergänzungsvertrag vom 27.
Aug. 1918 vollständig aus dem russischen Staatsverband entlassen.
Die *Ukraine* und *Finnland* werden von Rußland als selbständige Staaten anerkannt. Rußland soll demobilisieren, die Mittelmächte verpflichten sich zur Räumung der besetzten Gebiete nach allgemeinem
Friedensschluß. Weißruthenien bleibt unter russischer Herrschaft.
Reparationen werden von den Mittelmächten nicht gefordert. Lenin,
der ein Gegner der Hinhaltetaktik Trotzkis gewesen war, setzt die
Annahme des Friedensvertrages durch (die „Atempause").

7. Mai   **Friedensvertrag von Bukarest** zwischen den Mittelmächten und
Rumänien, das die *Dobrudscha* an Bulgarien abtreten muß und den
Deutschen Rechte in der Ausnutzung der Ölquellen einräumt.

n) Der Entscheidungskampf im Westen im Jahr 1918

Infolge der Entlastung durch den Frieden von Brest Litowsk kann
die deutsche OHL den Plan einer Offensive im W fassen, auf die sie
1918   die Hoffnung auf Schlacht- und Kriegsentscheidung setzt.

März–Juli   Fünf deutsche Offensiven, die nach größeren Anfangserfolgen nicht
zum entscheidenden strategischen Erfolg führen.

18. Juli   **Beginn der Gegenoffensive des Generalissimus Foch.** Entscheidend

1918 für die Erfolge der Alliierten von diesem Wendepunkt an sind neben
der zunehmenden deutschen Erschöpfung das schnell wachsende
Übergewicht an Truppen und Material infolge des Eintreffens der
Amerikaner und der Masseneinsatz von **Tanks**. Auf der deutschen
Seite fehlt die Panzerwaffe fast vollständig.

8.–11. Aug. **Schlacht bei Amiens.** Tiefer Einbruch der Engländer mit 450 Tanks
beiderseits der Straße Amiens–Saint-Quentin am 8. Aug.: „**Schwarzer Tag des deutschen Heeres**" (Ludendorff). Seitdem pausenlose
Angriffe der Alliierten gegen die deutsche Front zwischen Aisne und
Flandern.

1918 Anf. Sept. **Rückverlegung der deutschen Front in die „Siegfriedstellung".**
Von Anfang September **bis zum Waffenstillstand am 11. Nov.**
Abwehrschlachten auf der ganzen Front zwischen der flandrischen
Küste und dem Saint-Mihiel-Bogen gegen die mit immer größerer
Übermacht angreifenden alliierten Truppen. Diesen gelingt nirgends
der Durchbruch durch die deutsche Verteidigungsfront, die zurück-
genommen, verkürzt und gehalten wird.

o) Wilsons Friedenspolitik und der Zusammenbruch der Mittelmächte

1918
8. Jan. **Rede Wilsons** im Zusammenhang mit der in Brest Litowsk erörterten
Friedensfrage. Darin die **14 Punkte** als Richtlinien für den Weltfrieden: 1. Öffentlichkeit aller internationalen Vereinbarungen, 2. Freiheit der Meere, 3. Freiheit des Welthandels, 4. Rüstungsbeschränkung, 5. Internationale Regelung der Kolonialfragen, 6. Räumung
und Freiheit Rußlands, 7. Räumung und Wiederherstellung Belgiens,
8. Räumung allen französischen Gebiets und Abtretung Elsaß-
Lothringens an Frankreich, 9. Berichtigung der italienischen Grenzen
nach dem nationalen Prinzip, 10. Freiheit zu autonomer Entwicklung
der Völker Österreich-Ungarns (nicht identisch mit Zerschlagung
Österreich-Ungarns), 11. Räumung Rumäniens, Serbiens und Mon-
tenegros. Internationale Garantien für die Balkanstaaten, 12. Nationale Autonomie der nichttürkischen Völker des Osmanischen Reiches. Öffnung und internationale Garantie der Meerengen, 13.
Bildung eines unabhängigen polnischen Staates mit Zusicherung
eines freien und sicheren Zugangs zum Meer auf einem Gebiet, das
von unbestreitbar polnischer Bevölkerung bewohnt ist, 14. Gründung
eines Völkerbundes.
Wilsons Grundsätze gipfeln in den Begriffen einer „Herrschaft des
Rechts" und einer „unparteiischen Gerechtigkeit" im Völkerleben,
wofür eine „Friedensorganisation" in der **„general and common fa-
mily of the League of Nations"** geschaffen werden soll.

Deutschlands Verbündete
1918
15.–24. Sept. Erfolgreiche Durchbruchoffensive der Engländer, Franzosen, Griechen, Serben und Italiener in Mazedonien. **Auflösung und Flucht der
bulgarischen Armee.**

30. Sept. **Abschluß des Waffenstillstands mit Bulgarien.**
Am 19. Sept. Beginn der **Palästinaschlacht.** Die **türkische Front bei Jaffa durchbrochen.**
30. Okt. **Abschluß des Waffenstillstands zu Mudros.**
4. Okt. Österreich-Ungarn tritt dem deutschen **Waffenstillstandsangebot** bei. Die Auflösung Österreich-Ungarns wird von Wilson zur Bedingung der Waffenruhe gemacht.
21. Okt. Eröffnung der deutsch-österreichischen Nationalversammlung in Wien. Revolution in Wien.
1. Nov. Bildung einer selbständigen ungarischen Regierung.
3. Nov. Abschluß des **Waffenstillstands** zwischen Österreich-Ungarn und den
11. Nov. Alliierten. **Kaiser Karl „verzichtet auf jeden Anteil an den Regierungsgeschäften".** Er geht in die Schweiz. **Österreich-Ungarn ist zerfallen.** (Forts. S. 496.)

Deutsches Reich

1918 **Konferenz im Hauptquartier in Spa.** Die OHL erklärt die Fortführung
14. Aug. des Krieges als aussichtslos.
29. Sept. Hindenburg und Ludendorff fordern sofortiges Waffenstillstandsangebot, Rücktritt Graf Hertlings und Verfassungsreform.
3. Okt. **Prinz Max von Baden zum Reichskanzler ernannt,** bildet eine Regierung, in der die Mehrheitsparteien durch Staatssekretäre ohne Portefeuille vertreten sind. Innerpolitisches Reformprogramm. z. T. realisiert durch das Gesetz über die Verfassungsänderungen vom 28. Okt. **(Einführung der parlamentarischen Regierungsform).**
3.–4. Okt. **Waffenstillstandsangebot der deutschen Regierung an Wilson** auf der Grundlage der 14 Punkte. Der folgende Notenwechsel verdeutlicht, daß es sich nur um eine widerspruchslose Annahme der Bedingungen handeln kann. Dazu wird die von Wilson nur indirekt ausgesprochene Forderung einer Abdankung Kaiser Wilhelms lanciert. In solcher Lage, in der es um **„Demütigungsfrieden"** oder **„Rechtsfrieden"** geht, versucht die OHL noch einmal auf Fortführung des militärischen Widerstands hinzuwirken. Doch nach der Entlassung Ludendorffs und dem österreichischen Waffenstillstandsgesuch scheidet diese Möglichkeit aus.
28. Okt. Beginn der Meuterei auf der deutschen Hochseeflotte, die dadurch am Auslaufen gehindert werden soll. Der Befehl zum Auslaufen ergeht seitens der Seekriegsleitung ohne Billigung der Regierung.
3. Nov. Aufstand der Matrosen in Kiel greift auf andere Städte über. In den folgenden Tagen **Ausbreitung der Revolution** über viele große Städte des Reichs. Bildung von **Arbeiter- und Soldatenräten.** Treibende Kräfte der Revolution sind die verschiedenen Gruppen der USPD, besonders der Spartakusbund und der Bund der revolutionären Obleute in den Berliner Betrieben.
7. Nov. **Revolution in München.** Flucht des Königs.
8. Nov. Ausrufung des „Freistaats" Bayern. Absetzung der Dynastie Wittelsbach. Übernahme der Regierung durch Kurt Eisner (USPD).

1918 **Revolution in Berlin.** Prinz Max von Baden gibt „de facto" die
9. Nov. Thronentsagung Kaiser Wilhelms II. (unterzeichnet erst 28. Nov.
1918) sowie des Kronprinzen bekannt und tritt zurück. *Scheidemann*
(SPD) ruft die Deutsche Republik aus. Übertragung der Regierungsgeschäfte an den Vorsitzenden der SPD, Friedrich **Ebert.** In allen
deutschen Ländern ähnliche revolutionäre Vorgänge.

10. Nov. **Kaiser Wilhelm II. begibt sich nach Holland.**
In Berlin Bildung der neuen Regierung: „Rat der Volksbeauftrag-
ten"; daneben „Vollzugsrat der Arbeiter- und Soldatenräte" (vgl.
S. 486).

8.–11. Nov. **Waffenstillstandsverhandlungen Fochs** mit der deutschen Waffen-
stillstandskommission unter Führung **Erzbergers.**

11. Nov. In Compiègne **Abschluß des Waffenstillstands:** Räumung der besetzten Gebiete im W; Bildung einer neutralen Zone von 10 km Breite
rechts des Rheins; Verzicht auf die Friedensverträge von Brest
Litowsk und Bukarest; Zurückführung aller deutschen Truppen im
O und SO hinter die Grenzen von 1914, ausgenommen diejenigen
auf ehemals russischem Staatsgebiet (Bolschewismus!). Weitere wesentliche Bedingungen werden in den Friedensvertrag von Versailles
aufgenommen. Dauer des Waffenstillstands zunächst 36 Tage; durch
seine Annahme ist Deutschland ohne jede Möglichkeit einer Gegen-
wehr in die Hand seiner Gegner gegeben.

2. Folgen des Ersten Weltkriegs

a) Die Friedensverträge

1919 **Eröffnung der Friedenskonferenz im Spiegelsaal des Schlosses zu**
18. Jan. **Versailles** ohne Vertreter des Deutschen Reichs.
Bei den Verhandlungen treten die Grundsätze der 14 Punkte mehr
und mehr in den Hintergrund. Statt dessen setzen sich die weitge-
steckten Kriegsziele, z. T. aufgrund von Geheimverträgen, durch. Die
scharfe französische Politik, bestimmt durch Revanche und Sicherheit, wird von **Clemenceau** durchgesetzt, während **Lloyd George** zu
mildern sucht.

29. April Die **Verfassung des Völkerbundes** wird in der Vollversammlung angenommen. Der Bund, dem die Vereinigten Staaten später nicht beitreten, soll eine Organisation des Friedens und der Sicherheit für das
neue, in den Friedensverträgen festgesetzte politische System sein.
Die Mitglieder werden zu gegenseitiger Hilfe gegen Friedensverlet-
zungen verpflichtet. Sie erkennen bei Streitigkeiten den Schiedsspruch des Haager Ständigen Internationalen Gerichtshofes („Haager Cour") an. Sanktionen kann (mit Zweidrittelmehrheit) auch die
Völkerbundsversammlung oder der Völkerbundsrat verhängen.
Erster Generalsekretär: Sir Eric Drummond. Der Völkerbundsrat
besteht aus den Vertretern der Großmächte und vier jeweils von der
Vollversammlung gewählten Mächtevertretern. Der Völkerbund tritt
Anfang 1920 in Aktion.

Nach Regierungswechsel in Berlin und Abstimmung in der deutschen Nationalversammlung, die sich mit 237 gegen 138 Stimmen der Deutschen Demokratischen Partei, der Deutschen Volkspartei und der Deutschnationalen Volkspartei unter Protest zur Annahme ent-

1919 schließt,

28. Juni **Unterzeichnung des Friedensvertrags in Versailles** durch Hermann Müller und Johannes Bell.

Der ,,Clemenceau-Frieden" war von den Franzosen durchgesetzt worden, wenn er auch in wesentlichen Stücken infolge des Widerstands Wilsons und Lloyd Georges hatte abgeschwächt werden müssen.

Teil I enthält – wie in allen andern Friedensverträgen – die Völkerbundssatzung.

Teil II und III betreffen die neuen Grenzen, die politischen Klauseln (Ausbeutung der Gruben), die Saar und die Volksabstimmungen. Ohne Abstimmung werden abgetreten: Elsaß-Lothringen, fast ganz Posen und Westpreußen, Memelgebiet, Hultschiner Ländchen (an die Tschechoslowakei). Abstimmungen sollen stattfinden in: Nordschleswig, Reg.-Bez. Marienwerder und Allenstein, in Eupen-Malmédy und Oberschlesien. Im Saarbecken verzichtet Deutschland auf das Eigentum an den Kohlengruben zugunsten Frankreichs mit Möglichkeit des Rückkaufrechts. Nach 15 Jahren soll eine Abstimmung im Saargebiet stattfinden. Deutschland erkennt die Unabhängigkeit Österreichs als ,,unabänderlich" an; Änderung nur ,,mit Zustimmung des Rats des Völkerbundes".

Besetzung des linksrheinischen Gebiets mit drei Brückenköpfen (Mainz, Koblenz, Köln) in drei Zonen mit der Möglichkeit der Räumung nach 5, 10 und 15 Jahren.

Teil IV bezieht sich auf die deutschen Rechte und Interessen im Ausland. Das Reich verzichtet auf alle überseeischen Besitzungen. Die militärischen Bestimmungen in Teil IV und V setzen fest: Auslieferung fast des gesamten Kriegsmaterials. Auflösung des Großen Generalstabs. Aufhebung der allgemeinen Wehrpflicht. Auflösung des deutschen Heeres. Festsetzung einer Höchstgrenze für Zahl und Stärke der Einheiten sowie für Bewaffnung des neuen Berufsheeres von 100000 Mann Land- und 15000 Mann Marinetruppen mit 4000 Offizieren (Dienstzeit 12 Jahre, Offiziere 25 Jahre). – Teil VI enthält Vorschriften über die Kriegsgefangenen und die Grabstätten.

Teil VII bringt Strafbestimmungen. Wilhelm II. wird unter Anklage gestellt ,,wegen schwerster Verletzung der internationalen Moral und der Heiligkeit der Verträge".

Teil VIII behandelt die Wiedergutmachungen (Reparationen). Der einleitende Art. 231 erklärt, ,,daß Deutschland und seine Verbündeten als Urheber aller Verluste und aller Schäden verantwortlich sind, welche die alliierten und assoziierten Regierungen und ihre Angehörigen infolge des ihnen durch den Angriff Deutschlands und seiner Verbündeten aufgezwungenen Krieges erlitten haben". Mit dieser un-

zutreffenden einseitigen Feststellung der Kriegsschuld der Mittelmächte, insbesondere Deutschlands, werden alle Reparationen begründet. Die Gesamtschuld des Deutschen Reichs soll von einer
besonderen Reparationskommission festgelegt und innerhalb von 30
Jahren, beginnend mit dem 1. Mai 1921, abgelöst werden.
Die Teile IX–XV enthalten Bestimmungen über Finanzen, Wirtschaft, Verkehr u. a.
Österreich und Ungarn werden von den Siegermächten als Rechtsnachfolger der Donaumonarchie und damit als Anstifter des Krieges
angesehen, die Tschechen, Südslawen und siebenbürgischen Rumänen dagegen zu den Siegern gerechnet.

1919
10. Sept.
**Unterzeichnung des Friedensvertrags zwischen Deutsch-Österreich
und den Ententestaaten in Saint-Germain-en-Laye.** Hauptbedingungen: 1. Die Trennung Ungarns von Österreich wird aufrechterhalten.
2. Südtirol bis zum Brenner mit knapp $1/4$ Mill. deutscher Einwohner
fällt an Italien, das außerdem durch das Küstenland mit Triest, Istrien,
Teile von Kärnten, Dalmatien und dalmatinische Inseln vergrößert
wird (außer *Fiume*). 3. Anerkennung der selbständigen Staaten
Tschechoslowakei, Polen, Ungarn und Jugoslawien durch Österreich
mit den sich daraus ergebenden Abtretungen. 4. Dem neuen Bundesstaat „Österreich" wird der Name „Deutsch-Österreich" sowie der
durch die Wiener Nationalversammlung beschlossene **Anschluß an
das Deutsche Reich untersagt.**

1919
27. Nov.
Unterzeichnung des Friedensvertrags durch die Bulgaren in Neuilly.
Bulgarien behält im N die Grenzen von 1913. Abtretung thrazischer
Gebiete. *Strumitza* fällt an Jugoslawien, das Küstengebiet am Ägä-
ischen Meer bis zur *Maritza* an Griechenland. Doch bulgarischer
Zugang zum Hafen *Dedeagatsch*.

1920
4. Nov.
Unterzeichnung des Friedensvertrags in Trianon. Ungarn tritt ab: die
Slowakei an die Tschechoslowakei, Westungarn (Burgenland) an
Österreich, Kroatien-Slawonien an Jugoslawien, das Banat an Jugo-
slawien und Rumänien, Siebenbürgen an Rumänien.

1920
10. Aug.
**Unterzeichnung des Friedensvertrags von Sèvres durch die Stambuler
Regierung.** Hauptbedingungen: 1. Internationale Kontrolle und Verwaltung der Meerengen, 2. Wiederherstellung der Kapitulationen zur
Rechtssicherheit der Ausländer in der Türkei, 3. Finanz- und Militärkontrolle, Heeresbeschränkung auf 50 000 Mann, internationale
Kontrolle über Häfen, Flußschiffahrt und Eisenbahnen, Reparationen, 4. Abtretungen, 5. Türkisch-Armenien wird selbständiger Staat,
6. Cypern und Ägypten bleiben unter englischer, Tripolitanien unter
italienischer Herrschaft. Der Türkei bleibt nur Konstantinopel
(Stambul) mit Hinterland bis zur *Tschataldschalinie* und *Anatolien*
(etwa 10 Mill. Einwohner).
Der Friedensvertrag wird von den Nationalisten unter Führung
Mustafā Kemāls nicht anerkannt.
Die osteuropäischen Friedensschlüsse s. Länderübersichten, besonders Sowjetunion.

b) Gesamtverluste im Ersten Weltkrieg

Die Gesamtzahl der im Ersten Weltkrieg *Gefallenen* (einschl. der durch sonstige Kriegseinwirkungen Umgekommenen) beträgt rund *10 Mill.*, die Gesamtzahl der *Verwundeten* rund *20 Mill.* Menschen. (Im Deutsch-Französischen Krieg 1870/71 betrugen die Gesamtverluste 215 000 Menschen.)
Diese Verluste verteilen sich auf die einzelnen Nationen wie folgt:

	Gefallene	*Verwundete*	*Gefangene*
Deutschland	1 808 000	4 247 000	618 000
Frankreich	1 385 000	3 044 000	446 000
Großbritannien	947 000	2 122 000	192 000
Italien	460 000	947 000	530 000
Österreich-Ungarn	1 200 000	3 620 000	2 200 000
Rußland	1 700 000	4 950 000	2 500 000
Türkei	325 000	400 000	–
USA	115 000	206 000	4 500

Abgesehen von den Verlusten an Menschen, die der Erste Weltkrieg die beteiligten Völker gekostet hat, ergibt eine Schätzung der *Gesamtkosten* dieses Krieges (zerstörtes Kriegsmaterial, Kriegszerstörungen und sonstige finanzielle Ausgaben) ungefähr *732 Mrd. Mark* direkte Kosten und *606 Mrd. Mark* indirekte Kosten.

3. Allgemeine Geschichte zwischen den Weltkriegen

Die große europäische Krise, die in der Welt der scheinbaren Sicherheit vor 1914 noch verdeckt gewesen war, wird durch den Weltkrieg allgemein sichtbar entfesselt. Die Zeit nach 1919 ist im allgemeinen durch folgende Tendenzen bestimmt:
1. Die Versuche, Garantien gegen die Gefährdung der Sicherheit und Ordnung zu gewinnen. Im Zusammenhang damit stehen außenpolitisch die Bestrebungen, durch Konferenzen und Bündnissysteme die Ordnung der Pariser Friedensverträge aufrechtzuerhalten oder durch neue Verträge zu revidieren. Innenpolitisch sind es überall die Versuche, die Abwehr gegen die forttreibenden revolutionären Bewegungen aufzunehmen oder nach Revolutionen neue Verfassung und Lebenssicherung zu gewinnen.
2. Damit steht in Verbindung die Entwicklung der **Technik,** die sehr viel stärker als vor dem Krieg den Lebensstil der Menschen bestimmt und große Gebiete ergreift, die vor 1914 nur unvollkommen technisch durchdrungen sind (geschichtlich bedeutsamstes Beispiel: Rußland). Auf politisch-gesellschaftlichem Gebiet entspricht dieser Rationalisierung eine erhöhte Notwendigkeit und Fähigkeit zur **Organisation** und zu *zentralisierter Führung von Massen* (in Propaganda, Wahl-

kämpfen, Wirtschaftskämpfen der demokratischen USA ebenso sichtbar wie in der Organisation ganzer Völker durch eine zur Totalität strebende Integration von Staaten des faschistischen oder bolschewistischen Typus).

3. Noch immer und stets erneut wirken Revolutionen in vielerlei Gestalt auf die aus der Sicherheit geworfenen Völker nicht nur Europas, sondern zunehmend auch Asiens, Afrikas und Südamerikas. Die Revolution gefährdet die *bürgerlich-liberale Demokratie,* besonders dort, wo sie sich in der Krise befindet.

4. Diese im Politischen sichtbare Krise wird in **Wissenschaft** und **Kunst** der Zeit, vor allem in der *Theologie* und *Philosophie,* deutlich. Hier wird die Überlieferung geistiger Selbstsicherheit und Fortschrittsgläubigkeit revidiert, so etwa in der *Existenzphilosophie* oder der *dialektischen Theologie.*

Die **internationale Außenpolitik** der Zeit ist bestimmt durch

a) Kampf um Stabilisierung oder *Revision* der *Pariser Friedensverträge.*

b) Zurückziehen der Politik der USA, der Dominions des British Commonwealth of Nations und Japans von den europäischen Fragen.

c) Festigung und Ausbau der *bolschewistischen* Herrschaft in Sowjetrußland und das Prinzip der Weltrevolution als ständig drohenden politischen Faktors *(Komintern).*

d) Japans Expansion in Ostasien.

e) Bildung des *faschistischen* Italiens und des *nationalsozialistischen* Deutschlands und deren *expansive Außenpolitik.*

f) Zahlreiche Konfliktstoffe, die sich aus den Grenzziehungen und den nationalen Gegensätzen vor allem in Ostmitteleuropa und in den mit ihrer Emanzipation beginnenden kolonialen oder halbkolonialen Ländern Asiens und Afrikas ergeben.

Folgende Grenzfragen führen unmittelbar nach oder schon während der Friedensregelung zu Konflikten:

Fiume: Auf der Friedenskonferenz waren die italienischen Ansprüche auf *Fiume* nicht berücksichtigt worden. Jugoslawien verzichtet endgültig im Vertrag vom 27. Jan. 1924 auf die Stadt zugunsten Italiens.

Kärnten: Nach Einbruch südslawischer, vor allem serbischer Truppen in die Steiermark und nach Kärnten erbitterte Kämpfe mit Heimwehren. Das Abstimmungsergebnis am 10. Okt. 1920 ist ein deutscher Sieg, so daß das Gebiet bei Österreich bleibt.

Burgenland: Die terroristisch beeinflußte Abstimmung am 14. Dez. 1921 ergibt einen knappen Sieg für Ungarn, so daß entgegen den Friedensbestimmungen *Ödenburg* an Ungarn zurückgegeben werden muß.

Oberschlesien: 20. März 1921 Abstimmung in Oberschlesien; 60% für Verbleiben beim Deutschen Reich. Trotzdem spricht im Okt. 1921 der Oberste Rat der Alliierten den wertvollsten Teil des Industrireviers mit *Pleß, Myslowitz, Kattowitz, Königshütte, Tarnowitz, Rybnik* und *Lublinitz* Polen zu. Mehrfach Kämpfe polnischer Freischaren mit deutschen Freikorps.

Teschen: Die Tschechoslowakei stimmt auf Druck Frankreichs der Teilung *Teschens* zu. Der wirtschaftlich wertvollere Teil kommt an Polen.

Memel: Das Memelgebiet (Ostpreußen nördlich der Memel) erhält am 4. Okt. 1920 einen eigenen Staatsrat mit französischem Präfekten. Am 10. Jan. 1923 Einfall litauischer Freischaren, die Memel besetzen. Die Botschafterkonferenz fügt sich dem vollzogenen Gewaltakt. Die Wahlen zum Memelländer Landtag ergeben stets hohe deutsche Wahlsiege.

Wilna: Bis 8. April 1922 ist *Wilna* zwischen Polen und Litauen umstritten, dann wird es polnisch.

Polnische Ostgrenze: s. polnisch-russischer Krieg (S. 505).

1920
14. Aug. Vertrag zwischen der Tschechoslowakei und Jugoslawien leitet die **Kleine Entente** ein, die gegen ungarische Revisionspolitik und gegen Versuche habsburgischer Wiederherstellung gerichtet ist. Im April und Juni 1921 folgen die Verträge zwischen der Tschechoslowakei und Rumänien sowie zwischen Rumänien und Jugoslawien.

Das Vertrags- und Bündnissystem der Entente wird weiterhin nach Ostmitteleuropa ausgedehnt durch das **Bündnis zwischen Polen und Frankreich** vom 19. Febr. 1921, das **Bündnis zwischen Polen und Rumänien** vom 3. März 1921 und das **Bündnis zwischen Frankreich und der Tschechoslowakei** vom 25. Jan. 1924.

Die zweite Hälfte des Jahres 1920 ist erfüllt von einer Reihe von **Minister- und Sachverständigenkonferenzen zur Reparationsfrage.**

15. Nov. – Erster Zusammentritt der **Völkerbundsversammlung in Genf.** Die
18. Dez. USA haben den Eintritt abgelehnt.

1921
24.–29. Jan. **Konferenz in Paris.** Ohne Zuziehung Deutschlands wird eine Entschädigung von 269 Mrd. Goldmark festgesetzt: zahlbar in 42 Jahresraten. Ferner eine 42jährige Abgabe von der deutschen Ausfuhr in Höhe von je 12% des Wertes (jährlich etwa 1–2 Mrd.).

21. Febr. – **Konferenz in London.** Deutsche Gegenvorschläge in der Reparations-
14. März tionsfrage als indiskutabel abgelehnt. Am 8. März werden als Strafmaßnahmen die **„Sanktionen"** eingeleitet: **Besetzung von Düsseldorf, Duisburg, Ruhrort,** später auch **Mülheim** und **Oberhausen.** Verlegung der Zollinie an die Grenze des besetzten Gebiets.

27. April Festsetzung der **deutschen Reparationssumme** von insgesamt **132 Mrd. Goldmark.**

5. Mai **Londoner Ultimatum** der Alliierten: 1. Schnelle Entwaffnung bis zum äußersten. 2. Einzelheiten der Zahlungsfestlegung. 3. Sofortige Aburteilung der „Kriegsverbrecher". 4. Bei Nichterfüllung wird Besetzung des Ruhrgebiets für den 12. Mai angedroht. Am 11. Mai nimmt das Deutsche Reich nach Abstimmung im Reichstag das Ultimatum an. Trotzdem werden die Sanktionen (Zollgrenze und zusätzliche Besetzungen) nicht aufgehoben.

24.–25. Aug. **Friedensverträge der Vereinigten Staaten von Amerika** mit dem Deutschen Reich und Österreich.

12. Nov. – **Washingtoner Konferenz (Abrüstung)**. Ergebnis: 1. **Flottenabkom-**
6. Febr. **men** der 5 Mächte USA, Großbritannien, Japan, Frankreich, Italien
1922 untersagt Neubauten großer Kriegsschiffe, setzt das Stärkeverhältnis auf 5:5:3:1,75:1,75 fest und führt weitere Beschränkungen der Rüstung und Seebefestigungen ein. 2. **Viermächteabkommen** (Pazifikabkommen) zwischen USA, Großbritannien, Japan und Frankreich garantiert den Besitzstand im Pazifik und hebt das Bündnis zwischen Großbritannien und Japan (1902) auf. 3. **Neunmächte-abkommen** über die Unabhängigkeit Chinas und den Grundsatz der „offenen Tür", d. h. keine besonderen Einfluß- und Interessensphären, in China. 4. Im **Shantungvertrag** gibt Japan Shantung und Kiautschou an China zurück.

10. April – **Konferenz von Genua.** Der sowjetrussische Außenminister *Tschi-*
19. Mai *tscherin* sucht die Anerkennung Rußlands als Sowjetrepublik und die Erörterung der Abrüstung in das Programm der Konferenz zu bringen. Die Konferenz wird ergebnislos abgebrochen, da Sowjetrußland sich weigert, russische Vorkriegsschulden anzuerkennen. Vorher aber

16. April **Abschluß und Veröffentlichung des deutsch-russischen Sondervertrags von Rapallo** auf der Grundlage gegenseitiger Gleichberechtigung. Wiederaufnahme der diplomatischen Beziehungen. Alle Ansprüche aus der Zeit des Krieges zwischen Deutschland und dem früheren Rußland gelten als erledigt. Die Politik der Entente hat

20. Nov. – Deutschland und Rußland zusammengeführt. **Friedenskonferenz in**
4. Febr. **Lausanne.** Der Frieden von *Sèvres* wird revidiert. England erneuert
1923 seine alten freundschaftlichen Beziehungen zur Türkei. Die entfestigten **Meerengen** bleiben der Türkei. Handelsschiffe haben freie Durchfahrt.

9. Jan. In der Sitzung der Reparationskommission wird festgestellt (gegen die Stimme Englands), daß Deutschland vorsätzlich seine Kohlenlieferungen vernachlässigt habe. Damit hat *Poincaré* freie Hand.

11. Jan. **Einmarsch der Franzosen** mit starken Truppen in *Essen*. Nach und nach **Besetzung des ganzen Ruhrgebiets. Beginn des Ruhrkampfs.** England wartet ab. Amerika zieht seine Besatzungstruppen aus dem Rheingebiet zurück.

13. Jan. Reichskanzler *Cuno* verkündet im Reichstag den **„passiven Widerstand".** Die Kohlenlieferungen werden eingestellt. Zechen liegen still. Blutige Zusammenstöße.
Während Inflation und Wirtschaftskrise in Deutschland weiter fortschreiten, ist der passive Widerstand nicht durchzuhalten. Nach Rücktritt Cunos am 12. Aug. erklärt sich der neue Reichskanzler *Stresemann* zum Einlenken bereit.

26. Sept. Aufruf der Reichsregierung **„An das deutsche Volk".**
Der **passive Widerstand** muß aus innerpolitischen und finanziellen Gründen **abgebrochen** werden.
Im Herbst 1923 erreicht die **deutsche Inflation** (verbunden mit neuen

inneren Unruhen) ihren Höhepunkt. Auch der Franc fällt. Die **internationale Finanzkrise** drängt zur Lösung. Die USA sind daran interessiert, die europäischen Gegensätze zu mildern und zur Regelung der internationalen Zahlungsprobleme, im besonderen auch der deutschen Reparationen, zu kommen. Zusammentritt des **Internationalen Sachverständigenausschusses** unter Vorsitz des amerikanischen Finanzmanns **Charles Dawes** in Paris.

1924
14. Jan.

22. Jan. Der Regierungswechsel in England von der konservativen Regierung *Baldwin* zum Kabinett des Führers der Labour Party, *Ramsay Macdonald*, wirkt im Sinn einer gewissen Entspannung gegenüber Deutschland.

Das Ergebnis der Arbeiten des ersten Ausschusses ist der **Dawesplan,** der unter dem Schlagwort „Business, not politics" die Rückzahlung der europäischen Schulden an die USA durch sichere Grundlagen der deutschen Zahlungsfähigkeit für die Reparationsschulden sicherstellen will. Die Wiedergesundung der deutschen Wirtschaft wird also anerkannt. Strafmaßnahmen wie die Ruhrbesetzung werden abgelehnt. Im einzelnen bestimmt der Dawesplan:

1. *Die Reparationsquellen:* a) Die Industrie übernimmt 5 Mrd. Goldmark Obligationen, die als erste Hypothek eingetragen werden. Die Reparationszahlungen bestehen in deren Verzinsung (5%) und Tilgung (1% jährlich). b) Die deutschen Eisenbahnen werden in eine AG mit einem Kapital von 15 Mrd. Goldmark umgewandelt. Als erste Hypothek werden 11 Mrd. Goldmark Reparations-Schuldverschreibungen auf die deutschen Eisenbahnen eingetragen, die mit 5% zu verzinsen und mit 1% jährlich zu tilgen sind. c) Die Einnahmen des Reiches aus bestimmten Zöllen und indirekten Steuern werden als Sicherheit für die Reparationszahlungen an die Internationale Reparationskommission verpfändet. d) Umgestaltung der Reichsbank zu der von der Regierung unabhängigen deutschen Notenbank in Berlin.
2. *Die Belastung des deutschen Volkes:* Bis 1927/28 sind jährlich 1–1,75 Mrd. Mark zu zahlen. Am 1. Sept. 1928 beginnt das Normaljahr mit 2,5 Mrd. Über die endgültige Höhe und Dauer der deutschen Kriegsentschädigung wird nichts angegeben.
3. *Die Möglichkeit von Sanktionen* bei Nichterfüllung wird genau festgelegt.

Um die deutsche Mark bei Rückkehr zur Goldwährung zu stabilisieren, schlägt der Ausschuß vor, Deutschland eine Anleihe von 800 Mill. Goldmark zu gewähren.

16. April Deutschland nimmt den Dawesplan an.
16. Juli – **Die Londoner Konferenz** nimmt den Dawesplan im ganzen an.
16. Aug. Anschließend Einladung an die deutsche Regierung. Reichskanzler *Marx*, Außenminister *Stresemann* und Finanzminister *Luther* nach London. **Londoner Abkommen** gemäß dem Dawesplan. Der deutsche Reichstag stimmt nach langem Widerstreben der Deutschnationalen zu (29. Aug.). Vom 1. Sept. an wird der Dawesplan in Kraft gesetzt und im einzelnen realisiert.

1925 Mitte Juli **Beginn der Räumung des Ruhrgebiets.**

5.–16. Okt. **Konferenz von Locarno** (Schweiz). Teilnehmer: *Luther, Stresemann, Chamberlain, Briand, Vandervelde, Mussolini, Skrzyński* (Polen), *Beneš* und Rechtssachverständige. Der **Vertrag von Locarno** umfaßt:
1. Sicherheits-, Rhein- oder Westpakt zwischen Deutschland, Belgien, Frankreich, Großbritannien und Italien. Die Unverletzlichkeit der Grenzen zwischen Deutschland einerseits, Belgien und Frankreich andererseits wird garantiert. Deutschland verzichtet also auf Elsaß-Lothringen. Die Rheingrenze wird entmilitarisiert. 2. Schiedsabkommen zwischen Deutschland und Belgien sowie zwischen Deutschland und Frankreich. 3. Schiedsvertrag zwischen Deutschland und Polen sowie zwischen Deutschland und der Tschechoslowakei. Deutschland verpflichtet sich, keine Änderungen der polnischen Grenzen mit Gewalt zu versuchen, und erkennt Frankreichs Defensivverträge mit Polen und der Tschechoslowakei an. – Der Eintritt Deutschlands in den Völkerbund wird für März 1926 geplant. Zusage der Räumung der Kölner Zone.

Der **„Geist von Locarno"** gibt zu großen Hoffnungen Anlaß und wird gleichzeitig von nationalistischer Seite scharf kritisiert.

1926 **Erste Tagung** der vorbereitenden Kommission für die **Abrüstungs-**
18.–26. Mai **konferenz,** die in den folgenden Jahren häufig tagt, ohne wesentliche Ergebnisse zu bringen.

8. Sept. **Das Deutsche Reich wird einstimmig in den Völkerbund aufgenommen und erhält einen ständigen Ratssitz.**

1928 **Der Kelloggpakt** (*Kellogg* amerikanischer Staatssekretär) zur Kriegs-
27. Aug. ächtung von 15 Nationen unterzeichnet (bis Ende 1929 sind es 54 Staaten).

1929 **Konferenz zur Revision des Dawesabkommens über die deutschen**
11. Febr. – **Reparationsverpflichtungen.** Vertreten sind: Belgien, Deutschland,
7. Juni England, Frankreich, Italien, Japan unter dem Vorsitz des Amerikaners **Owen Young.**

Das Ergebnis der Verhandlungen ist der **Youngplan.** Gegenüber dem Dawesplan werden die deutschen Zahlungsverpflichtungen herabgesetzt. Höhe und Fristen der Zahlungen werden mitbestimmt durch die 22,8 Mrd. Mark zu $5^1/2\%$ betragende Schuld der Alliierten an Amerika. Die deutsche Reparationsschuld wird für die ersten 37 Jahre auf 30,95 Mrd., für die Gesamtzeit des Youngplans von 59 Jahren, also bis 1988, auf 34,5 Mrd. festgesetzt. Deutschland erlangt seine wirtschaftliche und finanzielle Souveränität wieder.

6.–31. Aug. Die **erste Haager Konferenz.** Beratung über den Youngplan. Deutschland erreicht für die Annahme des Youngplans die **Räumung des ganzen Rheinlands** vor der Versailler Frist. Auf der Völkerbunds-
4. Sept. versammlung legt Briand den Plan der **„Vereinigten Staaten von Europa"** vor (Zoll- und Wirtschaftsunion). Höhepunkt der Bestrebungen zu einem europäischen Zusammenschluß, die propagandistisch durch die „Paneuropa"-Bewegung des Grafen Coudenhove-

Kalergi verbreitet worden sind und politisch vor allem von Briand und Stresemann vertreten werden.

25. Okt.
1930 Der **„Schwarze Freitag"** an der Börse von New York leitet die **Weltwirtschaftskrise** ein. Die **zweite Haager Konferenz** zur endgültigen

3.–20. Jan. Regelung der Reparationsfrage **(Haager Schlußakte).** Der Youngplan (der „Neue Plan") angenommen.

21. Jan. –
22. April **Flottenkonferenz in London** zwischen USA, Großbritannien, Japan, Frankreich, Italien, erschwert durch neue französische und italienische Ansprüche. Ergebnis:
1. **Fünfmächtevertrag:** Verzicht auf Bau neuer Panzerschiffe bis 1936, Beschränkungen für U-Boote.
2. **Dreimächtevertrag** (England, USA, Japan) über Kreuzer, Zerstörer und U-Boote. Klausel, wonach jedes beteiligte Land zu zusätzlichen Rüstungen schreiten darf, wenn eine außerhalb des Paktes stehende Macht durch übermäßige Rüstungen das Gleichgewicht zur See stört.
Die politischen Ereignisse des Jahres 1930 haben sich bereits auf dem Hintergrund einer immer bedrohlicheren **Weltwirtschaftskrise** abgespielt. Die Ursachen dieser Krise liegen u. a. in den üblichen Erscheinungen des kapitalistischen Krisenzyklus begründet. Überproduktion und Überspekulation, besonders in den USA, führen zum Ende der Konjunkturperiode. Der Kreditmarkt stockt. Die Stärke und die lange Dauer der Krise sind Folgen des Krieges und der vielfach wirtschaftshemmenden politischen Ordnung nach dem Kriege. In besonderem Maße macht sich für Deutschland und Österreich, deren vorübergehende Wirtschaftsblüte auf dem Einströmen der Auslandskredite beruht hat, die Kreditlage mit den fortgesetzten Rückforderungen verhängnisvoll bemerkbar. Die Weltwirtschaftskrise vollendet den Zusammenbruch der liberalen Weltwirtschaft und leitet eine Phase autonomer Handelspolitik ein.

1931
11. Mai Der **Zusammenbruch der Österreichischen Credit-Anstalt** wirkt alarmierend auf Wirtschaft und Politik in ganz Europa. Am 13. Juli folgt die **Darmstädter und Nationalbank** in Deutschland, wo der allgemeine Bankkrach durch eine zeitweilige Auszahlungssperre und andere Maßnahmen verhindert wird. Die Finanzkrise wird allgemein.

20. Juni **Hoover,** Präsident der USA, schlägt ein Moratorium für alle internationalen Zahlungsverpflichtungen auf ein Jahr vor **(Hoover-Feierjahr).**

21. Sept. **Die Bank von England gezwungen, vom Goldstandard abzugehen,** d. h. Aufgabe der liberalen Währungspolitik. Folge: statt stabiler Wechselkurse bei schwankendem Preisniveau schwankende Wechselkurse und autonom bestimmtes Preisniveau. Entstehung des **Sterlingblocks.**

18. Sept. Die **Japaner besetzen Mukden** und andere Plätze in der *Mandschurei.* Der langjährige Kriegszustand zwischen Japan und China beginnt
1932 (vgl. S. 760, 767).

16. Juni – *Konferenz in Lausanne.* Unter Vorsitz von *Macdonald* am 9. Juli

9. Juli   Abkommen, das das Reparationsproblem beendet. **Ablösung der deutschen Reparationsschuld durch eine einmalige Abfindungssumme von 3 Mrd. Reichsmark.**

1933   Der Völkerbund erklärt Japans Vorgehen in der Mandschurei am 25. Febr. für unrechtmäßig.

27. März   **Japan erklärt seinen Austritt aus dem Völkerbund.** Dieser Ausgang einer erfolglosen Völkerbundspolitik gegen einen „Aggressor" bedeutet einen ernsten Schlag gegen die politische Weltordnung von 1919.

Im übrigen wird die Weltpolitik des Jahres 1933 durch das **Ende der Weltwirtschaftskrise** bestimmt, wodurch in den USA dem „New-Deal"-Programm des Ende 1932 gewählten demokratischen Präsidenten **Franklin D. Roosevelt** und in Deutschland dem **Aufstieg Adolf Hitlers** der Weg erleichtert wird.

  2. Febr. bis 14. Okt. Die **zweite internationale Abrüstungskonferenz**
15. Juli   bleibt ergebnislos. Abschluß eines Viererpakts zwischen England, Frankreich, Deutschland und Italien. Es wird auf Initiative *Mussolinis* der Versuch unternommen, die Politik Europas durch Anerkennung der Gleichberechtigung der Mächte auf eine neue Grundlage zu stellen.

2. Sept.   **Nichtangriffspakt und Freundschaftsvertrag zwischen Italien und der Sowjetunion.**

14. Okt.   **Deutschland verläßt die Abrüstungskonferenz,** da der vorgesehene Rüstungsausgleich auf 4 Jahre verschoben werden soll.

19. Okt.   **Das Deutsche Reich erklärt seinen Austritt aus dem Völkerbund.** Trotzdem gehen die Verhandlungen über die Rüstung weiter.

1934   Französische Note an Großbritannien, die das Deutsche Reich be-
17. April   schuldigt, durch Erhöhung der militärischen Ausgaben den Versailler Vertrag gebrochen zu haben. Die Verhandlungsgrundlage sei nicht mehr gegeben.

Diese sich aus dem deutschen Austritt aus dem Völkerbund und der französischen Ablehnung deutscher Gleichberechtigung ergebende Spannung führt zu neuen politischen Gruppierungen.

27. Juni   Der französische Außenminister *Barthou* schlägt einen **Ostpakt** vor, der einen kollektiven Nichtangriffspakt für die Oststaaten mit französischer Garantie und Anlehnung an den Völkerbund vorsieht („Ost-Locarno"). Hitler lehnt ab beizutreten.

18. Sept.   Die **Sowjetunion tritt dem Völkerbund bei.**

1935   **Aussprache Lavals, des Nachfolgers Barthous, mit Mussolini in Rom**
7. Jan.   führt zu einem Abkommen über Kolonialkompensation in Nordafrika und zum Plan einer Garantie der österreichischen Grenzen. Geheimbesprechung über Abessinien. Italien damit in die Antirevisionsfront Frankreichs eingereiht.

16. März   **Deutschland sagt sich von den Rüstungsbeschränkungen des Versailler Vertrags los und führt die allgemeine Wehrpflicht ein.**

11.–14. April   **Konferenz in Stresa** zwischen England, Frankreich, Italien. Einvernehmen, „sich mit allen geeigneten Mitteln jeder einseitigen Aufkün-

17. April	digung von Verträgen zu widersetzen". Verurteilung des deutschen Vertragsbruchs durch den Völkerbund ohne Folgen.
2. Mai	**Französisch-sowjetrussischer Beistandspakt** auf 5 Jahre für solche Fälle, in denen eine der vertragschließenden Parteien „einer Drohung oder Angriffsgefahr durch einen europäischen Staat ausgesetzt ist".
16. Mai	Beistandspakt zwischen der Sowjetunion und der Tschechoslowakei. Darin die bedeutsame Klausel, daß Hilfeleistung nur im Fall eines militärischen Beistands durch Frankreich erfolgen soll.
21. Mai	**Reichstagsrede Hitlers** mit dem „Friedensprogramm" von 13 Punkten. Vor allem Vorschlag des Abschlusses zweiseitiger Nichtangriffsverträge (im Gegensatz zum französischen Paktsystem kollektiver Sicherheit).
18. Juni 1935	**Deutsch-englisches Flottenabkommen.** Großbritannien erklärt sich im Gegensatz zur „Stresafront" mit der deutschen Seeaufrüstung bis zu 35% der britischen Kriegsflotte einverstanden. Empörung in Frankreich. Hitlers Revisionspolitik hier eindeutig von England unterstützt.
Sept.	Beginn der Abessinienkrise (s. S. 514, 750).
1936 15. Jan.	Auf der **Londoner Flottenkonferenz** fordert Japan erfolglos die gleiche Flottenstärke wie England und die USA und verläßt die Konferenz. Damit ist der Weg für das Wettrüsten zur See freigegeben.
7. März	**Deutsche Truppen besetzen das entmilitarisierte Rheinland.** Auch diesmal kaum Widerstand der Ententemächte.
22. Juni – 20. Juli	**Konferenz zur Meerengenfrage in Montreux.** Diplomatisches Zusammenspiel der Türkei mit England im Gegensatz zur Sowjetunion. Am 20. Juli neue **Meerengenkonvention:** Wiederherstellung der vollen türkischen Souveränität über die Meerengen einschließlich des Befestigungsrechts. Freie Durchfahrt für Handelsschiffe. Durchfahrt für Kriegsschiffe anderer Mächte unter erschwerten Bedingungen.
4. Juli	Nachdem Italien die Eroberung Abessiniens vollendet hat, billigt der Völkerbund die Einstellung der Sanktionen. Wie in der mandschurischen Frage (S. 480, 801) scheitert auch hier die Völkerbundspolitik.
18. Juli	**Beginn des Bürgerkriegs in Spanien** (S. 515).
25. Okt.	**Deutsch-italienischer Vertrag** begründet die **„Achse Berlin–Rom".** Deutschland erkennt die Annexion Abessiniens durch Italien an; beide Mächte erkennen Regierung Franco an.
25. Nov.	**Antikominternpakt** zwischen Deutschland und Japan. Große Propagandawirkung.
1937 7. Juli	Der Zusammenstoß zwischen japanischen und chinesischen Truppen bei der Marco-Polo-Brücke erneuert den **japanisch-chinesischen Krieg.**
21. Aug.	Nichtangriffspakt zwischen der Sowjetunion und China.
5. Okt.	Scharfe Rede Roosevelts gegen Japan. Über den Angreifer müsse Quarantäne verhängt werden *(Quarantänerede).*
6. Nov.	Beitritt Italiens zum Antikominternpakt.
11. Dez.	Italien tritt aus dem Völkerbund aus.

1.–17. Dez.   Reise des französischen Außenministers *Delbos* zu den Alliierten
Frankreichs in Ostmitteleuropa ohne befriedigendes Ergebnis. Das
französische Paktsystem im Osten ist entwertet. Besonders Polen und
Jugoslawien durch die Verträge von 1934 und 1937 mit Deutschland
und Italien der „Achse" angenähert.

1938   Beginn des **Einmarsches deutscher Truppen in Österreich nach vor-**
11. März   **ausgegangenem Ultimatum und Rücktritt des Bundeskanzlers**
Schuschnigg. Übernahme der Regierung durch *Seyß-Inquart.* Der
Anschluß Österreichs an das Deutsche Reich am 13. März vollzogen
und durch Volksabstimmung vom 10. April bestätigt. Da die Mächte
anderweitig festgelegt sind und insbesondere die englische Politik
Chamberlains an einem Ausgleich mit Deutschland interessiert ist,
wird der Anschluß als vollzogene Tatsache hingenommen.

16. April   **Britisch-italienisches Abkommen.** England erkennt die italienische
Herrschaft in Abessinien an, Italien verpflichtet sich, die italienischen
Freiwilligen aus Spanien nach dem (unmittelbar bevorstehenden)
Ende des spanischen Krieges zurückzuziehen. Ferner Regelung aller
strittigen Fragen im Nahen Osten.

3.–9. Mai   **Besuch Hitlers in Rom.** Mussolini weicht dem Abschluß eines Bündnisses aus. Hitler spricht feierlich den Verzicht auf Südtirol aus. Der
Papst verläßt während des Besuchs Rom.
Auch in der **böhmisch-mährischen Frage** verbinden sich alte Forderungen aus dem Selbstbestimmungsrecht der Völker mit rücksichtslo-
ser nationalsozialistischer Außenpolitik.

28. April   Konferenz zwischen *Daladier* und *Chamberlain* in London beschließt,
daß in Prag und Berlin auf Einlenken hingewirkt werden soll. *Beneš*
soll Henleins Forderungen nach Autonomie annehmen.

30. Mai   Hitlers Weisung an die Wehrmacht enthält sein Ziel: „Es ist mein
unabänderlicher Entschluß, die Tschechoslowakei in absehbarer Zeit
durch eine militärische Aktion zu zerschlagen."

16. Sept.   Besprechung des britischen Premierministers *Chamberlain* mit Hitler
in **Berchtesgaden.** Chamberlain bereit, der Tschechoslowakei die
Abtretung der sudetendeutschen Gebiete nahezulegen.

22.–24. Sept. **Besprechungen Chamberlains mit Hitler in Godesberg.** Hitler fordert
die Übergabe der sudetendeutschen Gebiete durch die Tschechen für
den 1. Okt. Die Tschechoslowakei lehnt am 25. Sept. ab.

26. Sept.   Sir *Horace Wilson* fährt nach Berlin. Vorschlag direkter Verhandlungen zwischen Deutschland und der Tschechoslowakei unter engli-
scher Vermittlung. Abends *Rede Hitlers im Sportpalast:* Die Abtretung des Sudetenlandes sei die letzte Revisionsforderung. – Hitler
ist zum Einmarsch ins *Sudetenland* entschlossen.

1938   **England bittet Mussolini um Vermittlung.** – Hitler nimmt Mussolinis
28. Sept.   Vermittlungsvorschlag an.

29. Sept.   **Konferenz in München.** Teilnehmer: *Hitler, Mussolini, Daladier,
Chamberlain.* Die Tschechoslowakei soll die deutsch besiedelten
Randgebiete Böhmens, Mährens und Schlesiens vom 1. bis 10. Okt.
räumen und an Deutschland abtreten. Die ungarischen und polni-

schen Ansprüche sollen später geregelt werden. Die Rest-Tschecho-slowakei soll die Garantie der Großmächte gegen unprovozierten Angriff erhalten. Anschließend unterzeichnen *Hitler* und *Chamberlain* eine **deutsch-britische Nichtangriffserklärung.** Der Friede ist gerettet.

1. Okt. Beginn des **Einmarsches deutscher Truppen** in die sudetendeutschen Gebiete.

Durch die erfolgreiche Beendigung der Sudetenkrise ist das deutsche und italienische Übergewicht bei den kleinen Staaten des Ostens

2. Nov. erheblich gewachsen. Dem entspricht der **erste Wiener Schiedsspruch** der Achsenmächte, dem sich die Tschechoslowakei und Ungarn unterwerfen. Er befriedigt die ungarischen Revisionswünsche in bezug auf die Slowakei nicht vollständig.

9. Nov. Die organisierten Ausschreitungen gegen die Juden in Deutschland wirken international alarmierend, besonders in den USA (S. 495).

26. Nov. Bekräftigung des Nichtangriffspakts zwischen Polen und der Sowjetunion. Polen versucht sich gegen Deutschland eine Rückendeckung im Osten zu verschaffen.

6. Dez. **Deutsch-französische Nichtangriffserklärung** in Paris.

22. Dez. Italien kündigt das Laval-Mussolini-Abkommen vom 7. Jan. 1935.

24. Dez. **Deklaration von Lima auf der panamerikanischen Konferenz** erklärt die Unverletzlichkeit der amerikanischen Staaten und ihre Solidarität gegen jede Bedrohung von außen. Politischer Schachzug Roosevelts,

1939 der ein faschistisches Übergreifen auf Südamerika befürchtet. Hitler

12. März entschließt sich zur „Zerschlagung" der Tschechoslowakei, wozu der Ausbruch eines Konflikts zwischen der Prager Regierung und den Slowaken den Vorwand gibt.

14. März **Unabhängigkeitserklärungen der Slowakei und der Karpatenukraine.** Ungarn beginnt mit Besetzung der Karpatenukraine.

15. März Der tschechoslowakische Staatspräsident *Hácha* unterzeichnet unter Druck den Vertrag über die Schaffung des **Reichsprotektorats Böhmen und Mähren. Einmarsch der deutschen Truppen** in die Tschechoslowakei. Die **Slowakei stellt sich unter den Schutz des Reichs.** Auch diesmal ist die überraschende Aktion Hitlers geglückt, ohne daß außer diplomatischen Protesten ernsthafter Widerstand erfolgt. Ist jedoch die Angliederung des Sudetenlandes unter Berufung auf das Selbstbestimmungsrecht der Völker und im Einvernehmen mit den europäischen Großmächten erfolgt, so gilt dies für die Gewaltaktion vom März 1939 nicht mehr. Diese widerspricht zudem Hitlers Versprechungen vom September 1938. **Das internationale Vertrauen ist damit endgültig zerstört.** Die Gefahr des Ausbruchs eines *europäischen Krieges* ist in bedrohliche Nähe gerückt. Chamberlain kündigt das Ende der „appeasement policy" an.

Deutsche Forderung an Polen: Rückgabe von Danzig, exterritorialer Korridor nach Ostpreußen, langfristige Garantie der deutsch-polnischen Grenze. Polen lehnt ab (26. März).

23. März **Einmarsch der deutschen Truppen ins Memelgebiet** aufgrund eines Abkommens mit Litauen.

23. März Deutsch-rumänisches Handelsabkommen führt zu weitgehender Einfügung Rumäniens in ein deutsch geführtes mitteleuropäisches Wirtschaftssystem (Bedeutung des rumänischen Erdöls).

31. März Chamberlain gibt die **englisch-französische Garantieerklärung für Polen** ab.

7. April **Italien besetzt Albanien** als Kompensation für die neuen deutschen Erwerbungen.

1939 13. April Ausdehnung der **britisch-französischen Garantie auf Rumänien und Griechenland.**

15. April Botschaft Roosevelts an Hitler und Mussolini mit der Aufforderung, sich weiterer Überfälle zu enthalten, und mit dem Vorschlag einer internationalen Konferenz. Mussolini und Hitler (Reichstagsrede vom 28. April) antworten ablehnend. In dieser Rede werden außerdem das *deutsch-britische Flottenabkommen und der deutsch-polnische Nichtangriffspakt aufgekündigt.* Hitler fordert die Nachbarstaaten zum Abschluß von Nichtangriffspakten auf.

17. April Die Sowjetunion leitet durch ihren Botschafter in Berlin die Annäherung an Deutschland ein. Sie setzt das Doppelspiel monatelang fort. Das Gewicht der Sowjetunion steigt angesichts des drohenden Krieges.

18. April Die Sowjetunion bietet in Verhandlungen mit Großbritannien in Moskau einen britisch-französisch-sowjetischen Dreibund, u. U. mit Einschluß Polens, an. Das Bündnis kommt jedoch trotz langwieriger Verhandlungen nicht zustande.

27. April Großbritannien führt die allgemeine Wehrpflicht ein.

31. Mai – Deutschland schließt Nichtangriffspakte mit *Estland, Lettland und*
7. Juni *Dänemark* ab. Schweden, Norwegen und Finnland haben vorher abgelehnt.

12. Mai **Englisch-türkische Beistandserklärung,** der sich auch Frankreich anschließt.

22. Mai Abschluß eines **Militärbündnisses zwischen Italien und Deutschland** („Stahlpakt").

3. Mai Die **Entlassung Litwinows** als Außenminister der Sowjetunion deutet auf das Scheitern der sowjetischen Bündnisverhandlungen mit den Westmächten hin. Litwinows Nachfolger **Molotow** schwenkt auf eine Politik mit Deutschland ein.

23. Aug. **Abschluß des deutsch-sowjetischen Nichtangriffspaktes** mit einem **geheimen Zusatzprotokoll** (S. 547).
Beginn der Mobilmachung in Großbritannien.

25. Aug. **Englisch-polnischer Bündnisvertrag** zum Zweck der gegenseitigen Beistandsleistung **unterzeichnet.**
Hitler fordert vom englischen Botschafter in Berlin, *Henderson,* freie Hand gegenüber Polen, erklärt die deutsche Westgrenze als endgültig und bietet Garantien für Großbritannien. Mussolini teilt Hitler mit, daß Italien nicht kriegsbereit sei und daher nicht in einen Krieg ein-

treten könne. Aufgrund dieser Mitteilung und der Meldung vom Abschluß des englisch-polnischen Bündnisses widerruft Hitler den für den 26. Aug. gegebenen Vormarschbefehl gegen Polen.

28. Aug.   *Henderson* bei Hitler. England bietet seine Vermittlung zu direkten deutsch-polnischen Verhandlungen an.

29. Aug.   In seiner Antwort hält Hitler die Forderungen auf Danzig, den Korridor und Sicherheit für die deutsche Minderheit in Polen aufrecht, erklärt sich zu direkten Verhandlungen bereit und bittet Henderson zu vermitteln, daß ein bevollmächtigter Vertreter Polens am 30. Aug. in Berlin erscheinen soll. Diese Fristsetzung wird von Henderson als ultimativ bezeichnet.

30. Aug.   Als bis Mitternacht kein polnischer Unterhändler eingetroffen ist, bezeichnet Ribbentrop Henderson gegenüber die gemäßigten deutschen Vorschläge, die Ribbentrop vorliest, ohne den Text Henderson zu überlassen, als erledigt. – In Polen Mobilmachung.

1. Sept.   **Beginn des deutschen Angriffs auf Polen** (S. 518).

B. Ländergeschichte Europas 1914–1939

a) Deutschland (Forts. v. S. 404)

1914   Sitzung des Reichstags vgl. S. 457.

4. Aug.   Die Kriegskredite werden von allen Parteien einschließlich der Sozialdemokraten bewilligt. Abspaltung einer linken sozialdemokratischen Fraktion im Reichstag (24. März).

1916

29. Aug.   Die Übernahme der OHL durch Hindenburg und Ludendorff leitet die Zeit der maßgebenden Gewalt Ludendorffs in den entscheidenden Fragen der Politik ein.

Verschärfung der innenpolitischen Spannung in der 1. Hälfte des Jahres 1917. Der harte Winter 1916/17, die knapp werdende Ernährung, die russische Revolution und die Kriegserklärung der USA wirken lähmend. Das „Hindenburg-Programm" zur Zusammenfassung aller Kräfte des Wirtschafts- und Arbeitspotentials wird in abgeschwächter Form als „Vaterländisches Hilfsdienstgesetz" am 5. Dez. 1916 vom Reichstag angenommen.

Die Gewinnung von Stickstoff aus der Luft (Haber-Bosch-Verfahren; Leunawerk, seit 1916/17) macht die deutsche Kriegswirtschaft in der Schießpulver- und Sprengstoffproduktion von der Salpetereinfuhr unabhängig.

1917   „**Osterbotschaft**" Wilhelms II. als König von Preußen kündigt die

7. April   Aufhebung des Dreiklassenwahlrechts an.

9.–11.April   Spaltung der SPD auf der **Gothaer Konferenz.** Gründung der Unabhängigen Sozialdemokratischen Partei Deutschlands **(USPD),** die offen den Kampf gegen Fortführung des Krieges aufnimmt.

Mitte April   Große Streiks in Berlin, Leipzig und anderen Städten.

3. Juli   Der **Hauptausschuß des Reichstags** tritt zur Beratung über die Kriegskredite zusammen. Scharfe Opposition der drei verbündeten Mehrheitsparteien (SPD, Zentrum, Fortschrittspartei) in der Beurteilung der Kriegslage.

14. Juli   Reichskanzler **Bethmann Hollweg wird entlassen,** nachdem Hindenburg und Ludendorff mit Rücktritt gedroht haben. Nachfolger *G. Michaelis* als Verlegenheitskandidat der OHL.

19. Juli   **Friedensresolution** der Mehrheitsparteien des Deutschen Reichstags im Sinne der Rede *Erzbergers* vom 6. Juli. Die innere deutsche Entwicklung wird hinfort bestimmt:
a) durch eine fortschreitende faktische Parlamentarisierung,
b) durch den beherrschenden politischen Einfluß der OHL (Ludendorff).

30. Okt.   *Graf Hertling,* bisher bayerischer Ministerpräsident, rechter Flügel des Zentrums, wird Reichskanzler. Vizekanzler *Friedrich Payer* (Fortschrittspartei). Einige Parlamentarier in Staatssekretärs- und Ministerstellen berufen.

1918   Zur Entwicklung 1918 und zum deutschen Zusammenbruch vgl. S. 467 ff.
Über die Gebietsverluste durch den Frieden von Versailles vgl. S. 471 f.

10. Nov.   Bildung der Regierung des **„Rats der Volksbeauftragten";** SPD: Ebert, Scheidemann, Landsberg: USPD: Haase, Dittmann, Barth. Bildung des *„Vollzugsrats der Arbeiter- und Soldatenräte"* zur Unterstützung und Kontrolle des Rats der Volksbeauftragten.
„Bündnis" Eberts mit der OHL. Das Offizierskorps der kaiserlichen Armee stellt sich der Regierung zur Verfügung gegen die Zusiche-

12. Nov.   rung, die bisherige Kommandostruktur bleibe unangetastet. Aufruf des Rats der Volksbeauftragten, in dem die bestehenden Beschränkungen politischer Betätigung aufgehoben, freie Wahlen zu einer konstituierenden Nationalversammlung und eine Verbesserung der Sozialgesetzgebung angekündigt werden.
Bestätigung der amtierenden Staatssekretäre in ihren Ressorts.

15. Nov.   Abkommen zwischen den Gewerkschaften und den Unternehmerverbänden über die *Bildung einer paritätischen Zentralarbeitsgemeinschaft* zur Zusammenarbeit in allen Sozial- und Wirtschaftsfragen.

16.–20. Dez.   **Rätekongreß in Berlin** lehnt Rätesystem für das Reich ab und beschließt gegen die Vertreter der USPD Wahlen zur Nationalversammlung am 19. Jan. 1919.
Straßenkämpfe in Berlin zwischen revolutionären Soldaten und herbeigerufenen Einheiten der OHL. Die USPD tritt aus dem Rat der Volksbeauftragten aus.
In Berlin (30. Dez. 1918 – 1. Jan. 1919) Gründung der **„Revolutionären Kommunistischen Arbeiterpartei"** (später KPD).

1919   *Generalstreik,* Unruhen, Straßenkämpfe *in Berlin.* Unter Oberbefehl
6.–15. Jan.   des Volksbeauftragten *Noske* (SPD) stellen Truppen der OHL die „Ordnung" wieder her.

15. Jan.   *Karl Liebknecht und Rosa Luxemburg ermordet.*
19. Jan.   Nach schweren inneren Unruhen **Wahlen zur Nationalversammlung.**
           Dreiviertelmehrheit für die Parteien, die die parlamentarisch-demo-
           kratische Republik anstreben (SPD, Zentrum, Deutsche Demokra-
           tische Partei).
6. Febr.   Zusammentritt der Nationalversammlung in **Weimar.** Sie wählt
           Friedrich **Ebert** (SPD) zum vorläufigen Reichspräsidenten. Reichsre-
           gierung der 3 großen Parteien unter **Scheidemann** (SPD).
März/April Häufige Unruhen, besonders im Ruhrgebiet und in Bayern. Hier im
           April Räterepublik. Sie wird von einrückenden Freikorps in blutigen
           Kämpfen beseitigt.
11. Aug.   Die von der Nationalversammlung beschlossene **Reichsverfassung**
           vom Reichspräsidenten unterzeichnet. Das Reich ist eine parlamen-
           tarisch-demokratische Republik mit starker Stellung des vom Volk
           gewählten Reichspräsidenten.
           Die **zweite Jahreshälfte 1919** verläuft ruhiger als die erste. Es bleibt
           eine starke politische Erregung, die immer wieder genährt wird (poli-
           tische Prozesse, Attentate, Entwaffnung militärischer Verbände).
1920   **Der Vertrag von Versailles tritt am 10. Jan. in Kraft.**
13. Jan.   Große Demonstration der USPD und KPD vor dem Reichstag (gegen
           das Betriebsrätegesetz) wird mit Maschinengewehren (42 Tote) aus-
           einandergetrieben.
13. März   **Kapp-Putsch.** Versuch des Generallandschaftsdirektors *Kapp* und
           des Reichswehrgenerals *von Lüttwitz*, die Regierung *Bauer* zu stür-
           zen. Die Gewerkschaften organisieren den Generalstreik in Berlin.
           Der Putsch bricht schnell zusammen.
           Zur gleichen Zeit neues Aufflackern der Revolution in Sachsen (der
           Kommunist *Hölz*).
15. März – **Kommunistische Aufruhrbewegung im Ruhrgebiet.** Hereinstoßende
10. Mai   Freikorps fast überall von der „Roten Armee" zurückgedrängt. Am
           2. April nach Ultimatum Einmarsch von Reichswehr. Folge: Frank-
           reich besetzt den Maingau.
27. März   Umbildung der Reichsregierung unter dem neuen Reichskanzler *H.
           Müller* (SPD). Wie bisher „Weimarer Koalition" von Zentrum,
           Demokraten und Sozialdemokraten.
30. April Das **Land Thüringen** durch Reichsgesetz geschaffen.
6. Juni   **Reichstagsneuwahlen** entscheiden gegen die Weimarer Koalition, die
           statt ihrer Dreiviertelmehrheit nur noch knapp die Hälfte der Man-
           date erhält, während die USPD sich vervierfacht und die beiden
           Rechtsparteien sich verdoppeln. Die Folge ist die Bildung einer
           Regierung ohne SPD und mit Deutscher Volkspartei unter dem
           Kanzler *Fehrenbach* (Zentrum).
11. Juli   **Volksabstimmung in den Bezirken Allenstein (98% für Deutschland)
           und Marienwerder (92% für Deutschland).** Die Gebiete verbleiben
           beim Deutschen Reich.
           In **Oberschlesien** während dieser Monate Zusammenstöße, Unruhen
           und steigende Erregung.

16. Okt. **Spaltung der USPD auf dem Parteitag in Halle.** Die Mehrheit tritt zur KPD, die Minderheit zur SPD über.

1921 Kommunistischer Aufruhr in *Mitteldeutschland* und *Hamburg.* Vor-
Ende März wiegend von Schutzpolizei niedergeworfen.

20. März **Abstimmung in Oberschlesien** (S. 474).

10. Mai Bildung eines neuen Reichskabinetts der Weimarer Koalition unter *Wirth* (Zentrum). Schlagwort *„Erfüllungspolitik".*

26. Aug. *Ermordung Erzbergers* durch Angehörige einer rechtsradikalen Geheimorganisation.

1922 **Vertrag von Rapallo** s. S. 476.

24. Juni *Tödliches Attentat* auf den Reichsminister des Auswärtigen **Walter Rathenau** durch Rechtsradikale, weil er Jude ist. Am gleichen Tage **Verordnung des Reichspräsidenten zum Schutz der Republik.**

Aug. Beginn des beschleunigten Verfalls der Reichswährung **(Inflation).**

14. Nov. Im Zusammenhang mit den Reparationsverhandlungen Rücktritt der Regierung Wirth und am 22. Nov. Bildung der **„Regierung der Wirtschaft" unter Cuno.** Kabinett bürgerlicher Fachminister „mit diskontfähiger Unterschrift".

1923 **Besetzung des Ruhrgebiets** durch die Franzosen. Darüber sowie zum Ruhrkampf s. S. 476. Nach Rücktritt der Regierung Cuno bildet

13. Aug. **Stresemann (DVP) ein Kabinett der großen Koalition** (DVP, Zentrum, Demokraten, SPD). Die neue Regierung muß den Ruhrkampf abbrechen (S. 476), die Währung stabilisieren und gegen die Bedrohungen von rechts und links die gefährdete Verfassung des Reiches schützen. Die Krise in Wirtschaft und Politik treibt ihrem Höhepunkt

27. Sept. zu. Der Reichspräsident verhängt den **Ausnahmezustand für das Reichsgebiet.** Die vollziehende Gewalt faktisch bei *General von Seeckt,* dem Chef der Heeresleitung.

13. Okt. **Das Ermächtigungsgesetz vom Reichstag angenommen.** Die Reichsregierung wird danach ermächtigt, auf dem Verordnungswege wirtschaftliche, finanzielle und soziale Maßnahmen zu treffen, wobei sogar von den Grundrechten abgewichen werden darf. Befristet bis spätestens 31. März 1924.

16. Okt. Verkündigung des Beschlusses über die Errichtung einer **deutschen Rentenbank.** Damit soll die Inflation beseitigt werden (Dollarstand im Januar um 18000 Mark, am 22. Okt. 40 Mrd. Mark).

Okt. Ernste **Unruhen im Freistaat Sachsen.** Die einmarschierende Reichswehr setzt die aus SPD und KPD zur Abwehr der „großkapitalistischen Militärdiktatur" gebildete Regierung *Zeigner* ab. – Ähnliche Maßnahmen in Thüringen. Straßenkämpfe zwischen Kommunisten und Polizei in Hamburg (22.–24. Okt.). Austritt der SPD aus der Reichsregierung (2. Nov.); Höhepunkt der allgemeinen Verwirrung.

21. Okt. Ausrufung der separatistischen **„Rheinischen Republik".**

19. Okt. **Konflikt zwischen Bayern und dem Reich** wegen des Verbots des Völkischen Beobachters (Organ der NSDAP). Die Reichseinheit gefährdet.

8./9. Nov. **Putsch Hitlers und Ludendorffs in München. Adolf Hitler** aus *Brau-*

nau am Inn hatte am 24. Febr. 1920 das **Programm der Nationalsozialistischen Deutschen Arbeiterpartei (NSDAP)** verkündet und
durch die Suggestivkraft seiner Reden sowie durch straffe Organisation mit dem Willen zur Gewaltanwendung **(Sturmabteilung, „SA")**
in den Jahren der Krise zwischen 1920 und 1923 eine wachsende
Anhängerschaft, vor allem in Bayern, gewonnen. In der Nacht vom
8. zum 9. Nov. erklärt Hitler die Regierungen des Reichs und Bayerns
für abgesetzt und sich selbst zum Reichskanzler. Ein großer Demon-
strationszug wird vor der Feldherrnhalle durch Maschinengewehr-
feuer zerstreut. Zwei Tage später Hitler verhaftet, später zu
Festungshaft verurteilt. Hitler schreibt 1924 auf der Festung *Lands-*
1923   *berg* sein Buch *„Mein Kampf".* Er wird schon Ende 1924 aus der
Haft entlassen. Der Konflikt zwischen München und Berlin im
Februar 1924 beigelegt.
Dem Chef der Heeresleitung, **General von Seeckt,** wird die Exekutive
übertragen; er erläßt am 23. Nov. ein Verbot der NSDAP und der
KPD.

15. Nov.   Neue Währungsordnung und **Ende der Inflation.** Eine Rentenmark
gleich 1 Billion Papiermark. An der Vorbereitung der Stabilisierung
sind vor allem beteiligt: *Helfferich* und *Hilferding* (SPD). Die praktische Durchsetzung neben *Hjalmar Schacht* vor allem das Verdienst
des Reichsfinanzministers *Luther.* Die Inflation hat weite Mittelschichten verarmen lassen.
Die **Aufwertung** bleibt eine ungelöste Frage.

22. Nov.   Rücktritt des Kabinetts Stresemann. Der Zentrumsführer *Marx* bildet die Regierung, in der **Stresemann Außenminister** wird.

1924   **Reichstagswahlen.** Erhebliche Gewinne der Kommunisten und der
Rechtsparteien.

4. Mai   **Annahme des Dawesplans.** Beruhigung der Lage.

7. Dez.   **Reichstagswahlen.** Starke Verluste der Kommunisten und Völkischen
zugunsten der gemäßigten Parteien.

1925   *Luther* bildet eine Koalitionsregierung vom Zentrum bis zu den
15. Jan.   Deutschnationalen, die zum erstenmal Regierungspartei werden.

28. Febr.   Tod des Reichspräsidenten Ebert.

26. April   **Generalfeldmarschall von Hindenburg** in zweiter Wahl mit 14,7 Mill.
Stimmen als Kandidat der Rechtsparteien einschließlich der Bayerischen Volkspartei vor *Marx,* mit 13,8 Mill. als Kandidat der „Weimarer Koalition", und *Thälmann* (KPD), mit 1,9 Mill. Stimmen, **zum
Reichspräsidenten gewählt.**

12. Okt.   Unterzeichnung des deutsch-russischen Handelsvertrags in *Moskau.*

25. Okt.   Austritt der deutschnationalen Minister aus dem Reichskabinett.
DNVP (Einfluß *Hugenbergs*) gegen Vertrag von Locarno.

1926   Zweite Regierung Luther mit Stresemann als Außenminister. Min-
20. Jan.   derheitskabinett der Mitte ohne SPD.

24. April   **Freundschafts- und Neutralitätsvertrag mit der Sowjetunion.** Erweiterung der Rapallopolitik.

Mitte Mai   *Marx* wird Reichskanzler (nach Rücktritt Luthers).

6. Okt. Rücktritt des Chefs der Heeresleitung, Generaloberst von Seeckt. Nachfolger *Generalleutnant Heye.*

16. Dez. *Scheidemanns* Rede im Reichstag gegen die Reichswehr. Darauf am 17. Dez. erfolgreiches sozialdemokratisches Mißtrauensvotum gegen die Regierung Marx.

1927 Bildung einer neuen Regierung Marx mit Einschluß der Deutschnationalen (31. Jan.).

1928 Am 20. Mai **Reichstagswahlen.** Niederlage der Regierungsparteien.

28. Juni Gemäß dem Wahlergebnis neue Regierung *Müller* (SPD) mit „Großer Koalition". Stresemann bleibt Außenminister.

Die Jahre der Wirtschaftskonjunktur gehen zu Ende. Sie sind für Deutschland infolge hoher Kapitalzufuhr, vor allem aus den USA,

1929 möglich gewesen; 1929 beträgt die deutsche Auslandsverschuldung 25 Mrd. RM (davon 12 Mrd. RM kurzfristig) gegen rd. 10 Mrd. RM deutsche Auslandsguthaben.

3. Okt. Tod Gustav Stresemanns.

22. Dez. Volksentscheid gegen den Youngplan bringt nur 5,8 Mill. Stimmen und bleibt damit erfolglos.

Ende 1929 *Kassendefizit des Reichs 1,7 Mrd. RM.* Schwere Belastung der bereits brüchigen Großen Koalition.

1930 **Sturz der Regierung Müller** über der Frage einer Beitragserhöhung

27. März der Arbeitslosenversicherung. SPD und DVP sind unter dem Druck der Freien Gewerkschaften und der Arbeitgeberverbände angesichts der Wirtschaftskrise nicht mehr in einer Koalition zusammenzuhalten.

29. März **Brüning (Zentrum) bildet Kabinett mit einer Koalition vom Zentrum bis zu den Volkskonservativen.** Die Sozialdemokraten ausgeschaltet. Von vornherein klarer Wille Brünings, die Minderheitsregierung nicht parlamentarisch zu gefährden und die verfassungsmäßigen Möglichkeiten des Reichspräsidenten zu nutzen, um das Reich durch die Krise zu steuern.

30. Juni **Rheinlandräumung.**

16. Juli Erste große **Notverordnung** des Reichspräsidenten aufgrund von Art. 48 der Reichsverfassung zur **„Sicherung von Wirtschaft und Finanzen".** Auflösung des Reichstags.

14. Sept. **Reichstagswahlen.** Verluste der Deutschnationalen und der Mittelparteien, Gewinne der Kommunisten, sensationeller **Anstieg der NSDAP von 12 auf 107 Mandate.**

Brünings Minderheitsregierung bleibt. Es beginnt die **„parlamentarisch tolerierte Präsidialregierung",** d.h. eine Regierung mit der Autorität des Reichspräsidenten unter parlamentarischer Duldung durch die nicht an der Regierung beteiligte SPD. Die Reichswehr und die Gewerkschaften stehen hinter diesem Versuch. Hitler sucht die Krise auszunutzen, indem er durch ununterbrochene Propaganda immer neue Massen des Bürgertums und der Arbeitslosen gewinnt.

1. Dez. Notverordnung Brünings setzt die deflationistische Wirtschaftspolitik fort. Ende Dez. 4,4 Mill. Arbeitslose.

1931	Scheitern des deutsch-österreichischen Zollunionsplanes (S. 497).
11. Okt.	Tagung der Nationalsozialisten, der Deutschnationalen und des Stahlhelms in Bad Harzburg. Bildung der **„Harzburger Front".**
16. Dez.	Bildung der **„Eisernen Front"** (SPD, Gewerkschaften, Arbeitersportverbände, Reichsbanner Schwarz-Rot-Gold). Damit versucht auch die Sozialdemokratie Anschluß an die üblich werdenden Gewaltmethoden des inneren Kampfes zu gewinnen. Die **SA und die SS der NSDAP** und der **Rote Frontkämpferbund der KPD** (gegr. 1924) sind vorausgegangen.
	Die Politik des Jahres 1931 steht unter dem Druck der **Wirtschafts- und Finanzkrise** (S. 479), die am 13. Juli zum Bankkrach führt. Lohn- und Gehaltskürzungen. **Ende Dez. 5,66 Mill. Arbeitslose.** Schwere Krise der Landwirtschaft trotz agrarpolitischer Stützungsmaßnahmen.
	Im Jahre **1932** Fortsetzung der Krise. Die **Arbeitslosenziffer steigt über die 6-Millionen-Grenze.** Die Regierung von Papen (s. unten)
1932	versucht durch unsoziale Maßnahmen, die Krise zu bekämpfen.
13. März	Erster Wahlgang der Reichspräsidentenwahl.
10. April	**Zweiter Wahlgang:** *Hindenburg* (jetzt Kandidat aller demokratischen Parteien) 19,4 Mill., *Hitler* 13,4 Mill., *Thälmann* 3,7 Mill. Damit ist **Hindenburg zum Reichspräsidenten wiedergewählt.** Die Wahl ist eine Entscheidung des Volkes für den Regierungskurs gegen Hitler. Not-
13. April	verordnung „zur Sicherung der Staatsautorität" **verbietet die Wehrorganisationen der NSDAP** (SA und SS).
9.–12. Mai	Tumultuarische Reichstagssitzung. Brünings letzte Kanzlerrede: „Nur nicht in den letzten 5 Minuten weich werden... 100 Meter vor dem Ziel!"
30. Mai	**Brüning tritt mit seinem Kabinett zurück,** nicht weil seine „parlamentarisch tolerierte Präsidialregierung" nicht mehr durchzuhalten war (er hatte auch am 12. Mai wieder die Reichstagsmehrheit hinter sich gehabt), sondern als Opfer von Intrigen.
1. Juni	*Franz von Papen,* von Schleicher vorgeschoben, bildet ein „Kabinett der nationalen Konzentration" ohne parlamentarische Mehrheit und löst am 4. Juni den Reichstag auf.
14. Juni	Aufhebung des Verbots von SA und SS; Gegenleistung Hitlers:
20. Juli	Tolerierung der Regierung. Regelung der parlamentarisch nicht mehr lösbaren Regierungsfrage in Preußen mittels Notverordnung („Staatsstreich" Papens). In Preußen regiert seit 1925 ununterbrochen die Weimarer Koalition unter *Braun* (SPD). Nach der Wahl vom 24. April haben NSDAP und KPD die absolute Mehrheit. Die noch geschäftsführende Regierung Braun ihres Amtes enthoben.
	Reichstagswahlen. Behauptung der Kommunisten, Sozialdemokraten, des Zentrums, der Deutschnationalen und der Bayerischen Volkspartei. Alle übrigen Parteien verlieren an Einfluß zugunsten der Nationalsozialisten, die mit Hilfe einer Wahlbeteiligung von 83 % und der neu hinzugekommenen Jungwähler 230 von 608 Mandaten

(37,8%) erreichen. – Der neue Reichstag wird am 12. Sept. wieder aufgelöst.

6. Nov. **Reichstagswahlen.** Rückgang der NSDAP von 37,8% auf 33,5%, Gewinne der Deutschnationalen und Kommunisten.

17. Nov. **Rücktritt des Kabinetts Papen.** In den folgenden Tagen ergebnislose Verhandlungen mit Hitler und Prälat *Kaas* (Zentrum) um die Regierungsbildung.

2. Dez. **General von Schleicher wird Reichskanzler.** Er plant die Spaltung der Nationalsozialisten und nach Neuwahlen eine Regierung auf breiter Basis. Er versucht vergeblich, die ,,Front der Gewerkschaften'' als Stütze zu gewinnen.

Im Dezember schwere Krise der NSDAP, die vor der Gefahr der Spaltung steht.

1933
4. Jan. *Papen und Hitler treffen sich* im Haus des Bankiers von Schroeder, eines Vertrauten der Schwerindustrie, *in Köln.* Beginn des offenen Zerwürfnisses zwischen Papen und Schleicher.

28. Jan. Schleicher tritt als Reichskanzler zurück, nachdem Hindenburg seine Diktatur abgelehnt hat. Danach bleibt nur die Möglichkeit einer Regierungsbildung durch Hitler.

30. Jan. **Hindenburg beruft Adolf Hitler zum Reichskanzler,** *von Papen* Vizekanzler und Reichskommissar in Preußen (bis 10. April 1933), *Hugenberg* Reichswirtschaftsminister. Die Zusammensetzung des Kabinetts, in der die Kreise um Papen das Übergewicht haben, gibt die Hoffnung, Hitlers Alleinherrschaft zu verhindern. – Auflösung des Reichstags am 1. Febr.

Febr. Ungehemmte nationalsozialistische Propaganda zur Reichstagswahl *(Goebbels).* Göring als preußischer Ministerpräsident beginnt in Preußen mit Amtsenthebungen.

27. Febr. **Reichstagsbrand in Berlin.** Der Brand wird den Kommunisten zur Last gelegt. Verhaftungswelle, vor allem gegen kommunistische Funktionäre, Verbot der kommunistischen und sozialdemokratischen Presse.

28. Febr. ,,Verordnung des Reichspräsidenten zum Schutze von Volk und Staat'' setzt wichtige Grundrechte der Reichsverfassung außer Kraft und leitet damit, bis zum Ende der NS-Herrschaft gültig, den Abbau der rechtsstaatlichen Grundlagen ein.

5. März **Reichstagswahlen.** Behauptung der Sozialdemokraten, des Zentrums, der Bayerischen Volkspartei und der Deutschnationalen (,,Kampffront Schwarz-Weiß-Rot''), Verluste der Kommunisten. Anstieg der Nationalsozialisten auf 288 von 648 Sitzen (44%) auf Kosten der Reste der kleinen bürgerlichen Parteien, der Kommunisten und vor allem mit Hilfe der bisherigen Nichtwähler und Jungwähler (Wahlbeteiligung 89%). Zusammen mit der Kampffront Schwarz-Weiß-Rot erreichen die Nationalsozialisten eine knappe Mehrheit von 52%. Diese Zahlen stellen die letzte annähernd zutreffende Wiedergabe der politischen Willensbildung der Reichsbevölkerung dar.

13. März **Josef Goebbels** wird Reichsminister für Volksaufklärung und Propaganda.
Um den 15. März werden die ersten Konzentrationslager errichtet.

21. März Der **„Tag von Potsdam".** Nationalistische Propagandaveranstaltung.

24. März **Ermächtigungsgesetz.** Gesetze können von der Reichsregierung außerhalb des in der Verfassung vorgesehenen Verfahrens und von der Verfassung abweichend erlassen werden. Frist 4 Jahre. Das Gesetz wird im Reichstag von allen Parteien außer den Sozialdemokraten bei Ausschluß der Kommunisten angenommen. Damit ist der Weg zum totalitären Staat verfassungsrechtlich freigegeben.

1. April Organisierung des Boykotts jüdischer Geschäfte.

7. April Einsetzung von **Reichsstatthaltern** in den Ländern.

2. Mai Am Tag nach der ersten nationalsozialistischen Maifeier **Aufhebung der Gewerkschaften.** Bildung der **„Deutschen Arbeitsfront".**

1. Juni Erstes Gesetz zur **Verminderung der Arbeitslosigkeit.** Am 21. Sept. folgt das zweite Gesetz; die „Arbeitsschlacht" wird eröffnet. Große Erfolge durch geschickte Finanzierung (Reichsbankpräsident Hjalmar *Schacht*), öffentliche Arbeitsbeschaffung und Ende der Weltwirtschaftskrise. 1933 Rückgang der Arbeitslosenziffer von 6 auf 4 Mill. (noch ohne Aufrüstung).

Juni/Juli **Auflösung aller Parteien.** Gesetz gegen Neubildung von Parteien am 14. Juli. Die NSDAP die einzige Partei.

20. Juli Abschluß des **Konkordats** zwischen dem Deutschen Reich und der Kurie übt große Wirkung auf den Katholizismus Deutschlands und der Welt aus. Hoffnungen werden geweckt, die später der Kirchenkampf zerstört.

27. Sept. Wehrkreispfarrer *Müller* („Deutsche Christen") auf der Nationalsynode in Wittenberg zum *Reichsbischof* der Deutschen Evangelischen Kirche gewählt. Am 26. Mai aber bereits Pastor *Fr. von Bodelschwingh* (Bethel) von den Vertretern der Landeskirchen in Loccum zum Reichsbischof gewählt. Beginn des **Kirchenkampfes** in der evangelischen Kirche zwischen der offiziell geförderten „Glaubensbewegung Deutsche Christen" und der „Bekennenden Kirche".

29. Sept. Das **Reichserbhofgesetz** erklärt alle Bauernhöfe bis zu 125 ha für unteilbar, unveräußerlich und unbelastbar. Die nationalsozialistische Agrarpolitik geht auf Erzeugnissteigerung und Sicherung des Bauerntums aus („Blut und Boden").

12. Nov. **Reichstagswahlen.** Verbunden mit der Frage, ob die Politik, die zum Austritt aus dem Völkerbund geführt hat, gebilligt werde, wird von 92% der abgegebenen Stimmen die Einheitsliste der NSDAP gewählt. Der Reichstag besitzt hinfort nur noch dekorative Bedeutung als Hintergrund für Führerreden zu wichtigen Anlässen.
Mit dieser Reichstagswahl ist ein gewisser Abschluß der Entwicklung zum totalitären Führerstaat erreicht, in dem die Weimarer Verfassung

1934 nicht formell aufgehoben, jedoch faktisch überwunden ist.

20. Jan. Gesetz **„zur Ordnung der nationalen Arbeit"** schafft die Grundlagen

30. Jan. des Arbeitsrechts. Gesetz **„über den Neuaufbau des Reiches".** Die

	Volksvertretungen der Länder werden aufgehoben. Die Hoheitsrechte der Länder gehen auf das Reich über.
20. April	Ernennung **Himmlers** zum Chef des Geheimen Staatspolizeiamtes in Preußen.
17. Juni	**Rede Papens** (verfaßt von *Edgar Jung*) in Marburg mit scharfer offener Kritik an der nationalsozialistischen Politik.
30. Juni	Unter dem Vorwand der **„Röhm-Revolte"**, einer angeblichen Verschwörung des Hauptmanns *Röhm*, Organisator und Stabschef der SA, zahlreicher hoher SA-Führer, Gregor Strassers, Schleichers u. a., entledigt sich Hitler durch eine schlagartig durchgeführte Mordaktion mit Hilfe der Geheimen Staatspolizei und der SS ohne gerichtliche Urteile seiner ihm bedrohlich erscheinenden Feinde.
20. Juli	Die SS wird aus der Unterordnung unter die SA gelöst und unmittelbar Hitler unterstellt.
2. Aug.	**Tod Hindenburgs.** Die Befugnisse des Reichspräsidenten gehen auf den **„Führer und Reichskanzler Adolf Hitler"** über. Sofort Vereidigung der Wehrmacht auf Hitler.
1935 13. Jan.	**Abstimmung im Saargebiet.** 91% für Rückgliederung an das Deutsche Reich. Am 17. Jan. beschließt der Völkerbundsrat die **Rückgabe des Saargebiets an Deutschland.**
16. März	Wiedereinführung der **allgemeinen Wehrpflicht.**
Sept.	Reichsparteitag mit den antisemitischen *„Nürnberger Gesetzen"*. Im „Gesetz zum Schutz des deutschen Blutes und der deutschen Ehre" vom 15. Sept. 1935 werden Ehen mit Juden verboten. Der Nachweis „arischer" Abstammung hinfort Vorbedingung für jede öffentliche Anstellung. Von nun an bis 1938 fortschreitende Ausschaltung und Ausnahmerechtstellung der Juden. Bis zum Herbst 1938 wandern ca. 170000 Juden ($^1/_3$ ihrer Gesamtzahl) aus Deutschland aus.
1936 7. März	Das Deutsche Reich **kündigt den Locarno-Vertrag** und stellt durch vertragswidrige Besetzung der entmilitarisierten Zone des Rheinlandes die volle militärische Souveränität wieder her (S. 481).
29. März	**Reichstagswahlen.** Billigung der Politik Hitlers mit 99% Ja-Stimmen.
1. Aug.	Eröffnung der *Olympischen Spiele in Berlin*.
8.–14. Sept.	Reichsparteitag in Nürnberg mit scharf betonter antibolschewistischer Tendenz. Verkündung des **Vierjahresplans** im Zusammenhang mit der Aufrüstung.
1937 14. März	Papst *Pius XI.* nimmt in der Enzyklika „Mit brennender Sorge" scharf gegen die nationalsozialistische Kirchenpolitik Stellung.
25.–28. Sept.	Besuch *Mussolinis* in Deutschland.
5. Nov.	Hitler gibt den Oberbefehlshabern der Wehrmachtteile und dem Reichsaußenminister seinen Entschluß bekannt, die deutsche Raumnot auf dem Wege der Gewalt zu lösen. Nahziele: Österreich und die Tschechoslowakei (sog. „Hoßbach-Niederschrift").
1938 Febr.	**„Gleichschaltung" des Heeres.** Hitler übernimmt selbst das Reichskriegsministerium, *von Brauchitsch* neuer Oberbefehlshaber des Heeres, *Wilhelm Keitel* an der Spitze des neugebildeten Oberkommandos der Wehrmacht.

13. März **Anschluß Österreichs** (S. 482, 497).
27. Aug. Rücktritt des Generalstabschefs Beck, der Hitlers Kriegspolitik scharf
ablehnt.
Sept. Krise um **die sudetendeutsche Frage** (S. 482 f., 499).
1. Okt. Beginn des **Einmarsches in das Sudetenland.**
In der zweiten Septemberhälfte eine **Erhebung** maßgebender Führer
des Heeres **gegen Hitler vorbereitet,** die infolge der „glücklichen"
Politik Hitlers in Berchtesgaden, Godesberg, München und des Ein-
schwenkens der englischen Politik auf die Linie Hitlers nicht ausgeführt werden kann.
9. Nov. Goebbels organisiert **Ausschreitungen gegen die Juden.** Zerstörungen von jüdischen Geschäften und Wohnungen, insbesondere durch
SA und aufgehetzte Jugendliche. **Synagogenbrände.** „Kristallnacht".
Am 13. Nov. der amerikanische Botschafter, Hugh Robert *Wilson,*
zur Berichterstattung nach Washington zurückberufen.
1939 **Entlassung Schachts als Reichsbankpräsident,** da er gegen die nicht
20. Jan. mehr zu verantwortende Finanzpolitik des Reichs in Verbindung mit
der Aufrüstung Einspruch erhebt.
März **Einmarsch in Böhmen-Mähren. Bildung des Reichsprotektorats**
(S. 483).
Die weitere Entwicklung des Sommers 1939 wird vor allem durch
die Außenpolitik und die Entwicklung zum Krieg bestimmt. (Forts.
S. 516 ff., 547 f., 550.)

b) Österreich-Ungarn (1914–1918) (Forts. v. S. 407)

Die Kriegführung gehemmt durch
a) die dualistische Verfassung (magyarische Sonderwünsche);
b) geringere Ausschöpfung der Wehrkraft als bei den übrigen Großmächten;
c) Vielsprachigkeit im Heer (25% deutsch, 17% magyarisch, 58%
andere, darunter 17% tschechisch).
Innenpolitisch streng obrigkeitliche Regierung mit Hilfe des § 14
(Notverordnungsparagraph) und Ausnahmezustand.
In Ungarn Fortbestehen der parlamentarischen Regierungsform unter der tatsächlichen Herrschaft des bedeutenden Ministerpräsidenten Graf *Tisza.*
1917 Einberufung des Abgeordnetenhauses in Wien nach dreijähriger
30. April Pause. Versuch einer Versöhnungspolitik mit dem Ziel eines Sonder-
friedens mit der Entente.
23. Mai Das *ungarische* Ministerium Graf *Tisza* tritt zurück.
1918 Nationalitätenkongreß von Völkern der Doppelmonarchie in Rom.
10. April Tschechen, Südslawen, Rumänen und Polen fordern das Selbstbestimmungsrecht.
30. Juni Italien und Frankreich erkennen die **Selbständigkeit der Tschecho-**
slowakei an. Großbritannien folgt am 13. Aug., die USA am 3. Sept.
Zum Zusammenbruch Österreich-Ungarns vgl. S. 469.

c) Österreich (Forts. v. S. 469)

1918
30. Okt.
Zweite Sitzung der deutschösterreichischen provisorischen National-versammlung. Note an Präsident Wilson, in der die **Gründung Deutsch-Österreichs** aufgrund des Selbstbestimmungsrechts mitgeteilt wird.

12. Nov.
Nach dem Regierungsverzicht Kaiser Karls (11. Nov.) nimmt die deutschösterreichische Nationalversammlung einstimmig das Gesetz über die Staatsform Deutsch-Österreichs an mit der Festsetzung: **„Deutsch-Österreich ist ein Bestandteil der Deutschen Republik."** Am 13. Nov. erklären die Deutschen in Böhmen und Mähren gleichfalls den Anschluß.

1919
16. Febr.
Wahlen zum konstituierenden Parlament. Sozialdemokraten 72, Christlich-Soziale 61, Großdeutsche 26 Sitze. Karl *Renner* (Soz.) Staatskanzler.
Bestimmungen des **Friedensvertrags** von Saint-Germain-en-Laye s. S. 472. Österreich, dem das Selbstbestimmungsrecht verweigert und die Führung des Namens „Deutsch-Österreich" verboten wird, ist auch aus wirtschaftlichen Gründen eine besonders unglückliche Schöpfung der Friedensverträge, die nicht lebensfähig ist und nur durch mehrfache hohe Auslandskredite erhalten werden kann.

1920

10. Nov.
Die neue Verfassung **(Bundesstaat)** tritt in Kraft. Zentrale Stellung des Parlaments.

1921
Abstimmung in Tirol. 98,8% für den Anschluß an das Reich** (24. April).

29. Mai
Abstimmung in Salzburg. 99,3% für den Anschluß an das Reich. Weitere Abstimmungen verhindert. Frankreich droht mit Einstellung der eingeleiteten Hilfsaktionen. Lebensmittelnot.

1922
Am 31. Mai neue **Regierung des Prälaten Seipel** (christlich-sozial).

4. Okt.
Genfer Protokolle: **Internationale Kredite an Österreich** unter Garantie des Völkerbunds **(Finanzkontrollkommission).** Die Unabhängigkeit Österreichs garantiert. Scharfe Opposition der Sozialdemokraten gegen die Annahme.

1923
Christlich-sozialer Wahlsieg (20. Okt.).

1927
Am 15. Juli **sozialistischer Aufruhr** und Generalstreik in Wien. Damit ist die innerpolitische Spannung offen zum Ausdruck gekommen. In den folgenden Jahren zunehmend Bestimmung der Innenpolitik durch Wehrverbände. Die **Heimwehren** aus bodenständig volkstümlichen Elementen mit teils christlich-sozialer, teils faschistischer Ideologie; der **Republikanische Schutzbund** der Sozialisten. Beide schon 1923 gegründet.

1929
Verfassungsreform: Parlamentsrepublik in eine **Präsidentschaftsrepublik** umgewandelt.

1930 Jan.
Bundeskanzler *Schober* setzt mit Hilfe Italiens auf der Haager Konferenz (S. 479) durch, daß die österreichischen Reparationsverpflichtungen fast völlig aufgehoben werden.

1930 6. Febr. Abschluß des **Freundschaftsvertrags mit Italien.** Die faschistischen Einflüsse verstärken sich auch innerpolitisch.

1931 Der Plan einer Zollunion mit Deutschland wird vom Haager
20. März Gerichtshof am 5. Sept. für unzulässig erklärt.

11. Mai **Bankkrach bei der Österreichischen Credit-Anstalt** offenbart die hoffnungslose Finanzlage.

1932 Am 20. Mai neues **Kabinett unter Engelbert Dollfuß** (christlich-sozial).

1933 Um dem Anwachsen der nationalsozialistischen Bewegung zu begeg-
Anf. März nen, führt Dollfuß einen **Staatsstreich** durch. Aufhebung der parlamentarischen Verfassung. Einführung einer berufsständischen Verfassung. **Austrofaschistische Diktatur.**

19. Juni **Verbot der Nationalsozialistischen Partei.**
Dollfuß führt seine Politik in Anlehnung an Italien durch. Er gründet die **„Vaterländische Front"** (20. Mai).

1934 Blutige **Straßenkämpfe in Wien** und anderen Städten zwischen
11.–16. Febr. „Republikanischem Schutzbund" und Regierung. Anschließend **Verbot der Sozialisten und aller anderen Parteien** außer der „Vaterländischen Front".

30. April **Bundesverfassung** nach faschistischem Vorbild von dem an sich beschlußunfähigen Nationalrat angenommen.

1. Mai Unterzeichnung des **Konkordats** (vom 5. Juni 1933).

25. Juli **Nationalsozialistischer Putsch: Dollfuß ermordet.**
Aufstand in Steiermark und Kärnten. Eingreifen des Deutschen Reichs zugunsten der Nationalsozialisten verhindert, da Italien Truppen an der Grenze zusammenzieht. Die Aufstände niedergeschlagen. Am 30. Juli wird der bisherige Unterrichtsminister Kurt **Schuschnigg Bundeskanzler.** Er setzt die Linie Dollfuß fort.

1936 Am 1. April **Einführung der allgemeinen Wehrpflicht.**

1937 Steigerung der **Habsburger Restaurationsbestrebungen,** denen Schuschnigg geneigt scheint. Dies führt zu neuen Spannungen mit den Nationalsozialisten und dem Deutschen Reich.

1938 **Schuschnigg bei Hitler in Berchtesgaden.** Unter Druck Zusage einer
12. Febr. Amnestie für die Nationalsozialisten in Österreich und ihrer Hereinnahme in die Regierung. Daher am 18. Febr. *Seyß-Inquart* (Nationalsozialist) Innenminister.

1. März Beginn nationalsozialistischer Unruhen in Graz und anderen Orten. Die Lage spitzt sich zu. In letzter Stunde (9. März) will Schuschnigg eine Volksabstimmung über die Unabhängigkeit Österreichs.

11. März **Ultimatum des Deutschen Reichs.** Einmarsch der reichsdeutschen Truppen vgl. S. 482.

13. März **Anschluß Österreichs proklamiert.** (Forts. S. 550, 554.)

d) Ungarn (Forts. v. S. 495)

1918 Nach der ungarischen Revolution und der Abdankung Kaiser Karls
16. Nov. Proklamation der **Ungarischen Republik.**

1919 März	**Rätediktatur Béla Khuns.**
28. März	Kriegserklärung Ungarns an die Tschechoslowakei mit der Absicht, die Slowakei zurückzuerobern. Béla Khun flieht am 1. Aug. aus Budapest. Die Gegenrevolution und Restauration machen Fortschritte.
1920 1. März	**Admiral Horthy,** Oberbefehlshaber der ungarischen Truppen, zum Staatsoberhaupt und **Reichsverweser** gewählt. Er proklamiert Ungarn als Monarchie mit vakantem Thron.
	Ungarns Politik zwischen den Kriegen ist bestimmt durch den Kampf um die Revision des Friedens von *Trianon,* die Habsburger Restaurationsbestrebungen und die Aufrechterhaltung einer überlieferten feudalen Herrschaftsordnung, die eine Bodenreform oder Agrarrevolution erfolgreich verhindert.
1921	Zwei vergebliche Versuche **König Karls,** auf den ungarischen Thron zurückzukehren.
14. April	**Kabinett des Grafen Bethlen,** der bis 1931 im Amt bleibt.
1927 5. April	Freundschafts- und Schiedsvertrag mit Italien. Damit Steigerung der ungarischen Revisionsforderung.
1931 Juni **1932**	Schwere **Finanzkrise.** Im Aug. Anleihe Frankreichs mit der Bedingung, daß die Revisionspropaganda eingestellt wird.
30. Sept.	Regierungsbildung durch *Gömbös,* der als Rechtsradikaler und Antisemit betont revisionistisch eingestellt ist.
1937 Okt.	Aus verschiedenen Gruppen Bildung der *Ungarischen Nationalsozialistischen Partei* unter Führung Szálasis, die Annäherung an den Reichsverweser *Horthy* sucht.
1938 Febr.	Neue Verhaftungen (Szálasi und zahlreiche nationalsozialistische Führer). Jedoch bringt der Anschluß Österreichs Verstärkung des deutschen Einflusses auf Ungarn.
13. Mai	Neue Regierung von **Béla von Imrédy** gebildet. Beginn innerer Reformen, antisemitische Wirtschaftsgesetze.
4.–11. Nov. **1939**	Nach dem Wiener Schiedsspruch (S. 483) **Einmarsch ungarischer Truppen in die von der Slowakei abgetretenen Gebiete.**
11. April	**Austritt Ungarns aus dem Völkerbund.**
28. Mai	Regierungssieg bei den Wahlen, jedoch starker Anstieg der Nationalsozialisten.
Ende Juli	Zwischenfälle an der rumänischen Grenze erhöhen die Spannungen. (Forts. S. 536, 554.)

e) Tschechoslowakei

	Der neue Staat umfaßt 46% Tschechen, 13% Slowaken, 28% Deutsche, 8% Magyaren, 3% Ukrainer, ferner Polen.
1918 30. Mai	**Vertrag von Pittsburgh** zwischen *Masaryk* und den Vertretern der Slowaken in den USA sichert den Slowaken Autonomie innerhalb des tschechoslowakischen Staates zu.
14. Okt.	Der tschechoslowakische Nationalrat in Paris bildet eine Regierung mit Thomas G. **Masaryk** als Präsidenten und Edvard **Beneš** als Außenminister.

28. Okt.   Die **Tschechoslowakische Republik** in Prag ausgerufen. Die Regierung Masaryk-Beneš anerkannt. Sie ist nicht bereit, den anderen Volksgruppen Autonomie und Selbstbestimmungsrecht zu gewähren.

14. Nov.   **Nationalversammlung in Prag** bestätigt die neue Republik und Präsidentschaft Masaryks.

1919   Das Gesetz zur Bodenreform begründet die Enteignung des Groß-
16. April   grundbesitzes für bäuerliche Siedlung.

1920/21   Sicherung des Staates durch ein umfangreiches **Bünissystem (Kleine Entente, Frankreich, Polen,** S. 475).

18. April   **Parlamentswahlen.** Vielparteiensystem. Stärkste Partei bis 1925 die Sozialdemokraten, dann die Agrarier, Koalitionsregierungen.

1931 März   Entschiedene Stellung der Tschechoslowakei gegen den deutsch-österreichischen Zollunionsplan. Im Sommer wird auch die Tschechoslowakei von der Finanzkrise ergriffen.

1933   Am 16. Febr. **Erneuerung der Kleinen Entente.**
            Starkes **Herüberwirken der nationalsozialistischen Bewegung** in die von der Wirtschaftskrise hart betroffenen sudetendeutschen Gebiete.

4. Okt.   **Selbstauflösung der sudetendeutschen Nationalsozialistischen Partei** kurz vor ihrem Verbot. Bereits am 1. Okt. Bildung der Sudetendeutschen Heimatfront, die Sammlung aller Sudetendeutschen anstrebt, unter Führung von *Konrad Henlein*.

1935   **Militärbündnis mit der Sowjetunion** (S. 481).
19. Mai   Bei den **Wahlen** Erfolg der Sudetendeutschen Partei ($^2/_3$ aller deutschen Stimmen).

14. Dez.   Rücktritt des 85jährigen Präsidenten Masaryk.
18. Dez.   **Edvard Beneš zum Staatspräsidenten gewählt.**

1937   Zusammenstöße in *Teplitz*. Konrad Henlein protestiert gegen die
16. Okt.   Verbotsmethoden und fordert volle Autonomie für $3^1/_2$ Mill. Deutsche.

1938   Henlein verstärkt seine Propaganda. Die übrigen deutschen Parteien außer den Sozialdemokraten schließen sich im März der Sudetendeutschen Partei an, die bei den Gemeindewahlen vom Mai rd. 92% aller deutschen Stimmen erhält. In den Sommermonaten trotz vielfacher Verhandlungen Verschärfung der Spannung, die Henlein bewußt steigert mit dem Ziel des Anschlusses an das Reich. Tschechische Zugeständnisse genügen nicht mehr.
            Zur Sudetenkrise s. S. 482 f.

5. Okt.   **Rücktritt von Präsident Beneš,** der in die USA emigriert.
6. Okt.   **Autonomie für die Slowakei.** Ministerpräsident *Tiso*.
8. Okt.   **Autonomie für die Karpatenukraine.**
20. Okt.   Verbot der Kommunistischen Partei.
30. Nov.   **Emil Hácha** wird **zum Staatspräsidenten gewählt.** Beran (Agrarier), Gegner von Beneš, wird Ministerpräsident.

1939 März   Das Ende der Tschechoslowakei (S. 483). (Forts. S. 555.)

f) **Polen** (Forts. v. S. 352)

1918 Zur Proklamation des polnischen Staats durch die Mittelmächte s. S. 464.

14. Nov. Der unter deutscher Kontrolle stehende Regentschaftsrat tritt ab und überträgt *Piłsudski* die Staatsgewalt. Piłsudski, in diktatorischer Stellung, bildet eine provisorische Regierung.

1919 Aug. In Oberschlesien eingefallene polnische Freischaren werden zurückgeworfen.

8. Dez. Festlegung der *Curzon-Linie* (polnische Ostgrenze) durch die Alliierten. Die Polen sind unbefriedigt.

1920 **Russisch-polnischer Krieg** endet nach großer Gefährdung für die
April–Okt. Polen unter Piłsudski erfolgreich, s. S. 505.

1921 **Friedensvertrag von Riga** setzt die polnische Ostgrenze fest, die über
18. März die Curzon-Linie hinausgeht, aber nicht die Grenze von 1772 erreicht. Polen erhält die Westukraine mit Galizien und Wolynien. Weißruthenien wird zwischen Polen und Rußland geteilt.

Die polnische Politik zwischen den Weltkriegen ist bestimmt durch die Notwendigkeit der Sicherung gegen das Deutsche Reich und die Sowjetunion, durch den Minderheitenkampf, vor allem gegen Deutsche und Ukrainer, schließlich durch die bis 1939 ungelöst bleibende innere Sozial- und Verfassungsfrage.

Annahme der **Verfassung** (nach französischem Vorbild; 17. März).

1923 Wirtschafts- und Finanzkrise. Die Krise der parlamentarischen Demokratie wird sichtbar. Es fehlt eine wirksame staatliche Integration gegenüber den auseinanderstrebenden politischen und sozialen Gruppen.

1926 **Militärputsch Piłsudskis,** 12.–14. Mai.

2. Okt. **Piłsudski Ministerpräsident** (bis Juni 1928); er regiert diktatorisch, auch nach seinem Rücktritt als Ministerpräsident.

1930 Die **Sejmwahlen** am 17. Nov. bringen unter Terror Sieg des Regierungsblocks Piłsudskis. Im Laufe des Jahres 1931 steigende Wirtschaftskrise.

1932 Ermächtigungsgesetz auf 3 Jahre.
25. Juli Nichtangriffspakt mit Rußland, verlängert am 5. Mai 1934 auf 10 Jahre (bekräftigt am 26. Nov. 1938, S. 483).

1933 Eröffnung der Kohlenbahn von Ostoberschlesien nach dem neuen polnischen Hafen *Gdingen* (1. März).

1934 Nichtangriffspakt und Freundschaftsvertrag mit dem Deutschen
26. Jan. Reich. Es folgen eine Reihe von wirtschaftlichen Abkommen zwischen Polen und Deutschland.

1935 **Annahme einer neuen Verfassung.** Schlagwort der „**gelenkten**
23. April **Demokratie“.** „Autoritäre“ Regierung ohne wirkliche Autorität. Die Herrschaft Piłsudskis ist auf die Macht der Armee gegründet.

12. Mai **Tod Piłsudskis.** Nachfolger in der Führung der Armee und damit faktisch des Staates wird General (später Marschall) *Rydz-Śmigły*.

1938/39 Zur Rolle Polens in den großen außenpolitischen Krisen s. S. 483 f.

1938 2. Okt. Polnische Truppen besetzen das Olsagebiet (Teschener Land). (Forts.
S. 518, 556.)

g) Baltische Staaten
Litauen
1917   Der litauische Landesrat in Wilna proklamiert den **unabhängigen li-**
11. Dez.   **tauischen Staat,** der im März 1918 vom Deutschen Reich anerkannt
wird.
1918   Litauen erklärt sich am 2. Nov. zum Freistaat.
Nach Abzug der Deutschen Einrücken der Bolschewisten, die am 5.
Jan. 1919 Wilna nehmen, das im April von den Polen erobert wird.
Am 8. Dez. 1919 Grenzziehung durch die Alliierten nach der Curzon-Linie. Wilna zu Litauen.
1920   **Friedensvertrag von Moskau** zwischen Litauern und Russen, die
12. Juli   Litauens Selbständigkeit einschließlich der Stadt Wilna anerkennen.
So haben die Litauer (ebenso wie die Letten und Esten) durch den
Ausfall Rußlands und Deutschlands ihren Nationalstaat erhalten.
Erschwert ist die politische Lage Litauens dadurch, daß es wegen der
Wilnafrage mit Polen verfeindet ist. Innerpolitisch wird **die alte polnische Herrenschicht durch die Bodenreform ausgeschaltet.**
Die demokratische Regierung wird 1926 durch eine Militärdiktatur
ersetzt. (Forts. S. 557.)

Lettland
1918 11. Nov. **Proklamation der unabhängigen Republik Lettland.**
1920   Nach erfolgreichem Kampf gegen die eingedrungenen Bolschewisten
Anerkennung Lettlands durch die Russen im **Friedensvertrag von
Riga.**
In Lettland glücklichere politische Entwicklung als in Litauen, da
ernste Konflikte um Grenzfragen fehlen und die Emanzipation eines
strebsamen Bürgertums schon weiter gediehen ist. Die außenpolitische Linie durch Beitritt zum Völkerbund und die Baltische Entente
(Freundschaftsverträge 1922 mit Polen, Estland, Finnland zum
1922   Schutz gegen Rußland) bestimmt.
15. Febr. Annahme der endgültigen Verfassung. Im Oktober sozialdemokratischer Wahlsieg. Entsprechende Regierung.
1934   Seit 16. Mai Diktatur des Bauernbundführers *Ulmanis.* (Forts.
S. 557.)

Estland
1918   **Proklamation der Unabhängigkeit Estlands** nach der Besetzung
24. Febr. durch deutsche Truppen.
Nach Abzug der Deutschen im Dezember 1918 und Januar 1919
Kämpfe mit den Bolschewisten. Sieg estnischer Truppen mit britischer und finnischer Hilfe.
Bodenreform 1919 enteignet die deutschbaltischen Gutsherren.
1920   Im **Vertrag von Dorpat** vom 2. Febr. wird Estland von Rußland anerkannt.

15. Juni Verfassung Estlands als demokratische Republik.
Die Voraussetzungen und Entwicklungstendenzen zwischen den
Kriegen ähnlich wie in Lettland. (Forts. S. 557.)

h) Finnland

1917 Die russische provisorische Regierung erkennt Finnlands Autonomie
31. März innerhalb einer russischen Föderation an.
6. Dez. **Die Finnen erklären ihre staatliche Unabhängigkeit.**
1918 Die finnischen Kommunisten, unterstützt von russischen Bolschewi-
28. Jan. sten, nehmen Helsinki und breiten sich über Südfinnland aus.
April **Finnische Truppen unter General von Mannerheim und deutsche
Truppen unter General von der Goltz befreien Finnland.**
1919 Am 17. Juli Proklamation der republikanischen Verfassung.
1920 Der 1919 erneut mit Rußland ausgebrochene Krieg wird abgeschlos-
4. Okt. sen durch den **Friedensvertrag von Dorpat,** in dem die Grenzen festgelegt werden. Ostkarelien bleibt russisch. Finnland erhält mit dem
Hafen *Petsamo* Zugang zum Eismeer.
1922 Gesetz zur **Bodenreform** trifft vor allem den Grundbesitz der alten
25. Nov. schwedischen Oberschicht.
1930 Die antikommunistische Bauernbewegung **(Lappo-Bewegung)** gewinnt Einfluß auf die Innenpolitik. Lappo-Putsch schlägt fehl.
1934 Erstmals Teilnahme Finnlands am Ministertreffen der skandinavischen Staaten. Finnland versucht Bildung eines Blocks der baltischen
und skandinavischen Staaten angesichts der durch die neue deutsche
Politik veränderten politischen Situation.
Der außenpolitischen Linie, sich zwischen der deutschen und der russischen Politik unabhängig zu halten, entspricht im Innern der
Zusammenschluß aller demokratischen Kräfte von der Sozialdemokratie bis zur Agrarpartei.
Die Beziehungen sowohl zu Deutschland als auch zur Sowjetunion
sind kühl, als **1939** der Krieg beginnt. (Forts. S. 519, 557.)

i) Skandinavien (Forts. v. S. 413)

Die skandinavischen Staaten können mit Erfolg während des 1.
Weltkriegs und in der Zeit zwischen den Kriegen die ,,Ruhe im Norden" durch Neutralitätspolitik aufrechterhalten. Die Lage nach dem
Krieg erscheint sogar noch günstiger als vor 1914, weil der akute russische Druck beseitigt ist. Innerpolitisch in allen drei Staaten Stabilität
demokratischer Monarchien trotz betonter Gegensätze zwischen den
Sozialdemokraten und den bürgerlich-bäuerlichen Parteien.
1916 Zusammenkunft der Ministerpräsidenten der nordischen Reiche und
ihrer Außenminister: ihre Staaten ,,wollen eine nach allen Seiten
loyale Neutralität beobachten".

Schweden

1914 Maßnahmen des Reichstags zum Schutz des Landes (gegen Rußland).

1917 Die *Aufforderung Amerikas zum Kriegseintritt* wird von der schwedischen Regierung *abgelehnt.*

1918 Schweden lehnt das Hilfegesuch der jungen finnischen Republik gegen die russischen Bolschewisten ab.

Dez. Wahlrechtsreform leitet Demokratisierung ein.

1920 März Erste sozialistische Regierung unter *Branting.* Seitdem (bis Juni 1926) vorwiegend Kabinette unter sozialdemokratischer Führung. Jahre sozialer Reformgesetzgebung.

1926–1932 Kabinettsbildungen durch Liberale und Konservative.

1932 Sept. Nach sozialdemokratischem Wahlerfolg Regierung *P. A. Hansson.* Bekämpfung der Wirtschaftskrise.
Seit 1934 wird die Zusammenarbeit der skandinavischen Außenminister infolge der neuen politischen Aktivität der Sowjetunion und Deutschlands wieder stärker.

1939 *Treffen der drei nordischen Außenminister in Stockholm.* Danach leh-
9. Mai nen Schweden und Norwegen (ebenso Finnland) das deutsche Angebot gegenseitiger Nichtangriffspakte ab (S. 484). (Forts. S. 557.)

Norwegen
Während des Weltkriegs ist die Stimmung der Bevölkerung englandfreundlich.

1920 Die Insel **Spitzbergen** (Kohlenfelder!) wird vom Völkerbundsrat Norwegen zugesprochen und von Norwegen besetzt.
In den 30er Jahren hält Norwegen gemeinsam mit Schweden an der nordischen Neutralitätspolitik fest. (Forts. S. 520, 557 f.)

Dänemark
Innen- und außenpolitisch ähnliche Voraussetzungen und Bedingungen wie in Schweden und Norwegen, jedoch beeinflußt durch die Nähe Deutschlands (bes. Nordschleswigfrage, s. S. 487).

1915 Verfassungsänderung. Die Mitglieder *beider* Kammern werden nach allgemeinem Wahlrecht gewählt. Frauenwahlrecht. Verhältniswahl.

1918 Unionsakte: **Island wird als selbständiger Staat in Personalunion mit**
30. Nov. **Dänemark anerkannt.**
Die Verbindung bleibt jedoch eng.
Die Beziehungen Dänemarks zu Deutschland nach 1933 bleiben trotz der Nordschleswigfrage und eines geringen Übergreifens des Nationalsozialismus nach Dänemark gut.

1939 Abschluß des Nichtangriffspakts mit dem Deutschen Reich (S. 484). (Forts. S. 520, 557 f.)

k) Balkanstaaten (Forts. v. S. 387)

Rumänien (vgl. S. 387, 464, 467)
Das auf das Doppelte vergrößerte Rumänien steht nach 1919 vor schwierigen Aufgaben: die Angleichung zwischen dem Altreich und

dem kulturell und sozial mitteleuropäisch strukturierten Siebenbürgen, die Agrarfrage, die Minderheitenprobleme, die außenpolitisch belastenden Grenzfragen (Siebenbürgen, Bessarabien, Bukowina, Dobrudscha). Außenpolitische Sicherung durch Kleine Entente und Bündnis mit Polen (S. 475).

1923 März Neue Verfassung. Einführung des gleichen Wahlrechts.

Am 24. Nov. Tod *Ionel Brătianus,* des Schöpfers Großrumäniens.

1927 Innerpolitische Auseinandersetzungen zwischen dem liberalen Bürgertum und der nationalen Bauernpartei.

1934 Gegenseitige Garantie der Grenzen durch Rumänien und die Sowjet
9. Juni union. Verzicht der Sowjetunion auf *Bessarabien.*

1939 Abkommen mit dem Deutschen Reich. Rumänien wirtschaftlich eng
23. März an Deutschland angeschlossen. (Forts. S. 535, 558.)

Jugoslawien (vgl. S. 387, 460)

Die Politik zur Vorbereitung des jugoslawischen Staates ist während des Weltkriegs belastet durch den Gegensatz zwischen der großserbischen Richtung *(Pašić)* und dem kroatischen Jugoslawismus in Paris *(Trumbić).*

1918 Bildung des **Königreichs der Serben, Kroaten und Slowenen.** Die
1. Dez. Innenpolitik ist gekennzeichnet durch den vergeblichen Versuch, **Kroatien** mit dem serbischen Einheitsstaat auszusöhnen.

Die Außenpolitik wird bestimmt durch die Zugehörigkeit Jugoslawiens zur Kleinen Entente. – Konflikte um Mazedonien mit Bulgarien, um Fiume mit Italien.

1937 Am 25. März Nichtangriffspakt mit Italien. (Forts. S. 523, 559.)

Bulgarien (vgl. S. 387, 460)

Bulgarien im Weltkrieg s. S. 460, 468.

Die Lage Bulgariens seit 1919 ist bestimmt durch die Einbußen infolge des Friedens von *Neuilly,* eine teils offene, teils latente Bauernrevolution und durch die bulgarischen Ansprüche auf das bulgarisch-serbische Mischgebiet *Mazedoniens* (vgl. S. 472).

Die Innenpolitik der vom Militär gestützten autoritären Regierung von *Zar Boris III.* (seit 1919) steht im Zeichen der Auseinandersetzung mit den agrarsozialen Forderungen der Bauernpartei. Offiziersputsche und Regierungswechsel.

Außenpolitisch nach allen Seiten Verbesserung der Beziehungen und Neutralitätspolitik. (Forts. S. 523, 536, 559.)

Albanien (vgl. S. 387)

Im Weltkrieg kämpfen die albanischen Stämme teils gegen Serbien und die Entente, teils wie *Esad Pascha* für diese. Italien, Montenegro, Serbien, Griechenland besetzen Teile des Fürstentums.

Seit 1919 die Grenzen und der Bestand Albaniens stets gefährdet durch die Ansprüche und Übergriffe Italiens, Jugoslawiens und Griechenlands.

1921 Die Botschafterkonferenz setzt für Albanien die Grenzen von 1913
9. Nov. mit geringen Änderungen fest.

1926	Seit dem **Vertrag von Tirana** mit Italien wirtschaftliche und politische
27. Nov.	Durchdringung Albaniens durch Italien.
1939	**Italienische Truppen besetzen Albanien.** König *Zogu* flieht ins Aus-
7. April	land. Am 12. April beschließt die Nationalversammlung **Personal-**
	union mit Italien. (Forts. S. 523, 560.)

Griechenland (vgl. S. 387, 460, 465)

Ministerpräsident *Venizélos* setzt nach wechselvollen innenpolitischen Kämpfen gegen König *Konstantin I.* 1917 den Eintritt in den
Krieg gegen die Mittelmächte durch. Die Entente hat ihn dabei durch
schwere Repressalien unterstützt.

1919	Erheblicher Landgewinn Griechenlands in den Pariser Friedensver- trägen (S. 472), u. a. Smyrna, Thrazien, Ägäische Inseln.
1920–1922	Der **griechisch-türkische Krieg** führt zur Niederlage der Griechen.
1923	**Friedensvertrag von Lausanne** (S. 476). In den folgenden Jahren **Bevölkerungsaustausch** zwischen Griechenland und der Türkei. Mas- senumsiedlung von über 1¼ Mill. Griechen auf griechisches Staatsge-
1924	biet.
25. März	**Ausrufung der Republik.**
1924–1935	Innenpolitische Kämpfe zwischen den Anhängern von Venizélos und den Royalisten. Häufiger Regierungswechsel.
1935 Okt.	Restauration der Monarchie.
1939	Nach der Besetzung Albaniens durch Italien garantieren England und
13. April	Frankreich die griechische Unabhängigkeit. (Forts. S. 523, 536, 560.)

l) Rußland (Union der Sozialistischen Sowjetrepubliken; UdSSR)
(Forts. v. S. 417)

Der Frieden von Brest Litowsk gibt den Bolschewisten die notwendige „Atempause". Die Herrschaft der Bolschewisten wird im Jahre
1918 weiterhin dadurch gestützt, daß sie vom Deutschen Reich anerkannt und nicht mehr bekämpft wird.

Von größerer Bedeutung werden die seit dem Frühjahr 1918 sich bildenden Truppen der „weißen" Russen aus Offizieren und bürgerlichen Soldaten der alten Armee, die von den Randgebieten aus den
Kampf gegen die Bolschewisten aufnehmen. Diese sind im Sommer
1918 militärisch unterlegen, können aber mit Erfolg die Uneinheit-
lichkeit und das sozialreaktionäre, volkspsychologisch ungeschickte
Verhalten ihrer Gegner ausnutzen. Im Laufe der Zeit bessert sich
auch das militärische Kräfteverhältnis für die Bolschewisten, da
Organisation, Ausbildung und Führung der **Roten Armee** unter **Leo
Trotzki** gut fortschreiten. Es entwickeln sich folgende Kriegsschauplätze, auf denen sich die Rote Armee bis Ende 1919 erfolgreich
durchsetzt: 1. *Sibirien (Landung der Japaner) und Ural-Wolga-
Gebiet. 2. Südrußland und untere Wolga. 3. Weißruthenien und bal-
tische Länder. 4. Nordrußland (Landung alliierter Truppen in
Murmansk). 5. Krieg mit Polen: Okt. 1919 bis April 1920. Zunächst*

große polnische Erfolge. Erfolgreiche russische Gegenoffensive bis vor Warschau. Dort (14. Aug.) Sieg der Polen unter Führung des französischen Generals *Weygand* („Wunder an der Weichsel"). Rückzug der Bolschewisten ermöglicht den Frieden zu Riga (S. 500).

1918 Am 17. Juli **Ermordung des Zaren Nikolaj II. und seiner Familie in Jekaterinburg.**

10. Juli Auf dem V. Allrussischen Sowjetkongreß wird die **Verfassung der „Russischen Sozialistischen Föderativen Sowjetrepublik"** (RSFSR) angenommen. Sie setzt das System der Räte fest. Die lokalen Räte (Sowjets) werden direkt gewählt. Die nächsthöheren provinzialen Sowjets bis hinauf zum Allrussischen Zentralsowjet werden indirekt aus den jeweils nächstunteren Sowjets gewählt. Das oberste Regierungsorgan ist das aus dem Allrussischen Sowjetkongreß delegierte Zentralexekutivkomitee. Die Ministerien werden Volkskommissariate genannt. Das Wahlgesetz setzt drei Klassen fest: a) die bourgeoisen Klassenfeinde ohne Wahlrecht, b) die Bauern mit gemindertem Wahlrecht, c) die Arbeiter mit vollem Wahlrecht (fünfmal so wertig wie das der Bauern). Die eigentliche materielle Verfassung ist im Verfassungstext nicht enthalten: nämlich die Diktatur der Partei (seit 1918 umbenannt in „Kommunistische Partei") durch das **„Politische Büro"** im Zentralkomitee der Partei. Innerhalb dieses kleinen Führerkollektivs hat Lenin zunehmend die maßgebende Autorität. In der Zeit des **Kriegskommunismus** wachsende Opposition gegen die beginnende Einparteiherrschaft Lenins bis zum **Aufstand linker Radikaler in Kronstadt** (März 1921).

1921 März **X. Parteitag.** Lenin setzt eine **Resolution „über die Einheit der Partei"** durch. Ablehnung „jeder Art Abweichung von der streng konsequenten kommunistischen Linie". Ferner Beschluß über die **„Neue ökonomische Politik (NEP) von der Ablieferungspflicht zur Naturalsteuer".** Wiedereinführung einer gewissen Freiheit des Handels. Die NEP wird als „vorübergehender Rückzug" bezeichnet. Die günstigen Folgen machen sich bald bemerkbar, wenngleich gerade **1921/22 Höhepunkt der Hungersnot** in Rußland, der Millionen zum Opfer fallen.

1922 Vertrag von Rapallo (S. 476).

Dez. Auf dem I. Unionskongreß der Sowjets wird die **Union der Sozialistischen Sowjetrepubliken (UdSSR)** geschaffen. Dazu gehören: die Russische Sozialistische Föderative Sowjetrepublik (RSFSR), die Transkaukasische SFSR, die Ukrainische SSR, die Weißrussische SSR. Später dazu: die Usbekische, die Turkmenische und die Tadschikische SSR. Damit ist das bolschewistische Nationalitätenprogramm realisiert und die föderative Verfassungsform geschaffen, die in Verbindung mit der Weltrevolution eine stets mögliche Ausweitung der bolschewistischen Herrschaft ohne „Annexion" in Einklang mit dem „Selbstbestimmungsrecht" in bolschewistischer Interpreta-

1924 tion gestattet.

21. Jan. **Tod Lenins.** Danach jahrelanger Machtkampf um die Führung in der

Partei. **Stalin gegen Trotzki,** dessen Opposition als „kleinbürgerliche Abweichung" bezeichnet wird.

1. Febr. **Großbritannien erkennt die Sowjetunion an.** Die meisten europäischen Mächte folgen im Laufe des Jahres 1924.

1926 Neutralitätsvertrag mit Deutschland (s. S. 489), Afghanistan und Litauen.

1927 Dez. Auf dem XV. Parteitag **Trotzki, Sinowjew und deren Anhänger aus der Partei ausgeschlossen.** Ende des Machtkampfes zwischen Stalin und Trotzki. Trotzki 1929 aus der Sowjetunion ausgewiesen (1940 in Mexiko ermordet).

Derselbe Parteitag beschließt neue Maßnahmen zum **„sozialistischen Aufbau":** a) Die Einleitung der *Kollektivierung der Landwirtschaft.* b) Verstärkte *Industrialisierung* und Ausarbeitung eines *Fünfjahrplans.*

1928 Beginn des ersten Fünfjahrplans. Schwerpunkt bei der Schwerindu-
1. Okt. strie. Damit die Voraussetzungen für die Aufrüstung geschaffen.

1929 Auf dem XVI. Parteitag wird die *„rechte Abweichung"* von *Rykow* und *Bucharin* verurteilt.

April **Abschluß des Kampfes Stalins um die Alleinherrschaft.**
1929 **Ernster Konflikt mit China** um die mandschurische Eisenbahn und die Mandschurei. Einmarsch und Sieg sowjetischer Truppen in der Mandschurei. Wiederherstellung des Status quo nach einem Appell Chinas an den Völkerbund.

1929/30 **„Liquidierung des Kulakentums",** d. h. rücksichtslose Enteignung
Winter und Massenverschickung der widerstrebenden führenden Bauernschicht. Massenüberführung der übrigen kleinen Bauern in das **Kollektivsystem.**

1930 Mai Eröffnung der *Turkestanisch-Sibirischen Eisenbahn,* wesentlich zur Erschließung des zukunftsreichen Getreide- und Baumwollandes.

1932 Außenpolitische Aktivität. Abschluß zahlreicher Nichtangriffspakte (mit Finnland, Polen, Lettland, Estland, Frankreich). Hintergrund: die Spannung mit Japan wegen der Mandschurei.

1932/33 Schwere **Hungersnot** in der Sowjetunion. Massensterben.

1933 **Aufnahme diplomatischer Beziehungen zwischen der Sowjetunion**
16. Nov. **und den Vereinigten Staaten.** Hintergrund auch hier: Japan.

Die Kollektivierung im wesentlichen abgeschlossen, der Fünfjahrplan erfüllt. **Große „Reinigung" in der Partei.**

1934 Steigerung der Aufrüstung. Aktivierung der außenpolitischen Beziehungen zu den Demokratien des Westens gegen die neue nationalsozialistische Entwicklung.

18. Sept. **Aufnahme in den Völkerbund.** Volle Einbeziehung der Sowjetunion in das System der „kollektiven Sicherheit".

1. Dez. *Ermordung Kirows,* eines engen Mitarbeiters Stalins, Vorwand für große Schauprozesse 1935 und 1936, die die endgültige Liquidierung der „trotzkistischen" Opposition ermöglichen.

1935 *Sowjetisch-französischer Beistandspakt* (S. 481).

Aug. **Weltkongreß der Dritten Internationale in Moskau.** Beschluß, den

Kampf hinfort im Bund mit den Demokratien trotz ihrer Vertretung bourgeoiser Interessen gegen den Faschismus (Nationalsozialismus) zu führen.

1936
5. Dez. Annahme der neuen **„demokratischen" Verfassung der SU** steht in Verbindung mit der „demokratischen" Wendung der Sowjetunion in der Außenpolitik. Die beabsichtigte propagandistische Wirkung gelingt völlig. Allgemeines und gleiches Wahlrecht, direkte Wahlen zu allen Sowjets, Garantie von Bürgerrechten und -pflichten. Bezeichnung der Verfassung als einer **„Demokratie höheren Typs".** Diese formaldemokratischen Zugeständnisse können gemacht werden, da in der Realität die Führerherrschaft Stalins in der straffen Einparteiorganisation vollständig gesichert ist.

Gleichzeitig stürmischer „sozialistischer Aufbau", der immer stärker auf die Rüstung bezogen wird.

1937 Die **„Säuberungen"** ergreifen die **Armee.** Marschall Tuchatschewskij und andere höchste Führer der Roten Armee durch ein Sondergericht zum Tode verurteilt und am 12. Juni hingerichtet.

1938 Juli **Zuspitzung der Spannung mit Japan** bis zu Kriegshandlungen. Beilegung durch Waffenstillstand am 12. Aug.

Sept. In der **Sudetenkrise** nimmt die Sowjetunion eine scharfe Haltung gegenüber der Politik Hitlers ein, wird aber durch das französisch-englische Einschwenken auf die Linie Hitlers am Eingreifen gehindert.

1939
3. Mai *Maxim Litwinow,* Volkskommissar für die auswärtigen Angelegenheiten, *durch Molotow ersetzt* (vgl. S. 484).

Im **Sommer 1939** scheitern die Verhandlungen mit England, die Sowjetunion schaltet mit Rücksicht auf die in Aussicht stehenden Beutegewinne im kommenden Krieg vorübergehend auf die deutsche Seite um. (Forts. S. 524, 561.)

m) Großbritannien (Forts. v. S. 412)

Über Englands Teilnahme am Weltkrieg vgl. S. 456.

Großbritannien, das aufgrund seiner Inseltradition besonders unzulänglich auf einen großen Krieg vorbereitet ist, soweit es sich nicht um den Seekrieg handelt, macht einen erheblichen innerpolitischen Wandlungsprozeß durch.

1914
5. Aug. *Lord Kitchener* Kriegsminister. Er beginnt sogleich mit der Neuaufstellung eines großen Landheeres.

1915 Das liberale Ministerium *Asquith* wird zum Koalitionskabinett umgebildet (25. Mai).

3. Juni **Konferenz der Alliierten in Paris** beschließt gemeinsame wirtschaftliche Maßnahmen.

1916 1. Gesetz über die **Einführung der allgemeinen Wehrpflicht** angenommen (6. Jan.).

24. April **Osteraufstand in Irland** mit dem Ziel, statt Home Rule eine unabhängige Republik Irland zu schaffen. Schnelle Unterdrückung des Aufstands; die Führer werden erschossen.

Dez. **Lloyd George** bildet sein Kriegskabinett mit *Balfour* als Außenminister. Lloyd George bleibt bestimmend bis Kriegsende im Sinne einer
scharfen Konzentration aller Kräfte auf die Kriegführung.
Trotz des Sieges im Weltkrieg ist England nach 1919 in wirtschaftlich
schwieriger Lage (Verschuldung, gesteigerte Konkurrenz im Welthandel) und wird neben den Belastungen der europäischen Politik
(Gegensatz zur französischen Politik, später deutsche und italienische
Expansion) zunehmend durch die Probleme der Dominions und
Kolonien in Anspruch genommen.

1919–1922 Koalitionsregierung *Lloyd Georges.*
Die im Weltkrieg zurückgestellten sozialen Fragen treten jetzt in den
Vordergrund. Streitpunkte: Verkürzung der Arbeitszeit, Löhne,
Nationalisierung.

1922 Das Bündnis mit Japan wird mit Rücksicht auf die Dominions nicht
erneuert.

28. Febr. Großbritannien gibt sein Protektorat über **Ägypten** auf.

15. Nov. Nach Zerfall der Koalition Lloyd Georges **Wahlen.** Sieg der Konservativen, Zerfall der Liberalen, Aufstieg der Labour Party zur starken
Oppositionspartei sprengt das alte liberal-konservative Zweiparteiensystem.

1923 **Empirekonferenz** erkennt das Recht der Dominions an, Verträge mit
Okt.–Nov. fremden Mächten zu schließen.

1924 **Erstes Labourkabinett** unter Ramsay Macdonald (Jan.–Nov.).

8. Aug. Handelsvertrag mit der Sowjetunion, nachdem am 1. Febr. die Anerkennung erfolgt ist (S. 507).

29. Okt. Wahlen bringen hohen **Sieg für die Konservativen.** Zweites Kabinett
Baldwin (bis Juni 1929). Die Politik gegenüber Sowjetrußland sofort
wieder verschärft. Die Verträge mit der Sowjetunion rückgängig gemacht.

1925 Sept. Stabilisierung des Pfunds Sterling. Wiedereinführung der Goldwährung.

1926 Streik der Kohlenarbeiter, zeitweise unterstützt durch Generalstreik.
Mai–Nov. Die Gewerkschaften haben sich seit Kriegsende stark entwickelt. Der
Streik endet mit der Niederlage der Arbeiter.

5. Juni **Mossulvertrag:** Türkei tritt Mossul an das britische Mandat Irak ab.

1926 **Empirekonferenz.** Die „**Balfourformel**" definiert den Dominionsta-
19. Okt. – tus. Gleichberechtigung in der freien Vereinigung des British Empire.

18. Nov. Die Dominions sind „vereinigt durch eine gemeinsame Treuepflicht
gegenüber der Krone und frei verbunden als Glieder des British
Commonwealth of Nations".

1927 **Gewerkschaftsgesetz** schränkt die Bewegungsfreiheit der Gewerkschaften ein (28. Juni).

1928. Dez. Vertrag mit *China.* Anerkennung der Nanking-Regierung.

1929 Mai **Wahlsieg der Labour Party.** Daher am 5. Juni Bildung des *zweiten
Kabinetts Macdonald* (bis Aug. 1931). Außenminister *Henderson.*

1. Okt. Wiederaufnahme der 1927 abgebrochenen diplomatischen Beziehungen zur *Sowjetunion.*

1930 Zweiter Satyagraha-Feldzug in **Indien.** Zur Freiheitsbewegung vgl. S. 748.

1931 Infolge der **Wirtschaftskrise** neue Regierung aus einer Koalition aller drei Parteien unter Macdonald (25. Aug. – 27. Okt.).

21. Sept. **England geht vom Goldstandard ab** (S. 479). Pfundsturz.

Okt. Nach den Wahlen *nationales Koalitionskabinett unter Macdonald* (bis Juni 1935).

11. Dez. **Statut von Westminster** setzt den Dominionstatus gemäß der Balfourformel der Empirekonferenz von 1926 fest.

1932 **Empirekonferenz in Ottawa** (Juli–Aug.). Ausarbeitung eines Systems gegenseitiger Vorzugszölle.

1935 Erlaß eines Rüstungsmanifests. Umfangreiches Wehrprogramm im
4. März Hinblick auf die deutsche Aufrüstung gefordert.

7. Juni Bildung der konservativen Regierung *Baldwin.*

18. Juni **Deutsch-englisches Flottenabkommen** (S. 481).
Zur Abessinienkrise im Herbst 1935 s. S. 720.

1936 **Tod Georgs V.** am 20. Jan.; Nachfolger wird **Eduard VIII.**

16. Aug. Bündnisvertrag zwischen *Ägypten* und England, das Ägypten militärisch weitgehend freigibt.

10. Dez. **Abdankung König Eduards VIII.** Baldwin hatte bewußt zum Bruch mit dem traditionsabgeneigten König getrieben. **Georg VI.,** Bruder Eduards, wird König.

1937 Englisch-italienisches Abkommen über Erhaltung des Status quo im
2. Jan. Mittelmeer: „Gentlemen's Agreement".

28. Mai Rücktritt Baldwins. **Neville Chamberlain wird Premierminister.** Er wird der Vertreter einer Friedens- und Ausgleichspolitik mit Deutschland und Italien (policy of appeasement).

1938 Rücktritt *Edens* als Außenminister, da er die Ausgleichspolitik ge-
21. Febr. genüber Italien ablehnt. Nachfolger *Lord Halifax.* – Zum Abkommen mit Italien s. S. 482.
Zur Sudetenkrise s. S. 482 f.

1939 Zur außenpolitischen Entwicklung s. S. 483 ff.

26. Mai Gesetz über die allgemeine Wehrpflicht; England zum Kriegsausbruch s. S. 484, 519. (Forts. S. 562.)

n) Irland

1921 Am 6. Dez. **Dominionstatus für Irland** (außer Ulster).

1932 März Nach Wahlsieg der Republikaner wird **de Valera Ministerpräsident.** Programm der Lösung vom Empire, der Einführung hoher Schutzzölle und der Einigung Süd- und Nordirlands.

1936 Febr. *Englisch-irischer Handelspakt* beendet den jahrelangen Zollkrieg.

1937 Eine neue Verfassung tritt in Kraft. Danach führt der bisherige „Iri-
29. Dez. sche Freistaat" den Namen Irland (Eire) und wird zum souveränen Staat erklärt.

1938 Febr. Die Wahlen in Nordirland bringen Sieg der Unionisten.

25. April   *Vertrag mit England* regelt die finanziellen und wirtschaftlichen Fragen und leitet freundschaftliche Beziehungen ein.
17. Juni   Wahlen bringen Sieg **de Valeras,** der im neuen System wieder **Ministerpräsident** wird. Trotz des Ausgleichs mit England betreibt er die
Vereinigung mit Ulster und strebt Neutralität Irlands im kommenden
Krieg an. (Forts. S. 563.)

o) Frankreich (Forts. v. S. 410)

1914–1917   Wechselnde französische Regierungen, deren jeweilige Dauer wesentlich von den innenpolitischen Spannungen aufgrund der Kriegs-
belastung bestimmt ist.
1917   Bildung des Kabinetts **Clemenceau** (der „Tiger"), der selbst Kriegs-
16. Nov.   minister wird. („Ich führe Krieg bis zur letzten Viertelstunde – und
sie wird uns gehören.")
Frankreich ist der eigentliche Sieger im 1. Weltkrieg; Europa wird
in das französisch bestimmte System des Völkerbunds gebracht, der
das Erreichte sichern soll.
1919   Wahlsieg des **„Nationalen Blocks"** *(Clemenceau, Poincaré)* gegen das
16. Nov.   **Linkskartell** unter *Herriot.*
1922 Jan.   **Kabinett Poincaré** (bis Juni 1924). Scharfer Kurs gegen Deutschland
(Ruhrbesetzung S. 476).
1924 Mai   Bei den **Parlamentswahlen** Sieg des Kartells der Linken.
Juni   **Herriot** (Radikalsozialist) Ministerpräsident bis April 1925.
28. Okt.   Anerkennung der Sowjetunion.
1925 April   Beginn des Aufstands *Abd al-Karīms in Marokko.*
Juli   Aufstand der Drusen im *Libanon;* niedergeworfen Juni 1926.
26. Juli   Abkommen mit Spanien zum gemeinsamen Vorgehen in Marokko. –
Zu Locarno s. S. 478.
Nov.   Kabinett **Briand** (bis Juli 1926).
1926   Ende des Kriegs in Marokko. Abd al-Karīm liefert sich den Franzosen
aus und wird verbannt.
Juli   Nach Briand und Herriot **Poincaré wieder Ministerpräsident,** zugleich
Finanzminister; es gelingt ihm, das Budget auszugleichen.
1928   Strenges Vorgehen gegen die elsaß-lothringischen Autonomisten.
April   Wahlen mit hohem Sieg für die Regierung Poincaré.
Juni   Abwertung des Franc.
1929 Juli   **Rücktritt Poincarés.** In der Folge kurzfristige Kabinette, u. a. *Briand*
und *Tardieu.*
1931   Frankreich von der Wirtschaftskrise erfaßt.
1932   **Parlamentswahlen.** Sieg der Linksparteien. Darauf am 4. Juni Regie-
8. Mai   rung Herriot, häufiger Regierungswechsel.
1934   Großer Finanzskandal. Unruhen in Paris, die auf die Provinz über-
Jan.–Febr.   greifen. Kriegsminister *Daladier* bildet neue Regierung. Gegen ihn
Aufstand in Paris (Kommunisten), der blutig niedergeschlagen wird.
Daladier tritt zurück. Straßenkämpfe, Generalstreik in Paris.

9.Febr. **Doumergue** bildet Kabinett der *„Nationalen Einigung"*. Damit Bürgerkriegsgefahr beseitigt.

8. Nov. **Rücktritt Doumergues.** Am 9. Nov. neues Kabinett *Flandin* („Regierung des Burgfriedens").

3. Dez. Erste französische **Kolonialkonferenz.** Programm: das „Größere Frankreich" mit 100 Mill. Einwohnern.

1935 Jan. Italienisch-französisches Abkommen (S. 480).
Einführung der zweijährigen Dienstpflicht.

2. Mai Sowjetisch-französischer Beistandspakt (S. 481). Seitdem Unterstützung des Wehrprogramms durch die Kommunisten. Im Jahr 1935 erhebliches *Anwachsen des Kommunismus* in Frankreich.

3. Nov. Vereinigung sozialistischer Gruppen zu einer Sozialistisch-Republikanischen Union. Diese bildet mit den Kommunisten und den Radikalsozialisten die sog. **„Volksfront".** Diese starke Konzentration von links gewinnt schnell Einfluß auf die französische Innen- und Außen-

1936 politik.

3. Mai Sieg der Volksfront bei den Parlamentswahlen.

5. Juni Daher erstes **Volksfrontkabinett unter Léon Blum** aus Sozialisten und Radikalsozialisten (Unterstützung der Kommunisten. Vgl. die „demokratische" Linie Moskaus 1936, S. 508).
Inoffizielle militärische Unterstützung der Volksfrontregierung in Spanien gegen Franco s. S. 516. Der Regierungswechsel von großer Streikbewegung begleitet. Sofort sozialpolitische Gesetzgebung: 40-Stunden-Woche, Nationalisierung der Bank von Frankreich und der Munitionsindustrie, Auflösung der nationalen Wehrverbände. Folge: Neue Finanzkrise und Geldentwertung. Widerstand der kapitalisti-

1938 schen Wirtschaft.

10. April **Regierung Daladier** (Radikalsozialist).

4. Okt. **Bruch Daladiers mit der Volksfront,** da Sozialisten und Kommunisten das Münchner Abkommen (S. 482) ablehnen.

5. Okt. Daladier setzt Ermächtigungsgesetz zur Wiederherstellung der wirtschaftlichen Kraft des Staates nach dem Volksfrontregime durch.

1939 Kriegsausbruch s. S. 484f., 518f., 521. (Forts. S. 563.)

p) Beneluxstaaten (Forts. v. S. 413)

Belgien, die Niederlande und Luxemburg beginnen schon zwischen den Weltkriegen, ihre **Wirtschaftspolitik** aufeinander abzustimmen. 1921 Zoll- und Handelsunion zwischen Belgien und Luxemburg. 19. Juli 1932 Konvention über den **Abbau der Zollschranken** zwischen den drei Staaten. Die Staaten versuchen vor dem 2. Weltkrieg, neutral zu bleiben.
Belgien: Die Führung der Regierung wechselt zwischen Sozialisten und Katholiken. Die Innenpolitik ist durch die **flämische Frage** belastet. 1. Jan. 1922 Gleichberechtigung der flämischen mit der französischen Sprache.
Niederlande: Es gelingt der Regierung *Colijn* (1933–1939), die Wirt-

schaftskrise ohne Guldenentwertung zu meistern. Bekämpfung der wachsenden nationalsozialistischen Bewegung. 1936 Aufrüstung in Ostindien (vom Kommunismus und von Japan bedroht).
Luxemburg: 1925 Abzug der französischen Militärbesatzung. (Forts. S. 521 f., 564.)

q) Schweiz (Forts. v. S. 383)

Die Politik der Schweiz ist im Weltkrieg und danach von der Neutralität bestimmt, die von der Friedenskonferenz anerkannt wird.

1919 April   *Genf* wird zum *Sitz des Völkerbunds* bestimmt.

1920   Beitritt zum Völkerbund, nachdem die Schweiz die Zusage erhalten
8. März   hat, daß sie nicht an militärischen Sanktionen teilzunehmen braucht.

1932–1933 Infolge der Wirtschaftskrise Einschränkungen, Steuererhöhungen und Kürzung der Gehälter. Gelegentliche Unruhen. Politisches Uniformverbot.

1934 Die Schweiz wendet sich gegen die Aufnahme der Sowjetunion in den Völkerbund. Die Sowjetunion ist von der Schweiz nicht anerkannt worden.

1936 Abwertung des Franken im Anschluß an die französischen Wäh-
Sept. rungsmaßnahmen wirkt sich wirtschaftlich günstig aus.

1937 Dez. Das *Rätoromanische* als vierte Nationalsprache anerkannt. (Forts. S. 564.)

r) Italien (Forts. v. S. 395)

Über die doppelte und gegensätzliche vertragliche Bindung Italiens durch den Dreibund einerseits, den italienisch-französischen Geheimvertrag von 1902 andererseits s. S. 395.

Nach Kriegsausbruch geht es in Italien um die *politische Willensentscheidung zwischen Neutralität und „Intervento"* auf der Seite der Entente. Italien wegen seiner Kohlenzufuhr und offenen Häfen völlig

1914 von England abhängig.
3. Aug. **Italien erklärt seine Neutralität.** Die Bündnispflicht aus dem Dreibund wird nicht anerkannt.

1915 **Geheimvertrag von London zwischen England, Frankreich, Rußland**
26. April **und Italien.** Dieses verpflichtet sich zum Kriegseintritt. Dafür wird ihm die Erfüllung seiner Territorialforderungen und Erweiterung seines Kolonialbesitzes garantiert.

23. Mai **Kriegserklärung Italiens an Österreich-Ungarn.** Zum Kriegsausgang und zur Friedenskonferenz s. S. 472, 474.

Italien ist durch die Friedenskonferenz nur unvollkommen in seinem imperialistischen Ausbreitungsstreben befriedigt worden. Parole vom **„verlorenen Frieden".** Innenpolitisch schnelles Anwachsen radikaler Bewegungen von links und rechts. Aus der „Krise der Demokratie" und dem verletzten italienischen Nationalismus wächst der **Faschismus.**

1919 Jan. Bildung der **„Volkspartei"** mit katholischer Richtung, die sich neben Sozialisten und Liberalen schnell durchsetzt.

März	Bildung der ersten **Kampfverbände Mussolinis,** der sich zu Beginn des Weltkriegs von den Sozialisten getrennt und für den Kriegseintritt Italiens agitiert hatte.
1919–1921 **1922** 28. Okt.	Trotz geringer Erfolge bei den Parlamentswahlen wachsender Einfluß der Faschisten Mussolinis. Sie bekämpfen die Kommunisten mit offener Gewalt. Starke Unruhen im Land. **„Marsch auf Rom".** Schneller Sieg der faschistischen Aktion. Rücktritt der Regierung *Facta.* Der König beruft *Mussolini.* 31. Okt. Kabinettsbildung (Faschisten und
25. Nov. 1923 Juli	Nationalisten). Mussolini erhält Ermächtigung zur Wiederherstellung der Ordnung und Durchführung eines Reformprogramms mit diktatorischer Gewalt. Befristet bis 31. Dez. 1923. Die Eroberung des Staates durch den *Faschismus* beginnt, ohne daß die Verfassung formell beseitigt wird. Beginn der rücksichtslosen Unterdrückung der deutschen *Südtiroler.*
14. Nov. 1924	Neues **Wahlgesetz.** Die stärkste Partei mit mindestens ¹/₄ aller Stimmen soll ²/₃ aller Sitze erhalten.
6. April	Erste Wahlen mit faschistischen Methoden ergeben 65% faschistische Stimmen.
15. Juni 1926	Die Mehrheit des nichtfaschistischen Drittels der Kammer tritt aus. Englisch-italienisches Abkommen über *Abessinien,* das in wirtschaftliche Interessensphären aufgeteilt wird.
31. Jan.	Gesetz über die Befugnis der Regierung, Normen mit Gesetzeskraft zu erlassen.
3. April	Gesetz über kollektive Arbeitsbeziehungen. Die Partei beherrscht das Berufsleben, Einführung des Führerprinzips.
7. Aug.	Freundschaftsvertrag mit *Spanien.* Über den Vertrag mit Albanien s. S. 505.
1929 11. Febr.	Aussöhnungs- und Friedensvertrag zwischen dem Heiligen Stuhl und der italienischen Regierung **(Lateranverträge).** Die „Vatikanische Stadt" wird als selbständiges, neutrales Gebiet unter der Souveränität des Papstes anerkannt. Gleichzeitig Konkordat. Trotzdem bleiben die Konflikte zwischen der katholischen Kirche und dem Faschismus, insbesondere in der Frage der Jugenderziehung.
24. März	Kammerwahlen (Abstimmung über die Parteiliste) ergeben die für totalitäre Systeme übliche Siegesziffer von annähernd 100%.
1931	Bekämpfung der Wirtschaftskrise durch gelenkte Produktionssteigerung und Produktionskostensenkung, Ausbau und Intensivierung in der Landwirtschaft, Zollerhöhungen.
1933	Freundschaftsvertrag mit der *Sowjetunion* (S. 480).
1934	**1. Treffen Mussolinis und Hitlers in Venedig** (14./15. Juni). Nach dem gescheiterten nationalsozialistischen Putsch in Wien im Juli (S. 497) tritt der deutsch-italienische Gegensatz klar zutage.
1935	Am 3. Okt. Beginn des **italienischen Einfalls in Abessinien.** Abessinienkrieg vgl. S. 720.
1936 9. Mai	Italien erklärt die *Annexion* Abessiniens. Folge des Abessinienkriegs: *Begründung der Freundschaft zwischen Deutschland und Italien.* Zur „Achse" vgl. S. 481.)

Juli	Im **Spanischen Bürgerkrieg** von vornherein erheblicher Einsatz italienischer Freiwilliger (schließlich 50 000–75 000).
5. Okt.	Abwertung der Lira als Folge der Haushaltsbelastung durch den Abessinien- und den Spanienkrieg.
1937	Abkommen mit England (S. 510).
11. Dez.	Italien tritt aus dem Völkerbund aus.
1938	Zum Anschluß Österreichs und in der Sudetenkrise nimmt Mussolini Stellung im Sinne der Politik der „Achse", wenngleich er am Ausgleich mit Erfolg interessiert ist (München).
1939	Zum Kriegseintritt s. S. 521, 564. (Forts. S. 564.)

s) Der Vatikan (Forts. v. S. 396)

1914–1922	Papst *Benedikt XV.* (Giacomo della Chiesa) treibt aktive Friedenspolitik (s. S. 465).
1922–1939	Papst *Pius XI.* (Achille Ratti). Sein Pontifikat erfüllt vom Kampf gegen die vielfachen antikirchlichen politischen Bewegungen, vor allem gegen den Kommunismus, später gegen den Faschismus (trotz der Lateranverträge) und den Nationalsozialismus (trotz des Konkordats).
1931 15. Mai	Enzyklika „Quadragesimo anno" setzt die Enzyklika „Rerum novarum" Leos XIII. von 1891 fort. Entschiedene Stellung zur sozialen Frage.
1939	Am 2. März *Pius XII.* (Eugenio Pacelli; 1920–1929 erster Nuntius in Berlin) gewählt. (Forts. S. 565.)

t) Spanien (Forts. v. S. 413)

Trotz der Neutralität im Weltkrieg tritt Spanien voll innerer Spannungen in die Nachkriegszeit ein. Zwischen einer noch stark feudal bestimmten Oberschicht (Großgrundbesitz, Stütze durch Kirche und Armee) und einer sich radikalisierenden Arbeiterschaft (besonders im Industriegebiet *Kataloniens*) kann eine breitere, staatstragende Schicht im demokratischen Sinne nicht entstehen. Belastend bleiben ferner die katalanische Autonomiebewegung und die marokkanischen Aufstände.

1923 13. Sept.	**Militärputsch** des Generals *M. Primo de Rivera y Oraneja.* Aufhebung der demokratischen Verfassung.
18. Dez.	**Tangerkonvention** setzt Neutralisierung der Tanger-Zone fest.
1931	Rückkehr zur Demokratie; **König Alfons XIII.** verläßt das Land (14. April). Der Gegensatz zwischen den sozialen Gruppen wird durch die Spannungen zwischen Katalonien und dem übrigen Spanien verschärft. Arbeiteraufstände, Generalstreiks.
1936 18. Juni	**Beginn des Bürgerkriegs.** Militärrevolte in Spanisch-Marokko unter **General Franco,** die schnell auf Spanien übergreift. Am 30. Juli Bildung einer nationalen Gegenregierung in *Burgos.* Am 4. Sept. Bildung einer Volksfrontregierung in Madrid unter *Caballero.* Erbitterte

und langwierige Kriegführung. Ausländische Hilfe: Italien und Deutschland für Franco, Frankreich und die Sowjetunion für die Madrider Regierung. Zur internationalen Politik um den Spanischen Bürgerkrieg s. S. 481.

30. Sept. **General Franco zum Chef der nationalspanischen Regierung und des Spanischen Staates erklärt.**

8. Nov. Deutschland und Italien erkennen die Regierung Franco an.

1939 Anerkennung Francos durch England und Frankreich (27. Febr.).

28. März Einzug der nationalspanischen Truppen in Madrid. Der *Bürgerkrieg beendet.* Am 1. April Anerkennung Francos durch die USA.

Trotz der durch den Bürgerkrieg geschaffenen engen Bindung Franco-Spaniens an die „Achse Berlin–Rom" (Beitritt zum Antikominternpakt am 27. März 1939) bleibt Spanien bei Ausbruch des Krieges neutral und hält die Neutralität im 2. Weltkrieg durch. (Forts. S. 565.)

u) Portugal (Forts. v. S. 413)

Portugal, seit 1916 am 1. Weltkrieg gegen Deutschland beteiligt, be-
1926 findet sich wie Spanien in dauernder innerpolitischer Krise.

28. Mai Militärputsch durch General *Gomes da Costa.* Auflösung des Parlaments und Aufhebung der Verfassung.

1928 General *Carmona* am 25. März zum Präsidenten gewählt.

In der neuen Regierung ist **António de Oliveira Salazar** Finanzminister, der am 5. Juli 1932 selbst die Regierung bildet.

1934 Dez. Wahlen im faschistischen Stil mit 80% Mehrheit für die Regierung.

1936–1938 Im Spanischen Bürgerkrieg ist Portugal offiziell neutral, spielt aber eine entscheidende Rolle für den Durchlaß von Zufuhr für Franco.

1939 Freundschafts- und Nichtangriffspakt mit Spanien (17. März).

Mai Erneuerung des Bündnisses mit England.

Aus dieser Doppelstellung ergibt sich die portugiesische Neutralität bei Kriegsausbruch. (Forts. S. 566.)

C. Allgemeine Geschichte 1939–1945

Der Zweite Weltkrieg

1. Die Vorgeschichte des Krieges

Die nach dem Ersten Weltkrieg fortdauernden, nur vorübergehend zurückgetretenen innereuropäischen Spannungen sind seit dem Machtantritt Hitlers 1933 wieder akut geworden. Deutschland scheint zunächst, wie 1919, politisch isoliert. Die Kluft zwischen dem nationalsozialistischen Deutschland und dem übrigen Europa wird durch Hitlers Kirchenpolitik und die Maßnahmen gegen die Juden noch vergrößert. Jedoch entschließt sich keine der Mächte, die Beziehungen abzubrechen. Seit Beginn des Abessinienkrieges (Okt. 1935) bahnen sich engere Beziehungen zum faschistischen Italien Mussolinis an (1936 „Achse Berlin–Rom"). Das von Hitler angestrebte Einvernehmen mit Großbritannien (1935 Flottenabkommen) wird durch seine expansiv-aggressive Zielsetzung in Europa verhindert. Im Jahr 1937 bereitet sich eine neue Etappe dieser Politik vor. In einer Besprechung mit dem Reichsaußenminister und den Spitzen der Wehrmacht am 5. Nov. 1937 („Hoßbach-Niederschrift") äußert sich Hitler, daß nur der Weg der Gewalt bleibe, da auf friedlichem Wege die Frage des Lebensraumes für das deutsche Volk nicht zu lösen sei. Diesen und ähnlichen Äußerungen, aus denen die Absicht erkennbar ist, in Kürze einen Krieg zu riskieren, stehen allerdings andere Äußerungen sowie Maßnahmen auf den Gebieten der Wirtschaft, der Finanzen und auch Befehle an die Wehrmacht gegenüber, nach denen Hitler zunächst noch mit einer Fortsetzung der Expansion ohne Krieg rechnet. Aus der von Hitler mit Erfolg angewandten Taktik, sich bis zuletzt die Entscheidungsfreiheit vorzubehalten und den Gegner durch einen unerwarteten „Coup" zu überraschen, ist zu schließen, daß er Außenpolitik, Wirtschaft und Wehrmacht auf einen baldigen Krieg ausgerichtet wissen wollte, sich aber den endgültigen Entschluß noch vorbehielt, um die sich bietenden Gelegenheiten „so oder so" zu nutzen.

Mit dieser Politik gelingt es Hitler, im März 1938 den Anschluß Österreichs herbeizuführen und im Sept. 1938 auch noch die sudetendeutschen Gebiete an das Reich anzugliedern, was jedoch erst nach einer schweren europäischen Krise von den Westmächten im Münchener Abkommen (29. Sept. 1938) zugestanden wird. Das damit noch einmal erreichte Einvernehmen mit den Westmächten (Chamberlain: „Peace for our time") geht jedoch rasch verloren. Die Ausschreitungen gegen die Juden in der „Reichskristallnacht" (9. Nov. 1938) und die einen Bruch des Münchener Abkommens bedeutende Zerschlagung der Tschechoslowakei (15. März 1939) erschüttern das internationale Vertrauen vollends. Großbritannien belädt sich überstürzt mit Beistandsversprechen an Polen (31. März 1939), Griechenland, Rumänien und die Türkei.

Die Westmächte bemühen sich angesichts der Verschärfung der Lage seit Frühjahr 1939 um die Einbeziehung der UdSSR in ein gegen jede weitere Aggression Hitlers gerichtetes europäisches Sicherheitssystem. Sie können aber infolge ihrer Bindungen an Polen nicht den von Stalin geforderten Preis zahlen: die Überantwortung des 1919 geschaffenen „Cordon sanitaire" an die UdSSR. Dazu ist jedoch Hitler bereit, der im April die Vorbereitung eines Angriffs auf Polen für den Herbst 1939 befohlen hatte, nachdem sich dieses seinen Forderungen gegenüber (Anschluß Danzigs, exterritoriale Bahn und Straße durch den Korridor) ablehnend verhalten hatte.

Hitler rechnet damit, daß die fortschreitende Aufrüstung der anderen Mächte es ihm in wenigen Jahren nicht nur unmöglich machen werde, durch militärischen Druck etwas zu erreichen, sondern diesen die Möglichkeit gebe, ihrerseits die „Achsenmächte" unter Druck zu setzen. So entschließt er sich zum Handeln.

Am 23. Aug. wird die Welt durch den in Moskau abgeschlossenen Nichtangriffspakt zwischen Deutschland und der UdSSR überrascht. Gleichzeitig setzt Hitler den Angriffsbeginn gegen Polen auf den 26. Aug. fest, schiebt ihn jedoch hinaus, als am 25. bekannt wird, daß Großbritannien und Polen einen Beistandsvertrag abgeschlossen haben und daß Italien neutral bleiben werde.

In den folgenden Tagen bemüht sich Hitler, Großbritannien durch Verhandlungen aus dem Konflikt mit Polen herauszuhalten. Den britischen Vorschlag, direkte Verhandlungen zwischen Deutschland und Polen einzuleiten, nimmt Hitler zwar an, verlangt aber ultimativ das Eintreffen eines polnischen Unterhändlers bis zum 30. Aug. Dieser trifft nicht ein. Vielmehr erklärt Polen am 30. Aug. nachmittags die Mobilmachung. Am 31. nachmittags meldet der polnische Botschafter Lipski, er sei mit der Aufnahme der Verhandlungen beauftragt, doch geht aus einer entzifferten Weisung hervor, daß Lipski passiv bleiben soll. Kurz zuvor (12.40 Uhr) hat Hitler den Befehl zum Angriff für den 1. Sept. 4.45 Uhr gegeben.

Ein Versuch Mussolinis, noch in letzter Stunde zu vermitteln, scheitert ebenso wie die Verhandlungen, die Göring durch den schwedischen Industriellen Dahlerus in England führen läßt. Großbritannien und Frankreich stellen am 3. Sept. ultimativ die Forderung, daß die deutschen Truppen hinter die Reichsgrenze zurückgezogen werden, und erklären nach Ablauf der gestellten Frist den Krieg – entgegen Hitlers Erwartung, aber in der unausweichlichen Konsequenz der von ihnen eingegangenen Verpflichtungen.

Damit entbrennt an der deutschen Ost- und Westgrenze der Zweite Weltkrieg, der fünfeinhalb Jahre dauert, zur Vernichtung des Deutschen Reiches führt, die ganze Welt in Mitleidenschaft zieht und bis heute nicht in einem Friedensvertrag einen klaren Abschluß gefunden hat.

Eine mit der Diskussion über die Kriegsschuldfrage 1914 vergleichbare wissenschaftliche und publizistische Kontroverse gibt es über die Kriegsverantwortung von 1939 nicht. Es unterliegt keinem Zweifel, daß Hitler die Hauptverantwortung dafür trägt.

2. Die militärischen Ereignisse

Die Zeit der deutschen Erfolge (1939–1941)

a) Der Polenfeldzug

Der aufgrund der Weisung Hitlers vom 3. April 1939 („Fall Weiß") vorbereitete deutsche Aufmarsch gegen Polen sieht die Versammlung der Masse des aktiven deutschen Heeres – unter weitgehender Entblö-

ßung der Westgrenze – an der deutschen Ostgrenze vor. Es ist vorgesehen, in raschem Vorstoß den westlich der Weichsel befindlichen polnischen Armeen den Rückzug nach O abzuschneiden. Eine längere Dauer des Polenfeldzugs brächte die Gefahr eines Eingreifens des französischen Heeres im W mit sich.

1939 **1. Sept.** 4.45 Uhr **Beginn des Angriffs.**
Hitler bemüht sich, die *Kriegsstimmung* durch eine Reichstagsrede am 1. Sept., durch einen gestellten Überfall auf den Sender *Gleiwitz* (31. Aug.) sowie durch übertreibende Mitteilungen über Greueltaten gegen Volksdeutsche im Korridor zu entfachen. Das Gebiet der Freien Stadt Danzig wird in das Deutsche Reich eingegliedert. **Italien** erklärt sich für „nichtkriegführend".

3. Sept. Ablehnung der von Frankreich und England gestellten Forderung, die deutschen Truppen auf das Reichsgebiet zurückzuziehen. *Um 11 Uhr läuft das englische, um 17 Uhr das französische Ultimatum ab, womit der Kriegszustand auch im Westen eingetreten ist.* Die Alliierten nützen die anfangs bestehende deutsche Schwäche im W nicht aus und unterlassen die für den 15. Kriegstag Polen zugesagte Entlastungsoffensive, so daß sich der Westkrieg zunächst in Erkundungsunternehmen auf der Erde und in der Luft erschöpft.

12.–18. Sept. *Schlacht an der Bzura*, Einschließung von **Warschau.**

17. Sept. **Beginn des sowjetischen Einmarsches in Ostpolen,** für den gemäß dem Abkommen vom 23. Aug. (S. 547) von den Deutschen ein Teil des bereits eroberten Raumes wieder geräumt wird.

27. Sept. **Kapitulation von Warschau.**

6. Okt. **Ende der Kampfhandlungen in Polen.** *Deutsche Verluste:* 10 572 Tote. *Polnische Kriegsgefangene* in deutscher Hand 694 000 Mann; in sowjetischer Hand 217 000 (vgl. S. 556).

28. Sept. Ergänzung des Vertrags vom 23. Aug. durch einen deutsch-sowjetischen Grenz- und Freundschaftsvertrag, der das *Gebiet zwischen Weichsel und Bug* sowie den *Zipfel von Suwałki* nunmehr Deutschland, *Litauen* der UdSSR als Interessengebiet zuspricht.
Dem Reich werden eingegliedert: außer *Danzig* die 1919 durch den Vertrag von Versailles an *Polen abgetretenen Gebiete,* das *Gebiet um Lodz* (Litzmannstadt), das nach O vergrößerte *Ostoberschlesien* und der *Bezirk von Ciechanów.* Das *übrige Polen* wird einem *Generalgouverneur (H. Frank)* mit Amtssitz *Krakau* unterstellt. Brutale deutsche Besatzungspolitik in Polen (Ausrottung der polnischen Intelligenzschicht). (Forts. S. 534.)

6. Okt. **Rede Hitlers** im Reichstag mit Friedensappell an die Westmächte auf der Basis des neuen Status quo, am 12. Okt. von *Chamberlain* ablehnend beantwortet.

b) Der finnisch-sowjetische Winterkrieg

In dem Bestreben, möglichst bald die ihr von Deutschland im geheimen Zusatzprotokoll zum Grenz- und Freundschaftsvertrag vom 28. Sept.

1939 zugestandene Interessensphäre in die Hand zu bekommen, leitet die Sowjetunion unmittelbar nach der Besetzung Polens die Gewinnung der baltischen Staaten und Finnlands ein. Politischer und militärischer Druck überwindet den Widerstand der Regierungen Estlands, Lettlands und Litauens, die der Roten Armee Stützpunkte auf ihren Territorien einräumen. Die sowjetischen Methoden versagen gegenüber Finnland.

1939 Daraufhin am 30. Nov. **Beginn des sowjetischen Angriffs.**
14. Dez. Der *Völkerbund* erklärt, die UdSSR habe sich außerhalb des Völkerbundpaktes gestellt. Trotz der sowjetischen Überlegenheit können sich die finnischen Kräfte bis März halten; ein mögliches Eingreifen der Westmächte veranlaßt Stalin zum Abbruch des Krieges.

1940 **Finnisch-sowjetischer Friedensvertrag** in Moskau: *Abtretung der*
12. März *Karelischen Landenge mit Viborg und Teilen von Ostkarelien, Verpachtung von Hangö.* (Forts. S. 525, 535.)

c) Die Besetzung Dänemarks und Norwegens

Auf die Gefahr, daß die Alliierten sich in Skandinavien festsetzen, dadurch die Oberhand in der Ostsee erlangen und Deutschland vom Bezug des schwedischen Erzes abschneiden könnten, hatte die deutsche Seekriegsleitung bereits im Okt. 1939 hingewiesen. Gleichzeitig hatte eine Denkschrift Churchills vom 19. Sept. 1939 bei den Alliierten entsprechende Planungen ausgelöst.

1940 Hitler läßt daher den Plan für eine Landung in **Norwegen** und für
ab 27. Jan. die Besetzung **Dänemarks** ausarbeiten.
28. März Die Alliierten beschließen die *Verminung der norwegischen Küste* und die anschließende Besetzung der westnorwegischen Häfen.
9. April **Beginn der deutschen Operationen.**
Die Besetzung **Dänemarks** vollzieht sich fast kampflos, da sich die *dänische* Regierung aufgrund eines Ultimatums unter Protest mit der Besetzung abfindet.
In **Norwegen** kommt es dagegen zu heftigen Kämpfen; schnelle deutsche Landungen in den Häfen bis hinauf nach **Narvik.**
Die *norwegischen Landkräfte* und die ab 14. April *gelandeten alliierten Truppen* werden *geschlagen;* jene kapitulieren, diese schiffen sich wieder ein.
König Haakon VII. und sein Kabinett begeben sich nach London ins Exil. Hitler überträgt die Regierungsgewalt dem *Reichskommissar Terboven.*

Mit der Eroberung Dänemarks und Norwegens hat die deutsche See- und Luftkriegführung eine breitere Basis für Operationen in den Atlantik hinein gewonnen. Allerdings beeinträchtigen die starken Verluste der Kriegsmarine die späteren Planungen.

d) Der Westfeldzug und weitere Pläne im Westen

Angesichts der überraschenden deutschen Angriffserfolge in Polen faßt Hitler Mitte Sept. den Entschluß, noch vor Einbruch des Winters auch im W offensiv zu werden. Im Winter wird der Operationsplan grundlegend umgearbeitet. An die Stelle des allgemeinen Vordringens nach W tritt der „Sichelschnitt-Plan", der den Schwerpunkt in die Mitte der Angriffsfront verlegt, die über Sedan in schnellem Durchbruch zur Sommemündung vorgetrieben werden soll, so daß die französisch-britisch-belgische Nordgruppe eingekreist wird. Dieser Plan (Febr. 1940) ist eine Verknüpfung der strategischen Konzeption des Generals von Manstein mit intuitiven Überlegungen Hitlers. Doch der Erfolg dieses Planes wirkt sich verhängnisvoll auf die weitere deutsche Kriegführung aus: Hitler hat seine angebliche „militärische Unfehlbarkeit" unter Beweis gestellt. Im Vertrauen auf sein „Feldherrngenie" bleibt er in Zukunft allen militärischen Ratschlägen seiner Berater verschlossen.

1940
10. Mai 5.30 Uhr Beginn des deutschen Angriffs von der Nordsee bis zur luxemburgisch-französischen Grenze. Starke deutsche Luftüberlegenheit.

Luftlandungen in der „Festung Holland" ermöglichen einen schnellen Angriff auf **Rotterdam,** das am 14. Mai (nach Luftangriff trotz inzwischen eingeleiteter Kapitulationsverhandlungen) kapituliert. Da inzwischen auch die übrigen Befestigungslinien durchbrochen sind, *Einstellung des Kampfes am 14. Mai* (s. auch S. 564).

Einmarsch alliierter Kräfte von Frankreich aus nach Belgien. 17. Mai kampflose Besetzung von **Brüssel** durch deutsche Truppen. *Im Auftrag König Leopolds III. Unterzeichnung der Kapitulation am 28. Mai.* Der König begibt sich in deutsche Kriegsgefangenschaft (s. auch S. 564).

Nach Überwindung der Ardennen am 13. Mai deutscher Durchbruch bei Sedan in Richtung auf die Somme. Am 20. Mai ist die *Sommemündung* erreicht. Die Panzergruppe *von Kleist* dreht nach Norden ein. **Damit ist die französische Nordgruppe umfaßt. Die britische Armee geht ab 26. Mai auf einen Brückenkopf um Dünkirchen zurück** und rettet sich, da der Panzerangriff am 24. Mai von Hitler am La-Bassée-Kanal angehalten wird, über den Kanal (insgesamt 338 226 Briten und Franzosen), muß aber ihre Ausrüstung zurücklassen. Am *4. Juni Einnahme von Dünkirchen.* Insgesamt 1,2 Mill. Kriegsgefangene im W.

5. Juni *Beginn der 2. Phase des deutschen Angriffs durch Vorstoß gegen die Seine und die untere Marne,* ab 9. Juni auch nach SO, Richtung Schweizer Grenze, in den Rücken der Maginotlinie.

1940 **11. Juni** **Eintritt Italiens in den Krieg.**

14. Juni **Kampflose Besetzung von Paris.**

17. Juni Marschall **Pétain** bildet ein neues Kabinett und bittet am

18. Juni um *Waffenstillstand.* General **de Gaulle** verkündet von London aus

die *Fortsetzung des französischen Widerstandes.* 21. Juni Übergabe
der deutschen Bedingungen an General *Huntziger im Wald von Compiègne* an der Stätte und in dem Eisenbahnwagen des Waffenstillstands von 1918.

22. Juni **Abschluß des Waffenstillstands:** *Besetzung Nord- und Westfrank-
reichs,* so daß die *Atlantik- und Kanalküste* ganz in deutscher Hand
ist; dadurch ist ein Vorfeld für die Luftverteidigung der Heimat und
eine Luftabsprungbasis für den Kampf um England geschaffen. *Fortdauer einer französischen Regierung im unbesetzten Frankreich, keine
Auslieferung der Flotte.*
Nach Unterzeichnung eines *französisch-italienischen Waffenstillstands* tritt am 25. Juni *Waffenruhe* ein. *Deutsche Verluste:* 27074
Tote, 18384 Vermißte; insgesamt an der Westfront 1,9 Mill. *Kriegsgefangene.*
Die *Regierung Pétain* richtet sich in *Vichy* ein; *General de Gaulle* bildet in London ein *Nationalkomitee der Freien Franzosen,* das von
England anerkannt wird.

3. Juli   *Vernichtung des vor Oran liegenden französischen Geschwaders durch
die Briten* (S. 562), um zu verhindern, daß es in die Hände der Deutschen fällt und diesen ein Übergewicht im Mittelmeerraum verschafft.
Am 5. Juli *bricht die Regierung Pétain* wegen dieser Völkerrechtsver-
letzung die *diplomatischen Beziehungen zu England ab;* dagegen bleiben die *Vereinigten Staaten* auch noch nach Eintritt in den Krieg in
Vichy durch einen Botschafter vertreten. (Forts. S. 537.)
Hitler hofft, nach dem Zusammenbruch Frankreichs einen *Ausgleich
mit England* zu erreichen. Da sich *keine Aussicht* dafür zeigt, befiehlt
er unter inneren Vorbehalten am 16. Juli die *Vorbereitungen zu einer
Landung in England (Unternehmen „Seelöwe").* Die deutsche *Luftwaffe* nimmt den Kampf gegen die britische auf, um diese *vorher aus-
zuschalten* (S. 529); *dies gelingt jedoch nicht.* Das geplante Unternehmen wird daher *vertagt* und am *12. Okt.* aufgegeben. Anstelle der
Invasion entwickelt sich die **„Luftschlacht um England"** (S. 529).

e) Die Kämpfe in Afrika

1940   Der am 10. Juni 1940 erfolgte Eintritt *Italiens* in den Krieg macht
12. Sept. es notwendig, das italienische Kolonialreich zu verteidigen. Ein *Vorstoß der italienischen Armee* über die Grenze zwischen Libyen und
Ägypten löst am 9. Dez. einen *britischen Gegenangriff* aus, der zum
Verlust der Cyrenaika führt. Dies veranlaßt die italienische Regie-
1941   rung, um *deutsche Unterstützung* zu bitten.
6. Febr. **Aufstellung des deutschen Afrikakorps** unter General **Rommel.** Es
wirft Anfang April die Briten wieder aus der *Cyrenaika* zurück. Britische Truppen halten jedoch das seit dem 8. April eingeschlossene
und von See her versorgte *Tobruk. Der deutsch-italienische Angriff
verhält an der Grenze Ägyptens.*
Britischer Angriff zur Eroberung *Abessiniens.* Am 6. April wird *Addis*

Abeba eingenommen. Der Negus **Haile Selassie I.** kehrt ins Land zurück.

Auch im übrigen *Afrika* gewinnen die Alliierten die Oberhand (S. 536).

Ein britischer Vorstoß ab 18. Nov. 1941 löst am 21. Jan. 1942 wieder

1942   einen *deutschen Gegenstoß* aus. Am 7. Febr. wird *el-Gazala* (westlich von Tobruk) erreicht, wo Rommel zunächst anhält.

26. Mai   Fortsetzung des deutschen Angriffs. Die britische 8. Armee wird in zwei Teile zersprengt, von denen der eine sich auf *Tobruk* zurückzieht, das am 21. Juni *kapituliert.*

30. Juni   Die Verfolgung der Reste der 8. Armee endet bei Erschöpfung der deutschen Kräfte in der *el-Alamein-Stellung* (100 km westlich Alexandrias).

23. Okt.   Beginn der *britischen Gegenoffensive* unter General **Montgomery** mit nunmehr weit überlegenen Heeres- und Luftstreitkräften. Ende November ist die Cyrenaika abermals, diesmal endgültig, verloren. Inzwischen ist durch die **Landung britischer und amerikanischer Truppen in Nordwestafrika am 7. Nov.** eine *neue Situation* entstanden, da jetzt zur Abschirmung auch nach W in *Tunesien* eine behelfsmäßige Front aufgebaut werden muß. (Forts. S. 536.)

f) Der Krieg auf dem Balkan

Deutschland hat ein Interesse daran, daß der Krieg den Balkan nicht erfaßt, da dies eine Störung der lebenswichtigen deutschen Wirtschaftsverbindungen mit Südosteuropa und ein Festlegen von Kräften bedeutet; aber Italien hält die Gelegenheit für gekommen, um den im April 1939 durch die Einverleibung Albaniens (S. 505) auf dem Balkan erzielten Erfolg auszuweiten und das ins Wanken geratene Prestige wiederherzustellen.

1940   *Italienische Truppen rücken von Albanien aus in Griechenland ein.*
28. Okt.   Entgegen den Erwartungen Mussolinis bleibt der Angriff nicht nur stecken, sondern führt dazu, daß *griechische Truppen ein Drittel von Albanien erobern.*

1941   Die britische Regierung, die aufgrund der von ihr gegebenen Garantie (S. 505) Hilfe verspricht, läßt zunächst Stützpunkte auf *Kreta* errichten. Ab 7. März 1941 landen britische Streitkräfte im Piräus und in Volos.

Wegen der Gefahr der Errichtung einer alliierten Balkanfront wie 1915 beschließt Hitler die Vorbereitung eines deutschen Entlastungsangriffs, um eine Bedrohung der deutschen Südostflanke – auch im Hinblick auf den geplanten Ostfeldzug – zu verhindern.

Am 2. März 1941 marschieren deutsche Truppen nach Bulgarien ein. Da *Hitler* annimmt, daß die neue jugoslawische Regierung (s. S. 559) von England, womöglich auch von der UdSSR gefördert wird, entschließt er sich, *neben dem geplanten Angriff auf Griechenland gleichzeitig einen zweiten gegen Jugoslawien* zu führen.

6. April   **Beginn des Feldzugs gegen Jugoslawien und Griechenland,** eingelei-
5.15 Uhr   tet durch einen überraschenden *Luftangriff auf Belgrad.* Die **Italiener**
rücken in Richtung *Laibach* und an der dalmatinischen Küste entlang
vor.

6.–17. April   Nach Einkreisung der jugoslawischen Armee in Bosnien *kapituliert*
diese am 17. April. Bildung einer Exilregierung in London (vgl.
S. 559).

6.–27. April   *Besetzung des griechischen Festlands:* Der Angriff durchbricht trotz
tapferem Widerstand der Griechen die die Nordgrenze schützende
Metaxaslinie. Da den in Albanien eingesetzten Hauptkräften der
Griechen der Rückmarsch durch den deutschen Vorstoß verlegt wird,
ist *die griechische Armee zur Waffenstreckung gezwungen.* Am 21.
April Unterzeichnung der griechischen Kapitulation.

27. April   Deutsche Panzer rücken in *Athen* ein.
Die deutsche Wehrmacht verzeichnet 1206 Tote. Die 218 000 griechischen Gefangenen werden sofort entlassen.

20. Mai –   **Eroberung Kretas,** durch Absprung von Fallschirmjägern eingeleitet
1. Juni   und in schwierigen Kämpfen (2 071 Tote, 1 788 Vermißte) zusammen
mit Gebirgstruppen zu Ende geführt, nachdem der Rest der britischen
Truppen sich nach *Ägypten* eingeschifft hat. (Forts. S. 535.) Über die
Neuordnung im Balkanraum s. Jugoslawien und Griechenland,
S. 559, 560.

g) Der Krieg im Osten bis zum Umschwung

*Vorgeschichte: Die Idee Hitlers, im O „Lebensraum" zu gewinnen,
war durch die im Aug. 1939 herbeigeführte Verständigung mit der
UdSSR nur vorübergehend zurückgedrängt worden (S. 547). Dem
Gedanken, den Nichtangriffspakt zu brechen und eine militärische
Entscheidung herbeizuführen, tritt Hitler seit dem Sieg über Frankreich
(Juni 1940) näher. Im Aug. 1940 wird eine erste Generalstabsstudie
für einen Ostfeldzug erstellt. Obwohl England nicht – wie von ihm erwartet – einlenkt, entschließt sich Hitler, so früh wie möglich die
Sowjetunion zu zerschlagen, da er spätestens 1942 mit einem Eingreifen der USA in den europäischen Krieg rechnet. Zudem meint Hitler,
mit der Sowjetunion England den letzten potentiellen „Festlanddegen"
zu entwinden. Aus verschiedenen Maßnahmen der Sowjetunion
schließt er, daß diese nach der Erwerbung Ostpolens, Bessarabiens,
der Nordbukowina und der baltischen Staaten den Krieg in Westeuropa
zu einer weiteren Vergrößerung ihres westlichen Einflußgebietes auszunutzen gewillt ist. Außerdem wird Deutschland, je länger der Krieg
dauert, um so abhängiger von den wirtschaftlichen Lieferungen der
Sowjetunion und damit vom Wohlwollen Stalins. Aus dieser Lage, in
die sich Hitler selbst hineinmanövriert hat, gibt es für ihn nur einen
gewaltsamen Ausbruch: 1941 Niederwerfung der Sowjetunion. Dieser
improvisierte Kriegsplan scheitert jedoch im Dez. 1941 vor Moskau.
Als Ziel der Operationen gegen die Sowjetunion wird die Vernichtung*

der Masse des im westlichen Rußland stehenden Heeres angesetzt. Unter Vortreiben von Panzerkeilen und Bildung großer Kessel soll der Abzug des russischen Heeres in die Weite des Raums verhindert werden. Als Endziel der Operationen wird das Erreichen der Linie Astrachan–Wolga–Archangelsk bezeichnet, von wo aus gegebenenfalls das noch verbleibende Industriegebiet im Ural durch die deutsche Luftwaffe ausgeschaltet werden kann.

1940 Der Dreimächtepakt (S. 547) hält der UdSSR den Eintritt offen. Daß
12./13. Nov. diese andere Absichten verfolgt, erweisen die ergebnislosen *Besprechungen* **Hitlers** mit **Molotow**. Sie *verschärfen Hitlers Argwohn.* Die Aussprache ergibt, daß die UdSSR in *Finnland, Rumänien, Bulgarien* und der *Türkei* Ziele verfolgt, die den deutschen Interessen widersprechen. Auf Ribbentrops Drängen, der die UdSSR für einen „Kontinentalblock" gewinnen, Europa und Asien zwischen den vier beteiligten Mächten aufteilen und die Sowjetunion nach S in Richtung Persischer Golf ablenken will, antwortet Molotow, indem er die Zustimmung von der Erfüllung seiner Forderungen abhängig macht.

18. Dez. Weisung Hitlers *(„Weisung Nr. 21")* für den Fall eines Ostkriegs („Fall Barbarossa"). Der ursprünglich für Mai 1941 vorgesehene Angriff wird wegen der Einbeziehung Jugoslawiens in den Balkanfeldzug und wegen der wetterabhängigen Straßenverhältnisse im O schließlich auf den 22. Juni festgelegt.

1941 **Beginn des deutschen Angriffs** zwischen Ostsee und Karpaten sowie
22. Juni in Rumänien ohne Ankündigung (insgesamt 3,05 Mill. Mann). Es
3.15 Uhr nehmen teil: *Italien, Rumänien,* die *Slowakei, Finnland, Ungarn.*
Großbritannien und die UdSSR schließen am 12. Juli ein Übereinkommen über das gemeinsame Vorgehen gegen Deutschland, in dem sie sich verpflichten, keinen Sonderfrieden zu schließen. Am 2. Aug. Beginn *amerikanischer Materiallieferungen.*
Die *Rote Armee* (insgesamt 4,7 Mill. Mann, davon aber nur die Hälfte an der Westgrenze) ist taktisch überrascht; ihre Führung gewinnt erst langsam Einfluß auf das Geschehen, kann dann jedoch die Mobilisierung und Heranführung der Reserven organisieren.
Für den deutschen Angriff werden angesetzt: 1. Die **Heeresgruppe Süd** *zwischen Karpaten und Pripjetsümpfen in Richtung Kiew.*
2. Die **Heeresgruppe Mitte** *nördlich der Pripjetsümpfe in Richtung Minsk und Smolensk.* Sie kesselt 40 sowjetische Divisionen im Raum *Białystok* ein (328 000 Gefangene), nimmt am 16. Juli *Smolensk* und vernichtet Anfang Aug. die in diesem Raum haltenden sowjetischen Armeen (310 000 Gefangene).
3. Die **Heeresgruppe Nord** *von Ostpreußen in Richtung nach NO.* Nach Durchbruch durch die Stellungen am *Ilmen-* und *Peipussee* liegt der Weg nach **Leningrad** offen, das von *S aus im Bereich des Vorgeländes abgeriegelt* ist.
4. Die finnische Armee unter *Mannerheim* nimmt am 29. Aug. das 1940 abgetretene *Viborg* (S. 520), bleibt aber aus politischen Grün-

den an der alten finnisch-sowjetischen Grenze stehen. In *Nordfinn-
land* leitet ein deutsches Gebirgsjägerkorps den Angriff auf *Murmansk* ein, das jedoch nicht erreicht wird.
Damit ist die Rote Armee auf der ganzen Front zurückgeworfen. Sie
hat starke Verluste erlitten, aber ihren Zusammenhang bewahrt.
Am 21. Aug. entscheidet sich Hitler gegen den Rat des Generalstabs
für den Vorrang der Operationen im N und S der Ostfront (Zurück-
stellung des Angriffs gegen Moskau). *Das wehrwirtschaftliche Ziel,
Gewinnung des Donezbeckens und die Abschneidung der sowjetischen
Ölzufuhr aus dem Kaukasus, wird der militärstrategischen Notwendigkeit, das Verkehrszentrum Moskau zu gewinnen, vorangestellt.*

10. Sept.   Beginn der **Kesselschlacht von Kiew.** Die Heeresgruppe Süd, verstärkt durch Teile der Heeresgruppe Mitte, schließt starke sowjetische Kräfte östlich von Kiew ein (665 000 Gefangene) und folgt anschließend den weichenden Restteilen über den unteren Dnjepr.
Deutsche Truppen dringen *durch das Donezbecken und längs des
Asowschen Meeres vor.*
*Das südrussische Industriegebiet ist damit in deutscher Hand, die Süd-
front zerschlagen; aber der Widerstand ist nicht gebrochen.* Nachdem
die Flankenbedrohung der Heeresgruppe Mitte beseitigt ist, läßt Hitler die Vorbereitungen für die Entscheidungsschlacht vor Moskau beschleunigen.

2.–12. Okt.   Die *Heeresgruppe Mitte* vernichtet in den **Kesselschlachten von
Brjansk und Wjasma** starke sowjetische Kräfte (663 000 Gefangene)
und stößt in Richtung Moskau vor.

19. Okt.   **Stalin** erklärt für Moskau – die Regierung ist nach *Kujbyschew* ausge-
wichen – den *Belagerungszustand* und kündigt die Verteidigung der
Stadt bis zum Letzten an.

15. Nov.   Nach neuem Aufmarsch beginnt die 2. Phase der Angriffe. Jedoch
setzen wenig später (5./6. Dez.) starke Gegenangriffe und schwere
Kälte ein, gegen die die Truppe nicht ausgerüstet ist. Daher *bleibt
die Offensive im verminten Vorgelände von Moskau stecken* (hohe
Verluste, zahlreiche Erfrierungen). Hitler befiehlt, ,,fanatischen
Widerstand" zu leisten und keinen Fußbreit Boden aufzugeben. Er
übernimmt am 19. Dez. anstelle von Brauchitschs den Oberbefehl
über das Heer.
Die Rote Armee setzt zu *Gegenstößen* an. Durch Einkesselung einzelner Frontabschnitte und weitere Einbrüche *gerät das deutsche Ostheer, das nicht auf den Winter vorbereitet ist, in eine schwere Krise.*
**Es steht nunmehr fest, daß die UdSSR nicht durch einen ,,Blitzkrieg"
niedergerungen werden kann.**
Verluste des Ostheeres 22. Juni bis 1. Dez. 1941: 162 314 Tote,
33 334 Vermißte, 571 767 Verwundete (= 24 % seiner ursprünglichen Stärke).
Der Kampf von **Partisanen** (seit Herbst 1941) nimmt im Winter
1941/42 größeren Umfang an. Gestützt auf undurchdringliche *Wald-
gebiete, aus der Luft versorgt und durch das Zentralkomitee der*

KPdSU, später durch die sowjetische Heeresleitung gesteuert, werden die Partisanen zu einer *Bedrohung der rückwärtigen Verbindungen, besonders der Eisenbahnen,* die zur Aufstellung von Abwehrformationen und schließlich zum Einsatz ganzer Divisionen zwingt. *Die Bedrohung im Rücken nimmt zu und bindet immer mehr Kräfte.* Nachdem sich die deutsche Wehrmacht schon 1941 zu ihrer Entlastung *Kriegsgefangene* angegliedert hat, werden vom Frühjahr 1942 an systematisch **Freiwilligenformationen** aus den *nichtrussischen Völkern* der UdSSR aufgestellt, die in der Partisanenbekämpfung sowie hinter und an der Front selbst, schließlich auch auf anderen Kriegsschauplätzen eingesetzt werden. Sie sehen den Kampf vielfach als ihren eigenen an, da sie sich vom Zusammenbruch des Sowjetsystems eine Befreiung ihrer Völker versprechen. Ihre Anzahl beträgt schließlich, da auch Ukrainer und Großrussen sich anschließen, weit über 1 Mill. Der Gedanke, dem 1942 gefangenen, *großrussisch eingestellten General Wlassow* (S. 548) die Möglichkeit zu geben, eine starke russische Armee aufzustellen und den Kampf gegen das Sowjetsystem aufzunehmen, wird jedoch von Hitler bis Sept. 1944 abgelehnt.

1942   *Die* **deutsche Offensive 1942** *steht unter dem Leitgedanken, die russische Volkswirtschaft durch die Eroberung der Kaukasusölgebiete und die Abschnürung der Wolga (Einschränkung der amerikanischen Hilfslieferungen über Iran) an einer entscheidenden Stelle zu treffen. Die deutschen Kräfte reichen für eine solch weittragende Operation nicht aus, so daß vier verbündete Armeen zur Abstützung der Front eingesetzt werden müssen. Das geschickte Ausweichen der russischen Armeen führt zwar zu großen deutschen Raumgewinnen, jedoch zu keiner klaren Entscheidung, ermöglicht später vielmehr der Sowjetführung, Ort und Zeit des Gegenschlags zu bestimmen (Nov. 1942 Einkreisung der 6. Armee in Stalingrad).*

28. Juni   **Die Heeresgruppe Süd tritt aus dem Raum östlich von Charkow–Kursk zum Angriff an.** Der Nordflügel erreicht bei *Woronesch* den *Don.* Im Süden wird der *Übergang über den unteren Donez und Don* vollzogen. Die 6. Armee **(Paulus)** erreicht den *Don westlich von Stalingrad.*

Die neugebildete Heeresgruppe A *stößt auf den Kaukasus vor,* doch *gelingt es nicht, den Gegner,* der bereits über die Paßhöhen des Westkaukasus geworfen ist, *ins Meer zu drängen.* Hitlers Erwartung, daß der Angriff den linken Flügel der Roten Armee zerschlagen und dadurch den Weg zur Grenze Irans freimachen werde, erfüllt sich nicht. Die 6. Armee ist bis zur *Wolga nördlich von Stalingrad* vorgestoßen. Um die Stadt und ihre Fabrikanlagen entwickeln sich erbitterte Kämpfe, so daß die Deutschen schließlich nur schrittweise vorankommen. *Ende Okt. haben sie neun Zehntel von Stalingrad eingenommen. Dann bleibt die Offensive auch hier stecken.*

Damit haben die deutschen Erfolge im O ihren Höhepunkt überschrit-

ten. Bereits im Spätherbst zeichnet sich der Rückschlag ab. *Am nörd-lichen Donufer und südlich von Stalingrad marschiert die Rote Armee zum Gegenangriff auf.* (Forts. S. 533.)

h) Der Seekrieg 1939–1943

Die deutsche Kriegsmarine ist bei Kriegsbeginn der britischen Flotte weit unterlegen (neben geringen Überwasserstreitkräften nur 57 U-Boote).

England kehrt zu dem im Ersten Weltkrieg durchgeführten *Blocka-desystem* zurück und bewaffnet seine Handelsschiffe. Deutschland führt anfangs Handelskrieg nach Prisenordnung mit U-Booten und Kaperschiffen. Wechselseitige Verschärfung der Maßnahmen führt am 17. Aug. 1940 nach Wegfall der letzten Einschränkungen zur Erklärung eines „Operationsgebiets" um England.

1939	*Es heben sich als Einzelereignisse heraus:*
17. Sept.	„U 29" (Schuhart) versenkt den britischen Flugzeugträger „Coura-geous".
14. Okt.	„U 47" (Prien) versenkt in Scapa Flow das britische Schlachtschiff „Royal Oak".
17. Dez.	Selbstversenkung des Panzerschiffs „Graf Spee" nach einem erfolg-reichen Gefecht vor dem La Plata.
1940	Am 3. Sept. überlassen die USA England 50 Zerstörer gegen die Ver-
1941	pachtung von Stützpunkten.
Seit 20. Mai	Atlantikunternehmung des Schlachtschiffs „Bismarck" und des Schweren Kreuzers „Prinz Eugen". Gefecht in der Dänemarkstraße, britischer Schlachtkreuzer „Hood" vernichtet.
26./27. Mai Juni	*„Bismarck"* von britischen Trägerflugzeugen, Schlachtschiffen, Kreuzern und Zerstörern niedergekämpft und anschließend durch Torpedo versenkt. Danach werden von den schweren deutschen See-streitkräften nur noch Vorstöße zur Behinderung des alliierten Geleitverkehrs nach Murmansk unternommen.
Sept.	US-Atlantikflotte übernimmt Bewachung der Dänemarkstraße und Sicherung der schnellen Konvois im Nordatlantik westlich 26° West (11. Sept. Bekanntgabe des „Schießbefehls" durch Roosevelt).
Aug. 1942 – Mai 1943	Höhepunkt der **„Schlacht im Atlantik".** U-Boot-Gruppenoperatio-nen gegen Nordatlantikkonvois, Einzelunternehmungen im Mittel- und Südatlantik. Durchschnittlich 102 U-Boote in See, 3 857 705 BRT versenkt bei 123 Verlusten. Ab März 1943 sinken die Ergeb-nisse ständig ab, da die Gegner ihre Abwehr immer mehr verbessern (Ortungsgeräte Radar, Asdic Sonar).
24. Mai	**Großadmiral Dönitz bricht Geleitzugbekämpfung im Nordatlantik nach mehreren schweren Mißerfolgen ab.** (Forts. S. 531.)

i) Der Luftkrieg 1939–1941

Im *Polen-, West- und Balkanfeldzug* erweist sich die deutsche Luft-waffe trotz ihres schnellen Aufbaus ihren Gegnern in organisatorischer, kampftaktischer und technischer Hinsicht weit überlegen. Sie steht im Sommer 1940 auf einer später nie mehr erreichten Höhe. Vom 13. Aug. 1940 („Adlertag") an greifen 1300 Kampf- und 900 Jagdflugzeuge *England,* ab September vornehmlich *London* an, um das Unternehmen *„Seelöwe"* (S. 522) vorzubereiten, können aber die englische Luftabwehr nicht niederzwingen und haben selbst große Verluste. Während der Dauer der **„Luftschlacht um England"** (bis Mai 1941) wird auch der Kampf der Seestreitkräfte gegen die alliierte Handelstonnage unterstützt.

Durch den Beginn des *Ostfeldzugs* steigen die Anforderungen ruckartig an, obwohl sich die sowjetische Luftwaffe als unterlegen erweist. Das zwingt zur starken *Einschränkung des Bombenkriegs gegen England.* Die Verluste auf allen Kriegsschauplätzen (besonders an der Ostfront) laugen die Luftwaffe, die mit begrenzten Rohstoffen rechnen muß, so aus, daß sie hinter den Anforderungen der Fronten und der Heimat zurückbleibt. Die sich anbahnende *Krise* vergrößert sich dadurch, daß die anfangs überlegenen deutschen Flugzeugmuster durch *bessere Typen der Gegner* eingeholt werden und nicht alle Neukonstruktionen sich voll bewähren, zumal die Abwehr des Gegners mit der Entwicklung der *Radartechnik* immer gefährlicher wird.

Die britische Luftwaffe hat bereits im Anfangsstadium des Krieges in kleinen Einsätzen *Bomben auf deutsche Wehranlagen* geworfen. Ein unter Churchill am 11. Mai 1940 gefaßter Kabinettsbeschluß gibt dem britischen Bomberkommando den Bombenkrieg im deutschen Hinterland frei. Von der deutschen Luftwaffe wird bis Mitte Juli 1940 jeder Bombenabwurf auf englischen Boden vermieden. Nach vorhergehenden britischen Angriffen auf Berlin vollzieht sich mit dem Beginn der Bombeneinsätze gegen britische Städte (ab 6. Sept. 1940) die entscheidende Wendung zum unbeschränkten Luftkrieg. Die folgenden britischen Nachtangriffe auf deutsche Städte beunruhigen die Bevölkerung durch steigende Alarme; aber sie richten zunächst noch keinen empfindlichen Schaden an. Durch Eintritt der USA in den Krieg verschiebt sich das Schwergewicht zwar noch nicht sofort, aber es ist bereits abzusehen, daß Deutschland seine anfängliche Luftüberlegenheit einbüßen und in die Verteidigung des Reichsgebietes gedrängt werden wird. (Forts. S. 532.)

k) Maßnahmen in den besetzten Gebieten

(vgl. auch S. 552 f.: Maßnahmen gegen die Gegner des Regimes und
die Juden)

Besatzungspolitik in den Ostgebieten

Im Juli 1941 macht Hitler den Reichsleiter *Rosenberg* zum *Reichsminister für die besetzten Ostgebiete.* Ihm werden, ohne daß er sich voll auf sie auswirken kann, zwei Gauleiter als *Reichskommissare* unterstellt: für die (verkleinerte) *Ukraine Erich Koch,* für das *„Ostland"*

Lohse. Dem Ostministerium nicht unterstellt wird ein Streifen hinter den Fronten („Rückwärtiges Heeresgebiet"). Durch die Folgen des von Hitler befohlenen rassenideologischen Vernichtungskriegs mit den Ausrottungsaktionen („Einsatzgruppen" der Sicherheitspolizei und des SD) gehen die anfangs den Deutschen von Teilen der Bevölkerung entgegengebrachten Sympathien in den besetzten sowjetischen Gebieten verloren. Hitlers Theorie vom „östlichen Untermenschen" und sein Ziel, die gesamte westliche UdSSR (außer den errichteten sind noch die Reichskommissariate Moskowien und Kaukasus vorgesehen) als Riesenkolonialraum auszubeuten und umzugestalten, seine damit verknüpften Germanisierungspläne und Siedlungsplanungen können zwar nirgends in dem beabsichtigten Maße verwirklicht werden, führen aber schon bei den Vorbereitungsmaßnahmen zur Vernichtung von Hunderttausenden von Menschen.

Der Kampf gegen die Widerstandsbewegungen und Partisanen

Der Zweite Weltkrieg unterscheidet sich vom Ersten Weltkrieg auch durch das Eingreifen von nicht oder nur behelfsmäßig uniformierten Kämpfern. Diese **„Partisanen"** im ganzen von Deutschland besetzten Europa erhalten Unterstützung von den Westmächten und der UdSSR.

Die im besetzten *Frankreich* gebildete *Widerstandsbewegung (Résistance,* wegen des als Unterschlupf aufgesuchten Buschwaldes auch *Maquis-Bewegung* genannt) geht 1941 zu Gewaltakten über. Um Terror durch Terror zu übertrumpfen, befiehlt Hitler im Oktober wegen der Ermordung eines deutschen Offiziers in Nantes die *Erschießung von 50 Geiseln.* Am 7. Dez. folgt der *„Nacht- und Nebelerlaß",* der anordnet, Gegner so abzuführen, daß die Angehörigen über ihr Schicksal im Ungewissen bleiben. Weitere Gewalttaten führen Hitler zur Verschärfung der Gegenmaßnahmen. In gleicher Weise verfährt Hitler in den *übrigen besetzten Gebieten.* Aus den in Frankreich ergriffenen Gegenmaßnahmen heben sich die Zerstörung des Dorfes Oradour-sur-Glane und die Tötung aller Einwohner durch eine Einheit der Waffen-SS (10. Juni 1944) sowie die Ermordung eines französischen Generals durch die Gestapo als Vergeltung für einen von Anhängern der Maquis-Bewegung zu Tode geschleiften deutschen General heraus, außerdem in der *Tschechoslowakei* die Ausrottung der männlichen Einwohner des Dorfes *Lidice* (S. 555).
Operative Bedeutung erlangt der Widerstand zunächst nur auf dem *Balkan* (S. 558 f.) und in der *UdSSR* (S. 527), wo ganze Divisionen zum Kampf gegen die **Partisanenverbände** angesetzt werden müssen und der Kampf immer schonungslosere Formen annimmt.

Ausländische Industrie und Fremdarbeiter in der deutschen Wirtschaft

Da die heimische Industrie nicht imstande ist, den wachsenden Anforderungen des Krieges zu genügen, wird das *Industriepotential*

der Verbündeten und der besetzten Länder für die deutsche Wehrwirtschaft herangezogen.
Um die deutschen Arbeiter, die zur Wehrmacht eingezogen werden, zu ersetzen und für die ständig vergrößerte Wehrwirtschaft die zusätzlich benötigten Kräfte zu gewinnen, wird zunächst versucht, *Freiwillige* aus den besetzten Gebieten zu gewinnen. Dann erhält am 21. März 1942 *Gauleiter Sauckel* als Generalbevollmächtigter *weitgehende Vollmachten,* die es ihm ermöglichen, mit Hilfe der Regierungen oder durch seine Beauftragten aus den besetzten Gebieten Arbeitskräfte nach Deutschland zu ziehen. Dabei werden je nach den örtlichen Verhältnissen *alle Methoden von der freiwilligen Meldung bis zum zwangsweisen Abtransport* angewandt. **Die Zahl der Fremdarbeiter erreicht schließlich 7,5 Mill.** Ihre Unterbringung, Verpflegung und Betreuung, die bei dem durch die Bombenschäden sich ständig verringernden Wohnraum und der allgemeinen Ernährungslage ungenügend sein muß, wird durch Mißstände verschiedenster Art noch schlechter.

Besondere Maßnahmen

Vor Beginn des Ostfeldzugs befiehlt Hitler, daß die Kommissare der Roten Armee zu „liquidieren" seien; doch wird dieser **„Kommissarbefehl"** nur z. T. ausgeführt. Nachdem bei feindlichen Überfällen auf kriegswichtige Objekte im W festgestellt worden ist, daß die Regeln des Völkerrechts nicht eingehalten wurden, befiehlt Hitler am 18. Okt. 1942, alle Angehörigen von feindlichen Sabotage- (engl. Commando-)Trupps niederzumachen; dieser **„Kommandobefehl"** wird nur in Einzelfällen befolgt.
Die *Angriffe der feindlichen Luftwaffe mit Bordwaffen gegen die Zivilbevölkerung* führen 1944 zu Gewalttaten gegen *abgeschossene Flieger. Himmler* verbietet der Polizei einzuschreiten. Die Partei übernimmt es mit Billigung Hitlers, zur Tötung der Abgeschossenen anzustacheln. Eine größere Zahl solcher Gewaltakte ist die Folge.

Die Zeit der deutschen Niederlagen (1942–1945)

a) Der Seekrieg 1943–1945

1943 12. Okt.	Die portugiesische Regierung gestattet den Alliierten die Errichtung von Stützpunkten auf den Azoren.
26. Dez.	Das Schlachtschiff „Scharnhorst" sinkt im Gefecht mit britischen Kräften im Eismeer.
Juni 1944 – **Mai 1945**	Endphase der „Schlacht im Atlantik": Einzelunternehmungen mit Schnorchelbooten unter den englischen und amerikanischen Küsten. 151 Verluste.
1944	Schwere britische Bomber vernichten das Schlachtschiff „Tirpitz" am 12. Nov. bei Tromsö.

Verluste der deutschen Kriegsmarine im Zweiten Weltkrieg

4 Schlachtschiffe, 5 Schwere Kreuzer (einschließlich Panzerschiffe), 4 Leichte Kreuzer, 27 Zerstörer, 69 Torpedoboote. Verluste der U-Boote (insgesamt 1170 in Dienst gestellt, 863 im Fronteinsatz): gesunken auf Feindfahrt 630; selbst versenkt 215. Von den 39000 Mann, die im Laufe des Krieges bei der U-Boot-Waffe dienen, verlieren 33000 das Leben.

Die Verluste der deutschen Handelsflotte betragen insgesamt 3 Mill. BRT von 4,5 Mill. BRT bei Kriegsbeginn.

Gesamtverluste der Alliierten an Handelsschiffen und Fischerbooten

Durch U-Boote 14,537 (70%); durch Minen, Überwasserstreitkräfte, Luftwaffe usw. 6.675 (30%); zusammen 21,194 Mill. BRT (nach alliierten Zahlen).

Den Verlusten stehen *Neubauten* gegenüber: 1939–1942: 7,2; 1943: 14,6; 1944: 13,3 und 1945: 3,8 Mill. BRT.

b) Der Luftkrieg 1942–1945

1942
März *Beginn einer englischen Großoffensive gegen Fabrikstädte und U-Boot-Basen in Deutschland und im W,* an der vom Sommer an *amerikanische Flugzeuge* – ab 1943 in Tagesangriffen – teilnehmen.

Nachdem zunächst die *westdeutschen Städte* und das *Ruhrgebiet* Opfer dieser Angriffe gewesen sind, dehnt sich ihr Bereich immer weiter nach O aus (24. Juli bis 3. Aug. 1943 Vernichtung eines großen Teils der Wohnviertel von **Hamburg;** seit 18./19. Nov. 1943 immer schwerere Angriffe auf **Berlin**). Die Großstädte werden alle erfaßt, von den Mittelstädten bleiben nur wenige ganz verschont. Ziel der Angriffe sind Industrieanlagen, aber auch *Wohnviertel,* da die Gegner glauben, auf diese Weise die Bevölkerung mürbe machen zu können; dies erweist sich als Fehlrechnung, da die Regierung auf die Stimmung der Bevölkerung keine Rücksicht nimmt. Kirchen, Schlösser, unersetzliche Denkmäler der Kunst, Zeugen der Vergangenheit sinken in Schutt und Asche. Millionen von Menschen werden obdachlos oder suchen sich rechtzeitig in kleinen Städten oder auf dem flachen Land in Sicherheit zu bringen (insgesamt Luftkriegsopfer ca. 500000 in Deutschland, 60000 in England).

Im April 1944 setzt der Gegner mit Angriffen gegen das *rumänische Erdölgebiet von Ploeşti,* am 12. Mai auf die *deutschen Hydrierwerke* ein, wodurch die Treibstoffknappheit solche Ausmaße annimmt, daß die Durchführung militärischer Operationen gefährdet wird und die Ausbildung des Nachwuchses der Luftwaffe leidet. Ein Teil der Industrieschäden wird durch *Verlagerung von Schlüsselbetrieben unter die Erde* und Aufteilung in kleine Betriebe aufgefangen. Jedoch wird seit Mitte 1944 der Schaden größer als der durch Konzentration aller Anstrengungen auf die Wehrwirtschaft erzielte Leistungszuwachs.

Den Höhepunkt der Aktionen zur Einschüchterung bildet der Angriff auf das *von Flüchtlingen vollgestopfte* **Dresden (13./14. Febr. 1945; die Schätzungen schwanken zwischen 60000 und 200000 Toten).** Die Erwartung, daß sich durch einen Großangriff neuartiger deutscher *Düsenflugzeuge,* die dem feindlichen Jagdschutz an Schnelligkeit überlegen sind, die Bedrohung aus der Luft werde einschränken lassen, erweist sich als trügerisch, da die Zahl der jeweils fertig gewordenen Düsenflugzeuge zu gering ist und sie in der Unterstützung der Erdkämpfe verbraucht werden. Deutscher Gesamtverlust 1939–1945: 72000 Bomben-, Jagd- und Aufklärungsflugzeuge. *Die deutsche Luftwaffe zerbricht schließlich trotz höchster Kraftanstrengung an der unlösbaren Doppelaufgabe: Kampf in der Luft an allen Fronten vom Atlantischen Ozean bis zu den Toren Asiens unter gleichzeitiger Durchführung des Schutzes des von W, S und O angegriffenen Reichsgebietes gegenüber zahlenmäßig weit überlegenen alliierten Luftstreitkräften, denen in noch höherem Maße als im Ersten Weltkrieg die Personal- und Materialquellen nahezu der ganzen Erde fast uneingeschränkt zur Verfügung stehen.*

Der Kampf der **V-Waffen** gegen England

Da die von General Dornberger geleitete Herstellung frontverwendungsfähiger *Raketengeschosse* **(V 2)** sich hinauszögert (Luftangriff auf Peenemünde), wird zunächst ein *flugzeugähnliches Geschoß* **(V 1)** eingesetzt, *zum erstenmal in der Nacht vom 12. zum 13. Juni 1944.*

1944

8. Sept. **Erster Abschuß von V 2.** Hauptziel ist auch hierbei England. Doch erweist sich die neue Waffe (Reichweite zuletzt 370 km) als noch ungeeignet für den Einsatz gegen begrenzte Ziele. Die militärische Wirkung in England selbst ist gering. Psychologisch führt der Einsatz der V-Waffe nicht – wie Hitler gehofft hat – zur Zermürbung, sondern zu einer Verschärfung des Willens, das nationalsozialistische Deutsche Reich zu vernichten.

c) Das Zurückweichen der Ostfront bis zur Reichsgrenze

Die Katastrophe von Stalingrad (vgl. S. 551)

1942

19./20. Nov. *Die Rote Armee* stößt durch die Front der rumänischen 3. und 4. Armee, die seit Oktober links und rechts der 6. Armee eingesetzt sind, um deutsche Kräfte für den Kampf um Stalingrad freizumachen, und *schließt ihre Angriffszangen am 22. Nov.* im Rücken der 6. Armee im Donbogen *westlich von Stalingrad.* Damit sind 284000 Mann eingeschlossen. *Hitler verbietet den von* **Paulus** *vorgeschlagenen Ausbruchsversuch* (24. Nov.), nachdem Göring die Versorgung des Kessels durch die Luftwaffe verbürgt hat.

12.–21. Dez. Die neugebildete Heeresgruppe Don versucht, Stalingrad von SW her zu entsetzen. Sie kommt bis auf 48 km an Stalingrad heran. Da Hitler nach wie vor einen Ausbruch der 6. Armee ablehnt und zugleich eine neue sowjetische Offensive die Front der 8. italienischen Armee am Don (17. Dez. 1942) aufreißt, muß der Entsatzversuch abgebrochen werden. Infolge Frost und Nachschubstörungen werden die Schwierigkeiten unüberwindlich.

Die *Luftversorgung,* durch ungünstiges Wetter, Verlust frontnaher Flugbasen und starke Luftabwehr behindert, erweist sich als völlig unzureichend. Schwerste Verluste und Hunger setzen die Abwehrkraft trotz heroischer Anstrengungen von Tag zu Tag herab.

1943 Der von den Deutschen noch gehaltene Raum wird in *zwei Teile ge-*
2. Febr. *spalten. Am 31. Jan. Waffenstreckung des Hauptteils mit Paulus, am 2. Febr. der restlichen Kräfte* (zusammen *noch 90 000 Mann;* noch herausgeflogen 34 000). Stalin gibt am 7. Nov. bekannt, daß 146 300 Gefallene aufgesammelt und verbrannt wurden.

Die Kämpfe an der übrigen Front

Die *Heeresgruppe A,* die durch den Rückzug der nördlich anschließenden Kräfte den Zusammenhang mit diesen zu verlieren droht, weicht mit einem Teil über *Rostow* in die *Ukraine* aus; mit dem andern
1943 zieht sie sich vom Jan. an *auf die Kubanhalbinsel zurück.*
5. Juli *Beginn des deutschen Angriffs* zur Abschnürung eines sowjetischen Frontbogens bei Kursk. Am 13. Juli Abbruch des Angriffs, da Kräfte nach Italien abgegeben und Einbrüche bei der Heeresgruppe Mitte abgeriegelt werden müssen.

Mit dem Scheitern der letzten deutschen Offensive im Osten setzt sich bei Hitler immer stärker das Prinzip durch, die einmal gebildeten Fronten starr zu halten, ohne durch Frontbegradigungen bessere Stellungen zu beziehen. Die Folge dieser starren Kriegführung ist die Entstehung immer neuer weit nach Osten vorspringender Frontbögen, die die Rote Armee geradezu zu Offensiven einladen. Das deutsche Ostheer erleidet dadurch immer größere Verluste und ist bei Beginn der entscheidungsuchenden Sowjetoffensive im Jan. 1945 bereits weitgehend ausgelaugt.

Nach der Wiederaufnahme der im Frühjahr abgebrochenen Offensive
6. Nov. bringt die Rote Armee die *Südfront wieder in Bewegung. Kiew wird aufgegeben.*
1944 *Die Rote Armee erreicht die ehemalige polnische Grenze und dringt*
Jan.–April *in Galizien und Nordrumänien ein. Bei Beginn der Schlammperiode kommt der sowjetische Angriff in Nordbessarabien und in der nördlichen Moldau, längs der Karpaten und an der neu aufgebauten Front Stanislau-Kowel zum Stehen.*

Die zahlenmäßig nie gebrochene Überlegenheit der *Roten Armee* ist jetzt durch Neuauffüllung (besonders aus den wiedergewonnenen Gebieten) einerseits, durch die *Bindung deutscher Kräfte im W* infolge der Vorbereitung auf die dort erwartete *Landung der Alliierten* andererseits sowie durch *Waffen- und Materiallieferungen der Alliierten an die UdSSR* so angestiegen, daß die *deutsche Ostfront vor einem*

aussichtslosen Kampf steht. Gesamtstärke der sowjetischen Streitkräfte im Okt. 1943: 13,2 Mill. Mann (davon 5,5 Mill. an der
deutsch-sowjetischen Front), im Jan. 1945 12,4 Mill. Gesamtstärke
der deutschen Wehrmacht im Mai 1943 9,5 Mill., im Sept. 1944 9,1
Mill.

Die sowjetische Sommeroffensive 1944

1944   *Beginn des Großangriffs zwischen den Pripjetsümpfen und der Düna*
22. Juni   *gegen die Heeresgruppe Mitte,* deren Hauptteil (28 von 40 Divisionen)
           durch zwei sich zusammenschließende Angriffsspitzen *eingekesselt*
           und zur Waffenstreckung gezwungen wird. Durch das Loch (350 km)
13. Juli   dringt die Rote Armee *schnell nach W vor. Offensive in Galizien gegen*
           die Heeresgruppe Nordukraine. Die Rote Armee erreicht den San und
           die Weichsel.
1. Aug.   Aufstand der nationalpolnischen Widerstandsbewegung („Heimatar-
           mee") in Warschau unter *General Bór (Komorowski),* um vor Ein-
           treffen der Roten Armee die Hauptstadt zu befreien und als politi-
           scher Faktor anerkannt zu werden. Die sowjetischen Truppen
           nehmen Anfang Sept. Praga, bleiben aber am Weichselufer stehen.
           Daher werden die Eingeschlossenen am *2. Okt.* von den Deutschen
           zur *Kapitulation* gezwungen (S. 556). (Forts. S. 539.)

d) Der Umschwung in Finnland

1944   *Beginn einer sowjetischen Offensive,* die die karelische Front durch-
9. Juni   bricht. Nach dem Frontwechsel Rumäniens (s. unten) kündigt am 2.
           Sept. der neue Ministerpräsident den *Abbruch der diplomatischen*
           Beziehungen zu Deutschland an und verlangt die *Zurückziehung der*
           deutschen Truppen. Am 19. Sept. wird der *Waffenstillstand* unter-
           zeichnet.
           Für die deutsche Gebirgsarmee in Nordfinnland bleibt nur der *Rück-*
           marsch auf der unter dem Nordkap entlangführenden Straße auf nor-
           wegisches Gebiet. Sie bezieht *in Höhe des Lyngenfjords eine neue*
           Front, die bis zum Zusammenbruch nicht mehr angegriffen wird.

e) Der Kampf auf dem Balkan vom Abfall Rumäniens und Bulgariens bis zur Kapitulation

1944   Die sowjetische Offensive gegen **Rumänien** führt zur Einschließung
20. Aug. des Großteils der 6. deutschen Armee südwestlich von Kischinew (23.
           Aug., rd. 150 000 Mann) und zum Rückzug der verbliebenen geringen
           deutschen Kräfte auf die Karpatenpässe.
23. Aug. König Michael befiehlt Einstellung des Kampfes gegen die Rote
           Armee. Ein deutscher Luftangriff auf Bukarest hat am 25. Aug. die
           Kriegserklärung an Deutschland zur Folge.
30. Aug. Die Sowjettruppen besetzen das *Ölgebiet von Ploeşti* und ziehen am

1944 31. Aug. in *Bukarest* ein. In die deutsche Front ist von den Karpaten bis zur Donau ein riesiges Loch gerissen. Die deutsche Benzinversorgung ist schwer getroffen.

Bulgarien befindet sich im Kriegszustand mit Großbritannien und den USA, hat jedoch gegenüber der UdSSR seine Neutralität aufrechterhalten. Obwohl die Regierung (vgl. S. 560) die Beziehungen zu Deutschland abbricht, erklärt die *UdSSR am 5. Sept. Bulgarien den Krieg und besetzt das Land.* Die bulgarischen Truppen nehmen unter sowjetrussischem Oberbefehl an den Kämpfen gegen die deutsche Wehrmacht teil.

Nach dem Abfall Bulgariens gibt Hitler den Befehl zur Räumung **Griechenlands.** *Athen* wird zur offenen Stadt erklärt. *Am 2. Nov. ist der Rückzug aus Griechenland abgeschlossen.* Im Sept. 1944 kommt es zur Verbindungsaufnahme zwischen der aus Rumänien vordringenden Roten Armee und den Partisanen **Titos.** Am 20. Okt. fällt *Belgrad* in ihre Hand. Der *Rückmarsch der deutschen Truppen aus Griechenland* vollzieht sich trotz dauernder Kämpfe und Bedrohung der Ostflanke durch die Bulgaren (s. oben) wie angeordnet. An der *Drina* wird eine *neue Front* aufgebaut.

Ungarn wird am 19. März 1944 von deutschen Truppen besetzt (S. 555), um sein weiteres Verbleiben an der Seite Deutschlands und die Ausnutzung seines Wehrpotentials sicherzustellen; doch bleibt der Erfolg begrenzt. Nach dem Abfall Rumäniens (23. Aug., S. 535) steht den Sowjettruppen der Weg nach Ungarn offen. Sie dringen am 29. Dez. in die Vorstädte von *Budapest* ein.

f) Die Kämpfe in Nordafrika, von der Landung der Alliierten bis zur Kapitulation

1942 *Amerikanische und britische Streitkräfte* unter Befehl *General Eisen-*
7.–8. Nov. *howers landen in Marokko und Algerien,* wo sie den kurzen Widerstand der zur *Vichy-Regierung* haltenden *Franzosen* brechen (11. Nov.). Sie werden, außer von *de Gaulle,* von General *Giraud,* der aus deutscher Kriegsgefangenschaft geflohen ist, und von Admiral *Darlan,* dem Vertreter Pétains (S. 563), unterstützt. *Darlan* legt sich mit Billigung Eisenhowers Regierungsrechte zu, wird aber am 24. Dez. von einem de-Gaulle-Anhänger *ermordet.* Darauf wird *Giraud* zum Hohen Kommissar in Französisch-Afrika gewählt.

Die *deutsche Führung* läßt eilig zusammengeraffte deutsch-italienische Verbände nach Tunesien übersetzen. Diese bilden eine Front nach W. Die deutschen und italienischen Kräfte sind nun in *Nordafrika* in einen *Zweifrontenkrieg* geraten. *Ganz Libyen muß von Rommel schrittweise aufgegeben werden.* Anfang Mai 1943 bricht die deutsch-italienische Front in Tunesien zusammen. *Am 13. kapitulieren die letzten Kräfte. Es gehen 252 000 Deutsche und Italiener in Gefangenschaft. Damit sind die Kämpfe auf afrikanischem Boden abgeschlossen.*

g) Die Kämpfe in Italien, von der Landung in Sizilien bis zur Kapitulation

1943 *Am 10. Juli Landung der Alliierten auf Sizilien.*

25. Juli *Unter dem Eindruck der geglückten Landung der Alliierten bricht das faschistische System zusammen;* **Mussolinis Rücktritt** und Verhaftung.

3. Sept. Im Auftrag des neuen Ministerpräsidenten *Badoglio* wird ein *Sonderwaffenstillstand* unterzeichnet, der jedoch erst am 8. Sept. bekanntgegeben wird.

9. Sept. *Landung der amerikanischen 5. Armee bei Salerno.*

Vom 9. Sept. an *Entwaffnung der italienischen Verbände* in Norditalien und Südfrankreich, Übernahme der *Militärverwaltung in Griechenland* sowie der Verteidigung der *Küsten und Inseln des Balkans durch deutsche Truppen.*

10. Sept. *Besetzung Roms.*

13. Okt. Die *Regierung Badoglio erklärt* Deutschland *den Krieg.* Es gelingt Generalfeldmarschall *Kesselring,* südlich von Neapel eine neue Front quer über die Halbinsel zu bilden, die allmählich bis in den Raum Monte Cassino zurückgedrängt wird.

1944 *Die Alliierten landen im Rücken des deutschen rechten Flügels bei*

22. Jan. *Anzio,* werden jedoch am Durchstoß auf *Rom* gehindert. Die Deutschen halten in zäher Abwehr *Monte Cassino,* wo das von ihnen ausgesparte *Kloster* durch alliiertes Artilleriefeuer und Bomben (15. Febr.) *zerstört* wird.

12. Mai *Die Alliierten brechen an der Südfront durch. Die Gegner besetzen am* **4. Juni Rom.**

1944/45 Die deutschen Truppen beziehen nun die Linie *südöstlich von La Spezia–Apennin–nördlich von Rimini.*

1945 *Beginn einer alliierten Generaloffensive von Meer zu Meer,* die zum

9. April *Zusammenbruch der Abwehrfront* führt.

29. April Deutsche militärische Bevollmächtigte unterzeichnen im alliierten Hauptquartier einen *am 2. Mai bekanntgegebenen Waffenstillstand.*

h) Der Krieg im Westen, von der Landung bis zur Kapitulation

Die von der UdSSR seit dem 18. Juli 1941 immer wieder geforderte *Landung der Alliierten* im W *zögert sich hinaus,* da sich diese erst nach Abschluß aller Vorbereitungen auf ein solches Unternehmen einlassen wollen, nachdem der Probeversuch bei *Dieppe* (19. Aug. 1942) gezeigt hat, welche Schwächen noch zu überwinden sind. Die Ungewißheit über das Ziel der Landung und die gegensätzliche Auffassung über die Führung der Invasionsabwehr führt auf deutscher Seite zu einer Verzettelung der Kräfte bei der Verteidigung des „*Atlantikwalls*".

Die Landung in der Normandie

1944 *Landung der Alliierten* mit 6 400 Landungsfahrzeugen in der Nor-

6. Juni mandie unter dem Schutz ihrer Schlachtflotte und eines gewaltigen

6.30 Uhr   Lufteinsatzes sowie mit Hilfe künstlicher Häfen und Pipelines. In den folgenden Tagen *weiten die Alliierten ihre Brückenköpfe aus.* Durch ihre Angriffe mit materialmäßig erdrückender Übermacht wird die deutsche Abwehrfront *schrittweise nach S zurückgedrängt;* sie vermag aber ihren Zusammenhalt zu wahren. *Rommel, der Hitler vergeblich schriftlich karzumachen versucht, der Krieg sei verloren,* und der gewillt ist, notfalls gegen Hitlers Willen einen Waffenstillstand herbeizuführen, wird *am 17. Juli durch Fliegerangriff schwer verletzt.*

30. Juli   *Die Amerikaner brechen bei* **Avranches** *durch und gehen unter Einsatz starker Panzerverbände zum* **Bewegungskrieg** *über.*

25. Aug.   **Einzug von General de Gaulle in Paris.**

Die am 15. Aug. durchgeführte **Landung der Alliierten an der Riviera** führt angesichts der Schwäche der deutschen Kräfte zu einem *vollen Erfolg.*

Da die Alliierten am 30. Aug. die *Seine* überschreiten und die Briten die deutsche Front durchstoßen, ist auch der *Weg nach Belgien frei* (3. Sept. Einnahme von *Brüssel*). An der deutschen Westgrenze lassen sie sich jedoch durch den deutschen *„ Westwall''* aufhalten, obwohl dieser veraltet ist. An der holländischen Südgrenze wird eine *Front entlang den Kanälen* improvisiert.

17. Sept.   Alliierte Luftlandung bei Arnheim und Nimwegen, die nur zum Teil erfolgreich ist. Erst im November gelingt es den Alliierten, die Scheldemündung freizukämpfen. Damit ist ihnen der unzerstört gebliebene Hafen von Antwerpen geöffnet.

Die Ardennenoffensive

Die Briten und Amerikaner können trotz weiterer Angriffe auf deutschem Boden *nur kleine Einbrüche* erzielen. Nach schweren Kämpfen geht am 21. Okt. *Aachen* verloren.

1944   *Beginn* der **Ardennenoffensive** *zwischen Monschau und Echternach.*
16. Dez.   Vom Gegner unbemerkt, sind 41 deutsche Verbände auf Kosten der anderen Kriegsschauplätze vereinigt worden, die zunächst einen *Überraschungserfolg* erzielen. *Erstes Ziel ist der Maasbogen, Endziel Antwerpen. Die Offensive bleibt jedoch vor Erreichen des Maasbogens stecken. Besserung des Wetters gibt der feindlichen Luftwaffe ihre Überlegenheit zurück.*

1945   Da die Rote Armee inzwischen die deutsche Ostfront aufgerissen hat,
12. Jan.   *Abtransport der deutschen Reserven* von der Westfront nach *Ungarn* (zur Rückgewinnung von Budapest und zum Schutz der ungarischen Erdölfelder hierhin und nicht an die schwer bedrohte deutsche Ostfront). *Damit ist das vorübergehend erreichte Gleichgewicht im W wieder verlorengegangen.*

Die alliierte Endoffensive

1945   Am 8. Febr. Beginn einer *britischen Offensive* südöstlich von *Nimwe-*
7. März   gen. Die Amerikaner schließen sich am 23. Febr. an und nehmen am 7. März *Köln.*

Den Amerikanern fällt die nur leicht beschädigte *Rheinbrücke bei Remagen* in die Hand. Sie bilden einen *Brückenkopf*, der bis zum 22. März eine Breite von 50 km gewonnen hat. Die an der *Mosel* vorrükkenden Amerikaner setzen am 24. März bei *Oppenheim über den Rhein*. Nachdem die Alliierten am 24. März auch den Übergang über den Niederrhein erzwungen haben, können sie den *Vormarsch in das innere Deutschland auf breiter Front antreten.*

Süden: Südlich des Mains operieren Amerikaner und die 1. französische Armee. Am 29. März Besetzung von *Frankfurt*, 22. April von *Stuttgart*, 30. von *München*, 3. Mai von *Salzburg*. Besetzt werden anschließend *Vorarlberg, Tirol*, das *Salzkammergut, Oberösterreich* und *Westböhmen* bis zur *Linie Karlsbad–Budweis–Linz*.

Mitte: Die Amerikaner bilden *zwei Zangen um das Ruhrgebiet* und schließen 21 deutsche Divisionen ein. Der „*Ruhrkessel*" wird am 14. April aufgespalten, die letzten Teile ergeben sich am 18. April. Gleichzeitig stoßen die Amerikaner über *Braunschweig* und *Kassel* auf die *Elbe* vor: 18. April Einnahme von *Magdeburg*, 19. von *Leipzig*, **25. April erste Berührung mit den Sowjettruppen** bei *Torgau. Eisenhower lehnt es ab, weiter vorzustoßen, und bleibt aus militärischen und politischen Erwägungen an der Mulde und Elbe stehen. Norden:* Die Briten schneiden die in den Niederlanden stehenden deutschen Kräfte ab, dringen durch *Westfalen* vor und erreichen am 19. April die *Elbe* (3. Mai Einnahme von *Hamburg*).

i) Die Einnahme Ostdeutschlands durch die Rote Armee

Nach Beginn der Ardennenoffensive drängen die Alliierten die Sowjets, ihre Abwehr im W durch einen Großangriff im O zu unterstützen.

1945 *Der Angriff aus dem bei* **Baranów** *(Westgalizien) über die Weichsel*
12. Jan. *gebildeten Brückenkopf* **bricht die deutsche Mittelfront auf.** Diese **Offensive greift** *auf die* **anschließenden Fronten über,** die sich jetzt in **Ostpreußen** und **Schlesien** auf das Reichsgebiet vorschieben. Durch das Vordringen der Sowjetarmeen im *Weichseltal* wird **Ostpreußen abgeschnitten.**

31. Jan. *Die Russen erreichen die Oder bei Frankfurt (Oder) und Küstrin.* **Berlin ist jetzt bedroht.** Anfang Febr. ist das für die deutsche Wehrwirtschaft unentbehrliche **oberschlesische Industriegebiet unzerstört in sowjetische Hand gefallen, die Grenze Pommerns überschritten. Die Sowjetrussen stehen vor Breslau.** Die wichtigsten Städte erhalten Befehl, sich als „*Festungen*" zu verteidigen, vermögen das aber mangels Kräften und Vorbereitung nur vorübergehend. Die *Zivilbevölkerung* versucht, trotz schneidender Kälte, einzeln und in Trecks nach W zu fliehen, gelangt aber nur zum Teil aus der Gefahrenzone. Die *Kriegsmarine* befördert über 2 Mill. Flüchtlinge über See nach W, doch bleiben **alle Maßnahmen unzureichend angesichts der Größe der Katastrophe.**

Königsberg kapituliert am 9. April, Breslau am 6. Mai.

Die **Heeresgruppe Kurland,** die schon vor dem Einbruch der Roten Armee in Ostpreußen abgeschnitten wurde, hält sich bis zur Kapitulation am 9. Mai.

In **Ungarn** setzen die Sowjets zum Durchbruch in Richtung *Wien* und *Graz* an.

13. April **Nach heftigen Kämpfen geht Wien verloren.**

Der Waffenstillstand in **Italien** *öffnet* den Briten am 2. Mai den Weg nach *Kärnten* und *Steiermark; das Ende des Widerstands in Bayern* macht den Amerikanern und Franzosen den *Weg nach Österreich frei.* Am 5. Mai bricht in *Prag* ein *tschechischer Aufstand* aus. Daher können sich nur schwächere Teile der deutschen Truppen nach W durchkämpfen, wo die Amerikaner bis zur *Linie Linz–Budweis–Karlsbad* vorgerückt sind.

16. April *Die Rote Armee beginnt ihre Endoffensive an Oder und Neiße in Richtung Berlin.*

25. April **Aus ihren Angriffskeilen bilden sich zwei Zangen, die Berlin umfassen und sich am 25. zusammenschließen. Trotz verzweifelter Abwehr, in die Volkssturm und Hitlerjugend hineingeworfen werden, muß die**

2. Mai **Reichshauptstadt am 2. Mai kapitulieren.**

k) Der Zusammenbruch des Dritten Reichs

1945 **Hitler,** der Mitte Jan. in die *Reichskanzlei nach Berlin* zurückgekehrt ist, entschließt sich am 21. April, *das Ende in Berlin zu erwarten.* In der Nacht vom 23. zum 24. April ermächtigt *Himmler* den schwedischen Grafen *Folke Bernadotte,* den Alliierten die Kapitulation der deutschen Kräfte im W anzubieten. Dies wird abgelehnt, aber durch Rundfunk bekanntgegeben.

28./29. April Hitler läßt sich mit *Eva Braun* trauen und setzt ein *Testament* auf, durch das er Göring und Himmler als Verräter ausschließt, **Dönitz** zu seinem Nachfolger ernennt und die Zusammensetzung des Kabi-

30. April netts festlegt. **Am 30. April macht er gegen 15.30 Uhr (auf nicht einwandfrei geklärte Weise) seinem Leben ein Ende.**

Großadmiral Dönitz übernimmt die Nachfolge, um die Kapitulation zentral zu steuern und dadurch Luftangriffe auf die letzten noch unbeschädigten Städte zu vermeiden.

Der von Dönitz am 2. Mai entsandte *Generaladmiral von Friedeburg* **unterzeichnet am 4. Mai im Hauptquartier Montgomerys bei Lüne-**

4. Mai **burg die Kapitulation der deutschen Kräfte an der britischen Front, in den Niederlanden und in Dänemark** und fliegt am 5. Mai nach *Reims* in das Hauptquartier **Eisenhowers,** *der die Gesamtkapitulation* der deutschen Wehrmacht *verlangt.* Diese unterschreibt **General-**

7./9. Mai **oberst Jodl am 7. Mai 2.41 Uhr.** Am 9. Mai 0.16 Uhr wird *dieser Akt im sowjetrussischen Hauptquartier in* **Berlin-Karlshorst wieder-**

9. Mai **holt. Am 9. Mai 0.01 Uhr tritt die Gesamtkapitulation in Kraft.** In der Zeit vom 1. bis 9. Mai sind noch *1,5 Mill. Soldaten* aus dem sowjet-

russischen Raum hinausgelangt. *Dank der zentralen Steuerung ist das Blutvergießen an allen Fronten schnell beendet, bevor es zu Repressivmaßnahmen kommt.*

Am 23. Mai wird Großadmiral Dönitz vom Vorsitzenden der Alliierten Kontrollkommission erklärt, **die Regierung,** *die vorher als solche behandelt, wenn auch nicht anerkannt worden ist,* **habe aufgehört zu existieren.**

Gründe der Katastrophe

Die *Hoffnung auf den „Endsieg",* den *Hitler* und *Goebbels* immer wieder als gewiß verkündet haben, ist bereits seit der Katastrophe von *Stalingrad* (Febr. 1943) ins Wanken geraten, aber die Erwartung einer schließlich doch noch eintretenden günstigen Wendung ist von vielen Deutschen bis zuletzt gehegt worden, da die *Propaganda* bis zum letzten Augenblick den *Einsatz von* **Geheimwaffen** in Aussicht stellt. Jedoch gibt es im Frühjahr 1945 keine von kriegsentscheidender Bedeutung, wenn auch eine Fülle von Verbesserungen und Neuerfindungen vorbereitet ist. Vor allem sind die deutschen Forscher und Techniker entgegen den nach der Katastrophe sich verbreitenden Gerüchten noch weitab von der Konstruktion einer **Atombombe.**

Durch Flüsterpropaganda gestärkt worden sind auch die Gerüchte, die den für die Öffentlichkeit unbegreiflich schnellen Zusammenbruch der Fronten auf **Verrat** zurückführen. Sie gewinnen scheinbar eine Bestätigung durch den Anteil hoher Offiziere am Putsch des 20. Juli 1944 (S. 551). Doch brauchten gerade sie intakte Fronten, um nach dem Sturz des Regimes in Verhandlungen mit den Gegnern die Forderung der bedingungslosen Kapitulation abmildern zu können, und haben deshalb alles getan, um die Fronten zu stützen.

Der Versuch, den Zusammenbruch durch **„Sabotage"** zu erklären, führt gleichfalls in die Irre. Im Hinblick auf den Einsatz von Millionen von Fremdarbeitern in der Wehrwirtschaft blieben die Fälle, in denen die Produktion geschädigt wurde, verblüffend gering.

Der militärische Zusammenbruch Deutschlands kann überhaupt nicht auf Einzelfaktoren zurückgeführt werden. Er muß vielmehr aus der uferlosen Zielsetzung Hitlers, dem Gesamtablauf des Krieges und aus dem Kräfteverhältnis der Wehrmacht sowie des deutschen Industriepotentials zu dem der Gegner verstanden werden. Angesichts der ungeheuren Überlegenheit der Gegenseite an Menschen und Material bleibt es vielmehr erstaunlich, daß Deutschland den Mehrfrontenkrieg noch so lange hat durchhalten können.

Menschenverluste Deutschlands im Zweiten Weltkrieg

A. Durch Kampfhandlungen

Die Verluststatistik der *Wehrmacht* reicht nur bis zum 31. Jan. 1945. Bis zu diesem Tage sind nachweislich gefallen und gestorben:

2 000 699 (bis 1972 registriert: 3 850 000). Zusammen mit den Vermißten ergibt sich nach dem Stand der Nachforschungen vom Nov. 1972 eine Gesamtzahl von rund *4,75 Mill.* Dazu kommen *die durch Kriegseinwirkungen* (Luftkrieg, Kampfhandlungen) *getöteten Zivilisten,* deren Gesamtzahl auf über 500 000 geschätzt wird.

B. Durch unmittelbare Auswirkung des Krieges

Bei Kriegsende gibt es im abgetrennten Ostdeutschland (einschließlich von Danzig und Memel) 10,4 Mill. Menschen. Die Zahl der Volksdeutschen in Mittel- und Südosteuropa beläuft sich Anfang 1944 auf 5,5 Mill., zusammen also rund 16 Mill. Da in der Bundesrepublik und in der Deutschen Demokratischen Republik 11 292 478 Flüchtlinge gezählt sind, besteht demnach Ungewißheit über das Schicksal von mehreren hunderttausend Menschen. Ende 1945 werden gezählt: 1,6 Mill. Kriegsbeschädigte, 1,2 Mill. Kriegerwitwen, 1,4 Mill. Halb-, 60 000 Vollwaisen (bis zum 21. Lebensjahr).

Menschenverluste anderer Länder

Tschechoslowakei: 375 000 Tote (davon 215 000 Zivilisten).
Polen: 4 520 000 Tote (davon 4 200 000 Zivilisten, ferner 1 500 000 Verluste in den polnischen Ostgebieten).
Finnland: 84 000 Tote.
Norwegen (1940–1945): 10 000 Tote.
Dänemark (1940–1945): 1400 Tote.
Rumänien (1941–1945): 378 000 Tote.
Jugoslawien (1941–1945): 1 690 000 Tote (darunter 1 280 000 Zivilisten).
Bulgarien (1941–1945): 20 000 Tote.
Griechenland (1940–1945): 160 000 Tote (davon 140 000 Zivilisten).
UdSSR: 13 600 000 Wehrmachttote, ferner etwa 7 000 000 getötete Zivilisten: im ganzen = 10% der Bevölkerung.
Großbritannien: 386 000 Tote (darunter 62 000 Zivilisten).
Frankreich: 810 000 Tote (darunter 470 000 Zivilisten).
Belgien (1940–1945): 88 000 Tote (darunter 76 000 Zivilisten).
Niederlande (1940–1945): 210 000 Tote (darunter 198 000 Zivilisten).
USA: 229 000.
China: unbekannt.
Japan: 1 800 000 Tote (darunter 600 000 Zivilisten).
Gesamtverluste: rd. 55 Millionen Menschen.

3. Der Krieg in Ostasien und im Pazifik (1939–1945)

a) Vorgeschichte

Bei Beginn des europäischen Krieges (Sept. 1939) hat der **japanisch-chinesische „Konflikt"** bereits zu einer Patt-Situation geführt. Wohl kann die japanische Armee seit Juli 1937 den größten Teil Nordchinas, Teile Zentralchinas und die wichtigsten Hafenstädte auch im S des Landes erobern, aber die nach Tschungking ausgewichene Regierung des Marschalls *Chiang Kai-shek* setzt mit materieller Unterstützung sowohl durch die USA, die an der Wiedereröffnung des chinesischen Marktes vital interessiert sind, als auch durch die Sowjetunion ihren militärischen Widerstand gegen Japan fort und bindet so das Gros des japanischen Heeres. In das chinesische Heer sind auch zwei Armeen der *Kommunisten unter Mao Tse-tung* eingegliedert, der sich kurz vor Beginn des japanischen Angriffs zwecks gemeinsamer Abwehr des äußeren Feindes mit dem Bürgerkriegsgegner Chiang Kai-shek zu einem Modus vivendi bereitgefunden hatte. Da eine politische Einigung zwischen Japan und Chiang Kai-shek an der japanischen Forderung nach Einfügung ganz Chinas in die „großostasiatische Wohlstandssphäre" unter japanischer Führung scheitert, sucht Japan unter Ausnutzung des europäischen Krieges durch eine Abschnürung Chinas von den noch offenen Nachschubverbindungen im SW Chiang zur Kapitulation zu zwingen. Großbritannien erklärt sich jedoch in der schwierigen Situation nach dem Zusammenbruch Frankreichs nur bereit, für drei Monate die Burmastraße zu sperren.

1940 Dagegen beugt sich die Vichy-Regierung dem Druck Japans und
22. Sept. überläßt ihm *Stützpunkte in Nordindochina.* Die Erwartung der japa-
27. Sept. nischen Regierung, mit dem Abschluß des **„Dreimächtepakts"** mit Deutschland und Italien die USA zu einem Desinteressement in China veranlassen zu können, erfüllt sich nicht; vielmehr reagiert die Regierung Roosevelt darauf mit ersten Ausfuhrbeschränkungen nach Japan. Es kommt nunmehr, von Monat zu Monat an Schärfe zunehmend, zu einer Eskalation von Maßnahmen auf japanischer und amerikanischer Seite.

In der Auseinandersetzung innerhalb der japanischen Führung, ob die Expansion nach N (gegen Sowjet-Fernost) oder nach S (Südostasien) fortgesetzt werden soll, entscheidet sich die Mehrheit für die Südrichtung, da hier die für Japans Bevölkerung und seine Industrie lebensnotwendigen Güter und Rohstoffe einem schnellen Zugriff offenzustehen scheinen.

1941 Es wird ein *japanisch-sowjetischer Neutralitätsvertrag* unterzeichnet.
13. April Auch nach Beginn des deutschen Angriffs auf die Sowjetunion (22. Juni 1941) hält die Regierung Konoye mit Ausnahme von Außenminister Matsuoka, der für eine Teilnahme am Kampf gegen die Sowjet-
2. Juli union plädiert, an der Stoßrichtung Süd fest. Der Kronrat beschließt nunmehr – auch auf die Gefahr eines Krieges gegen die USA und Großbritannien hin –, *Südindochina zu besetzen,* jedoch die im April

aufgenommenen Geheimverhandlungen mit den USA mit dem Ziel eines Arrangements auf der Basis einer japanischen Vorherrschaft in Südostasien fortzusetzen.

26. Juli   Die USA antworten mit einem *Ölembargo,* das die japanische Wirtschaft und Kriegführung an ihrer schwächsten Stelle trifft. Da die Verbindung zu den europäischen Partnern des „Dreimächtepakts" infolge des Steckenbleibens der deutschen Offensive im europäischen Rußland unterbrochen bleibt und auf diesem Wege keine Öltransporte nach Japan gelangen können, ist abzusehen, wann die japanische Regierung vor der Alternative einer politischen Kapitulation vor den USA oder einer „Flucht nach vorn" in den Krieg gegen die USA und ihre Verbündeten in Südostasien steht. Die Regierung Tōjō (seit Okt. 1941) unternimmt noch einen letzten Versuch zum Ausgleich mit den USA, treibt zugleich jedoch die Kriegsvorbereitungen voran.

26. Nov.   Die Regierung Roosevelt bezeichnet die Räumung Indochinas und ganz Chinas (einschließlich der Mandschurei) als Vorbedingung für

1. Dez.   ein Arrangement mit Japan. Daraufhin **beschließt der japanische Kronrat den Krieg gegen die USA und Großbritannien.**

b) Die Zeit der japanischen Erfolge

Der japanische Kriegsplan sieht eine schnelle Eroberung Südostasiens (Philippinen, Malaya, Burma, Indonesien) sowie der Stützpunkte Hongkong, Singapore, Guam und Wake mit den See- und Luftstreitkräften der Marine und einem relativ kleinen Teil des Heeres vor. Das so gewonnene Gebiet soll durch einen auszubauenden breiten Sicherheitsgürtel (Inseln im Pazifik) gegen Rückeroberungsversuche der Amerikaner und Briten geschützt und durch das Gros der japanischen Flotte abgedeckt werden. In einem langen Abnutzungskrieg hofft die japanische Regierung dann die USA zu einem Kompromißfrieden veranlassen zu können.

1941   Der Krieg wird eröffnet mit einem Überraschungsschlag japanischer
7. Dez.   Trägerflugzeuge gegen den Hauptstützpunkt der amerikanischen Pazifikflotte **Pearl Harbor** (Hawaii-Inseln). 5 Schlachtschiffe werden versenkt, 3 weitere schwer beschädigt. Die amerikanischen Flugzeugträger befanden sich zufällig nicht im Hafen. Die amerikanische Regierung rechnete mit einem Angriffsschlag der Japaner, nachdem die Verhandlungen auf einem toten Punkt angelangt waren; sie erwartete jedoch nur *Landungen auf den Philippinen und in Malaya,* die auch am gleichen Tag noch erfolgen. Der japanische Angriff beendet die bis dahin eher zugunsten der Isolationisten verlaufene öffentliche Diskussion in den USA über eine Beteiligung am europä-
11. Dez.   ischen Krieg schlagartig. Die *Kriegserklärungen Deutschlands und Italiens* ziehen darüber hinaus die USA sogleich in einen Zweiozeankrieg. Obwohl das zuvor schon festgelegte Prinzip „Germany first" weiterhin bestehenbleibt, werden zwangsläufig erhebliche Kräfte

der USA auf dem pazifischen Schauplatz gebunden, so daß das effektive Engagement der USA in Europa und Afrika hinausgezögert wird.

1942 Die Eroberung Südostasiens durch die Japaner gleicht einer Sturmflut. Am *15. Febr.* fällt *Singapore*, am *7. März* ist die Besetzung ganz *Indonesiens* abgeschlossen, am *6. Mai* kapituliert als letzter amerikanischer Stützpunkt auf den Philippinen die Felseninsel *Corregidor;* kurz darauf ist die Besetzung ganz *Burmas* abgeschlossen. Durch die Eroberung der *Salomonen* wird der japanische Sicherheitsgürtel weit nach SO vorgeschoben. Indien und Australien sind bedroht.

18. April Nachdem ein überraschender amerikanischer Luftangriff auf Tokio von drei Flugzeugträgern aus deutlich gemacht hat, daß der Raum östlich des japanischen Mutterlandes unzulänglich geschützt ist, entschließt sich die japanische Führung zur Eroberung der westlichen Aleuten und der Midwayinsel im Zentralpazifik. Zwischen der hierfür als Deckung eingesetzten japanischen Trägerflotte und einer zahlenmäßig weit unterlegenen amerikanischen Flotte entwickelt sich eine

4.–7. Juni **See-Luft-Schlacht bei der Midwayinsel,** in deren Verlauf 4 japanische Flugzeugträger versenkt werden (nur 1 amerikanischer Träger geht verloren). Daraufhin geben die Japaner ihre Landungsabsicht auf. Da auch die Eroberung Neuguineas von den Japanern nicht zum Abschluß gebracht werden kann, ist der Kulminationspunkt der japanischen Offensive erreicht.

c) Von der Kriegswende bis zur Kapitulation Japans

1942 Mit der Landung auf der Salomoneninsel Guadalcanar leiten die **7. Aug.** Amerikaner die – später dann in Gestalt eines „Inselspringens" fortgeführte – *schrittweise Rückeroberung* der verlorenen Gebiete ein. Die Japaner leisten überall zähesten Widerstand, so daß die Amerikaner nur in äußerst verlustreichen Kämpfen mühevoll und langsam vorankommen. Ihre materialmäßige Überlegenheit und die Beherrschung des Luftraums (zur systematischen Zerschlagung der Verbindungsstränge Japans nach Südostasien) fallen erst allmählich ins Gewicht. Nachdem die *japanische Besatzungspolitik* in Südostasien zunächst auf eine direkte Herrschaft abzielte, fördert die von Außenminister Shigemitsu (ab April 1943) eingeleitete neue Asienpolitik die bislang bekämpften *Unabhängigkeitsbewegungen* (Burma, Philippinen, Indonesien, ab März 1945 nach Internierung der Franzosen auch Indochina). Der 1941 aus Indien nach Deutschland entkommene Nationalistenführer Subhas Chandra Bose trifft im Mai 1943

1943 mit einem U-Boot im japanischen Machtbereich ein und proklamiert **21. Okt.** eine Regierung „*Freies Indien*" in Singapore, der formal die von den Japanern eroberten indischen Inselgruppen der Nikobaren und Andamanen unterstellt werden. Jedoch scheitert der Versuch, mit der aus indischen Kriegsgefangenen gebildeten indischen „Nationalarmee" im Febr./März 1944 durch einen Vorstoß nach Assam einen

allgemeinen Aufstand der Inder gegen die britische Herrschaft auszulösen. Die Offensive bleibt im Raum von Imphal stecken.

1944
Obwohl die Japaner im *Sommer 1944* in einer großen *Offensive in
China* eine breite Landbrücke bis Indochina herstellen und die ameri-
kanischen Luftbasen in Südchina ausschalten können, sind die Ame-

12.–15. Juni
rikaner inzwischen mit der Eroberung der Marianeninsel *Saipan* so
nahe an das japanische Mutterland herangerückt, daß sie von dort
aus *massive Luftangriffe auf die japanischen Städte* eröffnen. Die
Regierung Tōjō tritt zurück (18. Juli 1944), aber auch die beiden
Nachfolgeregierungen Koiso und Suzuki scheitern an den Bemühungen, über die Sowjetunion (Vermittlung eines Separatfriedens mit
Deutschland) aus dem zunehmenden Dilemma herauszufinden und
durch Verstärkung der Verteidigungsanstrengungen (u. a. Selbstop-
ferung der Kamikaze-Flieger) in einem Kompromiß mit den USA
wenigstens einen Teil der Erfolge des ersten Kriegsjahres zu retten.

1945
Die 10. amerikanische Armee landet auf der Ryukyu-Insel **Okinawa.**

1. April
Von dort gewonnenen Absprungplätzen aus werden die Luftangriffe
auf das japanische Mutterland weiter intensiviert. Da die Antwort
der japanischen Regierung auf die von der Potsdamer Konferenz der
„Großen Drei" geforderte bedingungslose Kapitulation (26. Juli
1945) für unzureichend angesehen wird, entscheidet Präsident Tru-

6. Aug.
man, eine erste **Atombombe** (Uranium) **auf Hiroshima** abwerfen zu
lassen (92 000 Tote, über 37 000 Verletzte),

9. Aug.
eine zweite (Plutonium) **auf Nagasaki** (40 000 Tote, 60 000 Verletzte).

8. Aug.
Die *Sowjetunion erklärt Japan den Krieg.* Die Rote Armee dringt in
die Mandschurei und Nordkorea ein. Sowjetische Truppen landen auf
den Kurilen und auf Sachalin. Unter dem Eindruck dieser Katastro-

10. Aug.
phen nimmt der japanische Kronrat die *Forderung nach bedingungs-
loser Kapitulation* an. Voraussetzung sei, „daß die Bedingungen der
Übergabe nicht die Vorrechte des Kaisers Hirohito als souveränen
Herrschers beeinträchtigen". Die zustimmende Antwort der Alliier-

11. Aug.
ten erklärt, daß der Kaiser für die Durchführung der Potsdamer
Beschlüsse verantwortlich sein werde. Ihm werde ein alliierter Militärbefehlshaber übergeordnet. Obwohl damit die japanische Kapitulation eingetreten ist, rückt die Rote Armee weiter in der
Mandschurei vor und erobert Port Arthur und Dairen. Die Truppen
Chiang Kai-sheks besetzen Ende Aug. die Städte Shanghai und Nanking.

2. Sept.
Die **Kapitulation Japans** wird auf dem Schlachtschiff „Missouri" in
der Tokio-Buch vom alliierten Oberbefehlshaber im Südwestpazifik,
General MacArthur, und von Außenminister Shigemitsu **unterzeichnet.**

Am 9. Sept.
rücken amerikanische Truppen in Tokio ein. Das *japanische Mutterland* sowie die Ryukyu-Inseln und Südkorea werden von Amerikanern (und Briten) *besetzt,* die Mandschurei, Nordkorea (bis zum 38.
Breitengrad), Sachalin und die Kurilen von der Sowjetunion. In

dem – abgesehen von Burma – noch nicht von den Alliierten zurückeroberten Südostasien übernehmen die umgebildeten Unabhängig-
keitsregierungen die Macht, um die Rückkehr der Kolonialmächte
zu erschweren und nach Möglichkeit ganz auszuschließen.

4. Zwischenstaatliche Ereignisse sowie internationale Verträge, Konferenzen und Staatsbesuche

a) Die Achsenmächte

1939
23. Aug. **Deutsch-sowjetischer Nichtangriffspakt,** begleitet von einem
*Geheimabkommen über die Aufteilung Ostmitteleuropas in Interes-
sensphären:* sowjetischer Bereich: Finnland, baltische Staaten (außer
Litauen), Ostpolen bis zur Narew-Weichsel-San-Linie, Bessarabien.
Am 28. Sept. ergänzt durch einen *Freundschaftsvertrag* und eine
Abänderung der Interessensphären (Litauen sowjetischer Bereich,
Polen bis zur Narew-Bug-San-Linie deutscher Bereich).

Okt. Verträge mit den *baltischen Staaten* wegen der *Rückführung der
Deutschen* in das Reichsgebiet.

21. Okt. Deutsch-italienisches Abkommen betr. *Umsiedlung aus Südtirol.*

3. Nov. Deutsch-sowjetisches Abkommen über die Rückführung der Volksdeutschen aus Wolynien.

21. Dez. Deutsch-italienisches Abkommen betr. *Umsiedlung* aus dem *oberen
Etschtal.*

1940
30. Aug. *Zweiter Wiener Schiedsspruch* (S. 554): *Ungarn* erhält von Rumänien
Nordsiebenbürgen und das *Szeklerland.* Garantie der neuen rumänischen Grenzen durch Deutschland und Italien.

5. Sept.
1940 Deutsch-sowjetisches Abkommen über die Umsiedlung der Volksdeutschen aus Bessarabien und der Nordbukowina.

27. Sept. **Unterzeichnung eines Dreimächtepaktes zwischen Deutschland, Italien und Japan in Berlin,** abgeschlossen für 10 Jahre mit dem Ziel,
in Europa und Ostasien eine „neue Ordnung" zu schaffen, sowie der
Verpflichtung zur Hilfeleistung im Falle des Kriegseintritts einer
neuen Großmacht, d. h. faktisch der USA (mit der Einschränkung,
daß dadurch der zur UdSSR gegenwärtig bestehende Status nicht berührt werden solle).

1941
März–April Der *japanische Außenminister* **Matsuoka** trifft über Moskau in
Deutschland ein, verhandelt mit Hitler und Mussolini und fährt über
Moskau, wo er am 13. April einen *japanisch-sowjetischen Neutrali-
tätsvertrag* abschließt (S. 543), nach Japan zurück.

18. Juni Botschafter *von Papen* unterzeichnet in Ankara einen **deutsch-türki-
schen Freundschaftsvertrag** auf 10 Jahre.

1942
19. Jan. **Nach Abschluß eines Militärbündnisses (11. Dez. 1941) werden die
Operationszonen zwischen Deutschland, Italien und Japan** abge-
steckt (Grenze: 70. Längengrad). Eine wirksame militärische Zusammenarbeit zwischen Deutschland und Japan kommt nicht zustande.

29. Mai *Hitler* empfängt den Führer der *antibritischen Inder, Subhas Chandra Bose,* der im Frühjahr 1943 im U-Boot nach *Japan* überwechselt.

1944 In Prag wird unter Ausnutzung von Wlassows Namen (S. 527) ein
„Komitee zur Befreiung der Völker Rußlands" gegründet und die
14. Nov. Aufstellung einer **„Russischen Befreiungsarmee" (ROA)** begonnen.

b) Die Alliierten

1941 In einer Botschaft an den Kongreß verkündet **Roosevelt** die **„Vier**
6. Jan. **Freiheiten":** territoriale Veränderungen nur aufgrund des Selbstbestimmungsrechts; freie Bestimmung eines jeden Volkes über seine Regierungsform; freier und gleicher Zugang zu allen Rohstoffen der Erde; dauernder Friede, der ein Leben frei von Furcht und Not gewährleistet.

11. März Das *Leih- und Pachtgesetz,* durch das die USA das „Arsenal der Demokratien" werden, tritt in Kraft.

14. Aug. **Atlantikcharta** *(The Atlantic Charter),* verkündet von *Roosevelt* und *Churchill,* die sich an Bord der Schiffe *„Augusta"* und *„Prince of Wales"* im *Nordatlantik* treffen. In acht Punkten werden die an den „Vier Freiheiten" orientierten **Kriegsziele der Alliierten** zusammengefaßt.

1942 Im **Washington-Pakt** („26-Nationen-Erklärung") legen sich die im
1. Jan. Kampf mit den „Achsenmächten" befindlichen Nationen darauf fest, daß sie **keinen Sonderwaffenstillstand** abschließen werden. Durch den Beitritt weiterer Staaten wird der Pakt zur *Keimzelle der „Vereinten Nationen".*

1943 **Casablanca-Konferenz** *(Marokko)* zwischen *Roosevelt* und *Churchill.*
14.–26. Jan. Roosevelts Formel einer **bedingungslosen Kapitulation der Feinde** wird angenommen *(„the Unconditional Surrender Meeting").*

19.–30. Okt. *Britisch-amerikanisch-sowjetische Verhandlungen in Moskau* (Zusammenarbeit bis zum Endsieg, Begründung einer neuen internationalen Organisation, nach dem Krieg allgemeine Entwaffnung, späterer Eintritt Sowjetrußlands in den Krieg gegen Japan, Wiedererrichtung Österreichs in den Grenzen von 1937, Anklage gegen deutsche Kriegsverbrecher).

22.–26. Nov. Auf der ersten **Kairo-Konferenz** besprechen *Roosevelt, Churchill* und *Chiang Kai-shek* die weiteren *Operationen gegen Japan:* es soll alle seit 1914 bzw. 1894 okkupierten Gebiete verlieren. Formosa und die Pescadores (in der Fukienstraße) sollen China zurückgegeben werden; Korea soll seine Unabhängigkeit zurückerhalten.

28. Nov. – Die **Teheran-Konferenz,** auf der sich zum erstenmal *Roosevelt* und
1. Dez. *Churchill* mit *Stalin* treffen, führt zu Erklärungen über die **Zusammenarbeit in und nach dem Kriege;** Aussprachen über die *Landungen im Westen* und die *militärische Zusammenarbeit.* In London wird die Europäische Beratende Kommission aus den Vertretern der drei Großmächte eingerichtet, in der am 12. Sept. 1944 (einem britischen und einem sowjetischen Vorschlag vom 15. und 28. Jan. entspre-

chend) ein „1. Zonenprotokoll" unterzeichnet wird, das die heutige Zonengrenze zwischen Ost und West in Deutschland festlegt. Vorläufige Einigung über die Curzon-Linie als zukünftige polnische Ostgrenze. Dafür soll Polen Entschädigungen auf Kosten Deutschlands bis zur Oder erhalten (Kompensationstheorie).

1944   Die **Dumbarton-Oaks-Konferenz** (bei *Washington*), unter Teilnahme
21. Aug. – von Vertretern *Englands*, der *Vereinigten Staaten*, der *Sowjetunion*
7. Okt.   und *Chinas*, empfiehlt am 9. Okt., den Völkerbund durch die *„Vereinten Nationen"* zu ersetzen.

22. Sept.   *Roosevelt zieht* infolge der Opposition von Hull und Stimson die von ihm bereits erteilte *Unterschrift vom* **Morgenthauplan** *zurück*. Dieser Plan sah die *Verkleinerung und Zerteilung Deutschlands* sowie dessen Zurückführung auf den Stand eines Agrarstaates vor.

1945   **Jalta-Konferenz** auf der *Krim* zwischen *Stalin, Roosevelt* und *Chur-*
4.–11. Febr. *chill* zwecks Ergänzung der 1943 auf der Teheran-Konferenz gefaßten Beschlüsse: Koordinierung der militärischen Operationen, *Aufteilung Deutschlands in Besatzungszonen* (Bestätigung des 1. und 2. „Zonenprotokolls" der Europäischen Beratenden Kommission, s. oben), Reparationen, Gebietsabtretungen (s. a. unten), Bildung eines Kontrollrates, totale Entwaffnung, Bildung einer provisorischen *polnischen Regierung* durch Zusammenschluß der Exilregierung (s. ferner S. 556) mit dem von Sowjetrußland ins Leben gerufenen Lublin-Komitee; Anerkennung der Curzon-Linie mit geringen Abweichungen zugunsten Polens, das im W durch deutsche Gebiete entschädigt werden soll; Zusammentritt der *Vereinten Nationen in San Francisco* zur Festlegung ihrer Gründungscharta, wobei der Sowjetunion *drei Vertreter* zugestanden werden. *Eintritt Sowjetrußlands in den Krieg gegen Japan* drei Monate nach dem Ende des Krieges in Europa, wofür die Kurileninseln, Südsachalin, der Status quo in der Außenmongolei und Anrechte in der Innenmongolei und den *pazifischen* Häfen zugestanden werden (Geheimabkommen vom 11. Febr.). *Frankreich* soll an der Besetzung Deutschlands und am Kontrollrat beteiligt werden.

Gründung der Vereinten Nationen, Verhandlungen und Verträge über Friedensschlüsse

1945   Zusammentritt der **Konferenz in San Francisco,** die auf der Grund-
25. April lage der Beschlüsse von Dumbarton Oaks die *Gründungsurkunde der* United Nations Organization (UNO) = **Vereinte Nationen (UN)** *festlegt.*

5. Juni   Durch vier in Berlin unterzeichnete *Deklarationen* der vier Besatzungsmächte geht die oberste Gewalt in ganz Deutschland an diese über (S. 554).

26. Juni   **50 Nationen unterschreiben** die Charta der UN.

17. Juli –   **Potsdamer Konferenz,** abgehalten im Schloß *Cäcilienhof* von **Stalin,**
2. Aug.   **Truman** und **Churchill,** den am 29. Juli **Attlee** (sein Nachfolger als

Premierminister) ersetzt. Festgelegt werden die *weitere Behandlung Deutschlands*, die Einrichtung des *Alliierten Kontrollrats in Berlin*, die *Reparationsansprüche* und die *Demontagen*. **Königsberg und der Nordteil Ostpreußens werden der Sowjetunion, das übrige Ostdeutschland bis zur Oder-Neiße-Linie Polen zur Verwaltung bis zur endgültigen Regelung durch eine Friedenskonferenz übergeben.** Die *Austreibung der deutschen Bevölkerung* („in geregelter und humaner Form") aus Polen, der Tschechoslowakei und Ungarn (also nicht aus den zeitweiligen Verwaltungsgebieten) wird *gebilligt* (damit verzichten die Westmächte auf jede Einwirkung auf die schließlich rund 11,3 Mill. erfassende Vertreibung).

1946

29. Juli Beginn der **Pariser Friedenskonferenz. Am 10. Febr. 1947 Unterzeichnung der Verträge mit Finnland, Italien, Ungarn, Rumänien und Bulgarien.**

6. Sept. Rede des amerikanischen Staatssekretärs *Byrnes* in Stuttgart, wonach das Ausmaß etwaiger Gebietsabtretungen Deutschlands an Polen noch nicht feststehe und die USA sich nicht verpflichtet hätten, die Abtretung der polnischen Verwaltungsgebiete auf der Friedenskonferenz zu unterstützen.

23. Okt. – **Erste Vollversammlung der Vereinten Nationen** in *Lake Success* auf
16. Dez. der Insel *Long Island (Staat New York).*

D. Ländergeschichte Europas 1939–1945

a) Deutschland (*einschließlich* **Österreichs**) (Forts. v. S. 495 f.)
(vgl. Konferenzen S. 547)

1939 **Beginn des Zweiten Weltkriegs** (S. 518 f.); *Rede Hitlers vor dem*
1. Sept. *Reichstag*, in der er seine *Nachfolge* (Göring, Heß) regelt.

8. Nov. *Attentatsversuch auf Hitler* im Münchener Bürgerbräukeller (Bombe mit Zeitzünder; Täter G. Elser).

Das **„Euthanasiegesetz"** (datiert 1. Sept. 1939) leitet die *Vernichtung der unheilbar Geisteskranken* ein (über 80 000 Opfer). Die Aktion wird nach Protesten der Geistlichkeit 1941 eingeschränkt.

1940 **Hitlers dritte Kriegsrede vor dem Reichstag,** die sich mit einem vagen
19. Juli Friedensappell an England wendet.

Umsiedlung Volksdeutscher aus Ost- und Ostmitteleuropa ins Reichsgebiet, zum großen Teil in das Wartheland. Diese Umsiedler werden 1945 in die Austreibungskatastrophe mit hineingerissen.

1941 *Hitler* legt in seinem Hauptquartier mit *Göring, Keitel, Rosenberg* und
16. Juli *Bormann* die deutschen Ziele im Osten fest, die die Aufteilung und Ausbeutung der UdSSR vorsehen.

Nachdem am 3. Nov. 1941 verfügt worden ist, daß die *deutschen Juden* zur *Arbeitsdienstpflicht* herangezogen werden können
1942 **20. Jan.** (Begründung: Ersatz für Wehrdienst), wird in der *„Wannseekonfe-*

renz" den Staatssekretären mitgeteilt, die Judenfrage solle durch *Aussiedlung in den O und „Sonderbehandlung"* (Vernichtung in bestimmten Lagern) gelöst werden (über die Durchführung s. S. 552 f.).

26. April   *Hitler* verlangt vom Reichstag Vollmacht, daß er nach eigenem Gutdünken als *Oberster Gerichtsherr* entscheiden und strafen kann, wenn das „Wohl des Volkes" es verlangt. Im Aug. wird *Roland Freisler* Vorsitzender des Volksgerichtshofs.

1942/43   Nach der am 2. Febr. zu Ende gehenden **Katastrophe von Stalingrad**
Winter   fällt die *Stimmung noch tiefer* als im *Vorwinter* und führt bei der sich verstärkenden Opposition (Beck, Goerdeler) zur *Vorbereitung* eines Attentats. Die Pläne scheitern jedoch alle, z. T. schon in der Vorbereitung. Zudem verschließt die auf der Konferenz von *Casablanca* (S. 548) am 14.–26. Jan. von *Roosevelt* erhobene **Forderung der bedingungslosen Übergabe** die Hoffnung, daß ein ohne Hitler abgeschlossener Waffenstillstand doch noch zu erträglichen Bedingungen führen könne.

Unter den *in Stalingrad Gefangenen* bildet sich auf sowjetische Initiative ein **„Nationalkomitee Freies Deutschland"** (12./13. Juli 1943) in Krasnogorsk bei Moskau, das offen und durch Geheimpropaganda den Widerstand des Ostheeres auszuhöhlen sucht und unter den Kriegsgefangenen wirbt.

Das Attentat auf Hitler und seine Folgen

1944   Eine von **Oberst i. G. Claus Graf Schenk von Stauffenberg** in das
20. Juli   Führerhauptquartier gebrachte Bombe tötet mehrere Anwesende,
12.50 Uhr   **verletzt Hitler jedoch nur leicht.** Stauffenberg kann nach Berlin zurückfliegen, wo die dem Befehlshaber des Ersatzheeres unterstehenden Verbände nur teilweise in Marsch gesetzt worden sind, um die Übernahme der Regierung zu sichern. *Goebbels* bewirkt, daß der mit der *Besetzung der Wilhelmstraße* beauftragte *Major Remer* neuen Befehl erhält. Die militärischen Dienststellen in Berlin (Bendlerstraße) werden von Hitleranhängern besetzt, worauf **Stauffenberg** und drei weitere Offiziere **standrechtlich erschossen** werden. Das Übergreifen der Bewegung auf die Generalkommandos und die besetzten Gebiete wird verhindert (nur in *Paris* und in *Wien* kommt es zu vorübergehender Verhaftung der SS-Dienststellen), und *Hitler* macht durch eine Ansprache über den Rundfunk dem Gerücht, er sei getötet, ein Ende. **Um Mitternacht ist der Aufstand niedergeschlagen.**

Ziel der Verschwörer war, dem nationalsozialistischen Terror-Regime von innen heraus ein Ende zu bereiten, eine sittliche Erneuerung einzuleiten und eine Regierung mit Generaloberst *Beck* als Staatsoberhaupt ans Ruder zu bringen, mit der die Gegner zu verhandeln bereit waren; doch sind diese auf alle vorhergehenden Sondierungen nicht eingegangen. *Himmler* läßt alle Verdächtigen und ihre Angehörigen festsetzen. Im Zusammenhang mit dem 20. Juli werden zahlreiche

Personen verhaftet. Die Zahl der namentlich bekannten Hingerichte-
ten beträgt etwa 190. Es ergibt sich, daß der *Kreis* der unmittelbaren
und mittelbaren Mitwisser *viel größer* ist und Vertreter aus allen sozialen Schichten und politischen Richtungen umfaßt, daß auch bereits
ein Regierungsprogramm vorbereitet ist. Der **Volksgerichtshof unter
Freisler** verhängt in Schauprozessen **Todesurteile**, die durch Strang
und Beil vollzogen werden (u. a. neben hohen Offizieren und Diplomaten der frühere Preiskommissar *Goerdeler*, der frühere preußische
Finanzminister *Popitz*, die Sozialdemokraten *Leuschner* und *Leber*,
eine Reihe *Gewerkschaftsführer, Geistliche* beider Konfessionen und
eine Anzahl Mitglieder des christlich-konservativen, von *Graf Hel-
muth James von Moltke* geleiteten „*Kreisauer Kreises*"). Durch
Selbstmord entziehen sich dem Gericht u. a. die Generäle *von Kluge*
und *Beck* sowie, vor die Alternative „Gift oder Anklage" gestellt,
Generalfeldmarschall *Rommel*.
Die Aburteilungen ziehen sich bis April 1945 hin. *Noch in den letzten
Wochen werden Gefangene umgebracht.*
Durch propagandistische Diffamierung der Verschwörer als „reak-
tionäre Clique" wird die Öffentlichkeit über das Wesen und das Aus-
maß der Widerstandsbewegung getäuscht.

Maßnahmen gegen die Gegner des Regimes und die Juden

(vgl. auch S. 529: Maßnahmen in den besetzten Gebieten)

Die dem **Reichssicherheitshauptamt (RSHA)** (unter *Heydrich*, ab
1942 *Kaltenbrunner*) und dem **Wirtschafts- und Verwaltungshaupt-
amt (WVHA)** der SS unterstehenden und der ordentlichen Gerichtsbarkeit entzogenen **Konzentrationslager** („KZ"), die bereits 1933
eingerichtet worden sind, nehmen im Laufe des Krieges an Zahl (insgesamt 395 Männer- und 17 Frauenlager) und Umfang gewaltig zu
(*Dachau, Buchenwald, Oranienburg, Flossenbürg* u. a.): 1939 im
ganzen Reich 20 000 Häftlinge; am 1. Aug. 1944: 524 277 In- und
Ausländer. *Politische Gegner, Kriminelle* und *„Asoziale"* werden bewußt vermischt. Es wird üblich, politisch Unliebsame nach Freisprüchen durch die ordentlichen Gerichte oder nach Abbüßung
kürzerer Gefängnisstrafen in den KZ festzuhalten. Dies trifft auch
Geistliche beider Konfessionen und Angehörige religiöser *Sekten.*
Ab Februar 1942 werden die KZ in den *Dienst der Wehrwirtschaft*
gestellt (Ausbau des Kapo-Systems; Aufbau von Fabriken in und bei
den KZ). Um die Produktionsleistungen zu heben, werden Fremdarbeiter in sie eingeliefert, auch Gefängnisinsassen der besetzten Länder. Da auch politisch Verdächtige nichtdeutscher Länder dort gefangengehalten werden, sind schließlich in den *KZ alle Nationen und alle
Schichten* vertreten. Um die Wirkung des Terrors zu erhöhen und jeg-
liche Kritik zu unterbinden, wird *um die KZ ein Gürtel des Schweigens
gezogen.* Die unmenschlichen Verhältnisse in den Lagern steigern sich

im Laufe des Krieges. Sie entwickeln sich zu einer einzigen *Katastrophe des Hungers und des Leidens*. Insassen werden zur Durchführung medizinischer Versuche benutzt und gehen dabei zugrunde. Die Versuche, die KZ, an die die Front heranrückt, vor Eintreffen der Gegner zu *evakuieren*, führen zur Überbelegung der übrigen Lager und damit zu so *grauenhaften Zuständen*, daß ein Massensterben einsetzt. Daher finden die Gegner beim Vorrücken eine Lage, die noch schlimmer ist, als der schärfste Gegner des Regimes sie erwartet hat.

Besondere Lager („Vernichtungslager") dienen dazu, den schon vor Beginn des Krieges eingeleiteten *Kampf gegen die Juden* durch ihre physische Vernichtung zu Ende zu führen. Geleitet wird er durch das Sonderreferat des SS-Obersturmbannführers *Eichmann*, der **Himmler** untersteht, aber im Rahmen der von **Hitler** erteilten Weisungen handelt. Im Okt. 1939 beginnt die *Aussiedlung* in den durch den Polenfeldzug geöffneten Raum von *Lublin* (bis 31. Okt. 1941 537 000 aus dem Reich). In diese Aktion werden Juden aus allen Ländern im deutschen Machtbereich einbezogen (nur Italien, Rumänien, bis März 1944 auch Ungarn widersetzen sich erfolgreich). Ein Teil der abtransportierten Juden wird in *Fabriken* gesteckt, ein anderer in die *polnischen Gettos*, eine „Auslese" in das Lager *Theresienstadt (Böhmen)*. Entscheidend ist die *Vernichtungsaktion*, bei der in *Auschwitz, Maidanek, Treblinka, Sobibor, Belzec* und *Chelmno* laufend Tausende von Juden mit Hilfe von Gaskammern umgebracht werden, so daß *schließlich Millionen europäischer Juden getötet* sind (Gesamtzahl mit etwa 6 Mill. errechnet; 1925 lebten in Deutschland 564 379 Juden; davon nach jüdischer Berechnung ausgewandert: 295 000; deutsche Juden vernichtet: mindestens 190 000).

Voraus geht die berüchtigte Aktion der von Himmler eingesetzten „Einsatzgruppen", die 1941 auf dem Boden der UdSSR unter den dortigen Juden Massenerschießungen vornehmen (über 1 Mill. Opfer).

Da die verbliebenen 60 000 Bewohner des *Warschauer Gettos* sich nach dem Abtransport von 300 000 Juden in das Vernichtungslager Treblinka dem Räumungsbefehl Himmlers widersetzen, wird die Räumung durch eine Polizeiaktion (19. April–16. Mai 1943) in heftigen Häuserkämpfen erzwungen; dabei büßen fast alle Juden das Leben ein.

Letzte Abwehrmaßnahmen der Regierung und der Partei 1944/45

1944 Am 25. Sept. werden alle waffenfähigen Männer zwischen 16 und 60 Jahren zum **„Deutschen Volkssturm"** aufgerufen, dessen Aufbau und Leitung den *Gauleitern* übertragen wird. Ohne ausreichende Ausbildung und Ausrüstung wird er in die Verteidigung des bedrohten Heimatgebietes geworfen.

1945 Am 12. Febr. werden die deutschen *Frauen und Mädchen zum Hilfs-*

dienst für den Volkssturm aufgerufen, während schon lange vorher
Jungen und Mädchen in den *Luftwaffenhelfer-Einheiten* Flakge-
schütze bedienen. Am 5. März wird der **Jahrgang 1929** eingezogen.
Am 19. März befiehlt Hitler, alle für den Feind nutzbaren Anlagen
beim Zurückgehen zu zerstören (*„Nero-Befehl"; durch das Eingreifen Speers* und *Kesselrings* nicht zur Auswirkung gelangt). Schließlich
wird am 2. April das Bestehen einer den Widerstand hinter den feindlichen Linien fortsetzenden *Organisation* **„Werwolf"** bekanntgegeben, eine Improvisation der Partei, die nicht über die ersten Ansätze
hinauskommt, jedoch die Gegner zu entsprechenden Abwehrmaßnahmen veranlaßt.

Zusammenbruch des Dritten Reichs 1945 (S. 540)
Maßnahmen der Besatzungsmächte

1945 Am 5. Juni unterzeichnen die vier alliierten Oberbefehlshaber in Berlin *drei Deklarationen,* aufgrund deren die **vier verbündeten Regierungen nach Aufhören einer Regierungsgewalt in Deutschland die
oberste Gewalt übernehmen.** Dazu wird **Deutschland** in den Grenzen
von 1937 **in vier Zonen aufgeteilt, Groß-Berlin durch Streitkräfte aller vier Siegernationen besetzt** (Viersektorenstadt). Eine vierte
Deklaration regelt die Organisation eines **Kontrollrates.** Dabei wird
das deutsche Staatsgebiet nach dem Stand von Ende 1937 zugrunde
gelegt. (Forts. S. 596.)

Wiederaufrichtung einer selbständigen Republik Österreich

Seit dem am 13. März 1938 vollzogenen **Anschluß an das Deutsche
Reich** teilt Österreich dessen Schicksale. Österreicher kämpfen in der
deutschen Wehrmacht auf allen Kriegsschauplätzen mit.
1943 Die *Moskauer Konferenz* der Alliierten (S. 548) erläßt eine Erklä-
1. Nov. rung, daß die *Republik Österreich wiederhergestellt* werden soll.
1945 Nach der *Besetzung Wiens* durch die Rote Armee Einrichtung einer
27. April *Provisorischen Regierung.*
4. Juni Ankündigung, daß **Österreich in den Grenzen von 1937 wiederhergestellt und in vier Besatzungszonen geteilt** wird. **Wien,** das aus der
Aufteilung herausgenommen wird, wird **Sitz des Alliierten Kontrollrats** und wird *in sich unter die vier Besatzungsmächte aufgeteilt.* (Forts.
S. 617.)

b) Ungarn (Forts. v. S. 498)

1940 **Zweiter Wiener Schiedsspruch,** der Ungarn in *Siebenbürgen* von den
30. Aug. 1920 verlorenen Gebieten 11 927 qkm mit 1 Mill. Bewohnern zu-
rückgibt.
20. Nov. Beitritt zum **Dreimächtepakt.**
1941 Ungarn beteiligt sich am deutschen *Einmarsch in Jugoslawien* (S. 524).

Seit 27. Juni befindet sich Ungarn im *Kriegszustand mit der UdSSR.*
   6. Dez. *England* erklärt *Ungarn,* 12. Dez. *Ungarn* erklärt den *Vereinigten Staaten* den Krieg.
     1942 Der neue Ministerpräsident **von Kállay** sucht im Auftrag des Reichs-
  10. März verwesers Verbindung zu den westlichen Alliierten.
     1944 *Besetzung Ungarns durch deutsche Truppen* (S. 536). Überführung des größten Teils der über 700 000 ungarischen Juden ins Vernichtungslager Auschwitz.
            Der Reichsverweser *Nikolaus Horthy* leitet Verhandlungen mit der
  15. Okt. UdSSR ein und gibt seine Bitte um Waffenstillstand über Rundfunk
  16. Okt. bekannt. Er widerruft seinen Schritt unter deutschem Druck und *tritt zurück.* An seiner Stelle übernimmt *Ferencz Szálasi* (Pfeilkreuzlerpartei) als *„Staatsführer"* die Macht.
  23. Dez. Generaloberst Miklós von Dálnoki bildet in Debrecen eine *Gegenre-*
     1945 *gierung* und unterzeichnet in Moskau am
  20. Jan. einen **Waffenstillstand** mit der UdSSR und den Westmächten. (Forts. S. 619.)

c) Tschechoslowakei (Forts. v. S. 499)
Slowakei

     1939 *Prälat Josef* **Tiso** wird zum **Staatspräsidenten** der am 14. März ver-
  26. Okt. selbständigten Slowakei (unter deutschem Schutz) gewählt.
     1941 Die Slowakei tritt in den *Kampf gegen Sowjetrußland* ein (24. Juni).

Protektorat Böhmen und Mähren
     1941 Das *Restgebiet der Tschechoslowakei,* jetzt *Protektorat Böhmen und Mähren* genannt, ist dem *Reichsprotektor Frhrn. von Neurath* unterstellt.
  27. Sept. Die Geschäfte des Reichsprotektors übernimmt als *Himmlers Ver-*
     1942 *trauensmann* **Heydrich** (S. 552).
  26. Mai **Attentat gegen Heydrich,** an dessen Folgen er stirbt. Das Dorf **Lidice** wird am 10. Juni dem Erdboden gleichgemacht (alle männlichen Einwohner getötet), weil einer der Attentäter sich dort vorübergehend verborgen hatte.
            Exilregierung: Die von dem 1938 zurückgetretenen Staatspräsidenten Edvard **Beneš** in London eingerichtete *Exilregierung* sucht *Anlehnung an die UdSSR* und schließt am 12. Dez. 1943 mit der UdSSR einen *Freundschafts- und Beistandspakt,* der die Zusammenarbeit nach dem Krieg regelt und durch ein Abkommen über die Besetzung der Tschechoslowakei durch die Rote Armee ergänzt wird. Im Sept. 1944 meldet die Exilregierung bei der britischen Regierung die *Forderung auf die Westgrenze vor dem Münchener Abkommen von 1938 und die* **Austreibung der Sudetendeutschen** bis auf einen Rest von 800 000 an, der bleiben dürfe, sofern er sich mit seiner Lage abfinde. Roosevelt hatte Beneš dazu bereits am 12. Mai 1943 seine Zustimmung erteilt; die sowjetische Zustimmung erfolgt am 6. Juni 1943.
     1945 *Am 5. Mai in Prag Aufstand der tschechischen Bevölkerung.*

Beginn der Austreibung der sudetendeutschen Bevölkerung (rund 2,3 Mill. Flüchtlinge), die durch Gewalttaten und hohe Verluste gekennzeichnet ist (etwa ¹/₂ Mill. Tote).

25. Mai   Rückkehr von *Beneš* nach Prag. (Forts. S. 621.)

d) Polen (Forts. v. S. 501)

1939   **Beginn des deutschen Angriffs** (S. 518), der am 27. Sept. mit der
1. Sept.   *Kapitulation Warschaus* endet. Die *polnische Regierung* ist am 17. Sept. auf rumänisches Gebiet übergetreten und wird interniert.

17. Sept.   **Einmarsch sowjetischer Truppen in Ostpolen.**

1941   **Beginn des deutschen Feldzugs gegen die Sowjetunion** (S. 524).

4. Dez.   Die polnische Exilregierung schließt in Moskau einen Freundschafts- und Beistandspakt und stellt die 1939 abgebrochenen *diplomatischen Beziehungen zur UdSSR* wieder her.

1943   Die Entdeckung von *Massengräbern* mit den Leichen von 4143 er-
13. April   schossenen polnischen Offizieren bei **Katyn** (westlich von *Smolensk*), die nach dem Urteil einer internationalen Sachverständigenkommission **vor dem deutschen Einmarsch** angelegt worden sind, veranlaßt die *Exilregierung,* eine Untersuchung durch das Rote Kreuz zu fordern. Streit über die zukünftige polnisch-sowjetische Grenze verschärft den Konflikt. Daher bricht die *UdSSR* am 26. April die Beziehungen zur Exilregierung ab. Im Mai in Moskau Bildung der „Union polnischer Patrioten in der Sowjetunion".

Nov.–Dez.   Churchill und Roosevelt gestehen Stalin auf der **Teheran-Konferenz** eine Westgrenze zu, die der von 1919 (sog. *Curzon-Linie*) entsprechen soll (s. S. 500).

1944   Ankündigung, daß die Sowjetregierung das kommunistisch be-
Juli   herrschte **„Polnische Komitee für die Nationale Befreiung"** (sog. *Lubliner Komitee)* anerkenne und ihm die Verwaltung in den „befreiten" Gebieten übertragen habe.

1. Aug. –   Der *Aufstand in Warschau* unter Führung des Generals *Bór (Komo-*
2. Okt.   *rowski)* (S. 535) endet nach 62 Tagen mit der *Kapitulation.* Am 10. Okt. beginnt die von Himmler befohlene vollständige Zerstörung Warschaus.

1945   Das Lubliner Komitee erklärt sich zur *„Provisorischen Regierung".*
1. Jan.   Die *Exilregierung protestiert* vergeblich.

18. Jan.   Die *Provisorische Regierung* siedelt nach *Warschau* über.

4.–11. Febr.   **Konferenz von Jalta** (S. 549). Stalin fordert für Polen als Kompensation Vorverlegung der Westgrenze bis zur westlichen Neiße.

5. Febr.   Polen übernimmt die Zivilverwaltung in den Gebieten östlich der Oder-Neiße-Linie. Beginn der Massenaustreibung der deutschen Bevölkerung sowohl aus den außerdeutschen Gebieten als auch aus den östlichen Reichsteilen.
Flucht und Austreibung von rund 9,3 Mill. Deutschen aus Ostpreußen und den polnischer Verwaltung unterstellten Gebieten östlich der Oder-Neiße-Linie.

5. Juli   Anerkennung der verbreiterten Warschauer Regierung durch die USA und Großbritannien. (Forts. S. 624.)

e) Die baltischen Staaten *(Estland, Lettland, Litauen* (Forts. v. S. 501)

1939   In dem von *Ribbentrop* in Moskau unterzeichneten Geheimabkom-
23. Aug.   men *desinteressiert sich Deutschland an den baltischen Staaten* (mit Ausnahme von *Litauen,* das erst durch den deutsch-sowjetischen Vertrag vom 28. Sept. in die sowjetische Interessensphäre fällt (S. 547).

Sept./Okt.   Die Sowjetunion schließt mit *Estland, Lettland* und *Litauen Beistandspakte* ab und läßt sich **Stützpunkte** einräumen. Aufgrund von Verträgen, die *Deutschland* am 15. Okt. mit *Estland,* am 30. Okt. mit *Lettland* schließt, beginnt die **Umsiedlung der Baltendeutschen.**

1940   *Estland, Lettland und Litauen nehmen* **sowjetische Ultimaten** *an,* die
14.–17. Juni   ihnen die *Besetzung* weiterer Stützpunkte durch sowjetrussische Truppen und die *Umbildung ihrer Regierungen* auferlegen.

Juli–Aug.   **Anschluß der drei Republiken als nunmehr sozialistischer Sowjetre-**
1941   **publiken an die UdSSR. Besetzung durch die deutsche Wehrmacht.**
Juni–Juli   Aus den drei Ländern und *Weißruthenien* wird das **Reichskommissa-riat Ostland** gebildet. Landeseigene Verwaltungen führen ein Schattendasein. Nach Zurückdrängen der deutschen Kräfte (1944/45) wird *der 1940 geschaffene Zustand wiederhergestellt.*

f) Finnland (Forts. v. S. 502)

1939   *Finnisch-sowjetische Verhandlungen scheitern* an der Forderung, daß
Okt.–Nov.   Finnland ebenso wie die drei baltischen Staaten der Sowjetunion *Stützpunkte* einräumen soll.
30. Nov.   **Beginn des Winterkriegs** (S. 519).
1940   **Friede von Moskau** (s. S. 520).
1941   Finnland beteiligt sich am Ostfeldzug (S. 525).
6. Dez.   Kriegszustand mit Großbritannien.
7. Dez.   *Rückgliederung* der 1940 abgetretenen und inzwischen zurückeroberten Gebiete in das finnische Staatsgebiet.
1944   Am 9. Juni Beginn einer *sowjetischen Offensive* gegen Finnland, die schnell zu Erfolgen führt (s. S. 535).
19. Sept.   **Waffenstillstand,** der die *Grenze von 1940* mit einzelnen Abänderungen wieder in Kraft setzt. (Forts. S. 627.)

g) Skandinavien *(Dänemark, Island, Norwegen, Schweden)* (Forts. v. S. 503)

1939   Die skandinavischen Länder beschließen, im Finnlandkrieg (S. 519) *strikte Neutralität* zu wahren. Jedoch wird die norwegische Neutralität durch britische und deutsche Maßnahmen im Winter 1939/40 gebrochen.

1940	**Besetzung Dänemarks und Beginn des Norwegenfeldzugs** (S. 520). **Schweden bleibt bis Kriegsschluß neutral.**
1942	Die *norwegische Regierung* unter dem zum Ministerpräsidenten er-
1. Febr.	nannten *Qvisling* wird von Reichskommissar Terboven eingesetzt.
1943	**Ausnahmezustand** in Dänemark (29. Aug.). Die Regierung übt ihre Funktionen nicht mehr aus.
1945	*Unterzeichnung der* **Kapitulation** *im britischen Hauptquartier*
4. Mai	(S. 540), die die in Dänemark stehenden *deutschen Kräfte* einschließt. Bildung einer *provisorischen Regierung* in Kopenhagen.
31. Mai	Die *norwegische Exilregierung* kehrt *nach Oslo zurück.* (Forts. S. 629 ff.)

h) Die Balkanstaaten
Rumänien (Forts. v. S. 504)

1940	Angesichts des deutschen Sieges im W sucht das bisher neutrale
29. Mai	Rumänien Anschluß an die „Achsenmächte". Gegen deutsche Waffen liefert Rumänien Öl.
26. Juni	Die **UdSSR** verlangt in einem **Ultimatum** die Abtretung der Nordbukowina sowie Bessarabiens. Die rumänische Regierung nimmt es am folgenden Tag auf deutschen Rat hin an.
30. Aug.	Der **2. Wiener Schiedsspruch** (s. S. 554: Ungarn) nimmt Rumänien *den nördlichen Teil Siebenbürgens,* garantiert aber die nunmehrigen Staatsgrenzen. Ausbruch einer *Staatskrise.* König Carol ernennt den
4. Sept.	ehemaligen Generalstabschef *Ion* **Antonescu** zum **Staatsführer.** Die-
6. Sept.	ser zwingt den *König* zur *Abdankung zugunsten seines Sohnes* **Michael.** Am 7. Sept. muß Rumänien aufgrund von Verhandlungen *an Bulgarien die Süddobrudscha* abtreten. *Antonescu* schließt sich *an die „Achsenmächte"* an. Mitte Okt. kommt eine *deutsche Heeres- und Luftwaffenmission mit Lehrtruppen* nach Rumänien.
23. Nov.	Beitritt zum **Dreimächtepakt.**
1941	Rumänien beteiligt sich am Ostfeldzug.
6. Dez.	*England* erklärt Rumänien, Rumänien am 12. Dez. den *Vereinigten Staaten* den Krieg.
1942–1944	Nach der Katastrophe von Stalingrad, in die 18 rumänische Divisionen hineingerissen werden, bleiben nur wenige rumänische Verbände an der Ostfront. Sie haben Anteil an den deutschen Verlusten und
1944	Rückzügen (vgl. S. 535).
20. Aug.	Die *Sowjettruppen* setzen zur *Offensive gegen Rumänien* an. *König* **Michael** entläßt am 23. Aug. *Antonescu* und befiehlt die **Einstellung des Kampfes** (vgl. S. 535).
25. Aug.	Kriegserklärung an Deutschland.
12. Aug.	*Unterzeichnung eines* **Waffenstillstandsvertrags in Moskau.**
1945	*König Michael* muß eine kommunistisch beherrschte Regierung auf-
27. Febr.	grund eines *sowjetischen Ultimatums* einsetzen. (Forts. S. 634.)

Jugoslawien (Forts. v. S. 504)

1941 25. März	Die jugoslawische Regierung unterzeichnet den *Beitritt zum* **Dreimächtepakt.** Sie wird bei ihrer Rückkehr am 27. März durch einen **Militärputsch** gestürzt. Der junge *König* **Peter II.** übernimmt die Regierung.
5. April	Unterzeichnung eines *Freundschafts- und Nichtangriffspaktes mit der UdSSR.*
6. April	**Beginn des deutschen Balkanfeldzugs** (S. 523).
17. April	*Kapitulation des jugoslawischen Oberkommandos.*
8. Juli	*Deutschland* und *Italien* proklamieren das *Ende des jugoslawischen Staates.*

An die Spitze **Kroatiens,** das sich am 10. April zum **unabhängigen Staat** erklärt, tritt der in Italien lebende **Pavelić** als **„Poglavnik",** der sich auf die Terrororganisation **„Ustascha"** stützt. Greueltaten der „Ustascha" gegen die auf kroatischem Boden lebenden orthodoxen *Serben,* die *Pravoslawen.*

In **Serbien** wird eine *deutsche Militärverwaltung* eingerichtet.

Nach der deutsch-italienischen Besetzung des Balkans organisiert in Westserbien Oberst *Draža* **Mihajlović** nach dem Muster früherer serbischer Bandenkämpfer die **„Tschetniks"** mit *monarchisch-zentralistischer,* daher gegen die kroatische Selbständigkeit eingestellter Zielvorstellung. Er verabredet im Herbst 1941 gemeinsames Handeln mit dem aus Kroatien stammenden Generalsekretär der kommunistischen Partei, *Jozip Broz,* genannt **Tito,** der jedoch ein sozialrevolutionär umgestaltetes neues Jugoslawien anstrebt. Seit 2. Nov. kämpfen Tschetniks und Tito-Partisanen gegeneinander. Die deutsche Wehrmacht muß zur *Bekämpfung dieser Widerstandsbewegungen* eine steigende Anzahl von Verbänden einsetzen.

Der *Abfall Italiens* (8. Sept. 1943) führt zur *Verschärfung des Kampfes.* Tito bildet ein regierungsähnliches „Volksbefreiungskomitee", macht sich zu dessen Vorsitzendem sowie zum **Marschall** der *„Nationalen Befreiungsarmee"* und *verbietet dem König und der Exilregierung die Rückkehr.*

1944 12. Sept.	König Peter überträgt auf englischen Druck *Tito die alleinige Führung des Widerstandes.* Er richtet nach der Räumung durch die deutschen Truppen die neue Regierung ein. (Forts. S. 637.)

Bulgarien (Forts. v. S. 504)

1941 1. März	Bulgarien tritt dem **Dreimächtepakt** bei. Ab 2. März marschieren mit Einwilligung der Regierung deutsche Truppen in Bulgarien gegen Griechenland auf (S. 523).
6. April	**Beginn des deutschen Balkanfeldzugs.** Bulgarien rückt nach Abschluß des Kampfes in *Mazedonien* ein. Außerdem besetzt es *Nordostgriechenland.* Jedoch *lehnt es ab, Sowjetrußland den Krieg zu erklären.*
12. Dez.	*Kriegserklärung an England und die Vereinigten Staaten.*

1943 *König Boris III. stirbt am 28. Aug.*

1944 Nach dem Abfall Rumäniens (S. 535) erreicht die Rote Armee die Donau. *Bulgarische Emissäre bitten England* und *die Vereinigten Staaten* um einen *Waffenstillstand;* am 2. Sept. wird ein *neues Kabinett* mit demokratisch-westlicher Einstellung gebildet, das am 4. Sept. die Beziehungen zu Deutschland abbricht. Dennoch **erklärt Sowjetrußland am 5. Sept. Bulgarien den Krieg.** Die Regierung wird jedoch bereits am folgenden Tag auf dem Wege der Gewalt durch eine *prosowjetisch* orientierte *Regierung* verdrängt. Sowjetische Truppen besetzen das Land.

28. Okt. Unterzeichnung eines **Waffenstillstands in Moskau** mit der UdSSR, England und den USA. Bulgarien gleitet in die Reihe der Satellitenstaaten. (Forts. S. 636.)

Albanien (Forts. v. S. 505)

1940 *Von* dem seit 1939 mit ihm in Personalunion verbundenen *Albanien*
28. Okt. *aus greift Italien Griechenland an,* wird aber im Verlauf der Kämpfe auf albanisches Gebiet zurückgedrängt (S. 523). Nach Abschluß des *Balkanfeldzugs,* April–Mai 1941 (S. 523 f.), wird Albanien in die deutsch-italienische Verteidigung eingegliedert.

1943 Nach dem *Abfall Italiens* (S. 537) Einmarsch deutscher Truppen. Nachdem die deutschen Truppen im Winter 1944/45 das Land geräumt haben, bildet Oberst *Enver* **Hodscha** eine *kommunistisch* geführte *Regierung.* (Forts. S. 640.)

Griechenland (Forts. v. S. 505)

1940 Beginn des *griechisch-italienischen Krieges,* der sich zuungunsten Ita-
1941 liens entwickelt (S. 523). *Beginn des deutschen Balkanfeldzugs,* der am 21. April zur *Kapitulation des griechischen Heeres* und zur *Vertreibung der Briten* vom Festland sowie aus *Kreta* führt (S. 524). Griechenland wird *italienischer Militärverwaltung* unterstellt. Infolge der unterbrochenen Seeverbindung und der dadurch ausfallenden Einfuhr von Lebensmitteln entsteht, verbunden mit einer Inflation, eine **Hungersnot.**

1944 *Landungen der Briten in Griechenland* gemäß dem Abkommen der
15. Okt. drei alliierten Großmächte über die Operationen im SO (Mai–Juni 1944). *Die Exilregierung übernimmt die Geschäfte; doch zerbricht die Einigkeit der Parteien* nach zwei Monaten. Da die kommunistischen Partisanenverbände auch Athen zu besetzen drohen, kommt es zum Kampf mit den britischen Truppen.

25.–27. Dez. *Churchill* bemüht sich in *Athen* um *Ausgleich.* Die Kämpfe zwischen Briten und Kommunisten werden durch einen Waffenstillstand beendet. Jedoch herrscht die Regierung mit britischer Hilfe nur in den Städten. 1946 beginnt der Bürgerkrieg von neuem. (Forts. S. 641.)

i) Sowjetunion (UdSSR) (Forts. v. S. 508)
(vgl. Konferenzen S. 547ff.)

1939
23. Aug.
Unterzeichnung eines **deutsch-sowjetischen Nichtangriffspaktes** und eines die Aufteilung Polens und ganz Ostmitteleuropas betreffenden *Geheimabkommens* (S. 547).

17. Sept.
Einmarsch sowjetischer Truppen in Polen bis zu der am 23. Aug. vereinbarten Demarkationslinie (S. 519).

27.–28. Sept.
Zweiter Besuch **Ribbentrops** in *Moskau*. Die *Interessensphären* in Polen werden *neu abgegrenzt.* Das von der UdSSR besetzte Gebiet wird in die Sowjetrepubliken Ukraine und Weißrußland eingegliedert.
Zu den Vorgängen in den baltischen Staaten, in Finnland und Rumänien vgl. S. 557 f.

1940
12.–13. Nov.
Besuch Molotows in **Berlin:** die sowjetischen Forderungen nach Stützpunkten an den Dardanellen sowie nach einer Einbeziehung Bulgariens und Finnlands in den sowjetischen Machtbereich werden von Hitler, der Beitritt zum Dreimächtepakt kurz danach von Molotow abgelehnt.

1941
Freundschafts- und Nichtangriffspakt mit Jugoslawien (S. 559).

13. April
Neutralitätsvertrag mit Japan (S. 547).

6. Mai
Stalin, bisher nur Generalsekretär der Partei, übernimmt den **Vorsitz im Rat der Volkskommissare** anstelle von *Molotow.* Nach Beginn des deutschen Ostfeldzugs (22. Juni) übernimmt Stalin am 1. Juli den **Vorsitz im Obersten Verteidigungsrat,** am 19. Juli die **Leitung des Volkskommissariats für Verteidigung.**

22. Juni
Beginn des deutsch-sowjetischen Krieges (S. 525).

3. Juli
Stalin ruft zum *Partisanenkampf* auf (S. 526).

25. Aug.
Note der Sowjetregierung an Iran über den Einmarsch sowjetischer Truppen.

2. Sept.
Vertreter der *Sowjetunion, Großbritanniens* und der *Vereinigten Staaten* verhandeln in *Moskau* über Hilfslieferungen der Alliierten.

16. Okt.
Wegen der *Bedrohung Moskaus* durch den deutschen Vormarsch wird der *Sitz der Regierung nach Kujbyschew* an der Wolga verlegt. In Moskau wird am 19. Okt. der Belagerungszustand ausgerufen.

1942
26. Mai
Unterzeichnung eines *sowjetisch-britischen Bündnis- und Freundschaftsvertrags* durch **Molotow** in *London,* der für *20 Jahre* die *Zusammenarbeit* sichern soll.

1943
15. Mai
Die 1919 gegründete **Kommunistische Internationale** (Komintern) wird **aufgelöst,** um den Vorwurf zu entkräften, die Sowjetunion unterhöhle die Macht ihrer Bundesgenossen. Auf diese Maßnahme folgen weitere, um äußerlich eine *Angleichung an den Westen* herbeizuführen.

4. Sept.
Stalin empfängt Vertreter der russisch-orthodoxen Kirche und erklärt sein Einverständnis mit dem Zusammentritt einer *Synode* und der *Wahl eines Patriarchen von Moskau* (8. Sept. Sergius gewählt).

12. Dez. Unterzeichnung eines *Vertrags* zwischen der *UdSSR* und der *tsche-choslowakischen Exilregierung.*

1944 *General de Gaulle* (S. 563) unterzeichnet in Moskau einen *Bündnis-*
10. Dez. *vertrag mit der UdSSR* auf 20 Jahre (S. 563).

1945 *Kündigung des 1941 mit Japan abgeschlossenen Nichtangriffspakts*
5. April (Eintritt in den Ostasienkrieg, S. 546).

9. Mai **Wiederholung der am 7. Mai in Reims unterzeichneten deutschen Kapitulation in Berlin-Karlshorst** (S. 540). (Forts. S. 643.)

k) Großbritannien (Forts. v. S. 510)
(vgl. Konferenzen S. 548 ff.)

1939 Nach Ablauf des von Großbritannien gestellten **Ultimatums** tritt der
3. Sept. **Kriegszustand mit Deutschland** ein; die *Dominions* folgen. *Bildung eines Kriegskabinetts* unter **Chamberlain (Churchill** Erster Lord der Admiralität). Die – bis 1941 wenig wirksame – *Seeblockade* gegen Deutschland beginnt (S. 528).

12. Okt. *Ablehnung des Friedensappells Hitlers,* am 12. Nov. eines *belgisch-niederländischen Friedensschrittes* (S. 519, 564).

1940 Beginn des *deutschen Angriffs auf Norwegen,* dem die Alliierten das
9. April zur Besetzung *Nordnorwegens* bereitgestellte *Expeditionskorps* entgegenwerfen (S. 520).

10. Mai **Der deutsche Angriff im Westen** beginnt (S. 521). *Rücktritt Chamberlains; Bildung eines Koalitionskabinetts aus Konservativen, Labour Party, Liberalen durch* **Winston Churchill.**

18. Juni Das von *General de Gaulle* begründete *Französische Nationalkomitee* wird von Großbritannien anerkannt und unterstützt.

3. Juli Vernichtung des *französischen Geschwaders vor Oran* (S. 522).

22. Juli Außenminister *Halifax* lehnt Hitlers „Appell an die Vernunft" ab.

13. Aug. **Beginn des verschärften deutschen Luftkriegs gegen England;** jedoch werden am 12. Okt. die für die *Landung in England* getroffenen Vorbereitungen von Hitler *vertagt.*

1941 Nach dem *Balkanfeldzug,* an dem britische Truppen in *Griechenland*
7. April und auf *Kreta* teilnehmen (S. 523 f.), dehnt England seine *Blockade* auf die von der „Achse" neu besetzten Länder aus.

22. Juni Nach Beginn des *Ostfeldzugs* (S. 525) kündigt Churchill *Unterstützung der UdSSR* an.

12. Juli *Abschluß eines Beistandsabkommens mit der UdSSR* gegen Deutschland (S. 525).

1942 *Sir Stafford Cripps* verhandelt in *Indien* über die Lösung der durch
23. März – das Vordringen der Japaner aktuell gewordenen **indischen Frage.**
12. April Indien soll nach Kriegsende unabhängig werden.

26. Mai *Molotow* unterzeichnet in London einen *sowjetisch-englischen Ver-*
1944 *trag,* der für *20 Jahre die Zusammenarbeit* sichern soll.

12.–13. Juni Beginn des **Beschusses** der britischen Insel (Raum um London) mit **V-Waffen** (S. 533). (Forts. S. 651.)

l) Irland (Forts. v. S. 511)

Irland, das seine *Forderung auf Nordirland* **(Ulster)** aufrechterhält,
bleibt den ganzen Krieg über strikt neutral. (Forts. S. 656.)

m) Frankreich (Forts. v. S. 512)
(vgl. Konferenzen S. 548 ff. und oben Großbritannien)

1939	**Am 3. Sept. Kriegserklärung an Deutschland.**
1940	**Beginn des deutschen Angriffs,** der zum *Zusammenbruch des franzö-*
10. Mai	*sischen Heeres* führt (S. 521 f.).
16. Juni	*Pétain* wird mit der *Bildung eines neuen Kabinetts* beauftragt und gibt bekannt, daß Frankreich um *Waffenstillstand* gebeten habe.
18. Juni	Zum *Nationalkomitee der Freien Franzosen* vgl. S. 522.
22. Juni	**Der deutsch-französische Waffenstillstand** wird in Compiègne unterschrieben (S. 522). 25. Juni *Waffenruhe.*
28. Juni	*De Gaulle* beginnt den Kampf gegen die Regierung Pétain und sucht ihr mit schließlich (1942) fast vollständigem Erfolg das *französische Kolonialreich* zu entziehen.
5. Juli	Abbruch der diplomatischen Beziehungen zu England (s. S. 522).
10. Juli	**Pétain** nimmt als **Staatsoberhaupt** die Bezeichnung „**Chef des französischen Staates**" an. Die USA erkennen die Vichy-Regierung an.
22. Sept.	Die Japaner übernehmen Stützpunkte in *Französisch-Indochina* (S. 543).
24. Okt.	*Hitler bespricht sich in Montoire mit Pétain.* Verhandlungen über militärische Zusammenarbeit scheitern am Gegensatz der Interessen. Hitler wünscht den Kriegseintritt Frankreichs gegen England, Pétain einen Friedensvertrag für Frankreich ohne dieses Zugeständnis.
1941	*Kämpfe in Syrien,* die zum Verlust Syriens für die Vichy-Regierung führen (Juni–Juli).
1942	*Landung der Alliierten* in Nordafrika s. S. 536.
9. Nov.	*Beginn deutscher Luftlandungen in Tunis.* Auf einen geheimen Befehl Pétains hin schließt sein Vertreter, *Admiral Darlan,* mit den Amerikanern einen Waffenstillstand und übernimmt die Regierungsgewalt. Vichy-Frankreich bricht die diplomatischen Beziehungen zu den Vereinigten Staaten ab. *Deutsche Truppen marschieren trotz Pétains Protest in das noch unbesetzte Frankreich ein.*
1943	**Casablanca-Konferenz:** Roosevelt und Churchill vermitteln zwischen
14.–26. Jan.	de Gaulle und Giraud (Nachfolger Darlans) (S. 536). De Gaulle setzt sich durch und wird als politischer Führer anerkannt, stößt aber weiterhin auf Schwierigkeiten bei den Amerikanern.
1944	**Landung der Alliierten** unter Beteiligung freifranzösischer Kräfte in
6. Juni	der *Normandie,* am 15. Aug. in *Südfrankreich.* Die *Maquis-Bewegung* unterstützt die Operationen (S. 530).
25. Aug.	**Übergabe von Paris und Einzug de Gaulles.**
10. Dez.	Abschluß eines *französisch-sowjetischen Bündnisvertrags* auf 20 Jahre in Verfolg des Bestrebens, gegen die angelsächsischen Mächte eine eigene Politik zu führen.

1945 Als Mitsieger erhält Frankreich (am 1. Jan. als vollberechtigtes Mitglied anerkannt) einen permanenten Sitz im **Sicherheitsrat der Vereinten Nationen,** ferner die **Verwaltung einer der vier Besatzungszonen in Deutschland** (Forts. S. 658.)

n) Beneluxstaaten *(Belgien, Niederlande, Luxemburg)*
(Forts. v. S. 513)

1939 Königin **Wilhelmina der Niederlande** und König **Leopold III. von
7. Nov.** **Belgien** tragen den Großmächten ihre *Vermittlung* an; diese wird *abgelehnt.*

1940 **Beginn des Westfeldzugs** (S. 521). Die **Großherzogin Charlotte von
Luxemburg** begibt sich ins Exil. Die *Königin der Niederlande* siedelt
mit der *Regierung* nach **London** über. Der *König der Belgier kapituliert* und bleibt als Oberbefehlshaber bei seinem Heer, die Regierung
begibt sich ins Exil.
In den *Niederlanden* wird am 19. Mai *Seyß-Inquart* als *Reichskommissar* eingesetzt. – Belgien bleibt unter *Militärverwaltung.* –
Luxemburg wird am 30. Aug. 1942 ins Reich *eingegliedert.*

1942 Die Japaner erobern **Niederländisch-Indien** und fördern dort die
Selbständigkeitsbestrebungen (S. 545).

1944 Nach der Befreiung Belgiens einigen sich Belgien, die Niederlande
5. Sept. und Luxemburg auf eine **Zollunion** *(Benelux).* (Forts. S. 664 ff.)

o) Schweiz (Forts. v. S. 513)

Die Schweiz bleibt während des ganzen Krieges **neutral,** übernimmt
zahlreiche diplomatische Vertretungen der Kriegführenden und versucht, die Schrecken des Krieges durch *karitative Maßnahmen* zu lin-
dern.
Die Schweiz schließt sich den Vereinten Nationen nicht an, um ihre
Neutralität nicht zu gefährden. (Forts. S. 673.)

p) Italien (Forts. v. S. 515)

1939 Der von **Mussolini** unternommene *Vermittlungsversuch* scheitert.
2. Sept. *Italien bleibt daraufhin zunächst „nichtkriegführend".*

1940 Um noch Anteil am Sieg zu gewinnen, erklärt Italien am 10. Juni
24. Juni Frankreich und England den Krieg. *Italienisch-französischer Waffenstillstand* in *Rom.*

27. Sept. **Dreimächtepakt** s. S. 547.

28. Okt. *Ultimatum an Griechenland* und nach dessen Ablehnung Beginn des
italienisch-griechischen Krieges (S. 523).

1941 *Verlust von Abessinien* (S. 522), Rückschlag in *Nordafrika.*
6. April Nach Beginn des *Balkanfeldzugs* beteiligt sich Italien an der *Besetzung Kroatiens, Dalmatiens* und der *griechischen Inseln* (s. S. 523).
Am *Ostfeldzug* beteiligt sich Italien durch Entsendung einer Reihe
von Divisionen.

1942/43 Entscheidung in Nordafrika (S. 536).

1943 10. Juli **Landung der Alliierten auf Sizilien** (S. 537).

24. Juli Der **Große Faschistische Rat** tritt zusammen und bittet den *König,* anstelle von Mussolini den *Oberbefehl* zu übernehmen. *Mussolini erklärt seinen Rücktritt* und wird verhaftet. Der König beauftragt *Marschall Badoglio* mit der Regierungsbildung, der die **Faschistische Partei auflöst.** Das bisherige Regime bricht zusammen. Badoglio erklärt, den Kampf an der Seite der Deutschen fortsetzen zu wollen, doch rechnet *Hitler* von vornherein mit einem *Abfall Italiens.*

3. Sept. Bevollmächtigte Badoglios unterzeichnen einen *Waffenstillstandsvertrag,* der formal Roosevelts Forderung der bedingungslosen Übergabe entspricht, Italien jedoch gewisse Rechte läßt. Am gleichen Tag **landen die Briten in Kalabrien, die Amerikaner am 9. Sept. bei Salerno.** *Deutsche Gegenmaßnahmen* s. S. 537. Dem König und Badoglio gelingt die Flucht ins alliierte Lager.

12. Sept. *Mussolini* wird aus seinem Gefängnis auf dem Gran Sasso *befreit* und tritt am 15. Sept. an die Spitze der **Gegenregierung.** Er wird am 28. April 1945 beim Versuch, in die Schweiz zu entkommen, von Partisanen erschossen.

1945 24. Febr. Die Funktionen der am 11. Nov. 1943 eingesetzten **Alliierten Kommission** werden auf im wesentlichen beratende Funktion beschränkt; jedoch gilt Italien noch nicht als alliiertes, sondern nur als *mitkriegführendes Land,* wird daher auch nicht in die Vereinten Nationen *aufgenommen.*

Die am 9. April einsetzende Generaloffensive der Alliierten führt zum Zusammenbruch der deutschen Front (S. 537). (Forts. S. 667.)

q) Der Vatikan (Forts. v. S. 515)

Der seit dem 2. März 1939 regierende **Papst Pius XII.** *(Eugenio Pacelli)* bewahrt durch den ganzen Krieg *strikte Neutralität.* (Forts. S. 671.)

r) Spanien (Forts. v. S. 516)

1939 28. März **Einzug der nationalspanischen Truppen Francos in Madrid.** *Der Bürgerkrieg wird für beendet erklärt.*

Sept. Bei Ausbruch des Zweiten Weltkriegs erklärt Spanien seine Neutralität.

1940 23. Okt. *Besprechung* Hitlers *mit* Franco in *Hendaye.* Franco lehnt den von Hitler gewünschten Eintritt Spaniens in den Krieg, vor allem aus wirtschaftlichen Gründen, ab.

1941 Die Regierung stellt für den Ostfeldzug aus spanischen Freiwilligen die „*Blaue Division*" auf.

Spanien bleibt bis Kriegsende *neutral* und gehört deshalb nicht zu den Unterzeichnern der Charta der Vereinten Nationen. (Forts. S. 674.)

s) Portugal (Forts. v. S. 516)

1939 Nach dem Sieg Francos *Freundschafts- und Nichtangriffspakt* des von
17. März **Salazar** seit 1932 autoritär regierten Portugals mit Spanien.
1943 Portugal räumt Großbritannien und den USA auf den Azoren Stütz-
12. Okt. punkte ein, bleibt aber bis Kriegsende *neutral.* (Forts. S. 676.)

E. Allgemeine Geschichte seit 1945

*In der Nachkriegszeit tritt eine politische Wandlung allgemein ins
Bewußtsein: Innenpolitische Veränderungen, zwischenstaatliche Konflikte oder Bündnisse ziehen in ihren Auswirkungen mehr als bisher
auch andere Staaten in Mitleidenschaft. Das weltpolitische Gleichgewicht ist an die Stelle des früher bestimmenden europäischen Gleichgewichts getreten.*

*In dieser veränderten Gegebenheit behaupten die USA und die UdSSR
ihre schon während des Zweiten Weltkriegs errungene Stellung als
Weltmächte, an denen sich die anderen Staaten orientieren müssen. Die
europäischen Staaten werden in diesen Prozeß ebenso hineingezogen
wie die Völker Asiens und Afrikas.*

*Die Entwicklung der Naturwissenschaften, beschleunigt durch die bei-
den Weltkriege, erschließt bisher ungeahnte Möglichkeiten. Die Ergebnisse der kernphysikalischen Forschung eröffnen bei friedlicher
Anwendung für Technik und Industrie die Aussicht, die Lebensbedingungen der Menschheit allgemein zu verbessern, sie schaffen aber auch
die Voraussetzung, mittels ferngelenkter Waffen und Atombomben den
„totalen Krieg" in einem Ausmaß zu führen, bei dem geographische
Entfernungen keine Rolle spielen. Die Verflechtung von naturwissen-
schaftlich-technischer Forschung mit weltpolitischer Mitverantwortung
gibt den Fragen der Abrüstung, der allgemeinen Sicherheit und der
Friedensordnung lebenswichtige Bedeutung.*

1. Die internationale Organisation der UN
(Forts. v. S. 550)

*Am Ende des Zweiten Weltkriegs scheint zunächst das humanitäre
Wunschbild einer einheitlichen friedlichen Ordnung das Fühlen und
Denken der zivilisierten Menschheit zu bestimmen. Die Gründung der
Vereinten Nationen (Sitz New York) stellt, als Ausdruck der Zeit, das
Jahr 1945 in eine Reihe mit 1899, 1907, 1919, indem sie die Überliefe-
rung des Haager Schiedsgerichts und des Völkerbunds fortsetzt.*

In drei Artikeln sind die Grundsätze der Organisation niedergelegt.
Die UN stellen einen *Kongreß von Delegierten* der beteiligten *Regierungen* dar; ihre Organisation beruht nach Art. 2 auf „der souveränen

Gleichberechtigung ihrer Mitglieder", die sich zu friedlicher Regelung internationaler Streitfragen und zum Verzicht auf jede Gewaltmaßnahme gegen die Unversehrtheit und Unabhängigkeit anderer Staaten verpflichten. Charta der UN am 24. Okt. 1945 in Kraft.

In der **Vollversammlung** hat jedes Mitglied eine Stimme; die Vollversammlung spricht nur Empfehlungen aus, die bei wichtigen Fällen Zweidrittelmehrheit erfordern. Mit konkreten Maßnahmen bei Gefährdung des Weltfriedens und der internationalen Sicherheit ist der **Sicherheitsrat** zu befassen, der elf Mitglieder zählt, fünf ständige (China, Frankreich, Großbritannien, UdSSR, USA) und sechs von der Vollversammlung auf ein bzw. zwei Jahre gewählte. Für Beschlüsse genügen sieben Stimmen, bei anderen als Verfahrensfragen sind darüber hinaus die der fünf ständigen Mitglieder nötig (Vetorecht der Großmächte). Bei Versagen schiedlich-friedlicher Mittel kann der Sicherheitsrat Abbruch der wirtschaftlichen oder diplomatischen Beziehungen beschließen und weiter den Einsatz bewaffneter Streitkräfte anordnen, die von den Mitgliedstaaten bereitgestellt werden müssen; auch ein Durchmarschrecht haben die Mitgliedstaaten anzuerkennen. Regionale Sicherheitspakte, vor allem zwischen Gebietsnachbarn, sind im Rahmen der UN erlaubt (Art. 53).

Der **Wirtschafts- und Sozialrat** besteht aus 18 von der Vollversammlung gewählten Vertretern der Mitglieder (Regionalausschüsse für Europa, Lateinamerika, Asien und den Fernen Osten und für Afrika). – **Sonderorganisationen** der UN sind u. a. die Internationale Arbeitsorganisation *(ILO)*, der Internationale Währungsfonds *(IMF)*, die Internationale Bank für Wiederaufbau und Entwicklung *(Weltbank; IBRD)*, die Organisation für Ernährung und Landwirtschaft *(FAO)*, die Weltgesundheitsorganisation *(WHO)* und die *UNESCO*. – Generalsekretäre der UN sind der Norweger *Trygve Lie* (Febr. 1946 bis April 1953), der *Schwede Dag Hammarskjöld* (April 1953 bis Sept. 1961, s. S. 568), der Birmane *Sithu U Thant* (Nov. 1961 bis 1971), der Österreicher *Kurt Waldheim* (Jan. 1972–Dez. 1981), seit Jan. 1982 der Peruaner **Javier Pérez de Cuéllar**.

Der Haushalt der UN wird mit Beiträgen der Mitglieder bestritten. Oberstes Ziel der UN ist, den Weltfrieden zu sichern. Die allgemeine und kontrollierte Abrüstung wird nicht erreicht – Teilergebnisse hängen vom Einvernehmen der beiden Weltmächte ab (vgl. S. 571 ff.). Bei Anwendung der Ziele der UN erweist sich der Grundsatz, für die inneren Angelegenheiten nicht zuständig zu sein, als Hindernis.

1948
9. Dez. Die Vollversammlung nimmt die **Entschließung gegen den Gruppen- und Massenmord** (Genocidium) als Verbrechen im Sinne des Völkerrechts an. Die Unterzeichnerstaaten haben diesbezügliche Gesetze zu erlassen; zuständig ist das Gericht des Staates, in dem die Tat begangen wurde; Auslieferung des Täters ist statthaft. (12. Jan. 1951 in Kraft getreten.)

1948
10. Dez.

Die UN-Vollversammlung billigt die **internationale Deklaration der Menschenrechte;** am 4. Dez. 1950 wird ein entsprechender Pakt beschlossen.

Der Wirkungsbereich der UN erstreckt sich auf die Rolle als Vermittler und als Forum für Verhandlungen zwischen den Parteien. So vermögen die UN bei politischen Krisen mäßigend einzugreifen und den Ausbruch offener Konflikte zu verhüten. Die **Aktion in Korea** (Beschluß vom 14. Juli 1950; vgl. S. 807f.) ist nur möglich, weil der sowjetische Vertreter im Sicherheitsrat vorübergehend nicht anwesend ist. Im **Sueskonflikt** können die UN vermitteln, weil den beiden Gegenspielern, USA und UdSSR – wenn auch aus unterschiedlichen Beweggründen –, an einer Beilegung des Konflikts gelegen ist (S. 724). Im Fall Ungarns verhindert die UdSSR 1956 jedes Einschreiten der UN.

1956
2. Nov.

Die Vollversammlung nimmt den amerikanischen Antrag an, die **Kämpfe in Ägypten** sofort **einzustellen** sowie die Truppen hinter die Linie zurückzunehmen, die der Waffenstillstand festgelegt hat. Die Einrichtung eines *UN-Oberkommandos* wird beschlossen sowie die Aufstellung einer *UN-Polizeitruppe.* Die Streitfrage um den Golf von Akaba und den Gazastreifen wird am 2. März 1957 durch Vermittlung der UN beigelegt. Der Gazastreifen kommt unter UN-Kontrolle, der Golf von Akaba wird internationalisiert. Weitere Entwicklung S. 724.

9. Nov.

Ungarnfrage vor den UN. Es kommt in der Vollversammlung eine Mehrheit zustande für den sofortigen Abzug der sowjetischen Truppen und für freie Wahlen. Beides wird, ebenso wie die Einreise eines UN-Beobachters, abgelehnt.

1957
15. Sept.

Die Vollversammlung **verurteilt** mit 60 gegen 10 Stimmen bei 10 Enthaltungen das **Eingreifen der UdSSR in Ungarn** und die Mißachtung der UN-Beschlüsse durch die ungarische Regierung.

Das **Kongoproblem** wird eines der schwierigsten und folgenreichsten für die Tätigkeit der UN, da es fast ihren Bestand bedroht: der Generalsekretär kann sich auf die Dauer weder gegen den Ostblock noch gegen einen Teil der Westmächte, noch gegen innerkongolesische

1960
14. Juli

Intrigen und die wachsende Kritik der afro-asiatischen Staaten durchsetzen. Der Sicherheitsrat beschließt Entsendung einer Streitmacht; der kongolesische Ministerpräsident *Lumumba* spricht beim Generalsekretär vor (24.–26. Juli); der Sicherheitsrat wendet sich gegen die Sezession der Provinz Katanga, vermag ihr aber nicht entgegenzuwirken. Bei seinem Versuch, durch persönliches Eingreifen die chaotischen Zustände im Kongo zu ordnen, kommt Hammarskjöld

1963
6. Febr.

durch einen Flugzeugunfall ums Leben (18. Sept. 1961). Nach langwierigen Kämpfen wird die **Sezession Katangas** gewaltsam **beendet.** Ende 1963 droht durch den Bürgerkrieg in **Cypern** eine neue den Weltfrieden gefährdende Krise zu entstehen. Die UN können zwar zwischen den verfeindeten Parteien nicht ausgleichen, verhüten aber, daß der Konflikt weitere Kreise zieht. Der Einsatz der UN-Friedenstruppe zum Schutz der türkischen Minderheit wird immer wieder verlängert.

Die wertvollsten Leistungen der UN liegen auf humanitärem und sozialem Gebiet, u. a. die erweiterte *Konvention gegen Sklaverei* (1956), die *Deklaration über die Unzulässigkeit der Einmischung in innere*

1966 *Angelegenheiten von Staaten* (1965), die **Konventionen über die wirt-**
17. Dez. **schaftlichen, sozialen und kulturellen Menschenrechte** (Menschenrechtsausschuß geschaffen). Die Verjährungsfristen bei Verbrechen gegen die Menschlichkeit und bei Kriegsverbrechen werden aufgehoben (1968). – Die *Konvention gegen Rassendiskriminierung* tritt 1969 in Kraft; 1970 wird der *Unabhängigkeitskampf der Kolonialvölker* für Rechtens erklärt.

Auf die beiden großen bewaffneten Konflikte, Vietnam- und Nahostkrieg (S. 794, 724), haben die UN keinen oder nur begrenzten Einfluß.

1967 **Nahostresolution:** Beendigung des Kriegszustands und Respektie-
22. Nov. rung der Unabhängigkeit und territorialen Integrität eines jeden Staates in der Region; freie Schiffahrt auf den internationalen Wasserstraßen dieser Region; entmilitarisierte Zone. Der entscheidende Punkt, Rückzug der Israelis, wird verschieden interpretiert: Israel will nur besetzte Gebiete (nicht alle) räumen, doch erst nach direkten Verhandlungen mit den Arabern; diese verlangen den israelischen Abzug aus allen besetzten Gebieten als Vorbedingung und lehnen direkte Kontakte mit Israel ab. UN-Sonderbeauftragter *Gunnar Jarring* sucht zu vermitteln (seit 1967 mit mehrfachen Unterbrechungen). Seit 1969 Besprechungen der Großmächte USA, UdSSR, Großbritannien und Frankreich, mittelbares Ergebnis ist die Waffenruhe an der Suesfront 1970.

Zu den ständigen Mitgliedern des Sicherheitsrats gehört China, repräsentiert durch die Republik China (Taiwan; Regierung Chiang Kai-shek); die VR China ist in den UN nicht vertreten, doch verschiebt sich das Stimmenverhältnis in den UN im Laufe der Zeit zugunsten der VR China.

1971 Die **VR China** wird **in die UN aufgenommen;** Ausschluß Taiwans aus
25. Okt. den UN und ihren Organisationen erfolgt gleichzeitig.

1972 *Umweltkonferenz* der UN *in Stockholm* (113 Staaten vertreten). Die
5.–16. Juni Konferenz verabschiedet einen Aktionsplan zur internationalen Zusammenarbeit gegen Umweltverschmutzung und -schäden auf allen Gebieten. Umweltrat mit ständigem Sekretariat als UN-Organ errichtet; Schaffung eines UN-Umweltfonds. Die „Deklaration über die menschliche Umwelt" (26 Artikel) befaßt sich u. a. mit Schutz und Reinhaltung von Luft, Wasser, Land, Flora und Fauna, mit der sinnvollen Nutzung von Natur- und Bodenschätzen, mit völkerrechtlichen Vereinbarungen über die Entschädigung bei Umweltschäden.

1973 Aufnahme der **BRD** und der **DDR in die UN.** – Dominanz der Dritten
18. Sept. Welt (rd. drei Viertel der UN-Mitglieder entfallen auf sie; 1983:157

UN-Mitglieder); ihre wirtschaftlichen und sozialen Probleme gelten vielfach als eigentliche Bedrohung des Weltfriedens (Nord-Süd-Konflikt). Interessengemeinschaft der Dritten Welt auch bei der Behandlung politischer Fragen, u. a. Nahostproblem (Kampf gegen den „kolonialistischen Zionismus" Israels): Jāsir Arafāts Auftritt vor den UN (13. Nov. 1974); die PLO erhält Beobachterstatus bei den UN (21. Nov.), dgl. die Befreiungsbewegungen des südlichen Afrika (12. Dez.). Die Resolution vom 11. Nov. 1975 bezeichnet den „Zionismus" als eine Form von Rassismus und Rassendiskriminierung.

1976 Die UN-Konvention tritt in Kraft, gem. der die *Apartheid* geächtet,
18. Juli als *„Verbrechen gegen die Menschheit"* bezeichnet wird und mit internationaler Strafverfolgung zu ahnden ist.

1977 In Genf Ende der Konferenz über die Weiterentwicklung des humani-
10. Juni tären Völkerrechts (Beginn 20. Febr. 1974). Zwei Zusatzprotokolle zur Genfer Konvention von 1949.

4. Nov. Sicherheitsrat beschließt Waffenembargo gegen Südafrika.

1980 UN-*Vollversammlung* billigt Forderung nach sowjetischem Truppen-
14. Jan. abzug aus *Afghanistan.*

1978/81 Bemühungen um Lösung des Cypern-Konflikts.

1982 Sondersitzung der Vollversammlung verurteilt *israelische Annexion*
5. Febr./ der *Golan-Höhen* und *Siedlungspolitik* in besetzten Gebieten. Sanktio-
28. April nen gegen Israel scheitern an US-Veto.

April/Juni Schlichtungsbemühungen im Falkland/Malvinen-Konflikt scheitern.

1983 Sondersitzung des UN-Sicherheitsrats (25.–30. Okt.) wegen US-Intervention auf Grenada.

1985 40. UN-Generalversammlung: Jubiläumssession (17. Sept.).

1987 Un-Sicherheitsrat beschließt *Resolution 598* zur *Beendigung des Golf-*
20. Juli *krieges* (Irak/Iran).

1988 USA begleichen ihren Beitragsrückstand (522 Mio. Dollar) an die UNO.

1989 Mehrere *Kambodscha-Konferenzen* der UNO in Paris zur Lösung des Kambodschakrieges.

1990 Unabhängigkeit Namibias unter UN-Kontrolle (21. März).

2. Aug. *Resolutionen* des UN-Sicherheitsrates nach der *irakischen Besetzung Kuwaits* zeigen neue schnelle und einmütige Handlungsfähigkeit der Organisation.

1991 Nach ergebnisloser Mission von Pérez in Bagdad Angriff der multi-
17. Jan. nationalen Truppen auf Irak. Befreiung Kuwaits und Niederlage Iraks (28. Febr.).

2. Internationale Konferenzen und Vereinbarungen

(Forts. v. S. 550) (vgl. auch S. 583f., 585f.)

Die sich aus den Folgen des Zweiten Weltkriegs ergebenden Probleme zeigen sehr bald, daß die Interessen und Auffassungen der Vereinigten Staaten und der Sowjetunion unvereinbar sind. Der

Bruch ihrer Koalition erfolgt 1948, ausgelöst durch die Deutschland- und Berlinfrage (S. 598 f.). Die sog. „Blockbildung" um die beiden Weltmächte als Mittelpunkte ist nur eine weitere Konsequenz. Der kalte Krieg beruht auf zwei Voraussetzungen: die USA suchen die militärische und politische Expansion der UdSSR einzudämmen bzw. sie aus ihrem Machtbereich zurückzuwerfen (Osteuropa, China, Korea und Indochina); die UdSSR will ihre Macht in Osteuropa festi-

1949 gen (Deutschlandfrage) und ihre Einflußsphäre möglichst ausdehnen.

4. April Abschluß des Nordatlantikpakts **(NATO)** in Washington durch zehn europäische Staaten, die USA und Kanada, um die regionale und kollektive Sicherheit im nordatlantischen Raum zu sichern. Waffenhilfe der USA im Rahmen zweiseitiger Verträge mit jedem Teilnehmer.

1951 Auf amerikanische Initiative schließen Australien und Neuseeland

1. Sept. mit den USA den **ANZUS** (Australia, New Zealand, United States)- **Pakt** als kollektives Verteidigungs- und Sicherheitssystem im pazifischen Raum.

1954 **Genfer Konferenz über Korea und Indochina** (Vertreter der vier

26. April – Großmächte, der VR China und Indochinas sowie der 15 UN-Staa-

21. Juli ten, die Streitkräfte nach Korea entsandt haben). Scheitern der Koreaverhandlungen. Am 21. Juli Schlußerklärung über den Indochinakonflikt: Ende der Feindseligkeiten in Kambodscha, Laos und Vietnam, vorläufige Umgruppierungszonen (die Demarkationslinie, die keine Grenze ist, verläuft am 17. Breitengrad), Abzug der französischen Truppen; allgemeine Wahlen unter internationaler Kontrolle sind für Juli 1956 vorgesehen; Kambodscha, Laos und Vietnam erhalten Unabhängigkeit; die beiden erstgenannten bleiben außerhalb jeder Militärallianz.

Die USA, die sich an den Genfer Kompromiß nicht gebunden erachten, schließen mit den Partnern des ANZUS-Pakts sowie den Philippinen, Großbritannien, Frankreich, Pakistan und Thailand den Süd-

8. Sept. ostasienpakt **(SEATO** – South East Asia Treaty Organization), dessen Garantien sich auch auf Laos, Kambodscha und Südvietnam erstrecken. Der **Bagdadpakt** (S. 766), unter der Ägide der USA entstanden, ergänzt das westliche Bündnissystem für den Mittleren Osten (Beitritt der USA zum Militärausschuß am 6. Juni 1957; nach Ausscheiden des Irak wird der Pakt **in CENTO** – Central Treaty Organization – **umbenannt,** 18. Aug. 1958).

Militärisch gibt in dieser Zeit die Entwicklung der sowjetischen Atomwaffe den Ausschlag, wenn diese auch noch zahlenmäßig der der USA unterlegen ist; doch werden auch die USA verwundbar (Entwicklung und Test der sowjetischen Wasserstoffbombe). Um 1955 deutet die UdSSR eine mögliche Ost-West-Entspannung an.

1955 Die **Genfer Gipfelkonferenz** (USA, UdSSR, Großbritannien und

18.–23. Juli Frankreich) befaßt sich mit der atomaren Abrüstung und bewirkt beiderseitige Truppenreduzierungen.

Die Krisen 1956 (Sueskrise, Aufstand in Polen und Ungarn, S. 724, 624, 619) leiten eine *neue Phase im kalten Krieg* ein. Die Ausnutzung der westalliierten Meinungsverschiedenheiten in der Suesfrage erleichtert es der UdSSR, ihre Herrschaft in Osteuropa neu zu festigen und ihrerseits politisch offensiv zu werden (im Nahen und Mittleren Osten, Berlinmemorandum 1958, Scheitern der Pariser Gipfelkonferenz Mai 1960, Begriff der „Nationalen Befreiungskriege" unter sowjetischem Schutz, Engagement im Kongo, Berliner Mauer 1961, Unterstützung Cubas). – *Abrüstungsverhandlungen* werden aufgenommen (London 1956/57, Genf 1958 und 1960), bleiben jedoch ergebnislos. Ein Interessenausgleich kommt bei der friedlichen Verwendung der Atomenergie zustande.

1957
29. Juli Gründung der **IAEA** (International Atomic Energy Agency – Internationale Atomenergie-Organisation, Sitz in Wien), eine internationale Behörde („Atombank"), die die Verantwortung für das spaltbare Material übertragen erhält.

1959
1. Dez. **Antarktis-Vertrag** von zwölf Mächten (USA, UdSSR, Großbritannien, Frankreich, Argentinien, Australien, Belgien, Chile, Japan, Neuseeland, Norwegen, Südafrikanische Union) unterzeichnet. Verbot von Atomversuchen, Raketen- und Militärstützpunkten.

Parallel dazu setzt ein neuer militärischer Wettlauf ein, bei dem die politische Macht an der Anzahl der Raketenwaffen gemessen wird *(„Gleichgewicht des Schreckens")*. Die USA (Regierung Kennedy) überschätzen zuerst die Überlegenheit der UdSSR (sog. Raketenlücke) und reagieren mit verstärkten Rüstungsanstrengungen, so daß sie um die Zeit der kubanischen Raketenkrise strategisch überlegen sind. Von 1961 bis 1963 nimmt die Ausrüstung der NATO mit US-Atomwaffen um 60% zu (erstmals angeboten auf der Pariser NATO-Konferenz 1957 und im April 1958 angenommen). Die UdSSR (Chruschtschow) hat mit erheblichen inneren Schwierigkeiten zu kämpfen; der Streit mit der VR China zwingt sie, mit einem neuen Rivalen in ihrem Einfluß- und Hegemonialbereich zu rechnen. Neue Waffensysteme bewirken eine neue Strategie (die mit Atomkraft getriebenen und mit Langstreckenraketen ausgerüsteten U-Boote, 1955 in den USA erstmals erprobt; in der UdSSR nach Chruschtschows Sturz Aufbau der Seestreitkräfte). Die Entwicklung der Interkontinentalrakete erhöht die Gefahr einer direkten Konfrontation der beiden Weltmächte und verringert den Wert von Militärstützpunkten und die Bedeutung von Satellitenstaaten. Am 14. März 1962 werden in Genf die Abrüstungsverhandlungen wieder aufgenommen (die Konferenz dauert noch an). Beginn des „nuklearen Dialogs" zwischen Washington und Moskau.

1962
8. Juni In Genf vereinbaren USA und UdSSR die gemeinsame **friedliche Erforschung des Weltraums** auf dem Gebiet der Meteorologie, der Bestimmung des geomagnetischen Feldes und der Fernmeldesatellitentechnik.

23. Juli In Genf wird die *Erklärung über die Neutralität von Laos* unterzeichnet; Ziel: Beendigung des Bürgerkriegs, Abzug ausländischer Truppen, keine Einmischung in innerlaotische Angelegenheiten.

1963 In Moskau unterzeichnen USA, UdSSR und Großbritannien das
5. Aug. **Abkommen über die teilweise Beendigung der Kernwaffenversuche** in der Atmosphäre, im Weltraum und unter Wasser; das Problem der Kontrolle wird allerdings ausgeklammert. Nach und nach treten fast alle Staaten diesem Abkommen bei. Einrichtung eines „heißen Drahts" zwischen Kreml und Weißem Haus (20. Juni).

1967 In Washington, Moskau und London wird der **Vertrag über die fried-**
27. Jan. **liche Erforschung und Nutzung des Weltraums** unterzeichnet. Die politische Bedeutung des Vertrags entspricht der des Atomteststoppabkommens 1963.

Bei den jeweiligen Verbündeten unterschiedliche Reaktion auf die Politik der Weltmächte. Die NATO-Partner wünschen Mitspracherecht beim Einsatz von Nuklearwaffen. Das Projekt der Multilateralen Streitmacht realisiert sich ebensowenig wie das der Interalliierten Nuklearstreitmacht (1962/63). Frankreich, Gegner eines integrierten Verteidigungssystems, löst sich 1966 aus der militärischen Organisation der NATO. Um diese Zeit ändern die USA auch die Prioritäten: „Brückenschlag" zwischen beiden Teilen Europas als qualitative Veränderung des Status quo (Johnson am 7. Okt. 1966; vgl. auch S. 602 f.).

Auch im militärischen Bereich zeigen sich Wandlungen durch die Entwicklung neuer Nuklearwaffen (Raketenabwehrsysteme, Raketen mit Mehrfachsprengköpfen). Beide Weltmächte sind imstande, sich gegenseitig zu vernichten, doch nicht imstande, sich anzugreifen, da der Angreifer sich dabei selbst vernichten würde (**„nukleares Patt"**).

Politisch zwingt das „nukleare Patt" die beiden Großmächte, Konflikte zu beherrschen und Kriege zu begrenzen, auch da, wo sich ihre Einflußgebiete überschneiden: weder Vietnam (vgl. S. 764) noch Nahost lösen eine direkte Konfrontation aus. Der Kreis der Atommächte hat sich inzwischen um Frankreich (seit 1960) und die VR China (seit 1964) erweitert. Schon bald nach dem Teststoppvertrag beginnen amerikanisch-sowjetische Sondierungen wegen der Nichtverbreitung von Kernwaffen.

1968 In Washington, London und Moskau wird der **Vertrag über die Nicht-**
1. Juli **verbreitung** (non-proliferation) **von Kernwaffen** unterzeichnet. Die Kernwaffenstaaten verpflichten sich, Kernwaffen weder unmittelbar noch mittelbar weiterzugeben; die Nichtkernwaffenstaaten verpflichten sich, Kernwaffen und -sprengköpfe weder anzunehmen noch zu erwerben, zu lagern oder herzustellen. Die ungehinderte friedliche Nutzung der Kernenergie wird garantiert; die Zusammenarbeit soll „geeigneter internationaler Aufsicht" unterworfen werden (in Kraft am 5. März 1970; Frankreich und die VR China treten diesem Abkommen ebensowenig bei wie dem von 1963).

29. Aug. – An der *Konferenz der Nichtkernwaffenstaaten* in Genf nehmen 92
28. Sept. Länder teil. Vor allem werden die Sicherheitszusagen als ungenügend empfunden. Die Konferenz verabschiedet die Resolution (Entwurf

der BRD), die die Nichtanwendung von Gewalt und das Verbot der Androhung von Gewalt als unteilbaren Grundsatz für die zwischenstaatlichen Beziehungen in den Mittelpunkt stellt. Die weiteren Resolutionen befassen sich mit der Schaffung kernwaffenfreier Zonen, der nuklearen Abrüstung, dem Sicherungssystem der IAEA, dem Zugang zu Material und Information der Kerntechnologie im Rahmen der IAEA unter besonderer Berücksichtigung der wirtschaftlichen und wissenschaftlichen Bedürfnisse der Entwicklungsländer.

1971
11. Febr.
Im Rahmen der Genfer Konferenz wird der **„Vertrag über das Verbot der Anbringung von Kernwaffen** und anderen Massenvernichtungswaffen **auf dem Meeresboden** und im Meeresuntergrund" in Moskau, London und Washington unterzeichnet (in Kraft am 18. Mai 1972).

1972
9. April
Ergebnis der Genfer Konferenz ist der **„Vertrag über das Verbot der Entwicklung, Herstellung und Lagerung bakteriologischer (biologischer) und Toxin-Waffen** sowie über die Vernichtung solcher Waffen". Über das Problem der chemischen Waffen wird verhandelt.
– Am 18. Mai *1977 Übereinkommen* über das *Verbot, umweltverändernde Techniken* zu militärischen oder sonstigen feindlichen Zwecken *zu verwenden* (von 33 Staaten unterzeichnet).

Mit dem Non-proliferation-Vertrag wurde bereits deutlich, daß die landläufigen Kategorien des kalten Kriegs nicht mehr anwendbar sind. Das strategische Gleichgewicht („nukleares Patt") wird zur Grundlage eines bedingten Interessenausgleichs der Großmächte („selektive Koexistenz"). Am *17. Nov. 1969* beginnen in Helsinki die sowjetisch-amerikanischen Gespräche zu den *SALT-Runden* (Begrenzung strategischer nuklearer Defensivwaffen; Verhandlungen abwechselnd in Helsinki und Wien). – Schon vorher hat die VR China die Rückkehr zu aktiver Außenpolitik angekündigt (Kämpfe am Ussuri gegen die UdSSR), und die USA (Nixon) beginnen sich aus dem Indochinakrieg zu lösen und ihre bisherige Chinapolitik zu revidieren. Am 15. Juli 1971 kündigt Nixon seinen Besuch in Peking an (S. 756, 805). Mit dem Bestreben der USA, zu Moskau und Peking bessere Beziehungen zu unterhalten, als diese beiden untereinander haben, ist der Anfang für ein neues Gleichgewicht der Kräfte gesetzt.

1972
22.–29. Mai
Besuch Nixons in Moskau. Unterzeichnung des **1. SALT-Abkommens:** USA und UdSSR einigen sich auf je 2 Anlagen von Antiraketensystemen (Schutz der Hauptstädte) und je 1 Raketenbasis; die Zahl der Interkontinentalraketen (nach Stand vom Juli 1972: USA 1054; UdSSR 1618) wird für 5 Jahre eingefroren, die Anzahl der Atom-U-Boote und ihre Bestückung mit Raketen wird ebenfalls festgelegt. Nicht einbezogen ist die Perfektionierung der Waffensysteme, desgleichen Entwicklung und Herstellung von MIRV-Raketen. – Die zweite Phase der SALT-Gespräche beginnt am 21. Nov. in Genf (Begrenzung bzw. Verringerung nuklearer Angriffswaffen).

Parallel zu dieser Entwicklung ändern sich auch die Beziehungen des westlichen und östlichen Bündnissystems zueinander. Die NATO·

sieht neben der Verteidigung ihre Rolle als kollektives Entspannungsinstrument und schlägt bereits auf der Konferenz von Reykjavík (24./25. Juni 1968) den Warschauer-Pakt-Staaten eine *gegenseitige ausgewogene Truppenreduzierung (MBFR)* vor; damit will die NATO auch einem einseitigen Abzug der US-Truppen aus Europa entgegenwirken. (Truppenabbaugespräche wurden schon seit 1946/47 angeregt, u. a. im Rapacki-Plan 1958.) Die UdSSR bringt den Plan der *Konferenz über Sicherheit und Zusammenarbeit in Europa (KSZE)* ins Spiel (S. 594). Die NATO nennt als Vorbedingungen für die KSZE ein befriedigendes Berlinabkommen und den Abbau der Spannungen im Mittelmeer (Dez. 1970 in Brüssel; vgl. S. 615). In seiner Rede in Tiflis (5. Mai 1971) geht Breshnew offiziell auf den MBFR-Vorschlag ein, und die NATO verbindet auf ihrer Bonner Tagung (Mai 1972) MBFR mit der von Moskau gewünschten KSZE (sowjetische Zustimmung am 12. Sept. 1972).

Bereits am 10. Mai 1968 begannen in Paris Gespräche zwischen Washington und Hanoi, um den **Vietnamkrieg** durch Verhandlungen zu beenden (später Teilnahme Saigons und des FLN). Auf beiden Seiten verhärtete Fronten. Seit 1969 Geheimverhandlungen zwischen dem Nixon-Berater H. A. Kissinger und dem Nordvietnamesen Le Duc
1973 Tho (vgl. S. 688, 794). Das **Waffenstillstandsabkommen** wird in
27. Jan. Paris von den USA, Nord- und Südvietnam sowie dem FLN unterzeichnet. Es greift z. T. auf das Genfer Abkommen von 1954 (S. 571) zurück: Südvietnam soll in freien Wahlen (internationale Kontrolle) über seine Zukunft entscheiden; „Nationalrat der nationalen Aussöhnung" (Vertreter Saigons und des FLN); Abzug der US-Truppen und ihrer Verbündeten binnen 60 Tagen aus Südvietnam.
26. Febr. – **Pariser Vietnamkonferenz** (außer dem Teilnehmern des Waffenstill-
2. März standsabkommens auch VR China, UdSSR, Frankreich, Großbritannien und die Vertreter der Internationalen Kontrollkommission): Billigung des Abkommens vom 27. Jan. und Garantie der darin vereinbarten Bestimmungen.
18. Febr. Bald nach SALT I neue Verhandlungen zwischen Moskau und Washington (Begrenzung der strategischen Offensivwaffen); Dialog auf Gipfelebene.
18.–25. Breshnew in den USA. **Abkommen zur Verhinderung eines Nukle-**
Juni **arkriegs** (22. Juni); bei atomarem Risiko dringende Konsultationen zwischen USA und UdSSR. – Beim Besuch Nixons in Moskau (27. Juni–3. Juli 1974) Vereinbarung, die ABM-Systeme und die unterirdischen Kernwaffenversuche zu friedlichen Zwecken zu begrenzen (am 28. Mai 1976 unterzeichnet).
Nach Vorgesprächen beginnen am 3. Juli 1973 in Genf die Verhandlungen der KSZE (33 europäische Staaten, USA und Kanada).
1975 **Abschluß der KSZE** in Helsinki in Form eines Gipfeltreffens. Die
30. Juli – Schlußakte bilden die „3 Körbe". „*Korb 1*"enthält die 10 Prinzipien
1. Aug. (u. a. Achtung der Menschenrechte, Selbstbestimmung, Nichteinmischung) sowie Aspekte der Sicherheit und Abrüstung, vertrauens-

bildende Maßnahmen; „*Korb 2*" legt die Zusammenarbeit in Wirtschaft, Wissenschaft, Technik und Umweltfragen fest; „*Korb 3*"
behandelt die Zusammenarbeit in humanitären und sonstigen Bereichen. Die Schlußakte ist kein Vertrag, berührt auch kein Völkerrecht,
sondern ist als Willenserklärung ein politisches Dokument.
Die MBFR-Konferenz beginnt am 30. Okt. 1973 in Wien, ohne daß
eine Annäherung der Vorschläge von Ost und West erreicht wird.
SALT I hat zwar ein qualitatives und quantitatives Gleichgewicht gebracht – qualitative Überlegenheit der USA, quantitativer Vorsprung
der UdSSR –, doch verbessern beide Mächte ihr Nuklearpotential.
In *Vladivostok (23./24. Nov. 1974)* einigten sich Ford und Breshnjew
auf 2400 strategische Kernwaffenträger für jede Seite, davon je 1320
mit Mehrfachsprengköpfen. – Neue Generationen von Waffen werden entwickelt: die Russen führen den Bomber vom Typ „Backfire"
ein, der durch Luftbetankung strategische Reichweite erhält; die
Amerikaner verfügen mit der landgestützten Rakete vom Typ MX
und mit der Cruise Missile (Marschflugkörper; moderne Weiterentwicklung der deutschen V 1) über neue Superwaffen.

1977 Treffen von US-Außenminister C. Vance mit Gromyko in Moskau
(28.–30. März) und Genf (18.–20. Mai). Keine Einigung, doch sollen
die Verhandlungen weitergeführt werden.

10./11. Auf dem *NATO-Gipfel in London* 5-Punkte-Programm Carters: ver-
Mai besserte Abschreckung der Allianz, vor allem auf konventionellem
Gebiet; Ausarbeitung einer Langzeitstudie für die Verteidigung der
80er Jahre; Bereitschaft der USA, mehr Waffen in Europa zu kaufen;
Standardisierung in der Rüstungsproduktion; atlantische Kooperation bei Entwicklung, Herstellung und Beschaffung von Verteidi-
gungsgütern.

1978 KSZE-Folgetreffen der 35 Teilnehmerstaaten in Belgrad mit einem
9. März Schlußdokument abgeschlossen, das die Bedeutung des fortgesetzten
Meinungsaustauschs hervorhebt, im übrigen aber feststellt, daß über
eine Anzahl der dem Treffen unterbreiteten Vorschläge kein Konsens erreicht wurde; dies gilt vor allem für die vom Westen geforderte Verwirklichung der Menschenrechte.

1979 *SALT-II-Abkommen:* Verringerung der in SALT I festgelegten
15.–18. Höchstzahlen bei verschiedenen Fernwaffen; Begrenzung der Rake-
Juni tenwaffen mit Mehrfach-Sprengköpfen; von USA nach sowjetischer
Afghanistan-Invasion (Dez.) nicht ratifiziert.

13. Dez. *NATO-Doppelbeschluß:* Nachrüstung in Europa als Reaktion auf sowjetische Aufrüstung mit neuen Mittelstreckenraketen für Herbst
1983, wenn gleichzeitige Verhandlungen über Rüstungsbegrenzung
scheitern.

1980 2. KSZE-Folgetreffen in Madrid (bis Sept. 1983).

1982 2. Sonderabrüstungskonferenz der UN-Generalversammlung eröffnet (7. Juni).

29. Juni Beginn der START-Abrüstungs-Verhandlungen über strategische
Waffen in Genf.

16. Okt.   2. Welternährungstag der FAO in Rom.

1983   Beginn der Stationierung von Pershing-II-Raketen in Europa, Ab-
Nov.   bruch der Mittelstreckenwaffen-Verhandlungen, im Dez. auch der
START-Gespräche seitens der Sowjetunion.

1984   Beginn der *Genfer Abrüstungskonferenz* mit 44 Teilnehmer-Ländern
(7. Febr.).

1985   *Genfer Gipfelkonferenz:* Reagan und Gorbatschow beschließen Dia-
19.–21. Nov.   log und verstärkte Abrüstungsbemühungen.

1987   Reagan und Gorbatschow unterzeichnen in Washington das *INF-Ab-
7.–10. Dez.   kommen:* Null-Lösung bei der Abrüstung atomarer Mittelstreckenraketen.

1989   *KSZE-Folgetreffen* in Wien: Unterzeichnung eines Dokumentes über
15. Jan.   Menschenrechte und Abrüstung.

1990   *„Open-Skies"-Konferenz* der Außen- und Verteidigungsminister *von*
12. Febr.   *NATO und Warschauer Pakt:* Begrenzung der Truppenstärken in Europa und Kontrolle der Abrüstung.

19. Nov.   NATO und Warschauer Pakt unterzeichnen das *VKSE-Abkommen:*
Abbau der konventionellen Streitkräfte in Europa. Am gleichen Tag
KSZE-Gipfel in Paris: notarielle Beendigung des Kalten Krieges;
KSZE-Prozeß soll institutionalisiert werden und zu einer neuen Frie-
densordnung in Europa führen.

3. Internationale Wirtschaftskonferenzen

Nach 1945 setzt – beeinflußt von den Erfahrungen der ersten Nachkriegszeit – eine Wiederbelebung des weltmarktwirtschaftlichen
Denkens und damit der Liberalisierung ein, teils bedingt durch die
immer enger gewordene internationale Verflechtung, teils hervorgerufen durch die wirtschaftlichen Schwierigkeiten, die kein Staat allein
mit eigenstaatlichen Maßnahmen meistern kann. Die UN mit ihren
Organisationen werden die Basis für die internationale wirtschaftliche
Zusammenarbeit (vgl. S. 567; zum Marshallplan s. S. 585).

1946   Das Komitee für die *Internationale Handelsorganisation* (Internatio-
18. Febr.   nal Trade Organization – ITO) der Vereinten Nationen wird gegründet.

1947   In Genf unterzeichnen 23 Staaten das **GATT-Abkommen** (General
31. Okt.   Agreement on Tariffs and Trade) zur Herabsetzung der Zolltarife,
zum Abbau anderer Handelsschranken und zur Beseitigung von
Handelsdiskriminierungen. Alle Verhandlungen um Zollzugeständnisse werden jeweils bilateral geführt.

Bereits die Gründung des GATT steht im Zeichen des Gegensatzes
zwischen den USA und der UdSSR: die Sowjetunion und die mit ihr
befreundeten Staaten schließen sich dem Abkommen nicht an, ausgenommen die Tschechoslowakei. Neben dem Dollar- und Sterling-

block der Westmächte entsteht der auf die wirtschaftlichen Bedürfnisse der UdSSR zugeschnittene Rubelblock. Die *Existenz zweier
verschiedener Wirtschaftssysteme,* als eine andere Form des „kalten
Krieges", legt den zwischenstaatlichen Handel zwischen den beiden
Blöcken ganz oder teilweise lahm und verlagert die Märkte. Von den
drei im Welthandelsumsatz führenden Gruppen kommt das festländische Westeuropa vor dem Sterlingblock und vor Nordamerika.
Der Koreakrieg (S. 807) löst eine steigende Nachfrage nach Rohstoffen aus (Korea-Boom). Diese Aufwärtsentwicklung wird 1957/58
durch eine Rezession gestört.

Mit der fast vollständigen Beseitigung der Kolonialherrschaft und der
Konstituierung neuer Staaten entsteht ein weiteres Problem in der
Weltwirtschaft: der *Fragenkomplex der sog.* **Entwicklungsländer,**
die – da durch die Kolonialherrschaft ihre ursprüngliche Zivilisation
von sozialen und wirtschaftlichen „Mischformen" abgelöst worden
ist – auf der Suche nach eigenständigen Lösungen sind. Die einseitige
Ausrichtung der Volkswirtschaften auf den Export einiger weniger
Erzeugnisse (meist mineralische und pflanzliche Naturprodukte) erweist sich als äußerst nachteilig, da die Weltmarktpreise für Nah-
rungsmittel und Rohstoffe seit 1950 erheblich schwanken; der
„Nachholbedarf" seit dem Zweiten Weltkrieg ist inzwischen gedeckt.
Die Industriestaaten ersetzen die Rohstoffe teilweise durch synthe-
tische Erzeugnisse.
Eine Verlangsamung bzw. Rückläufigkeit der Konjunktur haben
auch andere Länder zu verzeichnen, so die USA (S. 685). Die Regierung Kennedy plant daher, mit den westeuropäischen Staaten eine
„Atlantische Partnerschaft" zu bilden (vgl. S. 685), die im Rahmen
des GATT für Güter, bei denen der Anteil der USA und der EWG
am Welthandel zusammen 80% beträgt, die Zölle erheblich kürzen
oder ganz beseitigen soll. Gegenseitig gewährte Zollzugeständnisse
sollen jeweils auf alle Mitgliedstaaten des GATT ausgedehnt werden.

1962
16. Juli Bei Abschluß der *5. Zollsenkungskonferenz* des GATT (Beginn am
1. Sept. 1960) werden insgesamt 4400 Zollkonzessionen ausge-
tauscht, die einem Handelsvolumen von 4,9 Mrd. Dollar zugute kommen (sog. Dillon-Runde). Der Trade Expansion Act 1962 gibt Präsident Kennedy die Möglichkeit, weitere Zollzugeständnisse auf
Gegenseitigkeit zu gewähren.

1964
16. Juni Ende der **Genfer UN-Konferenz über Handel und Entwicklung**
(Beginn am 23. März 1964; 120 teilnehmende Staaten, zum erstem-
mal auch EWG, EFTA und RGW). In der Schlußakte wird die Notwendigkeit einer internationalen Arbeitsteilung hervorgehoben
30. Dez. („1. UNCTAD"). Laut Resolution der Vollversammlung konstituiert
sich die „Konferenz der Vereinten Nationen für Handel und Entwicklung" **(UNCTAD** – United Nations Conference on Trade and
Development) als Organ der Vollversammlung.

1965 Um die Stellung der unterentwickelten Länder im Welthandel zu ver-

8. Febr.   bessern, beschließen die Vertragspartner des GATT auf einer Sondersitzung ein Zusatzabkommen zum GATT-Statut, das die schnelle und stetige Ausweitung der Exporterlöse der Entwicklungsländer, die GATT-Mitglieder sind, fördern soll.
Im GATT begann am 4. Mai 1964 die sog. Kennedy-Runde, in der über einen ganze Gütergruppen umfassenden Zollabbau verhandelt wird.

1967   **Ende der Kennedy-Runde** (Schlußakte vom 30. Juni). Die Zollkon
15. Mai   zessionen (etwa 40 000) betreffen einen Handelsaustauch von rd. 40 Mrd. Dollar und erstrecken sich im wesentlichen auf Industrieerzeugnisse. In 5 Jahren sollen die Unterzeichner ihre Zölle stufenweise um durchschnittlich 35 % senken. Das Internationale Baumwolltextilabkommen von 1962 wird bis 1970 verlängert. Das Internationale Weizenabkommen (endgültig im Juli/August 1967 in Rom ausgehandelt) setzt Höchst- und Mindestpreise und die Lieferung von jährlich 4,5 Mill. t Getreide der westlichen Industriestaaten an die Entwicklungsländer fest. Bezüglich der den Entwicklungsländern zugestandenen Zollpräferenzen für ihren Export von Industrieprodukten kommen die OECD-Staaten schließlich überein, daß jeder sein eigenes Präferenzsystem praktizieren kann, sofern die Lasten gerecht verteilt sind (Pariser OECD-Konferenz, 20.–22. Mai 1970). – Argentinien, Irland, Island und Polen werden Vollmitglieder des GATT (30. Juni 1967).
Nach Angaben der Weltbank (1965) sind die Entwicklungsländer mit mehr als 40 Mrd. Dollar verschuldet. Beanstandet wird die protektionistische Agrarpolitik vor allem der EWG auf Kosten der Entwicklungsländer.

1968   Auf der 2. **UNCTAD** in Neu-Delhi keine ,,allgemeinverbindlichen
1. Febr. –   Vereinbarungen". In entsprechenden Resolutionen wird für den
29. März   Grundstoffbereich ein Zeitplan für den schrittweisen Abschluß von insgesamt 19 Rohstoffabkommen festgelegt. Die Industrienationen erklären, jährlich mindestens 1% ihres Bruttosozialprodukts für Entwicklungshilfe aufbringen zu wollen. Die osteuropäischen Staaten werden aufgefordert, ihre Handelsbeziehungen zu den Entwicklungsländern zu verbessern.
Mit der Ausweitung des Welthandels und des Zahlungsverkehrs wächst der Bedarf an internationaler Liquidität. Das **Währungssystem** beruht auf dem Abkommen von Bretton Woods (1944): feste Wechselkurse und freie Konvertibilität (Austauschbarkeit) der Währungen; Leitwährung ist der Dollar, Währungsmaßstab das Gold (35 Dollar je Unze Feingold); 1962 schlossen sich die USA, Großbritannien, Frankreich, Belgien, die BRD, Italien, die Niederlande, Schweden, Kanada und Japan zum sog. Zehnerklub zusammen und verpflichteten sich, einander Kredite bis zu 6 Mrd. Dollar einzuräumen, wenn der IMF Zahlungsbilanzdefizite nicht aus eigenen Mitteln überbrücken könne. Der Abfluß von Dollars über den Atlantik und die Verringerung der Goldbestände sowie die steigenden US-Investitio-

nen in Europa verursachen in den USA seit Ende der 50er Jahre laufend Defizite in der Zahlungsbilanz (vgl. S. 685). Der Dollarzustrom trägt seit den 60er Jahren zu einer allgemeinen inflationären Entwicklung bei, die sich in den einzelnen Ländern unterschiedlich äußert. Die eigentliche **Währungskrise** löst Frankreich aus, als es das Ende des Golddevisenstandards und die Rückkehr zum reinen Goldstandard fordert (Pressekonferenz de Gaulles vom 4. Febr. 1965). Erstes Opfer der beginnenden Währungsunordnung wird das Pfund Sterling (vgl. S. 652f.), neben dem Dollar die zweite Weltleitwährung. Die wachsenden Zahlungsbilanzdefizite Großbritanniens und der USA lösen neue Spekulationswellen auf den Goldmärkten aus, die in Panikkäufen gipfeln. Die USA heben die Golddeckungspflicht für den Dollar auf (S. 688), der Londoner Goldmarkt schließt vom 15.

1968 bis zum 29. März 1968.

17. März *Der Goldpool stellt seine Tätigkeit ein* (seine Aufgabe war, durch Interventionen den Goldpreis nicht über den amtlichen Kurs von 35 Dollar pro Feinunze steigen zu lassen). Der amtliche Preis gilt noch für den Verkehr zwischen den Notenbanken, der Preis am freien Markt soll sich nach Angebot und Nachfrage richten. Infolge der Maiunruhen in Paris ist auch der Franc angeschlagen (vgl. S. 660); daraufhin setzt die Spekulation auf die DM als „harte Währung" ein (vgl. S. 607). Der Franc muß abgewertet, die DM aufgewertet werden. Zusammen mit der sich international ausbreitenden Inflation (Inflationsrate in den OECD-Staaten 1969: 4,7%) gerät auch die Konjunktur in Unordnung. Die USA, die zuerst durch Rekordzinsen die Inflation zu bekämpfen versuchen, lockern die Kreditbremse, um die Rezession aufzufangen; der Dollar, in den USA billiger geworden, strömt nun wieder nach Europa, wo die Zinssätze höher liegen.

Im Herbst 1960 hatten sich bereits ölexportierende arabische Staaten, Indonesien, Venezuela und Nigeria zur *OPEC* (Organization of Petroleum Exporting Countries) zusammengeschlossen. Auf den Konferenzen von Teheran (Febr. 1971) und Tripolis (April 1971; Libyen, Algerien, Irak und Saudi-Arabien) erreicht die OPEC von den westlichen Ölgesellschaften eine stufenweise Anhebung der Preise.

1971 Die internationale Währungskrise erreicht mit den Maßnahmen der USA im August 1971 einen neuen Höhepunkt (S. 687). Auf der

17./18. Dez. *Konferenz des Zehnerklubs in Washington* Einigung über die Neufestsetzung der Wechselkurse. Abwertung des Dollars gegenüber dem Gold (Aufwertung gegenüber der früheren Goldparität u. a. Japan 7,66% BRD und Schweiz 4,61%). Als Folge der Währungskrise 1970/71 entsteht den Entwicklungsländern ein Verlust von rd. 4 Mrd. Dollar.

1972 3. UNCTAD in Santiago de Chile befürwortet Reform des internatio-
13. April– nalen Währungssystems mit erweiterter Mitsprache der Entwick-
21. Mai lungsländer.

1973 Im Jan. 1973 neue Unordnung im internationalen Währungsgefüge;

Jan.   rd. 80 Mrd. „vagabundierende" Dollar. Italien gibt (um die Abwertung der Lira zu umgehen) am 22. Jan. 1973 den Kurs der Kapital-Lira frei, am 13. Febr. auch den der Handels-Lira; am 23. Jan. stellt die Schweiz die Kursstützung des Dollar ein und floatet. Dollarflut auf die anderen europäischen Devisenmärkte (besonders BRD). Allgemeine Währungskrise (2.–13. Febr.).

12. Febr.   **Abwertung des Dollar** um 10% bekanntgegeben. Am 13. Febr. Wechselkursfreigabe des japanischen Yen (dadurch De-facto-Aufwertung). – Anfang März erneute Spekulationen auf den Devisenmärkten (vgl. S. 589).

16. März   *Pariser Währungskonferenz* (EWG-Staaten und Zehnerklub); die USA willigen ein, zugunsten des Dollar auf den Devisenmärkten zu intervenieren; keine feste Interventionspflicht der Europäer. *De-facto-Ende des Bretton-Woods-Systems.*

Infolge des konjunkturellen Gleichschritts der großen Industriestaaten sprunghafter Anstieg des Rohstoffbedarfs; steigende Preise an den internationalen Rohstoffbörsen heizen die Inflation zusätzlich an. Sog. **Energiekrise,** als im Jom-Kippur-Krieg die OPEC die „Erdöl-waffe" einsetzt: Ölembargo bzw. Drosselung der Erdöllieferungen (die westlichen Industriestaaten decken 85% ihres Erdölbedarfs aus dem Nahen Osten); gleichzeitig werden die Erdölpreise hochgetrieben (innerhalb eines Jahres um das Vierfache). Konjunktureinbruch; *1974/75 weltweite Wirtschaftsrezession.* – Unterschiedliche Auffassungen hinsichtlich der Krisenbewältigung: die Industriestaaten wollen zuerst das Problem der Energieversorgung erörtern, die Entwicklungsländer die gesamte Rohstofffrage, die Reform des internationalen Währungssystems und eine neue Weltwirtschaftsordnung behandeln (sog. Nord-Süd-Konferenz, s. S. 582). Zur Finanzierung der ölpreisbedingten Zahlungsbilanzdefizite soll die Errichtung der „Ölfazilität", Sonderziehungsrechte (SZR) beim Internationalen Währungsfonds (finanziert von den Ölerzeugerländern; Beschlüsse des IMF 1974 und 1975), dienen.

1976   In Kingston wird die Reform des Weltwährungsfonds festgelegt: Auf-
7./8.   stockung der IMF-Quoten von 29,2 Mrd. auf 39 Mrd. SZR; der offi-
Jan.   zielle Goldpreis wird abgeschafft (1976: 42,22 $ je Feinunze); 25 Mill. des IMF-Goldbestands sollen binnen 4 Jahren versteigert werden und der Erlös den armen Nationen zugute kommen.

5.–31.   Auf der *4. UNCTAD in Nairobi* setzen die Entwicklungsländer ihre
Mai   Forderungen weitgehend durch, u. a.: Bindung der Rohstoffpreise an den Preisindex für industrielle Güter; Ausgleichslager für eine größere Zahl wichtiger Rohstoffe; Finanzierungsfonds.

Bei den Industriestaaten Abstimmung über die nächsten Maßnahmen für eine gemeinsame Wirtschaftspolitik: in Rambouillet (15.–17. Nov. 1975) wird die Bekämpfung der Arbeitslosigkeit beschlossen; in Puerto Rico (27./28. Juni 1976) wird die Abschwächung des Expansionskurses verabredet, um neuen Inflationsstoß zu vermeiden.

1977   *Londoner Gipfelkonferenz* (USA, Großbritannien, BRD, Frankreich,

7./8. Mai	Italien, Kanada, Japan) zu Weltwirtschaftsfragen: konzertierte Politik zur Sicherung von Wirtschaftswachstum und Stabilität; Bekämpfung der Arbeitslosigkeit, besonders bei Jugendlichen; Sonderfonds zugunsten der ärmsten Entwicklungsländer. – Beratungen über Entwicklung alternativer Energiequellen zu Erdöl; erhebliche Vorbehalte Carters gegen den Verkauf von Kernreaktoren an Entwicklungsländer; Mißstimmung gegen die BRD (Vertrag mit Brasilien vom 27. Juni 1975) und Frankreich (Abkommen mit Pakistan, Aug. 1976).
30. Mai – 2. Juni	*Schlußrunde der Nord-Süd-Konferenz* in Paris (Beginn 16. Dez. 1975; 19 Entwicklungsländer, EG-Staaten, Australien, Japan, Kanada, Schweden, Schweiz, Spanien und USA). Ergebnisse: Vereinbarung über einen gemeinsamen Fonds zur Stabilisierung der Rohstoffpreise; substantielle Erhöhung der Entwicklungshilfe seitens der Industriestaaten und 1 Mrd. $ Sonderhilfe; Zugang zu Kapitalmärkten, direkte ausländische Privatinvestitionen (ohne Entschädigungskriterien).
1978 16./17. Juli	4. Wirtschaftsgipfelkonferenz der 6 führenden westlichen Industriestaaten (Bundesrepublik Deutschland, Frankreich, Großbritannien, Italien, Kanada, USA) und Japans in Bonn.
1979 7. Mai– 3. Juni	**5. UNCTAD-Konferenz in Manila:** Sofortprogramm zugunsten der 31 ärmsten Entwicklungsländer für die nächsten drei Jahre. Die von den Entwicklungsländern geforderte *„neue Weltwirtschaftsordnung"* und die Reform des internationalen Währungs- und Finanzsystems werden nicht erreicht. Ungelöst bleibt auch das Problem des „integrierten Rohstoffprogramms".
1981 Okt.	1. Internationale Konferenz für Zusammenarbeit und Entwicklung von 22 Industrie- und Entwicklungsländern in *Cancún* (Mexiko).
1983 6. Juni– 3. Juli	**6. UNCTAD-Konferenz in Belgrad** ohne konkrete Resultate für Besserung der Lage der Entwicklungsländer in der *kritischen Weltwirtschaftssituation.*
1984	10. Wirtschaftsgipfelkonferenz in London (7.–9. Juni) befaßt sich u. a. mit der *Verschuldung der Dritten Welt.*
1986 30. Sept. –3. Okt.	41. Jahrestagung von IMF und Weltbank fordert mehr inflationsfreies Wachstum zur Angleichung wirtschaftlicher Ungleichgewichtigkeit.
1987 1.–3. Dez.	43. GATT-Jahrestagung: Klagen über zunehmende Regelverletzungen der Mitglieder.
1988 27.–49. Sept.	Jahrestagung von IMF und Weltbank fordert mehr Kredite für Wachstum in der Dritten Welt. Gegenkongreß der Kritiker: Schuldenerlaß für Dritte Welt und Geldvergabe nach ökologischen Kriterien.
1989 26.–28. Sept.	IMF und Weltbank geben ihre bisherige Strategie (harte Anpassungsmaßnahmen gegen Schulden) auf; statt dessen Teilschuldenerlaß nach *Brady-Plan.*
1990 7. Dez.	Uruguay-Runde des GATT wird wegen *Streits über EG-Agrarsubventionen* ergebnislos abgebrochen.

4. Die afro-asiatischen und die bündnisfreien Staaten

Auf Kongressen in Berlin (1926) und Brüssel (1927) bildete sich bereits eine Front der „unterdrückten Völker Asiens". Zur ersten afro-asiatischen Regierungskonferenz (10. Jan. 1949 in Neu-Delhi) ist neben Ägypten auch Äthiopien eingeladen. Die Annäherung zwischen den asiatischen und den afrikanischen Völkern setzt sich nach der Revolution in Ägypten (S. 724) fort, das sich als Bindeglied zwischen der islamisch-arabischen Welt und Afrika südlich der Sahara fühlt.

1955
18.–24. April
An der **Konferenz von Bandung** nehmen Delegierte aus 23 asiatischen und 6 afrikanischen Ländern teil. Die Ergebnisse der Konferenz, auf der sich eine neutrale Haltung im Ost-West-Konflikt durchsetzt, sind in einer Erklärung zusammengefaßt: wirtschaftliche und kulturelle Zusammenarbeit, Unterstützung der noch abhängigen Staaten in ihrem Kampf um Freiheit, Verurteilung jeglicher Rassendiskriminierung, Kampf um Menschenrechte und Selbstbestimmung, allgemeine Abrüstung und Verbot der Herstellung, Erprobung und Anwendung nuklearer und thermonuklearer Waffen.

Die gespannte internationale Lage (Laos, Berlin, Kongo und Cuba) und die sowjetische Ankündigung, die Kernwaffenversuche wieder aufnehmen zu wollen (30. Aug. 1961), sind unmittelbarer Anlaß, Grundsätze und Forderungen der bündnisfreien Politik zur Geltung

1961
1.–6. Sept.
zu bringen, um auf die beiden Weltmächte einwirken zu können. Auf der **Konferenz von Belgrad** verlangen die blockfreien Staaten in ihrer Erklärung u. a. für den Kongo (Léopoldville) und Cuba das Recht, ihr politisches und soziales System selbst zu bestimmen, eine allgemeine und kontrollierte Abrüstung und die Einstellung von Kernwaffenversuchen sowie eine Lösung der Berlin- und Deutschlandfrage ohne Gewalt oder Gewaltandrohung.

Die Befürchtung, durch wirtschaftliche Verbindung mit den Industrieländern in politische Abhängigkeit von diesen zu geraten, veranlaßt die afro-asiatischen Staaten, zur Selbsthilfe zu greifen. Eine Organisation zur wirtschaftlichen Zusammenarbeit zu gründen wird auf der Konferenz der Handelskammern der afro-asiatischen Staaten beschlossen (Kairo, 8.–12. Dez. 1958).

1962
9.–18. Juli
Auf der *Wirtschaftskonferenz der Entwicklungsländer in Kairo* vertritt die „blockfreie" Gruppe die Forderungen der unterentwickelten Staaten gegenüber den Industrieländern.

1967
10.–24. Okt.
Auf der Konferenz in Algier verabschieden 77 Entwicklungsländer die **„Charta von Algier":** sie wendet sich gegen das Ergebnis der Kennedy-Runde; gefordert werden generelle Zollpräferenzen für Importe von Rohstoffen, Halbfertig- und Fertigfabrikaten aus Entwicklungsländern, Entwicklungshilfe in Höhe von 1% des Bruttosozialprodukts der Industriestaaten und stärkere Berücksichtigung der Bedürfnisse der Entwicklungsländer durch den IMF und die IDA.

1970
Die 3. **Gipfelkonferenz der Bündnisfreien in Lusaka.** Schwergewicht

8.–10. Sept.	auf dem wirtschaftlichen Bereich, erstmals wirtschaftliche Kooperation im Mittelpunkt. – Kooperation üben bereits Sambia, Chile, Kongo (Kinshasa) und Peru, die sich als kupferfördernde Staaten schon 1967 in einem Kartell zusammengeschlossen haben; Venezuela arbeitet in der OPEC mit. Im Okt. 1970 legt die „Gruppe der 77" (meist Bündnisfreie) ihr Dokument „Eine internationale Strategie für die Zweite Entwicklungsdekade der Vereinten Nationen" vor.

Front der „unterprivilegierten" gegen die „saturierten" Staaten (politisch-wirtschaftlicher Nord-Süd-Konflikt, S. 570, 582f). Allerdings zerfällt die Dritte Welt selbst in zwei Gruppen: die „reichen" Entwicklungsländer mit den nötigen Ressourcen für die Ausfuhr und die „Vierte Welt", die rohstoffarmen Entwicklungsländer.

1976 2.–7. Febr.	In Manila legt die „Gruppe der 77" die Hauptpunkte für die Nord-Süd-Konferenz fest: Selbstverantwortung für die wirtschaftliche Entwicklung; Öffnung der Industriestaaten für Halb- und Fertigwaren der Dritten Welt; Neuordnung der Weltwirtschaft *(Charta von Manila).*
16.–19. Aug.	Die *5. Gipfelkonferenz in Colombo* verabschiedet eine politische Erklärung (Nahost, südliches Afrika, Cypern), eine Wirtschaftserklärung (u.a. Umstrukturierung der Weltwirtschaft) und ein Aktionsprogramm (u.a. Errichtung neuer Erzeugerorganisationen für Rohstoffe, Fonds zur Finanzierung von Ausgleichslagern, Handelsbank für Entwicklungsländer).
1979 3.–7. Sept.	*6. Gipfelkonferenz in Havanna* kann Spaltung in zwei durch Tito und Castro repräsentierte Lager verhindern.
1983 März	*7. Gipfelkonferenz in Neu Delhi* verurteilt israelischen „Völkermord" an den Palästinensern und US-Einmischung in Mittelamerika.
1985 19.–21. April	*Namibia-Konferenz* der Blockfreien: 17-Punkte-Aktionsprogramm zur Unabhängigkeit Namibias.
1989 4. Sept.	*9. Gipfelkonferenz in Belgrad:* Deklaration zur Zusammenarbeit mit dem Westen; nach Ost-West-Entspannung soll das Nord-Süd-Thema in den Vordergrund treten.

F. Europa seit 1945

Der Ausgang des Zweiten Weltkriegs hat das politische Gesicht Europas entscheidend verändert. Eine Reihe von Staaten existieren nicht mehr *(Estland, Lettland, Litauen, Slowakei, Kroatien, Serbien, Montenegro und die Karpatenukraine),* andere erstehen wieder *(Österreich, Polen, Jugoslawien, die Tschechoslowakei)* oder entstehen ganz neu *(Island,* bis 5. Okt. 1954 *Triest).*

Gebietsveränderungen werden vorgenommen zugunsten der *UdSSR* (von *Finnland, Polen, Deutschland, Rumänien),* zugunsten *Polens* (von *Deutschland)* und der *Tschechoslowakei (Teschen, Sudetenländer); kleinere* Gebiete erhalten ferner (von *Italien) Frankreich, Griechenland, Triest.*

Die europäische Nachkriegsentwicklung wird entscheidend von der militärischen Präsenz der USA und der UdSSR bestimmt. Der Machtgegensatz USA–UdSSR beeinflußt wirtschaftliche und politische Maßnahmen, welche jeweils die eine oder die andere Hälfte Europas betreffen.

1. Die westeuropäische Einigung

Die Zweiteilung Europas in die Begriffe „westlich" und „östlich" hat die bisherigen Grundlagen des europäischen Staatensystems in seinen vielfachen Abstufungen und Bindungen erschüttert. Der Gedanke einer europäischen Einigung – schon nach dem Ersten Weltkrieg entstanden – beschränkt sich daher auf die westeuropäischen Staaten. Die solidarische Zusammenarbeit, auch institutionell gesichert, vollzieht sich auf Initiative der USA; der Zusammenschluß Westeuropas ist somit auf eine atlantische Bindung hingeordnet.

1947
5. Juni Der **Marshallplan** – ERP (European Recovery Program – Europäisches Wiederaufbauprogramm) – wird zur „Initialzündung" für die westeuropäische Wirtschaft, die sich dadurch wieder organisch in die Weltwirtschaft eingliedern kann.

1948
17. März Der britisch-französische Bündnisvertrag von Dünkirchen wird durch den Beitritt der Beneluxstaaten im **Brüsseler Fünfmächtevertrag** zur *Westunion* erweitert. Die Partner verpflichten sich, ihre Wirtschaftspolitik zu koordinieren, Streitigkeiten friedlich beizulegen und sich – im Fall eines Angriffs auf einen Vertragspartner in Europa – gegenseitig militärisch zu unterstützen.

1948
16. April Auf der Grundlage des Marshallplans finden sich 16 europäische Staaten zu wirtschaftlicher Zusammenarbeit (**OEEC** = Organization of European Economic Co-operation = Organisation für europäische wirtschaftliche Zusammenarbeit) zusammen. Die USA schließen mit jedem Mitgliedstaat ein eigenes Abkommen aufgrund ihres Wiederaufbauprogramms (**ECA** = Economic Co-operation Administration) und koppeln im letzten der vier Laufjahre Zuwendungen und westeuropäische Rüstungsanstrengungen. Die ECA heißt später MSA = Mutual Security Agency.

Den ersten Schritt zu einer Verständigung über gemeinsame politische Fragen bildet der **Europarat,** entstanden aus privaten Organisationen (erste Tagung April 1948). Der Europarat *(Ministerrat* und *Beratende Versammlung)* erhält im **Londoner Zehnmächtepakt** ein Statut und wird am 3. Aug. offiziell gegründet.

1949
5. Mai

1950
4. Nov. Ausgerichtet an der UN-Deklaration wird eine europäische **Konvention zum Schutz der Menschenrechte und Grundfreiheiten** unterzeichnet. 1959 (Jan.) wird der Europäische Gerichtshof für Menschenrechte gebildet.

Bereits am 9. Mai 1950 hatte der französische Außenminister Robert Schuman eine Institution für die westeuropäische Kohlen- und Eisenindustrie vorgeschlagen (Schumanplan).

1951
18. April
Vertrag über die Gründung der **Europäischen Gemeinschaft für Kohle und Stahl** (EGKS – Montanunion), abgeschlossen in Paris zwischen Frankreich, der Bundesrepublik Deutschland, Italien und den Beneluxstaaten. Der Vertrag ist die erste supranationale Abmachung dieser sechs westeuropäischen Länder. Hohe Behörde (Sitz in Luxemburg). – Das Projekt der gemeinsamen Verteidigung scheitert, da Frankreich den Vertrag über die Europäische Verteidigungsgemeinschaft (EVG; 27. Mai 1952) nicht ratifiziert. Als Ersatzlösung kommen die **Pariser Verträge** zustande. Die BRD und Italien treten der Westunion bei, die dadurch zur Westeuropäischen Union (WEU) erweitert wird. Oberbefehl und Kontrollbefugnisse über die kontinentaleuropäischen Streitkräfte werden SACEUR (NATO-Oberkommando für Europa) übertragen. Die Stellung der USA als Schutzmacht Westeuropas wird damit bestätigt. Das Vertragswerk tritt am 5. Mai 1955 in Kraft. Aufnahme der BRD in die NATO am 9. Mai 1955.

1954
19.–23. Okt.

1957
25. März
Gründung der **Europäischen Wirtschaftsgemeinschaft (EWG)** und der **Europäischen Atomgemeinschaft (Euratom)** durch die sechs Schumanplan-Länder in Rom. Dieser wirtschaftliche Zusammenschluß soll ein weiterer Schritt auf dem Wege zu einer politischen Einigung Europas sein. Ihr praktisches Ziel ist der Wegfall der Handels- und Zollschranken im Gebiet der Sechs, stufenweise, in Zweijahres-Abständen, sowie Zusammenarbeit zu friedlicher Verwendung der Atomkraft. Die überseeischen Gebiete der Partnerstaaten sind einbezogen; Einzahlungen in einen Investitionsfonds.
Das Europäische Parlament (gemeinsame Versammlung für EGKS, EWG und Euratom = EAG) konstituiert sich im März 1958 in Straßburg. Europäische Agentur für Kernenergie gegründet (Febr. 1958).

29. April
Die Mitgliedstaaten des Europarats unterzeichnen die **Konvention über die friedliche Beilegung und Schlichtung von Streitfällen** innerhalb des Europarats.
Endziel der EWG ist, die regionale Wirtschaftseinheit durch die politische Gemeinschaft zu ergänzen. Großbritannien vertritt die Gründung einer europäischen Freihandelszone, da es vorerst nicht gewillt ist, die politischen Konsequenzen der EWG auf sich zu nehmen.

1960
4. Jan.
Daher schließen Dänemark, Schweden, Norwegen, Großbritannien, Österreich, die Schweiz und Portugal den Vertrag über die **EFTA** (European Free Trade Association). Sie sieht stufenweisen Abbau der Zölle und mengenmäßige Beschränkungen vor.

14. Dez.
Auf Initiative der USA wird die OEEC umgewandelt in die **OECD** (Organization of Economic Co-operation and Development = Organisation für wirtschaftliche Zusammenarbeit und Entwicklung); die USA und Kanada schließen sich an.
Mit dem institutionellen Ausbau der Europäischen Gemeinschaften scheint der Zeitpunkt gekommen, entsprechend den Vertragsbestimmungen auch die politische Einigung Europas einzuleiten. Gegen die

französischen Pläne, die auf einen Bund souveräner Nationalstaaten („Europa der Vaterländer") ausgerichtet sind, steht die Auffassung der Beneluxstaaten und Italiens, die den „institutionellen Besitzstand" der Gemeinschaften erhalten wollen. Der britische Wunsch nach Aufnahme in die EWG wird von der Benelux im Sinn der „Weiterentwicklung der Gemeinschaften" unterstützt. Die beiden Versuche Großbritanniens und der anderen EFTA-Staaten, der EWG beizutreten (1961 und 1967), scheitern am Widerstand Frankreichs (1963 und 1967).

1962 Der EWG-Ministerrat beschließt den Übergang zur **Integration der**
14. Jan. **Landwirtschaft** (zweite Stufe des Gemeinsamen Marktes, endgültig ab 30. Juli 1962). Diese erste europäische Marktordnung sichert das Preisniveau für Agrarprodukte der EWG-Länder und erschwert die Einfuhr solcher Erzeunisse aus Drittländern in den EWG-Raum, wenn diese billiger sind als die Produkte der eigenen Landwirtschaft. Gemeinsame Getreidepreise ab 1. Juli 1967 wirksam. Strittig bleibt die Agrarfinanzierung.

Die USA legten im Rahmen der Atlantischen Partnerschaft zuerst mehr Wert auf die politische und militärische Zusammenarbeit, nachdem der wirtschaftliche Wiederaufbau Westeuropas begonnen hatte. Die günstige Entwicklung der EWG veranlaßt die USA, auf eine engere wirtschaftliche Zusammenarbeit zu dringen, die innerhalb des GATT auch anderen Ländern zugute kommen soll (Zollsenkungsabkommen USA–EWG im März 1962).

1965 Die Ministerräte der EWG und der EAG einigen sich über die **Fusion**
2. März **der Kommissionen von EWG und EAG sowie der Hohen Behörde der EGKS. Am 8. April wird der Vertrag unterzeichnet,** der die Einsetzung eines gemeinsamen Rates und einer gemeinsamen Kommission der Europäischen Gemeinschaften festlegt (in Kraft am 1. Juli 1967).

Mitte der 60er Jahre wird deutlich, daß das ursprüngliche Modell eines vereinigten Europa nicht mehr zu verwirklichen ist. Die beiden Konzepte, Föderation oder Konföderation, sind 1965 Ursache der *EWG-Krise,* da für Frankreich die politische Entscheidung über das „Europa der Gemeinschaft" bei den Regierungen (Repräsentanten der Völker), nicht bei den Institutionen liegt.

1966 Auf der *Luxemburger Außenministerkonferenz* werden die strittigen
28./29. Jan. politischen Fragen ausgeklammert, um Frankreichs Mitarbeit nicht zu verlieren. Ergebnis des Luxemburger Kompromisses ist die von Frankreich geforderte Agrarfinanzierung.

9.–11. Mai Der Ministerrat einigt sich, den freien Warenverkehr für Agrar- und Industrieprodukte bis zum 1. Juli 1968 herzustellen.

1968 *Die Zollunion der EWG ist abgeschlossen:* die Binnenzölle für ge-
1. Juli werbliche und industrielle Güter sind aufgehoben (jedoch noch nicht die Steuergrenzen). Gleichzeitig tritt der gemeinsame EWG-Zolltarif gegen Drittstaaten in Kraft und werden zwei Fünftel der in der Kennedy-Runde zugestandenen Zollsenkungen wirksam.

Im EWG-Bereich nimmt die landwirtschaftliche Bevölkerung infolge Abwanderung jährlich um etwa $^1/_2$ Mill. ab; trotzdem steigt die Erzeugung jährlich um ca. 3,3%, da die den einzelnen Agrarmarktordnungen zugrunde liegenden Preise sehr hoch angesetzt sind und die sog. ,,Abschöpfungen" (Einfuhrabgaben) den Agrarmarkt gegen die Konkurrenz von Drittländern abschirmen. Andererseits ist der Verbrauch rückläufig. Die Überschüsse türmen sich zum ,,Butterberg", ,,Getreideberg" u. ä. mit erheblichen Verwaltungs- und Lagerkosten; Überschüsse müssen unter den Selbstkosten verkauft bzw. vernichtet werden. *Mansholt-Plan:* Zusammenfassung landwirtschaftlicher Betriebe zu rationell arbeitenden Einheiten, deren Produktion sich der Nachfrage anpaßt. Protest der EWG-Bauern.

1969 Der Regierungswechsel in Frankreich erleichtert eine neue Initiative
1./2. Dez. zur europäischen Einigung. Auf der **Haager Gipfelkonferenz** stimmt Pompidou grundsätzlich der Erweiterung der EWG zu bei gleichzeitigem innerem Ausbau und Vollendung des Gemeinsamen Marktes (die BRD macht ihre Zustimmung von der Regelung der Agrarfinanzierung abhängig). – Wie vereinbart, werden am 30. Juni 1970 die *Beitrittsverhandlungen* mit Großbritannien, Irland, Dänemark und Norwegen *eröffnet,* die mit Österreich, Schweden, der Schweiz, Finnland, Island und Portugal, den Ländern der FINEFTA-Assoziierung, die nicht die Vollmitgliedschaft wünschen, am 10. und 24. Nov. 1970.
Außenpolitische Zusammenarbeit auf Ministerebene *eingeleitet.* Erste Konsultationskonferenz in München (Nov. 1970) mit den Themen KSZE, Nahostproblem und Berlinverhandlungen. – Dominierende Stellung der EWG im Welthandel (sie bestreitet 27% aller Einfuhren und 28% aller Ausfuhren); die erweiterte *EWG* wird die *größte Handelsgruppe der Welt* mit einem Außenhandelsvolumen, das dreimal größer ist als das der USA.

1972 **Großbritannien, Irland, Dänemark** (Norwegen s. S. 631) unterzeich-
22. Jan. nen in Brüssel die **Beitrittsurkunden zur EWG:** u. a. Bedingungen für die 5jährige Übergangszeit (Beiträge zum EWG-Haushalt), Zeitplan für die Einführung der gemeinschaftlichen Zolltarife bis zum 1. Juli 1977, Vertretung in den Institutionen, Beitritt zu EGKS und Euratom (in Kraft am 1. Jan. 1973; vgl. auch S. 653, 657, 630). – Am 22. Juli 1972 **Abkommen zwischen der EWG und den nichtbeitrittswilligen EFTA-Staaten** Finnland, Island, Österreich, Portugal, Schweden und Schweiz (in Kraft am 1. Jan. 1973): Zollabbau für Industrieerzeugnisse nach dem gleichen Zeitplan wie für die Beitrittsländer, so daß ab 1. Juli 1977 eine Freihandelszone von 16 europäischen Staaten entsteht; Zollfreiheit mit der erweiterten EGKS. Auf ihrer Ratstagung in Wien (16./17. Nov. 1972) beschließen die Minister, die EFTA im Rahmen der verbleibenden Länder weiterzuführen.

Im Haag wurde auch der Aufbau der europäischen Wirtschafts- und Währungsunion beschlossen. Im März 1971 vereinbarten die sechs EWG-Staaten, ihre Währungen enger miteinander zu verbinden, indem die Bandbreiten verringert werden. Die internationale Spekulationswelle (S. 580) vereitelt den Plan. Uneinheitliche Währungspolitik in der EWG, als die USA ihre finanzpolitischen Beschlüsse im August bekanntgeben (S. 675); die US-Zusatzsteuer auf Importe belastet die Beziehungen USA–EWG. US-Protest gegen die künftige Freihandelszone EWG–(Rest-)EFTA und Kritik an der EWG-Agrarpolitik. Die Washingtoner Währungskonferenz (S. 580) ergibt eine Neufestsetzung der europäischen Wechselkurse untereinander (Aufwertung der DM, Abwertung der Lira).

11./12. Sept. Die EWG-Minister beschließen einen *Europäischen Fonds für währungspolitische Zusammenarbeit* (in Kraft am 3. April 1973) und gemeinsame Maßnahmen gegen die Inflation.

19./20. Okt. **Pariser Gipfelkonferenz der 9 EWG-Staaten;** Richtlinien verabschiedet: Weiterführung der Wirtschafts- und Währungsunion (soll 1980 vollendet sein), Koordinierung der Regional- und Sozialpolitik, Umweltschutz, Energiepolitik (Aktionsprogramme bis Juli 1973).
Während der internationalen Währungskrisen im Febr./März 1973 (S. 580) Übereinkunft von BRD und Frankreich (9. und 11. Febr. 1973), ihre bisherigen Paritäten beizubehalten; Abwertung des Dol-

1973 lar gefordert. Italien s. S. 581 – Während der März-Krise einigen sich

11./12. März die Finanzminister von BRD, Frankreich, Benelux und Dänemark auf ein *gemeinsames Floaten gegenüber dem Dollar;* Beibehaltung fester Wechselkurse untereinander (Aufwertung der DM um 3%). Großbritannien, Irland und Italien behalten ihre freien Wechselkurse auch gegenüber den EG-Partnern bei (sog. Währungsschlange).
Die innere Stagnation der EG–Währungsunion und politische Integration kommen nicht voran – wird durch die Energiekrise offenkundig (S. 580). Westeuropa, vom arabischen Boykott bedroht, sucht in „Alleingängen" seine Erdölversorgung zu sichern. Die Nahostresolution der EG-Staaten (6. Nov. 1973) trägt dem arabischen Standpunkt Rechnung. – Auch der gemeinsame Agrarmarkt droht zu zerbrechen, da jeder Partner sein eigenes Preisniveau verteidigt. Die erheblichen Unterschiede zwischen den einzelnen Agrarregionen sollen durch einen Regionalfonds ausgeglichen werden.

1974 Einigung über gemeinsame Bekämpfung von Inflation und Rezession

9./10. und über den Regionalfonds (3 Mrd. Rechnungseinheiten 1975 und

Dez. 1976; die Summe wird hauptsächlich von der BRD und den Niederlanden aufgebracht).
Die Römischen Verträge hatten auch die Kolonialgebiete der Mitgliedstaaten der EWG assoziiert; als diese Überseegebiete unabhängig wurden, wurde ein neues Abkommen geschlossen: Abkommen von Jaunde, 20. Juli 1963, mit den afrikanischen Staaten (verlängert 1971). Beim britischen EG-Beitritt wurde die Ausdehnung dieser Abkommen auf die Entwicklungsländer des Commonwealth in Afrika, in der Karibik und im Pazifik vereinbart (AKP-Länder).

1975 In Lomé wird das **Abkommen zwischen 46 AKP-Ländern und der**

28. Febr. **EG** unterzeichnet. Zahlreiche Handelsverbesserungen zugunsten der Entwicklungsländer (Sicherung der Exporterlöse; Ausgleichszahlun-

gen bei schwankenden Weltmarktpreisen u. a. m.; in Kraft am 1. Juli
1975). – Mittelmeerpolitik: globale Kooperationsabkommen mit den
Maghreb-Staaten Algerien, Marokko und Tunesien (in Kraft 1. Juli
1976); Abkommen derselben Art mit Ägypten, Syrien und Jordanien
(18. Jan. 1977) sowie mit Libanon (16. Febr. 1977); Allgemeine
Kommission des europäisch-arabischen Dialogs.

Im Dez. 1974 wurde auch die institutionelle Weiterentwicklung der
EG beschlossen. Erstmals tagen die Staats- und Regierungschefs in
Dublin (10./12. März 1975) als „Europäischer Rat" (halbjährliche
Gipfelgespräche vereinbart).

1976 *Bericht* des belgischen Premier L. *Tindemans* über die Europäische
7. Jan. Union veröffentlicht, fordert u. a.: Solidarität der Völker und Staaten;
Übertragung von Kompetenzen und Ressourcen an die gemeinsamen
Organe. Voraussetzung für die Union: gemeinsame Verteidigung und
Wirtschafts- und Währungsunion; die gemeinsamen Institutionen
müssen gestärkt werden und das Europäische Parlament müsse mehr
Zuständigkeiten erhalten.

20. Sept. In Brüssel wird das **Abkommen über die Direktwahl des Europäischen Parlaments** – vorgesehen Mai 1978 – unterzeichnet (vom
Europäischen Rat am 12. Juli vereinbart).

1977 Im Rahmen des Europarats *Übereinkunft zur Bekämpfung des inter-
27. Jan. nationalen Terrorismus*, von 17 Mitgliedern unterzeichnet (Irland und
18. April Malta unterzeichnen nicht).

Erklärung über die Lage im südlichen Afrika: Ablehnung von Einflußsphären; Anerkennung des Rechts der „Völker Namibias und
Rhodesiens" auf Selbstbestimmung und Unabhängigkeit; Verurteilung der Apartheid.

30. Juni *Erklärung* der EG-Regierungschefs *zum Nahostkonflikt* (geht über
die vom Nov. 1973 hinaus, S. 590): legitimes Recht des palästinensischen Volkes auf seine Identität und auf ein eigenes Heimatland sowie
auf Vertretung bei allen diesbezüglichen Verhandlungen; im Rahmen
einer Gesamtlösung müsse Israel diese Rechte anerkennen wie auch
die Palästinenser und die arabischen Staaten das Recht Israels auf sichere und anerkannte Grenzen. Antrag Griechenlands (12. Juni
1975), Portugals (28. März 1977) und Spaniens (28. Juli 1977) auf
Vollmitgliedschaft in der EG.

1978 (Dez.) Regierungschefs der EG-Staaten beschließen neues Währungssystem (EWS).

1979 Harmonisierung der Wechselkurse durch *Europäische Währungsein-
heit (ECU)*.

7.–10. Juni Erste Direktwahl zum *Europäischen Parlament*.

1981 Griechenland Vollmitglied der EG (1. Jan.)

1982 Grönland erklärt EG-Austritt nach Volksabstimmung (23. Febr.).

1983 *EG-Gipfelkonferenz in Athen scheitert* an Interessengegensätzen über
4.–6. Dez. Haushaltsreform und weiter wachsende Agrarausgaben; Stocken der
politischen Zusammenarbeit, Aufschiebung der Beitrittsverhandlungen mit Spanien und Portugal: *Ernste Krise der Gemeinschaft*.

1984 30. EG-Gipfel in Brüssel scheitert an britischem Widerstand gegen
19.–20. März Beitrag zum EG-Haushalt.
14. Juni Zweite Direktwahl zum Europäischen Parlament.
1985 *32. EG-Gipfel in Mailand:* Absicht, die EG institutionell und politisch
28./29. Juni auszubauen.
2./3. Dez. *33. EG-Gipfel in Luxemburg:* Nationale Egoismen verhindern
Schritte zum Ausbau der EG.
1986 *Portugal* und *Spanien* treten der EG zum 1. Jan. bei.
16. Sept. Erste EG-Sanktionen gegen Südafrika.
1987 *EG-Gipfel in Brüssel* endet ohne gemeinsames Kommuniqué wegen
29./30. Juni britischer Vorbehalte gegen neue Beiträge.
4./5. Dez. *EG-Gipfel in Kopenhagen* findet keine gemeinsamen Konzepte für Finanz-, Agrar- und Strukturpolitik der Gemeinschaft.
14. Dez. *EFTA* beschließt *enge Zusammenarbeit mit EG* ohne Beitritt.
1988 EG-Sondergipfel: Streit wird durch Beitragssenkungen für Großbritannien beigelegt.
11./12. Febr. tannien beigelegt.
25. Juni Die EG beschließt, *offizielle Beziehungen zum RGW* aufzunehmen.
1989 Wahlen zum Europaparlament: Sozialisten und Sozialdemokraten
15. Juni werden, besonders in Großbritannien, gestärkt.
1990 *EG-Gipfel in Dublin:* Britische Vorbehalte gegen schnelle politische
28. April und wirtschaftliche Union Europas.
13. Dez. *46. EG-Gipfel in Rom:* Verhandlungen über europäische politische, Wirtschafts- und Währungsunion eröffnet.

2. Die osteuropäischen Staaten und die UdSSR

Die sowjetische Bündnisfähigkeit mit den westlichen Demokratien wird eine der Voraussetzungen für die Volksfronttaktik in den osteuropäischen Staaten, in denen die kommunistischen Parteien zunächst mit bürgerlichen Parteien Regierungskoalitionen eingehen. Diese Länder glichen in den Jahren zwischen den beiden Weltkriegen politisch und sozial eher dem zaristischen Rußland als Westeuropa. Die sowjetische proletarische Revolution 1917 wirkt in den osteuropäischen Staaten als eine Art Vorbild; hinzu kommt, daß die UdSSR in Osteuropa 1945 als „Befreierin" von den nationalsozialistischen Herrschaft auftritt. Die UdSSR erhebt daher sowohl als Staat wie auch als Trägerin der KPdSU ihren Anspruch als Führungsmacht.

1949 Mit der Ablehnung des Marshallplans kündigt die UdSSR gleichzeitig
25. Jan. eine eigene Organisation wirtschaftlicher Zusammenarbeit an. In Warschau gründet die UdSSR mit Polen, der Tschechoslowakei, Ungarn, Bulgarien und Rumänien den **„Rat für gegenseitige Wirtschaftshilfe"** (RGW – Osteuropäischer Wirtschaftsrat – **COMECON** – Council for Mutual Economic Assistance). Zweck dieses Rates ist wirtschaftlicher Erfahrungsaustausch, gegenseitige technische Hilfe und Austausch von Waren agrarischer und industrieller

Art; der Beitritt steht anderen Staaten frei. – Das Abkommen schafft eine wesentliche Voraussetzung für die wirtschaftliche Integration der osteuropäischen Staaten mit der Sowjetunion auf staatlicher Ebene (Beitritt Albaniens 22. Febr. 1949, der DDR 29. Sept. 1950).

Die Volksdemokratien sind an sich von Anfang an in die strategischen Pläne der UdSSR einbezogen, und mit sowjetischer Billigung ist die Aufrüstung weit über das in den Friedensverträgen festgesetzte Maß hinaus vorangetrieben worden. Am 13. Nov. 1954 ergeht – als diplomatischer Vorstoß gegen die WEU – eine sowjetische Einladung an 23 europäische Staaten und die USA, eine Konferenz „für die Schaffung eines Systems der kollektiven Sicherheit in Europa" einzuberufen, was jedoch die nichtkommunistischen Staaten ablehnen.

1955
14. Mai

Die UdSSR schließt mit den Volksdemokratien den **Warschauer Militärpakt** als „Vertrag über Freundschaft, Zusammenarbeit und gegenseitigen Beistand"; die zweiseitigen Nichtangriffspakte zwischen der UdSSR und den Volksdemokratien werden durch eine multilaterale Verteidigungsorganisation ersetzt. Aufnahme der DDR am 28. Jan. 1956. Die innenpolitischen Umwälzungen in Polen und Ungarn stellen die bisher erreichte Integration in Frage, denn die frühere Abhängigkeit ist nach dem XX. Parteitag der KPdSU (S. 647) nicht mehr strikt aufrechtzuerhalten. Die „Einheit des sozialistischen Lagers" als Prinzip läßt auch „spezifische Wege zum Sozialismus" zu (Erklärung vom 30. Okt. 1956).

Der Warschauer Pakt wird – von seinen militärischen Funktionen abgesehen – von der UdSSR hauptsächlich eingesetzt, um die sozialistischen Staaten auf eine einheitliche Außenpolitik festzulegen.

1958
20.–23. Mai

Auf der Moskauer Tagung des Politischen Beratenden Ausschusses der Warschauer-Pakt-Staaten steht die sowjetische Koexistenzpolitik im Mittelpunkt. Der *Entwurf eines Nichtangriffspaktes zwischen der NATO und dem Warschauer Pakt* sieht vor: beiderseitiger Verzicht auf Anwendung von Gewalt bzw. Gewaltandrohung, friedliche Lösung von Streitfragen gemäß dem Prinzip der Nichteinmischung.

1959
10.–14. Dez.

Die endgültigen **Statuten des RGW** werden auf der Ratstagung in Sofia verabschiedet (in Kraft am 13. April 1960): u. a. Koordinierung des Außenhandels (innerhalb des Ostblocks und im Ost-West-Handel) und der nationalen Wirtschaftspläne, gegenseitige Gewährung langfristiger Kredite und technischer Unterstützung, Maßnahmen zur Spezialisierung der Produktion und zur Arbeitsteilung.

Die Koexistenzpolitik (S. 574) begünstigt die polyzentrischen Strömungen im Ostblock und führt zum Konflikt mit der VR China. Ihren Niederschlag finden die Auseinandersetzungen auf der Moskauer

1960
6. Dez.

Konferenz (10. Nov. – 1. Dez. 1960). Anschließend veröffentlichen die Parteidelegationen die **„Moskauer Erklärung":** die Koexistenz als Grundlage internationaler Beziehungen wird bestätigt. Die KPdSU ist zwar Vorbild, doch jede Anspielung auf ihre Führungsrolle wird vermieden. – Der Versuch der UdSSR, auf der Moskauer COMECON-Tagung (25./26. Juli 1963) die wirtschaftliche Integration durch eine Änderung der Statuten auszubauen, scheitert an der Ablehnung Rumäniens (S. 635).

Nach Chruschtschows Sturz setzt eine neue Phase ein, um das Ostpaktsystem zu konsolidieren. Auf die Kontroversen innerhalb der NATO um nukleare Mitverantwortung (S. 572) reagiert die UdSSR damit, daß sie Polen, DDR und ČSSR – das „Kerngebiet" ihrer mitteleuropäischer Verteidigung – zusätzlich durch *zweiseitige Beistandsverträge* an sich bindet. Im Warschauer Pakt will die UdSSR einen „ständigen und prompten Mechanismus für die Beurteilung dringender Probleme" schaffen (Breshnjew im Sept. 1965). Bestärkt von Paris (NATO-Krise, s. S. 663) und Peking, bezeichnet Rumänien Militärblöcke als überholt: der Vertrag von 1955 sieht die Ablösung des Pakts durch ein europäisches Sicherheitssystem vor. Auf der Bukarester Tagung (1966) werden diesbezügliche Vorschläge gemacht. – Die UdSSR bemüht sich, ihre Partner auf ein einheitliches Aktionsprogramm in dieser Richtung festzulegen (Ziel zunächst: Abzug der USA aus Europa).

1967
24.–26. April
Auf der **Karlsbader Konferenz** der kommunistischen Parteien Europas keine Einheit. Neben den alten Forderungen an die BRD (Verzicht auf Alleinvertretungsanspruch und auf Kernwaffen) wird ein gesamteuropäischer multilateraler Gewaltverzichtsvertrag vorgeschlagen; die Eigenverantwortung jeder Partei wird betont. – Wichtiger als die uneinheitliche kommunistische Weltbewegung ist indes für die Hegemonialpolitik der UdSSR der Warschauer Pakt. Der Reformkurs der Tschechoslowakei gilt als innere Aufweichung der Front gerade zu dem Zeitpunkt, als die UdSSR sich zu einer neuen Runde im nuklearen Dialog mit den USA anschickt. Eine Schwächung des „Kerngebiets" und der damit verbundenen Allianz wertet Moskau als Einbuße an seiner Position als Großmacht (Konferenzen von Warschau, Juli 1968, und Čierna, Juli/Aug. 1968, mit versteckter Drohung an die Prager Reformer; scheinbarer Kompromiß in Bratislava; S. 622). Die These von der begrenzten Souveränität der sozialistischen Staaten im Falle einer Gefahr für das sozialistische Weltsystem (Artikel der Prawda vom 26. Sept. 1968. Erklärungen Breshnjews am 12. Nov. 1968 in Polen und des Politbüromitglieds K. Masurow am 6. Nov. 1968: sog. **Breshnjew-Doktrin**) ist der Versuch zu rechtfertigen, daß der Warschauer Pakt bzw. seine Mitglieder Instrument der sowjetischen Großmachtpolitik sind und sich dieser einzufügen haben. – Ähnliche Vorgänge wie im Warschauer Pakt zeigen sich auch im COMECON. Die These von der „begrenzten wirtschaftlichen Souveränität" soll für den RGW gelten.

1969
23.–26. April
Auf der *Gipfelkonferenz der RGW-Staaten in Moskau* sind die beiden Gruppen „Progressive" und „Orthodoxe" deutlich zu unterscheiden. Vereinbart wird die bessere Koordinierung der Volkswirtschaftspläne, die Gründung einer Investitionsbank der RGW-Länder und die wirksamere Tätigkeit der Bank für Wirtschaftliche Zusammenarbeit in Moskau. Die Teilnehmer sprechen sich für vorteilhafte Wirt-

schaftsbeziehungen zu allen Ländern der Welt, unabhängig von ihren Gesellschaftsordnungen, aus.

Die UdSSR hat auf dem Budapester Treffen (März 1968) die Zustimmung zu einer kommunistischen Weltkonferenz nur unter der Bedingung erlangen können, daß die Autonomie der Einzelparteien respektiert wird und daß die Konferenz keine bindenden Richtlinien

5.–17. Juni verabschiedet. An der **3. kommunistischen Weltkonferenz in Moskau** nehmen 75 Delegationen teil; es fehlen Jugoslawien, Albanien, ein Großteil der afrikanischen und der asiatischen Parteien. Ein Novum ist die Öffentlichkeit der Debatten (Presse- und Rundfunkberichterstattung). Im Hauptdokument wird die friedliche Koexistenz zur Richtschnur der Außenpolitik, die Vorschläge für eine europäische Sicherheitskonferenz sind dem Karlsbader Dokument (s. S. 594) entnommen. Die Breshnjew-Doktrin wird nicht grundsätzlich verankert, ausdrücklich wird erklärt, daß es kein „leitendes Zentrum" im Weltkommunismus gibt.

Hinsichtlich europäischer Sicherheit gibt Moskau jetzt einem System den Vorrang, das den Status quo nicht in Frage stellt und den Dialog mit den USA nicht gefährdet (SALT-Gespräche, S. 574).

1970
21./22. Juni Die *Budapester Außenministerkonferenz* ist die *positive Reaktion* auf die NATO-„Signale" (S. 574): die ausgewogene Truppenverminderung auf beiden Seiten – zunächst auf ausländische Streitkräfte beschränkt – wird als Verhandlungsthema genannt; im Unterschied zu früher sollen die östliche und die westliche Allianz nicht in einem Akt aufgelöst und durch ein neues Sicherheitssystem ersetzt werden. Die Teilnahme der USA und Kanadas an der „gesamteuropäischen Konferenz" wird vorausgesetzt. Inzwischen laufen Sondierungen über KSZE; auf die MBFR-Vorschläge geht der Ostblock erst später ein (vgl. S. 574); am 11. Juni 1971 bestätigt dann Breshnjew, daß außer über Stationierungstruppen auch über die nationalen Streitkräfte gesprochen werden könne.

1972
25./26. Jan. Von der *Prager Tagung des Warschauer Pakts* werden die „Grundprinzipien der europäischen Sicherheit" verabschiedet: Unverletzbarkeit der Grenzen, Gewaltverzicht und friedliche Koexistenz, Souveränität und Nichteinmischung, vielfältige Beziehungen, Begrenzung der Rüstung und Einstellung des Wettrüstens.

1973
15./16. Jan. Auf der Moskauer Konferenz stimmen die Warschauer-Pakt-Staaten dem westlichen Vorschlag zu, daß die Gespräche über MBFR weitgehend parallel mit denen über die KSZE laufen sollen. – Innerhalb der RGW Maßnahmen in Richtung einer „sozialistischen Integration".

1974
18.–21. Juni Auf der Ratstagung in Sofia **Satzungsänderungen:** Einrichtung neuer Organe (RGW-Komitees) und Bestimmung, daß die Organisation u. a. auch mit anderen Staaten und mit internationalen Organisationen Verträge schließen kann. In Warschau beschließt der Politische Beratende Ausschuß (April 1974), den Pakt politisch und militärisch so lange fortzusetzen, wie der „NATO-Block" besteht.

Außenpolitisch wird Entspannung als Teil der Koexistenz betont; innenpolitisch zeigt sich eine strenge ideologische Abgrenzung gegenüber westlichen Vorstellungen. Dadurch wird der Spielraum für „unterschiedliche Wege zum Sozialismus" eingeengt. Gegen diese Auffassung stellen sich die nichtregierenden kommunistischen Parteien des Westens, die in ihren Ländern koalitionsfähig werden wollen (Spanien: S. Carrillo; Italien: E. Berlinguer; Frankreich: G. Marchais); der *„Eurokommunismus"* will die Mehrheitsregeln der parlamentarischen Demokratie und der Marktwirtschaft anerkennen und lehnt die Revolutionstheorie bzw. die Diktatur des Proletariats ab.

1976 Konferenz von 28 kommunistischen Parteien in Ost-Berlin. Die
29./30. Eurokommunisten setzen einen Kompromiß durch: freiwillige
Juni Zusammenarbeit auf der Grundlage souveräner Unabhängigkeit einer jeden Partei (anstelle des proletarischen Internationalismus). – Auswirkungen der eurokommunistischen Vorstellungen und der Menschenrechtskampagne Carters auf reformkommunistische Kräfte im Ostblock. Bürgerrechtsbewegung der „Dissidenten", die die Verwirklichung der in der KSZE unterzeichneten Erklärungen (S. 575) innerhalb der bestehenden Systeme fordern.

1977 Ostblockkonferenz in Sofia, um ideologische Gegenstrategien zum
2./3. Eurokommunismus zu entwickeln. – Heftige Angriffe gegen Carrillo;
März Rumänien und Jugoslawien verteidigen den Eurokommunismus.

1979 Breshnjew kündigt einseitige sowjetische Rüstungs- und Truppenre-
6. Okt. duzierungen an und fordert den Westen auf, keine neuen Raketen in
27. Dez. Europa zu stationieren. – Einmarsch der UdSSR in **Afghanistan.**

1980/81 Indirekte Invasionsdrohungen der Warschauer Pakt-Staaten gegen
1981 Polen; Verhängung des **Kriegsrechts in Polen.** (13. Dez.).

1983 Gipfelkonferenz des Warschauer Paktes: Vorschlag eines Nichtan-
4.–6. Jan. griffspaktes mit NATO.
24. Nov. UdSSR kündigt Gegenmaßnahmen gegen Mittelstreckenraketen in Westeuropa an.

1984 Warschauer Pakt schlägt Abkommen über Chemiewaffen-freies Europa vor (10. Jan.).

1986 Die Regierungschefs des RGW erörtern *Reformmöglichkeiten des Rates* (11. Nov.).

1987 RGW-Sondertagung beschließt Intensivierung der Zusammenarbeit
13./14. Okt. der Mitgliedsländer.

1988 RGW vereinbart *offizielle Beziehungen zur EG* (25. Juni).
5. Juli Gorbatschows Reformpolitik wird von der Mehrheit des RGW unterstützt.

1989 *Gipfel des Warschauer Paktes:* schwerwiegende *Meinungsunterschiede* der Mitglieder (7. Juli).
4. Dez. Die Mitglieder des Warschauer Paktes verurteilen den Einmarsch in die Tschechoslowakei von 1968.

1990 RGW setzt Kommission zur grundlegenden Reform des Rates ein (9. Jan.).
7. Juni Die Staats- und Regierungschefs der Mitgliedsstaaten beraten über die *Umwandlung* des Warschauer Paktes *in ein politisches Bündnis.*

25. Sept. *Entlassung der DDR aus dem Warschauer Pakt.*
1991 RGW beschließt seine Auflösung zum 27. Febr. und Ersetzung durch
5. Jan. „Organisation für internationale wirtschaftliche Zusammenarbeit"
25. Jan. unter Einschluß Deutschlands. Auflösung des Warschauer Pakts als
militärisches Bündnis zum 1. April; das politische Bündnis soll bis
1992 bestehenbleiben.

3. Ländergeschichte Europas seit 1945

a) Deutschland (Forts. v. S. 554)

Entsprechend den Kriegszielen der Alliierten, die Kriegsverbrecher zu bestrafen und das deutsche Volk zu überzeugen, daß es sich der Verantwortung für die vergangenen 12 Jahre nicht entziehen kann, gilt eine der ersten Maßnahmen der völligen Liquidierung des NS-Systems. Damit wollen die Alliierten die Grundlagen für ein demokratisches Leben schaffen.

Nürnberger Prozesse

1945 Gemäß dem Londoner Abkommen von 1945 nimmt das *Internatio-*
Okt. *nale Militärtribunal* in Nürnberg seine Tätigkeit auf.
Im November beginnt der Prozeß gegen die ersten 24 Kriegsverbrecher, denen der Bruch international gültiger Verträge und Abmachungen, militärische Aggressionen, Verbrechen gegen die Gesetze
der Kriegführung, Massentötungen, -deportationen und Plünderungen angelastet werden.
Nach fast einjähriger Prozeßdauer, in der die Verteidigung einwen-
det, daß Verbrechen gegen den Frieden noch kein Bestandteil des
1946 geltenden Völkerrechts seien, daß überdies das Strafgesetz nach der
1. Okt. Tat geschaffen und Gerichtsverfassung, Ankläger und Richter von
der gleichen Partei stammten, wird das Urteil gefällt: Es lautet für
*Göring, Ribbentrop, Keitel, Rosenberg, Frick, Frank, Streicher, Kal-
tenbrunner, Sauckel, Jodl, Seyß-Inquart, Bormann* (in Abwesenheit)
auf *Tod durch Erhängen;* für *Heß, Funk, Raeder* auf *lebenslänglich
Zuchthaus;* für *Schirach, Speer* auf *zwanzig, Neurath fünfzehn, Dönitz
zehn Jahre Gefängnis. Schacht, Papen, Fritzsche* werden *freigespro-
chen.*
Das Führerkorps der NSDAP von der Ortsgruppe an (Gestapo, SD,
SS, außer zwangsweisen Mitgliedern) gelten als *verbrecherische
Organisationen* von Sept. 1939 an.
Die *Urteile* werden am *16. Okt. 1946 vollstreckt. Ley* hat vor Beginn
des Prozesses, *Göring* vor der Urteilsverkündung Selbstmord began-
gen. Die Häftlinge werden ins Spandauer Gefängnis überführt.
Bis 1950 finden weitere Prozesse (nur noch von den USA durchgeführt) gegen
Ärzte wegen verbotener medizinischer Versuche an KZ-Häftlingen,
gegen Juristen, Industrielle, Generäle und hohe Beamte des NS-

Regimes statt, die ebenfalls mit Todes- und Freiheitsstrafen sowie
einigen Freisprüchen enden. Strafvollzug in Landsberg a. Lech.
Die Besatzungsmächte gehen bei der Entnazifizierung z. T. sehr unterschiedlich vor. 1946 geht sie in deutsche Hände über (Spruchkam-
merverfahren).

Reparationen

Die Potsdamer Konferenz bestimmt, daß Reparationen binnen 2 Jahren in Sachwerten aus Deutschland zu entnehmen sind. Es handelt
sich um Leistungen aus Guthaben, Gold und laufender Produktion
sowie aus Schiffsbesitz und Fabrikeinrichtungen. 26% der Reparationen aus den Westzonen sollen an die UdSSR gehen.
Seit 1947 wird diese Regelung zum Anlaß von Auseinandersetzungen
zwischen den Westmächten und der UdSSR; die Frage bleibt in der
Schwebe. Mit dem 1. Jan. 1954 beendet die UdSSR die Reparationen
überhaupt.
Laut Potsdamer Abmachungen unterliegt die deutsche Wirtschafts-
produktion strenger Kontrolle und einer Beschränkung auf den Friedensbedarf; über diesen hinausgreifende Werke sind zu zerstören
oder ins Ausland zu überführen; Großbetriebe sind zu dekartellisie-
ren.
Die *Demontage* der über Friedensbedarf hinausgehenden Industrie-
werke beschäftigt mehrere Jahre die öffentliche Meinung. Ab 1950
gibt es in den Westzonen keine Demontagen zur Entmilitarisierung
mehr; Reparationsdemontagen werden noch eine Zeitlang fortgesetzt. In der Ostzone wird sie Anfang 1947 eingestellt, da keine
Rüstungsbetriebe mehr vorhanden seien.
Die deutsche *Kriegs- und Handelsflotte* wird an die drei Alliierten
(ohne Frankreich) ausgeliefert; 200 000 BRT kleiner Handelsschiffe
darf Deutschland behalten.
Eine Kontrollratsdeklaration erlegt den Deutschen die **Besatzungs-
kosten** auf.
Die deutschen *Erfindungen* werden den UN zur Ausnutzung übereig-
net, die *Patentrechte* konfisziert. Deutsche Wissenschaftler und Fachkräfte werden für Jahre in alliierte Länder gebracht.

Kriegsgefangene (vgl. auch S. 541 f.)

Aus amerikanischem Gewahrsam werden Okt. *1945 1750000
deutsche Kriegsgefangene zur Arbeit nach Frankreich überführt.* 1947
läßt Frankreich unter diesen für ein Verbleiben im Land optieren;
20% entscheiden sich für Frankreich.
Die *Außenministerkonferenz in Moskau,* März/April 1947, beschließt
Rückführung aller Kriegsgefangenen bis Ende 1948.
Im Mai 1950 erklärt die UdSSR die Rückführung der deutschen
Kriegsgefangenen, von Kranken und Verurteilten abgesehen, für abgeschlossen; die Zahl der seit 1945 Rückgeführten betrage fast 2 Mill.

Beim Besuch Adenauers in Moskau (S. 597) Rückführung der noch verbliebenen Kriegsgefangenen und Zivilpersonen vereinbart.

Die deutschen Länder bis 1949

In der sowjetisch besetzten Zone sind unmittelbar nach Kriegsende die Länder *Mecklenburg-Vorpommern, Sachsen-Anhalt, Sachsen, Thüringen* und *Brandenburg* gebildet worden.

In der britischen Zone entstehen die Länder *Schleswig-Holstein* (mit der eingegliederten Stadt Lübeck), *Niedersachsen, Nordrhein-Westfalen, Hamburg und Bremen,* dieses als amerikanisch besetzte Enklave.

Die US-Zone umfaßt die Länder *Hessen, Bayern, Württemberg-Baden,* die französische *Baden, Rheinland-Pfalz, Südwürttemberg-Hohenzollern.*

Zu *Berlin* s. S. 554.

Nach den Potsdamer Abmachungen sollen in Deutschland demokratische Gedanken und Ideale gefördert und Repräsentativverfassungen bis zur Länderebene erlassen werden.

1945
9. Juli
entstehen in der Ostzone fünf Länderregierungen; im September erhalten in der US-Zone die Länder Exekutive, Legislative und Jurisdiktion. Bis Ende 1945 sind in den Westzonen Parteien zugelassen: KPD, SPD, CDU (in Bayern CSU), FDP.

1946
22. April
In der Ostzone fusionieren die Sozialdemokratische und die Kommunistische Partei zur Sozialistischen Einheitspartei **(SED).** In den Westzonen und in West-Berlin lehnt die SPD diese Fusion ab.

Anfang 1946 haben Gemeinde- und Kreistagswahlen stattgefunden; danach ersetzen gewählte Landtage die vorläufigen, ernannten. Die Wahlen in der Ostzone ergeben eine SED-Mehrheit, den Länderverfassungen dort liegt ein einheitlicher Entwurf der SED zugrunde. Ende des Jahres finden die ersten Wahlen in den Westzonen statt;

1947
1. Jan.
es entstehen Landesregierungen auf parlamentarischer Grundlage.

Das **Doppelzonenabkommen** tritt in Kraft. Frankreich schließt sich erst 1949 an.

6./7. Juni
Wirtschaftliche Einheit und politische Zusammenfassung stehen auf der Tagesordnung des *Treffens aller deutschen Ministerpräsidenten in München.* Als die Forderung abgelehnt wird, vorweg die Möglichkeit einer Zentralregierung für einen Einheitsstaat zu beraten, verlassen die Vertreter der SBZ die Konferenz.

1948
20. März
Die Londoner Sechsmächtekonferenz (1948) empfiehlt die Bildung eines föderativen Regierungssystems für Deutschland als Basis der Wiederherstellung der deutschen Einheit.

20. März
Aus Protest gegen die Beschlüsse verläßt der sowjetische Marschall W. D. Sokolowskij den *Alliierten Kontrollrat, der* dadurch de facto *seine Tätigkeit einstellt.*

20. Juni
Die Militärregierungen führen in den Westzonen eine Währungsre-

form durch; drei Tage später folgen damit die Sowjets für die Ostzone und ganz Berlin. Die Westmächte erklären diesen Befehl für nichtig und führen die westdeutsche Währung auch in den Berliner Westsektoren ein (24. Juni). Daraufhin unterbricht die SMAD den gesamten Interzonenverkehr, sperrt alle Zufahrtswege und Lieferungen nach
24. Juni   Berlin. **Vollständige Blockade der Berliner Westsektoren.** Der Interzonenverkehr kommt ganz zum Erliegen; die Westmächte unterhalten 11 Monate lang eine **Luftbrücke nach West-Berlin.** In Berlin kommt es zu Demonstrationen; die SED boykottiert die Gemeindewahlen. Es bilden sich zwei Magistrate in Berlin (2. Dez. 1948), einer im Osten und einer im Westen. Am 4. Aug. 1950 erhalten die Westsektoren eine neue Verfassung (Stadtstaat mit einem Senat). West-Berlin entsendet beratende Vertreter zum Bundestag in Bonn.

Bundesrepublik Deutschland (BRD)

1948   Im Aug. tagt in Herrenchiemsee ein Verfassungskonvent der westdeutschen Ministerpräsidenten. Am
1. Sept.   konstituiert sich in Bonn der *Parlamentarische Rat.*
1949   Das vorläufige **Grundgesetz** schafft die **Bundesrepublik Deutschland**
23. Mai   als *parlamentarischen Parteienstaat* mit Repräsentativvertretung und Gewaltenteilung. *Bundestag* und *Bundesrat* (Vertreter der Länderregierungen) sowie *Bundespräsident* sind die Organe des staatlichen Lebens neben dem *Bundeskanzler,* der die Politik verantwortlich bestimmt und den nur eine Mehrheit im Bundestag stürzen kann, wenn sie eine neue Regierung zu bilden in der Lage ist. Den Bundespräsidenten wählt die Bundesversammlung – Bundestag mit gleich vielen durch die Landtage bestimmten Mitgliedern – auf fünf Jahre. Der Bundesaufbau ist föderativ, jedoch genießt das Bundesrecht Vorrang und ist erzwingbar; Außenpolitik, Währung, Zoll, Eisenbahnen und Post sind Sache des Bundes. Bundesverfassungsgericht und Bundesgerichtshof (beide in Karlsruhe). Vorläufige Hauptstadt des Bundes ist Bonn.
14. Aug.   Erstwahlen zum Bundestag. Das Zweiparteiensystem setzt sich nicht durch.
12. Sept.   Theodor **Heuss** wird **Bundespräsident** († 1963). Konrad **Adenauer** bildet als **Bundeskanzler** eine Regierung aus CDU/CSU, FDP und DP. Die SPD mit 131 Mandaten bleibt in der Opposition.
21. Sept.   Das *Besatzungsstatut* legt die Stellung der Besatzungsmächte fest. Die BRD ist mit einem Beobachter in der Ruhrbehörde vertreten, eine internationale Kontrollbehörde aus 7 westlichen Staaten, die das Ruhrrevier überwacht. Die Behörde wurde im April 1949 durch das Ruhrstatut geschaffen, dem die BRD im November beitritt.
Das Bestreben der Regierung Adenauer ist von Anfang an darauf ausgerichtet, die BRD als Staat in die westeuropäische und atlantische Gemeinschaft einzugliedern.

1950 beginnt die selbständige Entwicklung Westdeutschlands. Das
26. Jan. *Abkommen über den Marshallplan* ist die erste staatsrechtliche Vereinbarung der Bundesrepublik Deutschland. Der Ost-West-Konflikt
veranlaßt Adenauer, im Sicherheitsmemorandum (Aug. 1950) die
Garantiefrage der Bundesrepublik aufzurollen: er verlangt eine Verstärkung der alliierten Streitkräfte und für die BRD ein Gegengewicht
gegen die einsetzende Wiederaufrüstung in der DDR; dafür bietet
Adenauer deutsche Einheiten zur Verteidigung Europas an.

Die westlichen Außenminister weiten auf ihrer Konferenz in New
York die Selbständigkeit der BRD aus, binden sie aber an eine Anerkennung der deutschen internationalen Schulden auch aus der Nach-
1951 kriegshilfe (Londoner Schuldenabkommen 1953).
9. Juli Die *Westmächte* erklären den *Kriegszustand mit Deutschland* für be-
endet. Auf der Konferenz in Washington binden die westlichen
Außenminister die Revision des Besatzungsstatuts an einen deutschen Truppenbeitrag. Alliierter Entscheidung bleiben die Fragen der
1952 Wiedervereinigung und Berlins überlassen.
26. Mai Der *Deutschland-* oder *Generalvertrag* wird *unterzeichnet.* Er wird
nicht wirksam, da ihn Frankreich ebensowenig wie den EVG-Vertrag
ratifiziert. Daraufhin 1954 Abschluß der Pariser Verträge (S. 584);
vorher Erste Wehrergänzung des Grundgesetzes verabschiedet,
durch die die BRD eine beschränkte Wehrhoheit erhält.

1955 Nach Abschluß der Pariser Verträge bezeichnet die *UdSSR* die Wie-
15. Jan. dervereinigung als Angelegenheit der Deutschen. Sie *beendet den
Kriegszustand mit Deutschland.*
5. Mai Aufnahme der Bundesrepublik in die NATO (S. 586). Vertrag mit
den USA über gegenseitige Verteidigungshilfe. Volle Souveränität
der BRD.
9.–13. Sept. **Aufnahme diplomatischer Beziehungen zur UdSSR,** anläßlich des
Besuchs von Adenauer in Moskau.

Beim Ausbau ihrer diplomatischen Beziehungen betont die Bundesregierung ihren Standpunkt, als freie und rechtmäßige Regierung
ganz Deutschland zu vertreten; sie erklärt daher, sie werde die diplomatischen Beziehungen zu den Staaten abbrechen, die die DDR anerkennen (sog. *Hallsteindoktrin*).

1956 Der Bundesrat beschließt Änderungen des Grundgesetzes zum Auf-
6. März bau der Bundeswehr.
7. Juli *Einführung der allgemeinen Wehrpflicht* (vom 18. bis zum 45.
Lebensjahr).
17. Aug. Das Bundesverfassungsgericht erklärt die *KPD* als *verfassungswidrig*
und löst sie auf; ihr Vermögen wird eingezogen.

Nachdem die Saarbevölkerung das Saarstatut im Okt. 1955 abgelehnt
1957 hat und ein Saarabkommen zwischen Frankreich und der BRD im
1. Jan. Okt. 1956 abgeschlossen worden ist, kommt das **Saarland** politisch
zur Bundesrepublik, wirtschaftlich wird es ihr im Juli 1959 eingegliedert.
23. Jan. Das Bundesverfassungsgericht in Karlsruhe entscheidet für die *5%-*

Klausel des Bundeswahlgesetzes; damit wird der Bildung von Splitter-
parteien vorgebeugt.

5. Juli Der Bundestag nimmt die Verträge über die Europäische Wirtschaftsgemeinschaft und über Euratom an. West-Berlin wird in EWG
und Euratom einbezogen; die Deutschlandklausel sichert die Aufrechterhaltung des Interzonenhandels.

Heftig umstritten ist in dieser Zeit die Ausrüstung der Bundeswehr
mit Waffen, die als Atomträger geeignet sind (Bundestagsdebatten
1957 und 1958).

Durch das Memorandum der UdSSR über Berlin (S. 613 f.) nimmt
die Debatte über Berlin und die Wiedervereinigung an Intensität zu.
Die Bundesregierung schließt sich der Rechtsauffassung der drei
Westmächte über den Berlinstatus an und versucht verstärkt, Garan-
1959 tien für Berlin von den Westmächten zu erlangen.

1. Juli Heinrich **Lübke** (CDU) in Berlin zum **Bundespräsidenten** gewählt
(† 1972).

Der Bau der Berliner Mauer (S. 614) löst nicht nur eine internationale Krise, sondern auch innerpolitische Reaktionen aus: Bei den
Bundestagswahlen (Sept. 1961) verliert die CDU/CSU die absolute
Mehrheit; die *SPD*, die sich in ihrem *Godesberger Programm (1959)*
eindeutig vom Marxismus distanziert und sich zu einer Volkspartei
entwickelt hat, kann neue Wählerkreise für sich gewinnen.

Die Krise der westeuropäischen Integration (S. 586 f.) veranlaßt die
Bundesregierung, auf die französischen Pläne einzugehen. Bereini-
1963 gung der „historischen Rivalität zwischen beiden Staaten".

22. Jan. Der **deutsch-französische Vertrag** (in Paris unterzeichnet) vereinbart
regelmäßige Konsultationen in allen wichtigen außenpolitischen Fragen von gemeinsamem Interesse. Deutsch-Französisches Jugendwerk
(5. Juli 1963). Ziel des Vertrags: europäische Integration unter Einbeziehung Großbritanniens, Stärkung der NATO und Wiederherstellung der deutschen Einheit (Präambel zum Ratifizierungsgesetz
des deutschen Bundestags, 16. Mai 1963).

15. Okt. *Adenauer tritt* als Bundeskanzler *zurück* (vereinbart bei der Kabi-
nettsbildung 1961; Adenauer † 1967). **Nachfolger** wird Ludwig
Erhard (CDU; † 1977).

Den arabischen Staaten gewährt die BRD großzügige Wirtschaftshilfe; mit Israel hat die BRD 1952 ein Wiedergutmachungsabkom-
men geschlossen (später ein Geheimabkommen über Militärhilfe).

1965 *Aufnahme diplomatischer Beziehungen zu Israel;* mit Ausnahme von
13. Mai Libyen, Marokko und Tunesien brechen daraufhin die arabischen
Staaten mit Bonn. (Wiederaufnahme der Beziehungen u. a. mit Jordanien 1967, mit der VAR 1972.)

Gleichzeitig innenpolitische Kontroversen um die *Verjährungsfrist
für Verbrechen aus der NS-Zeit* (politische bzw. juristische Aspekte).
Der Beginn der 20jährigen Verjährungsfrist für Verbrechen, die mit
lebenslänglichem Zuchthaus zu ahnden sind, wird vom 8. Mai 1945
auf den 31. Dez. 1949 verlegt.

Der Wandel in den Beziehungen zwischen den beiden Supermächten (S. 572f.) stellt auch Bonn vor die Entscheidung, die Wende der US-Politik mitzuvollziehen; dieser Prozeß verlangt die Revision bisher gültiger Leitlinien im Verhältnis zum Ostblock und zur DDR.

1966

25. März **Friedensnote** der BRD: Angebot an die osteuropäischen Staaten, Gewaltverzichtsabkommen zu schließen und einem Vertrag über die Nichtverbreitung von Kernwaffen sowie über das Einfrieren des nuklearen Potentials in Mitteleuropa beizutreten. Allerdings klammert die Friedensnote die DDR aus. – An der Aufgabe, einen eigenen Beitrag zum Ost-West-Ausgleich zu leisten, offenbart sich die *Krise der Regierung* und der CDU/CSU (Richtungskämpfe). Rücktritt Erhards (30. Nov.), nachdem die FDP bereits am 27. Okt. aus dem Kabinett ausgeschieden ist. Da die Unionsparteien keine Minderheitsregierung bilden wollen, bietet sich nur die Koalition mit der SPD an; diese hat bereits ihr Programm analog der Politik der Verbündeten entwickelt (Anerkennung der europäischen Realitäten; „Wandel durch Annäherung"; vgl. S. 573.).

1. Dez. **Große Koalition** mit **Bundeskanzler** Kurt Georg **Kiesinger** (CDU) und W. *Brandt* (SPD) als Außenminister. Die Regierungserklärung knüpft an die „Friedensnote" an und wendet sich auch an die DDR. Erste Erfolge sind die diplomatischen Beziehungen zu Bukarest und Belgrad (1967 und 1968).

Noch aus dem Deutschlandvertrag (1952) stammen alliierte Vorbehaltsrechte (Erklärung des Notstands in bestimmten Fällen), in denen die BRD eine Einschränkung ihrer Souveränität sieht. Nach heftigen

1968 Debatten (und Opposition in der Bevölkerung) billigt der Bundestag

29. Mai die *Notstandsverfassung,* die in genau festgelegten Fällen (u. a. innere Bedrohung der demokratischen Grundeinrichtungen, Bedrohung von außen durch einen bewaffneten Angriff) wirksam wird und zeitweise bestimmte Artikel des Grundgesetzes außer Kraft setzen kann. Die alliierten Rechte für Deutschland als Ganzes und für Berlin werden davon nicht berührt. Die Bemühungen, mit dem Ostblock einen Ausgleich zu erreichen, stocken: die UdSSR macht – neben den bekannten Forderungen – die sog. „Feindstaatenartikel" der UN-Charta geltend (Art. 53 und 107; Interventionsrecht); hinzu kommt der Einmarsch in die ČSSR. – In der Großen Koalition selbst Streit um die Unterschrift zum Kernwaffensperrvertrag (S. 573), den die Unionsparteien ablehnen („nuklearer Kolonialismus"); die BRD droht sich von ihren westlichen Verbündeten zu isolieren.

1969 Gustav **Heinemann** (SPD; † 1976) mit den Stimmen von SPD und

5. März FDP zum Nachfolger Lübkes **gewählt.**

29. Sept. Aufgrund der Ergebnisse bei der *Bundestagswahl* (Unionsparteien 46,1%, SPD 42,7% und FDP 5,8% der gültigen Stimmen) kommt nur eine Koalition zwischen SPD und FDP in Frage, da diese Parteien außenpolitisch übereinstimmen.

22. Okt. **Sozial-liberales Kabinett** unter Bundeskanzler Willy **Brandt** (SPD) und Außenminister Walter *Scheel* (FDP). Ziel: Verständigung mit dem Osten im Anschluß an die „Ära der Verhandlungen" (Programm der USA), enge Zusammenarbeit mit den westlichen Verbündeten und Förderung der westeuropäischen Integration (Konferenz von Den Haag, S. 588). Am 28. Nov. unterzeichnet Bonn den Kernwaffensperrvertrag; Washington bekräftigt die Sicherheitsgarantie, falls die UdSSR die „Feindstaatenartikel" anwenden sollte. – Bonn bietet der UdSSR erneut Verhandlungen an.

1970 **Vertrag zwischen der UdSSR und der BRD** in Moskau unterzeichnet:
12. Aug. gegenseitiger Verzicht auf Drohung mit bzw. Anwendung von Gewalt („Feindstaatenartikel" damit ausgeschlossen); Anerkennung der Unverletzlichkeit aller europäischen Grenzen. Die Verträge der beiden Unterzeichner werden vom Moskauer Vertrag nicht berührt. Der Vertrag steht der deutschen Wiedervereinigung nicht entgegen (Zusatzschreiben der BRD).

7. Dez. **Warschauer Vertrag** (S. 625).

1971 Die *Gespräche* zwischen *Brandt* und *Breshnjew in Oreanda* (Krim)
16.–18. Sept. zeigen das verbesserte Verhältnis zwischen Bonn und Moskau.

Die Ostpolitik der sozial-liberalen Koalition, von den westlichen Verbündeten allseits begrüßt und vom Ostblock positiv bewertet, wird von den Oppositionsparteien CDU/CSU heftig angegriffen. Durch Übertritt einiger Abgeordneter der Koalitionsfraktion zur Opposition verliert die Regierung ihre knappe Mehrheit.

1972 *Das konstruktive Mißtrauensvotum* der CDU/CSU-Fraktion im Bun-
27. April destag mit dem Ziel, Rainer Barzel (CDU) zum Bundeskanzler zu wählen, *erhält nicht die* dazu erforderliche *absolute Mehrheit.*

17. Mai Die **Ostverträge** werden im Bundestag bei Stimmenthaltung der CDU/CSU mit einfacher Mehrheit **angenommen.** Brandt stellt am 20. Sept. die Vertrauensfrage (233 Ja- und 248 Nein-Stimmen); *der Bundespräsident löst* daraufhin das *Parlament* zum 23. Sept. *auf.*

19. Nov. Die *Bundestagswahlen* ergeben einen eindeutigen Sieg der *sozial-liberalen Koalition:* SPD 230 Mandate, CDU/CSU 225 und FDP 41 Mandate. Zweites Kabinett Brandt/Scheel (15. Dez.).

Mit der Aufnahme diplomatischer Beziehungen zur VR China (Okt. 1972), zu Ungarn und Bulgarien sowie durch den Vertrag mit der ČSSR (S. 623) hat die sozial-liberale Koalition ihre ersten ostpolitischen Ziele erreicht. – Aufdeckung von DDR-Spionage im Bundes-
1974 kanzleramt (Agent G. Guillaume).

6. Mai **Brandt** übernimmt die „politische Verantwortung" für die Fahrlässig-
15. Mai keiten und **tritt zurück.** W. **Scheel** zum **Bundespräsidenten** gewählt.
16. Mai Helmut **Schmidt** (SPD) wird zum Bundeskanzler gewählt. Außenminister Hans-Dietrich *Genscher* (FDP). Vertrag mit Polen.

1976 Bei den *Bundestagswahlen knapper Vorsprung der SPD-FDP-Koali-*
3. Okt. *tion;* die CDU/CSU (Kanzlerkandidat H. Kohl) sind mit 48,6 % der Wählerstimmen stärkste Fraktion. Kabinett Schmidt/Genscher (15. Dez.), das einen schwierigen Start hat: Rentensanierung, Energiepolitik (Bürgerinitiativen gegen den Bau von Kernkraftwerken); auch bei der Opposition Gegensätze zwischen CDU und CSU.

1977 18. Okt.	Eskalation des Terrorismus: BDI-Präsident *H.-M. Schleyer* entführt (5. Sept.); Entführung einer Passagiermaschine (13. Okt.), um Freilassung inhaftierter RAF-Terroristen zu erpressen; *Geiselbefreiung* in Mogadischu (Somalia) durch GSG 9 des Bundesgrenzschutzes; Ermordung Schleyers; Selbstmorde der RAF-Führung in Stuttgart-Stammheim.
1979	Wahl von Karl **Carstens** (CDU) zum Bundespräsidenten (23. Mai).
seit **1979**	Erfolge „grüner" bzw. „alternativer" Listen bei Wahlen.
1980 5. Okt.	*Bundestagswahlen: Sieg der SPD/FDP-Koalition* (42,9%; 10,6%) gegenüber CDU/CSU (44,5%) mit Kanzlerkandidat F.J. Strauß. 3. Kabinett Schmidt/Genscher (5. Nov.).
1981 Juli	Nach einer Koalitionskrise einigen sich SPD und FDP auf Sparmaßnahmen zur Begrenzung der staatlichen Kreditaufnahme.
10. Okt.	Friedensdemonstration in Bonn mit ca. 300000 Teilnehmern.
1982 1. Okt.	Konstruktives Mißtrauensvotum der CDU: Helmut **Kohl** mit Stimmen der FDP zum Bundeskanzler gewählt.
1983 6. März	*Vorgezogene Bundestagswahlen: Sieg der CDU/CSU-FDP-Koalition* (48,8%; 7,0%) gegenüber SPD (38,2%) mit Kanzlerkandidat Hans Jochen Vogel; Die Grünen erstmals im Bundestag (5,6%).
29. März	2. Kabinett Kohl/Genscher; Arbeitslosigkeit (über 2 Mill.), Nachrüstung (NATO-Doppelbeschluß) und Umweltschutz (Waldsterben) größte Probleme.
22. Okt.	„Aktionswoche" der *Friedensbewegung* gipfelt in Bonner Kundgebung (Redner u.a. der SPD-Vorsitzende Brandt) mit rund 300000 Teilnehmern und „Menschenkette" von Stuttgart nach Neu-Ulm (108 km).
22. Nov.	Bundestag stimmt Raketenstationierung zu.
28. Nov.	Kandidatur Richard von Weizsäckers (CDU) zum Amt des Bundespräsidenten mit Zustimmung von CDU/CSU, FDP und SPD.
15. Dez.	Bundesverfassungsgericht erklärt Volkszählungsgesetz vom 25. März 1982 für teilweise grundgesetzwidrig.
1984 1. Juli	Richard von **Weizsäcker** (CDU) als 6. Bundespräsident vereidigt (Wahl am 23. Mai).
1987	*Bundestagswahlen* (25. Jan.); Koalition aus CDU/CSU und FDP; neues Kabinett Kohl. Aufgaben: Steuerreform, Reform des Postwesens und Gesundheitsreform.
13. Sept.	Landtagswahlen in Schleswig-Holstein werden durch Barschel/Pfeiffer-Affäre überdeckt.
1988 8. Mai	Bei erneuter Wahl in Schleswig-Holstein erringt die SPD die absolute Mehrheit.
3. Okt.	F. J. Strauß gestorben. Neuer Ministerpräsident Bayerns wird Max Streibl.
1989 28. Nov.	Nach den Ereignissen in der DDR gibt Kohl seinen *10-Punkte-Plan* zur Überwindung der Teilung Deutschlands bekannt: „Vertragsgemeinschaft" beider deutschen Staaten.
1990 13. Mai	Landtagswahl in Niedersachsen: rot-grüne Koalition unter Schröder; die CDU verliert die Mehrheit im Bundesrat.

1. Juli	*Wirtschafts-, Währungs- und Sozialunion der Bundesrepublik und der DDR.*
26. Juli	Bis 19. Sept. wird das US-Giftgas aus der Bundesrepublik abtransportiert.
31. Aug.	*Einigungsvertrag* zwischen Bundesrepublik und DDR.
12. Sept.	*2 + 4-Vertrag* zwischen Deutschland und den Siegermächten: *volle Souveränität* und Festschreibung der Grenzen Deutschlands.
13. Sept.	*Zusammenarbeits- und Nichtangriffsvertrag mit der UdSSR;* Deutschland bezahlt für Abzug der Sowjetarmee 13 Mrd. DM.
3. Okt.	**Die DDR tritt der Bundesrepublik nach Art. 23 GG bei.**
14. Okt.	*Landtagswahlen in den fünf neuen Bundesländern:* Brandenburg (SPD), Sachsen (CDU, absolute Mehrheit), Mecklenburg-Vorpommern (CDU), Thüringen (CDU), Sachsen-Anhalt (CDU).
14. Nov.	Oder-Neiße-Grenze als völkerrechtlich verbindliche Grenze mit Polen festgeschrieben.
2. Dez.	*Erste gesamtdeutsche Bundestagswahlen:* deutliche Mehrheit für CDU/CSU-FDP-Koalition. Neue Regierung Kohl ab Jan. 1991. Problem: Finanzierung der Einheit und Angleichung der Lebensverhältnisse in Deutschland.
1991 6. Jan.	Verlegung deutscher Jagdbomber im NATO-Auftrag an die Grenze der Türkei zum Irak.
13. Jan.	Rücktritt L. Späths (Baden-Württemberg) wegen zu enger Bindungen an die Wirtschaft.
20. Jan.	Landtagswahl Hessen: erneute Rot-Grün-Koalition. Die CDU verliert die Mehrheit im Bundesrat (jetzt 16 Mitglieder).

Wirtschaftliche und soziale Entwicklung

Wirtschaftlich ist Deutschland nach 1945 nahezu lebensunfähig (kriegsbedingte Zerstörung der Industriekapazität, Demontagen, völlig unzureichende Ernährungslage). Durch die Abtrennung der deutschen Ostgebiete und durch die Teilung Deutschlands verliert Westdeutschland 48% der landwirtschaftlichen Nutzfläche und 55% des Ackerlandes (Stand von 1937). Die Vertriebenen aus den Ostgebieten, die Flüchtlinge aus der SBZ, die Kriegsopfer und Bombengeschädigten müssen wieder eine Existenzgrundlage finden.

1949 8. Aug.	Das *Soforthilfegesetz* sieht eine Vermögensabgabe, Unterhalts-, Ausbildungs- und Gemeinschaftshilfe zur Milderung dringender sozialer Notstände vor.
24. Nov.	Das *Petersberger Abkommen* gewährt der BRD wirtschaftliche Erleichterungen: 18 größere Werke werden von der Demontage- und Reparationsliste gestrichen.
1950 1. Okt.	Mit dem *Bundesversorgungsgesetz* übernimmt der Bund die Kriegsopferversorgung, die zuerst den Ländern oblag.
	Beim Aufbau einer eigenen Wirtschafts- und Sozialordnung entscheidet sich die Bundesregierung für die **soziale Marktwirtschaft** als

einer Verbindung von freier Selbstregulierung des Marktprozesses mit staatlicher Steuerung. Vertreter dieses Kurses ist Bundeswirtschaftsminister Ludwig Erhard.

Am 13. Okt. 1949 entsteht der *DGB* (Deutsche Gewerkschaftsbund) als Dachorganisation von 16 Gewerkschaften; der *CGB* (Christliche Gewerkschaftsbund) wird am 28. Juni 1959 ins Leben gerufen; als Vertretung der Arbeitgeber hat sich 1949 die *BDA* (Bundesvereinigung der Deutschen Arbeitgeber) gebildet.

1951
21. Mai
Gesetz über die (paritätische) **Mitbestimmung der Arbeitnehmer** in den Aufsichtsräten und Vorständen der Unternehmen der *Montanindustrie* mit mehr als 1000 Arbeitnehmern (Aufsichtsrat von 11 Mitgliedern, zu gleichen Teilen aus Vertretern der Anteilseigner und der Arbeitnehmer; der 11. Mann muß unabhängig sein).

Das *Betriebsverfassungsgesetz* vom 11. Okt. 1952 bestimmt für jeden Betrieb von mehr als 5 wahlberechtigten Arbeitnehmern die Einsetzung eines Betriebsrates (soziale und personelle Angelegenheiten). Das Jugendarbeitsschutzgesetz (1. Okt. 1960) verbietet Kinderarbeit und Nachtarbeit von Jugendlichen.

1952
14. Aug.
Ein allgemeines *Lastenausgleichsgesetz* gewährt aus Vermögens-, Hypotheken- bzw. Kreditgewinnabgaben Entschädigungen für Vertreibungs-, Kriegssach-, Ost- und Sparerschäden (Leistungen durch Anpassungsnovellen erhöht).

1953
9. März
Die Rechtsstellung der deutschen Vertriebenen und Flüchtlinge wird durch das *Flüchtlingsnotleistungsgesetz* und das *Bundesvertriebenengesetz* (19. Mai) besonders geregelt.

Ab 1955 setzt in der Wirtschaft der BRD eine ausgesprochene Hochkonjunktur ein. Die Umsätze in der Industrie haben sich von 1950 bis 1962 mehr als verdreifacht; Löhne und Preise steigen (1959 bis 1963 jährlich um 8%).

1961
5. März
Um die Konjunktur zu dämpfen und die internationale Zahlungsbilanz wieder auszugleichen, wird die *DM* um 4,75% *aufgewertet.*

Seit 1965 ist der Zuwachs der privaten Einkommen größer als die Wirtschaftsleistung *(Rezession).* Wirtschaftliche Schwierigkeiten tragen zum Rücktritt des Kabinetts Erhard bei. Ziel der Großen Koalition ist, Arbeit und Kapital im Hinblick auf Produktionsfortschritte optimal einzusetzen (Wirtschaftsminister K. Schiller, SPD, Finanzminister F. J. Strauß, CSU).

1967
14. Juni
Das **Stabilitätsgesetz** tritt in Kraft (gesamtwirtschaftliches Gleichgewicht; Preisstabilität, Vollbeschäftigung; Anregung bzw. Abschwächung der öffentlichen und privaten Investitionen). Ab 1968 ersetzt die Mehrwertsteuer die frühere Bruttoumsatzsteuer. Erfolg der Wirtschaft (die BRD ist die drittgrößte Industrienation der Welt). – Gesellschaftspolitische Versäumnisse (schon seit Mitte der 50er Jahre) machen sich in der konsum- und leistungsorientierten Ordnung geltend, u.a. Bildungspolitik, Umweltschutz, Vermögensbildung (1,7% aller privaten Haushalte verfügen über rd. 74% des Produktivkapitals).

Ab Mitte 1968 wirkt sich die internationale Währungskrise aus (S. 579). Innerhalb der Großen Koalition Streit um die DM-Aufwertung. Am 27. Okt. *1969* wird die *DM* gegenüber dem Dollar um 8,5 % *aufgewertet.* Als im Mai 1971 erneut spekulative Devisenzuflüsse in die BRD einsetzen, gibt die BRD den Wechselkurs der DM befristet frei (9. Mai; Kritik im EWG-Ministerrat). Nach Rücktritt von Finanzminister A. Möller (12. Mai) werden Wirtschafts- und Finanzministerium unter Schiller vereinigt. Nach der Washingtoner Währungskonferenz 1971 (S. 580) ist die DM gegenüber dem Dollar um insgesamt 13,58 % aufgewertet. Der Konjunkturboom hält – trotz der höheren Preise deutscher Produkte auf dem Weltmarkt – an und bringt mit steigenden Löhnen und Preisen sowie wachsendem Konsum einen zunehmenden Geldwertschwund. Bei der neuen Währungskrise (22.–29. Juni 1972; S. 588) kann Schiller sein Konzept, die DM floaten zu lassen, nicht durchsetzen und tritt am 7. Juli 1972 zurück; die Bundesregierung wendet § 23 des Außenwirtschaftsgesetzes von 1961 an (Freiheit am Devisenmarkt eingeschränkt).

Zu den *inneren Reformen* (Sozial- und Gesellschaftspolitik) zählen u. a. die Dynamisierung der Renten, Förderung der Vermögensbildung (624-DM-Gesetz, Juli 1970), die Herabsetzung des aktiven bzw. passiven Wahlalters auf 18 bzw. 21 Jahre (Juli 1970), Erhöhung der Altersversicherung für Landwirte (März 1972).

1971
10. Nov. Das neue **Betriebsverfassungsgesetz** gibt u. a. dem Betriebsrat volles Mitbestimmungsrecht in sozialen Angelegenheiten, Beteiligung bei wichtigen Planungs- und Personalentscheidungen (in Kraft am 19. Jan. 1972).

1972
20./21. Sept. **Rentenreform:** Öffnung der Rentenversicherung für Selbständige, Hausfrauen und andere Gesellschaftsgruppen; flexible Altersgrenze; Rente nach Mindesteinkommen.

1974 Konjunktureinbruch 1974 (S. 581 f.); nahezu 1 Mill. Arbeitslose. Es gelingt der Bundesregierung, die Inflationsrate auf eine der niedrigsten unter den Industriestaaten zu begrenzen, doch ein für die Wiedergewinnung der Vollbeschäftigung ausreichendes Wirtschaftswachstum wird nicht erreicht, trotz verschiedener Maßnahmen (u. a. Investitionsförderungsgesetz, Dez. 1974; Investitionsprogramme).
– Gesellschaftspolitische Reformen, u. a. Neuregelung des Volljährigkeitsalters (mit 18 Jahren volljährig; Jan. 1975), Reform des Ehe- und Familienrechts (1977).

1976
1. Juli **Mitbestimmung von Arbeitnehmern** in Aufsichtsräten von Betrieben mit mehr als 2000 Beschäftigten; bei Stimmengleichheit Zweitstimme für den Aufsichtsratsvorsitzenden.

seit 1976 Zunehmende öffentliche Auseinandersetzung um die *Nutzung der Kernkraft* zur Energieversorgung, um die *Schädigung der Umwelt* und die Gefahren einer weiteren *industriellen Expansion.*

1981 Verschlechterung der Wirtschaftslage: Verteuerung der Lebenshaltung und Energie; Wirtschaftswachstum gefährdet; Ansteigen der *Arbeitslosigkeit* (1,3 Mill.). Der Energieverbrauch geht zurück.

1982 Beschäftigungsprogramm der Regierung Schmidt verabschiedet (28. Mai).

1983 Anhaltende Krise der Schiffbau- und der Stahlindustrie verschärft.

18. Okt. Bundesregierung gibt rasche Ausbreitung der Waldschäden bekannt

14. Dez. Rückgang der deutschen Wohnbevölkerung auf 56,9 Mill. festgestellt.

31. Dez. *Höchste Arbeitslosigkeit seit Bestehen der Bundesrepublik:* 2,3 Mill. arbeitslos Gemeldete, von denen über 500000 ebenso weder Arbeitslosengeld noch -hilfe beziehen wie die über 800000 arbeitslosen nicht Gemeldeten. Ursachen: Konjunkturstagnation, massive Rationalisierungen u.a. durch elektronisch gesteuerte Arbeitseinheiten, mühsamer Prozeß der Umstrukturierung.

1988 Gesetzentwurf zur Reform der Bundespost von Regierung gebilligt:

11. Mai Teilung in drei Unternehmen.

23. Juni Verabschiedung des Steuerreformgesetzes 1990. Gesetz über Gesund-

25. Nov. heitsreform: Kostendämpfung und Senkung der Krankenkassenbeiträge, erhöhte Eigenbeteiligungen.

1990 *Wirtschafts-, Währungs- und Sozialunion zwischen Bundesrepublik*

1. Juli *und DDR.* DM einziges Zahlungsmittel in Deutschland. Boom der westdeutschen Wirtschaft durch Binnennachfrage in den neuen Bundesländern. Im Westen nimmt das Wachstum zu (über 4%), die Arbeitslosenzahlen sinken (unter 2 Mio.). In den neuen Bundesländern sinkt die Produktivität bei zunehmender Arbeitslosigkeit und Kurzarbeit.

1991 Um die für die Finanzierung der Einheit nötige Staatsverschuldung

Febr. zu begrenzen, beschließt die Koalition eine einjährige Sonderabgabe (7,5% von der Lohnsteuer), die Erhöhung der Mineralöl- sowie der Tabaksteuer sowie Abgaben- und Gebührenerhöhungen (Telefon, Arbeitslosenversicherung).

März Demonstration in den neuen Bundesländern aufgrund der schlechten Wirtschaftslage.

Deutsche Demokratische Republik (DDR)

1945 werden in der russisch besetzten Zone die finanziellen *Guthaben blockiert* und aller *Besitz nationalsozialistischer Aktivisten* und Kriegsverbrechen Beschuldigter ohne Entschädigung *beschlagnahmt. Landbesitz über 100 ha* wird *enteignet* und in Parzellen zu je 5–25 ha aufgeteilt.

1946 Zur Unterstützung der Neubauern durch die Altbauern wird die

12. Okt. „*Gegenseitige Bauernhilfe*" gegründet.

1947 Sept. gilt die Bodenreform als abgeschlossen; 3 Mill. ha Land sind verteilt. Ende 1946 werden die beschlagnahmten Industriebetriebe durch Landtagsbeschlüsse in Besitz der öffentlichen Hand übergeführt. Großbetriebe der Kriegswirtschaft, zur Demontage bestimmt, werden *Sowjetische Aktiengesellschaften* (SAG) und arbeiten für Reparationskonto. Sie sowie früherer Konzernbesitz, früherer NS-Besitz sowie alle Bank- und Versicherungsbetriebe gelten ab

Mitte 1947 als *volkseigene Betriebe* (VEB). Seit 1948 gibt es Betriebe der (staatlichen) *Handelsorganisation* (HO).
Die *staatliche Einigung* der Zone nimmt den Weg über den im Dez.

1949 1947 erstmals gewählten **Deutschen Volkskongreß** und den von diesem gewählten **Deutschen Volksrat** zu einer *vorläufigen Deutschen*

7. Okt. *Volkskammer,* welche die **Verfassung** einer Deutschen Demokratischen Republik in Kraft setzt. 400 Abgeordnete bilden eine *Volkskammer;* die Länder sind in einer *Länderkammer* vertreten. Den Ministerpräsidenten ernennt die stärkste Partei, je nach ihrer Stärke stellen die übrigen Parteien Minister. Volksbegehren und Volksentscheid sind zugelassen. Die Wahlen finden stets nach einer Einheitsliste der Nationalen Front statt. Die Regierung übernimmt die Aufgaben der Wirtschaftskommission und erhält die Verwaltungsfunktionen der SMAD, die sich in eine zivile Kontrollkommission umgewandelt hat. Beide Kammern wählen Wilhelm **Pieck** zum **Präsidenten** der Republik. Otto **Grotewohl** († 1964) **bildet** eine provisorische **Regierung** aus 14 Ministern. Nach dessen Tod 1964 wird *Willi Stoph* Ministerpräsident.

1950 Walter *Ulbricht* spricht in Warschau die endgültige **Anerkennung der**

6. Jan. **Oder-Neiße-Linie** als Grenze aus. Ein entsprechendes Abkommen wird einen Monat später geschlossen.

23. Juni Ein Abkommen mit der Tschechoslowakei erklärt die Aussiedlung der Deutschen von 1945 als unabänderlich und gerecht. Mit Ungarn, Rumänien und Bulgarien werden Freundschaftsabkommen geschlossen.

1952 *Entlang der Zonengrenze* zur BRD wird eine *Sperrzone* angelegt

26. Mai (Schutz- und Kontrollstreifen; Schießbefehl).

9.–12. Juli Die SED verkündet den Aufbau des Sozialismus. Die Errichtung landwirtschaftlicher Produktionsgenossenschaften *(LPG)* nach dem Muster der Kolchosen beginnt.

23. Juli Die bisherigen 5 Länder werden durch 14 Bezirke ersetzt.

1953 Nach Auflösung der Sowjetischen Kontrollkommission wird ein

Mai Hoher Kommissar eingesetzt.

17. Juni Aus einer Protestdemonstration in Berlin gegen die im Mai eingeführte Erhöhung der Leistungsnormen bei der Industriearbeit um 10% entwickelt sich ein **Aufstand,** der auf die Bezirke übergreift und zum Eingreifen der Besatzungsmacht, zu Verhaftungen und standrechtlichen Erschießungen führt. W. **Ulbricht** wird Erster Sekretär des ZK der SED. – Der neue Kurs mit einer besseren Versorgung der Bevölkerung soll fortgesetzt werden.
Nach dem Scheitern der Berliner Konferenz (1954) gibt die UdSSR die Stellung einer Besatzungsmacht auf; sie behält sich nur Maßnahmen zur Sicherung ihrer Truppen vor und solche aus Verpflichtungen seitens des Viermächteabkommens.

1955 Im „**Vertrag über die Beziehungen zwischen der DDR und der**

20. Sept.	UdSSR" wird erklärt, die DDR sei frei hinsichtlich ihrer Innen- und Außenpolitik, einschließlich der Beziehungen zur BRD. – Diplomatische Beziehungen zwischen DDR und UdSSR.
1956 18. Jan.	Gesetz über die *Gründung der „Nationalen Volksarmee"* und des Verteidigungsministeriums. 1960 Bildung des „Nationalen Verteidigungsrats" zum Schutz der Arbeiter- und Bauernmacht (Vorsitz Ulbricht).
1957 12. März	Der *Truppenstationierungsvertrag* regelt den Status der sowjetischen Truppen in der DDR.
1960	**Zwangskollektivierung der** bis dahin noch freien **landwirtschaftlichen Betriebe,** die in LPG zusammengefaßt werden, abgeschlossen am 14. April (rd. 93% der landwirtschaftlichen Nutzfläche).
12. Sept.	Nach dem Tod von Pieck (7. Sept.) wird das Amt des Präsidenten abgeschafft und ein *Staatsrat* (24 Mitglieder) gebildet, dessen *Vorsitzender Ulbricht* wird.
	Infolge der Zwangskollektivierung bricht die Lebensmittelversorgung zusammen. Der anhaltend hohe Flüchtlingsstrom in die BRD schwächt die wirtschaftliche Leistungskraft der DDR. Die Errichtung der Berliner Mauer (S. 610) hat neben politischen auch wirtschaftliche Hintergründe.
1962	Einführung der *allgemeinen Wehrpflicht* (24. Jan.).
	Latente Wirtschaftskrise; die DDR beginnt daher mit einer Wirtschaftsreform (Anlehnung an den Liberman-Plan in der UdSSR).
11. Juli	*„Neues ökonomisches System der Planung und Leitung der Volkswirtschaft (NÖSPL)"* beschlossen (u. a. Einführung des Rentabilitätsprinzips für Betriebe und Konzerne). Ab 1963/64 wird eine wirtschaftliche Konsolidierung erreicht. Die DDR ist nach der Sowjetunion innerhalb des COMECON die stärkste Industriemacht
1964 12. Juni	und der zweitgrößte Außenhandelspartner der RGW-Länder. Im **Freundschafts- und Beistandsabkommen** zwischen **UdSSR** und **DDR** wird die „Unantastbarkeit der Staatsgrenzen" der DDR ausdrücklich garantiert.
1965 5. Mai	**„Staatsdoktrin":** die DDR verwirkliche die ursprünglichen Absichten der Anti-Hitler-Koalition und sei daher allein berechtigt, im Namen des deutschen Volkes zu sprechen.
1967 20. Febr.	*„Gesetz über die Staatsbürgerschaft der Deutschen Demokratischen Republik"* (Staatsbürger ist, wer zur Zeit der Gründung der Republik deutscher Staatsangehöriger war, in ihr seinen ständigen Wohnsitz oder Aufenthalt hat und die Staatsbürgerschaft seither nicht verlor).
1968 12. Jan.	Mit Wirkung vom 1. Juli werden Gesetze über ein *„sozialistisches Strafrecht"* verabschiedet, das den „Schutz der sozialistischen Staats- und Gesellschaftsordnung" gewährleisten soll. –
1970 9. April	Nach einem Volksentscheid tritt die **neue Verfassung** der DDR in Kraft: Anspruch auf Verantwortung für ganz Deutschland, die DDR definiert sich als „sozialistischer Staat deutscher Nation". Im Entspannungskurs der UdSSR (S. 573 f., 594) und im Ausgleich der BRD mit Moskau und Warschau sieht die SED-Führung für sich ein Risiko;

will sie sich nicht isolieren, muß sie – wenn auch zögernd und ungern – selbst auf diesen Kurs eingehen. Um sich vor möglichen Auswirkungen der Entspannung im Innern zu sichern, verstärkt sie die *ideologische und staatliche Abgrenzung:* Umtausch der SED-Mitgliedsbücher (April 1970), Gesetz über Zivilverteidigung (Okt. 1970), Auflösung des „Staatssekretariats für westdeutsche Fragen" (Juli 1971); auch die evangelischen Kirchen in der DDR trennen sich organisatorisch von der EKD und EKU (1969 und 1971).

1971 **Rücktritt von Ulbricht** als Erster Sekretär des ZK der SED; er bleibt
3. Mai jedoch Staatsratsvorsitzender. **Nachfolger** wird Erich **Honecker,** seit
1972 Nov. auch Vorsitzender des „Nationalen Verteidigungsrates".

1. Sept. Die neue **Grenzordnung** tritt in Kraft: an der „Staatsgrenze West" werden Schutzstreifen und Sperrzonen genau festgelegt; Anwendung der Schußwaffe durch Grenztruppen gemäß Bestimmungen des Ministeriums für Nationale Verteidigung zulässig.

6. Okt. Amnestie für politische und kriminelle Straftäter; Entlassene, die nicht DDR-Bürger sind, können ausreisen (bis Mitte Nov. sind 11 379 Amnestierte entlassen).

16. Okt. Gesetz, daß DDR-Bürger, die vor dem 1. Jan. 1972 aus der DDR geflohen sind, ausgebürgert sind und nicht mehr strafrechtlich verfolgt werden.

Nach Unterzeichnung des Grundvertrags nehmen Länder des Westblocks diplomatische Beziehungen zur DDR auf (u. a. Finnland 7. Jan., Spanien 11. Jan., Frankreich und Großbritannien 9. Febr. 1973, USA 4. Sept. 1974).

Im Unterschied zu früher *Verbesserungen im sozialen Bereich:* Einführung der 5-Tage-Woche, Erhöhung des Mindesturlaubs und des Mindestbruttolohns (Juli 1967). Durch die erzwungene Öffnung der DDR für Westbesucher wird ein höherer Lebensstandard und die weitere Beseitigung sozialer Ungerechtigkeiten unerläßlich: bessere Versorgung der Bevölkerung mit Konsumgütern, für deren Verbraucherpreise ein Preisstopp erlassen wird (19. Nov. 1971). Am 29. Mai 1972 werden neue Sozialleistungen festgesetzt (Leistungsquoten 1965–1969 durchschnittlich 12,4%, in der BRD 18%): u. a. Anhebung der Mindestrenten, „Babyjahr" für berufstätige Mütter. Gleichzeitig werden die letzten 5000 halben bzw. ganzen Privatunternehmen verstaatlicht.

Die Entwicklung der DDR tendiert zur fortschreitenden Integration von Staat und Partei in den „proletarischen Internationalismus".

1974 **Verfassungsänderung:** die DDR „sozialistischer Staat der Arbeiter
7. Okt. und Bauern" (der Zusatz „deutscher Nation" entfällt); die DDR „untrennbarer Bestandteil der sozialistischen Staatengemeinschaft".

1975 *Vertrag* über Freundschaft, Zusammenarbeit und gegenseitigen Bei-
7. Okt. stand *zwischen DDR und UdSSR;* Unantastbarkeit der Grenzen; die Beistandspflicht ist nicht mehr nur auf Europa beschränkt; kein Hinweis auf die deutsche Wiedervereinigung (wie noch 1964).

1976 *IX. Parteitag der SED. Neues Parteiprogramm und -statut:* Grundsatz

18.–22. Mai des „demokratischen Zentralismus"; in der DDR entwickelt sich die „sozialistische deutsche Nation", die das Staatsvolk auf dem Territorium der DDR umfaßt. – Eine Woche nach dem Parteitag Verkündung eines sozialpolitischen Programms: u. a. Erhöhung der Bruttolöhne ab Okt., dgl. der Alters- und Invalidenrenten (1972 zuletzt erhöht). Förderung des Eigenheimbaues beschlossen (17. Juni).

29. Okt. Die Volkskammer wählt Honecker zum Vorsitzenden des Staatsrats; *Honecker* vereinigt damit *die drei politisch wichtigsten Positionen* der DDR *in seiner Person* (vgl. S. 612).

seit 1976 Zunehmende Auseinandersetzung mit Regimekritikern (R. Havemann [† 1981], R. Bahro, W. Biermann u. a.).

1979 28. Juni Beschluß zur Direktwahl der Berliner Abgeordneten in die Volkskammer.

1. Aug. Staatsschutzgesetze gegen „staatsfeindliche Hetze" in Kraft.

1982 13. Febr. „Dresdener Friedensforum": Entstehung einer inoffiziellen, von der Evangelischen Kirche teilweise unterstützten Friedensbewegung („Schwerter zu Pflugscharen").

1983 9. Juni Abkommen mit der UdSSR über wissenschaftlich-technische Zusammenarbeit.

28. Sept. Beginn des Abbaus von Selbstschußanlagen.

1984 Kredit westdeutscher Banken an DDR mit Billigung der Bundesregierung (950 Mio. DM).

1985 15. Jan. Flüchtlinge kehren aus der bundesdeutschen Botschaft in Prag in die DDR zurück.

1986 Volkskammerwahlen: Einheitsliste 99,94%, Wahlbeteiligung 99,74% (8. Juni).

1988 Verhaftung und Ausweisung von Regimekritikern (17. Jan.).

1./2. Dez. *7. ZK-Tagung der SED:* Honecker reklamiert eigenen Weg der DDR zum Sozialismus, ohne Reformen.

1989 *Kommunalwahlen:* Vorwurf massiver *Wahlfälschung* (7. Mai).

31. Juli *Massenflucht* von DDR-Bürgern über bundesdeutsche Botschaften und Ungarn (Grenzöffnung 21. Sept.).

13. Aug. Zum 28. Jahrestag der Mauer wird betont, die DDR sei nicht reformbedürftig.

ab Aug. *Montagsdemonstrationen* mit zunehmender Beteiligung: Forderung nach Reformen.

5. Okt. Feiern zum 40jährigen Bestehen der DDR: Honecker lobt die Errungenschaften der DDR; Gorbatschow mahnt Reformen an.

7. Okt. Demonstrationen für Reformen: *größte Protestbewegung* seit 17. Juni 1953.

18./24. Okt. *Sturz Honeckers;* Egon **Krenz** wird neuer Parteichef und Staatsratsvorsitzender.

7. Nov. Regierung Stoph und Politbüro treten zurück.

9. Nov. *Öffnung der Mauer* und Grenze zur Bundesrepublik.

13. Nov. Hans **Modrow** (SED) neuer Ministerpräsident.

6. Dez. Staatsratsvorsitzender Krenz tritt zurück; Nachfolger wird Manfred Gerlach (LDPD).

7. Dez.   „*Runder Tisch*": Institution der öffentlichen Kontrolle aus Vertretern von Parteien und Bürgerbewegungen.

1990 Vertreter des Runden Tisches treten in die Regierung ein. Umbenen-
5. Febr. nung der SED in PDS.

18. März *Volkskammerwahlen:* CDU-Sieg; Regierung auf breiter Basis unter Lothar **de Maizière** (CDU).

1. Juli   *Wirtschafts-, Währungs- und Sozialunion mit der Bundesrepublik.*

25. Sept. Die DDR wird aus dem Warschauer Pakt entlassen.

3. Okt.   **Beitritt der DDR zur Bundesrepublik nach Art. 23 GG.**

Die gesamtdeutsche Frage

Die politische Bedeutung der militärischen Präsenz von USA und UdSSR in Deutschland und Berlin ist eine Bedingung der Teilung Deutschlands: aus der Aufteilung in Besatzungszonen mit verschiedenen Verwaltungen wird eine staatliche Teilung. Im Zuge der politischen Blockbildung in Europa (vgl. S. 584, 591) gibt die Londoner Sechsmächtekonferenz Direktiven für die Staatsform der BRD (S. 598); die UdSSR sieht in der Existenz der DDR die Gewähr, daß kein gesamtdeutscher Staat mehr Glied eines antisowjetischen Blocks werden kann.

1950 Die *New Yorker Konferenz der drei Westmächte* bestätigt, daß die
19. Sept. Bundesregierung als Vertreterin des deutschen Volkes für Deutschland zu sprechen in der Lage ist; gleichzeitig teilen die Westmächte mit, daß die Bundesregierung damit nicht de jure als Regierung von ganz Deutschland gilt.

1951 Der einzige innerdeutsche Kontakt zwischen BRD und DDR ist das
5. Juli   **Interzonenabkommen,** das den Warenaustausch nach Verrechnungseinheiten vorsieht. – Gegen die geplante EVG und den Beitritt der
1952 BRD (S. 600) richtet die *UdSSR* einen Friedensvertragsentwurf, der
10. März an sich die Neutralisierung Gesamtdeutschlands vorsieht, und *bietet*
9. April *gesamtdeutsche freie Wahlen an.* Sie lehnt zwar den Vorschlag der Westmächte, dabei die UN einzuschalten, ab, gesteht aber eine Kommission der vier Mächte zu, die Voraussetzungen für freie Wahlen prüfen könne. – Seit dem Anschluß der BRD an das westliche Verteidigungssystem, das die UdSSR als gegen sich gerichtet wertet, *stellt Moskau die These von „zwei deutschen Staaten" auf.* Die Verhandlungen zwischen Ost und West (in Berlin Jan./Febr. 1954 und in Genf Okt./Nov. 1955) kreisen um zwei entgegengesetzte Vorschläge: militärisches Disengagement und nachfolgend eine Veränderung der politischen Struktur in Europa und Deutschland (sowjetische Vorstellung) – militärisches Disengagement bei gleichzeitiger politischer Veränderung (Vorstellung der Westmächte; Stufenplan der deutschen Wiedervereinigung).

1957 Die drei *Westmächte betonen die Verantwortung der vier Siegermächte*
29. Juli *für Gesamtdeutschland* und lehnen ein Abrüstungsabkommen ab, das

der deutschen Wiedervereinigung im Wege steht *(Berliner Erklärung).*

1958
27. Nov.
In der **Berlinnote** an die drei Westmächte fordert Moskau den Abzug aller Besatzungstruppen aus Berlin; die drei Westsektoren sollen zu einer „entmilitarisierten Freien Stadt" erklärt werden. Alle Rechte und Funktionen der UdSSR als Besatzungsmacht gehen auf die DDR über. In ihrer Antwort weisen die Westmächte auf die immer noch gültigen Abmachungen von 1944/45 und 1949 hin (31. Dez. 1958).

1959
10. Jan.
Sowjetischer Entwurf eines deutschen Friedensvertrags, der den Kriegszustand mit Deutschland beenden, seine Lösung aus Militärbündnissen und seine Teilnahme an einem europäischen Sicherheitssystem festlegen soll; Wiedervereinigung auf dem Wege einer Konföderation. – Auf der Genfer Außenministerkonferenz (Mai–Aug. 1959) wird der ganze Komplex – Abrüstung, europäische Sicherheit, deutsche Frage und Berlin – ergebnislos behandelt.

1961
4. Juni
Das **Memorandum Chruschtschows** bei seiner Begegnung mit Kennedy in Wien definiert nochmals den sowjetischen Standpunkt: Friedensvertrag mit „beiden deutschen Staaten" oder Separatfriede mit der DDR, West-Berlin als neutralisierte Freie Stadt.

13. Aug.
Truppeneinheiten der DDR besetzen den Sowjetsektor Berlins und riegeln die Grenze zu den Westsektoren ab **(Berliner Mauer; Schießbefehl;** am 22. Aug. 1962 wird die sowjetische Kommandantur in Berlin aufgelöst). Die Haltung der Westmächte ist abwartend; ihre unabdingbaren Forderungen sind: der Verbleib ihrer Garnisonen in West-Berlin, die uneingeschränkte Verbindung zwischen West-Berlin und dem Bundesgebiet und die Erhaltung der Lebensfähigkeit der Stadt. – Adenauer bietet in einem nicht veröffentlichten Schreiben (29. Aug. 1962) der UdSSR eine „österreichische Lösung" an als Preis für die Normalisierung in Deutschland. 1963, 1964 und 1965 *Passierscheinverhandlungen* zwischen dem *Westberliner Senat* und der *DDR:* zeitlich begrenzter Verwandtenbesuch von Westberlinern in Ost-Berlin gestattet.

Mit der veränderten internationalen Lage (S. 572) verschiebt sich auch der Akzent der deutschen Frage: Koexistenz auf der Grundlage des Status quo bzw. Normalisierung in Europa und im innerdeutschen Verhältnis, doch keine nationalstaatliche Wiedervereinigung. – Der innerdeutsche Dialog beginnt mit dem Vorschlag der SED, mit der SPD Redner auszutauschen (Briefwechsel Febr./März 1966).

1967
12. April
Kiesinger schlägt der DDR für ein geregeltes Nebeneinander engere Kontakte in Wirtschaft, Verkehr und Technik vor und bezieht die DDR in das Angebot des Gewaltverzichts ein (1. Mai). Daran knüpft sich der *Briefwechsel Kiesinger–Stoph* (Mai–Sept.).

Die Regierung Brandt/Scheel fügt ihr Ost- und Deutschlandkonzept der Ausgleichspolitik ihrer westlichen Verbündeten ein: zuerst Entspannung als Voraussetzung für eine mögliche Wiedervereinigung – „Einheit der Nation" (menschliche Erleichterungen) und rechtsverbindliche Formen zwischen den beiden deutschen Staaten, die „füreinander nicht Ausland" sind (Wahrung der Rechte der Siegermächte für Gesamtdeutschland).

1970
19. März
Begegnung von Stoph und Brandt in Erfurt. Innerdeutsche Verhandlungen auf Regierungsebene auch ohne völkerrechtliche Anerkennung möglich.

21. Mai
Bei der zweiten Gesprächsrunde **in Kassel** unterbreitet Brandt sein **20-Punkte-Memorandum:** u. a. Gewaltverzicht und Respektierung der Unabhängigkeit beider Staaten die innere Hoheit betreffend, erweiterter gegenseitiger Reiseverkehr und beiderseitige Mitarbeit und Mitgliedschaft in internationalen Organisationen.

Der Westen macht die künftige KSZE (S. 575) von befriedigenden Berlinverhandlungen abhängig (Junktim). Die UdSSR spricht erstmals am 29. Nov. 1970 von Lösungen, die auch den Westberliner Wünschen entgegenkommen sollen.

1971
3. Sept.
Das **Viermächteabkommen über Berlin** (Verhandlungsbeginn 26. März 1970) bestätigt die Gültigkeit der Vereinbarungen der vier Mächte aus der Kriegs- und Nachkriegszeit, die Bindungen zwischen West-Berlin und der BRD, das Recht der BRD, West-Berlin international zu vertreten (ausgenommen Sicherheits- und Statusfragen) und den freien Transitverkehr von zivilen Personen und Gütern zwischen West-Berlin und der BRD. Dieser Rahmenvertrag wird durch die

17. u. 20. Dez.
Abkommen zwischen DDR (M. Kohl) und **BRD** (E. Bahr) bzw. zwischen DDR (G. Kohrt) **und Westberliner Senat** (U. Müller) ergänzt. Sie regeln den Reise- und Besuchsverkehr zwischen West- und Ost-Berlin sowie zwischen West-Berlin und DDR (insgesamt 30 Tage im Jahr), desgleichen die Modalitäten im Transitverkehr zwischen BRD und West-Berlin (erhebliche Erleichterungen). Der Berliner Rahmenvertrag und die beiden innerdeutschen Abmachungen treten am 3. Juni 1972 (zusammen mit Ostverträgen) in Kraft.

1972
26. Mai
Innerdeutscher Verkehrsvertrag: Regelung des Verkehrs auf Schiene, Straße und Wasser; in Kraft am 17. Okt. 1972.

21. Dez.
Bahr und Kohl unterzeichnen den **„Vertrag über die Grundlagen der Beziehungen zwischen der Bundesrepublik und der Deutschen Demokratischen Republik":** die DDR erkennt die Viermächteverantwortung an; Unverletzlichkeit der zwischen BRD und DDR bestehenden Grenzen; Hoheitsgewalt jedes der beiden Staaten auf sein Staatsgebiet beschränkt; die bestehenden Rechte und Verträge beider Staaten werden durch den Grundvertrag nicht berührt; Austausch „ständiger Vertreter" zwischen Bonn und Ost-Berlin; Beibehaltung des innerdeutschen Handels in der bisherigen Form; gleichzeitiger Antrag beider Staaten auf Aufnahme in die UN. Im Zusatzprotokoll wird die Bildung einer Grenzkommission vereinbart; Öffnung von 4 neuen Grenzübergängen; Regelung der Familienzusammenführung; Erweiterung des „Katalogs dringlicher Familienangelegenheiten" für Reisen von DDR-Bürgern in die BRD; Nachbarschaftsverkehr in einem jeweils rd. 50 km breiten Streifen beiderseits der Zonengrenze. Die Wiedervereinigung wird durch den *„Brief zur Einheit"* offenge-

	halten, den Ost-Berlin von Bonn entgegennimmt. Künftige Folgeverträge zwischen BRD und DDR gelten auch für West-Berlin (in Kraft am 21. Juni 1973). Gem. Urteil des Bundesverfassungsgerichts
18. Okt.	(31. Juli 1973) ist der Vertrag verfassungskonform.
1974	Errichtung von Ständigen Vertretungen in Ost-Berlin bzw. Bonn (2. Mai 1974).
1978	16. Nov. **Verkehrsabkommen zwischen BRD und DDR:** Bau der Nord-Autobahn Hamburg–Westberlin, Ausbau der Wasserstraßen, Wiedereröffnung des Teltowkanals.
1980	*Honecker* fordert Anerkennung der DDR-Staatsbürgerschaft; Erhöhung des Zwangsumtauschs (9. Okt.) Anlaß für Verschlechterung der Beziehungen.
13. Okt.	
1981	Treffen *Schmidt/Honecker* in DDR überschattet von Verhängung des Kriegsrechts in Polen.
Dez.	
1983	Kredit (1 Mrd. DM) westdeutscher Banken für DDR (1. Juli).
16. Nov.	Neues Postabkommen stärkt Verbindungen zwischen Bundesrepublik und DDR.
Dez.	Vereinbarung des Berliner Senats mit der DDR-„Reichsbahn" sieht Übernahme der S-Bahn-Strecke in Berlin-West durch die (West-)Berliner Verkehrsbetriebe vor.
1985	DDR-Flüchtlinge in der Prager Botschaft Bonns kehren nach Zusicherung von Straffreiheit in die DDR zurück.
15. Jan.	
1989	Neue *Reiseverordnung* der DDR: Reiseanlässe und Liste der zu besuchenden Verwandten erweitert; doch nur als Kann-Bestimmungen.
1. Jan.	
ab Juli	Botschaftsbesetzungen und *Massenflucht* aus der DDR über Ungarn.
ab Aug.	*Montagsdemonstrationen* in den Städten der DDR. Thema: Reformen und Freiheit in der DDR.
1990	Letzte Montagsdemonstration unter dem Tenor „Deutschland einig Vaterland" (12. März).
1. Juli	*Wirtschafts-, Währungs- und Sozialunion* der beiden deutschen Staaten: DM einziges Zahlungsmittel; Umstellung der Einkommen und teilweise der Sparguthaben im Verhältnis 1:1.
14. Juli	Kohl erhält von Gorbatschow die Zusage der vollen Souveränität Deutschlands nach der Vereinigung bei weiterbestehender NATO-Mitgliedschaft.
31. Aug.	*Einigungsvertrag* zwischen DDR und Bundesrepublik unterzeichnet: Versuch, die Vereinigung in gerechten Bahnen zu vollziehen. Viele Probleme werden erst später sichtbar.
12. Sept.	*„Vertrag über die abschließende Regelung in bezug auf Deutschland"* (2 + 4-Vertrag) in Moskau von Außenministern der Siegermächte, der DDR und der Bundesrepublik unterzeichnet: Souveränitätsvorbehalte der Sieger werden aufgehoben, Grenzen des vereinigten Deutschland festgeschrieben.
13. Sept.	Deutschland bezahlt für den *Abzug der sowjetischen Armee* (bis 1994) 13 Mrd. DM.
2. Okt.	Ende der Herrschaft der Besatzungsmächte in *Berlin.*
3. Okt.	**Die DDR tritt der Bundesrepublik nach Art. 23 GG bei.**

b) Österreich (Forts. v. S. 554)

Im Gegensatz zu Deutschland ist es Österreich nach Kriegsende gelungen, trotz der Viermächtekontrolle die staatliche Einheit zu bewahren und die Anerkennung der Zentralregierung in Wien durch die Besatzungsmächte zu erlangen. Aufgrund der von den Alliierten verkündeten Neuordnung Europas hofft die Regierung Renner, Südtirol mit Österreich wieder vereinigen zu können, was aber die Alliierten ablehnen.

1946
5. Sept. Abkommen mit Italien bezüglich Südtirols. Die Deutschen sollen Gleichberechtigung erhalten, deutsche Schulen, deutsche Amtssprache, Legislative und Exekutive. Dieses sog. **Gruber-de-Gasperi-Abkommen** wird in den italienischen Friedensvertrag vom 10. Febr. 1947 aufgenommen. Ab 13. Juli 1947 erhält Österreich Hilfe aus dem Marschallplan (bis Jan. 1954). Im Zusammenhang mit den Kriegsentschädigungen beansprucht die UdSSR die technischen Einrichtungen und die Ausbeute der Erdölfelder bei Zistersdorf; eine AG für österreichisch-russische Erdölproduktion wird gegründet. Im Bereich der Westzonen wird nach Kriegsende deutsches Eigentum dem österreichischen Staat zur treuhänderischen Verwaltung übertragen. Damit kann die Regierung die industrielle Basis wiederherstellen bzw. ausbauen. Gesetze vom Juni 1946 und Mai 1947 verstaatlichen fast die ganze Grundstoff- und Schlüsselindustrie; der Staat hat starken Einfluß auf die Wirtschaft, die wesentlich leistungsstärker ist als vor dem Krieg.

Innenpolitisch maßgebend ist die Koalition aus ÖVP, in der sich die Mehrheit der Nichtsozialisten sammelt, und SPÖ, die sich – nach Ausschluß der Linkssozialisten 1949 –, in Abkehr vom früheren Austro-Marxismus (Linzer Programm von 1926), zu einer stark sozial betonten liberalen Volkspartei entwickelt (Parteiprogramm vom 21. Nov. 1957 in Salzburg). Kennzeichnend für das Koalitionssystem sind die jeweils nach den Wahlen geschlossenen Koalitionsabkommen, die die Verteilung der Ministerien an die beiden Parteien festlegen **(Proporzsystem).**

Die Frage des **Staatsvertrags** wird auf einer Reihe von internationalen Konferenzen behandelt, ohne daß sie einer Lösung näher käme. Die Wende tritt Anfang 1955 ein, als die Sowjetregierung, als demonstratives Zeichen ihrer Entspannungspolitik, dem Staatsvertrag zustimmt. Die Wiener Regierung (Bundeskanzler J. Raab) bietet ihrerseits die dauernde österreichische Neutralität an.

1955
15. Mai Der **österreichische Staatsvertrag** wird von den vier Großmächten und Österreich **unterzeichnet** (in Kraft getreten am 27. Juli). Österreich erhält die Grenzen nach dem Stand vom 1. Jan. 1938. Gegen die Freigabe des Staatsbodens, der Vermögenswerte und der wirtschaftlichen Einrichtungen verpflichtet sich Österreich, keine politische oder wirtschaftliche Vereinigung mit Deutschland einzugehen und Rüstungsbeschränkungen auf sich zu nehmen.

26. Okt. Der Nationalrat beschließt die **immerwährende Neutralität,** die mit der Zugehörigkeit zu internationalen Organisationen durchaus vereinbar ist, sofern diese keinen militärischen Charakter haben. Daher wird Österreich am 14. Dez. Mitglied der UN, am 1. März 1956 Mitglied des Europarates.

1966 Bei den *Wahlen zum Nationalrat* erhält die *ÖVP die absolute Mehr-*
6. März *heit.* Reines ÖVP-Kabinett J. Klaus. – Außenpolitisches Hauptproblem ist seit 1955 die Südtirolfrage. Verhandlungen mit Italien laufen, mehrfach unterbrochen, seit 1959. Wien konzentriert sich seit 1966 darauf, eine Erweiterung der Autonomie für Südtirol zu erreichen.

1969 Der Nationalrat billigt das **„Südtirol-Paket":** es überträgt Südtirol
16. Dez. Gesetzgebungskompetenzen im Bereich der Land- und Forstwirtschaft, des Verkehrswesens und des sozialen Wohnungsbaus sowie auf dem Gebiet von Handel, Industrie und öffentlicher Arbeit. Die deutsche Sprache wird der italienischen völlig gleichgestellt. Bei der Stellenbesetzung im öffentlichen Dienst gilt der ethnische Proporz (zwei Drittel an Südtiroler). Der „Operationskalender" sieht vor, daß Italien binnen 4 Jahren die im „Paket" festgelegten Bestimmungen durchführt. Der Internationale Gerichtshof ist die Schiedsinstanz für Streitfälle aus dem Südtirolabkommen.

Im Wahlkampf von 1970 versucht Kreisky, die SPÖ als Volkspartei mit dem sozialpolitischen Konzept eines „Nebeneinanders von verschiedenen Formen des Eigentums an Produktionsmitteln" zu profi-
1970 lieren.
1. März Bei den *Nationalratswahlen* erhält die SPÖ die meisten Mandate, doch nicht die absolute Mehrheit. *Minderheitskabinett B. Kreisky,* parlamentarisch unterstützt von der FPÖ. Innere Reformen, u.a. Änderung des Wahlrechts; kleine Strafrechtsreform (Juli 1971); Herabsetzung der Wehrdienstzeit von 9 auf 6 Monate (Juli 1971). Um eindeutige parlamentarische Verhältnisse zu schaffen, erfolgen
1971 *Neuwahlen,* bei denen die *SPÖ die absolute Mehrheit* erhält. Neue
10. Okt. Regierung Kreisky. Um die Inflation zu dämpfen, werden einige der seit 1962 bestehenden Wirtschaftsgesetze (u.a. für Preisregelung) verlängert; Aufwertung des Schillings (vgl. S. 581) um 11,59%.

Österreich hat sich 1960 der EFTA angeschlossen, da es – bedingt durch seine Neutralität – sich den politischen Zielen und Bestimmungen der EWG nicht unterwerfen kann; jedoch will Österreich an der westeuropäischen Wirtschaftsintegration mitwirken. Erst nach lang-
1972 wierigen Verhandlungen wird das Abkommen über den **Freihandels-**
22. Juli **vertrag zwischen der EWG und Österreich:** Zollabbau für Industrieerzeugnisse nach dem gleichen Zeitplan wie für die EFTA-Beitrittsländer (S. 588) unterzeichnet. Ab 1. Jan. 1973 Mehrwertsteuer.

1975 Wieder absolute SPÖ-Mehrheit bei Nationalratswahlen (5. Okt.).

1978 Volksabstimmung: Mehrheit gegen Inbetriebnahme des Kernkraft-
5. Nov. werkes Zwentendorf.

1979 Wahlen (6. Mai): Erneut absolute Mehrheit für SPÖ.

1983 *Parlamentswahlen: SPÖ verliert absolute Mehrheit, Rücktritt Kreiskys.*

24. April *SPÖ/FPÖ-Koalition* unter Kanzler *F. Sinowatz* (SPÖ; 24. Mai).
1986 Wahl von Kurt *Waldheim* zum Bundespräsidenten; international
Juni sehr umstritten. Rücktritt von Kanzler Sinowatz.
18. Juni Neue Regierung unter *Franz Vranitzky* (SPÖ).
1987 Nationalsratswahlen: SPÖ/ÖVP-Koalition unter Vranitzky
(21. Jan.).
1989 Rücktritt hoher Politiker wegen Justizskandals (19. Jan.).
1990 Nationalratswahlen (7. Okt.): SPÖ/ÖVP-Koalition unter Vranitzky
(17. Dez.).

c) Ungarn (Forts. v. S. 555)

*Unterstützt von den sowjetischen Besatzungsbehörden, kann die KP
ihren Parteiapparat aufbauen; um das Prinzip einer demokratischen
„Volksfront" zu wahren, dürfen sich auch andere Parteien bilden. In
der provisorischen Regierung sichern sich die Kommunisten das wichtige Landwirtschaftsministerium.*

1945 Durch die **Bodenreform** werden 3,2 Mill. ha Boden beschlagnahmt.
15. März Als Höchstgrenze für Privatbesitz sind 58 ha erlaubt; Staats- und
Kollektivgüter. – Verstaatlichung des Bergbaus, der Bodenschätze,
Industriebetriebe, Verkehrseinrichtungen, Geldinstitute und des
Hausbesitzes.

1946 Ungarn, bisher immer noch nominell Königreich, wird am 2. Febr.
zur **Republik** erklärt.

1947 Am 15. Sept. Inkrafttreten des *Friedensvertrags,* der Ungarn die
Grenzen vom 1. Jan. 1938 zuweist.

1948 Der **Bündnispakt mit der UdSSR** verstärkt die Abhängigkeit Ungarns
18. Febr. auch auf wirtschaftlichem, kulturellem und militärischem Gebiet.
Kommunisten und Sozialisten fusionieren zur Vereinigten Ungarischen Arbeiterpartei (Aug. 1948). Verstaatlichung der Schulen Juni
1948; die Verhaftung von Kardinal *J. Mindszenty* (1955 aus dem
Gefängnis entlassen; seit 1971 in Wien) löst Konflikt zwischen Staat
und Kirche aus. Ein Übereinkommen zwischen Staat und ungari-
schem Episkopat (2. Aug. 1950) vereinbart die Freiheit des Glaubens
und der religiösen Betätigung, die Kirche anerkennt Verfassung und
Staatsordnung. – 1949 *Rajk-Prozeß* (Anklage u. a. wegen Zusammenarbeit mit Tito), Todesurteil (1956 rehabilitiert).

1949 Die neue **Verfassung** vom 20. Aug. wandelt Ungarn in eine Volksdemokratie um.

1956 Nach Studentenunruhen bricht eine **Revolution** aus; der im Jahr zu-
23. Okt. vor abgesetzte Ministerpräsident *Imre Nagy übernimmt wieder die
Regierungsgeschäfte* und verkündet den Aufbau des Sozialismus gemäß ungarischen Verhältnissen. Ungarisches Militär schließt sich den
Aufständischen an. Die am 26. Okt. eingesetzten sowjetischen Truppen finden z. T. erbitterten Widerstand.

1. Nov. *Nagy kündigt die Mitgliedschaft Ungarns im Warschauer Pakt und er-*

4. Nov. *klärt die Neutralität Ungarns.* Nachdem die sowjetischen Truppen *Nagy* und *Máleter,* der das Verteidigungsministerium leitete, *gefangengenommen* haben (Hinrichtung 1958 bekanntgegeben), bricht der Aufstand zusammen.

1957 Die neue *Regierung Kádár,* am 4. Nov. 1956 gebildet, gibt ihr *Pro-*
1.–4. Jan. *gramm* bekannt: weiterhin kommunistischer Kurs im Anschluß an Moskau, religiöse Freiheit und wahlfreier Religionsunterricht in den Schulen; sozialistische Umgestaltung der Landwirtschaft.

27. Mai Das *Truppenabkommen mit der UdSSR* beläßt Sowjettruppen im Land für die Dauer des NATO-Vertrags.

Die *Arbeiterräte,* während des Aufstands gebildet und Initiatoren des Generalstreiks, werden *aufgelöst;* an ihre Stelle treten *Betriebsräte.* Zu Beginn der 60er Jahre schlägt Kádár einen eigenen Kurs ein. Das Bekenntnis zur sozialistischen Staatengemeinschaft sichert ihm das Vertrauen der UdSSR. Dadurch erhält Kádár innenpolitisch einen

1967 gewissen Spielraum.
19. März Bei den *Parlamentswahlen* ist es erstmals in einigen Wahlkreisen möglich, sich zwischen verschiedenen Kandidaten der „Vaterländischen Front" zu entscheiden. Da die kommunistische Partei zu einer Kaderpartei zusammengeschmolzen ist, nehmen etwa ein Viertel der Parlamentssitze und ungefähr die Hälfte der führenden Regierungs-

1968 und Verwaltungsposten Leute ohne Parteibuch ein.
1. Jan. *Beginn der wirtschaftlichen Reform:* u. a. dürfen die Betriebe, die von Fachleuten geleitet werden, selbständig Produktion und Absatz planen; für ein Drittel des Warenangebots sind die Preise frei; die Genossenschaftsbauern werden nicht nur nach ihrer Arbeitsleistung, sondern auch nach dem Wert des Bodens entlohnt, den sie in die Produktionsgenossenschaft eingebracht haben. – Die Bilanz dieser Wirtschaftsreform ist positiv: die bislang stets gesunkene Wachstumsrate des Nationaleinkommens steigt, der Außenhandel erhöht sich, Ungarn wird für westliche Firmen attraktiv. Im Okt. 1970 Abkommen mit der BRD: erweiterter Warenverkehr für 1971–1975.

1970 Auf dem *X. Parteitag* wird ein Statut verabschiedet, das die geheime
13.–28. Nov. Abwahl von Funktionären bei „Machtmißbrauch" und „Unterdrückung der Kritik" zuläßt. Wahlgesetz gebilligt, das jedem Ungarn erlaubt, sich um das Amt eines Volksvertreters zu bewerben. Breshnjew, der anwesend ist, billigt die ungarische „Entwicklung der sozialistischen Demokratie". Erstmals im April 1971 Parlamentswahlen nach dem neuen Wahlrecht (Auswahl unter mehreren Kandidaten). – Auch Ungarn hat sich mit dem Problem des „Wirtschaftswunders" auseinanderzusetzen: Wachstum – Stabilität. Das ZK der ungarischen KP beschließt im Nov. 1972, die Zuständigkeit der zentralen Planungs- und Kontrollinstanzen zu verstärken.

1972 Neues Gesetz über den *Volkswirtschaftsplan:* Wirtschaftspläne sollen
Dez. künftig im Parlament diskutiert werden. – Die UdSSR willigt in „langfristige Wirtschaftsbindungen" ein (Lieferung von Rohstoffen, besonders Rohöl und Naturgas).

1973 Ungarn Vollmitglied des GATT (Juli).

21. Dez. Aufnahme diplomatischer Beziehungen zur Bundesrepublik.

seit 1975 *Reform-Volkswirtschaft* allgemein anerkannt; vorsichtige Liberalisierung des politischen Systems.

1982 Gesetze zur Förderung der Privatinitiative in Industrie, Landwirt-
1. Jan. schaft und Dienstleistung.

1988 *Rücktritt Kádárs* als Parteichef der ungarischen Arbeiterpartei (USAP) (21. Mai).

3. Sept. Gründung des „Ungarischen Demokratischen Forums" (UDF) und weiterer politischer Parteien.

1989 USAP verzichtet auf ihre verfassungsmäßig garantierte Führungsrolle (20./21. Jan.). Streikrecht. Abbau der Grenzbefestigungen zu Österreich beginnt (2. Mai).

6.–8. Okt. USAP löst sich auf, an ihre Stelle tritt die „Ungarische Sozialistische Partei".

23. Okt. Änderung des Landesnamens in *„Republik Ungarn"*.

1990 Bei Parlamentswahlen siegt das konservativ-liberale UDF; neuer Regierungschef *Jozsef Antall*. Parlament wählt *Arpad Göncz* zum Präsidenten.

Nov. Aufnahme in den Europarat.

d) Tschechoslowakei (ČSSR, ČSFR) (Forts. v. S. 556)

Entsprechend dem Kaschauer Programm vom 22. März 1945 soll der in den Grenzen von 1937 wiedererrichtete Staat von den beiden gleichberechtigten Völkern, den Tschechen und Slowaken, getragen werden.

1945 Die innenpolitische Entwicklung bestimmt daher anfangs die Natio-
Sept. nale Front aus Kommunisten, Sozialisten, Volkssozialisten und Volkspartei. Bergbau, Großindustrie und Versicherungswesen werden sozialisiert (Okt.). Staatspräsident ist Edvard Beneš (Volkssozialist). In Prag Gegensätze zwischen Kommunisten und Sozialisten einerseits und den Parteien, die für die parlamentarische Demokratie
1947 eintreten, andererseits.

11. Juli **Bodenreform** bestimmt als Höchstgrenze privaten Bodenbesitzes 50 ha.

Die seit 1947 dauernde innenpolitische Krise endet mit dem Sieg der Kommunisten; diese durchsetzen die Polizei mit kommunistischen
1948 Verbänden und kontrollieren so den Staat. Durch die **Verfassung** wird
9. Mai die Tschechoslowakei eine volksdemokratische Republik als Einheitsstaat der beiden formal gleichberechtigten slawischen Völker Tschechen und Slowaken. Beneš unterzeichnet die neue Verfassung nicht und tritt zurück († Sept. 1948). Durch den am 17. April 1949 erfolgten Zusammenschluß der Kommunisten mit der Sozialdemokratischen Partei ist das Prinzip der „Nationalen Front" praktisch aufgehoben.

Kirchengesetz (1949): Staatliche Gehalts- und Lohnzahlungen an Personen und Gesellschaften der Kirche; staatliches Vetorecht gegen die Ernennung von Erzbischöfen; Anlegung einer kirchlichen Vermögensliste. Es folgen zahlreiche Verhaftungen von Geistlichen. Die katholischen Bischöfe (Erzbischof J. Beran von Prag ausgenommen) ordnen die Annahme des Kirchengesetzes mit Vorbehalt an (Okt./ Nov. 1949). – *Stalinistischer Kurs;* „Säuberungen" in Staat und Partei: Slánský-Prozeß (1951; 1963 rehabilitiert).

1960

11. Juli Die neue **Verfassung** proklamiert den Übergang von der Volksrepublik zur Sozialistischen Republik. Die den Slowaken in der Verfassungsänderung 1956 gemachten Zugeständnisse werden zurückgenommen.

Von einigen Äußerlichkeiten abgesehen, folgt die ČSSR dem Prozeß der „Entstalinisierung" nur zögernd. Widerstand gegen den Regierungskurs entsteht, als wirtschaftliche Schwierigkeiten nicht mehr

1962 verhehlt werden können. Auf dem *XII. Parteikongreß* der KPČ in

4.–8. Dez. Prag müssen die Mißerfolge zugegeben werden. Führende Stalinisten werden ihrer Ämter enthoben (April 1963). Parteiinterne Auseinandersetzungen zwischen den „Orthodoxen" (Staatspräsident *A. Novotný*) und den „Reformern" („Sozialismus mit menschlichem Antlitz"; *Dubček, O. Šik, J. Smrkovský*).

1968 Nach einer offenen Debatte wählt das ZK Novotný als **Parteichef** ab

5. Jan. und stimmt für Alexander **Dubček** als seinen Nachfolger. Die Bevölkerung solidarisiert sich mit den Reformern. Beginn der Presse-, Meinungs- und Versammlungsfreiheit (Abschaffung der Zensur am 26. Juni). Rücktritt Novotnýs als **Staatspräsident** (März 1968); Nachfol-

6. April ger General L. **Svoboda.** Neues *Aktionsprogramm:* die Führungsrolle der Partei beruht nicht auf dem Machtapparat, sondern auf dem Vertrauen der Bevölkerung. Garantie der Bürgerrechte; Recht der Minderheiten (Ungarn, Polen, Ukrainer, Deutsche) auf Eigenleben; Föderalisierung der Republik. Wirtschaftsreform. „Prager Frühling". Inzwischen beginnt die UdSSR mit ihrem Nervenkrieg (Truppenbewegungen an der Grenze). Die Prager Reformer suchen in Moskau ihren Kurs zu erläutern (vgl. S. 593).

20. Aug. Die Krise erreicht ihren Höhepunkt, als **sowjetische, polnische, bulgarische und Truppen der DDR in Prag einrücken.**

21. Aug. Die Prager Regierung untersagt bewaffneten Widerstand. Ultimativ verlangt die Besatzung die Bildung einer neuen Regierung. Wirksamer passiver Widerstand des Volkes, das zu Dubček und seinem Reformkurs hält. Ein geheimer, nicht vollzähliger Parteikongreß (22. Aug.) verlangt ultimativ den Abzug der Besatzung.

Das sowjetische Veto verhindert die Behandlung der tschechischen Krise im Sicherheitsrat. Staatspräsident Svoboda am 23. Aug. nach Moskau zu Verhandlungen, zu denen Dubček, Černík und Smrkovský hinzugezogen werden. Laut Moskauer Abmachungen soll die ČSSR-Führung auf die Reformen verzichten (u. a. Wiedereinführung der Pressezensur, Absage an den liberaleren Wirtschaftskurs); Abzug der Besatzungstruppen „nach Normalisierung der Lage" zugesagt. Der Parteikongreß vom 22. Aug. muß für illegal erklärt werden. Prag

16. Okt. muß einen **Truppenstationierungsvertrag** unterzeichnen, der die Anwesenheit der sowjetischen Truppen unbefristet legalisiert.

1969 Neue **Föderationsverfassung:** Die ČSSR besteht aus zwei Staaten, der
1. Jan. Tschechischen und der Slowakischen Sozialistischen Republik; beide mit Recht auf eigene Sprache und Kultur. Gemeinsames Staatsoberhaupt und Bundesparlament. – Demonstrativer Widerstand und antirussische Ressentiments (Selbstverbrennung J. Palachs, Jan. 1969; Sturm auf das Prager Aeroflot-Büro, März 1969).

17. April Gustav **Husák** löst Dubček in der **Parteiführung** ab, der im Juni 1970 aus der KPČ ausgeschlossen wird. – Der Vertrag über Freundschaft und gegenseitigen Beistand zwischen UdSSR und ČSSR legt diese wieder auf den sowjetischen Kurs fest (6. Mai 1970). Ein offizielles Dokument (13. Jan. 1971) bezeichnet die militärische Intervention als notwendige Maßnahme gegen „konterrevolutionäre Strömungen". *„Konsolidierungspolitik"* Husáks. Die Föderalisierung wird eingeschränkt, Partei und Gesellschaft werden „gesäubert"; 1971/72 zahlreiche politische Prozesse. – Inflation, Produktionsstillstand und Unzufriedenheit. Anfang 1970 Lohn- und Preisstopp; Verurteilung der Wirtschaftsreformen unter Dubček.

1971 Auf dem *XIV. Parteitag* der KPČ werden die *Statuten* im Sinn einer
25.–29. Mai Kaderpartei *geändert*. Politiker der Novotný-Ära wieder in den maßgebenden Gremien. Wirtschaftliche Richtlinien: Modernisierung der Industrie, Verbindlichkeit des zentralen Plans, Integration ins COMECON. – Wachsender Druck im geistigen und öffentlichen Leben, Apathie der Bevölkerung. Seit April 1971 *Sondierungsgespräche mit der BRD* über die *Normalisierung der gegenseitigen Beziehungen.*

1973 **Vertrag über die gegenseitigen Beziehungen zwischen der BRD und**
11. Dez. **der ČSSR.** Das Münchener Abkommen (S. 482) wird als nichtig erklärt (keine nachteiligen Rechtsfolgen für die Zeit vom 30. Sept. 1938 bis 9. Mai 1945); gegenseitiger Gewaltverzicht. In Kraft am 20. Juni 1974. – Diplomatische Beziehungen zu Bonn.

1975 **Husák Staatspräsident.** – Verfolgung der Reformanhänger; Prozesse
29. Mai gegen die Intellektuellen.

1976 Auf dem XV. Parteitag der KP bestätigt Husák die Kaderpolitik der
12.–16. Partei und die Notwendigkeit von Säuberungen. – *Bürgerrechtsbewe-*
Mai *gung „Charta 77"* (250 Unterzeichner; 1. Jan. 1977), die scharfen Repressionen ausgesetzt ist.

1988 Protestkundgebungen zum Jahrestag der Invasion 1968; neue Oppositionsgruppen entstehen.

1989 „Bürgerforum" aus 12 Oppositionsgruppen. Nach Massendemon-
24. Nov. strationen Rücktritt der KPČ-Führung. Führungsanspruch der KPV wird aus Verfassung gestrichen.

10. Dez. Mehrheitlich nichtkommunistisches Kabinett. *Dubček* wird Parlaments-, *Václav Hável* Staatspräsident.

1990 Die ersten sowjetischen Truppen verlassen das Land.

20. April Umbenennung in *„Tschechische und Slowakische Föderative Republik" (ČSFR).*

8./9. Juni In den Parlamentswahlen siegt das Bürgerforum, Havel als Präsident bestätigt.

e) Polen (Forts. v. S. 557)

Durch Aussiedlung der Deutschen und Bevölkerungsaustausch mit der UdSSR strebt Polen in seinem erheblich erweiterten Umfang einen geschlossenen Nationalstaat an.

1945

16. Aug. *Polen* und die *Sowjetunion* unterzeichnen in Moskau einen *Grenzvertrag,* der die polnische Ostgrenze, von geringfügigen Abweichungen abgesehen, auf der Curzon-Linie festlegt. Am 19. Nov. übergibt die UdSSR an Polen aus ihrem Besatzungsgebiet 930 qkm westlich der Oder (einschließlich Stettins) und am 10. April 1950 zusätzlich westpommersche Gebietsteile. 1951 tauscht Polen mit der Ukrainischen SSR rd. 480 qkm in Galizien aus und erstattet der Tschechoslowakei das Olsagebiet zurück. Die Gebietsveränderungen lösen erneut umfangreiche Umsiedlungen aus. – Verstaatlichung der Bergwerke (1945) und der Industriebetriebe (1946). Seit dem Sechsjahrplan 1950 bis 1955 wird die Industrialisierung gefördert.

1946

6. Sept. Das **Bodenreformgesetz** verfügt die entschädigungslose Enteignung aller landwirtschaftlichen Betriebe über 50 ha. Das enteignete Land wird im „Staatlichen Bodenfonds" zusammengefaßt, von dem bis 1954 rd. 6 Mill. ha an etwa 1 Mill. Landarbeiter und Kleinbauern gegen geringe Ablösung verteilt werden.

1947

Jan./Febr. Der **Demokratische Block** übernimmt nach siegreichen Wahlen die Regierung. Aus den beiden sozialistischen Parteien entsteht die Vereinigte Polnische Arbeiterpartei. In London bildet sich eine neue polnische Exilregierung.

Die Beziehungen zwischen **Staat und Kirche** sind seit der Kündigung des Konkordats 1945 gespannt. 1950 erkennt ein Abkommen die kirchliche Autorität in Glaubens- und Sittenfragen an. Nach einer weiteren Periode der Spannung bekennt sich der Episkopat 1953 zu einer Unterstützung der Volksrepublik.

1952

22. Juli Anstelle der vorläufigen vom Febr. 1947 tritt eine **neue Verfassung der Volksrepublik Polen** in Kraft, die allgemeine, gleiche und geheime Wahlen vorsieht und die Abberufbarkeit der Gewählten. Der Sejm, das höchste Staatsorgan, wählt den *Staatsrat,* der Staatsoberhaupt ist. Der Sozialismus ist in der Verfassung verankert.

1956

28. Juni **In Posen entwickelt sich** aus einem Protestmarsch gegen die Arbeitsnormen **offener Aufruhr,** der vom Militär niedergeworfen wird. Im Verlauf der anschließenden Bewegung für eine Reform der Partei und des Staates wird **Gomulka,** der rehabilitierte frühere Generalsekretär, wieder **in seine alte Stellung eingesetzt.** Er fordert in Massenversammlungen ein unabhängiges Polen und die Gleichberechtigung

19. Okt.	mit der UdSSR. Die Spitzenfunktionäre der UdSSR treffen überraschend in Warschau ein, *die Polen setzen eine gemäßigte politische*
13. Nov.	*Umorientierung durch.* Marschall *Rokossowski,* seit 1949 polnischer
17. Dez.	Verteidigungsminister, tritt zurück. Im Dez. unterstellt der **Truppenstationierungsvertrag** die sowjetrussischen Truppen in Polen polnischen Gesetzen. Außenminister *A. Rapacki* schlägt eine atomwaffenfreie Zone in Mitteleuropa vor, die Polen, ČSSR, BRD und DDR umfassen soll. – Die USA und schließlich der ganze Westen lehnen den *Rapacki-Plan* ab. Trotzdem unterhält Polen Kontakte mit den Westmächten (US-Kredite 1957–1959).

1958

14. Febr.

Innerhalb der Partei machen sich verschiedene Strömungen geltend – sie spielen von einem liberalen bis zu einem Kommunismus streng stalinistischer Prägung –, die zu verschiedenen Gruppierungen führen und sich gegen den herrschenden Kurs richten.

| **1964** | Auf dem *IV. Parteitag* der Polnischen Vereinigten Arbeiterpartei |
| 15.–20. Juni | kommt es zu heftigen Auseinandersetzungen. Gomułkas mittlerer Kurs bleibt weiter bestimmend. |

| **1965** | Der *sowjetisch-polnische Freundschafts- und Beistandspakt von 1945* |
| 8. April | *wird erneuert:* er anerkennt ausdrücklich die *„Unantastbarkeit der Staatsgrenze" Polens an der „Oder und Neiße"* als eine der wichtigsten Voraussetzungen der europäischen Sicherheit; beide Partner verpflichten sich, jede Gefahr einer Aggression auf diese Grenze mit allen Mitteln zu beseitigen. Die Furcht vor einer sowjetischen Intervention – sie schien um 1956 durchaus möglich – bestimmt Gomułka, Reformen zurückzustellen, u. a., um sich nicht die sowjetische Garantie für Polens Existenz in gesicherten Grenzen zu verscherzen. |

Die *Parteikrise* schwelt weiter: Fraktionskämpfe zwischen den „Liberalen", den nationaldoktrinären „Konservativen" (Gruppe um Moczar) und den Altkommunisten. Gomułka stützt sich auf das Parteiestablishment und verliert den Kontakt zum Volk. 1968 Studentenunruhen in Warschau und in anderen Städten; den Regierenden wird Verrat an den Idealen des Polnischen Oktobers vorgeworfen; Zusammenstöße mit Polizei und Miliz. Kampagne gegen Polen jüdischer Abstammung, Säuberungen im Partei- und Staatsapparat (Opfer sind meist die „Liberalen"). Die innenpolitischen Vorgänge zwingen die polnische Führung in der entscheidenden außenpolitischen Frage, dem *Verhältnis zur BRD,* denen, die mehr Beweglichkeit fordern, entgegenzukommen (Mai 1969). Die Verhandlungen mit der BRD beginnen im Febr. 1970.

| **1970** | Während des Besuchs von Brandt in Warschau (6.–8. Dez.) wird der |
| 7. Dez. | **„Vertrag zwischen der Bundesrepublik Deutschland und der Volksrepublik Polen über die Grundlagen der Normalisierung ihrer gegenseitigen Beziehungen"** unterzeichnet: beide Partner stellen fest, daß die Oder-Neiße-Linie entsprechend der Potsdamer Konferenz die westliche polnische Staatsgrenze bildet, bekräftigen die Unverletzlichkeit ihrer bestehenden Grenzen und erheben keine gegenseitigen Gebietsansprüche; Verzicht auf Gewalt bzw. Drohung mit Gewalt. |

Zum Vertrag gehört die „Information", in der Polen zusagt, den noch verbliebenen Deutschstämmigen auf Antrag die Ausreise in die BRD zu gestatten; für die Umsiedlungsmodalitäten ist das Rote Kreuz beider Staaten zuständig. – Aufnahme diplomatischer Beziehungen zur BRD am 14. Sept. 1972.

14. Dez. Neue innere Krisen, als die Partei die Arbeitsnormen und die Preise für Lebensmittel erhöht. **Offener Aufruhr.** Streik der Werftarbeiter in Danzig; die Rebellion greift auf andere Städte über. Blutige Zusammenstöße der Demonstranten mit Polizei. **Gomulka tritt zurück** (20. Dez.), sein **Nachfolger** wird **E. Gierek.** Wiederholte Unruhen Anfang 1971 und im Spätherbst personelle Veränderungen in Staats-, Partei- und Gewerkschaftsführung. Wirtschaftliche und soziale Reformen (Erhöhung der Mindestlöhne und -renten; Lohnstopp für hohe Einkommen; Einfrieren der Preise; Begünstigung der Konsumgüterindustrie und des Wohnungsbaus; die Pflichtablieferungen der Bauern werden gesenkt).

1971
6.–11. Dez. Der *VI. Parteitag* bestätigt die gefestigte Stellung Giereks (Ausschaltung der Moczar-Gruppe; Anhänger Giereks im ZK-Sekretariat). Wirtschaftspolitische Maßnahmen: mehr Entscheidungsfreiheit und Verantwortung für Betriebsdirektoren und Rationalisierung der Betriebe (mehr Mitwirkung der Arbeiter).

1972
28. Juni *Neuregelung der Bistümer* in den ehemaligen deutschen Ostgebieten. Die katholische Kirche hat bereits 1971 den vom Staat beschlagnahmten Kirchenbesitz in diesen Gebieten zurückerhalten.

1975
7. Aug. **Abkommen mit der BRD,** die eine pauschale Abgeltung von Renten- und Unfallversicherungsansprüchen polnischer Staatsangehöriger in Höhe von 1,3 Mrd. DM leistet und einen Finanzkredit in Höhe von 1 Mrd. DM gewährt. Polen bewilligt die Ausreise von 125 000 Deutschstämmigen binnen 4 Jahren (in Kraft am 24. März 1976).

1976
10. Febr. *Verfassungsrevision:* Polen wird als „sozialistischer Staat" definiert (vorher: „Staat der Volksdemokratie").

25. Juni Infolge von Preiserhöhungen (24. Juni 1976), besonders für Fleisch und Zucker, *allgemeiner Streik der Arbeiter;* Plünderungen und Gewalttakte in Ursus, Radom und Plock. Die Regierung nimmt die umstrittenen Preiserhöhungen zurück; Prozeß gegen die Unruhestifter von Ursus und Radom. Intellektuelle gründen das „Komitee zur Verteidigung der Arbeiter" (Sept.).

1978 Wahl des Polen *K. Wojtyła* zum Papst *Johannes Paul II.* (16. Okt.).

1980
Juli/Aug. Streikbewegung, ausgelöst durch Preissteigerungen und Lebensmittelknappheit; Bildung der *unabhängigen Gewerkschaft „Solidarität"* unter Führung des Danziger Werftarbeiters *L. Wałesa* (in Kürze 10

18. Sept. Mill. Mitglieder). **Absetzung von** Parteichef **Gierek** (6. Sept.), Nachfolger **S. Kania.**

1981 KP-Parteitag (14.–20. Juli): Personelle Erneuerung der Führung in Staat und Partei.

13. Dez. *„Militärrat der Nationalen Errettung"* unter General **W. Jaruzelski** (seit 18. Okt. Parteichef) übernimmt Regierungsgewalt, um einer an-

geblich bevorstehenden sowjetischen Invasion zuvorzukommen: Verhängung des **Kriegsrechts**. Verbot aller „Solidarität"-Aktivitäten; Internierung von mindestens 6000 führenden Gewerkschaftsmitgliedern und L. Wałesas, Zensur; Streiks und passiver Widerstand gegen **1982** Militärregime; katholische Kirche (Kardinal *S. Wyszynski* † 28. Mai 1981; Primas *J. Glemp* seit 7. Juli 1981) in schwieriger Vermittlerrolle;

Febr./ **Wirtschaftskrise:** Extrem hohe Auslandsverschuldung, zu niedrige
März Lebensmittelerzeugung, sinkende Industrie- und Rohstoffproduktion, Sanktionen der USA und EG.

28. Juni Lockerung des Kriegsrechts; *Verbot der „Solidarität"* (8. Okt.); Freilassung Wałesas (12. Nov.).

1983 *Kriegsrecht aufgehoben* (22. Juli), Sondergesetze (28. Juli).

5. Okt. Wałesa Friedensnobelpreisträger.

1985 Teilamnestie für „Solidarität" (18. Nov.).

1986 Jaruzelski beruft „Gesellschaftlichen Beirat" zum Dialog, „Solidarität" nimmt nicht teil. Ausreisewelle.

1987 Drastische Preiserhöhungen.

1988 Beginn wilder Streiks (25. April).

31. Aug. Erstes offizielles Treffen zwischen Wałesa und Regierungsvertretern. Wałesa ruft zur Beendigung der Streiks auf.

18. Dez. Gründung des oppositionellen „Bürgerkomitees" unter Vorsitz Wałesas.

1989 ZK-Plenum verabschiedet Programm des wirtschaftlichen und politischen Pluralismus.

6. Febr. Beginn der *Gespräche am „Runden Tisch"* zwischen Regierung und Opposition unter Leitung Wałesas. Vereinbarung von politischen und wirtschaftlichen Reformen (5. April).

4. Juni Parlamentswahlen; Sieg des Bürgerkomitees.

1. Aug. Freigabe der Lebensmittelpreise führt zu drastischen Erhöhungen; Streikwelle.

24. Aug. **Tadeusz Mazowiecki** („Solidarität") erster nichtkommunistischer Ministerpräsident.

1990 Spaltung der „Solidarität" in zwei Parteien um Wałesa und Mazowiecki.

14. Nov. Grenzvertrag mit der Bundesrepublik Deutschland: endgültige Anerkennung der polnischen Westgrenze.

9. Dez. Im zweiten Wahlgang wird *Wałesa* zum Staatspräsidenten gewählt.

f) Finnland (Forts. v. S. 557)

Um die nationale Selbständigkeit zu wahren, nimmt Finnland wieder die schon früher befolgte Politik der strikten Neutralität auf, die ihm erlaubt, sich aus den Interessengegensätzen der Großmächte herauszuhalten und mit allen Staaten, vornehmlich mit der UdSSR, ein gutes Einvernehmen herzustellen.

1945
5. Mai Eine der wichtigsten innenpolitischen Aufgaben ist es, die Flüchtlinge aus den im Waffenstillstand abgetretenen Gebieten wieder anzusiedeln. Die **Bodenreform,** mit einem Lastenausgleich gekoppelt, zieht den Privatbesitz zur Landabgabe, nach Betriebsgröße gestaffelt, heran. Auch Staatsländereien und Kirchenbesitz werden belastet. Bis 1953 sind auf diese Weise 80% der bäuerlichen Heimatvertriebenen untergebracht.

1946
9. März Nach dem Rücktritt von Mannerheim (4. März) als **Präsident** wird Juho Kusti **Paasikivi** sein Nachfolger, der schon früher mehrfach mit der Regelung der finnisch-sowjetischen Beziehungen betraut war.

1947
10. Febr. Der **Friedensvertrag** von Paris stellt die Grenzen des Moskauer Friedens von 1940 wieder her. Dazu überläßt Finnland der UdSSR das *Petsamogebiet* und verpachtet die *Halbinsel Porkkala* auf 50 Jahre. Die Reparationen an die UdSSR (300 Mill. Dollar), ab 1944 in Sachwerten, sind bis 1952 bezahlt.

1948
6. April *Freundschafts- und Beistandspakt mit der UdSSR* für zehn Jahre gegen einen deutschen Angriff.

1955
19. Sept. *Paasikivi* erreicht bei einem Staatsbesuch in Moskau den *Verzicht der UdSSR auf Porkkala:* der Beistandspakt wird um 20 Jahre verlängert.

1956
16. Febr. Ministerpräsident U. **Kekkonen** wird zum **Staatspräsidenten** gewählt. Er setzt die Politik Paasikivis fort.

Anhaltende innenpolitische Schwierigkeiten (Regierungskrisen) infolge der Gegensätze zwischen Agrariern, Kommunisten und Sozialdemokraten; diese Parteien sind zudem durch Richtungskämpfe gespalten. Angespannte Wirtschaftslage, daher Ausweitung des finnischen Handels mit Staaten außerhalb des Ostblocks.

1961
27. März
30. Okt. **Assoziierungsabkommen** Finnlands **mit der EFTA** (FINEFTA). Die UdSSR erhält die gleiche Meistbegünstigung wie die EFTA-Staaten. Die schwierige Stellung Finnlands zeigt die sowjetische Note, in der der Kreml die Aufnahme militärischer Konsultationen aufgrund des Vertrags von 1948 (s. oben) verlangt (sog. *Konsultationskrise*). Nach längeren Verhandlungen nimmt Moskau von seiner Forderung Abstand. 1962 verpachtet die UdSSR den ihr gehörenden Teil des *Saimaakanals* auf 50 Jahre an Finnland, das dadurch eine Querverbindung zwischen dem holzreichen finnischen Seengebiet und der Ostsee erhält.

Kekkonen versteht es, das Vertrauen Moskaus zu behalten, ohne dessen Satellit zu werden, und den Westen, dem sich Finnland durch sein demokratisches System verbunden fühlt, von der Glaubwürdigkeit seiner Neutralitätspolitik zu überzeugen. Das europäische und internationale Entspannungskonzept wird daher von Finnland unterstützt.

1970
24. Nov. Die Regierung übermittelt allen europäischen Staaten, den USA und Kanada gleichlautende Noten, in denen sie auf ihr Memorandum vom 5. Mai 1969 (Initiative zu einer europäischen Sicherheitskonferenz) verweist und erklärt, die Diskussion darüber sei so weit fortgeschritten, daß die ersten Kontakte aufgenommen werden können; Helsinki wird als Tagungsort für ein solches Treffen vorgeschlagen.

Finnland will sich zwar mit der EG assoziieren, hat jedoch auch seine Handelsbeziehungen mit der UdSSR zu berücksichtigen.

1973 Abkommen über die Zusammenarbeit **mit dem RGW** und Finnland (16. Mai), zwischen Finnland **und der EG** (5. Okt.; in Kraft am 1. Jan. 1974). – Der Osthandel Finnlands ist erheblich geringer als der Handel mit der EG. – Diplomatische Beziehungen zur BRD und DDR (Jan. 1973).

1975 Gipfelkonferenz in Helsinki (30. Juli/1. Aug.) zum Abschluß der
Juli/Aug. KSZE (seit 3. Juli 1973).

1981 **Rücktritt Kekkonens** (26. Okt.); Wahlen (17.–19. Jan.): Sozialdemo-
1982 krat **M. Koivisto** Staatspräsident.

1983 Koivisto verlängert Vertrag von 1948 mit der UdSSR vorzeitig um
6. Juni 20 Jahre.

1987 Reichstagswahlen: Koalitionsregierung unter Harri Holkeri (März).

1988 Koivisto im Amt bestätigt (15. Febr.).

1989 Mitgliedschaft im Europarat (5. Mai).

g) Skandinavien (Forts. v. S. 558)

Die nordische Zusammenarbeit, die schon während des Ersten Weltkriegs begonnen hatte (vgl. S. 502), nimmt nach 1945 in den Plänen der skandinavischen Politiker einen bevorzugten Platz ein.

1951 **Nordischer** Interparlamentarischer **Rat** gegründet (in Kraft am 25.
5. Dez. Juni 1952). Seine Arbeit gilt wirtschaftlichen und sozialen Fragen. Beitritt Finnlands am 28. Okt. 1955.

1962 Das **Abkommen über die nordische Zusammenarbeit** (in Kraft am
23. März 1. Juli 1962) erstreckt sich auf juristisches Gebiet und auf kulturelle Fragen. Auf der Tagung Ende Okt. 1971 wird die Einrichtung einer Kommission für wirtschaftliche Zusammenarbeit beschlossen, im Nov. 1972 das diesbezügliche Aktionsprogramm (u. a. Fonds für technische und industrielle Entwicklung). 1975 Gründung der Nordischen Investitionsbank.

Dänemark

Erfahrungen und Ergebnisse des Zweiten Weltkriegs bestimmen Dänemark, seine traditionelle Neutralität aufzugeben und sich den USA und ihrem Bündnissystem anzuschließen, um die eigene territoriale Unabhängigkeit wahren zu können. 1949 wird Dänemark Mitglied der NATO. Die problematische Stellung der Nebenländer Färöer und Grönland sowie die Minderheitenfrage in Schleswig finden in den nächsten Jahren eine Lösung.

1946 Russische Truppen räumen Bornholm, das an Dänemark unter mili-
5. April tärischen und politischen Auflagen zurückgegeben wird.

1948 **Selbstverwaltung der Färöer,** die mit zwei Abgeordneten im Folketing
23. März vertreten sind. Ab 1. Jan. 1968 sind die Färöer in die EFTA einbezogen.

1951
8. Juni Unter Wahrung der dänischen Souveränität *übernehmen die USA* weiterhin den *Schutz Grönlands* mit dem Recht, *Stützpunkte* zu unterhalten.

1953
5. Juni Die *Verfassungsreform* führt das Einkammersystem *(Folketing)* ein und die bedingte weibliche Thronfolge *(Friedrich IX.* 1947–1972; Nachfolgerin seine Tochter *Margarete II.).*
Grönland, bisher Kolonie, wird *Bestandteil des Königreichs* mit 2 Abgeordneten im Folketing. Wahlalter von 25 auf 23 Jahre herabgesetzt.

1955
29. März In der *deutsch-dänischen „Grundsatzerklärung"* einigen sich die Regierungen der BRD und Dänemarks über die Rechte der beiderseitigen Minderheiten. Der Landtag von Schleswig-Holstein nimmt am 23. Mai die dänische Minderheit von der 5%-Klausel bei Wahlen aus; Dänemark hebt das Verbot „weiterführender" deutscher Schulen auf.

In der Innenpolitik betonen die Sozialdemokraten, die seit längerer Zeit allein die Regierung bilden, stark die *Sozialpolitik;* 1956 wird eine Vollpension als erweiterte Altersversorgung eingeführt.

Kennzeichen für die dänische *Wirtschaft* ist die Verschränkung von Industrie- und Agrarstaat (Verarbeitung und Veredelung landwirtschaftlicher Erzeugnisse). Sinkende Erlöse im Agrarexport veranlassen Dänemark, seine Ausfuhr auf Industrieprodukte umzustellen. Auslandsverschuldung, steigende Preise, defizitäre Zahlungsbilanz. Vom EWG-Beitritt (erfolglose Verhandlungen 1961 und 1967) erhofft sich die Regierung zumindest höhere Agrarpreise. Da eine verhältnismäßig starke Abneigung in Dänemark gegen den EWG-Anschluß herrscht, will die Regierung in einem Volksentscheid

1972
2. Okt. darüber befinden lassen. Bei einer Beteiligung von rd. 90% billigen 63,5% der Wähler **den EWG-Beitritt** (s. S. 588). *Ministerpräsident* J. O. Krag, der damit sein Ziel erreicht hat, tritt am 3. Okt. zurück. Nachfolger im Amt und als Vorsitzender der dänischen Sozialdemokraten wird *A. Joergensen.*

1973
1975 Die Regierungen P. Hartling (1973–1975) und wieder Joergensen (seit Febr. 1975) vertreten: Abbau des Wohlfahrtsstaates, Sanierung der Wirtschaft.

1981
8./9. Dez. Vorgezogene Neuwahlen: sozialdemokratisches Minderheitskabinett.

1982
Sept. Rücktritt Joergensens, *Minderheitsregierung P. Schlüter.* (Koalition der Konservativen mit drei anderen bürgerlichen Parteien).

1983
26. Mai Das dänische Parlament beschließt wesentliche Abweichungen vom NATO-Doppelbeschluß.
Ausschreibung von Neuwahlen auf den 10. Jan. 1984 (16. Dez.).

1987/1988 Parlamentswahlen (8. Sept./10.Mai): jeweils Minderheitsregierung unter Schlüter.

1990
12. Dez. Nach erfolglosen Haushalts- und Steuerdebatten Auflösung des Parlaments (22. Nov.) und Neuwahlen; erneute Regierung Schlüter.

Norwegen

Aus den Gebietsabtretungen des finnisch-sowjetischen Friedensvertrags (S. 628) ergibt sich eine 150 km lange norwegisch-sowjetische Grenze. Die Furcht vor dem sowjetischen Einfluß in Skandinavien veranlaßt Norwegen zum Anschluß an das westliche Bündnissystem: es *tritt* – unter Verzicht auf seine Neutralitätspolitik – *1949 der NATO bei.*

1951
19. Jan.
Die Verteidigung Spitzbergens und der Bäreninsel wird dem NATO-Oberkommando übertragen.

1957
König *Haakon VII.* stirbt (21. Sept.). Ihm folgt sein Sohn *Olaf V.* Die veränderte Strategie der UdSSR – Ausbau ihrer Stellung als Seemacht (vgl. S. 631) – ist für Norwegen als Nordflanke der NATO von besonderer Bedeutung. Der Vorstoß der UdSSR in den Atlantik wirft auch *wirtschaftliche Fragen* auf, da die sowjetische Fischereiflotte im Nordatlantik und in der Nordsee beobachtet wird; für Norwegen mit seiner Handelsflotte (1400 Schiffe), die etwa ein Drittel des Bruttosozialprodukts erbringt, und seiner Fischerei ist der ungehinderte Zugang zu den Meeren lebensnotwendig.

1968
Juni
Bei der Debatte im Storting über die norwegische Mitgliedschaft in der NATO entscheidet sich die Mehrzahl der Abgeordneten für den Verbleib im Bündnis über das Jahr 1969 hinaus. *Innenpolitisch* hat 1965 eine *bürgerliche Koalition unter P. Borten* die 30jährige Regierung der Sozialdemokratischen Arbeiterpartei abgelöst. Grundlegende Unterschiede bestehen nicht, da das Kabinett Borten die im Prinzip gebilligte sozialdemokratische Praxis fortführt: 1967 ist die Volksversicherung in Kraft getreten (hohe Beiträge und Leistungen bei Begünstigung der niedrigen Einkommen). Die Opposition verlagert sich daher in die Parteien selbst und in die Koalition.

Wie Großbritannien und Dänemark strebt Norwegen die Mitgliedschaft in der EWG an (S. 588). Der Entschluß zur EWG ist umstritten, nicht zuletzt innerhalb der Regierungskoalition. Borten und seine Zentrumspartei (Wählerstamm sind die Bauern) befürchten durch die EWG-Agrarordnung Nachteile für die Landwirtschaft. Gerade Nordnorwegen leidet unter Landflucht, die schon aus verteidigungspolitischen Gründen (vgl. oben) verhindert werden muß. Die Mehrheit der Sozialdemokraten ist für den EWG-Beitritt: die innernorwegische Entwicklung steuert auf eine Regierungskrise zu.

1971
2. März
Borten muß zurücktreten (Indiskretionen bezüglich der EWG-Verhandlungen). T. *Bratteli* (Sozialdemokrat) bildet am 16. März ein *Minderheitskabinett*. Norwegen unterzeichnet zwar den EWG-Vertrag (S. 588), doch ist der Beitritt nach wie vor heftig umstritten.

1972
25. Sept.
Bei der **Volksabstimmung** entscheidet sich Norwegen mit rd. 54% der abgegebenen Stimmen **gegen die EWG.** *Bratteli* tritt daraufhin am 7. Okt. *zurück; Nachfolger* L. *Korvald* (16. Okt.; bürgerliches Minderheitskabinett), der am 25. Okt. bei der EWG Verhandlungen

wegen eines Handelsvertrags beantragt (gegenseitiger Abbau der Zollschranken).

1973
1. Jan.
Gesetz über die *Mitbestimmung der Arbeitnehmer:* In Betrieben mit mehr als 200 Mitarbeitern werden Aufsichtsräte gebildet, von deren 12 Mitgliedern 4 von der Belegschaft gewählt werden. – Wieder Regierung Bratteli (Okt. 1973 bis Rücktritt im Jan. 1976), dann *O. Nordli* (ebenfalls Sozialdemokrat). – Erdöl- und Erdgasvorkommen vor der Küste.

1977 Große Ölkatastrophe in der Nordsee (EKOFISK, April)

1981 *Rücktritt Nordlis* (30. Jan.); Nachfolgerin *G. H. Brundtland.*

Sept.
1983
Wahlen: *Konservative Minderheitsregierung K. Willoch,* später Koalitionsmehrheit mit Zentrum und Christdemokraten (7. Juni).

1986
29. April
Ministerpräsident Willoch tritt zurück; an seine Stelle tritt Gro Harlem *Brundtland.*

1991 Tod Olafs V., neuer König Harald V.

1989
11. Sept.
Parlamentswahlen. Bürgerliche Koalition bildet Minderheitsregierung unter *Jan Syse.*

1990
29. Okt.
Rücktritt Syses nach Konflikten in der EG-Politik, erneute Regierung *Brundtland.*

1991 Tod Olafs V., neuer König Harald V.

Schweden

Die traditionelle Neutralitätspolitik Schwedens wird nach 1945 vor neue Probleme gestellt, als Finnland unter sowjetischen Einfluß gerät und die anderen nordischen Staaten sich dem westlichen Bündnis anschließen. Im Unterschied zur Neutralität der Schweiz oder Österreichs ist die Schwedens weder vertraglich noch verfassungsrechtlich verankert, sondern beruht auf Tradition und der ausschließlichen Entscheidung von Regierung und Parlament.

1950
29. Okt.
Die kriegsbedingte Absperrung von wichtigen Lieferländern hat seit 1938 eine wesentliche Verbreiterung der industriellen Basis mit sich gebracht. Die durch die Neutralitätspolitik begünstigte Wirtschaftsentwicklung ermöglicht den Arbeitnehmern einen hohen Lebensstandard, gesichert durch ein ausgedehntes Sozialsystem (Volkspensionsgesetz von 1946). Die gesamte Arbeiterschutzgesetzgebung wird am 1. Juli 1949 kodifiziert.

König *Gustav V.* stirbt; Nachfolger sein Sohn *Gustav VI. Adolf.*

Die Politik wird von der Sozialdemokratischen Arbeiterpartei bestimmt, die – marxistischen Radikalismus vermeidend – einen linksbürgerlichen Kurs vertritt und seit 1945 den Ministerpräsidenten stellt. Der Rüstungswettlauf hat Schweden schon mehrfach zu Initiativen veranlaßt, vor der Gefahr der Verbreitung von Kernwaffen zu warnen. Am 26. Okt. 1961 schlägt daher Ö. Undén in den UN einen *„Klub der kernwaffenfreien Staaten"* vor.

Die Neutralitätspolitik hat Schweden abgehalten, die Vollmitgliedschaft in der EWG zu beantragen. Schweden erklärt sich daher für eine *Assoziierung mit der EWG* vgl. S. 588).

In anderen *außenpolitischen Bereichen* zeigt sich ein wachsendes Engagement: zu Südafrika sind die Beziehungen schlecht, desgleichen zu Portugal, da Schweden die Befreiungsbewegungen in Angola und Moçambique unterstützt; am 10. Jan. 1969 nimmt Schweden diplomatische Beziehungen zu Hanoi auf.

1969 Auch die schwedische *Innenpolitik* gerät in Bewegung. *T. Erlander,*
9. Okt. langjähriger *Ministerpräsident* und Vorsitzender der Sozialdemokraten, *tritt zurück. Nachfolger* im Parteivorsitz und als Regierungschef (14. Oktober) wird *Olof Palme,* der als reformfreudig gilt. – Im Reichstag war bereits 1968 eine *Änderung des Wahlrechts und der Verfassung* beschlossen worden, wodurch das Einkammersystem eingeführt wird: 350 Abgeordnete, von denen 310 direkt durch proportionelles Wahlverfahren gewählt werden; die restlichen 40 Sitze werden unter die Parteien verteilt, die wenigstens 4% der abgegebenen gültigen Stimmen erhalten haben.

1970 *Die Verfassungsänderung tritt in Kraft.* Am gleichen Tag finden
20. Sept. *Reichstagswahlen* nach dem neuen Verfahren statt. Die Sozialdemokraten verlieren die absolute Mehrheit, Mandate gewinnen Zentrum und Liberale, die Kommunisten überspringen die 4%-Hürde.

1975 **Neue Verfassung.** Befugnisse des Königs (seit 15. Sept. 1973
1. Jan. *Carl XVI. Gustav*) gehen an den Reichstagspräsidenten bzw. den Ministerpräsidenten über.

1976 Das Gesetz über die Mitbestimmung räumt den Gewerkschaften Ein-
3. Juni fluß auf Unternehmens- und Arbeitsleitung ein.
19. Sept. Bei den Reichstagswahlen knapper Sieg der bürgerlichen Koalition unter *Th. Fälldin;* die Sozialdemokraten (stärkste Fraktion) gehen nach 44jähriger Regierung erstmals in die Opposition.

1978 Okt. *Ola Ullsten* (Liberale Partei) neuer Ministerpräsident.

1979 Neuwahlen (16. Sept.): *Th. Fälldin* Regierungschef einer bürgerlichen Koalition.

1982 Parlamentswahlen: Sozialdemokrat *O. Palme* wieder Ministerpräsi-
19. Sept. dent (8. Okt.).

1986 Ermordung von Ministerpräsident Olof Palme. Nachfolger wird *Ing-*
27. Febr. *var Carlsson.*

1988 Reichstagswahlen bestätigen die Koalition von Sozialdemokraten
18. Sept. und der Linkspartei-Kommunisten.

1990 Rücktritt und Wiederwahl der Regierung Carlsson (Febr.).
12. Dez. Das Parlament spricht sich für einen Beitritt zur EG aus.

Island

Island hat während des Zweiten Weltkriegs für die Alliierten die Rolle eines „Flugzeugträgers" übernommen. Als sich die Insel am 17. Juni 1944 zur selbständigen Republik erklärt, sind dort noch US-Truppen stationiert. Die Regelung über die amerikanischen Stützpunkte wird daher eines der vordringlichsten außenpolitischen Probleme.

1946
5. Okt.
Das Althing ratifiziert das *isländisch-amerikanische Abkommen* vom 20. Sept.: Auch nach Räumung der Insel bleibt den USA für 5 Jahre der Flugplatz Keflavík als Stützpunkt für den zivilen Luftverkehr. 1949 Beitritt zur NATO.

1951
5. Mai
Ein neues Abkommen ersetzt das vom Okt. 1946: Die US-Truppen übernehmen den militärischen Schutz der Insel im Rahmen der NATO; der Zivilflughafen Keflavík untersteht jetzt isländischer Verwaltung. – Mitglied der EFTA (1970).

Wirtschaftliche Abhängigkeit Islands von der Fischerei; das Land kann daher keinen unbeschränkten Zugang zu seinen Hoheitsgewässern gestatten. Ausdehnung der Hoheitsgewässer auf 12, der Fischereizone auf 200 Seemeilen (1975). Drei *„Kabeljaukriege"* (1958/61; 1972; 1975/76) mit Großbritannien und der BRD, jeweils durch Interimsabkommen beigelegt.

1986
Febr.
Sozialpakt von Regierung, Arbeitgebern und Gewerkschaften *zur Inflationsbekämpfung.*

1987/1988
Thorstein Palsson löst vorübergehend Steingrimur Hermannsson als Ministerpräsident ab.

h) Die Balkanstaaten

Rumänien (Forts. v. S. 558)

Die Entwicklung Rumäniens nach dem Zerfall des 1944 eingeführten Vierparteiensystems steht unter dem Zeichen der Nationaldemokratischen Front, die sich aus Kommunisten, den Gewerkschaften, der Ackermannsfront und aus einer liberalen Gruppe unter Tătărescu zusammensetzt. Zunehmender Einfluß der Kommunisten.

1945
22. März
Gesetz über **Agrarreform,** nach dem Besitz über 50 ha samt Inventar der Enteignung verfällt. Über 1 Mill. ha werden um den Preis einer Jahresernte pro ha verteilt. Keine Kollektivierung.

1947
10. Febr.
Der **Friedensvertrag** gibt Rumänien die Grenzen vom Jan. 1941; nur die Grenze zu Ungarn entspricht dem Zustand vor dem Wiener Schiedsspruch (S. 558). Verlust Bessarabiens und der Bukowina an die UdSSR, der Süddobrudscha an Bulgarien.

Die *innenpolitischen Spannungen* und Auseinandersetzungen schwächen den Einfluß der bürgerlichen Parteien, deren Führer z. T. verurteilt werden. Im auswärtigen Dienst findet eine „Säuberung" statt; *König Michael dankt ab.*

30. Dez.
Rumänien wird **Volksrepublik** mit einem Staatspräsidium als Spitze. Nach der Verfassung (März 1948) ist die Nationalversammlung das oberste Staatsorgan für Gesetzgebung, Neuerungen und Vertragsabschlüsse.

1952 Die neue **Verfassung** betont neben der Nationalversammlung die
24. Sept. Funktionen der Volksräte; sie sichert die Verstaatlichung, schützt
aber andererseits erarbeitetes Eigentum mit Erbrecht. Die Verfassungsänderung (1961) wandelt das Präsidium der Nationalversammlung in einen Staatsrat um.

Seit Beginn der 60er Jahre schlägt die rumänische Staats- und Parteiführung *(G. Gheorghiu-Dej)* einen eigenen Kurs ein, den sie mit dem
Begriff „Souveränität" umschreibt. Anlaß ist einmal der chinesisch-
sowjetische Konflikt, dessen politische Tragweite Rumänien sehr
bald erkennt (vgl. S. 645). Den nächsten Anstoß gibt 1962 der sowjetische Plan, die Volkswirtschaften der Ostblockstaaten im COME-
CON vollständig zu integrieren, wogegen sich Rumänien erfolgreich
wehrt (S. 592). Rumänien knüpft wirtschaftliche Verbindungen zu
den Ländern des Westens an, denen diplomatische Beziehungen folgen. Unter **N. Ceauşescu,** seit 1965 Erster Sekretär des ZK der Kommunistischen Partei Rumäniens und seit 1967 Staatschef, beginnt
nach der ideologischen Distanzierung vom kommunistischen Internationalismus auch die politische Absage an jede Art von
blockbildender Großmachtpolitik.

1965 Auf dem *Parteitag* der Rumänischen Arbeiterpartei wird die Umbe-
Juli nennung in Kommunistische Partei Rumäniens beschlossen. Der
Bericht des ZK bezeichnet die Industrialisierung als Grundlage des
Fortschritts der rumänischen Wirtschaft und als entscheidenden Faktor der nationalen Unabhängigkeit und Souveränität. Das neue Statut
der rumänischen Streitkräfte weist darauf hin, daß die Hauptaufgabe
in der Verteidigung der nationalen Unabhängigkeit liegt; die Rolle
1967 der rumänischen Armee im Warschauer Pakt wird nicht erwähnt.
31. Jan. Aufnahme voller *diplomatischer Beziehungen zur BRD* (1963 Handelsabkommen; im Mai 1971 Besuch Heinemanns in Rumänien). –
1968 Gute Beziehungen zu Peking (rege Besuchsdiplomatie).
21. Aug. Scharfe Verurteilung der sowjetischen Intervention in der ČSSR. Da
Rumänien ebenfalls einen Einmarsch befürchtet, beginnt es mit der
Aufstellung einer nationalen Volksarmee.
1969 Offizieller *Besuch Nixons* in Rumänien. Erfolg für die rumänische
2./3. Aug. Außenpolitik. Bemühungen Ceauşescus um eine engere Zusammenarbeit der Balkanstaaten. Die UdSSR findet sich, wenn auch widerwillig, mit dem eigenen rumänischen Kurs ab.
1970 Der *Freundschafts- und Beistandspakt mit der UdSSR* umgeht jede
7. Juli Festlegung auf die Breshnjew-Doktrin; er enthält auch keine Klausel
zum Schutz der „sozialistischen Errungenschaften" wie bei der ČSSR.
Unabhängige Haltung Rumäniens im *Nahostkonflikt:* es stimmt zwar
für den Rückzug Israels, unterzeichnet jedoch die Nahosterklärung
der Ostblockstaaten nicht und lehnt eine Verurteilung Israels ab
(Handelsabkommen mit Israel 1967).
Innenpolitisch bleiben (nach einigen liberaleren Ansätzen) die Zügel
straff, besonders im *kulturpolitischen Bereich.* – In der *Wirtschaft*
Übergang vom Agrar- zum Industriestaat (47% der Bevölkerung ar-

beiten noch in der Landwirtschaft). Der Westhandel hat noch wenig positive Ergebnisse, da die rumänischen Ausfuhrgüter nur beschränkt konkurrenzfähig sind. Im Land selbst z. T. Versorgungsschwierigkeiten, da Grundnahrungsmittel exportiert werden, um Devisen für die industrielle Entwicklung einzubringen.

Juli   Auf der Konferenz der KP Kritik Ceauşescus am „exzessiven Zentralismus"; die Produktion soll den Erfordernissen des ausländischen Marktes angepaßt werden; Oberster Rat für wirtschaftliche-soziale Entwicklung gegründet (Vorsitz Ceauşescu).

27./28. Dez.   Gesetz über die *Organisation der nationalen Verteidigung* verabschiedet: Mobilisierung aller menschlichen und wirtschaftlichen Ressourcen im Fall eines Angriffs; Entscheidung über Verteidigung ist souveränes Recht des rumänischen Staates, das „unantastbar und unteilbar" ist (Gesetz am 31. März 1973 in Kraft).

1980/83   Katastrophale Wirtschaftssituation.

1981   Juni: 1,48 Mrd. $-Kredit des IMF (Internationaler Währungsfonds).

1983   Neue Regierung Dascalescu (21. Mai).

ab 1985   Anhaltende Wirtschaftskrise und Versorgungsschwierigkeiten werden begleitet von verschärfter politischer Unterdrückung und Rumänisierungspolitik. „Siedlungsbereinigungsprogramm" plant bis 1990 die Einebnung von mehr als der Hälfte der Dörfer.

1989   Demonstrationen in Temešvar weiten sich zum landesweiten *Volksaufstand* aus. Ceauşescu wird gestürzt (22. Dez.) und hingerichtet (25. Dez.).

1990   Parlamentswahlen, Sieg der „*Front zur Nationalen Rettung";* neuer
20. Mai   Präsident *Ion Iliescu.*

Bulgarien (Forts. v. S. 560)

In Bulgarien übernimmt die Vaterländische Front (Kommunisten, Sozialisten und Agrarier) die Macht, wobei die Kommunisten nach und nach die anderen Parteien ausschalten.

1946   Aufgrund einer Volksabstimmung Ausrufung der **Volksrepublik** und
4. Dez.   Abschaffung der Monarchie. – Der *Friedensvertrag 1947* (S. 550) stellt die bulgarischen Grenzen von 1941 wieder her.

1947   Neue **Verfassung,** die das Genossenschaftswesen fördert, Monopole,
4. Dez.   Kartelle, Trusts und Konzerne verbietet. Das Sobranje hat das Gesetzgebungsrecht, sein Präsidium fungiert als Staatspräsidium. Volksräte sind als Staatsorgane tätig. Die bulgarische orthodoxe Kirche wird als „traditionelle Kirche" Bulgariens anerkannt. – Zusammenschluß von Sozialisten und Kommunisten zur Bulgarischen Kommunistischen Arbeiterpartei (1948); Auflösung der bürgerlichen Parteien. Bündnispakt mit der UdSSR (1948).

Wirtschaftliche Entwicklung nach sowjetischem Vorbild. Das *Bodenreformgesetz* (12. März 1946) legt als Höchstgrenze privaten Eigentums 20–30 ha fest (kleinbäuerliche Besitzverhältnisse); aber 1950 wird die Mehrzahl der Bauern in Kollektivbetrieben zusammengefaßt. Infolge Lebensmittelknappheit erhalten 1957 die Kolchosbauern das Recht, ihr privates Hofland zu bewirtschaften. Die *Sozialisierung* der Industrie ist 1952 abgeschlossen. Auch Handel, Banken und Versicherungen sind in Staats- oder Genossenschaftsbesitz. Innerparteiliche Auseinandersetzungen wegen der engen Bindung an Moskau (Todesurteil gegen T. Kostov 1949; 1956 rehabilitiert).

1953
18. März *Ausgleich mit Griechenland:* die Inselkette der Maritza als Grenze festgelegt. – Bulgarien vertritt das Prinzip des geschlossenen Bulgarentums. 1950 Ausweisung türkischer Volksgruppen.

Streit mit Jugoslawien wegen *Mazedonien:* Sofia beruft sich auf den Frieden von San Stefano (1878), doch mußte bereits auf dem Berliner Kongreß (S. 401) Mazedonien bis auf Pirin-Mazedonien wieder abgetreten werden; gegen die bulgarische These, die Mazedonier seien ethnisch Bulgaren, verweist Belgrad auf die mazedonische Sprache und Schrift der sog. Vardar-Mazedonier.

Entsprechend dem sowjetischen Koexistenzbegriff verbessert Bulgarien sein Verhältnis zu den westlichen Staaten: Österreich, BRD (Handelsvertrag 1964 und 1971), Griechenland (1964 und 1970) und Türkei, mit der im Febr. 1968 ein Abkommen über Familienzusammenführung geschlossen wird.

1971
April Auf dem Parteitag der KP Ankündigung innenpolitischer Maßnahmen: Erhöhung der Mindestlöhne und Mindestrenten bei gleichzeitiger Preisstabilität; Teilnahme der Arbeiter an der Produktionsleitung mittels wählbarer Organe.

12. Mai Neue **Verfassung,** in der die Freundschaft mit der UdSSR verankert ist, desgleichen die führende Rolle der Partei. Staatsrat als höchstes Organ (Vorsitzender KP-Chef T. Shiwkow).

Mit sowjetischer Hilfe Industrialisierung vorgenommen; positive Auswirkung der Integration im COMECON; hohe jährliche wirtschaftliche Wachstumsraten.

1981 Shiwkow für atomwaffenfreie Zone auf dem Balkan (20. Okt.).

1986–88 Reformen nach sowjetischem Muster.

1989 *Schiwkow* wird als Parteichef *abgelöst,* die KP gibt nach Massendemonstration den Führungsanspruch auf.

1990 Umbenennung der KP in „Bulgarische Sozialistische Partei", verliert trotz Sieg in Wahlen nach Spaltung die Führung.

15. Nov. Umbenennung in *„Republik Bulgarien".*

Jugoslawien (Forts. v. S. 559)

Erfahrungen aus der Zeit der Partisanenkämpfe haben der KP Jugoslawiens ein Gepräge gegeben, das sie von den kommunistischen Bewegungen der anderen osteuropäischen Länder unterscheidet und ihr von Anfang an eine gewisse Unabhängigkeit gegenüber Moskau verschafft.

1945
8. März

Der Regentschaftsrat beauftragt **Tito** mit der Regierungsbildung, an der sich zuerst Monarchisten beteiligen, die dann allmählich ausgeschaltet werden.

Seit seiner Gründung ist Jugoslawien von der Nationalitätenfrage belastet (S. 504), die auch die sozialistische Bewegung immer wieder in mehrere Fraktionen gespalten hat; Tito gelang es 1936/37, einen Kompromiß zustande zu bringen (Slowenische KP unter E. Kardelj, Kroatische KP unter Tito selbst und Serbisches Provinzkomitee unter A. Ranković); der deutsche Einmarsch 1941 einte die KP-Fraktionen unter Tito (S. 559). Die neue Staatsform soll diesen Realitäten Rechnung tragen.

29. Nov.

Die **Föderative Volksrepublik** Jugoslawien wird ausgerufen und auch von den Westmächten anerkannt.

1946
31. Jan.

Verfassung: Jugoslawien besteht aus 6 Teilrepubliken (Serbien, Kroatien, Slowenien, Bosnien-Herzegowina, Mazedonien und Montenegro) und den 2 Autonomen Gebieten Woiwodina sowie Kosovo und Metohija (= Kosmet). – Bodenreform (1945), Verstaatlichung der gesamten Wirtschaft (Erlaß 1947).

1947
10. Febr.

Im *Friedensvertrag mit Italien* erhält Jugoslawien die Inselgruppe Pelagosa, die Stadt Zara und den größeren Teil der italienischen Provinz Venezia Giulia einschließlich Istriens. Zu Triest s. S. 670.

Die nationalkommunistische Entwicklung und der jugoslawische Vorschlag, einen Bund der Balkan- und Donaustaaten zu errichten, läßt Moskau die Entstehung eines neuen kommunistischen Machtzentrums auf dem Balkan befürchten.

1948
27. Juni

Die Bukarester Konferenz *schließt die KP Jugoslawiens aus dem Kominform aus.*

Die Ostblockstaaten verhängen eine Wirtschaftsblockade über Jugoslawien, das wirtschaftliche Kontakte mit dem Westen anknüpft. Außenpolitischer Kurs der Bündnisfreiheit als „aktive Koexistenz" zwischen den Machtblöcken; Zusammenarbeit mit den Staaten ähnlicher außenpolitischer Richtung (u. a. Indien, Ägypten; vgl. S. 582 f.). Tito vergleicht sich mit Italien und stellt die Unterstützung der griechischen Aufständischen ein.

1953
28. Febr.

Vertrag über Freundschaft und Zusammenarbeit zwischen Jugoslawien, Griechenland und der Türkei, ergänzt 1954 durch ein Verteidigungsbündnis *(Balkanpakt).*

Innenpolitisch *„jugoslawischer Sozialismus":* Dezentralisierung der Staats- und Wirtschaftsverwaltung (verstaatlichte Industrien werden den Teilrepubliken zugeteilt); Selbstverwaltung der Werktätigen in den wirtschaftlichen Unternehmen (u. a. Einführung von Arbeiterräten 1951, erweiterte Rechte der kommunalen Verwaltungsorgane 1952); ideologisch-erzieherische Aufgabe der Partei (Nov. 1952). Die neue *Verfassung* (1953) bestätigt die Reformen. *Tito* wird zum *Staatspräsidenten* gewählt.

1955
26. Mai

Nach Stalins Tod und Kurswechsel in Moskau Ausgleich zwischen Tito und der UdSSR.

2. Juni

Besuch Bulganins und Chruschtschows in Belgrad: die UdSSR anerkennt den jugoslawischen Sozialismus als eine innere Angelegenheit des Landes (sog. **Belgrader Deklaration;** sie wird 1962 bestätigt). – Trotz einiger Konzessionen an die UdSSR (Aufnahme diplomatischer Beziehungen zur DDR 1957; daraufhin bricht Bonn mit Belgrad) bleiben die Beziehungen zwischen Jugoslawien und dem Ostblock wechselvoll (Rumänien ausgenommen; vgl. S. 635). Verstärkte *Beziehungen zum Westen* (u. a. 1966 Vollmitglied des GATT) trotz mancher Kritik Titos an den Westmächten.

1963
7. April

Neue *Verfassung.* Die führende Rolle der KP in der „gesellschaftlichen Kontrolle" wird betont; Prinzip der Ämterrotation; Dezentralisierung der Staatsverwaltung und Selbstverwaltung der Werktätigen bleiben; Verfassungsgerichtshof (erstmals in einem sozialistischen Land) mit umfassenden Befugnissen. 1967 erhält die Nationalitätenkammer (Vertretung der Teilrepubliken) erweiterte Kompetenzen. Erneut verschlechtern sich die Beziehungen zur UdSSR infolge der Intervention in der ČSSR; scharfe Proteste Jugoslawiens. Die ganze Bevölkerung wird im Fall eines Angriffs zu bewaffnetem Widerstand verpflichtet (Febr. 1969).
Innerhalb der Partei Gegensatz zwischen den „Ökonomisten" (Kardelj) und den „Dogmatikern" (Ranković), wobei die Nationalitätenfrage erneut akut wird; hinzu kommen Generationskonflikte (Studentenunruhen). 1966 Sturz von Ranković.

1971
29. Juli

Verfassungsänderung; Staatspräsidium als höchstes Organ (22 Mitglieder), das aus den Parlamentspräsidenten und je 2 Vertretern der Teilrepubliken und der beiden Autonomen Provinzen sowie Tito besteht; Tito bleibt Präsident auf Lebenszeit. Umbildungen in Partei und Regierung, Alle diese Maßnahmen können die *innere Krise* nicht beilegen, die durch wirtschaftliche Schwierigkeiten verschärft wird. Die entwickelten Teilrepubliken Kroatien und Slowenien protestieren gegen die Verteilung der Devisen zugunsten der ärmeren Gliedstaaten. Im Nov. schwere Unruhen und Streiks in *Kroatien* (separatistische Neigungen); scharfe Kritik der Belgrader Zentrale; Rücktritt der kroatischen Parteispitze und Landesregierung (12. Dez. 1971); Verhaftungen; Neuregelung der Devisenzuteilung aus Export und Touristik. Tito, der sein Lebenswerk bedroht glaubt, strafft die Zügel. In Bosnien Kämpfe zwischen Polizei und Verbänden der Territorialverteidigung gegen „ustascha-faschistische Gruppen" (Juli 1972 bekanntgegeben). Umfangreiche „Säuberungen" in Staats- und Parteiführung (Sept. 1972; Vorwurf des „Nationalismus" und „Liberalismus"), die auch Serbien und Slowenien erfassen (Okt. 1972).

1974
21. Febr.

Neue **Verfassung:** die Nationalversammlung besteht aus dem Bundesparlament und der zweiten Kammer (Delegierte der Teilrepubliken und Provinzen); System der Delegiertenauslese in verschiedenen Wahlgängen.

27.–30. Mai

X. Parteitag der *KP* und neue *Statuten:* wiedererrichtet wird das ZK (Vertreter der Teilrepubliken, Provinzen und der Armee). – Weitere

          ¨Säuberungen. – Kühles Verhältnis zur UdSSR besteht weiter; Besuch
          Titos dokumentiert besseres Verhältnis zur neuen Führung der VR
          China (Aug. 1977).
1977 1. KSZE-Folgetreffen in Belgrad (Okt.).
1980 **Tod Titos.** Verfassungsmäßiger Übergang zu *kollektiver Führung* mit
4. Mai   abwechselnden Staatspräsidenten (Mijatovic, Stambolic, Spiljak).
1981 Unruhen in der Autonomen Provinz Kosovo/Serbien, die mehrheit-
11. März lich von Albanern bewohnt wird.
ab 1981 Mehrere Wirtschaftsprogramme können die Krise und Inflation
          nicht in den Griff bekommen.
1987 Streiks gegen Lohnstopp. Spannungen im Kosovogebiet.
1989 Parteigründungen in Slowenien und Kroatien.
26. Febr. Ausnahmezustand im Kosovogebiet.
16. Juni Slowenien beschließt Recht zur Abspaltung von Jugoslawien.
12. Nov. Wiederwahl von Milosevic.
1990 Währungsreform. Bei Wahlen in Slowenien und Kroatien siegen
          nichtkommunistische Gruppen. Slowenien und Kroatien erklären
          ihre Unabhängigkeit. Nach der Unabhängigkeitserklärung Kosovos
          löst die serbische Regierung deren Regionalparlament auf.
1991 Fortschreitende Polarisierung, drohendes Auseinanderbrechen Jugo-
          slawiens.

Albanien (Forts. v. S. 560)

          Die Politik bestimmen seit 1945 kommunistische Funktionäre, die
1945 meist aus den Kreisen der Intellektuellen oder der Bauernschaft
Aug.   kommen (die Arbeiter spielen keine Rolle).
          Die **Bodenreform** fördert die Bildung von Zwergbetrieben (2,6 ha).
          Kollektivierung ab 1945.
1946 **Volksrepublik** proklamiert. Verfassung nach volksdemokratischem
11. Jan. Muster (7. März).
          Generalsekretär der albanischen KP ist Enver **Hodscha.** – Der Bruch
          zwischen Belgrad und Moskau (S. 638) befreit Albanien von der ju-
          goslawischen Vormacht (besonders enge Wirtschaftsbindungen);
          Moskau hat über Albanien direkten Zugang zur Adria.
          Die Aussöhnung zwischen Belgrad und Moskau sowie die Entstalini-
          sierung lassen Hodscha für sein Regime fürchten; Albanien unter-
1961 stützt daher den Widerstand der VR China gegen den sowjetischen
10. Dez. Führungsanspruch. *Abbruch der diplomatischen Beziehungen zwi-*
          schen Tirana und Moskau (10. Dez.). – In der VR China findet Al-
          banien einen neuen Protektor.
1966 Reorganisierung des Partei- und Staatsapparats (gegen Bürokratie
März   und für einen „revolutionären Arbeitsstil"). – Der sowjetische Ein-
          marsch in der ČSSR ist eine Zäsur in der albanischen Politik.
1968 **Albanien tritt aus dem Warschauer Pakt aus.** Es durchbricht seine
13. Sept. außenpolitische Isolierung – zugleich Anfang einer innen- und wirt-

schaftspolitischen Umorientierung –: Aussöhnung mit Jugoslawien und Aufnahme diplomatischer Beziehungen zu Griechenland (6. Mai 1971).

1976
29. Dez. Neue **Verfassung:** u. a. Festigung der Diktatur des Proletariats; Verbot der wirtschaftlichen Verflechtung mit „bürgerlichen und revisionistischen kapitalistischen Monopolen und Staaten". – Parteiinterne Auseinandersetzungen um das Verhältnis Washington–Peking. Die albanischen Beziehungen zur VR China kühlen sich ab.

1978 Beziehungen zur VR China auf dem Tiefpunkt. Juli Abbruch aller Hilfen Chinas an Albanien.

1985 *Tod Hodschas;* Nachfolgekämpfe.

1987 Lockerung der außenpolitischen Isolation.

1990 Flucht von Albanern in westliche Botschaften und Ausreise; Teilprivatisierung der Landwirtschaft; Wiederaufnahme der Beziehungen zur UdSSR; Öffnung für ausländische Investoren.

1991 Erste freie Parlamentswahlen (31. März.).

Griechenland (Forts. v. S. 560)

Starke innenpolitische Gegensätze – die kommunistische EAM, die Royalisten, die Nationale Union (Liberale und Volkspartei) und Rechtsextreme – sind Ursache des anhaltenden Bürgerkriegs, in den sich Jugoslawien, Bulgarien und Albanien auf seiten der EAM einmischen.

1946
19. Sept. Eine **Volksabstimmung** entscheidet **für die Monarchie** (Paul I., 1947–1964). Als Großbritannien 1947 seine Hilfe für die griechische Regierung einstellen muß, erhält diese Unterstützung von den USA aufgrund der Trumandoktrin (S. 683).
Der Bürgerkrieg wird erst 1949 durch den Sieg über die Gegenregierung beendet. Umfangreiches Notprogramm zur Beseitigung der Kriegsfolgen und für die Flüchtlingsfürsorge. Bodenreform (1952) mit Entschädigung der Voreigentümer.

1952
1. Jan. **Verfassung;** konstitutionelle Monarchie. Legislative bei König und Parlament, Exekutive bei der Regierung – Mitgliedschaft in der NATO als Sicherung gegen die sowjetische Position auf dem Balkan: Stationierung von US-Truppen; US-Stützpunkte (1953). – Nach dem Tod von Marschall A. Papágos (1955) zerfällt die „Hellenische Sammlungsbewegung" (Vereinigung nichtkommunistischer Richtungen), die bisher die Regierung getragen hat. Bildung neuer Parteien um bestimmte Politiker mit wechselnder Gefolgschaft und Interessengruppen.
Seit 1954 beschäftigt **Cypern** die griechische Politik: seit seiner Unabhängigkeit war Griechenland bestrebt, alle von Griechen bewohnten Gebiete in den Staat einzubeziehen. Als in Cypern selbst die ENOSIS-Bewegung entsteht, stellt sich Griechenland auf die

Seite der griechischen Cyprioten. Starke Spannungen zwischen Athen, Ankara und London (zum Cypernproblem s. S. 761).

1961 **Assoziierung mit der EWG.** Finanzhilfe für Griechenland. – Unru-
9. Juli hige innere Entwicklung, da infolge des zersplitterten Parteiwesens und infolge von Eingriffen des königlichen Hofes kaum handlungsfähige Regierungen gebildet werden können. Hinzu kommt die stark politisierte Armee mit ihren Geheimbünden. Offene Regierungskrise, als König Konstantin II. (seit 1964) Ministerpräsident G. Papandréu entläßt (1965), der die Entpolitisierung der Armee gefordert hat; Massenkundgebungen für Papandréu.

1967 **Putsch der Armee** unter einer Gruppe von Obristen, führend G.
21. April Papadópulos, St. Patakos u. a. Für die Gefahr einer kommunistischen Machtergreifung, mit der die Junta ihren Putsch rechtfertigt, fehlt jeder Beweis. Verhaftung führender Politiker aller Richtungen; Sondergerichte, Verbot aller Parteien, Säuberung der noch königstreuen Armeekader.

13. Dez. *König Konstantin versucht* von Larisa aus einen *Gegenputsch, der jedoch scheitert;* der König geht ins Ausland und weigert sich zurückzukehren. General G. Zoïtákis „Regent" (Vizekönig). Ausnahmegesetze (Mai 1968) zur umfassenden Kontrolle der Bevölkerung. Ausnahmezustand (zum 1. Jan. 1972 aufgehoben, ausgenommen Athen, Piräus und Saloniki).

1968 *Verfassung.* Parteiprogramme unterliegen der Überprüfung durch
16. Sept. das Verfassungsgericht; die Grundrechte bleiben vorerst suspendiert. Die Verfassung wird durch Volksabstimmung gebilligt (Wahlzwang). Als eine Art Ersatzparlament „Legislativrat" geschaffen, dessen Mitglieder von der Regierung ausgewählt werden (Nov. 1970). – Weiterhin innerer Terror (Schauprozesse, Folterung politischer Häftlinge); Gründung von Widerstandsorganisationen (z. T. auch ehemalige Offiziere).

1969 *Griechenland* kommt dem Beschluß des Europarats, die griechische
12. Dez. Mitgliedschaft zu suspendieren, zuvor und erklärt seinen Austritt; gleichzeitig *kündigt* Athen die *Menschenrechtskonvention.*

1972 Rücktritt von Zoïtákis; *Papadópulos* wird auch „Regent". – Unbe-
21. März schadet der scharf antikommunistischen Innenpolitik pflegen die Obristen gute Beziehungen zu den benachbarten Ostblockstaaten (vgl. S. 635, 637, 641) und befürworten enge Zusammenarbeit der Balkanstaaten (Erklärung 1970 und 1971). Am 5. Juni 1972 wird die VR China offiziell anerkannt und die Aufnahme diplomatischer Beziehungen beschlossen. – Die NATO-Verbündeten kritisieren zwar den inneren Kurs, üben aber keinen Druck zugunsten einer Demokratisierung aus, da Griechenland für die Sicherung der NATO-Südflanke wichtig ist (sowjetische Eskadra im Mittelmeer).

1973 *Abkommen USA–Griechenland,* das Einheiten der 6. US-Flotte in
8. Jan. Eleusis Rechte eines Heimathafens einräumt. – Die Obristen versuchen ebenfalls, den Anschluß Cyperns an Griechenland durchzusetzen (Programm vom „größeren Griechenland")

1973 Griechenland wird zur **Republik** erklärt, König Konstantin abgesetzt.
1. Juni Ein Referendum am 29. Juli billigt die Verfassungsänderung. *Papadópulos erster Präsident.*
25. Nov. *Offiziersputsch* und *Sturz von Papadópulos.* Neuer Terror. Infolge der fehlgeschlagenen Cypernpolitik.
1974 **Sturz des Militärregimes.** *K. Karamanlís* (1955–1963 mehrfach
24. Juli Ministerpräsident) aus dem Exil zurückberufen. Freilassung der politischen Gefangenen; Wiedereinführung der Grundrechte; Zulassung politischer Parteien. Bei den Parlamentswahlen (Nov.) klares Votum für Karamanlís. Wiederaufnahme in den Europarat (28. Nov.).
8. Dez. Volksentscheid für die Republik.
1975 Neue **Verfassung:** Verankerung der Grundrechte; Plebiszit in wichti-
11. Juni gen nationalen Fragen. – K. Tsátsos Staatspräsident (19. Juni). – Prozeß gegen die Obristen und Säuberungen in der Armee. – Verstimmt über die unklare Haltung von USA und NATO während der Cypernkrise Austritt aus der militärischen Integration der NATO (14. Aug. 1974); die politische Bindung an die Allianz wird beibehalten.
1976 Abkommen mit den USA, die 4 Militärstützpunkte in Griechenland
15. April benutzen dürfen, doch unter Athener Kontrolle; US-Finanzhilfe von 700 Mill. $ für die Vertragsdauer von 4 Jahren.
1980 Ministerpräsident *Karamanlís zum Staatspräsidenten gewählt* (5.
1981 Mai). – Griechenland wird Vollmitglied der EG (1. Jan.).
18. Okt. Wahlen: Mehrheit für Sozialisten (PASOK), Ministerpräsident *A. Papandréu.*
1982 Erklärung gegen die Stationierung von amerikanischen Mittelstreckenraketen in Griechenland.
1985 Präsidentenwahl: *Sartsetakis* im dritten Wahlgang gewählt (29. März).
2. Juni Vorgezogene Neuwahlen: Regierung Papandreou (PASOK) am 26. Juli. Probleme sind seit 1988 sich häufende Skandale und Ansehensverlust.
1989 Mehrere Wahlen ohne eindeutige Mehrheit: Übergangsregierung Tzannetakis (2. Juli, ND u. Linke), Regierung der Nationalen Einheit Zolotas (5. Nov.).
1990 Unabhängige Übergangsregierung (13. Febr.).
8. April Neuwahlen nach gescheiterter Präsidentenwahl: neue Regierung *Mitsotakis* (ND). Aufgabe: Sanierung der Wirtschaft.
4. Mai Parlament wählt *Karamanlís* zum Präsidenten.

i) Sowjetunion (UdSSR) (Forts. v. S. 562)

Außenpolitik (vgl. auch S. 570 ff., 591 ff.)

Die Ergebnisse des Zweiten Weltkriegs haben der UdSSR neben beträchtlichen territorialen Gewinnen den unbestrittenen Einfluß im Donau- und Balkanraum gebracht. In Europa verfolgt die UdSSR die Ziele des russischen Zarenreichs konsequent weiter, das stets Osteu-

ropa als seine Domäne betrachtet und seinen Einfluß immer weiter auf
Mitteleuropa vorgeschoben hat. In Asien nimmt sie ebenfalls die schon
vom Zarenreich betriebene aktive Politik wieder auf (Rußland als
europäische und asiatische Macht).

1945   Der *Freundschafts- und Bündnispakt mit China* bestätigt der UdSSR
14. Aug.   die militärischen Stützpunkte Port Arthur und Dalni (Dairen) und
die Erhaltung des Status quo in der Mongolischen VR, mit der Moskau 1946 einen Beistandspakt schließt.

1947   *Gründung des Kominform* (Kommunistisches Informationsbüro;
30. Sept.   aufgelöst 1956). Dabei formuliert Shdanow die *Zwei-Lager-Theorie,*
nach der die Welt aufgeteilt ist in ein imperialistisches Lager um die
USA und ein antiimperialistisches um die UdSSR. Die „Zwei-
Lager-Theorie" ist eine ideologische Voraussetzung für den kalten
Krieg.

1950   **30jähriger Freundschafts- und Beistandspakt mit der VR China** ge-
14. Febr.   gen einen Angriff Japans; Rückgabe der Mandschurischen Eisenbahn, Port Arthurs und Dalnis bis 1952.
Gleichzeitig Konsolidierung der sowjetischen Vorherrschaft in Mitteleuropa bzw. Versuch, diese weiter auszudehnen (politische und diplomatische Aktionen in Berlin, Korea und Jugoslawien; s. auch
S. 590f.). In dieser Phase Entwicklung der sowjetischen Atomwaffe als
militärisch-politisches Mittel. – Innere Schwierigkeiten nach Stalins
Tod und die Roll-back-Politik der USA (S. 684) veranlassen Moskau,
eine Ost-West-Entspannung anzustreben (s. S. 571). – Die „Zwei-
Lager-Theorie" wird erweitert durch die *„kompetitive Koexistenz"* als
politischem, militärischem und wirtschaftlichem Wettbewerb mit dem
Kapitalismus, der – gemäß dem Marxismus-Leninismus – vom
Sozialismus überrundet wird.

1955   **Mittelosterklärung:** die UdSSR als Schutzmacht von Unabhängigkeit
16. April   und nationalen Interessen der Staaten im Nahen und Mittleren Osten.

1956   *Beendigung des Kriegszustands mit Japan* und Wiederaufnahme di-
19. Okt.   plomatischer Beziehungen. – Der drohende Zusammenbruch der sowjetischen Herrschaft in Polen und Ungarn fällt mit der *Sueskrise* zusammen: Moskau nützt den politischen Rückschlag der Westmächte,
festigt seine Hegemonie in Osteuropa und droht im Falle einer westlichen Intervention in Ägypten mit dem Einsatz von Raketenwaffen;
wachsendes Prestige der UdSSR bei den arabischen Staaten. Ab 1958
verstärkte internationale Aktivität der UdSSR in Afrika, Asien und
Lateinamerika; Vorschlag, *atomwaffenfreie Zonen* in Mitteleuropa,
auf dem Balkan, im Ostsee- und Adriaraum zu errichten (1959). Die
UdSSR sucht den Status quo zu ihren Gunsten zu verändern und
droht dabei mit ihrer (angeblichen) atomaren Überlegenheit. Höhe-
punkte dieser aggressiven Politik sind Berlin (1958 und 1961), Kongo
(1960) und Cuba (1960/62).
Gleichzeitig mit der politisch-diplomatischen Niederlage in der
Cubakrise beginnt das offene **Zerwürfnis zwischen Moskau und**

Peking. Neben ideologischen Streitfragen (vgl. S. 804) treten immer mehr machtpolitische Gegensätze in den Vordergrund: Moskau weigert sich, der VR China Atomwaffen zu überlassen; Peking verlangt am 8. März 1963 die Rückgabe der an das zaristische Rußland abgetretenen Gebiete (die sog. „Ungleichen Verträge") und spricht der UdSSR die Führung innerhalb der sozialistischen Staaten ab.

1963 In einem „offenen Brief" weist die KPdSU die chinesischen Vorwürfe
14. Juli zurück (auch friedlicher Übergang zum Sozialismus möglich) und bezeichnet die chinesisch-sowjetische Grenze als „historisch entstanden" (2. Sept. 1964).

Bestimmende außenpolitische Linien: Ausgleich mit den USA (und dem Westen) und gleichzeitige Festigung des eigenen Rangs als Weltmacht. Dazu gehören ebenso die sowjetischen Rüstungsanstrengungen (Aufbau der Seestreitkräfte) wie die Abkommen mit den USA seit 1963 (vgl. S. 572).

1967 Im *Nahostkrieg* unterstützt Moskau die arabischen Staaten und festigt seine Stellung im östlichen Mittelmeer, vermeidet jedoch, dadurch einen Konflikt mit den USA auszulösen. – Im *Vietnamkrieg* steht die UdSSR zwar auf seiten Hanois, wünscht aber Verhandlungen, schon um Pekings Einfluß einzudämmen. Sowjetisch-chinesische Grenz-
1969 kämpfe (S. 805). Breshnjew schlägt ein kollektives Sicherheitssystem
7. Juni für Asien vor (UdSSR als eine Art Garant der asiatischen Neutralität).

1971 **Freundschaftsvertrag mit Indien** (in Kraft am 13. Aug.): gegenseitige
9. Aug. Konsultationen im Fall eines Angriffs bzw. drohenden Angriffs auf einen Partner; Respektierung der indischen Bündnisfreiheit seitens der UdSSR. Durch ihre Haltung in den UN während des indisch-pakistanischen Kriegs (S. 786) verhindert die UdSSR ein Eingreifen Washingtons und Pekings zugunsten von Pakistan. – Da die Gegnerschaft zur VR China bleibt und der Kreml die Annäherung Washington–Peking besorgt verfolgt, wünscht er den Abbau der west-östlichen Spannungen in Europa (selektive Entspannung; Vertrag mit der BRD, Berlinabkommen, KSZE und MBFR).

1972 Breshnjew erklärt, die *UdSSR erkenne die Realität der EWG an* und
20. März wünsche gleichberechtigte Wirtschaftsbeziehungen zwischen EWG und RGW. – Die Abgrenzungskampagne gegen den Westen (gegen mehr Freizügigkeit und Informationsaustausch) hat innenpolitische Motive (vgl. S. 640 f.).

Rückschlag der UdSSR im Nahen Osten (Ägypten, S. 725 f.). Bei der *Palästinaregelung* – hier sind nach dem Jom-Kippur-Krieg die USA in diplomatischer Führung – wünscht Moskau Mitspracherecht, daher Forderung, die Genfer Nahostkonferenz wieder einzuberufen (S. 727). Die sowjetische Position deckt sich weitgehend mit der arabischen: Rückzug Israels aus den besetzten Gebieten; Anerkennung der israelischen Grenzen; freie Schiffahrt durch den Sueskanal, den Golf von Akaba und die Straße von Tiran; Gründung eines palästinensischen Staates (Breshnjew am 21. März 1977). – Neue politische

Initiativen in Afrika durch die Unterstützung der Befreiungsbewegung in Angola und der sog. Frontstaaten gegen Rhodesien (S. 745,
718).

1977 Besuch Podgornyjs in Tansania, Sambia und Moçambique. – Seit den
22.–31. 70er Jahren Aufbau sowjetischer Positionen in Somalia am strategisch
März wichtigen Horn von Afrika: *Kontrolle des Roten Meers* und damit der
Zufahrtswege zum Indischen Ozean und zur Straße von Moçambique;
im Bestreben, diese Stellung zu erweitern, Hilfe für Äthiopien; Mißstimmung in Somalia (Besuch Podgornyjs, 2./3. April), dessen bewaffneter Konflikt mit Äthiopien ein empfindlicher Rückschlag für
die sowjetischen Ambitionen ist.

1979 Unterzeichnung des SALT-II-Abkommens zur Rüstungsbegrenzung
Juni mit USA auf einem Gipfeltreffen in Wien (15.–18.).

ab 27. Offizieller militärischer **Einmarsch in Afghanistan** löst weltweiten Pro-
Dez. test aus.

1981 Erklärung zur **Lage in Polen** betont Gültigkeit der „Breshnjew-Dok-
18. Sept. trin": indirekte Invasionsdrohung.

1981/82 US-Sanktionen wegen Kriegsrecht in Polen.

1982 Breshnjew für Verhandlungen mit China zur Verbesserung der Bezie-
24. März hungen. UdSSR für atomwaffenfreie Zone in Europa (27. Jan. 1983).

1983 Abschuß eines Verkehrsflugzeugs (vgl. S. 808), erneute Verschärfung
1. Sept. der Ost-West-Spannungen.

1987 *„Doppelte Null-Lösung".* Gorbatschow schlägt Koppelung von Abrü-
10. April stung atomarer Mittelstreckenwaffen und konventioneller Rüstung
vor.

15. Mai *Abzug* der Roten Armee *aus Afghanistan* (bis Febr. 1989).

1988 Beginn des Abzugs der Mittelstreckenraketen aus der DDR.

1989 *Staatsbesuch* Gorbatschows in *Peking,* erstes *Gipfeltreffen* seit dem
15.–18. Mai Bruch zwischen den beiden Ländern, besiegelt die Politik der Entspannung und Wiederannäherung.

2.–3. Dez. US-Präsident Bush und Gorbatschow treffen sich vor Malta zu
einem informellen Meinungsaustausch.

1990 *„2 + 4-Verhandlungen"* über die Vereinigung der beiden deutschen
Staaten.

1991 Sowjetische Friedensinitiative vor Ablauf des UN-Ultimatums an
Irak zum Rückzug aus Kuwait bleibt ergebnislos.

Innerstaatliches

Der Zentralismus mit einheitlicher Befehlsgewalt wird nach 1945
noch stärker ausgeprägt. Die Befugnisse des Obersten Verteidigungsrates gehen auf Politbüro und Parteisekretariat über; **Stalin** behält seine **beherrschende Stellung** in Staat und Partei, die zu einer
Massenpartei tendiert (allgemeines, gleiches und direktes Wahlrecht
für den Obersten Sowjet 1945). Zunehmende Bedeutung der Staatsverwaltung.

1952 Der XIX. Parteitag der KPdSU trägt dem Dualismus zwischen Partei

5.–15. Okt.	und Staat Rechnung. Der Zusatz „Bolschewiki" zur KPdSU entfällt. – Entwicklung der Atomwaffe.

1953
5. März **Stalin gestorben.** Den Vorsitz im Ministerrat übernimmt am Tage danach G. M. *Malenkow; Molotow* wird Außen-, *Berija* Innenminister. Marschall *Woroschilow* löst Schwernik im Präsidium des Obersten Sowjets ab. – Das 10köpfige **ZK-Präsidium der KPdSU führt** als Sekretär seit 13. Sept. Nikita S. **Chruschtschow.**

10. Juli Berija wird wegen Hochverrats unter Anklage gestellt, verurteilt und im Dezember erschossen. *Unter Malenkow „neuer Kurs":* Reformen in Wirtschaft, Staat und Verwaltung (kollektive Führung; der direkte Einfluß von Staat und Partei auf die Gesellschaft wird gemildert).

1955
8. Febr. Malenkow legt den Vorsitz des Ministerrats zugunsten N. A. *Bulganins* nieder. Auseinandersetzung über Stalinismus und „neuen Kurs".

1956
14.–25. Febr. Auf dem **XX. Parteitag der KPdSU** hält Chruschtschow eine Geheimrede über den Mißbrauch der Macht durch Stalin. Er fordert Beseitigung des Personenkults und Rückbesinnung auf Lenin. Wieder stärkere Position der Partei innerhalb des Staates.

1957
5. Febr. Einheitliche Kodifizierung des *Strafrechts:* Abschaffung der Sippenhaft; Einschränkung der Deportationen (1958). – Weitere Auseinandersetzungen um die „Entstalinisierung".

4. Juli Malenkow, Molotow, Kaganowitsch und Schepilow werden aus den Führungsgremien der Partei ausgeschlossen.

Bereits 1953 verfügt die UdSSR über Wasserstoffbomben; Umrüstung auf nukleare und thermonukleare Waffen. An Mannschaftsstärke ist die UdSSR zwar den USA überlegen, doch für einen großen atomaren Angriff äußerst verwundbar. Mit dem Start des ersten Erdsatelliten (4. Okt. 1957) *Entwicklung interkontinentaler Raketen* eingeleitet.

1958 Mit dem Rücktritt Bulganins am 27. März wird **Chruschtschow** auch **Ministerpräsident.**

1959 XXI. Parteikongreß der KPdSU (27. Jan.–5. Febr.): Aufbau der kommunistischen Gesellschaft („jeder nach seinen Fähigkeiten, jeder nach seinen Bedürfnissen").

1960
7. Mai Leonid I. *Breshnjew* Vorsitzender des Präsidiums des Obersten Sowjets (= *Staatsoberhaupt).* Infolge Widerstands der Stalinisten in den mittleren Führungskadern dritte Phase der Entstalinisierung.

1961
30. Juli Das neue **Parteiprogramm** ersetzt das alte von 1919; Vermeidbarkeit des Krieges, friedliche Koexistenz; die KPdSU habe sich zu einer „Volkspartei", die UdSSR zu einem „Volksstaat" entwickelt. Das *Parteistatut* (5. Aug.) verwirft „ultralinke" und „ultrakonservative" Richtungen, läßt aber Reformkommunismus zu. Der XXII. Parteitag der KPdSU (Okt.) billigt Programm und Statut.

1964
14. Okt. **Chruschtschow verliert seine Ämter in Staat und Partei** († 1971); neben wirtschaftlichen Fehlentscheidungen war wohl die Cubakrise die Ursache. **Parteichef** wird **Breshnjew, Ministerpräsident** Aleksej N. **Kossygin.**

1965
9. Dez.
Rücktritt von A. Mikojan († 1978) als *Staatsoberhaupt* (seit 1964 im Amt), Nachfolger Nikolaj W. *Podgornyj*. – Die neue Sowjetführung greift die konservative Kaderpolitik wieder auf.

1966
29. März –
8. April
Restaurativer Kurs auf dem XXIII. Parteitag der KPdSU: straffe Kulturpolitik (gegen „Verbürgerlichung"); Festigung der Parteiautokratie; Generalsekretär der KPdSU wird Breshnjew (zugleich Mitglied des Politbüros). Rehabilitierung Stalins. – *Innere Opposition* (z. T. das sog. Establishment; jüngere Generation; Intellektuelle; *Sacharow-Memorandum* 1968 und 1970) fordert Verwirklichung der Menschenrechte und der Grundfreiheiten; Prozesse und Verurteilungen. Auch innerhalb der Führungsspitze latente Richtungskämpfe (Auswirkungen der ČSSR-Intervention).

1971
30. März –
9. April
Auf dem *XXIV. Parteitag* wird eine straffere Kontrolle durch die KPdSU in allen staatlichen und gesellschaftlichen Bereichen angekündigt, desgleichen eine verstärkte ideologische Erziehungsarbeit und der Umtausch der Parteibücher.

1972
21./22. Dez.
Feiern zum *50. Jahrestag der Gründung der UdSSR.* Die „multinationale Sowjetgemeinschaft" wird hervorgehoben. – Das Nationalitätenproblem ist allerdings unbewältigt: gegen die Russifizierungspolitik wenden sich u. a. (mit religiös-nationalen Motiven) Juden (Leningrader Prozeß Ende 1970), Letten, Litauer, Ukrainer, Krimtataren. – Interne Auseinandersetzungen um den politischen Kurs: Entspannung (aus Staatsraison) oder Vorrang der Ideologie (Ausnutzung der Wirtschaftskrise in der westlichen Welt im Sinne der weltrevolutionären Bewegung). Breshnjews Auffassung, Entspannung nach außen und Abgrenzung nach innen, setzt sich durch. Schrittweise Ausschaltung von Breshnjews Kritikern aus den Führungsgremien; Festigung von Breshnjews Stellung in Partei und Staat (XXV. Parteitag der KPdSU, 24. Febr.–5. März 1976). *Podgornyj verliert* seinen *Sitz im Politbüro,* dem höchsten Parteigremium († 1983).

1977
24. Mai

16. Juni
Breshnjew wird vom Obersten Sowjet zum **Staatsoberhaupt** gewählt.

7. Okt.
Verabschiedung der neuen **Verfassung:** Stellung der Partei als „Vorhut des Volkes" gestärkt.

1980
22. Jan.
Der Regimekritiker und Physiknobelpreisträger *A. Sacharow* wird aus Moskau nach Gorki verbannt.

23. Okt.
Rücktritt von Regierungschef **A. Kossygin** († 18. Dez.), Nachfolger **N.**

1981
A. Tichonow. Etwa 200 Dissidenten bis Jan. verhaftet.

1982
10. Nov.
Tod Breshnjews. J. Andropow, langjähriger Geheimdienstchef, neuer **Generalsekretär** der KPdSU (12. Nov.).

1983
Juni
Andropow übernimmt Leitung des Verteidigungsrates (9. Mai) und wird *Staatsoberhaupt,* doch hindert ihn eine schwere Erkrankung in wachsendem Maße an der effektiven Machtausübung.

1984
9. Febr.
Tod Andropows. Generalsekretär wird der aus dem Parteiapparat hervorgegangene **K. Tschernenko** (13. Febr.).

1985
Nach Tod Tschernenkos wird **Michail Gorbatschow** neuer Generalsekretär der KPdSU (10. März); *Andrej Gromyko* wird Staatsoberhaupt (2. Juli).

1986   Reaktorunglück in Tschernobyl (26. April).
18. Dez.   Unruhen in Alma Ata, Beginn offener Nationalitätenkonflikte in der UdSSR.
1988   XIX. Parteikonferenz der KPdSU beschließt Verfassungsänderungen: Wahlen zum Kongreß der Volksdeputierten mit Oberstem Sowjet als ständigem Parlament sowie Lokal- und Republikwahlen für 1989.
1. Okt.   *Gorbatschow* wird *Staatsoberhaupt.*
1989   Zahlreiche Sowjetrepubliken erklären ihre Selbständigkeit.
1990   Massenkundgebung in Moskau gegen die Alleinherrschaft der KPdSU (4. Febr.).
27. Febr.   Oberster Sowjet und Kongreß der Volksdeputierten beschließt *Präsidialamt* mit weitgehenden Vollmachten, Gorbatschow wird Präsident.
2.–13. Juli   Auf dem XXVIII. Parteitag der KPdSU Wiederwahl von Gorbatschow als Generalsekretär; Kommunistische Parteien der Unionsrepubliken werden als selbständig erklärt; Austritt von Boris *Jelzin,* Präsident der Russischen Sowjetrepublik, und der Delegierten der „Demokratischen Plattform" aus der KPdSU.
15. Okt.   Friedensnobelpreis für Gorbatschow.
21. Dez.   Rücktritt von Außenminister Schewardnadse.
1991   Lage in den baltischen Ländern spitzt sich zu. Aufmarsch sowjetischer Truppen in Wilna und Riga.
Jan.
Febr./   Volksabstimmungen in Litauen, Lettland und Estland ergeben Mehrheit für Unabhängigkeit.
März

Wirtschaftliche und soziale Entwicklung

1946   *Vierter Fünfjahrplan* (1946–1950) genehmigt; umfangreiches Wohnungsbauprogramm und fünf Großbauprojekte: die Großkraftwerke bei Kujbyschew und Stalingrad an der Wolga (eröffnet 1960), das Kraftwerk Kachowka am Dnjepr, der Turkmenische Kanal in Zentralasien und der Wolga-Don-Kanal (Leninkanal, fertig 1952).
18. März
1950   Um zusammen mit den Ostblockstaaten einen autarken Wirtschaftsblock zu errichten, wird der *Goldrubel eingeführt* (1 Rubel = 0,222 g Feingold); der Rubel ist nicht mehr vom Goldgehalt des $ abgeleitet. Damit ist die Grundlage geschaffen für einen Rubelblock neben dem Sterling- und dem Dollarblock.
1. März
Unausgewogenheit auf den verschiedenen wirtschaftlichen Sektoren und ungleichmäßiges Tempo der Expansion: forciert wird der Ausbau der Schwerindustrie. Die Landwirtschaft stagniert, obwohl sie ca. 40% aller Arbeitskräfte beschäftigt. Die jährliche Zuwachsrate der gesamten Industrieproduktion beträgt 1945–1955 rd. 13%; mit der fortschreitenden Industrialisierung verlangsamt sich das Wachstumstempo (1958–1965 ca. 8,6% im Jahresdurchschnitt).
Im „neuen Kurs" Malenkows (S. 647) soll der Lebensstandard der

Bevölkerung verbessert werden; er überfordert jedoch das Land wirtschaftlich. Nach Malenkows Sturz Hauptgewicht wieder auf der Schwerindustrie, doch kann der „neue Kurs" nicht völlig gebremst werden.

1956 Invalidenrenten, Krankengeld (Bevorzugung der Arbeiter in der Schwerindustrie) und Altersrenten werden gesetzlich festgelegt (durchschnittlich 50–100% des Lohns).

1957 Erschließung Sibiriens, Südostrußlands und des Urals angeordnet.

1958 *Reform der Kolchosen:* Auflösung von Maschinen-Traktoren-Statio-
26. Febr. nen; Aufhebung der Pflichtablieferung landwirtschaftlicher Produkte und der Naturalentlohnung (Juni).

1960 Gesetz über die Abschaffung der Lohn- und Einkommensteuer für
7. Mai Arbeiter und Angestellte; Gesetz über die Umstellung auf den 7- bzw. 6-Stunden-Tag für alle Arbeiter und Angestellten.

1961 Auf dem XXII. Parteitag (S. 647) *Zwanzigjahrplan* beschlossen: vollständige Mechanisierung aller Produktionsvorgänge und Automation in allen Wirtschaftszweigen. – Die angespannte Wirtschaftslage (der Produktionsapparat ist veraltet, Planziffern müssen z. T. zurückgesteckt werden, die Ernten sind unzureichend) trägt ebenfalls zum Sturz Chruschtschows bei.

1965 Gesetz, das die *Rückkehr zur zentralen Lenkung* der Wirtschaft durch
1./2. Okt. die Ministerien bestimmt (Abschaffung der 1957 eingeführten regionalen Wirtschaftsleitung). Gleichzeitig wird eine vorsichtige *Liberalisierung* versucht: Ein System „persönlicher Anreize" (Prämien, Gewinnanteil) bei Planerfüllung soll die Mitarbeiter anspornen (sog. Liberman-Plan).

1967 Die ersten 390 Staatsgüter (Sowchosen) werden in die neue Wirt-
1. Juli schaftsform übergeführt. Durch das Statut vom 28. Nov. 1969 erhalten die Kolchosen ähnliche Befugnisse wie die Sowchosen. – Die Wirtschaftsreform ist zwar erfolgreich angelaufen, wird aber durch die verstärkte Aufrüstung und durch das weiterbestehende bürokratische System („Allmacht des Plans") gehemmt. Die UdSSR ist zwar der zweitgrößte Industriestaat der Welt, hat jedoch den Anschluß an das „technotronische" Zeitalter nicht gefunden; der technologische Nachholbedarf legt eine Öffnung nach Westen nahe.

1971 Auf dem XXIV. Parteitag (s. S. 648) wird für den neuen *Fünfjahrplan* (1971–1975) eine Förderung der Konsumgüterindustrie und der Landwirtschaft angekündigt; der Primat der Schwerindustrie bleibt. – Die Preise für eine Reihe von Konsumgütern werden gesenkt (März 1971); die Mindestrenten werden angehoben (Juli 1971). Die modifizierten Planziffern werden nicht erreicht; Ende 1972 katastrophale Lage in der Landwirtschaft.

1973 Wirtschaftsreform beschlossen; Dezentralisierung der Industrie.
2. April Landwirtschaftsreform (17. Dez.): u. a. Zusammenlegen von Kolchosen und Sowchosen zu neuen Produktionseinheiten, die nach dem Gewinnprinzip arbeiten sollen. – Die Konsumwünsche der Bevölkerung werden nicht befriedigt, da – als Konzession an die „Dogmati-

ker" – Schwer- und Rüstungsindustrie ihren Vorrang behalten (XXV. Parteitag).

1979 Privatsektor der Landwirtschaft (jede Kollektiv-Familie darf 0,5 ha Land bebauen) bringt vergleichsweise hohe Erträge.

1979/80 US-Getreide-Embargo wegen Afghanistan-Invasion.

1981 Fünfjahresplan (bis 1985) kalkuliert die niedrigste Steigerung des Nationaleinkommens seit 1945.

1981/82 US-Sanktionen (v. a. Technologie) wegen Kriegsrecht in Polen.

1987 Privatwirtschaft wird legalisiert.

1988 Neues Unternehmensgesetz tritt in Kraft: Eigenverantwortlichkeit
1. Jan. der Unternehmen.

Okt. Agrarproduktion liegt weit unter den Planzielen; Inflation.

1989 Streikbewegung in den Kohlerevieren.

1990 Ökonomische Krise, Gefahr einer Hungersnot; Hilfsaktionen aus
ab Nov. Westeuropa.

k) Großbritannien (Forts. v. S. 562)

Innenpolitik und Wirtschaft

Das Britische Empire hat auch im Zweiten Weltkrieg seinen inneren Zusammenhalt bewiesen, wenn es auch dem erstarkenden Nationalbewußtsein seiner überseeischen Länder Rechnung tragen muß. Fast alle Kolonien erhalten die Selbständigkeit, bleiben jedoch im Commonwealth, das durch die britische Krone symbolisiert wird.

1945 Seit Juli *Labourregierung* unter C. R. *Attlee.*

1947 Die Indische Union und Pakistan werden unabhängig im Rahmen des
15. Aug. Commonwealth; der englische König verzichtet auf den Titel „Kaiser von Indien".

Mit Billigung der UN behält England zunächst die Treuhandschaft über Tanganjika, Togo und Kamerun; Burma scheidet 1947 aus dem britischen Reichsverband aus; Ceylon wird 1948 Dominion. In den übrigen Kolonialgebieten setzt die britische Regierung eingeborene Behörden ein bzw. zuerkennt innere Autonomie.

Umfassende Verstaatlichung (Bank von England, Kohlenbergbau, Eisenbahn, Eisen- und Stahlindustrie).

1948 Das neue *Pflichtversicherungssystem* umfaßt u. a. den staatlichen
5. Juli Gesundheitsdienst, Arbeitslosigkeit, Alters-, Invaliden- und Witwenrenten.

Wirtschaftlicher Rückgang infolge veralteter Produktionsmethoden (bei Unternehmern und Gewerkschaften Abneigung gegen Moderni-
1949 sierung).

18. Sept. Der *Abwertung des Pfundes* folgen die Commonwealthstaaten und andere Länder des Sterlingblocks. – Unter der Labourregierung entscheidet sich Großbritannien für den Aufbau einer nuklearen Abschreckungsmacht.

1951
1. Juli
Der *Colomboplan* läuft an, eine Entwicklungshilfe für siebzehn Länder Asiens; Dauer des Programms bis 1976 vorgesehen.

3. Nov.
Die Regierung Attlee wird nach dem konservativen Wahlsieg von der *Regierung Churchill* abgelöst; Außenminister Anthony Eden.

1952
Nach dem Tod Georgs VI. am 6. Febr. folgt seine Tochter **Elisabeth II.**

Die Konservativen leiten eine vorsichtige Reprivatisierung der Wirtschaft ein.

1955
5. April
Churchill tritt als Premier und als Führer der Konservativen **zurück** († 1965); sein *Nachfolger* ist A. *Eden* († 1977).

1957
9. Jan.
Eden muß wegen der Opposition gegen seine Ägyptenpolitik (S. 724) *zurücktreten. Nachfolger* wird H. *Macmillan.* Die konservative Regierung bemüht sich mit wechselndem Erfolg, die Wirtschaft zu stabilisieren. Die in die EFTA (S. 586) gesetzten Hoffnungen erfüllen sich nicht; Großbritannien bewirbt sich daher seit 1961 um Aufnahme in die *EWG*, um nicht einem überlegenen kontinentalen Wirtschaftsblock gegenüberzustehen (S. 587); der EWG-Beitritt bleibt allerdings bei einigen Gruppen der Konservativen und der Labour Party umstritten. Die angespannte Wirtschaftslage zwingt London, die überseeischen Garnisonen zu verringern und die Streitkräfte zu reduzieren; Umrüstung auf Atomwaffen (1957); Abschaffung der allgemeinen Wehrpflicht (1960).

1963
18. Okt.
Infolge parteiinterner Gegensätze *Rücktritt von Macmillan; Nachfolger Sir A. Douglas-Home.*

1964
Okt.
Die *Unterhauswahlen* gewinnt mit knapper Mehrheit die *Labour Party. Premierminister H. Wilson.* Sieg bei den Wahlen im März 1966. Im Gegensatz zu 1945 nimmt die Labourregierung von einer Verstaatlichung der Industrie Abstand, ausgenommen 1967 die Stahlindustrie.

In dem Maße, in dem die frühere britische Weltgeltung schwindet, ändert sich auch die britische *Stellung im Commonwealth:* Großbritannien dominiert nicht mehr, es ist ebenfalls nur Glied einer losen Vielvölkergemeinschaft mit unterschiedlichen Interessen. Weder in Südrhodesien noch im nigerianischen Bürgerkrieg hat London Einfluß (S. 745, 739). Ein besonderes Problem bildet die *Einwanderung farbiger Commonwealthbürger:* sie wird auf eine jährlich festgelegte Quote begrenzt (29. Febr. 1968); die in Großbritannien lebenden Farbigen werden gesetzlich vor Rassendiskriminierung geschützt (Juli 1968). – Die Räumung der Positionen „östlich von Sues" (Aden, Persischer Golf) wird angekündigt.

Die wirtschaftliche Krise und die Schwäche des Pfundes Sterling hält an. Die Labourregierung versucht, die anhaltende Inflation und die Lohn-Preis-Spirale unter Kontrolle zu bringen, doch Unternehmer und Gewerkschaften (obwohl mit der Labour Party verbunden) widersetzen sich vielfach den Regierungsmaßnahmen. 1966 friert die Regierung Löhne und Preise ein, Steuern werden erhöht (1966 und 1968), die öffentlichen Ausgaben (u. a. Verteidigung) gekürzt

1967
18. Nov.
(1968). Die internationale Währungslage (S. 580) trägt dazu bei, daß das *Pfund Sterling um 14,3% abgewertet* wird. – 1969 Erfolg der britischen Zahlungsbilanz und bessere Exporterlöse; Lockerung der Steuerschraube und der Kreditbeschränkungen; infolgedessen erneutes Ansteigen von Löhnen und Preisen.

1970
18. Juni
Niederlage der Labour Party bei den *Unterhauswahlen. Konservatives Kabinett* unter E. *Heath* (20. Juni).

1971
14.–22. Jan.
Commonwealthkonferenz in Singapore. Kontroversen wegen britischer Waffenlieferungen an die Südafrikanische Republik (S. 754); London macht das Recht jedes Mitgliedstaates auf eigene nationale Politik geltend. – Umstritten ist auch der EWG-Beitritt Großbritanniens (es geht um die Vorzugszölle für die Commonwealthpartner); London sagt zu, bis Ende 1974 alle laufenden vertraglichen Verpflichtungen einzuhalten (Juni 1971). – Trotz haushalts- und finanzpolitischer Maßnahmen nehmen die wirtschaftlichen Schwierigkeiten zu (mehr als 1 Mill. Arbeitslose; Konkurse großer Firmen, die der Staat z. T. übernehmen muß). Gegen die zahlreichen Streiks (1971:

5. Aug.
2263 Streiks) *Gesetz über die Neuregelung des Verhältnisses zwischen Gewerkschaften und Unternehmern* (Wilson hatte schon vergeblich versucht, es durchzusetzen): bei Streikdrohungen „Abkühlungsfrist" von 60 Tagen, Urabstimmung vorgeschrieben. Der Industrial Relations Act (in Kraft am 28. Febr. 1972) legt fest, daß wilde Streiks mit Wiedergutmachungszahlungen bestraft werden.

28. Okt.
Das **Parlament stimmt dem EWG-Beitritt** grundsätzlich **zu;** die Mehrheit der Labour Party (auch einige Konservative) lehnt ihn wegen der Beitrittsbedingungen ab.

1972
23. Juni
Starke spekulative Geldbewegungen gegen das Pfund Sterling. *Die Regierung gibt den Pfund-Kurs frei.* Die Devisenbeschränkungen werden auf den Verkehr mit Ländern des Sterlingblocks ausgedehnt. Durch die Wechselkursfreigabe *Abwertung des Pfundes* gegenüber der DM um 8%, gegenüber dem Dollar um 6%. – Da die Preise um

6. Nov.
8%, die Löhne um rd. 17% steigen, Stopp für Löhne, Preise, Mieten und Dividenden erlassen. Der Lohn- und Preisstopp wird am 17. Jan. 1973 nochmals um 60 Tage verlängert; dann staatliche Kontrollbehörde eingesetzt. – Streikwellen 1973.

1974
28. Febr.
Unentschiedener Ausgang der Unterhauswahlen; Minderheitsregierung der Labour Party unter *Wilson,* der nach erneuten Wahlen (10. Okt.) eine knappe Mehrheit im Parlament erhält. Flügelkämpfe innerhalb der Labour Party und der Konservativen (anstelle von Heath übernimmt Margaret Thatcher die Parteiführung, Febr. 1975). – *Sozialvertrag* zwischen Regierung, Gewerkschaften und Arbeitgebern (u. a. Planungsvereinbarungen, Preiskontrollen, begrenzte Lohnerhöhungen, März 1974); Antiinflationsprogramm (Juli 1975).

1976
16. März
Rücktritt Wilsons als Premier und Führer der Labour Party; *Nachfolger James Callaghan* (5. April). – Verstaatlichung der Werft- und Flugzeugindustrie (Gesetz vom 30. Juli). Verluste der Labour Party bei Nachwahlen und Abstimmungsniederlagen.

1977
23. März
Vereinbarung zwischen der Regierung und der Liberalen Partei: u. a. regelmäßige Konsultationen, Einrichtung eines Beratungsausschusses betr. Gesetzesinitiativen. – Anhaltende Wirtschaftsrezession, Talfahrt des britischen Pfunds, Arbeitslosigkeit (6%); Erwartungen setzt man auf die Erschließung der Erdölfelder in der Nordsee (die erste Ölleitung von Forties Field im Nov. 1975 in Betrieb genommen). Der Sozialvertrag, der am 31. Juli 1977 ausläuft, wird von den Gewerkschaften nicht mehr erneuert.

1979
3. Mai
Unterhauswahlen: Konservative erringen absolute Mehrheit. *M. Thatcher* erster weiblicher Premier. Drastische Sparmaßnahmen, Senkung der Einkommensteuer, Änderung des Streikrechts, Hauptaufgabe: Sanierung der Wirtschaft.

1980
Rücktritt J. Callaghans vom Vorsitz der Labour-Party, Nachfolger wird M.Foot (10. Nov.).

1981
26. März
16. Sept.
Nach Parteitag (24. Jan.) *Spaltung der Labour-Party;* gemäßigter Flügel gründet *Sozialdemokratische Partei (SDP), Vorsitz R. Jenkins;* Wahlbündnis mit den Liberalen.

April/
Aug.
Straßenschlachten zwischen farbigen, arbeitslosen Jugendlichen und rechtsextremistischen Gruppen („Skinheads") in London und zahlreichen anderen Städten.

1982
Jan.
Abschwächung des streng monetaristischen Wirtschaftskurses; *ca. 4 Mill. Arbeitslose.* – Falkland-Krise stärkt Regierung Thatcher (ab April).

1983
9. Juni
Unterhauswahlen bestätigen Regierung Thatcher; Zwei-Parteien-System trotz beinahe gleicher Stimmenzahl für Labour und SDP.

Sept.
Okt.
D. Owen wird neuer Vorsitzender der SDP, *N. Kinnock* der Labour-Party.

1984
12. März
Ausbruch eines *Bergarbeiterstreiks,* der bis zu seinem Ende im März 1985 die gesamte britische Industrie in Mitleidenschaft zieht.

1986
Dez.
Im Rahmen der Privatisierungspolitik Verkauf des staatlichen Energieunternehmens British Gas für etwa 15 Mrd. DM.

1987
11. Juni
Bei den *Unterhauswahlen* setzen sich die Konservativen mit 375 von 650 Sitzen durch.

1988
3. März
Vereinigung der Mehrheit der SDP und der Liberalen Partei zur *SLDP* (Soziale und Liberale Demokraten).

11. April
Sozialreform mit massiven Einsparungen zu Lasten der Leistungsempfänger tritt in Kraft.

1989
April
Mit Michail Gorbatschow besucht erstmals seit 1956 ein sowjetischer Staats- und Parteichef Großbritannien.

1990
1. April
Schwere *Unruhen* nach Inkrafttreten der neuen Kommunalsteuer *(Poll Tax).*

22. Nov.
Nach vehementer Kritik an ihrer Innen-, Wirtschafts- und Europapolitik *Rücktritt Thatchers.* Die Regierung übernimmt *John Major.*

In **Nordirland** (staatsrechtlich zu Großbritannien, doch innere Autonomie) herrscht seit 1968 offener **Bürgerkrieg**. Die katholische Minderheit lehnt sich gegen die politische, wirtschaftliche und soziale Diskriminierung auf (Bürgerrechtsbewegung, Bernadette Devlin) und fordert Anschluß an die Republik Irland; Terroranschläge des katholischen Geheimbunds IRA. Die Protestanten sind nicht minder militant (Kampfbund UDA und Vanguard-Bewegung); bewaffnete Zusammenstöße, so daß britische Truppen die Verantwortung für die allgemeine Sicherheit übernehmen (19. Aug. 1969). Trotzdem Gewaltakte und zahlreiche Todesopfer (1969 bis Sept. 1972: mehr als 520 Menschen). Vermittlungsversuche scheitern ebenso wie Maßnahmen zugunsten der irischen Katholiken. Am 24. März 1972 übernimmt London selbst die Regierung in Nordirland (Minister W. Whitelaw). Die IRA spaltet sich in einen provisorischen (radikalen) und in den offiziellen (gemäßigten) Flügel. Vereinigte Loyalistische Front (gegen die britische Befriedungspolitik). – Bei der *Volksabstimmung* am 8. März *1973 Mehrheit für den Verbleib bei Großbritannien;* die Katholiken boykottieren die Abstimmung. – Die britische Regierung löst am 5. März 1976 die Verfassunggebende Versammlung auf (sie wurde am 1. Mai 1975 gewählt) und setzt die Direktherrschaft über Nordirland fort. Anhaltender Terror von Extremisten auf beiden Seiten. 1969–1981 werden 2199 Todesopfer gezählt.
Die Unterzeichnung des Nordirlands-Abkommens (15. Nov. 1985) löst starke Protestkundgebungen aus.

Außenpolitik

Aufgrund seiner traditionellen Gleichgewichtspolitik vermeidet es Großbritannien zuerst, sich allzu eng an den europäischen Kontinent zu binden, wenn es auch die westeuropäische Integration befürwortet (Churchills Züricher Rede vom 19. Sept. 1946). Das enge Verhältnis zu den Vereinigten Staaten besteht nach dem Krieg weiter, doch ist England dabei der schwächere Partner, da es auf die amerikanische Hilfe angewiesen bleibt, wenn es auch in manchen außenpolitischen Fragen einen eigenen Kurs verfolgt. Die britische Haltung in der Korea- und Indochinakrise ist hauptsächlich von Commonwealthrücksichten bestimmt. In Korea lehnt London den Einsatz von Atomwaffen ab, in Indochina eine gemeinsame anglo-amerikanische Intervention. 1950 erkennt Großbritannien die VR China an.
Der **Nahe und Mittlere Osten** ist seit je ein Schwerpunkt der britischen Politik (Sicherung des Seewegs nach Indien und der Erdölinteressen).

1951 Die Verstaatlichung der Erdölindustrie in Iran trifft die Anglo-Iranian Oil Company.

1954 Im Abkommen mit Ägypten verpflichtet sich London zum Rückzug
19. Okt. seiner Truppen aus der Sueskanalzone; die Konvention von Konstantinopel (1888) – freie Schiffahrt durch den Kanal – wird bestätigt.

1955 Im Beitritt zum Bagdadpakt (30. März) sieht London eine Möglichkeit, seine Position im Mittleren Osten zu festigen. Durch die Sueskrise 1956 (S. 706; unklare Haltung der USA) wird die britische Geltung erschüttert. Jordanien kündigt den Militärpakt von 1948; Abzug der britischen Truppen vertraglich vereinbart (13. Febr. 1957).

Als Faktor ihrer Außenpolitik betrachtet die britische Regierung die *unabhängige nukleare Abschreckungsmacht* und hat daher Vorbehalte gegen eine multilaterale Atomstreitmacht der NATO (S. 572).

1962 Allerdings ist Großbritannien aus finanziellen Gründen kaum in der Lage, selbst Trägerraketen zu entwickeln und zu bauen und ist somit
18.–21 Dez. auf die USA angewiesen. **Konferenz auf den Bahamas** zwischen Kennedy und Macmillan. Da die USA die Produktion der Skybolt-Rakete einstellen (wichtig für die britischen V-Bomber), ist die unabhängige britische Atomstreitmacht praktisch hinfällig. Ankauf von amerikanischen Polaris-Raketen für die britischen U-Boote (6. April 1963).

Der Entschluß, der EWG beizutreten, die Konferenz auf den Bahamas, der Abbau der Verpflichtungen „östlich von Sues" (S. 652) und der beginnende Dialog USA–UdSSR (S. 572) bedeuten einen Einschnitt in der britischen Außenpolitik: einerseits den Verzicht auf die „besonderen Beziehungen" zu den USA und auf die britische Mitsprache bei weltpolitischen Fragen, andererseits die Hinwendung zu Europa (S. 587). Nach dem Rücktritt de Gaulles ist der Weg für eine neue EWG-Initiative frei (S. 587). Premierminister Heath zählt zu den „Europäern" und sieht die Aufgabe Londons darin, Europa zur gebührenden Rolle in der Welt zu verhelfen.

1971 Besuch von Heath bei Pompidou. Einvernehmen über das französische
19.–21. Mai sche Europakonzept: Identität der Nationalstaaten innerhalb der Gemeinschaft.

Zu Cypern und Rhodesien s. S. 737, 724.

1977 Internationale Stützungsmaßnahmen für britische Wirtschaft mit ca.
1978 8 Mrd. $ Krediten. – Beginn der **EG-Vollmitgliedschaft** (1. Jan.).

1982 Argentinien besetzt die britische Kronkolonie Falkland-Inseln. Be-
1./2. April ginn des **Falkland-Krieges** im Südatlantik (1. Mai), Verluste auch der britischen Flotte (vgl. S. 716).

1984 Großbritannien und die VR China paraphieren ein Abkommen über
26. Sept. den **Sonderstatus Hongkongs** nach dessen Rückgabe an China 1997.

l) Irland/Eire (Forts. v. S. 563)

Im Mittelpunkt der Politik steht das Verhältnis zu Großbritannien bzw. der Anschluß Nordirlands an die Republik.

1949 Am Jahrestag des Osteraufstands 1916 **scheidet Irland formell aus**
18. April **dem Verband des Commonwealth aus.** Das britische Parlament verabschiedet daraufhin die *Ireland Bill,* eine Garantie des gegenwärti-

gen Status der Nordprovinzen. – Irland ist Mitglied des Europarats und der UN.

Seit 1954 illegale IRA (S. 655), deren Tätigkeit die Dubliner Regierung zeitweise unterbinden kann (die wirtschaftliche Verbindung zwischen Irland und Nordirland – u. a. Eisenbahnwesen, Energieversorgung – darf nicht gefährdet werden).

1959 Eamon **de Valera** zum **Staatspräsidenten** gewählt. – Gemeinsam mit
17. Juni Großbritannien ersucht Irland 1961, 1967 und 1970 um Aufnahme in die EWG.

Als in Nordirland der Bürgerkrieg ausbricht, steht Dublin zwar vorbehaltlos hinter der Bürgerrechtsbewegung, wünscht aber keinen Bruch mit London, sondern den Anschluß Nordirlands auf friedlichem Weg (Kritik der IRA, die auch in Irland Terrorakte verübt).

1972 Beim Volksentscheid über den **EWG-Beitritt** (S. 587) stimmen 85 %
10./11. Mai der Wahlberechtigten mit „Ja".
8. Dez. In einer Volksabstimmung wird die Abschaffung der in der Verfassung verankerten Sonderrechte der katholischen Kirche gebilligt. Gleichzeitig Herabsetzung des Wahlalters. – Die *Regierung J. Lynch* (seit Nov. 1966 im Amt; Partei Fianna Fáil) hat bereits durch den Austritt rechtsorientierter Kabinettsmitglieder (Grund: Terroristengesetz gegen die IRA am 2. Dez. 1972) die breite Regierungsbasis
1973 eingebüßt. Lynch löst 1973 das Parlament auf. Die *Parlamentswahlen*
1. März gewinnt die *Fine Gael* (konservativ) unter L. *Cosgrave*, der mit der Labour Party Irlands ein Wahlbündnis eingegangen ist. Kabinett Cosgrave (14. März).

Staatspräsidenten nach de Valera († 1975): Erskine Childers, Mai 1973 – Nov. 1974 (Protestant; † 1974); Nov. 1974 – Okt. 1976 Cearbhall O'Dalaigh; seit Dez. 1976 Patrick Hillery.

1977 Wahlsieg der *Fianna Fáil* (konservativ) unter *Lynch* (16. Juni).
1979 Rücktritt Lynchs (Dez.), *Ch. Haughey* wird Premier.
1981 *Neuwahlen:* Koalitionsregierung *Fine Gael/Labour* unter *G. FitzGe-*
Juni *rald.*
1982 Nach vorgezogenen *Neuwahlen* (18. Febr.): *Fianna Fáil* bildet unter
9. März *Ch. Haughey* Minderheitskabinett.
24. Nov. Wahlen nach Regierungssturz durch Mißtrauensantrag: *FitzGerald*
14. Dez. wieder Premier.
1983 Irish National Liberation Army (INLA) wird verboten (5. Jan.).
1985 *Nordirland-Abkommen* mit Großbritannien schafft gemeinsame Re-
15. Nov. gierungskommission mit ständigem Sekretariat in Belfast.
1987 Nach Bruch der Regierungskoalition Unterhauswahlen: Ministerprä-
17. Febr. sident wird *Charles Haughey.*

m) Frankreich (Forts. v. S. 564)

Innenpolitik und Wirtschaft

Frankreich vermag sich am Ende des Zweiten Weltkriegs noch als einer der „Großen Vier" zur Geltung zu bringen, doch kann es sich nur zögernd den veränderten innen- und außenpolitischen Erfordernissen anpassen. Eine latente Staatskrise ist die Folge.

1945   Im Zusammenhang mit der Liquidation des Vichy-Regimes werden am 14. Aug. Pétain und am 4. Okt. Laval wegen Feindbegünstigung und Hochverrats zum Tode verurteilt. Pétain, dessen Urteil in lebenslängliche Haft umgewandelt wird, stirbt 1951; Laval wird hingerichtet.

4. Okt.   Einführung einer *Pflichtversicherung* ähnlich der englischen. Da die Wirtschaft infolge des Krieges schwer gelitten hat, muß der Staat vielfach direkt eingreifen. Die wirtschaftliche Plankonzeption hält die Mitte zwischen Dirigismus und Eigeninitiative der Unternehmer (économie concertée).

1946   **Verstaatlichung der Bank von Frankreich** und der vier größten Pri-
1. Jan.   vatbanken; Versicherungs- und Energiebetriebe folgen, desgleichen die Kohlengruben.

16. Jan.   De Gaulle, seit Nov. 1945 gewählter Regierungschef, tritt wegen des Kampfes der Parteien untereinander zurück.

24. Dez.   Die **neue Verfassung (IV. Republik)** bekräftigt die Menschen- und Bürgerrechte gemäß der Deklaration von 1789. Neben der *Nationalversammlung* steht der *Rat der Republik*. Der *Ministerpräsident* bedarf der Investitur, d. h. der Billigung seiner Ministerliste und seines Programms durch die Nationalversammlung. In der neu geschaffenen *Französischen Union* sind das Mutterland, die überseeischen Departements und Territorien sowie die assoziierten Staaten zusammengefaßt.

Frankreich modernisiert seine Produktionsmittel; es baut die Energieversorgung wieder auf und entwickelt sie; die nächste Sorge gilt der Grundstoffindustrie. – Rationalisierung der Landwirtschaft; industrielle Dezentralisation eingeleitet. Die wirtschaftlichen Planziele werden 1957 überschritten, allerdings mit Lohn- und Preissteigerungen sowie mit wachsenden öffentlichen Schulden erkauft. 1957 Abwertung des Franc, Lohn- und Preisstopp.

In den Jahren *1947 bis 1958 lösen zahlreiche Regierungen einander ab,* die meist nur wenige Wochen oder Monate im Amt bleiben, da sie aufgrund ihrer Wirtschafts- und Sozialpolitik oder ihrer Algerienpolitik die Mehrheit der Nationalversammlung bald wieder verlieren.

1958   Die dauernden Regierungskrisen, die widerstreitenden Meinungen
13. Mai   über die Algerienpolitik führen zum **Militärputsch in Algerien** (S. 720). Die Unruhen greifen auf das Mutterland über; Notstand in Frankreich ausgerufen (17. Mai).

31. Mai Präsident R. Coty beruft **de Gaulle** als **Ministerpräsidenten;** er erhält
Sondervollmachten auf 6 Monate.

4. Sept. Die neue **Verfassung** (Verbindung von parlamentarischem System
mit Präsidialregime) gibt dem Präsidenten verstärkte Machtbefugnisse: Er ernennt den Ministerpräsidenten und kann die Nationalversammlung auflösen. Das Kabinett bedarf des Vertrauens der Nationalversammlung und kann durch ein Mißtrauensvotum (absolute
Mehrheit) gestürzt werden.

4. Okt. Nach einer Volksabstimmung tritt die Verfassung in Kraft. **Beginn
der V. Republik.** Unter einem neuen Mehrheitswahlrecht erringt die
Union für die neue Republik (Gaullisten) den größten Stimmenanteil.

1959 **De Gaulle** übernimmt das Amt des ersten **Präsidenten** der V. Repu-
8. Jan. blik. Sanierung der Finanzen (Abwertung des Franc; neuer Franc);
Einfuhrliberalisierung. Abbau der preisstützenden Subventionen und
höhere staatliche Investitionen, vor allem in der Landwirtschaft (zur
EWG s. S. 585 ff.). Entwicklung und Bau von Atomwaffen, bereits
von den Regierungen vor de Gaulle eingeleitet, werden fortgeführt
(1960 erster Atombombenversuch in der Sahara; Produktionsbeginn
von Wasserstoffbomben).

Innere Opposition gegen de Gaulle, der seine Autorität und Legiti-
1962 mität auf direkte Wahl und Volksentscheid stützt. Verfassungsänderung, die die Wahl des Präsidenten durch einen Volksentscheid – anstelle eines Wahlkollegiums – bestimmt. De Gaulle löst die
Nationalversammlung auf (6. Okt.) und droht mit seinem Rücktritt,
falls die Volksabstimmung unbefriedigend ausfällt.

28. Okt. Die *Verfassungsänderung* wird mit 12,8 Mill. Stimmen (7,9 Mill. da-
7. Nov. gegen) angenommen. Laut Gesetz wird der Präsident in zwei Wahlgängen vom Volk direkt gewählt; im zweiten Wahlgang wird zwischen
den beiden Kandidaten, die bei der ersten Wahl die meisten Stimmen
erhalten haben, entschieden.

Die Präsidentschaftswahl zeigt, daß de Gaulles Stellung nicht mehr
1965 unangefochten ist.
5./19. Dez. **De Gaulle** (im ersten Wahlgang 44,64%) in der Stichwahl gegen F.
Mitterrand (Kandidat der Linken) mit 55,19% der Stimmen für **weitere 7 Jahre** zum **Präsidenten** gewählt.

Die Regierung kann auf dem Verordnungsweg wirtschafts- und so-
1967 zialpolitische Eingriffe vornehmen (Ermächtigungsgesetz, befristet
16. Juni bis 31. Okt. 1967). Lohnrestriktionen.

9. Aug. Beteiligung der Arbeiter am Unternehmergewinn (nur bei Betrieben
mit mehr als 100 Beschäftigten, worunter nur ein Viertel der Arbeitnehmer fällt); die Gewinnanteile (4% der Lohnsumme) bleiben auf
5 Jahre eingefroren.

Die sozialpolitische Krise (kastenartiger Charakter der französischen
Gesellschaft, Kluft zwischen Staat und Gesellschaft) äußert sich zuerst bei den Studenten; Polizeieinsatz in der Sorbonne (Mai 1968).

1968 Die jüngeren Arbeiter solidarisieren sich kurzfristig mit den Studen-
13. Mai ten. **Mairevolte;** Straßenschlachten, Verhaftungen. Der General-

streik (16. Mai) lähmt das gesamte Wirtschaftsleben. Gegen Ultra-
linke und Anarchisten gelingt es KP und Gewerkschaften, die
Arbeiterrevolte in den traditionellen Lohnkampf überzuleiten
(Lohnerhöhungen und verkürzte Arbeitszeit am 27. Mai zugesagt).
Auflösung der Nationalversammlung (30. Mai).

23. u.   Bei den *Parlamentswahlen* Sieg der Regierungskoalition (Gaullisten
30. Juni   und Unabhängige Republikaner); Verluste der Linksparteien. Rück-
         tritt der Regierung Pompidou im Juli (im Amt seit April 1962).

9. Sept.   Programm der „participation"; neben materieller Beteiligung Recht
         des Arbeitnehmers auf betriebliche Information; Betätigung der
         Gewerkschaften in den Betrieben gestattet.

1969   De Gaulle kündigt Verfassungsreform an: die 21 französischen
2. Febr.   Regionen sollen unter einem Regierungsvertreter Gebietskörper-
         schaften werden; gleichzeitig soll der Senat seine Gesetzgebungs-
         kompetenzen verlieren.

27. April   Die Regional- und Senatsreform wird durch Volksabstimmung abge-
         lehnt. **De Gaulle tritt** daraufhin am 28. April **zurück** († 1970).

1. u. 15. Juni   **Georges Pompidou** wird zum **Staatspräsidenten** gewählt. Koalitions-
         kabinett J. Chaban-Delmas. Programm „Kontinuität und Öffnung".
         Infolge der Maiunruhen Kapitalflucht, steigende Preise; Abwertung
         des Franc um 12,5%, Preisstopp (Aug. 1969); Deflationsmaßnahmen
         (Minister: V. Giscard d'Estaing).

1971   Bei der Weltwährungskrise (S. 580) wird der sog. *gespaltene Devisen-*
18. Aug.   *markt* eingeführt: für handelspolitische Verbindlichkeiten bleibt der
         Wechselkurs des Franc gegenüber dem Dollar innerhalb der bisheri-
         gen Bandbreite, für finanzielle Transaktionen wird der Franc-Wech-
         selkurs freigegeben. Trotzdem Spekulationen.

1972   Pompidou entläßt das Kabinett Chaban-Delmas (liberaler Flügel der
5. Juli   Gaullisten) und beruft *P. Messmer* (orthodoxer Flügel der Gaullisten)
         zum Nachfolger. – Inzwischen haben sich für die bevorstehenden
         Parlamentswahlen die Oppositionsparteien zu Koalitionen zusam-
         mengeschlossen: die Radikalsozialisten (J.-J. Servan-Schreiber) mit
         dem Demokratischen Zentrum (J. Lecanuet) am 3. Nov. 1971 zur
         Reformbewegung (Réformateurs), die Sozialisten (F. Mitterrand)
         und die Kommunisten (G. Marchais) am 27. Juni 1972 zur „Volks-
         union".

1974   **Tod Pompidous** (2. April). Uneinigkeit im Regierungslager wegen des
         Präsidentschaftskandidaten.

5. u. 19.   Knappe Mehrheit für **Giscard d'Estaing** (Mitterrand Kandidat der
Mai   „Volksunion"). Koalitionskabinett aus Unabhängigen Republika-
         nern, Gaullisten, Réformateurs und Parteilosen; Ministerpräsident
         J. Chirac. – Wirtschaftliche Schwierigkeiten (regionale Ungleichhei-
         ten, erhebliches Einkommensgefälle); Frankreich löst sich im Jan.
         1974 von der Währungsschlange, schließt sich ihr im Juli 1975 wieder
         an und scheidet im März 1976 erneut aus (Hoffnung auf verbilligte
         Exporte).

1976   *Chirac tritt zurück,* da ihm Giscard größere Vollmachten verweigert.

25. Aug. Neuer *Regierungschef R. Barre* (parteilos). Bedingte Unterstützung durch die Gaullisten.

22. Sept. Stabilisierungsprogramm: ausgeglichener Staatshaushalt, Begrenzung der Erdöleinfuhr, höhere Besteuerung der mittleren und hohen Einkommen, Lohn- und Preisstopp (Ablehnung seitens Gewerkschaften und Linksparteien).

1977 Kommunalwahlen; Sieg der vereinigten Linksparteien („Volksunion" und Radikalsozialisten), die u. a. in 22 von 39 Großstädten die absolute Mehrheit erhalten. Bürgermeister von Paris wird Chirac.
März

1978 31. März Raymond Barre erneut mit der Regierungsbildung beauftragt.

1979 Inflation steigt auf über 10%; Arbeitslosigkeit 1,4 Mill.

1981 **François Mitterrand** (Sozialist) zum *Staatspräsidenten* gewählt (26.
April/Mai April/10. Mai).

14./21. *Wahlen zur Nationalversammlung:* Absolute Mandatsmehrheit für
Juni **Sozialisten** (P.S.F.).

24. Juni *Kabinett P. Mauroy,* dem erstmals seit 1947 wieder kommunistische Minister angehören.

1982 **Dezentralisierung,** Einführung kommunaler Selbstverwaltung („con-
Jan./Febr. seils régionaux"); **Verstaatlichung** von mehreren Unternehmensgruppen, 36 Banken, zwei Finanzierungsgesellschaften und Staatsbeteiligung in der Autoindustrie (Kosten: ca. 43 Mrd. Francs).

5. Febr. *Sonderstatut für Korsika:* innere Autonomie.

März Kantonalwahlen: Niederlage der Regierungsparteien.

1983 Mit einer umfassenden Kabinettsumbildung und einem drastischen
22. März Sparprogramm versucht die Regierung, der *wachsenden wirtschaftli-*
25. März *chen Schwierigkeiten* (Arbeitslosigkeit, Inflation, Außenhandelsdefizit) Herr zu werden.

1984 Rücktritt Mauroys (16. Juli): neue Regierung *Laurent Fabius* (Sozialist, 17. Juli).

1986 Wahlen zur Nationalversammlung: Bürgerliches Bündnis siegt, Chi-
20. März rac (RPR) neuer Premier. *„Cohabitation":* bürgerliche Regierung bei sozialistischem Präsidenten.

1988 Mitterrand im zweiten Wahlgang erneut zum Präsidenten gewählt (8. Mai).

5./12. Juni Parlamentswahlen: Sozialistische Regierung unter *Rocard.*

1990 Erster Durchstich beim Bau des Tunnels unter dem Ärmelkanal.

Kolonialpolitik (vgl. auch S. 720)

Nach dem Zweiten Weltkrieg sieht sich Frankreich genötigt, seinem Kolonialreich eine neue Form zu geben. Daher wird in die Verfassung von *1946* der Begriff der *Union Française* aufgenommen, die staatsrechtlich aus verschiedenen Teilen besteht: überseeische Departements, überseeische Territorien, assoziierte Staaten, Protektorate und Treuhandgebiete. Trotz dieser Lösung zerfällt das französische

Kolonialreich. Der Verlust beginnt in Indochina (vgl. S. 794); die Genfer Indochinakonferenz beendet faktisch die Bindung von Vietnam, Laos und Kambodscha als assoziierte Staaten der Union Française. 1952 bzw. 1954 werden Chandernagor, Karikal, Mahé, Yanaon und Pondichéry (überseeische Territorien) an die Indische Union abgetreten. 1956 erhalten die Protektorate Marokko und Tunesien die Unabhängigkeit. Französisch-West- und -Äquatorialafrika (überseeische Territorien) erhalten durch die Gesetze von 1956 und 1957 Selbstverwaltungskörperschaften.

Mit dem Amtsantritt de Gaulles beginnt eine neue Epoche in der französischen Kolonialpolitik. De Gaulle macht die französischen Kolonien zu Partnern der sog. **Französischen Gemeinschaft (Communauté).** Die Gemeinschaft besteht aus der Französischen Republik und aus den Mitgliedstaaten. Der Status der Mitgliedschaft räumt innere Autonomie mit eigener Regierung und Parlament ein. Jeder Mitgliedstaat kann auch aus der Communauté ausscheiden und unabhängig werden; 1960 wird modifiziert, daß die Unabhängigkeit auch ohne Austritt aus der Gemeinschaft möglich ist (vertragsrechtliche Communauté). Als 1960 die afrikanischen Mitgliedstaaten ihre Unabhängigkeit fordern und erhalten, bleiben Senegal, die Zentralafrikanische Republik, Gabun, Kongo (Brazzaville) und Tschad Mitglieder der vertragsrechtlichen Communauté.

Algerien gilt innerhalb der Union Française als überseeisches Departement („Integration" Algeriens in Frankreich). Die Algerienpolitik der Regierung de Gaulle lehnt die „Integration" Algeriens ab.

1959 De Gaulle gesteht auch den Algeriern ausdrücklich das Recht der
16. Sept. Selbstbestimmung zu. Vier Jahre nach Abschluß der Befriedung sollen sie wählen können zwischen Unabhängigkeit, Integration mit Frankreich und Autonomie innerhalb der Französischen Gemeinschaft. Verschiedene Putsche in Algerien als Antwort auf de Gaulles Politik (vgl. S. 720).

1961 **Gesetz über** die Einführung der **Selbstbestimmung** und die Einset-
14. Jan. zung autonomer Regierungskörperschaften in Algerien verkündet.

1962 **Vertrag von Evian** zwischen Frankreich und der Exilregierung:
18. März Selbstbestimmungsrecht, Garantien für die Algerienfranzosen; Errichtung paritätischer Kommissionen für die Nutzung der Bodenschätze (Erdöl in der Sahara; vgl. S. 731).

Außenpolitik

Die französische Außenpolitik sucht in den ersten Nachkriegsjahren neben den Partnern der Kriegskoalition Welteinfluß zu gewinnen. Die Rückschläge in der Kolonialpolitik veranlassen Frankreich, sich einer europäischen Politik zuzuwenden. Ein besonderes Problem ist die Deutschlandfrage: aufgrund seiner Traditionen ist Frankreich zwar gegen einen deutschen Einheitsstaat, jedoch nicht gegen die Einbeziehung der BRD in den westeuropäischen Zusammenschluß.

1954 Die EVG wird von der Nationalversammlung abgelehnt, da sie eine
30./31. Aug. Integration der europäischen Streitkräfte bedeutet (Furcht vor einer
möglichen militärischen Hegemonie der BRD). Der WEU als Kompromiß stimmt Paris zu, da die WEU der NATO unterstellt ist. Der
westeuropäische Zusammenschluß ist Voraussetzung für den
deutsch-französischen Ausgleich.

De Gaulles außenpolitische Ziele sind, für Frankreich erneut internationale Geltung zu erringen (innerhalb der NATO Gleichberechtigung neben den USA und Großbritannien in Fragen atomarer
Bewaffnung) und eine organisierte Zusammenarbeit der westeuropäischen Staaten (unter französischer Führung).

1962 De Gaulle schlägt die **Konföderation der westeuropäischen Staaten**
15. Mai vor; Europa als dritte Kraft neben USA und UdSSR. Der Vertrag
mit der BRD (S. 601) ist für de Gaulle der erste Schritt in dieser Richtung. Die nationale Verfügung über den Einsatz der Streitkräfte, vor
allem über die nuklearen Verbände (force de frappe) sind Voraussetzung einer unabhängigen Außenpolitik. Frankreich unterzeichnet das
Atomteststoppabkommen nicht und nimmt auch nicht an der Genfer
Abrüstungskonferenz teil.

1964 *Aufnahme diplomatischer Beziehungen zur VR China.* Nach de
27. Jan. Gaulles Auffassung muß China in die Weltgemeinschaft zurückkehren. Für den Vietnamkrieg sieht de Gaulle nur eine Lösung auf der
Grundlage der Genfer Konferenz von 1954 (auch die Dritte Welt unabhängig von der Hegemonie der Supermächte).

1966 *Austritt Frankreichs aus den militärischen Gremien der NATO,* jedoch
7. März weiterhin Mitarbeit in den politischen Gremien. Lockerung bzw.
Auflösung der militärischen Blöcke, um Europa aus der „doppelten
Hegemonie" von USA und UdSSR herauszuführen.

Nach Beendigung des Algerienkriegs verbesserte Beziehungen zu den
arabischen Staaten. Durch den israelisch-arabischen Krieg 1967 sieht
Paris das nahöstliche Gleichgewicht gestört; Verurteilung Israels als
Angreifer (Waffenembargo); Lösung des Konflikts durch Konsultationen von USA, UdSSR, Großbritannien und Frankreich im Rahmen der UN.

Nach 1968 außenpolitische Kurskorrekturen: die Teilnahme Londons an der westeuropäischen Integration wird nicht mehr von der
Auflösung der NATO abhängig gemacht, sondern vom Zusammenwirken der 4 Staaten Frankreich, Großbritannien, BRD und Italien
als Kern Westeuropas. Diese Haltung zeigt sich bei der Haager
Gipfelkonferenz und führt zur Annäherung an England (vgl. S. 586ff.
647). Die Notwendigkeit der NATO und die Bedeutung der US-
Streitkräfte für den Schutz Europas wird anerkannt (2. Juli 1970 und
26. Okt. 1971), jedoch kein Verzicht auf die eigene nationale Vertei-
digungshoheit.

Ostpolitische Vorstellungen: Entspannung (Zustimmung zur Bonner
Ostpolitik und zur KSZE, Vorbehalte gegen MBFR; Schumann am
3. Nov. 1971) mit Schwergewicht auf zweiseitigen Abmachungen. –

Mittelmeerpolitik: Besuch Giscards in Algerien (April 1975) und Marokko (April/Mai 1975); regelmäßige Konsultationen zwischen Frankreich und Tunesien. Nationale Afrikapolitik, die sich auf die ehem. Staaten der Union Française bzw. Communauté erstreckt. 1973 erstmals französisch-afrikanische Gipfelkonferenz in Paris, die ab 1975 jährlich abgehalten wird.

1977
April Unterstützung der marokkanischen Zaïre-Aktion als Ausdruck des weiterhin bestehenden Engagements in Afrika.

1980 Rechtsradikale Terroranschläge gegen jüdische Einrichtungen (Sept./Okt.).

Okt. Giscard d'Estaing in der VR China: Errichtung von 2 französischen Atomkraftwerken in China vereinbart.

1983
ab Aug. Direkte militärische Unterstützung der Regierung Habré im Tschad gegen Libyen (vgl. S. 741).

1990 *Deutsch-französischer Gipfel* in München: Ankündigung, die französischen Truppen in Deutschland auf die Hälfte zu reduzieren.

1991 Französische Truppen greifen im Rahmen der Antiirakkoalition im *Golfkrieg gegen Irak* ein (17. Jan.–28. Febr.).

n) Beneluxstaaten (Forts. v. S. 564)

Die wirtschaftlichen Bemühungen Belgiens richten sich nach 1945 vorwiegend auf die Zoll- und Wirtschaftsunion mit den Niederlanden und Luxemburg. Der gemeinsame Zolltarif tritt 1947, die Vereinheitlichung des Zollwesens 1948/49 in Kraft. Die *Haager Protokolle* (1953) sind die Grundlage, um die Wirtschafts- und Sozialpolitik der drei Länder zu koordinieren.

1958
3. Febr. **Staatsvertrag über die Einführung der Wirtschaftsunion** (in Kraft am 1. Nov. 1960). Die Binnengrenzen werden zum 1. Nov. 1970 aufgehoben. – Die Beneluxstaaten vertreten nachdrücklich die westeuropäische Union sowie die Aufnahme Großbritanniens und der anderen beitrittswilligen EFTA-Länder in die EWG.

1971
23. Aug. Mit Wiedereröffnung der Devisenbörsen (vgl. S. 580 f.) binden die Beneluxstaaten ihre Währungen untereinander an eine feste Parität, lassen sie aber gegenüber Drittländern floaten.

Belgien

Die belgische Innenpolitik wird anfangs wesentlich durch die *Königsfrage* bestimmt. *Leopold III.* kehrt aufgrund des Ergebnisses einer

1951
17. Juli Volksabstimmung im Jahre 1950 zurück, Demonstrationen der Linken veranlassen ihn jedoch abzudanken. Ihm folgt sein Sohn als **Baudouin I.** auf den Thron.

1956
24. Sept. Durch Unterzeichnung eines Vertrags gehen die 1949 unter belgische Verwaltung gestellten deutschen Gebiete wieder an die BRD; Austausch weiterer kleinerer Gebiete.

1960 In Belgisch-Kongo brechen schwere Unruhen aus; die Kongolesen
30. Juni fordern die Unabhängigkeit. Nach längeren Verhandlungen **Unabhängigkeit des Kongo;** die Rechte der dort ansässigen Belgier vertraglich geschützt. Infolge Ausschreitungen gegen belgische Siedler
zeitweise Einsatz von belgischen Truppen im Kongo (vgl. S. 742).
Erst 1965 übergibt Brüssel die belgische Staatsbeteiligung am Privatunternehmen dem kongolesischen Staat und kommt für die Schäden,
die Belgier seit 1960 im Kongo erlitten haben, selbst auf.
Im Innern anhaltender *Gegensatz zwischen Wallonen und Flamen,* da
1963 sich die Flamen gegenüber den Wallonen zurückgesetzt fühlen.
1. Sept. *Drei Gesetze sollen den sog. Sprachenstreit regeln:* Errichtung einer
französisch-, einer flämisch- und einer deutschsprachigen Region sowie Sonderstatus für Brüssel. Trotzdem halten Gegensätze (und
Unruhen, u. a. Streit wegen der Universität Löwen 1968) an, spalten
auch Parlament und Kabinette; häufige Regierungskrisen.

1969 Gesetz über die Regionalisierung der Wirtschaftsstruktur (regionale
20. Juni Wirtschaftsräte und -gesellschaften).

1970 Das Parlament und der Senat billigen die *Verfassungsreform:* die
19. Dez. Regionen Flandern, Wallonien und Brüssel erhalten wirtschaftliche
Eigenkompetenzen; paritätische Besetzung der Regierung. Die
Durchführungsgesetze (Schutz der jeweils schwächeren Volksgrup-
pen in den Regionen; Einsetzung von Kulturräten) werden am 17.
Juli 1971 verabschiedet.

1974 *Gesetz über die provisorische Regionalisierung des Landes* (u. a. Ein-
21. Juli richtung von Regionalparlamenten für Flandern, Wallonien und
Brüssel). – Infolge Differenzen wegen einer Verfassungsänderung

1977 vorgezogene Neuwahlen (17. April). *L. Tindemans,* seit 1974 *Mini-*
3. Juni *sterpräsident,* bildet eine Koalition, in der die Sprachparteien (flämische und französische mit ihren Flügeln) in die Regierungsverant-
wortung einbezogen werden.

1978 Tindemans tritt wegen der im Zusammenhang mit dem „Sprachen-
11. Okt. streit" aufgetretenen verschärften politischen Differenzen zurück.

1980 **Regionalautonomie** für Flandern und Wallonien in Kraft (1. Okt.).

1981 „Notstandspaket" der Regierung *M. Eyskens* zur Wirtschaftsstabili-
14. April sierung; Rücktritt 21. Sept. – Vorgezogene Parlamentswahlen: 5. Re-
8. Nov. gierung des Christdemokraten W. Martens (Mitte-Rechts-Koalition).

1982 „Notverordnungen" zur Abwendung eines Staatsbankrotts (18.
Jan./2. Febr.).

1985 Vorgezogene Neuwahlen; Regierung *Martens.* Aufgaben: Haushalts-
28. Nov. sanierung, Lösung des Sprachenstreits.

1987 Regierungskrise wegen *Sprachenstreit:* 7. Übergangsregierung Martens (21. Okt.).

13. Dez. Vorgezogene *Neuwahlen:* Sozialisten werden stärkste Kraft.

1988 Neue Regierung *Martens* aus Christdemokraten und Sozialisten
(8. Mai). Verfassungsänderung sieht größere Autonomie für Flandern und Wallonien ab 1989 vor (Juli).

1989 Weiterer Schritt auf dem Weg zum *Bundesstaat* durch die teilweise

Übergabe von Staatsfinanzen an die regionalen Exekutiven. Bildung einer eigenen *Region Brüssel.*

1991 Belgische Truppen greifen im Golfkrieg gegen Irak ein (17. Jan.).

Niederlande

1948 Die Niederlande geben nach 1945 ihre Neutralität auf und schließen
2. Sept. sich der NATO an. Königin Wilhelmina dankt zugunsten ihrer Tochter **Juliana** ab.

1960 *Ausgleichsvertrag mit der BRD.* Den Niederlanden wird eine Wieder-
8. April gutmachung von 280 Mill. DM zugebilligt; sie geben die 1949 unter Auftragsverwaltung gestellten Grenzgebiete an die BRD zurück. Ebenso wie Belgien machen auch die Niederlande zu spät koloniale Zugeständnisse. *Indonesien,* als unabhängiger Staat nach 1949 mit den Niederlanden in einer Union verbunden, kündigt diese am 15. Febr. 1956 (vgl. S. 798). Die noch offene Streitfrage wegen *Westneuguinea* (West-Irian) spitzt sich 1961 bis zur Androhung gewaltsamer Besetzung durch Sukarno zu. Am 15. Aug. 1962 wird das umstrittene Gebiet schließlich den UN unterstellt, die es 1963 indonesischer Verwaltung übergeben; 1969 entscheidet sich West-Irian in einer Volksabstimmung für den Anschluß an Indonesien.
Charakteristisch für die innenpolitischen Verhältnisse ist das Nebeneinander verschiedener Interessengruppen und gesellschaftlicher Bereiche, die sich in einer Vielzahl von Parteien (mit vielfältigen Fraktionen) repräsentieren, daher häufige und lange Regierungskrisen. – Wirtschaftliche Diskrepanz zwischen Konsum und möglicher Produktion.

1971 Freigabe der Wechselkurse (vgl. S. 579f.). Um neuerliche spekulative
9. Mai Devisenzuflüsse abzuwehren, wird der sog. ,,Obligationen-Gulden" für Ausländer eingeführt. – Politisch-ethnisch-soziales Problem der Ambonesen (Südmolukker; rd. 35000 Menschen), die – nach dem Abzug der Holländer aus Indonesien – in den Niederlanden ansässig wurden (Exilregierung; Überfälle und Geiselnahmen; Dez. 1975 und Mai/Juni 1977).

1977 Parlamentswahlen (25. Mai); Sozialisten stärkste Partei.
19. Dez. Dries van Agt neuer Ministerpräsident einer christdemokratisch-rechtsliberalen Koalition.

1980 Abdankung Königin Julianas; es folgt ihre Tochter **Beatrix** (30. April).

1982 Neuwahlen: van Agt tritt nach Wahlsieg zurück, neue Regierung
8. Sept. Lubbers (4. Nov.).

1983 *Neue Verfassung:* Grundrecht auf Arbeit, Sozialhilfe und Umwelt-
17. Febr. schutz.

1985 Stationierung von Cruise Missiles beschlossen (1. Nov.).

1986 *Parlamentswahlen:* absolute Mehrheit für Koalition aus Christdemo-
21. Mai kraten und Liberalen unter *Lubbers.*

1989 Nach Rücktritt der Regierung aufgrund von gescheitertem Umwelt-
7. Nov. programm Neuwahlen (6. Sept.). Neue Regierung Lubbers aus
Christ- und Sozialdemokraten.

Luxemburg

1948 Am 15. April gibt Luxemburg die Ewige Neutralität formell auf.
1959 Der *Ausgleichsvertrag mit der BRD* regelt die aus dem Krieg noch
11. Juli zwischen beiden Ländern offenen Fragen.
1964 Großherzogin Charlotte dankt am 12. Nov. zugunsten ihres Sohnes
Jean ab.
1967 *Allgemeine Wehrpflicht abgeschafft.* – Die Freiwilligenverbände sollen im Bedarfsfall in die NATO integriert werden können. – Die
Christlich-Sozialen geben die langjährige Koalition mit den Sozialisten 1969 auf.
1974 Koalition aus Sozialisten und Liberalen; Ministerpräsident *Thorn*
(15. Aug.).
1979 Wahlen zur Abgeordnetenkammer: Sieg der Christdemokraten;
10. Juni neuer Ministerpräsident *Werner*.
1984 Neue Regierungskoalition unter *J. Santer* aus Christlichsozialen
20. Juni (CSV) und Sozialisten (LSAP).
1989 Parlamentswahlen: Koalitionsregierung Santer aus CSV und LSAP
(18. Juni).

o) Italien (Forts. v. S. 565)

Innenpolitik

*Nach Kriegsende ist Italien von ideologischen Gegensätzen zerrissen,
wirtschaftlich und sozial aus dem Gleichgewicht gebracht. Die Vielge-
staltigkeit der Parteien mit ihren Interessen- und Zweckverbänden bestimmt nachhaltig die innere Entwicklung Italiens. Die stärkste Partei,
die Democrazia Cristiana (DC), in der Folgezeit mit der Regierungsbildung betraut, kann nur mit Hilfe anderer Parteien eine staatliche
Neuordnung durchführen.*

1945 Am 10. Dez. Bildung der *Regierung A. de Gasperi,* der bis 1953 Mini-
1946 sterpräsident bleibt. Eine **Volksabstimmung** über die Staatsform er-
2. Juni gibt eine Mehrheit **für die Republik** (am 18. Juni proklamiert). Nach
Viktor Emanuel III. (abgedankt am 9. Mai) dankt auch dessen Sohn
Umberto II. ab. Vorläufiger *Staatspräsident 1946–1948* E. de Nicola;
1948–1955 L. Einaudi; 1955–1962 G. Gronchi; 1962/64 A. Segni;
1964–1971 G. Saragat; 1971–1978 G. Leone; 1978–1985 S. Pertini.
1947 Über die Frage der Zusammenarbeit mit den Kommunisten (KPI-

7. Jan. Generalsekretär 1944–1964 *P. Togliatti)* spaltet sich die Sozialistische Partei; neben die Mehrheitsgruppe *P. Nennis* tritt die sozialdemokratische unter *G. Saragat.*

1948 Die **neue Verfassung** tritt in Kraft. Die Grundrechte, vor allem die
1. Jan. Sozial- und Wirtschaftsrechte, sind wesentlich erweitert. Die Gesetzgebung liegt beim Parlament, das aus zwei Kammern mit Initiativ- und Beschlußrecht besteht: die Abgeordneten werden auf fünf Jahre direkt gewählt, die Senatoren auf sechs. Volksbegehren und Volksentscheid sind zugelassen. Das Parlament und 55 Mitglieder der Regionalkammern wählen auf sieben Jahre den Präsidenten der Republik.

Regionalverwaltungen mit „autonomen Körperschaften" erhalten Sardinien, Sizilien, Trentino-Alto-Adige (mit der Provinz Bozen, vgl. S. 612) und das Aostatal; 1963/64 entsteht die Region Friuli/Venezia Giulia (Provinzen Triest, Udine und Görz) mit der jugoslawischen Provinz Capodistria.

Wirtschaftliches und soziales Gefälle zwischen dem landwirtschaftlich und industriell gut entwickelten Oberitalien (Städtedreieck Genua–Turin–Mailand) und dem unterentwickelten Süditalien (Latifundien in Kalabrien, daneben Kleinstbetriebe). – Nach Überwindung der wirtschaftlichen Nachkriegsschwierigkeiten (Marshallplanhilfe) industrieller Aufschwung (maßgebend beteiligt die staatlichen Konzerne und Holdinggesellschaften IRI, ENI und ENEL); starker Antrieb ist die Mitgliedschaft in der EGKS und EWG. Veranlaßt durch einen Bauernaufstand in Kalabrien 1950, werden Großgrundbesitzer gegen Abfindung teilenteignet *(Sila-Gesetz),* das Land erhalten landlose bzw. landarme Bauern; „Südkasse" *(Cassa per il Mezzogiorno)* gegründet. Programm zur Beschaffung von 4 Mill. neuen Arbeitsplätzen (Vanoni-Plan 1955). Seit 1957 verpflichtet der Staat die Großindustrie, 40% ihrer Investitionen im Süden zu tätigen (geringer Erfolg); Abwanderung von Arbeitskräften ins Ausland (Gastarbeiter) oder ins nördliche Industriegebiet, das die Zuwanderer fast nicht absorbieren kann.

Innenpolitisch wachsende Schwierigkeiten, arbeitsfähige Regierungen zu bilden (rechter, linker und mittlerer Flügel der DC); wechselnde Koalitionen. Forderung nach einer „Öffnung nach links" **(apertura a sinistra).** Als die Nenni-Sozialisten die Zusammenarbeit
1963 mit den Kommunisten aufgeben (1963), bildet *A. Moro* (DC, linker
5. Dez. Flügel) erstmals eine *Mitte-Links-Regierung* unter Beteiligung der Nenni-Sozialisten, der Saragat-Sozialisten und der Republikaner. – Die latente Staatskrise ist damit nicht überwunden, da die großen Parteien in Interessengruppen zerfallen.

1969 „**Heißer Herbst**": Massenstreiks (Arbeiter, Angestellte), um höhere Löhne durchzusetzen, zugleich ein politischer Protest gegen die parlamentarische Untätigkeit.

1970 Das *Arbeiterstatut* regelt die Gewerkschaftsrechte in den Betrieben: Mitwirkung bei Tarifabschlüssen; Recht, in Betrieben von einer bestimmten Größe an eine Organisation aufzubauen und Abstimmungen abzuhalten.

15. Mai *Regionalgesetz:* Einteilung Italiens in 14 eigenständige Regionen, um die kopflastige Verwaltung zu dezentralisieren.

1971 Bau- und Bodenrecht: Eingriffsmöglichkeiten der Gemeinden zu-
Mai gunsten des sozialen Wohnungsbaus.

1972 Die drei großen Gewerkschaften (kommunistisch-sozialistisch, so-
25. Juli zialdemokratisch und christlich-sozial) schließen sich zu einem Dachverband zusammen. – Zahlreiche Streiks und erhebliche Einbußen im Wirtschaftsleben; Schwäche der Lira (S. 579f.). Nach 1972 keine „Mitte-Links-Koalitionen" mehr. Staatsverdrossenheit, öffentliche Skandale und Korruptionsaffären, wachsender links- und rechtsextremer Radikalismus. Gleichzeitig bedrohliche Wirtschaftskrise. – Die KP (S. 595 Generalsekretär 1972–1984 *E. Berlinguer)* kann neue Wählerschichten gewinnen und empfiehlt den „historischen Kompromiß", d. h. ein Bündnis mit der DC. Wahlsieg der KP bei Kommunal- und Regionalwahlen 1975. Richtungskämpfe innerhalb der DC.

1976 Bei den vorgezogenen Parlamentswahlen behauptet die DC zwar ihre
20./21. Stellung, doch holt die KP weiter auf; der Vorsitz in der Kammer und
Juni in wichtigen Ausschüssen fällt an die KP. *Minderheitsregierung*
20. Juli *G. Andreotti* (DC; 39. Nachkriegskabinett), die von der Tolerierung seitens der KP abhängig ist.

1977 Kompromiß zwischen DC und KP betr. eines Notstandsprogramms:
Juli u. a.: Regulierung der Konjunktur, Schul- und Universitätsreform, Bekämpfung der Kriminalität.

1978 Andreotti nach Rücktrittserklärung erneut mit der Bildung einer
19. Jan. Regierung (vierzigste seit Kriegsende) beauftragt.

9. Mai A. Moro als Opfer der verschärften Terroraktionen der „Roten Brigaden" erschossen aufgefunden.

15. Juni Staatspräsident Leone erklärt wegen Vorwürfe der Korruption und Steuerhinterziehung seinen Rücktritt. Zum neuen Staatspräsidenten wird am 8. Juli der 81jährige Sozialist *Sandro Pertini* gewählt.

seit 1980 Christdemokraten bilden mit kleineren Parteien (insbesondere Sozialisten) von den Kommunisten unabhängige Regierungen *(F. Cossiga, A. Forlani).*

1980 115 Todesopfer durch Terrorismus, darunter 85 durch rechtsextremistischen Anschlag in Bologna.

1981 *G. Spadolini* (Republikaner) erster nicht-christdemokratischer Regie-
28. Juni rungschef (seit 1945); Fünfer-Koalition mit DC, ohne Kommunisten.

17. März KP unter *E. Berlinguer* bricht endgültig mit Moskau nach Ereignissen in Polen.

11. Nov. Rücktritt Spadolinis, neue DC-geführte Koalition unter *A. Fanfani.*

1983 Neuwahlen: 44. Nachkriegskabinett, Sozialist *B. Craxi* (PSI: 11,4%)
Juni bildet Fünfer-Koalition mit DC (32,9%) (4. Aug.).

1984 Neues *Konkordat* mit dem Vatikan, der Katholizismus ist nicht mehr Staatsreligion (19. Febr.). Tod Berlinguers, Nachfolger wird A. Natta.

1985 Der Christdemokrat *F. Cossiga* wird neuer Staatspräsident.

Okt.	Innenpolitische Krise nach Entführung des Kreuzfahrtschiffs Achille Lauro durch palästinensische Terroristen.
1986	Regierungsneubildung des Kabinetts unter *Craxi* (Aug.).
1987	Rücktritt der Regierung Craxi (9. April), neue Regierung Fanfani nach Mißtrauensvotum gescheitert, vorgezogene Parlamentswahlen: Sieg der DC (34,3%) vor KP (26,6%). Im Juli neue Regierung unter *G. Goria* gebildet.
1988	Rücktritt Gorias, neue Koalition unter *C. de Mita* mit fünf Parteien.
April	*Autonomiebestimmungen für Südtirol* durch Parlament gebilligt (28. April). KP-Generalsekretär Natta tritt zurück, Nachfolger wird A. Occhetto.
1989	Neue Regierung unter *G. Andreotti* (DC).
1990 22. Febr.	Der KP-Parteitag spricht sich für radikalen Wandel der KP zu einer sozialdemokratischen Partei aus. Im Okt. schlägt Occhetto die *Umbenennung der KP* in Partei der demokratischen Linken (PDS) vor.

Außenpolitik

Ähnlich wie nach dem Ersten Weltkrieg fühlt sich Italien außenpolitisch zurückgesetzt: obwohl es als „mitkriegführend" gilt, hat es die Folgen der verhängnisvollen faschistischen Großmachtpolitik zu tragen, und der Friedensvertrag behandelt es als besiegtes Land.

1947 15. Sept.	Der **Friedensvertrag** tritt in Kraft. Italien erhält die Grenzen von 1938 mit kleinen Korrekturen nach Frankreich und Jugoslawien hin. Es erkennt die Souveränität Albaniens und Abessiniens an und verzichtet auf seine Kolonien, deren Zukunft 1948 den UN überantwortet wird. Von diesen übernimmt Italien auf 10 Jahre Italienisch-Somaliland, das 1960 unabhängig wird (S.749). Aktive Mitwirkung an der westeuropäischen Integration (de Gasperi; s. S. 668 als Voraussetzung für die Revision des Friedenvertrags.
1951 21. Dez.	Italien erklärt die *Revision des Friedensvertrags* als vollzogen. Diese bezieht sich vor allem auf die Beschuldigung der Aggression, das Verbot von Grenzbefestigungen, die Beschränkung der Streitkräfte, das Herstellungsverbot für Kriegsmaterial. – Zu Südtirol s. S. 617. Laut Friedensvertrag sollte **Triest** mit Umgebung *(Venezia Giulia)* ein unabhängiger *entmilitarisierter Freistaat* werden, was der Ost-West-Konflikt verhindert. Westlicher Teil von britischen, östlicher von jugoslawischen Truppen besetzt. Okt. 1953 ziehen die Briten ab und übergeben ihre Rechte an Italien. Die Spannung, die dadurch entsteht, beschäftigt die UN und führt zum *Abkommen* zwischen den beiden interessierten Staaten, dem sich die *USA* und *England* anschließen. *Italien* und *Jugoslawien* übernehmen die Zivilverwaltung in den ihnen zustehenden Zonen; Triest bleibt Freihafen.
1954 5. Okt.	In der *internationalen Politik* versucht Italien, seinen Beitrag zum westlichen Bündnis entsprechend geltend zu machen. „Politik der aktiven Präsenz Italiens" im Nahen und Mittleren Osten. Programm des

„Neo-Atlantismus" (Mai 1957), das die Beziehungen zu den Mittelmeerstaaten einbezieht.

1963
5. Febr.
Entsprechend seinen Vorstellungen von einem vereinten Europa demokratischer Prägung vertritt Italien die Aufnahme Großbritanniens in die EWG. *Übereinkommen zwischen Rom und London,* in dem sich beide Partner zu enger Zusammenarbeit und zu Konsultationen verpflichten, um die europäische Einheit zu erreichen.

1970
2.–6. Okt.
Entsprechend dem außenpolitischen Programm, eine Annäherung der europäischen Staaten zu fördern, sucht die italienische Regierung *„Kontakte und Dialoge" mit den osteuropäischen und Balkanstaaten* (gute Beziehungen zu Belgrad). Offizieller Besuch Saragats in Jugoslawien (Mittelmeerraum, europäische Sicherheit, Naher Osten). Aufnahme diplomatischer Beziehungen zu Peking (Nov. 1970). – Staatsbesuch Titos in Italien (25.–28. März 1971). Nach Billigung des

1971
Autonomiestatuts für Südtirol (S. 618) durch den Senat (27. Okt. 1971). – Die im Südtirol-Paket enthaltenen Bestimmungen sind bis Mitte 1977 durchgeführt.

1975
10. Nov.
Abkommen mit Jugoslawien *über* Gebiets- und Minderheitsfragen im Raum von *Triest:* Grenzfestlegung in Bucht und Golf von Triest; Schutz der nationalen Minderheiten gem. der jeweiligen Verfassung; Errichtung einer Zollfreizone; verbesserter Grenzverkehr.

1981
7. Aug.
Zustimmung zur Stationierung amerikanischer Nuklearwaffen; Stützpunkte vorgesehen in Sizilien (Comiso, Ragusa).

1984
26. Juli
Vertrag mit Libyen, der Entschädigungszahlungen an Italien regeln soll.

1989
Sept.
Libyen verlangt von Italien Wiedergutmachung für während der Kolonialzeit entstandene Schäden.

1990
Entsendung von drei Kriegsschiffen in die Golfregion nach der Besetzung Kuwaits durch den Irak (22. Aug.).

1991
Italienische Truppeneinheiten beteiligen sich bei den alliierten Streitkräften zur Befreiung Kuwaits im *Golfkrieg* (Jan./Febr.).

p) Der Vatikan (Forts. v. S. 565)

Vor und während des Zweiten Weltkriegs Fühlungnahme zwischen Rom und anderen christlichen Bekenntnissen (ökumenische Bewegung; Ökumenischer Rat der nicht-römisch-katholischen Kirchen; Weltkirchenkonferenzen). Als ecclesia militans wendet sich die Kirche nach dem Krieg in erster Linie gegen den Kommunismus. Institution und Hierarchie als wichtiges Fundament der Kirche herausgestellt.

1949
Die Kirche stellt die *freiwillige Zugehörigkeit zur kommunistischen Partei unter* die *Strafe der Exkommunikation,* 1950 ebenso die Hilfe beim Aufbau ihrer Organisationen. 1959 wird auch die indirekte Unterstützung des Kommunismus verboten.

1950
1958
Am 1. Nov. Verkündigung des *Dogmas von der leiblichen Aufnahme Marias in den Himmel* durch Papst Pius XII.

9. Okt.   **Tod von Papst Pius XII. Ihm folgt** am 28. Okt. der Patriarch von
          Venedig, Kardinal Roncalli, als **Papst Johannes XXIII.** Er setzt sich
          für eine der modernen Welt angepaßte Glaubensverkündigung ein
          (auch Dialog mit kommunistischen Regierungen).

1959   Erste Enzyklika Papst Johannes' XXIII., in der er besonders die öku-
2. Juli   menischen Bestrebungen begrüßt.

1961   Die Enzyklika *„Mater et Magistra"* fordert gerechtere Verteilung des
          Eigentums und eine entsprechende Vergütung der Arbeit (14. Juli).

1963   Die Enzyklika *„Pacem in terris"* richtet sich an „alle Menschen guten
11. April Willens". Nach dem Tod von Johannes XXIII. wird der Kardinal von
21. Juni   Mailand, Montini, als **Paul VI.** zum Papst gewählt, der das inner-
          kirchliche Reformwerk seines Vorgängers fortsetzen will. 1964 Pil-
          gerfahrt ins Heilige Land (Begegnung mit den Patriarchen von Jeru-
          salem und Konstantinopel), Besuch der Eucharistischen Weltkon-
          gresse 1964 in Bombay, 1968 in Bogotá, Friedensappell vor der
          UN-Vollversammlung (1965).

1965   **Ende des 2. Vatikanischen Konzils** (einberufen am 11. Okt. 1962 von
8. Dez.   Johannes XXIII.). Wichtigste Schemata u. a.: „Über den Ökumenis-
          mus", „die Kirche in der heutigen Zeit"; Aufhebung der Bannbulle
          von 1054 gegen die griechisch-orthodoxe Kirche. – Der Dialog mit
          kommunistischen Ländern wird fortgesetzt (u. a. Privataudienz Pod-
          gornyjs 1967).
          Die Enzyklika *„Populorum progressio"* befaßt sich mit dem Verhält-
          nis zwischen reichen und armen Ländern (Privateigentum kein unbe-
1967   dingtes Recht). – Besuch in Uganda (1969) und Reise nach Asien
28. März und Australien (1970).
          Reorganisierung der Kurie (1968): Höchstalter für Kurienämter,
          Gründung der „Consulta" (eine Art Senat in der Verwaltung). Seit
          dem Konzil Kontroversen zwischen der streng kurialen Richtung und
          den Reformern („Demokratisierung" der Kirche, d. h. Meinungsbil-
          dung von unten nach oben; „Kollegialität" zwischen Papst und
          Bischöfen).

1978   Tod Pauls VI. 26. Aug. Wahl des Patriarchen von Venedig, Albino
6. Aug.   Luciani (geb. 1912); nimmt den Namen **Johannes Paul I.** an. Stirbt
          28. Sept. nach nur 33tägiger Amtszeit.

16. Okt. Kardinal Karol Wojtyla, 58jähriger Erzbischof von Krakau, wird als
          Johannes Paul II. zum neuen Papst gewählt. Damit besteigt erstmals
          seit 455 Jahren ein Nichtitaliener den päpstlichen Stuhl (letzter
          Nichtitaliener der 1523 verstorbene Holländer Hadrian VI.).

1979/83 Bisher 20 Reisen Johannes Pauls II. nach Nord- und Südamerika,
          Afrika, Asien und innerhalb Europas, zweimal nach Polen.

1981   Schwere Verletzung des Papstes durch ein Attentat auf dem Peters-
          platz (13. Mai).

1983   Neuer *Codex Iuris Canonici* tritt an die Stelle des seit 1917 gültigen
27. Nov. Gesetzbuchs der katholischen Kirche.

11. Dez. Johannes Paul II. predigt als erster Papst in einer protestantischen
          Kirche.

1984   Neues *Konkordat* mit Italien, damit ist der Katholizismus dort nicht
19. Febr.   mehr Staatsreligion. Der *Kardinalstaatssekretär* wird „im Namen
und als Stellvertreter" des Papstes *weltlicher Souverän des Vatikan-*
staates (9. April).

1988   *Kurienreform*, Ausbau des Staatssekretariats. Kardinalstaatssekretär
Juni   Casaroli besucht die UdSSR, Besuch bei Präsident Gorbatschow,
Wende in den Beziehungen zu Ostblock-Staaten.

1989   Aufnahme diplomatischer Beziehungen zu Polen (Juli), Besuch von
Präsident Gorbatschow (UdSSR) im Vatikan (Dez.).

1990   Weiterer Ausbau der Kontakte zu Ostblockstaaten, *A. Sodano* wird
neuer Staatssekretär (Dez.).

q) Schweiz (Forts. v. S. 564)

Nach dem Zweiten Weltkrieg vollzieht sich allmählich in den Bereichen
des öffentlichen Lebens eine Angleichung an die veränderten Gegeben-
heiten der Zeit. Dieser Prozeß erstreckt sich auch auf die Außenpolitik
(Mitgliedschaft in der EFTA, Antrag auf Assoziierung mit der EWG).

1946 Dez.   Einführung einer Alters- und Hinterbliebenenversicherung.
Die *schweizerische Wirtschaft* behält zwar ihre liberale Grundhaltung,
jedoch ist eine gewisse staatliche Einmischung zur Verhütung von
Wirtschaftskrisen und Arbeitslosigkeit möglich. Im Jahre *1951* erhält
die Landwirtschaft durch ein Gesetz Schutz gegen ausländischen
Preisdruck, *1956* der Außenhandel gegen Einfuhrbeschränkungen
seitens anderer Staaten.
Den neuen *internationalen Institutionen* gegenüber verhält sich die
Schweiz abwartend. Allerdings tritt sie den meisten technischen
Organisationen der UN sowie der UNESCO bei und schließt sich dem
Internationalen Gerichtshof an.

1958   Der Bundesrat entscheidet grundsätzlich für die Ausrüstung der
11. Juli   Armee mit Atomwaffen.
22. Dez.   Reform der Landesverteidigung: Herabsetzung des wehrpflichtigen
Alters, Neugliederung, verstärkte Mechanisierung.

1971   In einer Volksabstimmung wird das Frauenstimm- und -wahlrecht in
7. Febr.   allen eidgenössischen Angelegenheiten angenommen.
9. Mai   Im Zusammenhang mit der Währungskrise (S. 580) Aufwertung des
Franken um 7%. Währungspolitische Sondervollmachten für den
Bundesrat (29. Sept.). Maßnahmen zur Dämpfung der Überkon-
junktur, u. a. Preisüberwachung (20. Dez. 1972). Am 23. Jan. 1973
1972   werden die Interventionen am Dollarmarkt zeitweilig eingestellt.
6. März   *Neue Verfassungsartikel über Wohnungsbauförderung und Mieter-*
schutz durch eine Volksabstimmung angenommen. – Auf ihrer Sitzung vom 28. Febr. bis 17. März stimmen Bundesrat und Ständerat
überein, daß die Neutralität einem *Beitritt zur UN* nicht im Wege
3. Dez.   steht. In einer Volksabstimmung wird das mit der EWG geschlossene
Freihandelsabkommen (S. 589) gebilligt.

1974 Beitritt zur Europäischen Menschenrechtskonvention (27. Juni).
1977 *Ratifizierung des Non-proliferation-Vertrags.* 3-Punkte-Erklärung:
9. März die Bestimmungen des Vertrags dürfen nicht die Verwendung der Kernenergie zu anderen Zwecken beschränken.
1978 Volksabstimmung billigt mit großer Mehrheit die Bildung eines neuen
24. Sept. (23.) Kantons Jura; Unabhängigkeit nach Volksabstimmung (1. Jan. 1979)
seit 1981 Schwere Zusammenstöße zwischen Jugendlichen und Polizei in Zürich (bis 20. März 1982).
Juni
1983 Parlamentswahlen: Freisinnige werden stärkste Fraktion (23. Okt.).
1986 Rheinverseuchung durch Großbrand bei Sandoz in Basel (1. Nov.).
1987 Bei Nationalrats- und Ständeratswahlen massive Verluste der Sozial-
18. Okt. demokraten.
1989 Volksabstimmung ergibt 35,6% für Abschaffung der Armee (26. Nov.).
1990 Skandal um Geheimakten und Bespitzelungen von etwa 150000 Bürgern (Mai).
23. Sept. Volksabstimmung ergibt Mehrheit für 10jähriges Moratorium beim Ausbau der Kernenergie.

Liechtenstein arbeitet eng mit der Schweiz zusammen; ein Zusatzprotokoll der EFTA sichert ihm Handelsvergünstigungen.

r) Spanien (Forts. v. S. 565)

Nach dem Zweiten Weltkrieg bemüht sich Spanien, die wirtschaftliche und politische Isolierung zu durchbrechen, und macht zuerst
1945 einige innenpolitische Zugeständnisse.
18. Juli Das *Gesetz über die Grundrechte* garantiert die bürgerlichen Freiheiten.
1947 Eine Volksabstimmung billigt Francos Nachfolgeplan, der **Spanien**
9. Juli zum **Königreich** erklärt. Prinz Juan Carlos de Borbón, Enkel von Alfons XIII., wird 1969 zum Nachfolger mit dem „Titel eines Königs" erklärt. – 1948 Freundschafts- und Handelsabkommen mit Argentinien.
Der kalte Krieg und der Ausbau der NATO geben der strategischen Lage Spaniens an der Einfahrt zum Mittelmeer neue Bedeutung.
1953 **Abkommen mit den USA** (auf 10 Jahre, automatisch für je 5 Jahre
26. Sept. zu verlängern) sieht militärische Stützpunkte der USA sowie Wirtschafts- und militärische Materialhilfe durch diese vor; keine US-Truppen stationiert. – Am 14. Dez. 1955 wird Spanien Mitglied der UN. – Zu Marokko vgl. S. 732.
1956 Das *amerikanisch-iberische Abkommen* (USA, Spanien, Portugal)
26. Juli faßt die Stützpunktverträge, die die USA mit Portugal (6. Sept. 1951) und mit Spanien geschlossen haben, sowie den spanisch-portugiesi-

schen Vertrag (17. März 1939) in einem Paktsystem zusammen, das die Bedeutung der Iberischen Halbinsel für die westeuropäische Verteidigung hervorhebt. Dank umfangreicher US-Wirtschaftshilfe Beginn einer moderneren *Wirtschaftspolitik,* um Spanien an das übrige Europa anzugleichen. 1959 Aufnahme in die OEEC. Keine Liberalisierung bzw. Demokratisierung des öffentlichen Lebens. Spanien hat auch keine Verfassung in demokratischem Sinn.

1966
22. Nov. **Staatsorgangesetz:** Prinzipien von Einheit und Ordnung; Trennung der Ämter des Staats- und Regierungschefs; ein Sechstel der Cortes-Mitglieder können direkt gewählt werden. – Wachsender Einfluß der katholischen Laienbewegung *Opus Dei* (z. T. umstritten), seit 1968 Opus-Dei-Mitglieder im Kabinett.
Streit mit Großbritannien um **Gibraltar** (S. 347 f.); die UN fordern direkte Verhandlungen zwischen Madrid und London (1965), die aber ergebnislos verlaufen. Als 1969 die Verfassung für Gibraltar in Kraft tritt, schließt Madrid seine Landesgrenze.

1970
22. Juni *Spanisch-französisches Militärabkommen:* regelmäßige Konsultationen der Minister und Generalstäbe.
6. Aug. *Spanisch-amerikanischer Kooperationsvertrag:* die USA können 4 Stützpunkte benutzen, die aber der spanischen Souveränität unterstehen; US-Waffenlieferungen; im Fall eines Angriffs direkte Kontakte zwischen beiden Regierungen (keine US-Beistandsgarantie). Vertrag am 10. Jan. 1976 erneuert. Wachsender *offener Widerstand* in allen Bevölkerungskreisen *gegen das Regime:* Streiks, Unruhen, auf die die Regierung mit Ausnahmezustand und anderen Repressalien antwortet. **Aufstand der Basken** (nationale Kampfgruppe der ETA) gegen die spanische Unterdrückung; Forderung nach Autonomie. Gewaltakte auf beiden Seiten.

1972
18. Juli *Gesetze über die Nachfolgeregelung nach Francos Tod:* der Vizepräsident zum Präsidenten berufen; binnen 8 Tagen Einberufung der Cortes, um Juan Carlos als König zu vereidigen; dieser kann die alte Regierung entlassen und eine neue ernennen, bedarf aber dazu der Zustimmung des Kronrats.

1975
20. Nov. **Tod Francos, Juan Carlos** zum **König** proklamiert (22. Nov.); er verspricht die Überwindung der aus dem Bürgerkrieg stammenden Gegensätze.

1976
9. Juni Die Cortes billigen die Zulassung politischer Parteien. – Mit der Berufung von *A. Suárez González* (unter Franco Minister) *zum Ministerpräsidenten* beginnt ein vorsichtiger, aber zielstrebiger Demokratisierungsprozeß, dessen einzelne Etappen einen *Bruch mit dem Franco-System* bedeuten.

15. Dez. Referendum über den Regierungsentwurf zu einer Verfassungsreform: freie Parlamentswahlen, Zweikammerparlament.

1977
4. Jan. **Gesetz für die politische Reform des spanischen Staates:** Kongreß (350 Abgeordnete; modifizierte Verhältniswahl) und Senat (Vertreter der Provinzen; 207 Senatoren nach Mehrheitswahlrecht, 41 Sena-

	toren vom König ernannt). Allgemeine, direkte und geheime Wahlen.
2. April	*Auflösung der Falange.*
9. April	*Die KP* (Chef Carrillo, S. 595) wird – nach 40jährigem Verbot – *wieder legalisiert.* Am 22. April werden freie und unabhängige Gewerkschaften gesetzlich zugelassen.
15. Juni	Bei den *ersten freien Parlamentswahlen* erhält die Union des Demokratischen Zentrums (Gruppierung um Suárez) 166 Kongreß- und 106 Senatssitze; zweitstärkste Partei die Sozialisten; KP mit 19 bzw. 8 Sitzen. Verlierer sind die Neofranquisten. – *Regierung Suárez;* Beginn wirtschaftlicher Sanierungsmaßnahmen.
24. Nov.	Mit der Hinterlegung der Beitrittsurkunde durch Außenminister Oreja in Straßburg wird Spanien 20. Mitglied des Europarats.
1978 7. Dez.	88 Prozent der Wahlberechtigten stimmen für das neue Grundgesetz, das Spanien als parlamentarische Demokratie definiert. **Verfassung** tritt in Kraft (27. Dez.).
1981 29. Jan.	Starke innenpolitische Spannungen: Baskische Autonomiebestrebungen und Terrorismus (ETA militar); *Rücktritt Suarez',* neuer Ministerpräsident *L. Calvo-Sotelo* (11./25. Febr.)
23./24. Febr.	Eingreifen des Königs wendet einen von hohen Offizieren begünstigten franquistischen Putschversuch ab.
22. Juni	Liberales Scheidungsrecht eingeführt.
1981/82	*Regionalparlamente* in Asturien und Andalusien.
1982	Spanien offiziell 16. Mitglied der NATO (30. Mai).
28. Okt.	Parlamentswahlen: Mehrheit für Sozialisten; *F. González* neuer Ministerpräsident.
1986 12. März	Spanien wird *EG-Mitglied* (1. Jan.), bei Volksabstimmung knappe Mehrheit für Verbleib Spaniens in der NATO.
1987	Beitritt Spaniens zum Atomwaffensperrvertrag (Nov.).
1988 11. Jan.	Anti-Terror-Pakt von fünf der im Parlament vertretenen baskischen Parteien. Neues Verteidigungsabkommen mit den USA, Reduzierung der US-Truppen in Spanien.
1989	Bei vorgezogenen Parlamentswahlen bleiben die Sozialisten stärkste Partei, neues Kabinett unter *F. Gonzáles.*

s) Portugal (Forts. v. S. 566)

Das *Korporativsystem* – die Stände als abhängige Gliederungen des Staates – schließt, wie in Spanien, jede politische Repräsentation aus; regiert wird mittels Dekreten. Eine Schlüsselstellung hat die Armee (Staatspräsident seit 1958 Admiral A. Tomás). – Durch seine atlantische Randlage ist Portugal für die NATO wichtig.

1951 6. Sept.	*Abkommen mit den USA,* das diesen und den übrigen NATO-Mitgliedern gestattet, auf den Azoren militärische Stützpunkte zu errichten und zu unterhalten (verlängert am 10. Dez. 1971).
1955 4. Jan.	*Vertrag mit Brasilien* (luso-brasilianische Gemeinschaft; gegenseitige Konsultationen). 1955 Aufnahme in die UN. – Infolge seines autori-

tären Regimes ist Portugal gegenüber den westeuropäischen Integrationsbestrebungen zurückhaltend und schließt sich der EFTA an. – Zunehmende Kritik an der *portugiesischen Kolonialpolitik* (S.722); Verlust der portugiesischen Besitzungen in Indien: Gôa, Damão und Diu werden von indischen Truppen besetzt (18. Dez. 1961). Salazar lehnt es ab, den Kolonien die Unabhängigkeit zu gewähren (1961 und 1963).

1968 **Salazar tritt zurück** († 1970); **Nachfolger** als Regierungschef wird
26. Sept. M. **Caetano.** Anfangs liberalerer Kurs, doch bald richtet sich Caetano wieder nach den „Salazaristen" (Armee, Bürokratie) aus.

1971 Die Nationalversammlung ermächtigt die Regierung, als Maßnahme
18. Nov. gegen „subversive Umtriebe" in verschiedenen Landesteilen auch die verfassungsmäßig garantierten Grundrechte aufzuheben. – Politisierung der jüngeren Offiziere: u.a. Erkenntnis, daß der Kolonialkrieg militärisch nicht zu gewinnen ist. Bildung des MFA (Bewegung der Streitkräfte).

1974 **Staatsstreich des MFA.** Ende der Diktatur. Zulassung politischer Par-
25. April teien und Gewerkschaften. Schwieriger Weg zur Demokratie. Gegen-
1975 sätze zwischen Kommunisten und Sozialisten (M.Soares), die
25. April bei den Wahlen zur Verfassunggebenden Versammlung stärkste Partei werden. – Richtungskämpfe innerhalb des MFA (Putschversuche von rechts, Sept. 1974 und März 1975, und von links, Nov. 1975). – Verstaatlichungen: bis Anfang 1976 ca. 70% der Industrie; Bodenreform (Betriebsgröße max. 50 ha), die ab Jan. 1976 nur für den Süden des Landes (Latifundien) gilt.

1976 Neue **Verfassung;** Produktionsmittel, Grund und Boden sowie
2. April Bodenschätze bleiben Kollektiveigentum; der Revolutionsrat verliert eine Reihe von Vollmachten, behält aber Entscheidungsrecht in Verfassungsfragen.

25. April *Wahlen* zur „Volksversammlung" (Parlament mit 283 Abgeordneten); die Sozialisten sind stärkste Fraktion.

27. Juni General A. R. **Eanes** zum Staatspräsidenten gewählt; Minderheitsregierung *Soares* (23. Juli). – Maßnahmen zur Sanierung der zerrütteten Wirtschaft; Kredite der EG-Staaten. Entschädigung für verstaatlichten bzw. enteigneten Besitz (30. Juli 1977).

1977 Sozialistische Minderheitsregierung stürzt 8. Dez. nach 16 Monaten Amtszeit über die Vertrauensfrage. Staatspräsident Eanes beauftragt 28. Dez. Soares erneut mit der Regierungsbildung.

1978 Nach Rücktritt von Soares übernimmt der parteilose Juraprofessor
25. Okt. Mota Pinto die Bildung einer neuen Regierung, der zehnten seit der Revolution von 1974.

1979/80 Wechselnde Regierungen nach Wahlen (Dez./Mai) auf konservativer Mehrheitsbasis (Sá Caneiro, Sá-Car Balsemão).

1982 Neue **Verfassung** (12. Aug.).

1983 Neuwahlen: Erfolg der Sozialisten, Soares Premier (25. Mai).

1985 Parlamentswahlen im Juni, Minderheitskabinett unter A. Cavaco Silva.

1986 Portugal wird *EG-Mitglied* (1. Jan.). *M. Soares* neuer Staatspräsident (16. Febr.).
1987 *Abkommen mit China,* die Übersee-Provinz *Macao* 1999 an China zu übergeben.
1989 *Verfassungsänderung:* Verzicht auf Ziel der klassenlosen Gesellschaft und endgültige Verstaatlichungen. Zunehmende Liberalisierung und Modernisierung der Wirtschaft mit Ziel der *Anpassung an EG-Markt.*
1991 Wiederwahl von M. Soares (14. Jan.).

t) Malta

Malta, seit 1814 britische Kronkolonie, hat 1939 beschränkte Selbstverwaltung und 1947 innere Selbstregierung erhalten.
1964 **Unabhängigkeit** Maltas, das Mitglied des Commonwealth wird.
21. Sept. Abschluß eines Verteidigungs- und Finanzabkommens mit London, das Finanzhilfe in Höhe von 50 Mill. £ für die Dauer von 10 Jahren zusichert. Britische Marinebasis und Flugplätze der RAF. – Strategische Schlüsselstellung der Insel zwischen westlichem und östlichem
1970 Mittelmeer (NATO-Marinehauptquartier).
4. Dez. *Assoziierungsabkommen mit der EWG* mit dem Ziel einer Zollunion. *Seit 1967 Streit mit Großbritannien,* als dieses seine Verteidigungsausgaben einschränkt und seine auf Malta stationierten Truppen verringert; Verlust der Arbeitsplätze für die in britischen Diensten stehenden Malteser.
1971 Wahlsieg der Labour Party. Die **Regierung D. Mintoff** (seit 21. Juni)
Juni erzwingt die Abberufung des Befehlshabers der NATO-Streitkräfte in Südeuropa (25. Juni) und bezeichnet das Verteidigungsabkommen mit London als verfallen (30. Juni).
1972 Unter Vermittlung der NATO und Italiens *neues Abkommen:* die
26. März NATO kann Malta für weitere 7 Jahre als Basis benützen. London und die NATO zahlen jährlich 14 Mill. £; EWG-Mittel für Industrialisierung zugesagt. Malta verpflichtet sich, keinem Warschauer-Pakt-Mitglied die Benutzung militärischer Einrichtungen zu gestatten. Am 27. Dez. fordert Mintoff von London die Erhöhung der Pachtsumme um 10% (Grund: Abwertung des britischen Pfundes infolge der Wechselkursfreigabe). – Besuch Mintoffs in Peking (27. April), das zinslosen Kredit von 17 Mill. £ zusagt.
3./4. Nov. Engere Zusammenarbeit mit Italien, Libyen und Tunesien in Wirtschaft und Handel vereinbart.
1976 Wahlsieg Mintoffs (Sept.), der die Auflösung des NATO-Stützpunkts verlangt.
1979 Abzug der Truppen Großbritanniens und der NATO (31. März).
1980/83 *Verteidigungsabkommen mit Libyen* (März 1980), Hafenabkommen mit der UdSSR (Jan. 1981), Neutralitätsabkommen mit Italien (11. März 1983), Enteignung der Kirchengüter.
1989 *V. Tabone* wird neues Staatsoberhaupt.
1990 Beitrittsantrag zur EG im Juli.

G. Amerika

1. Die panamerikanische Bewegung

Den panamerikanischen Gedanken hat bereits Bolívar vertreten, als er nach der Unabhängigkeit auch den Zusammenschluß der neuen Staaten anbahnen wollte (1824 und 1826) – allerdings ohne Erfolg. Ende des 19. Jh. lebt die panamerikanische Idee wieder auf. Die Initiative geht von den USA als Hegemonialmacht aus, die 1889 in Washington die erste panamerikanische Konferenz einberufen. Das „Bureau of American Republics", gegründet am 14. April 1890 in Washington, ist Beginn der Panamerikanischen Union (1910). Die Zusammenarbeit der amerikanischen Staaten beschränkt sich zunächst auf Handels-, Verkehrs- und Rechtsfragen; u. a. wird die verbindliche Schiedsgerichtsbarkeit für Streitigkeiten untereinander vereinbart (Konferenz von La Habana 1928). Erst mit dem Abbau der Interventionspraxis unter den Präsidenten Hoover und Roosevelt seit 1930 verringern sich die lateinamerikanischen Vorbehalte gegenüber den USA, und die panamerikanische Zusammenarbeit dehnt sich auch auf politisches Gebiet aus.

1933 Auf den *Konferenzen von Montevideo und Buenos Aires (1936)* werden der Grundsatz der Nichteinmischung und die „Prinzipien der interamerikanischen Solidarität" Basis gemeinsamer Orientierung. Während des Zweiten Weltkriegs wird die Verteidigung des amerikanischen Kontinents koordiniert. Die Panamerikanische Union entwickelt sich zur Institution. In Mexiko wird der Grundsatz der kollektiven Sicherheit in Form eines Regionalvertrags festgelegt *(Pakt von Chapultepec 1945)*, den das Interamerikanische Beistandsabkommen von Rio de Janeiro (1947) ergänzt.

1948 Auf der **Konferenz von Bogotá** wird die „Organisation Amerikani-
30. April scher Staaten" (**OAS** = Organization of American States) gegründet; in der Charta sind die bisherigen Verträge und Sondereinrichtungen integriert; neue Aufgabe: Förderung der wirtschaftlichen und sozialen Entwicklung. Seit Mitte der 50er Jahre steht auf Betreiben der USA bei den Außenministerkonferenzen die *Auswirkung des Kommunismus in Lateinamerika* auf der Tagesordnung. Konflikt zwischen den USA und Cuba.

1959 Die *„Deklaration von Santiago de Chile"* bezeichnet Diktaturen als
17./18. Aug. unvereinbar mit den Grundsätzen der OAS.

1960 Die *„Deklaration von San José"* (Costa Rica) wendet sich gegen die
28. Aug. Einmischung des sowjetisch-chinesischen Blocks in Angelegenheiten der westlichen Hemisphäre.

1961 Kennedy gibt die Grundzüge der **„Allianz für den Fortschritt"** be-
13. März kannt, die neben wirtschaftlichen auch gesellschaftspolitische Reformen vorsieht. In der *„Charta von Punta del Este"* und in der *„Erklärung an die Völker Amerikas"* (Aug. 1961) versprechen die USA die

Bereitstellung der nötigen finanziellen Mittel; die lateinamerikanischen Regierungen sagen zu, den Lebensstandard ihrer Völker im Sinn der sozialen Gerechtigkeit zu verbessern. Damit wollen die USA den Auswirkungen des Castrismus begegnen. – Von organisatorischen Mängeln abgesehen (mangelnde Kompetenzen der Ausschüsse), leidet die OAS an den ungleichen Machtverhältnissen zwischen den USA und den übrigen Mitgliedern, die – vielfach berechtigt – in der OAS ein Instrument der wirtschaftlichen und politischen Interessen Washingtons sehen. 90% der US-Gelder für die „Allianz" müssen in den USA ausgegeben werden, obwohl dort die Produkte z. T. wesentlich teurer sind als z. B. in Europa oder Japan; Importbeschränkungen für lateinamerikanische Waren werden in den USA noch beibehalten. Infolge des Vietnamkriegs verringern sich die finanziellen Zuwendungen. Umstritten ist die US-Politik gegen Cuba – dieses wird 1962 aus der OAS ausgeschlossen – und die US-Intervention in Santo Domingo. 1965 stellt das US-Repräsentantenhaus fest: die USA haben das Recht, mit Waffengewalt in jedem lateinamerikanischen Staat zu intervenieren, um „subversive Aktionen zu verhindern". Die Nichteinmischung in die Innenpolitik gilt den Staaten mehr als die kollektive Sicherheit (Gründung der Interamerikanischen Streitmacht 1965) oder die Solidarität mit den USA.

1967
14. Febr. Mittelbare Reaktion auf die kubanische Raketenkrise (S. 714) ist der *Vertrag von Tlatelolco,* der Herstellung, Erprobung, Erwerb und Lagerung von Kernwaffen im Bereich des 35. Breitengrades verbietet, US-Territorien und -Gewässer ausgenommen; Unterzeichner sind 14 lateinamerikanische Staaten (in Kraft 1968).

15.–17. Febr. Auf der *OAS-Konferenz in Buenos Aires* wird die *Revision der Charta* beschlossen (in Kraft 1970): Oberstes Organ ist jetzt die Generalversammlung anstelle der bisherigen Interamerikanischen Konferenz. – Der Ständige Rat (Sitz in Washington) ist in seinen Befugnissen geschwächt, der Wirtschafts- und Sozialrat wird selbständiger Expertenausschuß, desgleichen der Interamerikanische Rat für Erziehung, Wissenschaft und Kultur.

1969
17. Mai Der **„Lateinamerikanische Konsens" von Viña del Mar** faßt die Forderungen an die USA zusammen: Beseitigung der politischen und wirtschaftlichen Zwangsmaßnahmen in der internationalen und interamerikanischen Zusammenarbeit. Die Sonderorganisation für Lateinamerikanische Koordination erhält in Viña del Mar den Status einer permanenten Einrichtung. Die USA gehören ihr nicht an.

1974
18.–23. Febr. In Tlatelolco (Teilnahme der USA) wird ein 10-Punkte-Programm verabschiedet *(„Erklärung von Tlatelolco"):* „besondere Verantwortung" der USA für den Subkontinent. – Veränderte Einstellung der lateinamerikanischen Staaten gegenüber Cuba; seit 1972 nehmen verschiedene Regierungen die diplomatischen Beziehungen zu Cuba wieder auf.

1975
29. Juli Auf der Sondersitzung der OAS in San José de Costa Rica wird die *Wirtschaftsblockade gegen Cuba offiziell aufgehoben.*

Neue Spannungen löst der Einsatz der US-Regierung für die Menschenrechte aus (die USA haben bislang die Menschenrechtsverletzungen der rechtsextremen Militärdiktaturen als Bekämpfung des Kommunismus hingenommen). Argentinien, Brasilien, Uruguay, Guatemala und El Salvador verzichten demonstrativ auf die gekürzten Hilfszahlungen.

1977 Die *OAS-Konferenz in Grenada* endet mit der Annahme von zwei
14.–23. Resolutionen: mehr Befugnisse für die Interamerikanische Men-
Juni schenrechtskommission; Verbindung von Menschenrechten und Wirtschaftshilfe, da ohne soziale Voraussetzungen Freiheit und Demokratie nicht gesichert seien.

1982 Keine gemeinsame Linie der OAS im britisch-argentinischen Falk-
April–Juli land-Krieg.

1983 OAS-Konferenz in Caracas: 11-Punkte-Erklärung zur Verschuldung
5.–9. Sept. Lateinamerikas und Ankündigung der Bildung eines Sonderausschusses, der Sanierungsvorschläge ausarbeiten soll.

14.–18. Nov. 13. Jahrestagung der OAS in Washington kritisiert die Invasion der USA und der karibischen Staaten in Grenada. Resolution zur Unterstützung der Contadora-Gruppe.

1984 14. Jahrestagung der OAS: „Deklaration von Brasilia" begrüßt die
12.–17. Nov. bisherigen Erfolge der Demokratisierung in Lateinamerika (Brasilien, Uruguay, Argentinien).

1985 15. Jahrestagung in Cartagena billigt Statutenänderung (ab 1990):
5.–9. Dez. ideologischer Pluralismus auf der Basis der Demokratie.

1990 20. Jahrestagung der OAS: Erklärung von Asuncion zum 100. Jahrestag der panamerikanischen Bewegung.

2. Nordamerika

a) Vereinigte Staaten von Amerika (Forts. v. S. 423)

Obwohl die USA zu Beginn des 20. Jh. als Weltmacht gelten und eine schiedsrichterliche Stellung beanspruchen, möchten sie die Verwicklung in den Ersten Weltkrieg vermeiden und zwischen den Kriegführenden vermitteln. Unterstützt von der Bevölkerungsmehrheit, legt Präsident Wilson die neutralen Seehandelsrechte so aus, daß Großbritannien mit Produktionsgütern aller Art versorgt werden kann (häufige Zwischenfälle). Zum Kriegseintritt der USA als assoziierte (nicht alliierte) Macht vgl. S. 461, 465.

1917 **Kriegserklärung** der USA **an Deutschland.** Das US-Expeditionsheer
6. April beteiligt sich im Sommer 1918 entscheidend an den Kämpfen in Frankreich.
Seine Vorstellungen von einem gerechten Frieden faßt Wilson in den **14 Punkten** zusammen (vgl. S. 468).

1920
19. März Der Kongreß lehnt die Ratifizierung des Versailler Vertrags und den Beitritt zum Völkerbund ab. *Isolationismus* (keine Bindungen an Europa und den Völkerbund) nun außenpolitischer Grundsatz. Die Aufmerksamkeit der USA wendet sich dem *pazifischen Raum* zu, wo sie ihre wirtschaftlichen und machtpolitischen Interessen durch den Aufstieg Japans als Seemacht und durch Verstimmungen mit Großbritannien (Kontrolle der besten Ölquellen) gefährdet sehen. Auf Initiative von Präsident Warren G. *Harding* findet die *Konferenz von Washington* statt, die neben der Abrüstung zur See auch andere Streitpunkte klären soll (S. 476). In die Reparationsverhandlungen werden die USA als größter Gläubigerstaat hineingezogen (Dawesplan, Youngplan, S. 477, 478). Von den USA geht auch der Anstoß aus, den Krieg als Werkzeug nationaler Politik zu ächten (*Briand-Kellogg-Pakt,* S. 478). Der Grundsatz des Isolationismus läßt sich nicht konsequent verfolgen, zumal Japan nach der Washingtoner Konferenz seine Stellung im pazifischen Raum weiter ausbaut (s. S. 809).

Nach kurzer Nachkriegskrise starker *Wirtschaftsaufschwung* (infolge der Kriegsgewinne erweiterte Nachfrage), vorangetrieben durch ungehemmte Spekulation. Neue Gesetze (1921 und 1924) beschränken die Einwanderung, die Chinesen und Japanern verboten ist. Frauenstimmrecht (1920); volles Bürgerrecht für die Indianer (1924). Das Prinzip des Wirtschaftsindividualismus ohne Rücksicht auf die Allgemeinheit hat bereits Ende des 19. Jh. zu erheblichen Mißständen geführt; der Sherman Act (1890) erklärte die Beschränkung des Wettbewerbs und die Errichtung von Monopolen zu kriminellen Delikten.

1929
24. Okt. Der **„schwarze Freitag"** (Kurssturz an der New Yorker Börse) löst die große Wirtschaftskrise aus (vgl. S. 479). Unter Präsident Herbert C. *Hoover* beginnt der Staat in das Wirtschaftsgeschehen einzugreifen. Die wachsende Arbeitslosigkeit (1933: 15 Millionen Menschen) und die Unfähigkeit der Privatwirtschaft, dieses Problem zu lösen, zwingen die Regierung, sich mit der sozialen Frage zu befassen.

1933
4. März Präsident Franklin D. **Roosevelt** (Demokratische Partei; 1936, 1940 und 1944 wiedergewählt). *New-Deal-Programm* (= Neuverteilung der Spielkarten): Prinzip der individuellen Freiheit, ergänzt durch die wirtschaftliche Sicherung aller Bürger. Festsetzung von Arbeitszeit und Mindestlöhnen für Männer und Frauen (1935); Arbeitslosen-, Unfall- und Rentenversicherung eingeführt (Social Security Act, 14. Aug. 1935). Kredite an schwächere Wirtschaftszweige, Subventionen für die Landwirtschaft. Mit der Errichtung der Tennessee Valley Authority (1933) übernimmt der Bund erstmals unternehmerische Aufgaben. Die Gewerkschaften, erst 1914 vom Monopolverbot befreit (Clayton Act), erhalten 1932 und 1935 ihre Rechte gesetzlich bestätigt. – In Hinblick auf die japanische Aktion in der Mandschurei (S. 543, 776 f.) Weigerung, diese Eroberung anzuerkennen, und Auf-

nahme diplomatischer Beziehungen zur UdSSR (1934). *Neutralitäts-gesetze* (1935–1937; Waffenembargo, Beschränkung von Export und Anleihen) mit Rücksicht auf die Kriege in China, Äthiopien und Spanien. In seiner „*Quarantänerede*" (S. 481) erklärt Roosevelt allerdings, Neutralität sei auf die Dauer bei der Politik der Achsenmächte
1939 nicht möglich.

5. Sept. Nach Kriegsausbruch erklären die USA ihre Neutralität. Ausfuhr-
3. Nov. sperre für Kriegsmaterial. Das Neutralitätsgesetz (Waffenembargo) wird zugunsten Großbritanniens und Frankreichs auf der *Cash-and-Carry-Basis* (gegen Barzahlung und mit eigenem Transport) abgeändert. – Die Niederlage Frankreichs und die Bedrohung Großbritanniens bewirken in der öffentlichen Meinung die *Abkehr von Isolationismus und Neutralität.* Die USA beginnen ihre Wirtschaft auf Kriegsbedarf umzustellen: Gründung des Nationalen Verteidigungsrates (20. Dez. 1940).

1941 Das **Leih- und Pachtgesetz** (Lend-Lease Act) ermächtigt den Präsi-
11. März denten, diejenigen Staaten mit Kriegs- und Versorgungsgütern zu unterstützen, deren Verteidigung auch der eigenen Sache dient. Die UdSSR wird im Nov. 1941 in Leih- und Pachtlieferungen eingeschlossen. – Grönland und Island werden von den USA besetzt (April und Juli 1941). – Roosevelt wünscht den Kampf nicht nur von der machtpolitischen Seite, sondern auch von der Sache der Demokratie her geführt zu sehen: Kongreßbotschaft der „*Vier Freiheiten*"; Atlantikcharta (S. 548).

7. Dez. Der japanische Angriff auf Pearl Harbor und die Kriegserklärung Deutschlands und Italiens an die USA (11. Dez.) bewirken den **Eintritt der USA in den Krieg,** den sie unter vollem Einsatz ihrer technischen und materiellen Überlegenheit führen (vgl. S. 536 ff., 544 f.). Allgemeine Wehrpflicht (15. Dez. 1941). Unter dem Eindruck der Kriegskoalition auch politische Abstimmung mit Großbritannien und der UdSSR; in Casablanca, Teheran und Jalta fallen wichtige Vor-
1945 entscheidungen für die Neuregelung nach dem Krieg (S. 548 f.).

12. April **Roosevelt gestorben. Nachfolger** Vizepräsident Harry S. **Truman** († 1972).
Die USA sind nicht nur wirtschaftlich, sondern auch militärisch die stärkste Macht, 1945–1948 zudem die einzige Atommacht der Welt. Bereits auf der Potsdamer Konferenz Gegensätze zwischen USA und UdSSR, desgleichen in den UN (S. 549 f., 568). Beginn des *Ost-West-Konflikts,* der sich zum „kalten Krieg" ausweitet. Die USA bauen ein Bündnissystem auf (NATO, ANZUS-Pakt, Bagdadpakt, SEATO, S. 570 f., 756), dessen Führungsmacht sie werden, ohne ihre Rolle als Weltmacht aufzugeben.

1947 Kongreßbotschaft Trumans: Hilfe der USA für „die in ihrer Freiheit
12. März bedrohten freien Völker". Die **Trumandoktrin** ist Absage an die
5. Juni Monroedoktrin und an den Isolationismus. *Marshallplan* (S. 585) zum wirtschaftlichen Wiederaufbau Europas; die Marshallplanhilfe läuft 1951 aus (insgesamt 12,4 Mrd. $ aufgewandt).

1948 *Blockade Berlins* (S. 599`) als Höhepunkt des „kalten Kriegs" in Europa.

Nach dem Sieg des Kommunismus in China entsteht in Asien eine
1950 neue Front des „kalten Krieges". Im **Koreakrieg** intervenieren die
1. Sept. USA im Einvernehmen mit den UN (S. 807). Truman gibt das **„8-Punkte-Programm"** bekannt: u.a. Recht der Koreaner auf Freiheit, Unabhängigkeit und Einheit; keine Ansprüche der USA auf Formosa oder irgendein Gebiet Ostasiens; kein Angriffs- oder Präventivkrieg. – *Innenpolitisch* will Truman den New Deal zum Fair Deal erweitern; Widerstand im Kongreß, wo die Konservativen unter den Republikanern und südstaatlichen Demokraten die Vorherrschaft haben (die US-Parteien haben keinen Fraktionszwang). Der Taft-Hartley-Act (23. Juni 1947) untersagt den Gewerkschaften u.a., politische Parteien zu unterstützen, und gibt dem Präsidenten das Recht, bei Streikbeschlüssen eine „Abkühlungszeit" von 60 Tagen zu verhängen. Der 22. Zusatz zur Verfassung bestimmt (1951), daß der Präsident nur zweimal nacheinander gewählt werden darf.

1952 General Dwight D. **Eisenhower** (Republikaner; † 1969) zum Präsi-
4. Nov. denten gewählt. Außenminister John F. *Dulles.* Außen- und verteidigungspolitisches Konzept: „Zurückdrängen" des kommunistischen Blocks („Politik der Befreiung"), Doktrin der massiven Vergeltung (atomare Überlegenheit der USA; vgl. auch S. 570f.).

1957 **Nahostdoktrin** Eisenhowers offiziell verkündet: Wirtschafts- und
9. März Militärhilfe gegen kommunistische Aggression. Libyen, Libanon, Irak, Türkei, Iran, Saudi-Arabien, Afghanistan und Pakistan sind für die Doktrin. Nach dem Umsturz im Irak (S. 766) sucht Washington den Bagdadpakt durch Beistandsverträge zu stärken: Abkommen mit der Türkei, Iran und Pakistan (5. März 1959).

1959 Besuch *Chruschtschows* in den USA; Gespräche mit Eisenhower *in*
15.–27. Sept. *Camp David.* Themen: Beseitigung des „kalten Kriegs", Friedensvertrag mit Deutschland als Anerkennung des Status quo in Mitteleuropa.

1960 Der *Abschuß eines amerikanischen Aufklärungsflugzeugs* vom Typ
1. Mai U-2 bei Swerdlowsk offenbart die Tatsache routinemäßiger „vorbeugender" Aufklärungsflüge von US-Flugzeugen über der UdSSR und trägt zum Scheitern der Pariser Gipfelkonferenz bei.

Wirtschaftlich ist seit einigen Jahren eine *Stagnation* zu bemerken: passive Zahlungsbilanz infolge von Militär- und Entwicklungshilfe; der Ausbau der EWG verändert die Wettbewerbsbedingungen für die US-Industrie, die im EWG-Raum Firmen (mit billigen europäischen Arbeitskräften) gründet; daher verringern sich die Kapital- und Devisenreserven in den USA. Wandlungen des Wirtschaftssystems: Ausweitung der Betriebsgrößen und verstärkte Monopolisierung und dadurch Kontrolle der Märkte bzw. Beeinflussung des Konsums; steigender Anteil des Staates (wirtschaftlich-militärischer Komplex), „Leistungslücken" auf dem *sozialen Sektor,* große regionale Wohlstandsunterschiede. Innere Krise: fehlende Integration der

Unterprivilegierten (verelendete Weiße, Farbige), soziale Schranken zwischen dem politisch-wirtschaftlichen Establishment und den rassisch und wirtschaftlich Deklassierten. *Bürgerrechtsbewegung* (Pastor Martin Luther King, ermordet 1968; Black-Power-Bewegung nach 1966) und Rassenunruhen (1957, 1963, 1965, 1967/68). Seit 1954 Bürgerrechtsgesetzgebung.

8. Nov. John F. **Kennedy** (Demokrat) zum Präsidenten gewählt (erster katholischer Präsident). Reformprogramm *„New Frontier"* (Siedlungs- und Sozialpolitik, Bürgerrecht). *Verteidigungspolitik:* Strategie der flexiblen Antwort (Fähigkeit, nach einem Nuklearangriff dem Gegner einen vernichtenden Schlag beibringen zu können), bedingt durch das „nukleare Patt" (S. 573); ergänzend dazu Verstärkung der konventionellen Verbände auch bei den Verbündeten (NATO, S. 572) und Rüstungskontrolle auf der Grundlage eines stabilen Systems gegenseitiger Abschreckung.

Die UdSSR hat 1960 begonnen, Cuba aufzurüsten, zuerst durch Lieferung konventioneller Waffen, dann durch Installierung von Mittelstreckenraketen mit Abschußrampen.

1962 Die USA beschließen eine **Teilblockade Cubas;** Kennedy verlangt
21. Okt. am 22. Okt. den sofortigen Abbau des Raketenstützpunkts und den Abtransport der sowjetischen Raketen, wozu sich die UdSSR am 27. Okt. bereit erklärt. Am 20. Nov. gibt Kennedy den Abzug der sowjetischen Raketen binnen 30 Tagen bekannt.

Die Cubakrise fördert die Abrüstungsverhandlungen, löst jedoch eine Vertrauenskrise zwischen den USA und ihren NATO-Partnern aus (S. 571); Kennedys Plan der *Atlantischen Partnerschaft* (1962) – gegenseitige Abhängigkeit zwischen den USA und einem politisch und wirtschaftlich geeinten Europa – wird nicht verwirklicht infolge der unterschiedlichen Interessen (Spannungen mit der EWG wegen ihrer protektionistischen Agrarpolitik).

Innenpolitisch Widerstand im Kongreß (Koalition zwischen den konservativen Flügeln der Republikaner und der Demokraten) gegen Kennedys „Revolution der Menschenrechte".

1963 **Kennedy stirbt** in Dallas (Tex.) an den Folgen eines Attentats. **Nach-**
22. Nov. **folger** Vizepräsident Lyndon B. **Johnson** (Sieger der Präsidentenwahl 1964). Er setzt Kennedys Reformpolitik fort. Programm der *„Great Society"* (1965): Kampf gegen die verdeckte Armut inmitten einer Wohlstandsgesellschaft (1966 leben 15% der Gesamtbevölkerung unter dem offiziellen Existenzminimum von 3 350 $ im Jahr).

1964 **Bürgerrechtsgesetz** unterzeichnet: Aufhebung der Rassentrennung in
2. Juli den Schulen, gleiche Chancen für Farbige auf dem Arbeitsmarkt, gleiche Zulassung und Bedienung in öffentlichen Einrichtungen. Das Wahlrechtsgesetz (6. Aug. 1965) beseitigt die Diskriminierung der Neger bei der Eintragung in Wahllisten. Das Bürgerrechtsgesetz vom 11. April 1968 verbietet die Rassendiskriminierung der Farbigen auf dem Wohnungsmarkt; Behinderung von Farbigen bei Wahrnehmung ihrer Bürgerrechte ist Bundesstrafdelikt. – Das Krankenversiche-

rungsgesetz (gültig ab 1. Juli 1966) ist der Anfang einer staatlichen Krankenversicherung.

Die *Außenpolitik* verfolgt im wesentlichen zwei Ziele: Rüstungsbegrenzung (S. 571f.) und Eindämmung der VR China. Hinter dem Einsatz in **Vietnam** – er reicht bis 1950 zurück – steht die Überzeugung, der Verlust Südvietnams schwäche die Stellung der USA als Weltmacht im pazifischen Raum. Damit legen sich die USA vorerst auf eine militärische Lösung der Vietnamfrage fest, ohne eine politische Alternative zu entwickeln. Der Tongking-Zwischenfall (2. Aug. 1964) löst die Eskalation des offiziell nie erklärten Vietnamkriegs aus, der mit allen Mitteln, auch völkerrechtlich nicht erlaubten,

7. Aug. geführt wird. Die sog. **Tongking-Resolution** des Kongresses gibt dem Präsidenten das Recht, „unbeschränkt" im südostasiatischen Raum militärisch einzugreifen. – Zum Vietnamkrieg s. S. 794 f. Verhandlungsangebote (u. a. Brief Johnsons an Ho Chi Minh, 21. März 1967), die im Prinzip die militärische Kapitulation Hanois voraussetzen. Erst als sich die Erkenntnis durchsetzt, daß der Vietnamkrieg militärisch nicht zu gewinnen ist (Einstellung der Luftangriffe nördlich des 20. Breitengrades am 31. März 1968), beginnen die *Pariser Vietnamgespräche* (S. 575); die Kämpfe südlich des 20. Breitengrades gehen weiter.

Im **Nahen und Mittleren Osten** hat sich die Stellung des Westens infolge der Sueskrise erheblich verschlechtert (mangelndes Verständnis für die nationalarabischen Interessen, daher Gleichgewicht zugunsten der prosowjetischen arabischen Staaten verschoben). Bei Ausbruch

1967 des Nahostkriegs (S. 725) unterstützt Washington die israelische Position und bezeichnet sich als „neutral" (5. Juni 1967) bzw. „nichtkriegführend".

Vietnam wird zur großen *innenpolitischen und wirtschaftlichen Belastung.* Kritik führender Kongreßmitglieder an der Vietnampolitik; inneramerikanische Diskussion um die Berechtigung des Kriegs, seine Kosten und seine Auswirkung auf den internen Kampf gegen die Armut (Kürzung der Gelder für das „Great-Society-Programm"); Zweifel am bisher gültigen Fortschrittsglauben und an der Vorbildlichkeit des American way of life (Massaker von My Lai 1968); Antikriegsdemonstrationen; steigende Kriminalität; Rauschgift. Das sozialpolitische Konzept bleibt den breiten weißen Mittelschichten fremd („schweigende Mehrheit"), die sich durch den Anspruch der Unterprivilegierten auf höheren Lebensstandard bedroht fühlen: Massenwanderung der Armen in das „Wohlfahrtsparadies" des Nordens (Anwachsen der Slums in den städtischen Ballungsgebieten).

1968 Richard M. **Nixon** (Republikaner) zum Präsidenten gewählt; er stützt
5. Nov. sich auf die „schweigende Mehrheit" mit ihren Wertvorstellungen von „Gesetz und Ordnung".

Die Regierung Nixon befaßt sich stärker mit europäischen Fragen (Berlin, Sicherheitskonferenz, S. 613, 575) als die vorige Regierung, behält aber sonst deren verteidigungs- und außenpolitische Grundlinien bei: Verstärkung der Offensivwaffen (Entwicklung einer neuen Waffengeneration von Antiraketensystemen und von Mehrfachraketen). Fortsetzung des Dialogs mit der UdSSR über die Begrenzung strategischer Waffensysteme (SALT, S. 574 f.). Neue Vietnampolitik: Südvietnam soll mit US-Hilfe (Luftwaffe und Marine) in den Stand gesetzt werden, sich selbst zu behaupten und Hanoi zur Anerkennung dieser Tatsache zu zwingen *(Vietnamisierung);* Abzug der US-Landstreitkräfte aus Südvietnam eingeleitet (Stand 1969: 540 000 Mann).

1969 Nixon erläutert die Asienpolitik: Die USA werden zu ihren Ver-
24. Juli pflichtungen stehen, erwarten jedoch, daß die betreffenden Länder innere Sicherheitsprobleme selbst lösen; weder Rückzug aus dem pazifischen Raum noch neue Intervention (sog. *Guam-Doktrin*).

1970 Außenpolitische Maxime für die 70er Jahre verkündet. „Neue Frie-
18. Febr. densstrategie" erweitert die Guam-Doktrin zur **Nixon-Doktrin** mit den Schwerpunkten Partnerschaft – Stärke – Verhandlungsbereitschaft. Die USA als Weltmacht anerkennen den Paritätsanspruch der UdSSR und ihr legitimes Sicherheitsinteresse in Osteuropa. Die USA werden ihre Verbündeten weiterhin unterstützen, diese müssen sich jedoch an den gemeinsamen Lasten mehr beteiligen als bisher (NATO und Westeuropa). – Die Vietnamisierungspolitik hat keinen
30. April Erfolg. Entgegen der Guam-Doktrin *Einmarsch von US-Truppen in* **Kambodscha,** begründet mit dem Schutz der in Südvietnam operierenden US-Soldaten und mit dem Ziel, den Vietnamkrieg dadurch schneller zu beenden (S. 796). Abzug der US-Truppen am 30. Juni. Ergebnis der US-Invasion: die Gegner kontrollieren den größten Teil Kambodschas; Ausweitung des Vietnamkriegs zum Indochinakrieg. – Wachsender Widerstand im Senat gegen Nixons Vietnampolitik: am 24. Juni 1970 widerruft der Senat die Tongking-Resolution. Im *Nahostkonflikt* beliefern die USA Israel mit Kampfflugzeugen, um das militärische Gleichgewicht aufrechtzuerhalten (sowjetische Militärhilfe für die VAR), und bemühen sich, einen direkten Zusammenstoß mit der UdSSR auszuschließen.

19. Juni Die USA schlagen die Wiederherstellung der Waffenruhe am Sueskanal vor, die Einleitung von Friedensverhandlungen unter Leitung von Jarring und die Verwirklichung der UN-Resolution vom 22. Nov. 1967 (sog. *Rogers-Plan*).

1971 Anhaltende heftige innenpolitische Auseinandersetzungen über die Vietnampolitik (Veröffentlichung der sog. *„Pentagon Papers"* ab 13. Juni), die auch die *Wirtschaft* zerrüttet: Preissteigerungen und Geldwertschwund (Inflationsrate 1969: 6 %), so daß die USA ihre nationalen Goldreserven einsetzen müssen, um den Dollar als Weltleitwährung zu stützen; Verringerung der Goldreserven; die 25 %ige Golddeckung der im Umlauf befindlichen Banknoten wird aufgehoben (14. März 1969). Es gelingt zunächst nicht, die Inflation einzudämmen und gleichzeitig eine Wirtschaftsrezession zu vermeiden. Die Einsparungen im Militärhaushalt 1969/70 zwingen die Rüstungsindustrie, die nicht imstande ist, auf Friedenswirtschaft umzuschalten, zu Entlassungen (Ende 1970: 6% Arbeitslose). Streiks. *Stagflation* (stagnierende Wirtschaft bei gleichzeitiger Inflation) und defizitäre Zahlungsbilanzen untergraben das Vertrauen in den Dollar (neue

1971 Dollarflut auf dem europäischen Kapitalmarkt; vgl. S. 580).

15. Aug. Befristeter *Lohn- und Preisstopp* eingeführt (nach 90 Tagen in eine Preis- und Lohnkontrolle und in eine Zins- und Dividendenkontrolle umgewandelt). Die Konvertierbarkeit des Dollar in Gold wird ausgesetzt. Ab 16. Aug. gilt eine 10%ige zusätzliche Importabgabe für alle zollpflichtigen Einfuhrwaren (gegen die Konkurrenz billigerer ausländischer Waren), die am 20. Dez. wieder aufgehoben wird. Arbeitsplatzbeschaffung durch eine 10%ige Steueraussetzung für Investitionen (Dauer 1 Jahr, dann 5%ige Aussetzung). Nach der Washingtoner Währungskonferenz (S. 580) wird der *Dollar* um 7,89% *abgewertet.* Am 3. April 1972 wird der offizielle Goldpreis von 35 auf 38 Dollar je Feinunze erhöht (Gesetz zur Paritätsänderung). Erneute Abwertung des Dollars um 10% am 12. Febr. 1973.

Sofort nach seiner Wahl ließ Nixon die US-**Chinapolitik** überprüfen und erklärte, die Beziehungen zu Peking verbessern zu wollen (18. Febr. 1970 und 25. Febr. 1971; Erleichterungen für Chinahandel und -besuch), ohne mit Taiwan zu brechen. Auch Peking ist an unmittelbaren Kontakten mit den USA interessiert: offizielle Einladung an Nixon am 30. April 1971, Geheimbesuch des US-Sicherheitsberaters H. Kissinger (Außenminister von 1973 bis 1977) in Peking (Juli 1971). Zur Aufnahme der VR China in die UN s. S. 569, zum indisch-pakistanischen Krieg s. S. 786.

1972 **Besuch Nixons in Peking** (S. 764). Bei seiner Rückkehr erklärt Nixon,
21.–28. Febr. er habe keine Verpflichtung gegenüber verbündeten Ländern aufgegeben.

22.–30. Mai Offizieller Besuch Nixons in Moskau zur *Unterzeichnung des ersten SALT-Abkommens* (S. 574). Zusammen mit der Chinareise ein weiterer Schritt, das System der Konfrontation der 50er Jahre zugunsten einer größeren internationalen Beweglichkeit aufzugeben.

Gleichzeitig geht der **Vietnamkrieg** weiter, desgleichen die Pariser Verhandlungen, zu denen parallel seit Mitte 1971 Geheimgespräche zwischen Kissinger und Le Duc Tho geführt werden (S. 575, 795).

Auf die Offensive Nordvietnams und des FLN antworten die USA mit der Wiederaufnahme des uneingeschränkten Luftkriegs gegen Nordvietnam (7. April 1972 bekanntgegeben) und mit der Teilblockade Nordvietnams (Verminung der Häfen, am 8. Mai angeordnet); gleichzeitig weiterer Abzug der US-Landstreitkräfte.

Nixon, der am 27. Okt. die Einstellung des Luftkriegs nördlich des
1972 18. Dez. 20. Breitengrades verfügt hat, ordnet die *Wiederaufnahme der massiven Luftangriffe* auf Hanoi und Haiphong an, wobei auch Wohnviertel schwer getroffen werden. Weltweite Empörung. Erst als die Bombardierung am 30. Dez. eingestellt wird, stimmt Hanoi neuen Verhandlungen zu (s. S. 575).

Ausgelöst durch die Vietnampolitik Auseinandersetzung zwischen

Kongreß und Präsident um den Verfassungsgrundsatz vom Gleichgewicht zwischen Exekutive und Legislative (Machtanhäufung beim Präsidenten).

1973
7. Nov.
Der Kongreß verabschiedet den **War Powers Act,** der das Recht des Präsidenten, Truppen einzusetzen, zeitlich begrenzt (Meldepflicht an den Kongreß, der eine solche Aktion unterbinden kann).

Sog. *Watergate-Affäre:* während des Wahlkampfs Einbruch enger Mitarbeiter Nixons ins Wahlhauptquartier der Demokraten (17. Juni 1972); Nixon leugnet zuerst jede Mitwisserschaft, wird aber von den Tätern vor dem Watergate-Ausschuß des Senats z. T. schwer belastet (u. a. Existenz geheimer Abhöranlagen und Tonbänder im Weißen Haus).

1974
8. Aug.
Rücktritt Nixons, um dem drohenden *Impeachment* (Amtsenthebungsverfahren wegen Behinderung der Justiz, wegen Amtsmißbrauchs und Mißachtung des Kongresses) zuvorzukommen. **Nachfolger Gerald R. Ford** (9. Aug., zuletzt Vizepräsident).

Die innenpolitische Krise um das Präsidentenamt und der Anspruch des Kongresses auf außenpolitische Mitentscheidung engt den Spielraum der Regierung Ford ein, u. a. in der Cypernkrise: Entfremdung zu den NATO-Partnern Griechenland (S. 642) und Türkei (der Kongreß sperrt im Febr. 1975 die Rüstungshilfe für die Türkei). – Der Kongreß durchkreuzt auch wirtschaftspolitische Maßnahmen.

1976
27. April
Grundsatzrede Kissingers in Lusaka *zur US-Afrikapolitik:* Selbstbestimmung in Rhodesien und Namibia; Mehrheitsregierung; keine Hilfe für Salisbury im Falle eines Konflikts mit afrikanischen Ländern oder Befreiungsbewegungen; wirtschaftliche Hilfe für die Anrainerstaaten Rhodesiens; Beseitigung der gesetzmäßig verankerten Apartheid in der Südafrikanischen Republik.

Der Wahlkampf um die Präsidentschaft konzentriert sich um Ford und James Earl (Jimmy) Carter (Demokrat aus Georgia). Carter kündet die Rückkehr zu den alten amerikanischen Idealen und damit eine Rehabilitierung von Staat und Institutionen an (neuer Konservativismus, der dem Bedürfnis der Bevölkerung entgegenkommt).

2. Nov.
Bei den Präsidentschaftswahlen erhält **Carter** 51% der Stimmen.

1977
20. Jan.
In seiner *Antrittsrede* (am gleichen Tag auch Botschaft an die Welt) stellt Carter die Rüstungsbeschränkung, Beseitigung aller Nuklearwaffen und die *Einhaltung der Menschenrechte in den Mittelpunkt* seiner Politik.

27. Juni
Die *Regierung* spricht sich *für ein „Heimatland" der Palästinenser* und für den Rückzug Israels aus den besetzten Gebieten aus; als Gegenleistung: ein Friede, der die Sicherheitsbedürfnisse aller beteiligten Parteien berücksichtigt.

Innenpolitische Schwerpunkte: Energiepolitik (Sparprogramm v. 7. April; Errichtung eines Energieministeriums, Aug., und Preisbindung für Erdgas); Sozialprogramm (Aug. 1977), u. a. garantiertes Mindesteinkommen für jeden Amerikaner. Durchsetzung eines Sparprogramms zur Behebung der Inflation und des Währungsverfalls.

1978
14. Dez.
Abkommen mit VR China zur Aufnahme voller diplomatischer Beziehungen ab 1. Jan. 1979. Beendigung der diplomatischen Beziehungen zu Taiwan.

1979
18. Juni
Unterzeichnung des *SALT II-Abkommens* über die Begrenzung strategischer Waffen mit der UdSSR in Wien.

4. Nov.
Geiselnahme von 52 Amerikanern in der US-Botschaft *in Teheran* durch islamisch-revolutionäre Studenten (bis 20. Jan. 1981).

1980
Boykott der Olympischen Spiele in Moskau wegen sowjetischer Afghanistan-Invasion; Nichtratifizierung von SALT II, zeitweiliges Getreideembargo.

4. Nov.
Wahl des konservativen Republikaners **Ronald Reagan** zum Präsidenten, gleichzeitig republikanische Mehrheit im Senat und konservative Mehrheit im Kongreß.

1981
Bei einem *Attentat* wird Reagan verletzt (30. März).

Mai/Juni
Kongreß billigt umfassenden *Abbau sozialer Leistungen zugunsten des Wehretats* (136,5 Mrd. $).

Aug.
Steuersenkungsbeschlüsse zur Stützung der Wirtschaft.

8. Aug.
Bau der (von Carter gestoppten) Neutronenbombe angeordnet.

30. Nov.
Beginn neuer Abrüstungsverhandlungen über Mittelstreckenraketen in Genf.

24. Dez.
Sanktionen gegen Polen wegen Verhängung des Kriegsrechts *und gegen UdSSR* (v. a. Technologie).

1982
Militärisches Hilfsprogramm für Regime Duarte in El Salvador (2. Febr.). – Demokratische Senatoren (E. Kennedy, Hatfield) starten

10. März
„Freeze"-Kampagne (sofortiges beidseitiges Einfrieren der Atomrüstung).

30. April
Nach gescheiterter Vermittlungsaktion Außenminister Haigs im Falkland-Konflikt auf seiten Großbritanniens: Sanktionen gegen Argentinien.

12. Juni
Friedensdemonstration in New York mit 1 Mill. Menschen.

22. Juni
Weitere Kürzungen der Sozialleistungen, Wehretat für 1983: 213,9 Mrd. $.

29. Juni
Beginn der *START (vorher SALT)-Verhandlungen* über strategische Waffen in Genf.

8. Okt.
Höchste Arbeitslosigkeit seit 1941 (über 11%).

1983
seit März
Unterstützung rechtsgerichteter nicaraguanischer Rebellen gegen die sandinistische Revolutionsregierung.

ab Sept.
Im Libanonkonflikt (vgl. S. 769, 770) werden US-Streitkräfte aktiv.

25. Okt.
Invasion auf der Karibikinsel Grenada (offizielle Begründung: Gefahr der Errichtung eines cubanischen Militärstützpunkts).

1. Nov.
Ablehnung der „Freeze"-Vorlage durch den Senat. – Beginnender Wirtschaftsaufschwung, aber wachsende Haushaltsdefizite.

1984
Präsident Reagan wiedergewählt (6. Nov.).

1985
19.–21. Nov.
Gipfel Reagan/Gorbatschow in Genf: Wiederaufnahme des *Abrüstungsdialogs*.

1986
Nach Absturz der Raumfähre Challenger Stopp des Raumfahrtprogramms (28. Jan.).

14. April Bombardierung von Tripolis und Benghasi als Vergeltung für libysche Terrorakte.

11. Okt. Gipfel Reagan-Gorbatschow in Reykjavik. Trotz signalisierter Bereitschaft zur Abrüstung will Reagan an SDI festhalten.

3. Nov. Iran-Contra-Affäre: Das Bekanntwerden von Waffenlieferungen an den Iran und der Verwendung der Gelder zur Unterstützung nicaraguanischer Contras führen zum Rücktritt mehrerer Politiker.

1987 Kursverfall des Dollars aufgrund negativer Handelsbilanz (ab Jan.).

7. Dez. *Vertrag über Abrüstung atomarer Kurzstreckenraketen (INF)* mit UdSSR.

1988 Freihandelsabkommen mit Kanada, stufenweiser Zollabbau.

1989 Neuer Präsident **George Bush.** Er will das Haushaltsdefizit durch

20. Jan. Einsparungen ohne Steuererhöhungen abbauen.

2./3. Dez. Informelles Treffen von Bush und Gorbatschow vor Malta.

20. Dez. *Einmarsch von US-Truppen in Panama,* mehrtägige Kämpfe.

1990 Aufhebung des Wirtschaftsembargos nach Machtwechsel in Nicaragua. Gipfeltreffen Bush/Gorbatschow über Abrüstung und Handelsvertrag (30. Mai/1. Juni).

8. Aug. Massive Entsendung von Truppen an den Persischen Golf nach der irakischen Annexion Kuwaits.

5. Okt. Haushaltsstreit zwischen Präsident und Repräsentantenhaus um Einsparungen.

Nov. Neuer historischer Tiefststand des Dollars: unter 1,50 DM.

6. Nov. Kongreßwahlen: dominierende Mehrheit der Demokraten.

1991 Nach erfolglosen diplomatischen Bemühungen *Krieg* gegen Irak, der

17. Jan. mit irakischer Niederlage und der Befreiung Kuwaits endet (bis 28. Febr.).

b) Kanada (Forts. v. S. 423)

Kurz nach Ausbruch des Ersten Weltkriegs erklärt sich Kanada mit dem Mutterland solidarisch und schickt Freiwillige nach England.

1917 Einführung der *allgemeinen Wehrpflicht.* Mehr als 600 000 Kanadier
26. Sept. an allen Fronten eingesetzt. Nach dem Krieg wachsendes Selbstbewußtsein trotz starker Bindungen an die „britische Völkerfamilie" (eigene Gesandtschaft in Washington 1926). Durch die Londoner Empirekonferenz 1926 und das Statut von Westminster (S. 509 f.) entfallen die noch bestehenden Beschränkungen der *kanadischen Autonomie.* – Seit 1914 *wirtschaftliche und soziale Umwälzung* (Industrialisierung, Verstädterung, neue Einwanderung); neuer wirtschaftlicher Schwerpunkt der Norden des Landes. Wachsende Bedeutung der USA im Wirtschaftsleben. Die Weltwirtschaftskrise verursacht Arbeitslosigkeit; Bankrott des kanadischen Westens.
Im Zweiten Weltkrieg ebenfalls Solidarität mit Großbritannien; die

Bindungen an die USA erstrecken sich auch auf die Verteidigung: gemeinsamer Verteidigungsrat, US-Stützpunkte in Neufundland; diese Einrichtungen werden auch nach dem Krieg beibehalten.

1948
29. April
Der kanadische Vorschlag, den Brüsseler Pakt (S. 585) zu einer Sicherheitsliga der freien Nationen zu erweitern, wird Anstoß zur Gründung der NATO. Abkommen mit den USA zur wirtschaftlichen Koordinierung der gemeinsamen Verteidigung (1949).

1959
26. Juni
Eröffnung des St.-Lorenz-Seewegs, durch den große Ozeandampfer bis in die Großen Seen gelangen können.

Bereits im Zweiten Weltkrieg entwickelt Kanada eine beachtliche eigene *Industrie*. Entdeckung und Erschließung bedeutender *Uranvorkommen*. Die USA nehmen für ihre Atomindustrie 95% des kanadischen Urans ab; US-Firmen beherrschen die kanadischen Schlüsselindustrien. Die Uranverträge laufen 1962 und 1963 aus und werden nicht erneuert. Der übersteigerte Ausbau der Grundstoff- und Schwerindustrie verursacht Zahlungsbilanzdefizite und Währungskrisen (1961/62). Erschließung von Erdöl- und Erdgasvorkommen; die Trans-Canada-Pipe-Lines, das längste zusammenhängende Erdgasleitungsnetz der Welt, versorgt auch den Mittelwesten der USA und US-Gebiete an der Pazifikküste. Der Trans-Canadian-Highway ist 1963 vollendet. Innenpolitische Kontroversen, da die *Regierung John Diefenbaker* (seit 1957) sich weigert, die kanadischen Streitkräfte mit Atomwaffen auszurüsten. Sturz der *Regierung* 1963; Nachfolger Lester B. *Pearson* († 1972).

1963
16. Aug.
Abkommen mit den USA über die Ausrüstung des kanadischen Luftverteidigungssystems mit nuklearen Sprengköpfen unter gemeinsamer Kontrolle. Lagerung von Kernwaffen für US-Truppen auf kanadischem Territorium. – Die Furcht vor der wirtschaftlichen und verteidigungspolitischen Abhängigkeit von den USA beherrscht immer mehr das öffentliche Leben und vertieft die *Kluft zwischen Anglokanadiern und Frankokanadiern* (vgl. S. 423), die trotz der föderativen Staatsform zugunsten des dominierenden englischen Bevölkerungsteils benachteiligt werden (separatistische Bewegung in

1967
23.–26. Juli
der Provinz Quebec, wo die Arbeitslosigkeit besonders hoch ist). Der Besuch de Gaulles in Quebec entfacht die nationalen Leidenschaften, als der General vom „freien Quebec" spricht.

1968
25. Juni
Die *Parlamentswahlen* gewinnt der Frankokanadier Pierre E. **Trudeau** mit seinem Programm: Revision der kanadischen NATO-Politik (Reduzierung der in Europa stationierten kanadischen Streitkräfte) und des Verhältnisses zu den USA, Gleichberechtigung der Frankokanadier im öffentlichen und wirtschaftlichen Leben.

Arbeitslosigkeit (1972 rd. 7%), eine Inflationsrate von mehr als 5% und das Bemühen Trudeaus, der Provinz Quebec mehr Gleichberechtigung zu verschaffen, erregen Unzufriedenheit in den anglophonen Bundesländern.

1974
Kanada wird offiziell *zweisprachig* (2. April). – Separatistische Neigung in der Provinz Quebec (Wahlen, Nov. 1976). – Rahmenabkom-

men mit der EG über handels- und wirtschaftspolitische Zusammenarbeit (6. Juli 1976).

1979   *Parlamentswahlen:* Sieg der Konservativen unter *J. Clark* (22. Mai).
1980   *Neuwahlen* (18. Febr.): Liberale erringen Mehrheit, Trudeau wieder
           Premier.
1982   Königin Elisabeth II. proklamiert *eigenständige kanadische Verfas-*
17. April *sung; Quebec* strebt Unabhängigkeit der Provinz an.
1984   Rücktritt Trudeaus (30. Juni). *Brian Mulroney* (konservativ) nach
15. Sept. Wahlsieg neuer Premier.
1988   Parlamentswahlen: konservative Regierung Mulroney wird bestätigt.
21. Nov.   Sie hat sich mit Fragen der Indianer und Eskimos sowie Separatis-
           musbestrebungen Quebecs zu befassen.

3. Iberoamerika

In den Unabhängigkeitskriegen des 19. Jh. erkämpfte sich der lateinamerikanische Subkontinent zwar die politische Freiheit, doch die gesellschaftliche Struktur der Kolonialzeit – der Großgrundbesitzer ist
Herr über Boden, Bauern und Institutionen – wurde nicht beseitigt.
Mit der Ausweitung des Welthandels wird Iberoamerika Objekt des
Weltmarkts als Rohstofflieferant; die oft ausländischen Gesellschaften und Kapitalgeber knüpften mit ihren *Produktionsformen* an das
koloniale Feudalsystem an. Die lateinamerikanischen Staaten haben
wirtschaftlich in dem Sinn als unterentwickelte Länder zu gelten, daß
in der Regel die Produktionsfaktoren vorhanden sind, aber nicht ausreichend genutzt werden können. Vorwiegend agrarwirtschaftlich
orientiert (Ackerbau und Viehzucht), unterschiedlich mit landwirtschaftlichen Großbetrieben privatkapitalistischer oder kollektiver
Art sowie mit Großbetrieben des Bergbaus durchsetzt, mit einer
Industrialisierung, die sich – von einigen Ausnahmen abgesehen –
erst im Anfangsstadium befindet, ist Lateinamerika auch nach 1945
überwiegend Rohstofflieferant. Da die Weltmarktpreise für Rohstoffe und Agrarprodukte schwanken und oft sinken, fehlen die nötigen Devisen für industrielle Vorhaben; der Anteil am Weltexport,
1950 noch mit 11,2% anzusetzen, sinkt bis 1967 auf 5,3%. Das Pro-
Kopf-Einkommen nimmt 1961–1969 pro Jahr nur um rd. 2% zu.
Inflatorische Geldschöpfung, Flucht des einheimischen Kapitals ins
Ausland. Viele Regierungen öffnen daher ihre Länder fremdem
Kapital – es stammt meist aus den USA (US-Kontrolle der latein-
amerikanischen Wirtschaft).
Wirtschaftlich herrscht die auf die Kolonialzeit zurückgehende
Agrarstruktur vor (hoher Prozentsatz von Latifundien gegenüber
Minifundien), sozial die kastenmäßige Gliederung nach Besitz und
Einkommen. Die moderne Wirtschaftsentwicklung (Industrialisie-

rung) beseitigt den Feudalismus als *gesellschaftliche Struktur* nicht. Neben dem Großgrundbesitzer zählen zur herrschenden Klasse der Industrielle und der Großbürger. Die neuen mittelständischen Schichten, die nach und nach entstehen, haben nur in wenigen Staaten Einfluß. Die unteren Stände (Landarbeiter, Kleinbauern u. a.) haben kaum Anteil an sozialer und politischer Gleichberechtigung. Die Städte erhalten dauernden Zustrom aus den unterprivilegierten Schichten (Landflucht): das städtische Subproletariat ist von der sog. Arbeiteraristokratie, die relativ gut entlohnt und durch Sozialgesetzgebung geschützt ist, ebenfalls durch soziale Schranken getrennt. Die Bevölkerungszahl wächst ständig. Von den derzeit etwa 260 Mill. Lateinamerikanern ist die Hälfte chronisch unterernährt, leben 40 Mill. in Elendsvierteln, sind 70 Mill. Analphabeten.

Diese deformierte Gesellschaft ist der Nährboden der *„lateinamerikanischen Revolution“* als „zweitem Unabhängigkeitskrieg“, ausgelöst durch die kubanische Revolution. Die neue Guerillabewegung hat ihre Basis in den Städten (z. B. Tupamaros in Uruguay). Veränderungen fordern die Parteien der demokratischen Linken, zu denen auch die Kommunisten der Moskauer Richtung zählen (Verzicht auf Gewalt im Gegensatz zum Castrismus; Volksfronttaktik), und die christdemokratischen Parteien („Revolution in Freiheit“, Mitwirkung des ganzen Volkes). Die katholische Kirche, früher mit der herrschenden Klasse verbunden, sucht z. T. ein neues Selbstverständnis als „Kirche der Armen“ (Dom Hélder Pessoa Câmara; strukturelle, gewaltlose Revolution). In den Militärdiktaturen, typisch für den Subkontinent, zeichnet sich seit den 30er Jahren des 20. Jh. eine sozialreformerische Linie ab (u. a. Peronismus in Argentinien). Der soziale Druck von unten nach 1945, die Auswirkungen des Castrismus und die Unfähigkeit der bisherigen Systeme geben den Anstoß bei jüngeren Offizieren, einen Feldzug gegen soziale und politische Mißverhältnisse zu führen („Revolution als Kommandosache“; Modell ist das peruanische Experiment).

Um die einheimische Wirtschaft gegen völlige Überfremdung abzuschirmen, gründen 1960 die fünf zentralamerikanischen Staaten den *Zentralamerikanischen Gemeinsamen Markt* (CACM), Argentinien, Brasilien, Chile, Mexiko, Peru, Paraguay und Uruguay die *Lateinamerikanische Freihandelszone* (LAFTA), der sich alle Staaten Südamerikas anschließen, mit Ausnahme der Dominikanischen Republik, Haitis, Cubas und Panamas. Unterschiedlicher Entwicklungsstand und unterschiedliches Wirtschaftspotential der Partnerstaaten erschweren die Wirtschaftsintegration. Durch den Zusammenschluß von Volkswirtschaften, die einander ergänzen oder sich ähnlich sind, suchen die LAFTA-Mitglieder eine Teilintegration zu erreichen. 1968 beschließen Argentinien, Brasilien, Bolivien, Uruguay und Paraguay Gemeinschaftsprogramme (sog. *La-Plata-Gruppe*); 1969 unterzeichnen die Andenstaaten Chile, Kolumbien, Venezuela, Ecuador und Peru den *„Anden-Vertrag“* (Ziel: gleichmäßiger wirt-

schaftlicher Entwicklungsstand der Partner); Mexiko wird 1972 asso-
ziiertes Mitglied (Austritt Chiles im Okt. 1976).
Infolge der Energiekrise und der weltweiten Inflation befürchten die
Lateinamerikaner mehr als bisher von US-Krediten abhängig zu werden. Mexiko und Venezuela regen daher an, ein von den USA unabhängiges Wirtschaftssystem aufzubauen. In Panama wird die *SELA*
gegründet (18. Okt. 1975) mit dem Ziel: regionale Interessenvertre-
tung gegenüber anderen Gruppen.

1980/81 SELA Hauptfinanzier beim Wiederaufbau Nicaraguas.

1980 Gründung der *„Lateinamerikanischen Integrationsvereinigung"*
Juli *ALADI* in Acapulco/Mexiko als Nachfolger der ALALC (seit 1960):
Regulierung und Förderung des lateinamerikanischen Marktes.

1983 Gründung der *Contadora-Gruppe* (Kolumbien, Mexiko, Panama, Ve-
8. Jan. nezuela) zur Befriedung Mittelamerikas.

25. Okt. Grenada wird von OECS- und US-Truppen besetzt (bis Dez.).

1986 *Esquipulas-Gruppe* (Costa Rica, El Salvador, Guatemala, Honduras
und Nicaragua) unterstützt die Contadora-Gruppe.

1987 *Esquipulas II:* Friedensplan für mittelamerikanische Region; jedes
7. Aug. Mitglied entsendet 20 Abgeordnete in das neu gegründete Zentralamerikanische Parlament.

1989 *Zentralamerikanischer Gipfel in San José:* Forderung nach sofortigem
10. Dez. Beginn der Entwaffnung der nicaraguanischen Contra und der salva-
dorianischen Guerilla FMLN.

20. Dez. *Einmarsch von US-Truppen in Panama,* um die Absetzung des wegen
Drogenhandels angeklagten Generals Noriega zu bewirken. Nach
mehrtägigen Kämpfen ist das Land unter Kontrolle der USA, Noriega stellt sich und wird in die USA gebracht, wo er vor Gericht gestellt werden soll.

Mexiko und Mittelamerika

a) **Mexiko** (Forts. v. S. 427)

Nach dem Sturz von Präsident Diaz (1911) sozialrevolutionäre bäuerliche Bewegung; Eingreifen der USA, um ihre Interessen auf den
mexikanischen Ölfeldern zu wahren. Es gelingt, die Arbeiter gegen
die Bauern zu mobilisieren.

1917 Neue **Verfassung,** die sich gegen die Macht des ausländischen Groß-
31. Jan. kapitals und die Vorherrschaft der katholischen Kirche richtet. – Die
Ölfelder werden zum unveräußerlichen Nationaleigentum erklärt
(1918); Protest der USA, auch gegen die Veränderung der innerme-
xikanischen Verhältnisse; erst 1941 werden die mexikanisch-ameri-
kanischen Beziehungen durch ein Entschädigungsabkommen geregelt.
In den 20er Jahren werden die Bodenschätze nationalisiert, die Bauern werden durch eine Landreform gewonnen, die jedoch auf die

Dauer nicht alle erhofften Früchte bringt und Stückwerk bleibt. Letz-
1934–1940 ter Reformanlauf unter Präsident *L. Cárdenas.* Die Partido Revolu-
cionario Institutional wandelt sich allmählich zur Oligarchie; Kampf
gegen den katholischen Klerus (Enteignung von Kirchengut). Aufbau
einer eigenen Industrie, vor allem während des Zweiten Weltkriegs.
Da der Staat die Privatwirtschaft zu 60% finanziert, sind Regierung
und Unternehmerverbände eng verflochten. US-Firmen beherrschen
die wichtigsten mexikanischen Industriezweige (u. a. Konsumgüterindustrie). Ungleiche Verteilung des wirtschaftlichen Wohlstands; die
hohen wirtschaftlichen Wachstumsraten fördern das Entstehen eines
bürgerlichen Mittelstands (ein Fünftel der Bevölkerung), der zusammen mit der Oberschicht die unteren Klassen auch unten zu halten
versteht. 65% der Bevölkerung sind ebenso arm wie vor der Revolution.

1968 Der angestaute Unmut über die verratenen Ziele der Revolution ent-
Juli lädt sich in Ciudad de México kurz vor die XIX. Olympischen Som-
merspiele: *Studentenproteste,* denen sich die ärmere Einwohner-
schaft teilweise anschließt. Erneute Unruhen, Eingreifen von Polizei
und Armee, Straßenschlachten (Sept./Okt.). Präsident *L. Echeverría*
seit 1970 *Alvárez* (seit 1970) begnadigt die Verhafteten 1971. Reformkurs:
Subventionen an die „Zuckerbarone" gestrichen, der Geldtransfer
ausländischer Banken wird kontrolliert, die wirtschaftliche Abhängigkeit von den USA gelockert. Beim Besuch Allendes (Dez. 1972)
Betonung der gemeinsamen außenpolitischen Haltung. – 1975/76
Konjunktureinbruch; Kapitalflucht; Hungerrevolten der Bauern.
seit 1976 Präsident *J. López Portillo* (seit 1976) sucht das wirtschaftliche Vertrauen (besonders ausländischer Investoren) wiederzugewinnen.
1982 Krisenpaket zur Sanierung der Wirtschaft (extrem hohe Auslandsver-
April schuldung trotz Ölförderung).
4. Juli Präsidentschaftswahlen: Sieg *M. de la Madrid Hurtados.*
1985 Bei Parlamentswahlen leichte Verluste der Regierung (7. Juli).
1988 *C. Salinas Gortari* (PRI) wird neuer Präsident. Die Opposition ver-
6. Juli mutet massiven Wahlbetrug.
1990 Umstrukturierung der hohen Auslandsschulden nach dem Brady-
7. April Plan der Bretton-Woods-Institute.
27. Nov. Treffen Bush/Gortari: Ankündigung der Bildung einer Freihandelszone zwischen USA und Mexiko.

b) **Mittelamerika** (Forts. v. S. 428)

Seit seiner Unabhängigkeit 1821 ist es **Guatemala** nicht gelungen,
seine zahlreichen Probleme zu lösen. Die Indios (zwei Drittel der
Bevölkerung) sind weder kulturell noch sozial, noch politisch integriert. Der größte Teil der landwirtschaftlichen Nutzfläche gehört

einigen wenigen Großgrundbesitzern, darunter die United Fruit Co.
1954 Das Eingreifen der USA vereitelt die von Präsident *J. Arbenz Guzmán* geplante Bodenreform.
Seit 1960 Tätigkeit von *Guerillagruppen*, die die verkrusteten sozialen und wirtschaftlichen Strukturen zu beseitigen suchen; sie werden von der Armee vernichtet. Die überlebenden Guerilleros verlegen ihre Tätigkeit z. T. in die Hauptstadt: Banküberfälle, Entführungen von Angehörigen der Geldaristokratie und von ausländischen Diplomaten, darunter der Botschafter der BRD, Karl Graf Spreti, der im März 1970 ermordet wird, da sich die guatemaltekische Regierung weigert, ihn gegen politische Häftlinge auszutauschen. Rechtsextreme Femeorganisationen, finanziert von den tonangebenden Schichten. Latenter Bürgerkrieg. Der Belagerungszustand, im Nov. 1970 verhängt, wird ein Jahr später aufgehoben.
1982 Militärputsch gemeinsam mit der rechtsextremen *„Nationalen Befrei-*
23. März *ungsfront" (MNL)* unter General *E. Rios Montt*, verhindert Amtsübergabe an bereits gewählten Präsidenten *Guevara Arce.*
1983 Putsch des Verteidigungsministers *O. H. Mejia Victores.* (8. Aug.).
1985 Sieger der Präsidentenwahlen: *V. Cerezo Arevalo*, damit Übergang
8. Dez. von Militär- zur Zivilregierung.
1987 *Waffenstillstand* zwischen Regierung und Guerilla *(2. Okt.).*
1991 Präsidentschaftswahlen: Jorge Serrano Elias (konservativ) gewinnt den zweiten Wahlgang (7. Jan.).
Seit 1859 Streit mit Großbritannien um das Protektorat *Britisch-Honduras*, das Guatemala als „Departement Belize" beansprucht.
London proklamiert Unabhängigkeit von **Belize** am 21. Sept. 1981.
1989 *G. Price,* Premierminister seit 1981, übernimmt mit seiner sozialdemo-
6. Sept. kratischen Partei erneut die Regierung.

Ungünstige Besitzverhältnisse – der wichtigste Wirtschaftszweig, der Bananenanbau, wird fast ganz von der United Fruit Co. und der Standard Fruit Co. beherrscht – machen **Honduras** zu einem unerschlossenen und armen Land. Als 1959 und 1962 moderne Sozialgesetze und eine Bodenreform erlassen werden, ergreift *1963* eine *Militärjunta (O. López Arellano)* die Macht. Seit den 30er Jahren sind aus **El Salvador** z. T. illegal Siedler in Honduras eingewandert, die die Regierung 1969 ausweisen läßt, um von den eigenen Schwierigkeiten abzulenken; El Salvador weigert sich, die Ausgewiesenen aufzunehmen (Widerstand der Großgrundbesitzer). Die Gegnerschaft zwi-
1969 men (Widerstand der Großgrundbesitzer). Die Gegnerschaft zwi-
14. Juli schen Honduras und El Salvador entlädt sich im sog. **Fußballkrieg** (während der Ausscheidungsspiele für die Fußballweltmeisterschaft). Waffenstillstand durch Vermittlung der OAS. Die Spannungen zwischen den beiden Staaten lähmen den Zentralamerikanischen Gemeinsamen Markt (Austritt von Honduras Aug. 1970); im Aug. 1972 normalisiert Honduras seine Beziehungen zu El Salvador. R. E. Cruz (Präsident seit 1971) im Dez. *1972* durch einen *Militärputsch* unter López Arellano gestürzt, der wegen einer Bestechungsaffäre im

	April 1975 von den Streitkräften abgesetzt wird. Nachfolger J. A. *Melgar Castro.*
1978 9. Aug.	Unblutiger Sturz des honduranischen Präsidenten Castro. Die Nachfolge übernimmt eine Militärjunta unter Führung des Generals P. J. Paz García.
1985	*J. Azcona del Hoyo* neuer Präsident (24. Nov.).
1989 26. Nov.	Allgemeine Wahlen: *R. L. Callejas,* Nationale Partei, wird Präsident. Politische und wirtschaftliche Neuorientierung geplant, um erneut kreditfähig zu werden.
1980 15. Okt.	**El Salvador:** Sturz H. Romeros (Präsident seit 1977) durch Militärjunta; Präsident *J. Napoléon Duarte* (13. Dez.).
1981 10. Jan.	Verhängung des allgemeinen Kriegszustandes; Bürgerkrieg: Paramilitärische „Todesschwadronen" gegen linksgerichtete Rebellen.
1982	*A. Magaña* zum Präsidenten gewählt (29. April).
1984	*Duarte* gewinnt Präsidentenwahlen (6. Mai).
1987	Friedensplan von Esquipulas fordert Beendigung des Bürgerkriegs in El Salvador. Seit 1987 Verhandlungen der Regierung und Guerilla (deren Forderungen u. a. Auflösung der Todesschwadronen, Amnestie, Agrarreform).
1988	Die rechtsextreme ARENA-Partei gewinnt die Parlamentswahlen (20. März).
1989	*Alfredo Cristiani* (ARENA) wird neuer Präsident (19. März). Herbstoffensive der Guerilla.
1990	Neue Verhandlungen zwischen Regierung und Guerilla. Die USA verknüpfen Militärhilfe mit Menschenrechtsauflagen.

In **Nicaragua** intervenieren die USA wiederholt, wenn sie ihre Interessen bedroht glauben (1909–1932). *Seit 1936* übt die *Familie Somoza,* begünstigt von den USA, eine Diktatur (teils als Präsidenten, teils durch die Armee) über das Land aus, das sie als eine Art Privatpfründe betrachtet. Mehrmals Aufstände gegen das Somoza-Regime (1950, 1956, 1959; Beschwerden beim Interamerikanischen Komitee für Menschenrechte 1962). Pressezensur 1967. Rd. die Häfte der Bevölkerung sind Analphabeten und daher nicht wahlberechtigt. Um das verfassungsmäßige Verbot der Wiederwahl eines Präsidenten zu umgehen, setzt der Kongreß im Aug. 1971 die Verfassung außer Kraft und überträgt A. Somoza Debayle alle Macht.

1972 1. Mai	*Rücktritt von Somoza;* ein Triumvirat übernimmt die Regierung, Somoza Oberbefehlshaber der Armee. Die Präsidentschaftswahlen werden bis 1974 verschoben; inzwischen soll eine neue Verfassung ausgearbeitet werden, die Somozas Wiederwahl legalisiert. – Am 23. Dez. zerstört ein schweres Erdbeben Managua; ein Großteil der ausländischen Hilfssendungen kommt dem privaten Bedarf Somozas und der Armee zugute.
1978	Jahrelanger Unmut der Bevölkerung über die sozialen Zustände und die Anhäufung des Privatbesitzes der Familie Somozas führt zu offenem Aufstand, der von der „Sandinistischen Befreiungsfront" (be-

nannt nach dem Offizier C. L. Sandino, der in den dreißiger Jahren gegen die Invasion amerikanischer Infanterie in seinem Vaterland gekämpft hatte) schließlich mit kriegerischen Mitteln geführt wird. Sept. Niederschlagung des Aufstandes durch die Nationalgarde.

1979 Nach blutigem Bürgerkrieg (seit 1977/78) *Sturz des Somoza-Regimes*
Juli *durch die Sandinistische Befreiungsfront:* Notstandsplan, Produktions- und Aufbaubrigaden, Enteignung des Somoza-Familienbesitzes, Bodenreform; Blockfreiheit angestrebt.

1981 *Generalmobilmachung gegen Invasion* von US-unterstützten Somoza-
28. Sept. Anhängern und Gegenrevolutionären aus Honduras.

1982 Technische und finanzielle Unterstützung durch Cuba (April); US-
1983 Militärmanöver (ab Juli/Aug.).

1984 Wahlsieg der regierenden FSLN (4. Nov.).

1987 *Neue Verfassung* (9. Jan.).
5. Okt. Nationaler Dialog zwischen Regierung und Oppositionsparteien.

1990 *V. Chamorro* (Nationale Oppositionsunion) wird zur neuen Präsidentin gewählt (5. Febr.). Entwaffnung der Contras. Ende des Bürgerkrieges (27. Juni). Im Mai/Juli Streiks gegen die Wirtschaftspolitik der Regierung.

Von allen mittelamerikanischen Staaten hat **Costa Rica** die ruhigste politische Entwicklung. Geringe soziale Unterschiede, eine breite Mittelschicht und ein verhältnismäßig hoher Bildungsstand lassen radikale Bewegungen rasch zusammenbrechen (1948 und 1955). Da die Verfassung ein stehendes Heer verbietet, ist ein Militärputsch kaum möglich. Maßgebende Persönlichkeit ist *J. Figueres Ferrer,* führender Vertreter der demokratischen Linken (S. 694), der während seiner Präsidentschaften (1948/49, 1953–1958) die Grundlage für die soziale und politische Stabilität des Landes gelegt hat. Figueres Ferrer 1970–1974 wieder Präsident.

1978 8. Mai tritt Rodrigo Carazo Odio sein Amt als neuer Präsident an.

1982 *L. A. Monge Álvarez* wird Präsident, Wahlsieg des PLN (7. Febr.).

1986 *O. Arias Sánchez* (Sozialdemokrat) zum neuen Präsidenten gewählt (2. Febr.). Er erhält den *Friedensnobelpreis* für seinen Friedensplan für Mittelamerika (13. Okt. 1987).

1990 Neuer Präsident *R. A. Calderón.*

Südamerika

a) Panama (Forts. v. S. 422)

Wirtschaftsleben und Politik Panamas werden überwiegend von der Kanalfrage bestimmt, seit das Land vertraglich den USA die Kanalzone abgetreten hat. Der Widerstreit zwischen wirtschaftlichen Interessen – Haupteinnahmequelle ist der Kanal – und nationalen Ambitionen – Hoheitsrechte in der Kanalzone – belasten das Verhältnis zu den USA. Panama, unter dessen Flagge die zehntgrößte Handelsflotte der Welt fährt, hat keinen eigenen Hafen. Ein neuer Vertrag gestattet den USA, den Kanal im Kriegsfall auf jede Weise zu verteidigen; *Erhöhung der Pachtsumme,* die 1955 nochmals vertraglich erhöht wird und die panamaischen Angestellten der Kanalagentur in Lohn- und Sozialleistungen den amerikanischen gleichstellt. Häufige Unruhen und antiamerikanische Ausschreitungen (1959 und 1964).

1936

1968 Innenpolitische Machtkämpfe zwischen den führenden Familien. Wirren bei den Präsidentschaftswahlen, als die Vorrechte der USA in der Kanalzone weiter eingeschränkt werden sollen; *Militärregime (Chef der Nationalgarde O. Torrijos Herrera),* das die Meinungsfreiheit einschränkt und Parteien verbietet. Torrijos entmachtet die führenden Familien, beginnt einen vorsichtigen Reformkurs einzuschlagen (Vorbild Peru). – Nach langwierigen Verhandlungen

1977 *Einigung über einen neuen Grundsatzvertrag.* Kanal und Kanalzone
11. Aug. sollen von USA und Panama gemeinsam bis zum Jahr 2000 verwaltet werden; dann erhält Panama die volle Kontrolle. Unbeschränktes Durchfahrts- und Verteidigungsrecht der USA. Höhere finanzielle Leistungen der USA. – 8. Sept. Unterzeichnung des Vertrags durch US-Präsident Carter und Torrijos Herrera:
Gemeinsame Verwaltung der Kanalzone bis zum Jahr 2000 vereinbart; dann unter panamesischer Souveränität. Unbeschränktes Durchfahrts- und Verteidigungsrecht für USA gegen höhere finanzielle Leistungen.

1981 *Torrijos stirbt* bei Flugzeugunglück (31. Juli).

1982 *R. de la Espriella* Staatspräsident nach Rücktritt des seit 1978 amtie-
30. Juli renden *A. Royo.*

1984 Jorge Illueca nach Rücktritt de la Espriellas Interimspräsident (13. Febr.).

11. Okt. *N. A. Barletta* neuer Staats- und Regierungschef.

Sept. *E. A. Delvalle* neuer Präsident.

1988 Präsident Delvalle amtsenthoben (25. Febr.). Nachfolger: M. Solis Palma.

1989 Nachdem die Präsidentenwahlen annulliert wurden (10. Mai), über-
15. Dez. nimmt General Noriega die Macht und erklärt, daß sich Panama im *Kriegszustand mit den USA* befinde.

20. Dez. US-Truppen marschieren in Panama ein; nach mehrtägigen Kämpfen stellt sich Noriega und wird in die USA verbracht, wo er wegen

1990 Drogenhandels vor Gericht gestellt werden soll (3. Jan.).

b) Kolumbien (Forts. v. 427)

Seit dem 19. Jh. beherrschen 23 Feudalfamilien das Land und befehden sich unter den Schlagworten „liberal" und „konservativ" mit Hilfe von eigenen Truppen, die sie aus dem Landproletariat rekrutieren.

1953–1957 General *G. Rojas Pinilla* macht diesem Treiben ein Ende; Ansätze einer Sozialreform. Nach seinem Sturz vereinbaren Liberale und Konservative, abwechselnd den Präsidenten zu stellen, alle Schlüsselpositionen paritätisch aufzuteilen und andere Parteien von den Wahlen auszuschließen. Soziale Mißverhältnisse (79% der Bauern sind landlos; zunehmende Arbeitslosigkeit); Bildung von Guerillabewegungen (u. a. *C. Torres Restrepo*, katholischer Geistlicher).

1966–1970 Präsident *C. Lleras Restepo* (demokratische Linke) sucht die Landreform durchzusetzen. Der Großgrundbesitz wird trotzdem kaum eingeschränkt. Beziehungen zu den Ostblockstaaten aufgenommen, um dem Kaffee (Hauptausfuhrprodukt) neue Absatzmärkte zu erschließen.

1968 *Eucharistischer Weltkongreß in Bogotá* unter Teilnahme von Papst
Aug. Paul VI., der zu sozialer Gerechtigkeit aufruft. – *Sozialunruhen;* zeitweise Belagerungszustand. Die landlosen Bauern besetzen ungenutztes Land der Großgrundbesitzer, die ihrerseits einen Kampfbund gegen die staatliche Agrarreform gründen (1971). Spaltung innerhalb der Regierung zwischen Konservativen (Präsident *M.*
1970–1974 *Pastraña Borrero,* 1970–1974) und Fortschrittlichen. Lleras Restrepo gründet eine eigene linksliberale Gruppe.

1978 Sieg des Liberalen *J. C. Turbay Ayala* bei Präsidentschaftswahlen (4. Juni).

1982 Präsidentschaftswahlen: Sieg des Konservativen *B. Betancour* (30. Mai).

1986 *Parlamentswahlen:* Liberale unter *V. Barco* gewinnen (9. März), der
25. März zum Präsidenten gewählt wird.

1989 Verschärfung des Kampfes gegen die Drogenkartelle nach Ermor-
18. Aug. dung des Präsidentschaftskandidaten; bis August 1990 Hunderte von Bombenanschlägen des Kartells.

1990 Waffenniederlegung der Guerillabewegung M–19, sie formiert sich
11. März als politische Partei (8. März). Die Liberalen erreichen nach Wahlen
27. März die absolute Mehrheit in beiden Kammern; neuer Präsident: *C. Gaviria* (liberal).

9. Dez. Demokratische Allianz M–19 bildet mit 25% der Stimmen die stärkste Gruppe in der *verfassunggebenden Versammlung.*

c) Venezuela (Forts. v. S. 428)

Seit der Erschließung der reichen *Erdölvorkommen* 1917 (Zentrum Maracaibo) wirtschaftlicher Aufschwung, an dem die Mehrzahl der Bevölkerung kaum teilhat. Die Erdölindustrie liegt überwiegend in der Hand von US-Firmen (Kapitalflucht ins Ausland). Radikalisierung des politischen Lebens. Diktaturen und Militärputsche 1948, 1950, 1958; bürgerkriegsähnliche Aufstände 1961/62.

1960 Bescheidene *Agrarreform:* Gewinner sind die Landbesitzer (finanzielle Entschädigung wird im Ausland investiert); die Neusiedler erhalten kaum staatliche Beihilfe. – Die Mineralölindustrie beschäftigt nur 2% der arbeitsfähigen Bevölkerung und kann den Zustrom zum Arbeitsmarkt (Landflucht) nicht mehr absorbieren. Die Regierungen bemühen sich, die *Industrialisierung* auf eine breitere Basis zu stellen; Erschließung der Eisenerze am Orinoco, Gründung staatseigener Betriebe.

1969 Unter Präsident *R. Caldera Rodríguez* (christlich-sozial) neue sozialreformerische Maßnahmen (Wohnungsbau, Schaffung neuer Arbeitsplätze). – Zusammenschluß von drei nationalistischen linksdemokratischen Parteien. Innenpolitische Labilität (verstärkte soziale Probleme, Unruhen an den Universitäten 1971/72) trotz nationaler Wirtschaftspolitik: an die Stelle der früheren Erdölkonzessionen treten Dienstleistungsabkommen.

1974 Unter Präsident *C. A. Pérez Rodríguez* (gemäßigt links) Verstaatlichungen u. a. der Erdölwirtschaft. Hohe Haushaltsüberschüsse, trotzdem soziale Mißverhältnisse.

1978 Sieg der christlich-sozialen Partei *L. Herrera Campins* bei Präsident-
3. Dez. schafts- und Parlamentswahlen.

1983 Präsidentschafts- und Parlamentswahlen: Sieg der sozialdemokrati-
4. Dez. schen AD mit *J. Lusinchi.*

1988 *C. A. Pérez* (Sozialdemokrat) ist neuer Staatspräsident.

1989 Regierungsprogramm zur Wirtschaftssanierung führt zu blutigen Unruhen, Verlängerung des Ausnahmezustandes. Beruhigung der Lage durch teilweise Rücknahme der Preiserhöhungen.

d) Ecuador (Forts. v. S. 428)

Grenzstreitigkeiten mit Peru wegen El Oro (Kaffeeprovinz), das 1938 durch einen Schiedsspruch an Ecuador fällt. Der 120jährige Streit mit Peru um die Zugänge zum oberen Amazonas wird 1942 im Friedensvertrag von Rio de Janeiro zuungunsten Ecuadors entschieden. – Die Politik wird beherrscht vom Gegeneinander der traditionellen und der modernen Kräfte; Schlüsselstellung der Armee. Stärkste politische Persönlichkeit ist *J. M. Velasco Ibarra* (seit 1934 viermal Präsident).

1966 Ein „Zivilputsch" verjagt im März die seit 1963 herrschende Militärjunta.

1968 Mit Duldung der Armee fünfte Präsidentschaft von Velasco Ibarra,
Juni der 1969 US-Firmen einen Teil des staatlich nicht genehmigten Konzessionsgebiets (1967 Entdeckung von Erdölvorkommen im Amazonasgebiet) abnimmt. Innere Opposition gegen Velasco Ibarra, der 1970 alle Machtbefugnisse übernommen hat. Anfang 1971 *Fischereikrieg mit den USA,* die die von Ecuador beanspruchte 200-Seemeilen-Zone nicht beachten. Im März gibt die Regierung endgültig die Ausdehnung der Hoheitsgewässer auf 200 Seemeilen bekannt.

1972 Durch einen *Militärputsch* wird Velasco Ibarra gestürzt. Die regie-

15. Febr. rende Militärjunta verspricht grundlegende soziale Reformen (Vorbild Peru). – Labile innenpolitische Lage und wirtschaftliche Rückschläge.
1976 Staatschef General G. Rodríguez Lara wird von einer *Militärjunta* un-
11. Jan. ter *A. Póveda Burbano* gestürzt.
1979 Wahl *J. Roldós Aguileras* († 1981) zum Präsidenten: Beendigung des
29. April Militärregimes; Nachfolger *O. Hurtado Larrea.*
1981 Ecuador tritt der Gruppe der blockfreien Staaten bei.
1983 Umschuldung der Auslandsschulden wird vereinbart.
1986 Nach Teilwahlen Mehrheit der linken Opposition im Kongreß (1. Juni).
1987 Wirtschaftliches Notstandsprogramm nach Erdbeben (5. März).
1988 Allgemeine Wahlen: Sieg der Sozialdemokraten (Parlament,
8. Mai 31. Jan.); Präsident wird *R. Borja Ceballo.*
1990 Parlamentswahlen: Präsident verliert Mehrheit im Parlament (18. Juni).

e) Peru (Forts. v. S. 428)

1929 Der Streit mit Chile um Tacna und Arica (Salpetervorkommen), der
Juni 1879 begann, wird endgültig beigelegt: *Tacna* fällt *an Peru.* Der hundertjährige Streit mit Kolumbien um Leticia wird 1935 geregelt: Kolumbien erhält *Zugang zum Amazonas.*

Perus Reichtum liegt in seinen Bodenschätzen (Erdöl, Kupfer) und seinen Agrarprodukten, doch in allen bedeutenden *Wirtschaftszweigen* bestimmen ausländisches Kapital und Konzerne bzw. die Großgrundbesitzer. Verschiedene Parteien und Regierungen bemühen sich um Reformen (Erschließung des Anden- und Amazonasgebiets, Schaffung neuer Industriezentren außerhalb Limas, Agrarreform), scheitern jedoch am Widerstand der Oligarchie oder werden zu neuen Kompromissen mit den US-Konzernen gezwungen (Drohung, die Entwicklungshilfe zu kürzen).

Militärputsche unter dem Vorwand kommunistischer Umtriebe (u. a. 1948, 1962). Zunehmende Enttäuschung über die gescheiterten Reformen und das zerrüttete staatliche Leben, die auch das jüngere Offizierkorps erfaßt.

1968 Als Präsident F. Belaúnde Terry den Komplex der amerikanischen International Petroleum Co. nationalisiert, ihr jedoch in einem Geheimvertrag die Ölraffinerien zuspricht, wird er von der reformbewußten Offiziersgruppe unter *J. Velasco Alvarado* gestürzt (3. Okt.). Enteignung der International Petroleum Co. **„Peruanische Revolution":** Landreform (1969) zugunsten von Kleinbauern, Landarbeitern, Pächtern, die im Rahmen von landwirtschaftlichen Genossenschaften durch Fachkräfte angeleitet werden (Entschädigung der früheren Besitzer; bis Anfang 1971 rd. 1 Mill. ha Land verteilt). *Industriegesetz* (1970): Beschränkung ausländischer Anteile an peruanischen Unternehmen, Kontrolle ausländischer Gewinne; Beteiligung der Belegschaft am Jahresgewinn und an der Führung der Unternehmen. – Die Bergwerke werden zu 50 % Eigentum der Bergarbeiter; Raffinierung und Verkauf aller Bergbauprodukte unter Staatskontrolle (9. Juni 1971).

1975 *Velasco Alvarado* wird von den fünf Militärbereichskommandanten *abgesetzt* (29. Aug.); Nachfolger als Präsident General *F. Morales Bermúdez.* Stärkung des privatwirtschaftlichen Sektors.

1978 **Rückkehr zur Demokratie:** Wahl einer verfassunggebenden Ver-
1979 sammlung. Verabschiedung der Verfassung (12. Juli).

1980 *F. Belaúnde Terry* wieder zum Staatspräsidenten gewählt (18. Mai).

1981 Streikwelle wegen steigender Inflation und fallender Reallöhne;
1982 *schwierige Wirtschaftslage.* Terroranschläge; Verhängung des Aus-
1983 nahmezustandes. Umschuldungsabkommen.

1985 *A. García Pérez* (Sozialdemokrat) wird neuer Präsident (14. April). Einseitige Reduktion des Schuldendienstes.

1987 Rivalitäten und wirtschaftliche Probleme führen zu häufigen Regie-
1988 rungswechseln. Regierung Cox (22. Juni 1987), Regierung Villanueva
1989 del Campo (16. Mai 1988), Regierung Sánchez (8. Mai 1989).

1990 *A. Fujimori* (unabhängig) neuer Präsident (10. Juni): harter Kurs zur
21. Aug. Wirtschaftssanierung. Generalstreik wegen Preissteigerung und Guerillaangriffe (16. Sept.).

f) **Bolivien** (Forts. v. S. 428)

Den Reichtum an Bodenschätzen (Erze, Zinn, Erdöl) haben sich schon im 19. Jh. ausländische Gesellschaften und einige wenige einheimische Reiche zunutze gemacht. Etwa 68 % der Bevölkerung sind Analphabeten, gelten daher nicht als Staatsbürger und müssen, um dem Staat die jährliche Kopfsteuer entrichten zu können, sich Unternehmern und Großgrundbesitzern verkaufen.

1932–1935 Bolivien, das bereits 1884 und 1903 durch unglückliche Kriege mit Chile und Brasilien vom Meer abgeschnitten wurde, erleidet im *Chacokrieg* mit Paraguay neue territoriale Einbußen, dafür Zugang zum Meer über den Paraguayfluß.

Innere Unruhen. Kundgebungen mißhandelter Bergarbeiter werden durch Einsatz von Militär blutig unterdrückt (1942). Es entstehen politische Bewegungen (sozialrevolutionär, nationalistisch, rechtsextrem).

1952–1956 Unter Präsident *V. Paz Estenssoro* (2. Amtszeit 1960–1964) Beginn von *Reformen.* Landzuweisung an die Bauern (allerdings nur Minifundien); Stimmrecht auch für Analphabeten; höhere Löhne für die Bergarbeiter. Verstaatlichung der Zinngruben (1952) gegen Entschädigung. Die „Zinnbarone" kontrollieren jedoch noch die Zinnschmelzen. Da der Staat die hohen Entschädigungssummen nicht aufbringen kann, muß Paz Estenssoro Kapitalhilfe vom Ausland annehmen und dafür auf weitere Reformen verzichten. Aufstände, Bruch mit der Einheitsgewerkschaft. Militärputsch 1964, Kämpfe zwischen Gewerkschaft und Militär. *E. „Che" Guevara* versucht eine Guerillabewegung aufzubauen, scheitert aber († 1967). 1969 Putsch linksnationalistischer Offiziere unter *A. Ovando Candía,* der die Anlagen der Bolivian Gulf Oil Co. nationalisiert; die USA und, auf ihr Betreiben, die Weltbank boykottieren Bolivien.

1970   Drei *Militärputsche:* rechter Armeeflügel, Anhänger Ovando
6./7. Okt.   Candías und linksnationale Offiziere, die unter *J. J. Torres Gonzales* Sieger bleiben. Versuch, das „peruanische Modell" zu verwirklichen.
1971   Putsch des rechtsextremen Militärflügels unter *H. Banzer Suarez* (mi-
22. Aug.   litärische Hilfe Brasiliens, politische der USA). „Klima der Angst und des Schreckens". Reprivatisierung verstaatlichter Plantagen; Konzessionen an ausländische Trusts. Umfangreiche Kredite der USA und der Weltbank. Nov. 1972 Generalstreik der Arbeiter gegen die Wirtschaftspolitik der Regierung (Abwertung und Lohnstopp), der erst abgebrochen wird, als die inhaftierten Gewerkschaftsführer frei sind und Lohnerhöhungen zugesagt werden.
1978   Sturz von Präsident Banzer durch Militärputsch wegen Wahlfälschun-
28. Juli   gen.
1978–81 Mehrere verschiedene Militärputsche und Putschversuche.
1982   *H. Siles Zuazo* Präsident aufgrund von Wahlen nach Scheitern der
5. Okt.   durch Rauschgifthandel und Korruption desavouierten Militärs.
1985   *Victor Paz Estenssoro* tritt die Präsidentschaft an. Hauptproblem bil-
6. Aug.   det die wirtschaftliche Erneuerung.
1986   Notprogramm für die Wirtschaft nach weltweitem Zinnpreisverfall; Massenentlassungen.
1987   Dem neuen Kabinett fehlt das Vertrauen des Parlaments. Der Präsi-
27. Febr.   dent nimmt Rücktritt wegen der wirtschaftlichen Lage nicht an.
1989   J. Paz Zamora (MIR) ist neuer Präsident (5. Aug.).

g) Paraguay (Forts. v. S. 428)

Mangel an Bodenschätzen und die ungünstige Binnenlage erschweren wirtschaftliche und verkehrstechnische Erschließung. Die bescheidene Industrie basiert auf der landwirtschaftlichen Struktur des Landes; 75% der kultivierten Fläche gehört Großgrundbesitzern.

1940   *Verfassung* nach nordamerikanischem Vorbild. – Der Bürgerkrieg 1947/48 endet mit dem Sieg der Militärpartei.
Seit **1954** General *A. Stroessner.* Politik vorgeblicher Ordnung und Sicherheit. Die Opposition wird verbannt, inhaftiert und ermordet, die Armee durch Pfründen und Privilegien gewonnen, desgleichen die Liberale Partei. Korruption. Permanenter Ausnahmezustand. Durch Verfassungsänderung sichert Stroessner sich Wiederwahl. Umfangreiche Kapitalhilfe der USA und des IMF. Neue Opposition (Studenten, katholische Gewerkschaften und Verbände) gegen Zensur und Miß-

1969 brauch des Ausnahmezustands (1969). Planmäßige Ausrottung der
Aché-Indios (Protest der katholischen Kirche gegen den Völker-
1972 mord, 1972). – Bescheidene wirtschaftliche Erfolge: Ausbau der
Verkehrswege, Gründung neuer kleiner und mittlerer Industriebe-
1976 triebe. – Durch Verfassungsänderung (Juli 1976) sichert sich Stroessner eine erneute Kandidatur.
1978/83 Stroessner wiedergewählt; Ausnahmezustand dauert an.
1989 A. Stroessner vom Militär gestürzt (3. Febr.); neuer Präsident: *General A. Rodríguez* (1. Mai).

h) **Uruguay** (Forts. v. S. 428)

In den Jahren vor dem Ersten Weltkrieg begann eine staatliche Entwicklung mit betont demokratischen Einrichtungen und fortschrittli-
cher Sozialgesetzgebung. Relativer Reichtum durch Export tierischer
Produkte (Wolle, Häute). Ausgleich zwischen den Konservativen und
den Liberalen, um eine Diktatur zu vermeiden.
1917 Die Präsidialverfassung von 1830 wird aufgehoben. *Teilung der vollziehenden Gewalt* zwischen den zwei stärksten Parteien (Colorados
Partei des Bürgertums, Blancos Vertreter der Großgrundbesitzer).
1952 Das *Amt des Präsidenten* wird – nach Schweizer Vorbild – *durch den*
1. März *Nationalrat* (Neunmännerkollegium) *ersetzt,* mit einem Präsidenten,
der jährlich wechselt. – Ende der 50er Jahre *Staats- und Wirtschaftskrise:* auf dem Weltmarkt Preisverfall für die Hauptexportartikel,
Arbeitslosigkeit, Inflation, Landflucht; die Soziallasten bleiben die
gleichen, werden aber nicht durch eine erhöhte Arbeitsproduktivität
ausgeglichen; geringe Berufsaussichten der Jugend (Auswanderung).
1966 Eine Volksabstimmung ergibt eine Mehrheit für die *Wiedereinfüh-
27. Nov. rung des Präsidialregimes* als Ausweg aus der Krise. 1967 Präsident
J. Pacheco Areco verfügt Preisstopp und friert die ohnehin schon
niedrigen Löhne ein; mehrfach Streiks der Gewerkschaften.
Symptom der allgemeinen Enttäuschung ist die Tätigkeit der **Tupamaros** (seit etwa 1963; vgl. S. 694), die sich aus allen Gesellschafts-
kreisen rekrutieren. Überfälle auf Banken und Warenhäuser, Entführung von Vertretern der Geldaristokratie (Lösegeld vielfach für
soziale Zwecke) und von ausländischen Diplomaten (um politische
Häftlinge freizubekommen). Einsatz von Polizei und Militär gegen
1970 die Tupamaros, diktatorische Vollmachten für Pacheco Areco.
1971 Gründung der „Breiten Front" (Volksfront).
28. Nov. Die *Präsidentschafts- und Parlamentswahlen* gewinnen mit knappem
Vorsprung die Liberalen mit *J. M. Bordaberry* (Amtsantritt März
1972). Niederwerfung der Tupamaros (Folterung der Gefangenen);
im Juli 1972 wird der Ausnahmezustand (seit 1969) auf unbestimmte
Zeit verlängert (Staatssicherheitsgesetz).
Im Juni 1973 „kalter Staatsstreich" Bordaberrys; Auflösung des Parlaments, das durch einen Staatsrat (Mitglieder ernannt) ersetzt wird.

Als *Bordaberry* die für 1976 angesetzten Präsidentschaftswahlen verschieben und eine ständische Staatsform durchsetzen will,

1976 wird er *von den Streitkräften abgesetzt.* „Rat der Nation" als höchstes
12. Juni Staatsorgan (Staatsrat und ranghöchste Offiziere). A. Mendez Staatsoberhaupt. „Kontrollierte Demokratie".

1981 General G. C. Alvarez Armelino Staatspräsident; Übergang zum de-
1. Sept. mokratischen Regierungssystem angekündigt.

1983 Massendemonstrationen gegen die Militärherrschaft und für die
Nov. Rückkehr zur Demokratie.

1985 *J. M. Sanguinetti* tritt nach den ersten *freien Wahlen* (Nov. 1984) sein Amt als Präsident an (1. März). Ende der Militärherrschaft. 1986 Amnestiegesetz für Militär.

1989 *L. A. Lacalle* (Blancos) zum Präsidenten gewählt (26. Nov.) Regie-
1990 rung einer großen Koalition (1. März).

i) Argentinien (Forts. v. S. 428)

Bereits Ende des 19. Jh. begann infolge der Einwanderungswelle aus Europa eine bemerkenswerte *wirtschaftliche und soziale Entwicklung:* der Staat stellte den Neusiedlern Land und Subventionen für den Anbau von Agrarprodukten zur Verfügung – der Anfang der Entwicklung Argentiniens zum *Getreideexportland.* Die Großgrundbesitzer-Aristokratie verpachtete Grund und Boden an die Einwanderer, verlegte sich selbst auf *Viehzucht,* die mehr Gewinn abwirft. In den Städten entsteht, als der Aufbau landwirtschaftlicher Massenproduktion und der Nahrungsmittelindustrie einsetzt (begünstigt durch die Lieferungen an die Alliierten während des Ersten Weltkriegs), ein gehobenes Industriebürgertum, eine aufstrebende Arbeiterschaft und eine Mittelschicht – sie melden politische und soziale Ansprüche an – sowie ein städtisches Proletariat.

Nach dem Ersten Weltkrieg starke *soziale Spannungen.* Generalstreik; zeitweise anarchische Zustände. Die Auswirkungen der Weltwirtschaftskrise lösen 1930 eine Revolution aus. Weder Präsident J. F. Uriburu noch sein Nachfolger begrenzen den Einfluß der alten Oligarchie oder bemühen sich um die wirtschaftlichen und sozialen Fragen. Während des Zweiten Weltkriegs verstärkte Industrialisierung, doch bleibt die Agrarstruktur unverändert. 1943 und 1944 Militärrevolten. Präsident General E. Fárrell, Vizepräsident Oberst Juan D. Perón, der auf den wachsenden *Nationalismus* und auf das Klassenbewußtsein der breiten Volksschichten (Aufstieg und Teilhabe am politischen Leben) eingeht.

1946 **Perón** zum **Präsidenten** gewählt. „Ära Perón" (Eva Perón): die
26. Febr. „halbkoloniale" Wirtschaftsstruktur wird zugunsten der vollen *Industrialisierung* aufgegeben. Dadurch Drosselung der Landwirtschaft (zu Lasten der bäuerlichen Kreise) und – zwangsläufig – geringere Einfuhr von Produktionsmitteln, die für die Industrialisierung nötig

sind. Die Autarkiepolitik schränkt den Zustrom ausländischen Kapitals ein. Als die Devisenvorräte aus dem 2. Weltkrieg aufgebraucht sind, werden die Projekte mittels der Notenpresse finanziert (Inflation). Die wirtschaftliche und politische Lage der städtischen industriellen Massen durch *Sozialgesetzgebung* verbessert. Starke Stellung der *Gewerkschaften*. Außenpolitisch „dritte Position": Zusammenarbeit der lateinamerikanischen Staaten gegen das Übergewicht der USA.

Ende 1954 Streit zwischen Staat und Kirche (Gewerkschaften gegen den steigenden kirchlichen Einfluß, die Kirche fordert mehr politische Rechte) und Entfremdung zwischen Perón und der Armee (Plan, eine

1955
19. Sept. gewerkschaftliche Miliz neben der Armee aufzustellen). Militärrevolten; **Sturz Peróns** (Exil in Madrid).

Die Entwicklung Argentiniens nach Peróns Sturz 1955 zeigt, daß sich keine Regierung ohne bzw. gegen die Armee an der Macht halten kann; andererseits bleiben die Peronisten eine zwar verfemte, aber immer noch einflußreiche Gruppe. Das demokratische und parlamentarische Experiment unter A. Frondizi und A. Illía scheitert.

1966
Juni *Illía* wird durch einen Staatsstreich der Armee *abgesetzt. Präsident* General *J. C. Onganía.* „Diktatur auf unbestimmte Zeit" (Revolutionsstatut). – Bemühen, die Wirtschaft zu sanieren. Die Inflation wird auf Kosten des Lebensstandards der breiten Masse gedämpft. Schwierigkeiten, die Absatzmärkte für den traditionellen Export zu halten. Bemühen um ausländische Investitionen (von den 25 größten argentinischen Firmen sind 15 US-Eigentum). Generalstreik der Gewerkschaften gegen die eingefrorenen Löhne. Bildung rechts- und linksextremer Gruppen. Spaltung der Armee in verschiedene Fraktionen (Liberale und Nationalisten). Als Onganía sich mit den Peronisten verständigen will, stürzt ihn die Armee und setzt General *R. Levingston* als *Präsident* ein (Juni 1970), der weder die Wirtschaft stabilisieren noch die innere Lage meistern kann.

1971
23. März Die Militärjunta setzt Levingston ab; General *A. Lanusse* wird *Präsident.*

Innenpolitisch blockieren sich Militär und Peronisten gegenseitig und dadurch auch die wirtschaftliche und soziale Stabilisierung. Lanusse bietet daher Perón die Rückkehr an (Präsidentschaftskandidatur nur dem möglich, der am 25. Aug. 1972 Wohnsitz in Argentinien hatte).

17. Nov.– 1972
14. Dez. *Perón in Argentinien,* Verzicht auf Kandidatur; auch Lanusse erklärt, am 25. Mai 1973 seinen Abschied nehmen zu wollen.

1973
11. März Bei den *Präsidentschaftswahlen gewinnt* der Kandidat der Peronisten, *H. Cámpora,* 49 % der abgegebenen Stimmen. Er legt sein Amt am 13. Juli nieder, um Perón, der am 21. Juni zurückgekehrt ist, den Weg zu einer neuen Präsidentschaft frei zu machen.

23. Sept. *Perón zum Präsidenten gewählt,* Vizepräsident seine Frau Isabel. – Flügelkämpfe innerhalb der Peronisten; anhaltende Wirtschaftsrezession.

1974 **Tod Peróns;** *Präsidentin wird Isabel Perón,* die sich auf die peroni-

1. Juli stische Rechte stützt. – Guerilla-Terror rechts- und linksextremer Organisationen. Galoppierende Inflation. Auslandsverschuldung. Die Präsidentin entfremdet sich die Gewerkschaften, die traditionellen Stützen des Peronismus. Zerfall der staatlichen Institutionen.

1976 *Militärputsch;* Verhaftung der Präsidentin und zahlreicher Politiker
24. März sowie Gewerkschaftsführer. General *J. R. Videla Staatschef.* Wirtschaftliche Sanierungsversuche zu Lasten der Arbeitnehmer.

1980 Friedensnobelpreis für Regimekritiker *Pérez Esquivel* (10. Dez.).

1981 General *R. E. Viola* (Staatspräsident seit 29. März) von der Junta zum
11. Dez. Rücktritt gezwungen; Nachfolger General *L. F. Galtieri.*

1982 Demonstrationen gegen Junta, u. a. wegen Tausender Verschwunde-
18. März ner des *„schmutzigen Krieges" gegen den Linksterrorismus (1974–77).*
1./2. April Um von den Schwierigkeiten abzulenken, Besetzung der britischen Kronkolonie **Falklands:** *Krieg mit Großbritannien,* das die Inseln zurückerobert: Kapitulation der argentinischen Streitkräfte (15. Juni).
17. Juni Galtieri zum Rücktritt gezwungen; Nachfolger General (i. R.) *R. Bignone* (1. Juli).

1983 Vorsichtiger Demokratisierungsprozeß (seit Febr.).
30. Okt. **Freie Wahlen:** Sieg der *„Radikalen Bürgerunion", Präsident Raúl Alfonsín.* Wiederaufbau des Rechtsstaats, politische Entmachtung des Militärs beginnt.

1985 Hohe Haftstrafen für ehem. Junta-Mitglieder. Auf Druck des Militärs und trotz Protest der Bevölkerung wird ein Gesetz über Verjäh-
1986 rung der Junta-Verbrechen verabschiedet (23. Dez.) und schließlich,
1987 nach Militärrevolten (15. April), mit dem Gesetz über den Befehlsnot-
29. Juni stand faktisch eine Amnestie verfügt.
6. Sept. Bei Teilwahlen verliert die „Radikale Bürgerunion" die absolute Mehrheit, das Kabinett tritt zurück.

1988 Auch dem neuen Präsidenten *C. Menem* (Peronist) gelingt es nicht, die katastrophale Wirtschaftslage in den Griff zu bekommen und sich
1990 gegen das Militär durchzusetzen. Nach erneuten Revolten begnadigt Menem die verurteilten Militärs, darunter zwei ehem. Präsidenten (30. Dez.).

k) Brasilien (Forts. v. S. 428)

Brasilien, dessen Kaffee-Export rd. 65 % des Ausfuhrerlöses deckt, ergreift zu Beginn des 20. Jh. gegen sinkende Preise auf dem Weltmarkt Schutzmaßnahmen, von denen in erster Linie die Großplantagen-Aristokratie profitiert (staatliche Hilfe und ausländische Kredite).

1924 *Aufstand,* der blutig unterdrückt wird. Anhaltende innere Unruhen. Weltwirtschaftskrise, erneuter Preissturz für Kaffee.

1930–1945 Präsident *G. D. Vargas* (erneut 1950–1954) sucht durch ständestaatlichen Unterbau und straffe Zentralisierung die revolutionäre Lage zu meistern. Beschleunigte *Industrialisierung* und staatliche Wirtschaftsintervention (Eisen-, Stahl- und Zementproduktion). Ausbildung städtischer Mittelschichten und eines Industriebürgertums. Gewerkschaftsrecht 1931. Im Zweiten Weltkrieg mit Hilfe der USA Grundlage der Schwerindustrie. Industrielle Schwerpunkte in den Bundesstaaten São Paulo und Minas Gerais (1972 reiche Uranerzlager entdeckt). Im N und NO ist Brasilien noch fast unerschlossen, bzw. ist dort Notstandsgebiet. Landflucht, Bevölkerungsballung in

1956–1961 den Großstädten. Soziale Spannungen nehmen zu. Unter *J. Kubitschek de Oliveira* beginnende Erschließung Innerbrasiliens; neue Hauptstadt Brasilia (1960). Unabhängiger außenpolitischer Kurs unter Kubitscheks Nachfolgern J. Quadros und J. Goulart (Beziehungen zum Ostblock, gegen die amerikanische Cubapolitik). Kühles Ver-

1964 hältnis zu den USA. Als *Goulart* das Reformprogramm Kubitscheks
31. März fortsetzen will, wird er vom rechten Flügel der Armee *gestürzt*. General *H. Castelo Branco* Präsident. Verfolgung „subversiver" Politiker (d. h. Reformpolitiker). Auflösung der politischen Parteien. Die Militärdiktatur erhält US-Unterstützung. Unter Marschall *A. da Costa e Silva* (1967–1969) und General *E. G. Médici* (seit 1969) werden die letzten demokratischen Einrichtungen beseitigt: das Parlament wird geschlossen (1968), die Immunität der Abgeordneten aufgehoben; zwangsweise Organisierung in 2 Parteien; Pressezensur; Verfolgung der Intellektuellen, des Klerus (dieser sucht z. T. durch sozialpolitischen Einsatz dem verelendeten Landproletariat zu helfen; führend *Dom Hélder Câmara,* S. 680) und der Juristen (die noch Rechtsnormen beachten). Etwa 12 000 politische Gefangene (Folterung von Häftlingen, auch von Geistlichen, Frauen und Kindern). Ausrottung von Indianern. Gegen den Terror „von oben" bilden sich *seit 1967 Guerillagruppen* (Entführung ausländischer Diplomaten, um die Freilassung politischer Häftlinge zu erreichen). Die Streitkräfte selbst zerfallen in miteinander konkurrierende Flügel.
Es gelingt, die Inflation zu bekämpfen (mehrmals Abwertung des Cruzeiro). Begünstigung ausländischer Unternehmen und Investitionen: 60% des Außenhandels wickeln ausländische Firmen ab; 90% der Autoindustrie, 72% der Energieversorgung und 70% des Maschinenbaus sind in ausländischem Besitz. Wachstumsrate der brasilianischen *Wirtschaft* durchschnittlich 9% pro Jahr. Das „Wirtschaftswunder" kommt einem Bruchteil der Brasilianer zugute: 1970 sind nur rd. 32% der Bevölkerung wirtschaftlich aktiv, und von dieser Gruppe erhält knapp die Hälfte den festgesetzten Minimallohn von monatlich 120 DM. Die Industrialisierung greift zwar auf die Notstandsgebiete im N und NO über, doch werden die neuen Betriebe hochautomatisiert, so daß nur 13 000 neue Arbeitsplätze geschaffen werden und Millionen immer noch arbeitslos sind.

1972 Durch eine *Bodenreform* sollen 15 000 Bauern im NO Land erhal-
5. Aug. ten. – Baubeginn der „Transamazônica" durch den Urwald (das zu erschließende Gebiet ist größtenteils an internationale Unternehmen vergeben).

1974 General *E. Geisel* Präsident. Wahlerfolg der von der Regierung zuge-

März lassen oppositionellen „Demokratischen Bewegung". – Als die
1977 Opposition im März 1977 die Zustimmung zur Justizreform verwei-
15. April gert, läßt Geisel das Parlament für 2 Wochen schließen. Das Wahlsy-
stem wird so geändert, daß die Mehrheit der Regierungspartei im
Parlament gesichert ist; indirektes Verfahren für die Wahl des Präsidenten, der Gouverneure und für ein Drittel des Senats. – Die
Schwachstellen des „Wirtschaftswunders" werden durch die Energiekrise offenkundig: Auslandsverschuldung und hohe Inflationsrate.
Der Inlandsmarkt ist auf die Bedürfnisse der Oberschicht ausgerichtet. Als Reaktion auf den Vorstoß Carters kündigt Brasilien den Militärpakt mit den USA von 1952 (11. März 1977).
1978 General *João Batista Figueiredo,* vorher Geheimdienstchef, wird als
16. Okt. Nachfolger Geisels zum Präsidenten gewählt.
1979 Prozeß der „Abertura" (Öffnung zur Demokratie) in Gang gesetzt.
1980/81 Streiks der Land- und Metallarbeiter, Dürrekatastrophe im Nord-
1982 osten; enorme Inflation und Auslandsverschuldung.
15. Nov. Erstmals freie Wahlen (seit 1964): Sieg der Oppositionsparteien. Re-
gimekritik und Demokratisierungsforderungen nehmen zu.
1985 Allgemeine Wahlen: Erdrutschsieg der regierenden Demokratischen
15. Nov. Allianz, gleichzeitig Legitimation für den am 21. April ernannten Präsidenten José Sarney.
1988 *Neue Verfassung* (5. Okt.).
1989 *F. Collor de Mello* erster direkt gewählter Präsident (17. Dez.).
1990 Wirtschaftsnotprogramm zur Bekämpfung der Inflation (Einfrieren
16. März von Bankguthaben, Subventionsstreichungen, neue Währung, Perso-
nalabbau).

l) Chile (Forts. v. S. 428)

Infolge der reichen Mineral- und Metallvorkommen (u. a. Kupfer und
Salpeter) wirtschaftliche Bedeutung des Bergbaus, der zunehmend
technisiert und rationalisiert wird. Wirtschaftliche Schwierigkeiten
(Weltwirtschaftskrise, Exportrückgang von Stickstoff und Kupfer)
zusammen mit sozialen Gegensätzen: infolge der Industrialisierung,
begonnen Ende des 19. Jh., entstand eine Geldaristokratie (Unternehmer), die sich der traditionellen Oberschicht (Großgrundbesitzer)
anschließt, ein städtischer Mittelstand und eine Arbeiterschaft
(Anfänge der Chilenischen Sozialistischen Partei um die Jahrhundertwende). Regierungen mit gemäßigtem Linkskurs (1920–1925,
1932–1938). 1925 Trennung von Staat und Kirche; im chilenischen
Katholizismus entwickeln sich von da an fortschrittliche Tendenzen.
1938 Kommunisten, Sozialisten und Radikale (Partei des städtischen Mittelstandes, links der Mitte) verbinden sich zur **Volksfront** und erzwingen die Präsidentschaft ihres Kandidaten *P. A. Cerda* († 1941).
Anhänger der Volksfront in allen Gesellschaftsschichten. Sozialgesetzgebung (1931 Arbeitsgesetzbuch; soziale Pflichtversicherungen).

Fortschreitende *Industrialisierung,* meist unter Planung und Leitung des Staates, der sich bemüht, durch Vielseitigkeit der Produktion die Abhängigkeit vom Weltmarkt und seinen Schwankungen zu verringern. Die Ausbeutung der Bodenschätze liegt überwiegend in Händen ausländischer Gesellschaften (95 % der Kupferproduktion bei drei US-Gesellschaften, 65 % der Salpeterindustrie bei einer anglo-amerikanischen Gruppe). Nach dem Zweiten Weltkrieg verhältnismäßig geringes wirtschaftliches Wachstum. Anhaltende Geldentwertung (der Inflationsprozeß beginnt bereits Ende des 19. Jh.). Die *landwirtschaftliche Erzeugung* kann den Bedarf der wachsenden Bevölkerung nicht decken (Hauptursache die Agrarstruktur: 0,3 % der Grundeigentümer besitzen 56 % der landwirtschaftlichen Fläche).

1964
4. Sept.
Bei den *Präsidentschaftswahlen* zwei Lager: die Volksfront und die Christlichen Demokraten, deren Kandidat *E. Frei Montalva* die Mehrheit erhält. Programm „Revolution in Freiheit": „Chilenisierung" des „großen Kupferbergbaus" (1965); Verträge mit den US-Firmen Kennecott Copper Corp. und Anaconda Co., die dem Staat 51 % Beteiligung sichern. *Bodenreform* (in Kraft 1967) beschränkt den Landbesitz (3,2 Mill. ha gegen Entschädigung enteignet); Löhne der Landarbeiter denen der Industriearbeiter angeglichen; genossenschaftliche Bewirtschaftung der enteigneten Güter. Großgrundbesitzer hintertreiben vielfach die Agrarreform.

1970
4. Sept.
Die *Präsidentschaftswahlen* gewinnt mit knapper Mehrheit der Kandidat der Volksfront, *S. Allende Gossens.* „Sozialismus in Freiheit" unter Achtung der Verfassung. Die Regierung erhält gesetzlich das Recht, die Kontrolle über die natürlichen Reichtümer und Bodenschätze des Landes auszuüben (15. Juli 1971). *Nationalisierung des Kupferbergbaus* und der Schlüsselindustrien (Kapitalmehrheit bzw. Leitung der Unternehmen in staatlicher Hand); Entschädigung festgesetzt. Durchführung der *Bodenreform* (Umwandlung von Großgrundbesitz in staatlich beaufsichtigte Kooperativen). Erhöhung der Löhne und Verbot, Arbeiter zu entlassen; Preisstopp (Lohnkosten dürfen nicht mehr auf Preise abgewälzt werden).
– Nach anfänglichen Erfolgen *wachsende Schwierigkeiten* (Boykott der Regierungsmaßnahmen); Straßenschlachten. Bei den Parlamentswahlen (März 1973) kann die Opposition nicht die zum Sturz Allendes erforderliche Mehrheit erringen. Neue Streikwellen, bürgerkriegsähnliche Zustände.

1973
11. Sept.
Meuterei der Armee, die Allende zum Rücktritt auffordert, was dieser ablehnt. Beim Sturm auf den Präsidentenpalast **Tod Allendes** (angeblich Selbstmord). Militärjunta unter General *A. Pinochet Ugarte.*
– Der Putsch gegen Allende wurde von der CIA planmäßig vorbereitet (von amtlichen US-Stellen zugegeben, April und Sept. 1974). Regime des Terrors (Morde, Folterungen, Konzentrationslager), der sich gegen alle Bevölkerungskreise richtet (u. a. Bericht der Interamerikanischen Menschenrechtskommission, 10. Dez. 1974); Protest der Bischöfe, Verurteilung durch die UN. – Pinochet bezeichnet Chile

als „totalitäre Demokratie" (Dez. 1976). Die bürgerlichen Parteien, die auf Teilhabe an der Regierung gehofft haben, werden verboten (11. März 1977).

1978
4. Jan. In einem Referendum über die Legitimität der Regierung Pinochet erzielt die Militärregierung rund 75 Prozent Ja-Stimmen.

1981
11. März Pinochet Staatspräsident für weitere acht Jahre, danach auf Lebenszeit.

1981/82 Wachsende wirtschaftliche und politische Schwierigkeiten. *Opposition gegen Pinochet* formiert sich nach Hirtenbrief der Bischöfe (20. Dez. 1982).

1983
11. Mai 1. *„Tag des nationalen Protestes":* brutales Eingreifen des Militärs gegen passiven Widerstand der Bevölkerung.

Weitere „Protesttage": Pinochet muß mit Kräften der Opposition (Christdemokraten, Kirche, Gewerkschaften und großen Teilen der Wirtschaft) verhandeln (Aug./Sept.).

Okt. Blutige Konflikte zwischen Demonstranten und Regierung.

1984 Grenzabkommen mit Argentinien über den Beaglekanal.

1985 Bombenanschläge und Unruhen gegen Pinochet. (Aug.).

1988 Plebiszit gegen zweite Amtszeit Pinochets (5. Okt.).

1989
30. Juli *Neue Verfassung:* Amtszeit des Präsidenten verkürzt, keine Wiederwahl, Rolle der Armee begrenzt.

14. Dez. *Patricio Aylwin,* Spitzenkandidat der Opposition, wird Präsident. Pinochet bleibt Oberbefehlshaber der Streitkräfte.

1990 Umschuldungsabkommen nach dem Brady-Plan.

Westindien

a) Cuba (Forts. v. S. 428)

Zugleich mit der politischen Abhängigkeit von den USA auch wirtschaftliche, z. T. mit Methoden, die eine antiamerikanische Stimmung auslösen. Die Zuckerindustrie, wichtigster Industriezweig, ist zu 70% in US-Händen. In der Landwirtschaft Großgrundbesitz mit unrationeller Bewirtschaftung.

1934 Die USA verzichten vertraglich auf ihr Interventionsrecht. *Guantanamó bleibt US-Stützpunkt.* – 1940–1944 und 1952–1959 Diktatur von *F. E. Batista y Zaldívar;* Korruption, Mißwirtschaft und polizeistaatliche Methoden. Seit 1953 Guerillabewegung unter **Fidel Castro;**

1959
16. Febr. Bürgerkrieg, Rücktritt Batistas.

Castro Ministerpräsident. Bodenreform (gestützt auf die Verfassung von 1940); Bildung von Volksfarmen (staatlich bezahlte Lohnarbeiter) und Kooperativen. *Enteignung* ausländischen, vor allem US-Besitzes; angebotene Entschädigung wird von US-Firmen abgelehnt. Castro erhält für die geplante Industrialisierung Kredite von der UdSSR, die nach den USA zweitgrößter Zuckerkäufer Cubas werden. Die USA beschränken ihre kubanischen Zuckerimporte um

95 % (2. Juli 1960). Der *„Zuckerkrieg"* wird zur Auseinandersetzung zwischen Washington und Moskau, das die USA vor einer militärischen Intervention in Cuba warnt. Abbruch der diplomatischen Beziehungen USA–Cuba 1961. *Gescheiterter Invasionsversuch* von Exilkubanern, unterstützt von den USA (Fiasko in der Schweinebucht, April 1961). Cuba wird zur sozialistischen Republik erklärt (2. Dez. 1961).

1962 *Kubanische Raketenkrise* (S. 672). Kritik Castros an der sowjetischen Haltung. Die USA heben zwar die Seeblockade auf, verschärfen aber die Wirtschaftsblockade gegen die Insel (Kritik lateinamerikanischer Staaten an den USA). Infolge des Handelsembargos und forcierter Industrialisierung (Schwerindustrie) wachsende wirtschaftliche Schwierigkeiten. Die UdSSR (und die RGW-Länder) gewährt Kredite und erneuert die Garantie gegen eine mögliche US-Intervention (1963 und 1964). Trotzdem zeitweise Spannungen zwischen UdSSR und Cuba, das seinen eigenen sozialistischen Kurs vertritt (Anwendung der Guerillastrategie als „Permanenz der Revolution" auf das öffentliche Leben). Seit etwa 1967 wieder Vorrang der exportorientierten Landwirtschaft, um die Ausfuhr zu steigern (vereinbarte Zuckerlieferungen an die UdSSR können nicht erfüllt werden); „Schlacht um die Zuckerernte" (1970) z.T. ein Fehlschlag. Ver-

1972 *Besuch Castros in der UdSSR,* wo er sich zum Marxismus sowjetischer
Juni/Juli Prägung bekennt; erweiterte Wirtschaftshilfe der UdSSR. Aufnahme Cubas in den RGW im Juli 1972.

1976 Neue **Verfassung;** „Staatsrat" und „Volksversammlung" (Amtsdauer
Febr. 5 Jahre); die Gemeinderäte wählen die Provinzräte und die Abgeordneten der „Volksversammlung".

1981 Verstärkte Waffenlieferungen durch UdSSR.

1982 Hilfsabkommen mit Nicaragua (Mai).

1989 Castro distanziert sich von den Reformbestrebungen in Osteuropa (2. April).

1990 Angespannte Wirtschaftslage aufgrund eingeschränkter Lieferungen
Aug. und gekürzter Wirtschaftshilfe aus der UdSSR.

b) Haiti (Forts. v. S. 428)

1915–1934 ist die Insel von US-Truppen besetzt. Machtkampf zwischen den beiden Bevölkerungsgruppen, den Negern und der mulattischen Elite, die von den USA unterstützt wird. Nach Abzug der US-Truppen häufige Militärrevolten, Aufstände und Diktaturen.

1956–1971 Präsident *F. Duvalier;* Terrorregiment mit Hilfe seiner Privatmiliz und unter Rückgriff auf den Aberglauben (Voudou-Kult). Invasionsversuche von Exilhaitianern (1963 und 1968). Unter Duvaliers Sohn und Nachfolger J.-C. Duvalier nehmen die USA ihre seit 1963 eingestellte Wirtschaftshilfe wieder auf; US-Firmen erhalten Konzessionen, um die bisher noch ungenutzten Bodenschätze abzubauen. Die

Masse der Bevölkerung bleibt nach wie vor arm. Milderung des bisherigen Terrors; März 1972 Amnestie für alle Exilhaitianer.

1986
7. Febr. Diktator Jean-Claude Duvalier flieht nach Unruhen. *Militärjunta* unter General Numphy.

1988 Nach gescheiterten Wahlen (Vorwurf des Wahlbetrugs, weitgehender Boykott) wird *L. Manigat* neuer Präsident (17. Jan.). Am 20. Juni und 18. Sept. putschen Militärs.

1990
16. Dez. Die ersten *freien Präsidentenwahlen* gewinnt der linksgerichtete Pater *J.-B. Aristide.*

c) Dominikanische Republik (Forts. v. S. 428)

Mit der Begründung, ein Chaos verhindern zu wollen, halten die USA 1916–1924 die Insel besetzt.

1930–1952 Mit kurzer Unterbrechung diktatorische Regierung von R. L. Trujillo (ermordet 1961), dem 1952–1960 sein Bruder H. B. Trujillo folgt. Der *Trujillo-Clan* betrachtet das Land als eine Art Privatunternehmen (wirtschaftlicher Aufschwung während der Trujillo-Herrschaft). Als die Trujillo-Familie schließlich zum Verlassen des Landes gezwungen wird, nimmt sie eine Kapitalflucht großen Stils vor, die das wirtschaftliche Gefüge des Landes schwer gefährdet. Innere Wirren, Eingreifen der OAS (1961/62).

1963 *J. Bosch Gavino,* erster frei gewählter Präsident, versucht, längst fällige Sozialreformen durchzusetzen, wird aber von der Armee unter dem Vorwand ,,kommunistischer Unterwanderung" gestürzt (23. Sept.). Militärjunta.

1965
24. April Aufstand der Bosch-Anhänger, der sich zu einer Volksrevolution entwickelt (Teilnahme eines Teils der Armee).
28. April *Militärische Intervention der USA* (weder von OAS noch UN ermächtigt) zugunsten der rechtsextremen Junta-Mitglieder. Bürgerkrieg, Entsendung der interamerikanischen Friedensstreitmacht (Abzug im Sept. 1966). Schließlich unterzeichnen die beiden Bürgerkriegsparteien die ,,Versöhnungsakte" (31. Aug.).

1966
Juni Bei den kontrollierten *Präsidentschaftswahlen* siegt der Favorit der USA, J. V. Balaguer. Eine Verfassungsänderung ermöglicht seine
1972 Wiederwahl (1970). Innenpolitisch labile Lage. Agrarreform zugunsten der Kleinbauern und Pächter eingeleitet.

1978
28. Mai Antonio Guzman, Führer der linksgerichteten oppositionellen Dominikanischen Revolutionären Partei, wird neuer Präsident.

1982 Wahlen: Nach Verzicht Guzmans wird am 16. Mai *S. J. Blanco* Präsident.

1986 Neuer Präsident ist der Christlich-Soziale *J. Balaguer* (16. Mai).

1990 Balaguer wird in allgemeinen Wahlen bestätigt (16. Mai).

d) Puerto Rico (Forts. v. S. 422)

Seit 1900 ist Puerto Rico *Territorium der USA mit innerer Autonomie.*
1952 Verfassung; im US-Kongreß ist die Insel durch einen vom Volk
direkt gewählten Beauftragten vertreten. Zollfreier Warenverkehr
mit den USA. Bei einer Volksbefragung 1967 entscheidet sich die
Mehrheit der Wähler für die Beibehaltung der Assoziierung mit den
USA.

e) Kleinstaaten

Zuerst britische Kolonien, schließen sich Jamaica, Trinidad und
kleinere Besitzungen 1958 zur Westindischen Föderation zusammen,
die jedoch auf Wunsch der Mitglieder 1962 aufgelöst wird. *Jamaica*
sowie *Trinidad und Tobago* werden *1962 unabhängig* und bleiben im
Commonwealth, *1966* folgen *Barbados* und (Britisch-)*Guayana*.
Guayana erklärt sich 1970, Trinidad und Tobago 1976 zur Republik,
bleiben aber im Commonwealth. Rassenunruhen (Neger, Inder,
Mulatten). 1968 gründen diese Staaten sowie die Windward- und
Leeward-Inseln die *Karibische Freihandelszone,* die zum 1. März
1973 in den Karibischen Gemeinsamen Markt umgewandelt wird.
Die zu *Britisch-Westindien* gehörenden Inseln haben innere Selbstverwaltung bzw. Autonomie. 1967 schließen sich Antigua, St. Kitts-Ne-
vis-Anguilla, Dominica, Sta. Lucia und Grenada zu „The West Indies
Associated States" zusammen. Am 10. Juli 1973 werden die *Bahamas,* am 7. Febr. 1974 *Grenada* (vgl. S. 678), am 3. Nov. 1978 *Dominica,* am 18. Sept. 1983 *St. Kitts-Nevis* unabhängig.
Niederländisch-Guayana (Surinam) ist seit 1948 ein autonomer Teil
des Königreichs der Niederlande und wird am 25. Nov. 1975 souverän.

4. Die europäischen Kolonien

Französisch-Guayana wird 1947 überseeisches Department und behält diesen Status 1958 innerhalb der Communauté.

1982 1./2. April– 15. Juni	**Krieg um die** britische Kronkolonie (seit 1842) **Falklands** im Südatlan- tik, die Argentinien als *Malvinas* beansprucht: Die 1813 Bewohner der unwirtlichen Inseln (Schafzucht, Fischerei) wollen britisch blei- ben.

H. Afrika

*Zwischen den beiden Weltkriegen beginnt der Entkolonialisierungs-
prozeß, ausgelöst durch nationale Unabhängigkeitsbewegungen (u. a.
Reaktion auf die Fremdherrschaft; z. T. Einfluß von liberalem und so-*

*zialistischem Gedankengut, das die Kolonialherren vermitteln) und
durch die Kolonialmächte selbst, die – besonders nach 1945 – nicht
mehr in der Lage sind, sich für ihre Kolonien finanziell und militärisch
entsprechend einzusetzen. Mit der Anerkennung ihrer Souveränität
machen die jungen afrikanischen Staaten die Erfahrung, daß politische
Unabhängigkeit nicht unbedingt mit wirtschaftlicher Eigenständigkeit
und innerer Stabilität gekoppelt ist.*

*Wirtschaftlich und verkehrstechnisch waren die afrikanischen Staaten
während der Kolonialzeit auf die Bedürfnisse der jeweiligen Kolonialmacht ausgerichtet worden. Der Übergang von der einseitigen
Rohstoffproduktion zum Aufbau einer den Verhältnissen angepaßten
Infrastruktur und einer Industrie ist ebenso schwierig wie der Umlern-
prozeß der einheimischen Bevölkerung von der Subsistenzwirtschaft
(Deckung des Eigenbedarfs) zum marktwirtschaftlichen Denken.*

*Die während der Kolonialzeit meist willkürlich gezogenen Grenzen ha-
ben Stammeseinheiten mit ihren rassischen, religiösen und kulturellen
Eigenarten zerrissen; vielfach fehlt den neuen Staaten daher eine
„Nation". Die oft blutigen Auseinandersetzungen zwischen Stämmen
bzw. Parteien um die Führung im Gesamtstaat sind charakteristisch
für das nachkoloniale Afrika (z. B. der nigerianische Bürgerkrieg).
Hieraus wird auch der Zug zum Einparteiensystem und die darauf beruhende Regierungsform verständlich: man sieht darin die Gewähr für
die nationalstaatliche Einheit.*

*Die zahlreichen Staatsstreiche in Afrika seit der Mitte der 60er Jahre
haben, so verschieden sie im einzelnen sind, eine gemeinsame Wurzel:
die Vertrauenskrise. Die Regierungsformen der betroffenen Staaten
spielen dabei kaum eine Rolle. Oft herrscht Enttäuschung darüber, daß
sich Erwartungen, die man an die Unabhängigkeit geknüpft hat, nicht
erfüllen und die wirtschaftlichen und sozialen Schwierigkeiten nicht
schnell genug beseitigt werden. Generationsbedingte Gegensätze tau-
chen zwischen den Politikern der ersten Stunde – sie haben die Unabhängigkeit erkämpft und die Staatsführung übernommen – und der
jungen nachdrängenden Elite (z. T. im Ausland ausgebildet) auf.*

Der Anstoß zur **panafrikanischen Bewegung** kommt von außen, als
nach Abschaffung der Sklaverei in den USA (S. 421) die Bemühungen um eine Zusammenarbeit der Neger einsetzen (*1. panafrikani-
scher Kongreß 1919* in Paris); 1945 trennen sich die Afrikaner von
den Negern Amerikas und beginnen eigene Organisationen aufzubauen: Selbstbesinnung Afrikas, Zusammenschluß des Schwarzen
Kontinents als Ziel (führend Kwame Nkrumah). Allerdings stehen
sich dabei zwei verschiedene Konzeptionen gegenüber, die der „Vereinigten Staaten von Afrika" und die vom „Afrika der Vaterländer";
unterschiedlich ist auch die Einstellung zu den ehemaligen Kolonialherren: Die *Brazzaville-Gruppe* (entstanden 1960; Staaten von ehemals Französisch-Afrika) für Zusammenarbeit auf der Basis der
Gleichberechtigung, die *Casablanca-Gruppe* (konstituiert 1961), die

jede Bindung ablehnt und neue wirtschaftliche und soziale Grundlagen fordert. – Die Verbindung zu den Staaten des früheren britischen Kolonialreichs sowie zu Liberia und Äthiopien entsteht in der sog. *Monrovia-Gruppe* (1961), deren Charta die Grundlagen für die interafrikanische Zusammenarbeit enthält: Nichteinmischung, Koordinierung von innen- und außenpolitischen sowie von wirtschafts- und sozialpolitischen Maßnahmen.

1963
22.–26. Mai
Auf der Gipfelkonferenz der unabhängigen Staaten Afrikas in Addis Abeba wird die Charta der *„Organisation der Afrikanischen Einheit"* (**OUA** – Organisation de l'Unité Africaine) unterzeichnet. Ihre Institutionen sollen der Rahmen für interafrikanische Zusammenarbeit sein; das Monrovia-Programm wird weitgehend beibehalten. – 1964 spricht sich die OUA für die von den Kolonialmächten festgelegten Staatsgrenzen aus, und dies schließt eine Änderung der wirtschaftlichen und politischen Verhältnisse des Kontinents aus. Die Wirksamkeit der OUA steht daher nicht unter allzu günstigen Vorzeichen: war es zuerst die afrikanische Einheit, dann die Notwendigkeit, gegenüber den Großmächten geschlossen aufzutreten, so beschränkt man sich schließlich auf gemeinsame Schritte bei interafrikanischen Problemen, doch auch hier – Rhodesien, Portugal, Biafra, Südafrika – kann man kaum von einhelliger Haltung sprechen.

1969
14.–16. April
Während der ost- und zentralafrikanischen Konferenz *in Lusaka* wird das *„Manifest über das südliche Afrika" unterzeichnet:* verlangt wird für alle Völker im südlichen Afrika die Freiheit, ein Regierungssystem auszuarbeiten, unter dem sie harmonisch nach dem Grundsatz der Menschenwürde und der Gleichberechtigung zusammenleben können; die Befreiung Afrikas bedeute „keine Rassenpolitik unter umgekehrten Vorzeichen"; diese Befreiung soll nach Möglichkeit ohne Gewalt erreicht werden.

1971
21.–23. Juni
Der Dialog mit Südafrika, den u. a. die Elfenbeinküste, Lesotho und Malawi befürworten, wird schließlich auf der *8. Gipfelkonferenz in Addis Abeba* abgelehnt; Kontakte mit Südafrika dürfen nur in Übereinstimmung mit der OUA aufgenommen werden.

1967
Seit dem Nahostkonflikt wächst der Einfluß des arabischen Afrika und der arabischen Staaten auf Schwarzafrika, nicht zuletzt durch die Abhängigkeit von Erdöl, auf das die Volkswirtschaften Schwarzafrikas angewiesen sind. „Arabische Bank für industrielle und soziale Entwicklung in Afrika" gegründet.

1977
7./9. März
Arabisch-afrikanische Gipfelkonferenz in Kairo: u. a. Nichteinmischung und Verpflichtung auf Bündnisfreiheit; Ständiger gemeinsamer Ausschuß auf Ministerebene; Saudi-Arabien, Kuwait und die Vereinigten Arabischen Emirate gewähren rd. 1,4 Mrd. $ Entwicklungshilfe für Schwarzafrika.

Die Gefahr, daß Großmachtkonflikte auf dem afrikanischen Kontinent ausgetragen werden, zeichnet sich durch die ungelösten Probleme im südlichen Afrika ab: Namibia, Rhodesien.

2.–5. Juli
Auf der *OUA-Gipfelkonferenz in Libreville* wird die militante Patrio-

tische Front von Zimbabwe als legitime Vertretung von Zimbabwe (Bezeichnung für Rhodesien) anerkannt. – Mit dem Rhodesienkonflikt schwelt auch die Krise Äthiopien–Somalia im östlichen Afrika (vgl. S. 749f., auch hier die Gefahr eines Zusammenstoßes von Großmachtinteressen.

1980 Erster Wirtschaftsgipfel der OUA in Lagos: Verabschiedung eines
28./29. April langfristigen Aktionsprogramms zur Errichtung einer afrikanischen Wirtschaftsgemeinschaft.

1.–4. Juli *17. OUA-Gipfelkonferenz in Freetown/Sierra Leone:* Zimbabwe 50. Mitglied. Die Aufnahme der „Arabischen Demokratischen Republik Sahara" (DARS) als 51. Mitglied provoziert langanhaltende *Krise,* die die OUA schließlich bis zur Spaltung bedroht (Febr. 1982).

1984 Die erste offizielle Teilnahme der DARS (Westsahara) an der
12.–15. Nov. 20. Gipfelkonferenz der OUA in Addis Abeba führt zum Austritt Marokkos aus der Organisation.

1985 21. Gipfelkonferenz der OUA in Addis Abeba: Erklärung zur wirt-
18.–20. Juli schaftlichen Lage und Schuldenproblematik Afrikas.

1987 Schuldenkonferenz in Lagos: Forderung nach Schuldenstreichung
30. Nov.– für die ärmsten Länder und zehnjährigem Schuldendienstmorato-
1. Dez. rium ab 1988 sowie nach Beseitigung der Ursachen durch höhere Rohstoffpreise und Abbau von Handelsschranken.

1988 25. (Jubiläums-)Gipfelkonferenz in Addis Abeba (26.–28. Mai).

1990 26. OUA-Gipfelkonferenz in Addis Abeba: Aufnahme Namibias als
9.–11. Juli Mitglied; Debatten über die Forderung nach demokratischen Reformen in Afrika und die Auslandsverschuldung.

Für eine wirksame *wirtschaftliche* zwischenstaatliche oder subregionale *Zusammenarbeit* bieten Einrichtungen aus der Kolonialzeit bessere Ansätze als die OUA. Die Brazzaville-Staaten gründen *1964* die *Afro-Madagassische Union* für wirtschaftliche Zusammenarbeit und geben sich während der Konferenz von Tananarivo (25.–27. Juni 1966) eine eigene Charta, in der außerdem politische Kooperation vereinbart wird; *1970* tritt das ehemals britische Mauritius bei (seitdem *OCAMM – Organisation Commune Africaine Malgache et Mauricienne).* Die Anrainerstaaten des Senegal, die bereits 1963/64 mit einer organisierten Zusammenarbeit begonnen haben, gründen am 11. März 1972 die *Organisation für die Nutzung des Senegal* (Mitglieder Mauretanien, Mali und Senegal), die sich auf rein technische Fragen beschränkt. Am 3. Juni 1972 unterzeichnen die Elfenbeinküste, Dahome, Obervolta, Mali, Mauretanien, Niger und Senegal den Vertrag zur Gründung der *Westafrikanischen Wirtschaftsgemeinschaft.* Die Gefahr einer Zersplitterung Westafrikas in verschiedene Zoll-, Währungs- und projektgebundene Kooperationen soll die Wirtschaftsgemeinschaft Westafrikanischer Staaten (28. Mai 1975; 15 anglophone und frankophone Staaten) institutionell überwinden (u. a. Außenzolltarif, infrastrukturelle Zusammenarbeit).

I. Die afrikanischen Kolonien

a) Französisches Kolonialreich (Forts. v. S. 431 f., 437 f.)

In **Tunesien** (vgl. S. 432) schon vor dem Ersten Weltkrieg Ansätze von Nationalbewegungen. 1934 Gründung der Néo-Destūr-Partei, die unter Habīb Būrgība die Unabhängigkeit fordert. 1955 erhält Tunesien Autonomie und *1956* die *Unabhängigkeit.* (Forts. S. 730)

In **Algerien** entsteht, ausgelöst durch die französische Politik (S. 662), 1954 der FLN (Nationale Befreiungsfront). Partisanenkrieg, der schließlich fast die ganze französische Armee bindet. 1958 konstituiert sich die Algerische Exilregierung in Kairo. *Barrikadenaufstand* der weißen Siedler *1960* und *Generalsputsch 1961* gegen die Verständigungspolitik de Gaulles (Forts. S.731.)

Durch das spanisch-französische Abkommen von 1912 Abgrenzung des französischen Teils von **Marokko** (S. 431) gegen die spanische Nordzone. 1921 Aufstand der Rīf-Kabylen unter *Abd al-Karīm* in der spanischen Zone, der 1925 auch auf das französische Protektoratsgebiet übergreift, 1926 niedergeworfen wird. 1934 ,,Forderungen des marokkanischen Volkes" als erste Kundgebung des Nationalismus. 1944 Gründung der Istiklāl-Partei (Partei der Unabhängigkeit), deren Programm sich Sultan Muhammad V. ben Jūsuf zu eigen macht. 1953 Absetzung und Verbannung des Sultans, der 1955 zurückberufen wird, da sich nicht nur die Araber, sondern auch die Berber gegen Frankreich wenden. *1956* wird Marokko *unabhängig.* (Forts. S. 732.)

Bei seiner Kolonialpolitik geht Frankreich von der staatsrechtlichen Vorstellung der einen und unteilbaren Republik aus, in der die Kolonien dem Mutterland angeglichen werden müssen (Assimilation). Der Grundsatz einer *,,Französischen Union"* für das Verhältnis zwischen Mutterland und Kolonien wird erstmals 1944 auf der Konferenz von Brazzaville formuliert. 1946 erhalten alle Eingeborenen das französische Bürgerrecht. In der Union Française (S. 661) sind die afrikanischen Überseeterritorien mit vollem Stimmrecht in Nationalversammlung, Senat und Wirtschaftsrat vertreten.

1946/47 erhalten **Französisch-West-** und **-Äquatorialafrika** einheimische Körperschaften. Beginn des politischen Lebens; ,,Afrikanisierung der Kader", d.h. Ersatz französischer Beamter durch Afrikaner. Die Communauté (S. 662) ebnet dann den Weg für die völlige Unabhängigkeit. – **Französisch-Somaliland** entscheidet sich 1958 und 1967 für die Zugehörigkeit zu Frankreich (Ansprüche Somalias und Äthiopiens) und nimmt den Namen *Französisches Territorium der Afar und Issa* (nach seinen größten Bevölkerungsgruppen) an. Forderung nach Unabhängigkeit, die am 27. Juni **1977** die **,,Republik Dschibuti"** proklamiert (Aufnahme diplomatischer Beziehungen mit der Bundesrepublik Deutschland am 23. Jan. 1978); französische

Militärhilfe und militärische Präsenz in der Hauptstadt Dschibuti.
– Die **Komoren** werden am 6. Juli 1975 unabhängig. **La Réunion** ist
Überseedepartement (Teil des Mutterlandes).

b) Britisches Kolonialreich (Forts. v. S. 437)

Die *koloniale Emanzipation* selbst vollzieht sich in der für die angelsächsische Tradition typischen Reihenfolge: örtliche Behörden,
Selbstregierung, Dominionstatus bzw. Mitgliedschaft im Commonwealth. Die einheimischen Politiker werden häufiger in wichtigen öffentlichen Stellungen eingesetzt, die alten Stammeseinrichtungen
werden nach und nach durch demokratische Systeme ersetzt (gewählte örtliche Körperschaften). Verfassungen als Vorstufe für
Selbstregierung und Unabhängigkeit. Gemäß diesen Grundzügen erhalten die britischen Kolonialgebiete in West-, Zentral- und Ostafrika
die Unabhängigkeit.
Die britischen Besitzungen in Zentralafrika sind wirtschaftlich und
politisch uneinheitlich. **Südrhodesien** wird 1923 der britischen Krone
unterstellt und erhält volle Selbstregierung. In Südrhodesien gilt von
Anfang an die weiße Siedlungspolitik; britisches Vorbehaltsrecht in
der Eingeborenengesetzgebung. **Nordrhodesien** wird 1924 Protektorat, desgleichen **Njassaland.** Gegen den Widerstand der Afrikaner
beschließt London, diese drei Gebiete *1953* als *Zentralafrikanische
Föderation* zusammenzufassen (Föderationsregierung in Südrhodesien). Wahlgesetz, das die Afrikaner benachteiligt. Da Südrhodesien
eine entsprechende Verfassungsänderung ablehnt (1961), wird 1964
schließlich die Föderation aufgelöst (vgl. S. 745/746).
In **Kenia** gilt die Küstenregion als Protektorat, das Innere als Kolonie.
Durch Ausdehnung des europäischen Siedlungsgebiets (sog. White
Highlands) werden die Eingeborenen aus ihren ursprünglichen
Wohnsitzen verdrängt. 1952/55 Aufstand der entwurzelten Afrikaner (Mau-Mau-Bewegung). Danach Vorbereitungen für die Unab-
hängigkeit. (Forts. S. 748.)
Die **Seychellen** erhalten am 29. Juni 1976 die Unabhängigkeit.

c) Die belgischen Kolonien (Forts. v. S. 438)

Belgien erhält 1923 als Völkerbundsmandat einen **Teil von
Deutsch-Ostafrika, Ruanda-Urundi,** das 1946 als UN-Treuhandgebiet gilt und auf die Unabhängigkeit vorbereitet wird (Stammesge-
gensätze zwischen den dominierenden Tutsi = Watussi, S. 435, und
den Hutu = Bahutu). (Forts. S. 744.) Zu Belgisch-Kongo s. S. 665,
742.

d) Portugiesische Kolonien (Forts. v. S. 440)

Portugal betrachtet seine Kolonien als Teil des Mutterlandes und wünscht sie zu einer assimilierten Gesellschaft zu entwickeln. Aufgrund des *„organischen Gesetzes"* (5. Juli 1955) sind die afrikanischen Gebiete Bestandteil Portugals. 1960 entfällt die Zwangsarbeit für Afrikaner, 1961 werden alle Einwohner der Kolonien Staatsbürger – in der Praxis besteht die soziale Diskriminierung der Afrikaner weiter. Die portugiesische Entwicklungsarbeit kommt hauptsächlich den weißen Kolonisten zugute (1966 Baubeginn des Cabora-Bassa-Staudamms in Moçambique, für die Afrikaner ein Symbol der Kolonialherrschaft). Bildung nationaler Befreiungsbewegungen, 1961 Aufstand in **Angola,** 1963 in **Portugiesisch-Guinea** (Guinea-Bissau), 1964 in **Moçambique.** Nach dem Umsturz in Portugal bietet die Militärregierung Verhandlungen über die Unabhängigkeit an (27. Juli 1974). (Forts. 743, 735, 746.)

e) Spanische Besitzungen (Forts. v. S. 440)

1959 werden Fernando Póo und Río Muni zu spanischen Provinzen erklärt und erhalten 1964 als **„Äquatorial-Guinea"** innere Autonomie. Da Spanien eine überstürzte Entkolonialisierung ablehnt, wird die Unabhängigkeit erst 1968 gewährt. (Forts. S. 740.) – Die Überseeprovinz **Spanisch-Sahara** erhält 1963/64 durch die Entdeckung reicher Phosphatlager und großer Grundwasservorkommen wirtschaftliche Bedeutung. Da Marokko, Mauretanien und Algerien Ansprüche auf dieses Gebiet erheben, beginnt Spanien mit der politischen Organisation der Bevölkerung (1966 Volksabstimmung, 1967 Wahlen zu einer Volksvertretung). Unabhängigkeitsbewegung POLISARIO. Spanien ist bereit, die Unabhängigkeit zu gewähren (Mai 1975), und einigt sich mit Marokko und Mauretanien (Nov. 1975); Rückzug (26. Febr. 1976 abgeschlossen). Protest Algeriens bei den UN; Guerillakrieg von POLISARIO, die die „Arabische Demokratische Republik Sahara" ausruft (28. Febr. 1976; Exilregierung). Vertrag zwischen Mauretanien und Marokko über die gemeinsame Ausbeutung der Bodenschätze und über die neuen Grenzen (14. April 1976).
Annexion des gesamten Gebiets durch Marokko (14. Aug. 1979).

f) Südwestafrika (Namibia) (Forts. v. S. 439)

Die Südafrikanische Republik, die seit 1920 das ehemalige Deutsch-Südwestafrika als Völkerbundsmandat verwaltet, weigert sich, dieses Gebiet dem UN-Treuhandschaftsrat zu unterstellen. Die UN erklären 1966 das südafrikanische Mandat für beendet. Pretoria beginnt die Apartheid in Südwestafrika durchzuführen. Aufgrund des South West Africa Affairs Act *1969* völlige *Integration Namibias in der Südafrika-*

nischen Republik. Informationsreise Waldheims (6.–10. März 1972). Infolge der Entwicklung in den portugiesischen Kolonien beginnen in Windhoek Beratungen (Sept. 1974; sog. Turnhallenkonferenz) über Verfassung, Übergangsregierung und Unabhängigkeit; die SWAPO (von der OUA, dem UN-Rat für Namibia unterstützt) wird zu den Verhandlungen nicht hinzugezogen. Pretoria stimmt der Unabhängigkeit Namibias grundsätzlich zu (April/Mai 1977; diplomatischer Druck der USA), doch Meinungsverschiedenheiten über Interimsregierung.
Gemischtrassige „Demokratische Turnhallen-Allianz" erringt Wahlsieg; von SWAPO nicht anerkannt (4.–8. Dez. 1978). (Forts. S.755)

II. Die unabhängigen Staaten

1. Nordafrika

a) Ägypten (Vereinigte Arabische Republik) (Forts. v. S. 431)

Trotz der Unabhängigkeit Ägyptens hat sich Großbritannien dort die Sicherung des Sueskanals, die ägyptische Landesverteidigung, den Schutz ausländischer Interessen und Minderheiten und das Mitbestimmungsrecht über den Sudan vorbehalten. Diese „belastete" Souveränität bestimmt ebenso die politische Entwicklung Ägyptens wie die Auseinandersetzungen um die schon früher geforderten innenpolitischen Reformen.

1923
19. April   Ägypten erhält als *konstitutionelle Monarchie* eine Verfassung und ein gewähltes Parlament. Mit der Einführung des Parlamentarismus beginnt der Parteienkampf, der mehr oder minder von Gruppeninteressen bestimmt ist. Die *Wafd-Partei* besitzt weithin Rückhalt bei der Bevölkerung.

1936
26. Aug.   Großbritannien verpflichtet sich vertraglich zum Rückzug seiner Truppen; der *Sudan* wird wieder *anglo-ägyptisches Kondominium.* In einem Bündnisabkommen sagt Ägypten zu, im Kriegsfall sein ganzes Gebiet mit allen Stützpunkten Großbritannien zur Verfügung zu stellen.
Während des Zweiten Weltkriegs wird Ägypten aufgrund des Vertrags von 1936 wieder britischer Kontrolle unterworfen und hat unter den Kriegshandlungen zu leiden (S. 522 f.).
Innenpolitisch zeigt sich allenthalben Unzufriedenheit. König Fārūk, seit 1936 Nachfolger seines Vaters Fu'ād I., hat sich durch Mißwirtschaft unbeliebt gemacht, die führende Wafd-Partei hat ihre frühere Anziehungskraft eingebüßt. Die Niederlage im Palästinakrieg (1948/49), die man dem bestehenden Regime zuschreibt, hat die Armee erbittert.

1952   Unter Führung von General *Muhammad Nagīb* erreicht der **Staats-**

23. Juli **Streich** der Armee die **Abdankung** und Verbannung König **Fārūks** († 1965).

1953 General Nagīb erklärt Ägypten zur **Republik.** Die eigentliche Macht
18. Juni hat aber eine Militärjunta unter Gamāl Abd an-Nāsir (meist kurz Nasser genannt) inne.

1954 Dieser zwingt am 18. April *Nagīb* zum *Rücktritt* (am 14. Nov. auch als Staatspräsident abgesetzt).

19. Okt. Das Abkommen mit Großbritannien setzt die Räumung der Sueskanalzone von britischen Truppen fest.

Nasser wird zur führenden Persönlichkeit des panarabischen Nationalismus, dessen „progressive" Richtung er innen- und außenpolitisch zu verwirklichen trachtete.

1956 Die neue *Verfassung* macht Ägypten zu einer Präsidialrepublik mit
16. Jan. großen Vollmachten für **Nasser,** der am 23. Juni einstimmig zum **Präsidenten** gewählt wird. *Außenpolitisch* erklärt sich Nasser für einen neutralistischen Kurs zwischen Ost und West und sucht ein rein arabisches Paktsystem ohne ausländische Einflüsse unter seiner Führung zu errichten. Infolge des Bagdadpakts (S. 769) wendet er sich dem Ostblock zu. Die USA und Großbritannien ziehen ihre zuerst zugesagte Unterstützung für den Bau des Assuan-Staudamms – für Ägypten von ausschlaggebender wirtschaftlicher Bedeutung – am 19. Juli zurück.

26. Juli Nasser antwortet mit der *Verstaatlichung der Allgemeinen Sueskanalgesellschaft,* deren Einkünfte für den Bau des Assuan-Staudamms verwendet werden sollen. Die 1888 garantierte freie Schiffahrt durch den Kanal werde dadurch nicht berührt.

Großbritannien und Frankreich sehen sich durch das ägyptische Vorgehen wirtschaftlich und politisch bedroht. Beide Staaten verabreden
29. Okt. mit Israel ein gemeinsames Vorgehen. *Israel greift* die ägyptische Stellung auf der Sinaihalbinsel *an* und dringt gegen den Sueskanal und Gaza vor.

30. Okt. **Britisch-französisches Ultimatum** an Israel und Ägypten: Landung von britisch-französischen Truppen verlangt, was Ägypten ablehnt. Anglo-französische Luftoffensive auf Ägypten (31. Okt.). Infolge amerikanischen Drucks und sowjetischer Drohung, auf seiten Ägyptens einzugreifen, sowie durch Einschalten der UN müssen Großbri-
6. Nov. tannien und Frankreich in den **Waffenstillstand** einwilligen.

Ägypten blockiert am 7. Nov. den Kanal durch Schiffsversenkungen und erklärt sich am 12. Nov. mit der Stationierung von UN-Polizeitruppen einverstanden, deren erste Einheiten am 3. Dez. Port Said besetzen. Die letzten anglo-französischen Truppen verlassen am 22. Dez. das Land. Der Kanal ist am 29. März 1957 wieder für Schiffe
1957 bis 14000 t passierbar. *Statut über die Benutzung des Kanals:* freie
24. April Schiffahrt im Kanal gemäß der Konvention von 1888; die Benutzungsgebühren sind an die ägyptische Kanalbehörde zu zahlen. Die Entschädigung der Aktionäre erfolgt durch ein Abkommen am 13. Juli 1959.

1958
1. Febr.
Zusammenschluß von Ägypten und Syrien zur **Vereinigten Arabischen Republik (VAR).** Am 8. März schließt sich in loserer Form der Jemen an. Programm des „arabischen Sozialismus"; staatliche Eingriffe ins Wirtschaftsleben (u. a. Verstaatlichung des Baumwollhandels 1961), die sich auch auf Syrien erstrecken.

1961
28. Sept.
Staatsstreich der syrischen Armee *beendet* den ägyptisch-syrischen *Zusammenschluß.* Ägypten behält aber bis 1971 den Namen „Vereinigte Arabische Republik" bei. Am 25. Dez. Kündigung der Föderation mit dem Jemen.

1962
30. Juni
Charta der Nationalen Aktion, die die Grundzüge der arabischen Politik – Freiheit, Sozialismus und Einheit – festlegt. Arabische Sozialistische Union (ASU) als Einheitspartei gegründet.

Um die Politik der gesamtarabischen Einheit und des arabischen Sozialismus erneut aufzunehmen, schaltet sich Ägypten in den jemenitischen Bürgerkrieg ein.

1964
25. März
Die neue *provisorische Verfassung* tritt in Kraft, die die VAR als islamischen Staat definiert und die durch Revolution „erreichten Errungenschaften konsolidieren" sowie das politische und soziale System unterbauen soll.

Trotz der Enteignung ausländischen Besitzes erhält die VAR Wirtschaftshilfe vom Westblock (u. a. USA und BRD), schon um dem Einfluß des Ostblocks entgegenzuwirken. Das für die VAR wichtige Projekt des Assuan-Damms (Baubeginn am 9. Jan. 1960) wird ausschließlich mit sowjetischer Hilfe durchgeführt.

1965
24. Febr. –
2. März
Besuch Ulbrichts in Kairo – eine De-jure-Anerkennung der DDR umgeht Nasser. Langfristige Wirtschafts- und Handelsabkommen zur Durchführung des zweiten Fünfjahrplans der VAR ersetzen die Wirtschaftshilfe der BRD.

1966
4. Nov.
Auch geheime Rivalität mit anderen arabischen Staaten, voran Syrien (S. 758 f.). Daher *Verteidigungsabkommen mit Syrien;* das Recht der Palästinenser, für die Befreiung ihres Vaterlandes zu kämpfen, wird betont.

1967
18. Mai
In einer Note *fordert die VAR* von U Thant *den Abzug der UNEF von der Sinaigrenze und vom Golf von Akaba* (Rückzugsbefehl am 19. Mai; s. S. 569). Ägyptische Truppen besetzen am 21. Mai den von den UN geräumten Stützpunkt Scharm asch-Schaich an der Meerenge von Tiran und sperren einen Tag später den Golf von

30. Mai
Akaba für die israelische Schiffahrt. Beistandspakt mit Jordanien, dem der Irak am 4. Juni beitritt.

5. Juni
Israel eröffnet den Präventivkrieg. **Kriegsausbruch** an der israelisch-ägyptischen Grenze. Am 6. Juni Sperrung des Sueskanals; Abbruch der diplomatischen Beziehungen zu den USA und Großbritannien. Am 6. und 7. Juni ordnet der Sicherheitsrat die Feuereinstellung an. Israelische Truppen besetzen den Gazastreifen und die Sinaihalbinsel bis zum Sueskanal.

Neue Kämpfe. Auf Ersuchen beider Parteien werden am 17. Juli UN-Beobachter am Sueskanal stationiert; *Beendigung der Kämpfe.*

Säuberungen in der ägyptischen Armee. Die innere Lage der VAR ist nicht stabil (Arbeiter- und Studentendemonstrationen); Richtungskämpfe innerhalb der ASU. – Zu den Bemühungen um eine Lösung des Nahostkonflikts auf Verhandlungsbasis (*Jarring-Mission* s. S. 569) erklärt Kairo, der Abzug der Israelis aus den besetzten Gebieten sei Voraussetzung für jedes Gespräch; direkte Verhandlungen mit Tel Aviv werden abgelehnt (S. 778). Die UdSSR hat von Anfang an die arabische Seite unterstützt (S. 645); nach dem Nahostkrieg gleicht sie die hohen ägyptischen Materialverluste durch Waffenlieferungen aus (Panzer und Flugzeuge), doch überwachen sowjetische Berater und Ausbilder deren Verwendung. Geheime Rivalität zwischen den *Fedāijīn* unter Jāsīr Arafāt und Nasser um die führende Rolle bei der „Befreiung Palästinas" (vgl. S. 764). Nasser erklärt zwar, der Konflikt könne nur mit Gewalt ausgekämpft werden (Nov. 1969), vermeidet jedoch einen neuen Waffengang; auch Moskau wünscht keine neue militärische Eskalation. „Abnutzungsstrategie", israelische Gegenschläge; Anfang 1970 Lieferung sowjetischer SAM-3-Luftabwehrraketen, die nur sowjetisches Personal bedient.

1970 Plötzlicher **Tod Nassers.** *Nachfolger* Vizepräsident **Anwar as-Sādāt.** –

28. Sept. Bald nach Nassers Tod Machtkämpfe.

1971 **Freundschaftsvertrag mit der UdSSR** (Besuch Podgornyjs in Kairo,

27. Mai 25.–28. Mai): gegenseitige Konsultationen in Fragen bezüglich Krieg und Frieden und Koordinierung der beiderseitigen Positionen ist Pflicht; sowjetische Waffenlieferungen zugesagt.

20. Aug. VAR, Libyen und Syrien unterzeichnen die Verfassung zur **Föderation Arabischer Republiken,** die nicht verwirklicht wird. Zunehmende Gegnerschaft zu Libyen.

11. Sept. *Neue Verfassung* durch Volksabstimmung gebilligt: Präsidialverfassung, Bildung von Provinzparlamenten, mehr als bisher bürgerliche Grundrechte gesichert. Die VAR in **„Arabische Republik Ägypten"** umbenannt. – Wahlen zur Nationalversammlung („Rat des Volkes"; 27. Okt. und 3. Nov.), nur Kandidaten der ASU.

1972 Sādāt gibt die *Ausweisung der sowjetischen Militärberater* (ca. 15 000 Mann) bekannt; die militärischen Anlagen werden der Armee unterstellt. – Nach geheimer militärischer und diplomatischer Vorbereitung

1973 **Überraschungsangriff** der Ägypter **auf Israel** (S. 778). Durchbruch

6. Okt. durch die israelische Bar-Lev-Linie und Vorstoß in die Sinaihalbinsel. Israelischer Gegenangriff (8. Okt.) und Vorstoß über den Sueskanal (15. Okt.), doch ohne die Ägypter zurückdrängen zu können. Eingreifen der Großmächte (sowjetische Interventionsdrohung); erhöhte Alarmbereitschaft für einen Teil der US-Streitkräfte), die dadurch das militärische Patt erzwingen.

25./26. Waffenruhe gem. Resolution des Sicherheitsrats (24. Okt.). Aufstel-

Okt. lung der UNEF, deren Mandat in der Folgezeit verlängert wird. – Unter Vermittlung Kissingers 6-Punkte-Abkommen zwischen Israel und Ägypten am Kilometerstein 101 zur Konsolidierung des

Waffenstillstands. Die *Genfer Nahostkonferenz* (21./22. Dez.; USA und UdSSR Kopräsidenten) bringt keine Annäherung zwischen den Gegnern. Eine Voraussetzung für einen Verhandlungsfrieden sieht Kissinger im

1974 **1. Truppenentflechtungsabkommen** zwischen Ägypten und Israel:
18. Jan. Rückzug Israels bis zu den Sinaipässen; Austausch der Gefangenen; die Pufferzone besetzen UN-Kontingente.

1975 **2. ägyptisch-israelisches Truppenentflechtungsabkommen:** Israel
4. Sept. räumt die Sinaipässe Gidi und Mitla sowie Abu Rodeis (Erdölfelder); freie Fahrt für nichtmilitärische Güter von und nach Israel durch den Sueskanal.
Hinwendung Sādāts zu den USA und Westeuropa, da nach seiner Überzeugung nur die USA den Abzug Israels aus den besetzten Gebieten und damit einen Nahostfrieden erreichen können. Finanzielle und technische Hilfe vom Westen. Wiedereröffnung des Sueskanals (5. Juni 1975); Port Said Freihandelszone (1. Jan. 1976). – Spannungsreiche Beziehungen zur UdSSR.

1976 Ägypten kündigt den Freundschaftsvertrag mit der UdSSR und
15. März schließt am 21. April ein Militärabkommen mit der VR China; Verteidigungsabkommen mit dem Sudan (17. Juli) als gemeinsame Abwehr gegen libysche Subversion. – Auch innenpolitisch Liberalisierung.

11. Nov. Bei der Parlamentseröffnung kündet Sādāt an, die drei Fraktionen der ASU werden – innerhalb der Grenzen der Verfassung – zu selbständigen Parteien erhoben. – Schwierige innenpolitische Stellung Sādāts; wirtschaftliche Entwicklung bleibt hinter den Erwartungen zurück. Ausschreitungen radikaler orthodoxer Muslime (Juli 1977).

1977 Offener *bewaffneter Konflikt Ägypten–Libyen,* der infolge der Ver-
Juli mittlung Boumediennes und Arafāts vorerst „eingefroren" wird.

1978 Friedensinitiative Sādāts (siehe S. 778).

1979 Sādāt unterzeichnet **Friedensvertrag mit Israel.** Ablehnungsfront im
26. März gesamten arabischen Lager.

1981 Unpopuläre Maßnahmen gegen wachsende religiöse und politische
5. Sept. Opposition.

6. Okt. **Ermordung Sādāts,** Nachfolger Vizepräsident **Hosni Mubarak.**

1982 Teilweise Wiederannäherung an UdSSR, vorsichtige Distanzierung
24. Jan. zu USA, Blockfreiheit betont.

25. April Rückgabe des letzten Teilgebietes des Sinai.

1983 Ende der arabischen Isolation Ägyptens.

1984 Bei Parlamentswahlen siegt die regierende National-Demokratische
27. Mai Partei (NDP).

1986 Nachdem mehrere Regierungen an Wirtschaftsreformen scheiterten,
11. Nov. wird Sidki mit der Regierungsbildung beauftragt.

1987 Bei vorgezogenen Neuwahlen siegt die NDP (6. April). Mubarak weiter Präsident (5. Okt.).

1989 Ägypten wird wieder volles Mitglied der Arabischen Liga (21. Mai).

1990 Staatsbesuch Mubaraks in Syrien und der UdSSR (Mai).

12. Okt.   Parlamentspräsident Rifaad el Maghub wird in Kairo auf offener Straße erschossen.

29. Nov.   Parlamentswahlen: Boykott durch die Opposition.

b) Libyen (Forts. v. S. 432)

Nach der Kapitulation der Achsenmächte 1942/43 wird Libyen von Großbritannien und Frankreich verwaltet. Über das künftige Schicksal des Landes, auf das Italien im Friedensvertrag 1947 verzichten muß, sind sich die Großmächte lange nicht einig.

1949 Die UN beschließen die Unabhängigkeit Libyens innerhalb eines
1951 Jahres bei gleichzeitiger Wiedervereinigung der drei Landesteile
24. Dez. Cyrenaika, Tripolitanien und Fessān (11. Nov.). **Unabhängiges Königreich** Libyen. Herrscher wird Idrīs I. Senūsī. *Stützpunktabkommen* mit Großbritannien (1953; Benghasi und Adem b. Tobruk) und den USA (1954; Wheelus b. Tripolis); auch Frankreich behält für den Kriegsfall seine Stützpunkte (1955). – Die Entdeckung reicher *Erdöllager* gibt der libyschen Wirtschaft eine neue Grundlage. Die Ölförderung wird hauptsächlich von amerikanischen Gesellschaften betrieben. Am Gewinn ist Libyen zu 50% beteiligt, so daß der Staat reiche Mittel für seinen Fünfjahrplan (1961–1965) erhält, um die Landwirtschaft zu modernisieren und die Industrialisierung einzuleiten. Die Parolen des arabischen Sozialismus und des Panarabismus (vgl. S. 763f.) finden bei der jüngeren Generation einen günstigen Boden: der Nahostkrieg steigert die Mißstimmung gegen Großbritannien, die USA und den Westen als Freunde Israels.

1969 In Abwesenheit von König Idrīs **Militärputsch** junger Offiziere. Der
1. Sept. „Revolutionäre Kommandorat" unter Mu'ammar **al-Kadhdhāfī** (Stabschef der Armee) übernimmt die Staatsgewalt, setzt den König ab und ruft die **Republik** aus. Das Programm der neuen Regierung sind die „Ziele des gemeinsamen arabischen Kampfes" und die Gründung einer „panarabischen sozialistischen Republik", die auf dem Islam und den arabischen Traditionen beruhen soll. Abzug der britischen und amerikanischen Einheiten bis Mitte 1970 abgeschlossen. Frankreich liefert „Mirage"-Kampfflugzeuge, die UdSSR Panzer. Maßnahmen gegen ausländischen Besitz, Ausweisung und Enteignung von Italienern, die noch in Libyen ansässig sind (Qkt. 1970 abgeschlossen). Neue Verträge mit den Ölgesellschaften, die höhere Einnahmen erbringen.

Kadhdhāfī fördert panarabische Bestrebungen, daher ist er auch zum *Anschluß an Ägypten* bereit. Von Libyen stammt der Plan zur Föderation Arabischer Republiken (S. 726), da Kadhdhāfī vor allem nach Nassers Tod die Führung im Panarabismus anstrebt. Gründung der **„Arabischen Sozialistischen Union"** (11. Juni 1971), die weder mit dem Kommunismus noch mit dem „westlichen Materialismus" etwas zu tun haben soll. Scharfe Kritik an der sowjetischen Nahostpolitik.

1972 16. Juli	Schwere Meinungsverschiedenheiten im „Revolutionären Komman- dorat" führen zur *Regierungsumbildung;* von 17 Ministern sind nur noch 2 Offiziere.
1973 15. April	Kadhdhāfī leitet *„Kulturrevolution"* ein: der Islam als dritter sozialre- volutionärer Weg, der über Libyens Grenze hinaus alle arabischen Völker zusammenführen soll. Unterstützung revolutionärer Bewe- gungen in arabischen Staaten. – Der Versuch, mit Tunesien eine Union zu bilden, scheitert (Jan. 1974). Isolierung Libyens unter den arabischen Staaten. – Entwicklung der bilateralen Beziehungen zur UdSSR: Konsultationsvereinbarungen, Abkommen über enge Zusammenarbeit (Mai 1974 und 1975).
1977 2. März	Deklaration über die „Einführung der Macht des Volkes"; Änderung des Staatsnamens in *Sozialistische Libysche Arabische Volksrepublik.*
1981	*Zusammenschluß mit Tschad* (7. Jan) scheitert.
1983	Kadhdhāfī im Tschad auf seiten der Rebellen gegen Habré (Aug.).
1985	Verschiedene Attentatsversuche auf Kahdhāfī (März/April).
1986	Neues Kabinett Jadallah Azzuz at-Talhi (3. März). Wirtschaftsem- bargo der USA.
15. April	USA bombardieren Tripolis und Bengasi als Vergeltung für liby- schen Terror.
Dez.	Verlustreiche militärische Offensiven im Tschad.
1987 1. März	Der Allgemeine Libysche Volkskongreß bestimmt *Oumar al-Monta- sir* zum neuen Ministerpräsidenten.
1989	Bau einer Giftgasfabrik in Rabta mit Hilfe deutscher Firmen (Jan.).
1990	Vertrag über die Integration Libyen/Sudan (1. Sept.).

Der Maghreb

Abd al-Karīm gründet 1948 mit Vertretern der tunesischen, marokkanischen und algerischen Nationalbewegungen das „Komitee für die
Befreiung des arabischen Westens". 1963 beschließen Tunesien,
Algerien und Marokko regelmäßige Zusammenkünfte, um ihre Ent-
wicklungspläne und Handelspolitik zu koordinieren. 1964 Errichtung
des Ständigen Konsultativkomitees für wirtschaftliche Zusammenarbeit. – Die Maghrebstaaten verfolgen eine Politik der Blockfreiheit
im Mittelmeerraum (Abzug ausländischer Flotten bzw. Auflösung der
Militärbasen). Die Kooperationsabkommen mit der EG
(S. 587f.) ersetzen die Assoziierungsabkommen, die Tunesien und
Marokko 1969 mit der EWG abgeschlossen haben.
1989 unterzeichnen Marokko, Mauretanien, Algerien, Tunesien und
Libyen in Marrakesch die Gründungsurkunde der *Union des arabischen Maghreb,* deren Ziel die engere wirtschaftliche Kooperation
nach EG-Vorbild ist.

c) Tunesien (Forts. v. S. 720)

Nach der Unabhängigkeit wird im April 1956 Būrgība zum Ministerpräsidenten gewählt. Nationalisierung des Staatsapparates; einheitlich weltliche Justiz.

1957
25. Juli Die Verfassunggebende Versammlung setzt den Bei Muhammad VIII. al-Amīn (er regiert seit 14. Mai 1943; † 1962) ab, erklärt Tunesien zur **Republik** und wählt **Habīb Būrgība** zum ersten **Präsidenten.**

1959
1. Juni Die neue *Verfassung* bestätigt die starke Stellung des Präsidenten, der die Politik bestimmt und die nur ihm verantwortlichen Kabinettsmitglieder beruft und entläßt. Die allgemeinen Grundrechte sind verfassungsmäßig garantiert. Der in der Verfassung vorgesehene Wirtschafts- und Sozialrat wird am 16. Jan. 1961 gebildet. Streit mit Paris um den letzten französischen Stützpunkt in *Biserta*, den die Franzosen im Okt. 1963 räumen. – Būrgība lehnt alle panarabischen hegemonialen Bestrebungen ab – die Beziehungen zur VAR waren und sind spannungsreich – und betrachtet seine Aufgabe als die einer „Stimme

1965
21. April der Vernunft". Būrgība schlägt die Anerkennung Israels in den Grenzen des von den UN erstellten Teilungsplans vom 29. Nov. 1947 vor (es wäre dadurch im Vergleich zu seinem jetzigen Territorialstand verkleinert); dafür sollen die arabischen Staaten die Rücksiedlung der arabischen Palästinaflüchtlinge einhandeln. – Am 23. Aug. 1967 fordert Būrgība, den Kriegszustand mit Israel zu beenden.

1970
6. Jan. Die maßvolle Haltung Tunesiens ermöglicht es, die letzten Gegensätze zu Algerien (Problem der Saharagrenze) auszuräumen. *Vertrag über Bruderschaft, gute Nachbarschaft und Zusammenarbeit* zwischen Tunis und Algier. Tunesien wird an den grenznahen algerischen Erdölfeldern von El-Borma beteiligt.

1972
28. Juni –
1. Juli Der Staatsbesuch Būrgības in Frankreich beseitigt die Spannungen wegen *Biserta*. Neue und enge Zusammenarbeit vertraglich vereinbart; tunesische Garantie für französische Privatinvestitionen. – Erfolge in der wirtschaftlichen Entwicklung; ein Viertel des gesamten Staatsetats für Schulbildung. – 1974 wird Būrgība von der Sozialistischen Destūr-Partei zum Vorsitzenden auf Lebenszeit bestimmt; durch Verfassungsänderung vom 17. Dez. 1974 wird er auch Staatspräsident auf Lebenszeit.

1974 Geplanter Zusammenschluß mit Libyen zur „Arabisch Islamischen Republik" kommt nicht zustande.

1978 Generalstreik, Demonstrationen, Zusammenstöße; zunehmende Opposition.

1981
10. April Abkehr vom Einparteiensystem angekündigt. Fortsetzung der langsamen Demokratisierung.

1982/83 Wachsende wirtschaftliche Schwierigkeiten verstärken die Opposition gegen das erstarrte Regime.

1986
2. Nov. Die Sozialistische Destūr-Partei (PSD) gewinnt bei Parlamentswahlen ohne Beteiligung der Opposition alle Sitze.

1987 Premier *Ben Ali* setzt Staatspräsident Būrgība ab (7. Nov.).
1988 Neue Regierung unter Premier *Hédi Baccouche* (26. Juli); *neue Verfassung* (7. Nov.).
1989 Bei Präsidentschaftswahlen wird Ben Ali als Präsident bestätigt; die
2. April Nachfolgepartei des PSD (neuer Name Rassemblement Constitutionnel Démocratique, RCD) ist Sieger der Parlamentswahlen; *Karoui* neuer Premier (27. Sept.).

d) Algerien (Forts. v. S. 720)

1962 In der Volksabstimmung sprechen sich die Algerier für die **Unabhän-**
1. Juli **gigkeit** in Zusammenarbeit mit Frankreich aus (Anerkennung durch Frankreich am 3. Juli). Allgemeine Wahlen zur Nationalversammlung (20. Sept.).
1963 Die Nationalversammlung nimmt den neuen *Verfassungsentwurf* an,
28. Aug. nach dem die FLN die einzig zugelassene Partei mit weitgehenden Vollmachten ist; desgleichen ist die Einführung eines *Präsidialregimes* vorgesehen. Die Volksabstimmung billigt die Verfassung am 8. Sept.; am 15. Sept. wird *Ben Bellā* zum Staatspräsidenten gewählt. Verstaatlichung der restlichen französischen Ländereien (gewisse Entschädigung zugesagt), ebenso des Besitzers der *„Muslim-Feudalherren"*. Zum 15. Juni 1964 löst Frankreich vorfristig seine Garnisonen in Algerien auf. Enge Beziehungen zu den Ostblockstaaten und zur VAR. Widerstand gegen Ben Bellās Regime, das auch für die Wirtschaftsmisere (Arbeitslosigkeit, Kapitalmangel) verantwortlich gemacht wird.
1965 Durch einen unblutigen **Staatsstreich** der Armee wird Ben Bellā ge-
19. Juni stürzt. Revolutionsrat unter **Houari Boumedienne** († 1978). Die Kommunistische Partei Algeriens wird verboten.
  Im Nahostkrieg harte Linie. Boumedienne macht sich zum Sprecher des „Volkskrieges" gegen Israel, der nur von den „revolutionären" Regierungen geführt werden kann. *Kriegserklärung an Israel* (5. Juni
1968 1967); mehrfach Kritik an der Politik Kairos.
1. Febr. *Frankreich übergibt* seinen Stützpunkt *Mars al-Kabīr* vorfristig an Algerien. Trotzdem verstaatlicht Boumedienne im Mai französische Firmen des Erdölvertriebs sowie anderer Industriezweige und stützt sich wirtschaftlich und militärisch auf die UdSSR; die sowjetische „Eskadra" kann algerische Häfen (z.B. La Calle) für Versorgungs- und Ausbesserungszwecke benützen, löst aber die französische Flotte in Mars al-Kabīr nicht ab.
1970 Boumedienne vereinbart mit al-Kadhdhāfī die Gründung einer alge-
16.–19. April risch-libyschen Ölgesellschaft (beide Staaten treiben in den nächsten Monaten den Fiskalpreis des Erdöls hinauf). Am 4. Febr. 1971 Nationalisierung (zu 51%) der meisten französischen Erdölgesellschaften, der Erdgasvorkommen und -leitungen.
1971 *Erdölkompromiß zwischen* der französischen *CFP* und der staatlichen
30. Juni algerischen *Sonatrach:* CFP zahlt einen Rohölpreis, der höher als der

Weltmarktpreis ist, und erhält eine Entschädigung. Gründung der gemischten algerisch-französischen Ölgesellschaft ALREP. Weitere Abkommen mit ausländischen Gesellschaften folgen. Die „besonderen Beziehungen" zwischen Frankreich und Algerien sind damit praktisch beendet.

8. Nov. *Charta der Agrarrevolution:* vom Eigentümer nicht genutztes Land (Höchstgrenze für privaten Besitz festgesetzt) wird verstaatlicht und landlosen Bauern im Rahmen von Genossenschaften zugeteilt; Höchstgrenze für privaten Viehbestand; Neuordnung des Wasserrechts. – In der Politik eindeutig Primat der Wirtschaft (keine ideologischen Vorbehalte): die (6) EWG-Staaten liegen mit 70% des algerischen Außenhandels an der Spitze; da drei Viertel der Einfuhren auf Investitionsgüter und Produktionsmittel entfallen (forcierte Industrialisierung), hohe Auslandsverschuldung. – Widerstand gegen die Saharapolitik Marokkos und Mauretaniens; Algerien wünscht einen unabhängigen Staat, unterstützt POLISARIO und verlangt eine Volksabstimmung (Schreiben an UN, 18. Mai 1976).

1976 Die *Nationale Charta* wird durch ein Referendum gebilligt: Algerien
27. Juni „Staat des revolutionären Sozialismus"; Einparteiensystem; Islam Staatsreligion.

1978 **Tod Boumediennes.** General *Chadli Ben Dschedid* zum Staatspräsi-
27. Dez. denten und Generalsekretär der FLN gewählt (Jan./Feb. 1979).

1981 Gewaltsame Ausschreitungen radikaler Muslime (Okt.).

1982 Wahlen (5. März): 73% für FLN.

1984 Chadli Ben Dschedid erneut zum Präsidenten gewählt (12. Jan.).

1988 Nach schweren Unruhen (Okt.) kündigt Chadli (Wiederwahl im Dez.) Reformen an. *Kasdi Merbah* (* 1938) wird zum Ministerpräsidenten ernannt (5. Nov.).

1989 *Neue Verfassung:* persönliche Freiheiten, Mehrparteiensystem, Ge-
23. Febr. waltenteilung.
9. Sept. *Mouloud Hamrouche* (* 1943) wird neuer Ministerpräsident.

1990 Wahlsiege der Islamischen Heilsfront in Kommunal- und Regionalwahlen. Unter Protest gegen die Wirtschaftsreformpläne der Regie-
3. Okt. rung tritt der Parlamentspräsident zurück.

e) Marokko (Forts. v. S. 720)

Die Modernisierung des Staates, die der Sultan bereits Ende Juli 1956 durch die Berufung einer Beratenden Versammlung eingeleitet hat, setzt sich in Richtung auf eine konstitutionelle Monarchie fort.

1957 Marokko wird **unabhängiges Königreich.** Der König ist zugleich reli-
18. Aug. giöses Oberhaupt.

Aus der Zeit der Protektoratsherrschaft besitzt Frankreich 5 Flugplätze, die es den USA am 13. Juni 1951 als Stützpunkte vertraglich überlassen hat. Aufgrund einer Vereinbarung mit Marokko räumen die USA am 16. Dez. 1963 die letzten Basen.

Die nördliche Zone des spanischen Protektorats wird 1956, die südliche Zone 1958 den marokkanischen Behörden übergeben; die spanische Enklave *Ifni* kommt 1969 an Marokko.

1961

26. Febr. Nach dem Tod König Muhammads V. folgt sein Sohn **Hasan II.**

1962 *Verfassung:* Marokko ist eine konstitutionelle demokratische und so-
7. Dez. ziale Monarchie mit starker Stellung des Königs.

In der gesamtarabischen Politik sucht Marokko eine vermittelnde Rolle zu spielen und unterstützt die islamische Solidarität gegen Hegemonialansprüche innerhalb der arabischen Staaten. Im Nahostkrieg stellt sich Marokko auf die Seite der VAR, löst jedoch seine Beziehungen zu London und Washington nicht und ist der Meinung, die Palästinenser müßten sich – unterstützt von den arabischen Staaten – selbst des Palästinenserproblems annehmen.

Grenzstreitigkeiten seit 1963 mit Algerien werden beigelegt (*Abkommen von Tlemcen,* 28. Mai 1970); die Beziehungen zu Mauretanien, auf das Marokko infolge früherer Feudalbeziehungen Anspruch erhoben hat, normalisieren sich (Freundschaftsvertrag vom 8. Juni 1970); koordiniertes Vorgehen Spanisch-Sahara betreffend (698, 709).

Innenpolitische Spannungen und wachsende Opposition gegen die autokratische Regierung des Königs. Am 10. Juli *1971* mißglückter *Umsturzversuch* von Teilen der Armee (politische Opposition nicht beteiligt).

Hasan II. kündigt am 4. Aug. wirtschaftliche und soziale Reformen (u. a. Kampf gegen die Korruption) an; maßgebend General *Mohammed Oufkir.*

1972 Eine Volksabstimmung billigt die *neue Verfassung:* die Exekutive
1. März liegt bei der Regierung, die strenger als bisher vom Parlament kontrolliert wird; Direktwahl von zwei Dritteln der Abgeordneten.

16. Aug. Erneut mißglückter Putschversuch von Teilen der Armee (Oufkir begeht Selbstmord).

19. Nov. Kabinett Ahmed Osmān aus Fachleuten und Technokraten. – Krasse Einkommens- und Besitzunterschiede zwischen der dünnen Oberschicht und der Bevölkerungsmehrheit. Im Sept. 1972 Beschluß, Ländereien, die früher ausländischen Kolonisten gehörten, an Kleinbauern zu verteilen (auch Kronland zur Verfügung gestellt).

1973 Verstaatlichung noch vorhandenen ausländischen Landwirtschafts-
10. März besitzes (meist Franzosen betroffen); Entschädigung zugesagt.
– Wirtschaftliche Entwicklung und soziale Reformen machen kaum Fortschritte. Durch die Saharapolitik (S. 704) will die Regierung die Opposition beschwichtigen und erhofft sich wirtschaftliche Entlastung (nahezu Weltmonopol in Phosphaten). – Am 8. April 1977 Entsendung von 1500 Fallschirmjägern (Paris stellt die Transportflugzeuge) nach Zaïre, um die wankende Regierung Mobutu zu stützen (S. 722).

1982 Rückzug aus dem annektierten (14. Aug. 1979) Südteil Westsaharas
13. Nov. in die „nützliche" Sahara (Phosphatlager) nach erbitterten Kämpfen mit POLISARIO.

1984 13. Aug.	Vertrag zwischen Libyen und Marokko über eine Staatenunion (am 29. Aug. 1986 von Marokko aufgekündigt).
1985	Neues Kabinett unter Karim Lamrani (11. April). Marokko verläßt die OUA aufgrund von Differenzen über die Westsahara.
1986	Lamrani durch Azzedine Laraki abgelöst (29. Nov.).
1987	Neue Offensive der POLISARIO in der Westsahara (6. März).
1989 Jan.	König Hassan trifft sich zum ersten Mal seit Beginn des Kriegszustandes (1976) mit einer POLISARIO-Delegation. Keine Einigung über das vorgesehene Referendum in der Westsahara.
1990	Direkte Gespräche mit POLISARIO über einen Friedensplan von OUA und UNO (5. Juli).
14. Dez.	Generalstreik gegen die drastische Verschlechterung der Lebensverhältnisse wird blutig niedergeschlagen.

2. Westafrika

Mauretanien wird am 28. Nov. *1960 unabhängig* und gibt sich am 20. Mai 1961 eine Verfassung (Präsidialregime); *Muchtār Ūld Dadda Präsident* (20. Aug.). Mit Rücksicht auf die stammesmäßige Bevölkerungsgliederung – islamische Mauren und Afrikaner – ausgleichende Politik: Mitarbeit in afrikanischen Gremien (S. 717f.) und Annäherung an die übrigen islamischen Staaten Nordafrikas. Aussöhnung mit Marokko. Übereinkommen mit Hasan II. und Boumedienne, die Bemühungen um die Entkolonialisierung von Spanisch-Sahara aufeinander abzustimmen (Konferenz von Nouadibou am 14. Sept. 1970). – Erschließung der reichen Eisenerzlager bei Fort-Gouraud mit ausländischem Kapital (Frankreich, EWG-Entwicklungsfonds, Weltbank). – 9./10. Juli 1978 Militärputsch und Absetzung des bisherigen Präsidenten Dadda. Machtübernahme durch einen Militärausschuß. – Friedensvertrag mit POLISARIO (5. Aug. 1979): Verzicht auf annektierte Gebiete der Westsahara, jedoch keine offizielle Anerkennung der DARS. 1985, 1986 und 1987 wird die Regierung mehrmals umgebildet. Am 22. Okt. 1987 wird ein Putschversuch der FLAM blutig niedergeschlagen. 1989 kommt es in den jeweiligen Hauptstädten zu schweren Zusammenstößen zwischen Mauretaniern und Senegalesen (9.–25. April).

Senegal proklamiert seine *Unabhängigkeit* am 21. Aug. *1960* und erhält im Sept. eine Verfassung, die – nach einem mißglückten Staatsstreich 1962 – am 3. März 1963 in eine Präsidialverfassung umgewandelt wird. Unter *Staatspräsident L.-S. Senghor* (seit 5. Sept. 1960) im Amt) unterhält Senegal enge Beziehungen zu Frankreich und bemüht sich, zwischen den „progressiven" und den gemäßigten afrikanischen Staaten zu vermitteln sowie die Zusammenarbeit Westafrikas in allen Bereichen zu fördern. Unruhen in Dakar 1968/69 (Studenten, ein Teil der Gewerkschaften) veranlassen die Regierung im Febr.

1970 zu einer Verfassungsänderung (dezentralisiertes Präsidial-system; Wiedererrichtung des Ministerpräsidentenamtes). Senghor tritt am 31. Dez. 1980 zurück. *Abdou Diouf* neuer Staatspräsident. Konföderation **„Senegambia"** mit Gambia seit 1. Febr. 1982. Bildung eines Verteidigungsrates der Konföderation Senegambia Mai 1984. Im Febr. 1986 Verkündung einer neuen Industriepolitik, die auf Privatisierung und Strukturwandel zielt. Im April 1989 anti-mauretanische Ausschreitungen in Dakar, Spannungen mit Mauretanien. Diouf erklärt die Konförderation Senegambia für gescheitert (Aug.).

Das (britische) **Gambia** wird am 18. Febr. *1965 unabhängig* und erkennt Elisabeth II. als Staatsoberhaupt an. Am 24. April 1970 erklärt sich Gambia zur Republik, bleibt aber im Commonwealth; *Staatsoberhaupt* wird der bisherige Ministerpräsident, *Sir Dawda Jawara.* – Da das Land wirtschaftlich allein kaum lebensfähig ist (jährlich britische Zuschüsse), schließt Gambia 1965 und 1967 Abkommen mit Senegal (gemeinsame Gremien). Innere stammesbedingte Spannungen. – Senegal hilft Putsch gegen Sir Dawda Jawara vereiteln (Juli 1981); hat Föderation **„Senegambia"** mit dem Nachbarstaat zur Folge (1. Febr. 1982). Mai 1984 Bildung eines Verteidigungsrates der Konföderation Senegambia und einer eigenen gambischen Armee (Nov.). Im August 1989 erklärt Senegal die Konföderation Senegambia für gescheitert.

Portugiesisch-Guinea hat sich bereits im Sept. 1973 als **„Republik Guinea Bissau"** proklamiert und wird am 10. Sept. 1974 von Portugal als unabhängiger Staat anerkannt. Die *Kapverden* werden am 5. Juli, *São Tomé und Príncipe* am 12. Juli 1975 unabhängig. Guinea Bissau erhebt auf beide Gebiete Ansprüche. Staatspräsident Cabral am 14./15. Nov. 1980 von rein schwarzer Revolutionsregierung (ohne Mestizen von den Kapverden) *J. B. Vieras* gestürzt. Febr. 1984 neue, afrikanisch-sozialistisch geprägte Verfassung beschlossen. *Vieira* wird Staatsoberhaupt (Mai). 1990 befürwortet Vieira die Schaffung eines Mehrparteiensystems. Auch auf São Tomé/Príncipe und den Kapverden wird 1990 die Einführung eines Mehrparteiensystems geplant, auf den Kapverden Jan. 1991 die ersten *freien Wahlen.*

Französisch-Sudan hat innerhalb der Communauté 1959 mit Senegal die Mali-Föderation geschlossen, die 1960 wieder zerfiel. Als *unabhängige Republik* **Mali** (23. Sept. 1960) unter *Modibo Keita* Union mit Ghana und Guinea (1960/61) als Kern eines westafrikanischen Staatenbundes, die ebenfalls kaum wirksam wird. Das wirtschaftliche und gesellschaftspolitische Experiment eines afrikanischen Staatssozialismus stößt auf zunehmenden Widerstand und verursacht erhebliche wirtschaftliche Schwierigkeiten. Am 19. Nov. 1968 wird Modibo Keita durch die Armee gestürzt; „Militärkomitee für nationale Befreiung" unter *Moussa Traoré.* Die innere und wirtschaftliche Lage bleibt gleichwohl labil (Abhängigkeit von Frankreich; Verschuldung an Moskau, Peking, Senegal und Elfenbeinküste; Mangel an Fachkräften. Bei Präsidentschaftswahlen (19. Juni 1979) Einheitskandidat Traoré bestätigt. An der Grenze zu Burkina Faso (Obervolta) kommt es im Dez. 1985 zum Grenzkonflikt. Die Zugehörigkeit des umstrittenen Gebietes wird 1986 vom Internationalen Gerichtshof entschieden. Im März 1991 wird Traoré nach überaus blutigen Unruhen gestürzt.

Guinea unter Sékou Touré stimmt gegen die Verfassung der Communauté (S. 662) und proklamiert am 2. Okt. *1958* die *unabhängige Republik*. Präsidialverfassung, *Sékou Touré* zum *Präsidenten* gewählt (15. Jan. 1961). Sozialisierung des gesamten öffentlichen und privaten Lebens (innenpolitischer Druck). Die Beziehungen zu Moskau und Peking hindern nicht daran, Wirtschaftshilfe von den USA und anderen westlichen Staaten anzunehmen. Entfremdung zu den meisten westafrikanischen Staaten, da Touré mit subversiven Mitteln seine Vorstellungen vom afrikanischen Sozialismus und Panafrikanismus durchzusetzen sucht. Nach dem Tod Tourés am 29. März 1984 wird nach Militärputsch *Lansana Conté* Staats-, *Diara Traoré* Regierungschef. Liberalisierung der Wirtschaft und zunehmende Westorientierung. 1988 gescheiterter Putschversuch Traorés. Im Dez. 1990 Referendum für Zweiparteiensystem und Zivilregierung.

Am 27. April *1961* wird **Sierra Leone** *unabhängig* (Mitglied im Commonwealth) und hat unter *Ministerpräsident Sir Milton Margai* eine ruhige Entwicklung. Nach seinem Tod 1964 innere Wirren (Gegensätze zwischen Nord- und Südregion sowie zwischen den verschiedenen Stämmen). Nach einigen Staatsstreichen wird im April 1968 Siaka Stevens erneut Ministerpräsident (bereits 1967). 1971 gescheiterter Putsch der Armee; Stevens ruft aufgrund eines Verteidigungsabkommens mit Guinea (März 1971) guineische Truppen ins Land. Proklamation der Republik am 19. April 1971, *Stevens* wird *Präsident;* Sierra Leone bleibt jedoch im Commonwealth. – 1970 übernimmt der Staat 51 % der Aktien der ausländischen Bergbaukonzerne (Bauxit, Diamanten). Einführung des Einparteiensystems 1978. 1985 wird *Joseph Saidu Momoh* Nachfolger von Stevens, der eine marode Wirtschaft hinterläßt. Ab 1986 beginnt Wirtschaftsprogramm zur besseren Versorgung Sierra Leones.

In **Liberia** (S. 434) bleibt der US-Einfluß bestimmend (1924 Konzession für die Firestone and Rubber Tyre Co., die die Gummierzeugung kontrolliert; 1942 Stützpunktabkommen mit den USA; 1956 Vertrag über wirtschaftliche und technische Kooperation). Unter *Präsident W. Tubman* (seit 1943/44) beginnender sozialer Ausgleich zwischen den dominierenden Americo-Liberiern und den eingesessenen Stämmen. Wirtschaftspolitik der ,,offenen Tür''. Nach Tubmans Tod (Juli 1971) wird Vizepräsident W. Tolbert im Jan. 1972 sein Nachfolger und versucht, den ausländischen Einfluß einzudämmen.

Militärputsch von *Samuel Doe* gegen die Vorherrschaft der Americo-Liberier am 12. April 1980. 1985 wird *S. Doe* zum Präsidenten gewählt. Nach mehreren erfolglosen Umsturzversuchen bricht Jan.

1990 ein Bürgerkrieg aus, bei dem rivalisierende Befreiungsbewegungen und die Armee um die Macht kämpfen. Im Verlauf der Kämpfe wird Präsident Doe ermordet (Sept.), der Bürgerkrieg geht dennoch weiter.

Die **Elfenbeinküste,** am 7. Aug. *1960 unabhängig,* verfolgt unter *Präsident F. Houphouet-Boigny* eine Politik der Evolution sowohl innenpolitisch wie in der panafrikanischen Bewegung (Gegnerschaft von Guinea und Ghana). Die Verbundenheit mit dem Westen und besonders mit Frankreich (Franzosen in einflußreichen Stellungen) erregt 1969 den offenen Protest der einheimischen Arbeiter und der Jungintellektuellen – Houphouet-Boigny leitet die „Afrikanisierung" der maßgebenden Posten ein. Programmatisch die Pressekonferenz des Präsidenten vom 28. April 1971 „der Friede in Afrika", in der er auch den Dialog mit der Südafrikanischen Republik befürwortet. Bei der Elfenbeinküste spricht man von einem „Wirtschaftswunder", allerdings stagnieren seit 1972 die Wachstumsraten.

1983 wird Yamoussoukro neue Hauptstadt. Ab 1986 wird **Côte d'Ivoire** einziger Landesname. Das Absinken der Weltmarktpreise für Kakao und Kaffee, den Hauptexportgütern, schwächt die Wirtschaft, so daß Côte d'Ivoire den Schuldendienst 1987 nicht leisten kann. 1989 erneut schwere Wirtschaftskrise. 1990 nach Parlamentswahl (Nov.) Regierung unter Ministerpräsident Ouattara.

Obervolta, 1932 auf die benachbarten französischen Kolonialgebiete aufgeteilt und 1948 als eigenes Territorium wiederhergestellt, wird am 5. Aug. *1960 unabhängig, Präsident M. Yaméogo.* Wenig begünstigt, ist das Land wirtschaftlich und verkehrstechnisch auf die benachbarte Elfenbeinküste angewiesen, mit der es auch politisch übereinstimmt. Baumwollanbau, Staudamm und Kraftwerk von Dedougou (1965 vollendet) bedeuten wirtschaftlichen Fortschritt, allerdings auch Verschuldung. Unpopuläre Maßnahmen Yaméogos; Protestdemonstrationen von Jugendlichen führen zur Machtübernahme durch die Armee (Jan. 1966). General *Sangoulé Lamizana* setzt die finanzielle Sanierung durch und verschafft sich nach und nach Achtung. Putsch des früheren Premiers *Thomas Sankara* gegen *J. B. Ouédraogo* (5. Aug. 1983), der, ebenfalls durch Putsch, am 7. Nov. 1982 gegen Oberst *Saye Zerbo* an die Macht kam (Putsch Zerbos: 25. Nov. 1980). 1984 Umbenennung des Landes in **Burkina Faso** (Aug.). Verstaatlichung von Grund und Boden. 1985 wird die Planung einer Vereinigung mit Ghana zu einem Land begonnen. Im Dez. Grenzkonflikt mit Mali, die Zugehörigkeit des umstrittenen Gebietes wird 1986 vom Internationalen Gerichtshof entschieden. 1987 Ermordung Präsident Sankaras bei Putsch, *Blaise Compaoré* wird mit einer Volksfrontregierung Staatschef. 1990 wird Demokratisierung und eine Verfassung für Burkina Faso geplant.

Niger erklärt am 3. Aug. *1960* seine *Unabhängigkeit; Staatspräsident* wird *Hamani Diori.* Die außerordentliche Armut macht das Land weitgehend von ausländischer Hilfe abhängig (Frankreich, EWG-

Entwicklungsfonds), die die Regierung nutzbringend einzusetzen weiß. 1964 Abkommen über die Niger-Flußkommission der 7 Anrainerstaaten. 1967 Entdeckung von Uranvorkommen; Beginn des Abbaus 1971. Gute Beziehungen zu westlichen Ländern. – Am 15. April 1974 Staatsstreich der Armee unter Seyni Kountie; Verfassung aufgehoben und Parlament aufgelöst. Putschversuch 1976. Ein von Libyen beeinflußter Staatsstreich scheitert 1983. Nach dem Tod Seyni Kounties 1987 wird *Ali Saibou* Präsident. 1989 Gründung einer Einheitspartei, neue Verfassung (24. Sept.).

Die ehemals britische Goldküste wird am 6. März *1957* als **Ghana** *unabhängig* (als erster Staat in Westafrika) und erklärt sich am 1. Juli 1960 zur Republik, bleibt aber im Commonwealth. *Präsident Kwame Nkrumah*, seit je ein Vertreter der panafrikanischen Bewegung (S. 717), plant eine westafrikanische Staatenföderation unter seiner Führung (vgl. S. 735) und sieht in einem radikalen Einparteienstaat sozialistischer Prägung eine Voraussetzung für ein von den früheren Kolonialmächten unabhängiges Afrika („Befreiungstruppen" für revolutionären Einsatz in anderen Staaten). Enge Beziehungen zum Ostblock. Das sozialistische Wirtschaftsexperiment und der zunehmende innenpolitische Druck steuern Ghana in eine Krise. Am 24. Febr. *1966* wird *Nkrumah* von der Armee *abgesetzt* († 1972). Die *Militärregierung* will nur für eine Übergangszeit amtieren. 1969 wird eine Verfassung verabschiedet und nach allgemeinen Wahlen Kofi Abrefa Busia zum Ministerpräsidenten ernannt. Wie die Militärregierung sucht auch Busia Wirtschaft und Finanzen zu ordnen. Am 13. Jan. 1972 werden Staatspräsident E. Akufo-Addo (seit Aug. 1970 im Amt) und die Regierung Busia durch einen Armeeputsch gestürzt. Erster Putsch des Hauptmanns *Jerry John Rawlings* 4. Juni 1979; Übergabe der Macht an demokratisch gewählte Regierung H. Limanns. *Zweiter Putsch* von Rawlings 31. Dez. 1981: Parlament und Parteien aufgelöst, Verfassung außer Kraft. Beginn eines Wirtschaftssanierungsprogramms unter Rawlings. 1983 kehren rund 2 Mio. aus Nigeria ausgewiesene Ghanaer zurück. 1985 beginnt die Planung einer Vereinigung Ghanas mit Burkina Faso (Obervolta). Etwa 300000 illegal in Nigeria lebende Ghanaer werden nach Ghana zurückgebracht. Spannungen mit Togo 1986/87.

Die frühere deutsche Kolonie **Togo** (größter Stamm die Ewe) wurde 1920 zwischen Großbritannien und Frankreich als Völkerbundsmandat aufgeteilt. Als autonomes Territorium (S. 662) wünschte *Französisch-Togo* (führender Politiker *S. Olympio*) zuerst einen künftigen Gesamtstaat der Ewe (Vereinigung mit Britisch-Togo), gab aber diesen Plan – infolge von Nkrumahs Panafrikanismus – auf (Anschluß von Britisch-Togo an Ghana 1956). (Französisch-)Togo wird am 27. April *1960 unabhängig:* Präsidialdemokratie; Präsident wird Olympio. Gegensatz zwischen Nord und Süd, Einfluß der Ewe auf das öffentliche Leben, Enttäuschung der Bevölkerung über den niedrigen Lebensstandard. *1963 Putsch* demobilisierter Soldaten, *Ermordung*

Olympios. Staats- und Regierungschef wird N. Grunitzky, der die stammes- und parteipolitischen Gegensätze nicht ausgleichen kann. Im Jan. 1967 setzt die Armee unter E. Eyadema Grunitzky ab. Eyadema (1972 zum Präsidenten wiedergewählt) übt ähnliche Regierungsmethoden wie Lamizana (S. 737). Eröffnung des Hafens von Lomé 1968 (mit Finanzhilfe der BRD erbaut). 1979 wird das Primat der Partei über alle Staatsorgane festgelegt und eine neue Verfassung angenommen. 1980 proklamiert Eyadema die III. Republik. 1986 scheitert Putschversuch, danach Spannungen mit Ghana wegen vermuteter Unterstützung des Putsches. 1988 Einweihung des Nangbeto-Stauwerkes an der Grenze zu Dahome.

Dahome wird am 1. August *1960 unabhängig, Präsident H. Maga.* Verworrene innere Verhältnisse, so daß die Armee 1963 Maga zum Rücktritt zwingt, desgleichen 1965 seinen Nachfolger Apithy und selbst die Macht übernimmt. Staatsstreiche 1967 und 1969 innerhalb des *Militärregimes.* Einigung der rivalisierenden Politiker Apithy, Ahomadegbé und Maga auf einen dreiköpfigen Präsidialausschuß (1970), in dem zuerst Maga, dann im Mai 1972 Ahomadegbé den Vorsitz führt; er wird am 26. Okt. 1972 durch einen Militärputsch unter Major M. Kérékou gestürzt. Am 30. Nov. 1975 neuer Staatsname „Volksrepublik **Benin**"; Gründung der Revolutionären Volkspartei auf der Grundlage des Marxismus-Leninismus. Ausweisung von etwa 100000 Bürgern Benins aus Nigeria 1983 und 1985. 1988 Einweihung des Nangbeto-Stauwerkes an der Grenze zu Togo. Im Dez. 1989 Abkehr vom Marxismus-Leninismus als Staatsideologie. 1990 werden demokratische Reformen geplant, Zivilregierung unter *Nicéphore Soglo.* Nach Referendum am 2. Dez. neue Verfassung.

Nigeria wird am 1. Okt. *1960 unabhängig* und proklamiert sich am 1. Okt. 1963 innerhalb des britischen Commonwealth zur Republik (*Präsident N. Azikiwe).* Die verfassungsmäßig verankerte föderative Staatsform löst die starken Spannungen Nigerias nicht: die Gegensätze zwischen Nord-, West- und Ostregion (1963 noch Mittelwestregion) mit ihren verschiedenen Stämmen (führend Haussa, Yoruba und Ibo), gesellschaftlichen und wirtschaftlichen Strukturen sowie Parteien. Gegen die Vorherrschaft des islamischen Nordens (Haussa) wendet sich die Ostregion (Ibo), die im Landesparlament nicht angemessen vertreten ist (Terror und Wahlfälschung 1964/65). Der *Putsch* eines Teils der Armee unter Ibo-Offizieren stürzt am 15. Jan. *1966* die Zentralregierung in Lagos und schafft die föderative Staatsform ab (Mai). Daraufhin Pogrome gegen die in Nordnigeria ansässigen Ibo. Der Stabschef der Armee, *Yakubu Gowon,* wird Chef der Militärregierung (1. Aug.), der die föderative Staatsform wieder einführt; Massenflucht der Ibo aus den anderen Teilen Nigerias in die Ostregion. Oberst Ch. Odumegwu Ojukwu (Ibo) erklärt am 30. Mai **1967** die Ostregion (in ihr liegen die reichsten Erdölfelder Nigerias) als **„Republik Biafra"** für unabhängig. Bürgerkrieg, der auf beiden Seiten mit größter Grausamkeit geführt wird. Am 15. Jan. 1970 kapi-

tuliert Biafra. Die Folgen des Bürgerkriegs werden nur langsam über-
wunden. Der Einfluß der drei großen Volksstämme wird zugunsten
der kleineren Stämme zurückgedrängt. – Am 29. Juli 1975 wird
Gowon vom Militär gestürzt (Exil in London). Neuer Staatschef
General *Murtala R. Mohammed* (Haussa), der am 13. Febr. 1976 bei
einem gescheiterten Putschversuch ermordet wird; Staatsoberhaupt
General *Olusegun Obasanjo* (Yoruba).
Die Militärs treten nach Parlamentswahlen (7. Juli 1979) die Macht
ab: *Shehu Shagari* am 11. Aug. 1979 zum Staatspräsidenten gewählt
(Wiederwahl 6. Aug. 1983). Flüchtlingskatastrophe durch Ausweisung (17.–31. Jan. 1983) von ca. 2 Mill. Gastarbeitern. Es gelingt weder, die sich verschärfende Wirtschaftskrise (sinkender Ölpreis)
einzudämmen, noch die Armee politisch in Schach zu halten: Putsch
31. Dez. 1983, Militärregierung unter *Mohammed Buhari,* Verfassung
außer Kraft. Buhari wird 1985 durch Militärputsch gestürzt. *Ibrahim
Gbadamasi Babangida* neuer Machthaber. Babangida verhängt wirtschaftliche Notstandsmaßnahmen. Massenausweisungen von Bürgern Ghanas und Benins aus Nigeria. Spannungen mit mehreren
Nachbarstaaten. 1986 wird Nigeria Mitgliedsstaat der Islamischen
Konferenz, das Vordringen des Islams hat wachsende Spannungen
zwischen islamischer Bevölkerung im Norden und der vorwiegend
christlichen im Süden Nigerias zur Folge. 1988 Annäherung an Benin
in Grenzfragen. 1989 wird Zweiparteiensystem eingeführt.

3. Zentralafrika

Am 12. Okt. *1968* erhält Spanisch-Guinea (S. 722) als **Äquatorial-
Guinea** die *Unabhängigkeit.* Bereits im März 1969 innere Wirren
(Rivalität zwischen Fernando Póo und Río Muni; Ausweisung bzw.
Flucht der noch ansässigen Spanier); *Präsident F. Marcías Nguema*
(aus Río Muni) schaltet die politische Opposition aus und vereinigt
fast alle Ämter in seiner Person. Militärputsch am 5. Aug. 1979 unter
Oberst *Teodoro Obiang Nguemo Mbasago.* Äquatorial-Guinea verfolgt die wirtschaftliche und kulturelle Annäherung an die franko-
phonen Länder Afrikas. 1985 wird der Franc CFA Landeswährung.
1988 Beschluß, Mehrparteiensystem zu schaffen.
Die frühere deutsche Kolonie Kamerun wurde 1919 geteilt: Ostkamerun französisches, Westkamerun britisches Treuhandgebiet. Am
1. Jan. *1960* wird Ostkamerun als Republik **Kamerun** *unabhängig;
Präsident A. Ahidjo.* Bei der Volksabstimmung im Febr. 1961 entscheidet sich nur der südliche Teil von Westkamerun für den
Anschluß an die Republik, der nördliche Teil für Nigeria. Die Bundesrepublik Kamerun konstituiert sich am 1. Okt. 1961 (die Gliedstaaten Ost- und Westkamerun mit autonomen Einrichtungen,

Englisch und Französisch Amtssprache). Schwierige ethnische (etwa 100 Stämme) und religiöse Verhältnisse: der wenig entwickelte Norden ist islamisch, der erschlossene Süden meist christianisiert. Aufsiedlung des fast menschenleeren Südwestens; Ausbau der Transkamerunbahn. Mehrfach Unruhen und Aufstände im S und W gegen die gelenkte Demokratie Ahidjos (Muslim aus dem Norden). 1967 Zusammenschluß der Parteien Kameruns, um zur Einheit des Landes beizutragen. 1972 Abschaffung der föderativen Staatsform und Umwandlung in einen Einheitsstaat, am 21. Mai durch Volksabstimmung bestätigt; Zweisprachigkeit soll erhalten bleiben. – Ausbau der Transkamerunbahn von Duala ins zentrale Hochland (Bergbaugebiet). *Rücktritt Ahidjos* (4. Nov. 1982); neuer Staatspräsident wird der Katholik *P. Biya,* der die Vorherrschaft des islamischen Nordens beseitigt. 1984 scheitert ein Putschversuch gegen Biya. 1988 Wiederwahl Biyas für fünf Jahre.

Tschad wird am 11. Aug. *1960 unabhängig.* Präsidialverfassung; *F. Tombalbaye Präsident.* Ethnisch und religiös bedingter Antagonismus zwischen Nord (islamisch; meist Araber und arabisierte Eingeborene; überwiegend Wüstengebiet) und Süd (die fruchtbaren Gebiete dicht besiedelt; Bevölkerung meist christianisiert, ethnisch zu Zentralafrika gehörend). Als Tombalbaye (er stammt aus dem S) das nördliche Element in Regierung und Verwaltung zurückdrängt und 1965 das Einparteiensystem einführt, werden die Unruhen zu offenem Aufstand (Bildung einer islamischen Exilregierung und einer Befreiungsfront, die von Libyen und dem Sudan unterstützt werden). Tombalbaye erhält französische Militärhilfe 1968; Bürgerkrieg. Unter französischem Druck gibt Tombalbaye dem Norden einige seiner Privilegien zurück; die französische Militärintervention offiziell am 1. Sept. 1972 beendet. Am 13. April 1975 stürzt das Militär Tombalbaye, der ermordet wird; neuer *Staatschef F. Malloum.* Bürgerkrieg entflammt erneut: *Habré,* Ministerpräsident unter Malloum, am 19./20. Juni 1982 Staatspräsident. *Internationalisierung des Konflikts* (Aug. 1983): Libyen unterstützt Rebellen im Norden gegen Habré, der von Frankreich und den USA Militärhilfe erhält. Erfolglose Offensive von Rebellentruppen. Frankreich und Libyen vereinbaren 1984 einen Truppenabzug. 1986 Ausbruch von Kämpfen um den von Libyen beanspruchten Aouzou-Streifen. Libyen wird von Rebelleneinheiten gegen die Regierungstruppen unterstützt. 1990 Gipfeltreffen Habrés mit dem libyschen Staatschef Kadhdhâfî, die Entscheidung über den Aouzou-Streifen wird dem Internationalen Gerichtshof übergeben. Einnahme der Hauptstadt N'Djamena durch Rebellenarmee unter *Idriss Déby,* Flucht Präsident Habrés. Déby wird Staatsoberhaupt (Dez.).

Die **Zentralafrikanische Republik** wird am 13. Aug. *1960 unabhängig; D. Dacko Staats- und Regierungschef.* Keine Stammesrivalitäten; Einparteiensystem 1964 verfassungsmäßig festgelegt. 1966 überraschender Staatsstreich der Armee unter J.-B. Bokassa, einem Verwandten Dackos. Aufhebung der Verfassung. Im März *1972* läßt sich *Bokassa* zum *Präsidenten* auf Lebenszeit ernennen. Schwankender außenpolitischer Kurs: zuerst, wie früher, Ausrichtung zum Westen (Frankreich), dann Annäherung an die VAR und an den Sudan, schließlich Wendung zum Ostblock, ohne mit dem Westen ganz zu brechen. – Am 4. Dez. 1976 erklärt Bokassa das Land zum Kaiserreich; Kaiser Bokassa I. (Krönung am 4. Dez. 1977).

D. Dacko stürzt Bokassas grausames Regime mit französischer Unterstützung (20./21. Sept. 1979); Ausrufung der Republik. Präsident Dacko gestürzt durch Militärputsch unter *A. Kolingba* am 1. Sept. 1981. Bokassa wird bei der Rückkehr in die Zentralafrikanische Republik 1986 verhaftet und zum Tod verurteilt, das Urteil wird später zu Zwangsarbeit umgewandelt. 1987 Gründung einer Einheitspartei.

Gabun (Gabon) erhält seine *Unabhängigkeit* am 17. Aug. *1960; Präsident* ist *L. M'Ba*, der 1961 das Präsidialregime einführt. 1964 Revolte der Armee gegen die autoritäre Regierung und die allzu große Abhängigkeit von Frankreich; sie wird mit Hilfe französischer Truppen (aufgrund eines Verteidigungsabkommens) niedergeschlagen. Nach dem Tod M'Bas (Nov. 1967) wird *A.-B. Bongo* (von M'Ba designiert) *Nachfolger* als Staats- und Regierungschef, ohne auf Opposition zu stoßen. Gemäßigte Innenpolitik; profranzösischer Kurs. Anhaltende günstige wirtschaftliche Entwicklung. Mittels einer Verfassungsänderung werden 1990 Mehrparteiensystem und Trennung von Partei und Legislative eingeführt.

Kongo (Brazzaville) wird am 15. Aug. *1960 unabhängig; Präsident F. Youlou* (1961 direkt vom Volk gewählt; für die afro-französische Zusammenarbeit) tritt im Aug. 1963 aufgrund von Unruhen zurück († 1972 im Exil). Unter der folgenden Regierung A. Massamba Débat sozialistischer Kurs und innere Wirren (Richtungskämpfe innerhalb der Staatspartei und der Armee, Putschversuche), in denen sich am 1. Jan. *1969* M. Ngouabi als *Staatspräsident* durchsetzt; im Dez. neue Verfassung, die Kongo zur *Volksrepublik* erklärt. Verstaatlichung ausländischen Besitzes. Putschversuche 1970 und 1972. Militärabkommen mit Moskau und Peking (Febr. 1972). Bei einem Putschversuch am 18. März 1977 wird *Ngouabi ermordet;* ein neunköpfiger Militärausschuß übernimmt die Macht; Hinrichtung von Massamba Débat (25. März). 1979 wird *Denis Sassou-Nguesso* Staats- und Regierungschef. Annäherung an UdSSR und China, aber auch Kontakte zu westlichen Staaten. 1987 scheitert Staatsstreich. 1990 beschließt das Zentralkomitee, Mehrparteiensystem einzuführen.

Kurz nach der *Unabhängigkeit* von **Kongo (Léopoldville/Kinshasa)** am 30. Juni *1960* (vgl. S. 654) bricht infolge der *Sezession Katangas* (unter M. Tschombe) der *Bürgerkrieg* aus, in den die UN und die Großmächte hineingezogen werden (s. S. 568; Ministerpräsident P. Lumumba wird im Dez. 1960 ermordet); schließlich wird Katanga (das aufgrund seiner reichen Bodenschätze für die Wirtschaft des

Kongostaates unerläßlich ist) zur Wiedereingliederung in den
Gesamtstaat gezwungen (1963). Zerrüttete wirtschaftliche Verhältnisse, verelendete Bevölkerung, Aufstände und Terrorbanden in verschiedenen Provinzen. *Tschombe,* im Juli *1964* zum *Ministerpräsidenten* des Gesamtstaates berufen, sucht mit den gemäßigten Kräften
die Ordnung wiederherzustellen, wird aber durch innerpolitische
Intrigen im Okt. 1965 gestürzt († 1969 im Gefängnis in Algerien).
Staatsstreich der Armee unter *J. Mobutu* (Nov. *1965*), Präsident J.
Kasavubu (seit 1960) wird abgesetzt († 1969). Ausschaltung des Parlaments und der Verfassung. Konflikt mit Belgien, als Mobutu 1966
die privaten Konzerne (u. a. die Union Minière du Haut-Katanga)
verstaatlicht; 1967 Vergleich (Entschädigung). Neue Verfassung
(Juni 1967): Kongo zur demokratischen Republik erklärt; Präsidialregime; Einparteiensystem. Während sich die wirtschaftliche Lage
bessert (1971 Vollmitglied im GATT), bleibt die innere Situation labil. Am 27. Okt. **1971** erhält der Staat den Namen **„Zaïre";** Afrikanisierung der früheren europäischen Namen. – Infolge von Mißwirtschaft und Preisverfall der wichtigsten Ausfuhrgüter auf dem Weltmarkt häufen sich die inneren Schwierigkeiten; teilweise Reprivatisierung verstaatlichter Unternehmen. Im angolanischen Bürgerkrieg
Unterstützung der prowestlichen FLNA. Anfang März 1977 fallen
von Angola aus ehemalige Katanga-Söldner und Aufständische in die
Provinz Shaba (früher Katanga) ein; kaum Widerstand der schlecht
ausgerüsteten Truppen Mobutus. Die Hilfe Marokkos, Frankreichs
(S. 664) und Belgiens hält den drohenden staatlichen Zerfall vorerst
auf. – Mai 1978 erneuter Einfall der Katanga-Söldner in die Provinz
Shaba. Intervention belgischer und französischer Fallschirmjäger
zum Schutz der Europäer rettet erneut die politische und wirtschaftliche Existenz Zaïres. 1979 Abkommen mit Angola, keine gegenein-
ander gerichteten Aktionen zu unternehmen. Aufnahme diplomati-
scher Beziehungen zu Israel 1982 führt zur Einstellung arabischer
Entwicklungshilfe, verstärkte israelische Militärhilfe. Annäherung an
Angola, 1985 Kooperationsabkommen. 1988 Verschlechterung des
Verhältnisses zu Belgien nach Diskussionen über Entwicklungshilfe.
Normalisierung des Verhältnisses zu Belgien 1990, *Lunda Bululu*
wird Chef einer Übergangsregierung. Zulassung weiterer Parteien.
Schon vor der *Unabhängigkeit* am 11. Nov. *1975* Bürgerkrieg in
Angola zwischen den 3 Befreiungsbewegungen FNLA (Holden
A. Roberto) und UNITA (J. Savimbi) einerseits und MPLA (A. Neto)
andererseits. Eingreifen kubanischer Truppen (ca. 15 000 Mann;
massive sowjetische Militärhilfe) auf seiten des MPLA; geringe westliche Hilfe für FNLA und UNITA. Zeitweise Stationierung südafrikanischer Truppen (S. 754). Im Febr. 1976 Sieg des MPLA. *„Volksrepublik Angola";* Staatschef *A. Neto.* Die Exklave Cabinda (1. Aug.
1975 als unabhängig erklärt; Erdölvorkommen) wird vom MPLA besetzt. – Verstaatlichung von Bergbau und Kaffeeplantagen. Die kubanischen Truppen bleiben größtenteils als Fachleute und Militärbera-

ter im Land; Abkommen mit der UdSSR (Besuch Netos, Okt. 1976).
Richtungskämpfe innerhalb des MPLA. Guerillatätigkeit von FNLA
und UNITA. 1979 *Tod Netos,* Staats- und Regierungschef seit
21. Sept. *J. E. dos Santos.* Abzug südafrikanischer Truppen 1984,
dennoch weitere südafrikanische Übergriffe. Das Friedensabkommen vom 22. Dez. 1988 zwischen Angola, Kuba und Südafrika regelt
den kubanischen Truppenabzug. 1990 Beginn direkter Friedensge-
spräche zwischen MPLA und UNITA, um den Bürgerkrieg zu beenden. Die MPLA plant Übergang zu Marktwirtschaft und Mehrparteiensystem.

Vor und nach der *Unabhängigkeit* von **Rwanda** (vgl. S. 721) am 1.
Juli *1962* blutige Stammesfehden zwischen Hutu und Tutsi, die früher
das Herrenvolk waren (Pogrome und Fluchtwanderung der Batutsi).
Präsident G. Kayibanda (Hutu) sucht ein geordnetes Staatswesen
aufzubauen (als Rechtfertigung der Hutu-Revolution) und bemüht
sich um einen Ausgleich mit den noch im Land verbliebenen Tutsi.
Die Massaker gegen die im benachbarten Burundi ansässigen Hutu
(S. 721) lassen Anfang 1973 den alten Haß wieder aufleben (Verfolgung und Flucht der Tutsi). Staatsstreich der Armee unter General
J. Habyarimana (5. Juli 1973). 1975 Übergang zum Einparteienstaat.
Habyarimana wird 1978 Präsident. Fortgesetzte Stammesfehden zwischen Tutsi und Hutu. Nach Massakern fliehen über 60000 in Burundi lebende Hutus nach Rwanda, die bis 1989 wieder zurückkehren. 1990 kann Habyarimana mit ausländischer Hilfe eine Rebellenarmee in Uganda lebender Tutsis, die bis zur Hauptstadt Kigali
gelangt, zurückdrängen.

Burundi (vgl. S. 721) behält bei seiner *Unabhängigkeit* am 1. Juli
1962 die konstitutionelle Monarchie. Die Tutsi sind hier, obwohl
Minderheit, die Regierenden. Nach anfänglicher Zusammenarbeit
von Tutsi und Hutu Radikalisierung: die extremen Hutu wollen die
Tutsi-Monarchie abschaffen, die extremen Tutsi die Hutu ausrotten
und die Monarchie beseitigen. Die Revolten von 1965/66 führen am
28. Nov. *1966* zum *Staatsstreich* der Armee: Burundi wird Republik,
M. Micombero Präsident. Regime des radikalen Tutsi-Flügels.
Umsturzversuch von Exkönig Ntaré V. am 29./30. April 1972 löst
Mordwellen und Plünderungen aus (Opfer überwiegend Hutu;
Flüchtlingsströme in die Nachbarländer; militärische Intervention
Zaïres zugunsten der Tutsi). Regierungsumbildung im Juli 1972 mit
verstärkten Linkstendenzen. Micombero wird am 1. Nov. 1976 durch
einen Militärputsch gestürzt. Oberster Revolutionsrat, dessen Vorsitzender, *J.-J. Bagaza,* Staatschef wird (9. Nov.). 1982 neue Verfassung nach Referendum. 1985 beginnt Konflikt zwischen Burundi
und katholischer Kirche. Präsident Bagaza wird 1987 durch Putsch
von *Pierre Buyoya* gestürzt, die Regierung durch Militärrat ersetzt
und Verfassung aufgehoben. Aussöhnung mit der Kirche. Nach
schweren Stammesunruhen zwischen Tutsi und Hutu fliehen 1988
über 60000 Hutu nach Rwanda. Bei Regierungsumbildung im Okto-

ber wird neue Regierung mit 12 Hutu und 11 Tutsi besetzt, um die Spannungen zu mildern.
Nach Auflösung der Zentralafrikanischen Föderation (S. 721) wird Nordrhodesien am 24. Okt. *1964* als **Sambia (Zambia)** *unabhängige Republik* im Commonwealth. *Präsident K. Kaunda.* Durch die einseitige Unabhängigkeitserklärung (Süd-)Rhodesiens wirtschaftliche Schwierigkeiten, da die sambische Kupferindustrie auf dem Energie- und Transportsektor von Rhodesien abhängig ist (Karibakraftwerk); daher Ausbau der Verkehrsverbindungen (Straßen, Bahnlinien, Pipeline) nach Tansania. Enttäuscht über die britische (und westliche) Rhodesien- und Südafrikapolitik, verlangt der radikalere Flügel der Regierungspartei (er geht 1971 in die Opposition) eine stärkere Afrikanisierung: ab 1968 teilweise Nationalisierung ausländischer Unternehmen, Banken u. a. (staatliche Beteiligung 51 %). Wirtschaftliche Rezession, da die Kupferpreise auf dem Weltmarkt sinken. Am 13. Dez. 1972: Einparteienstaat verfassungsmäßig festgelegt. Am 9. Jan. 1973 sperrt Rhodesien die Grenzen zu Sambia (Freiheitsorganisationen operieren von Sambia aus gegen Rhodesien); Sambia stellt am 11. Jan. die Kupfertransporte durch Rhodesien ein. Zeitweilige Ausweitung der Kampfhandlungen mit dem Nachbarland (bis 1979). Wegen Abhängigkeit vom sinkenden Kupferweltmarktpreis Verschlechterung der wirtschaftlichen Lage. 1986 Abkommen mit China über Ausbau der Eisenbahn nach Tansania. 1987 Beschluß, mit Angola und Zaïre die Benguela-Eisenbahn wiederaufzubauen. Kaunda bricht 1986 mit Wirtschaftsreformprogramm und reduziert den Schuldendienst Sambias. Nach Scheitern eigener Sanierungsversuche wieder Annäherung an Wirtschaftspolitik der Weltbank. 1990 Unruhen nach Preiserhöhungen.
Nach der *einseitigen Unabhängigkeitserklärung* von (Süd-)**Rhodesien** am 11. Nov. *1965* (S. 721) Verhandlungen zwischen London und der *Regierung Smith:* auf der „Tiger" Dez. 1966, auf der „Fearless" Okt. 1968; britische Forderungen u. a.: Beteiligung der Afrikaner (Mehrheit der Bevölkerung) an der Regierung, Garantien für eine künftige Mehrheitsregierung aus Afrikanern, was Smith ablehnt. In der neuen rhodesischen Verfassung 1969 politische und soziale Diskriminierung der Afrikaner (Stimmrecht mit Einkommensteuer gekoppelt, aber Afrikaner meist nur zu untergeordneter Beschäftigung zugelassen); Einrichtung von Reservaten vorgesehen. Rhodesien erklärt sich zur *Republik* (2. März *1970*). Sanktionen und Wirtschaftsboykott wirkungslos, da Rhodesien von Portugal und Südafrika unterstützt wird (westliche Firmen umgehen aus Gewinngründen Embargo und Sanktionen. Die von London im Jan. 1972 eingesetzte Pearce-Kommission stellt am 23. Mai fest, daß die Weißen für, die Mehrheit der Afrikaner gegen einen Kompromiß sind; daraufhin behält London den Status quo bei (Sanktionen; Rhodesien formal unter der britischen Krone). Nach dem Rückzug Portugals aus seinen Kolonien drängt Südafrika auf eine Verständigung zwischen Smith und dem ANC (Dachorgani-

sation der verschiedenen Widerstandsgruppen); der ANC spaltet sich in zwei Flügel: den gemäßigten unter Bischof A. Muzorewa und den militanten unter J. Nkomo und R. Mugabe (Sept. 1975). Vergebliche amerikanisch-britische Vorschläge für eine friedliche Rhodesienlösung (vgl. S. 689, 718). Smith nimmt 10 Afrikaner in die Regierung auf (27. April 1976), die jedoch keinen Einfluß haben. Einfälle rhodesischer Truppen in die Nachbarstaaten. Bildung eines „Kriegsrats" (9. Sept.). Bodenreform (4. März 1977): Reduzierung der für Weiße vorgesehenen Ländereien. Auswanderung weißer Familien.
Bei Wahlen am 29. Feb. 1980 ZANU (Zimbabwe African Peoples Party) stärkste Partei: *R. G. Mugabe* Premier in Koalition mit ZAPU (Peoples Union) J. Nkomos. Unabhängigkeit **Simbabwes:** 18. April 1980. Konflikt Mugabes mit Nkomo, der vom 8. März bis 16. Aug. 1983 das Land verläßt. 1. Nov. 1983 Verhaftung Muzorevas. 1985 erste, nach Rassen getrennte Parlamentswahlen, die ZANU wird stärkste Partei. 1987 Abschaffung der für Weiße reservierten Parlamentssitze, die Vereinigung von ZANU und ZAPU zur ZANU wird beschlossen. Einführung des Präsidialsystems. Der ZANU-Parteitag von 1989 sieht den Sozialismus als Ziel. 1990 wird Landreform angekündigt, bei der Regierung Land von Großfarmern aufkaufen will. Schritte zur Marktwirtschaft. Abkehr Mugabes vom Einparteienstaat.
Njassaland, der dritte Gliedstaat der Zentralafrikanischen Föderation, wird am 6. Juli *1964* als **Malawi** *unabhängig* (Monarchie unter der britischen Krone) und erklärt sich am 6. Juli 1966 zur Republik im Commonwealth. *Präsident H. Banda* vertritt reibungsloses Zusammenleben zwischen Europäern und Afrikanern und schließt sich dem Boykott gegen Rhodesien nicht an, da ein Großteil der arbeitsfähigen Malawier in Rhodesien und Südafrika als Kontraktarbeiter beschäftigt sind (Malawi ist wirtschaftlich wenig begünstigt). 1967 Handelsabkommen mit Pretoria und 1968 Aufnahme diplomatischer Beziehungen (durch fortschreitende Kontakte soll ein Wandel erreicht werden; vgl. S. 754). Besuch Bandas in der Südafrikanischen Republik (Aug. 1971) und in Moçambique (Sept. 1971). Banda wird Präsident auf Lebenszeit (Juli 1971). 1978 erste Wahlen der Einheitspartei MCP. Belastung Malawis durch moçambiquanische Flüchtlinge und Aktivitäten der RENAMO-Rebellen. 1988 Staatsbesuch des südafrikanischen Präsidenten Botha in Malawi. Banda verfolgt prowestlichen, antikommunistischen Kurs, Unterdrückung jeder Opposition.

4. Ostafrika

Nach Verhandlungen zwischen Portugal und der Befreiungsbewegung FRELIMO sowie einer Übergangszeit wird **Moçambique** am 25. Juni *1975 unabhängig. Staatspräsident Samora M. Machel* (Führer des FRELIMO); Sozialistische Volksrepublik; Umbenennung der

Hauptstadt Lourenço Marques in Maputo (Febr. 1976). Unstabile innere Lage (Putschversuche, Säuberungen in Partei und Volksarmee) und Wirtschaftskrise (Mangel an Facharbeitern nach Abzug der Portugiesen), die durch die volle Anwendung der UN-Sanktionen gegen Rhodesien verschärft wird. Am 3. März 1976 Schließung der Grenze zu Rhodesien und Kriegszustand.

Noch während der Kolonialzeit hat Großbritannien für Kenia, Uganda und Tanganjika überregionale Einrichtungen geschaffen (u. a. für Verkehr, Zölle, Gerichte), die 1961 als EACSO eine neue Form erhalten. Die drei Staaten behalten diese Institution – trotz mancher gegensätzlicher Interessen – auch nach ihrer Unabhängigkeit bei. 1967 Vertrag über die *Ostafrikanische Gemeinschaft* (Ziel u. a. ein gemeinsamer Markt). Infolge mangelnder Koordinierung der Wirtschaftsprojekte u.a.m. ist die EACSO Anf. 1977 praktisch gescheitert.

Zahlreiche rhodesische Übergriffe gegen simbabwische ZANU-Lager in Moçambique 1977. Teilweise Reprivatisierung der Wirtschaft nach 1980. In Nkomati wird am 16. März 1984 ein Sicherheits- und Nichtangriffsabkommen mit Südafrika getroffen. 1985 Großoffensive der Armee gegen die Rebellenbewegung RENAMO. Präsident Machel stirbt bei Flugzeugabsturz 1986, Nachfolger wird *Joaquim Chissano.* Ein FRELIMO-Kongreß verzichtet 1989 auf die marxistisch-leninistische Linie zugunsten einer allgemein sozialistischen Ausrichtung. Katastrophale Wirtschaftslage durch Mißwirtschaft, Bürgerkrieg und Dürre. 1990 Beginn direkter Gespräche mit der RENAMO zur Beendigung des langjährigen Bürgerkriegs, neue Verfassung mit Mehrparteiensystem (Nov.). Umbenennung der Volksrepublik in *Republik Moçambique.*

Tanganjika (S. 651) wird am 9. Dez. *1961 unabhängig* und erklärt sich ein Jahr später zur Republik im Rahmen des Commonwealth. *Präsident J. Nyerere.* Im April *1964 Union mit Sansibar.* (Sansibar, 1963 unabhängig, hat im Jan. 1964 den Sultan gestürzt und die Volksrepublik ausgerufen; Pogrome der Afrikaner gegen die arabische und asiatische Bevölkerungsgruppe, die noch von früher Privilegien hatten.) Die Union nimmt am 29. Okt. 1964 den Namen **Tansania** an. Zeitweise Abbruch der diplomatischen Beziehungen zu London wegen der Rhodesienfrage, ohne aus dem Commonwealth auszuscheiden. Afrikanischer Sozialismus (ländliche Genossenschaften, begrenzter Eigenbesitz); Verstaatlichung privater Banken und Unternehmen (1967); Ausweisung von Arabern und Asiaten, wenn sie nicht die tansanische Staatsbürgerschaft besitzen. Institutionelle Verzahnung von Staat und Einheitspartei. Seit 1971 starke Spannungen mit Uganda. – Im Juli 1976 wird die TANZAM – Bahnlinie, die von Sambia nach Tansania führt und mit Hilfe Pekings erbaut wurde – dem Verkehr übergeben. Nach Grenzkrieg *Invasion in Uganda* (April 1979); führt zu Entmachtung Idi Amīns. Zögernde Reprivatisierung der Landwirtschaft (21. April 1983). 1985 wird *Ali Hassan Mwini*

Staatspräsident. Beginn eines dreijährigen Wirtschaftssanierunspro-
gramms 1986. Entsendung von Truppen nach Moçambique 1987, um
Kampf gegen RENAMO zu unterstützen. In Sansibar wird 1988
Omar Ali Juma neuer Regierungschef. 1990 legt Nyerere den Parteivorsitz nieder, der von Mwini übernommen wird.

Uganda wird am 9. Okt. *1962 unabhängig* und erklärt sich am 10.
Okt. 1963 zur Republik im Commonwealth. Die Schwierigkeiten aus
der britischen Protektoratszeit bleiben: die Sonderstellung der vier
Königreiche im Gesamtstaat, besonders Bugandas, dessen *König
Mutesa II.* zugleich *Präsident* der Republik ist; dazu noch Stammes-
gegensätze mit ihren verschiedenen Sozialordnungen und Parteien.
Ministerpräsident Obote beseitigt schließlich das Nebeneinander von
Monarchien und Republik. Die neue Verfassung vom Sept. *1967* legt
den *Einheitsstaat* fest; *Präsident* wird *M. Obote*. – Erhebliche wirtschaftliche Schwierigkeiten infolge der Sperrung des Sueskanals; daher protektionistischer und dirigistischer Kurs. Der Staat übernimmt
60% der wichtigen Industriebetriebe, Banken u. a. gegen Entschädigung. Spannungen zwischen Obote und der Armee, die ihn am 25.
Jan. 1971 absetzt. Auflösung des Parlaments (Febr.), Stabschef *Idi
Amīn* wird am 5. Febr. *Staats- und Regierungschef*. Weitere Teilverstaatlichung von Wirtschaftsunternehmen; Verbot aller politischen
Parteien (Okt. 1971).

Isolierung Ugandas innerhalb der afrikanischen Staaten. Mißwirtschaft (drohender Staatsbankrott), Rechtsunsicherheit und Terror
(Ermordung politischer Gegner). *Sturz von Idi Amins Willkürregime*
mit Hilfe tansanischer Truppen (11. April 1979). Wahl *Milton Obotes*
zum Präsidenten am 10./11. Dez. 1981. Gescheiterter Putsch seiner
Vorgänger Y. Lule und G. Binaisa (23. Feb. 1982) löst großangelegte
„Säuberungswellen" gegen Opposition aus. Stammeskonflikte, Hungersnot und desolate Wirtschaft. Unter dem Regime Obotes werden
vermutlich etwa 300000 Menschen getötet. 1985 Sturz Obotes durch
Militärputsch unter Tito Okello am 27. Juli 1985. Im Jan. 1986 Einnahme der Hauptstadt Kampala und Vertreibung Okellos durch Widerstandsbewegung NRA unter *Yoveri Museveni,* der Präsident wird.
Regierungsbildung auf breiter Basis, auch Integration ehemaliger
Gegner. 1987 Beginn eines Wirtschafts- und Wiederaufbauprogramms.

Kenia (S. 721) wird am 12. Dez. *1963 unabhängig* und erklärt sich
ein Jahr später zur Republik, bleibt Mitglied des Commonwealth.
Präsident J. Kenyatta. Mit britischer Hilfe Rückkauf der „White
Highlands" (1969 rd. 26% der „White Highlands" in kenianischem
Besitz). „Kenianisierung" von Handel und Wirtschaft (trifft meist
Asiaten, die nicht kenianische Staatsbürger sind), doch vermeidet die
Regierung jede Radikalisierung. Kenyatta will Ausgleich zwischen
den verschiedenen Stämmen. Auseinandersetzungen zwischen Keny-
atta und der radikaleren Richtung (sie lehnt den pragmatischen Kurs
ab); 1969 Ermordung von T. Mboya, Kenyattas engstem Mitarbeiter;

Unruhen und Aufstände, Verbot der Oppositionspartei. Befriedigende wirtschaftliche Entwicklung (Tourismus); Problem der Arbeitslosigkeit bei Heranwachsenden, daher langsame „Kenianisierung". 22. Aug. 1978 Tod Kenyattas. Daniel arap Moi neuer Präsident. Stammeskrieg (Dez. 1981) wegen zunehmender Landnot. *Einparteienstaat* seit 9. Juni 1982. Gescheiterter Putsch am 1. Aug. 1982. Grenzstreitigkeiten mit Uganda 1987, die bald beigelegt werden. Im Juli/Aug. 1990 Unruhen, die Regierung stellt sich gegen Mehrparteiensystem.

Italienisch-Somaliland (S. 440) wird wie Britisch-Somaliland 1960 unabhängig; beide Territorien vereinigen sich am 1. Juli *1960* zur *Republik* **Somalia.** Ziel: Vereinigung aller Somali in einem Staat (Verfassung von 1961). Daher anhaltende Spannungen mit Kenia und Äthiopien, in denen Somali leben; Ansprüche auf Französisch-Somaliland. Auswirkungen der somalischen Wiedervereinigungsbestrebungen auf die Innenpolitik: Lösung mit Gewalt oder durch Verhandlungen bzw. Anerkennung der Realitäten (die OUA unterstützt die somalischen Forderungen nicht). Unter *Staatspräsident Schermarke* (seit 1967) und *Ministerpräsident Egal* Entspannungspolitik (1967 Vereinbarung mit Kenia, auf Gewalt zu verzichten; der Streit mit Äthiopien wird „eingefroren"); Annäherung an den Westen. Schermarke wird im Okt. 1969 ermordet. *Staatsstreich* der Armee; Oberster Revolutionsrat unter General *Muhammad Zijäd Barre; „Somalische Demokratische Republik".* 1970 Verstaatlichung ausländischen Besitzes; sozialistischer Kurs (Anlehnung an die arabischen Staaten und an den Ostblock; die Benutzung somalischer Häfen durch die Sowjet-Flotte vertraglich vereinbart). Im Juli 1974 Vertrag über militärische Zusammenarbeit mit der UdSSR, die Somalias Armee zu einer der besten Schwarzafrikas ausbaut. Entfremdung zu Moskau, als dieses auch Äthiopien – Somalias Feind – militärisch unterstützt. Initiative Saudi-Arabiens, Somalia aus dem östlichen Lager zu lösen (Besuch Barres in Riad, 13. Juli 1977; vgl. auch S. 758); Washington deutet die Möglichkeit von Waffenlieferungen an (Juli 1977). Von Somalia aus operiert die Westsomalische Befreiungsfront in der äthiopischen Provinz Ogaden, die Somalia beansprucht. – Sommer 1978 Rückeroberung der Provinz Ogaden durch Äthiopien und Waffenstillstand mit Äthiopien.

Etwa 650000 Flüchtlinge aus dem Ogaden (Okt. 1981) belasten neben Dürre und Hungersnot die katastrophale Wirtschaftslage. Oppositionelle Einheitsfront gegen Barre (15. April 1982). US-Militärhilfe (seit 24. Juli 1982). Nach äthiopischen Übergriffen 1982 Kämpfe im somalischen Grenzgebiet. Erklärung über die Versöhnung Äthiopiens mit Somalia am 4. April 1988, Truppenabzug von den Grenzen. Vordringen der Rebellenbewegung SNM im Norden Somalias. Flucht Präsident Barres im Jan. 1991.

In **Äthiopien** (Forts. v. S. 433) nach Meneliks II. Tod 1911 innere Wirren, in deren Verlauf Ras Tafari Makonnen die Macht erringt und nach dem Tod der Kaiserin Zudito 1930 (im April) als *Haile Selassie I. Kaiser* (Negus) wird. Gegen die Expansionspolitik des faschistischen Italiens vergeblicher Appell an den Völkerbund. Ohne Kriegserklärung Einmarsch der Italiener am 3. Okt. 1935. *Abessinienkrieg* (wirkungslose Sanktionen des Völkerbunds gegen Italien); tapferer Widerstand Äthiopiens, das im Mai 1936 unterliegt (vgl. S. 514). Während des Zweiten Weltkriegs erobern britische Truppen Äthiopien zurück und setzen den Negus wieder in die Herrschaft ein (Mai 1941). Außenpolitisch nach 1945 Bündnisfreiheit (freundschaftliche Beziehungen zu Jugoslawien) mit Westorientierung (1952 Aussöhnung mit Italien; Stützpunktabkommen mit den USA 1957); in der panafrikanischen Bewegung ausgleichende Stellung des Negus gegenüber den verschiedenen Strömungen. *Eritrea*, früher italienische Kolonie und 1952 durch UN-Beschluß Äthiopien zugesprochen, wird *1960/62 in den Gesamtstaat integriert* (Widerstand der überwiegend islamischen Bevölkerung; Guerillagruppen, unterstützt von Ägypten und dem Sudan). Innenpolitisch beginnt Haile Selassie mit vorsichtiger Modernisierung des Staates mit seinen ethnischen, religiösen (Muslime, Christen) und kulturellen Gegensätzen sowie seiner Feudalstruktur. Doch trotz *Verfassung* mit Parlament (1955) und Kabinett (Amt des Ministerpräsidenten wurde 1961 geschaffen) ist das Regierungssystem noch autokratisch mit hierarchischer Gliederung. 1960, 1968/69 Aufstände und Unruhen der jüngeren Generation, die weiterreichende Reformen verlangt. Aufstand, Generalstreik (1974) und Meuterei. Das Militär entmachtet nach und nach den Negus und setzt ihn am 12. Sept. 1974 ab († 1975). Die *Monarchie* wird am 21. März *1975 abgeschafft*. Verstaatlichungen, Bodenreform (Protest der Bauern und Nomaden); Schreckensregiment des Militärrats. Auch innerhalb des Militärrats Machtkämpfe; seit 11. Febr. 1977 Mengitsu Haile Mariam Staatsoberhaupt. – *Aufstände* in Eritrea und in Ogaden (Harrar) bringen das Regime in schwere Bedrängnis; seit Juli 1977 praktisch *Krieg mit Somalia*. Die USA haben im April 1977 ihre Militärhilfe eingestellt. Besuch Mengitsus in Moskau (Mai 1977), das die erbetene Hilfe gewährt. – Sommer 1978 Rückeroberung der Provinz Ogaden und Waffenstillstand mit Somalia. Weitgehende Rückgewinnung der von der Eritreischen Befreiungsfront kontrollierten Gebiete, Zusammenschluß eritreischer Separatistengruppen 1981. Nach äthiopischen Übergriffen Kämpfe im somalischen Grenzgebiet. Ab 1984/85 umstrittene Umsiedlungsaktionen aus Dürregebieten in den Süden. Verstaatlichungen von Produktionsmitteln 1986. Nach Referendum am 1. Febr. 1987 neue Verfassung, die Vorherrschaft der marxistisch-leninistischen Arbeiterpartei regelt. Ausrufung der *Demokratischen Volksrepublik Äthiopien* (12. Sept.). 1988 Vordringen der Befreiungsbewegungen von Eritrea (EPLF) und Tigre (TPLF). Versöhnung mit Somalia erklärt (4. April). Abzug kubanischer Truppen und sowjetischer Militärberater 1989. Abkehr der Einheitspartei vom Marxismus und Umbenennung 1990. Katastrophale Wirtschaftslage durch Bürgerkrieg, Dürre und Einnahmen-rückgang. Die Rebellenbewegungen kontrollieren weitgehend Eritrea und Tigre, im Kampf um die ständig von Hungersnöten bedrohten Gebiete wird die Unterbrechung der Versorgung als Hungerwaffe eingesetzt.

Madagaskar (S. 435), 1942 für die Dauer des Zweiten Weltkriegs von Großbritannien besetzt, wird 1946 Frankreich zurückgegeben; Aufstände gegen die erneute französische Kolonialverwaltung. Innerhalb der Französischen Union Überseeterritorium und Glied der Communauté, wird Madagaskar am 26. Juni *1960 unabhängig; Ph. Tsiranana Staats- und Regierungschef.* Profranzösischer und prowestlicher Kurs. Wirtschaftliche Rückschläge durch die Schließung des Sueskanals 1967. Anwachsen der linksgerichteten Parteien seit 1969, die gegen die wirtschaftliche Überfremdung Madagaskars opponieren und „wissenschaftlichen Sozialismus" fordern. April/Mai *1972* schwere *Unruhen,* Generalstreik; Tsiranana überträgt am 18. Mai seine Vollmachten dem Generalstabschef *G. Ramanantsoa.* Ethnische Gegensätze; Meutereien von Armee und Polizei. Rücktritt von Ramanantsoa (6. Febr. 1975); Nachfolger *D. Ratsiraka* (Juni). „Charta der sozialistischen Revolution Madagaskars" durch Volksabstimmung gebilligt (21. Dez. 1975). „Demokratische Republik Madagaskar". Annäherung an die Sowjetunion, Marineabkommen 1979, wirtschaftliche Zusammenarbeit 1980 vereinbart. Normalisierung der Beziehungen zu den USA. 1987 Unruhen und ethnische Konflikte. Ab 1988 vorsichtige Liberalisierung der Wirtschaft. 1990 gescheiterter Putsch (13. Mai), Aufnahme offizieller Beziehungen zu Südafrika nach Besuch de Klerks (Aug.).

Mauritius, 1721–1810 französischer Besitz, wurde 1814 britische Kronkolonie. Als die Insel am 13. März *1968* als Commonwealthmitglied *unabhängig* wird – *Ministerpräsident Sir S. Ramgoolam* –, sind die internen Gegensätze nicht beseitigt: Frankomauritaner (Nachkommen der französischen Familien), Inder und Chinesen (sie waren nach 1835 eingewandert) sowie die Abkömmlinge madagassischer Sklaven. 1970 wird der sowjetischen Fischereiflotte und der Aeroflot die Benutzung von Port Louis vertraglich gestattet. Im Herbst 1971 Unruhen. Wahlsieg der Links-Koalition unter Paul Bérenger (12. Juni 1982); Premier *Anerood Jugnauth.* 1983 neue Regierungskoalition unter Jugnauth. Drogenaffäre von Abgeordneten löst 1986 innenpolitische Krise aus. 1987 vorgezogene Wahlen, Regierung bestätigt. 1990 Verfassungsänderung geplant. Mauritius soll Republik werden.

Gemäß Verträgen von 1899 und 1936 anglo-ägyptisches Kondominium über den **Sudan** (Forts. v. S. 433); Ägypten wünscht dessen Eingliederung, Großbritannien die Unabhängigkeit – entsprechend sind auch die politischen Richtungen im Sudan selbst. Eine Volksabstimmung ergibt Mehrheit für die *Unabhängigkeit,* die am 1. Jan. *1956* proklamiert wird. Unruhige innere Entwicklung, da zu der pro- bzw.

antiägyptischen Einstellung der Parteien auch der völkische und kulturelle Gegensatz zwischen Nord und Süd kommt: islamisch-arabischer Norden, der Süden mit negriden Stämmen überwiegend christianisiert (katholische und anglikanische Missionare). Als mit der Unabhängigkeit der Norden die Staatsführung übernimmt und eine Islamisierungs- und Arabisierungspolitik im Südsudan einsetzt (religiöse und rassische Verfolgung), ist der offene *Bürgerkrieg* da (Tausende von Flüchtlingen, mehr als ¹/₂ Mill. Todesopfer). Richtungskämpfe im Norden: religiös-orthodoxe Bruderschaften gegen liberale und progressive Parteiflügel. Am 25. Mai *1969 Staatsstreich* der Armee; Revolutionsrat unter Oberst *Dschafar Mohammad an-Numairī.* Annäherung an den Ostblock; staatssozialistischer Kurs (Verstaatlichung ausländischen Besitzes). Konflikt zwischen dem nationalistischen und dem linken Flügel des Revolutionsrats, der am 19. Juli 1971 putscht; durch das Eingreifen von Ägypten und Libyen erhält Numairī nach wenigen Tagen die Macht zurück (Hinrichtungen, Verhaftungswelle gegen die Kommunisten, scharfe Kontroversen mit Moskau). Numairī am 10. Okt. 1971 zum Präsidenten gewählt. Nach langen Verhandlungen am 27. Febr. *1972* Friedensabkommen mit den südsudanesischen Aufständischen, *Autonomie für den Südsudan* (4. März), Amnestie. Aufbauprogramm für Südsudan (Kredite von der BRD, Kuwait, Katar u. a.). Mehr prowestlicher Kurs Numairis: Wiederaufnahme diplomatischer Beziehungen zur BRD (13. Juni) und zu den USA (25. Juli); Erleichterung für ausländische Investitionen. Libysche Angriffe auf Grenzgebiete zum Tschad (10. Sept. 1981); Numairī mit diktatorischen Vollmachten (seit Anfang 1982) ausgestattet. Wiederbelebung des Integrationsplans mit Ägypten (15. Aug. 1982). Numairī am 6. April 1986 durch Verteidigungsminister Siwar el-Dahab gestürzt. Am 19. Okt. Waffenstillstand mit der südsudanesischen SPLA. Südsudan boykottiert die 1986 abgehaltenen Wahlen zu einer Konstituante (1.–22. April). Koalition der Umma-Nationalpartei (UNP) und der Demokratischen Unionspartei (DUP) in einer Regierung der nationalen Einheit unter *Sadiq al-Mahdi,* doch erst nachdem auch die Nationale Islamische Front (NIF) an der Regierung beteiligt wird (15. Mai 1988) läßt sich die andauernde Koalitionskrise lösen. Am 30. Juni 1989 wird die Regierung al-Mahdi vom Militär gestürzt („Juni-Revolution"). Der neue Präsident *Hassan al-Baschir* unterzeichnet 1990 ein Abkommen über die Integration des Sudan mit Libyen (1. Sept.).

5. Südafrika

Betschuanaland, seit 1885 britisches Protektorat, wird am 30. Sept. *1966 unabhängig* unter dem Namen **Botswana;** Mitglied im Commonwealth; *Präsident Seretse Khama.* Von der Natur wenig begünstigt, ist das Land auf ein reibungsloses Verhältnis zu Südafrika und

Rhodesien, an die es zu zwei Drittel grenzt, angewiesen. Die Entdek-
kung von Bodenschätzen (Kupfer, Nickel, Diamanten), z. T. von rhodesischen und südafrikanischen Konzernen erschlossen, verspricht
wirtschaftlichen Aufschwung. Am 5. Juli 1972 Eröffnung der ersten
Diamantenmine. Lockerung der Abhängigkeit von Südafrika, Annäherung an Sambia und Tansania. Tod Seretse Khamas (13. Juli
1980); *Quett Masire* zum neuen Staatsoberhaupt gewählt (18. Juli
1980). 1985 Angriff südafrikanischer Einheiten auf in Botswana ver-
mutete ANC-Stützpunkte.
Basutoland hat sich 1868 unter britischen Schutz begeben und sich
erfolgreich gegen die Eingliederung in Südafrika gewehrt. Es wird
unter dem Namen **Lesotho** am 4. Okt. *1966 unabhängig,* Mitglied
des Commonwealth; Staatsoberhaupt *König Moshoeshoe II.* Maßgebend *Ministerpräsident Leabua Jonathan* (mehrfach Konflikt mit dem
König), der den „Dialog mit Südafrika" vertritt, die Apartheid aber
verurteilt. Aufnahme konsularischer Beziehungen zu Pretoria (4. Mai
1972), mit dessen Hilfe Lesotho seine eigenen Wirtschaftsquellen erschließt. Jonathan sucht Annäherung an China und die UdSSR 1983.
Sturz Jonathans durch Putsch unter Metsing Lekhanya (20. Jan.
1986), Moshoeschoe wird König. 1990 Entmachtung Moshoeshoes
durch Lekhanya, neuer König wird Mohato Seeiso (Nov.).
Swasiland kam 1902 unter britisches Protektorat und wird am 6. Sept.
1968 als Königreich unabhängig **(Ngwane)** und Mitglied des Commonwealth. *König ist Sobhuza II.* Die Hälfte des anbaufähigen
Bodens wird kommunal unter königlicher Kontrolle bewirtschaftet,
der Rest gehört weißen Farmern. Die reichen Bodenschätze werden
mit Hilfe Südafrikas abgebaut. Innere Spannungen zwischen den Traditionalisten und den Fortschrittlichen. 1982 stirbt Sobhuza II. Nach
Interimsregentschaft der Königinmutter Dzeliwe und Prinzessin
Ntombi Krönung von König *Mswati III.* im April 1986.
1910 schließen sich Natal, die Kapprovinz, Oranjefreistaat und
Transvaal als Dominion zur **Union von Südafrika** zusammen – Prinzip
der *Apartheid* (Rassentrennung von Weißen und Eingeborenen, auch
auf Mischlinge und Inder ausgedehnt). Gegensätze zwischen Buren
und Engländern, die eine liberale Rassenpolitik befürworten. Mit
dem Wahlsieg von *Hertzog* 1924 setzt sich nach und nach der Grundsatz von der Ungleichheit der Rassen durch. 1936 wird das Wahlrecht
der Eingeborenen in der Kapprovinz abgeschafft. Unter Ministerpräsident *Malan* (1948) und seinen Nachfolgern gesonderte Entwicklung
aller Rassen unter den als auserwählt betrachteten Weißen eingeleitet. Mit dem Group Areas Act vom 13. Juni 1950 und dem Bantustan
Authorities Act (1951) Zwangsaussiedlung der Eingeborenen aus
„weißen Zonen" und *Bildung von Reservaten:* 1963 *Transkei,* 1964
Tswanaland (1972 Bophuthatswana), bis Ende 1968 *Hereroland,
Damaraland, Koakoland* – alle nominell mit Selbstregierung, doch
unter Aufsicht Pretorias (zu Südwestafrika s. S. 722). Durch das
System von Bantustans hat die Regierung ein kontrollierbares Poten-

tial an Arbeitskräften (sklavereiähnliche Praktiken). Weitere Gesetze behalten bestimmte Berufe und Arbeitsplätze einzelnen Rassen vor (schlechtere Bezahlung für Eingeborene); Rassentrennung in Kirchen (1957) und Schulen (1959). Am 20. Jan. 1959 werden die Vertreter der 9,6 Mill. Eingeborenen aus dem Parlament ausgeschlossen. Infolge verschärfter Bestimmungen der berüchtigten Paßgesetze (1960) schwere Unruhen (Erschießung von Eingeborenen in Sharpeville). Wachsende Kritik Londons – London und die Commonwealthstaaten gegen die Apartheid (Boykott südafrikanischer Waren). Am 31. Mai **1961** Proklamation der **Südafrikanischen Republik** und Austritt aus dem Commonwealth. Das sog. Sabotagegesetz (1962) ermächtigt die Regierung, gegen mißliebige Personen vorzugehen (betroffen auch weiße Gegner der Apartheid). 1966 wird Ministerpräsident Verwoerd ermordet. Unter seinem Nachfolger *Vorster* wird die Apartheid auch auf „Farbige" (Mischlinge) ausgedehnt, die 1971 die direkte Vertretung im Parlament verlieren. – Aus wirtschaftlichen Gründen (Absatzmarkt für südafrikanische Waren und Investitionen) außenpolitische Annäherung an afrikanische Staaten (sog. outward-policy; vgl. S. 737, 746); 1972 entstehen der halbautonome *Bantustaat Ciskei* und der halbautonome *Zulustaat Kwazulu*. – 1955 hatte London mit Pretoria das sog. *Simonstown-Abkommen* geschlossen (Benutzung des Flottenstützpunkts Simonstown, von Flugplätzen und Häfen). Infolge der Schließung des Sueskanals neue Bedeutung der Kaproute (Verteidigung Afrikas; Seeweg zum Indischen Ozean). 1968 kündigt Pretoria die Revision des Abkommens an, falls die Regierung Wilson das Waffenembargo aufrechterhalte. Beschluß der Regierung Heath, die Waffenlieferungen an Südafrika wieder aufzunehmen (Juli 1970). – Seit der Unabhängigkeit der portugiesischen Kolonien militärisch-politischer Druck Schwarzafrikas auf Südafrika. Während des Bürgerkrieges in Angola besetzt Pretoria Gebiete im Süden – Sicherheitszone für Namibia und Schutz des Staudamms und Kraftwerks von Calueque-Ruacana am Cunene; Rückzug der Truppen Ende März 1976. Bedingte Unterstützung der amerikanisch-britischen Bemühungen um eine friedliche Rhodesienlösung, da diese auch im Interesse Pretorias ist. Keine Milderung der Apartheid im eigenen Land. Aufstand in Soweto (16./17. Juni 1976) und in anderen Städten, der von der Regierung rücksichtslos niedergeschlagen wird. – Als erstes Bantustan wird am 16. Okt. *1976 Transkei unabhängig* (Premier Kaizer D. Matanzima: die „besonderen Beziehungen" zu Südafrika bleiben gewahrt). Rassenunruhen nach gewaltsamem Tod S. Bikos, Studentenführer (12. Sept. 1977); Verbot aller (schwarz-)afrikanischen politischen Organisationen. Rücktritt von Premier Vorster am 20. Sept. 1978, Wahl zum Staatspräsidenten, Rücktritt 4. Juni 1979; *Pieter Willem Botha* seit 28. Sept. 1978 Premier. *Formale Unabhängigkeit des 4. Homeland Ciskei* (4. Dez. 1981) neben bisher (von insgesamt 10 Homelands) Transkei, Venda und Bophuthatswana. Invasion in Süd-Angola

(1.–20. Nov. 1982), Vergeltungsaktionen nach Moçambique hinein (Mai 1983). Referendum der Weißen vom 2. Nov. 1983 stimmt einer *Verfassungsreform* zu: Mischlinge und Asiaten werden in eigenen Parlamentskammern an Staatspräsidentenwahl und Gesetzgebung beteiligt. 1984 Abkommen mit Angola über Truppenrückzug (Febr.), Nichtangriffspakt mit Moçambique (Nkomati-Abkommen). Die rigorose Umsiedlung von Schwarzen löst schwere Unruhen und Sanktionsbeschlüsse gegen Südafrika aus (März). Neue Verfassung, Botha wird Staats- und Regierungschef (Sept.). 1985 Einsetzung einer Übergangsregierung in Namibia, die von der UNO nicht anerkannt wird (Juni). Ausnahmezustand über große Teile Südafrikas verhängt (Juli). 1986 Ausnahmezustand zunächst aufgehoben, dann für das ganze Land erklärt. 1987 Gemeinsame Exekutivbehörde für die Homelands Natal und KwaZulu. Südafrikanische Intervention im Homeland Bophuthatswana verhindert Militärputsch. Friedensvertrag mit Angola und Kuba am 22. Dez. 1988, der die Unabhängigkeit Namibias regelt. Rücktritt Präsident Bothas (14. Aug. 1989), Nachfolger wird *Fredrik Willem de Klerk.* 1990 Reformprogramm de Klerks, das Verbot schwarzafrikanischer Organisationen wird aufgehoben, der ANC-Führer Nelson Mandela freigelassen (Febr.). Das bisher von Südafrika regierte Namibia wird am 21. März als Republik Namibia unabhängig. Ausbruch heftiger Machtkämpfe (Aug.) und Stammesfehden zwischen ANC-Anhängern (vorwiegend Xhosa-Stammesangehörige) und Inkatha-Bewegung (Zulu), die die Regierung nicht unterbinden kann. Schrittweise Lockerung der Apartheid-Gesetzgebung.
In *Südwestafrika (Namibia)* 1985 Einsetzung einer Übergangsregierung durch Südafrika, die von der UNO nicht anerkannt wird (Juni). 1988 regelt Friedensvertrag zwischen Südafrika, Angola und Kuba die Unabhängigkeit Namibias. Auflösung der Übergangsregierung, bei den ersten Wahlen in Namibia im Nov. 1989 siegt die SWAPO. Das bisher von Südafrika regierte Namibia wird am 21. März 1990 als **Republik Namibia** unabhängig, erster Präsident ist *Samuel Nujoma.*

I. Asien

In den ersten Jahrzehnten des 20. Jh. bestimmen in Asien noch weitgehend die europäischen Mächte, sei es als Kolonialherren (Großbritannien auf dem indischen Subkontinent, Frankreich in Indochina, die Niederlande im heutigen Indonesien), sei es durch ihren politischen Einfluß in Form von Mandats- bzw. Protektoratsbeziehungen, die sie nach der Auflösung des Osmanischen Reichs 1919/20 im Nahen und Mittleren Osten übernehmen. Als asiatische Macht behauptet sich Japan im Fernen Osten, das – die innere Schwäche Chinas nach 1914 ausnutzend – seinen Einfluß auf dem asiatischen Festland auszudehnen sucht.

Der Emanzipierungsprozeß wird durch die Folgen des Zweiten Weltkriegs beschleunigt, da die europäischen Mächte nicht mehr imstande sind, Besitzungen im kolonialen oder halbkolonialen Status zu halten. Ausschlaggebend ist dabei der asiatische Nationalismus, der – von seinen ausgeprägt antikolonialistischen Zügen abgesehen – auch in vom Westen übermittelten Vorstellungen von Volkssouveränität, sozialer Gerechtigkeit und Selbstregierung wurzelt. Die Trennung von der jeweiligen Kolonialmacht und die Beziehungen zu ihr nach der Unabhängigkeit zeigen verschiedene Formen: vom Befreiungskrieg (z. B. Indochina) bis zum mehr oder weniger freiwilligen Verzicht, von Partnerschaftsbeziehungen (u. a. Mitgliedschaft asiatischer Staaten im britischen Commonwealth; Stützpunktverträge) bis zur völligen Lösung (z. B. Indonesien). Ebenso unterschiedlich sind die Regierungssysteme der souveränen Staaten: sie reichen von Monarchien (Feudalmonarchien wie konstitutionelle Monarchien), Präsidialregimes, Militärdiktaturen bis zu Volksdemokratien sozialistischer Prägung. Die Regierungsformen sind, jede auf ihre Art, der Versuch, den sozialen, technischen und wirtschaftlichen Rückstand zu überwinden, in dem sie sich – während der kolonialen bzw. halbkolonialen Zeit – als Rohstoffreservoir und Absatzgebiet für Fertigprodukte der Kolonialmächte befanden. Allen Staaten ist gemeinsam, daß sie dabei möglichst rasch Anschluß an die technisierte und industrialisierte Welt finden müssen. Diesen Prozeß erschwert eine fast explosionsartige Bevölkerungszunahme. Vielfach müssen die asiatischen Staaten die Wirtschaftshilfe der ehemaligen Kolonialmächte in Anspruch nehmen.

Politisch von großer Tragweite ist nach 1945 die Präsenz von USA und UdSSR in Asien und der Sieg des Kommunismus im festländischen China. Die USA, eine atlantische und pazifische Macht, errichten einen ausgedehnten Bündnis- und Verteidigungsgürtel, engagieren sich in Südkorea und Indochina und begründen ihre hegemoniale Stellung mit der Rolle einer Schutzmacht der nichtkommunistischen Länder. Die UdSSR, eine europäische und asiatische Macht, verlagert ihr Schwergewicht z. T. nach ihrer asiatischen Region und nimmt, besonders seit 1955, im Nahen und Mittleren Osten und in Indien eine aktive Politik auf. Um diese Zeit beginnt das sowjetisch-chinesische Zerwürfnis (offener Bruch 1963); die Politik Pekings richtet sich ebenso gegen Moskau wie gegen Washington. Das weltpolitische Schwergewicht verlagert sich in den 60er Jahren nach Asien, wo die Großmachtinteressen von USA, UdSSR und VR China unmittelbar aufeinanderstoßen (Vietnamkrieg – Nahostkrieg – chinesisch-sowjetischer Antagonismus). Mittelbare Auswirkung ist, daß die USA und UdSSR im Nahen Osten ein aktives Eingreifen vermeiden (Beibehaltung des labilen militärischen und politischen Gleichgewichts) und daß die USA schließlich ihren Rückzug aus Indochina einleiten, um die direkte Konfrontation mit UdSSR und China bzw. deren Verständigung auf Kosten Washingtons zu verhüten (Guam-Doktrin). Parallel dazu setzt der nukleare Dialog Washington–Moskau und die Revision der amerikanischen Chinapolitik ein.

Die USA und China bekennen sich zum Prinzip der friedlichen Koexistenz. Trotz rascher Normalisierung der Beziehungen bleibt das Taiwan-Problem ungelöst. Die neue chinesische Außenpolitik (eingeleitet von Teng, mit Maos Billigung) findet Niederschlag in der „Dreiwelten-Theorie" (1974), nach der sich China als unterentwickeltes Land zur Dritten Welt zählt: Die Entwicklungsländer stellen neben den USA und der UdSSR den dritten Machtfaktor in der Weltpolitik dar. Deshalb sucht China die Zusammenarbeit mit allen Ländern der Dritten Welt, gleich welchem politischen System sie jeweils zuneigen.

Die asiatischen Staaten haben, ungeachtet ihrer prowestlichen oder proöstlichen Orientierung, versucht, den sowjetisch-amerikanischen Gegensatz für ihre nationalen Interessen auszunutzen. Durch das neue Mächtedreieck werden zwiespältige Reaktionen ausgelöst, da es unsicher ist, welche Konstellationen sich durch die Großmächte ergeben werden. Das dadurch aufgeworfene Problem der Sicherheit deckt sich mit dem Wunsch nach einem „eigenen Weg" im Spannungsfeld der Großmächte. Zu berücksichtigen ist, daß sich kein Projekt gegen die beiden Supermächte und gegen die VR China richtet, die im Gegensatz zu USA und UdSSR ein rein asiatischer Staat ist und mit der – nach Meinung der meisten Länder – ein Modus vivendi zustande kommen muß; auch mit Japan, der stärksten Wirtschaftsmacht Asiens, und mit Indien ist zu rechnen.

1966
14.–16. Juni
Während der Konferenz von Seoul gründen Australien, Neuseeland, Thailand, Malaysia, Japan, die Philippinen, Taiwan, Südkorea und Südvietnam den **ASPAC** (Asian and Pacific Council); Zweck: wirtschaftliche und kulturelle Zusammenarbeit und gegenseitige Unterstützung beim Bemühen um Unabhängigkeit und territoriale Integrität.

1967
8. Aug.
In Bangkok schließen sich Indonesien, Malaysia, Singapur, die Philippinen und Thailand zur **ASEAN** (Association of South-East Asian Nations) zusammen; regionale Kooperation wirtschaftlicher, technischer und administrativer Art; „Sicherheit gegen äußere Störungen"; ausländische Stützpunkte sollen „nur auf Zeit" bestehen. – Der angekündigte Besuch Nixons in der VR China und deren bevorstehende Aufnahme in die UN geben den unmittelbaren Anlaß, den malaysischen Vorschlag für eine Neutralisierung Südostasiens zu erörtern.

1971
25.–27. Nov.
Auf der Konferenz in Kuala Lumpur erklärt die ASEAN, auf die Anerkennung Südostasiens als neutrale Zone hinwirken zu wollen. Nach dem Rückzug der USA aus Indochina bemühen sich die ASEAN-Staaten, ihrer gemeinsamen Politik konkretere Formen zu geben.

1976
Während der Gipfelkonferenz in Denpasar (Bali) *Unterzeichnung von*

23./24. *drei Dokumenten:* Erklärung über die Freundschaft und Zusammen-
Febr. arbeit (Vorstufe für eine neutrale Zone in Südostasien); Erklärung
über die Einheit; Errichtung eines ständigen ASEAN-Sekretariats
(Sitz Djakarta). – Wirtschaftspolitische Fragen (Kuala Lumpur, März
1976 und August 1977). – Die *SEATO* wird am 30. Juni *1977 offiziell
aufgelöst.*
Seit 1967 und vor allem seit 1973 nimmt die Region um den Persischen Golf eine Schlüsselstellung ein: wirtschaftlich durch das Erdöl
und das wachsende Gewicht der erdölproduzierenden Staaten auch
in anderen Erdteilen, politisch und strategisch durch die Präsenz der
Großmächte. Begünstigt durch das militärische Patt 1973 (und durch
die politisch ungelöste Nahostfrage), entstehen neue Konstellationen:
Iran (stärkste Militärmacht) und vor allem Saudi-Arabien (politisch
und finanziell führend), die Aufgaben einer Ordnungsmacht übernehmen. Saudi-Arabien zieht die Region um das Rote Meer – Naht-
stelle zwischen Asien und Afrika – in seinen Einflußbereich. Saudi-
arabische Diplomatie steht hinter der „gemeinsamen politischen
Führung", die die nahöstlichen Frontstaaten Ägypten und Syrien mit
1977 dem Sudan vereinbaren (27./28. Febr. 1977).
Seit 1979 *Instabilität der Golfregion* nach der iranischen Revolution. Krieg des
1980 Irak gegen Iran (S. 767). Rasche Aufrüstung der konservativen Golf-
7. März Monarchien, insbesondere *Saudi-Arabiens,* mit westlicher Hilfe.
1981 Gründung des Golf-Kooperationsrats in Riad zur wirtschaftlichen
14. Febr. Integration der Golfregion (Mitglieder: Bachrein, Katar, Kuwait,
Oman, Saudi-Arabien und die Vereinigten Arabischen Emirate).
1982 *Kooperationsabkommen ASEAN-EG:* Ausbau wirtschaftlicher Kon-
ab Aug./ takte.
Sept. Westliche Militärpräsenz im *Libanonkonflikt* richtet sich gegen die
weitere Expansion des von Moskau unterstützten Syrien.
1984 Brunei wird 6. ASEAN-Mitglied (7. Jan.).
1987 3. Gipfelkonferenz der ASEAN in Manila beschließt Forcierung des
Abbaus der Handelsschranken zwischen den Mitgliedstaaten.

1. Westasien

a) Türkei (Forts. v. S. 442)

*Nach dem militärischen Zusammenbruch des Osmanischen Reichs im
Ersten Weltkrieg (S. 469), scheint die Aufteilung der Türkei nur noch
eine Frage der Zeit. Mustafā Kemāl, aus der Jungtürkischen Partei hervorgegangen, beruft am 23. Juli den Türkischen Nationalkongreß ein.*

1920 Nationalpakt, das Grundprogramm des Kemalismus, vom Parla-
18. Jan. ment angenommen: Verzicht auf das Osmanische Reich in seiner früheren Form und auf die Herrschaft über die nichttürkischen Provinzen, aber vollständige Unabhängigkeit aller türkischen Gebiete

Anatoliens und Thraziens. Am 19. März werden allgemeine Wahlen anberaumt.

23. April Die Nationalversammlung in Ankara stimmt für den Nationalpakt, erklärt den Sultan und seine Regierung für abgesetzt, verkündet eine provisorische Verfassung und eine neue Regierung mit Mustafā Kemāl als Präsidenten. Der Friedensvertrag von Sèvres (S. 472) wird nicht anerkannt. – Sultan Mechmed VI. flieht am 18. Nov. 1922; Ende des Osmanischen Reichs. 1920/22 Krieg gegen Griechenland, das aufgrund des Friedens von Sèvres (S. 505) Teile Kleinasiens annektieren will; Niederlage der Griechen (Smyrna türkisch).

1923 Der *Friedensvertrag von Lausanne* bestätigt die Unabhängigkeit und
24. Juli Souveränität der neuen Türkei.
29. Okt. Die **Türkei** wird zur **Republik** erklärt; **Mustafā Kemāl** (seit 1934: Kemal Atatürk) **Staatspräsident**: das Kalifat wird am 3. März 1924 abgeschafft. Der Islam nicht mehr Staatsreligion (10. April 1928): die Trennung von Religion und Staat wandelt den islamischen Staat zum weltlichen Nationalstaat. Reformen; Republikanische Volkspartei wird einzige Partei. Keine aktive Teilnahme der Streitkräfte an der Politik, doch sind sie – nach dem Willen Atatürks – Treuhänder der Republik mit der Aufgabe, die Bevölkerung im neuen Staat zu integrieren und seine Ideen zu verbreiten.

1938 **Tod Atatürks; Staatspräsident** wird Ismet **Inönü.**
10. Nov. Im Zweiten Weltkrieg zunächst neutral (S. 525), dann Annäherung an die Westmächte. Nach 1945 wird der prowestliche Kurs beibehalten (Mitglied in Europarat, NATO und Bagdadpakt/CENTO). – Innenpolitische Kritik am „Kemalismus" (vertreten von Armee und Beamtenschaft), der in der Bevölkerung noch nicht verwurzelt ist.

1950 Die Parlamentswahlen gewinnt die mehr traditionsgebundene
14. Mai Demokratische Partei (gegr. 1946). *Staatspräsident Celâl Bayar,* Ministerpräsident Adnan Menderes. Liberalisierung von Wirtschaft und Außenhandel (anstelle des früheren Etatismus mit staatlichen Eingriffen ins Wirtschaftsleben); inflationäre Entwicklung. Verminderte Verantwortlichkeit des Kabinetts gegenüber dem Parlament; Entfremdung zwischen Regierung und Intelligenz. Nach Unruhen und Demonstrationen

1960 **Staatsstreich der Armee** unter General *Cemal Gürsel* (Verhaftung
27. Mai und Hinrichtung dreier früherer Minister, u. a. Menderes). Politische Parteien Anfang 1961 wieder zugelassen.

1961 Neue *Verfassung:* Türkei eine „nationale, demokratische, laizistische
26. Mai und soziale Republik" (Grundrechte des einzelnen, Reformen im Erziehungswesen, soziale Reformen). *Gürsel wird zum Staatspräsidenten gewählt* (Okt. 1961; † 1966); *Inönü,* Führer der Volkspartei, *Ministerpräsident.* Die Militärgewalt geht auf Zivilbehörden über. Prowestliche Außenpolitik wie bisher; Assoziierungsabkommen mit der EWG (in Kraft 1964); Zusammenarbeit mit Iran und Pakistan. – Demokratisierungsprozeß (Entstehung von Gewerkschaften und von

Interessenvertretungen); Fortschritte bei der Industrialisierung, doch Inflation und Arbeitslosigkeit (jährliche hohe Bevölkerungszunahme); Landwirtschaft bleibt das wirtschaftliche Rückgrat.

1965
10. Okt. Bei den *Wahlen* siegt die Gerechtigkeitspartei (Nachfolgerin der Demokratischen Partei) unter *Süleyman Demirel,* der die neue Regierung bildet. *Staatspräsident* ist seit 1966 General *Cevdet Sunay.* Auch die Regierung Demirel kann die wirtschaftlichen und sozialen Probleme – Übergangsstadium vom unterentwickelten Agrarstaat zum Industriestaat – nicht meistern (erhebliche Einkommensunterschiede zwischen den begüterten Schichten und der großen Masse des Volkes).

Das politische Leben radikalisiert sich um zwei Hauptgruppen als Mittelpunkt: um die strengen Traditionalisten und die rechtsgerichteten Vereinigungen (für Neubelebung des Islams und dessen verstärkten Einfluß im öffentlichen Leben), um die Linke vom revolutionären Sozialismus bis zum Anarchismus; Zentren der Rechts- und der Linksorganisationen sind die türkischen Universitäten (Studentendemonstrationen im Juni/Juli 1968, Frühjahr 1969). Guerillaartige Überfälle, Straßenschlachten zwischen rechten und linken Gruppen.

1971
12. März Die **Armee** erzwingt den Rücktritt Demirels, droht mit einer direkten Machtübernahme und fordert eine „über der Parteipolitik" stehende Regierung, die binnen Jahresfrist die politische, wirtschaftliche und soziale Ordnung wiederherstellen müsse.

1973
6. April Nach 14 vergeblichen Wahlgängen (Gegensatz zwischen Armee und politischen Parteien) wird der frühere Admiral *Fahri Korutürk zum Staatspräsidenten gewählt.*

14. Okt. Regierungskrisen. Bei den Parlamentswahlen relative Mehrheit für *Bülent Eçevit* und seine Volkspartei (der Sozialdemokratie vergleichbar), die mit der konservativen Nationalen Heilspartei koalieren muß (Jan. 1974).

1974
20. Juli
18. Sept. Die griechische Politik auf Cypern und die faktisch vollzogene ENOSIS führen zur Landung türkischer Truppen auf Cypern (s. S. 737 f.). – Rücktritt Eçevits. – Nach einer nahezu 6 Monate währenden Regierungskrise

1975
31. März *Rechts-Koalition unter Demirel.* Zerwürfnis mit den USA wegen des Waffenembargos (S. 676; Washington liefert bisher 90% des türkischen Waffenbedarfs; Ankara hat die Waffen bei der Intervention auf Cypern eingesetzt); die Türkei stellt die US-Stützpunkte unter ihre Kontrolle (Juli).

1976
26. März Neues Verteidigungsabkommen mit den USA: die gemeinsam benutzten Anlagen stehen unter türkischem Oberbefehl; die den USA eingeräumten Rechte sind von der zu leistenden Rüstungshilfe abhängig. – Unruhen; Regierungskrise und Parlamentsauflösung.

1977
5. Juni Bei den Wahlen verfehlt Eçevit knapp die absolute Mehrheit. Minderheitsregierung Eçevit, die jedoch bei der Vertrauensabstimmung im Parlament unterliegt (3. Juli). Daraufhin erneut Rechts-Koalition

unter Demirel (21. Juli), der das Parlament das Vertrauen ausspricht (1. Aug.).

1978 Kriegsrecht in 13 Provinzen nach Terror von rechts und links. Trotz-
Dez. dem Terrorismus bei instabilen Regierungsverhältnissen.

1980 Unblutiger **Militärputsch** unter *K. Evren,* Chef der Militärjunta und
12. Sept. Staatspräsident (seit 19. Sept.); Admiral *Bülent Ülüsü* Regierungschef (20. Sept.).
Zahlreiche Verhaftungen, Folter, (Massen-)Prozesse, Unterdrückung des politischen Lebens, Niederkämpfung des Terrorismus.

1981 Junta ernennt verfassunggebende Versammlung, alle Parteien aufge-
15. Okt. löst (16. Okt.).

4. Dez. US-Militärhilfe zugesichert; 22. Jan. 1982 EG-Finanzhilfe.
Die Wirtschaftspolitik bremst die Inflation, verbessert Wirtschafts-wachstum, Handels- und Zahlungsbilanz bei steigender Arbeitslosig-keit und Auslandsverschuldung sowie sinkendem Pro-Kopf-Einkom-men.

1983 Zulassung neugegründeter Parteien nach strenger Auswahl (5. Febr.).
6. Nov. **Parlamentswahl,** Sieg des als stellvertretender Ministerpräsident für die Wirtschaftspolitik der Militärdiktatur weitgehend verantwortli-chen *Turgut Özal* („Mutterlandspartei"). Özal wird nach Verlänge-rung des Kriegsrechts (10. Nov.) neuer Ministerpräsident.

1987 Spannungen mit Griechenland wegen Ölförderung in der Ägäis. Par-lamentswahlen (29. Nov.): neue Regierung Özal.

1989 Opposition boykottiert Özals Wahl zum Präsidenten (31. Okt.).
9. Nov. Neuer Regierungschef wird Akbulut.

1990 Einschränkungen der Freiheitsrechte in den kurdischen Provinzen (Mai).

1991 Generalstreik gegen Lohnpolitik und Haltung der Regierung in der Golfkrise (3. Jan.).

6. Jan. Auf Anforderung Özals Verlegung von NATO-Einheiten in die Tür-
19. Jan. kei zum Schutz gegen Irak. Angriffe durch US-Kampfflugzeuge von türkischen NATO-Stützpunkten auf Irak.

b) Cypern (Zypern)

Die Insel, 1571 unter türkischer Herrschaft, 1878 (Berliner Kongreß) bei türkischer Oberhoheit unter britischer Besatzung und Verwal-tung, kommt 1914 in britischen Besitz. Die Türkei und Griechenland erkennen diese Annexion im Frieden von Lausanne 1923 an. 1925 wird Cypern Kronkolonie.

1931 Erstmals schwere Unruhen (erneut nach 1950); ENOSIS-(= Anschluß)-Bewegung für Griechenland, führend Erzbischof Makarios III. und General G. Grivas. – Die türkischen Cyprioten (18%) lehnen den Anschluß an Griechenland ab (Rückendeckung von Ankara); die ENOSIS wird von Athen unterstützt. Heftige Kon-troversen zwischen den NATO-Partnern Griechenland, Türkei und

Großbritannien. Schließlich verzichtet Makarios zugunsten der Unabhängigkeit Cyperns auf den Anschluß an Griechenland. Unter

1959
19. Febr. Druck der USA *Londoner Dreimächtevertrag* (Großbritannien, Türkei, Griechenland), der die Vertretung von griechischen und türkischen Cyprioten in den Verfassungsorganen festlegt; London behält Hoheitsrechte über seine militärischen Stützpunkte.

1960
7. April Die *Verfassung* bestätigt die partielle Partnerschaft zwischen den griechischen und türkischen Cyprioten hinsichtlich ihres Selbstbestimmungsrechts.

16. Aug. **Unabhängigkeit** Cyperns; **Präsident** ist Erzbischof **Makarios,** *Vizepräsident* der Türke *Fazil Küçük*. 1961 Aufnahme ins Commonwealth und in den Europarat. Politik der Bündnisfreiheit. – Die griechischen Cyprioten weigern sich, den Türken das ihnen verfassungsmäßig zustehende Mitspracherecht bei Regierung und Verwaltung einzuräumen.

1963
4. Dez. **Pogrom gegen die türkischen Cyprioten.** Bürgerkriegsähnliche Zustände. Entsendung einer UN-Friedensstreitmacht (März 1964). Erneute Verschärfung nach dem griechischen Staatsstreich; türkisches Ultimatum; im Abkommen zwischen Ankara und Athen (1967) wird der Abzug der griechischen und türkischen Truppen von Cypern vereinbart (ausgenommen die im Unabhängigkeitsvertrag festgelegten Kontingente). Gegensatz zwischen Makarios, der jetzt vom Anschluß an Griechenland Abstand nimmt, und Grivas, der (von Athen aus und von dort unterstützt) die Vereinigung Cyperns mit Griechenland erzwingen will (Bildung von Untergrundorganisationen). Seit Juni 1968 Gespräche zwischen den beiden cypriotischen Volksgruppen über einen Modus vivendi.

1974
15. Juli **Staatsstreich** der Nationalgarde (von der Athener Junta angestiftet und gelenkt); Flucht von Makarios zu den UN. **Landung türkischer Truppen,** die bis Aug. den ganzen Nordosten (38% des Inselterritoriums) erobern; Vertreibung bzw. Flucht des griechischen Bevölkerungsteils.

1975 **Proklamation** des **türkisch-cypriotischen Bundesstaates** (13. Febr.).

1976
20. Juni Wahl zur Gesetzgebenden Versammlung des türkischen Föderationsstaates; *Rauf Denktaş Präsident.*

1977 **Tod von Makarios** (3. Aug.).

3. Sept. Als neuer Staatspräsident tritt Spyros Kyprianou sein Amt an.

1983 **Proklamation** der **Unabhängigen Türkischen Republik Nordcypern** (15. Nov.).

1985 Rauf Denktash wird Präsident Nordzyperns (9. Juni).

8. Dez. Präsident Kyprianou (Griechisch-Zypern) verliert bei Parlamentswahlen die Mehrheit.

1988 *Vassiliou* wird neuer Präsident Griechisch-Zyperns (21. Febr.).

1990 Allgemeine Wahlen in Nordzypern bringen keine Veränderungen (6. Mai).

Die arabischen Staaten

Ausgelöst von der jungtürkischen Revolution 1908, beginnen die *Bestrebungen um eine arabische Wiedergeburt* sich dem Ziel der nationalen Unabhängigkeit zuzuwenden (1913 arabischer Kongreß in Paris). Die Hoffnungen auf ein arabisches Reich – 1915/16 von London zugesagt, um arabische Unterstützung gegen das Osmanische Reich zu gewinnen („Aufstand in der Wüste") – zerschlagen sich durch die Errichtung einer jüdischen „Heimstätte" in Palästina (S. 750) und durch das westliche Mandatssystem. Im Kampf gegen die europäische Vormundschaft verblassen auch die vom Westen übernommenen Ideale bürgerlicher Freiheiten. Die nationalstaatliche Souveränität wird nach dem Zweiten Weltkrieg erreicht, und damit tritt der Gedanke der gesamtarabischen Einheit wieder in den Vordergrund.

1945
22. März Ägypten, Transjordanien, Syrien, Libanon, Irak, Saudi-Arabien und Jemen gründen die **Arabische Liga.** – Da die arabischen Staaten Palästina als zur arabischen Welt gehörig betrachten, ist Gründung und Existenz des Staates Israel (S. 777) für sie das entscheidende Problem. Der Krieg zwischen Israel und den arabischen Staaten 1948/49 endet mit deren Niederlage und neuen Gebietsverlusten. Der Waffenstillstand läßt das ganze Problem ungelöst, einschließlich das der arabischen Palästinaflüchtlinge, die z.T. von Jordanien, Syrien und Libanon aufgenommen werden, in der Mehrzahl in Lagern (im Gazastreifen) untergebracht sind und von der UNRRA betreut werden. – Die ägyptische Revolution unter Nasser mit ihrer These vom „arabischen Sozialismus" (S. 724) gibt dem panarabischen Gedanken ein weiteres Ziel: die *Veränderung* unbefriedigender wirtschaftlicher und sozialer Verhältnisse *durch politische und soziale Revolution* ist Gedankengut der Ba'th (Baath)-Partei (S. 767). Dadurch offener *Gegensatz zwischen den „fortschrittlichen" Staaten* (VAR, Syrien, Irak nach 1958, Libyen nach 1969) *und den Monarchien;* diese Kluft wird vertieft durch die Auswirkungen des Ost-West-Konflikts (Truman- und Eisenhowerdoktrin, Bagdadpakt, sowjetische Mittelosterklärung), in dem sich die arabischen Staaten – trotz erklärter Blockfreiheit – verschieden orientieren. Gegen die sozialrevolutionäre panarabische Richtung vertritt Saudi-Arabien (besonders König Faisal) die *Islamische Allianz* (die religiöse Kraft des Islams als politische Grundlage der Zusammenarbeit und zur Abwehr revolutionärer Maßnahmen). Es gelingt, engere Verbindungen zwischen den arabischen Staaten und der übrigen islamischen Welt zu knüpfen und den Zusammenkünften eine lockere Struktur zu geben. Die VAR kündigt die Solidarität (vereinbart am 17. Sept. 1965 anläßlich der Konferenz der Arabischen Liga in Casablanca), als der mit Saudi-Arabien in Dschidda vereinbarte Rückzug aus Jemen (S. 773) eine Niederlage der „progressiven" Kräfte bedeutet hätte.

Die Rivalität mit den palästinensischen Freischärlern (Fedāijīn; u. a. al-Fatah = Fatah unter *Jāsīr Arafāt;* „revolutionärer Volkskrieg" gegen Israel) veranlaßt die VAR, die Initiative in der Auseinandersetzung mit Israel zu ergreifen (s. S. 708).

1967
29. Aug. –
1. Sept.
Nach dem 6-Tage-Krieg **arabische Gipfelkonferenz in Khartum.** Der Ölboykott (auf der Konferenz in Bagdad, 4./5. Juni 1967, beschlossen) wird aufgegeben; die VAR und Jordanien erhalten Zahlungen für die Beseitigung der Kriegsfolgen; die Fortsetzung des militärischen Kampfes gegen Israel wird zurückgestellt (Protest Syriens, Algeriens und der Fedāijīn); Abkommen zwischen Nasser und Faisal über die Beilegung des Jemenkonflikts. – Ende 1968 beginnen die Palästinenser mit ihren Terroranschlägen (u. a. Flugzeugentführungen, Geiselnahmen, Morde). Gründung des „Palästinensischen Nationalrats" (Febr. 1969) als Dachorganisation der Freischärler, Vorsitzender ist Arafāt; 1970 wird das „Vereinigte Militärkommando" der Fedāijīn gegründet. Die Fedāijīn lehnen die Nahostresolution (S. 569) ab, da sie die Existenz Israels als Staat beinhaltet.

Nach Nassers Tod erfährt die panarabische Bewegung in ihrem ursprünglichen Sinn keine nennenswerten Impulse mehr – panarabische Politik versteht sie als Mittel, die 1967 verlorenen Gebiete wiederzugewinnen (Konferenz in Kairo, Jan. 1973; gemeinsame Kriegsstrategie gegen Israel beschlossen). Die politische Führung geht an Saudi-Arabien über. Zum Jom-Kippur-Krieg s. S. 726.

Zentrales Problem der nahöstlichen Friedensregelung bleibt die Palästinenserfrage: Anerkennung der Palästinenser als eigenes Volk (Selbstbestimmungsrecht) und Anspruch auf ein „nationales Heim" (Westjordanien und Gazastreifen); damit hängt auch die Vertretung der Palästinenser auf der Genfer Nahostkonferenz zusammen. Israel lehnt grundsätzlich jede Form der Anerkennung ab.

1974
26.–29.
Okt.
Auf der arabischen *Gipfelkonferenz in Rabat* wird die PLO (Arafāt) als Repräsentantin der Palästinenser anerkannt, die „souverän" darüber bestimmt, wie die „legitimen Rechte des palästinensischen Volkes" zu verstehen und zu verwirklichen sind. – Aufnahme der PLO in die Arabische Liga (7. Sept. 1976).

Einfluß Saudi-Arabiens, das stabile Verhältnisse in der arabischen Welt wünscht. Die Voraussetzungen dafür werden durch den libanesischen Bürgerkrieg gefährdet, als die radikalen libanesisch-palästinensischen Kräfte dort dominieren. Intervention Syriens, um die libanesische Krise einzudämmen und die Palästinenser (PLO) als politische Kraft zu bändigen.

1979
31. März
Nach Unterzeichnung des ägyptisch-israelischen Friedensvertrages (26. März) Beschluß von 18 arabischen Staaten, politische und wirtschaftliche Beziehungen zu Ägypten abzubrechen.

1982
21. Aug.
Aufnahme der aus dem Libanon evakuierten Rest-PLO in verschiedenen arabischen Ländern.

1983
ab Mai
Isolation Ägyptens nach Libanon-Krieg durchbrochen.

Gewaltsame Flügelkämpfe in der al-Fatah münden in die *Belagerung*

Nov.   *Arafāts* durch Fedāijīn und syrische Truppen im libanesischen Tri-
Dez.   poli. 2. Evakuierung der PLO aus dem Libanon.
1985 Rückzug Israels aus dem Libanon (Jan.–Juni).
1986 Ölpreisverfall führt zu Defiziten in den Staatshaushalten der ölexpor-
          tierenden Länder.
1987 Der Krieg zwischen Irak und Iran wird zum vorherrschenden Kon-
          flikt in der arabischen Welt.
8. Dez. Beginn des palästinensischen Volksaufstands *(Intifada)* in den von Is-
          rael besetzten Gebieten.
1988 Jordanien löst seine rechtlichen und administrativen Verbindungen
28. Juli zu der von Israel besetzten Westbank.
20. Aug. Waffenstillstand zwischen Irak und Iran.
12.–15. Nov. Der Kongreß des Palästinensischen Nationalrats in Algier ruft den
          Staat Palästina mit Jerusalem als Hauptstadt aus; indirekte Anerken-
          nung Israels. Mehrere Friedenspläne (Israel, USA) führen zu keiner
          Lösung.
1989 Gründung des *Arabischen Kooperationsrats* in Bagdad (Irak, Ägyp-
16. Febr. ten, Jordanien und Nordjemen).
1990 *Kuwait-Krise:* Der Irak besetzt Kuwait. Der UN-Sicherheitsrat for-
2. Aug. dert einstimmig Rückzug (Resolution 660) und beschließt Wirt-
6. Aug. schaftssanktionen gegen Irak. Irak annektiert Kuwait als 19. Provinz.
8. Aug. Truppenentsendung von elf arabischen Staaten nach Saudi-Arabien.
29. Nov. Die USA verlegen Truppen nach Saudi-Arabien. UN-Resolution 678
          ermächtigt zum Einsatz von militärischen Mitteln, wenn Irak sich
          nicht bis zum 15. Jan. aus Kuwait zurückzieht. Saddam Husain ver-
          knüpft die Kuwait-Krise mit der Palästina-Frage.
1991 Nach ergebnislosen Friedensinitiativen *Angriff der multinationalen*
17. Jan. *Truppen.* Massive Luftangriffe auf Ziele in Kuwait und Irak. Iraki-
          sche Raketenangriffe auf Israel.
Febr.   Nach Bodenoffensive Einnahme von Kuwait-City durch die multina-
          tionalen Truppen, Rückzug der irakischen Truppen. Ölquellen-
          brände.
März   Nahost-Mission Bakers. Erklärung von Damaskus zur Schaffung
          einer arabischen Friedenstruppe.

c) Irak (vgl. S. 472)

*Aus Enttäuschung darüber, daß der gesamtarabische Staat nicht ver-
wirklicht wurde (vgl. S. 777), 1920/21 schwere Unruhen. London entschließt sich daher, dem Irak Eigenständigkeit zuzugestehen.*

1921 Emir **Faisal** zum **König** ausgerufen. Konstitutionelle Monarchie. Das
23. Aug. britische Mandatsverhältnis wird nicht aufgehoben.
1926 Im *Mossulvertrag* erhält Irak das Gebiet um Mossul mit seinen Erdöl-
          feldern; Konzessionen an die britische Iraq Petroleum Co. (IPC).
1930 Das Mandat wird durch das *britisch-irakische Bündnisabkommen*
30. Juni ersetzt (zwei britische Luftstützpunkte). 1941 antibritischer Auf-
          stand, der niedergeworfen wird.

1955
24. Febr.
Bündnis mit der Türkei im **Bagdadpakt;** Anschluß Pakistans und Irans; Beitritt Großbritanniens (März) und Sonderabkommen mit Irak (Abzug der britischen Luftwaffenverbände vereinbart). Der arabische Nationalismus bezeichnet diesen Pakt als Verrat an der gemeinsamen Sache. – Innere Gegensätze religiöser (Sunniten und Schiiten), ethnischer (nichtarabische Kurden als starke Minderheit) und sozialer Art (Großgrundbesitzer, Kleinbauern, Landflucht, arbeitsloses Proletariat).

1958
14. Juli
Staatsstreich der Armee unter *Abd al-Karīm Kāsim (Kassem);* Ermordung von König Faisal II. (regiert seit 1939). Irak zur **Republik** proklamiert. Austritt aus dem Bagdadpakt (vgl. S. 571). Das Konzessionsgebiet der IPC wird erheblich eingeschränkt. – Richtungskämpfe in der tonangebenden panarabisch orientierten Baath-Partei (u. a. sozialistisch, proägyptisch, national-revolutionär; jede Gruppe mit Vertretern in der Armee).

1963
8. Febr.
Militärputsch unter General *Abd as-Sālim Muhammad Ārif;* Erschießung Kassems. Die Baath-Partei wird zurückgedrängt.

1966
13. April
Ārif verunglückt; Nachfolger sein Bruder *Abd ar-Rahmān Ārif.* Aktive Beteiligung am Nahostkrieg. Offene Opposition der ausgeschalteten Gruppen.

1968
17. Juli
Militärputsch: General *Sajjid Achmad Hasan āl-Bakr Staatspräsident,* der sich als Führer im Israelkrieg betrachtet. – Seit 1961 **Aufstand der Kurden** (unter Mustafā Barzanī), deren die Armee nicht Herr

1970
11. März
wird. Aus innenpolitischen Gründen *Friedensabkommen mit den Kurden,* die innerhalb des irakischen Staats Autonomie und eine angemessene Vertretung in den gesetzgebenden Körperschaften erhalten sollen.

1972
6.–10. April
Beim Besuch von Kossygin **Abschluß** eines **Freundschaftsvertrags mit der UdSSR** (laufende Konsultationen). Eröffnung des neu erschlossenen Erdölfelds Nord-Rumeila (Pipeline von der UdSSR gebaut). – Verstaatlichung aller Anlagen der IPC (1. Juni), Erdölabkommen mit Frankreich und Italien. – Freundschaftsbesuch āl-Bakrs in der Türkei (Sept.; Zusammenarbeit auf dem Gebiet der Erdölwirtschaft). – Die Zusicherungen für die Kurden werden nicht eingehalten; Vernichtungsfeldzüge gegen die Kurden (1974/75); mehr als 250 000 Kurden fliehen. Massendeportation der noch im Irak Verbliebenen und Bodenreform in der autonomen kurdischen Nordregion. – Außenpolitische Kurskorrektur: Bereinigung vorhandener Streitfragen mit den Monarchien am Persischen Golf (S. 774 f.). Der Grenzkonflikt mit Iran im Schatt el-Arab wird

1975
durch gemeinsames Protokoll beigelegt; Landesgrenze und Seegrenze beider Staaten im Schatt el-Arab festgelegt (in Kraft 1. April). – Einigung mit Saudi-Arabien über die Aufteilung der „neutralen Zone" (Erdölvorräte) im gemeinsamen Wüstengrenzgebiet (2. Juli); Truppenentflechtung an der strittigen Grenze zu Kuwait (Juli 1977).

1979
15. Juli
Rücktritt Staatspräsident āl-Bakrs zugunsten von Ministerpräsident *Saddam Husain.*

1980	**Krieg mit Iran:** Irak annulliert Grenzabkommen über Schatt el-Arab
23. Sept.	(17. Sept.); Einmarsch nach Iran.
1981	Israelischer Luftangriff auf Atomreaktor bei Bagdad (7. Juni).
1982	Iranische Invasion im Irak (14. Juli); Stellungskrieg um Basra.
1988	Waffenstillstand im Krieg gegen Iran (20. Aug.).
1990	Besetzung (2. Aug.) und **Annektion Kuwaits** trotz internationaler Pro-
8. Aug.	teste und Resolutionen des UN-Sicherheitsrates.
14. Dez.	Die letzten ausländischen Geiseln können den Irak verlassen.
29. Nov.	Der UN-Sicherheitsrat beschließt, daß nach dem 15. Jan. 1991 auch militärisch gegen den Irak vorgegangen werden kann.
1991	Nach ergebnislosen Friedensinitiativen *Angriff der multinationalen Truppen* (17. Jan.). Niederlage Iraks, Annullierung der Annektion Kuwaits (28. Febr.). Unruhen im Südirak und in der von Kurden bewohnten Provinz Mossul.

d) Syrien (vgl. S. 472)

Noch während des „Aufstands in der Wüste" (S. 763) beschließen die Ententemächte die Aufteilung der türkischen Provinzen. Frankreich erhält Syrien als Mandatsgebiet (1922 vom Völkerbund bestätigt), von dem Libanon und Palästina abgetrennt werden.

1925/26	*Drusenaufstand* als Reaktion auf die Zersplitterung des Landes. – Im Zweiten Weltkrieg wird Syrien von britischen und freifranzösischen Truppen besetzt.
1944	**Unabhängigkeit Syriens.** – *Großsyrische Bewegung* (syrisch-irakische
1. Jan.	Union des „Fruchtbaren Halbmonds"), getragen von den Großgrundbesitzern und dem Mittelstand. Dagegen 1946 *Gründung der Baath-Partei* (M. Aflak; Programm: arabische Einheit, Bündnisfreiheit, soziale Reformen). Die unterschiedlichen politischen Vorstellungen, krasse soziale Gegensätze, der Einfluß der Palästinaflüchtlinge gestalten die inneren Verhältnisse äußerst unruhig. Staatsstreiche, Militärputsche, Regierung der verschiedenen Flügel der Baath-Partei. Vom Anschluß an die VAR 1958 erwartet sich Syrien innere Stabilität und Verwirklichung des panarabischen Gedankens. Die Union zerbricht an der hegemonialen Politik Nassers.
1961	**Syrische Arabische Republik** ausgerufen. – Die neue Union mit der
30. Sept.	VAR (April 1963) hat ebensowenig Bestand wie die Militärunion mit dem Irak (Okt. 1963). Die Machtkämpfe halten an: gemäßigter Flügel (überregional-arabisch, vertreten durch die Sunniten), linker Flügel (für „permanenten Kampf", überwiegend von Drusen und Alawi-
1967	ten getragen) – beide mit Anhang in der Armee. Im Nahostkrieg werden die Golanhöhen von Israel besetzt. Syrien bleibt Basis der Fedāijīn, die dort vom Militär ausgebildet werden. Damaskus unterstützt den „revolutionären Volkskrieg" der Fedāijīn in Libanon und Jordanien (Sept. 1970). Infolge der Aktion in Jordanien (S. 771)

1970 Nov.	neuer *Machtkampf in der Baath-Partei* und in der Armee, in dem sich *Hâfis al-Asad* (Alawite; gemäßigter Flügel) durchsetzt; vom „Volksrat" (Legislative) am 2. März 1971 zum Präsidenten gewählt.
1972 13. April	„Nationale Progressive Front" aller legalen syrischen Parteien gegründet. – Verstaatlichung der IPC (Juni). Aufgrund mehrerer Gefechte zwischen Israelis und Palästinensern (Verluste der syrischen Armee) hält al-Asad die Palästinenser unter Kontrolle.
5.–7. Juli	Beim Besuch al-Asads in Moskau **Abkommen über wirtschaftliche und technische Zusammenarbeit;** die UdSSR kann syrische Häfen benutzen (gegen Waffenlieferungen).
1973 30. Jan.	Neue *Verfassung* vom „Volksrat" *verabschiedet:* Syrien ist „demokratisch-sozialistisch-souveräner Volksstaat"; der Islam ist nicht mehr Staatsreligion. Daraufhin *schwere Unruhen* unter den Sunniten; schließlich Kompromiß: der Staatspräsident muß künftig Sunnit sein. Annahme der Verfassung durch Volksabstimmung (12. März). – Im Jom-Kippur-Krieg ist Syrien neben Ägypten der eigentliche „Konfrontationsstaat"; heftige Kämpfe auf den Golanhöhen und israelischer Vorstoß bis in die Nähe von Damaskus.
1976	Die Intervention im *Libanon* (S. 769) führt zu fortdauernder, verstärkter *militärischer Präsenz* im Nachbarland.
1982 3. Febr.	Blutige Kämpfe in Hama zwischen verbotener radikal-islamischer Muslim-Brüderschaft und Regierungstruppen.
11. Juni	Waffenstillstand mit Israel im Libanon-Krieg.
1983 Mai ab Mai	Nicht-Anerkennung des israelisch-libanesischen Truppenrückzugsabkommens, Unterstützung der drusischen Milizen und der Rebellion gegen Arafât im Libanon.
1985	Assad als Präsident wiedergewählt (10. Febr.).
1986	Bei Parlamentswahlen erhält die Baath-Partei die Mehrheit. (10./ 11. Febr.)
24. Okt. 10. Nov.	Großbritannien bricht die Beziehungen zu Syrien ab, die EG, USA und Kanada verhängen Sanktionen wegen Unterstützung des internationalen Terrorismus.
1987	Nach Schließung von Büros Abu-Nidals in Damaskus (Juni) Aufhebung der Sanktionen gegen Syrien (13. Juli und Nov.).
31. Okt.	Regierung al-Kassem durch az-Zuhbi abgelöst.
1990 13. Okt.	Nach massiven Bombenangriffen auf Beirut gibt General Aoun (christliche Milizen) auf. Syrien hat nun faktisch die Macht im Libanon. In der Kuwait-Krise stellt sich Syrien auf die Seite der anti-irakischen Allianz.

e) Libanon (vgl. S. 472)

1920 erhält Frankreich Libanon als Mandatsgebiet (vgl. S. 511); umfassende zivilisatorische Arbeit Frankreichs. 1941 besetzen britische und freifranzösische Truppen das Land. Auf britischen Druck hin muß Frankreich die zugesagte Unabhängigkeit gewähren.

1946 Abzug der letzten französischen Truppen und Behörden. – *Ethnische*
31. Dez. *und religiöse Eigenart des Landes:* Christen ca. 54% (u. a. griechisch-
orthodox, mit Rom unierte Maroniten), Muslime ca.
45% (Schiiten, Sunniten und Drusen) und andere.

1947 Die Verfassung (sog. „**Nationalpakt**") bestimmt den religiösen Pro-
21. Jan. porz in Parlament und Regierung. Staatssprache ist Arabisch. Um ein
möglichst reibungsloses Nebeneinander der Religionen zu gewährleisten: zwar arabische Solidarität, doch ohne sich einer Union anzuschließen. Während der Sueskrise 1956 Unterstützung Ägyptens,
doch kein Bruch mit dem Westen. Zustimmung zur Eisenhowerdoktrin; infolgedessen Unruhen der panarabischen Nationalisten,
unterstützt von Syrien. Bürgerkrieg.

1958 Auf Ersuchen der Regierung *Einsatz von US-Truppen,* die nach Wie-
14. Juli derherstellung der inneren Ruhe – im Okt. – das Land wieder verlassen. – Im Nahostkonflikt Kriegserklärung an Israel, doch keine aktive
Teilnahme an den Kämpfen. Kritik Syriens und der Fedäijin. Daher
räumt Libanon 1968 Palästinensern eine „Zufluchtsstätte" ein
(Grenzgebiet zu den Golanhöhen); Guerillakrieg der Fedäijin gegen
Israel, dessen Gegenschläge auch die libanesische Bevölkerung treffen; Zusammenstöße zwischen Palästinensern und libanesischer
Armee.

1969 *Bürgerkriegsähnliche Unruhen:* das Land droht in einen christlichen,
April prowestlichen und in einen muslimischen, proarabischen Teil zu zer-
fallen, wobei sich die konfessionelle und die politische Trennungslinie
überschneidet. Trotz einem Abkommen zwischen Arafat und der
Armee (Nov. 1969), das die Fedäijin der libanesischen Kontrolle unterstellt und ihnen verbietet, von libanesischem Territorium aus gegen
Israel zu operieren, ist Libanon weiterhin israelischen Vergeltungs-
schlägen ausgesetzt. Seit April 1975 erneut Bürgerkrieg. Bildung der
Progressiven Front (Muslime, radikale Palästinenser, proirakische
Baath-Gruppen, „Nasseristen" u.a.m.) unter Führung von Kamal
Dschumblat (Druse), der einen sozialrevolutionären Staat ohne konfessionellen Proporz anstrebt. Christliches Lager: Teile der Armee
und die Falange (Maroniten mit ihren Milizen), geführt von P. Sche-
meijil mit dem Ziel, die bisherige Staatsform zu erhalten. Grausame
Kämpfe; Fluchtwanderung der Bevölkerung. Israel unterstützt militärisch das christliche Lager (offiziell im Aug. 1977 zugegeben). Die
staatliche Einheit Libanons droht zu zerbrechen. Gleichzeitig Krise
um Staatspräsident S. Franschije.

1976 *Elias Sarkis* (Maronit) am 8. Mai *Staatsoberhaupt* gewählt (Amtsan-
1. Juni tritt 23. Sept.). Syrien greift mit starken Armee-Einheiten zugunsten
der Falange ein. Abflauen der Kämpfe erst ab Oktober (ca. 30000
Tote, materielle Schäden auf 4 Mrd. $ geschätzt). – Im Frühjahr
1977 zeitweise Kämpfe, auch unter verfeindeten Palästinenser-
gruppen. Ermordung Dschumblats (16. März 1977).

1978 Israelische Intervention im Südlibanon gegen PLO-Stützpunkte, mili-
März tärische Unterstützung der christlichen Milizen des Majors Haddad

1979	(† Jan. 1984), der eine autonome Republik „Freier Libanon" proklamiert (18. April).
1981	Bürgerkrieg (seit 1975) wieder verschärft. Schwere Kämpfe der christ-
April	lichen Milizen („Falange") mit den Syrern.
1982	*Invasion Israels:* Kämpfe, anfangs auch mit Syrern, Einschluß West-
6. Juni	Beiruts (13./14. Juni) und Belagerung (22. Juli – 21. Aug.). *Abzug der*
21. Aug.	*PLO aus West-Beirut* nach US-Vermittlung; Aufnahme in verschie-
18. Sept.	denen arabischen Ländern; Massaker in palästinensischen Flüchtlingslagern Sabra und Chatila durch christliche Milizen mit israelischer Duldung.
21. Sept.	*Amin Gemayel* (Falange-Führer) mit Zustimmung Israels zum Staatspräsidenten gewählt. – Errichtung einer amerikanisch-französisch-britisch-italienischen Friedenstruppe in Beirut hat (1983) direktes westliches Eingreifen im Bürgerkrieg zur Folge.
1983	Israelisch-libanesisches Truppenrückzugs-*Abkommen* (17. Mai).
Okt./Nov.	Bürgerkrieg erneut verschärft. Syrer auf seiten der Drusen gegen christliche Milizen, *syrische Unterstützung für PLO-Rebellen* gegen
Dez.	den schließlich aus Tripoli evakuierten Arafat, *syrisch-amerikanische Konfrontation.*
1984	Regierung der nationalen Einheit unter *Raschid Karame* (26. April).
1987	Syrische Truppen marschieren in West-Beirut ein (22. Febr.).
1. Juni	Ministerpräsident Karame wird ermordet. Nachfolger wird *Selim al-Hoss.*
1988	Syrische Truppen marschieren in Süd-Beirut ein (27. Mai).
22. Sept.	Nach mehrmaligem Scheitern der Präsidentenwahl ernennt Präsident Gemayel eine Übergangsregierung unter General Michel Aoun,
1989	der die Wahl René Mouawads (maronitischer Christ) zum Präsiden-
13. Nov.	ten nicht anerkennt (5. Nov.). Neue Regierung Hoss (Moslem).
22. Okt.	Mitglieder des Parlaments verabschieden Abkommen von Taif zur Reform des politischen Systems.
22. Nov.	Staatspräsident Mouawad in West-Beirut ermordet; Nachfolger *Elias Hrawi* (24. Nov.) ratifiziert Abkommen von Taif.
1990	Nach massiven syrischen Bombenangriffen auf Beirut gibt General
13. Okt.	Aoun auf; „Syrischer Friede". Die Milizen ziehen ab 10. Nov. aus Beirut ab.

f) Transjordanien/Jordanien (vgl. S. 472)

	Als Großbritannien Palästina als Mandat übernimmt, trennt es davon
1923	1920 das Ostjordanland ab, das zum selbständigen *Emirat Transjor-*
25. März	*danien* unter britischer Mandatsverwaltung erklärt wird. Die militärische Führung hat seit 1931 der britische General J. B. Glubb Pascha, der Schöpfer der Arabischen Legion.
1946	**Unabhängigkeit.** Emir *Abd Allāh* (seit 1923) nimmt den *Königstitel*
22. Mai	an. Stationierung britischer Truppen gegen Subsidienzahlung (Ver-

trag von 1948). Im arabisch-israelischen Krieg 1948/49 (S. 777) erobert die Arabische Legion Ostpalästina (= Westjordanien) und die Altstadt von Jerusalem.

1950 Der Staat nimmt den Namen **„Haschimidisches Königreich Jorda-**
24. April **nien"** an. – Abd Allāh, der eine Verständigung mit Israel wünscht, wird 1951 ermordet. Seit 1953 ist sein Enkel *Husain II. König.*

1952 *Verfassung:* konstitutionelle Monarchie mit erblicher Königswürde
8. Jan. der Haschimiden.

Drei politische Gruppen: Anhänger der Dynastie (Armee und Beduinen, meist aus dem ostjordanischen Gebiet), die Nationalisten (z. T. gegen das Königshaus) und die sozialreformerischen, republikanischen Kreise (für Anschluß an Ägypten und Syrien; meist Palästinaflüchtlinge). Unter dem Druck der nationalistischen und proägyptischen Gruppen 1956 Entlassung Glubb Paschas und Kündigung des Militärpakts von 1948. Die Arabische Föderation mit dem Irak wird durch den Staatsstreich aufgehoben (S. 766 f.). Daher Anschluß an Saudi-Arabien mit enger Zusammenarbeit (Abkommen von 1962). Husain, prowestlich orientiert, versteht es, seine Stellung gegen die Opposition im eigenen Land und gegen die „progressiven" arabischen Staaten zu behaupten.

1967 Im Nahostkrieg verliert Jordanien die Altstadt von Jerusalem und
Juni Westjordanien (wirtschaftlich das ertragreichste Gebiet des Königreichs). – Husain ist für eine politische Lösung des Nahostproblems (Anerkennung der Existenz Israels in gesicherten Grenzen gegen Räumung der besetzten Gebiete). – Innere Krise, da die Fedäijin eine Art Nebenregierung in Jordanien errichten und den Sturz der Monarchie als Voraussetzung für den erfolgreichen Kampf gegen Israel proklamieren. Seit 1968 Zusammenstöße zwischen den Palästinensern und der königstreuen Armee.

1970 Offener, erbitterter **Bürgerkrieg,** in den Syrien zugunsten der Fedäijin
17. Sept. eingreift; die USA verstärken ihre Flotte im Mittelmeer (Intervention zugunsten Husains angekündigt). Waffenstillstand unter Vermittlung Nassers (Sept.) und Abkommen zwischen Husain und Arafät (Okt.). Ministerpräsident Wasfi at-Tall wird im Jan. 1971 von Mitgliedern des *„Schwarzen Septembers"* (Fedäijin-Gruppe) ermordet. 1971 neue schwere Kämpfe zwischen der Armee und den Palästinensern, die in Jordanien entmachtet werden.

1974 Husain erklärt, er betrachte Westjordanien nicht mehr als zu Jorda-
4. Nov. nien gehörig; keine Teilnahme an Verhandlungen über die Zukunft dieses Gebietes; keine Aktionen der PLO von (Rest-)Jordanien aus. – Umfangreiches Siedlungsprogramm für Ostjordanien.

1979 Ablehnung des ägyptisch-israelischen Friedensvertrages.

1980 Unterstützung des Irak im Krieg gegen Iran (Okt.).

1985 Ablösung des Ministerpräsidenten Ahmed Obeid durch Said ar-Rifai (4. April).

1986 Bruch mit der PLO wegen der Frage der Vertretung palästinensischer Interessen (19. Febr.).

1988 König Husain gibt finanziellen und politischen *Rückzug aus dem Westjordanland* bekannt (28. Juli).

1989 Ministerpräsident Rifai tritt nach Unruhen wegen des Sparprogramms zurück (24. April). Feldmarschall Zaid ibn Shaker zum
27. April neuen Premier ernannt.

8. Nov. Die ersten *Parlamentswahlen* seit 22 Jahren gewinnen islamische Kandidaten (40%).

6. Dez. Neue Regierung unter Mudar Badran.

1990 Politische Unterstützung des Irak in der Krise wegen der Annexion
ab Aug. Kuwaits.

g) Saudi-Arabien

Unter türkischer Herrschaft haben sich auf der Arabischen Halbinsel verschiedene Dynastien behauptet, u. a. die Wahhabiten, die seit 1902 Innerarabien unter ihre Herrschaft bringen und ihre Rivalen, die Haschimiden, ausschalten. 1926 wird **Abd al-Asīs III. Ibn Saʿūd**
1932 zum **König** des Hidschās proklamiert.
18. Sept. Das Königreich erhält den Namen **Saudi-Arabien.** Der Bruderschafts- und Bündnisvertrag mit Transjordanien, Irak und Jemen 1936/37 beseitigt dynastische Rivalitäten. Gründungsmitglied der Arabischen Liga, doch Neutralität im Palästinakrieg 1948/49. – Vorsichtige innenpolitische Reformen. Entdeckung von Erdöl (erschlossen von der Arabian American Oil Co. = ARAMCO).

1953 König *Saʿūd,* Sohn und *Nachfolger* von Abd al-Asīs, lehnt den „pro-
9. Nov. gressiven" arabischen Nationalismus ab; prowestliche Politik und Unterstützung der arabischen Monarchien. Die inneren Reformen werden nicht fortgesetzt.

1964 Saʿūd dankt zugunsten seines Bruders *Faisal* ab, der gegen den revo-
2. Nov. lutionären Panarabismus das Konzept der Islamischen Allianz stellt (vgl. S. 763 f.); Annäherung an die islamischen Staaten des CENTO-Pakts (besonders Iran), was die arabischen Nationalisten stets ab-
1967 lehnten. Im Nahostkrieg werden die Öllieferungen für alle Staaten, die Israel unterstützen, zeitweise eingestellt. In den Auseinandersetzungen zwischen den Fedāijin und Jordanien wird König Husain militärisch und finanziell unterstützt, doch hat Saudi-Arabien nach 1967 zahlreiche Palästinaflüchtlinge aufgenommen. Faisal befürwortet die Föderation Arabischer Emirate am Persischen Golf als Gegengewicht gegen das revolutionäre Arabertum. – In Dachran, von den USA als Luftstützpunkt ausgebaut, hat Washington noch Nutzungsrechte und beteiligt sich am Aufbau der saudiarabischen Streitkräfte. – Im ungelösten Nahostproblem sieht Riad den Boden für die Ausbreitung revolutionärer Bewegungen; Einsatz der „Waffe des Erdöls" (S. 581), um die USA von ihrer ausschließlich proisraelischen Haltung abzubringen bzw. sie zu drängen, bei der politischen Lösung im Nahen Osten die Initiative zu ergreifen.

1975 **Faisal** wird von einem seiner Neffen **ermordet** (Gründe unbekannt).

25. März **König** wird Faisals Bruder **Khalid.** Ausbau der politisch-ökonomi-
schen Vormacht.

1978 Zögerliches Einschwenken auf Ablehnungsfront gegen Ägypten; *ver-*
seit **1978** *stärkte Hinwendung zum Westen* auf wirtschaftlichem und militärischem Gebiet; Aufrüstung und rasante Industrialisierung.

seit **1979** Gestärkte Position als *weltgrößter Ölexporteur* nach „Islamischer Revolution" in Iran.

1980 Pragmatische Führung unterstützt Irak im Krieg gegen Iran, um Bedrohung durch islamischen Fundamentalismus zu mindern.

1982 **Tod König Khalids.** Kronprinz **Fahd,** bereits faktischer Regierungs-
13. Juni chef, wird sein Nachfolger.

1987 Vor der Großen Moschee in Mekka demonstrieren Iraner; Zusam-
31. Juli menstöße mit saudischen Sicherheitskräften.

1989 In Mekka wird erneut ein Anschlag verübt; kuwaitische Schiiten zün-
den zwei Sprengkörper (10. Juli).

1990 Bei einer Panik in einem Fußgängertunnel in Mekka kommen 1426
2. Juli Pilger ums Leben.

17. Sept. Aufnahme diplomatischer Beziehungen zur UdSSR.

ab Aug. Aufmarsch internationaler Truppenverbände an der Grenze zum
Irak.

1991 Krieg gegen Irak (17. Jan.–28. Febr).

h) Jemen

Der Jemen, seit 1517 unter osmanischer Herrschaft mit autonomer
Verwaltung, wird **1918 unabhängig.** Theokratische und feudalistische
Staats- und Gesellschaftsordnung; mehrfach Offiziersrevolten gegen
1962 den rückständigen inneren Kurs.

26. Sept. **Militärputsch** unter General *Abd Allāh as-Sallāl;* Kampf des Imam
gegen as-Sallāl, unterstützt von königstreuen Stämmen. *Bürgerkrieg*
10. Nov. zwischen Monarchisten und Republikanern. Militärpakt zwischen
as-Sallāl und der VAR (S. 725). Die Monarchisten erhalten Hilfe von
Saudi-Arabien. Innerhalb der Republikaner bildet sich eine Gruppe,
die die enge Bindung an die VAR ablehnt. Als die VAR nach dem
1967 6-Tage-Krieg ihre Truppen aus dem Jemen abzieht (vgl. S. 726), wird
4. Nov. *as-Sallāl gestürzt;* Nachfolger wird *Abd ar-Rachmān al-Irjanī.*

1970 Aufnahme früherer royalistischer Minister in Regierung und Präsi-
23. Mai dentschaftsrat. Offizielle *Einigung zwischen Regierung und Monarchisten* über die Beendigung des Bürgerkriegs. Erste *Verfassung* (28.
Dez. 1970). **Arabische Republik Jemen.** – Bemühen um Ausgleich
zwischen den Stammesfürsten und gemäßigt-fortschrittlichen Kreisen. – Grenzzwischenfälle mit dem benachbarten Südjemen (März
1972) führen zu offenen Kampfhandlungen (Sept. 1972); Schlich-
tungsversuche der Arabischen Liga; Waffenstillstand.

1974 *Militärputsch* unter *Ibrahim al-Hamidi;* Auflösung des Parlaments;
13. Juni Jemen zur „Arabisch-islamischen Republik und Teil der Arabischen
Nation" erklärt. – Im Sommer 1976 Verzicht auf sowjetische Waf-

1977   fenhilfe. Al-Hamidi wird im Okt. 1977 ermordet. Sein Nachfolger
1978   Ahmed Hussein al-Ghashmi, ab April 1978 offiziell Staatspräsident,
wird am 24. Juni 1978 ebenfalls ermordet. Sein Nachfolger wird
Oberstleutnant Ali Abdūllah Salih.
1981   Versöhnungsgespräche nach fortlaufenden Grenzstreitigkeiten mit
Nov.   der Demokratischen Volksrepublik Jemen (Südjemen), Verfassungs-
1982   entwurf für „Vereinigte Jemenitische Republik" ausgearbeitet (Jan.).
1990   Die Arabische Republik Jemen und die Demokratische Volksrepu-
22. Mai   blik Jemen vereinigen sich zur **Republik Jemen.** Staatsoberhaupt wird
Ali Abdullah Salin (AR Jemen), Ministerpräsident Haidar Abu Bakr
al-Attas (DVR Jemen).

i) Maskat und Oman – Emirate am Persischen Golf

Großbritannien schließt 1891 mit dem Sultan von Maskat einen
Freundschaftsvertrag (erneuert 1939 und 1951). 1920 gewährt der
Sultan von Maskat dem Imam (religiöses Oberhaupt) von Oman auch
weltliche Befugnisse unter seiner Oberhoheit. 1954 sucht sich das
Imamat als unabhängiges Fürstentum von Maskat zu lösen. Großbritannien interveniert 1957 zugunsten des Sultans und wirft den Aufstand nieder. – Entdeckung von Erdöl, dessen Ausfuhr seit 1967 beträchtliche Gewinne erzielt. Aufstände gegen die mittelalterlichen
Regierungsmethoden lösen 1970 den *Sturz des Sultans Sa'ıd ibn Tai-
mūr* aus; Nachfolger wird sein Sohn Sa'īd Qābis ibn Sa'īd; der Staat
nennt sich offiziell **„Sultanat von Oman".** Partisanentätigkeit der
„Volksfront für die Befreiung Omans und des Arabischen Golfes"
mit Unterstützung durch das radikale Regime Südjemens. Seit 1972
Kleinkrieg der regulären omanischen Armee *gegen Südjemen,* das auf
omanisches Gebiet (u. a. die Kuria-Muria-Inseln) Anspruch erhebt.
Iranische und jordanische Einheiten gegen die „Volksfront", die offiziell im Dez. 1975 als besiegt erklärt wird. – Der britische Luftwaffen-
stützpunkt auf der Insel Masirah wird am 31. März 1977 geschlossen.
1853 schließt Großbritannien mit sieben Emiraten am Persischen
Golf Protektoratsverträge (das Gebiet heißt seitdem **„Vertragskü-
ste");** bei völliger innerer Autonomie untersteht die Außenpolitik der
britischen Regierung (1892). Durch die Ankündigung des britischen
Abzugs östlich von Sues (S. 652) werden die Interessengegensätze
von Irak, Saudi-Arabien und Iran (sie haben schon früher in Form
von Gebietsansprüchen bestanden) erneut akut, die durch den arabischen Nationalismus noch verschärft werden (Aktionen der omanischen Befreiungsfront s. oben). Da sich in dieser Region etwa 65 %
der Welterdölvorräte befinden, Großbritannien, die USA und Frankreich die wichtigsten Investoren, die EWG und Japan die Hauptab-
nehmer von Erdöl sind, besteht allgemeines Interesse an politischer
Stabilität in diesem Raum, zumal Moskau und Peking sich ebenfalls

zunehmend engagieren. Auf britische Initiative hin laufen seit 1968 Verhandlungen über eine Föderation der „Vertragsstaaten".

1971
15. Juli Fünf Emirate schließen den **Föderationsvertrag;** der Herrscher von Abu Dhabi wird Präsident der „Union Arabischer Emirate" (2. Dez.), die mit Großbritannien einen Freundschaftsvertrag schließt. Abzug der britischen Truppen. Ras al-Chaima tritt der Union erst später bei.

14. Aug. Außerhalb der Union bleiben der Inselstaat Bachrain und Katar. **Bachrain** proklamiert offiziell seine **Unabhängigkeit,** kündigt die „besonderen" Beziehungen zu London und schließt mit diesem einen Freundschaftsvertrag. Im Abkommen vom 23. Dez. übernehmen die USA den früheren britischen Flottenstützpunkt Muharrak; gekündigt am 4. April 1976.

1. Sept. Das Sultanat **Katar** erklärt seine **Unabhängigkeit** und kündigt alle Sonderabkommen mit Großbritannien. Am 22. Febr. 1972 wird der Sultan von seinem Sohn gestürzt; britische Offiziere in Armee und Polizei werden abgesetzt („Arabisierung" angekündigt). Diplomatische Beziehungen zu Japan (Mai). In Verhandlungen mit westlichen Erdölgesellschaften sichern sich 5 Staaten am Persischen Golf (Okt./ Nov. 1972) bis zu 51% Anteil am Gewinn.

1981
25./26.
Mai Konstituierung des *„Golfrates"* für wirtschaftliche, politische und kulturelle Zusammenarbeit (Mitglieder: Bachrain, Emirate, Katar, Kuwait, Oman, Saudi-Arabien).

k) Kuwait

Kuwait, unter türkischer Souveränität, hat sich 1899 unter britischen Schutz gestellt; eine britisch-türkische Vereinbarung 1909 sichert dem Land Autonomie. – Aufstieg Kuwaits zu einem der größten Erdölproduzenten der Welt; Konzessionen an eine britische und an eine US-Gesellschaft. Seit 1952 ist Kuwait zu 50% an den Einnahmen aus den Ölgewinnen beteiligt, mit deren Hilfe der Staat nach und nach eine Art Wohlstandsoase schafft. Kuwait-Fonds für arabische Wirtschaftshilfe (gegr. 1962).

1961
19. Juli Völlige **Unabhängigkeit Kuwaits.** Aufnahme in die Arabische Liga. 1962 Verfassung, Mitglied der UN (1963). Neutralität gegenüber den Richtungskämpfen im arabischen Lager, doch wird das Konzept der Islamischen Allianz bevorzugt.

1967
Juni Im Nahostkonflikt Kriegserklärung an Israel, aber keine direkte Beteiligung an den Kämpfen. Nach dem Krieg Aufnahme von rd. 100000 Palästinaflüchtlingen; Subsidienzahlungen an die Fedäijin und an die vom Krieg am meisten betroffenen Staaten. – Obwohl der Irak 1932 und 1966 die Grenzen Kuwaits anerkannt hat, erhebt er immer wieder Ansprüche auf kuwaitisches Gebiet. –

1975/77 Verstaatlichung der Erdölindustrie.

1980 5. Okt.	Erste Mobilmachung in der Geschichte Kuwaits aus Angst vor Übergreifen der „Islamischen Revolution" aus Iran.
1985	Parlamentswahlen gewinnen die arabischen Linken (20. Febr.).
1990	*Irak* besetzt und *annektiert Kuwait* trotz internationaler Proteste (8. Aug.).
16. Okt.	Emir Dschaber verspricht Einhaltung der Verfassung für die Zeit nach der Befreiung Kuwaits.
1991	Angriff multinationaler Truppen auf Irak zur Befreiung Kuwaits (17. Jan.).

l) Aden und die Südarabische Föderation
(Demokratische Volksrepublik Jemen)

1839 erwarb Großbritannien Aden (wichtig für den Seeweg nach Indien) und schloß zwischen 1882 und 1914 mit den Sultanaten des Hinterlandes und an der südarabischen Küste Schutzverträge. 1935 wird Aden Kronkolonie und erhält 1937 einen eigenen Gouverneur. Der Jemen, der im 17. Jh. über diese Gebiete eine Art Oberhoheit ausgeübt hat, macht seine Ansprüche immer wieder geltend (häufige Grenzzwischenfälle). Wachsender Einfluß des sozialrevolutionären Arabertums. London wünscht daher einen Zusammenschluß der Protektorate.

1959	6 Sultanate des westlichen Protektorats schließen sich zur *Südarabischen Föderation* zusammen.
1962	*Beitritt Adens* zur Südarabischen Föderation. – Diese britische Maßnahme war in Aden schon vorher umstritten und löst 1964 den *offenen Aufruhr* aus. Bildung von Befreiungsorganisationen (gemäßigte und radikale Richtung), unterstützt vom Jemen und der VAR; Einsatz britischer Truppen, Ausnahmezustand. Schließlich Verhandlungen zwischen London und den beiden nationalistischen Gruppen.
1967 30. Nov.	Aden und sein Hinterland (Schaichtümer des westlichen und Fürstentümer des östlichen Protektorats) werden als **„Volksrepublik Südjemen"** unabhängig. – Weiterhin *innere Gegensätze* zwischen den konservativen, gemäßigten und radikalen Richtungen, dazu wirtschaftliche Schwierigkeiten: Arbeitslosigkeit in Aden infolge des Abzugs der Briten; sowjetische Militärmissionen erhalten Zugang zum Hafen und Flugplatz von Aden.
1969	Mit Salim Alī Rubai'a kommt der radikale Flügel an die Macht. Verstaatlichung ausländischer Unternehmen. Kämpfe mit Saudi-Arabien. Zinslose Kredite Pekings.
1970 30. Nov.	Umbenennung in **„Demokratische Volksrepublik Jemen"**. Bauernunruhen; Verfolgung politischer Gegner. Verstaatlichung privaten Besitzes. Grenzkämpfe mit der Republik Jemen (vgl. S. 773). Wirtschaftlich hält sich der Staat nur mit Hilfe Moskaus (jährlich 25 Mill. Rubel Wirtschaftshilfe). – 1976 stellt Südjemen die Unterstützung

1977   der omanischen Aufständischen ein und sucht Kontakte zu Nordjemen
16. Febr.   (Einfluß Saudi-Arabiens).
1978   Konflikt in der politischen Führung mündet in Sturz und Erschießung
27. Juni   Rubaias; Auseinandersetzungen mit der Republik Jemen und der
            Arabischen Liga.
1980   Rücktritt von Staatschef Abdul Fattah Ismail; Nachfolger Ali Nasser
21. April   Mohammed.
1981   Annäherung an die Arabische Republik Jemen (s. S. 774).
1986   Bürgerkrieg wegen Richtungskämpfen in der Jemenitischen Soziali-
            stischen Partei, JSP (ab 13. Jan.).
1990   Vereinigung mit der Arabischen Republik Jemen zur **Republik Je-**
27. Mai   **men,** Hauptstadt wird Sanaa.

m) Palästina/Israel

Seit der Eroberung durch die Muslime stand das Heilige Land (außer
z. Z. der Kreuzzüge) unter islamischer Herrschaft. Der Gedanke, in
Palästina einen jüdischen Staat zu schaffen, erwuchs im 19. Jh. bei
den Juden in der Diaspora, z. T. als Reaktion auf antisemitische Strömungen, z. T. als Abwehr gegen die „Assimilation" (= Aufgehen des
Judentums in modernen Staaten). *Erster zionistischer Kongreß 1897
in Basel; 1909 Gründung von Tel Aviv* (erste rein jüdische Stadt);
1911 erste Kibbuzim (freiwillige Kollektivsiedlung). Im Ersten Weltkrieg sucht Großbritannien die jüdische Unterstützung zu gewinnen.

1917   Der britische Außenminister Balfour bestätigt den Beschluß Lon-
2. Nov.   dons, in Palästina eine „nationale Heimstätte" für das jüdische Volk
           zu errichten; die Rechte nichtjüdischer Gruppen sollen nicht beein-
           trächtigt werden (sog. **Balfour Declaration**).
1919   Chaim Weizmann und Faisal (später König von Irak, S. 765) verein-
6. Jan.   baren die Zusammenarbeit des hebräischen und des arabischen Vol-
           kes bei der Entwicklung eines arabischen Staates in Palästina.
1920   Großbritannien erhält das Mandat über Palästina. – Die *jüdische
           Einwanderung,* besonders während des „Dritten Reichs", erregt seit
           etwa 1929 Unruhe unter den Arabern, die für Palästina einen Unab-
           hängigkeitsstatus unter der arabischen Mehrheit fordern. Die Juden
           bestehen darauf, daß ihre nationale Heimstätte zu einem unabhängi-
           gen Staat werden müsse *(Biltmore-Programm 1942).*
1947   Die UN billigen die *Teilung Palästinas* in einen arabischen (Trans-
29. Nov.   jordaniens S. 770) und einen jüdischen Staat. Protest der arabischen
           Staaten. Großbritannien legt sein Mandat am 15. Mai 1948
           nieder.
1948   Noch vorher **Proklamation des** unabhängigen und souveränen **Staates**
14. Mai   **Israel.** *Präsident Weizmann* († 1952), *Ministerpräsident David Ben
           Gurion* († 1973). *Krieg zwischen Israelis und Arabern;* die UN (ihr
           Bevollmächtigter, Graf Folke Bernadotte, wird von jüdischen Terro-
           risten ermordet) können erst 1949 einen Waffenstillstand vermitteln.

Rd. 80% der in Israel ansässigen Araber sind geflüchtet bzw. wurden
1949 vertrieben und dürfen nicht mehr zurückkehren.
4. Febr. Die *Knesset (Parlament)* tritt erstmals zusammen. – Vorrang der
Siedlungs- und Landwirtschaftspolitik, um die Anbaufläche zu erweitern. Anlage von Wehrdörfern an den Grenzen zu den arabischen
Staaten. Nach 1955 Umwandlung in ein Industrie- und Gewerbe-
land. – Zur Sueskrise s. S. 724.

1958 Da Israel vorläufig noch keine eigentliche Verfassung hat, werden
Febr. Grundgesetze erlassen. Das erste dieser Art ist das *Gesetz über die
Knesset:* sie ist die oberste Autorität und ihr ist die Regierung verantwortlich. – Das innere Gleichgewicht bestimmen sechzehn politische
Parteien, ein Niederschlag der Tatsache, daß die Bürger aus verschiedenen Ländern stammen und daher unterschiedliche religiöse und
politische Vorstellungen in ihre neue Heimat mitgebracht haben.
1963 Rücktritt Ben Gurions, Nachfolger *Levi Eschkol*, nach seinem
Tod 1969 *Golda Meïr* († 1978). Außenpolitischer prowestlicher Kurs
(1964 Handelsabkommen mit der EWG; 1965 Aufnahme diplomatischer Beziehungen zur BRD, vgl. S. 601). Der Gegensatz zwischen
Israel und den arabischen Staaten wurzelt darin, daß *in Palästina die
arabische und die zionistische Nationalbewegung aufeinanderstoßen*
(s. S. 763 f.). In den Kriegen 1948/49 und 1956 ging es für die Araber
um die Wiederherstellung des Zustands von vor 1948, für die Israelis
um die Existenz ihres Staates und um ihren Bestand als Staatsvolk.
Da weder das Problem der arabischen Palästinaflüchtlinge noch die
politischen Fragen zwischen Israel und seinen arabischen Nachbarn
gelöst wurden, entzündet sich der neue Konflikt an den gleichen
1967 Ursachen.
5. Juni **Präventivkrieg Israels** (S. 726 ; Verteidigungsminister *Moshe Dajjān*,
Sieger von 1956). – Bei den Versuchen, eine diplomatische Lösung
des Nahostkonflikts zu erreichen, besteht Israel auf direkten Verhandlungen mit den Arabern: Ausgangspunkt der jetzige territoriale
Stand; erst nach einem Friedensvertrag, der Israel sichere und anerkannte Grenzen bestätigt, ist ein teilweiser Rückzug aus den besetzten
Gebieten möglich, die Golanhöhen und Alt-Jerusalem ausgenommen
(Erklärungen u. a. im Juni 1967 und im Okt. 1968).

1973 Am jüdischen Versöhnungstag (Jom Kippur) koordinierter ägyp-
6. Okt. tisch-syrischer Angriff; Israel, von Angriffsabsichten unterrichtet,
ordnet Teilmobilisierung an, verzichtet aber auf den Präventivschlag.
Jom-Kippur-Krieg (vgl. S. 778). – Die innenpolitischen Gegensätze,
vor allem um die Zukunft der besetzten arabischen Gebiete und damit
um die politische Nahostlösung, vertiefen sich und spalten Regierung,
Parteien und öffentliche Meinung. Siedlungspolitik in den eroberten
Gebieten (u. a. Anlage von israelischen Wehrdörfern), von den UN
mehrfach verurteilt. Gleichzeitig Auseinandersetzung um einen lai-
zistisch bzw. theokratisch geprägten Staat. Vertrauensschwund
gegenüber der etablierten Führungsschicht; zudem schwere Finanz-
und Wirtschaftskrise.

1974 11. April	*Rücktritt von Golda Meïr;* Koalitionsregierung unter *Jitzhak Rabin* (3. Juni). – Entfremdung zu den USA, vor allem als Carter den Rückzug Israels auf „sichere Grenzen" (d. h. Rückgabe der besetzten Gebiete) fordert (Besuch Rabins in den USA, 7./8. März 1977). – Innere Krisen (Bestechungsaffären, Devisenvergehen). *Rücktritt Rabins* (4. April 1977); *Nachfolger Shimon Peres* (22. April).
1977 17. Mai	Bei den Wahlen zur Knesset *Sieg des* rechtsnationalistischen *Likud unter Menachem Begin,* Verfechter des Groß-Israel-Staates: Westjordanien als „befreites Gebiet". 20. Juni Kabinettsbildung; Begin Ministerpräsident.
19.–21. Nov.	Staatsbesuch des ägyptischen Präsidenten Sādāt, Rede vor der Knesset (20.), Aussprache mit Begin. Die sich anschließenden Friedensgespräche scheitern an der starren Haltung Israels. Die USA bemühen sich um Vermittlung.
1982 6.–17. Sept.	Normalisierung der Beziehungen zu Oman (27. Okt.). Konferenz von Präsident Carter, Präsident Sādāt und Ministerpräsident Begin in Camp David, dem Landsitz der US-Präsidenten. Ergebnis: Israel und Ägypten wollen innerhalb der nächsten drei Monate einen Separatfrieden schließen, eine umfassende Nahost-Lösung soll in fünf Jahren erreicht werden.
1979	Begin unterzeichnet **ägyptisch-israelischen Friedensvertrag** (26. März).
1981 30. Juni	*Neuwahlen* bestätigen Premier Begin. Auslandsverschuldung (USA) und Inflation steigen ständig. Fortsetzung der *Siedlungspolitik* in Westjordanien, Annexion der Golan-Höhen (14. Dez.).
1982	Rückgabe der letzten Gebiete des Sinai an Ägypten (25. April).
6. Juni	**Invasion im Libanon.**
1983 11. Febr.	Massaker in palästinensischen Flüchtlingslagern (vgl. S. 770) führen zum Rücktritt Verteidigungsminister Sharons.
17. Mai	Unterzeichnung des israelisch-libanesischen Truppenrückzugs-Abkommens.
28. Aug. 10. Okt.	*Begin kündigt Rücktritt an. Yitzhak Shamir* neuer Premier unter Fortsetzung der Koalition, Regierungskrisen. Abkommen über strategische Zusammenarbeit mit den USA, hauptsächlich gegen Syrien gerichtet.
1984 13. Sept.	Knessetwahlen: knappe Mehrheit des Arbeiterblocks (23. Juli); Peres Ministerpräsident; *Regierung der nationalen Einheit.*
1985	Israelische Luftwaffe zerstört das PLO-Hauptquartier in Tunis (1. Okt.).
1986	Peres übergibt das Amt des Premiers an Shamir (10. Okt.).
1987	Beginn des Volksaufstandes in den von Israel besetzten Gebieten *(Intifada)* (29. Nov.).
1988 22. Dez.	Nach langen Koalitionsverhandlungen billigt die Knesset das neue Kabinett Shamir.
1990 15. März	Die Koalition kann sich nicht über den Friedensplan von US-Außenminister Baker und geplante israelisch-palästinensische Gespräche einigen. Infolgedessen wird die Regierung als erste Regierung Israels durch ein Mißtrauensvotum gestürzt.

11. Juni Neue Regierung Shamir mit Likud und ultrarechten und religiösen Splittergruppen.

8. Okt. An der Klagemauer in Jerusalem kommt es zu schweren Zusammenstößen zwischen Polizei und Palästinensern. Mehrere Tote, weltweite Proteste.

1991 Irakische Raketenangriffe auf Israel (18. Jan.–Ende Febr.); keine Vergeltungsmaßnahmen, um die arabisch-amerikanische Koalition gegen Irak nicht zu sprengen. Nach Ende des Kriegs um Kuwait zunehmende Forderung nach Lösung der Palästinenserfrage.

n) Iran/Persien (Forts. v. S. 442)

Als Reaktion auf die ausländischen Einflüsse entsteht eine nationale Bewegung. *1920 Staatsstreich* von Mohammed Resā Chān, der als Ministerpräsident eine starke Zentralregierung aufbaut.

1921 *Vertrag mit der RSFSR*, in dem diese die persisch-russische Grenze

26. Febr. von 1881 anerkannt und auf alle Rechte verzichtet.

1925 Das Parlament *setzt Achmad Schāh ab* und überträgt **Resā Chān** die

12. Dez. erbliche Würde als **Schāh (Dynastie Pachlawī).** – Modernisierung des Landes, Abschaffung der Sonderstellung der Ausländer, Bau der Transiranischen Eisenbahn (1938 beendet). 1933 Abkommen mit Anglo-Iranian Oil Co., das dem Staat höhere Ertragsanteile sichert.

1934 Persien erhält die **amtliche Bezeichnung Iran.**
Im Zweiten Weltkrieg wird Iran zeitweise von britischen und sowjetischen Truppen besetzt (vgl. S. 561), der Schāh muß zugunsten seines Sohns *Mohammed Resā* abdanken (1941). – Nach 1945 wirtschaftliche und politische Krisen.

1951 *Nationalisierung der Erdölindustrie;* London verhängt eine Ölblokkade. Der Konflikt wird 1954 beigelegt: Entschädigung der Anglo-Iranian Oil Co., Ölgewinne zu gleichen Teilen an den Staat und ein internationales Konsortium. Gleichzeitig Konflikt zwischen dem Schāh und Ministerpräsident Mosaddegh, der die Rechte des Schāhs beschneiden will. Die Armee stürzt Mosaddegh (1953). 1955 Beitritt

1959 zum Bagdadpakt.

5. März *Beistandspakt mit den USA,* die wirtschaftliche und militärische Hilfe garantieren.
Labile innere Lage und starke soziale Gegensätze (Großgrundbesitzer, Kleinbauern; Massenarmut). Durch die vom Schāh 1963 verfügte sog. „Weiße Revolution" (Landreform; sozialpolitische Maßnahmen) soll die Lage der Bauern verbessert werden. „Armee des Wissens" für die Volksbildung (Abiturienten geben Unterricht als Ersatz für den Militärdienst). Unruhen von Studenten und anderen Kreisen werden z. T. durch Militäreinsatz unterdrückt, einige Todesurteile vollstreckt. Demokratische Formen geben den äußeren Rahmen ab. Modifizierung der *Außenpolitik:* unbeschadet der prowestlichen Orientierung gute Beziehungen zum Ostblock (der Schāh 1968 und 1972 in Moskau; Podgornyj 1970 in Teheran; Eröffnung der Transirani-

schen Erdgasleitung). Verbindungen zu den arabischen Monarchien (vgl. S. 771) als Gegengewicht gegen den revolutionären Nationalismus, vor allem im Gebiet des Persischen Golfs, wo Iran nach dem Rückzug der Briten seine Vormachtstellung – besonders gegen den
1971 Irak – sichern will..
17. Aug. Aufnahme diplomatischer Beziehungen zu Peking. – Forcierte Industrialisierung auf der Grundlage der Erdölwirtschaft: da die Erdölvorräte vermutlich Ende des Jh. erschöpft sein werden, Drosselung der Erdölförderung bei gleichzeitiger Preiserhöhung, um mit den Einnahmen eine neue Wirtschaftsbasis aufzubauen. Gemeinschaftsprojekte mit ausländischen Staaten (u. a. 1975 mit BRD und UdSSR über Erdgaslieferungen; Bau von Kernkraftwerken). – Verzerrte Wirtschafts- und Sozialgliederung.
1977 Iamshid Amoūzegar löst Amir Abbas Hoveida (seit 27. Jan. 1965)
7. Aug. als Ministerpräsident ab. – Die vom Schah betriebene rasche Industrialisierung (Iran übernimmt 1976 25 Prozent des Stammkapitals von Krupp) wird von den religiösen Führern, den Mullahs, abgelehnt, die eine Re-Islamisierung fordern. Schwere Unruhen in mehreren Städten führen zum teilweisen Verhängen des Kriegsrechts.
1978 Ab Sommer 1978 Verschärfung der Unruhen. 27. Aug. neuer Ministerpräsident Dschaafar Scharif Emami. Vorsichtige Liberalisierung und Demokratisierung (Zulassung neuer Parteien), Wiedereinführung der islamischen Zeitrechnung. – 6. Nov. Generalstabschef Gholam Reza Azhari neuer Regierungschef.
1979 4. Jan. Ablösung der Militärregierung durch *Schahpur Bakhtiar*. – *Flucht des Schah* (16. Jan.; † 1980). Symbolfigur des Widerstands, *Ayatollah R. Chomeiny*, aus dem Exil zurück (1. Febr.).
1. April Ausrufung der **Islamischen Republik Iran.** – Abnahme der Rohölförderung, Verschlechterung der Wirtschaftslage.
1980 Wahl des bürgerlich-pragmatischen *Bani-Sadr* zum Präsidenten
Ab 23. (Jan.); Wahlsieg der orthodoxen „Islamisch-Republikanischen Par-
Sept. tei"/IRP (Mai). *Krieg mit dem Irak* (vgl. S. 741).
1981 Geiselnahme in der Teheraner US-Botschaft (seit 4. Nov. 1979) been-
20. Jan. det.
22. Juni Sturz Bani-Sadrs; wachsende Abhängigkeit der Regierung von Chomeiny: Gewaltherrschaft, Massenexekutionen (über 4000 Menschen allein bis Febr. 1982).
29. Juni/ Attentate und Bombenanschläge der oppositionellen Volksmudscha-
30. Aug. heddin.
1982 Invasion in den Irak (ab 14. Juli); Stabilisierung des Regimes.
1983 Unterstützung islamisch-fundamentalistischer Bewegungen in Nachbarstaaten.
1985 *Hojatoleslam Ali Khamenei* gewinnt die Präsidentschaftswahlen (19. Aug.).
13. Okt. Mir Hossein Musavi weiter Regierungschef.
1986 Geheime Waffenlieferungen der USA an Iran aufgedeckt *(Iran-Contra-Affäre)* (4. Nov.).

1988	Parlamentswahlen: radikalislamische und sozialrevolutionäre Kräfte
13. Mai	setzen sich durch.
30. Juni	Musavi als Ministerpräsident bestätigt.
20. Aug.	*Waffenstillstand* im Golfkrieg.
1989	Revolutionsführer Ayatollah Chomeiny stirbt. Staatspräsident Kha-
4. Juni	menei ist Nachfolger.
28. Juli	*Rafsanjani* zum Präsidenten mit erweiterter Macht gewählt.
1991	Iran setzt Manöver an der Grenze zum Irak an, bleibt im Kuwaitkon-
Jan	flikt aber neutral.

o) Afghanistan (Forts. v. S. 443)

1929–1933	Nach einer Zeit blutiger Wirren ruhige Entwicklung *unter Nādir;* 1931 Verfassung. *Beginn sorgfältig überlegter Reformen,* die nach Ermordung Nādirs (1933) sein Sohn Sāhir Schāh durchführt. – Im Zweiten Weltkrieg Neutralität; nach 1945 bündnisfreie Außenpolitik, von West und Ost respektiert (Aufbauhilfe von beiden Seiten).
1964	Neue *Verfassung,* die den Mitgliedern der königlichen Familie die Teilnahme an der Regierung untersagt.
1965	Aufgrund allgemeiner Wahlen (Frauenstimmrecht; keine Parteien)
14. Okt.	tritt das *erste Parlament* zusammen. – Nicht frei von Spannungen ist das Verhältnis zu Pakistan: Afghanistan fordert für die Pathanen (ethnisch mit den afghanischen Völkerschaften verwandte Grenzbevölkerung), die in Pakistan siedeln, das Selbstbestimmungsrecht bzw.
1972	die Errichtung eines autonomen Staates „Paschtunistan". Im Jan. Besuch von Präsident Bhutto in Kabul.
1973	Am 17. Juli wird Sāhir Schāh von General Dāʿūd gestürzt. Afghanistan **Republik.**
1977	Neue *Verfassung:* Präsidialsystem; Einheitspartei; Parlament mit be-
24. Febr.	ratender Funktion. – Zivilregierung (18. März).
1978	Präsident Dāʿūd wird durch Militärputsch gestürzt und findet dabei
27. April	den Tod. 30. April Proklamierung der „Demokratischen Republik Afghanistan". Ministerpräsident und Staatspräsident Nur Mohammed Taraki; enge Bindung an die UdSSR.
1979	Rücktritt Tarakis († 9. Okt.); Nachfolger (16. Sept.) H. Amin.
27./28.	Putsch Babrak Karmals, **Invasion sowjetischer Truppen.** Weltweiter
Dez.	Protest, Boykott der UdSSR (Getreidelieferungen, Olympische Som-
1980	merspiele in Moskau) v.a. durch die USA und einen Teil ihrer Ver-
Jan.	bündeten. *Widerstandskampf* gegen sowjetische Besatzungsarmee auf breiter Front. Flucht von ca. 1,7 Mill. (bis Okt. 1982) Afghanen nach Pakistan.
1984	3. Afghanistan-Gespräch in Genf (besonders zum Flüchtlingspro-
24.–30. Aug.	blem) ergebnislos.
1987	*Mohammed Najibullah* wird von einer von ihm einberufenen Stam-
30. Nov.	mesversammlung zum ersten Präsidenten der Republik Afghanistan gewählt.

1988   Der *Afghanistan-Vertrag* regelt Verhältnis zu Pakistan, Rückkehr der
14. April Flüchtlinge, und Abzug der sowjetischen Truppen (ab 15. Mai).
1990   Schwere Kämpfe zwischen rivalisierenden Gruppen um Provinz-
9. Okt. hauptstädte; Regierungstruppen schlagen Angriffe auf Kabul zurück.

2. Zentralasien

a) Tibet (Forts. v. S. 444)

Nach dem Sturz der Ch'ing-Dynastie ist Tibet faktisch unabhängig;
China gibt jedoch seinen Anspruch auf Tibet nicht auf. 1950 fallen
chinesische Truppen ins Land ein.

1951   Chinesisch-tibetisches Abkommen: Tibet wird unter Wahrung seiner
23. Mai nationalen Regionalautonomie der VR China eingegliedert.
1959   Tibetischer Aufstand gegen China, den dieses grausam unterdrückt.
März Flucht des Dalai-Lama nach Indien.
1965   Im Aug. Schaffung einer autonomen Region Tibet; Volkskongreß gebildet.

b) Mongolische Volksrepublik (Forts. v. S. 443)

Anfang 1921 wird die Äußere Mongolei von der „weißen" Armee
(S. 505) besetzt, die den verbündeten Mongolen und Sowjets unterliegt. Die Innere Mongolei bleibt unter chinesischer Herrschaft.

1921   Die Äußere Mongolei erklärt ihre Unabhängigkeit und schließt im
10. Juli Nov. einen Freundschaftsvertrag mit der RSFSR.

Mit der Äußeren Mongolei ist *Urjanchai* eng verbunden. 1911 erklärt
es seine Unabhängigkeit, wird aber von Russen besetzt; 1914 russisches Protektorat. 1921 Errichtung der VR *Tannu-Tuwa, die 1944
als Tuwinische Autonome Oblast in die UdSSR eingegliedert wird.*

1924   **Proklamation der Mongolischen Volksrepublik.** Starke politische,
26. Nov. wirtschaftliche und kulturelle Bindungen an die UdSSR.
1945   *UdSSR und China erkennen die Unabhängigkeit der Mongolischen
14. Aug. VR an;* die Volksabstimmung im Okt. spricht sich für die Unabhängigkeit von China aus. – Das Land bleibt Objekt des sowjetisch-chinesischen Wettbewerbs (Freundschafts- und Wirtschaftsverträge mit
Moskau und Peking). Aufnahme in die UN.
1962   Ein Grenzvertrag legt die bisher nie genau bestimmte Grenze zwi-
Dez. schen der VR China und der Mongolischen VR fest. – In den chinesisch-sowjetischen Auseinandersetzungen entscheidet sich die Mongolische VR für Moskau (Beistandsabkommen 1966). Peking erklärt
1969 das Grenzabkommen von 1962 für ungültig und stellt Gebiets-
forderungen. 1970 sind mehrere sowjetische Divisionen in der Mongolischen VR stationiert. 1972 Aufnahme diplomatischer Beziehungen zu Bangla Desh, den Niederlanden, Japan und Australien.
Enger Verbündeter der UdSSR in Auseinandersetzungen mit China.

1990 Erfolgreicher Abschluß der Verhandlungen über den Abzug der so-
2. März wjetischen Truppen bis 1992. Nach massiven Demonstrationen für
mehr Demokratie tritt im März das Politbüro zurück, eine *Verfassungsänderung* läßt Parteien zu. Neuer Staatspräsident wird *Punsal-
maagyin Ochirbat.*

22./29. *Parlamentswahlen* bringen infolge der kurzen Vorbereitungszeit *Sieg
Juni der Regierungspartei* MRVP. Ministerpräsident wird Dasch Bijamba-
sunen (11. Sept.).

3. Südasien

a) Britisch-Indien (Forts. v. S. 445)

*Trotz des 1892 gewährten bedingten Wahlrechts nimmt das Streben
nach Unabhängigkeit in Indien vor dem Ersten Weltkrieg zu. Während
des Krieges wird die Position der englischen Regierung in der Hoffnung
auf baldige Selbstregierung unterstützt.*

1906 Gründung der *Moslemliga.*

1916 Hindus und Muslime fordern im *Pakt von Lucknow* gemeinsam die
Autonomie.

1919 Das „*Blutbad von Amritsar*" fordert mehr als 1000 Tote, als britische
Truppen in eine Volksmenge feuern.

Dez. Direkte Folge ist der *Montagu-Chelmsford Report,* der die allmähliche Einführung der Dyarchie – innere Autonomie, gewisse „reser-
vierte" Gebiete wie Sicherheit, Finanzen u. a. bleiben dem Vizekönig
vorbehalten – bis 1935 vorsieht.

1920–1922 Im *ersten Satyagraha-Feldzug* entwickeln sich unter der Leitung von
Mohandas Karamchand Gandhi, gen. **Mahatma** (= „große Seele";
* 1869, † 1948), die Kampfmittel des *passiven Widerstands* (civil dis-
obedience); gleichzeitig wird unter dem Schlagwort Svadeschi mit
Heimspinnen und Salzgewinnung gegen englische Handelsmonopole
gekämpft.

1929 In einem Ultimatum an England wird der Dominionstatus für Indien
innerhalb eines Jahres gefordert.

1930 Im *zweiten Satyagraha-Feldzug* werden Gandhi und viele seiner
Anhänger verhaftet.
Die Gespräche am „Runden Tisch", Nov. 1930 – Nov. 1932, bringen
kein Ergebnis.

1935 Die *Government of India Act,* die Dyarchie und Autonomie der Pro-
vinzialregierungen vorsieht, wird verabschiedet. Sie tritt 1937 in
Kraft. Die Kongreßpartei beteiligt sich an den Wahlen und geht aus
ihnen in 6 von 11 Provinzen als Sieger hervor.
Der Versuch Subhas Chandra Boses, mit deutscher und japanischer
Unterstützung während des Zweiten Weltkriegs einen gewaltsamen
Widerstand ins Leben zu rufen, scheitert. Gleichzeitig setzt Gandhi
seinen Kampf im *dritten Satyagraha-Feldzug* fort.

1942   Großbritannien bietet Indien den Dominionstatus an. Dies wird von den indischen Führern in der „Quit-India"-Entschließung abgelehnt. – Nach dem Krieg leitet die englische Labourregierung unter Premierminister Attlee die Übergabe der Macht in Indien ein.

1947   Der **India Independence Act** sieht – einer Forderung des Moslemfüh-
22. Febr.   rers Mohammed Alī Jinnah (Dschinnāh; vgl. S. 788) entsprechend – zwei unabhängige Staaten auf indischem Boden vor, die (hinduistische) Indische Union und das (islamische) Pakistan. Die Teilung führt zu blutigen Unruhen mit großen Opfern auf beiden Seiten und riesigen Flüchtlingsströmen.

Die Indische Union (Bharat)

1947   **Unabhängigkeitserklärung** Indiens als *Dominion* im Rahmen des
15. Aug.   *British Commonwealth of Nations.*

1948   Am 30. Jan. Mahatma **Gandhi** von einem indischen Nationalisten **ermordet.**
Den indischen Fürstenstaaten ist der Anschluß an die Indische Union freigestellt. Doch unter starkem Druck der indischen Regierung werden alle diese (unter britischer Regierung halbautonomen) Gebiete eingegliedert.

Sept.   Die indische Armee besetzt das *Territorium des Nizam von Haiderabad* („Polizeiaktion").
Um das Königreich **Kaschmir** kommt es zum Krieg zwischen Indien und Pakistan, da der hinduistische Fürst sich gegen den Willen der muslimischen Mehrheit seiner Untertanen der Indischen Union anschließen will.

1949   *Waffenstillstand mit Teilung.* Kaschmir bleibt ein dauernder Unruhe-
1. Jan.   herd; die UN vermögen keinen Frieden herzustellen.

1950   **Verfassung** der Indischen Union als demokratische, föderative **Repu-**
26. Jan.   **blik,** bestehend aus 27 Bundesstaaten und 6 Territorien; Indien bleibt im Commonwealth. – Mit *Sikkim* und dem halbautonomen Königreich *Bhutan* werden *Protektoratsverträge* abgeschlossen. Dank Ministerpräsident **Jawaharlal Nehrus** (* 1889, † 1964) Doktrin von der *„dynamischen Neutralität"* wird Indien in der Folgezeit eines der führenden Länder unter den blockfreien Staaten.

8. April   Indien und Pakistan schließen ein *Abkommen zum Schutz der* auf dem jeweiligen Staatsgebiet lebenden *Minderheiten.*

1954   *Koexistenzabkommen* mit der *VR China,* das Regelungen über den Pilgerverkehr zwischen Indien und Tibet enthält.

1. Nov.   Übergabe der letzten französischen Besitzungen an Indien.

1955   Die freiwillige *Bodenreform* wird abgeschlossen. Trotzdem steht der Staat auch weiterhin vor *großen Problemen:* Übervölkerung, Hungersnöte, mangelnde Industrie, unterdurchschnittliche Bildung, religiöse Vorurteile. Naturkatastrophen und Separationsbestrebungen einzelner Gruppen (Sikhs, Nagas in Assam). Durch Fünfjahrpläne und mit Hilfe massiver ausländischer Wirtschaftshilfe wird versucht, dieser Probleme Herr zu werden.

1956
1. Nov.
Reorganisation der staatlichen Gliederung der Union: 14 statt wie bisher 27 Bundesstaaten. Unter Mißachtung der Resolution des UN-Sicherheitsrats werden die *besetzten Gebiete Kaschmirs eingegliedert.*

1957
26. Jan.

1958
März
Gewählte kommunistische Regierung im Bundesstaat *Kerala;* sie wird im Juli 1959 von der Zentralregierung ihres Amts enthoben.

1959 –
1963
Indisch-chinesischer Grenzkonflikt; ergebnislose Verhandlungen Nehru–Chou En-lai; chinesische Truppen dringen tief in indisches Territorium im Himalaya ein. Waffenstillstand; Abzug der Chinesen (März 1963). Der Grenzkonflikt „versteinert". Die diplomatischen Beziehungen zwischen beiden Staaten normalisieren sich erst im April 1976.

1960
11. Jan.
Abkommen mit Pakistan regelt strittige Grenzfragen im Pandschab und die Nutzung des Indus zur Bewässerung.

Nachdem Portugal sich 1955 geweigert hat, seine indischen Besitzungen abzutreten, und

1961
18. Dez.
unbewaffnete Annexionsversuche zu keinem Ergebnis geführt haben, besetzt die indische Armee Gôa, Damão und Diu. Damit sind die letzten fremden Besitztümer auf dem indischen Subkontinent eingegliedert.

1964
Tod Nehrus (27. Mai).

1965
Freischärleroperationen in Kaschmir und *Steitigkeiten* um die Demarkation *im Rann von Katch* (Sind) führen zum *zweiten indisch-pakistanischen Krieg,* der in der Konferenz von *Taschkent* unter sowjetischer Vermittlung beigelegt wird. – Nach dem Tod von Premierminister Shastri in Taschkent wird *Indira Gandhi* (* 1917), die Tochter Nehrus, neuer *Regierungschef.*

1966
10. Jan.

1968
„President's Rule", d.h. direkte Verwaltung durch die Zentralregierung in mehreren Bundesstaaten. Schwere Unruhen vor allem in Bengalen durch die maoistisch orientierten Naxali.

1971
Indien unterstützt die Unabhängigkeitsbestrebungen in Ostbengalen. Dies und die etwa 10 Mill. Flüchtlinge, die auf indischem Gebiet vor der pakistanischen Armee Zuflucht suchen, führen zum

3. Dez.
dritten indisch-pakistanischen Krieg. Indien wird dabei von der Sowjetunion unterstützt.

1972
März
Nach diesen als außenpolitische Erfolge gewerteten Ereignissen gewinnt die Kongreßpartei unter Indira Gandhi einen überwältigenden Sieg bei den Wahlen zu den Parlamenten der Bundesstaaten.

1974
18. Mai
Indien zündet unterirdisch seinen *ersten Atomsprengsatz.* Aufgrund interner Auseinandersetzungen in Sikkim (S. 749).

1975
15. Mai
Einmarsch indischer Truppen; *Sikkim* wird zum indischen Bundesstaat erklärt und damit *offiziell annektiert.*

Innere Krise, als das Gericht von Uttar Pradesh Frau Gandhi wegen illegaler Praktiken im Wahlkampf verurteilt und ihr die Ausübung eines Wahl- oder Regierungsamtes untersagt. Auf Betreiben Frau

26. Juni   Gandhis verhängt der Staatspräsident den Ausnahmezustand. Wichtige Grundrechte werden suspendiert, oppositionelle Politiker verhaftet.

1977   Die Parlamentswahlen gewinnt der oppositionelle *Janata-(Dscha-*
16.–20.   *nata-)Block* (Sozialisten, Bauernpartei, Hindu-Nationalisten, Dissi-
März   denten der Kongreßpartei, Unberührbare, Muslime) mit 270 Sitzen; die Kongreßpartei erhält 153 Sitze. Ausnahmezustand aufgehoben (21. März) und Rücktritt Frau Gandhis, die auch kein Abgeordnetenmandat gewonnen hat (22. März). *Neuer Premier Morarji Desai* (Janata-Block; 24. März). Der Janata-Block konstituiert sich am 1. Mai als Partei.

1978   I. Gandhi siegt bei Nachwahlen, Rückkehr ins Parlament (5. Nov.).

1979   Rücktritt Premier Desais (15. Juli).

1980   *Zweidrittelmehrheit für Kongreß-Partei* bei Parlamentswahlen: 4. Re-
3.–6. Jan.   gierung Gandhi (14. Jan.).
Blutige Unruhen in Assam gegen Einwanderer aus Bangla Desh und Westbengalen.

1981   „Staatssicherheitsgesetz" (1 Jahr Haft ohne Verfahren möglich) ge-
23. Sept.   gen Opposition.

1982   45% der Inder leben unterhalb der offiziellen Armutsgrenze.

1984   Ministerpräsidentin Gandhi ermordet. Nachfolger wird ihr Sohn *Ra-*
31. Okt.   *jiv Gandhi.*

3. Dez.   Giftgaskatastrophe in der Stadt Bhopal: mehr als 2000 Tote und etwa 200 000 Verletzte.

Dez.   Parlamentswahlen: glänzender Sieg der Kongreßpartei unter R. Gandhi.

1986   Landesweiter Generalstreik gegen die Preispolitik der Regierung (26. Febr.).

25. Nov.   Staatsbesuch von Michail Gorbatschow, Generalsekretär der KPdSU. Unterzeichnung eines Abkommens gegen den Einsatz von Atomwaffen.

1987   Anhaltende Gefechte an der Grenze zu Pakistan; Grenzabkommen
Jan.   am 4. März.

Juni   Indien unterstützt Tamilen auf Sri Lanka gegen die Regierungstruppen.

13. Juli   *Ramaswami Venkataraman* wird Staatspräsident.

29. Juli   Abkommen mit Sri Lanka über die Beilegung des Tamilenkonfliktes.

9. Dez.   Massendemonstrationen fordern den Rücktritt der Regierung Gandhi.

1988   *Verfassungsänderung:* der Premierminister wird ermächtigt, die Bun-
23. März   desstaaten per Ausnahmezustand direkt zu regieren.

15. Aug.   Bildung der Samajwadi Janata Dal (Demokratische Volkspartei) unter Vishnawath Pratap Singh.

1989   Indien verfügt erstmals über Mittelstreckenraketen (22. Mai).

22.–26.   Die Kongreßpartei verliert bei den Parlamentswahlen die Mehrheit;
Nov.   Premierminister wird *V. P. Singh,* Führer des Parteienbündnisses National Front.

1990	Nach Rücktritt Singhs wird der Führer des abgespaltenen linken Flü-
10. Nov.	gels der Janata Dal, *Chandra Shekhar,* Premierminister.
1991	Rücktritt der Regierung Chandra Shekhars (6. März).

b) Pakistan

1947 Aufgrund des India Independence Act (S. 785) wird der **unabhängige**
15. Aug. **Staat Pakistan** (Pākistān; Pandschab, Afghan-Frontier, Kaschmir,
Sind und Belutschistan) als Dominion gegründet. Generalgouverneur
ist *Mohammed Alī Dschinnāh* († 1948). Fluchtwanderungen, s.
S. 785. Zankapfel zwischen Indien und Pakistan bleibt Kaschmir
(S. 785 f.).
Prowestlicher *außenpolitischer Kurs:* Mitglied der SEATO und des
Bagdadpakts bzw. der CENTO. Im Verteidigungsabkommen mit den
USA 1959 garantieren diese Pakistan Hilfe im Falle eines Angriffs
durch eine dritte Macht. – *Innenpolitische Schwierigkeiten,* um aus
West- und Ostpakistan – sie sind rd. 1600 km (Luftlinie) voneinander
entfernt – einen einheitlichen Staat zu bilden und die gegensätzlichen
Interessen auszugleichen: die beiden Landesteile sind ethnisch, wirt-
1955 schaftlich, sprachlich und kulturell nicht homogen.
Sept. Vereinigung der westlichen föderativen Bundesländer zur Provinz
Westpakistan.

1956 Die **„Islamische Republik Pakistan"** wird **proklamiert;** sie bleibt im
23. Febr. Commonwealth. Gleichberechtigung von Ost- und Westpakistan.
Staatspräsident ist Iskandar Mīrzā.

1958 Iskandar Mīrzā setzt die Verfassung außer Kraft, verbietet die Par-
7. Okt. teien und entläßt die zentrale und die provinzialen Regierungen.
General *Mohammed Ajjūb Chān,* Oberbefehlshaber der Armee, erhält die vollziehende Gewalt und wird – nach Rücktritt von Iskandar
Mīrzā – *Staatspräsident* (28. Okt.).

1962 Neue *Verfassung;* Präsidialdemokratie. Wahlen zum Zentralparla-
März ment und den beiden Landesparlamenten. – Außenpolitisch Entfremdung zu den USA, die Indien seit seinem Konflikt mit der VR
China Waffenhilfe gewähren; Pakistan nähert sich daher der VR
1963 China. Das *Abkommen* zwischen der *VR China und Pakistan* be-
2. März stimmt die Grenze zwischen Ostturkestan und dem von Pakistan besetzten Teil Kaschmirs (Āsād Kaschmīr). – Auch im indisch-pakistanischen Krieg 1965 (S. 786) fühlt sich Pakistan vom Westen im Stich
gelassen; ein internationales Schiedsgericht spricht Indien 90% des
umstrittenen Gebiets zu (1968). Zunehmende *Unzufriedenheit* mit
Ajjūb Chāns Regime. Starke soziale Mißverhältnisse: tonangebend
sind 22 reiche Familien (Großgrundbesitzer und Unternehmer).
Ostpakistan bleibt, wie schon seit der Staatsgründung, politisch und
wirtschaftlich *benachteiligt,* obwohl es die Hälfte des pakistanischen
Exports deckt und sein Steueraufkommen höher ist als das Westpaki-

stans. Die ostpakistanische Awāmī-Liga unter Schaich *Mudschīb ur-Rachmān* fordert die Autonomie. In Westpakistan geht der Widerstand gegen das autoritäre Regime von der jüngeren Generation und den Intellektuellen aus, führend *Zülfiqār Alī Bhutto* und seine Pakistanische Volkspartei.

1969   Rücktritt Ajjūb Chāns; die Staatsgewalt übernimmt *General Agha*
25. März   *Mohammed Jahjā Chān* (Yahya Khan), der die Wiederherstellung der Demokratie verspricht (die neue Nationalversammlung soll eine Verfassung ausarbeiten).

1970   Bei den allgemeinen *Parlamentswahlen* entfallen in Ostpakistan auf
Dez.   die *Awāmī-Liga die meisten Stimmen,* die damit auch die Mehrheit aller Parlamentssitze im Gesamtstaat besitzt; zweitstärkste Partei ist die Pakistanische Volkspartei. Da es zwischen Bhutto, Jahjā Chān und Mudschīb ur-Rachmān zu keiner Einigung kommt, wird die Parlamentseröffnung auf unbestimmte Zeit vertragt und das Kriegsrecht verhängt. Daraufhin schwere Unruhen in Ostpakistan, das als
26. März   **Bangla Desh** (Freies Bengalen) seine **Unabhängigkeit** erklärt (s. S. 790). Einsatz der (westpakistanischen) Armee. Der *Bürgerkrieg* wird auf beiden Seiten mit größter Grausamkeit geführt (Guerillaverbände; ostpakistanische Befreiungsarmeen). Etwa 10 Mill. ostpakistanische Flüchtlinge strömen nach Indien, das schließlich zugunsten Ostpakistans militärisch eingreift (S. 786). *Kapitulation der pakistanischen Armee* (16./17. Dez.).
20. Dez.   Rücktritt Jahjā Chāns, der *Bhutto als Präsidenten vereidigt.* Maßnahmen gegen die 22 reichsten Familien und Teilverstaatlichung der Industrie.

1972   *Pakistan tritt aus dem Commonwealth aus* (Begründung: die neutrale
30. Jan.   Haltung Großbritanniens und anderer Mitglieder während des ostpakistanischen Sezessionskriegs).
3. Juli   Auf der *Konferenz von Simla* (Beginn 28. Juni) unterzeichnen Bhutto und Indira Gandhi ein Abkommen, das den Rückzug der beiderseitigen Truppen auf die Staatsgrenzen vorsieht; künftige Streitigkeiten sollen durch Verhandlungen beigelegt werden; Repatriierung der Kriegsgefangenen vorgesehen (Beginn der Repatriierung im Dez.; indisch-pakistanischer Truppenrückzug am 20. Dez. beendet).
8. Nov.   *Pakistan tritt offiziell aus der SEATO aus* (Kritik am mangelnden Beistand), bleibt jedoch noch in der CENTO. – *Innenpolitisch* erhebliche *Schwierigkeiten,* eine zerrüttete Wirtschaft (Bodenreform am 1. März 1972 verabschiedet), Unruhen in den Provinzen Westpakistans, besonders in Belutschistan (Reaktion auf die Vorherrschaft des Pandschabs). Zunehmender Druck gegen politisch Andersdenkende. Notstandsgesetze.

1977   Parlamentswahlen. Lt. amtlicher Bekanntgabe erhält die Pakistani-
7. März   sche Volkspartei 155 von insgesamt 200 Sitzen. Die oppositionelle Pakistanische Nationalallianz bezeichnet das Ergebnis als gefälscht. Bürgerkriegsähnliche Zustände; Kriegsrecht in verschiedenen Gebieten.

5. Juli   *Eingreifen des Militärs* unter General Mohamed Zia Ul-Haq; Bhutto
          und die führenden Politiker beider Parteien unter Hausarrest.
1978 *Zia Ul-Haq Staatspräsident* (16. Sept.).
1979 Verstärkte Islamisierung, Einführung einer streng islamisch ausge-
10. Febr. richteten Gesetzgebung.
4. April *Hinrichtung Bhuttos,* Unruhen, Verbot aller Parteien (16. Okt.).
1981 Oppositionelle „Bewegung zur Wiederherstellung der Demokra-
6. Febr. tie"/MDR gegründet. Wiederaufnahme der Militärhilfe durch die
Mai   USA.
1983 Aufhebung der Pressezensur (27. März).
1984 Eine Volksbefragung billigt die Islamisierung des Landes (Dez.).
1985 Verfassungsänderungen stärken die Stellung des Staatspräsidenten
          (3. März).
1986 Wiederzulassung registrierter Parteien (Jan.).
1988 Zia-ul-Haq löst alle Parlamente und Regierungen des Landes auf.
          (29./30. Mai)
17. Aug. Zia-ul-Haq stirbt bei einem Flugzeugabsturz. Bei den folgenden Par-
16. Nov. lamentswahlen Sieg der Pakistan Peoples Party unter der neuen Mi-
          nisterpräsidentin *Benazir Bhutto.*
1990 Staatspräsident Ishaq Khan löst das Parlament auf. *Mian Nawaz*
6. Aug.   *Sharif,* Vorsitzender der Islamischen Demokratischen Allianz, wird
24. Okt. nach den Wahlen neuer Regierungschef.

c) Bangla Desh (Forts. v. S. 789)

          Die provisorische Regierung übernimmt am 22. Dez. 1971 die
1972 Geschäfte. Bis Anfang 1972 wird Bangla Desh von 30 Staaten aner-
10. Jan. kannt (u. a. Ostblockstaaten, Großbritannien, BRD). Rückkehr von
          Schaich **Mudschīb ur-Rachmān** nach Dacca. In weiten Teilen des
          Landes herrschen noch bürgerkriegsähnliche Zustände. Auseinan-
          dersetzungen mit links- und rechtsextremistischen Gruppen; Auflö-
          sung der irregulären Befreiungsarmeen; Verfolgung der Bihāri
          (nichtbengalische Muslime) als „Kollaborateure". Abzug der letzten
          indischen Truppen.
16. Dez. Die *Verfassung* tritt in Kraft (Volksrepublik auf der Grundlage von
          Nationalismus, Demokratie, Sozialismus und Säkularismus).
1973 Parlamentswahlen; bei einer Wahlbeteiligung von 50% der Bevölke-
7. März   rung Sieg der Awāmī-Liga (mehr ein Votum für Mudschīb ur-Rach-
          mān als für die Partei).
          Bangla Desh ist am schwersten vom Krieg betroffen, die staatliche
          Ordnung kaum gefestigt, das Gesamtterritorium übervölkert (meist
          unter dem Existenzminimum lebende bäuerliche Bewohner); hohe
          Arbeitslosigkeit. Am 26. März 1972 wird die Verstaatlichung der
          Banken und der Industrie eingeleitet und eine Bodenreform ange-
          kündigt. – Aussöhnung mit Pakistan (Febr. 1974). Soziale Unruhen;
          Gegensatz zwischen den Streitkräften und der Privatmiliz von Mu-
          dschīb ur-Rachmān.

1975	Militärputsch und *Ermordung von Mudschīb ur-Rachmān*. Anhal-
15. Aug.	tende Differenzen innerhalb des Militärs.
7. Nov.	Neuer Militärputsch; Hinrichtungen. Seit April 1977 General Zia ur-Rachmān Staatschef. Langsame Konsolidierung. Zulassung politischer Parteien (Jan. 1976). Abkommen mit der EG (19. Okt. 1976).
1978	*Zia ur-Rachmān* durch Volksabstimmung bestätigt (3. Juni), bei
1981	Putschversuch *ermordet* (30. Mai 1981); Ausnahmezustand. Wahl von *Adbus Sattar* zum Präsidenten (15. Nov.).
1982	Unblutiger Staatsstreich der Militärs unter *Hussein Mohammed Er-*
1983	*shad* (24. März 1982): Kriegsrecht proklamiert; Demokratisierung
14. Febr.	angekündigt.
1986	Parlamentswahlen unter Kriegsrecht ohne Beteiligung der Opposi-
7. Mai	tion. *Mizan-ur-Rahman Chowdhury* Premierminister (9. Juli).
1987	Ershad löst das Parlament auf (29. Dez.).
1988	Nach Neuwahlen absolute Mehrheit der Jatiya-Partei unter Premier
3. März	*Moudud Ahmed*.
7. Juni	Der Islam wird Staatsreligion.
1990	Massive und blutige Unruhen führen zum Rücktritt Ershads
Okt./Nov.	(5. Dez.).
1991	In Parlamentswahlen überraschender Sieg der Nationalist Party unter Khaleda Zia (27. Febr.).

d) Nepal

1916	Nach dem Krieg mit der East India Company behält das Land seine Unabhängigkeit. England wird Schutzmacht; die Staatsgeschäfte
1950	werden von der Familie der *Rana* geleitet, die von Kronprinz Mahendra gestürzt werden.
1951	Errichtung der konstitutionellen Monarchie.
1956	Krönung von *König Mahendra*.
1960	Der König übernimmt am 15. Dez. alle Macht im Staat.
1961	*Grenzabkommen mit der VR China*. Der Gipfel des Mount Everest bleibt nepalesisch.
1972	Neuer *König* wird nach dem Tod Mahendras sein Sohn *Birendra*.
1980	Proklamation einer demokratischen Verfassungsreform; erste Wah-
15. Dez.	len zur Nationalversammlung seit 1959.
1990	Nach monatelangen blutigen Demonstrationen für mehr Demokratie
April	Auflösung des Parlaments. Premierminister wird *Krishna Prasad Bhattarai*.
9. Nov.	Die neue Verfassung sieht die Einführung einer konstitutionellen Monarchie vor.

e) Ceylon (Sri Lanka) (vgl. S. 444)

1948 Seit 1802 britische Kronkolonie, wird **Ceylon unabhängiges Domi-**
4. Febr. **nion.** – Zum Colomboplan s. S. 652.

1956 Volksfrontregierung unter *S. Bandaranaike*. Der Abzug sämtlicher
englischer Truppen wird gefordert.

1960 Frau *Sirimavo Bandaranaike* bildet nach der Ermordung ihres Man-
24. Juli nes (25. Sept. 1959) eine neue Regierung. 1965 Bildung einer Koalitionsregierung.

1970 Erneute Regierungsbildung Frau Bandaranaikes. Es kommt zu Unruhen unter den vor allem im Norden der Insel lebenden *Tamilen*, die
mit der Vormachtstellung der *Singhalesen* unzufrieden sind.

1972 Proklamation der **Republik Sri Lanka,** die Mitglied des Common-
27. Mai wealth bleibt. – Verstaatlichung der ausländischen Tee-, Gummi- und
Kokosplantagen. Inflation, Arbeitslosigkeit.

1977 Schwere Niederlage von Frau Bandaranaike bei den Parlamentswah-
21. Juli len. Sieger und neuer Regierungschef ist Junius R. Jayawardene (Vereinigte Nationalpartei; bisher Opposition).

1978 *J. R. Jayawardene Staatspräsident* (4. Febr.).

1980/81 Rassenunruhen zwischen Singhalesen und Tamilen (Minderheit).

1983 Schwerste Ausschreitungen gegen Tamilen, mit offensichtlicher Billi-
Juli gung der (singhalesischen) Regierung.

1987 Regierungstruppen gehen auf der Halbinsel Jaffna gegen die Tami-
Febr. len vor; Indien interveniert. Ein Abkommen mit Indien sieht die Ein-
29. Juli richtung autonomer Tamilenprovinzen vor.

1988 Staatspräsident wird der bisherige Premierminister *Ranasinghe Pre-*
19. Dez. *madasa*.

f) Malediven

1887 Britisches Protektorat. Nach der Unabhängigkeit Ceylons 1948 innere Autonomie.

1956 **Unabhängigkeit** (26. Juli); Sultanat; Mitglied im Commonwealth.

1968 Ausrufung der **Republik** (11. Nov.). – Der britische Luftstützpunkt
auf Gan (Addu Atoll) wird im Dez. 1975 der maledivischen Regierung übergeben.

1978 *Mamoon Abdul Gayoom* wird Staatspräsident.

1988 Ein Putschversuch gegen Gayoom scheitert.

g) Burma (Myanmar) (Forts. v. S. 445)

*Seit 1886 unter der Verwaltung von Britisch-Indien, strebt Burma seit
Beginn des Jahrhunderts nach Unabhängigkeit. Aufstände und Streiks
der Studenten unterstreichen diese Forderung.*

1937 Burma wird von Indien getrennt und erhält als *Kronkolonie* begrenzte
Selbstverwaltung.

1942 Mit einheimischer Unterstützung erobert Japan das Land.

1943   Unter Premierminister *Ba Maw* wird Burma *formell unabhängig.*
Widerstandsbewegungen unter General *Aung San* (1947 ermordet)
arbeiten mit den Alliierten zusammen. 1947 wird Burma aus dem britischen Reichsverband entlassen.

1948   **Gründung der unabhängigen** föderativen **Republik** unter der Regie-
4. Jan.   rung der Antifaschistischen Liga (AFPEL); Premierminister *U Nu.*
Separationsbestrebungen ethnischer Minderheiten und kommunistischer Aufstände erschweren den Wiederaufbau des vom Krieg
verwüsteten Landes.

1958–1960 Verfassungsmäßige *Militärregierung* unter General Ne Win.

1960   *Grenzabkommen mit der VR China.* – Erneut parlamentarische
Regierung unter U Nu.

1962   Unblutiger *Staatsstreich der Armee* unter General *Ne Win.* Auf dem
2. März   „burmesischen Weg zum Sozialismus" entwickelt sich das Land zum
Einparteienstaat unter zentraler Militärkontrolle.

1974   Burma wird „Sozialistische Republik". Ne Win Staatspräsident
26. Jan.   (2. März). – Stagnierende Wirtschaft; rückläufiger Reisexport.

1981   Staatspräsident *Ne Win tritt* nach über 20 Jahren Amtszeit *zurück.*
Okt.   Nachfolger Generalstabschef *U San Yu* (9. Nov.).

1988   Rücktritt von Staatspräsident U San Yu. Sein Amt übernimmt *U Sein*
Juli   *Lwin.*

3. Aug.   Kriesgrecht über Rangun nach Massendemonstrationen. Staatschef
wird *Maung Maung Kha.*

22. Aug.   Generalstreik. Daraufhin Aufhebung des Kriegsrechts und Ankündigung eines Mehrparteiensystems.

18. Sept.   Erfolgreicher Militärputsch unter *Saw Maung* (neuer Ministerpräsident ab 21. Sept.).

1989   Neuer Landesname ist **Union von Myanmar** (26. Mai).

1990   Erste freie Wahlen bringen überwältigenden Sieg der oppositionellen
27. Mai   Nationalen Liga für Demokratie, jedoch keine Machtübergabe der
Militärs.

h) Siam/Thailand (Forts. v. S. 445)

1917   Siam erklärt Deutschland den Krieg.

1920   Mitglied des Völkerbundes.

1925–1935 König *Rama VII. Prachathipok;* gemäßigter Nationalismus: Aufhebung fremder Exterritorialitätsansprüche und Modernisierung des
Landes.

1932   Durch gewaltlosen Staatsstreich am 24. Juni Errichtung der *konstitutionellen Monarchie.*

1935–1946 *Rama VIII. Ananda* erreicht nach einer mißlungenen Gegenrevolu-
tion des Adels Revision der Verträge mit ausländischen Mächten.
Während Siam offiziell an der Seite Japans am pazifischen Krieg teilnimmt, geht die Opposition zu den Alliierten über.

1947   Staatsstreich des Marschalls *Phibul Songgram* führt zu einer *Militärdiktatur.*

1950 Krönung des Königs *Phumipol Aduldet.* Die USA gewähren umfang-
Sept. reiche Kredite und erhalten Militärstützpunkte auf thailändischem
Gebiet. Thailand ist Gründungsmitglied der SEATO (S. 571).
1957 Staatsstreich des Marschalls *Sarit Thanarat.* Innenpolitische Unruhen
dauern an, führen jedoch nicht zu grundlegenden politischen Veränderungen. Nach Sarit Thanarats Tod (1963) wird Marschall Thanom
Kittikatchorn Regierungschef. 1965 Militärabkommen mit den USA.
Teilnahme am Indochinakrieg.
1973 Offene Rebellion gegen das korrupte Militärregime. *Zivilregierung.*
14. Okt. Diplomatische Beziehungen zu Peking (Juli 1975), Laos und Vietnam
(Aug. 1976). Auflösung des US-Oberkommandos in Thailand und
Abzug der letzten US-Truppen (bis auf Militärberater; 20. Juli 1976).
1976 Nach Gewalttätigkeiten zwischen rechts- und linksgerichteten Kräf-
6. Okt. ten übernimmt das *Militär wieder die Macht.* Partisanentätigkeit an
allen thailändischen Grenzen.
1978 *Neue Verfassung,* aber „Nationaler Politischer Rat" aus hohen Mili-
22. Dez. tärs faktisch entscheidend. General *Tinsulanonda Prem* Ministerpräsident (März 1980).
1981 Ca. 500000 Flüchtlinge aus ganz Indochina in Thailand (Okt.).
1985 Erfolgloser Putschversuch unter General Serm Na Nakhom (Sept.).
1986 Auflösung des Parlaments (1. Mai) und Neuwahlen; Koalitionsregie-
27. Juli rung unter *Prem Tinsulanonda.*
1988 Auflösung des Parlaments (28. April). Neuer Ministerpräsident wird
Chatichai Choonhavan.
1991 Militärputsch.

i) Indochina (Forts. v. S. 445)

*Infolge der französischen Niederlage von 1940 wird zuerst Nordindo-
china (Sept. 1940), später auch Südindochina (Juli 1941) von den
Japanern besetzt.*

Vietnam

1945 Nach dem japanischen Zusammenbruch proklamiert die **Viet-minh**-
Bewegung (als Guerillaorganisation während des Kampfes gegen
Japan von den USA unterstützt) unter **Ho Chi Minh** und General
Giap die Unabhängigkeit ganz Vietnams in Hanoi.
Sept. Mit britischer Unterstützung besetzen die Franzosen erneut das Land.
1946 Ho Chi Minh billigt die Rückkehr der französischen Truppen. Viet-
März nam freier Staat innerhalb der Union Française.
Juni Die *autonome Region Kotschinchina* (Cochinchina; Saigon) wird von
Frankreich anerkannt.
1947–1954 *Erster Indochinakrieg.* In Saigon setzt Frankreich die Regierung *Bao
Dai* ein. Vormarsch der Viet-minh-Truppen.
1954 *Fall der Festung Dien Bien Phu.* – Zur Genfer Indochinakonferenz
s. S. 571.

1955   Durch einen Staatsstreich etabliert *Ngo Dinh Diem* eine unabhängige
26. Okt.   Regierung in Saigon. Sie lehnt 1956 die durch die Beschlüsse der
Genfer Konferenz und in einer britisch-sowjetischen Note geforderten Wahlen in Südvietnam ab.

1957–1975   *Zweiter Indochinakrieg.* – Die USA senden Spezialtruppen nach Südvietnam zur Bekämpfung der Nationalen Befreiungsfront (FLN).

1963   Nach Unruhen (Selbstverbrennung buddhistischer Mönche) wird die
1. Nov.   (katholische) *Regierung Diem* durch einen Militärputsch *gestürzt;*
Diem selbst wird ermordet. Es folgen verschiedene Militärregierungen. Seit 1965 General Nguyen Van Thieu (Katholik).

1964   **Zwischenfall im Golf von Tongking** (2. und 4. Aug.; vgl. auch S. 686).
Forderung Hanois: Wiedervereinigung ganz Vietnams durch die
Bevölkerung der „beiden Zonen". Einsatz Hanois zugunsten des
FLN.

1968   Sog. **Tet-Offensive** (benannt nach dem buddhistischen Neujahrsfest)
Jan.   der kommunistischen Truppen. Ausnahmezustand in Südvietnam.
1. Nov.   Auf Anweisung Präsident Johnsons völlige *Einstellung der Luftangriffe auf Nordvietnam.* – Im Frühjahr 1969 stehen in Südvietnam
541 000 US-Soldaten. Unter Präsident Nixon allmähliche Revision
der US-Vietnampolitik (S. 686 f.). 1968 Bildung der Provisorischen
Revolutionsregierung der Republik Vietnam (PRRSV).

1969   **Tod Ho Chi Minhs** (3. Sept.). – Nach dem Waffenstillstand (S. 575)
suchen Saigon, Hanoi und die PRRSV (sie beherrscht den größten
Teil Südvietnams) eine Entscheidung in ihrem Sinn herbeizuführen.
1974 Vormarsch der Truppen Hanois vom N her, Offensive des FLN
im Mekongdelta. 1975 Evakuierung von US-Staatsbürgern und von
Vietnamesen aus Saigon.

1975   **Kapitulation Südvietnams** (30. April). Säuberungen und Umerzie-
hung unter der PRRSV.

1976   Gesamtvietnamesische Wahlen zur Nationalversammlung, die bei ih-
25. April   rer ersten Sitzung die gesamtvietnamesische Regierung wählt.
2. Juli   **Proklamation der Sozialistischen Republik Vietnam.**

1978   Einmarsch in Kambodscha (25. Dez.); Einnahme Pnom Penhs, Un-
1979   terstützung der neuen Regierung H. Samrin.
17. Febr.   *Einmarsch chinesischer Truppen* in Vietnam („Strafaktion"); Flucht
seit Juni   und Vertreibung chinesischer Vietnamesen („Boat People").

1986   Zur Behebung der akuten Versorgungsprobleme Planung umfangreicher Umsiedlungsaktionen in wirtschaftlich nutzbare Bergregionen.

1989   Nach mehreren internationalen Kambodscha-Konferenzen zieht
Sept.   Vietnam nach fast elf Jahren seine Truppen endgültig aus Kambodscha ab.

1990   Die VIII. ZK-Vollversammlung lehnt Reformen nach dem Vorbild
März   der osteuropäischen sozialistischen Staaten ab.

Laos

1953 Laos wird **unabhängiger Staat** in der Union Française unter *Souvanna*
22. Okt. *Phouma,* einem Neutralisten. Die kommunistischen **Pathet Lao** unter
Souphanouvong errichten mit Hilfe des Viet-minh eine Revolutions-
regierung, werden aber zurückgeschlagen. 1956/57 unterstellen die
Kommunisten ihre Truppen der Regierung. – Austritt aus der Union
Française (Dez. 1956).

1959 Beginn neuer Kämpfe zwischen den Pathet Lao und den Truppen der
rechtsgerichteten Regierung Phoumi Nosavan.

1961 *Waffenstillstandsabkommen* zwischen der Regierung *Boun Oum* (von
den USA unterstützt), dem neutralistischen Prinzen *Souvanna
Phouma* und den *Pathet Lao.*

1962 Trotz der auf der Genfer Laoskonferenz (S. 572) beschlossenen Neutralisierung des Landes kommt es zu neuen Kämpfen. Die USA, die
Laos als Teil ihrer Vietnampolitik betrachten, können Souvanna
Phouma auf ihre Seite ziehen und die Neutralisten spalten. US-Bom-
benangriffe auf den Ho-Chi-Minh-Pfad (Nachschubweg für den FLN
entlang der laotisch-kambodschanisch-vietnamesischen Grenze) und
auf das von den Pathet Lao beherrschte Gebiet; diese besetzen zusammen mit den Nordvietnamesen 1970 endgültig die strategisch
wichtige Ebene der Tonkrüge.

1973 *Waffenstillstand* und Beginn von Verhandlungen zwischen der Regie-
21. Febr. rung und den Pathet Lao zur Beendigung des Bürgerkriegs. – Abzug
der US-Verbände (abgeschlossen Juni 1974). Aufnahme von
Pathet-Lao-Politikern in eine Koalitionsregierung.

1975 Die *Pathet Lao* übernehmen die *alleinige Macht* (24. Aug.).
4. Dez. *Abschaffung des Königtums* und **Proklamation der VDR Laos.**

1978 Kollektivierung der Landwirtschaft; Umsiedlung der antikommunistischen Meo-Bevölkerung.

1989 Nach Kreis- und Provinzwahlen nun auch, erstmals seit 1975, Parla-
26. März mentswahlen.

Kambodscha (Kamputschea)

1947 Verfassung als *konstitutionelle Monarchie* in der Union Française.

1955 Kambodscha löst sich aus der Französischen Union. Der bisherige
25. Sept. König *Norodom Sihanouk* wird zum Ministerpräsidenten des neutralen Landes gewählt.

1970 Rechtsputsch unter Marschall *Lon Nol. Bürgerkrieg* zwischen der
18. März Regierung und den von Nordvietnam unterstützten *Roten Khmer.*

1975 Die **Roten Khmer** unter Khieu Samphan besetzen die Hauptstadt
17. April **Pnom Penh.** Zwangsumsiedlung der Bevölkerung auf das kriegsver-
wüstete Land; Umerziehungslager.

1976 Neue *Verfassung;* Staatsname **„Demokratisches Kambodscha“.**

1979 (Jan.) Sturz des Regimes Pol Pot durch die „Einheitsfront für natio-

nale Rettung" mit Unterstützung Vietnams; neuer Regierungschef
11. Jan. *Heng Samrin,* der die **„Volksrepublik Kamputschea"** ausruft.
Mai Guerilla-Aktionen der Roten Khmer und Hungersnot führen zu Massenflucht nach Thailand.
1982 Exil-Koalition aller Gegner des Samrin-Regimes unter Ex-König
22. Juni N. Sihanouk.
1985 Letzte vietnamesische Offensive im Frühjahr; im August Ankündigung des Truppenrückzugs.
1988 Mehrere Treffen zwischen den vier kambodschanischen Gruppen und den Außenministern der Nachbarländer ergebnislos.
1989 Mehrere internationale Kambodscha-Konferenzen (bis 1990) führen zu keiner Lösung.
30. April Neue Verfassung: Landesname in *„Staat Kambodscha"* geändert, Buddhismus Staatsreligion.
Sept. Vietnamesische Truppen verlassen nach fast elf Jahren das Land.
1990 Friedensplan des UNO-Sicherheitsrates sieht weitgehende UNO-
27. Aug. Kontrolle des Landes bis zu freien Wahlen vor.

k) Malaya (Malaysia) (Forts. v. S. 445)

1942 Die Japaner erobern Singapore und Malaya.
1948 Gründung der *Föderation von Malaya* als britisches Protektorat.
1948–1956 *„Emergency":* die kommunistische Aufstandsbewegung wird mit militärischen und zivilen Maßnahmen unterdrückt.
1957 Die *Föderation von Malaya* (unter Einschluß der britischen Besitz-
31. Aug. tümer in Nordborneo) erhält unter Ministerpräsident *Tengku Abdul Rahman* die *Unabhängigkeit,* bleibt aber Mitglied des Commonwealth.
1963 **Proklamation** des Bundesstaats **Malaysia** unter Einschluß Singapores.
16. Sept. Die indonesischen Angriffe („Konfrontation") können zurückgeschlagen werden, doch führen die anhaltenden sozialen Gegensätze zwischen den herrschenden muslimischen Malaien und der großen chinesischen Minderheit zu Konflikten und Unruhen.
1966 Malaysia und Indonesien vereinbaren die Einstellung feindseliger Handlungen. – Wiederaufleben der Guerillatätigkeit; Übereinkunft mit Thailand, gemeinsam die Partisanen zu bekämpfen (7. März 1970 und 4. März 1977).
1976 Abzug der letzten britischen See- und Luftstreitkräfte (31. März).
1981 Ministerpräsident Mahatir bin Mohammed strebt Reformen an, kann diese jedoch gegen König und Sultan nur unvollständig durchsetzen.
1984 Neuer König wird Sultan *Mahmud Iskendar.*
1985/86 Religionsunruhen unter Beteiligung von Moslems und Christen fordern Todesopfer.
2./3. Parlamentswahlen: Zweidrittelmehrheit für die Regierungskoalition
Aug. Nationale Front.

1988 Malaysia wird nichtständiges Mitglied im UNO-Sicherheitsrat (26. Okt.).

1989 Neues Staatsoberhaupt wird König *Azlan Muhibuddin Shah.* (2. März).

1990 Die Nationale Front gewinnt wiederum mit Zweidrittelmehrheit die
20./21. Okt. Wahlen.

l) Singapore (vgl. S. 445)

1946 Singapore – 66% Chinesen, 13% Malaien und 8% Inder – wird britische *Kronkolonie.*

1959 *Autonomer Staat* im Commonwealth.

Seit **1959** Unter Ministerpräsident *Lee Kuan Yew* entwickelt sich der Stadtstaat zum Wirtschaftszentrum Südostasiens.

1965 Nach seinem Ausscheiden aus Malaysia bleibt Singapore **unabhängige Republik** im Commonwealth.

1989 Verhandlungen mit den USA über Truppenstationierung.

1990 Nach 31 Jahren tritt Regierungschef Lee zurück, behält jedoch wich-
26. Nov. tige Regierungsämter; sein Nachfolger ist *Goh Chok Tong.*

m) Niederländisch-Indien/Indonesien (Forts. v. S. 445)

Während des Ersten Weltkriegs zeigen sich die ersten Unabhängigkeitsbestrebungen.

1918 Zusammentritt des *Volksrats,* eines niederländisch-indonesischen
Mai Parlaments, das 1925 beratendes Organ bei der Gesetzgebung wird.

1927 Gründung der *Indonesischen Volkspartei* unter Sukarno.

1942 Indonesien wird von den Japanern erobert und erhält 1943 unter nationalistischen Führern die formale Unabhängigkeit.

1945 Nach dem japanischen Zusammenbruch wird Holland durch Guerillaaktionen gezwungen, die Unabhängigkeit anzuerkennen.

1949 Holland erkennt die **Republik** der vereinigten Staaten von **Indonesien**
17. Dez. als unabhängigen und souveränen Staat unter der niederländischen Krone an. Westneuguinea bleibt holländische Kolonie.

1950 Im Aug. Umwandlung in eine zentralistische Republik unter **Sukarno.**

1956 Die Union mit den Niederlanden wird gelöst.

1955 Bandungkonferenz (S. 583). Die Republik hat mit den *Schwierigkeiten* eines geographisch, sprachlich und kulturell zersplitterten Gebiets zu kämpfen, in dem immer neue Separationsbewegungen entstehen.

1957 Sukarno führt die *„gelenkte Demokratie"* ein, die er 1959 in eine *Militärdiktatur* umwandelt.

1961/62 *Konflikt mit Holland* um Westneuguinea (West-Irian), das 1963 durch UN-Vermittlung indonesischer Verwaltung unterstellt wird (S. 655 f.).

Im Malaysia sieht Sukarno einen Rivalen für den von ihm angestrebten panmalaiischen Staat; daher „Konfrontation".

1965 Austritt aus den UN.
Sept./Okt. Durch einen antikommunistischen *Militärputsch* wird Präsident

Sukarno entmachtet. Bei antikommunistischen Unruhen sterben etwa 87 000 Menschen. 1966 tritt Indonesien wieder in die UN ein.

1967 Präsident *Sukarno* († 1970) wird am 12. Mai *abgesetzt.* – Zur ASEAN s. S. 757.

1968 Am 27. März wird General *Suharto* zum *Staatspräsidenten* gewählt. – Unruhen in der portugiesischen Überseeprovinz Osttimor; Landung indonesischer Truppen (Dez. 1975), die in den folgenden Monaten das ganze Gebiet erobern; die Beschlüsse des Sicherheitsrats bleiben unbeachtet.

1976 *Eingliederung Osttimors* als Provinz Indonesiens (17. Juli).

1978/83 Suharto im Präsidentenamt bestätigt.

1980 Schwere antichinesische Ausschreitungen militanter Muslime (Nov./Dez.).

1984 Umsiedlungsprogramm für ca. 690 000 Javaner nach West-Neuguinea.

1987 Umfangreiche Auslandskredite für das stark verschuldete Land.

23. April Parlamentswahlen mit Sieg der Golkar-Sammlungsbewegung.

1988 Beteiligung des Militärs an der Regierung gesetzlich geregelt (22. Febr.).

Juni Erneute Auslandskredite in Höhe von 4 Mrd. US-Dollar in Aussicht gestellt.

1990 Nach 23 Jahren wieder diplomatische Beziehungen zur VR China.

n) Philippinen (Forts. v. S. 446)

Die Japaner erobern während des Zweiten Weltkriegs die Inseln gegen heftigen Widerstand der Amerikaner und Filipinos. Auch die Rückeroberung fordert schwere Opfer. Die ökonomische Infrastruktur wird großenteils zerstört.

1946 Entsprechend einer amerikanischen Erklärung von 1934 erhalten die
4. Juli Philippinen die **Unabhängigkeit.** Die USA behalten Stützpunkte auf den Inseln und geben Wirtschaftshilfe.

1949–1952 Die korrupte Verwaltung der Präsidenten *Roxas* und *Quirino* fördert die kommunistisch orientierte Aufstandsbewegung der *Huk* (gegründet als antijapanische Guerillaorganisation). Reformen unter den Präsidenten *Magsaysay* (1953–1957), *García* (1957–1961) und *Macapagal* (1961–1965) und verstärkte amerikanische Wirtschaftshilfe verbessern die Lage.

1965 *F. E. Marcos* wird zum neuen Präsidenten gewählt. Seit 1968/69 Aufstände der muslimischen Bevölkerung gegen die Unterdrückung durch die Regierung in Manila. Separatistische Bestrebungen. 1972 Kriegszustand.

1977 Auf Vermittlung Libyens (23. Dez. 1976) erhalten 13 *Provinzen* im
26. März Süden des Landes *Autonomie.*

1981 Aufhebung des 1972 verhängten Kriegsrechts (17. Jan.). Präsident-
16. Juni schaftswahlen: 88% für Marcos; Wahlboykott der vereinigten Opposition.

1983	Neuer Vertrag über US-Militärbasen (1. April).
21. Aug.	Ermordung des Oppositionsführers *B. Aquino,* in der Folge zuneh- mende Regimekritik, Demonstrationen, Widerstand.
1986	Nach massiven Unruhen flieht Marcos ins Ausland. Staatspräsiden-
25. Febr.	tin wird *Corazon C. Aquino.*
1987	Eine Volksabstimmung bestätigt die Präsidentschaft Corazon Aqui-
2. Febr.	nos und billigt die neue Verfassung.
1988	Ein Landreformgesetz sieht die Umverteilung von ca. 5,4 Mio. ha
8. Juni	Land vor.
1989	Sechster und bisher gefährlichster, dennoch erfolgloser Militärputsch
1.–7. Dez.	unter Gregorio Honasan.
1990	Das Stützpunktabkommen mit den USA wird gekündigt. Neues Waf-
15. Mai	fenstillstandsabkommen scheitert; weiterhin Putschgefahr.

o) Brunei

Das 1888 britisches Protektorat gewordene Sultanat besitzt wirtschaft- liche Bedeutung und Wohlstand durch Erdöl- und Erdgasförderung (seit 1953).

1972	Brunei erhält innere Autonomie.
1984	Unabhängigkeit Bruneis (1. Jan.).

4. Ostasien

a) Republik China (Forts. v. S. 448)

1913	Die südchinesischen Provinzen fallen in der sog. **Zweiten Revolution** von der Zentralregierung unter Präsident **Yüan Shih-k'ai** ab. Yüan stellt seine Herrschaft militärisch wieder her. **Sun Yat-sen** flieht nach Japan.
1914	Yüan löst das Parlament auf und läßt eine Verfassung verkünden, die ihm diktatorische Machtbefugnis verleiht. **Japan** besetzt das deutsche Pachtgebiet um **Tsingtau** und Teile der Provinz **Shantung** gegen den Widerstand Chinas.
1915	Japan stellt seine „**21 Forderungen**" an die chinesische Regierung. Damit wäre China zum japanischen Protektorat geworden. Unter dem Druck der Westmächte und der chinesischen Öffentlichkeit wer- den die Forderungen hinausgezögert.
1916	Der Versuch Yüan Shih-k'ais, eine eigene Dynastie zu gründen, scheitert. Die **Militärherren** der südchinesischen Provinzen rücken nacheinander von der Zentralregierung ab. Das Land zerfällt de facto in mehrere **wirtschaftliche Schlüsselregionen** unter der Herrschaft von Militärherren und ihrer Privatarmeen.
Mai–Juni	Yüan ist gezwungen, einen Teil der „21 Forderungen" Japans anzu- erkennen. Es kommt zu *antijapanischen Boykotten.* Yüan stirbt.

1917 China wird formaler Kriegsteilnehmer gegen Deutschland. Es erhofft
Aug. die Rückgabe der ehemaligen deutschen Gebiete aus japanischer
Hand.

1918–1921 Die städtisch-intellektuellen Schichten werden von **wachsendem
Nationalismus** erfaßt. Moderne wissenschaftliche, politische und
soziale Ideen durchdringen China, so auch der **marxistische Sozialismus** und **Sun Yat-sens Lehre der drei Volksprinzipien:** Nationalismus, Demokratie und Volkswohlfahrt. Unter dem Schlagwort
„**4.-Mai-Bewegung**" beginnt die eigentliche Gegenwartsgeschichte
Chinas.
Die Friedenskonferenz von Versailles spricht Japan die deutschen
Gebiete in Shantung zu. Es kommt zu monatelangen Unruhen in
China. Am 4. Mai 1919 erreichen sie mit Studentendemonstrationen
in Peking den Höhepunkt. Von Shanghai breitet sich der erste Generalstreik aus. In Kanton macht die selbsternannte **Revolutionsregierung Sun Yat-sens** ihren nationalen Anspruch geltend. Im Juli 1921
wird die **Kommunistische Partei** gegründet.

1923 Sun Yat-sen akzeptiert das Angebot der Sowjetunion, die nationale
Revolution Chinas zu unterstützen. Kominternberater organisieren
die Nationalistische Partei, **Kuomintang,** nach leninistischem Vorbild
und leisten Aufbauhilfe für eine Revolutionsarmee unter der Führung
Chiang Kai-sheks. Die erste *Einheitsfront* zwischen der *Kuomintang*
und der *Kommunistischen Partei Chinas* wird beschlossen.

1925 **Sun Yat-sen stirbt.** Seine Lehre der drei Volksprinzipien wird zur offiziellen Parteiideologie der Kuomintang unter Chiang Kai-shek.
Nach dem 30. Mai setzen antiausländische Unruhen und Streiks ein.

1926 Chiang Kai-shek kommandiert den *Nordfeldzug* der nationalen Einigung gegen die *Militärherren.* Kuomintang und KP mobilisieren die
Unterstützung großer Bauernmassen. **Mao Tse-tung** ist in **Hunan** erfolgreich.

1927 Chiang Kai-shek läßt eine **Nationalregierung** in **Nanking** aufstellen.
Es kommt zu Spannungen des rechten Kuomintang-Flügels mit der
linken Kuomintang und den Kommunisten in Wuhan. Im Juli folgt
der *Zusammenbruch* der ersten *Einheitsfront.*

1928 Chiang Kai-shek setzt die nationale Einigung fort. Die Kommunistische Partei wird allmählich aus den Städten verdrängt. Mao Tse-
tung und Chu Te errichten ländliche **Stützpunktgebiete** in der Provinz
Kiangsi. Beginn örtlicher Landreformen der Kommunisten.

1930 Chiang Kai-shek startet seine erste erfolglose *Umschließungskampagne* gegen die *Kiangsi-Stützpunktgebiete.*

1931–1932 Die Kiangsi-Stützpunktgebiete werden zu einer **Chinesischen Sowjetrepublik** zusammengefaßt. **Japan** besetzt die **Mandschurei.** Antijapanische Ausschreitungen und Boykotte führen zur *Bombardierung
Shanghais.*

1934 Chiang Kai-sheks fünfte Umschließungskampagne zwingt die Kommunistische Partei zum **Langen Marsch.**

1935 *Mao Tse-tung* gewinnt auf der *Konferenz von Tsunyi* die Führung der

Partei. Der Einfluß der Sowjetunion findet damit ein Ende. Die Partei richtet sich im Grenzgebiet Nord-Shensis um die Stadt **Yenan** ein.

1936 Der antijapanische Druck der chinesischen Öffentlichkeit steigt.

Dez. Chiang Kai-shek wird durch den revoltierenden Armeeführer Chang Hsüeh-liang in Sian gefangengesetzt und zur zweiten *antijapanischen Einheitsfront mit der KP* gezwungen.

1937–1940 Japan nutzt den **Zwischenfall an der Marco-Polo-Brücke** als Kriegsvorwand. Chiang Kai-sheks Armeen werden in das westliche Hinterland zurückgedrängt. Die kommunistischen Einheiten errichten vor allem im Norden Chinas Guerillabasen.

1941 Erste schwere Zusammenstöße kommunistischer Einheiten mit Truppen Chiang Kai-sheks. Nach dem Kriegseintritt der USA beschränkt sich Chiang auf die Verteidigung seiner Gebiete.

1942–1945 Die Kommunistische Partei beginnt die sog. **Berichtigungsbewegung** zur Straffung der ideologisch-organisatorischen Disziplin. Sie bemüht sich um verstärkte politische Arbeit unter den Bevölkerungsmassen. Die **Yenan-Linie,** der **sinifizierte Kommunismus Mao Tse-tungs,** bildet sich heraus.

1946 Nach dem pazifischen Krieg drängen die USA auf eine *Koalitionsregierung der Kuomintang und der KP* unter Chiang Kai-shek. Wegen weitverbreiteter politischer und wirtschaftlicher Korruption des Nationalistischen Regimes verweigern die USA neue Hilfeleistungen.

1947–1949 Der **Bürgerkrieg** zwischen der Kuomintang und der KP setzt mit Anfangserfolgen Chiang Kai-sheks ein. Die Kommunisten gewinnen große Teile der Bevölkerung durch ihre Politik der **Landreform.**

1948 Kommunistische Armeen besetzen *Mandschurei* und *Nordchina*.

1949–1950 Ganz China wird erobert. **Chiang Kai-shek** († 1975) zieht sich auf die Insel **Taiwan (Formosa)** zurück. Er hält den Anspruch aufrecht, Chinas legitime Regierung zu vertreten.

1978 Mit Aufnahme diplomatischer Beziehungen zwischen USA und VR China (14. Dez.) Beendigung der diplomatischen Beziehungen zur USA.

1984 Wiederwahl von Staatspräsident Chiang Ching-kuo.

1987 Nach 38 Jahren Geltung ist das Kriegsrecht aufgehoben, wird aller-

14. Juni dings durch das Nationale Sicherheitsgesetz z.T. ersetzt.

1988 Neuer Staatspräsident und Kuomintang-Vorsitzender wird *Li Deng-*

Jan. *hui.*

7.–13. Juli Der 13. Parteitag der Kuomintang beschließt eine weitere vorsichtige Öffnung gegenüber dem Festland.

1989 Oppositionsparteien gesetzlich zugelassen (22. Jan.). Bei Teilwahlen

2. Dez. zur Nationalversammlung starke Verluste der Kuomintang.

1990 Bewerbung um Aufnahme im GATT.

März Demonstrationen für demokratische Reformen, Rücktritt der Regierung (Mai), neuer Regierungschef wird General *Huo Pei-tsun.*

Volksrepublik China

1949   **Mao Tse-tung** gibt am 1. Okt. die Gründung der **Volksrepublik China** bekannt. Der **nationale Wiederaufbau** wird in Angriff genommen. Wirtschaftsleitung und Verwaltung gehen allmählich von der **Volksbefreiungsarmee** auf zivile Staats- und Parteiorgane über. Die Landreformkampagnen werden abgeschlossen. Privathandel und Privatkapital in beschränktem Umfang werden vorläufig geduldet.

1950 Febr.   China und die Sowjetunion schließen einen **Freundschafts- und Beistandspakt** (S. 644). Der *sowjetische Einfluß* auf die Entwicklung

Okt.   Chinas verstärkt sich in den folgenden Jahren. China tritt in den *Koreakrieg* ein. Chinesische Armeen besetzen *Tibet.*

1951   Die ersten **„Gedankenreform"-Bewegungen** und **Kampagnen** gegen „politische und wirtschaftliche Korruption" der Bürokratie und des Bürgertums beginnen.

1952   Die *Nationalisierung* privater Unternehmen läuft ab.

1953–1957   Der *erste Fünfjahrplan* nach sowjetischem Vorbild tritt in Kraft. Der Schwerpunkt liegt auf der industriellen Entwicklung, insbesondere der Schwerindustrie.

1954   Auf der Genfer Indochinakonferenz (S. 571) tritt China erstmals als internationale Macht auf. China und Indien schließen einen Vertrag zur friedlichen Koexistenz.

Dez.   Die erste **Taiwankrise** führt zum Beistandspakt USA–Taiwan.

1955   Auf der Bandungkonferenz (S. 583) wird China zu einem Sprecher der Dritten Welt.

Juni   Die Sowjetunion gibt Port Arthur endgültig an China zurück.

Okt.   Die Kampagne zur Bildung **landwirtschaftlicher Großgenossenschaften** beginnt unter dem Druck Mao Tse-tungs. Die Kollektivierung soll das Wachstum der Agrarwirtschaft beschleunigen.

1956 Mai –   Die Periode der **„Hundert-Blumen"-Bewegung** setzt ein. Sie soll eine
1957 Mai   bewußte Teilnahme der Bevölkerung am „sozialistischen Aufbau" bewirken. Es kommt zu gegensätzlichen Auffassungen über das Verhältnis Partei–Massen zwischen Mao Tse-tung und einem Teil der Parteiorganisation.

1956   Der **VIII. Parteitag** bildet den Höhepunkt des sowjetischen Leitweges
Sept.   für China. Der **„Marxismus-Leninismus"** ersetzt die **„Theorien Mao**
1957   **Tse-tungs"** als Leitideologie der KP Chinas. Die „Hundert-Blu-
Mai–Juni   men"-Bewegung führt zur **Kritik** an der **Parteiherrschaft selbst.** Die Partei leitet eine ausgedehnte **Rechtsabweichlerkampagne** ein.

Nov.   Mao-Tse-tung betont in Moskau den *Führungsanspruch der UdSSR*
1958–1959   im sozialistischen Lager. China tritt in die politische Phase der **Drei Roten Banner** ein. Sie bedeutet die Abkehr vom ungeeigneten sowjetischen Vorbild zum „Aufbau des Sozialismus". Die Drei Roten Banner sind der *Große Sprung nach vorn* in der industriellen Entwicklung, die *sozialistische Generallinie, die Volkskommunenbewegung* als agrarische Organisationsform. Die „Theorien Mao Tse-tungs" bestimmen die Politik. Die überstürzte Massenmobilisierung führt zum

wirtschaftlichen Fehlschlag und zum Rückzug der Drei Roten Banner.

1958
Juli–Sept. Die Konfrontation zwischen der Volksrepublik und der Nationalistischen Regierung auf Taiwan führt zur zweiten **Taiwankrise**. Die Sowjetunion verweigert die Unterstützung chinesischer Offensivaktionen.

1959
März–April Der **tibetische Aufstand** bricht aus. **Liu Shao-ch'i** löst Mao Tse-tung als **Staatspräsident** ab.

1959
Juli–Aug. Die erweiterte Politbürositzung in **Lushan** endet mit einer harten **Kritik an Mao Tse-tungs** Politik und Führungsstil. Mao Tse-tung behauptet sich mit einem Kompromißbeschluß als höchster Führer der Partei.

Sept. Das Treffen zwischen Chruschtschow und Eisenhower in Camp David (S. 684) leitet die endgültige Wende der chinesisch-sowjetischen Beziehungen ein.

1960–1962 Die Politik der Drei Roten Banner und schlechte Witterungsbedingungen führen zu den **„drei bitteren Jahren"**. Die Parteiführung unter Liu Shao-ch'i autorisiert eine **Politik der Konsolidierung.**

1960 Aug. Die Sowjetunion zieht alle Berater und technischen Helfer aus China zurück.

Nov./Dez. Das Moskauer Treffen von 81 kommunistischen Parteien (S. 592) vertieft den chinesisch-sowjetischen Bruch.

1961
Jan. Die Partei beschließt ein **neues Entwicklungsprogramm.** Der Schwerpunkt liegt auf der Landwirtschaft. Eine allgemeine **ideologische und wirtschaftliche Revision** löst die Politik Mao Tse-tungs ab.

1962
24.–27. Sept. Mao Tse-tung erzwingt einen Kompromiß mit der Parteiführung. Dem **„modernen Revisionismus"** in Partei und Gesellschaft wird der Kampf angesagt.

1963–1965 Die **Sozialistische Erziehungsbewegung** gegen den ideologischen Zerfall, Bürokratismus und das Wiederaufleben kapitalistischer Wirtschaftsformen ist nur teilweise erfolgreich. Starke Kräfte in der Parteiführung opponieren gegen Mao Tse-tungs Politik. Der Einfluß der Volksbefreiungsarmee unter **Lin Piao** nimmt zu.

1963
Febr. Der Ideologiekonflikt zwischen China und der Sowjetunion wird durch den Austausch „Offener Briefe" gesteigert.

1965
Juni–Okt. Die Absage der *afro-asiatischen Konferenz* von Algier und der *gescheiterte Aufstand der* chinanahen KP *Indonesiens* symbolisieren Chinas internationalen *Prestigeverlust* in der Dritten Welt. Mao Tse-tung ist in der Parteiführung politisch isoliert.

1966–1969 Die **„Große proletarische Kulturrevolution"** entscheidet den **Macht- und Richtungskampf** in der KP Chinas zugunsten Mao Tse-tungs. Die Parteiorganisation wird weitgehend zerschlagen und durch sog. **Revolutionskomitees** ersetzt. Die **Volksbefreiungsarmee unter Lin Piao** wird zur führenden Macht in den Revolutionskomitees. Ursprünglich sollte sie neutral bleiben.

1966 Aug.–
1967 Jan Mao Tse-tung setzt sich in der Parteiführung gegen seine Gegner durch. Die Massengründung der **Roten Garden** beginnt. Ihre Angriffe

auf den Parteiapparat erreichen im sog. **„Januar-Sturm"** ihren Höhepunkt.

1967 In einem langen Prozeß von Angriffen, Gegenangriffen und bewaffFebr.-Sept. neten Zusammenstößen bereitet die Armee das faktische Ende der Kulturrevolution vor und drängt den Einfluß neuer Massenorganisationen weiter zurück.

1969 März Zwei **Grenzgefechte** am Amur verschärfen die chinesisch-sowjetischen Spannungen.

1.–24. April Der **IX. Parteitag** beendet die Kulturrevolution de facto. Der Wiederaufbau der Parteiorganisation soll vorangetrieben werden. In allen Provinzen werden **neue Parteikomitees** gegründet. Die Volksbefreiungsarmee behält ihren starken Einfluß.

1971 Die VR China wird in die **UN** aufgenommen. Die Nationalistische Okt. Regierung auf Taiwan verliert endgültig ihren internationalen Status als legitime Regierung Chinas (Chiang Kai-shek † 1975). – Unter der Führung **Chou En-lais** bewegt sich die innere und äußere Politik vorsichtig auf eine pragmatische Linie zu.

1972 Der Besuch des amerikanischen Präsidenten Nixon in China leitet Febr. eine erste Entspannungsphase zwischen den **USA und China** ein. Angeblicher Staatsstreich Lin Piaos scheitert (Sept.).

1975 Tagung des IV. Nationalen Volkskongresses (13.–17. Jan.). In der neuen Verfassung ist Maos Idee von der fortgesetzten Revolution enthalten. Die Revolutionskomitees werden institutionalisiert. – Seit 1973 neue Massenbewegung; Kritik an Lin Piao und Konfuzius; ideologische Auseinandersetzung. Höhepunkt nach dem

1976 **Tod Chou En-lais** (8. Jan.); Wandzeitungen, Massendemonstrationen am Totengedenktag (5. April; Tienanmen-Zwischenfall). Von den drei „Hauptkettengliedern" – Klassenkampf, Stabilität, Einheit – erhält das erste den Vorrang.

9. Sept. **Tod Maos.** Macht- und Richtungskämpfe um seine Nachfolge. Gegen Maos Witwe *Chiang Ching* und ihre Anhänger (Shanghai-Gruppe) setzt sich

7. Okt. **Hua Kuo-feng** (seit April Ministerpräsident) als **Vorsitzender** der KP durch. Am 19. Okt. wird offiziell die Existenz der parteifeindlichen *„Viererbande"* – Chiang Ching und 3 hohe Parteifunktionäre – bekanntgegeben. Unruhen in verschiedenen Provinzen.

1977 *Teng Hsiao-ping* (Mitarbeiter Chous), während der Kulturrevolution gestürzt, 1973 rehabilitiert und 1976 erneut in Ungnade, wird wieder rehabilitiert (21. Juli), die „Viererbande" aus der KP ausgestoßen (22. Juli). – Der XI. Parteitag (12.–18. Aug.) bestätigt die politischen und personellen Maßnahmen.

1978 14. Aug. Abschluß eines Friedens- und Freundschaftsvertrages mit Japan.
14. Dez. Abkommen mit USA zur Aufnahme voller diplomatischer Beziehungen ab 1. 1. 79. Taiwan wird von USA als Teil der VR China anerkannt.

1979 Kriegerische „Strafaktion" gegen Vietnam (Febr./März).

Neue Verfassung (1978): Erweiterter Grundrechtskatalog; **wirtschaftliche Modernisierung und Öffnung zum Westen** (Europa, USA, Japan), Revision der Außenpolitik (S. 755ff.). Wachsender Einfluß Tengs.

1980 Verschlechterung der Beziehungen zur UdSSR wegen Afghanistan.

Sept. *Ministerpräsident Hua tritt zurück.*

1981 Verurteilung der „Viererbande" zum Tode (Chiang Ching 1983 be-
25. Jan. gnadigt) bzw. lebenslangem Freiheitsentzug. *Kritik an Maos Politik*
Juni (v. a. „Kulturrevolution"). Tengs Protegé **Hu Yao-bang** löst Hua als Parteichef ab.

1983 Wiederannäherung an die UdSSR (10. April). *Li Xiannian zum*
7. Juni *Staatspräsidenten gewählt.*

1984 Abkommen zwischen Großbritannien und der VR China über Sonderstatus von *Hongkong* nach dessen Rückgabe an China 1997.

1985 Besuch von Mitgliedern des Nationalen Volkskongresses in Moskau.
März Vizeministerpräsident Li Peng trifft Staats- und Parteichef Gorbatschow. Auch auf wirtschaftlichem Gebiet engere Kontakte mit der UdSSR.

Sept. ZK und KP bestätigen die Reform- und Öffnungspolitik Teng Hsiaopings.

1986 Vereinbarung über die Einrichtung von Generalkonsulaten mit der
6. Juni UdSSR.

Dez. Grenzkonflikt mit Indien.

1987 Nach Unruhen mit der Forderung nach mehr Demokratie verlieren
16. Jan. viele Politiker ihr Amt, darunter Parteichef Hu Yaobang.

13. April Vertrag mit Portugal über die Rückgabe von *Macau* an China im Jahre 1999.

Sept./Okt. In *Tibet* blutige Demonstrationen gegen die chinesische Besatzung.
25. Okt.– XIII. Parteitag der KPCh. Der Reformkurs wird grundsätzlich bestä-
1. Nov. tigt.

24. Nov. *Li Peng* löst Zhao Zyang als Ministerpräsident ab.

1988 Der Nationale Volkskongreß bestimmt – erstmals in geheimer Wahl –
März/April *Yang Shangkun* zum Staatspräsidenten.

1989 Besuch des US-Präsidenten George Bush (Febr.).

24. April Studenten beginnen auf dem Platz des Himmlischen Friedens mit Streiks und Massendemonstrationen für mehr Demokratie.

15.–18. Mai Staatsbesuch des sowjetischen Staats- und Parteichefs Gorbatschow besiegelten Wende in den Beziehungen der beiden Staaten (Entspannung, Entmilitarisierung der Grenze).

April/Mai Die Demonstrationen für Demokratie weiten sich über das ganze Land aus. Ihre Unterdrückung mit dem überaus blutigen Vorgehen der Armee auf dem Platz des Himmlischen Friedens hat Sanktionen des Auslands zur Folge, Verhaftungswelle mit Schauprozessen.

1990 Li Peng trifft bei einem Staatsbesuch in Moskau mit Gorbatschow zu-
April sammen.

b) Korea (Forts. v. S. 450)

Korea, das traditionell in einem engen politischen und kulturellen Verhältnis zu China stand, gerät Ende des 19. Jh. in den japanischen Einflußbereich und wird 1910 von Japan annektiert. In den folgenden Jahrzehnten kommt es wiederholt zu antijapanischen Unruhen. Politische Exilbewegungen marxistischer und nationalistischer Art existieren in der Sowjetunion und im kommunistischen wie nationalistischen Herrschaftsgebiet Chinas. Nach Ende des pazifischen Krieges wird das Land nördlich und südlich des 38. Breitengrades von sowjetischen und amerikanischen Truppen besetzt. Seither ist Korea ein zweigeteiltes Land.

Koreakrieg

1950
Juni–Okt.
Nordkorea greift Südkorea an und besetzt den größten Teil des Landes. US- und UN-Truppen intervenieren und dringen nach Norden vor. Die VR China greift in den Krieg ein.

1953
27. Juli
Nach wechselndem Verlauf endet der Koreakrieg. Waffenstillstand von Panmunjon. Die Grenze zwischen Nord und Süd bleibt der 38. Breitengrad. Häufige Zwischenfälle entlang der entmilitarisierten Zone.

Südkorea

1945
Sept.
US-Truppen landen in Südkorea. Ein amerikanischer Militärrat übernimmt die Regierungsgewalt.

1947 Eine **provisorische Regierung** Südkoreas wird ·nominiert.

1948
Mai
Allgemeine Parlamentswahlen werden durchgeführt. **Syngman Rhee** wird zum Präsidenten gewählt.

Aug. Die **Republik (Süd-)Korea** wird ausgerufen.

1955 Allgemeine Unzufriedenheit mit dem Regime Syngman Rhees führt zur Gründung der oppositionellen **Demokratischen Partei.**

1960
März–April
Polizeiterror und Wahlfälschungen führen zu Unruhen und blutigen Demonstrationen im ganzen Land. Die **Regierung Syngman Rhee** wird zum **Rücktritt** gezwungen.

Aug. Nach allgemeinen Wahlen wird die Parlamentsherrschaft wiederhergestellt. Die Unruhen im Land dauern an.

1961 Mai Durch einen Putsch übernimmt das Militär unter General **Pak Chung Hi** die Macht.

Seit **1962** Unter der **Regierung Paks** zeigt der wirtschaftliche und gesellschaftliche Aufbau Südkoreas beachtliche Erfolge. Außenpolitisch wird die Annäherung an Japan vorangetrieben und das Verteidigungsbündnis mit den USA aufrechterhalten. – Besuch von US-Verteidigungsminister H. Brown (Juli 1977): parallel zum Abzug der US-Bodentruppen Rüstungskredite für Südkorea, das unter dem nuklearen Schutz der USA bleibt.

1979 **Ermordung Paks** durch seinen Geheimdienstchef (16. Okt.).

1980 27. Aug.	Blutige Unterdrückung von Unruhen; Rücktritt des neuen Staatspräsidenten *Choi Kyu Ha*. Nachfolger General *Chon Too Hwan*.
1982 2. März	Oppositionsführer Kim Dae Jung wird zu 20 Jahren Haft „begnadigt".
1983 1. Sept. 9. Okt.	Abschuß eines südkoreanischen Verkehrsflugzeugs durch die Sowjetluftwaffe, 269 Tote. Blutiges Attentat gegen die südkoreanische Führung in Rangun hat Spannungen mit Nordkorea zur Folge.
1984	Neuer Staatspräsident *Chon Doo Hwan*.
1985	Vereinigung der Oppositionsgruppen unter Führung der von Kim Dae Jung gegründeten Neuen Koreanischen Demokratischen Partei (NKDP).
1986/87	Schwere Unruhen und Straßenkämpfe oppositioneller Gruppen mit Sicherheitskräften.
1987 12./27. Okt.	Nationalversammlung und Volksabstimmung bestätigen die neue Verfassung.
16. Dez.	Direkt gewählter Staatspräsident wird *Roh Tae Woo*.
1988 26. Apr.	Bei den Parlamentswahlen verliert die Regierungspartei DJP ihre absolute Mehrheit.
1990 22. Febr.	Bildung der Demokratisch-Liberalen-Partei aus DJP, RDP und NRDP unter dem Vorsitz Rohs. Die Opposition legt die Mandate nieder.
4.–7. Sept.	Erstes Treffen der beiden koreanischen Regierungschefs in Seoul. Trotz weiterer Gespräche keine Annäherung in der Frage der Wiedervereinigung.

Nordkorea

1945	Sowjetische Truppen besetzen von Aug. bis Okt. den Norden. Eine provisorische Regierung unter kommunistischer Vorherrschaft wird
1948	eingesetzt.
Sept.	Die sowjetische Besatzung verläßt das Land.
1949	Die **Demokratische Volksrepublik (Nord-)Korea** wird ausgerufen. Die nordkoreanische Arbeiterpartei wird unter Einschluß linksgerichteter Führer aus Südkorea zur **Koreanischen Arbeiterpartei** erweitert. Höchster Führer ist **Kim Il Sung.** Der dreijährige Aufbauplan (1954–1956) betont die Konsolidierung Nordkoreas. Der Schwerpunkt liegt auf der industriellen Entwicklung.
1954 Nov.	Beginn der landwirtschaftlichen Kollektivierung.
1955	Der Wiedervereinigungsanspruch wird aufrechterhalten und durch den Leitbegriff „**Church'e**" ideologisch verstärkt. Church'e bedeutet die **Koreanisierung des Marxismus-Leninismus** im nationalistischen Geiste. – Der *Fünfjahrplan* 1957–1961 betont vor allem die *wirtschaftliche Eigenständigkeit* und Selbststärke.
1958	Die Kollektivierung der Landwirtschaft nach chinesischem Vorbild

Okt. wird mit annähernd 4000 Großgenossenschaften abgeschlossen. – Der *Siebenjahrplan* 1961–1967 führt zu einer bemerkenswerten industriellen Entwicklung und zum Ausbau der Landwirtschaft.

1962 Die Parteiführung gibt ihre Neutralität im chinesisch-sowjetischen Konflikt auf und unterstützt **China** abwartend.

1978 Kims Forderung nach einer Bundesrepublik vom Süden abgelehnt.

1982 Nordkorea weist südkoreanischen Vereinigungsplan zurück.

1984 Nordkorea schlägt den USA Dreiergespräche zur Lösung des Korea-
10. Jan. Konflikts vor.

1985 Erster Besucheraustausch mit Südkorea.

1987 Umschuldungsabkommen für das zahlungsunfähige Land (Sept.).

1988 Vorübergehender Abbruch der Beziehungen zu Japan und den USA.

1990 Aufnahme von Gesprächen mit Südkorea, Nordkorea lehnt diploma-
Sept. tische Anerkennung Südkoreas weiterhin ab.

c) Japan (Forts. v. S. 450)

1912–1926 **Taishō-Zeit** (Taishō bedeutet „Große Gerechtigkeit". Regierungsdevise des Tennō).

1915 Japan richtet an China *„21 Forderungen";* die USA legen zwar in Tokio und Peking Protest ein, doch beginnt Japan, seine Vorherrschaft auf dem Festland anzubahnen.

1918–1922 Intervention in Sibirien gegen die Bolschewisten, ohne Erfolg.

1919–1920 Zum Lohn für seine Teilnahme am Ersten Weltkrieg erhält Japan das *Mandat über die deutschen Schutzgebiete,* die Karolinen, Marianen und Marshallinseln. Nach dem Krieg wirtschaftlicher Niedergang, da ein großer Teil der während des Krieges neu gewonnenen Absatzgebiete wieder verlorengeht.

1920–1922 Schwere *Wirtschaftskrise,* zunehmende innerpolitische Unruhe, zugleich aber auch verstärkte handelspolitische Aktivität zur Wiedergewinnung der Absatzmärkte.

1921 Hara, der Führer der konservativen Seiyūkai-Partei und erster Premierminister bürgerlicher Herkunft, wird ermordet.

1922 Konferenz von Washington (S. 476).

1923 Das große Erdbeben in Tokio kostet mehr als 200000 Menschen das Leben. – Kitas Programm fordert nationalistische Revolutionierung Japans durch das Militär und gewaltsame Expansion.

1924 Neues Einwanderungsgesetz der USA (S. 682), das die Japaner völlig ausschließt.

1925 *Vertrag mit der UdSSR:* Japan gibt Nordsachalin zurück und erhält
Jan. Konzessionen für die Förderung von Kohle und Erdöl.
Nach jahrelangen politischen Kämpfen Einführung des *allgemeinen Wahlrechts für Männer.*

1926 Taishō Tennō stirbt; Kronprinz **Hirohito** folgt ihm als **Tennō** auf dem Throne nach.

Ab 1926 **Shōwa-Zeit.** Die japanische Politik wird bis Ende des Zweiten Weltkriegs von einem immer rascher wachsenden Nationalismus beherrscht.

1927 General Tanaka, Ministerpräsident 1927–1929 († 1930), reicht eine Denkschrift über eine „positive Politik" in der Mandschurei und Mongolei ein. – Hamaguchi Osachi gründet die Minseitō-Partei.

1928 *Erste allgemeine Wahlen.* Verbot „proletarischer" Parteien; Intervention in Shantung.

1930 Japans Mißerfolg auf der Londoner Flottenkonferenz (S. 479) ruft eine Welle des Nationalismus hervor. Attentat auf Premierminister Hamaguchi.

„Zwischenfälle" in der Mandschurei 1931/32 führen zu deren *Besetzung.* Infolge chinesischen Boykotts starker Rückgang des Außenhandels.

1932 Ermordung des früheren Finanzministers Inoue und des Mitsui-Direktors Dan im Februar. Ermordung des Premierministers Inukai im Mai.

Aufgabe des Goldstandards. Beträchtliche Belebung des Exports durch „Dumping".

1933 *Waffenstillstandsabkommen mit China* in Tangku. Austritt aus dem Völkerbund aufgrund des Eingreifens des Völkerbundes in der Mandschurei (Lytton-Bericht).

1934 Durch Kündigung des Washingtoner Flottenabkommens erhält Japan die Freiheit zum Wettrüsten.

1936 „Junge Offiziere" ermorden Admiral Saitō, Finanzminister Takahashi und General Watanabe; Premierminister Okada entgeht nur aufgrund einer Verwechslung dem Tod.

Japan schließt mit Deutschland den Antikominternpakt.

1937 Beginn des „Chinakonflikts" (S. 802).

1938 *Proklamation der „Neuordnung Ostasiens"* durch Schaffung eines großostasiatischen Wirtschaftsraumes unter japanischer Führung.

Der Ausbruch des Krieges in Europa scheint für Japan endlich die Befreiung von der Gefahr europäischer Einmischung in den „Chinakonflikt" zu bringen.

1940 Auflösung der japanischen Parteien und Gründung der „Vereinigung zur Förderung der Tennō-Herrschaft" (Taisei yokusan-kai). Die USA kündigen den Handelsvertrag. Dreimächtepakt (S. 547).

1941 *Beginn des pazifischen Kriegs* (S. 543) durch den japanischen Angriff auf Pearl Harbor. – Seit der Jahreswende 1944/45 macht sich auf den japanischen Inseln ein starker Lebensmittel- und Treibstoffmangel bemerkbar, da Japan sehr stark auf ausländische Zufuhren angewiesen ist und fast seine gesamte Kriegsflotte und neun Zehntel seiner Handelsflotte verloren hat. Zur Kapitulation s. S. 546. – Nach seiner Kapitulation ist Japan so lange unter die amerikanische *Militärregierung* des Oberbefehlshabers General *Douglas MacArthur* gestellt, bis alle militärischen, plutokratischen und autoritären Kräfte ausgemerzt sind und die Erziehung zur Demokratie beendet ist. – Kriegsverbrecherprozesse 1945–1948.

1946 Der Tennō erklärt sich als nicht göttlich.

1947 Die neue *Verfassung* tritt in Kraft. Gesetz zur Wirtschaftsentflechtung.

1949 Die USA geben das Ende der Reparationsentnahmen bekannt. Handelsvertrag mit den Sterlingblockländern. Die Aufhebung der Preiskontrolle für den Exporthandel bedeutet einen großen Schritt vorwärts zur Liberalisierung des Handels und macht Japan wieder konkurrenzfähig.

1951 **Friedensvertrag von San Francisco** zwischen Japan und 48 Ländern
8. Sept. (ausgenommen die UdSSR).

1952 Japan erlangt seine Souveränität wieder. Kronprinz Akihito wird zum Thronfolger bestimmt.

1954 Gesetzgebung über die Neubildung der japanischen Wehrmacht. Handels- und Zahlungsabkommen mit der BRD.

1956 Nach langwierigen Verhandlungen wird eine gemeinsame Erklärung
19. Okt. Japans und der UdSSR zur **Beendigung des Kriegszustandes** abgegeben. Ein Vertrag über Fischereirechte Japans im Ochotskischen und Beringmeer tritt in Kraft, ist jedoch in territorialer Hinsicht (Kurilen) unbefriedigend. – Aufnahme in die UN; 1959 Mitglied des Wirtschafts- und Sozialrats.

1957 Washington verspricht, innerhalb eines Jahres alle amerikanischen Landstreitkräfte aus Japan zurückzuziehen.

1958 Japanisch-indonesischer Friedensvertrag.

1960 Unterzeichnung des **amerikanisch-japanischen Sicherheitsvertrags.**
21. Jan. Im Falle eines bewaffneten Angriffs auf die unter japanischer Verwaltung stehenden Gebiete wird amerikanischer Beistand zugesagt. Die USA erhalten das Recht, in Japan Streitkräfte zu stationieren und 4 vorhandene Luftstützpunkte auszubauen. Trotz eines Generalstreiks und antiamerikanischer Massendemonstrationen wird der Vertrag unterzeichnet. – Der Sicherheitsvertrag wird 1970 verlängert.

1961 Scharfe Stellungnahme der UdSSR gegen den Sicherheitsvertrag. – Japanische Atomenergie-Kommission verkündet 20-Jahres-Programm.

1964 Japan Vollmitglied der OECD.

1965 Regierung unter Premierminister Eisaku Satō.

1972 Die USA geben am 15. Mai Okinawa zurück.
Juli Kakuei Tanaka wird Nachfolger Satōs als Ministerpräsident und Parteivorsitzender.

25.–30. Sept. Besuch Tanakas in der *VR China;* Beschluß, *diplomatische Beziehungen* aufzunehmen; Annullierung des zwischen Japan und Taiwan 1952 geschlossenen Friedensvertrags. Taiwan bricht am 29. Sept. die Beziehungen zu Tokio ab. – 1973/74 wirtschaftliche Rückschläge. – Schwierigkeiten für die Politik des „gleichen Abstands" zu Moskau und Peking; die Verhandlungen mit der UdSSR über die Rückgabe der Kurilen scheitern (14. April 1977). – Bestechungs- und Finanzskandale. Richtungskämpfe innerhalb der regierenden Liberaldemokraten. Nach Tanaka Kabinett Takeo Miki 1974; seit Dez. 1976 Takeo Fukuda..

1978
14. Aug. Unterzeichnung eines Friedens- und Freundschaftsvertrages mit der Volksrepublik China.

7. Dez. Nach Rücktritt Fukudas Masayoshi Ohira neuer Ministerpräsident.

1980
22. Juni Tod Ohiras (12. Juni). Parlamentswahlen: Zenko Suzuki Ministerpräsident (15. Juli).

1982
26. Nov. 12. Okt. Rücktritt Suzukis nach Auseinandersetzungen in der konservativen Regierungspartei (LDP); Yasuhiro Nakasone LPD-Vorsitzender (24. Nov.) und Premier.

1983
12. Okt. Tanaka wird als Hauptangeklagter im Lockheed-Bestechungsprozeß verurteilt, bleibt aber einflußreichster LDP-Politiker.

18. Dez. Verlust der absoluten LDP-Mehrheit in den Parlamentswahlen; Nakasone bleibt Ministerpräsident mit Unterstützung der Neuliberalen.

1985 Japan muß auf ausländischen Druck die Abschottung seines Marktes lockern.

1986 Unterhauswahlen: absolute Mehrheit für die LDP (Juni).

28. Okt. Privatisierung der dringend sanierungsbedürftigen Staatseisenbahn im Parlament beschlossen. Die Bahn ist der letzte noch verbliebene große Staatsbetrieb.

8./9. Nov. Besuch Nakasones in Peking mit intensiven Gesprächen über die Wirtschaftsbeziehungen beider Länder.

1987 Trotz hoher Handelsbilanzüberschüsse widersprüchliche Konjunkturentwicklung; Stahlunternehmen kündigen umfangreiche Betriebsstillegungen an.

17. April Die USA beschließen hohe Strafzölle gegen japanische Elektronikimporte.

6. Nov. *Noboru Takeshita* tritt die Nachfolge Nakasones als Ministerpräsident an.

1988
25. Jan. Takeshita kündigt eine umfassende Steuerreform mit Einführung der Mehrwertsteuer und ein staatliches Beschäftigungsprogramm an.

1989
25. April Rücktritt der Regierung Takeshita nach Recruit-Cosmos-Spendenskandal.

2. Juni *Sosuke Uno* wird neuer Parteivorsitzender der LDP und Ministerpräsident. Nach Rücktritt Unos (9. Aug., Geisha-Skandal) übernimmt Toshiki Kaifu dessen Ämter.

1990
18. Febr. Die LDP erringt trotz ihrer Verluste die absolute Mehrheit im Unterhaus.

12. Nov. Nach Tod Hirohitos Krönung *Akihitos* zum Kaiser.

K. Australien, Neuseeland und Ozeanien

a) Australien (Forts. v. S. 451)

Im Ersten Weltkrieg aktive Teilnahme auf seiten des britischen Mutterlandes: Einsatz eines Expeditionskorps und der Flotte, deren Aufbau 1911 begonnen hat. Dadurch gewinnt Australien als „neue Nation" an internationalem Ansehen.

1919 Australien erhält das Völkerbundsmandat über einen Teil der ehemaligen deutschen Kolonien in der Südsee. – Spannungen mit Japan, das durch sein Völkerbundsmandat über Mikronesien geographisch in unmittelbare Nähe Australiens und seiner Interessengebiete gerückt ist; daher beginnt Australien sich außenpolitisch an die USA als die stärkste pazifische Macht anzuschließen.

1939–1945 Teilnahme am Zweiten Weltkrieg. Totale Mobilisierung des ganzen Landes, als durch den Kriegseintritt Japans Australien direkt bedroht ist (vgl. S. 545). – Nach 1945 ist Japan zunächst ausgeschaltet, doch dafür hat Australien mit den nicht minder dynamischen Nachbarn Indien, Indonesien und VR China zu rechnen; England ist nach 1945 noch weniger als 1918 in der Lage, seinen pazifischen Dominions wirksam beizustehen. Die außenpolitischen Bindungen an die USA verstärken sich (ANZUS-Pakt, s. S. 570); gleichzeitig beginnt Australien durch erleichterte Einwanderungsbestimmungen sein Menschenreservoir aufzufüllen *(Politik des „Weißen Australien")* und intensiviert seine Industrialisierung. Die soziale Gesetzgebung wird seit 1947 großzügig ausgebaut.

1949 Dez. Die Arbeiterpartei, die seit 1910 *Regierungspartei* ist, verliert ihre Vorherrschaft an *die Liberale Partei.*
Vom niederländisch-indonesischen Streit um West-Irian (S. 651) wird Australien mittelbar betroffen, da es Ostneuguinea treuhänderisch verwaltet.

1961 April Konstituierung eines *gesetzgebenden Rates für Ostneuguinea* (von 37 Mitgliedern müssen 11 Eingeborene sein). – Die in Australien lebenden Ureinwohner haben den Status einer ethnischen Minderheit. Seit 1963 wird die bisherige Patronisierung der Eingeborenen und Mischlinge schrittweise abgebaut (Selbstverwaltung, Förderung des Schulwesens; Febr./März 1972 Wahlen).
Die Bedeutung, die Canberra Südostasien für die eigene Sicherheit beimißt, gibt den Ausschlag, die USA in Südvietnam militärisch zu unterstützen und in ASPAC und ASEAN mitzuarbeiten, um seinen Einfluß geltend zu machen. Australien beginnt auch, wie die USA, 1969 seine Truppen aus Vietnam abzuziehen. – *Wirtschaftliche Schwierigkeiten:* Rückgang auf dem Agrarsektor (früher bestimmend); rd. 80% der wichtigsten Wachstumsindustrien werden von ausländischen Firmen kontrolliert; Bodenspekulation; Anwachsen der Millionenstädte Sydney und Melbourne und Stagnation der Klein- und Mittelstädte. Inflationäre Erscheinungen.

1972
2. Dez. Die Parlamentswahlen gewinnt die *Labour Party;* Premierminister *G. Whitlam.* Revision der bisherigen Außenpolitik.

21. Dez. Aufnahme diplomatischer Beziehungen zu Peking und Abbruch der Beziehungen zu Taiwan; Aufnahme diplomatischer Beziehungen zu Hanoi (26. Febr. 1973). – Niederlage Whitlams im Parlament wegen der Haushaltsgesetze; der britische Gouverneur setzt ihn daraufhin ab (11. Nov. 1975) und beruft den konservativen Oppositionsführer *M. Fraser zum Regierungschef.*

1975
13. Dez. Bei den Neuwahlen absolute *Mehrheit der Konservativen* in Unterhaus und Senat.

1977 Aufhebung des Exportverbots für Uranerz (25. Aug.).

1977/80 Parlamentswahlen bestätigen Regierung Fraser.

1983
5. März Wahlsieg der oppositionellen *Labour-Party; Robert James Lee Hawke* neuer Premierminister.

1984 Vorgezogene Neuwahlen: Hawke (Labour) trotz Verlusten weiter Premier (1. Dez.).

1986 „Australian Act 1986" löst letzte Bindungen an Großbritannien (3. März).

1987 Bei Parlamentswahlen erneuter Sieg Hawkes (11. Juni).

1989 Australien lehnt die Ratifizierung der Antarktis-Rohstoffkonvention ab und setzt sich für eine Umweltschutz-Konvention im Rahmen des bis 1991 gültigen Antarktisvertrages ein.

1990
24. März Parlamentswahlen: Trotz Verlusten hält Labour weiter die absolute Mehrheit.

b) Neuseeland (Forts. v. S. 451)

Im Ersten Weltkrieg erstmals Übernahme internationaler politischer und militärischer Verpflichtungen.

1914 Besetzung des deutchen Schutzgebiets Samoa, das 1919 neuseeländisches Mandatsgebiet wird.

1935–1949 Regierung der Labour Party. 1938/39 umfassende Sozialgesetzgebung. Maßnahmen, um die eingeborenen Maori in die angloneuseeländische Gesellschaft zu integrieren. – Teilnahme am Zweiten Weltkrieg.

Das politische Verhältnis zum britischen Mutterland ist trotz des Dominionstatus nicht eindeutig geklärt.

1947
25. Nov. **Neuseeland** setzt das *Statut von Westminster* (S. 510) in Kraft und wird dadurch **souveräner Staat** im britischen Commonwealth. – 1949–1957 Regierung der konservativen Nationalpartei, 1957–1960 Labour-Regierung. 1960–1972 erneut konservative Regierung. Wie Australien hält auch Neuseeland an der *„Weiß-Neuseeland"-Einwanderungspolitik* fest und schlägt den gleichen außenpolitischen Kurs ein (S. 813). 1965 Entsendung neuseeländischer Truppen nach Südvietnam. Die Änderung der amerikanischen Vietnam- und Chinapolitik trifft Neuseeland ebenso unvorbereitet wie Australien. –

Wirtschaftliche Schwierigkeiten durch den Beitritt Großbritanniens zur EWG, da Neuseeland rd. ein Drittel seiner Agrarprodukte, die seine Hauptausfuhrgüter sind, in England absetzt; die früher hohen Exportüberschüsse nehmen ab, da die EWG infolge der Subventionen aus dem Agrarfonds z. T. neuseeländische Produkte auf den pazifischen Märkten unterbietet.

1972 Bei den Parlamentswahlen Sieg der *Labour Party;* Premierminister
25. Nov. *N. E. Kirk* († 1974). Abschaffung der allgemeinen Wehrpflicht.

22. Dez. Aufnahme diplomatischer Beziehungen zur VR China und Abbruch der Beziehungen zu Taiwan. – Seit Sept. 1974 Premier *E. W. Rowling.*

1975 Bei den Parlamentswahlen absolute Mehrheit für die konservative
29. Nov. National Party; Premier *R. D. Muldoon.*

1981 Parlamentswahlen: Knapper Sieg Muldoons (28. Nov.).

1984 Parlamentswahlen: neuer Ministerpräsident wird *D. Lange* (Labour, 14. Juli).

1985 Konflikt mit Frankreich wegen Versenkung eines Greenpeace-Schif-
10. Juli fes in Auckland durch französischen Geheimdienst.

1986 Ausschluß Neuseelands aus dem ANZUS-Pakt aufgrund seiner strikten Anti-Atomwaffenpolitik.

1987 Parlamentswahlen: Sieg für Lange (Labour). Aufgaben: Reform der Wirtschafts- und Steuerpolitik zum Abbau der hohen Verschuldung.

1989 Rücktritt Langes; neuer Premier ist *G. Palmer* (8. Aug.).

1990 Parlamentswahlen: Sieg der Konservativen Nationalpartei; neuer
27. Okt. Premier ist *Jim Bolger.*

c) Ozeanien (Forts. v. S. 452)

Nach dem Ersten Weltkrieg dringt Japan in den pazifischen Raum vor. Erste Spannungen mit den USA 1920/22.

1921 Auf der Konferenz von Washington einigen sich USA, Japan, Frank-
13. Dez. reich und Großbritannien über die Besitzverhältnisse im Stillen Ozean *(Pazifikabkommen).*

1922 *Flottenvertrag* zwischen diesen Mächten, der ihnen Rüstungsbe-
6. Febr. schränkungen im ozeanischen Raum auferlegt. Da er nach seinem Ablauf nicht erneuert wird, beginnt ein Flottenwettrüsten. Im Zweiten Weltkrieg ist Ozeanien Kriegsschauplatz (S. 545).

1947 Die *USA* übernehmen die *Verwaltung Mikronesiens* (früher japani-
19. Juli sches Völkerbundsmandat). Entkolonialisierungsprozeß auch in Melanesien, Mikronesien und Polynesien. Selbstregierung für die Marianen unter Assoziierung mit den USA (24. März 1976).

1956 *Französisch-Ozeanien* (Gesellschafts-, Paumotu- und Marquesasinseln in Polynesien sowie Neukaledonien und bis 1980 die Neuen Hebriden als britisch-französisches Kondominium) gilt als überseeisches Gebiet und erhält eine gewählte Territorialverfassung; 1957 neuer Name *Französisch-Polynesien*. Französische Atomwaffenversuche auf Mururoa.

1962 Unabhängigkeit **Westsamoas** (S. 452) als Samoa i Sisifo. Ostsamoa bleibt unter *US-Oberhoheit,* seit 1951 Selbstverwaltung.

1965 Selbstverwaltung der unter *neuseeländischer Oberhoheit* stehenden Cookinseln Niue und Tokelau.

1968 **Nauru** (1888–1914 deutsche Oberhoheit, dann Völkerbundsmandat, 1947 UN-Treuhandgebiet) wird unabhängig.

1970 Königreich **Tonga** (1900 britisches Protektorat) und die **Fidschiinseln** (vorher ebenfalls britisch) unabhängig.

1971 Australien, Neuseeland (mit den autonomen Cookinseln), Fidschi, Nauru, Tonga und Westsamoa gründen das *Südseeforum,* in dessen

1972 Nachfolge das *„Südsee-Büro für Wirtschaftliche Kooperation"* errich-
Sept. tet wird (Sitz Suua/Fidschi).

1975 Verfassung für **Papua-Niugini** (15. Aug.), unabhängige parlamentari-
16. Sept. sche Monarchie im Commonwealth (vorher unter australischer Verwaltung).

1977 *Neukaledonien* gegen Unabhängigkeit von Frankreich (Sept.).

1978 Unabhängigkeit der **Salomonen** als konstitutionelle Monarchie unter
7. Juli der britischen Krone, ebenso am 1. Okt. von **Tuvalu** (Elliceinseln).

1979 **Kiribati** (Gilbertinseln) wird unabhängige Republik im Common-
12. Juli wealth.

1980 **Vanuatu** (Neue Hebriden, britisch-französisches Kondominium) un-
30. Juli abhängige Republik.

1986 Marschall-Inseln erhalten Selbstverwaltung bei freier Assoziierung an USA (23. Okt.).

1987 Auf den **Fidschiinseln** Militärputsch (14. Mai) und Erklärung der *Un-*
8. Okt. *abhängigkeit* von Großbritannien.

1988 Nach blutigen Unruhen Neuordnung der Territorien und der Ver-
8. Nov. waltung von **Neukaledonien.**

L. Geistige Entwicklungen im 20. Jahrhundert

1. Weltreligionen

Alle Weltreligionen reagieren auf die großen geistigen und materiellen Wandlungen im 20. Jahrhundert mit *Neubesinnung* auf ihre Grundwerte und mit zeitgemäßer *Anpassung* ihrer Verkündigungsformen. Sie beginnen einen *Dialog* miteinander und versuchen, unter Erhalt ihrer jeweiligen religiösen Substanz praktische Aufgaben gemeinsam zu lösen.

Im **Protestantismus** entwickeln die Theologen E. Brunner, K. Barth und F. Gogarten aus ihrer *„Dialektischen Theologie"* eine neue Dogmatik. R. Bultmann fordert die *„Entmythologisierung"* der christlichen Botschaft, P. Tillich und R. Niebuhr konfrontieren die Heilsbotschaft mit Gegenwartsproblemen. Diese neue Theologie und die Weltkriegskatastrophen fördern die *christliche Einigungsbewegung*. Nach ersten Weltkonferenzen über praktisches Christentum (Stockholm 1925) und Glaubensprobleme (1927) wird 1948 der *Ökumenische Rat (Weltrat) der Kirchen* (1971: 252 Mitgliedskirchen) mit Sitz in Genf offiziell gegründet. Die *Weltkirchenkonferenzen* Evanston 1954, Neu-Delhi 1961 und Uppsala 1968 verfeinern die dogmatische Einigungsformel. In den Missionsländern gründet man einheimische *„Junge Kirchen"*, von denen eine ab 1972 mit Ph. Potter den Generalsekretär des Weltrats stellt.

Im **Katholizismus** begründen Theologen wie A. Bea, Y. Congar, J. Daniélou, R. Guardini, H. de Lubac und K. Rahner eine *Liturgiereform* und die *Bibelbewegung*, um Klerus und Volk Glauben und Kult näherzubringen. Das 2. Vatikanische Konzil (11. Okt. 1962 bis 8. Dez. 1965, Zulassung nichtkatholischer Beobachter) bestimmt Reformen für Liturgie, Pastoral, Kirchenrecht und Kurie. In den *Missions*ländern wächst die Zahl einheimischer Priester und Bischöfe, an der Kurie die der nichtitalienischen Kardinäle. Für den *Dialog* mit den „getrennten Brüdern" im Christentum, den „Nichtchristen" und den „Nichtglaubenden" (Atheisten) entstehen in Rom eigene Sekretariate. Eine ständige katholische Arbeitsgruppe hält in Genf Kontakt zur evangelischen Ökumene, eine Konzilserklärung verbessert das Verhältnis zu den Juden. Die Begegnungen des Papstes mit Athenagoras I. (Jerusalem 1964, Istanbul und Rom 1967) und die gegenseitige Aufhebung der Exkommunikation von 1054 (am 7. Dez. 1965) fördern die Aussöhnung mit den Orthodoxen Kirchen. Weltreisen führen Papst Paul VI. auch zu den Vereinten Nationen (New York 1965) und zum Weltrat der Kirchen (Genf 1969).

Papst Johannes Paul II. setzt die von Papst Paul VI. eingeleitete Reisetätigkeit in verstärktem Maße fort (Reisen nach Nord- und Südamerika, nach Afrika und nach Asien, mehrere Reisen auf dem europäischen Kontinent).

Bei den **Orthodoxen Kirchen** ändern sich im 20. Jahrhundert weniger die theologischen Grundlagen als die kirchenpolitischen Voraussetzungen. In *Rußland* erhalten sie nach harter Verfolgung seit 1917 formale Anerkennung 1941, aber jede öffentliche Betätigung bleibt verwehrt. In *Griechenland* genießen sie als Staatskirche Freiheit und Einfluß. 1961 erfolgt der Beitritt zur ökumenischen Bewegung, es kommt zum Dialog mit den Katholiken (s. oben) und zu innerorthodoxen Einigungsversuchen auf *panorthodoxen Konferenzen* (Belgrad 1923, Moskau 1948 und 1957/58). Das 2. Vatikanische Konzil löst 5 panorthodoxe Konferenzen auf Rhodos (1961 bis 1968) aus, die das Verhältnis zu Rom und Genf diskutieren und ein *panorthodoxes Konzil* vorbereiten. Ehrenprimas aller orthodoxen Bischöfe ist in Nachfolge von Athenagoras I. seit 1972 der Ökumenische Patriarch von Konstantinopel, Dimitrios I.

Die gegen den Widerstand frommer **Juden** vom *Zionismus* durchgesetzte Gründung des Staates Israel (14. Mai 1948, s. S. 750) macht Jerusalem auch äußerlich wieder zum religiösen Zentrum. Zwischen den religiösen Geboten und der neuen Zeit bestehen im Judentum aller Länder Spannungen. *Orthodoxe Juden* halten zu Schrift und mosaischem Gesetz (Sabbatheiligung, Festkalender, Speisevorschriften, Eherecht usw.). *Neoorthodoxe (konservative) Juden* machen bei der Gesetzesbeobachtung Zugeständnisse, *liberale (Reform-)Juden* suchen Anpassung an moderne Lebensformen. H. Cohen und L. Baeck verstehen das Judentum als eine Vernunftreligion, F. Rosenzweig deutet es vom Existentialismus her, in den USA rationalisiert M. M. Kaplan den Glaubensgehalt. Den *Dialog* mit dem Islam erschweren die politischen Spannungen. M. Buber hat den *Chassidismus* wiederentdeckt und schafft eine moderne Bibelübersetzung, H. J. Schoeps und S. Ben Chorin stellen jüdisch-christliche Gemeinsamkeiten heraus.

Für die Masse der heute meist in selbständigen Staaten lebenden **Islam**-Anhänger erweist sich ihre Religion als unzerstörbare Lebensmacht. Nur dünne Gebildetenschichten erliegen dem Modernismus und Säkularismus. Anpassungskrisen (z. B. in der Türkei) sind heute meist zugunsten der *sunnitischen Orthodoxie* entschieden. Im Iran ist der *schiitische Islam* fest verankert. In der arabisch sprechenden Welt bleiben selbst politisch Radikale meist fromme Sunniten. In Pakistan kann die gemeinsame Religion die Abspaltung Bangla Deschs (1971) nicht verhindern. In Malaysia und Indonesien ist wie in den islamischen Staaten Schwarzafrikas sunnitischer Reformeinfluß spürbar. Die heiligen Stätten Mekka und Medina stehen unter dem Einfluß der puritanisch-orthodoxen *Wahhabiten*. Die islamische Mission erzielt mit einer dem Christentum entlehnten Organisation besonders in Afrika und Asien Erfolge. Auch islamische Sekten wie *Ismailiten* und *Ahmedis* missionieren, wobei der schiitische *Behaismus* auch in Amerika und Europa Anhänger findet.

Ab Mitte der siebziger Jahre wird ein *Wiederaufleben des Islam* auf breiter Front (unter Kadhdhāfī in Libyen, Zia Ul-Haq in Pakistan und Chomeiny in Iran) erkennbar. Das durch den Ölreichtum gewachsene Selbstbewußtsein der islamischen Kernregionen findet im Islam eine nun nicht mehr nur religiöse, sondern auch politische und kulturelle neue Identität, die dem Prozeß der Verwestlichung und Kulturentleerung entgegenwirken soll.

Im **Hinduismus** werden die bis heute wirksamen Reformbewegungen des 19. Jahrhunderts von *charismatischen Persönlichkeiten* wie R. M. Roy, D. und R. Tagore, D. Sarasvati, G. Chatterjil und S. Vivekananda getragen. Als neue politische Kampfmethode führt M. K. Gandhi im 20. Jahrhundert aus religiösen Gründen den *gewaltlosen Widerstand* ein. Shri Aurobindo lehrt, daß sich aus geistiger Erneuerung politische Freiheit von selbst ergibt; seine *Yogapraxis* will nicht aus der Welt hinaus-, sondern in diese hineinführen. Einflüsse des Christentums zeigen sich hier wie bei S. Radhakrishnan, der das hinduistische Geisteserbe für die ganze Menschheit fruchtbar machen will, weil nur die Religion dem Materialismus entgegenwirken kann; alle Religionen sind für ihn *„schöpferische Transformationen"* der einen Wahrheit. Der *Neohinduismus* ist zur Aufgabe überholter Traditionen (Kastenwesen, polytheistischer Tempelkult) bereit, um die brüderliche Einheit aller Menschen durch religiöse Einigung herbeizuführen.

Asiens Zusammenprall mit der westlichen Kultur und dem Christentum belebt auch im **Buddhismus** die beiden Hauptrichtungen: das *„Große Fahrzeug"* *(Mahāyāna)* im Norden (China, Korea, Japan) und das *„Kleine Fahrzeug"* *(Hīnayāna* oder *Theravāda)* im Süden (Ceylon, Burma, Thailand, Laos und Kambodscha; in Vietnam beide Richtungen). Als Befreier und Bewahrer der wahren Menschennatur ist der erneuerte Buddhismus in vielen Ländern Asiens Schrittmacher bei Erziehungswesen, Sozialarbeit und politischem Engagement. Dabei entstehen in Japan neue Volksreligionen wie *Reiyūkai, Risshō Kōsekai* und besonders die auch politisch aktive *Sōkagakkai.* Die innere Einigung des Buddhismus (Problem der Mönchsweihe) steht noch am Anfang. Aus den *buddhistischen Weltkonferenzen* (1. Colombo und Kandy 1950, 10. Colombo 1972; 1956 sechstes *buddhistisches Konzil* anläßlich der 2500. Wiederkehr von Buddhas Eingang ins Nirwana) entsteht die *„Weltvereinigung der Buddhisten"* als Dachorganisation. Die buddhistische Religion erstrebt weltweite Ausdehnung und dringt, zunächst über die orientalistische Wissenschaft, in England, Deutschland und USA ein. Beim *Dialog* mit den anderen Weltreligionen zeigt sich ihre Vermittlerrolle zwischen Ost und West.

2. Philosophie

Ein Blick auf die Entwicklung des philosophischen Denkens ab 1900 läßt ebenso Zeichen reichen geistigen Lebens wie auch dessen Verwirrung und Erschütterung durch sich überstürzende kulturelle und politische Ereignisse erkennen. Das gemeinsame Verständnis dessen, was Philosophie ist und leisten kann, ist weithin zerbrochen. Am ehesten ruft man heute bei „Grundproblemen" und „Grenzfragen" der Einzelwissenschaften nach der Philosophie, für die sich aus solchen Begegnungen fruchtbare Anregungen und neue Problemstellungen ergeben. Hinsichtlich der Lehrmeinungen und Methoden herrscht ein bunter Pluralismus. Die im folgenden versuchte Einordnung der Philosophen in Richtungen rechtfertigt sich dadurch, daß bei aller Vielfalt doch gruppenweise gewisse gemeinsame Grundlinien erkennbar werden. Auch aus der Fülle der Sachfragen heben sich einige Themenbereiche besonders heraus. Es sind dies heute Probleme der Logik und Erkenntnistheorie, des Aufbaus der Natur, des Wesens der Technik, der Kultur und ihrer Bereiche. Im Zentrum aber steht die Frage nach dem Wesen des Menschen.

Neuidealismus–Historimus–Lebensphilosophie. Der bis etwa 1930 herrschende *Neukantianismus* (H. Cohen und P. Natorp in der „Marburger" sowie W. Windelband und H. Rickert in der „Badischen Schule") weicht anderen Richtungen, während der *Neuhegelianismus* Elemente Hegelschen Denkens für heute fruchtbar machen will. Neben F. H. Bradley und B. Bosanquet in England, J. Royce in den USA und G. Gentile sowie B. Croce in Italien vertreten ihn deutsche Kulturphilosophen wie G. Simmel, H. Nohl und J. Ritter. In Spanien zeigen sich Hegelsche Einflüsse bei Ortega y Gasset. Die sogenannten *Linkshegelianer* haben in den Marxisten und Neomarxisten ihre heutigen Nachfolger. – Den von W. Dilthey geprägten und von E. Troeltsch formulierten *Historismus* führen E. Spranger, Th. Litt und E. Rothacker weiter (Problem der „Geschichtlichkeit"); ihm steht auch der englische Universalhistoriker A. J. Toynbee nahe. – Die von H. Bergson mitbegründete *Lebensphilosophie* fordert intuitives Verstehen: W. Dilthey, R. Eucken und G. Simmel geben ihr eine geisteswissenschaftliche Ausrichtung, während sich O. Spengler und L. Klages mehr biologisch orientieren.

Zwischen Idealismus und Metaphysik im traditionellen Sinne stehen drei Richtungen: In Frankreich sucht die *Philosophie de l'Esprit* von R. Le Senne und L. Lavelle dem Geist den ersten Platz in der Wertordnung zurückzugeben. Der angelsächsische Wirklichkeitssinn prägt den *New Realism*, eingeleitet von G. Moore, ausgebaut von B. Russell und A. N. Whitehead, die alle gegen Kant, Hegel und die Metaphysik opponieren. – In Deutschland schaffen N. Hartmann und G. Jacoby eine *Neue Ontologie*, die auf absolute Wahrheitskriterien verzichtet und die Struktur des Seienden unter Orientierung an der Erfahrung erforscht. Die **Fortführung der klassischen Metaphysik,** die ihre

Grundgestalt in den großen Systemen des Mittelalters besitzt, geschieht in der *Neuscholastik,* deren philosophiegeschichtliche Voraussetzungen M. Grabmann, G. Manser, E. Gilson und in Untersuchungen zu neuzeitlichen Denkern J. Maritain, Th. Steinbüchel und G. Söhngen erarbeiten. Zur Metaphysik und Erkenntnistheorie legen C. Nink und E. Coreth Werke vor. Nach dem Wesen der religiösen Erfahrung fragen R. Guardini, H. U. von Balthasar und A. Brunner, dem Naturrecht widmet sich J. Messner. An der thomistischen Metaphysik und an der Heideggerschen Existenzphilosophie orientieren sich J. B. Lotz, M. Müller, K. Rahner, G. Siewerth und B. Welte. **Neupositivismus und Pragmatismus.** In scharfem Gegensatz dazu steht mit seiner Ablehnung aller Metaphysik der von M. Schlick begründete und von R. Carnap ausgebaute *Neupositivismus* der „Wiener Schule". Er will vermittels der Modernen Logik die Grundbegriffe und Methoden der Einzelwissenschaften klären. Die von B. Russell und A. N. Whitehead geformte *Moderne Logik,* auch *Symbolische Logik* oder *Logistik* genannt, verwendet statt Worten Buchstaben und symbolische Zeichen für Ausdrücke sowie für logische Operationen und kann damit ohne Rückgriff auf die inhaltliche Bedeutung gewissermaßen „rechnen". H. Lukasiewicz, E. L. Post, H. Reichenbach und P. Lorenzen geben Anstöße für ihren weiteren Ausbau. Für die „Wiener Schule" ist vor allem L. Wittgenstein bedeutsam, gegen dessen *Verifikationstheorie* K. Popper die prinzipielle *Falsifizierbarkeit* von Aussagen als Voraussetzung für wissenschaftliche Zulässigkeit fordert. – Eine dem Neupositivismus in manchem verwandte Richtung ist der angelsächsische *Pragmatismus,* den in England F. C. S. Schiller und in den USA Ch. S. Peirce vorbereiten. W. James ist der bekannteste Vertreter der These, daß die Wahrheit in praktischer Bewährung und Fruchtbarkeit bestehe. J. Dewey entwickelt diese Richtung zum *Instrumentalismus,* P. W. Bridgman zum *Operationalismus* weiter. **Der Historische und Dialektische Materialismus** *(Histomat* und *Diamat),* von K. Marx und F. Engels als philosophischer Kern des *Marximus* entwickelt, wird von W. I. Lenin und J. W. Stalin mit Rücksichtnahme auf politisch-taktische (also außerphilosophische) Erwägungen weitergeführt. In Stalins Linguistik-Briefen z. B. wandelt sich dabei der Lehrgehalt, ohne den Buchstaben der als tabu geltenden marxistischen Klassiker anzutasten. Die Diskussion verlagert sich oft auf die Deutung der Forschungsergebnisse von Einzelwissenschaften. In Rußland finden nacheinander A. M. Deborin, M. B. Mitin und G. F. Aleksandrov offizielle Anerkennung. Nach Stalins Tod vertreten K. Bakradze und N. Kondakov die formale Logik, V. A. Fok, J. P. Terleckij und D. D. Ivanenko die Naturphilosophie. Die marxistische Ethik bearbeiten A. Siskin und A. F. Okulov. In Polen tritt L. Kolakowski, in der DDR W. Harich, in Italien A. Banfi mit Arbeiten zum *Diamat* hervor, in Ungarn erlangt G. Lukács auch als Literarhistoriker Ansehen. – Der *Neomarxismus* außerhalb des kommuni-

stischen Herrschaftsbereichs greift (teilweise in Opposition gegen die
sowjetischen Parteirichtlinien) oft auf K. Marx selbst zurück. E. Bloch
entwickelt sein „Prinzip Hoffnung" als Gegenbild zu Angst und Ver-
zweiflung. Th. Adorno, M. Horkheimer und H. Marcuse sowie deren
Nachfolger J. Habermas begründen mit dem angeblichen Gegensatz
zwischen Sein und Bewußtsein die sogenannte *Kritische Theorie*, die
für die „Frankfurter Schule" der Soziologie Bedeutung erlangt und
der „Neuen Linken" Thesen für radikale politische Forderungen liefert. Ähnlich argumentieren in Frankreich J. P. Sartre (vom Existen-
zialismus herkommend) sowie C. Lévi-Strauss (vom Strukturalismus
ausgehend). Für Italien ist hier A. Gramsci und für Belgien E. Mandel
zu nennen.

Die von E. Husserl begründete **Phänomenologie** wirkt vielseitig nach,
wie die Arbeiten von L. Landgrebe, E. Fink und H. G. Gadamer zeigen. Durch M. Scheler gewinnt diese Richtung auch für Soziologie
und Religionsphilosophie Bedeutung. Den französischen Zweig repräsentieren J. Wahl, A. Koyré, J. P. Sartre und M. Merleau-Ponty,
wobei die beiden letztgenannten später zum Neomarxismus übergehen.

Einen erheblichen Einfluß auf die Geisteshaltung unseres Jahrhunderts erzielt die unter dem Einfluß von S. Kierkegaard entstandene
Existenzphilosophie. Allerdings ist es ein heute überwundenes Miß-
verständnis der Nachkriegszeit, daß sie eine pessimistische Lebens-
lehre absoluter Bindungslosigkeit darstelle. Ihre Spannweite zeigen
so verschieden geartete Denker wie der Atheist Sartre und der
Katholik Marcel. Gemeinsam ist allen Vertretern dieser Richtung die
Anwendung der phänomenologischen Methode, die Ablehnung des
deutschen Idealismus und die Abwehr psychologischer Mißdeutun-
gen. Sonst aber bestehen zwischen den Thesen der einzelnen Vertreter erhebliche Unterschiede: K. Jaspers versteht unter Existenz das
moralisch geforderte Selbstsein und leitet aus seiner Philosophie kon-
krete politische Forderungen ab. Bei M. Heidegger bedeutet dieser
Begriff nicht das Geforderte, sondern hier bezeichnet er die ontologi-
sche Bedingnisstruktur jedes menschlichen Verhaltens. Für J. P. Sartre ist das praktische *Engagement* der Zweck existenzialistischen
Denkens; die Theorie gilt hier nur als Vorspiel und Anleitung. Bei
A. Camus steht, mehr noch als bei Sartre, der Begriff des *Absurden*
im Mittelpunkt. G. Marcel fordert in seiner christlich-spiritualisti-
schen Existenzphilosophie, daß der Mensch das vom Sein geforderte
Engagement in Treue und Hoffnung auf sich nimmt. In Italien vertritt
N. Abbagnano eine eigene Auffassung vom Sinn des Daseins. Innerhalb der Philosophie regt die Existenzphilosophie besonders Ontologie, Anthropologie und Geschichtsphilosophie an, außerhalb wirkt
sie befruchtend auf andere Wissenschaften wie Theologie (R. Bultmann, K. Rahner), Literaturwissenschaft (J. P. Sartre, A. Camus, E.
Staiger), Psychologie (L. Binswanger) und Pädagogik (O. F. Boll-
now).

Im anglo-amerikanischen Raum tritt in neuester Zeit die **analytische Philosophie** unter Einbeziehung mathematischer Methoden, ebenso die *Philosophie der Sprache* im Umfeld der Schule von Ch. S. Peirce in den Vordergrund. In Frankreich entwickelt sich eine als *„nouvelle philosophie"* bezeichnete Schule, die sich in bewußter Abkehr von marxistischen Denktraditionen mit gesellschaftlich-politischen Themen befaßt (A. Glucksmann, B.-H. Lévy, J.-M. Benoist, G. Lardreau).

3. Kunst, Literatur und Massenmedien

Malerei und Plastik. Vorbereitet durch den *Impressionismus*, das Spätwerk P. Cézannes und den *Jugendstil*, bahnt sich bald nach 1900 eine bildkünstlerische Revolution an. Die Auflösung der illusionistisch-naturalistischen Gegenstandsdarstellung, insbesondere auch die Auflösung der menschlichen Gestalt in der abstrakten Kunst (auch absolute und gegenstandslose Kunst genannt) beginnt mit dem analytischen *Kubismus* (seit 1907), von P. Picasso, R. Delaunay und F. Léger begründet, der den inneren Aufbau der Gegenstände aus stereometrischen Formen von allen Seiten gleichzeitig und die Dynamik reiner Formkräfte darstellen will. Hauptvertreter u. a. G. Braque, F. Picabia, J. Gris, A. Archipenko, C. Brancusi, J. Lipchitz, H. Laurens. Seit 1912/13 Übergang zum synthetischen Kubismus mit Verwandlung der gegenständlichen Formen, von denen der analytische Kubismus noch ausgegangen ist, in rein stereometrische Formen und Farbwerte. Seit 1910 hat der von Italien ausgehende *Futurismus* den endgültigen Bruch mit jeglicher bildkünstlerischer Tradition vollzogen, hat Kandinsky die ersten rein abstrakten Bilder zu malen begonnen und auch die theoretischen Grundlagen der *abstrakten Kunst* geschaffen. Hauptvertreter des Futurismus: C. Carrà, U. Boccioni, G. Balla, G. Severini. Im mittel- und nordeuropäischen Raum bildet der *Expressionismus* eine ekstatische Bildsprache aus, die ebenfalls den Protest gegen die Tradition artikuliert. Er formiert sich in Deutschland seit 1905 in den Künstlergruppen der „Brücke" (E.-L. Kirchner, K. Schmidt-Rottluff, E. Heckel, O. Mueller, M. Pechstein, E. Nolde) und des „Blauen Reiter" (W. Kandinsky, F. Marc, A. Macke, P. Klee, A. Jawlensky). Dem Expressionismus schließt sich auch O. Kokoschka an. Verwandte Bestrebungen in der Plastik bei W. Lehmbruck und besonders bei E. Barlach. Eine ähnliche Bewegung entsteht in Frankreich im *Fauvismus* (H. Matisse, M. de Vlaminck, A. Derain, M. Utrillo u. a.).
Als totale Rebellion gegen die als völlig fadenscheinig bewertete Konvention entsteht 1916 die *Dada-Bewegung* in Zürich (u. a. H. Arp), die bald auch Zentren in Paris und New York hat (R. Hausmann, M. Duchamp, M. Ray, M. Ernst, K. Schwitters, Picabia, G. Grosz, J. Hartfield). Sie versteht sich als *Anti-Kunst* des Schocks, des Skandals, der Ironie und des Absurden, verwendet die vom Kubismus

entwickelte *Collagetechnik* und sucht auch im Verbund verschiedener Medien neue Ausdrucksformen. Der *Surrealismus* beruht auf den Erfahrungen des literarischen Surrealismus, des Dada und der Psychoanalyse (1924 „Manifeste du Surréalisme"). Er wird vorbereitet durch die *Pittura metafisica* (u. a. von G. Chirico) und nachhaltig beeinflußt vom Werk M. Chagalls. Er will die Welt des Unbewußten, Traumhaften und Absurden – ohne Kontrolle durch Vernunft, Ästhetik und Moral – zur Erscheinung bringen.

In den Bestrebungen des zuerst um 1920 von Rußland aus Kubismus und Futurismus entwickelten *Konstruktivismus* richtet sich die Abstraktion auf die rationale und funktionale Konstruktion (besonders getragen vom „Bauhaus", 1919 von W. Gropius begründet, und der „De-Stijl"-Gruppe, 1917 von Th. van Doesburg begründet). Vertreter u. a.: N. Gabo, M. Moholy-Nagy, Le Corbusier, El Lissitzky, K. Malewitsch, A. Pevsner). Die Bestrebungen von Bauhaus und De Stijl werden in der sog. *konkreten Kunst* (Bezeichnung 1930 durch van Doesburg geprägt) fortgeführt (M. Bill, G. Capogrossi, L. Fontana, V. Vasarely). Nach 1945 verstärkt sich der Impuls zur abstrakten Kunst fast explosionsartig.

Die zunehmende Kommunikation zwischen europäischen und amerikanischen Künstlern führt außerdem zu parallelen Kunstströmungen mit wechselseitigen Anregungen, z. B. im von Frankreich ausgehenden *Tachismus* (u. a. Wols, G. Mathieu, K. Appel) und im amerikanischen *Action painting* (z. B. J. Pollock, M. Tobey, W. de Kooning). Die von Amerika ausgehende *Op-art* will durch mit mechanischer Präzision experimentierende Farb-, Form- und Materialkontraste und -variationen im Betrachter spontane Reaktionen hervorrufen und zum optischen Mitvollzug herausfordern. Diese und ähnliche künstlerische Bestrebungen bemühen sich um eine schöpferisch-experimentelle Auseinandersetzung mit der Realität, so die *Pop-art*, die die Dinge des modernen Alltags zum Kunstwerk erhebt (C. Oldenburg, R. Lichtenstein, A. Warhol, T. Wesselmann) oder die *Prozeßkunst*, die Konzeptionen und Relationen wirklicher Sachverhalte sichtbar machen will. In allen diesen Bemühungen äußert sich die erstmals von M. Duchamp programmierte Formel Kunst = Leben.

Architektur. Die zunehmende Internationalisierung der künstlerischen Bestrebungen läßt sich besonders auch in der *Baukunst* feststellen. Wesentliche Kennzeichen der modernen Baukunst sind ihre Ausrichtung auf die Zwecke des Industriezeitalters *(funktionale Gestaltung)*, Bewältigung der neuen Materialien *(Materialgerechtigkeit)* und *neue technologische Verfahren* (Schalenbau, Skelettbauweise, Spannbeton usw.). Diese moderne Architektur hat ihre Ursprünge schon im 19. Jahrhundert. Den endgültigen Bruch mit historischen Stilen bringt u. a. das „Bauhaus". Bedeutende Architekten des 20. Jh. u. a.: H. van de Velde, A. Loos, F. Lloyd Wright, H. Poelzig, E. Mendelssohn, O. Niemeyer, Le Corbusier, E. May, W. Gropius, A. Aalto, Mies van der Rohe, H. Scharoun, K. Tange, P. L.

Nervi, E. Saarinen, M. Breuer; im Kirchenbau u.a.: D. Böhm, R. Schwarz, O. Bartning, Gaudí. Forderungen nach Materialgerechtigkeit und funktioneller Gestaltung werden auch bei der Gestaltung von Gebrauchsgegenständen erhoben und verwirklicht *(Industrieform, industrial design)*. Entscheidende Anregungen gehen u. a. vom „Deutschen Werkbund" und vom „Bauhaus" aus.
Die wachsende Unzufriedenheit mit der *„Unwirtlichkeit unserer Städte"* (A. Mitscherlich) führt seit Beginn der siebziger Jahre zu einer intensiven Auseinandersetzung mit der Architekturgeschichte, zur Berücksichtigung von menschlichen Bedürfnissen nach Kommunikation und Emotionalität, zum behutsameren Umgang mit historisch gewachsener Bausubstanz.
Musik. Seit etwa 1890 beginnt sich die europäische Musik von den in der Klassik und Romantik herrschenden harmonischen, tonalen und formalen Ordnungsvorstellungen zu lösen. Der Frühstil dieser „Neuen Musik", der *Impressionismus* (etwa 1890–1920), hebt u.a. durch farbigen Klang, strebungsfreie Melodik und subtile Dynamik das Eindruckshaft-Malerische der Musik hervor. Hauptvertreter: C. Debussy, daneben M. Ravel, auch O. Respighi und M. de Falla, am Impressionismus orientiert sind G. F. Malipiero und A. Casella, der als Schöpfer eines national-italienischen Stils in Anlehnung auch an Folklorismus, Neoklassizismus und Futurismus gilt. A. Skrjabin beschreitet neue Wege durch Entwicklung harmonischer Eigenheiten. Nach 1900 gibt der *Expressionismus* vor allem die funktionale Harmonik auf. Er tritt in der 2. Wiener Schule bei A. Schönberg, A. Webern und A. Berg hervor, wo er durch *Atonalität* charakterisiert ist, als Tonordnung, deren Töne nicht auf ein tonales Zentrum bezogen und damit von ihren herkömmlichen klanglichen und melodischen Bindungen befreit sind. In der *Zwölftontechnik* (ab 1924), die mit den zwölf Halbtönen des Oktavraumes arbeitet, die völlig gleichberechtigt und nur aufeinander bezogen sind, erfährt der Expressionismus wieder eine gewisse Bindung an eine neue Kompositionstechnik, u.a. durch die stärkere Betonung der motivisch-thematischen Arbeit.
Neben diese Hauptströmung der *Neuen Musik,* als deren später Vertreter E. Křenek gilt, treten andere Stilrichtungen: eine *folkloristische,* die auf der Basis der nationalen Schulen Elemente der Volksmusik verarbeitet, besonders bei B. Bartók, Z. Kodály, D. Schostakowitsch, A. Chatschaturjan, nach 1920 vor allem die *neoklassizistische,* Hauptvertreter: P. Hindemith, zeitweise I. Strawinsky, ferner u.a. D. Milhaud, A. Honegger, S. Prokofjew, E. Pepping, H. Distler, J. N. David und amerikanische Komponisten. An Webern knüpfen nach 1948 die Komponisten der *seriellen Musik* an, die die verschiedenen Toneigenschaften getrennt zu erfassen sucht, diese in Reihen (Serien) ordnet und zur Grundlage der Komposition macht. Vertreter der neuaufgenommenen Zwölftontechnik und der seriellen Technik sind u.a. O. Messiaen in einigen Werken, W. Fortner, R. Liebermann,

K. Stockhausen, L. Dallapiccola, L. Nono, L. Berio, B. Maderna, P. Boulez, M. Kagel und I. Strawinsky nach 1950.

Neue akustische Möglichkeiten entdeckt die *elektronische Musik*. Sie arbeitet mit Sinustönen, Klängen und Geräuschen, die auf elektronischem Wege erzeugt oder, bei der *Musique concrète* (die von naturalistischen Geräuschen ausgeht), behandelt werden. In der neuesten Musik auch Koppelung mit herkömmlichen Instrumenten und Stimmen. Wichtigste Vertreter der Musique concrète: P. Schaeffer, P. Henry, P. Boulez, O. Messiaen, K. Stockhausen, E. Varèse, P. Haubenstock-Ramati, I. Malec und I. Xenakis. Hauptrepräsentanten der elektronischen Musik: H. Eimert, Stockhausen, M. Kagel, G. Klebe, P. Boulez, J.-L. Martinet, L. Berio, G. Ligeti. Als Gegengewicht gegen die seriell total prädeterminierte Musik ist die sog. *Zufallsmusik* zu verstehen, die z. B. von dem Amerikaner J. Cage vertreten wird, bei der sich das klangliche Ergebnis einer Aufführung nicht grundsätzlich vorherbestimmen läßt, auch die Methode des „gelenkten Zufalls", die *Aleatorik,* bei der in das starre System kompositorische und interpretatorische Eingriffe eingeführt werden, z. B. durch Klangverstärkung. M. Kagel bemüht sich seit etwa 1960 darum, die sichtbare Darbietung von Musik zu eigener künstlerischer Bedeutung zu erheben *(instrumentales Theater).* Ergänzt wird dieses vielfältige Bild durch zeitgenössische Komponisten, die eigene, zum Teil sehr verschiedene Wege auf der Suche nach einer modernen Tonsprache gehen, wie C. Orff, H. W. Henze, W. Egk, B. Britten, G. von Einem oder B. Blacher. Die neuen Bestrebungen der europäischen Musik finden auch Aufnahme in Amerika, vor allem durch europäische Komponisten, die nach dort emigrierten (u. a. Schönberg, Bartók, Hindemith, Strawinsky, Milhaud, Křenek). Zu den eigenständigeren Kräften der amerikanischen Musik gehören u. a. G. Gershwin, Ch. Ives, W. Piston, A. Copland, S. Barber, L. Bernstein und G. C. Menotti. Wichtige Impulse gehen vom *Jazz* aus, dessen Entwicklung zunächst auf Amerika beschränkt bleibt, später jedoch auch auf die europäische Musik stark zurückwirkt.

Literatur: Was in der *deutschsprachigen Literatur* Th. Mann mit seinen Werken Buddenbrooks, Der Zauberberg und Der Erwählte für den Roman bedeutete, ist B. Brecht mit seinen Dramen: Mutter Courage, Leben des Galilei und Der gute Mensch von Sezuan. Eine besondere Stellung im deutschsprachigen literarischen Schaffen nehmen H. von Hofmannsthal und F. Kafka ein; Hofmannsthal als Librettist für R. Strauss (Ariadne auf Naxos, Die Frau ohne Schatten, Rosenkavalier) und als eigenständiger Dramatiker (Jedermann, Der Schwierige, Das Salzburger große Welttheater); Kafkas Romanfragmente (Der Prozeß, Das Schloß, Das Urteil) zeigen die Selbstentfremdung des Menschen. Ein ähnliches Motiv zeigt auch R. Musils Roman: Der Mann ohne Eigenschaften. Kalt sezierend erforscht der Dichter und Arzt G. Benn die Seinsabgründe seiner Gedanken und Stimmungen. Eine Schilderung der unmittelbaren Nachkriegszeit versucht H. Böll in seinen Romanen: Wo warst du Adam? Das Brot der frühen Jahre, Haus ohne Hüter. Provokant und vital schildert G. Grass die Zeitläufte in: Die Blechtrommel, und im Theaterstück: Die Plebejer proben den Aufstand. Das Thema der Entfremdung des Menschen zeigt auch der Schweizer M. Frisch mit seinem Roman: Stiller, und seinen Dramen: Andorra und Don Juan. Sein Landsmann F. Dürrenmatt karikiert in seiner Komödie die erstarrten Konventionen eines selbstgefälligen Spießbürgertums, so in: Die Ehe des Herrn Mississippi, Der Besuch der alten Dame, Die Physiker. In neuerer Zeit wendet er sich mehr dem Welttheater zu und beschäftigt sich mit der Bearbeitung von Werken großer Dramatiker (Porträt eines Planeten, König Johann, Play Strindberg).

In der *französischen Literatur* lassen sich drei Strömungen deutlich erkennen: eine stark von religiösen Motiven geprägte, eine stark philosophisch skeptizistische Richtung. Die dritte, besonders im Nouveau Roman verkörperte, versucht in schonungsloser Analyse eine Darstellung der Wirklichkeit und ihrer Beziehungen und Zusammenhänge. Zur ersten Gruppe gehören: P. Claudel, besonders in seinen Dramen: Der Seidene Schuh und Johanna auf dem Scheiterhaufen; G. Bernanos mit seinem Hauptwerk: Tagebuch eines Landpfarrers, sowie dem Drama: Die begnadete Angst. – R. Rolland mit dem Entwicklungsroman: Johann Christof, sowie Clérambault, und seinen Revolutionsdramen: Danton und der 14. Juli; A. Gide mit seinen autobiographischen Skizzen: Stirb und Werde, und So sei es oder Die Würfel sind gefallen, aber auch M. Proust mit seinem Romanzyklus: Auf der Suche nach der verlorenen Zeit und Die wiedergefundene Zeit, sowie P. Valéry mit seinem Essay: Stendhal und dem Tagebuch: Cahiers, vertreten die zweite, reflektierende Autorengruppe. Das neue französische dramatische Schaffen wird durch J. Anouilh mit seinen Dramen: Jeanne oder Die Lerche, Beckett oder die Ehre Gottes, aber auch durch E. Ionesco mit: Die Stühle und Ein König stirbt sowie Die Nashörner und durch A. Camus und seinen Dramen Caligula sowie Die Gerechten und dem Roman Die Pest vertreten. – J.-P. Sartre mit seinem Roman: Der Ekel, und seinen Dramen: Das Spiel ist aus, Die Fliegen, Die Gefangenen von Altona; Robbe-Grillet mit seinen Romanen: Ein Tag zuviel und dem Drehbuch zu dem Film: Letztes Jahr in Marienbad, Degrès, Ansichten einer Geisterstadt, sowie M. Butor mit seinen Hauptwerken: Der Zeitplan, Matière des rêves, ebenso wie N. Sarraute mit: Hören sie das? und Sagen die Dummköpfe sind Vertreter des *Nouveau Roman.*

Die herausragendsten Vertreter des Romans im *angelsächsischen Sprachraum* sind für *England* J. Joyce mit seinen beiden wohl berühmtesten Romanen Ulysses und Finegans Wake; G. Green mit seinen Hauptromanen: Am Abgrund des Lebens, Die Kraft und die Herrlichkeit, Unser Mann in Havanna; für die *USA* E. Hemingway mit seinen Romanen: Fiesta, Wem die Stunde schlägt, Der alte Mann und das Meer; W. Faulkner mit seinen Romanen: Absalom, Absalom,

Das verworfene Erbe und Requiem für eine Nonne; aber auch J. Steinbeck mit seinen Hauptwerken: Früchte des Zorns und Jenseits von Eden. Der wohl bedeutendste englischsprachige Dramatiker ist G. B. Shaw mit seinen Hauptwerken: Helden, Frau Warrens Gewerbe, Der Kaiser von Amerika sowie Pygmalion und Die Heilige Johanna. Ist Shaw mehr Komödiendichter, so herrscht bei seinem irischen Landsmann S. Beckett das Nichts, die vollkommene Sinnlosigkeit; seine bekanntesten Werke sind: Endspiel sowie Das Warten auf Godot. Zur jungen englischen Dramatikergeneration gehört J. Osborne mit seinem bedeutsamsten Erfolg: Blick zurück im Zorn. Obgleich naturalisierter Engländer, kann Th. S. Eliot seine amerikanische Herkunft nicht verleugnen mit seinen bekanntesten Werken: Mord im Dom, Die Coctailparty und Ein verdienter Staatsmann. Den hilflos in seiner Schuld unterlegenen Menschen schildert E. O'Neill in seinen bekanntesten Dramen: Ein Mond für die Beladenen, Eines langen Tages Reise in die Nacht, Fast ein Poet. Von der Komödie bis zur Tragödie spannt sich der dramatische Bogen bei Th. Wilder in seinen Hauptwerken: Die Heiratsvermittlerin und Die Alkestiade. Zur jüngeren amerikanischen Dramatikergeneration gehören A. Miller mit seinen bekanntesten Stücken: Der Tod eines Handlungsreisenden und Hexenjagd sowie E. Albee: Wer hat Angst vor Virginia Woolf und Alles Vorbei.

In *Italien* erlebt das Theater eine Renaissance durch L. Pirandello mit seinen bekanntesten Werken: Sechs Personen suchen einen Autor, Heinrich IV. Zu den bekanntesten Werken C. Paveses gehören seine Romane: Junger Mond sowie sein Tagebuch: Das Handwerk des Lebens. Das Leben des verarmten und geknechteten Proletariats schildert I. Silone in seinen Hauptwerken: Fontamara, Eine Handvoll Brombeeren, Der Fuchs und die Kamelie. Die Fragwürdigkeit der menschlichen Existenz steht im Mittelpunkt des Schaffens von D. Buzzati mit seinen Romanen: Das Geheimnis des alten Waldes, Die Festung, Die Lektionen des Jahres 1980. Das Verhältnis von Mann und Frau in der bürgerlichen Gesellschaft schildert A. Moravia in seinen Romanen: Agostione, Der Konformist, Die Verachtung. Zur jungen italienischen Schriftstellergeneration gehört der Filmregisseur P. P. Pasolini mit seinen moralistischen Romanen: Ragazzi di vita, Le ceneri di Gramsci, La religione del mio tempo.

Der große Mann der *sowjetischen Literatur* ist M. Gorkij mit seinem Schauspiel: Nachtasyl, und seinen Romanen: In der Steppe, Mutter, Das Leben des Klim Samjei. Das Hauptwerk von B. Pasternak ist: Dr. Schiwago, ein Roman um die Oktoberrevolution. Ein bedeutender sowjetischer Lyriker ist W. Majakowski mit seinen repräsentativsten Dichtungen: Mysterium Buffo, Wladimir Iljitsch Lenin, Gut und Schön. Das untergehende Kosakentum schildert der Roman: Der Stille Don, von M. Scholochow. Zu A. Twardowskis Hauptwerken zählt: Wunderland Muravia und Wassili Tjorkin. Formal an der Lyrik Majakowskis schult sich Jewtuschenko in seiner autobiographischen

Versdichtung: Sima. Als Vertreter der zur Zeit in der Sowjetunion
verpönten Autoren sei A. Solschenizyn genannt mit seinen Romanen:
Ein Tag im Leben des Iwan Denissowitsch, Krebsstation und Der erste Kreis der Hölle, Der Archipel Gulag.

Massenmedien. Einen enormen Aufschwung nehmen die sog. Mas-
senkommunikationsmittel Film, Funk, Fernsehen und Presse. Für den
Film bedeutet es einen Markstein, daß 1927 in den USA der erste
Tonfilm gezeigt werden kann. 1935 ist in Hollywood die erste Farb-
wochenschau zu sehen und 1941 in Deutschland der Spielfilm in
Farbe. 1952–1954 werden stereoskopische und Breitwandfilme ent-
wickelt. Zu den international bekannten Regisseuren gehören I. Berg-
man aus Schweden, W. Wyler, J. Ford, F. Zinnemann, E. Kazan aus
USA, L. Visconti, M. Antonioni, V. de Sica, P. P. Pasolini aus Italien.
Aus Frankreich kommen J. Renoir, R. Clair, J. Cocteau, L. Malle,
F. Truffaut, J. L. Godard, A. Resnais, aus Deutschland F. Lang, B.
Wicki, W. Staudte und die Vertreter des *neuen deutschen Films*
V. Schlöndorff, R. W. Fassbinder und W. Schroeter. Der asiatische
Film wird vertreten durch A. Kurosuwa und K. Ichikawa.

Noch unmittelbarer als der Film beziehen **Rundfunk** und **Fernsehen**
die Menschen in das Zeitgeschehen ein. Bilder vom vietnamesischen
Kriegsschauplatz erscheinen als selbstverständlich. Aus der 1883 er-
fundenen Nipkowschen Röhre wird ein hochkompliziertes *Farbfern-
sehen.* Durch Satelliten ist es heute möglich, eine weltumspannende
Kommunikation zu ermöglichen. Atemberaubend sind die Bilder, die
den Ausflug des Menschen zum Mond auf die Erde übertragen.

Gegen das allgegenwärtige Fernsehen hält sich, tiefer und gründlicher
informierend und kommentierend, die **Zeitung.** Kommt es dem Fernsehen vor allem auf eine rasche und aktuelle Berichterstattung an,
so kann die Zeitung ausführlicher darstellen und auf Hintergründe
eingehen.

Einen medienpolitischen Umbruch und gesellschaftlichen Wandel
kündigen die **Neuen Medien** an: Neue Formen der Telekommunika-
tion ermöglichen u.a. den Aufbau integrierter Fernschreib- und Da-
tennetze *(Datenkommunikation),* die Übertragung kodierter Text-
nachrichten (Textkommunikation), die vom Fernsehsender ausge-
strahlt *(Videotext)* oder mit Hilfe (auch bereits vorhandener)
Wählsysteme, z.B. des Fernmeldenetzes, im Dialogbetrieb benutzt
werden, wodurch die Auswahl aus einem theoretisch unbegrenzten
Textangebot präsentiert wird *(Bildschirmtext);* die explosionsartige
Ausweitung der Wahlmöglichkeiten über die bisherigen (privaten,
staatlichen oder öffentlich-rechtlichen) Televisions-Programme hinaus bietet außer dem *Satellitenfernsehen* das *Kabelfernsehen,* das zusätzlich Dialogverkehr beinhalten kann. *Video-* und (mit gesteigerter
Wiedergabequalität) *Bildplattengeräte* erschließen dem Privathaus-
halt weitere Bezugsquellen für (Unterhaltungs-)Filme, Bildungs- und
Informationsprogramme aller Art. Die *Verbindung mehrerer Kommu-
nikationsformen* eröffnet Möglichkeiten des Dialogs zwischen einer

wachsenden Zahl von (staatlichen, kommerziellen, privaten) Teilnehmern in Ton, Bild und Daten über Breitbandvermittlungsnetze in absehbarer Zukunft mit weiteren Auswirkungen auf Sozialformen und
Arbeitsverhältnisse.

4. Naturwissenschaften und Technik

Mit dem Anbruch des 20. Jahrhunderts zeichnet sich besonders deutlich auf dem Gebiet der Naturwissenschaften eine Umstrukturierung
der bis dahin gültigen Vorstellungen ab. Spätestens mit der Entwicklung der speziellen *Relativitätstheorie* A. Einsteins (1905) zeigte sich,
daß die Auffassung des materialistisch-positivistischen Weltbildes des
19. Jahrhunderts nicht mehr haltbar war. Besonders deutlich treten
die zum Teil gänzlich neuen Vorstellungen von Ursprung, Gestalt und
Aufbau des Mikro- und Makrokosmos auf dem Gebiet der Physik
zutage. Ausgehend von Plancks *Quantentheorie* (1900) über die erstmalige Kernspaltung (1938) bis zur Erforschung des Kosmos, hat die
Entwicklung der Naturwissenschaften gezeigt, daß sich die gewohn-
ten Denkkategorien auf die neu gewonnenen Erkenntnisse nicht
mehr anwenden lassen. Hinzu kommen: die erheblichen Fortschritte
auf allen Gebieten naturwissenschaftlicher Forschung, die Schnelligkeit der Expansion und die ständig zunehmende Intensivierung der
Forschung, die auf der einen Seite die Einheit der Wissenschaft in
kaum noch zu überblickende Spezialdisziplinen auflöst, auf der anderen Seite aber eine scharfe Abgrenzung der einzelnen Wissenschaftszweige heute unmöglich macht. War das 19. Jahrhundert noch stark
national orientiert gewesen, so gewann in den vergangenen Jahrzehnten die Notwendigkeit an Bedeutung, die Naturwissenschaften global
zu betreiben, d. h. im ständigen *internationalen Austausch* die Ergebnisse der Forschungszentren aller Länder zu berücksichtigen und für
die eigene Arbeit fruchtbar zu machen. Angesichts der Fülle und der
Verschiedenartigkeit der Probleme ist eine Lösung nur noch in Form
des *Teamworks* hochqualifizierter Spezialisten möglich, eine Arbeits-
methode, die hinlänglich bezeugt, wie fließend die Übergänge zwischen verschiedenen naturwissenschaftlichen Disziplinen – etwa zwischen Physik, Chemie und Biologie – geworden sind. Das ganze
Ausmaß naturwissenschaftlicher Forschungstätigkeit zeigt sich deutlich in der Einrichtung von weltumspannenden Institutionen wie der
Internationalen Atomenergie-Organisation, in weltweiten For-
schungsunternehmen (z. B. Geophysikalisches Jahr 1959), in internationalen Kongressen und einer Fülle wissenschaftlicher Publikatio-
nen und Zeitschriften.

Mathematik. Die Mathematik hat im 20. Jahrhundert bedeutende
Fortschritte auf den Gebieten der Analysis, Algebra, Topologie und
Zahlentheorie zu verzeichnen. Ferner wurden neue axiomatische
Methoden entwickelt sowie graphische, numerische und maschinelle

Verfahren. Letztere finden besonders in der *Statistik* und *elektronischen Datenverarbeitung* in Form von Elektronenrechnern weitverbreitete Anwendung. Bedeutende Impulse verdanken die Physik, Technik, Raumfahrt usw. der Weiterentwicklung der mathematischen Statistik. Mit Begründung der *Kybernetik* 1948 durch N. Wiener wurde auch die Biologie in den Rahmen der angewandten Mathematik einbezogen. Zu Beginn der 90er Jahre wird die *Chaosforschung* (fraktale Geometrie) von zunehmender Bedeutung für die Naturwissenschaften.

Astronomie. Die neuen Erkenntnisse in der Astronomie, insbesondere der modernen *Astrophysik,* beruhen im wesentlichen auf den vervollkommneten technischen Hilfsmitteln, insbesondere auf den Fortschritten der Radar- und Raumfahrttechnik. Die Entwicklung der *Radioastronomie* in den vierziger Jahren sowie der *Infrarot-, Ultraviolett-, Röntgen-* und *Gammaastronomie* eröffnet völlig neue Forschungsmöglichkeiten. Schwerpunktgebiete moderner astronomischer Forschung sind die Theorien der Energieerzeugung in Sonne und Sternen („Neutrinoproblem") sowie der Entstehung und Entwicklung von Sternen und Sternsystemen, insbesondere die Klärung des Phänomens der 1960 entdeckten Quasare, kosmischer Gebilde mit extremen, z. T. noch unerklärbaren physikalischen Eigenschaften, die Erforschung der 1967 entdeckten Pulsare, der 1979 aufgefundenen Gravitationslinsen und der Nachweis der Existenz von (unsichtbaren) Schwarzen Löchern, die das Endstadium in der Entwicklung massereicher Sterne bilden, und die Auswertung der durch die unbemannte und bemannte Raumfahrt der letzten Jahre erhaltenen Erkenntnisse. 1991 sind im Sonnensystem insgesamt 60 Monde bekannt (u. a. durch die Raumsonde Voyager 2).

Physik. Keine andere naturwissenschaftliche Disziplin hat im 20. Jahrhundert in sich eine so grundlegende Wandlung erfahren und zugleich einen so entscheidenden Umsturz im allgemeinen Denken verursacht wie die Physik. Bereits gegen Ende des vorigen Jahrhunderts kündigten epochemachende Entdeckungen – wie die Entdeckung der *Röntgenstrahlung* 1895, die Erforschung der *Radioaktivität* 1896 oder die Entdeckung des Radiums 1897 – die Auflösung der klassischen Physik und damit des positivistisch-mechanistischen Weltbildes an. Die Begründung der *Quantentheorie* 1900 durch M. Planck und der *speziellen Relativitätstheorie* 1905 durch A. Einstein brachte die Wende. In der Folgezeit bestimmten völlig neue Vorstellungen über das Wesen von Materie und Energie sowie über Raum und Zeit den Fortschritt der physikalischen Forschung. Einen weiteren Höhepunkt markiert die Entwicklung der *Wellen-* bzw. *Quantenmechanik* 1925 durch E. Schrödinger, W. Heisenberg und andere. Um die Teilchen- und Wellenerscheinungen unter einem einheitlichen Gesichtspunkt darstellen zu können, mußte der Determinismus aufgegeben werden, da sich die mikrophysikalischen Phänomene nur in Form von Wahrscheinlichkeitsgesetzen beschreiben lassen. Seit den bahnbrechenden

Arbeiten von O. Hahn, L. Meitner und F. Strassmann, denen 1938 die *Spaltung des Urankerns* gelang, nahm die Kernphysik einen gewaltigen Aufschwung, der schließlich die Gewinnung von *Kernenergie* ermöglichte. Die heutige Physik bemüht sich um eine Synthese von Quantentheorie und Relativitätstheorie sowie von Mikrophysik und Kosmologie (Große Vereinheitlichte Thorie, Quantengravitation). In den letzten Jahren wurden durch Experimente mit großen Teilchenbeschleunigern wesentliche Fortschritte auf dem Gebiet der *Elementarteilchenphysik* erzielt (1989 Inbetriebnahme des Elektron-Positron-Speicherrings LEP am CERN, 1990 des Elektron-Proton-Speicherrings HERA bei DESY). Es wurde festgestellt, daß die Bestandteile des Atomkerns, Proton und Neutron, aus noch kleineren Partikeln, den Quarks, zusammengesetzt sind.

1900 M. Planck begründet die Quantentheorie.

1904 Sir E. Rutherford und F. Soddy deuten die Radioaktivität als Zerfall von Atomkernen.

1905 A. Einstein stellt die spezielle Relativitätstheorie auf.

1911 H. Kamerlingh-Onnes entdeckt die Supraleitung.

1913 N. Bohr entwickelt sein Atommodell.

1915 A. Einstein stellt die allgemeine Relativitätstheorie auf.

1919 Sir E. Rutherford gelingt die erste künstliche Kernumwandlung.

1924 L. de Broglie veröffentlicht seine Theorie der Materiewellen.

1925 E. Schrödinger, W. Heisenberg und andere entwickeln die Wellen- bzw. Quantenmechanik.

1932 C. D. Anderson entdeckt das Positron; J. Chadwick entdeckt gleichzeitig mit dem Ehepaar Joliot-Curie das Neutron.

1938 O. Hahn, L. Meitner und F. Strassmann führen die erste künstliche Kernspaltung (Uran) mittels Neutronenbeschuß durch.

1942 E. Fermi konstruiert den ersten Kernreaktor.

1954 R. L. Mößbauer entdeckt den nach ihm benannten Effekt (rückstoßfreie Resonanzabsorption der Gammastrahlung).

1960 Amerikanische Forscher entwickeln den Laser.

1974 B. Richter und S. C. C. Ting entdecken die sehr schweren Psi-Elementarteilchen.

1978 L. M. Lederman entdeckt das Y-Meson.

1979 St. Weinberg, A. Salam, S. L. Glashow erhalten den Physik-Nobelpreis für ihre „Einheitliche Theorie" (Standardmodell) des Elektromagnetismus und der schwachen Wechselwirkung.

1983 C. Rubbia entdeckt bei CERN die intermediären Vektorbosonen $W^{\pm}$ und Z° der schwachen Wechselwirkung.

1986 J. G. Bednorz und K. A. Müller entdecken die Hochtemperatur-Supraleitung.

Chemie. In der Chemie macht sich im 20. Jahrhundert besonders deutlich die Verflechtung der verschiedenen naturwissenschaftlichen Disziplinen bemerkbar. Moderne Fachrichtungen, wie die Biochemie, Quantenchemie und Radiochemie, bezeugen hinlänglich, in welchem Ausmaß die Chemie durch Fortschritte beispielsweise auf dem physikalischen Sektor befruchtet wurde. Neben der *Biochemie* gewinnt vor allem die *chemische Technologie* fundamentale Bedeutung. Kunststoffe, Detergentien, Benzin, Düngemittel und Pharmazeutika sind nur einige der Errungenschaften moderner chemischer Forschung, die aus unserem Leben nicht mehr wegzudenken sind. Während sich der technisch ausgerichtete Zweig der Chemie darum bemüht, immer mehr „Naturstoffe" durch chemische Kunstprodukte zu ersetzen, versucht die Biochemie, Einblicke in den Ablauf der Lebensvorgänge zu gewinnen, von denen wichtige Teilvorgänge, wie die *Photosynthese,* die Gärung und der Essigsäure-Abbau, bereits aufgeklärt werden konnten. Auch in der Erforschung der *Vererbungsmechanismen* (Struktur der Eiweißkörper, Wirkungsweise der Biokatalysatoren, Übertragungsmechanismen der genetischen Information) sind große Fortschritte zu verzeichnen. Ende der siebziger Jahre gelingt zum ersten Mal die *gentechnologische Synthese* des menschlichen Wachstumshormons.

1900 Entwicklung der Komplexchemie, vor allem aufgrund der Arbeiten von A. Werner.

1906 L. H. Baekeland begründet die Kunstharzindustrie.

1910 F. Haber und C. Bosch entwickeln von 1905–1913 die Ammoniaksynthese aus Wasserstoff und Stickstoff.

1913 F. Bergius gelingt eine Benzinsynthese durch Hochdruckhydrierung von Kohle.

1926 H. Staudinger begründet die makromolekulare Chemie.

1932 W. H. Carothers synthetisiert faserbildende Polyamide („Nylon").

1947 F. A. Lipmann findet das Coenzym A (Ausgangspunkt der Fettsynthese im Organismus).

1953 J. D. Watson und F. Crick klären die Spiralstruktur der Nukleinsäuren

1958 F. Sanger führt die Sequenzanalyse des Insulins durch.

1964 H. G. Khorana gelingt die Teilsynthese der Desoxyribonukleinsäure.

1970 Erste Synthese eines Gens durch H. G. Khorana.

1976 Entwicklung von Methoden zur DNS-Sequenzierung (Maxam, Gilbert, Sanger).

1981 Entdeckung der Ribozyme durch T. R. Cech.

1988 Saiki gelingt die in-vitro-Vervielfältigung von DNS durch die PCR (Polymerase-Kettenreaktion).

Medizin. Die Medizin profitiert im 20. Jahrhundert in steigendem Maße von den Fortschritten in Naturwissenschaften und Technik, welche neue Möglichkeiten der Diagnose, Prophylaxe und Therapie erschließen. Die vergangenen Jahrzehnte brachten eine Fülle wertvoller Entdeckungen, z. B. die Einführung der *Enzephalographie,* die Insulinbehandlung, die Cardiazolkrampftherapie, die *Chemoprophylaxe* gegen parasitäre Erkrankungen, die Entwicklung des *Elektronenmikroskops* sowie die erstmalige *Synthese verschiedener Hormone* und *Vitamine.* Auch die Atomphysik findet ihre medizinische Anwendung in Form von Geräten zur Szintigraphie sowie zur Strahlentherapie (früher Kobaltbombe genannt) von Tumoren. Während in der

Krebsforschung noch keine endgültigen Resultate vorliegen, sind auf dem Gebiet der *Seuchenbekämpfung,* der *Schutzimpfungen* (vor allem gegen Poliomyelitis), der *Geburtenregelung,* in der Verminderung der Sterblichkeitsziffer und der Behebung von Mangelkrankheiten (Rachitis, Skorbut, Beri-Beri) beachtliche Fortschritte erzielt worden. Modernste Zweige der Chirurgie sind die *Transplantationschirurgie* (z. B. Nieren- und Herzverpflanzungen), die *Gehirnchirurgie* und die *Ersatzteilchirurgie.* Völlig neue Möglichkeiten der Mikrochirurgie eröffnet der Laser (u. a. als „unblutiges" Skalpell). Von zunehmend größerer Bedeutung u. a. für die Diagnostik werden moderne bildgebende Verfahren wie die *Endoskopie* (zur Betrachtung von Körperhohlräumen) und die *Tomographie* (Computer-, Kernspin-, Positronenemissions-Tomographie zur schichtweisen Organdarstellung) für die Früherkennung von Nerven-, Gehirn- und Tumorerkrankungen.

1901 K. Landsteiner entdeckt die Blutgruppen.

1906 F. Schaudinn und E. Hoffmann entdecken den Erreger der Lues.

1921 A. Calmette führt die Impfung gegen Tuberkulose ein.

1929 W. Forssmann erprobt im Selbstversuch die Katheterisierung der Herzhöhlen. H. Berger entwickelt die Elektroenzephalographie.

1935 L. von Meduna entwickelt die Cardiazolkrampftherapie.

1940 K. Landsteiner entdeckt den Rhesusfaktor.

1955 J. E. Salk und A. B. Sabin führen die Impfung gegen Kinderlähmung ein.

1967 Ch. N. Barnard gelingt als erstem eine erfolgreiche Herztransplantation.

1978 Geburt des ersten durch in-vitro-Fertilisierung gezeugten Kindes („Retortenbaby") in England.

1979 G. Hounsfield und A. M. Cormack erhalten den Nobelpreis für die Entwicklung des ersten computergesteuerten Tomographiegeräts.

1983 Isolierung des AIDS-Virus (u. a. R. Gallo).

Biologie. Das Jahr 1900 stellt wie für die Physik auch für die Biologie einen bedeutsamen Markstein dar: Die zu jenem Zeitpunkt erfolgte Wiederentdeckung der *Mendelschen Erbgesetze* leitet eine Entwicklung ein, deren bisheriger Höhepunkt die Erkenntnis ist, daß bei der Weitergabe erbmäßig bedingter Eigenschaften bestimmten *Nukleinsäuren* die entscheidende Rolle zukommt, deren Funktion (Speicherung und Weitergabe der *genetischen Information*) in neuester Zeit weitgehend aufgeklärt werden konnte. Entscheidenden Anteil an dieser Entwicklung hatten die Fortschritte in der Chemie, deren biologisch ausgerichteter Forschungszweig, die *Biochemie,* eine stürmische Entwicklung durchmachte, ferner die Erfindung leistungsstarker Mikroskope, insbesondere der *Elektronenmikroskope,* mit deren Hilfe die Feinstruktur von Zellen, Geweben und Organen aufgeklärt werden konnte, und schließlich die Begründung der *Molekulargenetik,* u. a. durch Erweiterung der in der Genetik gewonnenen Erkenntnisse auf die Virusforschung. Eine zunehmend wichtigere Rolle, vor allem für die Medizin, spielt die *Immunbiologie.* Die Fortschritte der letzten Jahre auf dem Gebiet der Genmanipulation werfen die dringliche Frage nach möglichen Gefahren gentechnischer Experimente auf. Mit den Problemen, die der wachsende Mißbrauch der Umwelt durch den technisierten Menschen mit sich bringt, gewinnt in den letzten Jahren auch ein klassischer Zweig der Biologie, die *Ökologie,* stärkere Bedeutung. Durch die neuen Erkenntnisse im Bereich der *Gentechnologie* (Entdeckung von Restriktionsenzymen, die die Auftrennung von Desoxyribonukleinsäure-Molekülen an bestimmten Stellen erlauben; Entwicklung von Methoden, um verschiedene DNS-Moleküle miteinander zu verbinden) ist die *Veränderung des Erbguts* von Zellen durch die Übertragung fremder Geninformationen möglich geworden. Hierbei werden neben dem Nutzen (z. B. Gentherapie, 1990 erstmals in den USA durchgeführt) aber auch die möglichen Gefahren gentechnischer Experimente deutlich.

1900 H. de Vries, E. von Tschermak-Seysenegg und K. E. Correns erkennen die Bedeutung der Erbgesetze G. Mendels.

1912 A. Carrel beginnt, Zellen außerhalb des Organismus zu züchten (Gewebekultur).

1921 F. d'Hérelle entdeckt die Bakteriophagen.

1927 H. J. Muller ruft durch Röntgenstrahlen künstliche Mutationen an der Taufliege hervor und begründet damit die Strahlengenetik.

1932 H. A. Krebs entdeckt den für die Zellatmung wichtigen Zitronensäurezyklus.

1935 K. Lorenz begründet die vergleichende Verhaltensforschung als eigenen Wissenschaftszweig.

1944 O. Avery und andere beweisen die Identität der Desoxyribonukleinsäure mit dem genetischen Material und begründen damit die Molekulargenetik.

1959 S. Ochoa und A. Kornberg klären den Mechanismus in der biologischen Synthese der Desoxyribonukleinn- und Ribonukleinsäuren auf.

1966 M. W. Nirenberg, H. G. Khorana und R. W. Holley ermitteln den genetischen Code.

1975 G. Köhler und C. Milstein entdecken das Prinzip der monoklonalen Antikörper.

1976 H. G. Khorana gelingt die Synthese eines in der Zelle aktiven Gens.

1978 Zusammen mit D. Nathans und H. O. Smith erhält W. Arber den Nobelpreis für die Entdeckung von Restriktionsenzymen.

1985 Entwicklung des „genetischen Fingerabdrucks".

1988 Erste Patentierung eines Lebewesens (transgene Maus, USA).

Technik. Das Schlagwort vom „technischen Zeitalter" charakterisiert wohl am treffendsten die dominierende Stellung der Technik in der Welt von heute. Das Bemühen des Menschen, durch eine zweckbewußte, sinnvolle Verwertung der in der Natur gegebenen Möglichkeiten – insbesondere durch Ausnutzung der Naturgesetze – seine Lebensbedingungen zu verbessern, hat im 20. Jahrhundert zu einer Vielfalt wertvoller Erfindungen und Entdeckungen geführt. Entscheidenden Anteil an dieser Entwicklung hatten die enormen Fortschritte in den Naturwissenschaften, insbesondere in Chemie und Physik. Die Technik des 20. Jahrhunderts ist im wesentlichen durch *Mechanisierung* und *Automatisierung* bestimmt. Die Erschließung neuer Energiequellen, die Entwicklung schneller Transportsysteme, die Vervollkommung der Kommunikationstechnik, all die technischen Errungenschaften unserer Zeit prägen das Leben des modernen Menschen. Krönung der technischen Leistungen des 20. Jahrhunderts ist zweifelsohne die *Raumfahrttechnik,* die ohne die Zusammenarbeit von hochqualifizierten Spezialisten der verschiedensten Fachrichtungen nicht denkbar wäre. So großartig die Fortschritte auf dem technischen und industriellen Sektor auch sein mögen, so bedenklich ist ihre Schattenseite: Die *Gefährdung der natürlichen Umwelt* durch das technische Profitstreben des Menschen. Im Vordergrund der zukünftigen technischen Entwicklung sollte daher die Schaffung von sauberen, die Umwelt nicht belastenden Technologien stehen. Die Entwicklung der in der Datenverarbeitung, in der Nachrichtentechnik, in Verkehrswesen und Haushalt benötigten *Mikroprozessoren* macht erstaunliche Fortschritte. Die „Packungsdichte" von Transistorfunktionen konnte in den letzten Jahren durch Entwicklung von *Megabit-Chips* gewaltig gesteigert werden. Der durch die rasante Entwicklung der *Mikroelektronik* ausgelöste strukturelle Wandel im wirtschaftlichen Bereich beinhaltet neue Möglichkeiten, entwertet aber auch zahlreiche Tätigkeiten und Arbeitsplätze. Datenbanken und Datenkommunikation halten in wachsendem Maße Einzug in Verwaltung und Wirtschaft und lassen die Notwendigkeit des Datenschutzes sowie die Gefährdung durch Datenmißbrauch und die geringen Abwehrmöglichkeiten gegen Verbrechen durch Manipulation elektronischer Datenverarbeitung (z. B. durch „Hacker" und das Einschleusen von sog. „Computerviren" in Computerprogramme) hervortreten.

1901 G. Marconi begründet die drahtlose Telegraphie.

1903 O. und W. Wright unternehmen den ersten Motorflug.

1913 A. Meissner baut den ersten Röhrensender.

1930 E. O. Lawrence baut das erste Zyklotron zur Beschleunigung atomarer Teilchen.

1936 K. Zuse erfindet einen Rechenautomat.

1942 H. Oberth, W. von Braun und andere konstruieren die erste Fernrakete.

1945 In Los Alamos wird die erste Uran-Atombombe in einem Testversuch gezündet.

1956 In Großbritannien wird das erste Kernkraftwerk für zivilen Energiebedarf in Betrieb genommen.

1957 Die Sowjetunion startet den ersten Erdsatelliten „Sputnik I".

1961 Der sowjetische Astronaut J. Gagarin führt die erste bemannte Weltraumfahrt durch.

1969 Der Amerikaner N. Armstrong betritt als erster Mensch am 21. Juli um 03.57 MEZ den Mond.

1973   Die USA bringen die Raumstation „Skylab" („Himmelslabor") in eine Erdumlaufbahn.

1976   Zwei amerikanische Viking-Raumsonden landen weich auf dem Mars.

1981   Erster erfolgreicher Raumflug des wiederverwendbaren Weltraumtransporters „Columbia".

1983   Erster Astronaut aus der Bundesrepublik (U. Merbold) mit Spacelab im Weltall.

1989   Die amerikanische Raumsonde Voyager 2 sendet Bilder von Neptun.

1990   Das Hubble-Weltraum-Teleskop wird in eine Erdumlaufbahn gebracht.

Namen- und Sachregister

Abkürzungen

Abk. = Abkommen
afr. = afrikanisch
Äg. = Ägypten
Alb. = Albanien
Alg. = Algerien
allg. = allgemein
am. = amerikanisch
Arab. = Arabien
Arg. = Argentinien
As. = Asien
asiat. = asiatisch
Assyr. = Assyrien
Äth. = Äthiopien
Auß.Min. = Außenminister
B. = Bischof
Babyl. = Babylonien
Bay. = Bayern
Bd. = Bund(es)
Belg. = Belgien
Boliv. = Bolivien
Bras. = Brasilien
Brdbg. = Brandenburg
brit. = britisch
Btm. = Bistum
Bulg. = Bulgarien
Burg. = Burgund
Dän. = Dänemark
Dekl. = Deklaration
dt. = deutsch
Dtld. = Deutschland
Dyn. = Dynastie
Eb. = Erzbischof
Ebtm. = Erzbistum
Ehz. = Erzherzog
eur. = europäisch
fränk. = fränkisch
Frd. = Friede
Frhr. = Freiherr
frz. = französisch
Ft. = Fürst
Ftm. = Fürstentum
GB = Großbritannien
Gen. = General
Geschl. = Geschlecht

Gf(en). = Graf(en)
Gfsch. = Grafschaft
Gft. = Großfürst
Gg. = Gegen-
Ghz. = Großherzog
Gouv. = Gouverneur
Griechld. = Griechenland
Hl. = Heiliger
Holst. = Holstein
Hz. = Herzog
Hztm. = Herzogtum
Ind. = Indien
Indon. = Indonesien
Isr. = Israel
It. = Italien
Jord. = Jordanien
Jugosl. = Jugoslawien
Kan. = Kanada
Kard. = Kardinal
Kast. = Kastilien
Kft. = Kurfürst
Kfz. = Konferenz
Kg(n). = König(in)
Kol. = Kolonie
Kolumb. = Kolumbien
Kommt. = Kommissariat
Kongr. = Kongreß
Ks(n). = Kaiser(in)
Kt. = Kanton
Lat.Am. = Lateinamerika
-ld(r). = -land (-länder)
Lib. = Libyen
Lit. = Litauen
Luxbg. = Luxemburg
Maked. = Makedonien
Mar. = Marokko
Mex. = Mexiko
Mgf. = Markgraf
Mgfsch. = Markgrafschaft
Min. = Minister
myk. = mykenisch
Ndld. = Niederlande
Nig. = Nigeria
Norw. = Norwegen

ökum. = ökumenisch
orth. = orthodox
osm. = osmanisch
Österr. = Österreich
Pak. = Pakistan
panam. = panamerikanisch
Patr. = Patriarch
Pfgf. = Pfalzgraf
Pol. = Politik
Port. = Portugal
Pp. = Papst
Pr. = Preußen
Präs. = Präsident
Prov. = Provinz
Pz. = Prinz
R. = Reich
Reg. = Regierung
Rep. = Republik
röm. = römisch
Rtg. = Reichstag
Rum. = Rumänien
russ. = russisch
Sard. = Sardinien
Schl. = Schlacht
Siz. = Sizilien
sowj. = sowjetisch
Span. = Spanien
Statth. = Statthalter
St(n). = Staat(en)
Str. = Straße
Su. = Sultan
Syn. = Synode
syr. = syrisch
Tschechosl. = Tschechoslowakei
Tun. = Tunesien
Ung. = Ungarn
Univ. = Universität
Venez. = Venezuela
VR = Volksrepublik
Vtg. = Vertrag
Wttbg. = Württemberg

Mit dem Zeichen T gekennzeichnete Seitenangaben verweisen auf Stammtafeln.